언어와 현대사상 1

철학에서 중요한 몇 가지 문제
Some Main Problems of Philosophy

언어와 현대사상 1

철학에서 중요한 몇 가지 문제
Some Main Problems of Philosophy

G. E. 무어(George Edward Moore) 지음

김지홍 뒤침

경진출판
Kyungjin Publishing Co.

예순둘에도 오롯이
책을 볼 수 있게 든든한 마음과 몸을 물려주신
어버이 영전에 바칩니다.
이농 김봉옥(1923~2001), 김양아(1924~2011)
샛말퉁이(次薯童)

※ 이 책은 판형이 다른 두 종의 판본이 있다. 1953년 런던에서 George Allen & Unwin Ltd.에서 처음 발행된 뒤에(380쪽), 1962년 미국 Collier Books에서 새로 조판되어 간행되었다(414쪽). 번역은 두 판본을 서로 대조하면서 이뤄졌다(재간에서는 교정 실수가 다수 있음). 이후 초판을 이용하여 1978년 미국 Humanities Press Inc., 2013년 영국 Routledge에서 수차 간행된 바 있다.

영어로 쓰인 이름을 발음하는 방식은 로마자를 받아들인 곳마다 특성이 반영되어 동시에 여러 가지로 발음된다. 여기서는 영국식 발음을 중심으로 적는데, 저자의 이름을 자주 모음 대추이great vowel shift가 일어나기 이전(초서 시대 이전)의 발음【모어】로 발음하는 경우가 있었다(o의 장음이며, 보수적 발음임). 그렇지만 모음 대추이가 일어난 뒤에 일반 낱말들에서는 모두 o가 u라는 발음으로 바뀌었다(foot, boot, shoot 따위). 우리한테 소개된 발음은 /mŏər/【무어】인데, 여기서는 이를 따른다. 사람 이름에 대한 발음 결정이 쉽지 않다. 여기서는 www.howtopronounce.com를 중심으로 하여 영국식 발음을 적어 나가기로 한다.

현재 한국어에 안 쓰이는 발음으로 영어의 'r, f, v'는 훈민정음 표기방법을 받아들인다면 'ᇂ, ㆄ, ㅸ'로 쓸 수 있겠으나, 반발감이 크리라 본다. 여기서는 부득이 반모음 'ㅗ'[w]를 덧붙여 각각 '루, 포, 보'로 적는다. 가령, 현지 발음을 전사하여 Russell은 '뤄쓸'로 적었다. 현행 맞춤법의 표기 '러셀'로는 영어의 변별 음소를 알 길이 없다(ʔlucel, ʔlusel).

이 책이 본디 강의로 진행된 원고에 근거하고 있으므로, 입말 사용 상황을 살려서 본문은 모두 '-습니다'체로 번역해 둔다. '번역'에 대한 옛 풀이는, '뒤칠 번, 통변할 역'으로서, 「문장 겉면을 뒤집어 놓고 그 속에 숨겨져 있는 핵심 의도를 찾아낸다」는 속뜻을 담고 있다. 가령 제14장에서 저자의 의도를 파악하지 않고서는 'is'나 'has being'이 개념도 파악되지 않고, 번역도 할 수 없다(517쪽의 역주 195와 631쪽의 역주 239, 그리고 §.16-2를 보기 바람). 우리말에서 '옮기다'(이사하다)는 말은 한낱 구체적인 물건을 대상으로 하여 이동하거나 장소를 바꾸는 것에 불과하다. 따라서 추상적 대상으로서 원저자의 정신 속에 담긴 의도를 온전히 찾아내기에는 알맞지 않다. 여기서는 일관되게 올바른 옛말대로 '뒤침, 뒤친이'를 계속 쓰기로 한다.

본디 저자가 달아둔 각주는 '[원저자의 각주 #]'로 표시해 놓되(원저자의 각주는 장별로 각주 번호가 시작됨), 번역자(뒤친이)의 주석은 '[역주]'로 표시하여 서로 구별해 놓기로 한다.

번역 과정에서 다음처럼 몇 가지 변동 사항이 있음을 밝혀 둔다.
① 본문 속에서 작은 괄호 '( )'를 쳐서 '≒' 기호로 시작되는 내용은 독자가 쉽게 이해할 수 있도록 일부러 번역자(뒤친이)가 해설을 덧붙여 놓은 것이다.

② 문장을 매끄럽게 이해할 수 있도록 뒤친이가 작은 괄호 '( )'를 써서 몇 어구를 추가해 놓기도 하였다. 간혹 무어 교수가 추가해 놓은 작은 괄호 '( )' 부분도 있는데, 이런 경우는 가급적 괄호를 풀고 그대로 본문처럼 번역해 두었다.

③ 작은 절들도 없이 장별로만 나뉜 원본의 문단들의 나누기는 호흡이 아주 길며 한 쪽을 넘는 경우가 많다. 그렇지만 전개 구조를 드러내 주기 위하여 장마다 작은 절(§)들과 그 제목들을 번역 과정에서 추가해 놓았다. 문단도 1쪽마다 두세 개가 되도록 좀더 세세하게 나눠 놓았다. 문단 사이의 추이를 명시적으로 알 수 있도록 하기 위한 것이다.

④ 독자들이 본문 속에서 병렬되는 진술들이나 항목들을 곧 파악할 수 있도록 명시적으로 원으로 두른 숫자를 더 추가해 놓았다. 중요한 진술에는 두드러지게 보이도록 자주 작은 꺾쇠 괄호 '「 」'를 덧붙여 놓거나 또는 밑줄 '＿'을 그어 놓았다.

⑤ 대명사 용법이 영어에서와 우리말에서 차이가 있다. 우리말에서는 같은 주어가 계속 이어진다면 영zero 형태를 쓰는 것이 기본적이며, 목적어의 경우에는 대명사(it, them)로 바꾸지 않은 채 「본디 명사」를 그대로 써 주는 경향이 뚜렷하다. 우리말의 이런 특성들을 고려하면서 번역에 반영해 놓으려고 하였다. 가령, I think를 '~라고 생각합니다'로 번역하거나, 제5장 '흄의 이론'에서 대명사 he를 명확히 본디 명사인 Hume으로 환원하여 놓은 경우가 그러하다.

⑥ 마지막으로, 영어 원문을 같이 실어 놓은 대목이 아주 많아 불편함을 느낄 것이다. 보다 더 정확성을 기하려는 것이므로, 번다하더라도 독자들의 너그러운 양해를 바랄 뿐이다.

※ 저자는 자신의 이름을 영어 철자로 불리는 것을 선호하였다고 한다. 이 번역에서 G. E. 무어(George Edward Moore)로 쓴 것도 그분의 평시 습관을 존중한 것이다.
※ 책 제목의 번역에서 'of'를 기계적으로 '의'로 옮기지 않고(동격 해석 구문), 대신 「전통적이거나 전형적인 철학 영역에 있는」이라는 뜻으로 '에서'로 뒤쳐 놓았다(부분 해석 구문). 결과적으로 따질 경우에, 1910년 당시의 논의에는 오늘날 중요하게 다뤄지고 있는 핵심 문제들이 잘 부각되어 있지 않았기 때문이다. 가령, (1) 정신의 문제가 두뇌 신경생리학의 발전으로 물리주의・자연주의 따위로 환원될 가능성이라든지, (2) 부분들을 다 모으면 전체가 되는데, 여기서는 부분에서 없던 새로운 기능이 발현되어 나온다든지, (3) 확률에 기대어 여러 값을 다뤄야 한다든지, (4) 다중 우주가 실재한다면 어떻게 상호작용할 가능성 여부를 논의할 수 있는지, (5) 다수의 공리계가 서로 양립 가능하다면, 그런 공리계의 범위에 관한 의문, (6) 더욱 심각해지는 생태환경 변화의 문제와 새로운 정보 세계에서 인간의 가치 문제 등이다. some도 몇 가지 다른 속뜻이 있겠으나, 여러 고민 끝에 여기서는 '몇 가지'로 번역해 두었다.

지은이 머릿글

지은이는 추천사를 써 주신 위즈덤(John Wisdom, 1904~1993) 교수가 「이 책이 출간할 만한 가치가 있다」고 판단하는 일이 옳았기를 희망합니다.[1] 이는 1910년부터 1911년 사이의 겨울 동안, 런던에 있는 모얼리 대학Morley College에서 이뤄진 20회의 강의들로 이뤄져 있습니다. 첫 10회는 크리스마스 이전에 가진 것이고, 다음 10회는 크리스마스 이후에 가진 것입니다. 비록 상당 부분이 의심할 바 없이 낡은 것이라 하더라도, 그럼에도 불구하고 또한 아마 여전히 그것들이 결코 낡은 것이 될 수 없는 내용들을 많이 담고 있다고 착각하지 않았더라면, 제가 그 내용들이 출간될 만한 것으로 희망하지 않았으리라 생각합니다.

---

1) [역주] 쉴프(Schilpp, 1942) 엮음, 『무어의 철학: 생존 철학자 도서관』(Open Court)에 무어 교수가 쓴 자서전을 보면, 31세 때 케임브리지 트리니티 대학 선임 연구원을 마치고 나서, 에든브뤄로 가서 친구와 같이 살다가 다시 35세 때 런던 근교에 집을 구하여 누이동생들과 함께 살았다. 37세 때 진행한 이 강의는 이미 책자 형태로 강의 원고가 완성되었고, 이 원고를 읽으면서 강의가 진행되었다. 42년 지난 뒤에 이를 출간하기 위해 이 서문을 쓰고 있는 저자의 나이는 당시 80세였다. 5년 뒤 타계하는데, 11편의 글을 모아 놓은 『철학 논고』를 출간하기 위한 서문을 썼고, 타계 후 1959년 출간되었다. 위즈덤 교수의 「추천사」는 유족들의 소재를 확인할 수 없어서 「저작권 문제」를 해결하지 못했고, 번역에서 제외되었다.

그 강의를 들었던 청중들은 각 강의가 끝난 뒤에 제가 강의한 내용에 대하여 질문을 던지기 위하여 모였었습니다. 제15장의 첫 번째 문장이 가리키는 논의도 그 중 하나입니다.

그때 강의 내용들이 이제 실질적으로 주어졌던 형태로 출간됩니다. 당시 강의에서 썼던 표현들보다 현재 더 낫게 표현할 수 있다고 생각하는 다른 표현들로 바꾸어 놓으면서, 어지간히 많은 표현상의 변화를 주었습니다. 그러나 모든 곳에서 그런 변화를 만들 수는 없었습니다. 여전히 저의 옛날 용어 사용법이 여러 군데 드러나 있습니다. 그렇기 때문에 현재 그 용어 사용 방식이 부정확하다고 판단하는 대목들에서는 각주를 추가하여 설명을 덧붙여 놓았습니다. 그렇지만 제19장과 제20장에서는 비록 오직 여러 장의 누락에 따른 것이더라도, 제가말하고 있었던 바를 놓고서 어떤 실질적인 추가 사항을 덧붙이지 않는다면, 지금 저로서는 혼동되고 혼란을 일으키는 대목이므로, 좀더 폭넓게 바꿔 놓았습니다. 제가 믿기로는 이들 두 개 장에서조차 실질적 내용은 그대로 유지하고 있습니다. 저로서는 제가 가지고 있었던 생각을 놓고서 주요한 결점으로 여겨지는 바를 해설해 주기 위하여 '부록'을 추가해 놓았습니다.

저는 여기 출간된 내용에서도 실천상의 실수들이 아주 많이 있음을 잘 알고 있습니다. 게다가 이전 강의에서 말했었던 내용을, 어떤 경우에는 제가 전달하려는 의미를 더욱 명백하게 만들고자 희망하면서, 다음 강의의 시작 부분에서 종종 반복하였었기 때문에 상당량의 중언부언도 있습니다.

좀더 일찍 주목했었더라면, 마땅히 본문 속의 각주로 추가해 놓았을 터인데, 그렇지 못한 것으로 두 가지 사항이 있습니다. 여기서 저는 그것들을 간략히 언급하고자 합니다. 첫 번째 것은, 제7장 '물질적 대상'을 다룬 316쪽(초판 원서의 128쪽이며, 재간은 145쪽)에서 서술하였는데, 어떤 물질적 대상들이 오직 점points이나 선lines이나 면적areas을 차지하는 일이 가능하다는 견해입니다. 지금 이 견해는 저에게는 완전히 잘못인 듯이 보입니다. 저는 마땅히 다음처럼 말해야 합니다.

"아무런 것도 만일 그것이 부피a volume(용적)를 차지하지 않는다면, 비록 그 부피(용적)가 물론 극단적으로 작을 경우라 해도 상관없이, 물질적 대상이나 물질적 대상의 일부라고 말할 수 없다."

고 해야 옳습니다. 97쪽에 있는 각주 4(번역에서는 역주 39로 바뀜)에 밝혀 놓았듯이, 이 점은 표면이 적합하게 물질적 대상의 '일부'로 불릴 수 있다고 가정했던 저의 잘못과 관련되어 있습니다.

각주로 덧붙여 놓았어야 했던 두 번째 것은, 제3장에서 단언(명제)에2) 대하여 말한 내용 및 이 책 643~644쪽과 제17장 745쪽에서 단언

---

2) [역주] 제3장에서는 사실에 관한 단언(명제)을 다뤘으나, 제14장과 제17 장에서는 그런 단언을 믿는 문제(믿음의 문제)를 다뤘다. 따라서 후자는 상위 차원의 문제를 다루는 셈인데, 가령,

"내 눈앞에 커피 잔이 있다."

는 사실 여부를 판단하는 단언(명제) 형식이다. 그렇지만 그 믿음 자체를 대상으로 한 단언

"나는 [내 눈앞에 커피 잔이 있다]고 믿고 있음을 깨닫는다."

는 우리 머릿속의 믿음(자기 자각의 믿음)에 관한 단언(명제)인 것이다. 이들이 서로 동일한 차원의 단언이 아님은 판단 기준의 차이에서도 잘 알 수 있다. 사실 여부에 대한 판단을 결정하는 기준은 경험주의 주장에 따르면 실세계의 자극 경험과 합치 여부, 즉 대응 관계에 의해서 이뤄진다. 그러나 믿음이 합당하고 타당하며 일관적이고 통일되어 있는지를 따지는 기준은 스스로 전체 믿음의 모형을 상정하여 그곳으로부터 도출되는지를 자기 점검을 통해서만 이뤄질 수 있는 것이다. 사실 단언과 믿음 단언에 대한 구분은 계속하여 언급되며, 각각 1차 단언과 2차 단언으로 불리기도 한다. 폴란드 논리학자들은 object^{대상}와 meta^{상위}라는 낱말(대상에 대한 단언 : 믿음과 판단에 대한 상위 단언)을 써서 구분해 주기도 한다.

그런데 무어의 교수에게서 「단언」(명제)이 핵심적이고 중요한 까닭이 있다. 바로 이 개념이 관념론에서 간주했듯이 주관적이거나 상대적인 대상을 가리키는 것이 아니라, 거꾸로 오히려 우리가 지각하고 의식하는지 여부와 무관하게 언제나 객관적으로 존재 하는 대상이라고 간주하여(§.16-3을 보면, true[참값이다, 진리이다]가 지닌 중의성을 피하여 일부러 'a fact[한 가지 사실]'이란 말로 바꿔 부름), 비로소 합리적인 토대를 마련해 놓는 주춧돌이 되기 때문이다. 따라서 제3장 '단언'(명제)에서는 단언 그 자체가 비록 현실세계에 아무런 자극 대상이 없어도 우리가 스스로 임의의 단언을 상정할 수도 있으며, 심지어 아무런 언어 표현이 없이 손가락으로 어떤 대상을 가리키는 경우에조차 우리 머릿속에서는 그 상황과 관련된 하나의 단언을 구성할 수 있음을 주장하게 된다. 제4장 '지식을 얻는 방법'에서는 우리가 외부 세계에 대한 지식을 얻거나 세계 모형을 확립하 려면 단순히 감각자료나 감각인상 따위로는 불가능한데, 이를 모래 알갱이에 비유할

(명제)들에 대하여 말한 내용 사이의 관련성에 대한 것입니다. 제3장 144쪽에서 저는

"이 우주에 분명히 단언(명제)과 같은 것들이 있다."

(There certainly are in the Universe such things as propositions)

수 있다. 이들을 결합시켜 주는 시멘트가 필요한 것이다. 이것이 단언(명제)이며, 반드시 여러 종류의 다양한 단언(명제)들을 재료로 삼고서(즉, 여러 가지 facts 사실들을 재료로 하여) 다시 상위 단언(상위 명제)들로써 철근이나 기둥 따위를 세우고서 드디어 전체 지식이나 세계 모형을 구성해 나갈 수 있는 것이다.

proposition단언, 단언문, 명제의 번역 용어에 대하여 언급해 둘 필요가 있다. 일본의 화란 초기 유학생 서주(西周, 1829~1897, 니시 아마네)가 명령문 형식으로 된 표제를 상정하면서 '명제命題'라는 말을 만들었다(만일 '목숨 명'으로 보았다면, 중요한 표제의 뜻이겠지만, 흔히 군대의 명령이 간결 명확하므로 여기서 착안한 것으로 보임). 그러나 서술 단정문 형식으로 되어 있어야 비로소 참값과 거짓값을 따질 수 있지만, 그가 생각했던 명령문은 결코 참값이나 거짓값을 따질 수 있는 형식이 아니다(명령문은 20세기 일상 언어 철학자 오스틴에 와서야 처음 참값을 가져야 하는 조건을 내세워 다뤄지기 시작했는데, 158쪽의 역주 66을 보기 바람). 개인적으로 짐작하건대, 군대의 명령이 매우 간단한 언어 형식(최소 단위의 언어 표현)으로만 이뤄지기 때문에, 서주는 '명령문 형태를 띤 표제'란 생각을 했었을 것으로 본다. 이는 6권으로 된 아리스토텔레스의 『생각의 도구(Organon)』에서 본격적으로 다뤄진 판단 형식이다. 아리스토텔레스는 주로 당시에 관심거리였던 「전체와 개체」, 「긍정과 부정」의 관계들만을 다루었고, 여기서 단언들 사이에 포함 관계를 다룬 「삼단 논법」을 처음 내세웠다. 그렇지만 현대에 와서야 다루어지는 시제와 양태에 대해서는 제대로 다룰 수 없었다. 여기서는 「판단하고 단정하여 말하는 문장 형식」이란 뜻으로 '단언 문장'이라고 부르기로 하겠다. 그런데 무어 교수는 제3장에서 이런 판단 형식이 언어가 아니라 손가락으로 가리키는 형식(gesture)까지도 모두 포괄한다고 명시적으로 언급하였는데, 그럴 경우에는 '문'을 빼고서, '단언'이라고만 쓸 것이다. 제3장의 후반부에서는 언어로 이뤄진 단언 문장과 감각자료로 이뤄진 단언이 서로 다를 수 있다고 보아 '간접 지각'과 '직접 지각'이라는 용어를 대립적으로 제안하고 있다.

propose란 어원은 참값·거짓값을 따져 보기 위하여(판단과 결정을 위하여) 사람들 앞에 내어 놓다는 뜻을 지니며, 여기에서 제안하다는 뜻도 의미하게 된다. 비록 명제란 용어가 여기저기서 아무런 자각 없이 맹종되고 있는 실정이지만, 올바른 용어를 써야 올바른 생각을 할 수 있다는 점에서 이 번역에서는 더 이상 '명제'란 용어를 맹종하지 않는다. 대신 「판단하여 단정하는 언어 표현」이란 뜻으로 쓰이든, 직접 손가락으로 가리켜 주는 뜻으로 쓰이든, '단언'으로 부르기로 한다. 144~145쪽의 역주 59도 읽어 보기 바란다.

그런데 집합론의 표상 위에서 엄격히 일원론monism으로 작동하는 현대 술어 논리의 토대를 마련한 프레게(G. Frege, 1848~1925)의 판단 형식을 따르면서, 현재·과거·미래라는 시제 또는 시간 양화사(흔히 열린 문장을 닫아 참값과 거짓값을 따지게 하는 binder[결속소]라고 부름)를 갖는 경우에는, 단언proposition이라고 말하지 않고 따로 진술문statements이라고 부른다(제1장에서 다뤄지는데, 48쪽의 역주 16을 달아 놓은 곳의 본문 부분임). 시제 논리의 형식은 특히 프라이어(A. Prior, 1914~1969)에 의해 부등식 관계로 표상되었고, 시제 논리학의 아버지로 칭송된다.

고 하였지만, 이와는 정반대로 제14장 642쪽에서는 제가 다음과 같이 말함으로써 표현될 수 있는 믿음에 관하여 분석적인 견해를 권장하고 있다고 말하였습니다.

"단순히 [믿음을 가리키는] 단언(명제)과 같은 그런 것은 존재하지 않는다." (There simply are no such things as propositions)

그리고 제17장(750~751쪽, 또한 그곳의 역주 289)에서는 다음과 같이 말하였습니다.

"이제 저는 단언과 같은 것이 조금이라도 있다고 믿지 않는다." (I don't now believe that there are such things as propositions at all)

현재 이는 마치 제14장과 제17장을 쓸 적에, 제3장에서 명백히 참값이 된다고 단정해 놓았던 바로 그런 견해를 포기했던 듯이 읽힙니다. 그렇지만 분명히 제3장에서도 제14장과 제17장에서 제가 쓰고 있었던 것과 동일한 의미로 "단언(명제)과 같은 그런 것들이 존재한다."라는 표현을 쓰고 있었던 것으로 판단합니다.[3]

---

3) [역주] 사실에 대한 주장과 믿음이나 인식에 대한 주장을 구분해 주어야 한다. 제3장 '단언'에서 다룬 것은 사실에 대한 참값·거짓값을 주장하고 판단하는 내용이다. 그렇지만 제14장 '믿음과 단언들'과 제17장 '진리와 보편 속성들'에서는 그런 사실을 주장하는 마음속의 믿음이나 인식 체계(단언/명제에 대한 태도)들을 다루게 되므로, 우리 믿음이나 인식은 전체 세계 모형과의 일관성이나 무모순성 정도만을 따질 수 있을 뿐이지, 현실 세계 속의 대상이나 사건과는 직접 관련되지 않는다. 이런 점에서 믿음이나 인식에 대해서는 참값이나 거짓값이라고 단언할 근거가 없게 된다. 믿음을 따질 경우에는 전체적으로 통일된 믿음 체계(이른바 「가설-연역 공리계」로 불림)가 전제되고, 여기서 일관되고 합리적이며 적합한 도출과정을 거친 것인지 여부 등만이 기준으로 내세워질 수 있을 따름이다.

1927년 아리스토텔레스 학회의 학술지에 "Symposium: Facts and Propositions"이란 주제를 놓고서 뢤지(F. P. Ramsey, 1903~1930)와 무어 교수의 글이 실렸다. 24세의 뢤지는 주로 뤄쓸·화잇헤드 『수학 원리』와 뷧건슈타인 『철학 논리 논고』에 기대어 「믿음과 불신에 대한 판단judgement」(인과관계의 판단)의 개념을 도입하였고(I am judging that *p*), 이를 실용적 측면에서 다뤄야 함을 주장한 개괄적 글이다(17쪽 분량임). 이에 대하

12

그러나 현재 저는 제3장에서 그런 표현을 단순히 제14장과 제17장에 있는 의미로만 쓰고 있었다는 생각에 의심을 품고 있습니다. 제3장에서 저는 그 주장을 부분적으로 그리고 최소한 그 주장이 표현하는 바의 참값이

"[사실로서] 나는 해가 달보다 더 크다는 단언을 믿는다."

(I believe the *proposition* that the sun is larger than the moon)

와 같은 표현이, 종종 참값이 되는 어떤 것을 표현하는 완벽히 올바른 방식이며, 분명히 그것들이 사실인 만큼, 이런 단순한 사실로부터 뒤따라 나올 것이라는 의미(늑믿는 과정 그 자체가 결코 왜곡되거나 잘못될 수 없다는 의미)로 쓰고 있었을 것이라고 생각합니다. 반면에, 제14장과 제17장에서는 제가 아마 좀더 의심스럽지만 올바른 방식으로, 다시 말하여 아주 다른 용법으로서

"[사실로서] 나는 해가 달보다 더 크다는 단언을 믿는다"

(I believe the *proposition* that the sun is larger than the moon)

와 같은 표현이, 특정한 방식으로 올바르게 분석될 수 없는 한, 참값을

여 당시 54세인 무어 교수는 룀지의 주장을 35쪽에 걸쳐서 비판적으로 검토한 글이다. 최상위 형식에 언제나 '나는 판정/판단하고 있다'를 상정함으로써, 무어 교수는 이것이 관념론으로 회귀될 것을 우려한 나머지, 판단 그 자체를 보류하거나 억제하여(이를 관념론의 변형으로 파악했으므로 한 개인의 경험사에서 비롯된 것으로 명기했음), 오직 보편적인 대응 관계로써 믿음이나 단언의 참값만 확보하는 쪽으로 축소해 버렸다(It is a fact that *p*). 무어 교수는 상위 차원의 판단과 하위 차원의 객관적 사실이 서로 동일한 차원에 속하는 것으로 잘못 간주하였던 것이다(그의 반박 논문 178쪽). 그렇지만 그런 대응 관계의 확인 절차가 어디서 누구에 의해 어떻게 이뤄지는지는 전혀 설명이 없이 옳은 것으로 치부되어 있다. 결국 이것이 '블랙박스' 속에 남아 있다는 점에서 무어 교수의 반박은 한계가 있다. 다시 말하여, 판정/판단뿐만 아니라 대응 관계도 모두 개인의 경험사로부터 일반화된 보편성까지 변동할 수 있음을 간과한 것이다. 무어 교수의 자서전에 보면, 룀지가 무어 교수의 강의를 들었었고, 늘 룀지 앞에서는 긴장을 했었다고 썼다.

표현해 주지 못할 것이라는 의미로

"[믿음에 관해 적합하게 분석되지 않는 한] 단언들과 같은 그런 것은 존재
하지 않는다."

(There are such things as propositions)

라는 표현을 쓰고 있습니다.[4]

　아마 제1장에서부터 제10장까지는 제 자신의 "미발간 원고"라고
말할 만한데, 버틀뤈드 뤄쓸 경은 1912년 출간한 『철학의 문제들
(*Problems of Philosophy*)』(옥스퍼드 대학 출판부)의 서문에서 이를 언급하
고 있습니다.

　필자는 '뮈어해드 총서Muirhead Library'의 편집자 루이스H. D. Lewis 교수
에게 아주 깊이 감사를 드리고 싶습니다. 그분은 제가 한두 가지를
약간 바꾸면서 아주 기쁘게 받아들인 여러 장들의 제목을 제안해 주
셨을 뿐만 아니라, 또한 각 장의 시작 부분에서도 책자 형태에 알맞도

---

4) [역주] 이는 경험을 통하여 알 수 있는 「사실에 대한 단언」 및 스스로 성찰함으로써
확인되는 머릿속에 있는 「믿음에 대한 단언」을 서로 구별해 놓아야 한다는 자각이다.
사실에 대한 단언은 세계 사실(사건들의 연결체)과 우리 경험 내용 간의 대응 관계를
따지게 된다(마치 사진처럼 일치되어야 함). 이는 우리에게 자극을 주는 세계로부터
누구나 다 공통된 경험할 수 있는지를 따지는 것이다. 그렇지만 판단이나 믿음에 대한
단언(단언/명제에 대한 태도)은 기억 속의 믿음 도막들과 전반적으로 통일된 전체 얼개
사이에서 무모순의 관계와 일관된 판단만을 따지게 된다. 다시 말하여, 사실 세계에
대한 단언들을 놓고서, 과연 얼마나 타당한 판단이나 믿음을 갖게 되는지를 돌아다보
는 것이다. 이런 점에서 앞의 사실 여부를 따지는 단언들에 대한 「상위의 판단 관계」인
것이다. 이런 상위의 판단은 순수히 머릿속 관념들을 대상으로 삼고 있으므로, 세계와
대응 여부로 참값이나 거짓값을 판정할 수 없다. 오직 내재적인 일관성 내지 무모순성
만이 그 잣대가 될 수 있는 것이다. 265쪽 이하에 있는 역주 110에 그려둔 도표(복합
층위가 동시에 작동하는 인간 사고의 모형)에서 중간 3단계에서 최종 5단계와 관계될
적에는 구체적 사건 경험이 문제가 되는 것이 아니다. 오히려 여러 일련의 사건 묶음들
에 대한 내적 관련성과 통일성(배경과 초점) 따위가 더 중요해진다.
　필자에게는 한문 문화권에서도 이런 두 영역이 경험 영역의 형이하학形而下學(형체가
있지만 하늘 아래 있는 대상들을 다루는 학문)과 경험 초월 영역의 형이상학形而上學(형
체가 있지만 하늘 위에 있는 대상들을 다루는 학문)을 나눠 놓은 계기가 되었을 것이라
는 생각이 든다. 형이상학은 전체 우주 모형과 그 하위 구성 영역들을 형이하학의 경험
내용들과 대응시켜 가면서 스스로 수립해 놓아야 하는 영역이기 때문이다.

록 필요한 모습으로 그런 요약 대체물들도 만들어 주셨습니다. 그리고 마지막으로 교정지를 전반적으로 간간히 읽는 수고까지도 마다하지 않았는데, 필자가 주목하지 못한 채 놓쳐 버려서 이 책의 가치를 손상시켜 놓았었을 법한 실수들도 찾아내어 주셨습니다.

1953년 2월 무어(G. E. Moore, 80세)

목차

제1장 철학이란 무엇인가?

§.1-0 【 들머리 】 처음 시작하면서 저는 여러분에게 「철학이 무엇인가?」에 대한 일반적인 생각을 전해 주려고 합니다. 달리 말하여, 철학자들끼리 지속적으로 토론해 오고, 대답하려고 노력하는 것이 어떤 종류의 질문들인지를 말씀드리고자 합니다. 저는 두 가지 이유에서 이런 방식으로 시작하고자 합니다. 첫째, 이렇게 실행함으로써 이 강의의 나머지 시간에서 제가 스스로 다루게 될 것이 어떤 문제들인지에 대하여 모종의 착상을 전해 줄 수 있을 것입니다. 둘째, 저는 이것이 철학의 주요한 문제들을 시작하고 토론하는 최선의 방식이라고 생각합니다. 우선적으로 전체 주체를 놓고서 일반적인 소묘나 개관을 제시해 주려고 시도함으로써, 다른 별개의 문제들이 얼마나 서로서로 연결되어 있는지를 지적할 수 있고, 그것들의 상대적 중요성에 대해서도 여러분이 더 나은 생각을 얻을 수 있습니다.

그렇다면 우선 저는 「철학의 전체 범위」에 대한 서술을 제시하려고 합니다. 그러나 이 일이 결코 실행하기 쉬운 것은 아닙니다. 왜냐하면 그 사안 속으로 들어와서 살펴볼 경우에, 실제로 철학자들이 서로 다른 종류의 질문들을 놓고서 엄청나게 다양한 내용들을 논의해 왔음을 여러분이 깨닫게 되기 때문입니다. 그리고 이들 질문을 모두 포괄하게 될 일반적인 서술을 어떤 것이든지 간에 제시해 주기도 어렵고, 또한 서로 간에 관련을 지으면서 그 질문들을 적합하게 배열해 놓기도 아주 어렵습니다. 저는 실제로 개략적으로 「철학자들이 관심을 두는 주요한 종류의 질문들」을 가리켜 주고, 이들 질문 사이에서 가장 중요한 관련성 몇 가지를 지적해 내는 일 이상을 바랄 수 없습니다. 개인적으로 저는 가장 중요하며 일반적으로 가장 흥미로운 것으로 보이는 그런 질문들을 서술해 주면서 시작한 다음에, 이들 질문의 아래에 있는 여러 가지 하위 주제들로 넘어가 다루도록 하겠습니다.

§.1-1 【 우주 전체에 대한 일반적 서술 】 첫 시작으로서, 개인적으로 저는 철학자들이 해결하려고 노력해 온 가장 중요하고 흥미로운 주제가 다음 문제라고 생각됩니다. 즉, 우주 전체에 대한 일반적인 서술을 제시하는 일입니다. ① 우리가 우주 속에 있다고 알고 있는 가장 중요한 종류의 모든 것들을 언급하고, ② 설사 우주 속에 있는 것이라고 하더라도 우리가 결코 알 수 없는 중요한 종류의 것들이 얼마나 많이 있는지를 고려하면서, ③ 또한 이들 다양한 종류의 대상들이 서로서로 관련되어 있는 가장 중요한 방식들을 고려하는 일입니다. 저는 이런 모든 것을 간단히 줄여서 다음처럼 부를 것입니다.

「우주 전체에 대하여 일반적인 어떤 서술을 제시하기」

(Giving a general description of the *whole* Universe)

따라서 철학에서 제1의 그리고 가장 중요한 문제가 「우주 전체에 대한 일반적인 서술을 제시하는 것」이라고 말할 것입니다. 제 생각으로는 비록 모두는 아니라 하더라도 많은 철학자들이 분명히 그런 서술을 제시하려고 노력해 왔습니다. 서로 다른 철학자들이 제시해 온 서로 다른 서술 내용들은 바로 그분들 사이에 있는 가장 중요한 차이점이라고 생각합니다. 그리고 이 문제는 명백히 철학 영역에 대하여 독특한 것으로 보입니다. 다른 학문에서는 이 문제를 다루려고 하지 않습니다. 그러저런 종류의 대상들이 우주 속에서 존재하거나, 또는 우리가 우주 속에 있는 것으로 알고 있는 유일한 종류의 대상들입니다.

이제 구체적인 사례들을 거론하면서, 이 첫 번째 문제로써 제가 의미하려는 바를 좀더 명백히 그리고 정확히 설명해 나가도록 하겠습니다. 정확하게 말하여, 「우주 전체에 대한 일반적인 어떤 서술」이란 말로써, 제가 의미하는 바에 대해서입니다. 다시 말하여, 저는 서로 다른 철학자에 의해 제시된 서술 내용들 사이에 있는 가장 중요한 차이점들을 언급할 것입니다.

그리고 특별한 이유 때문에 저는 특정한 방식으로 시작하고 싶습니다. 제가 보기에는 우주의 본질에 대하여 특정한 견해들이 있는 듯하고, 오늘날 대부분 모든 사람에 의해서 견지되고 있습니다. 이것들이 보편적으로 받아들여지고 있으므로, 제 생각으로는 온당하게

「상식적 견해」

(the views of Common Sense)5)

---

5) [역주] 여기에 있는 '상식'이란 말은 두 가지 용도로 쓰인다. 하나는 관념론을 벗어나기 위한 방편이며, 다른 하나는 「자연과학적 합리주의에 근거한 상식」을 의미하므로, 보통 사람들이 지닌 일상생활에서의 말하는 상식과는 거리가 있다(현재 우리가 알 수 없지만 장차 학문의 발전으로 이해 가능한 대상들까지 포함함). 쉴프(Schilpp, 1942) 엮음, 『무어의 철학: 생존 철학자 도서관』(Open Court)의 자서전 16쪽을 보면, '상식'에 대한 믿음을 「윤리학 방법들」을 쓴 씨즈윅Henry Sigdwig 교수에게서 공감하였음을 명기해 놓았다. 따라서 자신의 스승으로부터 받은 용어일 듯한데, 초기에 썼던 평범한 상식과는 내용과 차원이 아주 차이가 난다. 초기에 지녔던 상식은, 중국의 공자가 『주역』에 얽어매어 놓은 풀잇글(繫辭)에서 「간단하고 쉬워야」 누구나 실천할 수 있다고 천명한 간·이(簡易) 원리와 공통된 개념이었으나, 과학의 발전을 받아들이면서 그 속내가 달라졌음직하다. 다른 말로 상식은 과학적 합리주의 정신으로서, 저자가 학자적 양심을 걸고 추구하는 참값 후보들에 다름 아니다.

엄정식(1983), 「영국 실재론과 관념론의 극복」, 『철학 연구』 제18집의 각주 11에서도 무어 교수가 '상식'을 두 가지 의미로 썼다고 지적하였다. 한 가지는 사람들이 일반적으로 믿는 내용이며, 다른 한 가지는 자연스런 성향에 따라 믿게 되는 것인데, 무어 교수는

상식이기 때문에 옳다는 것이 아니라, 상식을 부정하는 논점이 잘못이기 때문에, 상식이 타당하다는 관점을 택했다고 적어 놓았다. 물론 이런 엄정식 교수의 지적이 잘못된 것은 아니지만, 상식으로 언급되는 전부를 포괄할 수는 없다. 왜냐하면 이 책의 본문에서는 일반 상식을 뛰어 넘는 최초의 여러 가지 창의적 사고들이 번득인다. 이것들이 모두 다 상식 내지 상식적 접근으로 불릴 수 있기 때문이다. 우리의 머릿속 관념을 수반 현상으로 보는 주장에서부터, 참값을 확립하는 대응 관계를 비롯하여, 믿음에 대한 태도(단언 또는 명제 태도)라든지, 아무도 생각하지도 못한 새로운 현상들이 늘 발견되기 마련이며, 지구상의 인간들이 없어도 지성을 지닌 외계의 존재가 있을 것으로 보는 열린 모습의 과감한 진술들, 그리고 부록(916쪽)에서 「이름을 붙일 수 없는nameless」 감각자료에 두루 펼쳐진 색깔 따위에 이르기까지, 모두 일반 사람의 머리로는 따라갈 수 없는 것들이다. 이것들을 합당하게 설명하기 위해서는 참값의 후보들로서 학자로서의 양심을 지니고 「열린 태도를 지니고 자연과학적 합리성에 토대를 둔 상식」이라고 말할 수밖에 없는 것이다. 이는 자신의 윤리학 논의에서 「여러 가지 관습들의 총체로서 현재 구성원들 사이에 통용됨으로써 결과적으로 유용성을 인정받는 절차들」로서 일반 사람들의 판단을 중심으로 서술해 놓은 '상식'의 내용과는 현격히 다른 측면임을 유의할 필요가 있다(결정 주체가 다수의 일반 사람들로부터, 과학적 합리주의에 근거한 일부 지성인으로 바뀜).

혼히 인용되는 무어(1925), 「상식에 대한 한 가지 변호」는 병원에서 쓴 저자의 서문(while I was in hospital, 1958년 9월)을 달고서 사후 1959년 출간된 『철학 논고(*Philosophical Papers*)』 제2장으로도 재수록되어 있다. 이는 단순히 상식이 옳다고 주장하기보다는 상식이 참값이 될 수 있는 조건들을 철저히 내성하는 논의이다. 또한 그 책의 제10장 「확실성」(1941년 UC at Berkeley 강의)도 우연한 지식과 필연적 지식의 구분 위에서 전자가 참값을 갖기 위한 절차들을 논의하였고(feel, is certain, is absolutely certain, know, is true 등의 느낌 또는 인식 동사 구문에서 주어가 주관적인 personal과 객관적인 impersonal 사이의 차이), 꿈속에서의 지각 경험과 현실 세계에서의 지각 경험들 사이에 있는 절대적 구분의 가능성에 골몰하고 있다. 이제 절대신의 우주 창조설이나 저승이 있다는 '민간에서의 믿음'은 더 이상 상식에 속하지 않는다. 그는 과학적 합리주의에 근거한 상식이 옹호되려면 충족되어야 하는 조건들을 엄격한 방식에 따라 처음으로 명확히 밝혀 놓았다. 관념론과의 거리를 분명히 해 두면서, 물질적 대상이 있고, 그것을 지각하는 인식 주체가 있으며, 현재 지각 경험으로 감각자료가 있다. 현재 내 개인의 감각자료가 다시 다른 사람들과 일반화되기 위한 조건들이 있고(1903년 「관념론에 대한 논박」에서 주장된 결정적 반론의 한 가지 근거임), 궁극적으로 현재·과거·미래 시점에 얻어질 수 있는 감각자료가 있다. 일관된 연역적 분석을 세우기 위하여 밀J. S. Mill이 물질적 대상을 언제나 영구히 감각을 위한 가능성으로 규정한 주장을 받아들이더라도 나 자신의 감각과 다른 사람에게 확장되는 일반화를 위해서는 세 가지 조건(선행 조건의 실현 필연성·내재적인 계기 관계의 필연성·실재와 감각결과 사이의 필연적 대응 관계)이 충족되어야 함을 지적하였다. 그렇지만 그 조건들이 모두 만족되는지 여부는 온전히 녹자가 판단해야 할 몫으로 맡겨져 있다.

그런데 우리말 '상식'과 영어 common sense 사이에는 낱말 사용 방식이 조금 다른 측면이 있다. 물론 sense지각, 감각, 의식, 의미의 내포 의미가 아주 넓기 때문에, common sense공통된 감각, 일반적 느낌, 공유된 의식, 공통적 분별력를 구성원들 사이에 공유된 생각 정도로 보아 '상식常識'으로 번역해 둔다. 그렇지만 우리말에서 '상식'은 보통 교육을 받은 어른이라면 누구나 일상적으로 공유하는 식견識見이나 지식知識을 가리킨다. 만일 '알 식(識)'의 뜻을 살려 도로 영어로 옮길 경우에, common knowledge공통된 지식로 부를 수 있음직하다. 그렇다면 무어 교수는 왜 knowledge앎, 지식를 선택하지 않고 굳이 sense감각, 지각, 의식,

라고 불릴 수 있을 것입니다. 우주 전체에 관해서 아무런 견해이든지 간에 상식적으로 지닐 수 있다고 말할 수 있을지 잘 모르겠습니다만, 아마도 그런 견해들은 어떤 것도 전체 우주관에 해당하지 않을 것입니다. 그러나 제 생각에, 이는 분명히 어떤 종류의 대상들이 이 우주 속에 존재한다는 취지를 지니며, 이런 종류의 대상들이 서로 간에 관련되는 어떤 방식들에 관하여 아주 확정적인 견해입니다.

그리고 저는 이들 견해를 서술하는 일로부터 논의를 시작하려고 합니다. 왜냐하면 저에게는 많은 철학자의 견해들 중에서 가장 놀랍고 가장 흥미로운 것이, 상식적 견해들을 초월하거나 단호하게 논박하는 방식인 것으로 생각되기 때문입니다. 알고 있다고 확언할 수 없는(≒ 신비 속에 쌓여 있는) 중요한 종류의 대상들이 우주 속에 존재함을 그들은 상식을 갖고서 알고 있다고 확언합니다. 또한 이 우주 속에는 상식적 견해에서 가장 확신하는 존재의 대상들이 존재하지 않음을 알고 있다고 하거나, 또는 최소한 설사 그런 대상들이 존재한다고 하더라도 우리가 그것을 알 수 없다고 확언합니다. 그러므로 저는 그것들이 상식적 견해로부터 어떻게 아주 다른지, 즉, 그것들이 한 측면에서 얼마나 상식을 초월해 버리고, 다른 측면에서 어떻게 상식적 견해를 철저하게 논박하는지를 깨달음으로써, 우주에 대한 이들 철학적 서술 내용이 실제로 무엇을 의미하는지에 관하여 여러분이 가장 잘 터득할 것이라고 생각합니다. 그러므로 상식에 대한 가장 중요한 견해로 여기는 바를 서술함으로써 저는 이 강의를 시작하고자 합니다. 이 우주

의미, 분별력를 선택한 것일까? 필자의 생각으로는, 영어에서 knowledge**앎, 지식**가 관념론(또는 이성주의, 합리주의)에서 주장하듯이 아마 선천적인 것으로부터 나올 수도 있으므로, 경험주의에 토대를 둔 접근에서는 차라리 우리의 다섯 가지 감각 기관을 통해 받아들인 sense가 사람들 사이에 공유된 속성을 더 확실히 나타낼 수 있다고 보았을 듯하다. 여기서 sense**감각, 지각, 의식, 의미, 분별력**는 단순한 감각이나 지각보다 좀더 넓게 '분별력' 정도의 뜻으로 쓰이고 있는 것이다. 204~205쪽의 역주 83에서 영어 낱말 know와 우리말 '알다'의 내포 의미와 논의가 깊어질수록 영어 낱말 know, sense 따위의 다른 속뜻이 한국어 직관만을 지닌 이들에게는 큰 걸림돌이 됨직하다. 김지홍(2019), 「비판적 담화 분석에 대하여」(원고본)에서는 우리말에서 「객관성·공공성」을 표시해 주는 고유한 접사들이 없음을 지적해 두었다.

에 관해서 일반적으로 우리가 모두 참된 것으로 가정하며, 우주에 대하여 참된 것으로 알고 있다고 확신하는 대상들입니다.

§.1-2 【 물질 대상 및 정신 작용 】 출발점으로서, 저는 우리가 분명히 이 우주 속에 이러저러한 종류의 거대하게 많은 숫자의 물질적 대상들이 존재한다고 믿는 것으로 보입니다. 예를 들어, 지구의 표면에 우리 자신의 몸(신체) 말고도 수백만 명의 다른 사람들의 몸(신체)이 있음을 알고 있습니다. 우리는 수백만 개의 다른 동물들의 몸뚱이가 있고 수백만 개의 식물들도 있음을 잘 알고 있습니다. 그리고 이것들을 모두 제외하고서도, 심지어 더 큰 숫자의 무생물 대상들이 있음을 알고 있습니다. 산들과 산 위에 있는 모든 바위들과 모래알과 서로 다른 종류의 광물질과 흙, 강물과 바다에 있는 모든 물방울들입니다. 그리고 더 나아가 사람들에 의해 인위적으로 만들어진 또 다른 많은 대상들도 있는데, 집들·의자들·책상들·기차 엔진들 따위입니다.

그러나 지구의 표면 위에 있는 이런 모든 대상들 이외에도, 지구 그 자체가 존재하는데, 엄청난 질량의 물질입니다. 그리고 오늘날 우리는 또한 지구 그 자체가, 지구 속에 있는 것이든 지구 표면에 있는 것이든 간에, 설령 우리들 눈에 크게 보인다손 치더라도, 물질적인 전체 우주와 비교한다면 우습게도 너무나 작다는 것도 믿고 있습니다. 우리는 해와 달 그리고 눈에 보이는 엄청난 숫자의 별들이 모두 각각 커다란 덩어리로 된 물질이며, 그것들이 대부분 지구보다 몇 곱절 더 크다는 생각에도 익숙해져 있습니다. 또한 우리는 그것들이 우리로부터 아주 멀리 떨어져 있고, 지구의 표면 위에 있는 한 지점으로부터 다른 지점까지 이르는 거리가 어떤 것이든지 간에, 우주의 거리와 비교한다면 우스꽝스러울 만큼 작다는 생각에도 익숙해져 있습니다. 이제 우리는 물질적 우주에 관하여 이런 모든 것들을 믿고 있습니다. 그런 모든 것을 믿는 것이 분명히 상식(Common Sense)입니다.

그러나 여러분이 잘 알고 있듯이, 이런 대상들의 일부를 믿는 것이 과거에 결코 상식일 수 없었던 시절도 있었고, 아무도 그런 것들의 일부를 믿지 않았던 시절도 있었습니다. 현재 지구 위에 사는 몇 십억 인구처럼 아주 많은 사람들이 존재하지 않았던 시절도 있었고, 그리고 한때 지구 위에 살고 있었던 사람들이 당시 얼마나 많은 사람이 이미 존재했었는지에 대해 전혀 상상하지도 못하던 때가 있었습니다. 그들 자신의 몸(신체) 이외에 오직 비교적 적은 숫자의 인구로 된 인간 몸(신체)의 존재만을 믿었었고, 비교적 적은 숫자의 동물과 식물들만을 믿었었습니다. 그들은 지구의 표면이 얼마나 큰지에 대한 생각도 전혀 지니지 못했었습니다. 그들은 또한 우주 전체가 지구와 비교하여 작다고 잘못 믿었었고, 지구로부터 비교적 짧막한 거리에 떨어져 있었을 것으로 잘못 믿었었습니다.

그러나 저는 이제 우리가 「물질적 우주에 관한 옛날의 이런 견해들이 명백히 잘못임」을 믿는다고 말하는 것이 올바르다고 생각합니다. 응당 우리는 그것들이 잘못임을 알고 있다고 말해야 합니다. 우리는 그것들이 잘못임을 발견하였고, 이런 발견은 우리 지식 분야에서 이룬 발전의 일부입니다. 그러나 비록 상식적 견해가 바뀐 일에 관해서 모종의 것들이 존재하지만, 그럼에도 우주 속에 거대한 숫자의 물질적 대상들이 존재한다는 점에 관해서는, 우리가 아는 한 상식적 견해가 여전히 동일한 모습으로 남아 있습니다. 사람들이 어떤 것을 믿어 왔든지 간에, 우리가 알기로는 대부분의 사람들이 우주 속에 있는 항상 엄청나게 많은 숫자의 물질적 대상들이 존재함을 믿어 온 것입니다.

그러나 이제 물질적 대상들 이외에도 또한 우리는 우주 속에 물질적 대상과는 아주 다른 어떤 현상이 있음을 믿습니다. 간단히 말하여, 우리는 인간이 몸(감각을 떠맡는 신체)을 갖는 일 이외에도, 또한 정신을 갖고 있음도 믿고 있습니다. 저는 「우리가 정신을 갖고 있다」는 말로써 의미하는 주요한 것들 중 한 가지는 다음과 같다고 생각합니다. 즉, 우리가 어떤 정신적 행위나 의식 활동을[6] 수행하는 것입니다. 다시 말하여, 우리는 보고 들으며, 느끼고 기억하며, 상상하고 생각하

며, 믿고 바라며, 좋아하고 싫어하며, 사랑하고 화를 내며 두려워하는
일 따위입니다.

우리가 행하는 이런 일들이 모두 마음의 작용으로서 정신적 행위나
의식 활동인 것입니다. 우리가 이런 행위를 어떤 것이든 행할 때마다
우리는 뭔가를 의식하게 됩니다. 그것들이 각각 부분적으로 이러저러
한 방식으로 뭔가에 대하여 우리가 의식하는 일을 구성하게 됩니다.
그리고 우리가 정신을 갖고 있음을 확신한다고 말할 경우에, 우리가

---

6) [역주] 원문은 똑같이 acts^{행위들}로 쓰여 있지만, 우리말에서는 흔히 '의식 활동'이란 말을
쓰고 있으므로, acts of consciousness를 '의식의 활동'(활동은 살아있는 생명체의 움직
임)으로 번역해 둔다. 이하에서도 같다. 만일 이를 '의식 행위'란 말로 번역할 경우에
다음처럼 오해가 생길 수 있다.

　① 남이 나를 어떻게 바라볼지 의식하면서 행동하는 일이거나
　② 의도를 감추고서 태연히 안 그런 척 벌여 나가는 어떤 다른 행위이거나
　③ 의식 자체가 저절로 또 다른 주체가 되어서 개별적 행동을 하는 느낌을 준다.
지은이가 의미하듯이, 의식 활동 그 자체가 하나의 행위라고 말하기 위해서는, 우리말
에서 쓰는 '의식 활동'을 쓰는 것이 더 나은 선택으로 판단된다.

　act는 다른 것으로 분해될 수 없는 낱개의 행위이며, 어떤 목적이나 의도를 지니고서
일련의 행위들이 진행되어 나갈 경우에 action^{일련의 행위}라고 부르며, 능동적으로 일정
기간에 걸쳐 반복될 경우에는 activity^{반복 활동}라고 부른다. 따라서 action^{일련의 행위}은 시작
점과 중간 지점과 끝점을 갖게 되며, activity^{반복 활동}는 시간 폭이 어떠하든지 간에 지속
성이 관찰된다. '시카고 학파'로 불리는 작은 사회학 흐름에서는 이런 행위의 이면에
인간의 의도나 동기를 주목하기도 한다. 그렇지만 이 책에서는 mental acts^{정신적 행위}와
physical acts^{신체를 이용한 행위, 물리적 행위}라는 용어를 쓰고 있으며(이 책에서는 material acts
물질적 행위로 쓰고 있음), 이 행위가 본능을 지닌 생명체들에게까지도 확장하고 있으므
로, act가 반드시 인간의 행위만을 가리킨다고 볼 수 없다.

　특히 뉴튼(1642~1727)은 모든 물체들이 계속 움직인다는 뜻에서 act 또는 action^{작용}이
란 말을 썼고, 같은 힘의 양을 보존하면서 반대 방향으로 움직이는 운동을 react 또는
reaction^{반작용}이라고 했다. 물리학에서는 각각 이것들을 '작용'과 '반작용'이라고 번역하
여 쓰고 있다. 그런데 원서 25~26쪽에서도 이런 용법을 찾을 수 있으므로, act가 여러
관련 낱말들을 모두 포괄하는 상의어로서도 쓰고 있는 듯하다. 특히 380쪽 §.8-3 (1)에
서는 의도 또는 의식적인 행위와 무의식적인 행동을 구분하는데, 후자의 원인을 서술
하면서 action or cause^{작용 또는 원인}이라는 어구를 쓰고 있다. 이는 분명히 물질적 대상들
사이에서 관찰되는 인과관계를 가리키기 위한 하의어이므로, '자유의지^{free will}'를 지닌
인간의 행위와 관련 지을 수 없는 대목이다. 이런 경우에는 action을 물리학에서 쓰는
'작용'으로 번역할 것이다.

　자유의지를 지닌 인간의 행위와 관련된 용어는 영어에서 아주 많다. behaviour<sup>외부에서
관찰 가능한 행동</sup>, conduct<sup>도덕적인 잣대가 깃든 처신으로서 전통적으로 우리말에서는 '행실'로 써 왔고 이음말로서
'나쁜 행실'처럼 썼음</sup>, deed^{실천 행위} 등이지만, 내포 의미들이 조금씩 다르다. act는 외부에서
관찰할 수 있는 행위뿐만 아니라 머릿속에서 일어나는 변화까지도 가리킬 수 있으므로
(사고 행위 따위), 이들 모든 용어들에 대한 상의어로서 채택되어 쓰일 수 있을 것으로
본다.

가장 확실하게 여기는 것은, 우리가 이런 일들을 실행하고 있다는 사실인데, 즉, 우리가 이들 의식 활동을 수행한다는 사실입니다. 어떤 경우이든지 우리는 그런 일들을 실제로 수행하고 있으며, 이들 행위가 물질적 대상들과는 아주 다른 것임을 확신합니다. 듣는 일은 아무리 밀접하게 특정한 물질적 대상들과 관련될 수 있을지라도,7) 그 자체로서는 물질적 대상이 아닙니다(≒이해로 귀결되는 '정신 작용'임). 그리고 나머지 것들에서도 그러한데, 보는 일, 기억하는 일, 감각하는 일, 생각하는 일 등입니다. 이런 일들, 즉, 이런 의식 활동들이 분명히 그 자체로서는 물질적 대상들이 아닙니다. 그리고 우리는 여전히 우주 속에 방대한 숫자의 그런 일(≒의식 활동)들이 있음을 아주 확신합니다. 우리들이 모두 다 매일 그리고 하루 종일 막대한 숫자의 그런 의식 활동을 수행합니다. 우리는 끊임없이 서로 다른 대상들을 보고, 서로 다른 대상들을 들으며, 서로 다른 대상들을 생각하고, 서로 다른 대상들을 기억합니다. 오직 우리가 꿈을 꿈이 없이 잠들고 있을 적에

---

7) [역주] 전반적으로 듣는 일은 물리적 작용과 인지적 작용이 서로 긴밀히 맞물려 있다. 먼저 '음원'으로부터 일정한 진폭의 공기 '파장'(음파)을 일으키고, 공기라는 매질로 전파됨으로써 이것이 귀에 들어가서 청각 기관의 떨림을 통하여 신경계의 '전기적 활동'을 일으킨다. 여기까지는 물질적 행위나 물리적 작용이라고 말할 수 있다. 그렇지만 그 신경계의 자극들이 우리 머릿속에서 어떤 방식으로 어떤 소리로 인식되는지에 대해서는, 아직 신경 생리학적 작동 방식이 잘 알려져 있지 않았으나, 대체로 이는 지각이나 인식의 영역으로 간주된다.
　듣는 일에서 인지적 작용 방식은 단순하고 단일한 인식이 아니라(단순한 자극-반응이 아님), 여러 가지 영역들이 동시에 작동하는 복잡하고 전체적인 인지 과정으로 상정된다. 다시 말하여, 상당한 양의 기억 속에서 배경 소리와 초점 소리가 전-전두피질 pre-frontal lobe에 있는 작업기억working memory으로 인출되어 서로 확인되고 구분된 다음에, 그 초점 소리에 다시 특정한 의미가 배당되고, 이 해석에 따라서 청자의 반응(반사 작용) 태도와 미래 전략까지도 거의 똑같은 시간대에 활성화되어야 한다. 이는 대단히 복합한 과정인 것이다.
　그렇지만 이런 복잡한 처리 과정에도 아랑곳하지 않고, 우리들은 무의식적으로 주의력 쏟기를 동시에 작동시키므로 마치 아주 단순한 일처럼 느끼게 된다. 흔히 이를 '선택적 주의력selectional attention'이라고 부른다. 작업장에서 소란스런 배경 소음에도 불구하고, 작업자들끼리 서로 말소리를 제대로 알아듣는 일들이 바로 배경 소음을 무시하고 초점 소리에만 주의력을 쏟은 결과이다. 만일 동일한 상황을 녹음이나 녹화한 뒤에 다시 들려주면서 무슨 말을 했는지 알려달라고 한다면 결코 성공하지 못하는데, 당시 상황에서 여러 다른 공기 파장들 중에서 오직 인간 목소리에만 주의력을 쏟아 그 말뜻을 처리했었기 때문에 그러한 것이다.

라야, 그런 일을 실행하기를 멈춥니다. 그리고 심지어 잠 속에서라도 우리가 꿈을 꾸는 한, 우리는 의식 활동을 수행하고 있습니다. 그러므로 우주 속에는 어떤 순간에라도 서로 다른 수백만 명의 사람들에 의해서, 그리고 아마도 또한 많은 종류의 동물들에 의해서 수행되는 수백 만 가지의 서로 다른 의식 활동이 존재합니다. 저는 이런 모든 것을 믿는 것이 분명히 상식이라고 생각합니다.

지금까지 우리는 상식적으로 우주 속에 적어도 서로 다른 두 가지 종류의 대상들이 있음을 믿고 있습니다. 우선 거대한 숫자의 물질적 대상들이 있습니다. 그리고 또한 아주 엄청난 숫자의 정신적 행위 또는 의식 활동이 있습니다.

§.1-3 【 물질 대상들에 대한 경험과 신체에 깃든 정신 작용 】 그러나 저는 상식적으로 이들 두 가지 종류의 대상들이 서로 간에 관련되는 방식에 대해서도 아주 확정적인 어떤 견해를 갖고 있다고 생각합니다. 그러나 이들 견해를 설명하기에 앞서서, 제가 언급한 모든 물질적 대상들을 놓고서 우리가 절대적으로 참값이 된다고 믿는 어떤 것을 먼저 언급해야 하겠습니다. 그리고 실제로 그것들뿐만 아니라 또한 우리가 공통적으로 「물질적 대상」이라고 불러야 하는 모든 대상들에 대한 것입니다.

사실상 우리는 모든 물질적 대상들에 대해서 그것들이 각각 주어진 임의의 순간에, 어디엔가 또는 우리가 공간이라고 부르는 무엇인가에 자리를 잡고 있다고 믿습니다. 그리고

「물질적 대상들이 모두 공간 속에 있다」

고 말함으로써, 저는 우리가 적어도 두 가지 것을 의미한다고 생각합니다. 우선적으로 그것들이 각각 주어진 임의의 순간에, 「나머지 모든 것들로부터 어떤 일정한 거리에 떨어져 있음」을 의미합니다. 이들 거

리를 모두 측정하거나 또는 사실상 정확히 어떤 것이든지 간에 절대적으로 그 거리들을 측정하는 일은, 실제적으로 실행하기가 불가능할 수 있습니다. 그러나 그것들이 모두 이론상으로 어느 정도의 마일(≒1.6km)이든지 피트(≒30.4cm)이든지 인치(≒2.5cm)이든지 아니면 그러저러한 몇 분의 1인치이든지 간에, 절대적으로 서로 접촉하고 있는 다른 대상들과 떨어져 있는 것으로 측정되어 표현될 수 있으므로, 우리는 그것들8) 사이에 거리가 전혀 유별난 것이 아님을 믿습니다.

가령 소략하게 말하여, 우리는 지구가 한 방향으로 태양과 수만 마일의 거리에 떨어져 있고, 또 다른 방향으로 북극성으로부터 수백만 마일 더 멀리 떨어져 있음을 믿습니다. 주어진 임의의 시점에서 태양과 지구 사이에 그리고 북극성과 지구 사이에 일정한 거리로 떨어져

---

8) [역주] between which는 두 개의 대상object들 사이를 가리킨다. 영어 수사학에서는 문장을 전개할 적에 같은 낱말을 중복하지 말고 다른 낱말을 쓰도록 권장하는데, 더 다양하고 우아하게 보이기 때문이다. 전문 용어로는 낱말 사슬 만들기lexical chaining라고 부른다. 옛날 한문에서도 그러한데, 변문變文(글자를 바꿈)이나 피복避複(중복을 피함) 또는 문상피이文相避耳(서로 동일한 낱말을 피할 따름이다)라고 불렀었다. 여기서 '대상object'과 바꿔 쓸 수 있는 낱말로서 물체body, 개체individual, 대상물entity, 대상thing(것), 개별체particular 등이 있다(288~289쪽의 역주 115와 785쪽의 역주 306). 이런 후보들을 찾는 데 도움을 주기 위해서 서구에서는 「관련 낱말 검색 사전thesaurus」이 나와 있다. 지은이는 바로 다음 단락에서 일부러 body를 쓰고 있다. 비슷하게 의식 활동도 '정신 작용'이나 '심적 행위'나 '정신 활동' 등과도 서로 자유롭게 교체될 수 있다. 그렇지만 이러한 글쓰기 전통이 아직 확립되어 있지 않은 우리 쪽의 문화에서는 body물체, 몸, 신체를 가리키기 위하여 앞에서 썼던 동일한 낱말 '대상'을 그대로 쓴다고 하더라고 결코 감점 요인으로 작용하지 않는다. 대신, 우리말과 글에서는 허사에 해당하는 문법 요소들을 바꿔써서 변화를 꾀한다. 거꾸로 서구 언어로 작문을 할 경우에는 실사들을 바꿔 표현해야 다양성을 추구하는 탁월성으로 평가를 받으므로 「관련 낱말 검색 사전」을 잘 활용하면서 낱말 선택에 좀더 신경을 써야 할 것이다.
　　제2장에서는 세 가지 views견해라는 말을 쓰다가 느닷없이 제3장에서 세 가지 rules규칙이라는 말로 바꿔 표현한 대목이 있고, 제7장에서는 view견해와 theory이론이란 낱말을 뒤섞어 쓰고 있다. 이것들 또한 낱말 사슬 만들기에 지나지 않는다('어휘'는 뜻이 고정된 속담까지도 포괄하는 낱말보다 좀더 큰 차원의 용어임). 그리고 전반적으로 책임경감 표현(490~491쪽의 역주 182)으로서 in a sense어떤 의미에서를 아주 잦게 쓰다가 더러 in one respect한 가지 측면에서 등의 어구로도 바꿔 쓴다. 이것도 또한 동일한 낱말 사슬 만들기에 해당한다. 역사가 아주 짧은 우리의 글쓰기 전통에서는 아직 세워져 있지 않은 담화상의 특징이므로, 서로 다른 사례들을 놓고서 네 군데에서 역주로 달아 두었다. 288~289쪽의 역주 115와 330쪽의 역주 120과 381쪽의 역주 136과 547쪽의 역주 204도 같이 보기 바란다.

있듯이, 비슷하게 또한 태양과 북극성 사이에도 그리고 비슷하게 천체의 어떤 한 물체와 나머지 다른 물체들 사이에도 일정한 거리로 서로 떨어져 있습니다. 그리고 또한 지구의 표면 위에 있는 모든 물체들 사이 또는 이들 물체의 임의 부분들 사이에도 그러합니다. 주어진 임의의 시점에서 그것들 중 임의의 두 개가 서로 접촉하고 있거나 또는 이와는 달리 서로 간에 모종의 일정한 거리로 떨어져 있다. 소략히 그러저러하게 몇 마일(≒1.6km)이나 피트(≒30.4cm)나 인치(≒2.5cm)나 몇 분의 1인치로 표현될 수 있는 거리입니다. 그렇다면 우리는 모든 물질적 대상들이 주어진 임의의 시점에서 각각 어떤 일정한 거리로 나머지 모든 것들로부터 떨어져 있음이 사실이라고 믿고 있습니다. 바로 이것이 대상들이 모두 공간 속에 있다고 말함으로써 우리가 의미하는 것들 중 한 가지입니다. 그러나 저는 우리가 또한 물체들이 각각 어떤 방향이나 다른 방향이든지 간에, 나머지 모든 것들로부터 떨어져 있음을 의미한다고 생각합니다. 하나의 또는 다른 어떤 아주 한정된 집합의 방향들입니다. 그리고 제 생각에 이런 한정된 집합의 방향이 무엇인지는 쉽게 설명될 수 있습니다(≒3차원의 직교 좌표계임).

우리가 모두 구sphere라고 불리는 도형의 모습을 알고 있습니다. 완벽히 둥근 공의 모습입니다. 이제 구의 중심으로부터 임의의 직선이 구의 표면 위에 있는 점들 각각에 이르기까지 그어질 수 있습니다. 우리는 이들 직선이 각각 그 중심으로부터 상이한 방향으로 뻗어나간다고 말할 수 있습니다(≒3차원의 직교 좌표계 상으로 뻗어나감). 이것이 바로 우리가 임의의 방향이란 말로 의미하는 바입니다. 그리고 더군다나 우리는 중심으로부터 이들 하나 또는 다른 직선을 따르지 않고서는, 중심으로부터 직선으로 움직일 수 있는 방향이란 결코 존재하지 않는다고 말해야 합니다. 만일 여러분이 구의 중심으로부터 조금이라도 직선으로 움직인다면, 반드시 그 구의 표면에 있는 하나 또는 다른 점들 쪽을 향하여 가게 됩니다. 그리고 바로 이것이 아주 한정된 집합의 방향을 언급함으로써 제가 의미하는 바입니다. 주어진 임의의 점으로부터 출발하여, 여러분이 직선으로 갈 수 있는 모든 가능한 방향들이 아주 한정된 집합을 형성합니다. 다시 말하여, 반드시 구의 중심이 되는 그 점으로부터 구의 표면 위에 있는 어떤 점으로까지 뻗어 있는 하나 또는 다른 직선을 따라서 가야만 하는 것입니다.

그렇다면 모든 물질적 대상에 대하여 우리가 믿고 있다고 말한 두 번째 것은, 구들 중 임의의 구 하나 위에 있는 임의의 점으로부터 출발함으로써, 모든 나머지 점들이 이런 한정된 집합의 직선 중 하나 또는 다른 것 위에 놓일 것입니다(≒가령 커다란 구가 3차원 좌표계의 공간으로 표상됨). 만일 임의의 점(≒원점)으로부터 여러분이 그 점을 둘러싸고 있는 구의 표면 위에 있는 모든 다른 점들로 뻗어나가는 모든 직선을 고려한다면, 주어진 임의의 시점에서 절대적으로 우주에 있는 모든 물질적 대상이 이들 직선의 하나 또는 다른 것 위에 놓여 있을 것입니다. 그 대상이 그 직선들 중 하나 또는 다른 것을 따라서 이러저러한 거리에 놓이게 될 것입니다. 우리는 공간 상으로 (앞의 위상 이외에) 임의의 물질적 대상이 점유할 수 있는 다른 위치란 존재하지 않는다고 말해야 됩니다. 이들 직선이 공간 상으로 모든 위치들을 뚫고 통과할 것입니다. 따라서 만일 하나의 대상이 조금이라도 공간 속에 있다면, 반드시 이러저러한 직선들 위에 존재해야 합니다. 그러므로 이것이

「모든 물질적 대상이 공간 속에 자리잡는다」

고 말함으로써 우리가 의미하는 것들 중 한 가지입니다. 다시 말하여, 우리가 물질적 대상들이 놓여 있고 움직이는 유일한 공간the space을 말하는 경우에, 제가 명시해 놓은 것들 말고는, 여러분이 임의의 점으로부터 나갈 수 있는 다른 방향이란 존재하지 않는 어떤 공간을 의미합니다(≒3차원의 직교 좌표계의 원점을 어떻게 설정하든지 간에, 우주는 3차원의 좌표계로 거리와 위치를 표시할 수 있음). 저는 분명히 제가 언급한 모든 물질적 대상들이 그런 공간 속에 놓여 있음을 우리가 참된

것으로 여긴다고 생각합니다. 그 대상들 중에서 임의의 대상 하나로부터 나머지 모든 대상들이 임의의 시점에 반드시 이들 방향 중 하나 또는 다른 쪽에 놓여 있어야 한다는 것입니다. 그리고 우리가 「물질적 대상들」을 말하는 경우에, 저는 한 가지 규칙으로서 우리가 이런 서술 내용(≒3차원의 좌표계) 아래 오직 이것이 참값이 되는 대상들만 포함함을 뜻한다고 생각합니다.

그러나 이미 제가 의식 활동이나 정신적 행위라고 부른 사뭇 다른 종류의 그런 대상들과 물질적 대상들이 지니는 관계에 대해서 우리가 믿고 있는 바를 설명해 주기 위해서, 이제 저는 먼저 물질적 대상들을 놓고서 우리가 믿고 있는 바에 관한 이런 설명을 막 개관하였습니다. 저는 일반적으로 의식 활동이 물질적 대상들과 관련되는 방식을 놓고서 상식으로서 어떤 아주 확정적인 견해를 지니고 있다고 말하였고, 이제 이들 견해가 무엇인지를 서술해 놓고자 합니다.

저는 우리가 모두 일반적으로 의식 활동이 아주 틀림없이 특정한 방식으로 어떤 물질적 대상들에 붙어 있지만, 사뭇 틀림없이 다른 것들에는 붙어 있지 않을 것으로 믿는다고 생각합니다. 그리고 공간에 대한 제 설명 방식을 소개한 이유가, 어떤 의미에서 우리가 의식 활동을 특정한 물질적 대상들에 붙어 있는 것으로 믿고 있는지를 더욱 분명히 만들어 주기 위한 것입니다. 저는 의식 활동이, 즉, 우리가 살아 있는 한 「우리가 실행하는 모든 그런 활동들이 우리 몸(신체)이 존재하는 동일한 곳에서 일어난다」는 의미에서, 우리 몸에 붙어 있음을 믿는다고 생각합니다. 저는 일상생활에서 우리가 모두 실제 지속적으로 이 점을 가정하며, 설사 이와 반대로 대부분의 철학자가 의식 활동(≒흔히 '영혼 작용'으로 불렀었음)이 어떤 곳에서도 전혀 일어나지 않음을 믿더라도, 다시 말하여, 단순히 의식 활동이 어떤 곳에도 존재하지 않고 공간 속에 있지 않음을 생각해 왔다고 믿더라도, 가장 확실하게 이 점(≒정신이 신체에 깃들어 있음)을 가정한다고 생각합니다. 그러나 저에게는 우리가 모두 일반적으로 이를 가정한다는 것, 즉, 이것이 상식적 믿음이라는 것은 아주 분명합니다(≒당시 신관념론이 유행했었는데, 자신의 스승과 선배의 세계관을 부정하는 방편으로 사뭇 조심스런 서술 방식을 쓰고 있음).

예를 들어, 저는 제 의식 활동이 이제 제 몸(신체)이 있는 이 강의실 안에서 일어나고 있다고 믿습니다. 현재 이 순간에 저는 여기에서 듣고 있고, 보고 있으며, 생각하고 있습니다. 그리고 제가 이제 막 기차로 런던 중심부의 워털루Waterloo 구역까지 여행을 한 경우라면, 제 정신과 제 의식 활동이 저와 함께 여행하였다고 믿습니다. 그 기차와 제 몸이 런던 서남쪽의 퍼트니Putney에 있었다면, 저는 퍼트니에서 생각하고 있고, 보고 있었을 것입니다. 그 기차와 제 몸이 런던 남서부의 클래펌 교차지Clapham Junction에 있었다면, 저는 클래펌 교차지에서 생각하고 있고, 보고 있었을 것입니다. 기차를 타고서 제가 통과해 지나가는 다른 모든 곳에서도 그랬을 것입니다. 저는 우리가 모두 일반적으로 이런 방식으로 우리의 의식 활동이 임의의 순간에 바로 그 당시 우리 몸(신체)이 존재하는 곳에서 일어나는 것으로 가정한다고 생각합니다. 제가 우리의 몸 속에서 우리의 의식 활동이 정확히 어디에서 일어나는지 어떤 확정된 생각을 갖고 있음을 말하려고 하는 것은 아닙니다.9) 저는 우리가 그런 생각을 갖고 있는 것으로 생각하지는 않

---

9) [역주] 현재 지구 나이는 지르콘 결정 속의 우라늄 반감기를 역산하여 계산한다. 초기에 형성되었을 대륙을 찾아내기 어렵기 때문에, 대신 지구 형성에 간여했을 태양계 운석들을 놓고서 그 나이를 계산한다. 1953년 미국 칼텍의 클레어 C. 페터슨 교수에 의해서 45억 년으로 추정되었고, 현재에도 받아들여지고 있다. 이런 오랜 지구 역사에서 두 차례의 전체 동결기가 있다. 22억 년을 전후로 진핵 세포가 생겨나고, 콜라겐으로 점차 복잡한 기관들이 생겨나며, 7억 년 전후로 산소가 전체 대기의 20%를 점유하면서 생명체의 현격한 진화가 일어났다. 5억 년 전 선캄브리아 시기에 눈이 생겨나고 나서 피식과 포식의 생명종들이 생겨나면서 등뼈 있는 생명체가 나오게 되었다. 신체 기관에서 등뼈가 생겨나면서 중추 신경계가 자리 잡고 나서, 다시 육상으로 진출하면서 뇌간을 둘러싸고서 세 번의 진화 과정을 거쳐 현생 인류에서 찾아지는 세 겹 두뇌가 생겨났다. 머클레인(MacLean, 1990), 『세 겹 두뇌의 진화: 2백만년 전 대뇌 기능들에서의 역할 (The Triune Brain in Evolution: Role in Paleocerebral Functions)』(Plenum Press)을 읽어 보기 바란다.

현재의 연구에서 알려지기로는, 소화기 계통에도 수많은 신경계가 분포되어 있고, 흔히 이를 창자–두뇌gut brain이라고 부르는데, 세 겹 두뇌에도 직·간접적으로 연결되어

습니다. 우리는 의식 활동이 모두 정확히 우리 몸 속에서 정확히 동일한 지점에서 일어났는지, 아니면 서로 다른 의식 활동이 서로 다른 지점에서 일어났는지 여부를 말할 준비가 되어 있지 않습니다. 또한 우리가 임의의 특정한 지점을 어떤 특정한 의식 활동이 일어난 그 지점으로 배당할 준비도 되어 있지 않습니다. 저는 우리가 실제로 확실하게 믿고 있는 것이 모두

「모든 의식 활동이 우리 몸에 있는 이러저러한 어떤 곳에서 일어난다」10)

영향을 주는 것으로 알려져 있다. 제1두뇌는 파충류의 화석에서 찾아지며 파충류의 뇌라고 불리며, 제2두뇌는 원시 젖먹이 동물에게서 관찰되므로 원시 젖먹이 동물의 뇌라고 부르거나 제1뇌를 둘러싸고 있다는 의미에서 '테두리 뇌limbic brain'(일본에서는 난삽하게 '변연계의 뇌'라고 번역함)로 부른다. 이것들은 흰색을 띠므로 백질white matter 의 뇌라고 한다. 파충류의 뇌는 주로 신진대사를 관장하고, 원시 젖먹이의 뇌는 욕망과 감정 등의 본능적 기능들을 떠맡고 있다. 기능적으로 자극과 반응 행동이 결합되어 있는 자유연상free-association(독일 에빙하우스의 개념) 기억이 작동하는 영역이다.

그런데 인류를 중심으로 하여, 큰뇌(대뇌)로 불리며 회백질grey matter로 이뤄진 좌·우 반구는 후기 젖먹이 동물로부터 생겨났다고 한다. 대략 6백만 년 전부터 시작하여 이미 250만 년 이전에는 상당한 정도로 진화가 이뤄졌다고 한다. 대뇌 피질에 분포하는 뉴런들의 형태를 중심으로 하여 다시 6겹의 층위를 이루고 있다(Hawkins, 2004; 이한음 뒤침, 2010, 『생각하는 뇌, 생각하는 기계』, 멘토르)고 한다. 제3의 대뇌 반구에서는 기능적으로 기존의 기억 내용을 중심으로 그물짜임을 확장해 나가는 재구성reconstruction(영국 바아틀릿의 개념) 기억이 작동한다(Bartlett, 1932, *Remembering: A Study in Experimental and Social Psychology*, Cambridge University Press). 이런 여러 종류의 두뇌들을 통일되게 작동시키는 부서를 작업 기억working memory라고 부르는데, 전두엽 앞쪽에 있으므로 전-전두엽pre-frontal lobe이라고 부른다. 배들리(2007, Baddeley), 『작업기억·사고·일련의 행위 (*Working Memory, Thought, and Action*)』(Oxford University Press)를 읽어 보기 바란다.

그런데 사회적 관계 속에서 인간은 행위 및 언어를 통해 관계를 진전시켜 나간다. 이를 위하여 누구나 머릿속에서 이전 단계로서 판단·결정·평가 체계 작동해야 한다. 심리학자로서 노벨 경제학 수상자인 카느먼 외(Kahneman et als., 1982; 이영애 뒤침, 2001), 『불확실한 상황에서의 판단』(아카넷)에서는 두 가지 판단·결정 체계를 논의한다. 「신체내부 감각visceral sensations」에 의해 좌우되는 즉물적이고 즉각적이며 원시뇌의 작동 방식으로서 비이성적인 '체계 1'이 있다. 다시 면밀하게 여러 가지 체험과 가능성들을 의식적으로 고려하면서 신중하게 판단하고 결정하는 '체계 2'가 있다. 이것들은 모두 자기 내성을 통해서만 그 존재를 어렴풋이 느낄 수 있을 뿐이다.

만일 이런 측면들을 고려한다면 비록 인간의 정신 작용이 매우 간단하고 즉각적인 듯이 자각되더라도, 사실상 여러 가지 두뇌 부서들이 동시에 연결을 이뤄 함께 작동해야 하는 매우 복잡한 과정임을 알 수 있다. 좀더 자세한 것은 155쪽의 역주 65와 182~184쪽의 역주 78과 217~219쪽의 역주 93과 383~384쪽의 역주 137을 보기 바란다.

10) [역주] 매우 단순해 보이는 이 진술도 사실은 그 해석이 간단치 않다. 정신과 신체의 관계를 다루는 심리철학에서는 현재 적어도 세 가지 입장이 서로 경합하고 있다. 정신과

는 것입니다. 아무튼 우리가 모두 항상 이를 믿고 있는 듯이 말을 합니다. 그리고 저는 이전에 지녔었던 서로 다른 믿음과 대조해 줌으로써, 현재 우리가 지니고 있는 이런 믿음의 힘을 예시해 놓을 수 있습니다.

저는 어떤 야만인들이 때로 사람이 꿈을 꾸고 있을 적에, 그 사람의 정신이나 영혼이 그 자신의 몸을 떠나서 어떤 다른 장소로 간 다음에, 그곳에서 무슨 일이 진행되고 있었는지를 바라본다는 생각을 했었던 적이 있다고 봅니다. 그러므로 그가 자고 있는 동안에 그 자신의 몸이 있었던 곳이 아닌 다른 어떤 곳에서, 그 자신의 의식 활동이 일어날 수 있을 것이라는 생각을 했던 것입니다. 이제 이를 믿는 것이 더 이상 상식이 아니라고 말하는 것이 저는 올바르다고 생각합니다. 오늘날 우리는 일반적으로 우리가 살아 있는 동안에 적어도 정상적으로는 오직 우리 자신의 몸이 있는 곳에서만 생각하고, 바라보며, 듣고, 느낄 뿐이라고 믿고 있습니다. 적어도 우리는 거대한 숫자의 의식 활동들이 각각 이러저러한 몸(신체)의 어떤 곳에서 일어난다는 의미에서, 어떤 특정한 신체 부위에 붙어 있다고 믿는 것입니다. 저의 의식 활동은 제 몸 안에서 일어납니다. 그리고 여러분의 의식 활동도 여러분의 몸 안에서 일어납니다. 그리고 적어도 일반적으로 우리 정신도 우리 몸이 가는 곳이라면 어디든지 우리와 함께 갑니다.

그렇다면 우리가 많은 의식 활동이 그런 신체적 대상들이 존재하는 곳에서 일어난다는 의미에서, 특정한 물질적 대상(≒우리 신체)에 붙어 있음을 믿는다고 저는 생각합니다. 그러나 이것이 우리가 특정한 물리적 대상에 붙어 있는 것으로 믿고 있는 유일한 의미라고 말하려는

신체가 서로 별개의 것이라고 보는 입장을 심신 이원론dualism이라고 한다. 그렇지만 정신이 두뇌의 신경 생리학적 작용으로 생겨난다는 입장을 심신 일원론monism이라고 부르거나 환원주의라고 부른다. 이 두 입장 이외에도 심신 동반론epiphenomena 또는 심신 수반론supervenience도 있는데(제8장의 논의에서 보듯이 분명히 무어 교수도 이 개념을 부활시킨 공적이 있음), 두뇌의 신경 생리학적 작용과 유사하게 정신 작용이나 의식 작용이 수반된다는 생각이다. 써얼(2005; 정승현 뒤침, 2007), 『마인드』(까치)와 하종호 외 4인(2008), 『김재권과 물리주의』(아카넷)를 읽어 보기 바란다.

것은 아닙니다. 의심의 여지없이, 우리는 또한 많은 의식 활동이 우리 신체상에서 일어나는 변화에 달려 있음을 믿고 있습니다. 예를 들어, 제 눈에서 어떤 변화가 일어날 경우에만 저는 보게 되고, 제 귀에서 어떤 변화가 일어날 경우에만 듣게 되며, 아마 어떤 변화들이 제 머릿속에서 일어나는 경우에만 생각하게 됩니다. 우리는 많은 의식 활동이 또한 이런 방식으로 특정한 신체에 붙어 있음을 믿고 있습니다. 그러나 우리가 의식 활동 및 특정한 신체 사이에서 성립하는 것으로 믿고 있는 가장 단순하고 가장 보편적인 관계는, 제 생각에 이미 언급한 것인데, 즉 「그런 신체가 존재하는 곳에서 의식이 생겨난다」는 것입니다.

그렇다면 우리는 의식 활동이 어떤 물질적 대상들(≒우리 신체)에 붙어 있음을 믿고 있습니다. 그러나 이에 못지않게, 저는 「우리가 대다수의 물질적 대상들(≒무생물)에는 의식 활동이 붙어 있지 않음을 믿고 있다」고 생각합니다. 우리는 의식 활동이 살아 있는 사람의 몸, 즉, 수백만의 사람들 신체에 붙어 있고, 아마 대부분의 동물들에게도 붙어 있다고 믿고 있습니다. 따라서 우주 속에는 의식 활동이 결여되어 있지 않습니다. 그러나 그럼에도 불구하고, 저는 대다수의 물질적 대상들에 대하여 우리가 아무런 의식 활동도 붙어 있지 않다고 믿는 것으로 생각합니다. 우리는 의자와 탁자와 집과 산과 바위들이 실제로 보고 들으며 느끼고 생각하지도 않고, 임의의 다른 정신적 행위도 실행하지 않음을 확신합니다. 그것들이 의식이 없음을 확신합니다. 또한 해와 달, 별과 지구도 의식이 없습니다. 우리의 의식 활동이 우리 신체에 붙어 있다는 의미에서, 그것들에 아무런 의식 활동들이 붙어 있지 않음을 확신합니다. 우리가 실행하는 것처럼, 그것들이 느끼거나 듣거나 보는 것은 아닙니다. 그렇다면 이것이 의식 활동 및 물질적 대상 사이에 있는 관계를 놓고서 우리가 믿고 있는 한 가지 아주 중요한 차이점입니다. 즉, 우주 속에 있는 대다수의 물질적 대상들 중에서, 의식 활동이 붙어 있는 것은 비교적 소수의 것만이 존재합니다. 달리 말하여, 지금까지 우주 속에서 더 광대한 숫자의 물질적 대상들은 의식이 없습니다. 저는 이것이 공정하게 오늘날 상식적 견해가 된다고 말할 수 있을 것으로 생각합니다.

그러나 현재의 상식적 견해가 한때 상식으로 믿어졌었던 많은 것들과 다르다는 측면에서, 이것이 또 다른 점입니다. (물활론·정령론이 유행하던 시절에) 대부분의 사람이 의식 활동이 통나무와 바위와 나무에 붙어 있었고, 해와 달과 다른 많은 대상들에도 붙어 있었다고 믿었던 때가 있었음은 거의 확실한 듯합니다. 그들은 정령(영혼)들이 다양한 시간 동안 이들 대상 속에 깃들어 있었고, 그 정령들이 그 대상들 속에 있는 동안에 의식 활동이 종종 그것들 안에서 일어났다고 믿었었습니다. 마치 우리 정신이 우리 몸 안에서 듣고 보며 생각하듯이, 그 정령(영혼)도 통나무 속에서 듣고 보며 생각하였습니다. 그렇다면 사람들이 적어도 한 때에는 일반적으로 현재 우리가 의식이 없다고 믿는 많은 물체에도 의식이 붙어 있던 것으로 믿었던 시절이 있었습니다. 그러나 제가 알고 있는 한, 심지어 그 당시에도 사람들이 주어진 임의의 시점에 우주 속에 의식 활동이 전혀 진행되지 않는 많은 곳들이 있었다고 항상 믿었던 것입니다. 저는 우리가 이 점보다 훨씬 더 멀리 진행해 갈 뿐이라고 믿습니다. 우리는 주어진 임의의 시점에서, 의식 활동이 일어나지 않는 지점의 숫자가 의식 활동이 일어나고 있는 대상들의 숫자보다 엄청나게 더 컸었다고 믿습니다.

§.1-4 【 물질 대상의 세 가지 특징, 그리고 정신 작용과의 상호간 독립성 】

그러므로 이것이 우리가 「의식 및 물질적 대상들 사이에 있는 관계」와 관련해서 믿고 있는 한 가지 것입니다. 그러나 저는 또한 언급될 필요가 있는 다른 세 가지 것이[11] 있다고 생각합니다. 이들 중 첫 번

---

11) [역주] 물질과 의식 사이의 관계로서 모두 세 가지 것을 논의하고 있다. 첫 번째, 우리의 의식 여부와 무관하게 물질적 대상이 그대로 존재한다는 것이다. 두 번째, 물질과 의식 사이의 독립성이다. 세 번째, 지구상에 의식 있는 존재가 전혀 없었던 시기를 거론한다.

째 것은 다음과 같습니다. 특정한 시기에 우리는 특정한 대상들을 의식한다고 믿습니다. 우리가 그것들을 보고, 느끼며, 생각하는 것입니다. 그러나 아주 확실하게 이들 물질적 대상이, 우리가 그것들을 의식하지 않은 경우라도 계속하여 존재할 수 있고, 실제로 존재한다고 믿습니다. 예를 들어, 이 시점에 우리는 이 강의실 안에 있는 어떤 물질적 대상들을 보고 있습니다. 그러나 우리가 모두 다 이 강의실에서 나가 버리고 밤중에 이 강의실 출입문이 닫혀 있어서 아무도 그것들을 보지 못하는 경우에라도, 그것들은 계속 존재할 것입니다. 만일 제가 5분간 강의실을 떠나 있었고, 강의실 안에서 불이 붙고 있으며, 강의실로 돌아온 뒤에도 여전히 불 타고 있었다면, 저는 제가 밖으로 나가 있을 적에, 아무도 그 불을 보지도 못하고 그 열기를 느끼지도 못하는 동안에, 강의실 안에 불이 붙고 있었고, 거의 막 제가 그 강의실로 돌아왔을 때에야 그 불을 보았다고 가정합니다. 불이 난 여러 정황들에 관하여 우리의 의식과 완전히 독립되어 있다는 이런 의미에서, 저는 우리가 모두 항상 물질적 대상들과 관련하여 가정한다고 생각합니다. 그것들이 모두 우리가 의식하는 경우와 똑같이, 그 불이 난 여러 정황들에 대하여 비록 우리가 의식하지 못한다 하더라도, (지각의 여부와 무관하게) 여전히 존재하는 일종의 대상들입니다.

우리는 사실상 모든 물질적 대상들을 놓고서 다음의 세 가지 특성을 지닌다고 말할 수 있습니다.

(1) 물질적 대상들material objects은 의식 활동들로부터 구분되는 아주 다른 종류의 것이다.
(2) 주어진 임의의 시점에서 물질적 대상들은 모두 공간상의 이러저러한 곳에 위치한다.
(3) 물질적 대상들은 이미 앞에서 언급한 다음 속성들을 지닌다. 즉, ① 그것들은 일종의 대상thing(물건)이고, ② 설사 우리가 그것을 의식하지 못하는 경우에라도 우리가 바로 그것을 의식하는 경우와 똑같이 그대

로 존재한다.

저는 이들 세 가지 특징이 물질적 대상을 정의하기에 충분치 않다고 생각합니다. 이들 세 가지 특징을 갖고 있지만, 그럼에도 불구하고 물질적 대상이 되지 못하는 다른 대상들도 있을 듯합니다. 그렇지만 저는 이것들이 물질적 대상이 지니는 가장 중요한 특성들 중에서 세 가지라고 생각합니다. 그리고 이들 세 가지 특성을 모두 지녔다고 단언하지 않는 한, 우리는 어떤 것이라도 물질적 대상이라고 부를 수 없습니다(≒52쪽의 역주 18, 58쪽의 역주 21, 355~356쪽의 역주 127에서 언급한 미세 입자들을 보기 바람).

그렇다면, 「물질과 의식의 관계」에 대하여 우리가 믿고 있는 두 번째 것은, 물질적 대상에 대한 우리의 의식과는 상관없이 물질이 독립적이라는 점입니다. 다시 말하여, 우리가 물질적 대상을 의식하지 않은 경우에라도, 물질은 존재하는 것입니다. 그리고 또한 우리는 임의의 시점에서 우리가 의식하고 있는 물질적 대상들보다 더 많은 물질적 대상들이 존재하고 있으며, 그것들 중 일부는 어떤 사람도 어떤 동물도 의식하지 못한다고 믿습니다.

그리고 물질과 의식의 관계에 대해서 우리가 믿고 있는 세 번째 것은 다음과 같습니다. 다시 말하여, 우리는 아마 지구상의 어떤 물질적 대상들에도 아무런 의식 활동이 붙어 있지 않았던 때가 있었다고 믿고 있습니다. 지구가 너무 뜨거워서 지구 위에 어떤 생명체도 존재할 수 없었던 시기이고, 따라서 지구 위에 어떤 의식을 지닌 존재도 없었던 때입니다.[12] 그리고 인간의 신체 및 인간의 의식과 관련해서도,

---

12) [역주] 기술력의 발전으로 현재 탐사의 범위가 아주 넓어져서 '극한 생명체'들이 많이 보고되어 있다. 따라서 지구 위에서 생명의 탄생이 과거에 상상하던 것 이상으로 극한 환경을 지닌 지구에서 더 일찍 일어났을 것으로 본다. 과거에는 태양이 생명의 탄생과 유지에 중요하다고 보았다. 그렇지만 마리아나 해구와 같이 가장 깊은 심해에서도, 그리고 대서양 중앙해령(해저산맥)의 해저의 열수공(열수구) 주변에서도 다수의 생명체가 발견되었다. 이제는 생명의 탄생이 지구 열에 의해서도 그리고 황산이 뿜어져

저는 우리가 이것이 가능할 뿐만 아니라 확실하다고 믿고 있는 것으로 생각합니다. 우리는 인간이 지구 위에 존재해 온 것이 오직 비교적 제한된 기간일 뿐이고, 설령 아마 수백만 년에 해당하더라도 상대적으로 제한된 (짧막한) 시간이라고 믿습니다(≒45억년의 지구 지질학적 역사 중 2백만 년 전 제3의 뇌가 진화했고, 슬기롭게 정신을 활용하는 현생 인류는 30만 년 전을 넘지 않는다고 하며, 5만 년도 채 넘지 못하는 시기부터 농경을 기반으로 비로소 사회가 만들어져서, 사회적 존재인 우리가 있는 것임). 그 시기 이전에는, 지구 위에 인간으로 불릴 수 있는 물체(생명체)들이 존재하지 않았었고, 설사 다른 종류의 동물들에 속하는 정신과 의식 활동이 있었을 가능성이 있었다고 하더라도, 또한 사람의 정신으로 불릴 수 있는 정신은 없었습니다(≒37~38쪽의 역주 9에 언급한 두뇌 진화에서는 250만 년 전 즈음 회백질의 제3의 두뇌가 발달했다고 봄). 그리고 우리가 그런 사실을 믿고 있듯이, 과거 어떤 시기에는 아마 지구 위에 의식을 지닌 존재가 전혀 없었고, 분명히 인간 의식을 지닌 존재들도 전혀 없었습니다. 따라서 우리는 미래에 이것이 다시 그렇게 될 시기가 올 수도 있다고 믿습니다. 사실상 우리는 심지어 지구 위에 아무런 의식적 존재도 없었을 때조차, 우주 속에 있는 다른 곳에 다른 행성 위에서 의식적 존재가 있어 왔음직한 가능성을 부인하지 말아야 합니다. 지금도 일부가 있을 가능성도 부인해서는 안 됩니다.[13] 언젠가

나오는 지독한 환경에서도, 미국 국립공원 옐로스토운의 간헐천과 같이 아주 뜨거운 반죽의 환경에서도 산소를 싫어하는 혐기성 생명체가 살고 있음이 잘 알려져 있고, 생명이 극한 환경에서 탄생했을 가능성도 타진되고 있다. 또한 미국 핵물질을 보관하는 지하 소금광산 속에서 모든 신진대사를 몇 억 년간 정지한 미생물이 보고되고, 지하로 3km나 뚫고 들어간 남아공화국 금광 광산 속에서도 지하 물길을 따라 살고 있는 군집 미생물들, 남극의 두꺼운 얼음층 아래에서도 생명을 유지하는 미생물늘이 보고되었다. 지구의 탄소량이 증가와 더불어 극지방 얼음이 녹으면서 새롭게 활동할 미생물들의 위협도 제기되고 있는 실정이다. 화성에서 떨어진 운석들에 생명의 흔적이 있다는 논의도 심심찮게 제기된다. 우주는 동일 과정을 반복할 뿐이라고 여기기 때문이다.

13) [역주] 이로써 무어 교수는 정신을 지닌 외계 존재의 가능성까지도 서슴없이 인정하고 있는 개방적 태도를 지녔음을 확인할 수 있다. 1910년 강의 당시로부터 1백년이 더 지난 2019년 현재 시점에서 읽더라도 수긍할 수밖에 없는데, 무어 교수가 자연과학의 합리적 실증주의 업적들을 신뢰하고 있기 때문이다. 이를 「상식적 믿음」이라고 부르고

그런 시기가 온다면, 그리고 지구 위에 있는 모든 의식적 존재들이 다시 사라지게 된다면, 우리는 이것이 여전히 그럴 수 있음을 부인하지도 말아야 합니다. 그러나 저는 우리가 물질로 된 우주의 역사에서 긴 기간들 동안에 어떤 의식도 우주 속에 있는 어떤 물체들에도 붙어 있지 않았을 수 있고, 그리고 다시 그러할 수 있음을, 즉, 아무런 의식 활동이 우주 속에서 아무 곳에서도 일어나지 않았을 시기들도 인정해야 한다고 생각합니다. 다시 말하여, 의식이 분명히 현재 우주 속에 있는 물질적 대상들 가운데에서 비교적 소수의 대상에만 붙어 있는 것과 마찬가지로, 우리는 과거에도 그랬을 가능성이 있고, 다시 미래에도 그럴 수 있으며, 의식이 전혀 아무런 물질적 대상에도 붙어 있지 않았거나 혹은 장차 붙어 있지 않을 법한 그런 긴 시기들이 있다고 믿고 있습니다.[14] 저는 이것이 물질적 대상에 대하여 의식이 지닌 관계와 관련해서 한 가지 「상식적 믿음」이라고 생각합니다. 그리고 만일 이것이 그렇다면, 이는 분명히 우주에 대한 우리의 일반적 견해에서 중요한 요소가 됩니다.

있음에 유의하기 바란다. 지구의 역사에서 과거에 운석의 충돌 및 지구의 지질학적 변동(지구 속 맨틀의 운동으로 인해 점진적으로 지각판들의 이동함)으로 인하여 생물들의 '대멸종' 사례가 몇 차례 있었던 것을 염두에 두고서 서술해 주고 있다.

14) [역주] 몇 백억 년 뒤에 우리 은하와 안드로메다 은하가 서로 충돌할 가능성이 있다고 한다. 그러나 이 대목은 1921년 미국 윌슨 천문대에서 허블이 우리 은하 말고도 다른 은하계인 안드로메다 은하계가 있음을 처음 관찰하였고, 1931년에는 우주가 어느 방향으로든 팽창하여 적색 편이가 있음을 처음으로 관찰하였다. 이런 현상을 설명하기 위하여 특이점에서 우주 대폭발이 일어났음을 상정하였고, 엄청나게 길고 긴 시공간의 확장을 거친 뒤에 팽창의 힘이 소진되면, 결국 중력들에 이끌리어 다시 원점으로 되돌아가면서 급격히 줄어들며 바스라질 것이라고 가정하였다. 전자를 대폭발big bang이라고 부르고, 후자를 대응축big crunch(한 점으로 모이며 바스러짐)이라고 불렀었다.
  그렇지만 오늘날 여러 인공위성을 통하여 관측한 사실들은 가장 멀리 떨어져 있는 은하군들이 더욱 더 빠른 속도록 우리로부터 멀어지고 있다는 것이다. 따라서 최근 이런 힘을 아직 제대로 본질을 알 수는 없지만 우주를 팽창시키고 있는 암흑 에너지dark energy라고 부르고 있다. 아마 오랜 시간이 흐른다면 우주는 아원자 이하로 갈갈이 찢겨나갈 것이라고 가정한다. 이를 대해체big rip(갈갈이 쪼개져 물질의 흔적도 없이 사그라짐)라고 부른다. 인간의 「집단 지성의 힘」에 힘입어 옛날 상상도 못해 볼 거대한 규모의 시간과 공간에 대한 정보를 누적한 결과이다. 그렇지만 같은 비율로 정치적·국제적 대결로 인해 지구가 파괴될 가능성도 더 높아지고 있다.

지금까지 우주에 대한 상식적 견해에서 제가 강조해 놓고자 했던 요소들은 다음과 같습니다. 첫째로, 분명히 우주 속에는 두 가지 아주 다른 종류의 대상들이 있는데, 곧 「물질적 대상 및 의식 활동」입니다. 그리고 둘째로, 이들 두 종류의 대상의 관계를 놓고서 세 가지 점이 언급되었습니다. (1) 첫째, 의식 활동이 우주 속에 있는 물질적 대상들 중에 비교적 소수의 대상에만 붙어 있습니다. 거의 대다수의 물질적 대상들은 의식이 없습니다. 사실상 우리가 확실하게 의식이 붙어 있는 것으로 알고 있다고 말해야 하는 유일한 대상들은, 지구 위에 있는 사람들의 살아 있는 몸(신체)과 아마 다른 동물들입니다. 우리는 또한 다른 행성들 위에 있는 다른 몸(신체)에 의식이 붙어 있을 가능성(≒외계의 생명체)도 있음을 부인하지 말아야 합니다. 다른 행성들 위에 살고 있는 다른 존재들이 의식을 지닐 수도 있는 것입니다. 그러나 저는 우리가 의식 활동이 분명히 우주 속에 있는 거의 대다수의 물질적 대상들에 붙어 있지 않다고 말해야 한다고 생각합니다. 이것이 의식 활동이 물질적 대상과 지닌 관계에 대한 우리의 믿음 한 가지입니다. (2) 둘째로, 물질적 대상들은 모두 우리가 그것들을 의식하지 못할 때에라도 존재할 수 있고, 실제로 많은 물질이 그렇게 존재하고 있는 종류의 것입니다. (3) 그리고 셋째, 의식 활동이 우주 속에서 어디에서든지 어떤 물질적 대상에도 부착되어 있지 않았던 시기가 있었을 것이고, 다시 그런 때가 올 가능성도 있습니다. 그리고 거의 확실히 이 지구 위에서 인간 의식이 붙어 있을 사람의 몸(신체)이 전혀 없었던 때도 있었습니다.

§.1-5【 시간·공간 속 대상들을 다루는 학문 영역 】이제 우주에 대한 상식적 견해에서 다만 다른 두 가지 점이 있는데, 이하에서는 여기에 주의를 모으고자 합니다.

첫 번째 것은, 제가 이미 말해 둔 바에서 항상 가정되었던 것이지만 이제 명백하게 언급해 놓고자 합니다. 그것이 다음과 같습니다. 지구

위에 있는 모든 물질적 대상 및 우리 자신과 다른 동물들의 모든 의식 활동들이 시간 속에 존재합니다. 제가

"시간 속에 존재한다(are in time)"

고 말했지만, 좀더 정확을 기한다면, 응당 시간 속에서 존재했었거나, 현재 그렇게 있거나, 아니면 미래에 그렇게 존재할 것이라고 말해야 합니다. 이런 배타적인 선택 방식이 아니라면, 이와는 달리 모두 세 가지를 포괄하는 방식도 있습니다. (물질적 대상 및 의식 활동) 양자가 시간상 과거에 있었고, 그리고 현재 그렇게 있으며, 그리고 미래에도 그렇게 존재할 것입니다.15) 왜냐하면 우리가 '시간'을 말하면서 의미하는 것들 중 한 가지가, 「과거·현재·미래」와 같은 것이 있는데, 이들 세 가지 시간 사이에 큰 차이가 있기 때문입니다. 우리는 「공간 속에 있는 어떤 물질적 대상들도 그리고 어떤 의식 활동들도, 만일 우리가 그러하다고 말하는 시간대에 존재하지 않는다면, 조금도 존재한다고 참되게 말해질 수 없다」고 봅니다. 오직 그런 시간들 중에서 현재 내가 말하고 있는 시간대에 존재하는 그런 것들만이, 지금 참되게 존재한다고 말해질 수 있습니다. 다른 대상들에 대해서는 그것들이 과거에 존재했었거나 미래에 존재할 것임이 참값이 될 수도 있겠으나, 그것들이 실제로 현재 존재함은 참값이 될 수 없습니다. 그리고 또한 저는 임의의 대상 하나가

---

15) [역주] 모든 시간대를 다 포괄하는 이런 경우는, ㉠ 모든 가능세계에서 존재하는 상태 being를 말하며, ㉡ 시간을 초월한timeless 영원불멸의 세계를 가리킬 수 있다. 후자의 경우는 종교적 믿음으로서 창조주인 '신'의 경우를 의미한다. 창세기에서부터 현재를 거쳐 지구가 멸망할 때까지, 그리고 그 이후로도 모두 한 몸으로서 존재하는 경우를 하느님(무한한 존재)이라고 상정할 수 있는 것이다. 이와는 달리 물질적 대상이나 거기에 붙어 있는 의식 활동은 모두 유한한 존재이기 때문에, 시간 축에서 어느 한 시점이나 구역을 선택해야만 한다. 최근 물리학에서는 반-물질anti-matter의 존재까지 상정한다. 그렇다면 우주의 대폭발 이전에 개체로 존재할 수 없었던 아-원자sub-atom이나 반-물질의 상태도 한 가지 후보로서 검토될 수 있으며, 원소 단위의 물질 차원을 벗어나면 시작점과 끝점이 서로 맞물릴 가능성도 있는 것이다.

"실제로 당시 존재했었다did exist"

라고 말하는 일이, 그 대상이

"실제로 현재 존재한다does exist"

고 말하는 일과는 아주 다른 어떤 것입니다. 다시 이것들이 둘 모두
그 대상이

"존재할 것이다will exist"

라고 말하는 일과 구분되며, 그리고 이들 서로 다른 진술문들statements
이16) 각각 실제로 어떤 대상들에 대해 참값이 됨을 의미합니다. 예를
들어, 저는 과거에 저 자신의 의식 활동 및 다른 사람들의 의식 활동을
모두 다 포함하여, 많은 의식 활동이 있었음을 아주 확신합니다. 비록
덜 분명하다고 하더라도, 많은 의식 활동이 미래에도 존재할 것임도
사뭇 분명합니다. 그리고 물질적 대상에 대해서도 그러합니다. 많은
물질적 대상들이 과거에 있었고, 지금 현재 많은 물질적 대상이 존재
하며, 미래에도 모든 확률로 존재하게 될 것입니다. 저는 우리가 모두
일반적으로 이들 대상들이 그러함을 믿는다고 말합니다. 우리는 세
가지 진술문

---

16) [역주] 앞의 역주 2에 이미 적어 놓았듯이, *The present French king* is bald**현재 프랑스
국왕이 대머리이다**"라는 단언에 대한 진리값 배당을 놓고서 이 세상에서 지시체가 없더라
도 성립할 수 있는 「한 묶음의 기술 구절 이론」을 뤄쓸(1905, On Denoting)에서 주장한
바 있다. 그런데 스트로슨(1950, On Referring)에서는 이를 「대상 지시와 언어 사용의
문제를 혼동한 것」이라고 비판하면서, 언어 사용을 가리키기 위하여 statement**진술문**의
개념을 도입한 바 있다. 정대현 편역(1987), 『지칭』(문학과지성사)에 두 논문이 모두
번역되어 있다. 아리스토텔레스의 단언(명제)은 시제가 없는 불완전한 표현에 불과한
것이다.

그것이 과거에 존재했었다(It *did* exist).
그것이 지금 현재 실제로 존재한다(It *does* exist).
그것이 미래에 존재할 것이다(It *will* exist).

가 각각 많은 물질적 대상 및 많은 의식 활동들에 대해서 참값이라고 믿고 있습니다. 첫 번째 진술문은 어떤 것들에 대하여 참값이고, 두 번째 진술문은 다른 것들에 대해서 참값이며, 여전히 세 번째 진술문도 또 다른 것들에 대해서 참값입니다. 그리고 다시 많은 대상들에 대해서도 세 가지 진술문이 모두 참값으로 성립합니다. 우리는 또한 이들 진술문 중 이러저런 것이 물질적 대상과 의식 활동들 모두 다에 대하여 참값을 지닌다고 믿습니다. 하나의 그리고 동일한 대상(≒유일한 대상)에 대하여 세 가지 진술이 모두 성립하는 일부 사례들에서는, 이런 경우나 저런 경우가 참값으로 성립합니다. 예를 들어, 해나 지구는 모두 과거에 존재했고, 지금도 존재하며, 아마 미래에도 존재할 것입니다(≒일반적 대상과 개별체 대상을 두 부류로 구분하여 서술하고 있는데, 이런 구분 방식은 희랍 시대에서부터 그러함). 이것이 분명히 상식적인 믿음인 것입니다.

그리고 제가 언급하고자 하는 오직 한 가지 다른 상식적 믿음이 있는데, 다음과 같습니다(≒당시 유행하던 영국의 신관념론에 반대하는 입장임). 우리는 실제로 이런 것들을 모두 다 잘 알고 있다고 믿습니다. 이 우주 속에 물질적 대상과 의식 활동이라는 두 종류의 대상이 존재하고, 또 존재해 왔음을 알고 있습니다. 우리는 우주 속에 거대한 숫자의 두 가지 종류의 대상이 우리가 그것들을 의식하지 않을 경우에라도 존재하고, 또 존재해 왔음을 알고 있습니다. 우리는 대다수의 물질적 대상들이 의식이 없음도 잘 알고 있습니다. 우리는 현재에 존재하지 않는 두 종류의 대상들이 과거에 존재했고, 그리고 과거에 존재하지 않았던 두 종류의 대상들이 현재 존재함을 알고 있습니다. 저는 우리가 이들 대상을 모두 분명히 잘 알고 있다고 말해야 한다고 생각합니다. 그리고 더욱이 우리가 특정한 물질적 대상 및 의식 활동들에 대하여, 과거·현재·미래의 시간대에서 거대한 숫자의 세부 내용들을 알고 있다고 믿습니다. 사실상 (이미 체험을 하여 기억하기 때문에) 우리는 과거에 대하여 대부분 잘 알고 있지만, 현재에 대해서도 상당량을 알고 있으며, 미래에 대해서도 (설사 오직 가능성 있는 지식이라고 하더라도) 많이 알고 있습니다. 실제로 대부분 특별한 학문들의 영역은 우리가 정의하려고 노력해 오고 있는 종류의 특정한 대상들에 대하여 세부 지식을 우리에게 제공해 주는 것으로 정의될 수 있습니다. 다시 말하여, 공간상 이러저러한 곳에 있거나 존재한 물질적 대상에 대한 지식, 그리고 지구 위에 있는 사람들의 의식 활동에 대한 지식입니다. 대부분 특별한 학문들에서는[17] 스스로 이들 두 가지 종류의 대상들 중에서 어떤 특정한 집단을 국한지어 다룹니다. 그리고 우리는 그 학문들이 이들 두 종류의 대상들에 대하여 우리에게 상당량의 실재 지식real knowledge(참된 지식)을 제공해 주는 일에 아주 큰 성공을 거둬 왔다고 믿습니다.

예를 들어, 천문학에서는 천체에 대하여, 즉, 천체의 크기와 운동과 성분, 그리고 그것들이 서로 작용하는 방법에 대하여 우리들한테 말해 줍니다. 물리학과 화학에서는 서로 다른 종류의 물질적 대상들의 합성에 대하여, 그리고 그것들과 그것들을 구성하는 작은 부분들이 서로 어떻게 작용하는지에 대하여 자세한 지식을 제공해 줍니다. 생물학은 지구 위에 있는 서로 다른 종류의 동물들 사이에 있는 차이점들에 관한 지식을 제공해 줍니다. 식물학은 서로 다른 종류의 식물들 사이에 있는 차이점들을 알려 줍니다. 생리학에서는 살아 있는 몸에서 작동하는 신체적 과정들에 대하여 알려 줍니다. 지질학에서는 지

---

17) [역주] 요즈음 대학 진학 때에 흔히 인문사회 분야와 자연과학 분야와 예체능 분야로 나누기도 하고, 이를 다시 순수학문과 응용학문으로 나누기도 한다(최상위 층위의 구분임). 아래에서 10가지 학문 영역을 예시해 놓았는데, 천문학, 물리학, 화학, 생물학, 식물학, 생리학, 지질학, 역사학, 심리학이다. 오늘날 더 다양하고 복잡한 학문 영역들이 있고, 컴퓨터 도움으로 통합된 학문들도 계속 생겨나고 있다.

구의 껍데기(지각)를 구성하고 있는 암석이나 흙의 서로 다른 층위들에 대한 현재의 상태와 과거의 지질 역사에 대한 지식을 제공해 줍니다. 지리학에서는 지구의 표면에 있는 땅과 물의 현재 분포에 대하여, 산과 강의 위치에 대하여, 지구의 서로 다른 지역들을 놓고서 서로 다른 토양과 기후에 대하여 우리들에게 지식을 제공해 줍니다. 역사 및 개인 일대기에서는 지구의 표면 위에 존재하였던 서로 다른 인물과 공동체 집단의 일련의 행위들에 대해서, 그리고 또한 어떤 종류의 대상들을 그들이 봤고 들었으며 생각했고 믿었는지를 놓고서도 그들의 의식 활동들에 관해서 우리들에게 지식을 전해 줍니다. 마지막으로 심리학에서는 특별히 사람의 의식 활동들을 다루고, 또 어느 정도로 동물의 의식도 다룹니다. 심리학에서는 우리가 작동하고 있는 정신적 행위의 서로 다른 종류들을 분류하고 구분하려고 노력하며, 이들 서로 다른 행위가 서로 관련되는 방식을 결정하려고 합니다.

여러분은 제가 언급한 이들 학문에서 모두 제가 정의하고자 하는 이 두 종류의 대상들을 놓고서 온전히 전념하고 있음을 관찰하게 될 것입니다. 다시 말하여, 공간 속에 있는 물질적 대상들과 그리고 지구의 표면 위에 살고 있는 인간과 동물의 의식 활동들입니다. 그리고 우리는 사람과 동물들이 모두 분명히 이들 두 종류의 대상(늑물질과 정신)들에 대한 상당량의 실재 지식real knowledge(참된 지식)을 획득하는 데 성공했다고 믿고 있습니다. 각각의 경우에, 우리는 이제 절대적으로 알려진 대상들, 이전에 믿었으나 잘못 믿어졌던 대상들, 그리고 아직 우리가 알고 있지 못한 대상들 사이를 날카롭게 구분해 놓습니다. 이들 모든 학문의 경우에 우리는 이제 확정적으로 사실이라고 알려진 거대한 숫자의 대상들이 있음을 믿고 있습니다. 이전에는 참된 것으로 믿어졌지만, 이제 확실히 오류로 알려져 있는 대상들도 많이 있습니다. 그리고 우리가 알지 못하고, 아마 결코 알 수 없을 대상들도 상당히 많이 있습니다.[18] 우리는 모든 일상 대화에서, 모든 신문 지상에서, 그리고 일상적인 모든 책(철학 서적이 아닌 다른 서적들을 의미함)

에서, 항상 우리가 알고 있는 것, 우리가 잘못 믿는 것, 그리고 우리가 여전히 무지 속에 있는 것 사이에 이런 구분이 있다고 가정합니다. 그리고 물질적 대상 및 사람의 의식 활동에 대한 거대한 숫자의 진리들은, 첫 번째 부류인 절대적으로 알려진 대상들의 부류에 속합니다. 다시 말하여, 지구의 표면 위에 살고 있는 일부 사람들에게 알려져 있는 것들입니다. 저는 이것이 모두 분명히 오늘날 우주에 대한 상식적 믿음의 일부라고 생각합니다.

§.1-6【 과학적 합리주의에 토대를 둔 상식적 믿음과 개방적 태도 】 그렇다면 우주에 관해서 어떤 일반적인 믿음들을 하나하나 거론해 왔는데, 저는 이것이 「상식적 믿음들」이 된다고 말해질 것으로 생각합니다(≒과학적 합리주의에 토대를 둔 상식임). 오늘날 우리가 거의 모두 고려하는 믿음들입니다. 그리고 이것들이 우주에 관한 유일한 한 가지

---

18) [역주] 이 책의 집필 당시에도 많은 것들이 신비의 문제로 취급되었겠지만(고작 여러 개의 은하가 멀리 떨어져 있다는 정도만 알려졌었음), 1백년이 지난 오늘날 우주선에 실어 보낸 관측 위성들 덕택에 더 빨리 팽창해 나가는 우주를 다루는 천체물리학에서 아직도 그 정체를 알 수 없는 암흑 물질과 암흑 에너지 등이 난문제들이다. 우리 은하계의 중심부에도 암흑 구멍black hole이 있음을 X선(앞 사진, 찬드라 우주 망원경)이나 전파 망원경(두 장의 뒷사진, 2019년 4월 10일 '사건 지평선 망원경' EHT 연합) 따위로 관측하여 잘 알고 있지만, 아직 그 속내는 신비의 영역이다.

처음 우주 대폭발이 일어난 '특이점singularity'도 그러하고, 우리로부터 멀리 떨어져 있는 은하들이 더욱 빠른 속도로 멀어지고 있기 때문에 아득한 뒷날 언젠가 일어날 '대해체 big rip'(아원자 단위 이하로 갈갈이 찢기고 뜯기어 존재 그 자체마저 없어짐)도 합리적으로 다룰 이론이나 수식을 아직 세워 보지 못한 것들이다. 이것들이 장차 알 수 있을지도 모를 미지의 문제인지, 아니면 결코 알아낼 길이 없는 신비로운 문제인지에 대해서도 잘 알 수 없다. 최근 거론되는 중성 미자neutrino의 존재도 미지의 대상이다(58쪽의 역주 21).

상식적 견해라고 말하려는 것은 아닙니다. 다만 그것들이 현재 실제로 참값으로 성립하는 견해들로서, 그런 주요한 믿음들 중에서 일부입니다. 이들 믿음이 모두 다 함께 우주 전체에 대한 일반적인 서술에 해당하는 것은 아닙니다. 제가 철학의 첫 번째 물음이 그런 서술을 한 가지 우리한테 제공하려는 것이라고 말한 의미에서, 그것들은 우주 전체의 일반적 서술이 아닙니다. 그것들은 우주 속에 현재 분명히 어떤 큰 부류의 대상들이 있고, 이들 대상이 특정한 방식으로 서로 관련되어 있다고 말하는 일로 이뤄져 있습니다. 그렇지만 이런 서술들이 표상하는 대로 이런 서술들이 말해 주지 않은 것은, 이런 큰 부류의 대상들이 우주 속에 있거나 우주 속에 있을 것으로 우리가 알고 있는 유일한 부류의 대상들이라는 사실입니다. 이런 서술에서는, 우리가 우주 속에 존재하는 것으로 알고 있는 모든 것이 이들 부류들 중에서 한 부류 또는 다른 부류에 속한다고 말하지 않습니다. 이런 서술이 표상하는 대로, 우주 속에 제가 이미 언급한 부류 중에서 어떤 것에도 속하지 않는 중요한 부류의 대상이 있을 수 있거나, 심지어 우주 속에 실제 존재하는 것으로 알려질 수도 있음을 부인하지 않습니다.[19]

---

19) [역주] 앞에서 우리가 생각하는 우주는 물질적 대상과 의식 활동이 큰 부류에 속하고, 다시 이것들을 10가지 학문 분야에서 다룬다고 언급하였다. 이런 부류에 속하지 않는 새로운 우주(제3의 세계)가 상정될 수도 있고, 그 우주를 구성하는 요소들이 전혀 다른 부류의 것일 수도 있다. '신'의 영역을 어떻게 규정할지가 문제가 되겠지만(제3의 부류 또는 잘못 제기된 물음), 이 문장을 합리적으로 이해하는 다른 방식도 있다. 현재 이를 단일 우주론single universe에 맞서는 다중 우주론multiverse, multiple universe이라고 부른다. 불교에서는 부처가 생전에 삼천대천三千大天세계 또는 계세계界世界를 자주 말했었다고 하는데, 이 개념은 다중 우주를 연상시킨다.

　현재 우리가 관찰하는 우주만으로도 광막하여 천문학에서 우주의 끝을 밝혀내지 못하였는데, 다시 끊임없이 풍선처럼 팽창해 가는 현재 우주 말고도 또 다른 우주가 있을 가능성을 어떻게 합리적으로 상정할 수 있을까? 우주 대폭발의 잔여물인 '배경 복사' 지도를 만들기 위해 발사된 미국 항공우주국의 WMAP(윌킨슨 미시 전자기파 비-등방성 탐사체의 약자) 위성과 유럽 우주국의 플랑크Plank 위성의 자료들을 종합하여 2013년 우주가 절대 영도(0K는 -273도)에 가까운 2.7K(-270도)의 낮은 온도에도 불구하고 이보다 더 높거나 더 낮은 온도가 비균질적으로 분포한다는 결과를 얻었다. 이를 해석하는 방식에서 어떤 이는 우주 먼지가 뭉칠 수 있는 계기를 보여 준다고 보기도 하지만, 어떤 이는 비누 거품들이 경계면을 이루듯이 우주와 우주의 접면을 표상해 주는 것으예를 들어, 저의 언급에 따라, 상식적으로 이 우주 속에 두 부류의 대상들이 있음을 말해 줍니다. 공간 속에 「물질적 대상」들이 있고, 지구의 표면 위에 살아 있는 사람과 동물들의 「의식 활동」이 있는 것입니다. 그렇지만 이들 진술을 전체 우주에 관한 일반적인 서술로 고쳐 놓기 위해서는, 이러저러한 두 가지 대상을 더 추가해 놓아야 합니다. 우리는 두 가지 중 하나를 말해야 합니다. ① 우주에 있는 모든 것들이 이들 두 부류들 가운데 하나 또는 다른 것에 속합니다. 모든 것이 공간 속에 있는 「물질적 대상」이거나, 아니면 지구 위에 있는 일부 사람이나 동물의 「의식 활동」입니다. 그리고 어떤 누구이든지 간에 이렇게 말했다면, 이것이 소박하게 우주 전체에 대한 일반적 서술이 될 것으로 확언할 듯합니다. ② 그렇지 않다면 다음처럼 말함직합니다. 우리가 우주 속에 있는 것으로 알고 있는 모든 것들이 실제로 이들 두 부류 중 하나 또는 다른 것에 속하는데, 비록 우주 속에 다른 대상들이 있을 가능성이 있더라도,[20] 우리는 우주 속에 실제 존재한다고 알지 못하는 것입니다. 그리고 이것도 또한 제가 생각하기에, 정당하게 우주 전체에 대한 일반적 서술을 제시해 주려는 시도라고 말할 수 있을 것입니다. 이는 사실상 어떤 의미에서 「그러한 서술이 전혀 주어질 수 없음」을 말하는 일로 이뤄져 있을 듯합니다. 이것은 우주 속에서 우리가

로 보기도 한다. 후자의 해석에서는 경계면들끼리 접촉해 있는 다중 우주론을 상정하는 것이다.

20) [역주] 다중 우주론의 개념이 하늘과 땅의 구분으로부터 발아했을 가능성도 있겠지만, 다중 우주론에 대한 논의는 오늘날에 와서 본격적으로 제기된 것이다. 그렇다면 물질적 대상도 아니고 의식 활동도 아닌 미지의 제3부류로서 다른 존재를 찾아야 하는데, 지은이가 제시한 것은 먼저 시간과 공간이라는 개념이다. 뒤친이는 이를 물질적 대상과 의식 활동이 존재하도록 만들어 주는 무대 배경으로 파악한다. 7년 선배 맥태거엇 교수는 「시간이 실재하지 않는다Time is unreal」(1927, 『*The Nature of Existence*』 제2권 제33장 'Time'의 303절에서부터 '변화'에 대응하는 그의 B-계열로 파악된 시간 개념은 실재하지 않는다고 논의됨)고 보았으나, 이와는 반대로 지은이는 이 책의 제11장에서 「시간이 실재한다」고 보고 제12장에서 '실재한다real'의 의미를 탐색한다. 멀리 갈 것 없이, 제20장과 부록(916쪽)에서 「이름을 붙일 수 없는」 머릿속 감각인상의 '두로 펼쳐진 색깔'도 한 가지 사례가 된다. 다시 제3의 부류로서 지은이는 절대신의 존재를 다루는데, 불가지론의 입장과 구분될 필요가 있다.

알 수 없으며, 따라서 서술해 줄 수도 없는 대상들이 존재할 수 있음을 말해 주는 일일 듯하기 때문입니다. 그렇지만 이는 우리가 우주 속에 존재하는 것으로 알고 있는 모든 것에 관하여 일반적인 서술을 제시해 주고, 그리고 그 목적이 우리의 첫 번째 철학적 문제를 해결하려는 것, 즉, 그가 할 수 있는 우주 전체에 관한 최상의 일반적 서술을 제시하려는 것이 아니라면, 아무도 말하려고 하지 않는 대상이 될 수 있음을 확언하는 것입니다.

그러므로 우주에는 분명히 (1) 공간 속에 물질적 대상들이 있고, (2) 지구 위에 있는 사람과 동물들의 의식 활동이 있다는 상식적 견해로부터 출발함으로써, 우리는 이러저러한 두 가지 방식으로 우주에 대한 일반적인 서술을 가장 간단하게 얻을 가능성이 있습니다. 한편으로 이들 두 가지 종류의 대상들이 우주에서 유일한 한 가지 종류들이라고 말하거나(≒인간 중심의 배타적이고 폐쇄적이며 단정적인 진술임), 이와는 달리 이들 두 가지 대상이 우주 속에 존재하는 것으로 우리가 알고 있는 유일한 종류들이지만, 또한 다른 대상들도 있을 가능성이 있다고 말할 수도 있습니다(≒특히 과학 발전사를 되돌아보면서 인간 경험의 한계를 인정하고, 인간 경험을 초월한 제3부류의 존재 가능성도 인정하는 개방적 태도임). 이들 두 가지 견해 가운데 첫 번째 것과 관련하여, 저는 내성해 봄으로써 사뭇 그 주장(≒인간 중심의 우주관)이 표상하는 바대로 어느 누구나 그것을 기꺼이 받아들일 것인지를 의심하고 있습니다. 이 관점에 대한 가장 분명한 반론은, 지구 위에 있는 사람과 동물들의 의식 활동을 제외한다면, 우주 속에 의식 활동이 전혀 없다고 단정함으로써, 다른 행성들 위에 의식을 물려받은 살아 있는 존재들이 있을 수 있거나 존재했을 가능성을 부인한다는 점입니다. 그리고 거의 모든 사람이 그런 가능성을 부인하는 것이 무모하다고 생각할 소지가 있습니다.

그러나 여전히 이런 제3부류의 가능성을 허용할 수 있도록 약간 수정함으로써(≒약화된 모습의 주장), 저는 많은 사람들에게도 아주 그럴 듯하게 수긍될 만한 견해를 얻게 된다고 생각합니다. 예를 들어, 우리는 한편으로 공간 속에 있는 물질적 대상들과 다른 한편으로 대체로 사람 및 동물들과 비슷한 대상으로서 살아 있는 몸(신체)에 붙어 있는, 그런 신체들과 대체로 비슷한 대상들에 붙어 있는 의식 활동들을 제외하고서는, 이 우주 속에 사실상 어떤 것도 존재하지 않거나, 결코 존재한 적이 없다고 말할 수 있습니다. 저는 이것이 사실상 우주에 관해서 성립될 수 있는 견해이며, 적어도 철학자들에 의해 제안되어 온 많은 견해처럼 성립될 수 있다고 봅니다.

그러나 두 번째 견해도 의심의 여지없이 여전히 성립될 가능성이 높은데, 다음 조건을 추가하는 것이 성립 가능성을 좀더 높이는 듯합니다. 이것들이 우리가 우주 속에 존재하는 것으로 알고 있는 유일한 대상들이지만,

「우리들에게 알려지지 않은 다른 종류의 대상들도 있을 수 있다」

는 조건입니다. 그리고 저는 이것이 사실상 많은 사람들과 철학자와 다른 전문가들에 의해 유지되어 온 견해라고 생각합니다. 다시 말하여, 그들은 우리가 우주 속에 있는 것으로 알고 있는 유일한 종류의 대상들이, 공간 속의 물질적 대상들 및 지구 위에 살고 있는 사람과 동물들의 의식 활동이지만, 다른 한편으로 또한 우리들에게 알려지지 않은 다른 종류의 대상들도 존재할 수 있다고 보는 것입니다.

이런 견해 또는 이와 비슷한 어떤 견해를 말했던 철학자들이, 의심의 여지없이, 그 견해로써 사뭇 자신이 말한 바를 그대로 의미하지는 않았습니다. 우주에서 공간 속에 물질적 대상이 있으며 존재해 왔고, 의식 활동들이 있고 존재해 왔음을 주장하는 사람들은, 분명히 또한 우주 속에 이것들 말고도 적어도 다른 두 가지 대상들이 존재함을 거의 부정할 수 없었습니다. 물질적 대상도 아니고 의식 활동도 아닌 것으로서,

그 자체입니다. 이런 견해에서는 실제로 시간 및 공간이 그 자체로 스스로 존재하고, 그것들이 모종의 것something임을 인정해야 합니다. 그리고 그것들이 물질적 대상도 아니고 의식 활동도 아님은 분명합니다.

그리고 시간 및 공간 말고도, 물질적 대상도 아니며 그렇다고 정신 활동도 아니지만, 비슷하게 우리에게 알려져 있는 다른 종류의 대상들이 존재할 수 있습니다. 저의 입장에서는 분명히 여러 종류의 다른 대상들이 존재하며(늑가령, 제17장 이후에서 논의된 보편 속성들), 그 대상들을 지적해 내는 일이 철학자들의 목표 중 하나라고 생각합니다. 그렇지만 마치 물질적 대상 및 의식 활동들이 우주에 존재하는 것으로 우리에게 알려진 유일한 종류의 대상들인 것처럼 말했던 그런 철학자들도, 이 점을 부인했음을 의미하지는 않았다고 저는 생각합니다. 오히려 그들은 물질적 대상과 의식 활동이 우리에게 알려진 유일한 종류의 대상들이며, 어떤 의미에서 실질적substantial인 것임을 의미하였는데, 어떤 의미에서 '공간 및 시간'이 그 자체로는 실질적이지는 않는 듯합니다. 당장 제 입장에서 만일 이런 종류의 적합한 수정을 한다면, 이런 견해가 저한테는 올바른 견해가 되는 듯하다고 말할 수 있습니다. 다시 말하여, 만일 전체 우주에 관하여, 가령 시간 및 공간에 관하여, 사실상 완벽한 일반적 서술을 제공해 주려고 한다면, 이 점이 아주 중요하게 언급할 필요가 있는 것입니다. 비록 우리에게 알려지지 않은 다른 대상들도 있을 수 있음을 인정하더라도, 그리고 비록 분명히 여러 가지 실질적이지 않은unsubstantial 종류의 대상들이 있다고 여기고 있더라도, 저는 공간 속에 있는 물질적 대상들 및 지구 위에 있는 사람과 동물의 의식 활동들이 실제로 우리에게 알려진 유일하게 실질적인 종류의 대상들이라는 점은 올바르다고 생각합니다.

그러므로 우리가 전체 우주에 관하여 일반적인 서술을 얻을 수 있는 한 가지 방식은, 상대적으로 간단한 종류의 상식적 견해에다 제가 막 언급해 둔 '추가 조건'을 덧붙여 놓는 일입니다. 그렇지만 많은 철학자들이 이와 같이 추가 조건을 지닌 그런 어떤 견해도 사실상 아주 올바른 것은 아니라고 여겼습니다. 그리고 철학자들이 세 가지 다른 방식으로 이런 접근을 서로 올바르지 않은 것으로 여겼습니다. ① 그들은 상식적 견해에서 우주 속에 있는 것으로 주장하는 대상들(≒물질 및 의식) 이외에도 또한 분명히 우주 속에 모종의 가장 중요한 종류의 대상들이 있는데, 실질적인 종류의 대상들이라고 보았습니다.[21] ② 그렇지 않다면 이와는 달리 단호하게 상식에 모순을 제기하였습니다. 상식적 견해에서 우주 속에 존재하는 것으로 여기는 어떤 대상들이, 우주 속에 존재하지 않거나, 만일 우주 속에 있다고 해도 우리가 그 대상을 알 수 없다고 여겼습니다.[22] ③ 또는 그밖에도 이 두 가지 반론을 모두 제기하였는바, 제3종류의 대상들이 있으며(≒불가지론의 견해), 상식적 견해에 모순을 지적하였습니다.

§.1-7 【 우주 속 대상들을 다루는 세 가지 종류의 존재론 】 이제 저는 이런 세 가지 종류의 견해를 놓고서 모두 몇 가지 사례를 제시하려고 합니다. 이들 견해가 모두 상식적 견해에 대해 아주 중요한 뭔가를

---

21) [역주] 이 입장은 과학 기술의 발전을 설명해 줄 수 있다. 아직 중성 미자를 제대로 탐침할 도구가 없기 때문에, 우주 속에 널리 퍼져 작동할 것으로 여겨지는 중성 미자의 존재 방식을 우리가 아직 합리적으로 다룰 수 없다고 말할 수 있기 때문이다. 천체 물리학에서 암흑 물질이나 암흑 에너지도 또한 비슷한 사례라고 볼 수 있다. 지은이는 신과 저승 세계의 문제를 이 사례로 다루고 있다. 그러나 뒤친이는 과학 분야의 발전에 따라 우주의 본질과 실체를 차츰 밝혀 나가는 사례들이 이 입장에 좀더 알맞을 것으로 본다. 분자 생물학의 비약적 발전으로 염색체 지도를 만드는 기술을 확보하였기 때문에, 설령 겉으로 크게 달라 보이는 많은 생명체들이 동일한 염기 서열을 바탕으로 하여 환경 적응의 진화 노선을 걸어왔음도 또한 이런 입장에 대한 구체적 사례가 될 것이다. 355~356쪽의 역주 127도 읽어 보기 바란다.

22) [역주] 두 번째 입장은 어느 문화권에서든지 우주를 구성하는 것으로 여겼던 '저승 세계 hereafter world'를 생각하면 쉽게 이해할 수 있다. 물론 민간에서는 저승 세계가 이승 세계this world의 몇 가지 속성을 여전히 갖고 있고, 나머지 특별한 속성이 더 들어 있는 것으로 관념해 왔지만, 이승과 저승은 별개의 우주에 속한다고 여긴 것이다.

추가하고, 그리고 상식적 견해의 일부에 대하여 모순을 지적하며, 이들 두 가지 반론을 모두 다 실행하는 것입니다.

그렇다면 먼저 상식적 견해에 뭔가를 추가하는 입장으로부터 시작하기로 하겠습니다.

(1) 【 상식적 합리주의 】 우선적으로 모두가 들어 보았을 다음 유형의 한 가지 견해가 있습니다. 여러분이 모두 다 알고 있듯이, 철학자들만이 아니라 많은 숫자의 사람들이 분명히 우주 속에 어떤 신a God이 있음을 믿고 있습니다. 물질적 대상 및 우리의 의식 활동 이외에도, 또한 어떤 신성한 정신a Divine Mind이 존재하고, 이런 정신의 의식 활동이 존재한다는 것입니다. 그리고 만일 여러분이 어떤 것이든지 간에 존재하는 모든 것들을 놓고서, 대상들의 총합에 대한 완벽한 서술을 제시하려고 한다면, 분명히 반드시 절대신God을 언급해야 합니다. 심지어 다음의 견해도 주장될 수 있습니다. 어떤 신a God이 존재하며, 이것이 그 자체로 상식적 견해가 된다는 주장입니다. 그렇게 많은 수의 사람들이 분명히 어떤 신a God이 존재하며, 이것이 상식적 믿음이라고 주장될 수 있음을 믿어 왔고, 실제로 또 여전히 믿고 있습니다.

그렇지만 다른 한편으로는 그렇게 많은 사람들은 이제 설사 어떤 신이 존재할지언정, 우리가 분명히 하나의 신이 존재함을 알 수 없으며, 이것이 또한 한 가지 상식적 견해로 주장될 수도 있음을 믿고 있습니다.

전체적으로 보아, 저는 다음처럼 말하는 것이 공평하다고 생각합니다. 신이 존재하는지 그렇지 않은지 여부를 우리가 실제로 아는지 여부에 관한 질문을 놓고서, 상식 속에는 아무런 견해도 담겨 있지 않습니다. 상식은 우리가 실제로 이 해답을 알고 있음을 단언하지도 않고, 그렇다고 하여 우리가 그 해답을 모른다고 단언하지도 않습니다. 그러므로 상식에서는

「하나의 전체로서 우주에 관하여 우리가 아무런 견해도 지니고 있지 않다」

는 것입니다. 따라서 우리는 우주 속에 분명히 어떤 신a God이 존재한다고 주장하는 철학자들이, 상식적 견해를 훨씬 더 초월해 버리는 것이라고 말할 수 있습니다. 그들은 우주에 관해서 상식적으로 믿는 바에다 가장 중요한 추가 사항을 덧붙여 놓습니다. 왜냐하면 어떤 신a God에 의해서, 물질적 대상 및 우리의 정신 둘 모두와는 아주 다른 뭔가가 의미되기 때문입니다. 물질적 대상 및 우리의 정신 이외에도, 거기에 추가해야 할 것으로 또한 어떤 신이 존재한다는 주장은, 분명히 우주에 대한 우리의 견해에 아주 중요한 추가 내용을 만들어 주는 것입니다.

(2)【 회의주의 】그리고 다음 유형의 또 다른 견해가 있는데, 이것 또한 모두가 다 들어 보았던 내용입니다. 엄청난 숫자의 사람들이 저승의 삶a future life(죽은 뒤 내세에서의 삶)이 있다고 믿었었고, 여전히 실제로 믿고 있음을 누구나 다 잘 알고 있습니다. 다시 말하여, 우리가 지구 위에서 살고 있는 동안 우리 신체에 덧붙어 있는 의식 활동 이외에도, 우리의 정신은 우리 신체가 죽은 다음에도 의식 활동을 지속적으로 실행하는데, 지구의 표면 위에 살고 있는 어떤 신체에도 붙어 있지 않은 채, 의식 활동을 지속적으로 실행한다는 것입니다. 많은 사람들이 우리가 이를 잘 알고 있다고 믿습니다. 여기서 다시 신의 경우에서처럼, 그렇게 많은 수의 사람들이 이것이 상식적 믿음이라고 주장할 수 있는 것으로 여기고서, 이를 믿고 있습니다. 그렇지만 다른 한편으로는, 그렇게 많은 수의 사람들이 설사 우리가 저승의 삶을 가지고 있을지언정, 그렇게 많은 사람들이 분명히 우리가 죽은 뒤 저승에서의 삶을 갖게 됨을 전혀 알 수 없다고 믿습니다.

여기서 다시 한 번, 상식(≒과학적 합리주의)에서는 이 점을 놓고서 아마 아무런 견해도 갖고 있지 않다고 말하는 것이 가장 공정할 듯합니다. 상식에서는 실제 우리가 미래 사후의 삶a future life을 알고 있다고 도, 그렇다고 해서 미래 사후의 삶을 우리가 알 수 없다고도 단언하지 않는 것입니다. 그러므로 이것도23) 또한 상식적 견해에다 덧붙은 한 가지 추가 내용으로 불릴 수 있습니다. 그리고 분명히 이 점은 가장 중요한 한 가지 추가 내용입니다. 만일 이 시점에서 우주 속에서, 지금 지구 표면 위에 있는 사람과 동물의 살아 있는 신체에 덧붙어 있는 의식 활동뿐만 아니라, 또한 오래 전에 살았고 지금은 다 죽고 없는 수억만 사람의 정신에 의해 실천되었던 의식 활동이 여전히 현재에도 지속되고 있다면,24) 분명히 우주는 이것이 사실이 아니었을 경우에 실제 상황이 되었을 법한 바와는 아주 판이하게 다른 모습의 장소가 될 것입니다(≒현재 관찰 사실과 모순이 된다는 속뜻임).

 (3)【 불가지론 】그렇다면 여기서 상식적 견해들에 대해서 서로 모순을 일으키지는 않더라도, 중요한 추가 사항을 만들어 주는 것으로 서술해 놓은 두 가지 다른 유형의 견해가 있는 것입니다. 그리고 제가 언급하고 싶은 이런 유형의 한 가지 다른 견해가 있습니다(≒불가지론의 견해). 일부 철학자들은 우주 속에 분명히「물질적 대상 및 우리의 의식 활동」이외에도, 또한 실질적인 어떤 것이지만 이 어떤 것의 본질이 무엇인지는 아직 우리가 알지 못하더라도, 뭔가 다른 것이 있다는 생각을 지녔었습니다. 그것은 어떤 알려지지 않은 또는 알 수조차 없는 어떤 것입니다. 잘 알고 있듯이, 이런 견해는 앞에서 제가 상식을 훨씬 초월하는 것으로 언급한 부류와는 다른 것임을 신중히 구분지어

---

23) [역주]「미래 사후의 삶을 안다 또는 모른다」를 모두 다 부정하여, 이것이 잘못된 문제 제기라는 태도의 해결책이다. 그렇다면 이를 아마 '양비론兩非論의 태도'라고 부르거나 '잘못된 문제 제기의 태도'(문제 제기의 오류)라고 부를 수 있을 것이다.

24) [역주] 우리 문화에서는 원혼이나 구천을 떠도는 영혼을, 체백(몸뚱이)은 죽었으되 체백에 붙어 있던 영혼이 아직 저승으로 건너가지 못하고서 이승에서 여러 잡스런 문제를 일으킨다고 믿었던 적이 있다(당시에는 사람이 '혼'[영혼]과 '백'[체백]으로 이뤄졌다고 여겼음). 이를 토박이말로 '죽산이'(죽었지만 영혼만 떨어진 채 살아 있는 이) 또는 '귓것(鬼ㅅ것)'으로 불렀었다.

놓아야 합니다. 즉, 이 우주 속에 물질적 대상도 아니고, 사람이나 동물의 의식 활동도 아닌, 우리가 그것들이 존재하는지 여부를 알 수조차 없는 대상들이 존재할 수 있다는 견해입니다.

다음처럼 말하는 일들 사이에는 커다란 차이가 있습니다. 우주 속에 어떤 다른 종류의 대상들이 있겠지만, 우리가 그것들이 존재하는지 여부를 알 수 없다고 말하는 일(≒인간이 지닌 감각 기관의 한계를 인정하여 합리적으로 극복해 나가는 일),25) 그리고 우리가 그것이 무엇인지는 알 수 없더라도 분명히 어떤 다른 중요한 종류의 대상들이 존재한다고 말하는 일(≒처음에서부터 불가지론의 태도를 내세우는 일) 사이에 있는 차이입니다. 저는 후자의 불가지론 견해가 상식적 견해를 훨씬 더 크게 초월해 버리는 것(≒비상식적 견해임)으로 말해야 공정하다고 생각합니다. 이는 상식적 견해에서 우주 속에 분명히 존재하는 것으로 주장하는 대상들 이외에도, 즉, 공간 속에 있는 물질적 대상 및 살아 있는 신체에 붙어 있는 의식 활동 이외에도, 설사 이게 무엇인지조차 우리가 알 수 없을지라도 이것들 이외에도 분명히 무엇인가가 존재한다고 주장합니다. 저는 이런 견해가 스스로 불가지론자Agnostics로 부르는 사람들에 의해 견지되어 왔다고 생각합니다. 그러나 저는 이것이 거의 그 이름값에 걸맞는 역할을 하지 못한다고 생각합니다. 이 우주 속에 존재할 수 있는 것뿐만 아니라, 물질적 대상 및 우리

---

25) [역주] 더 앞에서 첫 번째 입장으로 말한 것인데, 58쪽의 역주 21을 보기 바란다. 이는 인간의 감각 기관이 받아들이는 범위가 제한되어 있기 때문에 생겨나는 문제이다. 다섯 가지 감각 기관은 언제나 자극의 양이 일정한 크기를 넘어서야만 비로소 감각 자극으로 우리가 느끼게 되기 때문이다(윌리엄 제임스, 1890; 정양은 뒤침, 2005, 『심리학의 원리』 1~3, 아카넷에 있는 「문턱값[역치] 이론」임).

가령, 가청 범위에서 아주 낮은 저주파와 아주 높은 고주파는 특정한 기계를 통하여 전환해 주지 않는다면 들을 수 없다. 빛의 파장도 마찬가지인데, 적외선과 자외선을 넘어선 파장은 특정 기계로 전환해 놓기 전에는 우리 눈으로 볼 수 없는 것이다. 인간은 지구 생태 환경에 맞추어 오랜 동안 진화해 왔기 때문에, 부엉이 눈처럼 망막의 빽빽한 간상체가 작동할 수 없기 때문에 캄캄한 밤중에 대상(먹이)을 볼 수도 없고, 부엉이의 두 귀처럼 상하 어긋나게 자리잡고 있지 않기 때문에 소리 방사 지점(먹이)의 원근 거리 추정도 불가능하다. 그렇다면 이는 오랜 기간 동안 생명체가 진화 과정에서 적응한 결과에 말미암은 인간 감각 기관의 작동 한계와 관련된 문제이다.

의식 활동 이외에도 분명히 실질적인 무엇인가 존재함을 아는 일은, 분명히 아주 많은 정도를 이미 알고 있는 것(≒불가지론이 아니라 거꾸로 가지론[Gnosticism]임)이기 때문입니다. 그러나 저는 이 불가지론이 드물지 않게 견지되어 온 견해라고 생각합니다.

(4) 지금까지 저는 서로 모순됨이 없이 상식적 견해에 추가되는 세 가지 견해의 사례를 제시해 왔습니다.[26] 저는 이제 두 번째 유형의 견해로 들어가려고 합니다. 기본적인 상식에 추가해 놓는 방식이 없이, 상식과 모순되는 견해들입니다. 임의의 것을 어떤 것이든 잘 알고 있다고 확언하지 않은 채, 상식적으로 알고 있는 것으로 확언하는 어떤 것을 부인하고, 상식적으로 알고 있는 것으로 확언하지 않는 견해입니다. 이름을 붙여 놓기 위하여 저는 이런 견해들을 '회의주의 견해 sceptical views'라고 부를 것입니다.

이 두 번째 유형의 견해에서도 저는 주요한 두 가지 변종이 있다고 생각합니다. 둘 모두 상식적으로 우리가 실제로 알고 있다고 말하는 어떤 대상들을 놓고서, 우리가 잘 알지 못한다고 말하는 일로 이뤄져 있습니다. 저는 이런 유형의 어떤 견해에서도 상식적으로 우주 속에 분명히 존재하는 대상들이 있음을 단호하게 부인하는 견해(≒불가지론)가 없는 것으로 생각합니다. 불가지론자들은 오직 우리가 단순히 이런 것들이 우주 속에 있는지 없는지 여부를 조금도 알 수 없다고 말할 뿐입니다. 반면에, 상식적 견해에서는 아주 단호하게 우리가 그것들이 존재하고 있음을 실제로 알고 있다고 주장합니다.

이런 유형의 첫 번째 회의주의 변종은,[27] 단순히 어떤 것이든지 간

---

26) [역주] ① 인간 지각 기관의 한계를 인정하는 합리적 입장(또는 자연주의 입장), ② 인간의 지각을 초월한 세계가 존재한다고 보며, 상식을 잘못된 것으로 여기는 회의주의 입장, ③ 인간의 이성은 결코 믿을 수 없다고 전제하고서, 그 결과로서 우리가 우주의 본질을 절대로 알 수 없다는 불가지론 입장이다.

27) [역주] 첫 번째 변종의 회의주의는 우리가 전지적 관점에 결코 이르지 못하며, 오직 일부 속성만 알 수 있을 뿐이라고 여기는 태도이다. 인간의 불완전한 능력이 대상과

에 우리가 우주 속에 물질적 대상이 존재하는지 여부를 알지 못한다고 주장하는 것입니다. 이는 그런 대상들이 있을 수 있음을 인정하지만, 우리들이 아무도 어떤 것이라도 존재함을 전혀 알지 못한다고 말합니다. 다시 말하여, 우리가 임의의 한 가지 대상의 존재를 알 수 있음을 부인합니다. 다른 정신 및 그 정신들의 의식 활동을 제외하고서, 우리가 그 대상들을 의식하고 있지 않은 경우에라도, 그 대상들이 지속적으로 존재함을 부인하는 것입니다.

두 번째의 변종 회의주의 견해(늑유아론, 독단적 인식의 회의주의)는 심지어 이보다 더 극단적으로 나갑니다. 이 견해도 또한 우리 자신의 것 이외에는 임의의 정신이나 의식 활동들을 어떤 것이든 우리가 알 수 있음을 부인합니다. 사실상, 어떤 사람이든지 우주 속에 있는 것으로 알 수 있는 유일하게 실질적 종류의 대상은, 단순히 홀로 그 자신의 의식 활동뿐이라는 생각만 갖고 있습니다. 우주 속에 다른 정신들과 심지어 물질적 대상들도 존재할 수 있음을 부인하는 것은 아닙니다. 그러나 만일 그것들이 존재하더라도 우리가 그것을 알 수 없다고 주장합니다. 물론 이는 비논리적인 태도입니다. 왜냐하면 한편으로 아무도 다른 정신의 존재를 어떤 것이든지 간에 알 수 없다손 치더라도, 그런 견해를 지닌 철학자가 또한 그 자신 이외에도 다른 사람들이 있으며, 그 자신이 다른 어떤 사람의 존재를 전혀 알 수 없는 만큼, 그 사람들도 모두 다 나 자신을 알 수 없다고 단호하게 주장하기 때문입니다. 그렇지만 비논리적인 주장임에도 불구하고, 그 주장이 계속 유지되어 왔습니다. 그리고 아무도 다른 정신의 존재를 어떤 것이든 알지 못한다고 일반화하여 주장하지 말고, 그 대신에 만일 그 철학자가 스스로 그 자신이 사적으로 다른 정신의 존재를 알지 못한다는 주상에만 국한시어 놓았었더라면,[28] 비논리적으로 되는 일이 중단되었을 것입니다.

우주를 부분적으로만 볼 뿐이라는 입장인데, 대상이든 우주 전체이든 간에 우리 인간의 능력으로는 항상 오직 부분이나 일부만 알 수 있을 뿐이지, 결코 전체적으로 궁극적이며 본질적인 총체적 앎을 성취할 수 없다고 보는 것이다.

(5) 이제 세 번째 유형의 불가지론 입장을 다룰 차례가 되었습니다. 지금까지 제가 언급해 둔 어떤 견해보다도 상식으로부터 훨씬 더 멀리 벗어나 떨어져 있는 견해입니다. 왜냐하면 불가지론의 두 가지 변종이 둘 모두, 상식적으로 분명히 우주 속에 존재한다고 주장하는 어떤 대상들이 우주 속에 존재함을 단호하게 부인하고, 또한 상식적으로 알고 있다고 공언할 수 없는 어떤 종류의 대상들이 우주 속에 존재하는 것으로 단호하게 주장하기 때문입니다. 이런 유형의 견해들은 철학자들 사이에서 아주 많이 선호되어 온 것으로 말할 수 있습니다.

저는 이런 불가지론의 유형에서 주요한 견해가 두 가지 부류로 나뉠 수 있다고 생각합니다. 첫째, 상식과 모순되게 불가지론 옹호자들이 공간 및 물질적 대상의 존재를 단호하게 부인하는 사실로 이뤄져 있는 견해입니다. 둘째, 다른 많은 대상들도 마찬가지로 존재하지 않는다고 단호하게 부인하는 견해입니다. 저는 두 종류의 견해가 모두

「실제로 물질적 대상의 존재를 단호하게 부인하고 있다」

고 주장하고자 합니다. 단지 우리가 그것들이 존재하는지 여부를 알지 못한다는 회의주의 견해를 지니는 것뿐만 아니라, 더 나아가 불가지론자들은 분명히 우주 속에 그런 대상들이 존재하지 않는다고 말하는 것입니다.

그렇다면 먼저 공간 및 물질적 대상들의 존재를 부인함으로써 단지 상식과 모순되는 불가지론 옹호 견해들에 대해서만 살펴보겠습니다.

제 생각에 이들 견해는 모두 제가 물질적 대상들의 '드러난 겉모습'the Appearances of material objects으로 부르게 될 어떤 대상들을 고려하는

---

28) [역주] 가령, 만일 당사자가 자폐증 환자이므로 남의 의식이나 정신에 공감을 할 수 없다고 스스로 자기 비하의 주장을 하였었더라면, 그런 주장을 하는 사람의 결격 사유 때문에 결과가 달라졌다고 논리적으로 그리고 합리적으로 설명할 수 있는 것이다. 상식적으로 여느 사람과 아주 다르기 때문에 당연히 전혀 다른 결론에 도달하였다는 뜻이다.

일로부터 시작합니다. 저는 이 개념으로써 제가 의미하는 바를 아주 쉽게 설명할 수 있다고 생각합니다. 만일 여러분이 1마일(≒1.6km) 떨어져 있는 곳에서 교회 종탑을 바라본다면, 1백 야드(≒90m) 떨어진 거리에서 종탑을 바라보는 경우에 종탑이 지닐 모습과는 아주 다른 외양을 지님을 여러분이 모두 다 잘 알고 있습니다. 종탑이 더 작아 보이며, 더 가까이에서 보게 될 자세한 세부 내용들을 볼 수 없습니다. 동일한 물질적 대상이 서로 다른 거리와 서로 다른 시점으로부터 드러낼 수 있는 이들 서로 다른 겉모습은, 우리들한테 모두 다 아주 익숙한 경험입니다.

그리고 이에 관해서 두 가지 견해가 있습니다. 둘 모두 상식과 더불어 아주 일관되게 견지될 수 있겠지만, 저는 이것들 사이에서 상식이 공언되지 않는다고 생각합니다. 사실상 그것들 중 일부는 최소한 대상들의 부분이며,[29] 그 부분들 중에서 그것들이 겉모습이 된다는 주

---

29) [원저자 주석 1] 이제 나는 "대상(들)의 표면 요소들 중에서 부분들"이라고 말해야 온당하다.

※ [역주] 영어의 복수 개념은 우리에게도 쉽게 이해되지만, 영어의 복수 형태가 곧장 우리말에 1 : 1로 대응하지는 않는다. 영어 복수 접미사는 둘 이상의 개체뿐만 아니라, 또한 속뜻으로 전체를 가리킬 수도 있다(우리말 '들'에는 없는 기능임). 우리말에서 '들'이 복수 접미사(또는 띄어 써서 '등등'과 대치되는 형식 명사로도 부름)로 지정되어 있지만, 만일 '들'의 기본 뜻이 복수였다면 "다들 갔다, 모두들 떠났다"라는 말에서 '다, 모두'(전부) 뒤에 '들'이 덧붙을 이유가 없다. 비아냥거리는 표현 "잘~들 한다!"로도 들을 수 있으며, 자연스럽게 "너희들 뭐 하니?"라고도 말한다. 이 표현은 "다 갔다, 모두 떠났다" 또는 "잘~ 한다!"라는 표현이나 "너희 뭐 하니?"라는 표현과 다른 속뜻을 지니고 있다.

'들'이 붙으면 '각각, 각자'라는 뜻이 부각되어 전체 집합의 개별성이나 개체성이 주어지는 것이다. '너'의 복수 형태는 '너희'('너'가 속한 집단의 뜻이며, '나'에 대한 '우리'도 내가 속한 집단을 가리키므로, 결과적으로 복수 해석이 나올 뿐임)인데, 왜 굳이 '들'이 더 들어가 있어야 할까? 그 집단 구성원을 놓고서 개별성(개체성)을 보장해 주는 중요한 기능이 발휘되고 있기 때문이다.

"다 갔다, 모두 떠났다"는 한꺼번에 집합으로서 하나의 행동을 한 듯한 느낌을 준다. 상황에 따라 변동하겠지만 기본적으로 "잘~ 한다!"는 한 사람을 가리키는 것으로 해석된다. 그렇지만 "다들 갔다, 모두들 떠났다"에서는 관련 집합의 모든 구성원들이 각자 갔고, 각자 떠났음을 가리키며, "잘~들 한다!"에서는 두 사람 이상이 있고 화자는 각자의 행동을 비꼬고 있음을 드러내 준다. 언어학에서는 이런 경우를 「배분적distributed 해석」으로 불러, 통합적인 전체 해석과 구분해 준다. 우리말에서 '들'은 배분적 해석을 나타내는 접미사이다. 결과론적으로 둘 이상의 개체(개인)가 있어야만 비로소 배분할 수 있으므로, 숫자가 둘 이상인 '복수'임을 표시할 수 있는 것이다.

장이 성립될 수 있습니다. 사실상 그것들이 공간 속에 자리잡고 있고, 심지어 우리가 그것들을 의식하지 않을 때에도 실제로 계속 존재해 오고 있습니다.

그러나 「이들 겉모습이 아무런 것도 공간 속에 존재하는 것이 아니며, 그것들이 모두 오직 어느 누군가에게 나타나 보이는 정도로만 존재한다」는 주장도, 또한 상식과 아주 일관된 모습으로 성립할 수 있습니다. 예를 들어, 교회 종탑이 특정한 경우에 저에게 드러나는 모습은, 다만 제가 그것을 보는 한 존재하겠지만, 「임의의 물질적 대상을 지니고서 동일한 공간 속에 존재하거나 임의의 물질적 대상으로부터 어떠한 거리에 떨어져 있든지 간에 존재한다」고 말해질 수 없습니다. 저는 이들 견해가 어떤 것이든지 간에 상식적으로 모순이 되지 않는다고 생각합니다. 저는 그것이 실제 주장하는 모든 것은, 이들 겉모습이 물질적 대상의 겉모습이라는 사실이라고 생각합니다. 즉, 우리가 의식하지 않을 경우에라도 공간 속에 존재하고 있는 실제 존재하는 대상들의 겉모습이라는 것입니다.

저는 이제 여기서 고려하고 있는 견해를 지닌 철학자들이 겉모습들에 대한 두 가지 견해 중에서 두 번째 견해를 모두 수용했다고 생각합니다. 제가 상식과 일관된 것으로 말한 내용입니다. 즉, 겉모습이 드러나 그 사람에게 비춰져 있는데, 그 사람이 그것들을 바라보고 있는 한, 오직 이들 겉모습만이 존재할 뿐이며, 그 겉모습들이 공간이 아닌 곳에 존재한다는 견해입니다. 그리고 나서, 불가지론 옹호자들은 이들 겉모습이 물질적 대상의 겉모습이 아니라고 덧붙여 놓음으로써, 상식과 모순되는 쪽으로 진행해 나갔습니다. 「물질적 대상의 겉모습이 될 만한 물질적 대상들이 존재하지 않는다」는 주장입니다.

그리고 이런 종류에 대하여 지금까지 견지되어 온 두 가지 서로 다른 견해가 있습니다.

첫 번째 견해는 가장 유명한 영국 철학자의 한 사람인 버어클리 주교(Bishop Berkeley, 1685~1753)의 견해입니다. 저는 실제로 버어클리의 견해가, 이들 겉모습이 조금도 임의의 한 가지 대상에 대한 겉모습들이 아니라고 잘못 해석되어 왔다고 생각합니다. 사실상 그 자신은 이들 겉모습이 그 자체로 물질적 대상이며, 그것들이 우리가 물질적 대상에 의해 의미하는 것이라고 말합니다. 그는 자신이 물질의 존재를 부정한 것이 아니라, 오직 물질이 무엇인지만을 설명하였다고 말합니다. 그렇지만 저는 그가 일반적으로 그리고 곧장 바로 물질의 존재를 부정하는 생각을 갖고 있었다고 여깁니다. 왜냐하면 「우리가 그것들을 보는 순간을 제외하고서는, 그가 이들 겉모습도 존재하지 않는다」고 생각했기 때문입니다. 그리고 이것이 참되게 성립하는 것은 어떤 것이든지 간에, 분명히 물질적 대상이라고 합당하게 말할 수 없게 됩니다. 우리가 물질적 대상들의 존재를 단언하는 경우에, 우리가 단언한다고 의미하는 바는, 분명히 심지어 우리가 그것을 의식하지 않을 경우에라도 지속적으로 있는 어떤 것의 존재입니다. 더욱이, 저는 그가 분명히 여러 측면의 이들 겉모습이 동일한 공간 속에 있는 그 대상들에 대한 모든 것은 아니라고 생각했을 것으로 봅니다. 예를 들면, 저한테 드러난 겉모습이 여러분에게 드러나 보이는 겉모습으로부터 임의의 거리나 임의의 방향으로 있었던 것은 아닙니다. 반면에, 이미 언급했듯이 「우리가 공간 속에서 다른 모든 물질적 대상들로부터 일정 방향에서 일정 거리에 있지 않은 것이라면, 어떤 것이든지 물질적 대상으로 부르는 일을 거부해야 한다」고 저는 생각합니다. 그렇다면 저는 상식적으로 대상들의 존재를 단언한다는 의미에서, 버어클리가 어떤 것이든 간에 물질적 대상의 존재를 부정했다고 공정하게 말해질 수 있을 것으로 봅니다. 이것이 상식과 모순되는 버어클리의 입장입니다. 그리고 버어클리가 자기 주장에 추가한 방식은 신의 존재를 단언하는 일이었습니다. 버어클리는 정확히 우리에게 드러나는 모든 것들처럼, 일련의 겉모습들이 신에게도 드러난다고 생각했습니다.

그러나 저는 버어클리의 견해가 다른 많은 철학자들에게 공유되지 않았다고 생각합니다. 훨씬 더 일반적인 견해는, 제가 「물질적 대상들의 겉모습」이라고 부른 이런 것들이 사실상 무엇인가의 겉모습들이며, 상식에서 주장하듯이 물질적 대상의 겉모습이 아니라,「정신이나 의식 존재의 겉모습」입니다. 그러므로 이런 견해는 물질적 대상의 존재를 부정함으로써 상식과 모순이 되고, 또한 사람과 동물의 정신 이외에도 거대한 숫자의 정신들의 존재를 단언함으로써, 상식을 초월하여 벗어나 버립니다. 그리고 또한 이들 정신이 공간 속에 자리잡고 있는 것이 아니라고 주장합니다. 정신의 그런 겉모습들이 서로 간에 임의의 방향으로 임의의 거리에 있음이 사실도 아니라고 말합니다. 사실상 그것들은 모두 단순히 어디에도 없는 것이며, 조금도 어떤 자리를 차지하고 있지도 않습니다.

(6) 저는 이들 견해가 충분히 깜짝 놀랄 만하다고 생각합니다. 그러나 여전히 더욱 놀랄 만한 견해들을 지녔던 다른 철학자들도 있습니다. 공간 및 물질적 대상들이 사실상 실제로 존재하지도 않을뿐더러, 또한 시간 및 우리의 정신적 행위들도 실제로 존재하지 않는다고 여겼는데, 우주 속에 사실상 그러한 것이 어떤 것도 존재하지 않는다고 생각했던 사람들입니다. 적어도 저는 이것이 많은 철학자들이 의미하였던 바라고 생각합니다. 불가지론 옹호자들이 말하는 바는

① 「물질적 대상·공간·우리의 의식 활동·시간」이라는 이들 네 가지 종류의 대상들이 겉모습Appearances이라는 것이고,
② 그것들이 어떤 한 가지 대상이든지 아니면 그밖에 여러 대상들에 대한 일부 모음인, 다른 무엇인가에 대한 겉모습들로서 그것들에 대한 모든 것인데,
③ 이는 물질적 대상도 아니고, 우리들의 의식 활동도 아니며, 공간 속에 있는 것도 아니고, 그렇다고 시간 속에 있는 것도 아니다.

라는 것입니다. 여러분이 잘 알고 있듯이, 이런 단언(명제)은 중의적입

니다. 첫째, 이 단언(명제)이 상식과 모순이 되는 것으로 볼 수 있거나, 그렇지 않으면 이들 불가지론 철학자가 이들 대상을 '겉모습들'로 부름으로써 뭘 의미하는지를 묻는 것으로도 볼 수 있습니다. 불가지론 자들은 겉모습이 되어서 나타나는 대상들만큼, 이들 겉모습이 실재였음을 의미한다고 상상해 볼 수도 있습니다. 이것들이 다른 무엇인가에 대한 겉모습들이라고 주장함으로써, 오직 불가지론자들이 우주 속에 그밖에도 다른 어떤 것이 있음을 주장하려고 의도했을 수 있습니다. 멀리서 교회 종탑의 겉모습을 바라볼 경우에, 제가 보는 종탑의 겉모습이 실제 교회 종탑과 관련되어 있듯이, 동일한 종류의 방식으로 이들 대상들이 관련되어 있는 어떤 것입니다. 만일 불가지론 옹호 자들이 오직 이것만을 의미했더라면, 그들의 견해는 오직 상식에다 추가해야 하는 유형의 견해들이 되었을 것입니다. 우주 속에 존재하는 것으로 상식에서 믿고 있는 대상들에 추가하여, 또한 이런 대상들 말고도 또는 이런 대상들 뒤에도 그밖에 어떤 것이 존재한다고 주장하는 일이 되었을 것입니다.

그러나 사실상 불가지론 옹호자들이 이 점을 의미하지 않았음이 저한테는 아주 명백한 듯합니다. 실제로 물질과 공간 그리고 우리 의식활동과 시간이 상식에서는 실재라는 의미에서, 그들은 거꾸로 그것들이 실재가 아니라는 생각을 견지했습니다. 그들이 스스로 (마치 상품 포장지 속에 내용물이 들어 있듯이) 겉모습들 뒤에 다른 어떤 무엇인가가 실재라고 믿었음을 의미합니다. 그리고 이런 생각을 하면서 저한테는 불가지론 옹호자들이 실재로 의미하는 바가, 이것(공간·대상·의식·시간)들이 전혀 실재가 아니며, 우주 속에 어떤 것이든지 간에 실제로 그런 것들이 존재하지 않는 것으로 주장한 듯이 보입니다. 설령 그들이 모두 이 점을 의미했음을 인정하지 않는다고 하더라도, 저는 그들이 실제로 의미한 바가 이와 같은 어떤 것이라고 생각합니다. 우리가 밤하늘을 쳐다볼 적에 북극성이 달보다 훨씬 더 작아 보인다는 의미가 있습니다. 그렇다면 나타나 보인 바, 즉, 이 경우에 겉모습은 단순히 북극성이 달보다 더 작다는 사실이라고 말할 수 있습니다. 그러나 우주 속에는 이와 같이 드러나 보이는 그런 것이 존재하지 않습니다. 북극성은 달보다 더 작지 않습니다. 그러므로 우주 속에서 존재하는 것으로 드러나 보이는 바는, 즉, 북극성이 달보다 더 작다는 것은, 단순히 비실재물non-entity이며(≒432쪽의 역주 154), 그런 실재물은 존재하지 않습니다.

저는 많은 철학자들이 단순히 물질과 공간뿐만 아니라 우리의 의식 활동과 시간도 또한 존재하지 않으며, 그런 대상들이 없는 것으로 믿어 왔고, 여전히 믿고 있는 바가 바로 이런 의미에서라고 생각합니다. 불가지론 옹호자들은 그것들이 드러나 보이는 무엇이지만, 단순히 드러나 보이는 바가 어떤 것이든 간에 한 가지 대상이 아니며, 우주 속에서 그런 대상들이 존재하지 않는다고 믿어 왔습니다. 저는 비록 불가지론 옹호자들이 모두 이것을 의미했다고 수긍하지 않겠지만, 이것이 불가지론 옹호자들이 의미하는 바라고 생각합니다. 그리고 상식에서 우주 속에 존재하는 것으로 여긴 대상들 대신에, 우주 속에서 존재한다고 여긴 바에 관해서, 불가지론 옹호자들은 서로 다른 견해들을 갖고 있었습니다. ① 일부에서는 서로 다른 여러 정신들의 어떤 집합체a collection of different minds라는 생각을 지녔었고, ② 다른 일부에서는 그것이 하나의 정신one mind이라고 여겼으며, ③ 또 다른 이들은 어떤 의미에서 정신적이거나 영혼을 담은 어떤 것이지만, 하나의 정신one mind이거나 또는 여러 가지 많은 정신들many minds이라고 적합하게 말해질 수 없다고 여겼습니다.

§.1-8 【 철학의 하위영역: 형이상학, 인식론, 논리학, 증명론, 윤리학 】
그렇다면 이것들이 하나의 전체로서 우주의 본질에 관해서 견지되어 온 일부 견해들입니다. 저는 이들 사례가 철학의 첫 번째 문제, 즉 「우주 전체에 대한 어떤 일반적인 서술」에 의해서 제가 의미하는 종류의 것을 명백히 해 놓았기를 희망합니다. 이 문제에 대한 어떤 답변이든지 간에, 반드시 다음 세 가지 것들 중에서 하나 또는 다른 것을 언급해 주어야 합니다. ① (이원론의 답변으로서) 어떤 큰 부류의 대상들이 우주 속에 있는 유일한 종류의 대상들, 즉, 우주 속에 있는 모든 것이 그 대상들 중 하나 또는 다른 것에 속한다고 말해야 하거나, ② 아니면 (일원론의 답변으로서) 우주 속에 있는 모든 것이 한 가지 종류의 것이라고 말해야 하거나, ③ (다원론의 답변으로서) 우리가 우주 속에 존재하는 것으로 알고 있는 모든 것이 여러 가지 부류 중에서 어떤 한 부류에 속하거나 다른 한 가지 부류에 속한다고 말해야 합니다. 그리고 만일 여러 가지 다른 부류의 대상들이 있음이 참값이라면, 답변으로서 또한 이들 부류들에 대한 서로 간의 관계에 대하여 뭔가를 말해 주어야 합니다.

그렇다면 이것이 제1의 가장 흥미로운 철학의 문제입니다. 그리고 저한테는 아주 많은 다른 것들이 이것에 영향을 미치는 문제들로서 정의될 수 있을 듯이 보입니다. 왜냐하면 철학자들은 우주 속에 존재하거나 존재하지 않는 바에 관해서, 또는 우주 속에 있을 것으로 우리가 알고 있거나 우주 속에 있을 것으로 우리가 알지 못하는 바에 관해서, 단순히 자신들의 의견을 표현하는 데에 만족해 하지 않았기 때문입니다. 그들은 또한 자신들의 의견이 참값이 될 것임을 증명하려고 노력해 왔습니다. 그리고 이 점과 함께 여러분이 잘 알고 있듯이 상당수 많은 하위의 문제점들이 활짝 펼쳐져 있습니다.

예를 들어, 제가 언급한 이들 견해들 중 어떤 것이든 간에 하나가 참값이 된다고 증명하기 위해서는, 여러분이 반드시 그것을 증명하고 또한 다른 모든 것들을 반박해야 합니다. 여러분은 반드시 어떤 신a God이 존재하거나 존재하지 않음을 증명해야 하거나, 아니면 신이 존재하는지 여부를 우리가 알 수 없음을 증명해야 합니다. 미래 사후의 삶a future life이 존재하거나 존재하지 않음을 증명해야 하거나, 아니면 미래 사후의 삶이 있는지 여부를 우리가 알 수 없다고 증명해야 합니다. 제가 언급한 다른 모든 종류의 것들에 대해서도 계속 같은 방식으로 진행됩니다. 물질과 공간과 시간, 그리고 다른 사람의 정신들, 그리고 사람이나 동물의 정신이 아니라, 또 다른 정신들입니다. 어떤 것이든 간에 우주에 대한 특정한 견해가 올바름을 증명하기 위하여, 이들 대상들 각각의 경우에 여러분은 그것들이 실제로 존재하거나 존재하지 않는지를 증명해야 하거나, 아니면 그것들이 존재하는지 여부를 여러분이 알 수 없다고 증명해야 합니다. 여러분이 잘 알고 있듯이, 이들 모든 질문이 그것들 나름대로 별개로 취급될 수 있습니다. 사실상 많은 철학자들이 우주 전체에 관해서 어떤 것이든지 간에 일반적인 서술을 제시하려고 노력하지 않았습니다. 그들은 이들 하위질문 중에 오직 어떤 한 가지 또는 그 이상에 대해서 대답해 주려고 했을 뿐입니다.

그리고 응당 각별히 언급되어야 한다고 생각하는 또 다른 종류의 하위 질문들이 있습니다. 많은 철학자들은 이들 다양한 종류의 대상들 사이에 차이가 무엇인지를 좀더 명백히 정의해 주려고 노력하면서, 그들의 시간을 상당량 쏟았습니다. 예를 들어, 물질적 대상 및 의식적 행위 사이에, 물질 및 정신 사이에, 절대신God 및 사람 사이에 차이가 무엇인지 등입니다. 이들 정의의 문제는, 여러분이 생각하는 것처럼 결코 대답하기가 쉽지 않습니다. 결코 이것들이 단지 낱말의 문제로만 여겨져서도 안 됩니다. 우주 속에 있을 것으로 여기는 이들 종류의 대상에 대한 좋은 정의는, 분명히 여러분의 견해에 대한 명백성을 더해 줍니다. 그리고 이는 단지 명백성에 대한 문제만도 아닙니다. 예를 들어, 물질적 대상에 의해서 여러분이 의미하는 바를 정의하려고 노력하는 경우에, 물질적 대상이 지님직한 여러 가지 다른 속성들이 있고, 그것들 중 어떤 것은 여러분이 이전에 전혀 생각해 보지도 못한 것임을 깨닫게 됩니다. 정의를 내리려고 하는 여러분의 노력은, 따라서 여러분을 대상들의 전체 부류가 특정한 속성들을 갖고 있거나, 어떤 다른 속성들을 갖고 있지 않다는 결론으로 이끌어 갈 수 있습니다. 여러분이 자신의 주장으로 무엇을 의미하는지를 정밀히 탐구해 나감이 없이, 만일 여러분이 단지 우주 속에 물질적 대상들이 존재함을 스스로 단정하는 일에만 만족했더라면, 이런 속성들 중에서 어떤 것은 여러분이 결코 생각해 보지도 못했을 것입니다.

그렇다면 우리는 하위의 철학적 문제점들을 포함하는 어떤 큰 부류가, 즉, 제가 언급한 대부류의 대상들이 실제 존재하거나 존재하지 않는지 여부, 아니면 그것들이 존재하는지 여부에 관해서 우리가 단순히 무지한지 여부를 논의하는 일로 이뤄집니다. 그리고 이들 부류들을 정의하려고 노력하고 그것들이 서로 간에 어떻게 관련되는지를 고려하는 일로 이뤄진다고 말할 수 있습니다. 상당 분량의 철학이 절대신 God, 미래 사후의 삶, 물질, 정신, 시간과 공간에 관련된 이들 질문을 논의하는 일로 이뤄져 있습니다. 그리고 이들 문제가 모두 다 형이상학으로 불리는 철학의 그런 분과에 속하는 것이라고 말해질 수 있습니다.

그러나 이제 우리는 철학의 다른 분과에 속한다고 말해질 수 있지만, 또한 우주에 대한 일반적인 서술에 관해서 제1의 주요한 문제에 분명한 영향력을 지니는 한 부류의 질문들에 이르렀습니다. 누구든지 간에 여러분이 의심하는 쪽으로 기울어져 있는 어떤 사실을 주장하는 경우에, 가장 자연스럽게 던지는 질문 가운데 하나는 다음 (인식론) 물음입니다.

「여러분은 어떻게 하여 그것을 알고 있는 것일까?」
(How do you know that?)

그리고 한 사람이 만일 그 종류의 사실들에 대하여 단순한 믿음과 대립되는 것으로서 실재 지식을 획득할 수 있는 방식들 중 임의의 한 가지 방식으로 그 사실을 배우지 않았음을 보여 주듯이 그런 방식으로 대답한다면, 여러분은 그가 실제로 그것을 알고 있지 못한다고 결론 내릴 것입니다. 달리 말하여, 일상생활에서 우리는 항상 어떤 종류의 사실들에 관해서 실재 지식을 얻을 수 있는 제한된 숫자의 방식들만이 있고, 만일 한 사람이 이들 방식 중에서 어떤 것으로도 배우지 못한 어떤 사실을 주장한다면, 사실상 그가 그것을 알지 못한다고 가정합니다. 이제 철학자들도 이런 종류의 논점을 아주 널리 쓰고 있습니다. 그들은 우리가 대상들을 알 수 있는 모든 상이한 종류의 방식들을 분류하려고 전적으로 노력해 왔습니다. 다른 철학자들이 주장하거나 그들 스스로 이전에 믿었었던 어떤 대상들이 이들 방식 중 어떤 것으로도 알려지지 않았기 때문에, 따라서 이들 대상들이 조금도 알려지지 못했다고 결론을 내렸습니다.

따라서 사실상 대부분의 철학은 우리가 대상들을 알 수 있는 다른 방식들을 모두 완벽히 분류하려고 노력하는 일로 이뤄져 있거나, 그 대상들을 아는 특정한 방식들을 정확히 서술하려고 노력하는 일로 이뤄져 있습니다. 그리고 이런 질문이 「우리가 어떤 것이든지 임의의 대상을 어떻게 하여 조금이라도 알고 있는 것일까?^{How do we know anything} at all?」라는 물음이며, 여기에 세 가지 다른 종류의 질문이 포함됩니다.30)

(1) 첫 번째 질문은 다음 종류의 것입니다. 「여러분은 저것을 어떻게 하여 알고 있는 것일까?^{How do you know that?}」라고 질문을 받을 경우, 이는 다음처럼 묻는 것을 의미할 수 있습니다.

「그것에 대한 여러분의 지식은 어떤 종류의 대상일까?」
(What sort of a thing *is* your knowledge of it?)
「여러분이 그것을 아는 경우에, 정신 속에서 어떤 종류의 과정이 진행될까?」
(What sort of a process goes on in your mind, when you *know* it?)
「여러분이 아는 일로 부르는 이 사건은 무엇으로 이뤄져 있을까?」

---

30) [역주] 번역에서는 괄호로 된 번호를 붙여 놓았다. 첫 번째는 머릿속 정신 작용에 대한 심리학적 질문이고, 두 번째는 진리에 대한 논리학적 질문이며, 세 번째는 믿는 근거들의 타당성을 검토하는 증명론proof theory에 관한 질문이다.

(In what does this event, which you call a *knowing*, consist?)

지식이 어떤 종류의 대상인 것인지에 관한, 즉, 여러분이 어떤 것이든지 간에 알고 있을 경우에 무슨 일이 일어나는지에 관한, 이런 첫 번째 질문은 철학자가 심리학자와 공유하는 질문이겠지만, 많은 철학자들이 대답하려고 노력해 왔습니다. 그들은 서로 다른 종류의 대상들을 구분해 주려고 노력해 왔습니다. 우리가 서로 다른 대상들을 아는 경우에 우리 정신 속에서 일어나는 것과 오히려 그것들 모두에 공통된 것이 무엇인지를 지적하려는 것입니다.

(2) 그러나 두 번째로 의미될 수 있는 다른 어떤 것이 있습니다. 「여러분은 저것을 어떻게 하여 알고 있는 것일까?」라는 질문을 받을 경우, 「지식이 무엇일까?」를 묻는 것입니다. 왜냐하면 우리가 임의의 단언(명제)이 참값이라고—가령 물질이 존재함이 참값이라고—주장함을 의미하지 않는 한, 물질이 존재한다는 이 단언(명제)을 알고 있음을 말하지 않기 때문입니다. 따라서 이 「지식이 무엇일까?」라는 질문에는

「임의의 단언(명제)이 참값이라고 말함으로써 무엇이 의미되는 것일까?」

에 대한 물음이 포함되어 있습니다. 이것은 여러분이 어떤 것이든 간에 임의의 것을 알고 있을 경우에, 여러분의 정신에서 무엇이 일어나는지에 관한 심리학적 물음과는 아주 다른 질문입니다. 그리고 진리가 무엇인지에 관한 이런 질문은, 가장 넓은 의미로 용어를 써서 일반석으로 논리학을 위한 질문이라고 말해져 왔습니다. 그리고 논리학이나 최소한 논리학의 일부는 철학의 한 분과로 여겨집니다.

(3) 마지막으로 「여러분은 저것을 어떻게 하여 알고 있을까?」라는 질문을 받을 경우에, 여전히 의미될 수 있는 또 다른 것이 있습니다.

즉, 「그것을 믿기 위하여 여러분이 어떤 근거를 갖고 있을까?」를 의미할 수 있습니다. 달리 말하여, 「여러분은 이것이 참값이 된다고 입증해 주는 어떤 다른 것을 알고 있을까?」입니다. 그리고 사실상 철학자들은 또한 다음의 질문에 많이 전념해 왔습니다. 「임의의 단언(명제)이 참값이라고 입증될 수 있는 상이한 방식들이 무엇일까?」라는 질문, 「임의의 것을 믿기 위하여 타당한 근거가 되는 서로 다른 모든 종류의 근거들은 무엇일까?」라는 질문입니다. 이것 또한 논리학의 분과에 속하는 것으로 여겨지는 질문입니다. 그러므로 우리가 대상을 아는 서로 다른 방식들과 관련된 철학의 큰 분과(≒인식론·논리학·증명론)가 있으며, 많은 철학자들이 이런 제목 아래 포함되는 질문들에 거의 전적으로 자신을 바쳐 왔습니다.

(4) 그러나 마지막으로, 만일 우리가 철학에 대한 완벽한 해설을 제시해 줄 것이라면, 한 가지 또 다른 부류의 질문들을 언급해야 합니다. 윤리학 또는 윤리 철학으로 불리는 철학의 한 분과가 있습니다. 이 분과에서는 지금까지 제가 언급한 임의의 어떤 내용과도 아주 다른 한 부류의 질문을 다룹니다. 우리가 모두 언제나 일상생활에서 다음과 같은 질문을 던지게 됩니다.

「그러저런 결과가 일어나기에 좋은 것일까, 아니면 나쁜 것일까?」
「그러저런 일련의 행위가 실행하기에 올바른 행위일까, 아니면 그른 행위일까?」

그리고 윤리 철학에서 수행하려고 노력하는 바는 「좋음(선)이나 나쁨(악), 또는 옳음이나 그름」이 될 수 있는 서로 다른 종류의 모든 대상들을 놓고서

「어떤 특성이나 그러저런 어떤 특성을 갖지 못하였다면, 아무런 것도 선이

될 수 없고, 비슷하게 어떤 속성이나 그러저런 어떤 속성을 갖고 있지 않았다면, 아무런 것도 악이 될 수 없다」

라고 말할 수 있는 방식으로 분류하는 것입니다. 그리고 비슷하게 「일련의 행위로서 어떤 종류의 것이 올바른 것이 되고, 어떤 것이 그른 것이 되는가?」라는 질문을 다룹니다.

이들 윤리적 물음은 우주에 관한 우리의 일반적 서술에 두 가지 방식으로 가장 중요한 영향을 끼칩니다. 첫 번째로, 우주 속에 이들 선과 악, 올바름과 그름에 대한 구별이 존재한다는 것은, 분명히 우주에 대한 가장 중요한 사실들 중 하나입니다. 많은 사람들은 이들 구분이 존재한다는 사실로부터, 우주 속에 무엇이 있는지에 관하여 다른 추론들이 도출될 수 있다고 생각해 왔습니다.

그리고 두 번째로, 무엇이 선이나 악이 될 수 있는지에 관한 윤리학의 결과를, 우주 속에 어떤 종류의 대상들이 존재하는지에 관한 형이상학의 결과들과 결합함으로써, 우리는 전반적으로 이 우주가 선이나 악인지 여부whether the Universe is, on the whole, good or bad, 그리고 우주가 무엇이 될지what it might be와 비교하여 얼마만큼 선이나 악인지how good or bad에 대한 질문에 대답할 수 있는 수단을 갖게 됩니다. 사실상 여러 철학자들에 의해서 많이 논의되어 온 종류의 질문입니다.

그렇다면 결론을 내리기 위하여, 저는 위의 언급이 철학자들이 다루는 종류의 질문들에 관한 공정한 서술 내용이라고 생각합니다. 이하에서부터 저는 제가 언급해 온 여러 가지 논점들에 대하여 지면을 확보함에 따라 뭔가를 말해 나가게 될 것입니다.

저는 우리가 대상들에 대하여 알고 있는 몇 가지 방식들을 고려함으로써 시작하고자 합니다. 그리고 결국 다음 질문을 살펴보게 될 것입니다. 상식에서 가정하듯이 실제로 물질 대상들의 존재를 알고 있다고 가정함으로써, 「우리는 물질적 대상들의 존재를 어떻게 알고 있는 것일까?」 만일 우리가 물질적 대상을 알고 있다면, 어떻게 우리가 이것을 아는지를 살펴보고 난 다음에, 분명히 우리가 알지 못한다는 생각을 주장한 철학자들의 주요한 반론들을 놓고서 대답해 나가면서, 저는 사실상 「우리가 물질적 대상의 존재를 실제 알고 있는지」 여부에 대한 질문으로 진행해 나갈 것입니다. 이런 논의 과정에서 우리가 대상들을 아는 종류의 방식들에 관하여 상당히 많은 결론들을 제안하게 될 것이며, 물질적 대상 이외에 그밖에도 무엇이 존재하는지를 우리가 알 수 있는지를 살펴볼 더 나은 입장에 있게 될 것입니다. 그러므로 저는 이제 물질적 대상들을 보고, 듣고, 느끼는 일로써, 즉 감각들을 도구로 써서, 물질적 대상들에 대한 지식을 갖게 되는 듯한 가장 중요한 종류의 방식을 살펴보게 될 것입니다.

제2장 감각자료

§.2-0 【 들머리 】 저는 우리가 물질적 존재를 실제로 잘 알고 있다고 가정하면서, 물질적 대상들의 존재를 알게 되는 다양한 방식들에 관한 논의를 이제 시작하게 될 것이라고 말하였습니다. 시작하기 위하여, 저는 우리가 물질적 존재들이 현존함을 실제로 확실히 알고 있다고 가정하고 싶지 않습니다. 저는 실제로 그것이 지식이라고 가정하면서, 오직 물질적 존재에 대한 우리의 지식이 어떤 종류의 것인지만을 살펴보고자 합니다. 결국, 그것이 실제로 지식인지 여부를 살펴보게 될 것입니다(≒개개인마다의 사적인 경험을 극복해야 함을 결론 짓게 됨).

「우리가 물질적 존재들에 대한 지식을 갖고 있다」고 공통적으로 가정하는 '가장 원시적인 종류의 방식'과 더불어 시작하게 될 것임을 언급해 두었습니다. 다시 말하여, 「감각들senses을 통하여 얻은 지식」으로 불러야 하는 그런 종류의 지식으로서, 가령 직접 한 가지 대상을 놓고서 우리의 손으로 느끼는 경우처럼, 보는 일 및 느끼는 일에 의해서 지니게 된 지식입니다. 물론 감각(≒좀더 정확히 감각 기관)들을 통해서 물질적 대상들을 아는 이런 방식이, 결코 우리가 공통적으로 물질의 존재를 안다고 가정하는 유일한 방식은 아닙니다. 예를 들어, 우리들이 각자 기억을 통하여 많은 물질적 대상들이 과거에도 존재했음을 알고 있습니다. 우리는 현재 더 이상 우리의 어떤 감각에 의해서도 지각하지 못하는 대상들의 존재를 기억합니다.

다시, 우리는 다른 것들도 알고 있습니다. 우리 자신이 결코 우리의 감각을 통해서 지각하지 않았으므로 기억할 수는 없겠지만, ㉠ 다른 사람들이 그들 자신의 감각에 의해서 그것들을 지각하게 되고, 다른 사람들의 증언을 통해서도 알게 됩니다. 우리는 또한 ㉡ 추론을 통해서도 알게 된다고 가정합니다. 아무런 것도 자기 자신의 감각을 통해서 결코 지각해 보지 않은 다른 것들입니다. 예를 들어, 달의 또 다른 표면인 뒷면이 있습니다. 이런 추론 방식으로 통해서 우리는 항상 지구를 향해 있는 표면인 앞면과는 다름을 알고 있습니다.[31] 저는 현재 물질적 대상들을 알게 되는 이들 다른 방식을 모두 살펴보면서, 이런 방식들을 감각-지각sense-perception(감각하고 있음을 스스로 지각함, 93쪽의 역주 37을 보기 바람)과 대조하게 될 것입니다. 그러나 이들 다른 방식이 어떤 의미에서 모두 감각-지각에 근거를 두고 있는 듯하므로, 이는 어떤 의미에서 물질적 대상들을 아는 '가장 원초적 방식'입니다. 만일 제가 감각-지각을 통해서 사실상 모종의 물질적 대상들을 알지 못했

---

31) [역주] 달은 자전 주기와 지구를 도는 공전 주기가 일치하므로('동주기 자전'으로 불림), 지구에서는 언제나 달의 한쪽면만 보게 될 뿐이다. 다음은 미국 나사가 공개한 달 앞면(왼쪽)과 뒷면(오른쪽)의 사진이다. 전체 물리학에서는 특정한 임계값을 넘는 질량은 중력 작용으로 인하여 언제나 구체가 된다고 본다. 작은 혜성들의 형상은 다양하지만, 행성들과 항성들은 모두 구체로 존재한다.

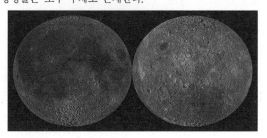

었더라면, 결코 이들 다른 방식 중 어떤 것으로도 임의의 다른 대상들을 알게 될 수 없었을 것임이 사실인 듯합니다. 그리고 이것이 보편적으로 참값인 듯합니다. 우선 만일 자신의 감각들을 통하여 무엇인가를 알 수 없었더라면, 결코 아무도 임의의 물질적 대상들을 전혀 알 수 없었을 것입니다. 그러므로 「감각들로 이뤄진 증거the evidence of the senses는 물질적 대상들을 알게 되는 우리의 다른 모든 방식들이 전부 다 토대로 삼고 있는 유일한 증거the evidence」인 듯합니다.

§.2-1 【 시지각 경험으로 대표되는 감각적 증거의 일반성 】 먼저 제가 살펴보고 싶은 것은, 이런 감각들로 이뤄진 증거가 어떤 종류의 대상인지에 관한 것입니다. 다른 말로 표현하여, 우리가 임의의 물질적 대상을 보거나 느끼거나 또는 임의의 다른 감각에 의해 한 가지 대상을 지각한다고 말해야 하는 경우에, 무슨 일이 일어나고 있는지에 대한 것입니다. 간단히 살펴볼 수 있도록, 한 가지 사례로서 오직 하나의 단일한 감각, 즉, 보는 감각만을 들어보도록 하겠습니다. 감각 지각에서 일반적으로 무슨 일이 일어나는지에 대한 예시로서, 우리가 뭔가를 보는 경우에 무슨 일이 일어나는지를 다루게 될 것입니다. 저는 보는 감각과 관련하여 드러내려는 모든 일반 원리들은, 적절하게 변경된다면 이와 더불어 우리가 물질적 대상들을 지각한다고 말해질 수 있는 다른 모든 감각들에도 쉽게 옮겨 적용될 것이라고 생각합니다.
그렇다면 첫 번째 제 질문은 다음과 같습니다.

「우리가 물질적 대상을 본다고 말해야 하는 경우에, 정확히 무슨 일이 일어나는 것일까?」
(What exactly is it that happens, when (as we should say) we see a material object?)

오해를 막기 위하여, 저는 여기서 아마 제가 분석하려고 의미하는 발

생사건occurrence이 오직 우리가 '보는 일seeing(시지각 경험)'로 부르는 정
신적 발생사건, 즉, 의식 활동임을 공언해 두어야 하겠습니다. 저는
눈에서 그리고 시각 신경과 두뇌에서 일어나고 있는 신체적 과정들에
대해서는 전혀 어떤 것도 말하려는 것이 아님을 의미합니다. 우리가
보는 경우에 실제로 이들 신체적 과정이 일어나고, 생리학자들이 실
제로 이런 신경계 작동에 대하여 상당량을 알고 있음을 제 자신은 부
인하지 않습니다. 그러나 '보는 일'(시지각 경험)로써 제가 의미하게 될
모든 것은, 그리고 제가 그것들에 대하여 말하고자 하는 모든 것은,
이것이 「이들 신체적 과정에 동시에 수반된 결과」로서 일어나는 (그렇
게 일어난다고 가정되는) 정신적 발생사건, 즉 의식 활동입니다(§.8-4에
서 수반 현상으로서의 정신 작용이 본격적으로 논의됨). 제가 '보는 일'(시
지각 경험)로 부르게 될 이런 정신적 발생사건이, 우리 눈과 신경계와
두뇌에서 진행되는 복잡한 생리적 과정들로서보다는,[32] 우리한테 훨
씬 더 간단하고 직접적인 방식(≒직관적인 호소 방식)으로 잘 알려져
있습니다. 그러나 맹인이 아닌 이상, 우리들은 모두 다 직접적으로 우
리가 '보는 일'(시지각 경험)로 의미하는 이런 정신적 발생과정을 관찰
할(≒더 정확히는 '내성할') 수 있습니다. 이런 의미에서, 이제 제가 살펴
보려는 것은, 이런 감각에서 단지 '보는 일'(시지각 경험)에만 관련된
것입니다. 우리들이 모두 다 직접 우리 자신의 머릿속에서 일어나는

---

32) [역주] 당시 독일 심리학자 분트와 미국 하버드 대학 심리학자 윌리엄 제임스 저서들을
염두에 두고 있을 듯하다. 오늘날 새로운 지식에 따르면, 유전 염색체DNA상으로 보면,
눈이라는 기관은 모두 광합성과 관련하여 식물이 빛을 향하도록 만드는 로돕신rhodopsin
단백질로부터 기원하였다. 검정 안점에서부터 홑눈과 겹눈을 거쳐서, 사진기 조리개
형태의 우리 눈과 독수리 눈에 이르기까지, 여러 단계를 거치면서 인간의 유전 염색체에
서 마침내 8가닥으로 꼬인 로돕신 단백질이 인간의 눈의 발현에 관계하는 것으로 알려
져 있다. 대략 6억 년 전후 캄브리아 시기에 바다 속 동물들에게서 원시 눈이 생겨나면
서, 피식과 포식의 관계가 현저하게 두드러진 결과, 폭발적인 생명 종의 다양한 분화와
재빠른 운동을 위해 등뼈도 생겨났다. 눈의 진화에 대해서는 파커(Parker; 오은숙 뒤침,
2007) 『눈의 탄생』(뿌리와이파리)이 쉽게 읽을 수 있는 책이다. 인간의 시지각 처리에
대한 개관은 핑커(Pinker; 김한영 뒤침, 2007) 『마음은 어떻게 작동하는가?』(소소) 제4장
을 읽어 보기 바라며, 풍부한 그림들이 들어 있는 쏠소(Solso; 신현정·유상옥 뒤침, 2000)
『시각 심리학』(시그마프레스)도 참고하기 바란다.

대로 관찰할(≒내성할) 수 있는 한 가지 의식 활동으로서 '보는 일'(시지 각 경험)입니다.

　보는 일(시지각 경험)을 놓고서 어떤 실천 사례에 의해 제가 말해야 하는 바를 예시해 주고자 합니다. 설령, 여러분의 대다수가 제가 제기 하려는 종류의 논점들에 완벽히 친숙해져 있다고 하더라도, 저는 이들 주제에서 모든 사람에게 신중하게 구체적 사례들을 살펴보는 것이 아주 중요하며, 따라서 정확히 언급되고 있는 바가 무엇인지에 관해서 절대로 오류가 있을 수 없다는 점이 아주 중요하다고 여기기 때문입니다. 저는 그런 오류들이 누구나 오직 일반화된 방식으로만 이야기한다면 아주 쉽게 일어나며, 더욱이 중요한 논점들을 지나쳐 버리기 일쑤라고 생각합니다. 제 손에 봉투를 한 장 갖고 있다고 상정합시다. 여러분들에게 모두 다 잠시 그 봉투를 바라보도록 요구합니다. 그러고 나서, 여러분이 그 봉투를 보는 경우에 일어나는 일이 정확히 무엇인지를 저와 함께 살펴보기로 하겠습니다.

　저는 이런 봉투를 들고 있는데, 제가 그것을 바라봅니다. 여러분들도 모두 다 그것을 바라보기 바랍니다. 이제 다시, 저는 그 봉투를 아래로 강의실 교탁에다 내려놓습니다. 이제 무슨 일이 일어났습니까? 만일 여러분이 그 봉투를 바라봤었다면, 우리는 분명히 모두 다 그 봉투를 보았고, 우리가 모두 다 봤던 것이 동일한 봉투라고 말해야 합니다. 우리가 모두 다 봤던 '그것(it, 봉투)'에 의해서, 우리가 그것을 바라보고 있었을 임의의 시간마다, 공간의 전체를 구성하는 많은 장소들 중에서 바로 한 장소를 점유한 어떤 대상을 의미합니다. 심지어 우리가 그 봉투를 바라보고 있었던 짤막한 시간 동안에도, 그것이 움직일 수 있었고, 계속하여 다른 여러 장소를 점유할 수 있었습니다. 왜냐하면 지구가 끊임없이 지구 축을 중심으로 자전하며, 지구의 표면 위에 있는 모든 물체들을 자신과 함께 실어 나르므로, 설사 지구가 움직이는 것을 보지 못했을지라도, 그리고 우리가 심지어 그 봉투를 바라보았을 동안에라도, 우리는 아마 봉투가 공간상으로 움직이고 변화했을 것으로 믿기 때문입니다. 그러나 임의의 한 순간에 이 '그것'이, 즉, 우리가 모두 다 보았다고 말하는 그 봉투가, 모종의 확정적인 하나의 장소에 있었다고 말해야 합니다.

그러나 이제 우리가 그 봉투를 보았을 때에 우리들 각자에게 무슨 일이 일어났습니까? 저는 저한테 일어난 것에 대한 일부를 서술하면서 논의를 시작할 것입니다. 저는 일정한 크기와 일정한 모양을 지닌 특정한 한 가지 흰색 '경험조각'을33) 보았습니다. 뚜렷한 직각이나 모

---

33) [원저자 각주 1] 나는 '경험조각patch'이란 낱말의 쓰임을 확장하여 쓰고 있다. 따라서 가령 (문장 부호로서) 내가 읽기를 온전히 멈출 경우에 직접 깨닫는 아주 작은 마침표 '.'나 또는 줄표(하이픈)를 볼 경우에 직접 지각하게 되는 작은 검은 줄 '-'도, 각각 내가 지금 쓰고 있는 의미에서 '한 가지 검정색 경험조각'이다. (1952년에 추가함.)

※ [역주] patch헝겊 조각는 본디 구멍 난 옷을 기울 때에 쓰는 헝겊 조각인데, 여기서는 확장된 비유로 쓰고 있다. 감각 기관을 이용하여 우리가 경험할 수 있게 만드는 자극물 또는 대상이며, 여러 가지 감각자료들의 복합체로 이뤄진 전체 대상 중 일부 또는 도막이라는 뜻을 담고 있다. 두 가지 측면으로 번역할 수 있는데, 머릿속에 있는 대상을 가리킨다면 「경험조각」으로, 우리 경험과 관계없이 외부 세계에 있는 자극물이나 대상만을 가리킬 경우에 「조각」으로만 번역해 놓고자 한다.

일련의 사건은 이러한 경험조각들이 다수 모여져 있는 것으로 나타낼 수 있다. 그런데 여기서 지은이는 이 경험조각도 최소한 세 가지 가닥이 복합되어 있는 것으로 상정한다. 즉, 예시를 위해 편의상 시각과 관련된 「색깔·크기·모양새」에 대한 경험이 복합적으로 결합되어 있는 것으로 보는 것이다. 눈을 제외한 '코·귀·입·손'도 감각 수용기(이른바 5관)이므로 대상을 파악하는 데에 중요한 정보를 확보해 주겠지만, 편의상 '눈'으로 대표하여 예시하되, 눈에 의해 파악되는 정보도 「색깔·크기·모양새」 세 가지가 전부인 양 가정하고 있다. 제18장 이하에서는 이것들이 무질서하게 아무렇게나 나열되어 있는 것이 아니라, 주어와 서술어가 결합하듯이 서로 긴밀하게 결합되어 있다고 논증하고 있다. 더 나아가 경험조각들의 이런 결합 방식이 또한 제3의 보편 속성이라고 주장한다.

colour의 후보로서 우리말 '색, 색깔, 색채, 빛, 빛깔' 등에서 선택할 수 있다. 우리말 '빛깔'도 좋은 후보인데, 대체로 '색깔'과 바뀌어 쓰일 듯하다. 제15장 이하에서는 '흰색, 파란색, 빨간색, 갈색' 등 여러 가지 색깔들을 다룰 뿐만 아니라, 제20장에서는 색조와 색상까지도 더불어 논의된다(884쪽의 역주 341). 여기서는 일관된 용법을 수립하기 위하여 '색'을 중심으로 만들어진 「색깔」을 선택해 둔다. 접미사 「-깔」을 놓고서 비록 『표준 국어 대사전』에서는 '상태나 바탕'을 가리키는 접미사라고 풀이하였으나, '-깔'은 「가르다, 갈라지다」의 어근으로부터 나온 것으로서, '갈래genre'(종, 종류)라는 말에서도 찾아진다. 두 낱말이 서로 합쳐져서 한 낱말을 이룰 적에 흔히 '사이 시옷'이 들어가서 하나의 결합체임을 표시하게 된다. 즉, '빛+ㅅ+갈'로부터 어원 의식이 사라진 채 오늘날 '빛깔'로만 발음되며, '색깔'도 마찬가지이다. 이 낱말은 전체 색채의 하위 갈래들을 하나하나 구분지어 가리킬 수 있는 것이다. 이 접미사는 사람마다 성격들의 갈래를 하나하나 가리킬 수 있는 '성깔'이나, 여러 가지 맛들의 갈래를 하나하나 가리킬 수 있는 '맛깔'이나, 방언들에서 많이 쓰이는 '때깔'(빛깔과 의미가 서로 많이 겹치며, '때+ㅅ+갈'로 구성됨)도 공통된 쓰임새들이다.

서리를 지니고, 곧은 직선으로 경계를 지은 모습입니다. 이들 대상, 즉, 흰색의 이런 조각, 그 크기와 모양새를 제가 실제로 본 것입니다. 이들 대상, 즉, '색깔·크기·모양새'를 「감각자료들sense-data(복수 형태)」이라고[34] 부르기로 하겠습니다. 이는 감각에 의해서 주어지거나 제시

또 shape의 후보로서 '꼴, 모양, 모습, 모양새' 중에서 '모양새'를 쓸 것이다. 한자어 모양模樣(닮은 모습)에다가 다시 접미사 '-새'가 덧붙어 있는 것이다. 우리말 '꼴'과 '모습'은 내포 의미가 더 많이 들어 있는데, 겉모습은 물론이고 더 나아가 동작의 형상이나 추상적인 사정事情이나 또는 형세形勢까지도 가리킬 수 있다(도망치는 꼴, 몰락해 가는 모습). 따라서 이를 제외한다면, 한자어에 접미사 '-새'가 붙은 것이 감각자료를 가리키는 데 더 나은 후보일 수 있다. 『표준 국어 대사전』에는 '모양, 상태, 정도'를 더해 준다고 풀이해 놓았다. '걸음새, 생김새, 품새, 모양새, 쓰임새'에서 겉으로 드러나 있는 그대로의 모습을 가리켜 주므로, 눈에 주어지는 감각자료로서 '모양새'가 알맞을 듯하다. 아직 아무도 접미사 '-새'의 어근을 언급하지 않았지만, 필자의 직관에는 '-스럽다'라는 접미사와 어떤 공통성을 지닌 듯하며, '-스러운 것' 정도의 의미 자질을 지님직하다.

34) [원저자 각주 2] 이제 나는 한편으로 '경험조각patch'이라고 부른 것 및 다른 한편으로 그 조각이 지닌 「색깔·크기·모양새」 사이를 분명히 구분을 해 주어야 한다. 수년 동안 그렇게 구분해 왔다. 그렇지만 그 색깔이나 크기나 모양이 아닌 오직 단편의 경험조각만을 놓고서 나는 '감각자료의 한 단편a sense-datum'(단수 형태)이라고 불러야 하고, 그렇게 불러왔다. (1952년에 추가함.)

※ [역주] 먼저 하이픈이 들어 있는 sense-data는 하이픈이 없이 붙여쓰기를 하여 '감각자료'로 써 둔다. 감각자료는 대상을 지각하는 우리 머릿속에 들어 있는 것이다(본문 115쪽 참고). 지은이는 감각자료를 두 가지로 구분하여 쓰고 있다. 시각적인 '색깔·모양새·크기」를 묶어 복합적인 시지각 경험을 규정 짓는 것을 '경험조각patch'이라고 부르며, 이를 위해 복수 형태 sense-data한 다발로 묶인 여러 감각자료로도 부른다. §.2-5에서는 새롭게 기억을 통해 머릿속에 붙들어 두는 감각인상을 규정한다. 그렇다면 '경험조각'은 현재 직접 지각함으로써 머릿속에 생겨난 감각자료 및 이전의 경험들을 기억하여 머릿속에 붙들어 두는 감각인상에 대한 상위 개념인 셈이다. 우리 머릿속에는 이것만 있는 것이 아니다. 어린 시절로부터 언어 따위를 통하여 생태환경과 사회환경에 대한 정보를 얻는 일을 '간접 지각'이란 용어로써 언급하는데, 이것들이 총체적인 지식 체계를 구성하게 된다. 더 쉽게 말하여, 우리는 직접 경험뿐만 아니라 간접 경험을 통해서도 세계에 대한 중요한 지식을 얻는 것이다.

일부에서 「감각자료」를 아마 일본 영향일 듯한데, '감각 소여'라고 하는 경우가 있다. 한자를 풀어 준다면, 외부 대상물이 '감각에 준 것'이라는 뜻이다. 더 정확히 말하여, 「外物之所與於感覺」, 즉, 「외부 대상물이 감각에 준 것」이란 기본 구문에서, 주어인 외부 대상물이 생략된 채 '所與於感覺'만을 대상으로 하여 '於感覺'이 맨 앞자리로 강조되어 나가자마자, 홀로 남은 전치사 어(於)가 삭제된 다음에 감각 소여感覺所與로 나온 것이다. 여기서 與는 주다to give의 뜻이다. 그렇지만 이런 복잡한 도출 방식을 택하지 않고서 더 나은 표현을 상정한다면, '소여所與'(준 바, 준 것)보다 '소수所受'(받은 바, 받아들인 것)를 써야 한다. 그렇다면 자연스럽게 '감각소수感覺所受'(감각 기관이 받아들인 것)라고 말할 수 있다. 그렇지만 이 어구보다도 오히려 '감각자료'가 sense-data에 직접 대응하고, 더 쉽게 이해될 수 있을 것으로 본다. 이런 점에서 일부 철학 분야에서 맹종하는 낯설고 난삽하며 현학적인 한자어 '감각 소여'는 따르지 않는다. 99쪽의 역주 40도 읽어 보기 바란다.

된 대상들이며, 이 경우에 저의 시각(시지각 경험)에 주어진 것입니다. 많은 철학자들이 제가 「감각자료」로 부르는 이들 대상을 불분명하게 '감각sensations'(결과물로서의 감각자료 및 감각 경험 과정을 둘 모두 가리킴) 이라고 불렀습니다. 예를 들어, 그들은 저 특정한 색깔의 경험조각이 한 가지 '감각sensation'이라고 말할 듯합니다. 그러나 저로서는 이 '감각 sensation'이란 용어가 우리를 오도하기 쉬운 듯합니다. 제가 저 색깔을 본 경우에 확실히 우리는 다음처럼 말해야 합니다.

「내가 어떤 감각 경험을 했다」

(I *had* a sensation)35)

물론 대상을 경험하는 일이 이런 세 가지 측면의 정보 이외에도 상식적으로 다섯 가지 감각 수용기(5관)로 포착할 수 있는 「소리·냄새·맛·단단함」도 함께 포함되어야 할 것이다(불교에서는 여섯 가지로 규정하는데, 이를 6식이라고 부르며, 의식이 하나 더 추가됨). 그렇지만 여기서는 오직 예시의 편의를 위해서 단순히 시각만을 대표로 내세우고 있다. 시작점·중간점·끝점으로 이어진 통일된 일련의 한 복합 사건은, 이 경험조각들로 표상된 낱개의 사건들이 정합적이고 일관되게 이어져 있는 것이다. 그렇다면 만일 좀더 현미경적 시각으로 자세히 논의를 진행하기 위하여, '시지각'이라는 경험 조각도 한 가닥이나 한 단편만을 떼어 놓고서, 정밀히 다루는 것이 전략상 편리할 수 있다. 이런 측면에서 내세운 것이 바로 '감각자료의 한 단편'이다. 복합적인 시지각 경험의 한 조각에서도 일부러 특정한 한 단편(한 가닥)을 떼어 놓은 것을 가리키므로, 이를 구분 짓기 위해서 일부러 단수 형태를 써서 sense-datum**감각자료의 단편**이라고 부르고 있다.

35) [역주] to have a sensation**감각을 하다, 지각 경험을 하다**을 번역할 경우에 1회적인 지각 경험을 나타낼 경우에, 우리말에서는 '감각을 하다'를 선택할 듯하다. 영어 낱말 have와 1 : 1 대응이 되는 '감각을 지니다, 지각을 갖다'라는 표현이 우리말에서는 속뜻이 달라져 버린다. 왜냐하면 경험이 누적되어 고정되어 있는 특정한 취향이나 안목 또는 세련된 식견을 지닌다는 뜻이 담겨 있기 때문이다. 외재적인 감각 자극에 대하여 스스로 느끼는 바를 가리키려면, 우리말에서는 아마 '감각하다'는 말을 써야 할 것으로 본다.

sensation은 흄이 썼던 용어로 라틴어 어원 「느끼다sentire+과거 분사(-tus, 결과 상태) +명사형 접미사(-ion)」으로 이뤄져 있다. sensation이란 말은, 그 구성상 감각을 한 결과 상태를 가리키는 과거 분사가 명사로 다시 파생된 것으로서 「느낀 상태의 결과물이나 느끼는 그 일」이라고 말할 수 있다. 자연언어에서는 흔히 한 사건의 「진행 과정 → 결과 상태 → 산출 결과물」을 서로 구분한다. 162~163쪽의 역주 68에 있는 도표 「낱말 파생의 일반 절차」를 보기 바란다.

무어 교수가 본문에서 지적하는 것은, 기존의 논의에서 sensation이 경험 진행 과정과 산출 결과물 사이를 서로 혼동하여 아무렇게나 썼기 때문에 혼란과 착각을 빚었다는 것이다. 먼저 ① 외부 세계에 있는 '자극물'이 수반 현상으로 머릿속에 만들어 낸 감각 자료를 가리키고(경험 결과의 산출물임), 동시에 ② 그 자극물에 대한 우리의 '감각 경험 과정'도 가리킨다고 보았다(경험 진행 과정이며, 무어 교수는 혼란을 피하기 위하여 그러나 「내가 어떤 감각 경험을 했다」고 말하는 경우에, 우리가 의미하는 바는 「내가 그 색깔을 보는 일로 이뤄진 경험을 했다」는 것이라고 생각합니다. 다시 말하여, 이 어구에서 '감각sensation'으로 의미하는 바는, 제가 본 그 색깔이 아니라, 오히려 제가 그 색깔을 보는 일(늑시

이를 '직접 지각'으로 부름). 무어 교수는 sensation에 두 가지 의미가 들어 있기 때문에 적합한 용어가 아니라고 비판하고 있다. 그렇지만 sensation에는 다른 뜻도 더 들어 있다. ③ 상의어로서 '감각'이라는 뜻도 지닐 수 있고, ④ 여러 사람들이 평판이나 큰 화젯거리도 가리킬 수 있다. 우리말에서 외래어로 "센세이션을 일으키다"고 말하는데, 물의物議(이러쿵저러쿵 남들의 논의) 또는 떠들썩한 평판을 불러내었음을 의미한다.

무어 교수가 한 낱말이 두 가지 이상의 서로 다른 의미로 쓰인다고 지적하는 경우를 흔히 「언어 분석」이나 「언어 비판」이라고 부른다. 이 책의 제3장 단언(명제)에서도 belief믿음이라는 낱말이 두 가지 서로 다른 의미(믿는 행위 및 믿음의 내용)로 쓰이지만, 앞의 연구자들이 이것들을 뒤섞어 버림으로써 혼란을 자초했다고 논의한다. 또한 윤리학을 다루면서 선함goodness(좋음, 착함)에 대해서도 다른 것으로 환원될 수 없는 개념인데, 이전의 논의에서는 복합 개념인 양 잘못 분석하였음을 지적한 바 있다. 그렇지만 무어 교수의 작업이 단순히 언어(낱말)에 대한 비판으로 볼 것이 아니라, 그보다는 좀 더 본질적으로 특정 개념들을 확실히 나눠 놓으려는 개념 확정 작업으로 규정지어야 옳을 것으로 본다.

뒤친이는 언어학을 공부해 온 사람으로서 「언어가 상징이다」라는 주장을, 형식과 내용 사이의 결합 관계가 결코 1 : 1이 아니라, 1 : 多 또는 多 : 1의 관계를 지니고 있기 때문에, 형식과 내용 사이에는 「본질적으로 언제나 중의성이나 다의성이 항상 깃들어 있다」고 본다(531~532쪽의 역주 199를 보기 바람). 이런 중의성이나 다의성은 언어를 사용하는 맥락의 정보가 추가됨에 따라서 중의성이나 다의성이 해소되게 마련이다. 과학철학자 카아냅(R. Carnap, 1891~1970) 교수는 이런 관계를 각각 외연 의미extension (축자 의미)와 내포 의미intension(확장 의미)라고 불렀다(1956, 『의미와 필연성』, University of Chicargo Press).

가령, 우리말로 '손을 내밀다'는 맥락에 따라 정반대의 뜻으로 쓰인다. ① '부녀회에서 독거노인들에게 손을 내밀었다'는 「도움을 준다」는 뜻이지만, ② '거지가 신사에게 손을 내밀었다'는 반대로 「구걸하다」는 뜻이고, ③ 박근혜 정부에서 온갖 적폐의 온상이 었음이 재판 과정을 통해 다 밝혀진 것으로서, '최순실이 삼성에 손을 내밀었다'는 「뇌물을 요구했다」는 뜻이 된다. 또 '손을 들다'도 마찬가지이다. ⓐ 전투 상황에서 '적군이 손을 들었다'는 「항복하다」는 뜻이고, ⓑ 교실 수업 상황에서 '철수가 손을 들었다'는 선생님한테 「지명해 달라」는 뜻이며, ⓒ '그들은 결국 중국에 진출한 사업에서 손을 들었다'는 공산사회에서 까탈스러운 조건들을 걸면서 사업을 방해한다는 맥락 정보가 더해져서 「포기하였다」는 뜻을 담고 있으며, ⓓ 폭력에 대한 맞고소 상황에서 '상대편이 먼저 손을 들었다'는 「위협하였다」는 뜻을 담고 있고, ⓔ 권투 시합에서 '심판이 홍코너 선수의 손을 들었다'는 그가 「이겼다」는 뜻이다. 적절한 앞뒤 맥락에 따라 이런 뜻들은 더욱 더 늘어날 수 있다. 자세한 설명은 위도슨(Widdoson, 2004; 김지홍 뒤침, 2018)『텍스트, 상황 맥락, 숨겨진 의도』(경진출판)를 읽어 보기 바란다.

한편 최근 언어학의 연구에서는 접사들이 체계적으로 개념을 분화시켜 놓음을 처음으로 찾아내었다. 이를 통하여 다양하고 무한한 맥락 상황들을 제약할 수 있는 방안이 모색될 수 있고, 인간 정신의 특정한 경향도 포착할 수 있다.

지각 경험 과정)입니다. 또 다음처럼 말할 적에

「내가 색깔에 대한 어떤 감각 경험을 했다」
(I *had* a sensation of colour)

이 색깔은 제가 경험한 것으로 말하려고 의도한 바가 되는 게 아닌 듯합니다(≒대신 그 초점이 '감각 경험 과정' 그 자체에 있음). 영어에서 다음처럼 말하는 일은 아주 부자연스럽습니다.

「^{??}내가 그 색깔을 겪었다(^{??}I *had* the colour)」[36]
「^{??}내가 저 하야스름한 특정한 회색을 겪었다(^{??}I *had* that particular whitish grey)」
「^{??}내가 그런 경험조각을 겪었다(^{??}I *had* the patch)」

확실히 제가 실제로 했던 것은, 그 색깔과 그 조각을 보는 일로 이뤄진 경험(≒시지각 경험 과정)입니다. 그러므로 (좀더 앞의 두 예문에서처럼) 감각 경험을 했다고 말하는 경우에, '감각sensations'이라는 말로써 우리가 의미하는 바는, 특정한 감각자료를 지각하는 일로 이뤄진 경험(≒시지각 경험 과정)이며, 그 결과물로서 얻은 이들 감각자료 그 자체는 아니라고 생각합니다(≒무어 교수는 각각 달리 직접 지각 및 감각자료라고 부르고 있음).

그렇다면 아주 중요하게 구별되어야 하는 두 가지 의미가 서로 뒤섞여 쓰일 수 있기 때문에, 저는 감각sensation이란 용어가 오해되기 쉽

---

36) [역주] 윗첨자 물음표는 기묘하고 어색하다는 뜻의 기호 약속이다. 이 표현이 그런 색깔의 '물감'을 지녔음had(지니고 있었음)을 의미해 버리겠지만, 그런 색깔을 보았다(보는 일을 겪었다)는 경험 표현으로서는 지은이의 판단에 부자연스럽다고 서술하고 있다. 번역에서는 일부러 기묘함을 살리기 위하여 '겪었다'로 적어 두었다. I *had* my hair cut나는 머리를 잘랐다, 이발사로 하여금 내 머리를 자르게 했다에서 보는 had와 동일한 것이다. 만일 자연스러움을 살리려면 had겪었다를 아마 experienced경험하였다로 바꾸어야 할 것이다.

다고 생각합니다. 즉, (중의성을 지녀서) 제가 본 색깔을 가리키기 위해 쓰이거나, 동시에 제가 그 색깔을 보는 일로 이뤄진 경험(늑시지각 경험 과정)을 가리키기 위해 쓰이는 것입니다.

여러 가지 이유로 말미암아, 저는 이들 두 가지 뜻을 구별해 주는 것이 중요하다고 생각합니다. 이런 여러 이유들 중에서 두 가지만 언급할 것입니다. 무엇보다도 첫째, (실제로 참값이라고 말하지 않고서도) 쉽게 상상할 수 있는데, 제가 본 색깔의 '경험조각'이 그것을 보고 난 뒤에도 계속 존재할 것임을 상상할 수 있다고 봅니다. 이와는 달리, 제가 그것을 들여다보지 않은 경우에, 물론 제가 그것을 보는 경험 과정은 지속되기를 멈추었습니다. 그 봉투를 다시 집어들고 바라봄으로써, 저는 제가 의미하는 바를 예시할 것입니다. 제가 그것을 바라보는데, 제가 감각자료의 한 단편a sense-datum, 즉, 하야스름한 한 가지 경험조각을 다시 바라봅니다. 그러나 이제 즉시 눈길을 돌려서 그 감각자료의 단편을 더 이상 바라보지 않습니다. 제가 그것을 보는 경험 과정은 지속되기를 멈췄습니다. 그러나 저는 결코 제가 본 하야스름한 색깔의 바로 저 동일한 '경험조각'이 계속 존재하지도 않고, 여태 거기에 있지도 않음을 확신할 수 없습니다. 저는 확실하게 자극물이 사라졌다고 말하지 않습니다. 아주 그럴 만하게 「자극물이 사라지지 않았다」고 생각합니다. 그렇지만 저는 강력히 자극물이 사라졌다고 믿고자 하는 마음으로 쏠려 있습니다. 적어도 저한테는, 그 자극물이 여전히 존재해야 하겠지만, 이와는 달리 그것을 보는 제 경험 과정이 분명히 지속되기를 멈췄음을 생각할 수 있을 듯합니다. 이것이 제가 보는 감각자료 및 그것들을 제가 바라보는 일(시지각 경험 과정) 사이를 구분하기 위한 한 가지 이유입니다.

그리고 다음에 다른 이유가 있습니다. 저로서는 모종의 감각자료가, 가령 하야스름한 이 색깔이, 물질적 대상, 즉, 봉투가 있는 장소에 존재함을 생각할 수 있을 듯합니다. 여기서 다시 참값이라고 말하진 않겠지만, 그렇게 상상할 수 있습니다. 저로서는 하야스름한 이 색깔이 실제로 물질로 된 봉투의 표면에 있음을 생각할 수 있을 듯합니다. 이와는 달리, 제가 그것을 보는 일(시지각 경험 과정)은 그 장소에 있을 것 같지 않습니다. 제가 그것을 보는 일(시지각 경험 과정)은 또 다른 장소에 있습니다. 제 신체 속의 어느 곳입니다. 그렇다면 이것이 제가 보는 감각자료 및 제가 그것들을 보는 일(시지각 경험 과정) 사이를 구분하려는 두 번째 이유입니다.

그리고 저에게는 사람들이 '감각sensations'(결과물로서의 감각자료 및 감각 경험 과정을 둘 모두 다 가리킴)을 말할 적에, 종종 이들 아주 다른 대상이 모두 다 의미되는 것으로 보입니다. 사실상 여러분이 어떤 철학자이든지 간에, 감각에 대하여(또는 감각-인상이나 감각-관념에 대하여) 말하고 있는 철학자의 논의를 읽고 있는 경우에, 임의의 특정한 대목에서 이 두 가지 중에서 어느 것을 말하고 있는지, 「감각자료 그 자체인지, 감각자료들에 대한 우리의 지각인지」를 아주 신중하게 구별하면서 살펴보아야 합니다. 저는 그런 논의가 거의 변함없이 혼란스럽게 한 곳에서는 한 의미를 말하고, 다른 곳에서는 또 다른 의미를 말하고 있음을 여러분이 깨닫게 되고, 그 철학자가 하나의 의미가 참값이라고 한 바를, 틀림없이 자주 종종 다른 것에 대해서도 또한 참값이라고 가정하고 있음을 여러분도 찾을 수 있게 됩니다. 이것이 전혀 정당화되지 못하는 가정임을 여러분이 깨우치게 될 것으로 봅니다. 그러므로 저는 '감각sensations'이란 용어가 아주 우리를 오도하기 쉽다고 생각합니다. 저는 결코 이 용어를 쓰지 않을 것입니다.

제가 의미하는 바가 「색깔·크기·모양새」 또는 제가 현실적으로 보는 이런 「색깔·크기·모양새」로 이뤄진 '경험조각patch'과 같은 그런 대상들일 경우에는, 언제나 저는 '감각자료sense-data'에 대하여 말하게 될 것입니다. 그리고 제가 그것들을 보는 일(시지각 경험 과정)을 말하고자 하는 경우에는, 명시적으로 이를 '감각자료를 보는 일the seeing of sense-data'(시지각 경험 과정)이라고 말하게 될 것입니다. 또는 만일 동등하게 모든 감각들에 적용될 수 있는 용어를 쓰고 싶다면, 「감각자료에 대한 '직접 지각direct apprehension'」이라고[37] 말하게 될 것입니다. 따라서 제가 하야스름한 이 색깔을 보는 경우에, 저는 하야스름한 이 색깔을 직접 지각하고 있는 것입니다. 정신적 행위, 즉, 의식 활동으로서 제가 그 색깔을 보는 일은, 바로 제가 그것을 직접 지각하는 일로 이뤄져 있습니다. 또한 제가 소리를 듣는 경우에도 그러한데, 저는 그 소리를 직접 지각합니다. 제가 치통을 느끼는 경우에도, 저는 그 통증을 직접 지각합니다. 하야스름한 색깔, 소리, 통증 등 이것들

---

37) [역주] apprehension(어원은 toward+to grasp)은 스스로 자신이 지각하고 있음을 느끼는 일을 말한다. 우리말에서는 감각과 지각이란 말을 쓰는데, 특히 후자는 감각을 깨닫는다(知+覺)는 뜻을 담고 있으므로, 바로 apprehension이란 용어의 의도와 일치한다. 조금 앞쪽에서 sense-perception감각-지각이라는 용어를 썼는데, 감각자료에 대한 직접 지각(직접 깨달음)과 같은 뜻이다. 이것들은 일상적 느낌의 용어인지, 학문적으로 정의를 한 뒤에 엄격히 쓰는 용어인지만 다를 뿐이다. 우리말에서는 '지각'이란 말 속에 이미 감각을 스스로 깨닫고 있다는 뜻을 담고 있으므로, 축자 번역인 '감각-지각'은 중언부언의 느낌을 주겠지만, 무어 교수의 용어법을 그대로 따르기로 한다.
   그런데 감각자료에 대한 직접 지각을 독일 심리학자 분트는 apperception감각함을 스스로 깨달음이라고 불렀다. 일본 학자들은 '통각'(감각을 통제함, 統+覺)이란 잘못된 용어를 쓴다. 일부 우리나라 심리학자들이 이를 깨닫지 못한 채 맹종하는 경우가 있지만, 감각은 그대로 느끼는 것일 뿐, 감각을 '통제'하여 적게 느끼거나 강하게 느끼도록 할 수는 없는 일이기 때문이다. 직접 지각과 간접 지각을 나누는 일은, 우리말에서 직접 경험과 간접 경험(남들이나 또는 독서를 통해서 배우는 경험)을 구분하여 나누는 일과 거의 유사하다. 5관을 통하여 스스로 지각하여 대상이나 사건에 대한 앎 또는 지식을 형성하는 일이 된다. 오늘날 자주 접하는 quale(복수는 qualia)라는 용어도 동일하게 스스로 깨닫는 감각자료를 가리키며, 무어 교수의 감각자료에 대한 직접 지각과 동일하다. 일부에서는 '감각질'이란 말로 번역하여 쓰고 있다. 감각을 느끼게 되는 임계값critical size(문턱값threshold)이 있다는 윌리엄 제임스(W. James, 1890; 정양은 뒤침, 2005) 『심리학의 원리』 1~3(아카넷)의 통찰에 기대면, 감각의 일정량이 중요할 것으로 보인다. 이를 감각질(質)로 번역한다면, 질(質)은 동질의 것이므로, 전혀 강하고 약한 정도를 구분하는 임계값을 도입할 수 없게 된다.
   한편 198쪽의 원저자 주석 1(역주 번호 82)에서 뤄쓸(B. Russell, 1872~1970)의 「직접 겪어서 얻은 지식knowledge by acquaintance」을 비판하고 있는데, acquaintance직접 겪음이 무어 교수가 '직접 지각'으로 부르는 개념과 다른 것이 아님을 적어 놓았다. 그런데 '지식'은 주로 책을 통해서 간접적으로 얻는 경우가 더 많다(뤄쓸은 description 서술/기술로 규정한 개념에 해당함). 그렇다면 직접 겪거나 경험한 것은 지식의 작은 일부분에 지나지 않을 것이며, 그것(acquaintance)을 지식knowledge과 동일하게 얽는 일도 잘못이라고 비판하였다.
   뒤친이는 다섯 가지 감각 기관을 통해 얻은 감각자료가 대등한 차원에서 다뤄질 수 있겠지만, 우리 속담에 「백 번 듣는 것보다 한 번 보는 게 낫다百聞不如一見」고 하듯이 감각자료 사이에도 우리가 의존하는 비중이 서로 다를 수 있다고 본다. 이런 직관과는 달리 무어 교수는 차등을 두지 않고 동일하게 취급하고 있다. 그렇다면 감각에 가중치를 두지 않는다는 측면에서, 이 점도 비판의 대상이 될 수 있을 듯하다.

이 모두 다 '감각자료sense-data'입니다.

그렇다면 우리들이 모두 다 동일한 봉투를 보았을 적에, 「우리한테 무슨 일이 일어났을까?」로 돌아가 보십시다. 최소한 저에게 일어난 바의 일부를, 이제

「내가 어떤 감각자료를 보았다」(≒머릿속에 있는 감각자료임)

(I saw certain sense-data)

고 말함으로써 표현할 수 있습니다. 저는 「하야스름한 색깔·특정한 크기·직사각형 모양새」를 지닌 경험조각을 보았습니다. 그것이 무엇이든지 간에, 저는 적어도 이것이 여러분에게도 모두 다 일어난 바의 일부임을 믿어 의심치 않습니다. 여러분도 또한 어떤 감각자료를 보았습니다. 저는 또한 여러분이 보았던 감각자료가 대체로 제가 본 것들과 비슷하다고 여깁니다. 하야스름한 것으로 서술될 수 있는 색깔을 지니고, 제가 본 크기와 사뭇 다르지 않은 크기를 지니며, 모서리가 사뭇 뚜렷하고 아주 곧은 직선으로 경계가 진 한 가지 경험조각을 여러분도 보았던 것입니다.

그러나 이제 제가 강조하고 싶은 바는 다음과 같습니다. 설사 우리가 모두 다 실제로 동일한 봉투를 보았다고 해도, 모든 가능성의 측면에서 우리들 중에서 어느 두 사람도 정확히 동일한 감각자료를 보지 못했으며, 응당 그렇게 말해야 합니다. 모든 가능성의 측면에서 우리들이 각자 시작에서부터 약간씩 다른 명암의 색깔을 보았습니다. 그러나 아마도 각자의 경험이 적어도 종이 위에 빛이 비쳐진 방식 및 상대적으로 여러분이 앉아 있는 서로 다른 위치에 따라서, 그리고 다시 여러분의 시력이나 봉투로부터 떨어져 있는 거리에 따라서, 나머지 모든 사람들로부터 약간씩 다른 것입니다. 그리고 또한 여러분이 본 색깔의 조각 크기와 관련해서도 차이가 납니다. 여러분이 지닌 시력의 강도에 깃든 차이, 그리고 여러분이 그 봉투로부터 서로 떨어져

있는 거리에서 빚어진 차이가, 아마 여러분이 본 색깔의 조각에 대한 크기에서 약간씩의 차이를 만들었습니다. 그 모양새와 관련해서도 또 다시 차이가 납니다. 이 강의실의 저쪽 오른편에 있는 분들은 마름모꼴 모습을 보겠지만, 제 앞에 있는 분들은 거의 직사각형 모습을 볼 것입니다. 제 왼편에 있는 분들은, 앞에 있는 여러분이 지금 보는 이 모습과 좀더 닮은 형태를 볼 것인데, 여러분이 보게 될 것이 여러분이 앞서 봤던 이 형태와는 다릅니다. 그리고 바로 제 앞에 있는 분들은 왼편에 있는 분들이 지금 보는 것과 같은 형태를 볼 것인데, 잘 알고 있듯이 조금 전에 보았던 것은 이 형태와 차이가 납니다. 바로 제 앞에 있는 분들은 사실상 모두 다 아주 거의 동일한 형태, 아마 심지어 정확히 동일한 형태를 보게 될 것입니다. 그러나 임의의 두 사람이 동일하게 보았음을 알았다고 말해서는 안 되겠지만(늑머릿속의 감각자료가 조금씩이라도 차이가 있었을 것이므로), 이와는 달리 실제로 「우리가 모두 다 동일한 봉투를 보았음을 알고 있다」고 말해야 합니다. 여러분들이 모두 동일한 봉투를 보았다는 사실은, 실제로 가장 강력한 종류의 확실성으로서 일상생활에서 받아들여질 듯합니다(늑머릿속에서 보정 작업이나 재조정 작업이 동시에 일어나서, 이미 자신의 경험기억 속의 봉투와 유사한 형태로 재구성하게 됨).

여러분들이 모두 다 이 봉투를 보았듯이, 만일 여러분들이 모두 다 제가 살인을 저지른 것을 보았더라면, 여러분의 증거는 어떤 재판정에서라도 충분히 저를 교수형에 처할 만큼 엄중하게 사실로 받아들여질 것입니다. (직접 목격한) 그런 증거는 어떤 법정에서든지 사뭇 결정적 증거로 받아들여집니다. 우리는 그 죄를 놓고서 응당 한 사람을 교수형에 처할 만큼의 책무를 지게 됩니다. 다시 말하여, 여러분들이 모두 다, 살인을 저지른 동일한 인물로서 저를 목격하였다는 사실이 받아들여집니다. 그리고 단지 여러분들이 모두 다 어떤 사람이나 또는 다른 사람이 살인을 했다거나, 아마 각각의 경우에 여러분이 각자 서로 다른 한 사람이 살인을 했다는 것뿐만이 아닙니다. 여전히 봉투를 바라보는 경우에서처럼, 또한 이 경우에도 여러분들이 모두 다 보았던 감각자료가 서로 다른 감각자료였을 것입니다(≒누구는 겨우 옷차림새만 목격하고, 누구는 직접 얼굴까지 목격하며, 누구는 도망 가는 그림자만 목격하고, 누구는 키가 후리후리했음을 목격했을 가능성이 있음). 법정에서는 여러분들이 모두 다 정확히 동일한 감각자료를 보았다고 맹세할 수는 없습니다(≒따라서 여러 가지 목격담들의 정보를 합리적으로 추론하고 종합하면서 살인자 후보를 좁혀 나가야 함).

이제 저에게는 아주 명백하게 이 모든 것이, 설령 우리들이 모두 다 동일한 봉투를 봤더라도, 「우리가 봤던 봉투가 우리가 본 감각자료와 꼭같은 것은 아님」을 보여 주는 듯합니다. 그 봉투는 감각자료들의 집합을 이루는 각 요소와 정확히 동일한 것이 될 수 없습니다. 왜냐하면 모든 가능성의 측면에서 이것들이 각각 나머지 모든 것과 조금씩 차이가 나며, 따라서 그것들이 정확히 그 봉투와 동일한 것이 될 수 없기 때문입니다.

그러나 우리들이 모두 다 그 봉투를 봤다고 말하는 경우에, 물론 우리가 모두 그 봉투의 전체를 다 보았음을 의미하지는 않는다고 말해질 수도 있습니다. 예를 들어, 저는 그 봉투의 이쪽 면을 보았을 뿐이지만, 반면에 여러분들은 모두 다 저쪽 다른 면을 보았을 뿐입니다. 그리고 일반적으로 한 가지 대상을 보는 일을 말할 경우에, 우리는 오직 그것의 어떤 부분만을 보고 있음을 의미할 따름입니다. 이것이 우리가 보는 대상의 일부라기보다, 어떠한 것이든지 간에 언제나 우리가 보는 대상이 더욱 그러합니다(≒즉석에서 언제나 일부분의 감각자료만 경험하게 되지만, 늘 지식 체계로써 결여된 부분들도 함께 채워 놓게 됨).

저는 이것이 아주 옳다고 생각합니다. 소략하게 우리가 임의의 한 가지 대상을 보는 일을 말할 때마다, '보다see'라는 낱말의 또 다른 그리고 좀더 엄격한 의미에서, 우리는 오직 대상의 어떤 일부만을 볼 뿐임이 사실입니다. 그러므로 사실상 우리들 각자 서로 다른 감각자료의 집합을 본 경우에라도, 우리들이 모두 다 이 봉투를 보았다고 말하는 이유는, 이들 감각자료의 집합이 각각 사실상 그 봉투의 어느 일부(=부분집합)가 되기 때문이라고 제안될 수 있습니다.

그러나 저한테는 우리들이 모두 다 보았던 서로 다른 감각자료가 그 봉투의 일부임을 주장하는 일에 큰 어려움이 있을 듯합니다. 물질적 대상의 어느 일부라는 말로써, 우리가 무엇을 의미할까요? 저는 적어도 다음을 의미한다고 생각합니다. 우리가 물질적 대상의 어떤 일부라고 부르는 바는, 반드시 그 전체 대상에 의해 공간상으로 점유된 부피volume(3차원 물체)의 일부를 차지한 어떤 것입니다. 예를 들어, 이 봉투는 공간상으로 어떤 부피를 차지하고 있습니다. 다시 말하여, 그 봉투가 너비와 두께는 물론 길이를 지니고서 어느 공간을 점유하고 있는 것입니다. 임의의 순간에 그 봉투의 어느 일부가 되는 것은 어떤 것이든지 간에, 반드시 그 시점에서 전체 봉투에 의해 점유된 공간의 부피에 대한 어느 일부분으로 들어 있는 것입니다. 그것은 틀림없이 그 전체 부피 속에서 어느 장소이거나 그 부피를 경계지어 주는 표면상의 어느 점입니다.

그렇다면 어떤 것이든지 간에 우리가 본 감각자료가, 이런 의미에서 그 봉투의 일부인 것일까요?

제가 언급한 감각자료는 세 가지였는데, 색깔로서 하야스름한 그 색깔, 색깔을 띤 그 크기, 직사각형의 그 모양새였습니다. 한정된 측면에서 이 세 가지 감각자료 중에서 그 봉투의 일부가 되는 것으로 추정된 것은, 오직 그 색깔이었습니다.[38] 색깔이 그 봉투에 의해 점유된 부피(3차원 물체)의 어느 일부를 차지한다고 볼 수 있습니다. 예를 들어 그 경계가 있는 한 가지 표면입니다.[39] 그러나 그 크기와 모양새가

---

38) [원저자 각주 3] 나는 여기서 언급된 감각자료가 그 「색깔·크기·모양새」를 지닌 '경험조각the patch'이었음을 잊어버렸다. 그렇다면 여기서는 색깔만 따로 떼어내어 다루고 있으므로, 이제 그 봉투와 관련한 것으로서 그 당시 내가 보았던 것이 응당 오직 '감각자료의 한 단편'일 뿐인 경험조각이라고 말해야 옳겠다. (1952년에 추가함.)

39) [원저가 각주 4] 나는 이제 한 부피(3차원 물체)의 표면(2차원 평면)에 대한 어떠한 일부분이 되든지 간에, 그것이 스스로 부피(3차원 물체)가 되지 않기 때문에, 응당 「그

이런 부피의 어느 부분을 점유한다고 말하기는 어려울 것입니다. 그것들에 대해서 참값이 됨직한 바는, 제가 봤던 그 크기가 봉투의 표면에 대한 크기라는 것이고, 그 모양새도 봉투의 이쪽 표면에 대한 모양새라는 것입니다. 제가 봤다고 말한 그 봉투의 한쪽 면은, 분명히 일정한 크기와 일정한 모양새를 지닙니다. 그리고 색깔 있는 조각의 크기와 모양새로서, 제가 보았던 그 크기와 모양새라는 감각자료는, 아마그 봉투의 이쪽 면에 대한 크기와 모양새가 될 수 있습니다.

§.2-2 【 색깔·크기·모양새로 된 복합적 감각자료로서의 경험조각 】 이들대상이 과연 그러한지 여부를 살펴보기로 하겠습니다.

(1)【 색깔 】 먼저 색깔에 대한 것입니다. 이것들이 그 봉투의 일부가될 수 있을까요? 우리가 상정하는 바는, 여러분이 각자 아마 약간씩다른 색깔을 보았다는 것입니다. 그리고 우리가 만일 그런 모든 색깔을 그 봉투의 일부라고 여긴다면,

「그 색깔들이 모두 동일한 장소에 있어야 한다」

고 가정해야만 합니다. 그것들이 모두 점유하고 있는, 그렇게 많은 서로 다른 색깔들이, 반드시 동일한 표면을 점유한다고 가정해야 하는것입니다. 지금 여러분이 보시는 그 봉투의 이쪽 표면입니다. 저는 비록 절대적으로 불가능한 게 아니라 하더라도, 분명히 이렇게 가정하기란 어렵다고 생각합니다. 저는 여러분이 보는 서로 다른 색깔들이모두 실제로 동일한 장소에 있는 모든 색깔들이라는 점이, 절대직으로 불가능한 것은 아니라고 생각합니다. 그렇지만 저는 스스로 이것이 그러하다고 믿기가 어려움을 깨닫습니다. 그리고 저는 대부분의

부피(3차원 물체)의 한 부분은 아니다」라고 말해야 올바르다. (1952년에 추가함.)

철학자들이 이것을 불가능한 것으로 선언했던 이유를 여러분이 이해할 수 있으리라 생각합니다. 주로 이와 같은 근거에서, 누구이든지 간에 그들은

「우리가 보는 색깔들이 결코 물질적 대상의 일부가 아니다」

라고 밝혔다고 생각합니다. 그런 색깔들이 어떤 것도 (만일 임의의 물질적 대상들이 있다면) 결코 물질적 대상들이 있는 그 장소의 어떤 일부로 있는 것이 아니라고 단언하였습니다. 설령 「여러 가지 서로 다른 색깔들이 모두 다 정확히 동일한 장소에 있을 수 없다」는 전제를 받아들이더라도, 사실상 이런 결론은 해당 전제들이 증명하는 범위를 훨씬 벗어나 버립니다. 왜냐하면 여러분 중 어떤 분이 보는 그 색깔이, 실제로 그 봉투의 표면 위에 있겠지만, 이와는 달리 나머지 여러분들이 모두 보는 색깔들은 거기에 있지 않을 가능성이 남아 있기 때문입니다. 만일 그렇다면, 비록 우리들이 그 봉투의 동일한 면을 보고 있다고 하더라도, 반드시 여러분들 중에서 오직 한 분만이 여전히 다른 저쪽 면의 일부인 감각자료의 어떤 단편을 보고 있으며, 나머지 모든 분들에 의해 목격된 감각자료는 그 봉투의 일부가 아니라고 말해야만 합니다. 그렇지만 저는 또한 이것도 믿기 어렵다고 생각합니다.

그 봉투의 일부가 아닌 어떤 색깔을 보고 있는 여러분들이, 사실상 여전히 그 봉투의 한쪽 면에 대한 크기와 모양새인 어떤 크기와 어떤 모양새를 실제로 보고 있을 가능성이 있습니다. 그리고 우리는 과연 이것이 그러한지 여부를 살펴보는 일로 나아가 논의할 것입니다.

(2) 【 크기 】 우선, 크기에 관한 것입니다. 저는 여러분이 보는, 감각에 주어진sense-given40) 크기가, 아마 서로 간에 조금씩 다를 수 있는

---

40) [역주] sense-given**우리의 감각에 주어진**이란 낱말은 본디 it is given to (our) senses**우리들의 감각에**

'모든 크기들'이라고 가정하였습니다. 그리고 만일 이것이 그렇다면, 그 모든 크기들이 그 봉투의 이쪽 면에 대한 크기가 되어야 함은 분명히 절대적으로 불가능한 듯합니다. 그 봉투의 이쪽 면은 실제로 하나의 크기만 지닐 수 있습니다. 여러 가지 다른 크기를 모두 다 지닐 수는 없는 것입니다. 그러나 여러분이 모두 실제 서로 다른 크기를 보고 있음이 사뭇 분명한 것은 아닐 수 있습니다. 여러분이 그 봉투로부터 떨어져 있는 서로 다른 거리들 사이에 있는 차이가 그리 크지 않겠지만, 적어도 여러분이 모두 다 바라보는, 색깔을 지닌 그 '경험조각the patches'은 거의 동일한 크기의 것일 수 있습니다. 따라서 저는 논점을 더 명백히 해 주기 위하여, 가상의 사례를 제시할 것입니다.

이 강의실이 아주 커서, 이 봉투를 제가 여러분으로부터 2~3미터 떨어진 곳에 가져왔다고 생각해 봅시다. 그렇다면 제가 3미터 떨어져 있는 경우에 여러분이 보게 될, 감각에 주어진 크기는, 분명히 지금 여러분이 보는 것보다 현저하게 작아질 것입니다. 그리고 여전히 여러분이 동일한 이 봉투를 바라보고 있을 것입니다. 이들 두 가지 아주 다른 크기가 모두 다 이 봉투의 본디 크기가 되어야 함은 아주 불가능할 듯합니다. 그러므로 여기서 한 가지 유일한 가능성은, 만일 여러분이 실제 크기를 한 번이라도 보았더라면, 어떤 하나의 정확한 거리나 또는 한 묶음의 여러 거리들에서 여러분이 바라본 크기가, 이 봉투의 실제 크기가 되어야 하는 것입니다. 이것이 가장 그럴 듯합니다. 여러분이 바라보는, 감각에 주어진 크기들 중에서 어느 하나가 이 봉투의 실제 크기일 수가 있는 것입니다. 그러나 또한 어떤 것도 결코 그런

주어져 있다라는 통사 구조로부터 변형되어 낱말로 된 것이다. 본문에서는 주로 우리들의 시지각에 주어져 있다는 뜻으로 쓰고 있다. 철학에서는 '감각 소여, 감각 소여의'라는 난해한 한자어를 쓰고 있지만 따르지 않는다. 소여所與란 '준 바/준 것'이란 뜻이다. 여기서 '주다'의 주어와 목적어가 다를 수 있다. '감각 소여'는 감각이 준 것도 될 수도 있고, 다른 것이 감각에 준 것도 될 수 있다. 그런 점에서 '소여'란 말은 애매하고 중의적이다. 한문 구조를 해석할 수 없는 이들이 이런 중의성도 모른 채 오직 한자 용어만을 맹종하는 것은 잘못이다. 87~88쪽의 역주 34를 보기 바란다.

크기가 아닐 수도 있습니다. 어떤 경우이든지 간에, 이 봉투의 실제 크기를 보는지 여부에 상관없이, 우리가 모두 다 이 봉투를, 즉, 바로 동일한 봉투를 보고 있는 것입니다.

(3) 【 모양새 】 이제 모양새에 관하여 살펴보겠습니다. 여기서 다시, 우리가 보는 모든 모양새들이 다 그 봉투의 실제 모양새가 될 수 있음은 아주 불가능할 듯합니다. 그 봉투의 이쪽 면은 다만 한 가지 모양만 가질 수 있습니다. 그 모양새가 모두 동시에, 강의실 왼편에 앉은 분들이 보듯이 마름모꼴 및 강의실 앞쪽에 있는 분들에게 보이는 모양새처럼 직사각형이 될 수는 없습니다. 봉투 네 모서리의 각들이 직각이면서 동시에 또한 직각이 아닌 예각·둔각이 될 수 없는 것입니다. 그러므로 분명히 여러분의 일부가 보는, 감각에 주어진 모양새는, 그 봉투의 이쪽 면의 모양새가 아닙니다. 그러나 여기서 감각에 주어져 보여진 모양새들 중 하나가 그 봉투의 실제 모양새임이 충분히 명백하다고 말해질 수 있습니다(≒경험 기억을 인출하여, 머릿속에서 동시에 보정·재조정 작업이 일어나는 것임). 여러분은 다음처럼 말할 수 있습니다. 강의실 앞쪽에 앉은 분들에 의해 보여진 모양새가 그 봉투의 실제 모양새이며, 그 봉투는 직사각형이다. 저는 이것이 옳다고 이내 인정합니다. 소략하게 그 봉투가 실제로 직사각형임을 우리가 사실상 잘 알고 있다고 생각합니다.

그러나 여기서 저는 한 가지 구분을 소개하고자 합니다(≒평면도형에서 닮음 관계와 합동 관계). 어떤 것이든지 간에 상관없이, 여러분이 그 모양새를 말할 수 있는 두 가지 서로 다른 측면이 있습니다. 이 봉투의 크기로서 직사각형과 이 칠판의 크기로서 직사각형이 어떤 의미에서 정확히 동일한 모양새를 지닐 수 있습니다. 둘 모두 모든 모서리 각들이 직각이고, 한 대상의 면들 사이의 비율과 다른 대상의 면들 사이에 있는 비율이 동일하다는 의미에서, 똑같은 모양새를 가질 수 있습니다(≒평면도형에서 '닮은꼴'임). 사실상 그것들이 큰 사각형(네모

꼴)이 언제나 작은 사각형과 동일한 모양새를 갖는다는 의미에서, 하나의 대상이 아무리 크더라도 그리고 다른 대상이 아무리 작더라도, 이에 상관없이 동일한 모양새(≒닮은꼴)를 지닐 수 있습니다. 그러나 큰 직사각형의 모양새가 명백히 작은 직사각형의 모양새와 동일하지 않다는(≒합동 관계가 아니라는) 또 다른 측면도 있습니다. 큰 직사각형의 모양새에 의해서, 우리가 그 대상을 경계지어 놓는 실제 직선들을 의미할 수 있습니다. 그리고 만일 우리가 이것을 의미한다면, 큰 직사각형의 모양새는 작은 직사각형의 모양새와 동일할 수 없을 것입니다. 그 두 대상(≒칠판과 봉투)을 경계지어 놓는 직선들이 동일한 선이 될 수 없습니다.

심지어 두 가지 모양새 사이의 크기에서 차이가 전혀 없을 경우에라도, 동일한 내용이 참값으로 성립될 수 있습니다. 동일한 크기로 된 두 개의 직사각형이 옆에 나란히 놓여 있다고 합시다.[41] 설사 둘이 각각 다른 것과 동일한 모양새와 동일한 크기라 하더라도, 한 대상을 경계 짓는 직선들은 다른 대상을 경계 짓는 직선들과 똑같은 선이 아닙니다(≒한 변을 제외하고서 다른 변들은 서로 공유되지 않음). 어떤 것이든지 간에 대상의 모양새에 관하여 말할 수 있는 이러한 두 가지 의미 사이에 있는 차이를, 다음처럼 말함으로써 잘 표현될 수 있습니다. 큰 직사각형의 모양새가 속성에서 작은 직사각형의 모양새와 동일한 것 (≒닮은 꼴)이지만, 설령 두 직사각형이 모두 속성상으로 동일하더라도 우리가 언급하고 있는 그것들이 두 개의 모양새이며 하나만이 아니라

---

41) [역주] 같은 크기와 같은 모양새의 봉투가 두 장 옆에 놓여 있지만, 하나는 세워져 있고 다른 하나는 눕혀져 있는 경우이다. ⬛️☐ 그렇다면, 두 직사각형의 가로 길이도 서로 다르고, 세로 길이도 서로 다를 것이다. 비록 서로 합동 관계에 있더라도, 평면적으로 따져서 이를 뒤에서 '수치상 다르다numerically different'라고 언급한다(359쪽의 역주 128도 보기 바람). 이를 서수 상으로 다르다고 번역할 수도 있다(배열 차례가 다르기 때문임). 이와는 달리, 제7장 '물질적 대상'에서는 감각인상을 다루면서 원래의 것과 복제품 (복사물) 사이에 numericall the same**수치상 동일하다**란 표현을 썼는데(319쪽), 이런 맥락에서는 비록 차례가 지워져 있어 각각 하나의 개별체이지만, 기수 상으로 따져서 본질적으로 서로 동일하다고 했다(동일한 종류의 것 하나일 뿐이다).

는 의미에서, 수치상으로 동일한 것은 아닙니다. 둘 모두 직사각형이지만, 한 개는 하나의 직사각형이고, 다른 한 개는 또 다른 직사각형인 것입니다(≒개별체로서 서로 다른 두 개의 직사각형임). 그렇다면 '속성상 동일함'(≒닮음 관계)과 '수치상 동일함'(≒합동 관계)이라는 두 가지 다른 종류의 동일성 사이에는 서로 차이가 있습니다. 설사 그 명칭이 낯설게 들릴 수 있더라도, 우리는 모두 완벽히 이 둘 사이에 있는 차이에 익숙해져 있습니다. 장차 저는 '속성상 동일성'(≒닮음 관계) 및 '수치상 동일성'(≒합동 관계)이라는 이들 명칭을 쓰게 될 것입니다.

이제 그 봉투의 사례로 되돌아가 보겠습니다. 여러분이 눈 앞에서 본, 감각에 주어진 모양새는 직사각형이고, 그 봉투의 실제 모양새도 직사각형이며, 둘 모두 정확히 동일한 모양새의 직사각형임(≒닮음 관계임)을 가정할 경우에조차, 여전히 여러분이 본, 감각에 주어진 모양새가 해당 봉투의 그 모양새라는 점이 뒤따라 나오지는 않습니다. 감각에 주어진 그 모양새와 그 봉투의 모양새가 심지어 속성상 동일하다고 하더라도, 그것들이 동일한 크기가 아니라면, 마치 큰 사각형의 모양새가 반드시 더 작은 사각형의 모양새와 수치상으로 (가로와 세로의 길이가) 다르듯이, 여전히 수치상으로 다른 두 개의 상이한 모양새입니다. 그리고 앞에서 어떤 크기이든지 간에 우리는 (봉투로부터 얼마나 떨어져 있느냐에 따라서) 여러분이 본 봉투의 크기가 그 봉투의 실제 크기였음을 확신하기가 얼마나 어려웠는지를 살펴보았습니다. 심지어 여러분 중 어느 한 분이 보는, 감각에 주어진 크기가 그 봉투의 실제 크기라고 하더라도, 여전히 여러분이 보는, 감각에 주어진 모양새가 수치상으로 그 봉투의 모양새와 동일함이 뒤따라 나오지 않습니다. 동일한 모양새와 크기를 지니고도 나란히 옆에 놓여 있는 다른 두 개의 직사각형의 경우에서와 같이, 그 두 직사각형이 수치상 다를 수 있습니다(102쪽의 역주 41 참고). 그 한 가지 직사각형의 모양새가 다른 직사각형의 모양새가 아니며, 그것들이 수치상 각각 다른 두 개의 모양새입니다. 그렇다면 만일 직사각형 모양새를 보는 여러분들이 실제 서로 다른 크기로 된 직사각형들을 본다면, 오직 이것들 중 하나만이 그 봉투의 모양새가 될 수 있을 것이라고 말할 수 있습니다. 다른 모든 직사각형들이 동일한 모양새로 되어 있고, 속성상 똑같은 것이지만, 그것들이 곧장 그 봉투의 모양새가 될 수 없는 것입니다. 그리고 심지어 만일 여러분들 중 어떤 한 분이 그 봉투의 모양새와 동일한 크기의 것일 뿐만 아니라 또한 동일한 모양새로 된 하나의 모양새를 보더라도, 여전히 여러분이 본, 감각에 주어진 이런 모양새가 결코 그 봉투의 모양새였음을 확신할 수 없을 수도 있습니다. 그것이 설사 정확히 모양새 및 크기에서 둘 모두 비슷하다고 해도, 수치상으로 그 봉투의 모양새와 다른 모양새일 수 있는 것입니다. 그리고 마지막으로 심지어 속성에서조차 「감각에 주어진 모양새가 아무런 것도 그 봉투의 모양새와 정확히 동일하지 않다」고 가정할 모종의 이유가 있습니다. 그 봉투는 그 자체로 아마 대체로 가지런하지 않은 모서리를 지닙니다. 그 면을 경계 짓는 선이 위아래로 약간 오돌토돌한데(늑현미경으로 볼 경우에), 여러분이 멀리 떨어져 있으면 그런 사실을 볼 수 없습니다.

그렇다면 제가 그 봉투를 들고 있었을 때, 여러분이 모두 봤던 세 가지 종류의 감각자료[42] 중에서, 즉, 하야스름한 색깔과 그 크기와

---

42) [원저자 각주 5] 여기에서도 나는 「색깔·모양새·크기」를 지닌 '경험조각patch' 그 자체로 불렀어야 하는데 잊어버린 채 부주의하게 '감각자료'로 불렀다. (1952년에 추가됨.)
※ [역주] 감각자료는 단독으로 빛깔만, 또는 모양새만, 또는 크기만 가리킬 경우에 쓰고 있기 때문이다. 로크의 용어를 받아들여 이것들을 quality특질, 성질로도 부르기도 한다 (852쪽의 역주 330). 다섯 가지 감각 기관에서 느끼는 것(촉각으로서 단단함·부드러움·차가움, 여섯 가지 미각 따위)들이 모두 감각자료이며, 개별적으로 「감각자료의 단편」으로 언급된다. 그렇지만 이런 감각자료들이 한 가지 대상에 모여 있으므로, 복합적인 이런 감각자료의 다발을 가리키기 위하여 '경험조각'이란 용어를 따로 쓰고 있는 것이다. 경험조각은 §.2-5에서 기억으로부터 인출하는 감각인상도 포괄하는 상의어이다. 따라서 감각자료의 단편, 감각자료들, (기억에 딸린) 감각인상이 있고, 이것들을 다 아울러 줄 수 있는 '경험조각'이 있는 것이다. 제3장에서 다시 단언(명제)에 대한 지각을 간접 지각으로 부르는데, 여기에 간접 지각을 통해서 우리가 얻는 일반 지식이 더 추가되어야 한다. 흔히 민간에서는 직접 경험과 간접 경험 지식이라고 부르는데, 한 사람의 일생 중에서 무려 20년이 넘도록 교육 또는 사회화 과정을 통해 이뤄진다.

그 모양새 중에서, 다음과 같은 것들이 참값이 될 듯합니다. 첫째, 색깔과 관련하여 여러분 중에서 아무도 여러분이 봤던 정확한 색깔이 사실상 그 봉투의 일부였음을, 즉, 만일 거기 봉투가 하나 있었더라면 실제로 그 봉투가 점유하고 있는 그 공간의 임의의 일부로 있었음을 확신하지 못합니다. 둘째, 그렇다면 그 크기와 관련하여, 여러분들 중 아무도 여러분이 본 그 크기가 그 봉투의 실제 크기였음을 확신할 수 없습니다. 그리고 마지막 셋째, 그 모양새와 관련하여, 여러분들 중 아무도 여러분이 본 그 모양새가 실제로 그 봉투의 모양새와 정확히 동일한 모양새였음을 확신하지 못합니다. 그것이 그 봉투의 모양새였고, 그 봉투를 이루는 경계선들이 수치상으로 여전히 그 봉투를 둘러싼 경계선처럼 동일한 경계선들임을 확신하는 정도가 떨어지게 됩니다. 그리고 여러분들 중 아무도 이런 것들에 대하여 확신하지 못하는 것뿐만이 아닙니다. 여러분이 봤던 그 크기와 모양새들과 관련하여, 여러분 중에서 일부가 그 봉투의 실제 크기와 모양새가 아닌 크기와 모양새를 보았음이 아주 분명한 듯합니다. 왜냐하면 아마 여러분 중 일부가, 다른 사람들에게 보여졌던 크기와 모양새와는 서로 다른 크기와 모양새를 보았고, 이들 상이한 크기와 모양새가 모두 다 그 봉투의 크기와 모양새가 될 수 없음이 분명하기 때문입니다. 그리고 그 색깔들과 관련하여, 여러분이 봤던 그 색깔들이 모두 그 봉투에 있는 색깔임이 사뭇 분명한 듯합니다. 왜냐하면 여러분이 모두 다 조금씩 다른 색깔들을 보았음이 아주 분명한 듯하고, 설사 절대적으로 불가능한 것은 아니라고 해도, 이들 서로 다른 모든 색깔들이 실제로 동시에 동일한 장소에 있었기 때문입니다.

이것이 이들 감각자료, 즉, (머릿속에 있는) 그 「색깔·크기·모양새」와 관련하여 대상의 상태가 되는 듯합니다. 어떤 의미에서 그것들이 만일 실제로 봉투가 한 장 있었더라면, 실제 그 봉투와 아주 조금만 관련되어 있을 듯합니다. 보여진 그 색깔들이 어떤 것도 실제로 그 봉투의 일부가 아니었으며, 보여진 어떤 모양새와 크기도 실제 그 봉투의 크기나 모양새가 아니었음은 아주 가능성이 높을 듯합니다.

그러나 이제 저는 우리가 모두 다 보았던 종류의 다른 감각자료의 단편 한 가지를 언급하고자 합니다. 이는 좀더 실제 그 봉투와 관련되어 있는 것으로 생각될 수 있습니다. 「색깔·모양새·크기」로 이뤄진 그 '경험조각the patch' 이외에도, 어떤 의미에서 색깔을 지닌 이 경험조각이 차지한 그 공간을 실제로 우리가 모두 다 보았습니다. 색깔로 된 경험조각은, 어느 특정한 영역을 차지하는 듯합니다. 그리고 우리는 이 영역을 추상화 작업abstraction에 의해서 그곳을 점유하고 있는 색깔의 '경험조각'으로부터 구별해 낼 수 있습니다. 이 영역이 또한 한 가지 감각자료의 단편이었습니다. 그리고 이 영역에서 우리는 부분들을 구별해 줄 수 있습니다. 즉, 이런 부분과 그런 부분과 저런 부분입니다. 이런 영역의 부분들과 관련해서도, 적어도 두 가지 것이 참값이 된다고 여겨질 수 있습니다. 첫째, 최소한 여러분이 각자 봤던, 감각에 주어진 영역의 일부가, 나머지 모든 사람들에게 보여진 어떤 부분과 실제 수치상으로 동일합니다. 둘째, 여러분이 모두 다 봤던, 이런 부분이 또한 실제 그 봉투에 의해 점유된 그 영역의 한 부분입니다. 달리 말하여, 설사 여러분의 감각에 제시된 그 색깔이 실제 그 봉투의 한 부분이 아니라고 하더라도, 그리고 설사 여러분의 감각에 제시된 그 모양새와 크기가 실제 그 봉투의 모양새와 크기가 아니라고 하더라도, 최소한 거기에 여전히 여러분의 감각에 실제 그 봉투에 의해 점유된 그 공간의 일부가 있습니다(≒주어진 감각자료 및 실재와의 사이에는 일부 공통점이 있음). 이런 가정을 반박하여, 아주 강력하게 보일 만한 어떤 논점도 저는 전혀 찾아낼 수 없음을 고백합니다. 저는 우리가 모두 다 이것이 옳다고 가정하는 쪽으로 크게 쏠려 있다고 여깁니다. 예를 들어, 제가 접촉하고 있는 바로 동일한 장소인 이 공간이, 실제 여러분들 모두에게 다 보여진다는 점, 그리고 이 공간이 실제 그 봉투가 점유하고 있는 그 공간의 일부라는 점입니다.

이런 가정에 반대하여 제가 생각할 수 있는 최선의 논박 방식은 다음과 같습니다. 저는 이것이 이런 가정을 의심스럽게 만들기에 충분하다고 봅니다. 만일 제가 보고 있는, 감각에 주어진 이런 영역의 일부가, 수치상으로 실제로 여러분이 보고 있는 대상의 일부와 동일하며, 그것이 또한 수치상으로 실제로 그 봉투에 의해 점유된 그 영역의 일부와 동일한 것이라고 말한다면, 다시 우리는

① 그 영역을 점유한 것으로서 여러분이 보는 서로 다른 모든 색깔들이, 사실상 반드시 동일한 장소에 있으며, 실제로 그 봉투와 동일한 장소에 있다.

는 가정을 받아들이거나, 아니면 이와는 달리

② 그 색깔들이 단지 감각에 주어진 이런 영역에만 있는 듯이 보이지만, 실제로 반드시 거기(≒외부 세계의 대상)에 있는 것이 아니다

라고 가정해야 합니다. 그러나 여러 가지 다른 색깔들이 모두 실제로 동일한 장소에 있음을 가정하는 일(①)에 대한 앞에서의 반박이 있었습니다. 그렇다면 오직 남아 있는 가능성 한 가지(②)와 관련하여, 즉 그것(≒감각자료)들이 다만 감각에 주어진 이런 영역에만 있는 듯하다는 것입니다. 지금까지 감각에 주어진 영역에 관한 한, 우리가 보는 그 색깔들이 실제로 그 공간을 점유하므로, 그것들이 존재하는 듯할 뿐만 아니라, 또한 실제로 거기에 있다고, 이에 대하여 한 점 의심의 여지가 없다고 논박될 수 있습니다. 만일 우리가 말하는 그 영역이 그 색깔들에 의해 점유된 감각들로 제시되어 있다면, 의심의 여지없이 이 영역이 그 색깔들에 의해 점유되어 있다고 말해질 수 있습니다. 그 색깔이 널리 퍼져 있는 것이 그 공간 말고는 전혀 존재하지 않는 것입니다. 따라서 제가 보는 그 영역이, 만일 실제로 수치상으로 여러분이 보는 것들과 동일하다면, 우리가 보는 서로 조금씩 다른 색깔들

이 실제로 동일한 장소에 있음이 뒤따라 나올 것입니다. 저한테는 절대적으로 이런 논점이 확정될 듯이 보이지 않습니다.

저한테는 제가 보는 색깔이 오직 제가 보는 감각에 주어진 영역 속에 있을 가능성이 높을 듯합니다. 그렇지만 이것이 저한테 보여진, 감각에 주어진 이런 영역 중에서 어떤 일부이든지 간에, 수치상으로 여러분한테 보여진 영역들이 어떤 것이든지 간에, 저는 이 영역에 대한 어떤 일부와 동일한지 여부를 놓고서 의문을 자아내기에 충분하다고 생각합니다.

§.2-3 【 감각자료에 대한 기존의 세 가지 견해: 관념론·상대주의·유아론 】

그렇다면 우선적으로 이제 제가 여러분에게 말씀드린 종류의 이유들 때문에, 압도적으로 대다수의 철학자들이 다음과 같은 견해를 받아들였다고 생각합니다. 제가 제시한 종류의 근거들이 이들 입장을 유지하려는 근거로서 주장된 것일 뿐만 아니라, 제 생각에 또한 실제로 이런 생각들을 받아들이도록 가장 큰 영향력을 끼쳐 온 것들이고, 지금까지 이런 생각들을 받아들이도록 하는 가장 강력한 근거들인 듯합니다. 아무리 그렇더라고, 그리고 그 이유들이 무엇이든지 간에, 저는 압도적으로 대다수의 철학자들이 다음과 같은 견해를 받아들였다고 생각하며, 저는 가능한 대로 이들 견해를 여러분이 명백히 깨닫도록 하고자 합니다.

대부분의 철학자들은 절대적으로 모든 「감각자료」 및 어떤 것이든 우리의 어떤 감각들에[43] 의해서든지 간에 조금이라도 지각하게 되는

---

43) [원저자 주석 6] 철학자들이 견지해 온 이들 세 가지 단언(명제)들이, 다만 만일 '감각자료'가 더 앞에서 언급한 원저자 주석 2(이 번역본에서는 87~88쪽의 역주 34임)에 설명된 의미로, 다시 말하여 '경험조각'들patches이 감각자료이지만, 그 색깔·크기·모양새는 그렇지 않다는 의미로 이해된다면(≒감각자료의 단편일 뿐임) 참값이 된다.

※ [역주] 무어 교수는 우리의 시지각 경험이 색깔·크기·모양새가 유기적으로 통합되어 복합 정보로서 제시되는 경우에만 복수 형태의 '감각자료sense-data'라고 부르고, 각각의 정보는 단수 형태로 된 '감각자료의 단편sense-datum'으로 따로 부른다(data vs. datum). 이들 세 가지 측면의 복합 정보를 갖춰진 경우에라야 비로소 '경험조각patch'이라고 불렀

「감각자료의 단편」에 대한 모든 부분들과 관련하여, 다음 세 가지 견해를 주장해 왔습니다.[44]

(1)【 개개인별 관념론 】여기에서는 제가 조금이라도 지각한 「감각자료」의 어떤 부분도, 절대적으로 제가 그것을 지각하는 순간을 제외하고서는 전혀 존재하지 않는다고 보았습니다. 다시 말하여, 제가 그것을 지각하고 있는 순간을 제외하고서는, 간단히 어떤 것이든지 간에 제가 조금이라도 지각하는 특정한 「감각자료의 단편」이 우주 속에 존재하지 않는다고 보았습니다. 예를 들어, 만일 제가 다시 이 봉투를 바라보고 나서, 눈길을 이제 잠시 다른 데로 돌린다면, 제가 하야스름한 색깔의 특정한 「경험조각」을 보던 동안에는 우주 속에 그 특정한

고(경험조각≒감각자료들+감각인상들), 이 경험조각들이 이어지면서 큰 사슬을 이뤄야만 대다수 일반인들이 흔히 기억하는 '일련의 시지각 사건'을 이루게 되는 것이다.

44) [역주] 아마 신-헤겔주의자였던 7년 선배 맥태거엇(McTaggart, 1866~1925) 교수의 영향을 염두에 두고서 그런 관념론을 비판하려는 듯하다. 왜냐하면 여기에 깔려 있는 전제가

「모든 감각자료들이 오직 우리 개개인의 정신 속에만 존재한다」
(all sense-data do only exist *in our minds*, 이 번역본의 115쪽)

는 진술이기 때문이다. 이하에서 괄호 숫자로 다음의 세 가지 견해를 하나씩 해설해 나간다.

(1) 실제 대상의 존재성을 한 개인의 감각자료를 통해서 감각하는 순간에만 확증할 수 있다.
(2) 임의의 두 사람 사이에는 결코 감각자료의 단편에 대한 경험이 똑같을 수 없다.
(3) 감각자료의 단편은 오직 각자의 개별적 경험 속에서만 비교가 가능할 뿐이고, 두 사람 이상이 공유 가능한 감각자료에 대한 경험 공간은 결코 상정될 수 없다.

이 해설을 마무리하면서 지은이는 다시 이 세 가지 견해를 요약해 놓았고, 제3장 '단언(명제)'의 논의를 시작하면서도 다시 이 견해들을 제시해 놓는데, 그곳에서는 '나의 세 가지 규칙들'이라고 부른다. 아마 세 가지 견해를 포착하는 규칙으로 파악했기 때문일 듯하다. 뒤친이는 이것들을 각각 (1) 관념론 견해, (2) 상대주의 견해, (3) 강한 '유아론'(독단주의) 견해로 부를 수 있다고 본다.

그런데 제4장에서는 이런 견해들을 갖고서는 우리가 외부 세계에 있는 대상들 및 사건들에 대한 재구성을 해 놓을 수 없다고 논박하게 된다. 우리가 확립한 지식 체계는 반드시 단언(명제) 형태로 새롭게 번역됨으로써, 이런 단언(명제)들의 상위 명제들로 더 큰 세계 모형이나 지식 체계가 구성되는 것이다. 단언(명제)에 대한 지각도 모두 머릿속에서 일어나는 정신 작용·인데, 감각자료의 직접 지각과 대립시켜 '간접 지각'으로 부른다. 265쪽 이하에 있는 역주 110과 그곳의 다중 층위의 인간 사고 모형을 보기 바란다.

색깔의 조각이 존재하였습니다. 분명히 거기 존재하였는데, 왜냐하면 제가 그것을 보았기 때문입니다. 그러나 이제 눈길을 돌려 더 이상 제가 그것을 보지 않았으므로, 특정한 저 색깔의 경험조각은 더 이상 존재하지 않습니다(≒원문에는 '존재하기를 멈추었다'). 제가 그것을 보는 일이 존재하는 정도 이상으로는, 더 이상 어떠한 형태로도 이 우주 속에 존재하지 않는 것입니다. 그것이 양자 모두로서, 즉

　①그 색깔과 제가 그 색깔을 보는 경험,
　②그리고 존재했었지만 지금은 더 이상 존재하지 않는 대상

둘 모두입니다. 둘 모두 동등하게 그리고 동일한 의미로, 존재하기를 완벽히 중단하였습니다. 이들 철학자가 여전히 우주 속에 정확히

「내가 본 것과 같은 색깔의 한 가지 경험조각이 사실상 존재할 수 있음」

을 부인하지는 않을 것입니다. 예를 들어, 여전히 이 순간에 어떤 다른 분이 정확히 그것과 같은 색깔의 한 가지 경험조각을 보고 있을 수 있습니다. 그러나 설사 정확히 비슷하다고 하더라도, 그들은 이런 색깔의 다른 경험조각이 분명히 동일한 것은 아니라고 말할 듯합니다. 그것들이 정확히 속성상 동일한 것일 수 있겠지만, 수치상으로 동일한 것은 아닙니다. 설사 정확히 그 색깔과 비슷한 또 다른 색깔이 될 수 있다고 하더라도, 제가 보았던 색깔의 경험조각은 이제 존재할 수 없습니다. 우리들 중 어느 분이든지 간에 조금이라도 지각하는, 절대적으로 모든 감각자료와 관련하여, 그들은 다음과 같이 말할 듯합니다. 그것을 지각하는 한, 그분들이 각자 그것을 지각하고 있는 것입니다. 그리고 그분들이 이것을 공간을 점유하여 지엽적으로 있을 듯한 「색깔·소리·단단함·부드러움·뜨거움·차가움·통증」과 같이 오직 감각자료와 관련해서만 말할 것 같지 않습니다. 또한 그분들은 이것들이 차

지하고 있을 듯한, 감각에 주어진 공간들과 관련해서도 그것을 말할 듯합니다. 예를 들어, 색깔의 이런 경험조각에 의해서 점유된, 감각에 주어진 영역으로서, 제가 지금 그것을 보고, 제가 그것을 보는 동안만은 그것이 존재합니다. 그런 특정한 영역이 우주의 내용 중에서 한 가지입니다.

그러나 이제 제가 머리를 딴 데로 돌림으로써, 그것이—제가 봤던 그 영역이—전적으로 더 이상 존재하지 않게 됩니다(≒원문에는 '존재하기를 멈춘다'). 제가 그것을 보는 일(보기를 그만 둠도 포함함)과 더불어, 그것도 또한 더 이상 존재하지 않게 됩니다. 여전히 저는 사실상 정확히 그것과 같은 임의의 영역을 보게 될 가능성이 있습니다. 예를 들어, 제가 지금 보고 있는 이 영역은 정확히 비슷하게 존재할 듯하며, 다른 어떤 색깔에 의해 점유되어 있다는 사실만으로써 구별될 수 있습니다. 그러나 그분들은 이들 두 영역이 설령 아주 정확히 비슷하다고 해도, 동일한 것은 아니라고 말할 것입니다. 지금 제가 보는 전체 영역의 이런 부분이, 그 부분과 동일한 것이 아닌 만큼, 그것들이 더 이상 동일한 것은 아닙니다. 제가 지금 막 보았던, 전적으로 감각에 주어진 그 특정한 영역은 더 이상 존재하지 않습니다.

그렇다면 감각자료와 관련해서 이것이 압도적으로 대다수의 철학자들이 주장해 온 한 가지 견해입니다. 그분들은 모든 종류의 감각자료 단편이 모두, 그리고 모든 감각자료 단편의 모든 부분들이, 그것을 지각하고 있는 그 사람이 그것을 지각하는 한, 유일하게 있거나 존재하는 어떤 것이라고 생각하였습니다.

(2)【 남들과 공통기반이 없는 상대주의 】그들은 또한 두 번째 견해도 주장해 왔습니다. 다시 말하여, 우리들 중에서 아무도 두 사람 사이에 정확히 동일한 감각자료의 단편을 지각하지 못한다는 것입니다. 아마 우리가 감각자료를 정확히 유사하게만 지각할 수 있음을 허용할 듯합니다. 속성상 동일하여 설령 정확히 유사하다고 하더라도, 감각자료

가 결코 수치상으로 조금도 동일할 수 없다고 말할 것 같습니다. 이는 서로 다른 시간대에 존재하는 감각자료와 관련해서도 그러한데, 사실상 첫 번째 견해로부터 뒤따라 나올 듯합니다. 만일 지금 제가 보는 특정한 색깔의 이 경험조각이 제가 고개를 딴 데로 돌리는 경우에 전적으로 더 이상 존재하지 않는다면, 이제 아무도 그것을 보고 있지 않음이 뒤따라 나옵니다. 그러나 이것이 실제로 대부분의 철학자들에 의해 견지되어 온 견해임을 강조할 만한 가치가 있습니다. 예를 들어, 만일 누군가가 이 봉투를 여기에 와서 볼 예정이었고, 제가 막 그 봉투를 본 직후에, 제가 보았던 듯이 정확히 봉투로부터 동일한 거리와 동일한 방향에 서 있으며, 동일한 시력을 지니고 있고, 햇빛이 조금도 바뀌지 않았다고 상정한다면, 따라서 그분도 정확히 제가 막 보았던 것과 아주 비슷한 색깔의 조각을 보았습니다. 그럼에도 불구하고, 그분이 본 색깔의 경험조각은 제가 막 보았던 것과 동일한 것이 될 수 없을 것입니다. 여러분이 만일 옆에 나란히 놓여 있으며 색깔을 지닌 정확히 동일한 크기와 모양새의 점 두 개를 본다고 상정한다면, 설령 한 점이 정확히 다른 점과 같다고 해도, 여전히 동일한 것이 아니며, 수치상으로[45] 그것과 다르다는 의미에서, 그것은 제가 봤던 '경험조각'과 수치상으로 다를 것입니다. 그리고 동일한 시간대에 있다고 해도 또한 두 사람이 아무도 동일한 감각자료의 단편이나 동일한 감각자료 단편에 대한 임의의 부분을 보지 못한다고 생각합니다.

---

45) [역주] 'numerically^{수치상으로}'라는 부사를 지은이는 두 가지 뜻으로 쓰는 듯하다. 기수 용법과 서수 용법(차례가 주어짐)이다. 102쪽의 역주 41를 보기 바란다. 여기서는 서수 용법으로 썼는데, 제1점과 제2점이 별개의 것이라고 말하고 있다(359쪽의 역주 128에서도 그러함). 만일 기수 용법으로 썼다면, 동종의 섬이며 서로 구별할 수 없다고 말해야 했을 것이다. 왜냐하면 동일한 색깔과 동일한 크기와 동일한 모양새라고 상정하였기 때문이다. 이를 정리한다면 기수 용법으로 쓸 경우에는 집합 속에 있는 대상들은 동종의 요소로서 같은 대상이라고 봐야 한다. 그렇지만 서수 용법으로 쓸 경우에는 집합 속의 개별 요소들이 서로 소^{distinct}(다름)가 되므로 다른 대상이 된다고 여기는 것이다. 그런데 319쪽에서는 감각인상과 복제품(복제물) 사이에 '숫자상으로 동일하다^{numerically the same}'고 말했는데, 이는 기수 상으로 원본과 복제품이 각각 하나라는 점에서 그렇게 표현한 것이다.

이는 첫 번째 견해로부터 도출되어 나오지 않는 논점입니다. 왜냐하면 이제 여러분들 중에서 어느 분이든지 간에 설령 이 봉투를 보는 일에서 여러분이 그것을 보기를 그만두는 순간에, 보고 있는 모든 감각자료가 더 이상 존재하지 않음이 참값이 될 수 있다고 해도, 여전히 여러분이 보고 있었던 동안에, 따라서 그것이 존재하는 동안에, 여러분들 중에서 다른 어떤 분이 최소한 그 감각자료들 중에서 한 측면의 일부를 보고 있을 수도 있습니다. 그렇지만 이것은 이 두 번째 견해에서 부정되는 바입니다. 이 순간에 우리들 중 두 사람이 누구이든지 간에 아무도 동일한 감각자료를 보고 있음을, 심지어 일부 감각자료일지라도 보고 있음을 부인합니다. 여러분들 중 어떤 분이든지 간에, 지금 보고 있는 모든 감각자료의 모든 부분들이, 여러분들 중 임의의 다른 사람이 봤던 임의의 감각자료의 단편에 대한 어느 일부와 수치상으로 다르다고 주장됩니다.

(3) 【 강한 유아론 또는 독단주의 】 감각자료에 관해서 압도적인 대다수의 철학자들에 의해 주장되어 온 세 번째 견해는 다음과 같습니다. 어떤 누구이든지 간에 한 사람에 의해 지각된 감각자료가 어떤 것도 어떤 방향의 임의의 거리에 있든지 간에, 어떤 누구이든지 간에 또 다른 사람에 의해 지각된 감각자료들과 결코 함께 동일한 장소에 놓여 있을 수 없다고 봅니다. 달리 말하여, 저에 의해 지각된 임의의 감각자료 단편이, 아마 여러분들 중 어떤 분이든지 간에 그분에 의해 지각된 임의의 감각자료 단편과 동일한 장소에 존재할 수 없다고 여깁니다. 그리고 이런 사실이 여러분들 중 어떤 두 분으로 된 짝의 경우에라도 마찬가지로 참값이 된다고 봅니다. 달리 말하여, 저에게 보여진 색깔의 이런 '경험조각'이, 여러분들 중 어느 분에 의해서이든지 간에 그분에게 지각된 임의의 방향으로든 임의의 거리에 있든지 간에, 임의의 '경험조각'과 결코 동일한 장소에 있지 않다는 것입니다. 그 두 지각 경험은 단순히 서로 간에 임의 종류의 공간적 관계를 어떤

것도 지니지 못합니다. 임의의 한 순간에 저에게 보여진 상이한 감각자료와 관련하여, 어떤 의미에서 그분들은 이것들이 서로서로 공간적 관계를 지님을 사실상 인정할 듯합니다. (직사각형의 봉투를 놓고서) 제가 보는 색깔의 '경험조각'에 대한 이쪽 모서리가, 실제로 이 모서리로부터 특정한 방향으로 특정한 거리만큼 떨어져 있고, 다른 이 모서리로부터 또 다른 방향으로 또 다른 거리만큼 떨어져 있습니다. 그러나 그분들은 「임의의 한 시간대에서 제 시지각의 영역 속에 있는 상이한 모든 감각자료가, 오직 제 자신의 사적인 공간 속에서만 각각 서로 간에 거리와 방향을 지닌다」고 말할 듯합니다. 다시 말하여, 제 자신의 이런 사적 공간에서 어떤 점도 또 다른 임의의 사람의 시지각 영역 속에 있는 임의의 점과 전혀 동일하지도 않고, 또한 임의의 거리에 떨어져 있지도 않은 것입니다. 임의의 시간대에서 감각에 주어진, 우리들 각자의 시지각 영역은, 그 사람 자신의 사적인 공간을 구성합니다. 이들 공간에서 뽑아낸 임의의 어떤 두 점도, 그것들 중 임의의 사적 공간 하나에서 두 점이 관련될 수 있는 어떤 방식으로든지 간에 서로서로 관련될 수 없는 것입니다.

저는 이러한 세 가지 견해가 압도적으로 대부분의 철학자들에 의해서 다음처럼 주장되어 왔다고 생각합니다(≒다시 §.4-0에서 이 주장들을 각각 감각자료의 고유성·경험주체의 독자성·감각자료의 유일성을 중심으로 재서술해 놓았음).

(1) 어떤 사람이든지 간에 오직 그가 감각자료의 단편을 지각하는 한, 절대적으로 그가 직접 지각하는 모든 감각자료의 단편이 존재한다. (→개개인별 관념론 견해, §.4-0의 감각자료의 고유성임)

(2) 임의의 한 사람이 직접 지각하는 감각자료의 단편이 어떤 것도, 임의의 다른 사람에 의해서 조금이라도 직접 지각될 수 없다. (→남들과 공통 기반이 없는 상대주의 견해, §.4-0의 경험주체의 독자성임)

(3) 한 사람에 의해 직접 지각된 감각 자료의 단편이 아무런 것도, 임의의

다른 사람에 의해서 지각된 감각자료의 단편이 어떤 것이든지 간에 그 것과 더불어 동일한 공간 속에 있을 수 없다. 즉, 나에게 보이거나 들리 거나 느낀 감각자료의 단편이 어떤 것도, 다른 어떤 사람에 의해서 보 이거나 들리거나 느낀 감각자료의 단편이 어떤 것이든지 간에 그것과 더불어 동일한 공간에 있지도 않고, 그 감각자료의 단편으로부터 임의 의 거리만큼 떨어져 있지도 않다. (→강한 유아론 또는 독단주의 견해, §.4-0의 감각자료의 유일성임)

저는 이들 세 가지 견해가 「모든 감각자료가 오직 그것들을 지각하는 사람의 정신 속에서만 존재한다」고 말할 경우에 의미된 주요한 사항 들이라고 생각합니다.

「모든 감각자료가 실제로 오직 우리 정신 속에만 존재할 뿐임」
(all sense-data do only exist *in our minds*)

은 철학에서 분명히 공통된 견해common view입니다. 저는 이것이 의미 된 바를 표현하는 좋은 방식이라고 생각하지는 않습니다. 설사 이들 세 가지 견해가 우리가 한 번이라도 직접 지각하는 모든 감각자료에 대하여 참값이 된다고 해도, 이들 세 가지 견해가

「감각자료들이 오직 나의 정신 속에서만 존재함」

이나 또는 감각자료들이 저에 의해 지각됨을 제외하고서는

「감각자료가 어떤 의미에서도 사실상 오로지 나의 정신 속에만 있음」

이 뒤따라 나오지 않는 듯합니다. 감각자료들에 대한 지각이 제 정신 속에 있다는 의미에서, 제가 알 수 있는 한, 감각자료들은 저의 정신 속에 있는 것은 아닙니다. 예를 들어, 설사 오직 제가 하야스름한 색깔

을 보는 동안에만 실제로 그 색깔이 존재하며, 다른 어떤 사람에 의해서 전혀 보여질 수 없다손 치더라도, 제가 그것을 보는 일이 제 정신 속에 있다는 의미에서, 이 하야스름한 색깔이 저에게는 제 정신 속에만 있는 것 같지 않습니다. 제가 보는 이것(늑시지각 경험)이 그 색깔과 관련되어 있지 않다는 방식으로만, 저에게는 제가 그 색깔을 보는 일이 저의 정신과 관련되어 있는 듯합니다. 그리고 저는 "정신 속에서in the mind"라는 구절을, 제가 이 색깔을 보는 일 및 다른 제 의식 활동들이 그것에 관련되어 있다는 방식으로, 제 정신과 관련되는 그런 대상들에만 국한짓기를 선호합니다. 그러나 그것들이, 즉, 제가 조금이라도 직접 지각하는 모든 감각자료가, 제 정신 속에 있다고 적합하게 말해질 수 있는지 그렇지 않은지 여부는, 가장 사사로운 의미in a most intimate sense(가장 사밀한 의미)에서 개개인으로서 제 자신의 정신에 달려 있습니다.

만일 모든 감각자료들에 대해서 오직 제가 그것을 의식하는 동안만 감각자료가 존재함이 실제로 참값이라면, 만일 다른 사람은 아무도 그 감각자료들을 전혀 직접적으로 의식할 수 없다면, 그리고 또한 다른 사람이라면 아무도 직접 의식하지 못하지만 제가 의식하는 동안만은 존재하는 감각자료들이, 만일 오직 제 자신의 사적인 공간 속에서만 놓여 있다면, 그렇다면 분명히 감각자료들이 의존하는 것 이상으로 어떤 것도 더 철저히 제 정신에 의존할 수 있는 것은 전혀 없습니다. 저는 대부분의 철학자들이 이런 의미에서

「모든 감각자료가 우리의 정신에 의존한다」

(all sense-data are dependent on our minds)

는 생각을 지녔다고 봅니다. 이것이 물질적 대상이 존재하고 우리가 그것들의 존재를 알고 있다고 믿는 철학자(늑물질주의자)들에 의해서도, 그리고 물질적 대상과 같은 것들이 존재하지 않는다거나 그런 대

상이 존재하더라도 우리가 그런 대상을 알 수 없다고 믿는 철학자(≒신비주의자)들에 의해서도 모두 다 주장되어 왔습니다. 사실상 이는 압도적인 비중의 권위만 자기 편에 유리하도록 견지됩니다. 저는 당분간 이를 (여러 철학자들에게)「수용된 견해the accepted view」로 부르고자 합니다(≒209쪽의 역주 87과 210쪽의 역주 88에서는 왜 이 견해가 올바르지 않은지를 적어 두었고, 이것들이 모두 §.8-3에서 '수반 현상으로서의 정신 활동'으로 통합됨).

이 수용된 견해가 참값인지 여부에 대한 질문과 관련하여, 저는 확정된 결론에 이르지 못하였음을 고백합니다. 저는 수용된 견해가 참값이 될 가능성이 아주 높다고 생각합니다. 그러나 저는 이를 옹호하면서 절대적으로 확정적인 듯한 논점을 아직 어떤 것도 보지 못하였습니다. 이미 언급했듯이, 이를 찬성하는 가장 강력한 논점들이 저에게는 제가 여러분들에게 이미 제시해 온 종류의 논점들일 듯합니다. 이런 논점은 가령, 만일 우리들 각자에 의해 동시에 지각된, 감각에 주어진 공간들의 임의의 부분portion(몫)이 실제로 수치상으로 공간의 동일한 부분portion(몫)이라면,

① 바로 공간의 동일한 부분이 동시에 여러 가지 다른 색깔들에 의해서 점유될 수 있음이 반드시 참값이라고 우리가 말하거나,
② 아니면, 그 공간의 부분이 오직 우리들 중 한 사람이 보는 그 색깔에 의해서만 점유되지만 실제로 나머지 우리들이 보는 색깔들에 의해서 점유되어 있는 것처럼 보임이 반드시 참값이라고 말하거나,
③ 아니면, 그렇게 보일 뿐이지만 반드시 우리들 중 누구에 의해서든지 간에 보게 될 임의의 색깔에 의해서 실제로 점유된 것이 아님이 참값이라고 말해야만 됩니다.

다른 한편으로 저에게는 이들 세 가지 경우 중에서 어떤 것이든지 간에 하나를 주장하는 일에 대하여 반박 논점이 있을 듯합니다. 그렇지

만 저로서는 그것들에 대한 반박 논점이 아무런 것도 완벽히 확증적인 것은 아닌 듯합니다. 저에게는 이 세 가지 주장들 중에서 임의의 하나가 참값으로 될 가능성이 있을 듯합니다.

§.2-4 【 시지각 경험 과정 및 그 결과물로서의 감각자료에 대한 혼동 】

일부 철학자들에게 확증적인 것으로서 강력히 추진된 한 가지 반박 논점은 절대적으로 조금도 중요성을 지니지 못할 듯합니다. 다시 말하여, 논쟁할 필요도 없이, 만일 우리가 감각자료를 생각할 경우에,

「모든 감각자료가 그것을 지각하고 있는 그 사람이 감각자료를 지각하는 동안에만 존재할 수 있는 일종의 대상임을 직접 알 수 있다」

고 강력히 강조되었습니다. '2+2=4'라는 진리(≒분석 단언)처럼, 이것이 자명한 진리임이 강력히 주장되어 왔습니다. 이 반박 논점은 저에게 어떤 중요성도 지니지 못할 듯합니다. 저에게는 이 반론이 언급하는 바가 자명함은 단순히 잘못인 듯합니다. 저는 또한 「제가 한 시점에서 바라보는 바로 동일한 감각자료가, 제가 그것들을 보지 않고 있는 동안에도 응당 존재해야 함」을 완벽히 깨닫습니다. 그리고 단지 그 가능성만 살펴봄으로써 저는 이것이 참값인지 여부를 결정할 수 없습니다. 더욱이 저는 이런 반박 논점에 대한 외견상의 강도가, 대체로 앞에서 언급한 착각에 기인하였다고 생각합니다. 제가 보는 감각자료 및 그 감각자료들을 제가 보는 일(≒시지각 경험 과정) 사이에 있는 착각입니다.

이미 언급했듯이 많은 철학자들이 이들 두 가지 서로 다른 뜻을 'sensations^{결과물로서의 감각자료 및 시지각 경험 과정}'이란 하나의 낱말로 불렀을 뿐만 아니라, 또한 두 가지 뜻이 마치 동일한 것인 양 잘못 다루었습니다. 물론 주어진 감각자료의 단편을 바라보기를 그만 두는 경우에, 실제로 저는 그것을 보는 일을 그친 것입니다. 분명히 그것을 제가 보는

일이 실제로 더 이상 존재하지 않습니다. 그렇다면 감각자료의 단편을 마치 제가 그것을 보는 일과 동일한 것인 양 잘못 다루면서, 그들은 감각자료의 단편도 또한 더 이상 존재하지 않는다고 잘못 논의하였습니다. 그러나 이것은 분명히 착각에 지나지 않습니다.

그렇다면 우리가 이 수용된 견해를 옹호하여 확정된 논점들을 찾아내려고 한다면, 저는 ① 서로 다른 많은 색깔들이 모두 동일한 공간을 점유할 수 있는지 여부에 대한 질문, ② 그리고 우리가 말하고 있는 공간이 그 색깔들로 제시된, 감각에 주어진 공간인 경우에, 이들 색깔이 오직 감각에 주어진 이 공간만 점유하는 듯하지만, 실제로는 그 공간을 점유하지 않음이 참값이 될 수 있는지 여부에 대한 그런 질문들로 되돌아간다고 생각합니다. 그리고 설사 중요성을 갖는 듯이 느껴지더라도, 저한테는 이런 종류의 논점이 아무런 것도 완벽히 확정적인 것이 아닌 듯합니다.

그리고 반대 견해를 옹호하는 다른 측면에서, 저에게는 우리가 모두 다음 사실을 믿는 쪽으로 강력히 기울어져 있음이 사실일 듯합니다. 저는 제가 이것(늑하야스름한 편지 봉투)을 바라보고 나서, 눈길을 딴 데로 돌리는 경우에, 「제가 막 보았던 그 색깔이 여전히 존재하지 않고, 제가 그 색깔을 보았던 그 공간도 또한 여전히 존재하지 않으며, 그 색깔이 그 공간 속에 여전히 있지 않음」을 믿기가 아주 어렵다고 봅니다. 「제가 보는 이 공간이, 바로 이 공간의 동일한 부분이, 여러분들 모두에 의해서 보여질 수 없음」도 믿기가 아주 어렵다는 점 또한 그러합니다.

제가 손가락으로 이 봉투를 가리킵니다. 제가 가리키는 바가, 제가 바라보는, 감각에 주어진 공간의 일부가 될 듯합니다. 이것을 손가락으로 가리켜 줌으로써, 「제가 가리키고 있는 공간이 어떤 부분인지를 놓고서, 여러분에게도 또한 분명해지도록 만들고 있지 않다」라고는 믿지 않습니다. 우리는 항상 임의의 대상 하나를 손가락으로 가리키는 일이 어떤 용도를 지닌다고 가정합니다.[46] 만일 제가 어떤 대상을 손가락으로 가리킨다면, 이것이 여러분에게 제가 말하고 있는 것이 어느 것인지를 보여 주는 데 이바지합니다. 여러분은 제가 보는 동일한 것을 볼 것이며, 따라서 제가 보는 것이 무엇인지를 알게 될 것입니다. 제가 이제 손가락으로 가리켜 주고 있는 대상이, 분명히 감각에 주어진 공간의 일부인 듯합니다. 그러므로 만일 여러분이 제가 손가락으로 가리키고 있는 것을 본다면, 우리가 각자 보는, 감각에 주어진 공간의 어떤 부분은 반드시 동일합니다.

그러나 이와는 반대로 이것(≒손가락으로 가리켜 주는 일)에 대하여 제가 잘못하였다고 상상할 수 있습니다. 여러분이 보는 것이 저한데 감각에 주어진 공간의 일부가 아님을 제가 확신하며, 그리고 제가 가리키고 있는 곳을 여러분이 보는 경우에, 여러분이 보는 것이 또한 여러분의 감각에 주어진 공간의 일부가 아니라고 상상할 수 있습니다. 우리의 감각에 주어진 공간의 어떤 일부가 반드시 동일해야 한다는 가정이, 실제 공간 및 감각에 주어진 공간에 대한 우리의 착각으로부터 생겨납니다. 실제로 사실상 우리들이 모두 다 바라보지만, 다른 의미에서(≒제멋대로 각자 편한 대로) 우리가 보는 것입니다.

그러므로 저로서는 '수용된 견해'를 논박하는 것으로 보이는 어떤 논점도 찾을 수 없습니다. 즉, 저의 감각에 주어진 공간의 모든 부분들을 포함하여, 제가 보는 모든 감각자료들이 제 자신의 사적인 감각자료인데, 이것이 오직 제가 직접 그 감각자료들을 지각하는 동안에만 존재하며, 여러분 중에서 누구이든지 간에 그 어떤 사람에 의해서도 그 어떤 부분도 직접 지각되지 않는다는 견해입니다(≒강한 유아론이나 독단주의로 불리는 견해).

---

46) [역주] 철학에서 여러 가지 정의 방식 중에서 언어를 빌리지 않고 직접 보여 주거나 손으로 가리켜 주는 것을 '직접 보여주는 정의ostensive definition'(직시적 정의)이라고 부른다. 일상생활에서도 일정 부분 이런 일이 필요할 경우가 있다. 뭔가를 모르면서 그 대상에 주목하도록 한다면 "저거 봐라!"라고 손가락으로 대상을 가리킬 수 있다. 무언극에서도 손으로 가리키는 일이 매우 중요할 수 있다. 또한 손가락으로 밤에 뜬 달을 가리키면서 옆사람에게 달을 보도록 만들 수도 있는 것이다.

§.2-5 【 직접 지각하는 감각자료 및 기억을 통하여 붙드는 감각인상의 구분 】 이 강의의 나머지 논의에서 제가 실행하고자 하는 것은 바로 다음과 같습니다. 저는 당분간 이 수용된 견해가 참값이라고 가정하고자 합니다. 우리들 각자에게서 모든 감각자료가 제가 지금까지 설명해 온 의미에서, 절대적으로 그 사람에게만 사적private이라(사밀하다)고 가정합니다. 그러고 나서, 이 견해가 참값임을 가정하면서, 만일 우리가 그런 지식을 조금이라도 지닌다면, 감각들을 통해서 얻는 물질적 대상들에 대한 우리 지식의 본성이 무엇이 될 것인지를 살펴보고자 합니다(≒결국 개개인의 감각자료만으로는 결코 일반 지식이 구성될 수 없음을 반증하려고 준비함).

그러고 나서 제가 본디 제기했던 「우리가 모두 다 이 봉투를 바라볼 경우에, 무슨 일이 일어날까?」라는 질문으로 되돌아갈 것입니다.

여러분은 저에게 일어났던 바의 일부로서 제가 어떤 감각자료를 보았다고, 즉, 특정하게 하야스름한 색깔과 특정한 크기와 모양새를 지닌 '경험조각', 그리고 색깔을 지닌 이런 '경험조각'이 실제로 차지하거나 점유하는 듯한 영역을 보았다고 말하면서 논의를 시작했음을 기억하실 것입니다. 특정한 감각자료를 보는 일, 이것이 또한 적어도 여러분에게 일어났던 바의 일부였습니다. 그러나 잠시 동안 이제 우리들 중 누구이든지 간에 한 사람에게 보인 모든 감각자료가, 단독으로 바로 그 사람에게서만 보인다는 철학적 견해(≒유아론, 독단주의)를 받아들이면서, 이 견해를 더욱 확장해 놓겠습니다. 다시 말하여, 만일 우리가 실제로 모두 다 동일한 봉투를 바라본다면, 그 봉투를 보는 일, 이것이 단지 그런 감각자료를 우리가 바라보는 일로만 이뤄질 수 없습니다.

제가 애초에 우리가 이 봉투를 바라보는 경우에 최소한 일어나는 바의 일부가 된다고 단언했던 감각자료를 보는 이 일은, 이제 우리는 반드시 오직 실제로 일어나는 바의 일부가 되어야만 함을 깨닫습니다. 만일 우리가 모두 실제로 동일한 봉투를 바라본다면, 그것이 아마 전체가 될 수는 없습니다. 왜냐하면 (여러 사람들에게) '수용된' 철학적 견해에 따라서, 우리는 동일한 감각자료를 보지 않기 때문입니다. 우리가 보는 감각자료는 가장 최소한의 부분에 관해서조차 동일한 것은 아닙니다. 그렇다면 우리가 동일한 봉투를 본 경우에, (머릿속에 있는) 감각자료를 보는 일 이외에 다른 어떤 일이 일어날 수 있는지를 탐구하는 일이 남아 있습니다. 그렇지만 우리가 이를 살펴보는 일로 나아가기 전에, 저는 정신 속에서 무슨 일이 일어났는지에 대한 이런 첫 번째 부분과 관련하여 한 가지 점을 주장하고자 합니다. 다시 말하여, 이것이 특정한 감각자료를 보는 일이라고 불렀던 것입니다.

저는 앞에서 만일 시지각에 적용될 뿐만 아니라, 또한 임의의 다른 감각에도 적용할 수 있을 만한 용어를 선택한다면, 응당 감각자료에 대한 '직접 지각direct apprehensinon'이란 용어를 쓸 것입니다(≒경험 과정 그 자체를 가리킴). 이제 제가 주장하고자 하는 요점은, 대상들을 파악하는,[47] 제가 '직접 지각'이라고 부르는 이런 방식이 정확히 무엇인지

---

[47] [원저자 주석 7] 'perceive'(≒라틴어 어원은 '완전히+붙잡다'인데, 그 의미가 구체적 대상을 붙들다에서 그런 사실을 파악하다 또는 알아차리다로 확장됨)에 대한 아주 다른 뜻의 또 다른 용법(내포문 용법)이 있는데, 우리가

「그러저런 것이 실제의 경우임을 파악하다(to perceive *that* so and so is the case)」

라고도 말하게 된다. 다시 말하여, 하나의 '대상'을 파악하지 않는 것이 아니라, 사실이나 참값을 알아차리는 것이다(198쪽의 원저자 주석 1을 보기 바람). 나의 언어 사용 방식으로는

「한 남자를 보다(to see a man)」

고 말할 수도 있고(≒타동사의 용법으로서, 대상을 가리키는 명사가 '목적어'로 들어감), 또한

「그가 턱수염을 지녔음을 알다(to see *that* he has a beard)」

고 말할 수도 있는 것이다(≒내포문의 용법으로서, 사건을 지시하는 '목적절'이 *that* 안에 내포문으로 들어가 있음).

※ [역주] 어느 언어에서나 모두 똑같이 동사가 우리의 인식을 가리키는 경우에는 명사가 문장으로 나올 수 있다. 우리말에서 '나는 영이를 안다'라는 말이, 아무런 제약도 없이 '나는 [영이가 아팠음]을 안다'라고 말할 수 있다. 이런 경우만 있는 것이 아니라, 임의의 명사 표현은 그대로 문장으로 확장될 수도 있고, 반대의 경우로서 하나의 문장이 한 낱말로 줄어들 수도 있다. 이런 관계를 포착하기 위하여 프린스턴 대학의 수학자 얼란조 처어취(Alonzo Church, 1903~1995)의 추상화 대수abstraction or lambda calculus를 도입하여 문장과 낱말 사이의 전환 관계를 표현하기도 한다. 특히 최근에 비판적 담화 분석에서는

에 대한 것입니다. 이는 우리가 대상들을 파악하는 데에 분명히 우리가 지닌 가장 중요한 방식들 가운데 한 가지입니다. 그리고 장차 저는 '직접 지각'이란 이름으로써 그것을 언급할 수 있게 되기를 원합니다. 그러므로 저는 여러분들로 하여금 될 수 있는 한 분명하게 제가 '직접 지각'으로 부르는 이러한 지각 방식이 어떤 종류의 것인지를 깨닫게 하려고 합니다.

이미 언급했듯이, 이는 여러분이 실제로 임의의 색깔을 보는 경우에도 일어나고, 실제로 임의의 소리를 듣는 경우에도 일어나며, 모닥불에 손을 가까이 댈 때처럼 이른바 열기의 '감각'을 실제로 느끼는 경우에도 일어나고, 어떤 냄새를 실제로 맡는 경우에도 일어나며, 탁자를 누르면서 이른바 단단함의 '감각'을 느끼는 경우에도 일어나고, 치통 따위를 느끼는 경우에도 일어나는 것입니다. 이들 모든 경우에서 여러분은 문제 삼고 있는「감각자료의 단편」인 특정한 색깔이나 소리나 냄새를「직접 지각」하는 것입니다. 아니면 '열기'로 부르는 특정한 어떤 것처럼, 좀더 우리가 '감각'들로 부르기 마련이며, 모닥불에 손을 가까이 대는 경우에 직접 지각하는 그런 특정한 감각자료를 경험합니다. 그리고 우리가 단단함 또는 부드러움으로 부르거나, 또는 치통으로 부르는 그런 특정한 어떤 것을 지각하는 것입니다. 제가 알 수 있는 한, 지금까지 이들 모든 경우에서 제가「직접 지각」으로 의미하는 의식 활동은 정확히 속성상 동일한 것입니다. 다시 말하여, 어떤 측면에서 의식 활동으로서 고려된 임의의 색깔을 실제로 보는 일이, 어떤 소리를 실제로 듣는 일이나 어떤 냄새를 실제로 맡는 일과 조금도 다르지 않습니다. 이것들은 오직 한편으로 한 종류의 감각자료 단편에 대한 직접 지각이지만, 반면에 다른 것은 다른 종류의 직접 지각

이런 표현의 밑바닥에 있는 의도를 중요하게 드러내고자 한다(604~605쪽의 역주 228 참고). 명사 표현을 쓴다면, 특히 그 전제가 모두 참인 듯한 인상을 주기 때문이다. 자세한 논의는 페어클럽(Fairclough, 2003; 김지홍 뒤침, 2012)『담화 분석 방법』(경진출판)의 제3부 '담화와 표상' 및 위도슨(Widdowson, 2004; 김지홍 뒤침, 2018)『텍스트, 상황 맥락, 숨겨진 의도』(경진출판)의 제6장 '비판적 담화 분석'을 읽어 보기 바란다.

이라는 사실의 측면에서만 차이가 납니다. 예를 들어, 하나는 색깔에 대한 것이고, 다른 하나는 소리에 대한 것입니다. 그리고 그것들이 무엇인지는, 여러분이 주어진 감각자료의 단편을 직접 지각하고 있는 경우에 일어나는 바 및 그것을 지각하기를 멈추는 경우에 일어나는 바 사이에 있는 차이를 고려함으로써, 아마 가장 잘 구현되어 이내 깨닫게 될 것입니다.

예를 들어, 여러분은 이 봉투를 바라보고 있고, 실제로 어떤 특정한 색깔을 보고 있습니다. 특정한 이 색깔을 지각하고 있는 것입니다. 그러나 만일 딴 데로 눈길을 돌린다면, 더 이상 이것을 여러분이 지각하지 못합니다. 실제로 여러분이 봤던 이 색깔을 더 이상 보지 못하는 것입니다. 그러나 여전히 여러분이 이 색깔을 생각하고 있을 수도 있습니다.[48] 잠깐 전에 보았던 바로 이 색깔을 머릿속으로 생각하는 것입니다. 그러므로 비록 더 이상 직접 이 색깔을 지각하지 않지만, 어떤 의미에서 여러분은 여전히 이 색깔을 의식하고 있습니다. 따라서 (상상이나 기억을 통하여) 여기에 정신 앞에[49] (대상으로서 이 색깔을) 갖는

---

48) [역주] 지은이는 바로 뒤에서 상상력이나 기억력을 통해서 특정 색깔을 머릿속에 떠올린다고 해설하였다. 비록 지은이가 본문에서 이런 효과를 고려하고 있는 것은 아니지만, 아마 누구나 가장 뚜렷이 경험하는 사례로서, 시각 자극물이 없어지자마자 그 잔상으로서 '보색 효과'가 생겨나서, 몇 초간 지속되는 경우를 들 수 있을 것이다. 가령, 주황색 면이 사라지자마자 보라색 잔상이 몇 초간 남아 있게 되는데, 이는 감각 수용기관의 어떤 특성에 기인하는 것이다.

49) [역주] 원문이 Here, therefore, is one way of having *before the mind* 상상력이나 기억력을 통해서 여기에 정신 앞에 놓인 대상들을 지니는 한 가지 방식이 있다이다. 마치 *before our eyes* 우리 눈앞에서 대상의 색깔을 보고 있듯이, 우리의 머릿속에서는 *before the mind* 정신 앞에, 정신 앞에 있는 임의의 대상으로서 색깔이 있는 듯이 비유하고 있다. 이런 비유는 흄이 우리 머릿속에 있는 생각ideas을 설명할 적에 썼던 것인데, 눈을 감으면 자신의 머릿속에서 생각들이 열을 짓듯이 펼쳐져 있다고 적은 바 있다. 이런 이유로 일본에서 idea생각, 착상를 바라볼 관(觀)과 생각 념(念)을 써서 '관념'(생각들을 바로 봄)이라고 번역했었던 것이다. 126쪽의 역주 52와 526~528쪽의 역주 197과 732~733쪽의 역주 281도 함께 참고하기 바란다. 731쪽 이하에서는 'idea생각 및 개념'이란 낱말의 중의성을 논의하면서, 하나는 우리의 정신 활동이나 의식 활동 그 자체('생각')를 가리키고, 다른 하나는 그런 의식 활동이 겨냥한 목표로서의 어떤 대상('개념')을 가리킨다고 정리하였다. 무어 교수는 187쪽에서도 스스로 눈을 감고서 기억으로부터 어떤 감각인상을 불러내도록 하는 비유를 쓰고 있다. 대상이 바로 우리 눈 앞에 있다고 하는 비유는 칸트에게서도 찾아진다. *Vor-stellungen* (바로 개인의 눈앞에 서 있는 대상을 가리킴)이란 용어인데, 우리 머릿속에서 또 다른

한 가지 방식이 있는데, 이는 직접 지각이 아닙니다. '생각해 보기 thinking of'50)나 '기억하기'로 부르는 방식입니다. 다시 말하여, 여러분이 보았던 색깔을 여전히 생각할 수 있으며, 따라서 설사 여러분이 그 색깔을 더 이상 직접 지각하고 있는 것이 아니라고 해도, 어떤 의미에서 머릿속에서 여러분의 정신 앞에 그 색깔을 갖고 있는 것입니다(≒ 머릿속에서 또 다른 내가 있어서 마치 자신의 정신이 그 대상을 내다보는 듯이 흄의 비유를 쓰고 있음).

의심의 여지없이, 여러분이 그 색깔을 생각하는 경우에, 여전히 여러분은 어떤 것을 직접 지각하고 있는 것입니다. 예를 들어, 여러분이 그 색깔의 어떤 '감각인상image'을51) 직접 지각할 수 있는데, 감각자료

내가 있고, 그 또 다른 내가 눈앞에 펼쳐진 대상들을 본다는 발상이다. 영어에서는 우리 머릿속에 들어 있는 대상들로서 re-presentation표상(머릿속에서 다시 재현되어 있는 대상)이라고 번역하였다. 피동적인 감각 인상과는 달리 칸트는 표상을 능동적으로 작동하는 지성 작용Verstandeshandlung의 원천으로 보았다. '표상'은 인지과학이나 두뇌 과학이나 인공 지능 등 현대 학문의 여러 분야에서 자주 쓰이는 용어 중 하나이며, 대립되는 감각인상에 대한 125쪽의 역주 51도 같이 읽어 보기 바란다.

50) [역주] 큰 어려움 없이 쉽게 그리고 즉석에서 어떤 생각이 통째로 떠오르는 경우에 전치사 of를 쓰며, 우리말에서 '저절로 생각이 나다'로 대응시킬 수 있다. 그렇지만, 의도적으로 어느 대상에 대한 여러 측면의 특정 생각들을 하나하나 다 떠오르도록 애쓰거나 집중하는 경우(그 대상과 관련하여 어떤 계획이나 전략을 짜는 경우)에는 전치사 about을 쓸 수 있는데, 우리말에서 '일부러 생각을 떠오르게 하다/떠올리다'와 대응시킬 수 있다. 여기서는 본문에서 언급한 상상력을 고려하면서 일단 '생각해 보기'로 번역해 둔다. think of쉽게 저절로 그리고 통째로 생각이 떠오르다와 think about일부러 어떤 대상을 놓고서 여러 측면들을 이모저모 고려하면서 생각을 해 나가다는 다시 제3장의 후반부에서는 무어 교수가 이 두 어구를 병렬적으로 써 놓았는데, 182~184쪽의 역주 78에서는 둘 사이의 차이가 인간 언어의 일반적인 특성일 가능성을 논의하였다.

51) [역주] 영국 계몽주의 철학자들에게서부터 나온 전통이다. image인상, 머릿속 그림는 오관을 통해 얻은 구체적인 감각인상sensory impression이란 말과도 서로 교체될 수 있으며, 그럴 경우에는 추상적인 생각을 가리키는 idea추상적 생각과 대립어가 된다(그렇지만 무어 교수는 제3장에서 감각인상과 관련된 단언들을 덧붙여 놓아야 비로소 '관념[ideas]'이 된다고 보고 있는데, 170~171쪽의 역주 73과 174쪽의 75를 읽어 보기 바람). 본문에서도 감각자료sense-data에 대한 복제품(복사물)로 해설하고 있으므로, image를 상의어인 '감각인상'으로 번역할 수 있다. 여기서는 다섯 가지 감각 기관의 하나인 시각과 관련하여 논의하고 있으므로, 맥락을 반영하여 '시각 인상'으로 써 둔다. 이하의 논의에서 이 낱말이 감각자료와 병렬될 경우sense-data and images에는 하의어인 '시각 인상'으로 번역할 것이다(상의어와 하의어에 따른 구분임). 심리학에서는 다섯 가지 감각 기관별로 수식어를 붙여서 visual image시각 인상이나 tactile image촉각 인상 등으로 쓰는 경향이 있다. 아마 문학 이미지즘의 영향일 듯한데 문학에서는 「마음속의 그림」이나 「머릿속의 그

에 대한 그런 희미한 복제품(복사물)들 중 하나로서 「시각 인상」이라고 불립니다. 그러나 여러분이 이미 보았던 고유한 색깔의 '경험조각'을 더 이상 직접 지각하지 않습니다. 여러분이 직접 지각하고 있는 시각 인상이 설사 비슷할 수 있겠지만, 완전히 동일한 것은 아닙니다. 이제 여러분이 갖고 있는 그 시각 인상에 대한 관계는, 조금 전에 여러분이 보았었지만 지금은 보지 않는 감각자료의 단편에 대하여, 지금 여러분이 갖는 관계와 분명히 차이가 있습니다. 한편으로 이제 시각 인상에 대하여 여러분이 갖는 이런 관계는, 바로 여러분이 실제로 그것을 보았었을 당시에 감각자료의 단편에 대하여 여러분이 가졌었던 관계와 동일한 것입니다. 여러분이 바로 그 감각자료의 단편을 직접 지각했었고, 그것이 감각자료의 단편에 대한 어떤 시각 인상이었듯이, 정확히 동일한 의미로 (머릿속에서도) 이제 그 시각 인상을 여러분은 직접 지각합니다. 그러나 이제 여러분은 조금 전에 직접 지각하고 있었던 그 감각자료의 단편을 더 이상 (현실 세계에서) 직접 지각하고 있지는 않습니다.

이제 '직접 지각direct apprehension'이란 말로 제가 의미하는 바를 여러분이 잘 이해하시기를 희망합니다. 제가 이 논점을 주장하는 한 가지 이유는 다음과 같습니다. 저는 많은 철학자들이 대체로 무의식적으로 제가 '직접 지각'으로 부르는, 정신 앞에 대상들을 갖는 이런 방식이,52) 유일한 방식임을 가정해 왔습니다. 여기서 어떤 것이든 간에 우리 정신 앞에 임의의 한 가지 대상을 갖게 된다고 생각합니다. 다시

림」이란 뜻으로 심상心象으로 번역한다. 이는 주로 시각 영역하고만 관련된다. 따라서 본문에서 5관의 감각인상이라는 '상의어'로서 의도한 것과는 크게 거리가 있다.

52) [역주] 계몽주의 시기 때 흄에게서 나온 비유인데 124~125쪽의 역주 49를 보기 바란다. this way of having things before the mind는 비유이다. 소박하게 우리는 눈 앞에 있는 대상들을 보게 된다. 만일 머릿속이 또 하나의 '소우주'라고 한다면, 그 소우주 안에서 대상들을 보는 일도 이와 비슷할 것이다. 눈을 감고서 머릿속을 살펴볼 경우에, 우리 정신 앞에 대상들이 놓여 있을 것이며, 따라서 대체로 머릿속에서 우리 정신은 그런 대상들을 갖고 있다having things고 간주하게 되는 것이다. 오늘날 시각은 180~181쪽의 역주 77과 732~733쪽의 역주 281 참고 바람.

말하여, 그분들은 우리가 정신 앞에 임의의 한 가지 대상을 가질 때마다, 우리의 정신 속에서 조금이라도 일어나는 <u>유일한 대상</u>이 오직

> 「우리가 어떤 감각자료나 시각 인상, 또는 양자를 둘 모두 동시에 직접 지각한다」
> (we directly apprehend certain sense-data or certain images, or both at the same time)

는 사실로만 구성된다고 가정해 왔습니다. 그리고 분명히 이런 가정을 하는 데 대한 어떤 변명(양해사항)도 있다고 생각합니다. 왜냐하면 정신 앞에 이런 종류의 대상들을 갖는 일, 즉, 감각자료와 시각 인상에 대한 직접 지각이, 분명히 다른 어떤 것보다도 훨씬 더 관찰하기가 쉽고, 정확히 그 본질을 이해하기 쉽습니다. 만일 여러분이 어떤 순간이든지 간에 여러분의 정신 속에서 무슨 일이 진행되고 있는지를 관찰하려고만 하면, 어떤 감각자료나 어떤 시각 인상들이나 또는 양자를 모두 직접 지각하고 있음을 이내 깨닫게 됩니다. 그렇지만 그 밖의 다른 것들이 여러분의 정신 속에서 조금이라도 일어나고 있음을 알아차리기란 결코 쉽지 않습니다. 적어도 이 점이 제가 찾아낸 바의 변명(양해사항)입니다.[53] 그리고 설령 여러분이 확신하는 만큼 뭔가 다른 것이 실제로 정신 속에서 일어나고 있음을 확신받는다고 하더라도, 이 어떤 다른 것에 대한 본질이 무엇인지를 정확히 알아내기란 아주 어렵습니다. 즉, 감각자료나 시각 인상에 대한 직접 지각이 무엇인지를 알아내는 일보다 훨씬 더 어려운 것입니다.

---

[53] [역주] 한마디로 말하여, 비유로 쓰기에 시각 인상이 가장 쉽고 무난하기 때문이다. 다른 감각인상들은 개인들 사이의 변동폭도 상대적으로 크고, 좋아함이나 싫어함과 같이 감정도 한데 뒤섞일 수 있기 때문에, 말뚝처럼 여러 사람들이 지닌 감각경험의 단편들을 공통되게 한데 묶어 놓기에는 적당치 않다고 여기는 것이다.

§.2-6 【 개개인의 사적인 감각자료와 감각인상의 한계를 극복하는 방식 】

그러므로 저는 다음처럼 가정하는 것이 가장 자연스럽다고 생각합니다.

「모든 지식이 단지 감각자료와 시각 인상들에 대한 직접 지식으로만 구성
된다」

(all knowledge consists *merely* in the direct apprehension of sense-data and
images)

저는 많은 철학자들이 항상 이렇게 가정했다고 생각합니다. 그러나
이제 우리가 만일 이런 견해를 감각자료와 관련하여 제가 수용된 견
해로 불렀던 주장과 결합한다면, 즉, 물론 모든 시각 인상에까지 확장
되고, 실제로 감각자료보다 시각 인상에 훨씬 더 많이 적용된 견해와
결합한다면, 어떤 결과가 나오는지를 주시하기 바랍니다. 그렇다면,
아주 자기 자신에게만 사적이며private(사밀하며) 결코 다른 사람의 정신
앞에 존재할 수 없는 어떤 감각자료와 시각 인상들을 제외하고서는,
아무도 사실상 자신의 정신 앞에 어떤 것도 실제로 전혀 갖고 있지
않음이 도출되어 나옵니다. 그렇다면 우리들 중 누구이든지 간에

「그 자신의 사적인 감각자료와 시각 인상들을 제외하고서, 우주 속에 다른
어떤 것이 존재하는지를 어떻게 알 수 있을까?」

(how any one of us can possibly know that there *is* anything else at all in
the universe except his own private sense-data and images)

라는 질문을 제기하게 됩니다. 예를 들어, 이 우주 속에서 다른 사람의
마음이라든지 또는 물질적 대상이라든지, 아니면 다른 사람의 감각자
료와 시각 인상들이 있음을 어떻게 알 수 있을까요? 분명히 이들 가정
위에서는, 이것이 부정적으로 답변이 이뤄지는 질문들입니다. 이들
가정 위에서는 그 자신의 감각자료와 시각 인상들을 제외하고서, 아

무도 임의의 한 가지 대상에 대한 존재를 전혀 알 수 없습니다. 그렇다면 동일한 가정 위에서는 아무도 다른 어떤 것이 존재할 가능성이 있음을 생각조차 할 수 없습니다. 왜냐하면 여러분 자신의 감각자료와 시각 인상들 말고도, 다른 어떤 것이 존재할 가능성이 있음을 생각하는 것이, 분명히 단지 몇몇 숫자의 감각자료나 시각 인상들 또는 양자를 모두 직접 지각하는 일로만 이뤄지는 것은 아니기 때문입니다(≒논리적 추론과 확률적 추정도 더 큰 범위의 인간 지식의 축적에 아주 중요한 몫이 됨).

그러므로 단지 감각자료와 시각 인상에 대한 직접 지각 이외에도, 대상들의 존재를 아는 어떤 다른 방식들도 분명히 있습니다. 그리고 실제로 감각자료와 시각 인상들이 우리가 직접 지각하는 유일한 종류의 대상들만이 아님이 저에게는 아주 분명합니다. 예를 들어, 다시 제가 이 봉투를54) 바라보면서 하야스름한 이 색깔을 직접 지각한다고

---

54) [역주] 지시대명사 '이 : 저'에 대한 용법도 영어 'this : that'과 다른 측면이 있다. '이 : 저'는 우리말에서 화자가 기준이 되어 가깝고 먼 대상만 구분해 줄 뿐이다. 영어에서도 그러하지만, 이밖에도 대상이 아주 가까이 있더라도 만일 심리적으로 거리를 둔다면(제3자처럼 취급한다면) 그 대상을 'that'을 써서 표현한다. 본문에서 지은이는 자신이 손에 쥐고 있는 봉투를 가리키고 있으며, 이를 '이 봉투this envelop'라고 말하였다. 그렇지만 이어서 동일하게 관련된 대상을 the colour해당 색깔와 that colour봉투가 지닌 그 색깔로도 다양하게 표현하고 있다. 우리말에서는 이런 차이를 반영해 주기보다, 간단히 화자에게서 가까운 대상만을 말하게 되는 것이다. 따라서 우리말 질서를 따라서 만일 무어 교수가 손에 들고 있는 편지 봉투와 관련된 사항들을 번역할 경우에는, 모두 '이'로 가리켜 주는 편이 일관되고 자연스럽다고 본다. 같은 대상이 반복될 경우에 영어에서는 의무적으로 대명사 it이 쓰여야 한다. 우리말에서는 it을 '그것'으로만 번역한다면, 앞에서 '이'로 가리키다가 갑자기 '그것'으로 부름으로써, 마치 서로 별개의 대상을 가리키는 것으로 착각을 불러일으키게 된다. 담화 전개 방식이 다른 우리말에서는 일관되게 동일한 지시대명사 '이'를 써서 가리켜 주어야 올바르다.

영어의 정관사 the는 철학에서 '확정 서술 어구definite description'(확정 기술구) 또는 '한정 표현definite expression'(범위가 확정된 특정한 대상, 해당 대상)으로 달리 부르는데, 「경계 또는 범위가 닫혀져 있거나 분명히 정해져 있음」을 가리키는 것이다. 우리말에서 1 : 1로 대응하는 후보를 찾을 수 없으나, 일단 화자와 청자가 모두 알고 있는 대상이나 범위를 가리키기 위하여 '그'를 쓰므로 일차적 검토 대상이겠지만, 적어도 다음 다섯 가지 속성을 잘 고려해야 한다. 먼저 뤄쓸 교수의 주장iota operator에 따라,

① 현실 세계에서 그 대상이 존재해야 하거나(존재성에 대한 전제),
② 현실적으로 그렇게 존재할 것이라는 강한 믿음이 있어야 하며,
③ 그 대상이 유일해야 한다(유일성에 대한 전제).

생각해 보십시다. 만일 제 정신 속에 무슨 일이 일어나는지 관찰하고자 노력한다면, 저로서는 또한 하야스름한 이 색깔뿐만 아니라 또한 이 봉투에 대한 제 자신의 직접 지각도 직접적으로 지각할 수 있는 듯합니다(≒대상 지각 및 그 지각 행위에 대한 상위 차원의 지각임). 다시 말하여, 마치 제가 이 색깔을 보는 일이 이 색깔에 대한 제 직접 지각을 구성하듯이, 만일 제가 우연히 이 색깔을 보는 일(≒시지각 경험)을 스스로 내성한다면, 이런 내성은 제가 이 색깔을 보는 일에 대한 직접 지각으로 구성되어 있습니다. 다시 말하여, 감각자료도 아니고 어떤 시각 인상도 아니라, 감각자료의 단편에 대한 직접 지각이 되는 어떤 것(≒상위 차원의 인식)입니다. 그러므로 저는 때때로 우리가 분명히 감각자료와 시각 인상들뿐만 아니라, 또한 <u>우리 자신의 의식 활동들도 직접 지각한다고 생각합니다</u>(≒217~219쪽 역주 93의 '재귀의식'임). 그리고 저는 또한 우리가 다른 것들도 직접 지각할 수 있다고 생각합니다.

분명히 저는 다른 방식으로 아는 일knowing(간접적 지식, 단언들로 이뤄진 2차적 지식)도 있다고 생각합니다. 이는 임의의 한 가지 대상에 대한 직접 지각만으로 이뤄져 있는 것이 아닙니다. 만일 우리가 우리 감각들을 통해서 실제로 물질적 대상의 존재를 조금이라도 알고 있다면, 저는 감각자료와 관련하여 수용된 견해 상으로 그것들의 존재에 대한 우리의 지식이, 반드시 부분적으로 이들 다른 방식으로 아는 일의 하나로 구성되어 있어야 한다고 생각합니다. 그러나 이들 다른 방식으로 아는 일이 정확히 무엇인지를 분석해 내기란 아주 어렵습니다. 이것이 주요한 철학자들이 우리가 그것들의 존재를 왜 전혀 알지 못한

또한 최근의 담화 연구에서 밝힌 속성내로 두 가지 특징을 더 지니고 있어야 한다.

④ 대화 참여자들 사이에 화용상으로 미리 잘 알려져 있어야 하고given information,
⑤ 이미 도입된 어구에 대하여 대용사anaphora의 역할을 맡는다.

④는 '*the* invasion of ET on our land *is possible* **우리 땅에 대한 외계인의 공격이 가능하다**'과 같이 개념상으로 청자와 공유한 가상의 대상(공포감을 불러일으키는 가상의 대상)까지도 가리킬 수 있다. 그렇다면 ①의 조건이 청·화자를 포함한 공동체 구성원들의 믿음 체계를 근거로 하여, 직·간접적으로 '사실성'을 연역할 수 있는 조건으로 좀더 완화될 필요가 있음을 보여 준다.

다고 가정해 왔는지에 대한 주요한 한 가지 이유라고 생각합니다.

　직접 지각 말고도, 아는 일에 대한 다른 길이 있고, 그리고 적어도 한 가지 사례로서 그러한 지식이 어떤 종류의 대상인지를 될 수 있는 한 아주 명백히 보여 주기 위하여, 저는 바로 앞에서 언급했었던 한 가지 사례, 즉 '기억'의 사례로 되돌아갈 것입니다.

　저는 다시 이 봉투를 바라보면서 하야스름한 이 색깔을 봅니다. 이제 눈길을 돌려서 더 이상 이 봉투를 보지 않습니다. 그러나 조금 전에 제가 그걸 보았었음을 기억합니다. 저는 제가 그것을 보았었음을 잘 알고 있습니다. 이것 말고 제가 더 분명히 알고 있는 것은 아무런 것도 없습니다. 더욱이 그것이 하야스름한 색깔이었고, 이 우주 속에 그런 대상(≒색깔)이 있음을 알고 있습니다.55) 그러므로 이제 하야스름한 이 색깔의 과거 존재(≒막 보았었음)를 알고 있습니다. 그렇지만 분명히 지금 저는 그것을 직접 지각하고 있는 것은 아닙니다. 사실상 대체

―――――――――

55) [역주] 원문에서는 영어 시제가 단순히 과거 시제로만 서술되어 있다. 상위문과 내포문이 영어의 시제 일치 현상에 따라, 단순히 과거 시제로만 이어져 있는 것이다. 그렇지만 우리말에서는 상위문과 내포문 사이에 시제 일치가 일어나지도 않고, 과거 시제 용법도 다른 측면이 있다(우리말에서는 시제가 아니라 시상이라고 부름). '보았다'의 '-았-'은 "벚꽃이 피었다"라는 표현에서 꽃이 피는 사건의 완료 및 그 완료 상태의 지속(따라서 활짝 핀 벚꽃을 여전히 볼 수 있음)을 가리킬 수 있다. 그렇지만 지은이가 봉투로부터 눈길을 돌렸으니까, 보는 상태가 단절되었다. 우리말에서는 두 번 반복된 '-았었-' 형태로 말하게 된다. '보았었다'는 현재 더 이상 보지 않는다는 뜻이 들어 있다. 마치 '꽃이 피었었다'가 더 이상 핀 꽃을 볼 수 없으며, 대신 꽃잎이 땅바닥에 떨어져 있다는 속뜻이 깃드는 것과 같다.
　원문의 영어 시제는 '색깔이었다(was), 대상이 있었다(was)'로 표현하여 시제가 서로 일치되어 있다. 그렇지만 우리말에서는 상위문과 내포문 사이에 투명한 일치 현상이 없으며, 대신 각각 독립된 시제 형태를 표시하게 된다(불투명한 시제 또는 독자적인 시제 구조로 불림). 따라서 과거 시제로 일관되게 씌어진 원문이 우리말 질서대로 clour was색깔이었다, was such a thing그런 대상이 있다로 번역되어야 한다.
　영어 낱말 know도 용법이 다르다. 영어에서는 결코 현재 분사로서 knowing라고 말하지 않는다. 그렇지만 우리말에서는 '안다, 알고 있다, 알았다, 알겠다, 알았었다'로 쓰일 수 있으므로, 맥락을 고려하면서 달리 번역될 필요가 있다. 문법 자질뿐만 아니라 의미 자질도 다른데, 204~205쪽의 역주 83에서 know와 '알다'의 의미 차이를 적어 두었다. 내포문을 이룰 적에 우리말 '~것을 알다'는 영어에서 know that~로 번역될 수 있다. 그렇지만 '~것으로 알다'(잘못 알았다)는 영어에서 달리 thought that~으로 번역되어야 함도 적어 놓았다. 언어들 간에 내포 의미의 범위가 서로 다른데, 이런 현상을 반영해 주어야 하는 것이다.

로 그것과 유사한 임의의 시각 인상을 지각할 가능성이 있습니다. 「모든 지식이 단지 감각자료와 시각 인상들에 대한 직접 지각으로만 이뤄진다」는 견해에 따른다면, 제가 방금 막 보았던 것에 대한 제 기억이, 단지 지금 그것의 시각 인상에 대한 직접 지각으로만 이뤄져 있음을 상정하는 것이 가장 자연스럽습니다.

그렇지만 만일 여러분이 잠깐 성찰해 본다면, 저는 여러분이 이것이 실제 경우가 될 수 없음을 쉽게 깨달을 수 있다고 생각합니다. 만일 그것이 실제 경우였더라면, 아마 저는 지금 보는 그 시각 인상이 조금 전에 보았었던 색깔과는 전혀 다른 것임을 알 수 없었을 것입니다. 그리고 여전히 이것이 우리가 임의의 것을 기억하는 경우마다 언제나 우리가 모두 다 잘 알고 있는 바입니다. 어떤 측면에서 우리는 지금 직접 지각하고 있는 임의의 것과는 다른 어떤 것이 과거에 있었음을 잘 알고 있습니다. 사실상 기억은 언제나 우리가 이렇게 아는 일의 가능성을 유지시켜 줍니다. 즉, 지금 우리가 직접 지각하고 있지 않지만, 어떤 측면에서 지금 우리가 직접 지각하고 있는 임의의 한 가지 대상과는 다른 어떤 것이 있었다는 사실입니다.

저에게는 우리가 감각을 통하여 물질적 대상의 존재를 아는 일이, 감각자료와 관련하여 우리가 받아들인 견해에서는, 반드시 적어도 이런 점에서 기억과 유비(유추)가 되어야 하는 듯이 보입니다(≒현재 직접 지각 및 기억을 통한 지각). 이는 반드시 한 순간 우리가 직접 지각하고 있는 임의의 감각자료나 시각 인상과는 다른 어떤 것이 (우리 머릿속에) 존재함을 우리가 아는 일로 이뤄져야 합니다. 만일 우리가 감각을 통해서 임의의 물질적 대상의 존재를 알고자 한다면, 저에게는 이것(≒감각을 통한 직접 지각)이 반드시 우리가 알고 있는 최소한도의 것이 되는 듯합니다. 직접 어떤 감각자료를 지각하는 경우에, 우리는 반드시 또한 이들 감각자료 이외에 다른 어떤 것도 존재함을 알고 있어야 하는데, 우리가 직접 지각하지 못하는 어떤 것입니다(≒기억·추론·상상을 통해서도 알게 됨). 그리고 일단 우리가 직접 지각하는 것을 제외하고서 어떤 것이든지 간에 그것의 존재를 알 수 없다는 편견을 불식해 버린다면, 왜 우리가 이 점을 알아서는 안 되는 것인지 아무런 이유도 찾을 수 없을 듯합니다. 물론 이 점을 아는 것은 다만 아주 작은 양만 아는 일이 될 것 같습니다. 만일 우리가 알고 있는 그 어떤 것이 사실상 실제로 임의의 물질적 대상이라면, 심지어 그것이 물질적 대상이었음을 우리가 알지 못했었다고 해도, 어떤 물질적 대상의 존재를 아는 것으로 말해질 수 있습니다. 그렇지만 또한 만일 우리가 이 어떤 것이 물질적 대상임을 알게 된다면, 반드시 우리는 이것보다 더 많이 알고 있습니다.56) 더욱이 만일 우리가 모두 동일한 봉투를 보았었음을 알게 된다면, 우리는 반드시 우리들이 각자 알고 있는 그 어떤 것이 동일한 어떤 것임을 알아야 합니다. 그러나 다시 우리가 이런 종류의 많은 대상들을 알아서는 안 되는 것인지에 대하여 반대할 아무런 이유도 찾을 수 없을 듯합니다. 기억의 경우에, 가장 분명함과 더불어 우리가 기억하는 그 어떤 것에 관해서, 그것이 존재했었으며, 지금 우리가 직접 지각하고 있는 임의의 한 가지 대상과는 다르다는 단순한 사실을 넘어서서, 우리는 분명히 아주 많은 대상들을 실제로 알고 있습니다.

그러므로 물질적 대상을 보는 일이나 또는 다른 임의의 감각에 의해 한 가지 대상을 지각하는 일이, 이런 견해에서는 감각자료를 보는 일과 아주 다른 어떤 것이 될 수 있습니다. 감각자료를 보는 일은 그것들을 직접 지각하는 일로 이뤄집니다. 그러나 물질적 대상을 보는 일은 그것을 직접 지각하는 일로만 이뤄져 있는 것이 아닙니다. 이는 부분적으로 어떤 감각자료를 직접 지각하는 일로도 이뤄지지만, 또한 그밖에도 그리고 동시에 이들 감각자료 말고도 부분적으로 다른 어떤 것이 존재함을 아는 일로도 이뤄져 있습니다. 그리고 만일 우리가 또

---

56) [역주] 자기 반성적 사고를 통해서 내가 어떤 물질적 대상을 지각하고 있음을 알고 있고, 기억이나 논리적 추론이나 상상을 통해서도 현재 직접 지각하는 있는 것 말고도 또 다른 것들을 더 알 수 있는 것이다.

한 어떤 물질적 대상이 둥글거나 사각형이거나 또는 공간 속에서 특정한 위치에 있음을 조금이라도 알고 있다면 그러합니다. 이는 이들 대상을 직접 지각하는 일보다는 오히려 이들 감각자료 말고 또한 아주 다른 어떤 것을 놓고서 모종의 대상을 아는 일로 이뤄져 있습니다.

이제 저는 무엇보다도 물질적 대상들에 대한 이런 지각이 정확히 어떤 종류의 것이 될 것인지를 놓고서 좀더 분명하게 서술하려고 노력할 것입니다. 그리고 나서 이런 종류의 지각이 실제로 지식이 됨을 상정하기 위하여, 어떤 종류의 근거들을 우리가 확보할 수 있을지를 살펴보는 쪽으로 논의를 진행해 나갈 것입니다. 즉, 감각자료 말고도 다른 어떤 것이 실제로 존재하며, 이 어떤 것이 특정한 속성들을 지니고 한 가지 물질적 대상이 됨을 상정하기 위한 것입니다.

제3장 단언(명제)

§.3-0 【 들머리 】 저는 감각−지각sense-perception(감각하고 있음을 스스로 지각함, 93쪽의 역주 37 참고)이 무엇인지를 서술해 주면서 논의를 시작해 왔습니다. 달리 말하여, 우리의 감각들을 통해서 물질적 대상의 존재에 관한 지식을 얻는다고 말해야 할 경우에, 우리 정신 속에서 무슨 일이 일어나는지에 대한 것입니다. 이런 방식으로 서술해야 하는 일들은, 우리의 감각들을 통해서 물질적 대상의 존재에 대한 지식을 얻는 일로서, 의심의 여지없이 우리 정신 속에서 일어납니다. 예를 들어, 제가 이 봉투를 집어 들고서 여러분들이 모두 다 이것을 바라보는 경우에,

- 우리가 모두 다 이것을, 즉, 동일한 대상인 동일한 봉투를 바라보았고,
- 이것을 보는 일로써 그 존재에 대한 지식을 얻었으며,
- 이 대상이, 즉, 우리가 모두 다 바라보며 현재 존재함을 알고 있는 이 봉투가, 한 가지 물질적 대상이라고 말해야 합니다.

그런 다음에, 저는 우리들 각자의 정신 속에서 일어난 이 일이, 이 일이 일어났을 당시에 사실상 동일한 대상의 존재를 실제로 우리가 모두 알았다거나, 또는 만일 알았더라도 그 대상이 어떤 물질적 대상이었음을 전혀 가정하지 않은 채로, 어떤 종류의 일인지를 서술하면서 논의를 시작하였습니다. 「실제로 그것이 물질적 대상에 관한 지식으로 불릴 만한 가치가 있는지」여부를 결정하지 않은 채, 오직 우리가 감각들을 통해서만 어떤 물질적 대상의 존재에 관한 지식으로 부르는 이 일이, 어떤 종류의 대상인지를 분명히 서술해 놓고자 하였습니다.

무엇보다도 저는 그런 모든 일이 부분적으로 머릿속에서 우리 정신 앞에 「감각자료」라고 부른 모종의 것을 갖게 되는 특정한 방식으로 이뤄져 있음을 지적하였습니다. 예를 들어, 색깔을 띤 가시적인 경험조각, 색깔을 띤 그 경험조각에 점유되거나 점유된 듯한 어떤 가시적인 영역, 가시적인 경험조각 및 해당 영역의 크기와 모양새가 되는 가시적인 크기와 모양새입니다. 이것들이 모두 감각자료였습니다.[57] 우리 정신 앞에 이런 감각자료들을 갖게 되는 특정한 방식을, 저는 「직접 지각direct apprehension」이라고 불렀습니다. 그렇다면 적어도 감각 -지각의 모든 행위가 부분적으로 어떤 감각자료에 대한 '직접 지각'으로 이뤄져 있습니다. 그리고 저는 여러분이 스스로 자신의 정신을 성찰함으로써 무슨 일이 일어나는지를 탐구하려고 하는 경우에, 감각-지각에서 일어나는 이런 부분은 주목하기에 훨씬 쉽다고 생각합니다. 「직접 지각」으로 부른 이런 종류의 대상의 존재에 대해서 조금도 의심할 게 없을 듯하며, 이것이 어떤 종류의 대상인지에 대해서도 의심할 게 없습니다. 여러분은 아주 쉽게 그것을 관찰할 수 있습니다. 그러나 어려움은, 어떤 것이든지 간에 그 밖의 다른 것이 조금이라도 일어남을 찾아내는 일이고, 만일 그렇다면 뭔가 다른 이것의 정확한 본질

---

57) [원저자 주석 1] 제2장에 달아둔 원저자 주석 2(번역에서는 87쪽의 각주번호 34)를 보기 바란다.

이 무엇인지를 찾아내는 일입니다.

그렇지만 이제 머릿속에서 일어나는 바에 대한 이런 부분, 즉, 감각자료에 대한 이런 직접 지각과 관련해서, 이미 압도적으로 대다수의 철학자들이 특정한 견해들을 지녔었음을 언급하였습니다(≒이하에서는 이것들을 '나의 세 가지 규칙들'로 부름). 즉,

   (1) 내가 감각자료를 직접 지각하고 있는 순간만 제외하고서는, 한번이라도 내가 직접 지각하는 그 감각자료의 어떤 부분도 결코 이 세상에 있지도 현존하지도 않는다(→감각자료의 고유성을 가리키며, §.2-3에서의 관념론에 해당함).

   (2) 한번이라도 내가 직접 지각하는 감각자료의 어떤 부분도, 나 말고는 다른 어떤 사람에 의해서도 결코 직접 지각되지 않는다(→경험 주체의 독자성을 가리키며, §.2-3에서의 상대주의에 해당함).

   (3) 한 번이라도 내가 직접 지각하는 감각자료의 어떤 부분도, 나 말고는 다른 어떤 사람에 의해서 직접 지각된 감각자료의 아무런 부분과도 결코 동일한 공간에 있지 않다(→감각자료의 유일성을 가리키며, §.2-3에서의 유아론 또는 독단주의에 해당함)

「그 감각자료들이 동일한 공간에 있지 않다」고 말함으로써, 늘 그러하듯이 저는 그것들이 동일한 장소에 있지도 않고, 서로 간에 어떤 방향으로든 임의의 거리로도 떨어져 있지 않음을 의미합니다. 만일 우리가 감각에 주어진 공간들 그 자체를 언급하고 있다면, 정확성을 기하기 위하여 반드시 다음처럼 말해야 합니다.

「감각으로 주어진 나의 공간의 아무런 부분도, 나 말고는 다른 어떤 사람에게도 감각으로 주어진 공간의 어떤 부분으로서이든지 간에 동일한 공간의 부분이 될 수 없고, 임의의 그런 부분으로부터 어떤 방향으로든지 간에 어떤 거리만큼도 떨어져 있는 것이 아니다」

(no part of *my* sense-given space *is the same part of sapce* as any part of the sense-given space of any one else, nor at any distance in any direction from any such part)

물론 설령 모든 사람에 의해서 완벽히 받아들여지는 것은 아니라 해도, 감각자료와 관련해서 이들 세 가지 견해를 모두 다 함께 취급하여 저는 여러 철학자들에게 「수용된 견해」라고 언급하였습니다(늑뒤에서 이것들을 '세 가지 규칙'으로도 불렀고, §.2-3에서는 '수용된 견해', 제5장에서는 '수용된 이론'으로도 말하는데, 관념론·상대주의·유아론을 가리킴. §.8-3에서는 이것들이 모두 다 '수반 현상으로서의 정신 활동'으로 포섭된다고 논의함). 저는 이것들이 종종 다음 표현으로도 말해졌음을 언급하였습니다.

「모든 감각자료가 오직 그것들을 지각하는 사람의 정신 속에서만 존재한다」거나

(all sense-data exist only *in the mind* of the person apprehending them or)

「감각자료는 몸 밖에 있는 외부의 대상이 아니다」

(sense-data are not *external* objects)

그리고 비록 이런 표현이 쓰이는 경우에, 이들 세 가지 견해보다 더욱 의심스러운 다른 모종의 것도 함께 의미될 수 있겠지만, 그것들을 다음의 방식으로 통합하여 표현해도 아무런 해가 없다고 생각합니다. 그렇다면 다음 주장이 (여러 철학자들에게) 오랫동안 수용된 견해가 되어 왔다고 말할 수 있습니다.

「모든 감각자료는 오직 그것들을 직접 지각하는 사람의 정신 속에서만 존재하거나, 몸 밖에 있는 외부의 대상이 아니다」

(all sense-data exist only in the mind of the person who directly apprehends them or *not* external objects)

이런 표현으로써 저는 §.2-3에서 좀더 정확히 나타내려고 했던 세 가지 견해(관념론·상대주의·유아론)를 의미합니다. 그리고 두 가지 이유 때문에, 저는 여러분으로 하여금 (여러 철학자들에게) 수용된 이런 견해에 주목하게 하고, 될 수 있는 대로 명확히 그것을 포착하게 만들고자 합니다. 첫째, 최초의 사례로서 상식으로부터 아주 크게 벗어나 있는 아주 이상야릇한 철학자들의 많은 주장이, 저에게는 이런 견해에 토대를 두고 있는 듯하기 때문입니다. 이런 견해가 사변된 적이 없었더라면, 아무 철학자도 물질의 존재를 부정하거나 그 자리를 차지할 온갖 종류의 다른 대상들을 억지로 만들어 내려는 생각을 조금도 하지 않았을 것입니다. 둘째, 저는 철학적 주장들이 이런 견해에 토대를 두는 한, 그것들이 허술한 토대를 지닌 게 아니라고 보기 때문에, 여러분으로 하여금 「수용된 견해」에 주의를 기울이도록 하고자 합니다. 달리 말하여, 이런 견해를 옹호하는 아주 강력한 논변들이 있다고 생각하는데, 제가 여러분에게 제시하고자 하는 종류의 논변들입니다. 비록 이들 논변이 저에게는 절대적으로 확증적인 것이 아닐 듯하지만, 그럼에도 불구하고 아주 강력하므로, 실제로 감각자료와 관련하여 아무도 결코 많은 철학자들에게 수용된 이 견해가 맞지 않을 것으로 확신할 수는 없다고 생각합니다. 설혹 여러분들 중에서 어느 누구라도 여기에 수긍하거나 논박을 하여, 어떤 것이든지 간에 제가 찾아낼 수 있는 논지보다도 좀더 확정적인 논변들을 찾아낼 수 있다면, 저는 기꺼이 그런 논변에 귀를 기울이려고 합니다. 저는 「감각자료에 관해서 이 수용된 견해가 참값인지 아니면 거짓값인지 여부」에 대한 물음이, 공정하게 철학의 주요한 문제들 중 하나로 불릴 수 있다고 생각합니다.

이제 이 수용된 견해를 다루면서, 이런 견해를 내세운 것으로 제가 평가한 일부 철학자들이, 아마 제가 제시한 적격하지 않은 형식으로 이를 주장한 것이 아닐 수도 있음을 또한 덧붙여 두어야 마땅합니다. 이제 가능한 이들 자격제한qualifications58)을 언급하고자 합니다. ① 정확성을 기하기 위해서이며, ② 또한 이들 자격제한이 단지 이 견해에 대한 일반적인 속성 및 이것이 적용된다고 가정되는 사실들에 대한 거대한 범위를 좀더 명확하게 밝혀 주는 데에 기여할 수 있기 때문입니다.

§.3-1 【 여러 철학자들에게 수용된 세 가지 견해의 자격조건 】 첫 번째 자격조건qualification은 다음과 같습니다. 몇몇 철학자들은 다음처럼 여깁니다(≒흔히 관념론자나 유심론자들로 불림).

「내가 감각자료들을 직접 지각할 경우뿐만 아니라, 또한 아주 종종 내가 감각자료들을 직접 지각하지 않을 경우에라도, 감각자료는 내 정신 속에 현존한다」

(sense-data exist in my mind, not only when I directly apprehend them, but also very often when I *do not* directly apprehend them)

물론 우리들 모두의 정신 속에서도 감각자료가 그렇게 존재합니다. 저는 이들 철학자가 아마 한 순간에 제가 직접 지각하는 바로 동일한 감각자료가, 심지어 제가 그것을 지각하는 일을 멈추는 경우에라도, 제 정신 속에 계속하여 존재해 나가고(과연 그렇게 간주할지 여부는 잘 모르겠습니다만), 이런 일이 사실상 아주 빈번히 일어날 수 있다고 여길 것으로 봅니다. 그렇다면 이런 생각을 지녔더라면, 이것이 저의 세 가지 규칙 중에서 첫 번째 규칙(137쪽에서 (1)로 제시된 것으로서, 109쪽에서 처음 언급된 '개개인별 관념론의 견해')에 대한 예외들이었고, 심지어 그것에 대하여 더 많은 예외들까지 있다고 여기는 일이 됐음직합니다(≒설령

---

58) [역주] 무어 교수는 「관념론 견해·상대론 견해·유아론 견해」가 성립할 수 있는 기본 바탕을 qualification속성, 자격이라고 부른다. 여기서는 주로 적용 대상과 범위를 제한해 주기 위한 논의를 하고 있으므로, 이를 '자격제한'이나 '자격조건'이라고 번역해 둔다. 무어 교수는 적어도 감각자료에 대한 「직접 지각」 및 단언에 대한 「간접 지각」이 지식을 얻는 두 가지 방법이라고 보기 때문에, 자신의 7년 선배인 맥태거엇 교수가 주장하는 신-헤겔주의나 관념론에 대해서는 그다지 우호적이지 않다. 대신 관념론이 적용될 영역을 엄격히 제한하여 좁혀 두려고 의도하는 것이다. 이런 측면을 고려하기 때문에 qualification을 우리말에서 취업할 때에 흔히 듣는 '자격조건'으로 번역할 수 있다. 부정적으로 번역한다면 '제한조건'이 될 듯하다.

관념하지 않더라도 외부 대상은 그대로 존재하므로 예외가 됨). 이는 제가 직접 지각하는 어떤 감각자료가, 제가 그것들을 직접 지각하지 않는 경우에라도, 계속하여 존재할 수 있다고 보는 일을 포함할 수 있습니다.

그러나 제가 생각하고 있는 철학자들은 이게 조금이라도 일어난다면, 분명히 이것이 오직 제 정신 속에서만 일어날 수 있음을 옳다고 여겼습니다. 제 정신 속에 있는 것을 제외하고서, 제가 한 번이라도 지각한 아무런 감각자료의 단편이든지 간에 상관없이, 제가 그것을 지각하기를 그만 둔 뒤에는 존재할 수 없는 것입니다(≒버어클리의 극단적 관념론 형태이며, 절대신을 제외하고 우리가 대상들을 관념하지 않는다면 외부 대상의 존재 지속성이 없다고 봄). 그리고 제가 직접 그 감각자료를 지각하는 일을 그만두었을 적에, 나머지 두 가지 규칙(≒상대주의 및 유아론)에서는 모두 다, 여전히 제 정신 속에 존재하는 이들 감각자료 중에서 제가 실제로 직접 지각하는 그런 감각자료처럼 다음을 참값이라고 여길 것 같습니다. 즉,

① 다른 사람이 아무도 그 감각자료를 직접 지각할 수 없고(≒다른 사람들과의 공통기반을 인정하지 않는 상대주의),
② 그 감각자료들은 다른 사람의 어떤 정신 속에서 동일한 공간 속에 그것들과 더불어 함께 있을 수 없다(≒강한 유아론이나 독단주의)

는 것입니다. 따라서 엄격하게 말하여, 저는 첫 번째 규칙에 많은 예외들을 허용하더라도(≒그렇다면 개개인별 관념론을 떠나서 여러 사람들에게 일반화된 관념론으로 바뀜), 심지어 이런 자격조건이 여전히 현재 우리의 논의를 위하여 아주 중요한 것은 아님을 여러분이 잘 알 수 있다고 생각합니다.

두 번째 자격조건은 다음과 같습니다. 소수의 변칙 사례로서 저는 몇몇 철학자들이, 살아 있는 동일한 인간 신체에나 또는 그 신체에 붙어 있는 상태로, 둘 이상의 서로 다른 정신, 즉, 둘 이상의 서로 다른

인격체persons가 있을 수 있고, 그런 경우에

「이들 서로 다른 인격체가 <u>동일한 감각자료를 직접 지각할 수 있음</u>」

을 받아들일 것으로 생각합니다. 그들은 또한 살아 있는 인간 신체에서 변칙적으로 인간 정신에 일어날 수 있는 이런 일이, 항상 이 우주에 있는 다른 영혼의 경우에도 일어날 수 있다고 말할 것 같습니다(≒한 개인만의 정신과 외부 대상과의 고유하고 유일한 관계를, 변칙적으로 공통된 정신을 지닌 여러 사람과 외부 대상 사이에 있는 일반적 관계로 바꿔 놓았음). 물론 만일 그랬더라면, 이런 일이 예외를 포함해야 하겠는데, 아마 저의 두 번째 규칙(≒상대주의)과 세 번째 규칙(≒유아론)에 모두 다 많은 예외들이 됐을 것입니다. 그러나 이런 자격조건도 현재 우리의 목적을 위해서는 저는 명백히 사소하다고 생각합니다. 왜냐하면 이들 철학자가 우리 정신의 경우에, 우리들 각자의 정신의 경우에, 살아 있는 서로 다른 인간 신체에 그 정신이 각각 붙어 있는 정상적인 인간 정신의 경우에, 이들 두 가지 규칙(≒상대주의와 유아론)을 놓고서 조금도 아무런 예외가 생겨나지 않음을 인정할 것으로 보기 때문입니다.

이들 자격조건과 더불어, 저는 감각자료와 관련하여 저의 세 가지 규칙(관념론·상대주의·유아론)이 대다수의 철학자들에 의해서 받아들여진다고 말하는 것이 공정하다고 생각합니다. 이들 자격조건은 오직 이들 세 가지 규칙이 적용될 것으로 추정되는 거대한 범위의 사실들이 무엇인지를 더 쉽게 이해할 수 있도록 만들어 주는 데에 이바지한다고 생각합니다. 한 순간에 하나의 정신에 의해 직접 지각된 감각자료가, 심지어 그 정신에 의해 직접 지각되지 않을 때조차 그 정신 속에 존재할 수 있다는 가능한 예외(≒감각인상으로 달리 부름)와 함께, 이 자격조건들이 우리들처럼 각각 살아 있는 서로 다른 인간 신체에 붙어 있는 모든 인간 정신에 의해서 직접 지각된 모든 감각자료에 모두 다 적용될 것으로 추정됩니다.

그렇지만 이제 만일 여러 철학자들한테 수용된 이런 견해가 참값이라면, 다음 사항이 뒤따라 나옴을 언급하였습니다. 우리가 실제로 어떤 물질적 대상이나 임의의 그 일부를 한 번이라도 지각한다면, 그리고 만일 우리들이 모두 다 동일한 물질적 대상을 지각한다면, 가령 만일 우리가 모두 실제로 동일한 이 봉투를 바라보고 있다면, 이 일은 단지 우리가 어떤 감각자료를 직접 지각한다는 사실로만 이뤄져 있는 것이 아닙니다. 또한 부분적으로 반드시 뭔가 다른 것으로도 이뤄져 있는 것입니다. 여러 철학자들한테 수용된 견해에 따라서, 왜냐하면 우리들 중 어느 누구에 의해서이든지 간에 직접 지각되는 감각자료의 아무런 부분도, 물질적 대상의 일부도 되지 않고, 물질적 대상에 의해 점유된 공간의 일부도 되지 않으며, 우리들 중 아무런 사람에 의해서든지 간에 상관없이 직접 지각된 감각자료의 일부가, 우리들 중 다른 어떤 사람에 의해서 직접 지각된 감각자료의 어떤 일부와도 동일한 것이 되지 않기 때문입니다. 그러므로 만일 제가 한 번이라도 어떤 물질적 대상을 실제로 지각한다면, 여러 철학자들에게 '수용된 견해' (관념론·상대주의·유아론)에서는, 제가 어떤 감각자료를 직접 지각한다는 사실 이외에도, 반드시 뭔가 다른 어떤 일이 일어납니다.

§.3-2 【 직접 지각을 넘어서서 단언(명제)을 통하여 지식을 확장하는 방식 】
앞 장의 마지막 부분에서 이 다른 어떤 것이 무엇이 될 것인지를 놓고서 간략히 설명을 제시하고자 하였습니다. 그렇지만 이 장의 시작 부분에서 이 다른 어떤 것이 무엇이 될지를 놓고서 좀더 충분히 설명을 할 것이라고 언급하였습니다. 이것이 이제 제가 실행하려고 하는 바입니다. 저는 이런 설명이 제가 본디 생각했었던 분량보다 훨씬 길게 진행될 것이라는 점을 걱정할 뿐입니다. 이 장의 시작 부분만 차지하는 것이 아니라, 그보다는 오히려 이 책의 전반을 모두 다 차지할 것입니다. 심지어 이 책에서조차 제가 그것에 대하여 말해야 하는 바를 다 끝낼 수 없고, 다음 기회에까지 이 주제의 일부를 넘겨야 할 것입니다.

실제 사실은, 감각들을 통해서 물질적 대상들을 아는 일이, 만일 감각자료에 대한 직접 지각으로만 이뤄져 있는 것이 아니라면, 정확히 어떤 종류의 대상이 될 것인지를 놓고서, 될 수 있는 대로 제가 명확하게 해 놓으려는 것입니다. 그리고 저는 이를 실행하는 방법이,

① 서로간에 앎을 얻는 방식으로 언급될 만한 서로 다른 종류의 대상들을 구별해 주려고 노력하고,
② 그것들에 별개의 이름을 붙여 주면서,
③ 대상에 대한 지식을 얻는 일knowing things(대상을 아는 일)을 놓고서 우리가 갖고 있는 서로 다른 모든 방식들에 대한 설명을 제시해 주려고 노력하는 일

이라고 생각합니다. 저는 먼저 여러분의 관심을 전적으로 새로운 부류의 사실들에, 즉, 여태 조금도 언급하지 않은 한 부류의 사실들에 모아 놓음으로써, 이를 최선의 방식으로 실행할 수 있다고 생각합니다.

실제 사실은, 절대적으로 우주의 모든 내용물들이, 즉, 조금이라도 존재하는 모든 것들이 절대적으로 두 가지 부류로 대분될 수 있습니다. 즉, 한편으로는 「단언」(명제)으로 그리고 다른 한편으로는 「단언(명제)이 아닌 것」으로 나뉜다는 것입니다. 분명히 우주 속에는 단언(명제)59)과 같은 그런 대상이 존재합니다. 제가 단언(명제)으로 의미하

---

59) [역주] 이 책에서 두 가지 전환이 고쳐지지 않은 채 그대로 들어 있다. 첫째, 「단언(명제)이 존재하는지 여부」, 둘째, 「existence현존이란 낱말이 being있음의 뜻과 다른지 여부」에 대한 것이다. 이 강의를 시작하면서는 「단언(명제)이 반드시 존재한다」, 「현존은 있음과 다르다」라고 생각했었다. 그렇지만 강의가 진행되면서 반대가 되는 결론을 옹호하여, 「단언(명제)과 같은 그런 것이 없다」, 「현존과 있음은 동일한 의미를 지닌다」라고 주장한다. 아마 1910년 겨울부터 이듬해까지 이어진 강의에서 도중에 생각이 바뀌었을 것으로 판단된다. 첫째, 단언(명제)에 대한 생각을 바꾸도록 만든 계기는 제14장에서 다뤄질 '거짓된 믿음'에 대한 분석이었을 것으로 본다. 750쪽에서는 「단언(명제)과 같은 그런 것은 없다」고 반대의 주장을 한다. 이를 조정하지 않은 채 놔 둔다면, 이 두 가지 주장은 분명히 자기모순이다. 둘째, 「현존」에 대한 용어는, 새롭게 §.14-3에서 a fact한 가지 사실를 현재 지식을 이용하여 확신을 갖고서 사실이 될 것까지도 포함하는

는 종류의 대상은, 분명히 존재하는 대상들 중 한 가지입니다. 확실하게 우주 속에는 단언(명제)이 아닌 어떤 것들도 존재합니다. 그리고 만일 우리가 「단언proposition」(명제)이라는 말을 사뭇 확정된 모종의 어떤 의미로 국한 짓는다면, 분명히 우주 속에 있는 모든 것은 절대적으

넓은 뜻으로 쓸 수밖에 없음을 자각하게 된다. 그렇다면 더 이상 당장 현재 직접 지각 가능한지 여부만을 기준으로 내세울 수 없다. 이 점이 existence현존를 결과적으로 being 있음과 동일한 것으로 취급하게 만들기 때문이다(727~728쪽의 역주 278을 보기 바람). 이하에서는 첫 번째 전환을 놓고서 좀더 자세히 언급하기로 한다.

무어 교수는 거짓된 믿음을 다루면서 모든 믿음들에 공통된 기반으로 §.14-5에서 새로운 차원에서 「믿음을 향한 어떤 정신적 태도」를 주장한다. 지성사에서 처음으로 이른바 「단언 태도」(명제 태도)라는 개념이 탄생하는 것이다. 더 나아가 §.17-1에서는 「단언의 존재」를 부정한다. 왜냐하면 이는 「믿음을 향한 정신적 태도」로 갈음될 수 있다고 여기기 때문이다. 따라서 여기에 있는 「분명히 단언(명제)과 같은 그런 것이 있다」는 주장과 정면으로 모순되는 「단언이 더 이상 존재할 필요가 없다」고 주장하게 되는 것이다(717~719쪽의 역주 269와 750~751쪽의 역주 289 참고).

본디 단언(명제)란 개념은, 6권으로 이뤄진 아리스토텔레스의 『생각의 도구(Organon)』에서 본격적으로 다뤄진다. 생각을 진행하려면, 우선 낱개 생각에 대한 판단과 결정이 있어야 함을 지각하고, 그런 판단 형식은 본격적으로 찾아낸 것이 바로 「주어와 술어의 결합체」이다. 참값인지 여부를 판단하고 결정하기 위하여 낱개의 최소 형식을 proposition(여러 사람 앞에 제시해 놓은 것, 참값인지 여부를 판단하고 단정하기 위한 최소한의 언어 형식이며, 명령문으로 된 표제를 뜻하는 '명제'는 잘못 만들어진 번역어임)이다. 이 단언(명제) 형식은 전체와 부분, 긍정과 부정, 필연과 가능에 대한 양태(양상)의 연산 관계를 통하여 네 가지 형식이 도출된다(626쪽의 역주 237에 있는 ⓐ, ⓑ, ⓒ, ⓓ을 보기 바람). 아리스토텔레스는 이를 통해 「단언(명제) 대립 사각형」을 만들었고, 다시 세 가지 단언들의 내포 관계들을 찾아내어 이른바 '삼단 논법syllogism' 및 삼단 논법을 간략하게 만든 '생략된 삼단 논법enthymeme'(결과적으로 두 단계의 논법)에 대한 다양한 형식들을 처음 밝혀 낸 바 있다. 이 책의 10쪽 지은이 서문에 달아 놓은 역주 2를 참고하기 바란다.

분류학에 집착했던 아리스토텔레스가 단언(명제)의 내적 요소로서 주어와 술어만을 지정한 뒤에, 이원론dualism 속에 깃든 모순을 자각하지 못하였다. 그러나 20세기 초반에 와서야 오직 일원론monism에 입각해야만 도출 과정에서 모순이 깃들 수 없음을 처음 깨닫고서, 이원론을 비판한 이가 바로 독일 수학자가 프레게(G. Frege, 1848~ 1925)이다(전웅주 뒤침, 2015, 『개념 표기』, EJ북스). 즉, 집합론의 토대 위에서 함수(집합)와 논항(원소)을 정의하고, 깔끔하게 공리계의 연산 형식 모형도 정의해 놓은 것이다. 집합이 기본 요소라면, 대상이 기본 요소에 있는 것이 아니라, 오히려 오직 하나의 '사건'만이 실재하며, 대상은 그 사건 속에 포함되어 있는 것이다(757쪽의 역주 293을 보기 바람). 달리 말하여, 명사는 오직 동사가 투영하는 단언 속에만 들어 있을 뿐이다. 그렇다면 논리적 추론은 사건들 사이에서 찾아지는 도출 관계를 다루는 것임을 알 수 있다. 그렇지만 본문에서는 사건이 집합에 대응하는 개념이며, 이것이 동사가 투영하는 간단한 문장임을 명시적으로 언급되어 있지 않다. 대신, 무어 교수는 명사와 대응하는 대상이 마치 기본 개념인 듯이 설명하고 있다(희랍 시대의 전통을 그대로 따르고 있음). 아마 편지 봉투를 대상으로 하여 실세계에 있는 대상과 감각자료를 놓고 논의를 시작하였기 때문으로 판단된다.

로 단언(명제)이거나 단언(명제)이 아닙니다. 왜냐하면 무엇이든지 간에 상관없이 사뭇 확정적인 속성을 지니면서 동시에 또한 바로 동일한 속성을 지니지 않은 것(≒모순율을 허용하는 것)은 아무런 것도 없기 때문입니다. 그러므로 우주 속에 있는 모든 대상들을 놓고서 단언(명제)인 것들과 단언(명제)이 아닌 것들로 갈라 주는 이런 분류 방식은 분명히 올바르고 포괄적인 것입니다.

첫 인상으로는, 이것이 아주 불충분한 분류법일 듯이 보일 수 있습니다. 우주 속에는 단언(명제)이 아닌 대상들의 숫자가, 실제로 존재하는 대상들의 숫자보다 훨씬 더 많이 있을 듯이 보입니다. 조금 뒤에 보게 되듯이, 심지어 이런 사실도 의심받을 수 있습니다. 우리가 우주 속에 있는 모든 것을 살펴보는 일 대신에, 만일 우주 속에서 우리가 알고 있는 모든 것들을 고려한다면, 저는 이런 것이 참값인지 거짓값인지 여부는, 즉, 이 분류법은 결코 불충분한 것이 아니라고 생각합니다. 왜냐하면 이 분류법이 우주 그 자체와 함께 존재할 수 있다고 하더라도, 저는 우주에 대한 우리 지식의 아주 크고 중요한 부분이, 참값이 되는 단언(명제)들과 관련된 지식으로 이뤄져 있음이 분명하다고 생각하기 때문입니다.

이제 여러분에게 주목하도록 하고 싶은 새로운 사실의 부류는, 단언(명제)들에 관한 어떤 사실들과 이것들에 대한 우리의 지식에 관한 어떤 사실들입니다.

정확히 단언(명제)에 의해서 제가 의미하는 바를 먼저 제 능력껏 분명하게 만들어 놓고자 합니다. (참값 여부를 판단하고 결정하는)「단언」(명제)으로써 제가 의미하는 종류의 것은, 이미 말했듯이 분명히 존재하는 어떤 대상입니다. 우수 속에는 분명히 대상들이 존재하는데, 이것들을 한 가지 단언(명제)이라고 부를 경우에, 한 가지 대상에 귀속시켜 주는 것으로 의미하게 될 속성을 지닙니다. 그리고 임의의 한 가지 대상을 한 가지 단언(명제)이라고 부르는 경우에, 분명히 어떤 것들이 지닌 어떤 확정적인 속성을 제외하고서는, 절대적으로 그것에 귀속시킬 속성이 아무런 것도 없음을[60] 의미하게 될 것입니다. 이들 대상이 제가 그것들에 귀속시키는 속성들 이외에도, 어떤 다른 속성들을 지니는지 그렇지 않은지 여부를 놓고서 의문과 논란이 있을 수도 있습니다. 단언(명제)이란 말로써 제가 의미하는 바가, 일반적으로 의미하는 바와 사뭇 동일한 것인지 여부에 대해서도 그러합니다. 그렇지만 제가 이 낱말을 쓰려고 의도하는 측면에서, 어떤 대상들이 단언(명제)이라는 사실을 놓고서는 아무런 의심도 없다고 생각합니다(→제17장에서는 다시 「단언 같은 게 없다」고 자기모순의 주장을 하는데, 750~751쪽의 역주 289를 보기 바람).

그렇다면 무엇보다도 저는 한 가지 단언(명제)으로써 일반적으로 단언(명제)들로 불리는 것들 중 한 가지인 '낱말'들에 대한 그런 어떤 집합도 의미하지 않습니다. 제가 한 가지 단언(명제)으로써 의미하는 바는, 오히려 이들 낱말의 집합이 <u>표현하는</u> 종류의 대상들입니다. 제가 이 용어를 쓰려고 의도하는 측면에서, 낱말들의 집합은 결코 아무런 것도 단언(명제)이 될 수 없습니다. 한 가지 단언(명제)이라고 말할 때마다, 저는 언제나 「낱말들의 집합으로서 문장」을 말하는 것이 아니라, 오히려 「이들 낱말이 의미하는 바」를 말하게 될 것입니다.[61]

---

60) [역주] 매우 강한 주장이다. 왜냐하면 임의의 대상에 대한 본질이나 속성이 다 알려져 있는 것으로 전제하기 때문이다. 이와는 반대로 임의의 대상에 대한 본질을 우리는 결코 모두 다 알 수 없다는 태도도 가능하다. 다만, 불가지론을 벗어나서, 보다 약한 의미로 만들어 주기 위하여 ㉠ 인간에게 공통적으로 파악되는 본질이나 속성이 있으며, ㉡ 이것 말고도 또한 우리 지식체계가 발전됨에 따라 다른 것이 추가될 수 있다고 상정할 수 있다(아원자로서 중성 미자나 우주를 급격히 팽창시키는 암흑 에너지 따위, 58쪽의 역주 21, 398쪽의 역주 144, 720~721쪽의 역주 272 참고).

이 책에서는 단언(명제)을 놓고서 서로 모순되는 주장이 나란히 적혀 있다. §.17-1에서 「단언과 같은 그런 것이 없다」고 하면서 이 책의 전반적 주장을 뒤집어 버리기 때문이다(717~719쪽의 역주 269와 750쪽의 역주 289를 보기 바람). 그렇더라도, 뒤친이는 단언(명제) 차원의 존재를 없앤다면, 이것이 맡던 중요한 몫은, 대응 관계를 표상해 줄 만한 다른 대상으로 옮겨져 가므로, 전체적으로 보면 심각한 변화가 초래되는 것은 아니라고 본다. 진리값을 확정하기 위하여 일반적으로 상정하는 모형을 뒤친이가 이해하는 대로 521~523쪽의 역주 196에서 도표로 제시했으므로 참고하기 바란다.

61) [역주] 무어 교수는 단언(명제)이 반드시 언어 형식을 갖고 있어야만 되는 것이 아니라, "내 책이 어디 있니?"라는 물음에 답변으로서 손가락으로 가리키는 시늉 자체로도 충분히 단언(명제)이 된다고 간주한다. 다시 말하여, 단언(명제)의 형식보다도 단언(명제)

그렇다면 한 가지 단언(명제)으로써 저는 낱말들의 집합을 어떤 것도 의미하지 않습니다. 제가 의미하는 바는 다음 사례로써 가장 잘 설명될 수 있다고 생각합니다. 이제 저는 문장을 만들어 주는 특정 낱말들을 발화할 것입니다. 가령, 이들 낱말이

「둘에 둘을 곱하면 넷이다」
(Twice two are four)

라면, 이제 제가 이들 낱말을 말할 경우에, 여러분은 그 낱말들을 들을 뿐만 아니라, 또한 그 낱말들이 의미하는 바를 이해합니다. 다시 말하여, 여러분의 정신 속에서 그 낱말들을 듣는 일 이외에도 무엇인가가 일어납니다. 즉, 어떤 의식 활동으로서, 그 낱말들에 대한 이해로 불릴수 있는 어떤 의식 활동(정신 작용)인 것입니다(184쪽의 역주 79 참고). 그렇지만 이제 또한 문장을 만들어 주는 또 다른 집합의 낱말들을 발화할 것입니다. 저는 다음 낱말들을 말합니다.

「넷에 둘을 곱하면 여덟이다」
(Twice four are eight)

여기서 다시, 여러분이 그 낱말들을 들을 뿐만 아니라, 또한 그 낱말들의 의미에 대한 이해로 불릴 수 있는 어떤 다른 의식 활동을 실행하니

의 내용을 더 중시하는 태도이다. 그렇지만 무언극으로 표현할 수 있는 사건들이 극히 제한되어 있다는 점에서 강력하게 일반화시킬 수는 없고, 반드시 매우 제한된 환경에서만 가능하다고 약화시켜야 한다. 언어로 된 표상이든 손가락으로 가리키는 표상이든 어떤 형식이든지 간에, 실제 세계에서 사실과 대응 관계를 이룬다는 점은 서로 공통적이다.

그리고 주어와 술어가 결합되지 않은 형식은 결코 단언(명제)이 될 자격이 없다고 보는 무어 교수의 주장은 여러 곳에서 언급된다. 명사나 동사는 단독으로 아무런 판단 결정의 몫을 맡지 못하며, 단언이 아니라 단언을 구성하는 재료들에 불과한 것이다. 633쪽의 역주 240과 667쪽의 역주 250과 755~756쪽의 역주 292를 보기 바란다.

다. 그렇다면 여기서 두 가지 의식 활동의 사례가 있는데, 그것들이 각각 어떤 낱말들의 의미에 대한 지각으로 불릴 수 있습니다. 그것들 중 한 가지 발화에서 그 낱말들의 의미에 대한 지각이 있었습니다.

「둘에, 둘을, 곱하면, 넷, 이다[62]」

다른 발화에서도 그 낱말들의 의미에 대한 지각이 있었습니다.

「넷에, 둘을, 곱하면, 여덟, 이다」

이들 두 가지 의식 활동이 모두 다 각각 지각 행위이고, 그것들이 「각 각 문장을 만들어 주는 어떤 일련의 낱말들의 의미에 대한 지각」이라는 사실의 측면에서 서로 비슷합니다. 그것들이 각각 한 문장의 의미에 대한 지각이고, 각각 정확히 동일한 측면에서 어떤 지각이며, 이런 측면에서 분명히 그것들이 정확히 서로 비슷합니다.[63] 그러나 아주

---

62) [역주] 영어에서는 'is'가 형식상 한 낱말로 독립되어 있고, 띄어 쓴다. 국어 문법에서는 '이다'가 명사 상당 어구에 붙여 쓰고, 독립된 낱말로 취급하지 않는다. 잘못된 용어이 지만 학교문법에서는 '이다'를 '조사'(서술 기능을 하는 서술격 조사)라고 부른다. 이는 생략이 잦고 붙여 써야 하는 의존적 성격을 드러내려는 것이다. 낱말의 숫자를 헤아릴 때에는 언어마다 특성이 반영될 수 있고, 낱말보다 좀 더 크고 자립할 수 있는 형식으로 어절이란 단위로 헤아릴 수도 있어서, 숫자가 서로 변동될 수 있다. is는 일반적으로는 계사copular(묶어주는 말)라고 부르는데, 「주어, 그리고 명사나 형용사로 된 보어를 묶어 준다」는 뜻을 지닌다. 영어에서는 appear, seem, look, sound, smell, taste, feel, become, get도 계사 범주에 속한다. 일부에서는 주어와 보어를 이어 준다는 뜻으로 linking verb연결 동사로도 부른다. 한 문장에 주어 말고는 따로 묶어 줄 요소가 없는 경우에는 is를 존재 동사라고 부르는데, 우리말에서는 '있다'라는 독자적 형태가 따로 있다. 논리학에 서는 우리말의 '있다'를 외연 의미로 부르고, 우리말의 '이다'를 내포 의미로 불러서, 외연 의미를 지닌 대상의 내부 속성이나 특질들을 가리키는 것으로 규정한다.

집합론에 터전하여 논리학은 술어를 중심으로 재구성되는데, 과거에 '계사'로 경시되었던 is(또는 원형 be)가 중요한 몫을 맡는다. 특히 동시에 여러 가지 관계를 표시해 주는데, 원소와 집합 관계, 집합과 집합 관계, 내포 관계, 존재 관계 등을 표시해 준다. 뤄쓸(1937, 개정판)『수학의 원리 *Principles of Mathematics*』(Norton)에서는 be 동사를 해결하기가 가장 어려운 문제라고 적어 놓은 바 있다.

63) [역주] 뒤친이는 무어 교수가 '지각'이란 용어를 쓰기 때문에 감각자료에 대한 지각과 서로 혼동을 불러일으킨다고 본다. 뒤에서 단언(명제)에 대한 지각을 「간접 지각」이라

명백하게 그것들이 하나의 경우에서 지각되는 바가 다른 경우에서 지각되는 바와 서로 다르다는 사실의 측면으로 서로 차이가 납니다(≒곱셈의 계산 결과가 각각 4와 8임). 하나의 경우에서 지각되는 바는 그 낱말들의 의미입니다.

「둘에, 둘을, 곱하면, 넷, 이다」

다른 경우에 지각되는 바도 그 낱말들의 의미입니다.

「넷에, 둘을, 곱하면, 여덟, 이다」

그리고 첫 번째 일련의 낱말들의 의미는 분명히 두 번째 것들의 의미와는 다릅니다. 그렇다면 이 경우에 두 가지 지각 행위를 지닙니다. 그것들이 또한 정확히 동일한 종류의 지각 행위라는 사실의 측면에서 정확히 비슷한 지각 행위이지만(≒둘 모두 단언에 대한 '이해 과정'임), 한 사례에서 지각된 바가 다른 사례에서 지각된 바와는 다르다는 사실의 측면에서 서로 다른 지각 행위입니다(≒두 가지 단언을 이해한 결과로서 서로 다른 계산 결과를 지님).

고 따로 부르면서 다른 선택지가 없다고 스스로를 변호하였지만, 이 역시 마찬가지로 잘못이라고 본다.

　그렇다면 해결책이 있을까? 간단한 해답이 있다. 언어학 분야에서는 문장의 형식뿐만 아니라 의미를 깨닫는 과정을 「이해」라고 부른다. 우리는 감각자료를 「직접 지각」하지만, 단언(명제)에 대해서는 「이해」에 초점을 모으는 것이다. 문장을 간접 지각하고 의미를 간접 지각하며 단언(명제)을 간접 지각한다는 표현이 얼마나 기묘한가? 문장이나 의미나 단언(명제)이 모두 보편적이며 1차적 대상이므로, '간접'이라는 수식어를 붙이는 일이 본질을 왜곡해 버린다. 이해로 부르든 파악으로 부르든 깨닫다라고 말하든, 고유한 정신 활동을 지정해 주는 것이 더 낫다. 따라서 우리의 의식 활동을 두 경로로 나눈다면, 하나는 감각자료(그리고 기억을 통해 붙드는 감각인상)에 대한 「직접 지각」이고, 다른 하나는 단언(명제)에 대한 「이해」인 것이다. 오늘날 심리학에서도 외부 대상이나 사건들에 대한 처리 과정을 크게 두 종류로 나누는데, 전-전두엽pre-frontal lobe에 자리잡은 작업기억working memory도 크게 「감각정보 처리 부서」와 「언어 처리 부서」로 양분된다(595~596쪽의 역주 226에서 언급된 배들리 교수는 이것들을 각각 '시각 그림판'과 '소리 순환 고리'로 불렀음). 모두 그 고유성을 인정해 주는 태도인 것이다.

이제 단언(명제)으로써 저는 이들 두 가지 경우에서 지각된 종류의 대상을 의미합니다. 두 가지 의식 활동이 한 가지 사례에서 지각된 바가 다른 사례에서 지각된 바와 서로 다르다는 사실의 측면에서 차이가 납니다(늑곱셈의 계산 결과가 각각 4와 8임). 각각의 경우에 지각된 바는 제가 임의의 단언(명제)으로써 의미하는 바입니다. 그렇다면 두 가지 지각 행위가 하나는 한 가지 단언(명제)에 대한 지각이고, 다른 하나는 또 다른 단언(명제)에 대한 지각이라는 사실의 측면에서 서로 차이가 난다고 말할 수 있습니다. 그리고 또한 한 가지 사례에서 지각된 단언(명제)이 「둘에 둘을 곱하면 넷이다」라는 단언이고, 「둘에, 둘을, 곱하면, 넷, 이다」라는 낱말들이 아니라, 오히려 이들 낱말의 의미라고 말할 수 있습니다. 그리고 다른 사례에서 지각된 단언(명제)이 「넷에 둘을 곱하면 여덟이다」라는 다른 단언(명제)이고, 다시 「넷에, 둘을, 곱하면, 여덟, 이다」라는 낱말들이 아니라 오히려 이들 낱말의 의미라고 말할 수 있습니다.

그렇다면 이것이 제가 단언(명제)으로써 의미하는 종류의 것입니다. 이것이 이 낱말에 대한 적합한 용법인지를 놓고서 여러분이 동의하는지 그렇지 않은지 여부와 상관없이, 저는 이런 의미에서 명백히 「단언(명제)이 되는 대상들이 있음」이 확실해지기를 희망합니다. 저는 사실상 이것이 단언이라는 낱말이 일반적으로 쓰이는 측면들 중 한 가지라고 생각합니다. 물론 의심의 여지없이, 종종 단언(명제)으로써 우리는 낱말들의 집합인 하나의 문장을 의미할 수도 있겠지만, 또한 단언(명제)으로써 우리가 낱말들이 아니라 더욱 자주 그 낱말들의 의미를 뜻한다고 생각합니다.[64] 그렇다면 이것이 「단언」(명제)이라는 낱말을

---

64) [역주] 언어가 형식과 내용의 결합체이듯이, 단언도 또한 형식과 내용의 결합체이다. 단언의 전형적 형식은 낱말들이 이어진 문장(서술 단정문)이고, 그 내용은 실세계에서 부합되는 사건이 있는지 여부로서 '대응 관계'를 따지는 것이다. 달리 말하여, 단언의 형식이 충족된 전제 위에서, 다시 대응 관계를 통하여 내용의 참값·거짓값을 따지는 것이다. 따라서 형식이 제대로 갖춰지지 않은 명사나 동사는 단독으로 아무런 일도 하지 못한다. 이것들이 각각 주어 자리에 그리고 술어 자리에 들어가서 서로 결합해야

제가 쓰고자 하는 방식입니다. 그리고 저는 이런 의미에서 분명히 단언과 같은 그런 것들이 있음이 명백해졌기를 바랍니다.

우리가 한 문장의 의미를 이해하는 경우에, 저는 그 문장이 이뤄진 낱말들을 듣는 일 이외에도, 뭔가 다른 것이 실제로 우리 정신 속에서 일어남이 아주 분명하다고 생각합니다(184쪽의 역주 79). 여러분은 실제로 이해하고 있는 문장을 들을 경우에 무슨 일이 일어나는지를, 여러분이 실제로 이해하지 못하는 문장을 들을 경우에 무슨 일이 일어나는지와 서로 대조해 봄으로써, 이런 점을 쉽게 납득할 수 있습니다. 예를 들어, 여러분이 전혀 이해하지 못하는 외국어로 말해진 낱말들을 들을 경우입니다. 분명히 첫 번째 (모어 듣기) 경우에는 그 낱말들을 듣는 일 이외에도 또 다른 의식 활동이 일어나는데, 두 번째 (외국어 듣기) 경우에 결여되어 있는 것으로서 「낱말들의 의미에 대한 지각」입니다. 하나의 의미를 띤 어떤 문장의 의미에 대한 지각이, 어떤 측면에서 다른 의미를 띤 또 다른 문장에 대한 지각과 다르다는 점은 단연코 명백합니다. 예를 들어,

「둘에 둘을 곱하면 넷이다」

라는 문장의 의미에 대한 지각이, 분명히 어떤 측면에서

「넷에 둘을 곱하면 여덟이다」

라는 문장의 의미에 대한 지각과는 다릅니다. 이것들이 어떤 측면에서 분명히 다른데, 하나는 한 가지 의미에 내한 지각이고, 다른 것은 다른 의미에 대한 지각이라고 말함으로써 표현될 수 있습니다. 분명

문장이 갖춰진다. 이것이 다시 진리값을 주장하기 위하여 반드시 「~라는 것이 참값이다/거짓이다」와 같이 '~'에 들어가 있어야(내포문으로 되어야) 비로소 단언의 형식을 갖추게 된다. 633쪽의 역주 240과 667쪽의 역주 250을 보기 바란다.

히 여기에서 지각된 두 가지 다른 의미와 같은 것이 있습니다(≒곱셈의 계산 결과가 각각 4와 8임). 이들 두 가지 의미가 각각 임의의 단언(명제)으로 부르는 바입니다. 그 의미들을 단언(명제)으로 부르면서, 저는 단언이 그런 의미들의 지각을 놓고서 관련되어 있는 방식들에 관해서는, 그것이 무엇이든지 간에 어떤 것도 주장하려는 게 아닙니다(≒이 책에서는 문장이나 단언에 대한 '이해 방식'을 전혀 다루지 않음).

제가 주장하려고 의미하는 모든 것은, 간단히 단언(명제)들이 각각 지각이 이뤄지는 지각 행위와는 구별될 수 있고, 또한 구별되어야 하는 어떤 것이라는 점입니다. 그것이 지각의 행위이며, 동일한 종류의 지각 행위라는 사실의 측면에서, 지각의 행위가 각각 서로 비슷합니다. 그러나 하나는 한 가지 단언(명제)에 대한 지각이고, 다른 것은 다른 단언(명제)에 대한 지각이라는 점에서 그 단언들이 서로 다릅니다. 그러므로 각각의 단언(명제)이 다른 단언(명제)으로부터도 그리고 또한 그것을 지각하는 행위로부터도 구별될 수 있고, 구별되어야만 합니다.

§.3-3 【 단언(명제)의 네 가지 특성 】 이제 만일 이런 의미에서 「단언」(명제)이라는 낱말을 쓴다면, 우리가 단언(명제)들에 대해서 그리고 단언(명제)의 지각에 대해서 여러 가지 다른 것들을 논의할 수 있음이 분명하다고 생각합니다.

(1) 먼저 저는 정확히 동일한 의미에서 우리가 한 가지 단언(명제)을 놓고서 세 가지 다른 경우들로 지각하여 반응함이 분명하다고 생각합니다. 우리가 말해진 어떤 낱말들을 듣고서 그것들의 의미를 이해하는 경우에, 우리는 세 가지 다른 일을 실행할 수 있습니다.

㉠ 우리가 그것들이 표현하는 단언(명제)을 믿을 수도 있고,

㉡ 그 단언(명제)을 불신할 수도 있으며,

㉢ 믿지도 불신도 않은 채, 단지 그 낱말들이 의미하는 바만을 이해할 수도

있다.

이들 세 가지 경우에서 모두 다 저는 실제로 정확히 동일한 의미로 명백히 논의 중인 단언(명제)을 우리가 지각한다고 생각합니다. 이들 세 가지 경우 사이에 있는 차이는, 단지 우리가 믿거나 불신하는 경우에도 또한 우리가 단지 그 단언(명제)을 지각하는 일 이외에도, 다른 무엇인가를 실행하고 있다는 사실에 있습니다. 단순히 그것을 지각하는 일 말고도, 또한 단언(명제)을 향해서 우리는 「믿음」으로 불리는 하나의 태도나 또는 「불신」으로 불리는 또 다른 하나의 태도를 갖게 됩니다. 단언(명제)을 표현하여 말해진 낱말을 듣는 경우에, 실제로 우리가 이런 일들을 실행한다는 의미에서, 그렇다면 정확히 동일한 의미에서 한 가지 단언(명제)을 믿거나 불신하거나 또는 단지 이해하는 일이, 즉, 세 가지 반응이 모두 다 최소한 부분적으로 이 단언(명제)을 지각하는 일로 이뤄져 있습니다. 비록 우리가 믿거나 불신하거나 상관없이 이것 이외에도 다른 어떤 것을 실행하지만, 정확히 동일한 의미에서 우리가 실제로 한 가지 단언(명제)을 모두 세 가지 경우로 지각합니다. 우리가 한 가지 단언(명제)을 지각하는 이런 측면은, 동등하게 이들 세 가지 경우에서 명백히 낱말 지각에 대한 한 가지 측면입니다. 이제 이에 대하여 제가 좀더 자세히 말하게 될 것인데, 이것이 곧 여러분의 주의를 끌어놓고자 하는 측면입니다.

그렇다면 단언(명제)들 및 단언(명제)에 대한 우리의 지각과 관련된 첫 번째 논점은,

「단언(명세)들에 내한 확정적 종류의 시각이 있나」

는 것으로 요약됩니다. 이는 우리가 실제로 단언을 표현하는 말해진 낱말을 듣는 즉시, 한 가지 단언(명제)을 믿든지 불신하든지 단지 이해만 하든지 간에 동등하게 일어납니다(≒그 문장이 가리키는 의미와 상관

없이, 먼저 순수히 그 문장 속에 있는 낱말과 문법 요소들의 통사 관계만을 따지는 일이 됨).

(2) 그리고 두 번째 논점은 다음과 같습니다. 저는 또한 단언(명제)을 표현하는 낱말들을 듣는 대신, 단언을 표현하는 씌어지거나 인쇄된 낱말을 보는 경우에도,65) 물론 그 낱말이 속한 언어를 읽고 이해할

---

65) [역주] 언어가 현실세계에서 관찰되는 방식을 크게 입말(구어, 음성언어)과 글말(문어, 문자언어)로 나눈다('입말·글말'은 김수업 선생[1939~2018]의 용어임). 소쉬르(Saussure, 1857~1913)가 구조주의 언어학을 시작하기 이전까지는 글말이 더 중요한 것으로 여겨 졌었다. 글말 단위는 '문장sentence'으로 부르지만, 서로 구별하기 위하여 입말 단위는 '발화utterance'라고 달리 부른다. 그런데 이전에 막연히 잘못 짐작해 왔듯이, 언어의 산출 과 언어의 처리(이해) 과정이 동일한 경로를 따라 순방향과 역방향을 거치는 것이 아니 다. 두 과정이 공통된 몇 가지 부서를 제외하고서는 별개의 독립된 경로를 따라 일어난 다는 사실이 1990년대 이후 언어심리학에서 잘 밝혀져 있다. 또한 글말의 질서와 입말의 질서도 낱말 선택에서부터 문장 구성에 이르기까지 서로 다른 측면이 많다. 입말의 고유한 특성들은 머카씨(McCarthy, 1998; 김지홍 뒤침, 2010) 『입말, 그리고 담화 중심 의 언어교육』(경진출판)을 읽어 보기 바란다.

언어 산출과정에 대한 논의는 김지홍(2015) 『언어 산출과정에 대한 학제적 접근』(경 진출판)과 정상과학의 반열에 있는 르펠트(Levelt, 1989; 김지홍 뒤침, 2008) 『말하기: 그 의도에서 조음까지』 I~II(나남)을 읽어 보기 바란다. 언어 산출과정은 먼저 상대방 과 의사소통 상황에 대하여 파악하는 일로부터 시작되어, 상대방과의 공통기반과 정보 간격을 가늠한 바탕 위에서 의사소통 의도와 서술관점과 언어 표현을 결정한 뒤에, 입말로써 전달하면서 상대방의 반응을 관찰하여 자신의 의도를 계속 관철시켜 나갈지 를 스스로 즉석에서 결정 짓는 일이 일단 한 가지 주기가 된다. 이를 작동시키는 실체는 「재귀적 점검proprioception」으로 불린다. 현재의 의사소통 진행 정도가 본디 의도와 부합 될 경우에 지속적으로 다음 단계가 이어져 나가겠지만, 그렇지 않을 경우에는 '선한 마음으로' 상대방을 이해시킬 만한 타개책이나 타협점을 찾아내는 일이 신속히 이어지 면서 계속 다음 주기를 작동시켜야 하는 것이다.

언어 산출과정의 한 단면(김지홍 2015 모형*)

영역	단계들 사이 연쇄 흐름에 대한 단면도
화자의 머릿속	⇨ 판단·결정 → 의도 → 서술관점 선택 → 표현 방식 선택 →
⇨ 객관적 외부 대상	→ 외부로 드러나는 언어 표현 (청자의 귀에 전달되는 「음파」 실체) →
⇨ 화자의 머릿속	→ 상대방의 반응 관찰 → 그 반응에 대한 평가 ⇨ (동일과정 반복 순환)

*김지홍(2015), 『언어 산출과정에 대한 학제적 접근』(경진출판)

언어의 이해 과정 또는 처리 과정에 대해서는 정상과학의 반열에 있는 킨취(Kintsch, 1998; 김지홍·문선모 뒤침, 2011) 『이해: 인지 패러다임』 I~II(나남)가 있는데, 184쪽 의 역주 79에서 도표로 정리해 놓았으며, 기억 부서들 간의 연동 모습을 다시 217~219 쪽의 역주 93에서 도표로 만들어 두었다.

그런데 머릿속에서도 언어를 산출하고 처리하기 위해서는 「상위 차원의 언어」가 들 어 있어야 한다. 이전에는 이런 측면을 전혀 의식하지 못했기 때문에 적절한 낱말이 없었다. 대신 최근 연구자마다 이를 가리키는 용어들이 너무 다양하며, 20개를 훨씬

수 있는 조건에서, 우리가 종종 단언(명제)들을 정확히 동일한 의미로 지각함이 분명하다고 생각합니다. 우리가 실제적으로 글을 읽을 적에 일어나는, 씌어지거나 인쇄된 문장들의 의미에 대한 이런 이해가, 분명히 우리가 말해진 것으로 듣는 문장(≒발화)들에 대한 이해가 그러하듯이, 정확히 동일한 의미에서 단언(명제)들에 대한 지각이라고 생각합니다. 그러나 마치 이들 두 가지 경우에서 모두 다, 즉, 단언(명제)들을 표현하는 말해진 문장을 듣거나 또는 씌어지거나 인쇄된 이들 문장을 보든지 간에 상관없이, 정확히 동일한 의미에서 단언(명제)들을 이해하듯이 또한 분명히 우리가 단언(명제)들을 표현하는 어떤 낱말도 듣지도 보지도 않은 경우에라도 아주 종종 그러하다고 생각합니다.

단언을 표현하는 낱말을 아무런 것도 듣지도 보지도 않은 순간에라도, 우리는 항상 단언(명제)들을 생각하며, 믿거나 불신하거나 단지 고려합니다. 그렇게 함으로써, 우리가 씌어지거나 말해진 문장들의 의미를 실제 이해하는 경우에, 단언(명제)들을 지각하는 것과 정확히 동일한 의미로, 우리는 아주 빈번히 단언(명제)들을 지각하고 있습니다. 따라서 의심의 여지없이, 단언(명제)들을 표현하는 낱말을 어떤 것도 듣지도 보지도 않은 채 미리 단언(명제)들을 실제 지각하는 경우에, 머릿속에서 우리 정신 앞에 종종 단언(명제)들을 표현함직한 낱말에 대하여 감각인상(≒기억에서 인출해 낸 것임)들을 갖게 됩니다. 그렇지만 설령 심지어 단언(명제)들을 표현함직한 낱말들의 감각인상을 어떤 것도 우리 정신 앞에 갖고 있지 않다고 하더라도, 저는 정확히 동일한

더 넘는다. 대략 이를 '머릿속 언어' 또는 '사고 언어'라고 부를 수 있는데, 러시아 심리학자 레프 뷔고츠키(L. Vygotsky, 1896~1934)는 '내적 언어inner speech'라고 불렀고, 언어학자 노엄 참스키(N. Chomsky, 1928~) 교수는 'I-언어'라고 부른다. 자세한 논의를 보려면, 참스키(2000) 『언어와 정신의 연구에서 새 지평(*New Horizons in the Study of Language and Mind*)』와 췌이프(Chafe, 2018) 『사고에 기반한 언어학(*Thought-Based Linguistics*)』(두 권 모두 Cambridge University Press)과 심리학자들이 쓴 조명한 외 (2003) 『언어 심리학』(학지사)를 읽어 보기 바란다. 심리학에서는 '이해'라는 낱말보다 처리processing라는 말을 선호한다. 김지홍(2019), 「비판적 담화 분석에 대하여」(원고본)에도 언어 산출과정과 이해과정을 요약해 놓았다.

의미로 단언(명제)들을 지각하는 일이 분명히 가능하다고 생각합니다. 따라서 우리가 희망사항을 표현할 만한 문장을 아무거나 생각할 수 있기 이전에라도, 우리는 표현하고 싶은 어떤 단언(명제)을 미리 떠올려 지각할 수 있습니다. 해당 단언(명제)을 지각하고 그것을 언어로 표현하려고 하면서, 머릿속에 미리 떠올릴 수 있는 낱말들은 아무런 것도 우리가 지각하고 있고 전달하고자 하는 해당 단언(명제)을 정확히 표현하는 것은 아닐 것입니다(≒미리 상상하면서 하나의 단언을 떠올리고 있는 중이며 이것을 언어 표현으로 바꾸고자 하는 것이기 때문임).

그렇다면 단언(명제) 및 우리가 단언(명제)을 지각하는 일과 관련하여, 두 번째 논점은 다음처럼 요약됩니다. 즉, 우리가 그 의미를 이해하는 어떤 말해진 낱말들을 듣는 경우에, 단언(명제)들을 지각하는 정확히 동일한 의미로, 우리가 단언(명제)들을 표현하는 낱말들을 어떤 것도 보지도 듣지도 않은 경우에라도 머릿속에서 또한 종종 그 단언(명제)들을 지각하며, 아마 심지어 단언(명제)들을 표현함직한 낱말들의 감각인상을 어떤 것이든지 간에 우리 정신 앞에 갖고 있지 않는 경우에라도 그러할 것입니다.

(3) 세 번째 논점은 다음과 같습니다. 이런 의미에서 그리고 이들 서로 다른 모든 경우에서, 우리가 지각하는 단언(명제)들은 우리가 지각하는 많은 대상들과는 분명히 아주 다른 종류의 대상이라는 것입니다. 예를 들어, 제가 어떤 감각자료, 가령, 색깔을 띤 어떤 '경험조각'을 직접 지각하는 경우에, 색깔 띤 그 '경험조각'이 분명히 우리가 말하고 있는 이들 단언(명제)과 동일한 종류의 대상은 아닙니다. 색깔 띤 '경험조각'은 그 자체로 한 가지 단언(명제)이 아닌 것입니다. 한 가지 단언(명제)과 한 가지 단언(명제) 아닌 것 사이에 있는 차이점을 가장 분명하게 표현하는 방법은, 단언(명제)이 일반적으로 「어떤 전체 문장에 의해 표현된 특정 종류의 대상」이라고 말하는 것입니다. 저는 '특정 종류의 대상'이라고 말하는데, 왜냐하면 이미 살펴보았듯이 우리가

실제적으로 조금도 입 밖으로 표현되지 않은 많은 단언(명제)들을 미리 지각할 수 있기 때문입니다. 그리고 제가 일반적으로 단언(명제)이 어떤 전체 문장에 의해 표현된다고 말하였는데, 왜냐하면 가령

"꺼져 버려!"(내 눈앞에서 당장 없어져!)

(Go away!)

와 같은 명령문은 전혀 단언(명제)을 표현하지 않기 때문이며,66) 또 단언(명제)들이 때때로 단일한 낱말로도 표현되기 때문입니다. 예를

---

66) [역주] 전통적인 논리학(10쪽의 역주 2 참고)에서는 '판단 형식'으로서 단언(명제)이 주어와 술어의 형태를 갖추었더라도, 명령문은 의문·감탄·청유·기원문 따위처럼 현실 세계에서 판단 당시에 대응할 만한 구체적인 사건이 전혀 없으므로, 참값이나 거짓값을 배당하지 못한다고 봤었기 때문에, 단언(명제)의 범위에서 완전히 제외되어 있었다. 무어 교수의 제자인 뷧건슈타인(초기 논리실증주의 주장)은 한걸음 더 나아가, 단언이 현실세계에서 사건과 마치 사진처럼 대응되어야 참값 여부를 알 수 있지만, 명령문 따위는 그렇지 못하므로 사이비 단언으로 진리의 세계에서 몰아내어야 할 대상으로 취급되기도 하였다(뒤에 뷧건슈타인은 자신의 주장을 스스로 뒤집어 엎고서, 언어의 의미는 오직 '맥락을 지닌 언어 사용'에 있다고 봤음).

그렇지만 일상언어에 대한 분석이 심화되면서, 옥스퍼드 대학의 존 랭쇼 오스틴(John Langshaw Austin, 1911~1960) 교수에 의해서 설사 실천이나 수행과 관련된 문장이라도 그 속뜻을 파악한 대화 참여자(화자 및 청자)에 의해서 성실히 말해지고 실천된다면 참값이 배당될 수 있다는 착상이 생겨났다. 이를 '일상언어 학파ordinary language school' 또는 '일상언어 철학'이라고 불렀다. 서술 단정문으로 된 종래의 단언(명제)은 실세계에서 해당 사건과의 대응 관계를 놓고 참값 여부를 따지는 기준을 삼았었다. 이런 기준에서는 명령문이나 기원문이나 약속 따위가 참값을 가질 수 없기 때문에, 단언(명제)의 범위 속에서 배제되어 있었다. 그렇지만 이런 예외적 문장들조차 「만일 성실하게 말하고 성실하게 이행(수행)한다면, 현실세계에서 완결될 수 있는 사건으로 취급되어 참값을 배당할 수 있음」을 처음으로 오스틴 교수가 자각하였다. 그는 항상 언어 행위가 반드시

「외현된 언어 표현 → 그 속에 깔려 있는 속뜻 → 그 속뜻을 온전히 실천함」
(locution → illocution → perlocution)

이라는 세 가지 층위로 이뤄져 있다고 보았다. 이것들이 적절히 작동됨으로써 '만족 조건felicitous conditions'이 충족되고, 이런 상태에서 비로소 이에 참값이 배당된다고 보았다(618쪽의 역주 232도 참고 바람).

오스틴 교수의 하버드 대학 윌리엄 제임스 기념 강연 「낱말을 사용하는 방법(How to Do Things with Words)」이 두 종 번역되어 있다. 언어학자 장석진 뒤침(1990)『오스틴: 화용론』(서울대 출판부)과 철학자 김영진 뒤침(1992)『말과 행위』(서광사)인데, 서로 대조하면서 읽을 수 있다. 오스틴 교수의 제자 써얼(Searle, 1998; 심철호 뒤침, 2000)『정신·언어·사회』(해냄)도 같이 읽어 보기 바란다.

들어, 어떤 사람이

"불이야!"

(Fire!)

라고 외칠 경우에, 어떤 단언(명제)을 표현하고 있습니다. 아마 온전한
문장으로서

"거기에 불이 나고 있다!"

(There is a fire taking place)

로 표현됨직한 단언(명제) 문장을 표현하고 있는 것입니다.

그러나 만일 단언(명제)이 일반적으로 어떤 온전한 문장으로 표현된
종류의 대상이라고 말한다면, 저는 아주 명백히 「한 가지 단언(명제)
문장이 있다」는 그런 종류의 대상을 가리킨다고 생각합니다. 조금이
라도 입 밖으로 표현된 경우에, 단언(명제)이 아닌 대상들은 흔히 단일
한 낱말이나 낱말들의 모음collection of words에 의해 표현되겠지만(뒤에
서는 한 가지 이름이나 명칭을 a name으로 부르는데, 514쪽의 역주 194와
591쪽의 역주 223을 보기 바람), 이는 온전한 문장을 만들어 주지는 못합
니다. 따라서 제가 다음 전체 문장을 말한다고 가정해 봅시다.

「지금 내가 보고 있는 색깔 띤 이 '경험조각'이 현존한다」

(This "patch" of colour, which I now see, exists)

이 문장의 한 부분, 즉 「지금 내가 보고 있는 색깔 띤 이 경험조각」이
란 낱말들이, 아마 지금 실제로 제가 직접 지각하고 있으며, 그리고
단언(명제)이 아닌 색깔 띤 이 경험조각을 '표현하거나' 언급한다고 말
할 수 있습니다. 그리고 분명히 이 색깔을 언급하는 특정한 일련의

낱말들이 단독으로 온전한 문장을 형성하는 것은 아닙니다(늘 '주어'가 반드시 '술어'와 결합한 뒤에, 다시 「~라는 것이 참값이다」라는 판단 형식을 갖춰야 단언으로 되는데, 그 형식은 633쪽의 역주 240을 보기 바람). 「지금 내가 보고 있는 색깔 띤 이 경험조각」이 단독으로 온전한 문장은 아닌 것입니다. 그리고 비슷하게, 어떤 온전한 문장을 말할 때마다, 한편으로 완벽한 전체 문장이 한 가지 규칙으로서 어떤 단언(명제)을 표현하겠지만, 이와는 달리 그 단언(명제)이 구성되어 있는 일부 낱말들이나 일련의 낱말들은 단언(명제)이 아닙니다.

예를 들어, 다시 「둘에 둘을 곱하면 넷이다Twice two are four」라는 문장을 살펴보기로 하겠습니다. 이미 살펴보았듯이, 이 전체 문장은 실제로 한 가지 단언(명제)을 표현합니다. 그렇지만 만일 이것이 구성되어 있는 낱말들 중 어느 하나, 가령, 「둘two」을 끄집어낸다면, 이 낱말이 단독으로는 완벽한 문장을 만들지도 못하고, 단언(명제)을 표현하지도 못합니다. 그렇지만 이 낱말은 실제로 무엇인가를 표현하고 있습니다. 「둘two」이란 낱말로써 우리가 의미하는 바는, 분명히 어떤 것something입니다. 그러므로 이 어떤 것이 존재하며, 모종의 것이 되겠지만, 아직 단언(명제)이 되는 것은 아닙니다. 사실상 한 가지 단언(명제)을 이해할 경우마다, 우리는 언제나 또한 단언(명제)이 되지 못하는 대상들도 지각합니다. 다시 말하여, 해당 단언(명제)을 표현함직하며, 그 온전한 전체 문장을 구성하고 있는 낱말들의 일부로 표현될 수 있는 대상들입니다.

그렇다면 단언(명제)들 및 이에 대한 우리의 지각과 관련하여, 세 번째 논점은 다음처럼 요약됩니다. 단언(명제)들이 결코 우리가 지각하는 유일한 종류의 대상이 아니며, 우리가 실제로 한 가지 단언(명제)을 지각할 때마다 언제나 또한 단언(명제)이 되지 못하는 그 밖의 어떤 것도[67] 지각한다는 사실입니다.

---

67) [역주] 무어 교수의 주장은 프레게의 일원론적 접근과는 다르다(144~145쪽의 역주 59

(4) 그리고 단언(명제)들과 관련하여 네 번째 논점은 다음과 같습니다. 즉, 제가 이 용어를 쓰고 있는 의미에서, 단언(명제)들은 분명히 적합하게 참값이나 거짓값이라고 언급될 수 있는 종류의 대상입니다. 일부 단언(명제)들은 참값의 단언이며, 일부 다른 단언(명제)들은 거짓값의 단언입니다. 제가 이런 논점을 언급하는 이유는, 일부 철학자들 (≒관념론자나 유심론자)이 믿음의 행위an act of belief(믿는 일)를 제외한다면, 아무런 것도 적합하게 참값이거나 거짓값이 된다고 언급할 수 없으며, 따라서 믿음의 행위가 아닌 단언(명제)들은 적합하게 진리값을 갖지 못한다고 여기는 쪽으로만 쏠려 있는 듯하기 때문입니다. 여기서 비록 의심받을 것이라고 생각하지만, 제가 「믿음의 행위가 적합하게 참값이나 거짓값으로 된다」고 말할 수 있음을 부인하고 싶은 것은 아닙니다. 의심의 여지없이, 우리는 실제로 참된 믿음과 거짓 믿음에 대해서 말합니다. 따라서 아무튼 「믿음이 적합하게 참값이나 거짓값이 된다」고 말할 수 있는 것입니다. 그렇지만 저는 실제 사실이, 다른

참고). 프레게는 술어(그의 용어는 함수[function]임)가 그 자체로서 「아직 채워지지 않은 논항unsaturated argument이 있는 형식」이라고 본다. 즉, 열린 형식이 되므로 아직 진리값을 배당해 줄 수 없는 것이다. 오직 비어 있는 자리가 채워져야만 닫힌 형식closed formulae이 되므로, 참값이든지 거짓값이든지 어느 하나를 배당받게 되는 것이다. 예를 들어, 상징논리학(또는 기호논리학)의 표현 방식에 따르면 '철수가 한국인이다'는 한국 사람이라는 집합 K(Koreans)와 그 집합의 원소인 철수 c로 나타낼 수 있다. 흔히 이를 'Kc' 또는 'K(c)'로 표기한다. 만일 언제나 고정된 값을 갖는 상항constants이 아니라 변항 variable x, y, z 등을 도입하면, 그 변항이 참값을 지닐 범위를 양화사로 표시해 주어야 한다. 즉, '∃x[Kx]'로 표기하거나 '∃x[K(x)]'로 표기한다. 여기서 열린 형식open formulae 이란 'K_'처럼 되어 있거나 'Kx'처럼 되어 있는 경우를 가리키는데(아직 덜 채워진 unsaturated 형식으로도 부름), 전자는 어떤 개체가 한국인들의 집합에 속하는지 명시되어 있지 않고, 후자는 한국 사람들의 집합에 속하는 범위가 지시되어 있지 않다. 따라서 진리값을 배당할 판단·결정의 대상이 되지 못하는 것이다. 오직 상항이 주어져서 'Kc'로 표현되거나, '∃x[Kx]'로 표현되어야만 닫힌 형식으로 되고, 우리가 내세운 담화 세계에서 참값을 배당받는다.

본문에서 무어 교수의 주장은 단언(명제) 자격이 없는 '열린 형식'도 무엇인가를 의미하므로, 그런 무엇인가를 지각할 수 있다고 보는 것이다(제11장에서 상상의 동물들을 염두에 두기 때문이며, 이것들에 한 가지 이름[a name]이라는 지위를 부여함). 그렇지만 뒤친이는 이것이 명제 자격을 따지는 판단과 결정 과정의 상위 인지 차원을, 단언(명제) 차원과 동일하게 도입하는 것이다. 따라서 무어 교수의 이런 입장이 차원들 간의 혼효를 빚는 큰 결함 요인이 된다.

많은 낱말들에서처럼 '믿음'이라는 낱말도 두 가지 서로 다른 의미로 쓴다는 것이라고 생각합니다.68) 의심의 여지없이, 가끔씩 우리는 '믿음-belief'이란 말로써

ⓐ「믿음의 행위(an act of belief, 믿는 일)」

를 의미하지만, 저는 아주 종종 '믿음'이란 말로써 간단히

ⓑ「믿어진 단언(명제) 내용(the proposition which is believed)」

을 의미한다고 생각합니다. 예를 들어, 서로 다른 두 사람에 대하여

---

68) [역주] '믿음-belief'이란 낱말이 ⓐ 믿는 행위 그 자체와 ⓑ 결과물로서 믿어진 내용 또는 단언 내용을 가리킨다. 이런 중의성은 이 낱말에만 국한되지 않는다. 머릿속 '감각자료'에 대한 88~89쪽의 역주 35에서, 무어 교수는 sensation이 결과물로서의 감각자료를 가리킬 뿐만 아니라 또한 감각 경험 과정도 가리키므로, 두 개의 서로 다른 개념을 한 낱말로 뭉쳐 놓아 혼란을 자초한 것으로 비판하였다. 따라서 무어 교수는 이 용어를 각각 sense-data감각자료와 직접 지각이나 감각 경험sense experience(또는 patch 경험조각)으로 따로 쓰고 있다. 조금 뒤에서는 참값·거짓값도 또한 삼중의 용법으로 쓰임을 논의한다.

　ⓒ 단언(명제)에 적용되는 용법
　ⓛ 그런 단언(명제)을 믿는 일, 즉, 믿음에 적용되는 용법
　ⓒ 언어 없이 손짓으로 가리켜진 지시 행위에 적용되는 용법

진리값은 한 가지 단언(명제)에 대한 판단·결정 과정을 거쳐 내려진 것이므로, 이런 판단·결정은 문장으로 된 단언 문장뿐만 아니라 손짓으로 가리키는 지시행위에도 동시에 적용될 수 있다는 측면에서 「상위 차원의 의식 활동」이다.

그렇지만 이런 의미의 확장은 예외적인 것이 아니다. 최근 언어학 연구에서는 인간의 언어에서 보편적으로 일어나는 개념 분화 활동임을 알아내었다. 즉, 어느 언어에서이든지 낱말이 파생되는 방식이 적어도 세 단계를 거쳐 일어남을 찾아낸 것이다(Levin and Rappaport-Hovav, 2005, 『논항 실현 모습(*Argument Realisation*)』, Cambridge University Press). 임의의 동사가 있다면, 이 동사가 현실세계에서 사건을 일으켜서 진행 과정을 표시할 수 있고, 어떤 종결짐에 이르러 결과 상태를 나타내며, 그 결과로서 산출물이나 결과물이 나올 수 있다. 이를 다음처럼 나타낼 수 있다.

「동사: 진행 과정 → 결과 상태 → 관련된 산출물」

이런 파생 과정을 보여 주는 우리말 접미사와 영어의 접미사의 사례들을 보이면 다음과 같다(영어에서는 낱말 파생 접사와 분사를 만드는 어미가 동일한 형태를 쓰고 있는데, 후자는 우리말에서 각각 현재 분사가 '-는'에, 과거 분사가 '-은'에 대응함). 단, 일부 사례에서는 이런 형태들의 구분이 없이 여러 영역에 걸쳐 같은 낱말이 이용될 수도 있고, 전혀 다른 낱말로 대치될 수도 있음에 유의할 필요가 있다.

종종 「그들이 동일한 믿음을 품고 있다」고 말합니다. 저는 여기서 어떤 것이든지 간에 한 사람에 의해 실천된 믿음의 행위가, 다른 사람에

낱말 파생의 일반절차

동사(기본어미 '-다')	진행 과정('-기')	결과 상태('-음')	산출물('-이/-개/-람/∅' 등)
믿다(to believe)	믿기(believing, 믿고 있는)	믿음(believed, 믿은)	믿음(belief), 미더움/미쁨(trust)
알다(to know)	알기(knowing, 알고 있는)	알음/앎(known, 안)	앎(knowledge), 알음-알이(acquaintance)
살다(to live)	살기(living, 살고 있는)	삶(lived, 산)	사람(man), 삶(life), 종-살이(living)
죽다(to die)	죽기(dying, 죽고 있는)	죽음(dead, 죽은)	주검(death)
묻다(to bury)	묻기(burring, 묻고 있는)	묻음(burried, 묻은)	무덤(burial), 조개-무지(relics)
꾸짖다(to scold)	꾸짖기(scolding, 꾸짖고 있는)	꾸짖음(scolded, 꾸짖은)	꾸지람/꾸중(reproach)
보다(to see)	보기(seeing, 보고 있는)	봄(seen, 본)	보기(examplar), 보람(reward)
웃다(to laugh)	웃기(laughing, 웃고 있는)	웃음(laughed, 웃은)	웃음(laugh), 웃음-웃이(laughter)
막다(to stop)	막기(stopping, 막고 있는)	막음(stopped, 막은)	마개(stopper), 보-막이(dam)
생각하다(to think)	생각하기(thinking, 하고 있는)	생각함(thought, 생각한)	생각/사고 내용(thought)
[떡]볶다(to roast)	[떡]볶기(roasting, 볶고 있는)	[떡]볶음(roasted, 볶은)	[떡]볶이(roaster)
돕다(to help)	돕기(helping, 돕고 있는)	도움(helped, 도운)	도우미(helper)
짓다(to make, build)	짓기(making, building, 짓는)	지음(made, built, 지은)	짓(act), 질(vocation), 짓-거리
지나다(to pass)	지나기(passing, 지나고 있는)	지남(past, 지난)	옛날(past)

이런 입장에서 본다면, 88~89쪽의 역주 35에서 언급된 sensation의 중의성은 체계적인 파생으로서 각각 진행 과정(직접 지각)과 결과 상태('물의를 일으키다'는 의미에 해당할 듯함)와 관련 산출물(감각자료)로서 설명할 수 있다. 무어 교수는 이 중 오직 두 가지만 거론했음을 알 수 있다. 우리말에서처럼 '믿다'라는 동사도 또한 믿게 되는 진행 과정(믿기)와 그 결과 상태(믿음)와 관련된 산출물(믿음, 미더움[믿+업+음], 미쁨[믿+브+음])로 파생되어 나올 것임을 예측할 수 있다. 특히 우리말에서는 오직 내 자신의 믿음의 상태(믿음, 미쁨)와 상대방을 향한 믿음(상대방이 주는 신뢰감)만을 파생어로 갖고 있다(미덥다에서 나온 '미더움'). 그렇지만 영어에선

「to believe → *believing* → believed → *belief / proposition*」

이라는 형태로 구현된다. 무어 교수가 언급한 두 가지 뜻은 이런 파생 형태 중에서 ⓐ 믿는 과정이나 믿는 행위believing, ⓑ 믿어진 내용이나 믿어진 대상proposition이다. 이는 앞의 도표에서 각각 진행 과정 및 관련 산출물에 대응한다. 이는 영어의 '생각하다'가 파생되는 모습과 일치한다.

「to think → *thinking*(생각하기) → thought → *thought*(결과물로서 생각의 내용)」

마치 우리말의 '지나다'가 진행 과정은 '지나기'로, 관련 산출물은 '옛날'(지난 일)로 달리 쓰이듯이, 무어 교수는 to believe믿다라는 ⓐ 사건의 진행 과정을 believing을 선택하지 않고 *belief*로 보았고, ⓑ 관련된 믿음의 내용을 belief를 선택하지 않고 대신 '*proposition*'으로 간주하고 있는 셈이다. 이런 다른 선택지는 아마 영어 모어 화자들 사이에 있는 변동일 듯하다.

의해 실천된 믿음의 행위로서 '동일한 행위'라고 말하고 있음을 의미하는 것은 분명히 아니라고 생각합니다. 두 가지 믿음의 행위는 분명히 다른데, 수치상으로numerically(서수상으로) 다른 것입니다. 하나의 행위는 한 사람의 행위이고, 다른 행위는 다른 사람의 행위인 것입니다. 우리가 분명히 이들 두 가지 행위가 동일함을 주장하는 것은 아닙니다. 두 사람이 모두 동일한 믿음을 지닌다고 말할 경우에, 저는 우리가 실행한 것이

「서로 다른 그 행위 둘 모두에서 믿어진 내용이 동일함」(명제 내용이 동일함)
(what is believed in both of the two different acts is the same)

을 의미한다고 생각합니다. 믿음이란 낱말로써 사실상 우리는 「믿는 그 행위the act of belief」가69) 아니라, 오히려 「믿어진 내용what is believed(명제 내용)」을 의미합니다. 그리고 믿어진 내용은 제가 단언(명제)이라는 말로써 의미한 것 외에 아무런 것도 아닙니다. 그러나 「믿는 행위도 적합하게 참값이나 거짓값으로 될 수 있다」고 여기기로 하겠습니다. 심지어 이것이 그렇다고 하더라도, 제가 그 용어에 배당해 놓은 의미에서나 혹은 서로 다른 의미에서라도, 단언(명제)들이 적합하게 참값이 되거나 또한 거짓값이 된다고 언급될 수 있을 듯합니다. 왜냐하면 단언(명제)이란 낱말로써 의미하는 바가, 단순히 참된 행위로서의 어

---

69) [역주] an act of belief믿는 행위 한 가지는 복합 명사 구절이다. 여기에 쓰인 belief는 162~163쪽 역주 68의 도표에서, 진행이나 전개 과정을 표시해 주는 파생 낱말 believing믿기, 믿고 있는, 믿는과 동일한 것이다. 따라서 an act of belief를 축자 번역하여 '한 가지 믿음의 행위'로 부르기보다, '믿는 행위'라고 불러야 우리말답게 느껴진다. 전형적으로 단언(명제)이 가리키는 내용이 참값·거짓값을 받지만, 무어 교수는 또한 믿는 행위도 참값·거짓값을 받을 수 있다고 본다. 이른바 단언 태도 또는 명제 태도도 참과 거짓으로 나뉘어야 한다고 보는 것이다. 대응 관계에 의해 두 값이 나뉘는 것이다. 그런데 무어 교수의 주된 목적은, 거짓된 단언(명제)들의 범주에 상상의 세계에 있는 이야기들을 포함하거나 상상의 동물들을 포함하려는 것이다. 이것이 제13장의 주제가 된다. 따라서 이 책에서는 「남을 속이려는 의도」로부터 나온 '거짓말' 따위나 남을 음해하기 때문에 요즘음 크게 문제가 되는 '거짓 뉴스'들을 다루려는 것이 아님을 명백히 해 둔다.

떤 믿음의 행위라는 측면에서, 거짓인 또 다른 믿음의 행위와는 다른 것임을 의미하거나, 아니면 속성상 둘 모두 참값이 되거나 둘 모두 거짓값인 상이한 두 종류의 믿음 행위가 서로 다름을 의미하기 때문입니다. 한 가지 믿음의 행위가 참인 덕택에 분명히 그 속성(≒단언 내용)이 참값으로 됩니다. 거짓인 또 다른 믿음 행위는 그 믿음이 둘 모두 공통적으로 지닌 속성이 될 수는 없습니다. 그 믿음이 둘 모두 믿는 행위라는 사실이 성립될 수 없는 것입니다.[70] 우리가 단순히 믿는 행위이기 때문에 한 가지 믿음이 참값이고, 동일한 이유로, 즉, 단순히 믿는 행위이기 때문에 다른 믿음이 거짓값이라고 말할 수는 없습니다. 한 가지 믿음을 참값으로 만들고, 다른 믿음을 거짓값으로 만드는 것은, 반드시 그 믿음들이 차이가 나는 측면에 있는 것으로 되어야 합니다. 그 내용이 무엇을 다루든지 간에 상관없이, 제가 의미하듯이 그 믿음들의 다른 측면이 그 각각의 믿음에서 지각된 단언(명제)에 의한 것이 되어야 합니다.

그러므로 설사 우리가 어떤 믿음의 행위가 이들 낱말의 한 가지 의미에서 적합하게 참값이나 거짓값이라고 언급될 수 있는 일 이외에 아무런 것도 인정하지 않는다고 하더라도, 저는 반드시 단언(명제)이 참값·거짓값이 되는 또 다른 대응 의미가 있음을 인정해야 한다고 생각합니다. 모든 참된 믿음의 행위는, 부분적으로 임의의 단언(명제)에 대한 지각으로 이뤄져 있습니다. 그리고 모든 거짓된 믿음의 행위도

---

70) [역주] 오직 「참값의 믿음」만을 전형적인 믿음으로 부르려고 하는 것이다. 그렇다면 거짓값을 지닌 믿음 따위는 공상이나 상상이나 또는 착각으로 부를 수 있을 것이다. 믿는 마음의 작용을 따지는 것이 아니라, 전형적으로 믿음의 속내(내용)가 올바른지 여부를 따지려는 것이다. 그렇지만 다시 여기에서도 참된 믿음을 확인하는 판단과 검사의 기준이 무엇이 될지에 대한 또 다른 난제가 깃들어 있다. 믿음을 판정하는 상위의 믿음은, 마치 공인된 자격을 갖춘 재판관만이 피고인들을 판결을 할 수 있듯이, 각별한 자격 기준이 내세워져야 하는 것이다. 그렇지만 도깨비나 유령이 존재한다고 강력히 진실되게 믿는다고 하더라도, 누구나 현실세계에서 「도깨비나 유령이 실제로 있다」고 말할 수 없다. 그런 만큼 공상·상상·현실의 염원·간절한 소원 사이에 명확한 금을 긋기가 어려울 듯하다. 뒤친이가 알기로는, 현재 '믿다'라는 동사의 내포문은 불투명 맥락 opaque context을 지니므로, 일반적으로 진리값을 확정지을 수 없다고 처리한다.

또한, 부분적으로 임의의 단언(명제)에 대한 지각으로 이뤄져 있습니다. 참된 믿음의 행위로 지각된 단언(명제)은 어떤 것이든지 간에, 반드시 거짓된 믿음의 행위로 지각된 임의의 단언(명제)과는 서로 달라야 합니다. 결과적으로, 참된 믿음의 행위로 지각된 모든 단언(명제)들은, 거짓된 믿음의 행위로 지각된 단언(명제)들의 주장에서 갖고 있지 않은, 어떤 공통 속성을 반드시 갖고 있어야 하는 것입니다. 이런 속성을 '진리truth'라고 부르지 말아야 할 이유는 없습니다. 비슷하게 거짓된 믿음의 행위로 지각된 모든 단언(명제)들에서 공통적으로 지닌 속성을 '거짓falsity'이라고 부를 수 있습니다.

그렇다면 단언(명제)이란 적합하게 참값·거짓값으로 언급될 수 있는 일종의 대상입니다. 이 진리값은 단언(명제)인 것과 단언(명제)이 아닌 것을 구분하는 한 가지 방식을 우리한테 제시해 줍니다. 왜냐하면 정확히 단언(명제)이 참값이거나 거짓값이라는 동일한 의미에서, 단언(명제)이 아닌 것은 아무런 것도 참값이나 거짓값으로 될 수 없기 때문입니다. 사실상 '참true'과 '거짓false'이란 낱말에도 두 가지 다른 의미가 있으며, 단언(명제)들이 참값이거나 거짓값이라는 의미와 밀접히 연결되어 있다고 말할 수 있습니다. 우선 만일 「믿는 행위」가 조금이라도 적합하게 참값이나 거짓값으로 언급될 수 있다면, 믿는 행위도 참값이거나 거짓값이 되는 의미가 있는 것입니다. 어떤 것이든 믿는 행위는 그 믿음 속에서 믿어진 단언(명제)이 참값인 필요·충분조건에서if and only if71) 참값이 됩니다. 또는 이를 다른 방식으로 표현한다면

---

71) [역주] iff로 줄여 쓰기도 하는 if and only if는, 공역과 공변역co-domain(치역) 사이에 있는 두 집합의 원소들 사이에서 충분조건과 필요조건이 둘 모두 충족되는 경우를 가리킨다. 이를 우리말로 '~면 오직 그런 경우에라야'처럼 번역하는 경우도 있지만, 본디 취지를 벗어나 버린다. 이는 수학과 논리학에서 엄격히 정의되어 쓰는 고유한 용어이며, 명사구 sufficient and necessary condition필요·충분조건이라고 말한다. if 조건이 충분조건이고, only if 조건이 필요조건이다. 여기서 영어의 순서와 우리말 순서가 서로 뒤바뀌어 있는데, 충분조건들을 다 모아야 필요조건이 되므로 '충분·필요조건'으로 되어야 타당하다.
　이 조건은 일상언어 용법과 다르게 적용되므로 각별히 주의를 요한다. 가령, 음과 양의 정수 세계(치역 또는 공변역으로 불림)를 놓고서, $x^2=4$를 만족시키는 해solutions는

다음처럼 말할 수 있습니다.

「어떤 것이든지 간에 단언(명제) 속에 있는 믿음으로서 믿는 행위가, 참된 믿음이 될 만한 필요·충분조건에서는, 단언(명제)이 어떤 것이든지 간에 참값이 된다. 어떤 것이든지 간에 단언(명제) 속에 있는 믿음으로서 믿는 행위가, 거짓된 믿음이 될 만한 필요·충분조건에서는, 단언(명제)이 어떤 것이든지 간에 거짓값이 된다.」

(A[72]) proposition is true, if and only if any act of belief which was a belief in it, would be a true act of belief. A proposition is false, if and only if any

---

[+2, -2]이다. 여기서 하나하나씩은 충분조건으로 불린다(정답이 되기에 하나만으로도 충분하다는 뜻임). 그렇지만 필요조건은 「모든 충분조건을 다 모아 놓은 것」으로서, 모든 해를 다 모은 것을 가리킨다(모든 충분조건들을 다 모을 필요가 있다는 뜻임). 그렇지만 자연언어에서 쓰이는 속뜻은 '충분하다'라는 말이 어떤 기준을 넘어서 남는 것이 있음을 뜻하기 때문에, 이런 수학상의 정의 방식과 충돌하여 자주 착각을 불러일으킨다(필요조건을 최소한의 것으로, 충분조건을 최대한의 것으로 착각함). 논리학과 수학에서 쓰는 충분조건이란 최소한 어떤 것이든지 하나만이라도 이 함수를 만족시키기에(해가 되기에) 충분하다는 뜻이다. 이를 일상적 용법으로 표현한다면 「좀 모자라지만 그래도 최소 조건을 만족시킬 수 있음」을 의미한다.

이 용어가 자주 착각을 불러일으키므로, 여기서는 학문상의 고유한 개념을 가리키는 용어임을 감안하여 '~인 필요·충분조건에서 ~하다'처럼 번역해 놓기로 한다. 똑같은 개념을 저자는 다른 모습으로도 쓰고 있어서, 특별히 언급해 둔다. 제14장에서 잦은 빈도로 one fact, and one fact only(가령, 초판 원문 256쪽, 재간 279쪽)로 쓰거나, to one fact and to one only(가령, 초판 원문 267쪽, 재간 291쪽)로도 쓰고 있다. 절대 쓸데없는 반복 표현이 아닌 것이며, 같은 말의 반복을 피하려는 어휘 사슬 형식에 불과하다(619쪽의 역주 233을 보기 바람). 또한 제15장에서 ⋯belongs to every true belief and only to true beliefs(초판 원문 283쪽, 재간 308쪽)와 제17장에서 ⋯belongs to all truths and only to truths(초판 원문 309쪽, 재간 336쪽)이란 표현도 동일하게 참된 믿음에 대한 필요·충분조건과 진리값에 대한 필요·충분조건을 가리켜 주는 것에 불과하다. 「모든 참된 믿음에 그리고 오직 참된 믿음들에만 속한다」, 「모든 진리들에 그리고 오직 진리들에만 속한다」처럼 축자 번역을 한다면 헷갈리게 할 뿐이다. 오히려 쉽게 개념을 떠올릴 수 있도록 각각 「참된 믿음의 필요·충분조건에 속한다」, 「진리값들의 필요·충분조건에 속한다」로 번역해 주는 쪽이 더 정확하며 개념 형성 작업을 도와 준다. 이런 필요·충분조건에 관한 표현은 부록에 이를 때까지 꾸준히 나온다. 전형적으로 all X and only X로 쓰거나 every X and only X처럼 쓰인다.

72) [역주] 뤄쑬(1937, 개정판)『수학의 원리(*Principles of Mathematics*)』(Norton)에서는 부정관사 a하나의, an arbitrary제멋대로 뽑은 하나, any어떤 것이든지 간에 하나만 뽑은은 전혀 구별되지 않고 하나의 개념으로 정의되어 있다. 본문에서 비록 자연언어의 관사 형태가 다르더라도 a proposition이나 any proposition이나 an arbitrary proposition은 모두 다 동일한 개념이며(370쪽의 역주 132), 서로 낱말의 사슬 관계에 해당하는 것이다. 낱말(어휘)의 사슬 관계에 대해서는 33쪽의 역주 8과 288~289쪽의 역주 115와 330쪽의 역주 120과 331쪽의 역주 121을 읽어 보기 바란다.

act of belief which was a belief in it, would be a false act of belief)

여기서 해당 내용을 표현하는 이들 두 가지 방식 중에서, 저는 어느 쪽이 더 나은 것인지를 자명한 양 말하지는 않을 것입니다. 다시 말하여, 믿는 행위가 참값·거짓값이라는 의미가, 반드시 단언(명제)들이 참값·거짓값이 되는 것을 참고함으로써 정의될 수 있는지 여부, 또는 단언(명제)들이 참값·거짓값이 되는 의미가, 믿는 행위가 참값·거짓값이 되는 것을 참고함으로써 정의될 수 있는지 여부입니다. 저는 이들 두 가지 의미 중에서 어느 것이 더 근본적인지를 자명한 양 말하지 않을 것입니다. 저한테는 어느 것이 더 근원적인지는 크게 문제가 되지 않을 듯합니다. 사뭇 분명한 것은, 이것들이 두 가지 서로 다른 의미이지만, 또한 각각 다른 것을 참고함으로써 정의될 수 있다는 점입니다. 그렇다면 단언(명제)들이 참값·거짓값이 되는 사실 말고도, 참값·거짓값이란 낱말들의 한 가지 의미가 믿는 행위가 참값·거짓값이 된다는 의미입니다. 그리고 분명히 또한 이 낱말의 또 다른 의미(세 번째 의미)도 있습니다. 설령 앞의 두 가지 의미와는 다르더라도 이는 동등하게 그 두 가지 의미와 모두 긴밀하게 관련됩니다. 즉, 어떤 것이든지 간에 참된 단언(명제)을 표현하는 일련의 낱말들, 가령 임의의 문장들이 참값이고, 거짓된 단언(명제)을 표현하는 일련의 낱말들이 거짓값이라는 의미입니다. 또는 여기서 다시 이것을 달리 표현한다면 다음처럼 말할 수 있습니다.

「임의의 단언(명제)을 표현하는 언어적 진술이 참된 진술이 될 만한 단언(명제)은 어떤 것이든지 간에 참이고, 임의의 단언(명제)을 표현하는 언어적 진술이 거짓된 진술이 될 만한 단언(명제)은 어떤 것이든지 거짓이다」
(Any proposition which is such that any verbal statement which expressed it *would* be a true statement, is true; and any proposition which is such that a verbal statement which expressed it *would* be a false statement, is false)

그러므로 우리는 참값·거짓값이란 낱말의 또 다른 의미가, 참된 단언을 표현하는 것은 어떤 것이든지 간에 참이고, 거짓된 단언을 표현하는 것은 어떤 것이든지 간에 거짓이라고 말할 수 있습니다. 그리고 분명히 이런 의미에서 낱말들뿐만 아니라, 또한 다른 것들, 가령, 손짓·몸짓들도 참값이거나 거짓값으로 될 수 있습니다. 예를 들어, 만일 누군가가 여러분에게 다음처럼 물을 때

  "어디에 내 가위가 있습니까?"
  (Where are my scissors?)

여러분은 말로 대답하는 대신 특정한 장소를 손가락으로 가리킨다면, 여러분의 손짓, 즉, 가리키는 손짓도 한 가지 단언(명제)을 표현합니다. 손가락으로 가리켜 주는 일로써, 분명히 여러분은 마치

  "저기에 당신의 가위가 있습니다!"
  (Your scissors are there)

라는 낱말을 쓴 것처럼, 또는 그 가위가 있는 특정한 장소를 이름을 부른 듯이, 동일한 단언(명제)을 표현합니다. 여러분이 쓴 낱말들이 어떤 것이든지 간에, 낱말들이 표현한 단언(명제)이 참값이었는지 거짓값이었는지에 따라서 참값이나 거짓값으로 되듯이, 마찬가지로 그 가위가 실제로 여러분이 가리키고 있는 장소에 있거나 있지 않음에 따라서, 여러분의 손짓gesture(몸짓)도 참값이나 거짓값으로 된다고 말할 수 있는 것입니다.

  따라서 참값·거짓값이란 낱말의 의미도 다음처럼 세 가지 의미가 있습니다.

  ① 단언(명제)들이 참값이나 거짓값으로 된다는 의미

② 믿음 속에서 믿어진 단언(명제)들이 참값이거나 거짓값으로 됨에 따라, 믿는 행위들도 참값이나 거짓값으로 된다는 의미

③ 임의의 단언(명제)으로 표현된 것이 어떤 것이든지 간에, 표현된 그 단언(명제)이 참값이거나 거짓값으로 됨에 따라, 그 표현 요소들도 참값이거나 거짓값이 된다는 의미

비록 각각 다른 것들을 참고함으로써 서로 정의될 수 있다고 하더라도, 분명히 이들 세 가지 의미가 동일한 것은 아닙니다. 다시 말하여, 정확히 임의의 단언(명제)이 참값이거나 거짓값으로 된다는 동일한 의미에서, 믿는 행위나 임의의 단언(명제)에 대한 표현이 어떠한 것도 참값이거나 거짓값으로 될 수는 없는 것입니다. 그리고 저는 동일한 것이 보편적으로 참값이 된다고 생각합니다. 즉, 임의의 단언(명제)을 제외하고서는, 아무런 것도 단언(명제)들이 진리값을 갖고 있는 정확히 동일한 방식으로 참값이거나 거짓값으로 될 수 없는 것입니다.

각별히 여러분이 여기에 주목하기를 바랐던 까닭은 다음과 같은 이유 때문입니다. 만일 (눈을 감고서 머릿속을 살펴볼 경우) 여러분의 정신 앞에 어떤 대상의 감각인상, 즉, 어떤 측면에서 그 대상을 닮은 그 대상의 복제품을 갖고 있다면, 그 감각인상이 실제로 그 대상을 닮아 있는 한, 여러분은 오직 여러분의 정신 앞에 이런 감각인상을 갖고 있기 때문에, 그 대상에 대한 한 가지 참된 관념을, 즉, 참값이 되는 어떤 관념을[73] 갖고 있다고 말할 수 있습니다. 사람들은 이런 일이

---

73) [역주] 124~125쪽의 역주 49에 적어 놓았듯이, 그리고 §.4-0에서 무어 교수에 의해 지적되어 있듯이, images**감각인상**와 ideas**추상적인 생각, 관념, 개념**가 흄(David Hume, 1711~1776)에게서는 병렬적이고 대등한 것으로 제시되었었다. 그렇지만 두 가지 용어가 여기서는 각각 하위차원의 것과 상위차원의 것으로 쓰이고 있음에 유의하기 바란다. 중요한 용어 사용상의 차이인 것이다.

먼저, 실제 대상에 대한 머릿속의 복제품(복사물)으로서 image**감각인상**가 있고, 다시 이를 관련된 단언들과 함께 인식하여 스스로 그것이 참된 감각인상이라고 판정하는 「상위 차원의 생각」을 idea**추상적인 생각, 관념, 개념**라고 부르는 것이다. 그렇다면 이를 간단하게 다음처럼 나타낼 수 있다(210쪽의 역주 88과 217~219쪽의 역주 93도 참고하기 바람).

「감각인상+관련된 참된 단언(명제) = 참된 관념」

일어나는 경우에, 마치 여러분이 그 대상에 대한 참된 단언(명제)을 믿듯이, 정확히 동일한 의미로 여러분이 그 대상에 대한 참된 관념을 지닌다고 생각하는 듯합니다. 첫눈에 저는 이것이 취하게 될 아주 자연스런 견해라고 생각합니다.

예를 들어, 이 봉투를 바라보고 나서, 만일 어떤 측면에서 제 정신 앞에 지금 막 봤던 색깔 띤 '경험조각'과 닮은 한 가지 감각인상을 갖고 있다면, 저는 오직 이 감각인상을 직접 지각하기 때문에, 지금 막 보았던 색깔 띤 경험조각에 대한 어떤 참된 감각인상을 갖는다고 생각하는 것이 자연스럽습니다. 저는 단지 이 감각인상을 지각하는 것이, 제가 바라봤던 색깔 띤 경험조각에 대한 어떤 참된 관념(어떤 특정 개체들에서 참값임)을 갖는 것이며, 이 감각인상을 지각하는 데에 마치 색깔 띤 그 경험조각에 대하여 어떤 참된 믿음을 지녔듯이, 정확히 동일한 의미로 제가 색깔 띤 그 경험조각에 대한 어떤 참된 관념을 갖는다고 생각하는 일은 자연스럽다고 말합니다. 그렇지만 저는 아무리 자연스럽다고 하더라도, 「이런 견해가 전적으로 오류임」을 깨닫는 것이 아주 쉽다고 생각합니다. 실제 사실은, 설사 저에게 일어났던 모든 것이 오직 사실상 어떤 다른 대상을 닮았던 하나의 감각인상만을 제가 직접 지각하였더라도, 저는 이 다른 대상에 대한 임의의 관념을, 즉, 참값이거나 거짓값이거나 간에 상관없이 아무런 관념이든지 조금이라도 갖고 있다고 적합하게 말할 수 없었을 것이라는 점입니다(≒감각인상이 아무런 제약도 없이 그대로 관념이 되는 것은 아님).

사실상 단지 다른 무엇인가를 닮은 어떤 대상을 지각하는 것이, 분

단, 관련된 참된 단언(명제)에 대하여 제시해 놓은 사례로서는, ㉠ 외부 세계에 한 가지 대상이 존재한다, ㉡ 그 대상이 하얗다, ㉢ 내가 그것을 막 바라보았다 따위이다. 이는 단언(명제)을 지각하는 방식으로서 「직접 지각」과 「간접 지각」이 있는데, 대다수의 단언(명제)이 간접 지각 방식으로 이뤄짐을 주장하기 위한 터 다지기 작업인 것이며, 결국 관념 그 자체도 「간접 지각」으로 알려짐을 함의하는 것이다. 그렇다면 idea**관념, 개념, 추상적인 생각**에 대한 번역 용어도 달라질 수밖에 없다. 526~528쪽의 역주 197과 732~733쪽의 역주 281에서는 '개념'으로 번역해야 할 이유들을 적어 두었다.

명히 다른 무엇인가에 대한 임의의 관념을 갖는 일과 동일한 것은 아닙니다. 다른 무엇인가에 대해 임의의 관념을 갖기 위해서는, 저는 실제로 다른 그 무엇인가를 닮은 임의의 감각인상을 반드시 지각해야 할 뿐만이 아니라, 또한 반드시 그 감각인상이 다른 그 무엇인가를 닮았다고 알고 있거나 생각해야만 합니다. 달리 말하여, 반드시 그 대상의 감각인상에 대한 관련성에 관해서 어떤 단언(명제)을 지각해야만 하는 것입니다. 저는 오직 그렇게 되어야만 적합하게 그 대상에 대한 임의의 관념을 조금이라도 갖고 있다고 말할 수 있다고 생각합니다.

그렇다면 사실상 만일 제가 실제로 그 대상에 대한 감각인상을 놓고서 그 관련성에 관하여 어떤 단언(명제)을 지각한다면, 그 대상에 대한 임의의 관념을 갖고 있다고 말할 수 있습니다. 그리고 만일 제가 그 감각인상이 대상을 닮지 않았음에도 불구하고, 그 감각인상이 그 대상을 닮아 있다고 잘못 생각한다면, 저는 그 대상에 대한 거짓된 관념을 지니게 될 것입니다. 반면에, 만일 감각인상이 실제로 그 대상을 닮았다는 측면에서 제가 그 감각인상이 대상을 닮았다고 생각한다면, 여태 저는 그 대상에 대한 어떤 참된 관념을 갖게 될 것입니다. 그렇지만 만일 제가 그 대상 및 그 감각인상의 관련성에 관해서 전혀 아무런 단언(명제)도 지각하지 못하였다면, 아무리 그 감각인상이 실제로 그 대상과 닮아 있을지라도, 분명히 그 대상에 대한 관념을 어떠한 것도 갖고 있다고 말할 수 없습니다.

예를 들어, 사실상 제 인생의 모든 기간 동안 다른 대상들에 대한 정확한 복제품들인74) 감각인상, 그리고 감각자료들을 직접 지각할 수

---

74) [역주] 실재론realism(사실주의)을 옹호하는 듯한 copies**복제품, 복사물**이라는 용어는 사실상 무어 교수가 정신 작용에 대한 '수반 현상'을 주장하기 위한 장치이다. 감각인상이나 감각자료가 모두 실세계에 있는 대상들의 반영물(마치 거울처럼 비춰진 영상)이라고 규정해야, 극단적 관념론의 상대주의나 유아론을 벗어날 수 있기 때문이다. 감각인상은 기억에서 인출되어 나온 것이므로, 현재 외부 대상이 없어서 감각자료가 직접 지각되지 않더라도, 여전히 머릿속에는 아무리 희미하더라도 감각자료의 복제품인 감각인상을 인출하여 볼 수 있다고 여기는 것이다.

있을 것입니다. 그렇지만 제가 잠시라도 이들 다른 대상이 존재하였고, 이것들에 대한 제 감각인상과 감각자료가 복제품이었음을 결코 의심해 보지도 못했다고 가정하겠습니다. 잠깐 동안만이라도 제 감각자료와 감각인상들 말고는, 다른 임의의 대상들이 존재했었다는 사실이 저에게 전혀 생겨나지 않았다고 가정해 봅시다. 명백히 이들 다른 대상에 관한 관념을 어떤 것이든지 간에, 참값이거나 거짓값이거나 간에, 저에게는 어떤 관념이라도 전혀 갖고 있지 않다고 말할 수 있습니다. 그리고 제 감각자료와 감각인상이 사실상 이들 다른 대상에 대한 복제품이었다는 사실에도 불구하고, 이것이 그러합니다(≒아무런 관념도 갖지 못했음).

그러므로 반드시 우리는 다음처럼 말해야 합니다. 오직 사실상 모종의 다른 어떤 대상과 닮아 있지만, 심지어 그 두 개가 닮았다고 생각하지도 못한 채 단지 임의의 감각인상(또는 다른 임의의 것)을 지각하는 것은, 우리가 그 대상에 대한 어떤 참된 단언(명제)을 지각하는 경우와 같이 동일한 의미에서, 그 대상에 대한 어떤 참된 관념을 갖는 것이 아닙니다. 단지 감각인상이나 감각자료의 단편은 아무런 것도, 아무리 다른 그 어떤 것과 닮든지 아무리 다르든지 간에 상관없이, 다른 임의의 것에 대한 참된 관념도 거짓된 관념도 될 수 없습니다. 또는, 만일 여러분이 어떤 의미에서 그 감각인상이 그 대상과 닮아 있어서 그 감각인상이 한 대상에 대한 어떤 참된 관념이라고, 그리고 그 감각인상이 그 대상과 달라서 어떤 거짓된 관념이라고 말하려는 선택을 한다면, 적어도 그 대상에 관한 임의의 단언(명제)이 참일 경우에 그 대상에 대한 참된 관념이라는 것과는 사뭇 다른 의미에서, 여러분은 반드시 그것이 어떤 참된 관념임을 받아들여야만 합니다.

네 번째 논점을 요약하면 다음과 같습니다. 단언(명제)들이 참값이거나 거짓값이라는 동일한 의미에서, (감각자료와 감각인상이) 아무런 것도 참값이거나 거짓값이 될 수 없습니다. 따라서 만일 어떤 것이든지 간에 어떤 단언(명제)도 지각하지 못한다면, 우리는 어떤 실수를 조금도 저지를 수 없으며, 임의의 실수나 오류는 응당 불가능할 것입니다(≒단순히 기계적 인식에 불과함). 「오류는 언제나 거짓값인 어떤 단언(명제)을 믿는 일로 이뤄집니다.」 따라서 만일 사실상 다른 무엇인가와 닮지 않았지만, 그것이 닮았거나 달랐는지 또는 그것에 대한 다른 임의의 것을 전혀 믿지 않은 채, 한 사람이 어떤 것을 지각했다면(≒자기 자신의 믿음을 성찰과 비판이 없이 마치 기계처럼 자동적으로 지각한다면), 조금이라도 실수를 저질렀다고 말할 수 없습니다. 그는 잘못되거나 거짓된 의견을 어떤 것이든지 간에 조금도 갖고 있지 않을 것입니다. 왜냐하면 그가 어떤 것이든지 간에 의견opinion이란 것을 결코 전혀 갖고 있지 않았을 것이기 때문입니다.[75]

§.3-4【 단언(명제)들에 대한 직접 지각 및 간접 지각 방식 】단언(명제)들과 관련하여 지금까지 저는 단언(명제)이 어떤 종류의 대상인지를 놓고서 될 수 있는 한 분명히 만들어 놓으려고, 주로 이들 네 가지 논점을 다뤘습니다. 제가 한 가지 단언(명제)을 다루는 경우에, 어떤 종류의 대상에 대하여 언급할 것인지를 의미합니다. 그렇지만 이제 단언(명제)들에 관해서 다시 두 가지 논점을 더 다루려고 하며, 이것들에 각별히 여러분의 주의를 끌어모으고 싶습니다.

(1)【 단언들에 대한 직접 지각 】그 논점들 중 첫 번째 것은 다음과 같습니다. 제가 여러분의 주의를 단언(명제)들을 지각하는 특정한 방식에다 모아 놓고자 하였음을 여러분은 기억하실 겁니다. 발화된 문

---

75) [역주] 적어도 이 문맥만을 놓고 본다면, 우리가 스스로 자신의 인식이나 믿음에 대하여 성찰하고 스스로 비판한 결과로서 새롭게 확신을 하게 된 참된 믿음을 '의견opinion'이라고 부르고 있음을 알 수 있다. 170~171쪽의 역주 73에서 무어 교수가 쓰는 idea참된 관념의 용법을 참고하기 바란다. 그분은 이들 참된 관념들이 모여서 비로소 참된 믿음이나 의견을 만들어 놓는 것으로 여기는 듯하다. 이 차원에서는 다시 사회적으로 공인된 의견들이 점차 하나의 지식으로 수립되는 과정을 상정하게 될 듯하다. 이에 반해서, 의식 활동이나 정신적 행위라는 용어는 중립적인 의미에서 포괄적으로 쓰고 있는 듯하다.

장을 듣고서 그 의미를 이해하는 경우에 여러분이 지각하는 방식입니다. 예를 들어, 여러분이 제가 말한

「둘에 둘을 곱하면 넷이다(둘을 두 번 곱하면 넷이다)」
(Twice two are four)

를 들을 경우에, 둘에 둘을 곱하면 넷이 된다는 단언(명제)을 지각하는 방식입니다. 이제 단언(명제)들을 지각하는 이런 방식에 대하여, 앞으로 곧 보게 되겠지만 또한 단언(명제)들을 지각하는 한 방법으로 말해질 수 있는 사뭇 다른 또 다른 종류의 대상들이 있기 때문에, 저는 특별한 이름을 붙이려고 합니다. 그러므로 단언(명제)들을 지각하는 이런 방식, 즉 이하에서 제가 논의하게 될, 그리고 정의해 주고자 노력할 방식을 놓고서, 특별한 이름을 붙이려는 것입니다. 따라서 그 명칭 덕택에 임의의 또 다른 방식이 아니라, 제가 언제나 논의하고 있는 방식임을 여러분이 알아차릴 수 있게 하려는 것입니다. 이런 목적을 위하여 저는 단언(명제)들을 지각하는 이런 방식을

「단언(명제)들에 대한 직접 지각」
(the direct apprehension of them)

이라고 부르기로 하겠습니다. 그렇지만 이제 당장 한 가지 질문이 제기됩니다. 이미 제가 다른 어떤 것(≒감각자료)에 대해서도 「직접 지각」이란 이름을 붙였습니다. 실제로 색깔 띤 한 가지 경험조각을 볼 경우에 여러분이 그 색깔에 대해서, 실제로 소리를 들을 경우에 여러분이 그 소리에 대해서, 실제로 치통을 느낄 경우에 여러분이 그 치통에 대해서 등등, 이런 감각자료들과 여러분이 지니는 관계를 놓고서도 이미 「직접 지각」이란 명칭을 붙였습니다. 어떤 색깔을 실제로 보는 일이 그 색깔에 대한 「직접 지각」이라고 말했고, 어떤 소리를 실제로

듣는 일이 그 소리에 대한 「직접 지각」이라고 말하였습니다. 기타 등등(≒모두 다 감각자료에 대한 직접 지각임).

그러므로 이제 질문이 제기됩니다. 지금 제가 「한 가지 단언(명제)에 대한 직접 지각」이라고 부르자고 제안하고 있는 하나의 단언(명제)에 대한 이런 관계가, 더 앞서서 「직접 지각」이라고 불렀던 관계, 즉, 여러분이 하나의 색깔을 실제로 보는 경우에 여러분이 그 색깔에 대하여 갖는 관계와 동일한 것일까요? 또는 다음처럼 달리 물을 수 있습니다.

「발화된 단언(명제)을 표현하는 낱말들을 듣고서 여러분이 이들 낱말의 의미를 이해하는 경우에, 한 가지 단언(명제)에 대하여 여러분이 갖는 관계가, 실제로 한 가지 색깔을 보는 경우에 여러분이 그 색깔에 대하여 갖는 관계와 동일한 관계인 것일까?」

(Is the relation, which you have to a proposition, when you hear words which express it uttered, and understand the meaning of these words, the same relation as that which you have to a colour, when you really see it?)

저는 이것이 그러한지 아닌지 여부를 이내 대답할 수 없음을 솔직히 고백해 둡니다.

제가 「한 가지 단언(명제)에 대한 직접 지각」이라고 부르는 바가 「감각자료의 단편에 대한 직접 지각」과는 서로 다른 어떤 것임을 가정하는 데 대한 이유들이 있다고 생각합니다. 한편으로 하나의 직접 지각은 단언(명제)에 대한 직접 지각이지만, 다른 한편으로 다른 직접 지각은 감각자료의 단편에 대한 직접 지각이며, 한 가지 단언(명제)과 한 가지 감각자료 단편이 서로 다른 종류의 대상이라는 사실의 측면에서 다를 뿐만이 아니라, 또한 한 가지 단언(명제)을 직접 지각하는 경우에 그 단언(명제)에 대하여 여러분이 갖는 관계가, 한 가지 감각자료의 단편을 직접 지각하는 경우에 그 감각자료의 단편에 대하여 여러분이 갖는 관계와 서로 다르다는 의미에서도 서로 차이가 있다는

뜻입니다. 저는

「한 가지 단언(명제)에 대한 직접 지각」
(the direct apprehension of a proposition)

이라고 부르는 것이, 이런 의미에서 실제로 제가

「한 가지 감각자료의 단편에 대한 직접 지각」
(the direct apprehension of a sense-datum)

이라고 부르는 것과는 아주 다른 종류의 대상이라고 가정하기 위한
이유들이 있다고 생각합니다. 그렇지만 한 가지 차이점이 있다고 하
더라도, 저는 그 차이가 무엇인지를 말할 수 없습니다. 한 가지 차이점
이 있다고 가정하는 이유들이 저에게는 완벽히 확정적인 것이 아닌
듯이 보입니다. 그러므로 저는 「직접 지각」이라는 명칭을 두 가지 다
른 의미로 쓰고 있는지 여부를 따지는 질문을 놓고서, 결론을 내리지
않은 채 남겨 둬야만 하겠습니다.

　그렇지만 설사 제가 두 가지 다른 의미로 쓰고 있다고 하더라도,
이런 일이 어떤 혼란으로도 이끌어 가지 않기를 희망합니다. 저는 항
상 「직접 지각」이라는 명칭에 의해서 ① 실제로 어떤 색깔을 보는 경
우에 한 가지 색깔에 대하여 여러분이 갖는 종류의 관계를 의미하거
나, ② 또는 한 가지 단언(명제)을 이해하는 경우에, 가령 여러분이 어
떤 단언을 표현하는 낱말들을 듣고서 그것들이 표현하는 바를 이해하
는 경우에, 한 가지 단언에 대하여 여러분이 갖는 종류의 관계를 의미
하게 될 것입니다. 만일 이들 두 가지 관계가 사실상 다른 것이라면,
이는 오직 실제로 서로 다른 두 가지 종류의 「직접 지각」이 있음을
의미하게 될 것입니다. 그리고 저는 서로 다른 두 가지 종류가 있는지
여부, 즉, 제가 한 가지 단언(명제)에 대한 직접 지각으로 부르는 것이,

사실상 한 가지 감각자료의 단편에 대한 직접 지각으로 부르는 것과 다른 종류의 대상인지 여부를 결정하는 일이, 아주 분명히 두 가지 직접 지각이 모두 다 서로 간에 확실히 차이가 나는 다른 종류의 것이지만, 공통된 지각 방식으로도 불릴 수 있음을 구분해 내는 일보다도 중요성의 측면에서 훨씬 덜하다고 생각합니다(≒지금도 작업기억에서 두 부서가 나란히 설정되며, 218쪽의 그림을 보기 바람).

그렇다면 단언(명제)들에 대한 저의 첫 번째 논점은, 제가 여러분으로 하여금 될 수 있는 한 분명하게 단언(명제)들을 지각하는 방식이 무엇인지를 이해시키고자 하는데, 이를 「단언(명제)들에 대한 직접 지각」이라고 부르게 될 것입니다.

(2) 【 단언(명제)들에 대한 간접 지각 】 두 번째 논점은 다음과 같습니다. 우리가 항상 말하듯이 모든 단언(명제)은 어떤 것이든지 간에 「다른 것에 대한 단언」입니다. 어떤 단언(명제)들은 서로 다른 여러 가지 대상에 관한 것일 수 있겠지만, 단언(명제)이 모두 적어도 한 가지 대상에 관한 것입니다. 예를 들어,

「둘에 둘을 곱하면 넷이다」

라는 단언(명제)은 숫자 '2'와 '4'에 대한 것이라고 말해질 수 있습니다.76) 이 단언을 믿거나 지각하는 경우에, 여러분은 숫자 '2'에 대한

---

76) [역주] 축자 번역 「둘을 두 번 곱하면 넷이다」는, 흔히 우리말에서 「둘에 둘을 곱하면 넷이다」라고 말한다. 그렇지만 축자 번역을 놓고서 낱말을 센다면, 모두 다섯 개다(단, 의존적인 조사는 세지 않음). '둘을, 두 번, 곱하면, 넷, 이다'. 그렇지만, 왜 '2, 4'에 대한 단언(명제)이라고 말하는 것일까? 이는 숫자들의 연산, 즉, 숫자의 곱셈에 대한 단언이기 때문이다. '두 번, 곱하면'은 연산 방식을 지정하는 것에 지나지 않는다. 무어 교수는 thing^{대상}이란 용어를 현실세계에 실재하는 물체뿐만 아니라, 또한 개념상으로 자명한 것들도 대상으로 부르고 있다. 따라서 「둘을 두 번 곱하면(둘에 둘을 곱하면) 넷이다」에서 논의되는 대상은 숫자 '2, 4'이고, 도입된 연산 방식은 '두 번, 곱하다, 이다'이며, 이 단언이 과연 참값인지 여부를 따지는 판단·결정은 산술의 연산 규칙을 그대로 잘 따르고 있으므로 참값이라고 말하게 된다.

어떤 것과 숫자 '4'에 대한 어떤 것을 지각하고 있습니다. 그렇지만 제가 여러분들로 하여금 주의력을 모으도록 하려는 논점은 다음과 같습니다. 즉, 심지어 실제로 전체 단언(명제)을 직접 지각하는 순간에라도, 우리가 지각하는 방대한 숫자의 단언(명제)들의 경우에, 우리는 결코 어떤 수단으로도 그 단언이 언급하는 모든 대상들을 직접 지각하는 것은 아닙니다. 단언(명제)들은 사실상 이런 이상한 속성을 지닙니다. 심지어 우리가 직접 전체 단언(명제)을 지각하는 순간에라도, 「그 단언(명제)이 언급하는 것을 직접 지각할 필요는 없습니다」. 우리가 직접 지각하는 방대한 숫자의 단언(명제)들의 경우에, 아마 대다수의 단언들의 경우에, 저는 여러분이 이것이 실제로 일어나고 있음을 쉽게 깨달을 수 있다고 생각합니다.

일부의 경우, 우리가 직접 한 가지 단언을 지각한다면, 우리는 또한 그 단언(명제)이 언급하는 대상을 직접 지각합니다. 예를 들어, 제가 실제로 색깔 띤 이 경험조각을 바라보면서 직접 그것을 지각하는 순간에, 저는 또한 그것에 대한 한 가지 단언(명제)을, 가령 그것이 있거나 실제 존재한다거나 또는 그것이 하야스름하다는 단언(명제)을 직접 지각할 수 있습니다. 그렇지만 분명하게 제가 그 경험조각을 직접 지각하고 있지 않은 순간에라도, 저는 또한 그것에 대한 단언(명제)들을 직접 지각할 수 있습니다. 예를 들어, 더 이상 그 경험조각을 더 이상 지각하고 있지 않는 경우에, 그럼에도 불구하고 저는 여전히 그 경험조각에 대한 단언(명제)들을 직접 지각할 수 있습니다. 가령, 「그 경험조각이 있었고, 그것을 이제 막 보았었다」는 등의 단언(명제)들입니다. 따라서 저는

「우리가 이들 대상 그 자체를 직접 지각하고 있지 않을 경우에라도, 대상들에 대한 단언(명제)들을 항상 직접 지각하고 있음이 분명하다」
(it is obvious that we are constantly thus directly apprehending propositions *about* things, when we are *not* directly apprehending these things themselves)

고 생각합니다. 늘상 우리는 대상들에 대하여 말을 하고 생각을 하는
데, 그것들에 대하여 우리가 말하거나 생각하는 순간에라도, 직접 지
각하고 있지 않은 것들입니다. 우리가 대화하고 독서하는 경우에, 사
실상 지금까지 우리의 대화 및 독서는 대부분, 명백하게 직접 지각하
고 있지 않은 대상들에 대한 것입니다(≒간접 지각의 대상들임). 우리의
대화가 전적으로 우리가 그 순간에 직접 지각하고 있는 대상에만 국
한되어 있는 경우는 비교적 드뭅니다. 그럼에도 불구하고, 언제든지
그런 대상들에 대하여 대화하거나 독서를 할 경우라면, 비록 그 대상
들 그 자체를 직접 지각하고 있지 않더라도,

「우리는 그 대상들에 관한 단언(명제)을 직접 지각하고 있는 것입니다.」
(we *are* directly apprehending propositions about them)

그러므로 명백히 이들 대상 그 자체를 직접 지각하고 있지 않을 경우
에라도, 우리는 항상 대상들에 관한 단언(명제)을 실제로 직접 지각합
니다.77) 우리가 실제로 대상들에 대한 한 가지 단언(명제)을 직접 지각

---

77) [역주] 겉으로만 따질 적에 자기모순처럼 보이는 진술이다. 그렇지만 스스로 눈을 감고
서 머릿속에서 벌어지고 있는 일들로서,
　「현재 또 다른 나 자신의 눈 앞에 있는 대상들을 보고 있다」
는 듯이 비유를 쓰고 있음을 124~125쪽의 역주 49에 적어 둔 바 있다. 단언(명제) 또는
단언 문장들은 모두 머릿속에 있는 대상이며, 이 대상들을 또 다른 나 자신이 직접
눈으로 보듯이 지각하고 있다고 여기는 것이다. 외부대상에 대한 감각자료를 직접 지
각하는 일과 「겹치기 영상」을 만들고서, 비유적으로 단언에 대한 직접 지각으로 부르
고자 의도하는 것이다. 만일 단언이 가리키는 대상이나 사건이 있다면, 이는 비로소
몸밖에 외부세계에 있는 실체인 것이다.
　「외부 대상 → 감각자료 → 직접 지각」：「외부 사건 → 단언(명제) → 지·간접 지가」
으로 대응 관계를 표시해 줄 수 있는 것이다. 그렇지만 뒤친이로서는 무어 교수의 용어
사용 방식에 동의할 수 없다. 간단히
　「단언(명제)에 대한 이해 과정 또는 판단·결정 과정」
이라고 말해도 충분할 것을 놓고서, 감각자료와 대응시키기 위하여 아주 복잡하게 설
명하는 듯이 보이기 때문이다. 단언에 대한 직접 지각이나 간접 지각이란 용어도 문제
가 많았다. 오늘날 언어처리 모형으로는 모두 「작업기억」에서 일어나는 일일 텐데, 「단
언이 시지각 형태로 떠오른다」는 주장은 단지 비유의 의미밖에 가치가 없다. 오히려

하지만, 대상 그 자체는 직접 지각하지 않는 경우에, 대상들에 대하여 우리가 갖는 이런 종류의 관계를 놓고서도 명칭을 붙이려고 합니다. 저는 이를

「간접 지각」
(indirect apprehension)

으로 부르도록 제안합니다. 다시 말하여, 제가 직접 이 봉투를 바라본 경우에,

「제가 막 보았던 색깔 띤 경험조각을 지금 간접적으로 지각하고 있다」
(I am now *indirectly* apprehending the patch of colour which I saw just now)

고 말할 수 있도록 제안하려는 것입니다. 이 표현에 의해서, 제가 직접 경험조각에 대한 한 가지 단언(명제)을 직접 지각하고 있으나, 그 대상 그 자체를 직접 지각하는 것은 아니라는 것, 이런 두 측면을 의미하는 것입니다. 제가 지금 실제로 「색깔 띤 그 경험조각을 조금도 지각하고 있지 않다」는 사실을 근거로 하여, 그 경험조각에 대하여 어떤 관계이든지 약간이라도 제가 갖고 있음을 놓고서 '지각'이라고 불릴 수 있을 것처럼 말하려는 것이 오류임을 근거로 하여, 여러분이 「간접 지각」 이라는 이런 명칭의 사용에 반대할 수 있습니다. 저도 이런 반론에 상당 부분 공감합니다. 왜냐하면 제가 주장하려고 하는 바로 그 논점이, 제가 그 경험조각을 직접 지각하지 않았지만 오직 그 경험조각에 대한 한 가지 단언(명제)만을 직접 지각하는 경우에, 이제 단언(명제)에

임의의 단언이 상위 차원의 단언과 관련하여 수용되거나 기각될 것이다. 계몽주의 시절의 비유가 더 이상 오늘날 심리학적 처리 모형에 그대로 적용될 수 없다. 단언에 대한 처리는 오늘날에는 간단히 '이해'라고 부르고 있다. 184쪽의 역주 79와 732~733쪽의 역주 281을 읽어 보기 바란다.

대하여 제가 갖고 있는 이런 관계 및 실제로 그 경험조각을 직접 지각했을 때 막 그 경험조각에 대하여 제가 가졌던 관계 사이에는, 커다란 차이가 있다는 사실이기 때문입니다. 여러분은 그 차이가 너무 커서 그것들이 아무런 공통의 명칭도 갖지 못하며, 그것들이 둘 모두 '지각의 형태'로 불려서는 안 된다고 말할 수 있습니다. 만일 그렇다면, 한 가지 대상에 대하여 관계를 갖는 이들 두 가지 상이한 방식(≒감각자료의 지각 및 단언의 지각)들 사이에 크게 차이가 나는 만큼이나, 둘 사이에는 커다란 차이가 있는 것입니다. 즉, 제가

「실제로 직접 어떤 대상에 관한 한 가지 단언(명제)을 지각하는 경우에 일어나는 일」

그리고 제가 이런 직접 지각을 할 정도만큼도 지각하지 않을 경우에, 즉, 어떤 의미에서이든지 간에 제가

「조금도 그 대상을 생각하지도 않을 경우에 일어나는 일」

이것들 사이에는 사뭇 큰 차이가 있는 것입니다.

제가 직접 한 가지 대상에 관한 어떤 단언(명제)을 지각하는 한, 어떤 의미에서 저는 그 대상을 「의식」하고 있습니다. 즉, 그 대상을 설사 직접 지각하지는 못하더라도, 저는 그 대상을(thinking *of* it) 또는 그 대상에 관해서(thinking *about* it) 생각하고 있는 것입니다.[78] 그리고 그

---

78) [역주] 본문에서 무어 교수가 병렬적으로 써 놓은 어구 I am *thinking of it* or *about it*에 대해서는, 이미 125쪽의 역주 50에서도 언급한 바 있다. 우리말에서는 격조사가 없이(∅) 쓰인

'집 생각 나다, 옛날 생각 나다'

가 of가 쓰인 어구에 해당할 수 있다. 반면에, 후치사나 보조사라고 부를 수 있는

'집을 놓고서 깊이 생각해 보다, 옛날을 두고서 찬찬히 이모저모 생각해 나가다'

따위가 about이 쓰인 어구에 대응할 수 있다(격조사 '를'은 두 쪽 영역에 모두 다 걸쳐

있음). 이들이 대립하는 속성은

　　[±즉각성, ±자동성] 및 [−(±전체성)]

등으로 나타낼 수 있다(즉각적이며 자동적으로 생각이 일어나는 경우에는 특정한 부분만 떠오르지만, 찬찬히 의식적으로 뜯어보려고 생각할 경우에라야 전체가 떠오를 수 있다고 판단됨). of가 쓰일 경우 자주 빈번히 일어나는 일이므로, 쉽게 즉각적이고 자동적이며 해당 대상을 특정 부분으로 대표하여 언급한다(따라서 우리말에서 '저절로 생각이 떠오르다'에 해당함). 반면에 about이 쓰일 경우에 일부러 뚜렷한 의도를 지니고 노력을 들이면서 차츰 하나하나 뜯어놓고서 차분히 생각해 나가야 하고, 부수적 주변 사건까지 포함하여 이모저모 여러 측면들을 다양하게 고려한다(따라서 차분히 이모저모 따지면서 생각해 나간다). 이런 점에서 이것들이 서로 대립될 수 있는 것이다.

앞의 세 가지 속성(의미자질)은 다시 간단히 [−(±재귀 인식)] 아래 모아지는데, 자기 생각을 대상으로 하여 스스로 검토와 비판을 해 나가는 과정을 재귀 인식의 작동이라고 말할 수 있다(윤동주 시 속에 등장하는 또 다른 '나 자신'이 나의 생각을 바라보면서 따지고 있음). about(순우리말로는 '~을 놓고서, ~을 두고서'처럼 상하 관계로 표현되지만, 한자어로는 '~에 대하여, ~에 관하여'에서 보듯이 대면 관계로 표현됨)에서는 자기 생각에 대한 재귀 인식이 가동되는 것이다. 오직 이럴 경우에라야 현재 생각하는 것들이 전체에 해당하는지 여부를 스스로 판단 결정할 수 있는 것이다.

제5장과 제6장에서 know알다라는 동사가 자주 know of~로도 쓰이는데(204~205쪽의 역주 83), 이것도 know about~과 짝으로 대립될 수 있다. 후자일수록 think about~에 관련된 속성을 공유하게 된다. 그런데 무어 교수는 "say of ~ that ~를 놓고서 ~라고 말하다"이라고도 표현하고(초간 원문의 9쪽, 62쪽, 79쪽, 84쪽, 131쪽, 255쪽, 265쪽 등), 내포문이 없이 "say about ~에 대하여 말하다"이라고도 썼다(초간 원문의 12쪽, 29쪽, 56쪽, 60쪽, 110쪽, 150쪽, 186쪽 등). 이는 앞의 전치사 대립과는 조금 다른 모습의 구조로 보인다. say of~의 구문이 기본적으로 그 내용을 [that~]의 내포문으로 풀어주어야 하기 때문이다.

영어의 어휘 의미론에서는 see저절로 보이는 대상을 우연히 보다, 눈에 들어오다와 look일부러 보려고 하는 의도를 갖고서 자세히 바라보다, 뚜렷한 목적을 지니고서 뜯어 보다의 차이가, 일부러 의도를 갖고 있는지 여부로 나뉘므로,

　　「 see+intention ≒ look 」

이라고 표현한다. 이런 차이는 hear와 listen(≒ intention+hear)에서도 동일하다. 맥락에 따라서 우리말에는 「보다 : 살펴보다」나 「듣다 : 귀 기울이다」로 대응시키거나, 「보이다 : 눈길을 모으다」나 「들리다 : 귀를 쫑긋 세워 듣다」로 대응시킬 수 있다. 후자의 경우는 모두 경험 주체의 의도와 목적이 더 들어가 있는 것이고, 머릿속에서 자신이 보고 듣는 내용을 하나하나 따지면서 판단하고 결정한다는 속뜻이 깃들어 있다. 흔히 이를 '재귀적 인식'이나 '상위 인식'으로 부른다(217~219쪽의 역주 93 참고).

뒤친이는 이런 측면이 바로 think를 둘로 가를 수 있는 동기가 되지만, '생각'이라는 것 자체가 특성상 사밀할 뿐만 아니라 외부세계의 물건처럼 대상을 삼기가 어렵고, 우연히 대립 짝의 낱말도 없으므로, 영어에서는 전치사를 끌어들여서 이런 측면을 「think of : think about」처럼 구별해 주려는 것으로 파악한다. 이는 이 낱말에서만 나타나는 것이 아니라, 다른 낱말에서도 관찰될 수 있으며, 따라서 인간의 지닌 인지의 일반성을 반영해 주는 것이다.

이런 측면의 어휘 의미론에 대한 논의는 특히 탤미(Lenoard Talmy, 2000)『인지 언어학을 향하여(*Toward a Cognitive Semantics*)』Ⅰ~Ⅱ(MIT Press)를 읽어 보기 바란다. 탤미 교수에 의해 처음 밝혀진 이동 동사들movement verbs이 하나의 낱말로 만들어지는 어휘화 유형lexical pattern(관련 요소들이 융합되거나 분리되거나 온전히 다른 형태로 대

대상에 대해서 관계되는 이런 방식, 즉, 그 대상에 관한 한 가지 단언 (명제)을 지각하는 일, 그리고 어떤 의미에서이든지 간에 상관없이 조금도 그것을 생각하고 있지 않을 경우에 일어나는 일, 이것들 사이에는 사뭇 커다란 차이가 있습니다. 그러므로 한 가지 대상을 의식하고 있는 이런 방식, 즉, 비록 여러분이 그 대상을 직접 지각하는 것이 아니더라도, 우리가 실제로 그 대상에 관한 모종의 단언(명제)을 직접 지각하는 경우에 일어나는 이런 방식을 위해서 어떤 명칭이 필요합니다. 저는「간접 지각」이란 말보다 더 나은 명칭을 어떤 것이든지 간에 생각해 낼 수 없습니다.79) 여러분은 다음처럼 기다란 전체 어구를 써야 한다고 말할 수 있습니다.

「여러분이 실제로 한 가지 대상에 관한 어떤 단언(명제)을 직접 지각하되, 그 대상을 직접 지각하지 않을 경우에, 그 대상에 대하여 여러분이 갖는 그런 관계」

치됨)은, 여러 언어들 사이에 하위 유형들을 설정해 주는 중요한 지표가 되고 있다.
79) [역주] 오늘날 단언(명제)이나 언어 표현에 대한 인식 활동은 간단히 '이해'라는 말로 쓰고 있다. 그리고 언어로 표현된 커다란 담화 덩어리(덩잇글과 덩잇말)에 대한 총체적 인식 활동은 '해석'이란 말을 쓰거나 '2차적 이해'라는 말로 달리 표현한다. 해석 과정에는 반드시 어떤 이념이든지 숨겨진 의도가 녹아 있기 때문에, 이런 이념을 찾아내고 비판적으로 독자들의 생활에 도움이 되는지를 찾아내는 일을 '비판적 담화분석critical discourse analysis'이라고 부른다. 특히 122쪽의 역주 47에 있는 문헌을 읽어 보기 바란다.
　　언어 심리학에서는 언어학에서 참스키 교수의 내적 언어에로 향한 초점 전환에 자극을 받아, 1980년대 이후로 언어를 처리하는 전반적인 과정을 다루어 왔다. 특히 정상과학의 반열에 있는 킨취(Kintsch, 1998; 김지홍·문선모 뒤침, 2011)『이해: 인지 패러다임』 I ~ II(나남)을 읽어 보기 바란다. 킨취 교수에 따르면, 기억에 기반하여 덩잇글을 처리할 경우에, 머릿속 전-전두피질pre frontal lobe에 자리 잡은 작업기억 및 대뇌 피질에 자리잡은 장기기억에서 동시에 역동적으로(유동적으로)

「표면 구조surface structure ↪ 덩잇글 기반text-base ↪ 상황 모형situation model」

의 재구성 과정이 순환적으로 반복되어 일어난다. 이런 과정을 작동시키는 실체를 추론inference이라고 부르는데, 정보를 덜어내는 일information reduction과 정보를 덧얹어 놓는 일information accretion 두 가지 방향으로 일어난다. 일단 언어 처리가 다 끝났을 경우에, 우리 머릿속에서 장기기억에 저장되는 실체를「인출구조retrieval structures」라고 부르는데, 이들 인출구조가 다시 정합적으로 위계화되고 재구성되면서 한 사람에게서 찾아질 수 있는 세계 모형이 만들어지는 것이다(대다수 제도적인 학교 교육에 의해서 개개인들이 각 영역의 과목마다 이런 세계 모형을 학습하게 됨).

(That relation which you have to a thing, when you do directly apprehend a proposition about it, and *do not* directly apprend it)

그렇지만 이런 어구는 너무 길기 때문에 쓰기가 불편합니다. 여러분은 "대상들을 생각해 보기thinking of it"이란 짤막한 어구로도 충분할 것이고, 이것이 한 가지 대상을 생각함으로써 바로 우리가 의미하는 내용이라고 말할 수도 있습니다.

그렇지만 이에 대하여 두 가지로 반박할 수 있습니다. 첫째, 설령 심지어 우리가 오직 한 가지 대상을 생각할 뿐이라고 말해서는 안 되고, 다만 그 대상을 생각하는 일보다 더 많은 어떤 일을 실행하고 있다고 말해야만 하는 경우에라도, 이런 관계가 한 가지 대상에 대하여 우리가 갖는 유일한 관계라는 점이 사실일 수 있습니다. 둘째, 비록 이런 관계를 위해서 실제로 종종 "~을 생각해 보기thinking of"라는 명칭을 쓰더라도, 또한 직접 지각의 관계를 위해서도 이 용어를 쓰고 있습

언어 이해에 대한 심리학적 처리 과정(킨취 모형)

층위		대상	저장 장소	작용 방식
덩잇글의 표면 구조		덩잇글 속의 문장들	종이에 쓰인 글자	언어 해석 및 단언 문장 구성
덩잇글 기반	미시구조	미시 단언 문장과 인출구조	단기 및 장기 작업기억	인출단서의 활성화 확산
	거시구조	거시 단언 문장과 배경지식	장기 작업기억	안정된 지식 그물조직
덩잇글의 상황 모형		감각인상과 상위인지	장기기억	감각인상과 상위 단언 문장 구성

이 도표는 언어 이해에 긴밀히 관여하는 세 가지 층위에서, 어떤 대상을 놓고 어떤 일들이 일어나는지를 요약해 놓은 것이다. 그런데 이 이해의 과정은 최종적으로 해당 덩잇글에 대한 '상황 모형'을 재구성해 주는 일로 마무리되며, 이는 장기 기억 속에 「인출 구조」로 저장되어 있다가 필요할 경우에 즉각적으로 작업기억에 인출되어 활용되는 것이다. 결국 이해력이 뛰어난 사람은 이런 인출 구조들을 충분히 그리고 일관된 모습으로 전체적인 세계 지식과 더불어 통일된 모습으로 갖고 있는 사람인 것이다. 그런데 이 단계까지 일어나도록 하는 정신 작용을 일반적으로 '추론'이라고 불러왔다. 추론과 관련된 정신 작동 방식은 265쪽 이하에 있는 역주 110의 도표 「인간 사고의 모형」 중에서 더 높은 수준의 층위에 의해서 촉발되는 일반화 및 일관성 확보 과정의 일이다. 우리 머릿속에서 지각 또는 이해 과정에서 연동되어 복합적으로 작동하는 기억 부서들에 대해서는 217~219쪽의 역주 93에 있는 도표를 참고하기 바란다.

니다. 예를 들어, 한 가지 단언(명제)을 직접 지각하고 있는 경우에 저는 종종 「우리가 그 단언(명제)을 생각하고 있다」고 말한다고 봅니다. 그러므로 또한 제가 숫자 2를 생각하고 있다고 말하는 경우에도, 아주 종종 「직접 숫자 2를 지각하고 있다」고 여깁니다. 그러므로 "~을 생각해 보기"란 명칭은, 제가 '직접 지각'으로 부르는 관계와 구분짓기 위한 명백한 명칭으로서 '간접 지각'이라고 부르고 싶은 종류의 관계보다 알맞은 몫을 떠맡지 못할 것입니다. 그 목적을 위해서 저로서는 '간접 지각' 말고 어떤 것이든지 간에 더 나은 명칭을 생각해 낼 수 없습니다(≒오늘날에는 '이해'로 부름).

사실상 여러분이 그 명칭에 의해서 무엇을 의미하는지 잘 이해하고 있다면, 어떤 명칭을 쓰는지는 크게 중요한 문제가 아닙니다. 그렇다면 '간접 지각'으로써 저는 여러분이 실제로 한 대상에 관한 어떤 단언(명제)을 직접 지각하되, 그 대상 자체를 직접 지각하지 않을 경우에, 그 대상에 대하여 여러분이 갖고 있는 종류의 관계를 의미합니다. 그리고 제가 주장하고자 하는 요점은, 이것이 여러분이 한 가지 대상을 직접 지각하는 경우에, 그 대상에 대하여 여러분이 갖는 관계와는 사뭇 다른 종류의 관계라는 것입니다. 이런 두 종류의 지각 사이에 유일한 연결점은, 여러분이 임의의 한 가지 대상을 간접적으로 지각할 때마다 언제든지, 반드시 무엇인가 다른 것을, 즉, 그 대상에 관한 어떤 단언(명제)이든지, 또는 때때로 한 가지 단언(명제)보다는 다른 어떤 것을 직접 지각하고 있음이 틀림없다는 점입니다.

그렇지만 이제 단언(명제)들에 관해서 그리고 우리가 단언(명제)들을 직접 지각하는 경우에 무슨 일이 일어나는지에 관해서 제가 논의해 온 바에 힘입어, 대상에 대한 서로 다른 종류의 모든 관계들을 분류하고 구분해 낼 수 있다고 생각합니다. 이는 공통적으로 「그것들을 아는 방식(지식을 얻는 방식)」으로 언급될 수 있을 것입니다. 이것이 이제 제4장에서 논의하고자 하는 내용입니다.

제4장 지식을 얻는 방식

§.4-0 【 들머리 】 저는 두 가지 일을 실행하는 데에 몰두해 왔습니다. 첫째, 제가 '단언propositions(명제)'으로 부른 종류의 것이 어떻게 단언(명제)이 아닌 것들과 구별되는지를 지적해 주는 일입니다. 둘째, 두 가지 서로 다른 지각 방식들을 구별해 주는 일, 또는 각각 '직접 지각'과 '간접 지각'으로 부르자고 제안한, 서로 다른 대상들의 종류를 모두 의식하는 일입니다.

단언(명제)들과 관련하여, 가장 강조될 필요가 있는 논점은, 제 생각에, 어떤 것이든지 간에 임의의 단언(명제)이 감각인상이나 감각인상들의 집합과는 차이가 나는 사뭇 다른 종류의 대상이라는 것입니다. 첫눈에 이는 자명한 듯이 보입니다. 가령, 여러분이 눈을 감고서 여러분의 정신 앞에(124~125쪽의 역주 49 참고) 특정 색깔이나 나란히 있는 몇 줄의 색깔에 대한 감각인상을 불러올 경우에, 아무도 이런 감각인상이나 감각인상들의 집합을 한 가지 단언(명제)이라고 말할 것으로 생각하지는 않을 것입니다. 한 가지 단언(명제)으로써 실제로 무엇을 의미하든지 간에, 우리는 단언(명제)으로써 어떤 것이든지 간에 그런 감각인상들의 집합과는 사뭇 다른 어떤 것을 의미함(222쪽에서 한 가지 사실 'a fact'이라는 용어로 부르게 됨)은 아주 명백한 듯합니다. 그렇지만 만일 이 문제를 또 다른 방식으로 바라본다면, 저는 그렇게 아주 명백해지는 일이 멈춰진다고 생각합니다. 예를 들어, 여러분의 모자가 강의실 옷걸이에 걸려 있다는 그런 단언(명제)을 믿는 경우에, 여러분의 정신 속에서 무슨 일이 일어나는지를 살펴보시기 바랍니다. 우리는 모두 항상 이와 같은 대상들을 믿고 있습니다. 이와 같은 경우에 여러분이 믿는 바, 즉,

「여러분의 모자가 이 강의실의 옷걸이에 걸려 있음」

(*that* your hat is hanging up in the hall)

이 제가 한 가지 단언(명제)에 의해서 의미했던 종류의 것이었음을 언급했습니다. 이런 경우에 여러분은 「그 모자가 이 강의실 옷걸이에 걸려 있다」는 단언(명제)을 믿고 있는 것입니다.

그렇지만 이제 여러분이 이런 단언(명제)을 믿는 경우에, 여러분의 정신 속에서 무슨 일이 일어나는 것일까요? 만일 여러분이 눈을 감고서 스스로 정신 앞에 실제로 무엇이 있는지를 찾아내기 위하여 정신 속을 들여다본다면, 저는 두 가지 종류의 대상을 제외하고서는 여러분이 어떤 것이든지 간에 조금이라도 찾아내기가 아주 어려움을 깨닫게 될 것이라고 생각합니다. 우선 여러분은 낱말들에 대한 감각인상을 발견할 수 있습니다.

「내 모자가 이 강의실의 옷길이에 길러 있다.」

(My hat is hanging up in the hall)

라는 낱말들의 감각인상입니다. 그렇지만 이것들이 제가 말한 의미에서 단언(명제)이 될 수는 없다고 말했습니다. 저는 한 가지 단언(명제)

에 의해서 어떤 것이든지 간에, 낱말들이나 낱말의 감각인상에 대한 집합과 완전히 다른 어떤 것(≒222쪽에서의 한 가지 사실a fact)을 의미한 다고 말하였습니다. 낱말들의 집합이 의미하거나 표현할 수 있는 어떤 것이지만, 아무런 낱말도 될 수 없고 낱말들의 집합도 될 수 없는 것입니다. 그러므로 만일 여러분이 그 단언(명제)을 찾아내려고 한다면, 반드시 어떤 것이든지 간에 낱말들의 감각인상 말고 다른 어떤 것을 찾아보아야 합니다. 그렇지만 저는 여러분이 이것 이외에, 즉, 대체로 강의실 옷걸이에 걸려 있는 여러분의 모자에 대한 생생한 감각인상 이외에, 다른 어떤 것을 찾아낼 수 없을 것으로 생각합니다. 가령, 여러분이 보게 되듯이, 만일 실제로 거기에 걸려 있는 모자를 봤다면, 대체로 그 감각자료에 대한 생생한 복제품(복사물)인 것입니다. 그렇다면 저는 이런 감각인상, 즉, 감각자료에 대한 대체로 희미한 이런 복제품(복사물)이 그 단언(명제)이며, 여러분이 믿는 내용임을 결론짓는 일이 아주 자연스럽다고 생각합니다.

사실상 이것이 많은 철학자들이 지녔던 하나의 견해입니다. 예를 들어, 흄(David Hume, 1711~1776)은 인간 정신의 모든 지각 내용이 두 종류, 즉, 감각인상impressions 및 관념ideas이며, 관념은 단지 앞의 감각 인상들에 대한 대체로 희미한 복제품이라고, 즉, 그 자체로 앞의 감각 인상들에 대한 복제품이거나 아니면 그런 복제품들로 구성되고 새로운 방식으로 재배열된 감각인상들이라고 선언하였습니다. 흄은 또한 믿음이 오직 그런 어떤 감각인상에 대한 각별히 생생한 지각으로만 이뤄져 있다고 여겼습니다. 그러므로 흄은 「정신 속에서이든지 정신 앞에서이든지 간에, 제가 한 가지 단언(명제)으로 부르는 그런 것이 조금이라도 있음」을 전혀 인식하지 못하였습니다. 여전히 많은 철학 자들과 심리학자들이 마치 이런 흄의 견해가 사실인 양 말합니다. 그러므로 그런 듯이 보였지만, 한 가지 단언(명제), 즉, 우리가 임의의 어떤 것을 믿을 경우에 언제나 우리가 믿고 있는 바가, 감각인상이나 감각인상들의 집합과는 아주 다른 어떤 것(≒한 가지 사실a fact)임이 그리 아주 명백한 것은 아닙니다.

그럼에도 불구하고, 저는 내성reflection(자기성찰)을 통하여 단언(명제)이 분명히 아주 다른 어떤 것임을 여러분이 잘 알 수 있다고 생각합니다. 예를 들어, 이 강의실의 옷걸이에 걸려 있는 여러분의 모자에 대한 감각인상을 고려하면서, 거기에 여러분의 모자가 걸려 있다고 믿는 경우에, 여러분이 믿는 바와 감각인상을 서로 비교해 보기 바랍니다. 그 감각인상은 오직 대체로 뭔가 다른 것에 대한 정확한 복제품으로만 이뤄져 있습니다. 대체로 여러분이 보았거나 볼 수 있는 어떤 감각 자료와 닮은 어떤 것입니다. 오직 이런 감각인상에 대한 직접 지각만이 만일 충분히 생생하다면, 「여러분의 모자가 이 강의실의 옷걸이에 걸려 있다」고 믿는 일과 같이 동일한 대상이라고 제안됩니다. 그렇지만 명백히 오직 이런 감각인상에 대한 직접 지각이, 그 감각인상 이외에 어떤 다른 것이 우주 속에 조금이라도 존재하였거나 존재하거나 존재할 수 있다고 믿는 일과 동일한 것은 아닙니다. 단지 뭔가 다른, 어떤 것과 닮은 모종의 것을 사실상 지각하는 것이 한 가지 일이지만, 반면에 여러분이 직접 지각한 대상과 닮았거나 다르거나 간에, 어떤 다른 것이 우주 속에 있다고 추정하는 일은 명백히 사뭇 다른 어떤 일입니다(≒지각 말고도 한 가지 사실a fact이 있음을 주장함). 그렇지만 분명히 「여러분의 모자가 강의실 옷걸이에 걸려 있다」고 믿는 경우에, 지금 직접 지각하고 있는 감각인상 말고도 적어도 여러분은 우주 속에 어떤 다른 것이 있거나 있을 가능성을 추정하고 있는 것입니다. 그렇지만 만일 그렇다면, 「강의실 옷걸이에 여러분의 모자가 걸려 있다」는 믿음은, 아무리 생생하더라고 이런 감각인상에 대한 여러분의 직접 지각과 동일한 것은 될 수 없습니다. 여러분이 믿고 있는 바도, 즉, 「강의실 옷걸이에 여러분의 모자가 걸려 있다」는 단언(명제)도, 결코 그 감각인상과 동일한 것이 될 수는 없습니다.

저는 이것이 단언(명제) 및 다른 대상들 사이에 있는 차이점과 관련하여 강조되어야 할 '가장 중요한 핵심'이었다고 생각합니다. 제가 직접 지각 및 간접 지각으로 불렀던 대상들을 의식하는 두 가지 방식과 관련하여, 제가 강조하고 싶었던 것은 이것들이 서로 간에 얼마나 극단적으로 차이가 나는지에 관한 것입니다. 직접 지각에 의해서 저는 두 가지 서로 다른 관계를 의미할 수 있을 것이라고 언급하였습니다. 먼저, ㉠직접 지각에 의해서 저는 어떤 감각자료의 단편에 대하여, 가령, 실제로 색깔 띤 경험조각을 보는 경우에 색깔 띤 경험조각에 대하여 우리가 갖는 그런 종류의 관계를 의미할 수 있다고 말하였습니다. 그리고 ㉡또한 저는 실제로 여러분이 한 가지 단언(명제)을 믿는 경우에, 그 단언(명제)에 대하여 여러분이 갖는 그런 종류의 관계를 의미하였습니다. 그렇지만 여러분이 실제로 한 가지 단언(명제)을 믿거나 불신하는 경우에도 그 단언(명제)을 갖고 있어야 하겠으나, 믿지도 불신하지도 않은 채로 단지 그 단언(명제)만을 살펴볼 수도 있습니다(≒단언의 내용인 사실을 따져보는 것이 아니라, 단언의 구성 요소와 형식 따위만을 살펴보는 일에 해당함).

§.4-1 【 단언(명제)들에 대한 '간접 지각'의 성격과 단언들의 일반성 】 이들 두 가지 관계가 비록 둘 모두 「직접 지각」으로 부르자고 제안하였지만, 서로 다를 수 있다고 언급하였습니다. 여러분이 한 가지 단언(명제) 말고는 어떤 것에 대해서도 결코 직접 지각으로 부른 관계를 가질 수 없고, 한 가지 단언(명제)에 대하여 여러분이 실제로 색깔 띤 어떤 경험조각을 바라보는 경우에 그 경험조각에 대하여 갖는 그런 관계를 결코 가질 수 없음이 실제 사실일 수 있습니다. 그것들이 서로 다른지 여부를 놓고서, 제가 그것들을 모두 「직접 지각」이라고 부르고 싶었었습니다. 그렇지만 제가 「간접 지각」으로 불렀으며, 단언(명제)들에 대하여 그리고 무엇이든지 간에 다른 어떤 것(≒감각자료 따위)에 대하여 여러분이 가질 수 있는 다른 종류의 관계로부터 얼마나 극단적으로 그것들이 다른지를 표시해 주기 위해서, 이런 관계를 다음처럼 정의하였습니다. 여러분이 실제로 한 가지 대상에 관한 어떤 단언(명제)

을 직접 지각하지만, 그 대상 자체는 직접 지각하지 않는 경우에 그 대상에 대하여 여러분이 갖는 것이 그 관계입니다.

「간접 지각」은 이런 관계를 위하여 적절치 않은 명칭일 수 있습니다. 그렇지만 저는 이것이 명칭을 붙여 놓을 필요가 있는 어떤 관계라고 생각합니다. 왜냐하면 분명히 지속적으로 대상들에 대하여 우리가 실제로 갖고 있으며, 제가 「직접 지각」으로 부른 관계들 중 어떤 것과도 지극히 다른, 완벽히 확정적인 종류의 관계이기 때문입니다. 이것에 대한 가장 명백한 종류의 사례로는, 어떤 감각자료의 단편을 직접 지각하고 나서, 바로 여러분이 그 감각자료의 단편을 기억하거나 또는 지금 막 그 감각자료의 단편을 직접 지각했음을 기억하는 경우에 일어나는 내용입니다. 그런 경우에, 가정에 따라, 여러분이 더 이상 논의 중인 그 감각자료의 단편을 직접 지각하고 있지는 않겠지만, 그럼에도 불구하고 여전히 만일 실제로 그 감각자료의 단편을 지금 막 바라봤다는 한 가지 단언(명제)을 여러분이 직접 지각한다면,[80] 여러분은 감각자료의 단편에 관한 한 가지 단언(명제)을 직접 지각하고 있는 것입니다. 그렇다면, 이런 경우에 응당 「여러분이 지금 그 감각자료의 단편을 간접적으로 지각하고 있다」고 말해야 하겠는데, 이는 조금 전에 여러분이 직접 지각했었지만, 이제 가정에 따라서 더 이상 직접 지각하지는 못하는 것입니다. 그리고 제가 여러분이 한 가지 대상을 간접적으로 지각한다고 말하는 경우에, 어떤 것이든지 간에 그 대상에 관한 단언(명제)을 직접 지각할 때마다, 저는 「그러저런 것에 관한 한 가지 단언(명제)」이란 구절이 가능한 가장 넓은 의미로 이해됨을 의미합니다. 예를 들어, 저는 지금 다음과 같은 단언(명제)을 믿

---

80) [역주] 무어 교수가 서로 다른 차원의 것을 혼동하는 것으로 보인다. 인식에 대한 단언(명제)은 상위 차원의 단언(명제)이다. 그렇지만 감각자료에 대한 단언(명제)은 대상에 관한 서술이므로, 실세계 대상을 가리키는 단언(명제)이다. 폴란드 논리학자들에 의해 각각 object대상와 meta상위, 대상 뒤의 차원으로 구분되어 불리기도 했는데, 감각자료에 대한 단언(명제)은 대상 차원의 단언(명제)이고, 그런 단언에 대한 인식은 상위 차원의 단언(명제)인 것이다.

고 있습니다. 즉,

「제가 한 번이라도 직접 지각했었으며, 지금 직접 지각하고 있는 어떤 단언(명제)과도 전혀 다른 그런 단언(명제)들이, 이 순간에 중국에서 중국인들에 의해서도 믿어지고 있다.」

(That propositions, different from any which I have ever directly apprehended and from any which I am now directly apprehending, are at this moment being believed by Chinamen in China)

이런 경우에 제가 이제 응당 중국에서도 믿어지고 있는 그런 단언(명제)들에 관한 한 가지 단언(명제)을 믿고 있다고 말해야 합니다(늑후자는 상위 차원의 단언이 됨). 그러므로 비록 제가 분명히 그 단언(명제)들을 직접 지각하고 있지도 않고, 심지어 그 단언들이 어떤 것인지를 전혀 알지 못한다손 치더라도, 이 순간에 저는 중국에서 믿어지고 있는 그런 단언(명제)들을 간접적으로 지각하고 있다고 말해야 합니다. 여러분은 실제로 제가 이들 단언(명제)을 조금도 직접 지각하는 것이 아니며, 그런 경우에 제가 심지어 그 단언(명제)들을 간접적으로 지각하고 있는 것처럼 말해서도 안 된다고 여길 수 있습니다. 그렇지만 어떤 의미에서 저는 그 단언(명제)들을 생각하고 있습니다. 그리고 제가 실제로 그 단언(명제)들을 생각하고 있는 경우에, 이제 그 단언(명제)들에 대하여 제가 갖는 관계 및 5분 전에 제가 그 단언(명제)들을 생각하지도 못한 경우에 그 단언(명제)들에 대하여 제가 가졌던 관계 사이에는, 마치 제가 지금 그 단언(명제)들에 대하여 가지는 관계 및 이제 제가 직접 지각하고 있는 임의의 것에 대하여 제가 갖고 있는 관계 사이의 차이처럼, 아주 커다란 차이가 있습니다. 그렇다면 저는 이 차이를 표시해 줄 어떤 명칭을 붙이고 싶습니다. 여러분이 사실상 한 가지 대상을 생각하고 있는 경우에 그 대상에 대하여 여러분이 갖는 관계입니다. 여러분이 논의 중인 그 대상을 생각하고 있지만, 동시에 그 대상을 직접 지각하지 않는 경우에 머릿속에서 일어나는 이런 관계를, 여러분이 그 대상을 직접 지각하고 있는 경우에 한 가지 대상에 대하여 여러분이 갖는 관계와 서로 구분해 줄 어떤 낱말입니다. 저는

「간접 지각(indirect apprehension)」

이란 말로써 이런 관계를 가리키고자 합니다. 여러분이 제가 의미하는 바를 사뭇 분명하게 이해한다면, 이 용어가 바람직한지 여부는 그리 크게 문제가 되지 않습니다.

그렇지만 「간접 지각」에 관해서 지난 번에 거의 언급하지 않았지만, 제 생각에 응당 언급되어야 할 한 가지 다른 논점이 있습니다. 저는 「간접 지각」의 정의를, 여러분이 한 가지 대상 그 자체를 직접 지각하지 않지만, 그 대상에 관하여 어떤 단언(명제)을 실제로 직접 지각하는 경우에, 그 대상에 대하여 여러분이 갖는 관계로 규정해 놓았습니다. 그렇지만 응당 저는 심지어 여러분이 한 가지 대상에 관한 임의의 단언(명제)을 직접 지각하고 있지 않을 경우에까지도, 그 대상에 대하여 여러분이 바로 이런 동일한 관계를 갖지 못할 수 있다고 말해야 합니다. 이런 의문에 대하여 틀렸다고 의심하는 이유는 다음과 같습니다.

여러분이 조금 전에 실제로 보았지만 지금은 보고 있지 않는 색깔 띤 한 가지 경험조각을 이제 기억한다고 가정합시다. 그런 경우에, 분명히 여러분이 색깔 띤 그 경험조각 자체를 직접 지각하고 있는 것은 아닙니다. 그 경험조각을 생각하고 있기 때문에, 여러분은 그것을 「간접적으로」 지각하고 있는 것입니다.[81]

---

81) [역주] 이하의 논의에서 세 가지 차원의 것을 분명히 구분해 가면서 읽는 일이 중요하다. 먼저 ㉠현실 세계에 있는 한 가지 대상이다. 그리고 ㉡이 대상이 우리 시지각 경험을 자극하여, 우리가 머릿속에 얻게 되는 경험조각(감각자료)이 있다. 이 대상과 경험조각 사이에는 직접 지각의 관계가 있다. ㉢경험조각도 사실과 대응 관계에 있는지를 따지는 단언(명제) 형식을 띨 수 있고, 설사 현재 감각자료가 없더라도 임의의 단언(명제)을 떠올릴 수 있다. 이런 측면에서 다시 스스로 그 경험조각에 관한 단언(명제)을

「그렇지만 여러분이 그 대상을 생각하는 동안에, 지금 필연적으로 그 경험 조각에 관한 임의의 단언(명제)을 직접 지각하고 있는 것일까?」

(But are you necessarily now, while you think of it, directly apprehending any proposition about it?)

저는 여러분이 그러한지 그렇지 않은지 여부를 확신하기가 아주 어려울 것으로 생각합니다. 만일 여러분이 실제로 막 그 경험조각을 바라보았음을 믿고 있다면, 물론 그 대상에 관한 한 가지 단언(명제)을 직접 지각하고 있는 것입니다. 그리고 여러분이 오직 그 단언(명제)을 막 바라보았던 색깔 띤 경험조각으로만 생각한다면, 이는 「여러분이 막 그 대상을 실제로 바라보았다」는 동일한 단언(명제)을 아주 비슷하게 직접 지각하는 듯합니다. 그렇지만 이것이 아주 확실한 것은 아닌 것으로 보입니다. 즉, 한 가지 대상을 어떤 속성들을 갖고 있다고 생각하는 일이, 그 대상이 이들 속성을 실제로 지닌다고 확정하는 일과 동일한 것은 분명히 아닐 듯합니다. 그렇다면 두 가지 물음이 이어집니다. 첫째 물음은,

「여러분이 한 가지 대상을 어떤 속성들을 지닌 대상으로 여기는 경우에,

놓고서 따져볼 수 있는데, 이를 「상위 차원의 인식」이라고 부를 수 있다(217~219쪽의 역주 93에 있는 도표에서 밑에 있는 부분임).

무어 교수는 단언을 놓고서 「간접 지각」을 하는 것으로 명칭을 붙였는데, 머릿속에 있는 감각자료를 통해서 외부 세계의 대상과 연관된다고 여기기 때문에 '간접'이란 수식어를 쓰고 있다. 그렇지만 무어 교수는 대상 차원의 단언(명제)과 이런 단언들을 대상으로 하여 다시 새롭게 구성되는 상위 차원의 단언(명제)을 구분하지 않고서 동일한 낱말을 쓰고 있으므로, 자칫 혼란을 빚을 소지가 있다. 이런 혼란을 방지하기 위해서는 다른 용어를 써 주는 것이 최선의 해결책이다. 우리가 갖고 있는 지식 체계나 세계 모형에 힘입어서, 한 가지 단언(명제)이 외부 세계에 있는 한 가지 사실a fact을 반영해 주고 있음을 잘 알고 있다. §.4-3에서는 한 가지 단언(명제)이 어떤 사실을 반영해 주는 것으로 논의하고 있다. 이런 단언(명제)의 참값인지 여부를 파악하는 일은 단순한 '지각'이 아니다. 오직 일관된 전체 지식 체계를 고려하면서, 개별 단언(명제)들을 '이해'하는 과정이며, 종합적인 '판단·결정 체계'를 작동시킨 결과이므로, 265쪽 이하에 있는 역주 110의 도표에서 보여 주듯이 여러 층위가 동시에 작동해야 하는 매우 복잡한 인지 방식이라고 말할 수 있다.

이것이 그 대상에 관한 한 가지 단언(명제)을 직접 지각하는 일에 해당할까?」
(when you think of a thing *as* the thing which has certain properties, does this amount to directly apprehending a proposition about it?)

저는 그렇다고 여기는 쪽으로 기울어져 있지만, 아직 확신할 수는 없습니다. 둘째 물음은,

「여러분이 어떤 것이든지 간에 최소한 그것을 어떤 속성들을 지닌 것으로 여기지도 않은 채로, 조금이라도 간접적으로 지각할 수 있을까?」
(can you ever apprehend anything indirectly at all, whithout thinking of it at least *as* having certain properties?)

제가 이해할 수 있는 한, 이 질문은 반드시 부정적으로 답변되어야 할 것입니다. 의심의 여지없이, 여러분이 한 가지 대상을 그것을 임의의 어떤 것으로 여기지도 않은 채로도 지각할 수 있습니다. 그렇지만 이 경우에서처럼, 여러분이 분명히 대상 그 자체를 직접적으로 지각하지 않지만, 그럼에도 불구하고 어떤 의미에서 그 대상을 의식하고 있는, 그 대상을 생각하고 있는 경우에, 여러분이 그 대상을 반드시 어떤 속성들을 갖고 있는 것으로 여기는 듯합니다. 그렇다면 이미 암시되었듯이 만일 이들 두 가지 질문에 대답할 예정이라면,

「어떤 것이든지 상관없이, 여러분이 그것에 관한 어떤 단언(명제)을 직접 지각하지 않은 채로는, 결코 그것을 간접적으로 지각하지 못한다」
(you never apprehend anything indirectly, without apprehending directly some proposition about it)

는 점이 참값이 될 듯합니다. 그렇지만 저는 이 문제가 아주 불분명하므로, 두 가지 질문 중 어떤 것이든지 반드시 제가 시사한 대로 답변되

어야 함을 확신하기가 어렵습니다. 그러므로 조금 전에 언급한 대로, 중국에 있는 사람들에 의해서 믿어지고 있는 그런 단언(명제)들을 다시 생각하는 경우에(≒보편적·일반적 단언임), 저는 이제 그것들을 생각하고 있으되, 분명히 그것들을 직접 지각하고 있는 것은 아닙니다. 저는 그것들을 중국에서 믿어지고 있는 단언(명제)들로 여기는 것이라고 생각합니다. 그렇지만 단지 이를 실행하는 데에서, 제가 중국인들이 믿는 단언들에 관한 어떤 단언(≒일반적 믿음체계에 대한 상위 차원의 단언)을 직접 지각하고 있는 것일까요? 단지 중국인들이 믿는 단언(명제)들에 대하여 생각하는 것이, 그 단언(명제)들에 관한 어떤 단언(≒상위 차원의 단언)을 직접 지각하는 일과 동일한 것일까요? 저는 그렇다고 여기는 쪽으로 쏠려 있지만, 아주 확신하기는 어렵습니다.

그러므로 여러분이 그 대상 자체를 직접 지각하지 않되 실제로 그 대상에 관한 어떤 단언(명제)을 지각하는 경우에, 제가 「간접 지각」을 한 가지 대상에 대하여 여러분이 갖는 관계로 정의한다면, 이런 정의는 여러분이 그 대상에 관한 어떤 단언(명제)을 직접 지각하는 경우를 제외하고서, 분명히 한 가지 대상에 대하여 결코 여러분이 이런 관계를 지니지 않음을 의미하는 것으로 간주되어서는 안 됩니다. 다른 경우에 확정적으로 그런 관계를 결코 갖지 않음을 단정함이 없이, 저는 오직 이런 경우에 여러분이 실제로 지닌 그런 종류의 관계임을 의미할 따름입니다. 「간접 지각」에 관한 중요한 핵심은, 이것이 직접 지각이 아니지만, 그럼에도 불구하고 한 가지 대상을 의식하거나 생각하는 어떤 방식이라는 점입니다. 그리고 아마 비록 다른 경우들에서도 일어날 수 있겠지만, 여러분이 한 가지 대상에 관한 어떤 단언(명제)을 직접 지각하는 경우에, 분명히 실제로 항상 일어나는, 한 가지 대상에 대하여 의식을 하는 (보편적인) 어떤 방식이라는 점입니다.

그렇지만 이제 단언(명제) 및 단언(명제)이 아닌 대상들 사이에 있는 구분, 그리고 「직접 지각」 및 「간접 지각」 사이의 구분에 힘입어, 저는 대상들에 대한 서로 다른 관계들을 모두 다 분류할 수 있다고 여김을 언급하였습니다. 이는 일반적으로 대상들을 아는 방식(대상들에 대한 지식을 얻는 방식)들로 말해질 수 있습니다. 이것이 이제 제가 논의하게 될 내용입니다.

§.4-2 【 앎(지식)을 얻는 네 가지 방식: 기억 인출·직접 지각·간접 지각·전형적 지식 구축 】 우리가 감각-지각sense-perception(93쪽의 역주 37)으로부터 논의를 시작했음을 기억하실 것입니다. 우리의 본디 질문은 「감각-지각이 앎(지식)을 얻는 어떤 종류의 방식일까?」에 관한 것입니다. 저는 감각-지각과 「보고 듣고 느끼고 냄새 맡는」 등의 서로 다른 형태의 모든 감각-지각이, 흔히 우리가 대상들을 아는 방식ways of knowing (지식을 얻는 방식)들로82) 말해야 한다고 생각합니다.

「내가 지각한다, 내가 본다, 내가 듣는다, 내가 냄새 맡는다, 내가 느낀다」

---

82) [원저자 주석 1] 나는 지금 이것이 참값이라고 생각하지 않는다. 분명히 종종 나는 길거리에서 내가 모르는 사람들을 본다. 그리고 일반적으로 한 사람 또는 어떤 물질적 대상이나 감각자료의 단편을 지각하는 일이, 그 사람 또는 물질적 대상이나 감각자료의 단편을 '아는' 방식이라는 그런 의미로 '알다know'를 쓴다고는 생각하지 않는다. 비록 많은 철학자들이 마치 그런 듯이 잘못 말해 왔고, 나 자신도 한때 이 강의를 진행할 적에 이런 부적절한 방식으로 '알다'를 썼었지만,

「내가 한 사람을 바라보고 있다」

는 단순한 사실로부터

「그 순간에 내가 그를 알고 있다」

는 사실이 도출되어 나오는 그런 '알다'의 일반적 용법은 없는 것이다. 뤄쓸(Russell, 1912)『철학의 문제들』의 제5장에서 「knowledge by acquaintance**직접 겪어서 얻은 지식, 직접 경험으로 얻은 지식**」으로 부른 것은, '지식'으로 불릴 자격이 전혀 없다. 또한 지식의 문제와 관련해서도, 지식이 '직접 겪음'만으로는 이뤄지는 것도 아니다. 만일 '지각'이 내가 '직접 지각'으로 부른 의미로 쓰이는 경우에는, '직접 겪음'이 단지 지각과 동일한 것일 뿐이다. 반면에, 122쪽의 원저자 각주 7(역주 번호는 47임)에서처럼, 만일 '지각하다'가 한 가지 사실이나 어떤 진리를 지각하는 의미로 쓰이는 경우라면, '지각하다'가 실제로 '알다'라는 뜻을 결과적으로 귀속시켜 준다. 가령, 만일

「내가 어떤 남자가 턱수염을 갖고 있음을 본다」

면, 그 당시에 반드시 실제로 「나는 그가 수염이 있음을 아는 것」이다. (1952년에 추가함.)

등 이들 낱말이 모두 언제나 우리들 및 「우리가 지각하거나 보거나 듣거나 느끼는 것」인 다른 어떤 것 사이에 있는 모종의 관계를 가리키기 위하여 쓰입니다. 저는 어떤 것이든지 간에 응당 우리가 그것을 볼 경우마다

「어떤 의미에서 나는 실제로 내가 바라보는 그 대상을 알고 있다」
(I do in a sense know the thing, which I see)

고 말해야 합니다. 한 가지 대상을 바라보는 일이 그것을 아는 한 가지 방식이라고 생각합니다. 그리고 또한 어떤 것이든지 간에 제가 그것을 들을 경우마다, 어떤 의미에서 저는 실제로 제가 듣고 있는 그 대상을 알고 있습니다. 어떤 것이든지 간에 제가 그것을 느낄 경우마다, 어떤 의미에서 저는 실제로 제가 느끼고 있는 그 대상을 알고 있습니다. 요약하면, 언제나 임의의 한 가지 대상을 제가 어떤 감각으로든지 지각하는 경우마다, 어떤 의미에서 저는 실제로 제가 지각하고 있는 그 대상을 알고 있습니다.

그렇지만 이제 감각-지각 그 자체와 서로 다른 종류의 감각-지각에 대한 모든 상이한 명칭들을 제외하고서도, 우리는 또한 지속적으로 아주 많은 다른 낱말들도 쓰고 있습니다. 이것들도 각각 대상들을 아는 한 가지 방식에 대한 이름이라고 말해야 합니다. 즉, 어떤 것이든지 간에 제가 '기억을 한다'면, 어떤 의미로 그럴 때마다 실제로 제가 기억하는 그 대상을 알고 있습니다. 어떤 것이든지 간에 제가 '꿈을 꾼다'면, 어떤 의미로 그럴 때마다 제가 실제로 꿈을 꾸고 있는 그 대상을 알고 있습니다. 어떤 것이든지 간에 제가 '상상을 한다'면 그럴 때마다, 어떤 의미에서 실제로 제가 상상하는 그 대상을 알고 있습니다. 어떤 것이든지 간에 제가 '생각을 한다'면 그럴 때마다, 어떤 의미에서 실제로 제가 생각하고 있는 그 대상을 알고 있습니다. 어떤 것이든지 간에 제가 '관찰을 한다'면 그럴 때마다, 어떤 의미에서 실제로

제가 관찰하는 그 대상을 알고 있습니다.

이런 낱말들이 모두 그리고 다른 낱말들이, 우리들 및 다른 어떤 것 사이에 있는 모종의 관계를 드러내기 위하여 항상 쓰이고 있습니다. 저는 우리가 이들 낱말로 드러내는 그 관계가 아는 일knowing, 즉, 인지 관계cognitive relations로서, 아는 주체 및 알려진 어떤 것 사이에 있는 관계라고 말해야 할 것으로 봅니다. 저는 철학자들이 실제로 항상 이런 넓은 뜻으로 '앎knowledge(지식)'이란 낱말을 쓰고 있다고 봅니다. 철학자들은 어떤 것이든지 간에 지각되거나 기억되거나 상상되거나 또는 생각된 것 따위를, 그것이 지각되거나 기억되거나 상상되거나 또는 생각된 순간에, 지식의 대상an object of knowledge이 된다고 말함 직합니다. 그렇지만 저에게는 한편으로 이들 낱말 중 일부의 경우에 정확히 동일한 관계를 가리키기 위하여 서로 다른 많은 낱말이 쓰인 듯하고, 다른 한편으로 이들 낱말 중 다른 일부의 경우에 또한 서로 다른 사례들을 놓고서 완전히 다른 관계들을 가리키기 위하여 동일한 낱말이 쓰인 듯합니다. 제가 실행하고자 하는 바는, 서로 다른 관계들을 드러내기 위하여 쓰인 이 낱말들을 구별하여 분류하는 일입니다.

이들 낱말들이 모두 다, 주어진 임의의 순간에 주어진 임의의 사람 및 주어진 임의의 대상 사이에서 어떤 관계, 곧, 어떤 인지 관계가 성립한다는 사실을 표현하기 위해서 쓰인다고 말할 수 있습니다. 논의를 시작하기 위하여, 적어도 이들 관계를 다음 네 가지 부류로 나눌 수 있습니다.

첫째, 논의 중인 일부 낱말이, 때때로 심지어 한 사람이 한 가지 대상을 직접적으로든 간접적으로든 지각하지 않을 순간에라도, 그 사람 및 그 대상 사이에 성립하는 관계를 표현하는 데 쓰입니다(≒더 뒤에서 기억을 끄집어내는 경우라고 설명함).

둘째, 그 낱말들 중 일부가 때때로 오직 주어진 그 순간에 그 사람 및 그 대상 사이에서 실제로 직접 지각의 관계가 성립하는 사실을 표현하는 데에만 쓰입니다.

셋째, 그 낱말 중 일부가 때때로 오직 주어진 그 순간에 그 사람 및 그 대상 사이에서 실제로 간접 지각의 관계가 성립하는 사실을 표현하는 데에만 쓰입니다.

넷째, 그 낱말들 중 일부가, 한편으로 주어진 그 순간에 그 사람 및 그 대상 사이에 직접 지각의 관계가 성립한다고 주장하지만, 또한 다른 한편으로 그 둘 사이에서 그 밖에도 어떤 다른 관계가 성립한다고 주장하기도 합니다(≒뒤에서 전형적 지식의 구축 관계로 부름).

그렇다면 때때로 그 낱말들 중 일부가, 직접 지각이나 간접 지각을 표현하기 위해서만 쓰이는 일 이외에도, 이미 제가 충분히 언급해 온 두 가지 관계를 표현하는 데 쓰이는데, 적어도 두 가지 새로운 관계를 표현합니다. (1) 직접적으로든 간접적으로든 한 가지 대상을 지각하지 않을 순간에라도, 그 사람과 그 대상 사이에 성립하는 어떤 관계입니다. (2) 그리고 한편으로 직접 지각을 포함하지만 또한 그밖에도 좀더 다른 어떤 관계를 포함하는 관계입니다. 저는 이들 두 가지 새로운 관계들을 예시할 것입니다.

(1) 【 무의식적으로 기억을 인출하는 경우의 지식 】 먼저, 심지어 한 사람이 한 가지 대상을 직접 지각하지도 간접적으로 지각하지도 않을 어떤 순간에조차, 그 사람이 그 대상을 알고 있다고 말해질 수 있는 의미에 관해서입니다. 우리가 모두 언제나 이런 의미로 '알다know'라는 낱말 그 자체를 씁니다(≒기억되어 있는 잠재태 상태이지만 언제든지 활용 가능한 지식들임). 예를 들어, 제가 직접적으로든 간접적으로든 구구단 곱셈표 그 자체나 구구단의 어떤 부분도 생각하지 않는 순간에라도, 누군가 저를 보고서 「구구단 곱셈표를 안다」고 말할 수 있습니다. 그는 이를 아주 참되게 말할 것 같습니다. 그는 제가 알고 있는 것으로 표현하려고 의도했고 그렇게 말함으로써 아주 올바르게 표현한, 저와 구구단 곱셈표 사이에 있는 관계는, 사실상 심지어 제가 전혀 아무런 것도 의식하지 않을 경우에라도, 가령 제가 빠르게 잠들고서

꿈을 꾸지 않을 경우에라도, 저와 구구단 곱셈표 사이에 성립할 수 있는 어떤 관계입니다.

또한 일반적으로 제가 사람들에 관해서「그들이 모두 사실상 그들 말고도 다른 사람들의 존재를 알고 있다」고 말하는 경우에도 그러합니다. 제가 그들이 모두 그 순간에 다른 사람들의 존재를 생각하고 있다고 말하려는 뜻은 아닙니다. 제가 말하는 바는, 심지어 그 사람들 중 많은 사람이 그 당시에 어떤 것이든지 간에 직접적으로든 간접적으로든 다른 사람의 존재를 지각하고 있지 않을 경우에라도 아주 참 값이 될 듯합니다. 또한 우리가 어떤 사람에 대하여「그가 어떤 시를 암기하여 알고 있다」고 말할 경우에도 그러합니다. 그가 그 순간에 그 시나 그 시의 임의 부분을 생각하고 있다고 말하려는 뜻은 아닙니다. 제가 우리들 중 친구 한 명 A에 대하여,「그가 또 다른 우리 친구 B를 알고 있다」고 말하는 경우에도 그러합니다. A가 그 당시에 직접적으로든 간접적으로든 B를 지각하고 있다고 주장하려는 뜻은 아닙니다.

그러므로 우리는 한 사람과 한 가지 대상 사이에서 성립할 수 있는 관계들을 가리키기 위하여, 심지어 그가 그 대상을 직접적으로든 간접적으로든 지각하고 있지 않을 순간에라도, 항상 '알다know'라는 낱말 그 자체와 앎을 얻는 방식ways of knowing(지식을 얻는 방식)들을 표현한다고 언급될 만한 다른 낱말들을 실제로 쓰고 있습니다. 그렇지만 저는 이들 모든 관계에 관하여 적어도 한 가지가 분명하다고 생각합니다. 즉, 대상들이 무엇이든지 간에, 이전에 직접적으로든 간접적으로든 임의의 어떤 대상을 지각해 보지 않았더라면, 아무도 그 대상에 대하여 어떤 앎(지식)도 지닐 수 없습니다. 그러므로 이런 유형의 모든 인지적 관계들이, 직접 지각이나 간접 지각에 대한 본질적 지시내용을 지닙니다. 한 가지 또는 나머지 다른 것에 대한 지시내용을 제외한다면, 그런 관계가 아무런 것도 정의될 수 없는 것입니다. 비록 우리가 직접적으로든 간접적으로든 논의 중인 한 가지 대상을 지각하고 있지 않을 경우에라도, 한 순간에 인지적 관계가 우리들 및 그 대상 사이에서 성립될 수 있겠지만, 다른 어떤 순간에 그런 인지적 관계들이 모두 한 가지 방식이나 다른 방식으로 그 대상을 지각했음을 함의합니다. 그렇다면 인지적 관계를 표현하는 그런 낱말들의 일부가, 한 사람이 직접적으로든 간접적으로든 한 가지 대상을 지각하지 않을 순간에라도, 실제로 그 사람 및 그 대상 사이에 성립하는 관계들을 표현하는 데에 쓰입니다. 그렇지만 그런 관계들이 그가 이전에 그 대상을 직접적으로든 간접적으로든 미리 그 대상을 지각해 보지 않았더라면, 그 사람 및 그 대상 사이에 결코 성립될 수 없는 관계입니다. 이런 종류의 관계가 제가 예시해 주고자 하는 새로운 두 종류의 관계들 중에 첫 번째 관계입니다.

(2) 【 알고 있는 것으로 착각하는 경우 】 두 번째 관계는 다음과 같습니다. 한 사람이 한 가지 대상을 직접 지각하는 순간을 제외한다면, 그 사람 및 그 대상 사이에 결코 성립하지 못하는 종류의 관계이지만, 이는 또한 단지 그 대상을 지각하는 일 말고도, 그가 동시에 또 다른 방식으로 그 대상과 관련되어 있지 않다면 결코 성립되지 않는 관계입니다. 이런 유형에 대하여 한 가지 아주 중요한 관계가 있습니다. 우리가 항상 서로 다른 많은 낱말들로써 표현하며, 우리들 및 임의의 다른 종류의 대상 사이에서가 아니라, 오직 우리들 및 한 가지 단언(명제) 사이에서만 성립할 수 있는 어떤 관계입니다. 사실상 이는 우리가 일반적으로 표현하는 관계를 뜻합니다. 즉, 우리가 한 가지 단언(명제)이 참값이 됨을 알고 있다고, 즉, 그러저런 것이 실제 경우임을 알고 있다고 입증하지 않은 채 말하는 경우입니다. 저는 이제 이런 관계가 무엇인지를 설명해 나가고자 합니다.

제가 단언(명제)들에 대한 직접 지각이라고 불렀던, 앎(지식)을 얻는 그런 방식은, 여러분이 거짓 단언(명제)을 믿는 경우에 반드시 마치 참된 단언(명제)을 믿을 때처럼 똑같이 일어나는 어떤 일임을 기억해

야 합니다. 예를 들어, 실제로 그렇지 않지만 여러분의 모자가 이 강의
실의 옷걸이에 걸려 있음을 믿고 있다고 가정해 보겠습니다. 이 단언
(명제)을 믿고 있는 경우에, 제가 그 낱말에 배당한 의미에서, 여러분
은 모자를 직접 지각하고 있습니다. 여러분이 그 모자를 직접 지각하
고 있는 한, 어떤 의미에서 저는 여러분이 실제로 그 모자를 알고 있음
을 인정해야 한다고 생각합니다. 그렇지만 명백히 오직 한 가지 의미
에서만 그러합니다(≒착각하는 경우). 우리가 단언(명제)들이 참값임을
알고 있다고 말하는 경우에, 흔히 쓰는 그 낱말 '알다know'라는 의미에
서,[83] 만일 그 단언이 거짓값이라면, 분명히 여러분은 그 단언(명제)을

---

[83] [역주] 낱말들 사이에서도 함의 관계가 성립한다. 키파스키 부부(P. Kiparsky and C.
Kiparsky, 1970) "Fact", Bierwisch and Heidolph eds., 『*Progress in Linguitics*』에서는 영어
의 동사

'regret유감스럽다, forget잊다, know알다, realize깨닫다'

따위가 내포문을 가질 경우에, 언제나 확실히 일어난 참된 사실을 귀결시켜 놓는다는
뜻에서 '사실성 동사factive verb'라고 불렀다. "I regret [he didn't come]"에서는 '그가 오지
않았음'이 실제로 변할 수 없는 참된 사실a fact인 것이다.

영어의 know도 또한 사실성 동사로만 쓰이므로, 그 내포문이 항상 참값이 되어야
한다. 그렇지만 이 측면에서 우리말과는 뚜렷한 차이가 있다. 우리말에서 '알다'가 내포
문을 지닐 경우에 두 가지 형식(~을 알다 : ~으로 알다)으로 나온다.

① "나는 [그가 떠난 것]을 알았다"
② "나는 [그가 떠난 것]으로 알았다"

'~을 알다'로 실현된 앞의 예문에서는 내포문이 사실임을 귀결되어 나온다(전문 용어
로 entailment라고 부름). 내포문 '철수가 떠났다'가 참값이 되는 것이다. 그렇지만 '~으
로 알다'로 실현된 뒤의 예문에서는 내포문 내용을 잘못 알거나 착각했다는 속뜻을
지니며, 철수가 떠났다는 내포문이 거짓값이 된다. 영어에서 쓰는 낱말의 내포 의미가
한국어와 다르다. 만일 이런 차이를 표현해 주려면 각각 know that~와 thougt that~으
로 써 주어야 한다(that은 생략될 수 있음).

③ "I knew [he left]"
④ "I thought [he left]"

①과 ③의 내포문은 언제나 참값을 지닌다. 그렇지만 ②와 ④는 내포문이 거짓값을
지니며, 결국 내가 「잘못 알았고, 그가 떠나지 않았음이 귀결되어 나온다. 영어에서는
동사를 바꿔서 이런 차이를 표시하고 있다. 그렇지만 우리말에서는 격조사를 '-을 :
-으로'처럼 달리 써서 이 차이를 표현해 주고 있다. 영어에서는 know가 거느리는 내포
문이 언제나 참값을 지녀야 하기 때문에, 무어 교수가 본문에서 참되게 믿고 있음을
설명하는 대목을 쉽게 이해할 수 있는 것이다.

또한 영어에서는 내포문을 요구하는 동사가 대체로 that-clause(내포문으로서 the fact
that으로 번역됨)가 사실성을 전제로 깔고 있지만, 이와 짝이 되어 대립하는 to- infinitive
to 부정사 구문이 반대의 경우가 전제되기도 한다. 가령 "He *managed* [*to* finish the work]그가

알고 있는 것이 아닙니다. 만일 사실상 여러분의 모자가 강의실 옷걸이에 걸려 있지 않았다면, 분명히 여러분은 그 모자가 거기에 걸려 있음을 실제로 알고 있는 것이 아닙니다. 그러므로 '알다know'라는 낱말의 한 가지 의미가 있는데, 만일 여러분이 한 가지 단언이 참값이 됨을 알게 된다면, 사실상 여러분은 반드시 그 단언(명제)을 직접 지각해야 하겠지만, 이것만으로 충분한 것이 아닙니다. 그밖에 여러 가지 다른 조건들이 또한 충족되어야만 하는 것입니다(≒네 가지 조건으로서 「기억 인출·직접 지각·간접 지각·전형적 지식 구축」이 후술됨).

우선, 첫째, 반드시 여러분이 그 단언(명제)을 직접 지각할 뿐만 아니라, 또한 그 단언을 믿고 있어야만 합니다. 그리고 둘째, 그 단언이 그 자체로 거짓값이 되어서는 안 됩니다. 반드시 그 단언이 참값이 되어야 하는 것입니다. 그렇지만 심지어 이들 두 가지 추가 조건조차도, 제가 지금 말하고 있는 의미에서 본다면 그리고 우리가 명제들이 참값임을 안다고 말하는 경우에 흔히 그 낱말을 쓰는 방식으로 본다면, 앎(지식)을 구성하기에 충분치 않습니다. 왜냐하면 여러분이 한 가지 단언(명제)을 믿을 수 있고 그 단언이 사실상 참값이 될 수 있겠지만, 그럼에도 불구하고 여전히 여러분이 그 단언(명제)을 실제로 알지 못할 수도 있는 것입니다.

예를 들어, 이제 「한 사람이 내년 6월 20일 비가 내리지 않을 것임을 믿고 있다」고 가정하고, 그 시점에 이르를 경우에 실제로 「비가 내리지 않는다」고 가정해 봅시다. 이런 사례에서 그가 그날 비가 내리지 않을 것임을 믿고 있는 경우, 이제 그가 믿은 것은 사실상 「참값인 한 가지 단언(명제)」입니다. 그럼에도 불구하고 여전히 우리는 그가

간신히 그 일을 해 내었다"에서는 그 일을 끝내기 전까지 여러 가지 험한 방해 요소들이 있었음을 속뜻으로 깔고 있다. 자세한 것은 카투넌(L. Karttunnen, 1971), "Implicative Verbs", 『*Language*』 vol. #42-2를 참고하기 바라며, 여러 가지 함의 관계들을 다루고 있어서 흥미를 끈다. 우리말에서는 "먹어 보다, 잘라 버리다, 도와 주다"와 같이 '[동사]-안동사'의 형식으로 이런 함의들을 표현하는데, 특히 뒤의 동사를 사건 전개에 대한 양상 또는 양태를 표시하고 있는 동사로 부른다.

실제로 「그날 비가 내리지 않을 것임」을 알고 있다고 인정치 않을 것임이 분명합니다. 설사 우리가 내년에 그의 믿음이 참이었음을 발견했다고 해도, 이 사실이 「그의 당시 믿음이 지식에 해당함」을 증명했다고는 말하지 않습니다. 우리는 「그가 당시 실제로 이것을 확실히 알 수 있었음」을 선뜻 인정하기를 아주 꺼려할 것입니다. 그리고 분명히 「그가 그 단언(명제)을 믿었고, 그 단언(명제)이 참값이었다」는 사실이, 「그가 그 단언(명제)을 알고 있음」을 증명하지 못한다고 말했을 것입니다. 설령 그가 그 단언(명제)을 믿었고, 그 단언(명제)이 참값이었다고 하더라도, 여전히 그가 그 단언(명제)을 알고 있는 것이 아니었음이 실제 경우일 것 같습니다.

그러므로 「우리가 그러저런 것이 실제 경우임을 알고 있다」고 말하는 경우에, 우리가 그것을 말하는 의미에서 앎knowledge(지식)이 다음 세 가지 조건 이외에도

㉠ 우리가 반드시 어떤 단언(명제)을 직접 지각해야 한다.
㉡ 우리가 그 단언을 직접 지각할 뿐만 아니라 또한 그 단언(명제)을 믿어야 한다.
㉢ 그 단언(명제)이 반드시 참값이 되어야 한다.

또한 네 번째 조건을 포함합니다. 제 생각에 이 네 번째 조건(㉣)이 정확히 무엇인지는 찾아내기가 아주 어렵다고 봅니다(≒곧 '전형적 지식'으로 부르게 됨). 현재로서는 네 번째 조건에 관해서 제가 할 수 있는 것만을 말해야 할 것입니다. 현재로서는 분명히 어떤 네 번째 조건이 있음을 인식하는 것만으로 만족해야 할 것입니다. 그러므로 직접 지각(㉠) 이외에도 세 가지 다른 조건(㉡~㉣)을 포함하는 '알다know'라는 낱말의 의미가 있습니다. 그리고 지금까지 이것(㉣)이 '알다know'라는 낱말의 모든 의미들 중에서 가장 중요한 것입니다. 저는 이것에 특별한 이름을 어떤 것이든지 붙이지 않을 것입니다. 간단히 이것을 '지식

knowledge'으로 부르게 되든가, 아니면 만일 이것과 지식을 얻는 다른 방법들로 불릴 법한 다른 관계들 사이에서 자칫 혼동될 위험이 있을 듯하면, 이것(㉣)을 '전형적인 지식knowledge proper'으로[84] 부를 것입니다. 그렇지만 제가 '아는 일knowledge proper'(알게 되는 과정, 162~163쪽의 역주 68에 있는 도표 참고)이나 지식knowledge을 언급하는 경우에는, 이런 관계를 그리고 오직 이것만을[85] 의미하게 될 것입니다.

그렇다면 우리는 네 가지 서로 다른 관계(㉠~㉣)들을 구분해 놓았는데, 이 관계가 모두 때때로 대상들을 알게 되는 방식들을 표현하는 낱말로 드러낼 수 있다고 말해야겠습니다.

ⓐ 먼저 한 사람이 하나의 대상을 직접적으로든 간접적으로든 지각하고 있지 않을 경우에, 그 사람 및 그 대상 사이에서 성립할 수 있으되 오직 그가 이전에 그 대상을 하나의 방식으로든 다른 방식으로든 지각했을 경우에만 성립하는 종류의 관계가 있다(≒기억 인출 방식).

ⓑ 두 번째로 직접 지각이 있다.

ⓒ 세 번째로 간접 지각이 있다.

ⓓ 그리고 네 번째로 전형적인 지식 구축이 있다.

그렇지만 이들 네 가지 방식이, 앎(지식)을 얻는 방식이거나 의식적인 방식들을 표현한다고 말함직한 낱말들에 의해서 한 번이라도 표현된

---

84) [역주] 제6장의 뒷부분에서는 다시 '전형적인 지식'의 한 형태로서 단언(명제)들에 대해서만 성립하는 '즉각적 지식immediate knowledge'을 상정하여 논의하게 된다. knowledge proper는 라틴어 형태로 조어된 용어이다. proper는 집합 관계에서 '진부분 집합proper subset'을 가리킬 적에 쓰는 수식어이다. 잡박하게 다른 것이 뒤섞이지 않은 채 순수하게 지식 영역 속에 핵심으로 들어 있기 때문에 「대표성을 띤다」는 뜻이다. 여기서는 '전형적인 지식'으로 번역해 두는데, 대립어로서 '예외적인 지식'을 상정할 수 있다. 원형prototype이란 말도 쓸 수 있을 듯한데, '원형적 지식' 따위이다. 일상적으로 우리말에서는 '합당한'이란 수식어도 후보로 검토될 만하다.

85) [역주] 166~167쪽의 역주 71에서 필요·충분조건을 언급하였는데, this relation and this only이 관계 그리고 오직 이것만을는 if 조건을 변형시킨 어구로 보인다. 「충분조건 그리고 필요조건」처럼 병렬되어 있는 것이다. 「필요·충분조건에서 이것만을」이 더 쉽게 이해된다.

유일한 종류의 관계들일까요?

우리가 살펴보려고 제시해 놓은 바로 그런 낱말들, 즉, 감각-지각 그 자체의 낱말, 그리고 서로 다른 형태의 감각-지각을 표현하는 낱말들에 관해서 한 가지 의문이 생깁니다. 이들 낱말이 하나의 물질적 대상에 적용되는 경우에

「보다, 듣다, 느끼다, 냄새 맡다, 맛 보다」

등의 낱말입니다(≒감각을 받아들이는 5관의 작용을 가리킴).86) 우리들이 모두 다 그 봉투를 바라보았을 때에, 사실상 우리들 및 그 봉투, 즉, 물질적인 그 봉투 사이에는 어떤 관계가 성립되었을까요? 그 관계가 앞에서 언급한 그런 네 가지 관계들(ⓐ~ⓓ) 중 임의의 한 가지 관계였을까요? 아니면, 그런 네 가지 관계 중 어떤 것과도 차이가 나는 다른 어떤 관계였을까요? 달리 말하여, 다음 낱말들이 우리들 및 어떤 물질적 대상이나 어떤 물질적 대상에 의해 점유된 공간 사이에 있는 모종의 관계를 표현하기 위해 쓰이는 경우에

「지각하다, 관찰하다, 보다, 느끼다」

(perceive, obserbe, see, feel)

와 같은 낱말에 의해서 어떤 종류의 관계가 표현되는 것일까요?

---

86) [역주] 우리말에서도 흔히 5관(다섯 가지 감각 수용기, 눈 귀 몸 코 혀)을 말하기 때문에 본문에서 나열된 동사들을 쉽게 이해할 수 있다. 그런데 대단히 특이하게도 유식 불교에서는 우리의 감각 수용기와 감각 작용이 모두 6가지라고 규정한다. 「눈·귀·코·혀·몸·마음眼耳鼻舌身意」, 각각 「색깔·소리·냄새·맛·느낌·법色聲香味觸法」이란 대상을 받아들인다고 하였다. 더군다나 이 「6식六識」을 넘어서서, 오늘날 잠재의식에 해당하는 「말라야 식」도 있고 이를 넘어서서 마지막으로 궁극적인 우주 의식에 해당하는 「아뢰야 식」까지 상정하여 모두 '제8식'을 다루게 된다. 때로, 제8식 아래 다시 제9식 무구식(無垢識)이나 백정식(白淨識, amala-vijnana)이 상정되기도 한다. 7식을 넘어서면 Ātman자아, 나 자신으로 불리는 존재까지도 없어져 버린다고 한다. 매우 특이한 발상이다.

논의를 진행하기 위하여, 이들 낱말이 우리들 및 한 가지 물질적 대상 사이에 있는 임의의 관계를 표현하는 경우에, 제가 여러 철학자들한테 「수용된 견해」로 불렸던, 감각자료와 관련된 견해로 살펴본다면,87) 이들 낱말에 의해 표현된 관계가 '직접 지각'의 관계가 아니라는 점 한 가지는 분명할 듯합니다. 우리는 이미 여러분이 한 가지 물질적 대상, 가령 어떤 봉투를 바라보고 있다고 말할 경우에,

「오직 그 대상의 일부만 바라보고 있음」

(you see only a part of it)

을 의미한다고 인정하였습니다. 그렇지만 (머릿속에 있는) 감각자료와 관련하여 「수용된 견해」로 본다면, 여러분이 한 번이라도 직접 지각하는 감각자료나 감각인상의 아무런 부분도 물질적 대상의 일부가 아닙니다. 그리고 여러분이 한 번이라도 직접 지각한 공간의 아무런 부분도 임의의 물질적 대상에 의해 점유된 공간의 일부가 아닙니다. 그렇다면 여러분이 오직 감각자료와 감각인상들을 직접 지각하는 한, 여러분이 어떤 물질적 대상의 아무런 부분도, 어떤 물질적 대상이 점유한 공간의

---

87) [역주] §.2-3에서 '관념론·상대주의·유아론'을 다뤘는데, 다음과 같이 통합적으로 진술된다.

「모든 감각자료는 오직 그것들을 지각하는 사람의 정신 속에서만 현존하며, 신체 외부의 대상이 아니다」

그렇다면 우리 감각 수용기관을 중심으로 하여, 마치 거울처럼 외부세계에 있는 대상(자극물) 및 머릿속에 있는 감각자료 사이에는 서로 대칭 관계가 되는 셈이다. 그런데 이것이 머릿속 감각자료의 차원에서만 머물게 된다면, 아무런 지식을 구성할 수 없다. 외부 대상이 되었든, 그것을 반영하는 감각자료가 되었든 간에, 이런 자료들을 놓고서 우리 머릿속에서 새롭게 관계를 부여하고 얽어나가며 통일된 하나의 전체로서 구조화되기 위해서는, 반드시 감각자료이든 감각인상이든 간에 이것들도 다시 단언(명제) 형태로 이뤄질 필요가 있다. 만일 우리가 살고 있는 외부 세계에 대하여 탁월한 지식을 갖고서 자연을 잘 이용해 오고 있다면, 인간이 이룬 문명에서 바로 이런 단언들로써 여러 정보들을 재구성하면서 새롭게 커다란 지식 구조 체계를 형성해 놓았기 때문일 것이다. 만일 건축물 비유를 쓴다면, 외부 대상이나 머릿속 감각자료나 감각인상들은 모래알에 해당하고, 단언(명제)은 시멘트에 해당하며, 단언들에 대한 상위 단언(상위 명제)가 철근과 건축물의 기둥에 해당할 것이다. 다음 역주 88도 참고하기 바란다.

아무런 부분도 직접 지각하는 것이 아닙니다(≒머릿속 감각자료 및 그 물질적 대상에 관한 단언만을 지각하고 있는 것임). 여러분이 그 봉투를 직접 바라보는 순간에 감각자료와 감각인상 말고는 다른 어떤 것, 가령 그 봉투에 관한 한 가지 단언(명제)을 직접 지각하고 있는 것이 아니라면, 심지어 그렇더라도 저는 여러분이 직접 지각하고 있는 아무런 것도 결코 그 봉투의 일부도 아니고, 그 봉투 표면의 일부도 아니며, 그 봉투가 점유하는 공간의 일부도 아님이 분명하다고 생각합니다.

그러므로 어떤 것이든지 간에 만일 여러분이 그 봉투의 일부나 그 봉투가 점유하는 공간의 일부를 조금이라도 바라본다면, 여러분이 오직 그것을 직접 지각하는 감각자료와 공간을 바라보는 것과는 사뭇 다른 의미로 바라보고 있을 뿐입니다. 감각자료에 적용된 것으로서 '바라보는 일seeing(바라보기)'은 단순히 「직접 지각」을 의미합니다. 그렇지만 물질적 대상들과 물질적 대상들이 점유한 공간에 적용된 것으로서, 바라보는 일은 아주 다른 어떤 것을 의미해야 합니다(≒그 물질적 대상에 관한 단언을 판단하여 진리값을 부여하는 일임). 그리고 '지각하다·관찰하다·느끼다'라는 낱말들과 감각-지각을 표현하는 데 쓰인 다른 모든 낱말들과 관련해서도 그렇합니다.[88] 감각자료와 관련하여

---

88) [역주] 그렇다면 단지 감각자료나 감각인상에 대한 직접 지각만으로는 아무런 지식의 확장도 이룩해 나갈 수 없는 것이다. 오직 이것을 단언(명제) 형식으로 바꾸고 난 뒤에 라야(170~171쪽의 역주 73), 새롭게 판단·결정 과정을 거쳐서, 그런 요소들 사이에 새롭게 관계를 부여하면서 지식 체계나 세계 모형을 구성해 나갈 수 있다. 무어 교수가 이를 '지각'으로 부르는 것은 혼란만 자초하게 된다. 184쪽의 역주 79에서는 언어심리학에서 '이해'라는 용어를 쓰고 있음을 적어 두었다. 이때, 단언(명제)들 사이에 중요한 구분이 주어져야 한다. 개별 대상이나 개별 사건을 가리키는 단언도 있을 것이고, 다시 단언들을 부류로 만들고 나서 다른 부류의 단언들과 통합하거나 재구성하는 상위 단언(상위 명제)들도 있을 것이기 때문이다. 여기서 265~267쪽의 역주 110에 있는 다섯 층위의 정신 작동 모형이 중요한 기능을 띤다.
　이 책의 전반에서 무어 교수가 논리를 전개하는 방식은 언제나 세 가지 단계를 거치는데, 희랍 철학의 영향 때문이라고 판단된다. ㉠ 누구나 의심할 수 없이 확실한 개별 대상을 먼저 제시하고(지시사 this, that으로도 가리켜짐), ㉡ 다시 이러저러한something or other 특정한 범위의 개별체들을 한 묶음으로 다루며, ㉢ 마지막으로 임의의 대상에 보편적으로 적용하는 방식이다. 782쪽 이하 §.17-5에서는 앞의 두 단계를 개별체의 고유한 속성properties으로 부르고, 마지막 단계를 일반적 관계relation이라고 불러 구분해 놓기도 한다. 그렇지만 이와는 달리, 현대 집합론에 근거한 접근(연역적 방식)에서는

여러 철학자들한테 「수용된 견해」(≒관념론·상대주의·유아론)에서 본다면, 이것들이 모두 서로 다른 사례들을 놓고서 두 가지 상이한 관계들을 표현하고 있음이 틀림없습니다. 감각자료에 적용된 경우에, 이들 낱말은 직접 지각을 표현하지만, 물질적 대상이나 물질적 대상의 표면이나 어떤 부분이든 간에 물질적 대상들에 의해 점유된 공간의 일부에 적용된 경우, 이들 낱말이 아주 다른 모종의 것(≒즉, 단언의 참값에 관한 것)을 표현하는 것입니다.

그렇다면 감각자료와 관련하여 「수용된 견해」에서 본다면, 물질적 대상에 적용된 것으로서 (5관의 감각에 관련된) 이들 낱말은, 분명히 직접 지각을 가리키는 것이 아닙니다. 저는 앞에서 구분해 놓은 네 가지 관계들 ⓐ~ⓓ 중에서 이들 낱말이 다른 두 가지 관계를 가리키는 것도 아님이 또한 똑같이 아주 자명하다고 생각합니다. 더 앞에서 제가 한 가지 대상을 직접적으로든 간접적으로든 지각했던 경우에, 이들 낱말이 분명히 오직 저와 그 물질적 대상 사이에서만 성립할 수 있는 어떤 관계도 가리켜 주는 것이 아닙니다. 한 번이라도 제가 한 가지 물질적 대상을 바라본다면, 직접적으로든 간접적으로든 간에 이전에 그것을 한 번이라도 지각해 보지 않은 채로도, 분명히 실제로 그 대상을 그렇게 바라볼 수 있습니다. 그렇다면 물질적 대상에 적용된 것으로서 바라보기seeing(바라보는 일)이라는 낱말이, 분명히 앞에서 구분해 놓은 네 가지 관계들(ⓐ~ⓓ) 중 첫 번째 관계(≒기억 인출)를 가리키는 것은 아닙니다. 그리고 똑같이 분명하게 이 낱말이 마지막 네 번째 관계(≒전형적 지식 구축)를 가리키는 것도 아닙니다. 즉, 전형적인 지식으로 부른 관계를 가리키는 것이 아닙니다. 왜냐하면 전형적인 지식이란 오직 한 가지 단언(명제)에 대해서만 여러분이 가질 수 있는 관계이며, 한 가지 물질적 대상은[89] 분명히 한 가지 단언(명제)이 아니기 때문입니다.

거꾸로 진행된다. 즉, 일반적인 집합들의 관계가 정립된 바탕 위에, 특성 함수로서 특정한 관계를 지닌 대상들이 정의되며, 다시 유일한 원소만을 지닌 예외적이며 특수한 집합을 정해 나가는 것이다.

§.4-3 【 단언(명제)들로 이뤄지는 전형적 지식의 구축 모색 】 그렇다면 제가 구분해 놓은 네 가지 관계들 중에서 살펴본다면, 물질적 대상에 적용된 것으로서 이들 낱말이 가리킬 수 있는 관계가 '간접 지각'의 관계인 듯합니다. 그리고 이것이 우리가 살펴봐야 할 대안들 중에서 한 가지 관계입니다. 그렇지만 저는 적어도 우리가 때때로 이들 낱말을 물질적 대상들에 적용할 경우에, 이들 네 가지 관계들 중 어떤 관계도 표현하지 못하겠지만, 또 아주 다른 관계를 표현함을 의미한다고 생각합니다. 이제 저는 이런 대안 관계를 다루어 나가고자 합니다.

제가 「여러분이 그 봉투를 바라봤다」고 말하는 경우에, 심지어 저는 「여러분이 그 봉투를 간접적으로 지각했음을 주장하는 것이 아님」이[90] 또한 가능하다고 생각합니다. 오직 그 봉투와 연관된 것으로 제

---

89) [역주] 한 가지 물질적 대상이 단언이 되기 위해서는 재조정될 필요가 있는데, 반드시 다음의 세 가지 형식으로 환원되어야 한다. 영어에서 'is(be 동사)'는 중의적이지만, 우리말에서는 '있다'와 '이다'를 잘 구분하여 쓰고 있기 때문에 상대적으로 서로 다른 두 개의 유형임을 구분하기가 쉽다.

㉮ 대상의 존재를 표시해 줄 수 있다. "어떤 봉투가 저기 있다."처럼 표현해야 한다. 카아냅(R. Carnap, 1891~1970)의 용어를 따르면, 이를 외연 의미extension를 부여한다고 말한다.

㉯ 어떤 대상을 지정해 주는 것인데, "저것이 봉투이다."와 같으며, 이를 내포 의미 intension를 결정한다고 말한다.

㉰ 마지막으로, 그 대상의 속성이 언급되어야 하는데, "그 봉투가 하야스름하다."와 같다(계사의 서술 속성은 912쪽 부록의 역주 347을 보기 바람).

이렇게 주어와 술어의 결합 모습으로 표현되어야만 판단과 결정을 거쳐 진리값을 배당할 수 있는 것이다. 이런 자각은 본디 아리스토텔레스의 『생각의 도구(Organon)』에서 비롯되었다. 그렇지만 그분은 이런 형식을 매우 좁게 파악함으로써, 풍부하게 많은 대상들을 논의의 대상으로부터 제외시켜 버렸다. 이런 오류에 대한 시정은 뤄쓸 교수에 의해서, 처음 임의의 대상이 곧 「여러 속성들의 묶음a bundle of properties」이라는 자각이 싹틈으로써, 어떤 대상이든지 단언(명제) 형식으로 환원해 줄 수 있는 토대가 마련되었다. 이는 매우 능동적인 재구성 과정이고, 우리한테 거저 그대로 주어지는 법은 없으며, 크게 통합될 목표를 의식하면서 판단 주체가 우정 이런 일을 시작해 나가야 하는 것이다. 가령, '연필'이란 낱말만 덜렁 있더라도, 반드시 외연 의미 "저기 연필이 있다."로 복원되거나, "저것이 연필이다."는 내포 의미로 재구성되는 것이다. 중요한 발상의 전환이다. 그러나 무어 교수는 뤄쓸의 접근 방식을 받아들이지 않은 채, 「한 가지 대상은 단언이 아니다a material object is certainly not a proposition」라고 단정하고 있는 것이다. 지식 체계를 재구성하려면 한 가지 대상도 단언(명제)으로 만들어 나가야 하는 것이다. 오늘날 유형type 의미론에서 가장 기본적인 요소를 ⟨e, t⟩(개체와 진리값의 합성체) 형태로 가정한 것도, 주어와 술어의 결합체인 단언(명제)을 달리 표상하는 일에 불과하다.

가 알고 있는 「여러분이 어떤 감각자료를 직접 지각하였다」고만 주장
하려는 의미인 것입니다(≒오직 전통적인 두 값 논리학에서만 그러함). 그
렇지만 어떠하든지 간에 「조금 전에 여러분이 바라봤던 그 봉투나 또
는 그 감각자료와의 연관성을 깨달았다」고 주장하려는 의미는 아닙
니다. 이런 경우에, 제가 「여러분이 그 봉투를 봤다」고 말한다면, 저는
반드시 스스로 그 봉투, 즉, 그 물질적 대상을 간접적으로 지각하고
있음이 틀림없습니다. 그렇지만 여러분이 그 봉투를 본 경우에, 전혀
그것을 지각하고 있을 필요는 없습니다(≒심리학에서는 다시 주의력 초
점의 문제로 다룸). 저는 「사람들이 물질적 대상을 본다」고 말할 경우
에, 이것이 모두 흔히 우리가 의미하는 가능한 견해라고 생각합니다.
그리고 저는 이것이 취할 수 있는 아주 자연스런 견해이며, 많은 철학
자들이 가졌던 견해라고 생각합니다. 다시 말하여, 「다른 사람들이 나
무와 집과 의자 등을 바라본다」고 말할 경우에, 우리가 오직 다음 두

---

90) [역주] 두 값만 허용하는 논리에서는 '아니not'가 '간접적이다'를 부정함으로써 「직접적」
이라는 말이 도출된다. 그 결과로서 「여러분이 그 봉투를 직접적으로 지각했음」이 뒤
따라 나오는 것이다. 왜냐하면 이 논리 형식이 "내가 [다음]을 주장하다"와 같이 표상되
는데, '[다음]'이 내포문으로서 아래와 같이 표상되기 때문이다.

　　"[아니 [간접적이다 [지각하다 [나, 그 봉투]]]]"

이것이 바로 본문에서 무어 교수가 의도하는 내용이다.

　그렇지만 논리 형식에서는 부정 연산소가 바로 인접한 '간접적이다'를 부정할 수 있
겠으나, 자연언어나 여러 값을 허용하는 논리(두 값이 될 확률을 따짐)에서는 꼭 이런
결과만 나오는 것이 아님에 유의할 필요가 있다. 우선 자연언어(또는 일상언어)에서는
'아니not'가 다양하게 그 앞에 선행한 어느 요소이든지 부정할 수 있다(언어 구조를 계
층적으로 간주하지 않고, 평면적인 단층 구조로만 파악하기 때문에 가능함).

　① '여러분'을 부정하여 '다른 사람'이 지각한 것이 되거나,
　② '그 봉투'를 부정하여 옷걸이에 걸린 '모자'를 지각하였음을 가리키거나,
　③ '간접적으로'를 부정하여 '직접적으로'를 뜻하거나,
　④ '주장하다'를 부정하여 '믿는다' 또는 '상상하다'를 가리킬 수도 있는 것이다.

이런 여러 가지 가능성 중에서 논의되고 있는 상황 맥락에 따라서 알맞은 해석을 뽑는
일이 일상언어에서 다반사로 일어나고 있다. 158쪽의 역주 66에 적어 놓았듯이, 옥스퍼
드 대학의 일상언어 철학자들은 논리학이나 수학과 같은 인공언어의 연산 방식보다는
일상언어 또는 자연언어의 연산 방식이 아주 풍부함에 주목하고, 일상언어 사용을 간단
히 상식적으로 설명해 주려고 하는 목표를 세운 바 있다. 이는 오늘날 화용론pragmatics이
나 담화 연구discourse studies로 계속 이어지고 있다. 풍부한 내용의 개관을 읽으려면
스텐포드 대학 심리학자 클락(H. Clark, 1996; 김지홍 뒤침, 2009)의 『언어 사용 밑바닥
에 깔린 원리』(경진출판)를 보기 바란다.

가지 사항을 의미한다는 것입니다.

① 다른 사람들이 단지 어떤 감각자료만을 직접 지각한다.
② 우리가 그렇게 말할 경우에, 우리는 이들 감각자료가 사실상 나무와 집
   과 의자로 부르는 물질적 대상들과 관련되어 있음을 알고 있다.

그러므로, 또한 제가 스스로 「내가 나무를 한 그루 보았다」고 말하는
경우에도, 지금 내가 그 나무를 보았음을 알고 있다면, 비록 사실상
이들 감각자료가 연관된 그 나무를 간접적으로 지각하는 것일 뿐이라
하더라도, 오직 내가 그 나무를 본 시점에서 「단지 어떤 감각자료만
직접 지각했을 뿐임」을 주장한다는 의미일 수 있습니다. 저는 이것이
모두 우리가 「보다,91) 느끼다, 지각하다, 관찰하다」와 같은 낱말을 물

---

91) [역주] 직접 지각과 관련된 경우에 우리말에서 '바라보다'(⇐바라다 보다)가 그럴 듯한
후보인데, 반드시 행위 주체의 의도가 깃들어 있어야 한다(182~184쪽의 역주 78에서
look에 대한 설명을 보기 바람). 번역을 할 적에 가급적 직접 지각의 경우에는 see를
'바라보다'로 번역하고, 간접 지각을 포함할 경우에는 그냥 '보다'로 번역해 놓기로 한
다. 빈출 동사인 see**보다**는 내포 의미가 언어마다 달리 발달하는 대표적 경우일 것이다.
더 자세히 조사하면 쓰임새가 더 많아질 것이 틀림없지만, 우리말에서는 적어도 다음
처럼 일곱 가지 다른 뜻으로 '보다'가 쓰이고 있다. 이것들을 다의어로도, 동음이의어로
도 처리할 수도 있다.

　① "맛을 보다, 장을 보다, 일을 보다, 아기를 보다"처럼 행위동사로도 쓰고,
　② "손해를 보다, 끝장 다 보다, 창피 보다"처럼 부정적 사태를 겪거나 당하는 뜻도
　　 있고,
　③ "알아보다, 살펴보다, 찾아보다"처럼 더욱 자세한 관찰 행위를 표시하거나,
　④ "먹어 보다, 기다려 보다"처럼 시도를 나타내는 보조 동사로도 쓰고,
　⑤ "그 주장이 틀렸다고 보다, 황금을 돌로 보다"처럼 확증이 안 된 인식이나 믿음을
　　 나타내기도 하며,
　⑥ "여행을 떠날까 보다"처럼 내포문의 행위 주체의 희망이나 의도를 나타내거나,
　⑦ "비가 내리려나 보다, 짐이 도착했을까 보다"처럼 간접 증거를 놓고 내린 추측으로
　　 도 쓴다.

영어에서는 'I see(I understand)'가 이해한다는 뜻으로 쓰이거나, 군말로서 상대방에게
주목을 요구할 적에도 'See!'가 쓰이며, 다양한 맥락에 따라 내포 의미가 크게 달라질
것으로 판단된다. 간단히 형태소들을 중심으로 위계화하여 맥락을 제약하는 방식은
162~163쪽의 역주 68에서 '낱말 파생의 일반 절차'를 보기 바란다. 무한히 열려 있는
상황 맥락에 따라 내포 의미들이 계속 달라질 수 있는 언어 사실을 보려면, 88~89쪽의
역주 35와 499쪽의 185에 있는 '손 들다, 손 내밀다'의 사례를 참고하기 바란다. 상황
맥락에 대한 본격적인 논의는 위도슨(H. Widdoson, 2004; 김지홍 뒤침, 2018) 『텍스트,

질적 대상들에 적용하는 경우에, 이 낱말들이 의미하는 것이라고 보는 일이 아주 자연스런 견해라고 생각합니다. 그리고 아주 종종 이것이 아마 우리가 의미하는 모든 것일 수 있다고 생각합니다.

그러나 이제 제가 지적해 놓고 싶은 것이 있습니다. 만일 이것만이한 번이라도 우리가 한 가지 물질적 대상을 바라보거나 지각하거나관찰하는 유일한 측면이었더라면, 아마 결코 우리의 감각들을 통해서물질적 대상들의 존재에 관하여 임의의 지식을 얻어낼 수 없었을 것입니다. 왜냐하면 우리가 한 가지 물질적 대상의 존재에 관한 지식을말하는 경우에, 우리는 전형적인 지식knowledge proper을 의미하기 때문입니다. 그리고 여러분이 논의 중인 대상을 적어도 간접적으로 지각하고 있는 경우에, know알다라는 낱말의 전형적인 의미로, 여러분이오직 어떤 대상의 존재에 대해서 알 수 있고, 그 대상이 존재함만을알 수 있기 때문입니다. 만일 물질적 대상들을 보거나 지각하거나 관찰한 경우에 한 번이라도 일어난 것이 모두, 그 물질적 대상들과 관련되어 있는 어떤 감각자료를 사실상 우리가 직접 지각한 것이었더라면, 이런 의미에서 결코「그 물질적 대상들이 조금이라도 존재했음」을 단지 물질적 대상들을 보거나 지각하거나 관찰함으로써 알게 될수는 없습니다.92) 우리는 오직 (머릿속에 있는) 감각자료의 존재를 알게 될 뿐인데, 이 감각자료를 우리가 직접 지각하는 것입니다. (사정이

상황 맥락, 숨겨진 의도』(경진출판)에서 읽을 수 있다.

92) [역주] 상상과 추측과 예언 따위가 모두 가능하기 때문에, 전형적인 지식을 구축하는길에는 외부 대상과 감각자료 사이의 필연적 관련성만을 고집할 수가 없는 것이다. 52쪽의 역주 18에서 보듯이, 최근 black hole검은 구멍이을 영상으로 찍어 그 존재를 확인할수 있었는데, 이것 또한 미리 이론상으로 예측한 것이었지만, 당시 과학 기술 수준이따라가지 못하여 그 존재를 가시적으로 보여 줄 수 없었던 것에 불과하다. 우주에 쏘아올린 찬드라 X선 관측 망원경으로 은하계의 중심에 있는 검은 구멍이를 먼저 확인한바 있었고, 2019년 극지에 있는 몇 군데 전파 망원경을 동원하여 합성된 이미지를 만들수 있었던 것이다. 따라서 '전형적인 지식'(제4장)이나 '즉각적 지식'(제6장)을 구성하는작업에 오직 직접 지각만으로 국한시킬 수 없음을 잘 알 수 있다. 헴펠(C. G. Hempel, 1905~1997)이 제시한 과학적 사고의 네 가지 단계 '관찰 → 기술 → 설명 → 예측'에서, 예측이나 실험실의 검증은 늘 아직 체험하지 못한 대상이나 사건 쪽으로 확장되어 있는것이다(348쪽의 역주 123 참고).

그렇다면 모순이 빚어지는데) 우리는 심지어 이들 감각자료 말고 다른 임의의 한 가지 대상에 대한 존재조차 추정할 수 없게 되는 것입니다. 그러므로 한 가지 물질적 대상을 보거나 지각하거나 관찰함으로써, 우리가 실제로 그것들의 존재를 알게 되는 어떤 과정을 의미하는 그런 경우들에서, 이런 과정이 오직 어떤 감각자료들을 직접 지각하는 일로만 이뤄질 수는 없습니다. 이런 과정을 실행하는 일 말고도, 우리는 이들 감각자료가 연결되어 있는 물질적 대상들을 또한 간접적으로 지각해야만 하는 것입니다(≒266쪽 김지홍(2019) 모형의 그림에서 3단계~4단계 정신 작동이 필수적으로 간여되어야 함). 따라서 아무튼 간에 때때로 한 장의 봉투를 바라보는 일이, 오직 그 봉투가 연결된 어떤 감각자료를 보는 일만 의미할 수는 없습니다. 반드시 또한 다른 어떤 이것, 즉,「이들 감각자료가 연결되어 있는 그 물질적인 봉투를 간접적으로 지각함」을 의미해야 하는 것입니다.

저는 이런 종류의 어떤 것이 적어도 실제로 일어나고 있음을 살펴볼 수 있다고 생각합니다. 예를 들어, 제가 이제 제 손을 들어올리고 여러분이 그 손을 바라보고 있다고 가정해 보겠습니다. 바로 그 순간에, 여러분이 실제로 지각하는 감각자료를 직접 지각하는 경우, 여러분들이 각자 아마 약간씩 다른 묶음의 감각자료를 지각하였겠는데, 저는 여러분이 이들 감각자료 말고도 뭔가 다른 어떤 것의 존재를 막연하게 믿고 있다고 생각합니다. 감각자료의 모습이, 감각자료가 아닌 다른 뭔가에 있는 믿음(≒믿음체계)에 의해 동시에 수반됩니다. 물론 아주 막연하게라도 오직 여러분이 뭔가 다른 이것this something else의 존재를 믿는 한, 제가 설명해 놓은 의미에서, 여러분은 다른 어떤 이것을 간접직으로 지각하고 있습니다. 따라서 여러분이 간섭석으로 지각하는 다른 어떤 이것이, 제가 제시하는 견해로 본다면, (외부세계의 물질적 대상인) 제 손이 될 듯합니다. (감각자료가 정신 속에 있는 대상이라는 점에서) 여러분이 직접 지각하는 감각자료가 아무런 것도 (외부세계의 물질적 대상인) 제 손의 일부나 손의 표면이 될 수는 없습니다(≒관념론에서는 결코 머릿속 감각자료와 외부의 물질적 대상 사이의 필연적 관계가 보장되지 않음). 따라서 만일 여러분이 제 손을 조금이라도 본다면, 이것이 단지 이런 막연한 방식으로만 여러분이 그 손을 간접적으로 지각하고 있음을 의미할 따름입니다. 그러므로 여러분이 어떤 감각자료를 직접 지각하는 경우에, 저는 종종 여러분이 실제로 뭔가 다른 것의 존재를 믿는다는 점이 분명하다고 봅니다. 그리고 만일 다른 어떤 이것this something else이 한 가지 물질적 대상이라면, 여러분이 그 대상을 지각할 때마다 언제든지 실제로 한 가지 물질적 대상을 간접적으로 지각하는 것입니다(≒머릿속의 감각자료를 통해서 다시 외부세계에 있는 물질적 대상을 지각하므로, 결국 「간접 지각」이 되는 것임). 더욱이 저는 어떤 것이든지 간에 감각자료를 조금이라도 직접 지각하는 경우라면 언제든지, 여러분이 확실하게 다른 어떤 것에 대한 이런 생각을 억제하기가 어렵다고 생각합니다.93) 따라서, 여러분이 실제로 어떤 것이든지 간에 전형적으로 「바라보기, 느끼기, 지각하기, 관찰하기」로 불릴 수 있는 일을 실행하는 경우라면, 언제든지 여러분이 직접 지각하

---

93) [역주] 상상이나 공상을 할 경우에는 외부 세계에 실재의 대상과 사건이 불필요하겠지만, 이를 제외한다면 거의 반사작용처럼 감각자료를 통해서 외부의 대상이 자동적으로 연결되게 마련이다. 이런 자동적인 속성 때문에 외부 세계의 대상 및 머릿속 감각자료가 마치 분리할 수 없는 듯이 하나처럼 느껴지는 것이다. 이하에서는 무어 교수가 실제 외부 세계의 대상(그리고 관련된 외부 세계의 사건)을 「간접적으로 지각한다」고 주장하는데, 머릿속 감각자료를 통해서 다시 외부 세계의 대상과 사건에 접촉하기 때문이다. 머릿속 감각자료는 「직접 지각」이란 말을 쓰고, 감각자료를 통해서 매개된 외부 세계의 대상에는 「간접 지각」이란 용어를 쓰고 있다.

더욱 중요한 것은, 외부 대상이나 사건에 대한 단언(명제)인데, 무어 교수는 이를 「간접 지각」의 대상으로 규정한다. 이 방식은 우리들과 외부 대상들 사이에 있는 관계를 나타내는 것으로서, 제4장에서 쓰인 용어로 '전형적인 지식knowledge proper' 체계를 이루거나 §.6-6에서 쓰인 용어로 '즉각적 지식immediate knowledge'을 구축하게 만듦으로써, 궁극적으로 통일된 하나의 세계 모형을 세우는 데에 핵심 단계를 표상해 주는 것이다.

현재 주로 언어를 중심으로 하여 산출 및 이해의 과정에 대한 관련 부서와 작동 방식들에 대한 연구가 상당한 정도로 축적되어 있다. 155쪽의 역주 65와 184쪽의 역주 79와 265~267쪽의 역주 110에서 각각 도표를 통해 필자가 이해하는 범위에서 현재 첨단 수준의 논의를 요약해 놓았다. 인간에게서 작동함직한 기억 부서들에 대한 연구도 꾸준히 축적되어 왔으므로, 이런 부서들이 연동하여 긴밀하게 작동하는 모습을 다음과 같이 여러 기억 부서들을 통하여 이뤄져야 함을 제안할 수 있다.

지각 또는 이해 과정에서 기억 부서 간에 연동된 작동 방식(김지홍, 2019* 모형)

외부 세계	작업기억	장기 작업기억	장기기억
자극물로서 • 대상들 및 • 일련의 사건	• 감각 정보 • 언어 정보 • 배경과 초점을 나눠 놓음	• 유관한 인출구조의 후보들 • 누적된 관련영역의 지식들	• 통일된 전체적인 지식 체계 • 전체 세계 모형

재귀의식
일련의 자극물과 인출구조를 서로 비교하면서 판단·결정·평가

※ 김지홍(2019), 「비판적 담화분석에 대하여」(원고본)

이 모형에서 한쪽 끝에 외부 세계에 있는 자극물로서 대상들과 그 대상들이 일으키는 일련이 사건들이 우리의 감각 기관을 통하여 머릿속에 들어온다. 밑바닥에 있는 재귀의식은 우리가 머릿속에서 작동하는 것으로 스스로 의식하는 모든 내용들을 검사하고 비교하며 처리 과정을 진행해 나갈지 수시로 자문하게 되는 머릿속 최상위 부서인 「판단·결정·평가」 절차이며, 이를 재귀의식으로 부를 수 있다. 외부 세계의 자극물은 한 방향으로만 작동하고, 나머지 부서들은 모두 반복적으로 거듭거듭 입력과 출력들 주고 받으면서 통일되고 일관된 최종적인 인식 결과물을 만들어 내게 된다. 오른쪽에 세 가지 부서가 남아 있다. 먼저 양옆으로 작업기억과 장기기억이 있고, 한 가운데에 장기기억을 작업기억으로 바꿔 쓰는 장기 작업기억이 있다. 작업기억은 전-전두엽(전-전두피질)에 위치하고, 장기기억은 제3의 뇌로 불리는 회백질에 위치하지만, 우리 생명 유지와 관련된 기억 내용일수록 원시뇌인 백질에 들어 있을 개연성이 높다(가령, 일반적 문법 규칙은 제2의 뇌에, 개별적 낱말은 제3의 뇌에 자리잡음). 장기 작업기억은 장기기억의 일부를 작업기억으로 바꿔쓰는 영역인데, 학습 및 전문가 훈련을 통하여 점차적으로 확보되고 확장된다.

여기서 지각 과정이나 이해 과정에 제일 중요한 것은 작업기억과 장기 작업기억이다. 작업기억은 대략 1/4초(250밀리초) 전후로 주어진 자극 정보를 계속 순환시키면서 붙들어 두는 동안에, 배경과 초점을 나눠 놓고 언어(발화) 덩이들을 유의미한 단위들로 분석하면서 계속 주목해야 할 요소를 판단하고 선택하게 된다. 잘 모르는 외국어를 들을 경우에는 언어 처리에서 이런 반복 순환이 일어나지 않으므로, 어절별로 끊어 놓을 수 없으며, 결코 다음 단계로 진행이 불가능하다. 이때 복수의 가설(배경 지식)들이 작업기억의 처리를 위해 인출되는데, 자극물과 관련성이 적은 것들은 신속히 지워 버려야 처리의 효율성을 높일 수 있다('7±2'개 단위를 처리하는 작업기억의 용량 때문에 한때는 이를 '억제 기제 가설'로 불렀지만, 현재는 장기기억을 작업기억으로 이용할 수 있기 때문에 받아들여지지 않음).

작업기억에서는 자극물과 관련된 수 있는 일련의 사건들에 대한 가설을 함께 세워 놓아야 한다(감각 자극물의 경우에는 자동적인 처리가 일어날 듯함). 이해력이 높은 사람일수록 융통성 있게 복수의 가설들을 작업기억 속에 붙들어 두면서 다음 자극물에 대한 처리와 해석에 이용하는데, 뒤이어 들어오는 자극 정보들에 비춰서 그런 가설의 합치 여부를 판단하고 결정하게 된다. 이런 상태에서 외부 세계에 있는 다음 자극물이 들어옴으로써 스스로 선택한 가설 또는 배경 정보에 만일 불합치나 비부합이 느껴진다면(찾아진다면) 신속히 부합될 수 있는 쪽으로 그 가설을 수정해 나가거나, 또는 폐기하여 새로운 가설을 세워 놓아야 한다. 이런 일을 능동적으로 빠르게 하는 사람일수록 이해력이 높다고 평가받는다. 즉, 이런 일들을 제도권 속의 학교 교육에서 꾸준히 12년 동안 연습시켜 주어야 하는 것이다(국어교육이란 결국 이해 가능한 모형들에 대한 정교화 및 합치 훈련 과정임).

고 있는 어떤 임의의 것 말고도 다른 무엇인가에 대한 간접 지각이
그 행위 속에 포함되어 있습니다. 그러므로

「그 무엇인가는 최소한 어떤 물질적 대상이 될 수 있다.」
(of something, therefore, which at least may be a material object).

고 봅니다. 만일 이것이 옳다면, 한 가지 물질적 대상을 바라보거나

만일 외부세계에서 뒤이어 들어오는 자극물 정보를 일련의 사건 흐름으로 정합적으로 처리할 수 있다면, 능동적 이해 주체는 다음에 어떤 정보가 외부 세계로부터 들어올 것인지에 대해서도 미리 예측하고서 다음 사태에 대비할 수 있게 된다. 민간에서는 이를 지혜롭다고 말한다. 이런 측면에서 외부 세계로부터 들어오는 자극물이 한 가지 대상이든 일련의 사건이든 상관없이 결코 단번에 유일하게 이해나 해석을 얻는 것은 아니다. 오히려 인출된 가설(배경지식)을 작업기억에서 점진적으로 계속 들어오는 자극물들과 비교하고 양자 사이에 연결점들을 정교하게 만들어 가면서 미리 예측까지 해 보는 「시도·수정·합치·정교화·예측」이라는 과정이 동시 다발적으로 상정되고 반복 순환되는 중층적인 복잡한 인식 절차라고 매듭지을 수 있다.

단, 여기서 일련의 인간 행동에 대한 설명 모형은 빠져 있다. 인간의 무의식적인 반사 작용에서부터 본능적이고 충동적인 행동과 욕심과 욕망에 의해서 수행되는 행동과 고도로 여러 가지를 판단한 뒤에 실천하는 계획적이고 의도적인 행동들이다. 행동과 관련된 두뇌 부서도 뇌간에서부터 제1뇌(원시 파충류의 뇌)와 제2뇌(원시 젖먹이 짐승의 뇌)와 제3의 뇌(후기 젖먹이 짐승의 뇌)에 이르기까지 모든 부서들과 관련되어 있을 것이다. 따라서 행동의 이면에 단순히 의지will나 동기motivation를 상정하는 것만으로는 부족할 것이다. 또한 의사소통의 이면에 있는 의도intention도 의지와 이웃인지, 한 가지 부서의 다른 이름인지에 대해서도 잘 알 수 없다(프뢴시스 크뤽은 타계하기 전까지 기저핵에 있는 전장[claustrum, 담장]에 많은 신경계들이 집중하기 때문에 전장이 많은 것을 풀 열쇠라고 보아 집요하게 주목했었음). 서구의 전통은 서로 구분하는 쪽이고, 한자 문화권에서는 뜻의 돈독함 정도(篤志)로써 동일하게 바라보았던 듯하다. 이것들도 본능·욕망·욕구·반사작용 따위와 연속선 상에 있는지 여부도 앞으로 잘 밝혀져야 할 것이다.

이런 모형은 무어 교수가 강의를 하던 1백 년 전에는 상상조차 해 보지 못하였다. 또한 감각자료나 감각인상들만이 주요한 자료가 되는 것도 아님을 명백히 알 수 있다. 작업기억과 장기 작업기억에서는 이미 장기 작업기억에 저장되어 있던 유관한 '개념 틀'들이 복수로 인출되어, 비교 대조 수정 가공 예측 등의 복합적 인식이 동시에 능동적으로 진행되어야 하는 것이기 때문이다. 이런 모형에서 「직접 지각」은 외부 세계의 자극물이 작업기억에 붙들려 있는 동안에 재귀의식에 의해서 판단·결정·평가를 받는 일로 설명할 수 있고, 「간접 지각」은 이미 누적하여 놓은 인출구조나 지식 개념틀을 가동하여 관련 정보를 작업기억에 대기시켜서 해당 자극물을 놓고서 유용한 여러 정보를 붙여 놓은 일임을 알 수 있다. 무어 교수는 직관과 통찰력에 의지하여 간접 지각이 '단언'(명제)들을 덧붙여 놓은 것이라고 지적하였는데(170~171쪽의 역주 73), 그분의 뛰어난 예지력으로 평가된다.

지각하는 것이, 그 대상에 대한 「간접 지각」으로 이뤄져 있습니다. 즉, 감각자료 말고도 다른 모종의 것에 대한 간접 지각인 것입니다. 이는 어떤 것이든지 간에 우리가 감각자료를 직접 지각할 때면 언제나 일어나는 일입니다. 그러므로 물질적 대상들에 적용된 것으로서

「바라보기·느끼기·관찰하기」
(seeing, feeling and observing)

는 결코 단순히 감각자료에 대한 직접 지각만 의미하지 않을 듯합니다. 사실상 이것들은 (외부 세계에 있는) 그런 대상들과 연결되어 있습니다. 이는 또한 언제나 감각자료와 연결된 그런 (외부 세계의) 대상들에 대한 간접 지각을 포함할 것입니다.

그렇지만 이제 우리가 한 가지 감각자료를 직접 지각하는 경우에, 심지어 만일 우리가 또한 다른 무엇인가를 간접적으로 지각한다고 하더라도, 우리의 감각들을 수단으로 하여 실제로 우리가 한 번이라도 물질적 대상들의 존재를 안다는 점이 결코 뒤따라 나오지 않습니다. (부정적인) 아래 세 가지 이유 때문에 뒤따라 나오지 않는 것입니다.

첫째, 설사 우리가 실제로 감각자료 말고도 다른 무엇인가를 간접적으로 지각한다손 치더라도, 이것이 우리가 오직 감각자료들 이외에 다른 무엇인가를 생각함을 의미할 따름입니다. 여러분이 한 가지 대상을 생각한다는 사실로부터, 여러분이 생각하는 것처럼 결코 「임의의 그런 대상이 존재함」이 뒤따라 나오는 것은 아닙니다. 감각자료 외에는 실제로 다른 아무런 것도 존재하지 않는다는 것과 다른 무엇인가가 존재한다는 우리의 믿음은 진적으로 오류임이 실제 경우일 수 있습니다.

둘째, 설사 다른 무엇인가가 실제로 존재하며, 따라서 그렇게 존재한다는 우리의 믿음이 올바르다손 치더라도, 다른 무엇인가가 존재하며 여러분이 그렇게 존재한다고 믿기 때문에, 그러므로 여러분이 실

제로 그런 대상이 존재함을 <u>알고 있음</u>이 뒤따라 나오는 것은 아닙니다(≒결코 한 개인의 믿음이 간절하더라도 현재 실존을 알고 있음을 보장해 주지 못함). 감각자료에 대한 직접 지각에 동시에 수반되는, 다른 무엇인가에 대한 믿음은 올바른 믿음이 될 수 있겠지만, 이것이 '지식 knowledge', 즉 제가 전형적인 지식knowledge proper이라고 부른 내용에 해당됨이 뒤따라 나오는 것은 아닙니다.

셋째, 설령 다른 무엇인가가 존재할 뿐만 아니라, 또한 여러분이 그런 것이 존재함을 실제로 알고 있다손 치더라도, 다른 이 무엇인가가 한 가지 물질적 대상임은 뒤따라 나오지 않습니다. 예를 들어, 제가 이 봉투를 바라보는 경우에, 설령 제가 직접 지각하는 그 감각자료 말고도 다른 무엇인가가 존재함을 실제로 알고 있다손 치더라도, 지금 무엇인가 다른 이것something else이 제가 그것을 한 가지 물질적 대상이라고 부를 때 그 감각자료에 귀속시키는 속성들을 지님을 알고 있거나 조금이라도 알 수 있음이 뒤따라 나오는 것은 아닙니다.

그 대상을 한 가지 물질적 대상으로 부름으로써, 그 대상에 대하여 저는 적어도 두 가지 사항을 말하는 것을 의미하고 있습니다. 즉,

ⓐ 그 대상이 공간 속에서 어디엔가 또는 다른 곳에 위치하고 있으며,
ⓑ 또한 그곳이 머릿속 정신도 아니고 의식 활동도 아니다.

그렇지만 제가 이 봉투를 바라보는 경우에, 설령 실제로 제가 직접 지각하고 있는 감각자료 말고 다른 어떤 것의 존재를 알고 있다손 치더라도, 제가 다른 어떤 이것이 어디가 되든지 간에 공간 속에 있음을 알고 있음이 뒤따라 나오지도 않습니다. 그리고 여전히 그곳이 머릿속 정신도 아니고 어떤 정신의 의식 활동도 아님이 또한 뒤따라 나오는 것도 아닙니다.

따라서 어떤 감각자료를 제가 직접 지각하는 경우에, 설령 실제로 제가 그밖에도 다른 어떤 것의 존재를 믿고 있다손 치더라도, 제가

다른 어떤 이것something else이 실제로 존재함을 사실상 알고 있음이 뒤따라 나오는 것도 아닙니다. 제가 실제로 이만큼 알고 있다면, 또한 다른 어떤 이것이 한 가지 물질적 대상임을 알거나 조금이라도 알 수 있음이 뒤따라 나오는 것도 아닙니다. 많은 철학자들이 이 두 가지 사항을 놓고서 의심을 표현해 놓았습니다. 일부에서는 제가 지각하는 감각자료가 존재하는 순간에, 어떤 것이든지 간에 다른 어떤 것이 조금이라도 존재함을 제가 실제로 알 수 있는지 여부를 놓고서 의심하고 부정하였습니다. 다른 일부에서는, 한편으로 감각자료 말고 다른 어떤 것의 존재를 제가 알 수 있음을 인정하면서도, 다른 어떤 이것이 한 가지 물질적 대상이 됨을 알 수 있는지 여부를 놓고서 의심하고 부정하였습니다.

저는 일부 철학자들이 왜 이런 견해를 가졌었는지에 대한 한 가지 중요한 이유가, 누구든지 간에 만일 한 번이라도 어떤 것이든지 간에 그 대상을 알게 될 경우에 반드시 충족되어야 하는 조건들에 관하여, 특정한 어떤 견해들을 지녔었기 때문이라고 생각합니다. 이제 제가 전형적 지식knowledge proper으로 불렀던 의미에서, 반드시 우리가 지식knowledge을 말하고 있음을 염두에 두어야 합니다. 이제 오직 직접 지각도 지식이 아니며, 또한 간접 지각도 지식이 아니라는 의미로, 지식을 논의하고 있는 것입니다.

「여러분이 한 가지 사실을 제외한 어떤 것도 알 수 없다」

(you cannot *know* anything but a fact)

는 의미로, 우리는 지식을 언급하고 있습니다(≒지식은 사실들로만 구성되어 있음을 배중률의 형식으로 강조하여 표현한 것임). 그리고 만일 단지 동일한 낱말들로 표현될 수 있는 한 가지 단언(명제)을 직접 지각하는 일 외에, 또한 여러분이 「이 단언(명제)을 믿고, 이 단언이 참값임을 믿는」 것이 아니라면, 한 가지 사실a fact을 결코 알 수 없다는 의미로

언급하고 있습니다.[94]

---

94) [역주] 배중률 형식을 이용하여 강하게 단정하는 표현 방식이다. 가령, 내가 좋아하는 사람으로서 영이를 강조하려고 할 경우에, "나는 영이 말고 좋아하는 사람이 하나도 없어!"처럼 말하는 것이다. 부정의 부정은 다시 강한 긍정이 된다는 기대값에 의존하고 있는 것이다. 그런데 강조를 위해서 무어 교수의 방식만 있는 것이 아니다.
중국 송나라 때 사람들은 강조 표현으로서 이중 부정 및 우회 표현을 유행처럼 즐겨 쓰기 시작하였다. 추상적인 대상으로서 '마음(性)'과 '결(理, 이치)'를 다루려고 하다 보니, 좀더 정확히 표현하기 위하여, 또는 잘못되었다는 비난을 면하기 위하여, 아니면 자신의 현학성을 뽐내기 위하여, 등등 이런 배배꼬는 표현들이 잦은 비율로 나타났다. 소략하게 말하여, 각각 생명계는 마음[性, 태어나면서부터 지니는 마음]을, 물질계는 결[理, 옥돌을 결에 맞게 가다듬음]을 작동원리로 삼는다. 이는 오늘날 본능과 인과율에 상응한다. 당시에 세상의 기원을 놓고서 아무런 것도 없다가 어떤 기운이 생기고 다시 뭉쳐서 물질이 만들어진 뒤, 물질들의 복합체로서 생명이 나왔다고 보았었다. 그렇지만 생명체들의 작동원리를 우선순위로 놓았으므로, 스스로 변호해 주어야 할 필요도 있었을 것이다. 급기야 성리학을 공부하던 조선조의 많은 학자들에 의해서도 알게 모르게 우리말에 크게 영향을 미치게 되었다. 가령, "오직 정직하다, 오직 정직하기만 하다"라고 긍정 표현을 말하기보다, 오히려 "정직하지 않음이 없다, 정직하지 않을 수 없다, 정직하지 않기가 쉽지 않다"라고 말하거나, "참으로, 정말로"만으로 충분할 것을 굳이 "아닌 게 아니라, 미상불未嘗不" 따위를 쓴다(단, 여러 값을 다루는 fuzzy logic에서는 달리 해석됨). 성리학 그 자체가 눈에 보이지 않은 개념들을 다룰 수밖에 없었기 때문에, 언어 표현이 복잡해졌을 것으로 짐작되는 측면도 분명히 있다. 그렇지만 다른 한편으로는 너무 현학적이며 잘난 척하는 듯이 보일 우려가 있다.
무어 교수가 써 놓은 장황스런 본문 속의 표현도, 결국 우리가 한 가지 단언(명제)을 믿고, 그 단언(명제)이 참값임을 믿으며, 이것이 사실이 되는데, 사실들로써 전형적 지식이 세워진다고 말할 수 있다. 그렇지만 좀더 엄격히 따질 경우에, 그리 단순히 지식 체계가 짜이는 것은 아니다. 각 단계마다 엄격히 참값인지 여부를 지속적으로 물어봐야 하기 때문이다. 여기서 논의되는 개념들은 결국 다섯 가지로 요약된다. 외부 세계에 있는 대상(㉠, ㉡)과 머릿속에 들어 있는 실체(㉢, ㉣, ㉤)이다.

　㉠ 물질적 대상material objects
　㉡ 사실facts
　㉢ 감각자료sesne-data
　㉣ 단언propositions(명제)
　㉤ 사실들과 대응 관계에 있는 단언(명제)들로 이뤄진 전형적 지식knowledge proper

여기서 ㉢ 감각자료와 ㉣ 단언(명제)은 일견 '지각'과 '믿음'에 의해서 작동되겠지만, 단언(명제)을 판정하는 간접 지각은 더 상위 차원의 「판단·결정 과정」에 의해서 작동된다. 만일 단언(명제)이 참값을 지닌 사실들로만 이뤄져 있다면, 결과적으로 참된 믿음을 지녔음이 귀결되어 나온다. 이 논의가 목표로 삼는 것은 전형적 지식이 구축되는 방식을 밝히는 일이다.
그런데 아무리 세심한 노력을 기울여도 거대한 지식 체계가 시대에 따라 조금씩 달라질 수밖에 없었음을 우리는 인류 지성사에서 확인한다. 뤄쓸(1935; 김이선 뒤침, 2011) 『종교와 과학』(동녘)에서는 천문학의 지식 체계가 대표적으로 이런 전환들을 처음 보여 주었음을 예시한 바 있다(「프톨레마이오스 및 아리스토텔레스의 천문관」으로부터 새로운 관찰과 발견에 따라서 「코페르니쿠스 및 갈릴레이의 천문관」으로 환골탈퇴함). 이른바 과학 혁명을 촉발하는 패러다임paradigm(정합적 사고방식의 틀)의 발전 모형도 다 이런 전환 과정을 설명하는 한 가지 방식이다.

다시 일부 철학자들은 만일 여러분이 임의의 단언(명제)이 참값이 됨을 알고자 한다면, 반드시 충족되어야 할 그 조건들이 무엇인지에 관해서 여러 가지 견해들을 제안해 왔습니다. 만일 그 자신이 그 단언을 믿는다는 조건 말고도, 어떤 다른 조건들 중에서 하나 또는 다른 것이 또한 충족되지 않는다면, 아무도 한 가지 단언이 참값이 됨을 결코 알 수 없다고 여겼습니다. 반드시 충족되어야 하는 별도의 이들 조건이 무엇인지에 관해서 특정한 어떤 견해들이 있습니다. 저는 이런 견해들을 사실상 아주 많은 철학자들이 견지해 왔다고 생각합니다. 그리고 임의의 특정한 사람이, 스스로 참값임을 알고 있는 것으로 믿거나 생각하는 한 가지 단언(명제)이, 실제로 참값이 되는지 여부에 관한 질문을 마련해 놓기 위해서, 그런 철학자들에 의해서 항상 적용되어 왔습니다. 만일 여러분이 실제로 한 가지 단언(명제)이 참값이 됨을 안다면, 바로 반드시 충족되어야 할 그 조건에 관한 이들 특정한 견해입니다. 저는 우리가 살펴보려는 견해 두 가지 모두에 대해서, 이들 견해가 대체로 책임이 있다고 생각합니다.

① 어떤 순간에라도 우리가 직접 지각하고 있는 바로 그 순간의 감각자료 말고는 다른 어떤 것도 결코 알 수 없다는 견해

② 설령 우리가 다른 어떤 것이 존재함을 실제로 알고 있다손 치더라도, 다른 어떤 이것this something else이 한 가지 물질적 대상임을 결코 알 수 없다는 견해

이제 제가 논의를 진행해 나가고자 하는 바는, 제 생각에 우선 많은 철학자들로 하여금 물질적 대상들에 대한 우리의 지식을 의심하도록 이끌어 온, '실재 지식real knowledge(참된 지식)'을 위해 필요한 것이 무엇인지에 관한 이들 견해를 서술해 주는 일입니다. 그리고 나서, 이들 견해가 참값이 됨을 가정하면서, 응당 우리가 실제로 물질적 대상들의 존재를 알 수 있는지 여부를 살펴본 뒤에, 마지막으로 이들 견해가

참값인지 여부를 논의하고서, 만일 참값이 아니라면 그런 견해들에 대한 대안이 무엇인지를 모색해 나갈 것입니다.

저는 만일 우리가 실제로 임의의 단언(명제)이 참값이 되거나, 심지어 개연적으로 참값이 될 만하다고까지 여긴다면, 반드시 충족되어야 하는 조건들에 관해서 몇 가지 견해를 서술해 놓으려고 합니다. 즉, 일부 철학자들은 다음처럼 말하였습니다.

「만일 논의 중인 한 가지 단언(명제)이 어떤 특정한 부류들 중에서 하나 또는 다른 부류에 속하지 않는 한, 아무도 그 단언(명제)이 참값이 되거나 심지어 개연적으로 참값이 될 만함까지도 전혀 알 수 없다.」

(Nobody ever knows any proposition to be true, or to be even probably true, *unless* the proposition in question belongs to one or other of certain specified classes)

저는 만일 누구이든지 간에 한 가지 단언(명제)이 참값이 됨을 알게 된다면, 그 단언(명제)이 반드시 속해야 하는 것으로 그런 철학자들이 말해 온 부류들이 무엇인지를 서술해 주고자 합니다. 제가 다루게 될 견해는 실질적으로 흄(D. Hume, 1711~1776)이 지녔던 것인데, 다른 누구보다도 흄에 의해서 이들 견해가 더욱 분명히 서술되었다고 생각합니다. 그러므로 저는 비록 정확히 흄이 썼던 똑같은 언어로 그 견해들을 서술하지는 않을 것이지만, 이들 견해를 「흄의 견해」로 부르게 될 것입니다. 저는 이것들이 지극히 타당한 견해라고 생각하며, 명백하게 서술된다면 그 견해들을 받아들이기에 주저할 법한 많은 철학자들이, 그럼에도 불구하여 여전히 종종 특정한 경우들에서 마치 그 견해들이 참값인 양 논의한다고 생각합니다. 예를 들어, 그들은 오직 흄에 의해서 구체화된 방식들 중 어떤 것으로도 물질적 대상들을 알지 못함을 근거로 내세워서, 우리가 물질적 대상들의 존재를 전혀 알지 못한다고 논의합니다.

더욱이 이런 흄의 견해는 철학 역사상 커다란 중요성을 지닙니다. 그런 견해들 중에 몇 가지 핵심점이 독일 철학자 칸트(I. Kant, 1724~1804)에게서 그 자신의 견해 중 가장 두드러진 몇 가지 요소를 시사해 주었습니다.[95] 저는 뒤이어진 철학의 발전 노선에서, 먼저 흄에 의해서 시사되고 이어 칸트가 드러낸 두드러진 견해들이, 칸트 이전에 있던 모든 철학자들이 모아 놓은 견해들보다 훨씬 더 큰 영향력을 지녔다고 생각합니다.

---

95) [역주] 경상대학교 철학과 정병훈 교수로부터 들은 것인데, 흔히 흄을 「스코틀런드 칸트」로 부르고, 거꾸로 칸트를 「프러시아 흄」이라고 부른다고 한다. 흄이 경험주의의 한계를 누구보다도 가장 뚜렷하게 인식하였으므로, 이성주의(합리주의)의 바탕으로부터 지식을 구성해 나가야 함(순수이성에 근거한 지식 구성임)을 깨칠 수 있었기 때문일 듯하다. 스코틀런드 출신 흄의 천재성은 조기에 발현되어 20대의 생각으로 철학의 꽃을 활짝 피웠다. 그렇지만 (조부 때에 스코틀런드에서 프로이센으로 이주한) 칸트는 40대 중반에 교수직에 취임한 뒤에 10년 동안 아무런 성과를 내놓지 않고 있다가, 50대 중반에서부터 철학에서 일컫는 3대 비판서를 출간함으로써 프로이센의 쾨니히스베르크를 세계 철학의 중심지로 만들었다. 이를 두고 대기만성형 천재라고 부르는데, 큰 그릇을 빚으려면 성급히 이루기보다 응당 차츰차츰 단계별로 이뤄나가야 하는 것이기 때문이다. 교육 제도는 대기만성형 인재들을 키워 나가는 합리적 도구이다. 흄의 저작들에 대한 번역본은 228쪽의 역주 97을 보기 바란다.

제5장 흄의 이론

§.5-0【 들머리 】제가 논의하고자 하는 문제는 다음과 같습니다. 한 사람이 혹 임의의 단언(명제)을 믿을 경우에, 어떤 환경 아래에서 단지 그 단언(명제)을 믿을 뿐만 아니라, 또한 그 단언(명제)이 참값임을 절대적으로 알게 될까요? 우리는 모두 사람들이 때때로 사실상 참 값인지 알지 못하는 단언(명제)들을 실제로 믿는다고 확신합니다. 때 때로 그런 단언(명제)들을 믿을 뿐만 아니라, 또한 그 단언(명제)들이 참값임이 확실하다고 느낍니다. 그렇지만 사람들이 아주 확신한다는 사실에도 불구하고, 사실상 그 단언(명제)들이 그렇게 참값이 되는지 는 실제로 알지 못합니다. 예를 들어, 가끔 한 사람이 느끼기를 실제로 뭔가 또는 다른 것이 참값임을 아주 확신하는 경우에라도, 결국 우리 는 그가 아주 잘못이었음을, 즉, 결국 그 단언(명제)이 참값이 아니었 음을 찾아내곤 합니다. 그러므로 단지 확실성certainty에 대한 느낌이 설 령 아주 강력하다고 하더라도, 지식knowledge과 동일한 것은 아닙니다. 제가 전형적 지식knowledge proper으로 불렀던 의미에서의 지식을 말합니 다. 확실성에 대한 느낌은, 때때로 전형적 지식이 결여되어 있는 상황

에서도 아주 강력한 정도로 나타납니다. 그렇다면 다음과 같은 의문이 생겨납니다.

「한 사람이 임의의 단언(명제)에 대하여 아주 확신을 느낀다는 단순한 사실 말고, 그가 그 단언이 참값임을 알고자 한다면, 반드시 다른 어떤 조건들이 충족되어야 하는 것일까?」

(What other conditions, *beside* the mere fact that a man feels very certain of a proposition, must be fulfilled, if he is to *know* that it is true?)

이 질문에 대답하는 방식으로, 많은 철학자들이 다음처럼 결과에 대한 규칙들을 정해 놓고자 하였습니다. 그들은 다음처럼 말하였습니다.

「한 사람이 임의의 단언(명제)의 진리값에 대한 확신을 느낀다는 단순한 사실 말고도, 다른 어떤 특정한 조건들이 하나 또는 다른 것이 또한 충족되지 않는 한, 사실상 그가 그 단언(명제)이 참값이 됨을 결코 알지 못한다.」

(A man *never* really *knows* a proposition to be true, unless,[96] besides the mere fact that he feels certain of its truth, one or other of certain other specified conditions is also fulfilled.)

제가 이미 말했듯이, 그런 철학자의 한 사람으로서 흄은[97] 이런 결과

---

[96] [역주] 제5장의 논의에서 *unless* ~아닌 한, ~않는 한의 부정 조건절을 이용한 방식을 두드러지게 많이 쓰고 있어서 이채롭다. 뒤친이는 「P → Q이면 Q이다」라는 조건 관계를 강하게 적용하여,

「*not* P → *not* Q」

(P가 아니라면, 결코 Q도 아니다. 반드시 P라야 Q가 성립된다)

을 unless가 표현해 주고 있나고 본다. 다시 말하여, 반드시 P가 전제가 되어야만(항상 참값을 받아야만), 이에 따라서 Q도 참값을 얻을 수 있다는 뜻이며, 한 사건이 일어나기 위한 「필수 전제」를 표시해 주고 있는 것으로 본다. 제4장의 뒷부분 논의에서 unless가 계층적으로 두 번씩 나온 경우가 있다. 뒤에 추가된 unless를 부정 전제로 번역하지 않고, 쉽게 이해되도록 대신 「필수 전제가 충족되어야」라고 바꿔 놓았다. unless가 이끄는 절에 나온 know도 또한 '꼭 알고 있지 않는 한'처럼 더욱 강한 뜻을 담고 있는데, 능동적 측면을 살리기 위해 우리말에서 '깨닫지 못하는 한'으로 바꾸어 번역해 두었다.

[97] [역주] 스코틀런드 에딘브뤄에서 태어나고 성장한 데이뷧 흄(David Hume, 1711~1776)

에 대한 어떤 특정한 규칙들을 정해 놓으려고 하였습니다. 저는 흄이 정해 놓은 규칙들 몇 가지를 서술하면서 제 논의를 펼쳐 나가고자 합니다.

우선, 흄은 모든 단언(명제)들을 참과 거짓처럼 두 가지 부류로 나눠 놓았습니다. ① 어떤 특정한 대상이 존재했고, 실제로 존재하고 있으며, 존재할 것이라고 단정하는 것들과, ② 어떤 것이든지 간에 그것의 존재를 단정할 수 없는 것들입니다. 흄은 「그것의 존재를 단정할 수 없는 단언(명제)」이란 말로써, 다음과 같은 단언(명제)들을 의미하였습니다.

- 둘에 둘을 곱하면 넷이다.(≒산술 진리)
- 삼각형의 세 각은 두 직각과 동일하다.(≒기하학 진리)

에 대한 평가는 「회의주의자」로 보는 시각도 있고, 영국의 로크(John Locke, 1632~1704)를 이은 「경험론자」로 해석하는 시각도 있다. 그의 생각은 중요하게 독일 철학자 칸트(1724~1804)에게 '독단의 잠에서 깨어나도록' 자극한 것을 비롯하여(칸트; 염승준 뒤침, 2013, 『프롤레고메나(≒머릿글, 서설)』, 책세상, 27쪽), 영국에서 버어클리(1685~1753) 관념론과 공리주의 철학자들인 벤덤(1748~1832)과 밀(1806~1873)에게도 중요한 영향을 끼친 것으로 알려져 있다.

철학사에서 중요한 그의 저술들은 셀비비기L. A. Selby-Bigge가 엮었던 책의 쪽수가 '표준 판본'으로 인용되며, 충실히 우리말로 번역되어 있다. 다만 흄이 「인간이 지닌 이해 능력의 한계를 다룬다」는 뜻으로 쓴 understanding이란 말은, 계몽주의를 연 데카르트·라이프니츠·로크 등으로부터 받아들인 것이다. 일본에서 오성悟性(깨우치는 성품)이라고 잘못 번역한 것을 그대로 써 오다가, 최근 우리나라에서는 '지성知性(아는 성품)'이나 '이해력'으로 쓰는 흐름도 새롭게 생겨났다. 뒤친이는 정확히 '이해 능력'이라고 쓰는 것을 선호한다.

한자 어원을 보면, 마음 심(心)과 나 오(吾)가 결합된 '깨우칠 오(悟)'를 풀이할 수 있는 같은 계열의 글자는 '말씀 어(語)', '총명할 오(晤)', '마주할 오(唔, 거스를 오)', '맞이할 오(俉)' 등이다. 한문에서 '나 오(吾)'는, 본디 뜻이 교차하다(cross ㄨ, 五)와 입 구(mouth 口)로 이뤄져 있는데, 두 사람이 말을 서로 주고받는다는 뜻이다. 따라서 '깨우칠 오(悟)'는 「말(語)을 매개로 하여 자신의 마음(忄) 속에서 스스로 깨닫는다」는 뜻이 들어 있다.

흄의 책은 이준호 뒤침(각각 1994, 1996, 1998) 『인간 본성에 관한 논고: 오성에 관하여, 정념에 관하여, 도덕에 관하여』(서광사), 이태하 뒤침(2003) 『기적에 관하여』(책세상), 이태하 뒤침(2008) 『자연종교에 관한 대화』(나남), 김혜숙 뒤침(2012) 『인간의 이해력에 관한 탐구』(지식을만드는지식)가 번역되어 있다. 또한 최희봉(2004) 『흄』(이룸), 장동익(2004) 『흄 '인성론'』(서울대 철학사상연구소), 윤선구(2005) 『흄 '인간 지성에 관한 탐구'』(서울대 철학사상연구소)도 도움이 크다.

• 검정색은 하얀색과 다르다.(늑색깔 감각경험)

흄은 어떤 것이든 간에 이런 종류의 단언(명제)들이 참값이 됨을 알게 되다면 반드시 충족되어야 하는 조건들이, 만일 우리가 존재를 단정하는 단언들이 참값이 됨을 알게 된다면 반드시 충족되어야 하는 조건들과는 아주 다르다고 생각하였습니다. 존재를 단정하지 않는 단언(명제)들은 두 가지 방식으로 알려질 수 있다고 말하였습니다.

① 일부는 직관intuition에 의해서 알려질 수 있고,
② 다른 것은 논증demonstration에 의해서 알려질 수 있다.

논증이란 말로써, 흄은 수학에서 채택되는 엄격히 '연역적인 종류의 증명'을 의미하였습니다. 우리가 모두 흔히 「수학자들이 실제로 이런 방식으로 익힌 절대적으로 거대한 숫자의 단언(명제)들을 알고 있다」고 가정합니다. 그렇다면 흄은 존재를 단정하지 않는 종류의 단언(명제)은, 그 단언이 (연역적으로) 논증되지 않거나 직관적으로 알려지지 않는 한, 결코 어떤 누구에게든지 아무런 것도 실제로 알려질 수 없다고 보았습니다. 「직관적 지식intuitive knowledge」이란 말로써 흄이 의미하는 종류의 지식은, 여러분이 실제로 한 가지 단언(명제)이 의미하는 바를 이해하자마자 그 단언(명제)이 참값임을 알 수 있을 경우에, 그 단언(명제)에 대하여 여러분이 가질 수 있는 종류의 지식입니다. 예를 들어, 유클리드 공리의 하나인 다음 단언(명제)을 살펴보기 바랍니다.

「동일한 대상과 똑같은 것들은 서로 간에 똑같다.」
(Things which are equal to the same thing are equal to one another.)

이런 단언(명제)이 의미하는 바를 실제로 이해하자마자, 여러분은 즉각 이 단언(명제)이 참값임을 알 수 있을 듯합니다. 흄은 이런 단언(명

제)이 '직관적으로 알려진다'고 말할 것입니다. 동일한 내용을 달리 말하면, 「이 단언(명제)이 자명하다self-evident」고 하는 것입니다. 그렇다 면, 존재를 단정하지 않는 모든 단언(명제)들의 경우에서 흄이 말하고 자 하는 바는, 그 단언들이 이런 자명한 방식으로 알려져서 우리가 알게 되거나 아니면 수학적 단언(명제)들이 입증되는 엄격히 연역적인 종류의 증명에 의해서 논증되어 있지 않다면, 아무런 단언(명제)도 참 값임이 알려질 수 없다는 것입니다(≒칸트의 분석적 단언에 해당함).

§.5-1【 존재 단언(명제)이 참값이 되는 세 가지 조건 】그렇지만 흄은 과거이든 현재이든 미래이든 어떤 것이든지 간에 그 존재를 단정하는 단언(명제)은 아무런 것도 이들 두 가지 방식(≒직관 및 연역적 논증) 어 떤 것으로도 알려질 수 없다고 생각하였습니다. 존재 단언(명제)들에 관해서는 아무런 단언(명제)도 연역적으로deductively 참값이라고 입증될 수도 없고, 「동일한 대상과 똑같은 것들은 서로 간에 똑같다」라는 단 언이 직관적으로 참값임이 알려지는 방식으로도 알려질 수 없다고 생 각했던 것입니다. 이들 두 가지 조건은 어떤 것도, 임의의 대상에 대한 존재를 단정하는 단언(명제)들의 경우에 조금도 충족될 수 없는 것입 니다. 그러므로 그런 「존재 단언」(명제)의 경우에, 흄은 다른 일련의 조건들을 제안하였습니다.

흄은 다음 세 가지 조건 중 하나 또는 다른 것이 충족되지 않는 한, 아무도 과거·현재·미래의 어느 시점에서 실제로 임의의 한 가지 대상 의 존재를 단정하는 단언(명제)을 전혀 알 수 없다고 말하였습니다. 흄이 언급한 첫 두 가지 조건은 다음과 같습니다.

(1) 만일 한 사람이 어떤 대상이 현존한다고 믿는 바로 그 순간에, 사실상 논의 중인 그 대상을 직접 지각하고 있다면, 즉, 내가 설명했던 의미에 서 그 대상을 직접 지각하고 있다면, 그가 그 대상이 실제로 현존함을 알 수 있다.

(A man may really know that a thing does exist, if, at the very moment when he believes that it exists, he actually is *directly apprehending* the thing in question — directly apprehending it in the sense I have explained.)

(2) 만일 한 사람이 과거에 어떤 대상을 실제로 지각했었고 지금 그 대상을 기억한다면, 그는 사실상 과거에 실제로 그 대상이 존재했음을 알 수 있다.

(A man may really *know* that a thing did exist in the past, if he *did* directly apprehend it in the past and *now* remembers it.)

이들 두 가지 조건은 비교적 간단한 조건이며 달리 설명이 필요없다고 생각합니다. (3) 그렇지만 흄이 규정한 세 번째 조건은 상황이 다릅니다. 그 조건 속에 상당히 많은 것들이 포함되어 있습니다. 가능한 대로 저는 세 번째 조건을 분명히 그리고 신중하게 설명하고자 합니다. 분명히 세 번째 조건은 세 가지 조건들 중에서 두드러지게 가장 중요한 것입니다. 왜냐하면 첫 두 조건 중 하나 또는 다른 조건이 충족되는 경우를 제외하고서, 어떤 것이든지 간에 우리가 사실상 그 존재를 결코 알지 못했더라면, 우리가 스스로 알고 있는 것으로 추정하는 대상들 중에서 오직 아주 작은 부분만 알 수 있었을 것이기 때문입니다. 제가 지금 직접 지각하고 있고, 과거에 직접 지각했던 대상들은 제가 존재하는 것으로 믿고 있는 대상들에서 단지 아주 작은 부분들만 형성합니다. 그렇다면 다음 질문이 제기됩니다.

「우리가 한 가지 대상이 현존한다고 믿는 순간에 그 대상을 직접 지각하지 못할 경우, 그리고 과거에 그 대상을 직접 지각해 보지도 못한 경우, 만일 앞의 두 가지 조건이 어떤 것도 충족되지 않는다면, 우리가 어떤 조건들 아래에서 과거나 현재나 미래에 그 대상의 존재를 알 수 있을까?」

(Under what conditions can we know of the existence of a thing (past, present or future), when *neither* of these first two conditions is fulfilled — when we are *not* directly apprehending the thing at the moment when we believe that it exists, and when also we *have not* directly apprehend it in the past?)

성가신 어구들의 반복을 피하기 위하여, 앞으로는 이 질문을 다음과 같은 모습으로 간단히 언급하게 될 것입니다.

「한 사람이 자신이 결코 직접 지각해 보지 못한 임의의 것에 대한 존재를 어떤 조건들 아래에서 알 수 있을까?」

(Under what conditions does a man know of the existence of anything which he *has never* directly apprehended?)

단, 「직접 지각해 보지 못했다」는 어구로써, 현재 그 순간에도 직접 지각하지 않고, 또한 과거에도 결코 직접 지각해 보지 못했음을 의미합니다. 그렇다면 여러분은 제가 어느 한 사람이 직접 지각해 본 한 가지 대상을 언급할 경우에, 어떤 것이든지 간에 반드시

① 현재 그 순간에 직접 지각하고 있거나,
② 과거에 직접 지각해 보았던 임의의 한 가지 대상을 의미하게 될 것이다

라고 이해해 주시기 바랍니다.

그렇다면 이제 질문은 다음처럼 서술됩니다. 단, 「직접 지각해 보다」는 낱말의 뜻이, 현재 그 순간에 한 사람이 직접 지각하고 있는 것은 물론, 또한 과거에 그가 직접 지각해 봤던 것을 포함합니다.

「무엇이 되었든지 간에 한 사람이 결코 직접 지각해 보지 못한 대상의 존재를, 어떤 조건들 아래에서 실제로 조금이라도 알 수 있을까?」

(Under what conditions does a man ever really know of the existence of anything whatever which he has never directly apprehended?)

이런 질문에 대한 답변으로서, 저는 흄이 단정하였다고 보는 한 가지 주요한 원리가 다음과 같다고 봅니다.

한 사람이 과거나 현재나 미래의 주어진 어느 순간에도 결코 직접 지각해 보지 못한 (즉, 지금 현재도 직접 지각하지도 않고, 과거에도 직접 지각해 보지 못한) 어떤 확정적인 대상 A에 대한 존재를 믿는다고 가정하겠습니다.[98] ① 이제 A가 무엇이 되든지 간에, A가 이미 존재했었고 존재하고 있으며 또한 막 존재할 예정이 아닌 한, 흄은 한 사람이 또한 직접 지각해 보지 못한 어떤 다른 대상 B도 역시 존재하지 않을 것임을 깨닫지 않는다면, 그가 실제로 A의 존재를 결코 알 수 없다고 말합니다. 달리 말하여, 제가 어떤 대상인 B가 존재하기 이전에, 뭔가 다른 것인 A가 존재했던 적이 없었더라면 B가 전혀 존재하지 않을 수 있음을 깨닫고 있다는 점과 관련해서, 제가 그 대상 B를 지금 현재 직접 지각하고 있거나 이미 직접 지각해 봤었다고 가정합시다. 그렇다면, 흄은 제가 B가 존재하기 이전에 A가 실제로 존재했었음을 사실상 알 수 있다고 말합니다(≒A 먼저, B 나중에). ② 아니면, 다시 제가 직접 지각했었던 B와 관련하여, A가 동시에 B와 함께 존재하지 않았더라면, 전혀 B가 존재하지도 않았을 것임을 사실상 알고 있다고 가정합시다(≒A와 B가 동시에). 그렇다면, ③ 제가 사실상 A가 실제로 B가 존재한 다음에 존재했었거나, B가 존재한 다음에 존재할 것임을 알

---

98) [역주] A와 B는 동시에 수반되거나 또는 계기적으로 일어나는 사건들을 가리킨다(동시 사건 또는 선후 사건). 조금 뒤에서, 「동시에 수반된 사건」으로서, A를 한밤중에 뜬 '달'이라고 하고, B를 내 방 창문으로 들어온 '달빛'이라고 설명하였다. 만일 달빛을 직접 지각한다면, 곧 달이 떠 있고, 달이 존재하고 있음을 곧장 알 수 있는 것이다. 또 다른 사례로서, A를 내 자신의 '머리'(두뇌)라고 하고, B를 내가 직접 자각하는 나의 '의식 활동'이라고 하였다.

그리고 「계기적으로 일어난 사건」의 예로서, A를 씨저를 '죽인 사건'이라고 하고, B를 그 사건을 적은 '역사 기록'이라고 할 수 있다. 그렇지만 실제 논의에서는 거꾸로 사례를 들었다. A가 피살될 일의 예언서이고, B가 실제 씨저가 피살된 사건을 가리키고 있다. 또한 A를 하늘 높이 날고 있는 '새'라고 하고, B를 직접 목격하지는 못했지만 그 새가 지저귀는 '울음소리'라고 하였다. 잠시 뒤 그 새가 가까이에 내려앉아서 그 새를 목격한 뒤 어떤 새인지를 내가 자세히 알게 되는 경우이다.

이하의 번역에서는 그것it이나 어떤 것something이나 이것this이나 임의의 것anything으로 적힌 것들의 자세한 내용을 작은 괄호로 옆에다 풀어 놓기로 한다. 이런 보조 풀이가 없다면, 대명사 의무 변환 규칙이 없는 우리말에서 뭐가 뭘 가리키는지 혼란스러울 수밖에 없다. 본문에서 대상thing과 사건event도 한데 묶어서 대상thing으로만 부르는 경우도 있는데, 사건이 큰 개념이 아니라 오히려 대상을 더 큰 개념으로 보는 것이다.

수 있습니다(≒B 먼저, A 나중에). 그렇지만 흄은 이들 세 가지 조건들 중에서 하나 또는 다른 조건이 충족되지 않는 한, A가 한 번이라도 존재했었거나 지금 현재 존재하거나 조금이라도 존재할 것임을 사실상 개연적(확률)으로라도 제가 알 수 없다고 말합니다.

§.5-2 【 흄의 원리에 대한 예시 】 저는 이것이 흄의 첫 번째 원리에 대한 올바른 진술이라고 생각합니다. 그렇지만 그 원리가 약간 복잡하며, 그것에 대한 저의 설명이 조금 따라가기가 힘들 수도 있습니다. 따라서 저는 그 원리가 정확히 무엇인지를 놓고서 특정한 사례들을 제시해 줌으로써, 여전히 좀더 쉽게 서술해 나갈 것입니다. 우선 제가 무엇이든지 간에 현재 이 순간에 존재하는 것으로 믿고 있지만, 제가 직접 지각하고 있지 않은 어떤 대상에 대한 임의의 사례를 들기로 하겠습니다. 예를 들어, 「제 자신의 머리(두뇌)」를 들어 보겠습니다. 저는 실제로 지금 현재 「저의 머리(두뇌)」라고 부르고 제가 직접 지각하고 있지 않은, 대체로 확정적인 종류의 대상이 현재 이 순간에 실제로 존재한다고 믿고 있습니다. 그렇지만 흄은 231쪽 이하에서 제시된 두 가지 조건들 (1)~(2) 중 하나 또는 다른 것을 제가 깨닫지 못하는 한, 저는 이 순간에 실제로 제 자신의 머리(두뇌)가 존재함을 알 수 없다고 말합니다. 반드시 제 머리가 또한 존재했던 것이 아닌 한, 제가 지금 지각하고 있는 어떤 것이 존재하지 않았을 것임을 저는 알고 있습니다.

이것이 한 가지 대안입니다. 예를 들어, 저는 지금 「어떤 낱말들을 듣는 일」로 부르는, 제 자신의 어떤 의식 활동을 직접 지각하고 있습니다. 제가 지금 말하고 있는 낱말들을 지금 듣고 있으며, 제가 그 낱말들을 듣는 일을 직접 지각하고 있습니다. 그렇다면 어떻든지 간에, 만일 제 머리(두뇌)가 동일한 시간에 존재했던 것이 아닌 한, 제가 직접 지각하고 있는 이런 의식 활동, 즉, 이런 듣기가 존재하지도 않았을 것임을 깨닫고 있다면, 그렇다면 저는 제 머리(두뇌)가 지금 존재하고 있음을 실제로 알 수 있다고 흄은 말합니다. 그리고 비슷하게, 만일 무엇이 되었든 간에 이 순간에 제 머리(두뇌)가 존재했던 것이 아닌 한, 제가 직접 지각하고 있는 임의의 것이 지금 존재하지 않았을 것임을 깨닫고 있다면, 저는 지금 제 머리가 존재하고 있음을 실제로 알 수 있는 것입니다. 이것이 한 가지 대안입니다.

그렇지만 흄의 이론이 허용하는 다른 대안도 있습니다. 저의 머리(두뇌)가 현재 이 순간에도 계속 존재할 예정이 아닌 한, 조금 전에 제가 직접 지각했던 어떤 것도 존재하지 않았을 것임을 실제로 알았다고 가정해 봅시다. 그렇다면, 흄은 또한 제 머리(두뇌)가 현재 이 순간에 존재하고 있음을 실제로 알 수 있다고 허용합니다. 조금 전에 임의의 한 가지 대상의 존재가 현재 이 순간에 제 머리(두뇌)의 존재를 실제로 결과적으로 함의함entail(마침내 귀결된 사실)을 제가 실제로 알 수 있는지 여부에 대해서는, 그리고 어떻게 제가 실제로 알 수 있는지에 대해서는 아랑곳하지 않습니다. 흄이 말하는 모든 것은, 만일 제가 실제로 이 점을 이미 알고 있었다면, 저는 지금 제 머리(두뇌)가 존재하고 있음을 알 수 있다는 것입니다. 이것이 두 번째 대안입니다

그리고 이들 대안 중에서 하나 또는 다른 것이 충족되지 않는 한, 저는 아마 실제로 현재 이 순간에 제 머리(두뇌)가 존재하고 있음을 알 수 없을 것이라고 흄은 말합니다. 그것의 현재 존재가 한 사람이 지금 직접 지각하고 있는 어떤 대상의 존재와 필연적으로 연결되어 있든지, 아니면 과거에 직접 지각해 봤던 어떤 대상의 존재와 연결되어 있음을 그가 스스로 깨닫지 못하는 한, 무엇이든 간에 자신이 직접 지각하고 있지 못한 임의의 한 가지 대상에 대한 현재 존재를 아무도 알 수 없다고 흄은 말합니다. 직접 지각되지 않은 그 대상이 직접 지각된 대상과 함께 동시에 존재했거나, 직접 지각된 대상이 존재한 뒤에 계기적으로 곧 존재할 예정이 아니었더라면, 직접 지각된 대상이 존재하지도 못했을 것이라는 의미에서, 필연적으로 연결되어 있는necessarily connected 것입니다.

그렇다면 이것이, 직접 지각되지 않은 임의의 한 가지 대상을 놓고

서, 흄의 이런 첫 번째 원리가 현재 존재에 관련된 어떤 믿음의 경우로 의미하는 내용의 사례 한 가지입니다. 그렇지만 저는 이런 첫 번째 원리가 실제로 의미하는 내용의 전체를 가급적 쉽게 풀어 놓고자 합니다. 비록 여러분들을 지치게 만들 우려가 있을지라도, 저는 두 가지 다른 사례를 제시하려고 합니다. ① 임의의 한 가지 대상의 과거 존재 (≒과거 사건)에 관한 어떤 믿음의 경우에, 그것이 의미하는 내용에 관한 사례, ② 임의의 한 가지 대상의 미래 존재(≒미래 사건)에 관한 어떤 믿음의 경우에, 그것이 의미할 내용에 관한 사례입니다.

먼저 과거(과거 사건)에 관한 어떤 믿음을 다루기로 하겠습니다. 지금 저는 실제로 「거의 2천 년 전에 로마 원로원에서 줄리어스 씨저가99) 죽임을 당했다」고 믿고 있습니다. 분명히 저는 이 죽임(시해 사건)을 직접 지각하지 못했습니다. 그렇다면, 제가 직접 지각해 보지 못했지만 여기에 어떤 것(시해 사건)의 과거 존재에 대한 믿음이 있습니다. 흄이 말하는 내용은 다음과 같습니다. 다음에 서술할 네 가지 조건들 중에서 하나 또는 다른 조건이 충족되지 않는 한, 저는 실제로 「줄리어스 씨저가 죽임을 당했음」을 결코 알지 못할 것입니다.

(i) 만일 줄리어스 씨저가 죽임을 당한 것이 아닌 한, 반드시 내가 지금

---

99) [역주] 로마의 정복과 함께 로마 글자는 여러 곳으로 전파되면서 각기 다른 발음을 지니게 되었다. c를 '크'로 발음하는 것이 라틴어의 경우이고, '츠' 현재 이탤리아 발음이며, '쓰'(된소리임)로 발음하는 것이 영어 발음이다. 일부에서는 라틴어 원래 발음으로 '율리어스 케사르'로 적어야 한다고 주장하지만, 라틴어를 배우는 것이 아니라, 영어 문화권에서 통용되는 이름을 적는 것이라면, 오히려 영어 발음 '줄리어스 씨저'로 적는 게 편리할 듯하다. 가령, 로마 구교의 교황이었던 '요한'은 문화권마다 각각 발음이 다르다. 불어로는 '쟝', 스페인어로는 '후앙', 영어에서는 '쫜', 러시아어에서는 '이봔'이라고 발음하지만, 아무도 그 발음에 시비를 걸지 않는다. 글자의 전파와 더불어 현지 언어 발음에 따른 자연스런 동화의 결과이기 때문이다.

murder**고의적으로 사람을 죽이다**는 우리말에서 아랫사람이 아버지나 왕을 죽일 경우에 따로 '시해弑害'라는 낱말을 쓰고(弑父, 弑君), 일반인 사이에서는 살해殺害라는 낱말을 써서 서로 구별했던 전통이 있다. 시(弑)는 오른쪽 글자가 「죽일 틈을 엿보다」(伺, 試)는 뜻을 담고 있고, 살(殺)은 오른쪽 글자가 '창 수(殳)'로서 「도구를 써서 사람을 죽이다」는 뜻이다. 아마 젊은 층에서는 '시해'란 말은 아주 낯설게 느껴질 것이다. 여기서는 우리말로 쉽게 '죽임을 당하다'라고 번역해 둔다.

직접 지각하는 어떤 것(역사 기록)이 존재하지 않을 것임을 알고 있어야 한다.

(ii) 아니면, 만일 그것(it, 역사 기록)이 존재하기 이전에 줄리어스 씨저가 죽임을 당한 것이 아닌 한, 내가 과거에 직접 지각했던 어떤 것(역사 기록)이 존재하지 않았을 것임을 알고 있어야 한다.

이것이 제가 「줄리어스 씨저가 죽임을 당했음」을 알 수 있는 두 가지 조건입니다. 이런 특정한 경우에 이것이 충족될 수 있는 유일한 조건들입니다. 명백히 이 조건들 중 하나 또는 다른 것이 충족될 수 있습니다. 예를 들어, 저는 과거에 「줄리어스 씨저가 죽임을 당했다」는 의미를 지닌, 입말과 글말로 된 많은 낱말들(역사 기록)의 감각자료를 직접 지각하였습니다. 어떤 방식으로든지 간에 상관없이, 줄리어스 씨저가 사실상 죽임을 당한 적이 없었던 한, 이들 모든 감각자료(역사 기록)가 존재하지 않았을 것임이 사실일 수 있습니다. 제가 이런 사실을 깨닫지 못하는 한, 「줄리어스 씨저가 죽임을 당했음」을 조금도 알지 못한다고 주장하는 흄에게, 저는 우리가 모두 동의하는 쪽으로 기울어져 있다고 생각합니다. 만일 제가 이런 방식으로 그것it(역사 기록)을100) 알지 못한다면, 어떤 방식으로든 간에 제가 조금도 그것it(시해 사건)을 알 수 없을 듯합니다.

그렇지만 흄의 이론에 따르면, 줄리어스 씨저가 죽임을 당한 과거의 사실과 같은 것을 알 수 있는 다른 두 가지 조건이 있습니다.

(iii) 줄리어스 씨저를 죽인 일과 동시에 그 존재가 함께 생겨났던 것이 아닌 한, 여태 존재하지도 못했을 어떤 것something(시해 목격담)이 있

---

100) [역주] 한 문장 속에서 두 번 나온 it은 중의적이다. 그 시해 사건이거나 낱말들(역사 기록)에 대한 이해일 수 있는 것이다. 합리적인 해석으로는, 아마 앞에 나온 it이 낱말들(역사 기록)에 대한 이해(직접 지각)이고, 뒤에 나온 it이 시해 사건이나 그 사건에 대한 믿음(역사 기록을 통하여 얻게 되는 사실로서의 믿음)일 수 있다. 더 뒤에 있는 (iii)과 (iv)에서는 또 다른 관계로 엮이어 있는데, 각각 씨저가 황제가 되려고 한다는 나쁜 소문이거나 씨저를 죽이는 사건에 대한 목격담을 상정해야 순조로운 해석이 이뤄진다.

고, 내가 과거에 그 어떤 것을 직접 지각했다면, 나는 그것it(시해 사건)을 알 수 있다.

(ⅳ) 아니면, 줄리어스 씨저를 죽인 일 뒤에 계기적으로 생겨났던 것이 아닌 한, 여태 존재하지도 못했을 어떤 것something(시해 목격담)이 있고, 내가 과거에 그 어떤 것을 직접 지각했다면, 나는 그것it(시해 사건)을 알 수 있다.

이런 특정한 경우에, 줄리어스 씨저가 죽임을 당한 일이 일어났을 것으로 추정되는 시간과 동시이든지 그 이전이든지 간에 상관없이, 분명히 제가 아무런 것도 직접 지각해 보지 않았기 때문에,101) 이들 조건이 어떤 것도 충족되지 않음을 우리는 잘 알고 있습니다.

그렇지만 많은 과거 사건들의 경우에, 이들 다른 두 가지 조건이 모두 충족되지 않을 것임을 상상해 볼 수 있습니다. 예를 들어, 지금 제가 지난주 같은 요일의 새벽 두 시에 달이 존재했음을 믿고 있습니다. 그 당시에 제가 달을 직접 지각하지는 않았습니다. 그렇지만 가령, 제 방의 창문으로 들어오는 달빛을 제가 직접 지각했을 수 있습니다. 그렇다면, 만일 달이 동시에 존재했던 것이 아닌 한, 당시 제가 직접 지각한 달빛도 존재하지 않았을 것임을 깨닫고 있다면, 달이 그 당시에 존재했었음을 지금 제가 실제로 알 수 있다고 흄은 말합니다.

아니면 네 번째 조건(≒두 사건의 계기적 발생)에 대한 한 가지 사례를 들기로 하겠습니다. 지난 번에 하늘에서 날고 있는 새가 한 마리 나타났다고 부를 만한 그런 종류의 감각자료를 제가 직접 지각하였습니다. 그렇지만 그 새가 어디엔가 가까이에 내려앉았던 것이 아닌 한, 제가 그 새를 직접 목격하지는 못하였습니다. 흄에 따르면, 설령 내가 멀리서 새소리를 들었다손 치더라도, 내려앉는 그 새를 직접 지각한

---

101) [역주] anything임의의 것, 아무런 것은 ㉮ 씨저가 독재자이므로 죽여야 한다는 당시 로마의 여론이나(이전의 사건) ㉯ 씨저를 죽이는 사건을 직접 목격한 사람이 전해 준 이야기(동시의 사건)를 가리켜야, 무어 교수가 의도한 대로 해석이 이뤄질 듯하다. 왜냐하면 (ⅲ)과 (ⅳ)의 두 조건이 분명히 아무런 것도 충족될 수 없다고 설명하기 때문이다.

것이 아닙니다. 단지 내려앉은 그 새와 관련되어 있을 만한 어떤 감각자료(≒멀리서 지저귀는 소리)를 직접 지각했을 뿐입니다. 그렇다면 제가 내려앉은 그 새를 직접 지각한 것은 아닙니다. 그럼에도 불구하고, 좀 뒤에 그 새가 가까이 어디엔가로 내려앉은 게 아닌 한, 흔히 말하듯 새가 날고 있음을 본 경우에 제가 직접 지각했던 그 감각자료도 당시에 존재하지 않았을 것임을 깨닫고 있다면, 흄의 이론에서는 지금 제가 바로 그 새가 어디엔가로 내려앉았음도 알고 있다고 허용해 줍니다. 저는「제가 이것을 절대적으로 알 수 있다」고 말하지는 않습니다 (≒무어 교수는 두 사건 사이에 필연성이 없다고 봄). 그렇지만 흄의 이론에서는, 만일 제가 새가 나는 것을 안다면, 이제 절대적으로 그 새가 실제로 이미 어디엔가로 내려앉았음을 제가 알 수 있도록 허용해 줍니다. 이것이 네 번째 조건에 대한 한 가지 사례로서, 이 조건 아래 결코 직접 지각해 보지 못한 어떤 것의 과거 존재를 이제 제가 알 수 있는 것입니다.

이들 네 가지 조건들 (ⅰ)~(ⅳ) 중에서 하나 또는 다른 조건이 충족되지 않는 한, 무엇이든지 간에「아무도 자신이 직접 지각해 보지 못한 임의 대상에 대한 '과거의 존재'를 절대적으로 전혀 알 수 없다」고 흄은 말합니다. 다시 말하여, 논의 중인 그 대상이 지금 그가 지각하고 있는 어떤 것을 반드시 선행해야 하거나, 아니면 과거에 그가 지각했던 어떤 것을 반드시 선행해야 하거나, 아니면 과거에 그가 지각했었던 어떤 것에 뒤이어져야 함을 반드시 알고 있어야 합니다. 각 경우에 '반드시'라는 용어로써 의미하는 바는 오직 다음과 같습니다. 실제 사례가 가능하듯이, 직접 지각하지 않은 다른 어떤 대상이 직접 지각한 대상을 선행하거나 동반되거나 뒤이어지지 않은 한, 직접 지각한 대상은 존재하지 않았을 것이라는 뜻입니다.

(ㄱ) 그렇다면 여러분이 직접 지각해 보지 않은 임의의 한 가지 대상의 현재 존재를 믿는 경우에는, 두 가지 조건이 있다. 만일 우리가 그런

믿음이 참값이 됨을 조금이라도 알게 된다면, 하나 또는 다른 것이 반드시 충족되어야 한다.

(ㄴ) 과거 사건에 관한 믿음의 경우에는, 네 가지 조건이 있다. 만일 우리가 절대적으로 그 믿음이 참값이 된다고 알게 된다면, 하나 또는 다른 조건이 반드시 충족되어야 한다.

(ㄷ) 미래 사건에 관한 믿음의 경우에는, 다시 오직 두 가지 조건만 있다. 거기에서 하나 또는 다른 조건이 반드시 충족되어야 한다(≒현재 지각하는 경우와 과거에 지각해 봤던 경우를 구분해 놓은 조건임).

예를 들어, 제가 지금 앞으로 5분 뒤에 어떤 것 또는 다른 것이 존재할 것임을 실제로 믿습니다. 그렇지만 흄은 제가 실제로 이것을 알 수 없다고 말합니다. 실제로 제가 (미래 사건을) 알 수 없습니다. 그렇지만 두 가지 조건들 중 하나 또는 다른 조건을 제외한다면, 앞으로 5분 뒤에 전체 우주가 존재하기를 멈춰 없어질 것이거나, 적어도 어떤 것이 앞으로 5분 뒤에 존재할 예정이 아닌 한, 과거에 제가 직접 지각해 봤던 어떤 것도 존재하지 않을 것임을 반드시 알고 있어야 합니다.

그리고 또한 미래에 일어날 특정한 사건들에 관한 모든 믿음과 관련해서도 그러합니다. 저는 사실상 내일 해가 뜰 것이며, 해가 뜨기 전에 죽든 살든 제 몸이 이 강의실에서 나가 있을 것임을 지금 믿고 있습니다. 아마 여러분은 「제가 실제로 두 가지 사건들 중에서 어떤 것이든 일어날 것임을 명백히 알 수 없다」고 말할 것입니다. 제가 미래 사건을 알 수 없다는 점에 절대적으로 동의합니다. 그렇지만 흄의 원리를 예시하기 위하여, 이 두 가지 사건들은 일어날 것입니다.

흄의 원리는 ㉠ 지금 제가 직접 지각하고 있는 어떤 사건이 이제 더 이상 존재하지 않거나 일어날 예정이 아니라고 깨닫지 못하는 한, 아니면 ㉡ 과거에 제가 직접 지각해 봤던 어떤 사건이 그 당시에 존재하지 않았거나 일어날 예정이 아니었음을 깨닫지 못하는 한, 제가 이들 두 가지 사건이 어떤 것이든 간에 일어날 것임을 분명히 알 수 없다

는 것입니다.102)

그렇다면 바로 이것이 흄의 첫 번째 원리입니다. 저는 이것이 분명히 아주 타당한 것이라고 생각합니다. 제가 직접 지각해 봤던 어떤 하나의 사건이나 어떤 일련의 사건들이 존재하지 않을 것임을 확신치 않는 한, 그리고 실제 경우가 그러하듯이 제가 직접 지각해 보지 못한 다른 사건이 이전이든지 이후이든지 동시이든지 간에 또한 실제로 존재치 않는 한, 결코 제가 직접 지각해 보지 못한 임의 사건의 존재를 알 수 없다고 말하는 것은 아주 타당한 듯합니다.

흄은 스스로 이런 제일 원리를, 인과관계에 의해서103) 임의의 B가 제가 직접 지각해 본 어떤 것이나 어떤 일련의 것들과 연결됨을 알고 있지 않는 한, 제가 직접 지각해 보지 못한 B의 존재를 알 수 없다는

---

102) [역주] 배타적인 서술 방식으로 되어 있어서 선뜻 이해가 되지 않을 듯하다. 먼저, 오직 두 진리값만이 상정되는 경우에라야만 이런 서술 방식이 유효함을 적어 둔다. 즉, 배중률excluded middle maxim(중간값을 배제한 논리 추론 방식)에서는 '없지 않다'는 표현이 '반드시 있다'로만 해석되어야 할 뿐이고, 결코 '조금 있다'는 일상적 속뜻을 지녀서는 안 된다. 이 점은 참·거짓 두 값만 다루는 배중률이 일상언어의 함의를 온전히 다룰 수 없음을 드러내는 사례이다.

두 가지 사건은 「내일 해가 뜨고, 내일 내가 이 강의실 밖에 있을 것임」을 가리킨다. 미래에 두 가지 사건이 일어날 것임을 알 수 있으려면, 먼저 내가 두 가지 전제가 구현되어야 할 것임을 확신해야 한다는 뜻이다. 두 가지 전제는 다음과 같다. 첫째, 현재 지각하고 있는 사건이 앞으로도 계속될 것임을 확신해야 하고, 둘째 과거에 지각했었던 사건이 현재에도 존재하고 미래에도 일어날 것임을 확신해야 한다. 이런 조건에서 현재 직접 지각하지 못하더라도 장차 두 사건이 일어날 것임을 확실히 알 수 있다는 것이다.

103) [역주] 인과관계는 앞뒤로 이어진 시간관계(벡터 운동의 하나임)의 하위 항목일 뿐이다. 원인과 결과가 동시에 주어질 수도 없고, 거꾸로 결과가 원인에 앞설 수도 없다. 미시세계를 다루는 소립자 물리학에서는 관찰자의 한계(또는 역설) 때문에 원인과 결과를 확률적으로 계산하게 되지만, 일상세계에서는 엄격히 시간의 선후관계에 따라 원인이 선행하고 결과가 뒤이어진 것으로 여긴다.

인과관계가 확립되기 이전에 반드시 사건들이나 대상들 사이에서 먼저 '순차관계'나 '계기적 관계'가 관찰되고 성립되어야 한다. 이는 필요·충분조건에서 오직 충분조건에만 해당한다(166~167쪽의 역주 71 참고). 여러 가지 원인이 동일한 결과를 만들어 낼 수 있다. 가령 수소를 만들기 위하여 분해할 화합물로서 물도 있고, 황화수소 따위 말고도 다른 후보들이 더 있을 것이다. 이것들 하나하나가 모두 충분조건에 해당한다. 인과관계는 충분조건에 다시 필요조건을 덧붙여야 한다. 다시 결과로부터 모든 충분조건을 역방향으로 도출해 낼 수 있어야 하는 것이다. 그렇기 때문에 필연적인 인과관계를 찾아내고 수립하기란 결코 쉬운 일이 아니다.

원리와 동일하게 여깁니다. 저는 적어도 두 가지 원리가 사실상 다음 사항을 공통적으로 지닌다고 생각합니다. 즉,

「만일 어떠한 한 대상 A가 반드시 또 다른 대상 B라는 원인에 의해서 나온 것이라면,[104) B가 A보다 먼저 존재하지 않는 한, 나는 A가 존재하지 않았을 것임도 실제로 알고 있다. 그리고 또한 만일 어떠한 한 가지 대상 B가 그 결과로서 반드시 A를 가짐을 알고 있다면, A가 뒤이어질 예정이 아닌 한, 나는 B가 존재하지 않았을 것임도 실제로 알고 있다.」

(if I know that any one thing A *must* have been caused by another B, then I do know that A would not have existed, unless B had existed before it. And also, if I know that any one thing B *must* have A for its effect, then I do know that B would not have existed unless A had been going to follow)

그렇지만 두 가지 원리가 동일함이 뒤따라 나오지는 않습니다. 저는

---

104) [역주] 무어 교수는 A와 B를 임의의 변항 x, y처럼 간주하고 있어서, 두 문장 사이에서 서로 어긋나게 교차시킴으로써 혼란을 일으킨다. 번역에서는 상항으로만 간주하여 A를 '결과'(경험지각 내용)로, B를 '원인'으로 고정시켜서 놓았다(B→A의 순차 사건). 여기서 결과 사건으로서 'A'가 직접 지각되는데, 이것이 경험주의 논의의 첫 출발점이 되는 것이다. B는 아직 지각되지 않은 사건이며, 선행 사건일 수도 있고, 인과관계를 설정할 수 없는 별개의 사건(오비이락의 경우)일 수도 있다. 조금 뒤에 나오는 문단에서도 A와 B를 앞 문장과 뒷 문장에서 서로 교차시켜 놓았지만, 동일하게 A는 결과(경험지각 내용)로, B는 원인으로 통일시켜, 혼동이 일어나지 않도록 번역해 둔다(245쪽의 역주 105와 257쪽의 역주 108도 참고 바람).

그리고 수동태 구문은 결과 상태에 초점을 모으는 효과가 있고, 현재 정보의 초점을 나타내는 것으로 알려져 있다. 수동태가 모두 능동태 구문으로 바뀌는 것은 아니지만, 번다함과 혼란을 피해서 원문의 수동태 구문을 능동적인 모습으로 바꾸어 시간상의 선후 관계대로 번역해 둔다. 가령, "P is followed *by* Q P가 Q에 의해 뒤이어져 있다"를 「Q가 P를 뒤따른다」로 번역하고, "S is preceded *by* R S가 R에 의해 선행되어 있다"를 「R이 S를 선행한다」로 번역해 놓는다.

본문에서 a thing어떤 대상은 모두 an event어떤 사건로 표현되는 것이 가장 바람직하다. 그렇지만 무어 교수는 어떤 대상과 어떤 사건의 상위 개념으로서 다시 a thing어떤 대상을 상정하는 듯하다. 마치 a man남자 a woman여자를 모두 묶는 상위 개념으로서 영어에서는 a man사람을 쓰는 일과 같다. 하의어를 상의어로 거의 쓰지 않는 우리말 습관에서는 '사건'을 '대상'의 하위 개념으로 여기는 일이 불편하게 느껴진다. 대상은 개체이며, 개체가 어떤 변화를 입은 경우에 사건(또는 일부에서는 '사태')이라고 부르기 때문에, 사건의 외연이 대상이나 개체보다 훨씬 더 큰 것이라고 보기 때문에 더욱 그러하다. 이해에 불편하다면, 작은 괄호를 써서 '(사건)'이라고 덧붙일 것이다.

이 논의를 정확히 인과관계가 무엇인지에 관한 질문과 사뭇 따로 떼어 놓은 것이 더 낫다고 생각합니다.

그렇다면 이것이 흄의 첫 번째 원리인데, 그는 이 원리에 두 번째 원리를 추가하는 일로 진행합니다. 흄은 이제 다음처럼 질문합니다.

「어떤 조건들 아래에서 내가 임의의 한 대상이나 일련의 대상들인 A가, 또 다른 임의의 대상 B도 또한 이미 존재했었거나 존재하거나 존재할 예정이 아닌 한, 존재하지 않았을 것임을 알 수 있을까?」

(Under what conditions can I know that any one thing or set of things A would not have existed, unless another, B, had existed, did exist or were about to exist also?)

저는 이 물음에 대한 흄의 첫 번째 답변이 지극히 타당하다고 생각합니다. 그의 답변은

「내게 경험 말고는 아무런 것도 이것을 알려 줄 수 없다」

(nothing but *Experience* can teach me this)

입니다. 경험의 도움이 없이는 그것을 알아낼 수 없습니다. 그리고 이 질문이 지속되는 한, 이것이 모든 부류의 철학자들이 항상 내어 놓았던 한 가지 답변입니다. 예를 들어, 경험의 도움을 받지 않는다면, 임의의 한 가지 대상 A가, 또 다른 대상 B가 A를 선행하지 않는 한 존재하지 않을 것임을 제가 알 수 없으며, 경험의 도움을 받지 않는다면 임의의 한 가지 대상 A가 반드시 또 다른 대상 B에 뒤이어져 있음을 제가 알 수 없다고 모든 부류의 철학자들이 주장하였습니다. 예를 들어, 제가 이 종이를 떨어뜨리려고 했다면, 그게 떨어졌을 것임을 제가 어떻게 알 수 있을까요? 경험의 도움 없이는 이를 알 수 없다고 말하는 것이 분명한 듯합니다. 아니면, 어떤 꼬마를 바라보는 경우에, 그

아이에게 반드시 부모가 있을 것임을 제가 어떻게 알 수 있을까요? 또한 경험의 도움 없이는 이를 알 수 없다고 말하는 것이 분명한 듯합니다.

그렇지만 단지 경험의 도움 없이는 우리가 임의의 그런 대상들을 알 수 없다고 말하는 것은 오히려 막연합니다. 흄은 임의의 두 가지 대상이 필연적으로 연결되어 있음을 알기 위해서, 반드시 좀더 정확히 어떤 종류의 경험을 제가 갖고 있어야 하는지를 규정해 주려고 합니다. 저는 여기서 또한 흄이 그 일을 아주 타당하게 실행한다고 생각합니다. 불필요하게 거추장스러움을 피하기 위하여, 여기서 저는 우리가 알고 있어야 하는 내용이, 한 가지 대상(결과 사건) A를 반드시 또 다른 대상(원인 사건) B가 선행해야 하는 경우만 언급할 것입니다. 이 경우와 관련하여 제가 말하는 내용은 조금 변경을 가하여, 또 다른 두 가지 경우들에도 적용하게 될 것입니다. 우리가 알아야 할 것이 한 가지 대상(결과 사건) A를 또 다른 대상(원인 사건) B가 반드시 동시에 수반하는 경우와, 우리가 알아야 할 것이 한 가지 대상(원인 사건) B를 또 다른 대상(결과 사건) A가 반드시 계기적으로 뒤따르거나 뒤이어진 경우입니다.

간략히 예시를 제시하기 위하여 저는 한 가지 대상(결과 사건) A를 반드시 또 다른 대상(원인 사건) B가 선행함을 알고 있다고 추정하는 경우들에만 국한시키고자 합니다.[105]

만일 제가 절대적으로 이를 조금이라도 알게 된다면, 항상 과거에

---

105) [역주] 243쪽의 역주 104와 257쪽의 역주 108에도 밝혔듯이, 번역에서는 경험론의 기반에서 현재 지각하는 대상이나 사건을 A(현재 지각된 결과)로 고정시키고, 이것에 선행했다고 추정되는 대상이나 사건을 B(추정된 원인)로 고정시킨다. 여기서 B는 아직 지각해 보지 못한 대상이나 사건에 해당한다. 무어 교수는 A와 B를 상항처럼 고정시키지 않고, x나 y처럼 변항으로 서술해 놓았는데, 독자들에게는 혼란을 부추길 수 있다. 번역에서는 일관되게 인과율을 부여하기 위한 순차관계로서 B가 선행 사건(원인 사건)이고, A가 후행 사건(결과 사건)으로 고정시켜 둔다. A가 현재 지각되고 있는 사건이므로, 경험론의 기반에서 더욱 중요한 논의의 시발점이 되며, 원인 사건인 B를 추정해 나가는 일이 경험적 추론 과정이 된다.

A와 같은 어떤 대상(결과 사건)이 존재했을 적마다, 반드시 언제나 B와 같은 어떤 대상(원인 사건)이 A를 선행했음을 관찰해야만 합니다. 흄이 반드시 항상 이를 관찰했다고 말함으로써, A와 같은 한 가지 대상(결과 사건)을 관찰하는 경우에 절대적으로 항상 A를 관찰하기 이전에 B와 같은 어떤 것을 관찰했음을 말하려는 것은 아닙니다.106) 흄이 의미하려는 모든 것은, A와 같은 어떤 대상(결과 사건)이 존재하며, A가 관찰되기 이전에 B와 같은 어떤 대상(원인 사건)이 분명히 존재하지 않은 경우(≒순차관계가 깨진 사례)를 결코 관찰해 본 적이 없다는 것입니다.

만일 제가 절대적으로 B가 반드시 A를 선행함을 알고 있다면, 흄은 제가 적어도 반드시 다음 일을 실행해야 한다고 말합니다. 저는 반드시 A와 같은 어떤 대상(결과 사건)이 존재한 경우에, B와 같은 어떤 것이 A가 관찰되기 이전에 실제 존재했던 경우(≒순차관계가 준수된 사례)를 여러 번 관찰해야 하지만, 반면에 A와 같은 어떤 대상(결과 사건)이 실제로 존재한 경우에, A가 관찰되기 이전에 B와 같은 어떤 대상(원인 사건)이 분명히 존재하지 않았던 경우(≒순차관계가 깨진 사례)를 결코 조금도 관찰해 본 적이 없어야 하는 것입니다.

그러나 이 원리에다가 다시 아주 중요한 「보조 원리」를 한 가지 추가합니다. 실제 사실은 우리가 스스로 어떤 대상(결과 사건) A가 존재하는 경우에, 아주 종종 반드시 절대적으로 또 다른 대상(원인 사건) B가 A를 선행해야 함을 알지 못한다(≒인과관계 부여를 주저한다)고 가정하는 것입니다. 종종 우리는 대체로 오직 B가 A를 선행할 것 같음만

---

106) [역주] 흄은 우연히 한두 번 관찰했을 약한 개연성만 의미할 뿐이라고 지은이가 옹호하고 변호해 주고 있는 것이다. 그렇지만 엄격히 배중률의 터전에서는 필연적으로 항상 원인 사건으로서 B가, 결과 사건으로서 A를 선행하고 있어야 한다. 개연성이나 확률 또는 우연성이 깃들 소지가 차단되어 있는 것이다. 만일 그러하다면, 무어 교수가 흄을 옹호하기 위해서 내세우는 전략은, 결국 인식 차원이나 심리 차원의 것을 논리학에 도입하는 길밖에 없겠는데, 이는 두 개의 차원을 뒤섞는 결과를 낳는다. 일원론에 근거하여 논의를 일관되게 전개하려면 논리학을 기본으로 삼든지, 아니면 인식론을 기본으로 삼는 선택을 해야 할 것이다. 그렇지 않을 경우에 두 영역의 혼동으로 비판받는다.

스스로 가정할 뿐입니다. 종종 사실상 아주 높은 개연성으로 가정하겠지만, 때로 아주 약한 개연성으로 가정하며, 때로는 A와 B 사이에 다양한 정도의 개연성(확률)으로 가정합니다.

흄은 그의 원리에 대하여 알맞은 수정을 더함으로써, 이들 개연성의 경우들에 대해서도 어떤 규칙을 마련할 수 있다고 생각합니다. 실제로 B와 같은 것이 개연적으로 A와 같은 어떤 대상을 선행한 일부 경우(적어도 한 가지 사례 이상)를 관찰해 보지 않는 한, 흄은 심지어 개연적(확률)으로라도 B가 한 가지 대상(결과 사건) A를 선행함을 결코 알 수 없다고 말합니다. 그렇지만 B가 개연적(확률)으로 A를 선행했음을 알기 위해서는, 반드시 과거에 항상 B와 같은 대상(원인 사건)들이 A와 같은 대상(결과 사건)들을 선행했음을 관찰해야 하는 것은 아닙니다. 설령 B와 같은 어떤 대상(원인 사건)이 A와 같은 어떤 대상(결과 사건)을 선행한 경우를 두 번 이상을 관찰했다손 치더라도, 여전히 우리의 사례에서 A가 B를 개연적(확률)으로 선행했음(≒순차관계가 깨졌음)을 알 수 있습니다.

개연성probability(확률)의 정도는, A와 같은 어떤 대상(결과 사건)을 관찰한 경우에 B와 같은 어떤 대상(원인 사건)이 분명히 실제로 A를 선행하지 않은 경우(≒순차관계가 깨진 사례)들에 반하여, 우리가 B와 같은 어떤 대상이 A와 같은 어떤 대상을 선행했음을 관찰한 경우(≒순차관계가 준수된 사례)들의 비율에 달려 있을 것이라고 흄은 말합니다. B가 조금이라도 개연적(확률)으로 A를 선행하였음(≒순차관계가 준수되었음)을 알기 위해서는, 우리가 과거에 A와 같은 어떤 대상(결과 사건)을 관찰했을 적에, 반드시 B와 같은 어떤 대상(원인 사건)이 A를 선행하였음을 일반적으로 관찰해야 하는 것입니다. 즉, 일반적으로 B와 같은 어떤 대상(원인 사건)이 실제로 A를 선행한 경우(≒순차관계가 준수된 사례)들이, 반드시 B와 같은 어떤 대상(원인 사건)이 A를 선행하지 않은 경우(≒순차관계가 깨진 사례)보다 더 많이 있어야 한다는 의미에서 그러합니다. 만일 B와 같은 어떤 대상(원인 사건)이 실제로 A를 선행한 경우(늑순차관계가 준수된 사례)를 많이 관찰했고, 그렇지 않은 반대의 경우를 오직 조금만 관찰했다면, 우리의 경우에 「B가 A를 실제로 선행했음」이 개연적(확률)으로 아주 높음을 알 수 있습니다.

그런 다음에 흄은 두 가지 규칙을 마련해 놓았습니다.

(가) 절대적으로 B가 반드시 A를 선행하였음을 알기 위해서는, 반드시 내가 과거에 B와 같은 대상(원인 사건)들이 지속적으로 A와 같은 대상(결과 사건)들을 선행했음을 관찰했어야만 한다.
(in order *absolutely* to know that A must have been preceded by B, I *must* have observed in the past that things like A were *constantly* preceded by things like B)

(나) B가 개연적(확률)으로 A를 선행했음을 알기 위해서는, 반드시 나는 과거에 B와 같은 대상이 일반적으로 A와 같은 대상을 선행했음을 관찰했어야만 한다.
(in order *probably* to know that A was probably preceded by B, I *must* have observed in the past that things like A were *generally* preceded by things like B)

저는 이들 두 가지 규칙이 얼핏 아주 타당한 듯이 보입니다. 그렇지만 조금 더 자세히 이 규칙들을 들여다보기로 하겠습니다. 이 규칙들이 단정하는 것은 다음과 같습니다. 제가 스스로 B와 같은 대상(원인 사건)이 A와 같은 대상(결과 사건)을 선행하는 경우를 관찰해 보지 않는 한, 심지어 개연적(확률)일지언정 한 가지 대상(결과 사건) A를 또 다른 대상(원인 사건) B가 선행함을 결코 알 수 없다는 것입니다. 아무도 자신이 B와 같은 대상(원인 사건)들이 A와 같은 대상(결과 사건)들을 선행한 경우를 관찰해 보지 못하는 한, 그가 한 가지 대상(결과 사건) A를 개연적(확률)으로 또 다른 대상(원인 사건) B가 선행했음을 결코 알 수 없습니다. 그러므로 이 규칙은 우리들이 각자 그 자신의 경험을 통해서 오직 이런 종류의 대상만 학습할 수 있다고 단정합니다.

그렇지만 이렇게 말하는 것이 실제로 타당할까요? 사실상 무엇이든지 간에 다른 사람들의 경험을 통해서는 제가 결코 어떤 것도 배울 수 없는 것일까요? 다른 사람들이 대상(사건)들이 그러함을 관찰한 사실을 학습함으로써, 일반적으로 한 종류의 대상(결과 사건)을 다른 종류의 대상(원인 사건)이 선행했음을 제가 조금이라도 배울 수 없을까요?

제가 다른 사람들의 경험을 빌려서 그런 대상들을 학습할 수 있음을 부인하는 것은 불합리할 듯합니다. 지금까지 다룬 흄 이론의 이런 부분과 관련해서, 그는 스스로 분명히 제가 다른 사람들의 경험들로부터 배울 수 있음을 부인하는 뜻으로 말하지는 않았습니다. 흄이 주목하지 못한 것은, 「만일 제가 그렇게 배울 수 있다면 앞에서 서술된 대로 그의 두 가지 원리가 참이 될 수 없고, 반드시 어떤 방식으로든 수정되어야 한다」는 점입니다. 제 생각에 흄이 그 규칙들이 수정될 수 있다고 의미하는 종류의 방식은 다음과 같습니다. 흄은

「어떻게 내가 스스로 "다른 임의의 사람이 무엇이든지 간에 임의의 것을 한 번이라도 경험해 봤음"을 조금이라도 알 수 있을까?」

(How can I myself ever know that any other person ever has experienced anything whatever?)

라고 질문합니다. 이것은 그 자체로 그가 자신의 규칙을 마련하기 위해서 제기했던 바로 그 종류의 질문 사례입니다. 또 다른 사람이 어떤 경험들을 지녔다는 사실이, 그 자체로 내가 스스로 직접 지각해 보지 못한 어떤 대상입니다. 그러므로 만일 제가 또 다른 사람이 실제로 임의의 특정 경험을 지녔음을 알고자 한다면, 일부 다른 사람들이 논의 중인 그런 경험을 지니지 않는 한, 제가 직접 지각해 본 어떤 대상들이 존재하지 않았을 것임을 반드시 알고 있어야 합니다. 그리고 첫 번째 사례로서 흄은 제 자신의 경험을 통하여 제가 오직 이것을 학습할 수 있다고 말합니다. 제가 어떤 낱말들을 듣거나 읽을 경우에 또는

다른 기호들을 직접 지각하는 경우에, 한 가지 일반 규칙으로서 「이들 낱말이나 기호를 통해서 전달된 진술들이 참값임을 스스로 관찰해 보지 못하는 한, 저는 그런 경험(≒독서 경험)을 조금도 학습할 수 없습니다」. 생각하건대, 명백히 이는 흄이 마련해 놓은 방식으로서 제 자신의 경험을 통하여 학습할 수 있는 한 종류의 대상입니다. 만일 제가 진술들을 듣되, 스스로 어떤 대상들을 관찰하게 되거나 관찰한 결과에까지 이른다면, 그리고 만일 제가 그러한 진술들을 실제로 듣는 경우에 어떤 방식으로 어떤 조건들 아래에 그 진술이 만들어졌음을 지속적으로 관찰한다면, 그 진술들에서 제가 봤었거나 보아야 했음을 단정한 대상들을 실제로 보거나 실제로 본 적이 있을 것입니다(≒누구나 다 거치게 되는 일반적인 언어 습득 경험임). 흄 자신의 원리에 토대를 두고서 이런 방식으로 저는

> 「한 가지 일반 규칙으로서, 어떤 특정 방식으로 만들어진 진술들은 참값이 된다」
>
> (statements made in a certain way were as a general rule *true*)

는 일반화에 도달할 수 있습니다(≒흄의 한계를 벗어나면서, 또한 §.6-6 에서 '즉각적 지식'의 토대가 되는 중요한 진술임). 그렇다면 저는 이런 일반화를 이런 방식으로 만들어진 모든 진술들에, 그리고 제가 스스로 진술들이 일반적으로 참값이 됨을 관찰해 본 환경들에 적용할 수 있을 것입니다. 그러므로 이를 스스로 결코 본 적이 없는 대상들의 존재를 단정한 진술들에도 적용할 수 있을 것이며, 따라서 제가 경험해 보지는 않았지만 다른 사람들이 실제로 경험해 본 대상들도 알게 되는 것입니다. 저는 흄이 자신의 원래 규칙들을 수정하고자 의도한 것이 이와 같은 어떤 그런 방식이라고 생각합니다(≒참값인 진술들을 확정해 줌으로써 간접 경험을 늘이는 방식). 그렇지만 이것이 실제로 논의 중인 규칙들에 대한 수정 내용임이 반드시 주목받아야 합니다. 이렇

게 수정을 허용하는 것은, 원래 서술된 대로의 그 규칙을 포기하는 일입니다. 그 규칙이 단정한 바는 다음과 같습니다.

「내가 스스로 과거에 B와 같은 대상(원인 사건)들이 일반적으로 또 다른 A와 같은 대상(결과 사건)들을 선행하였음을 직접 관찰해 보지 않는 한, 나는 한 가지 대상 B가 심지어 개연적(확률)일지언정 또 다른 대상 A를 선행하였음을 결코 알 수 없다」

(I can never know that one thing B was even probably preceded by another A, unless I have *myself* observed that things like B were in the past generally preceded by things like A.)

이제 이 규칙은 반드시 기각되어야 하는 것입니다. 그렇지만 우리는 아마 다음과 같이 말함으로써, 필요한 수정 내용을 표현할 수 있을 것입니다(≒각각 ㉠은 자신의 경험이고, ㉡은 다른 사람의 경험에 대한 관찰임).

「㉠ 내가 스스로 B와 같은 대상(원인 사건)이 일반적으로 A와 같은 대상(결과 사건)을 선행했음을 관찰해 보지 못하는 한, 아니면 ㉡ 내가 스스로 다른 어떤 사람이 A와 B 같은 대상(사건)들 사이에 일반적 연관성을 관찰했다고 주장한 어떤 진술문들이 일반적으로 참값임을, 다시 말하여, 그 진술이 단정한 대상(사건)들의 존재가 앞뒤로 선행하거나 뒤이어지거나 또는 동시에 수반됨을 관찰해 보지 못하는 한, 나는 B가 심지어 개연적(확률)일지언정 A를 선행했음을 결코 알 수 없다.」

(*I* can never know that A was even probably preceded by B, unless *either* I have *myself* observed that things like A were generally preceded by things like B; *or* unless I have myself observed that statements like some statement, which asserts that *some one else* has observed a general connection between things like A and B, are *generally* true — *i.e.* are generally either preceded or accompanied or followed by the existence of that which they assert.)

§.5-3 【 다른 사람의 관찰 경험에 대한 단언들과 이에 대한 간접 지각 】

이제 이런 수정이 끝난 경우에, 저는 흄의 규칙이 다시 타당하게 된다고 생각합니다. 이런 수정을 포함하여 그 내용을 살펴보기로 하겠습니다. 제가 주목하도록 요구하고 싶은 것은 그 내용들에 관한 또 다른 핵심점입니다. 여러분이 보고 있듯이, 이 내용이 단언하는 것은 무엇이든 간에 제가 직접 지각해 보지 않은 임의의 한 가지 대상의 현재 존재나 가능한 존재에 대하여 제가 가질 수 있는 지식은, 어떤 것이든지 간에 반드시 관찰에 토대를 두어야 한다는 것입니다. 제 자신의 관찰(㉠)이거나 다른 사람들에 대한 관찰(㉡)입니다. 만일 후자의 경우라면, 어떤 다른 사람이 실제로 논의 중인 대상(사건)들을 직접 관찰해 놓은 것으로부터 얻은 제 지식은, 그 자체로서 다시 반드시 최후의 수단으로서 「제 자신의 관찰에 토대를 두어야 한다」는 것입니다.

그리고 이들 규칙의 타당성은 '관찰'이란 이 낱말의 용법에 아주 크게 기대고 있다고 생각합니다. 우리는 모두 「이미 일어났고, 일어나고 있으며, 일어날 것 같은 것에 대한 우리 지식이 관찰에 아주 크게 토대를 두고 있다」고 생각하는 일에 길들여져 있습니다. 즉, 관찰과 실험인데, '실험'이란 말로써 다만 인위적으로 배열된 특정한 조건들 아래에서만 이뤄진 관찰을 의미합니다. 예를 들어, 핏 속에 '혈구 소체 corpuscles'가 있음을 어떻게 배웠을까요? 우리는 관찰에 의해서라고 대답할 것입니다. 전문직 사람들이 현미경 아래 몇 방울의 피를 검사하여, 이들 조건 아래에서 지금 '혈구 소체'들로 불리는 물체들을 관찰하였습니다. 그들이 이들 물체를 보았던 것입니다.

그렇지만 이제 그들이 이들 대상을 관찰하였다고 말하는 경우에, 우리가 무엇을 의미합니까? 우리가 말하는 바는, 그들이 실제로 몇 방울의 피 그 자체를 관찰하였고, 피 속에 있는 '혈구 소체'들을 관찰하였다는 것입니다. 그렇지만 감각자료와 관련하여 이미 여러 철학자들한테 수용된 견해(이론)에서 살펴보았듯이, 그들은 몇 방울의 피 그 자체도, 그 피의 어떤 일부도, 직접 지각하지 않았습니다. 즉, 그들이

'혈구 소체'들 그 자체도, 그것들의 어떤 일부도, 직접 지각하지 않은 것입니다. 어떤 사람이든지 한 번이라도 직접 지각해 볼 수 있는 것은 모두 어떤 감각자료입니다. 그렇지만 이 경우에는 그 감각자료의 아무런 것도 그리고 그 감각자료의 아무런 일부도 심지어 물질적 대상인 핏방울의 일부도 아닙니다. 그러므로 대부분의 우리 지식이 관찰에 토대를 두고 있음이 아주 분명한 듯하다는 의미에서, 우리가 '관찰'을 언급하는 경우에, 우리는 '관찰'로써 「직접 지각」을 의미하는 것이 아닙니다. 우리가 직접 어떤 감각자료를 지각하는 경우에, 관찰이란 말로써 물질적 대상 그 자체에 대하여 우리가 지닌 특정한 관계를 의미합니다. '관찰'로써 감각자료에 대하여 우리가 지닌 「직접 지각」의 관계를 의미하는 것은 아닙니다. 예를 들어, 제가 지금 관찰하는 것은 제 손의 움직임입니다. 그렇지만 제가 제 손의 움직임을 직접 지각하고 있지는 않습니다. 저는 오직 어떤 감각자료만을 직접 지각할 뿐입니다. 여러 철학자들에게 수용된 견해에서는 이것이 일부 제 손 그 자체와도, 그 손의 움직임과도, 동일한 것이 아닙니다.

그러므로 우리가 관찰에 토대를 두고 있는 지식을 말할 경우에, 일반적으로 '관찰'이란 말로써 직접 지각을 의미하는 것이 아닙니다. 그리고 흄이 스스로 우리 지식이 관찰에 얼마나 많이 토대를 두고 있는지를 보여 주기 위한 사례를 제시하는 경우에, 그가 제시한 사례들의 타당성은, 그의 '관찰'이란 말로써 우리가 모두 공통적으로 실제 의미하는 바를 가리킨다는 사실에 달려 있습니다. 즉, 물질적 대상들 그 자체에 대한 어떤 관계로서, 단지 어떤 감각자료에 대하여 우리가 지닌 관계들뿐만이 아닙니다. 예를 들어, 떨어뜨린 돌멩이가 땅바닥에 떨어질 것이라든지 또는 불길이 훨훨 타오를 것임을 배우는 일이 '관찰'이라는 수단에 의한 것이라고 흄이 강력히 몰아붙이는 경우에, 그는 과거에 우리가 실제로 땅으로 떨어지는 돌멩이와 훨훨 타오르는 불길을 관찰했음을 생각하고 있습니다(≒무어 교수의 주장과는 달리, 흄은 오직 직접 지각만을 '관찰'로 여겼었음).

그렇지만 만일 우리가 그의 규칙들 그 자체에서 '관찰'이란 낱말을 직접 지각과 무관한 이런 의미로 이해했었더라면, 명백히 그 규칙들을 무의미하게 만들어 버렸을 것입니다.

「이런 의미에서 관찰은 직접 지각하지 않은 임의의 한 가지 대상에 대하여 우리가 지닌 어떤 관계이다.」
(observation, in this sense, is a relation which we have to an object which we do *not* directly apprehend)

그렇지만 흄이 규칙들을 내세운 목적이 바로 어떤 조건 아래 우리가 직접 지각하지 않는 어떤 대상의 존재를 조금이라도 알 수 있을지를 서술해 주려는 것입니다. 그리고 그 규칙들이 서술하는 바는,

「이전에 미리 비슷한 어떤 대상을 관찰해 본 적이 없는 한, 우리는 결코 임의의 그런 대상의 존재(현존)를 알 수 없다」
(we can never know of the existence of any such object unless we have *previously* observed a similar object)

는 것입니다. 그렇지만 명백히 설령 우리가 이전에 비슷한 대상을 관찰해 봤다손 치더라도, '관찰'이 「직접 지각」을 의미하지 않는다면, 이 규칙이 조금도 우리를 도와줄 수 없습니다. 왜냐하면 심지어 이전에 우리가 실제로 비슷한 어떤 대상을 미리 관찰해 본 적이 있다고 하더라도, 우리가 다시 미리 그것에 대하여 그것과 비슷한 또 다른 제3의 대상을, 그리고 그 제3의 대상과 비슷한 또 다른 제4의 대상을, 무한히 반복하면서 관찰해 본 적이 없는 한, 그것을 직접 지각해 본 것이 아니며, 따라서 당연히 그것의 존재도 알 수 없을 것입니다. 그러므로 만일 제가 관찰하는 어떤 대상의 존재에 대한 지식을 조금이라도 지니게 된다면, 반드시 미리 비슷한 대상들을 놓고서 절대적으로 임의의 무

한한 계열an abosolutely infinte series(발산 급수)을 관찰해야만 합니다. 이와 같이 그런 규칙을 마련하는 것은 명백히 불합리할 듯합니다. 이는 분명히 흄이 의도하는 바도 아닙니다.

흄의 규칙들에서 분명히 '관찰'이란 말로써 그는 어떤 관계를 의미합니다. 이 관계에 의해서 한 가지 대상을 관찰하는 경우에, 비록 우리가 처음으로 그 대상을 관찰할지라도, 우리가 관찰된 그 대상의 존재를 알 수 있습니다. 흄에 따르면 이것이 참값이 되는 유일한 관계는 「직접 지각」의 관계입니다. 그러므로 흄의 규칙들에서 '관찰'로써 그는 「직접 지각」을 의미했습니다. 우리가 이것을 이해할 경우에, 그 규칙들은 타당한 상태를 벗어나 버리게 됩니다. 이제 그 규칙들이 이르게 되는 바는 다음과 같습니다.

「이전에 임의 대상과 비슷한 어떤 대상을 직접 지각해 보지 않았거나 또는 다른 누군가가 직접 지각해 봤음을 알고 있지 않는 한, 나는 결코 내가 지각하고 있지 않은 임의의 한 가지 대상의 존재(현존)를 알 수 없다.」
(I can never know of the existence of any object which I have *not* directly apprehended, unless I have previously directly apprehended some object like it or know that somebody has.)

만일 이렇게 이해된다면, 이 규칙들은 우리 지식의 상당히 많은 부분이 실제로 이전의 관찰에, 즉, 우리가 실제로 물질적 대상들을 관찰하며 관찰이 직접 지각을 의미하지 않는다는 측면에서, 관찰에 토대를 두고 있는 듯하다는 사실로부터 생겨날 타당성을 모두 다 잃어버립니다. 저는 이 규칙들이 왜 아주 많은 철학자들한테 그렇게 타당한 듯이 여겨졌는지에 대한 이유가, 대체로 우리가 일반적으로 낱말을 쓰는 의미에서 「관찰」 및 「직접 지각」 사이에 있는 이런 혼란 때문이라고 생각합니다. 저는 많은 철학자들이 의식적으로든 무의식적으로든 이런 규칙들을 받아들였다고 생각합니다. 그들은 마치 이들 흄의 원리가 참이었던 것처럼 논의하였습니다. 아주 분명하게 우리가 「'관찰'이란 낱말로써 직접 지각을 그리고 오직 직접 지각만을 의미한다」(≒필요·충분조건으로 직접 지각만 의미한다)고 이해한다고 해도, 이 규칙들이 타당한 듯이 보일 수 있습니다. 저는 이들 원리가 우리가 어떤 것이든 간에 물질적 대상의 존재를 조금이라도 알고 있는지 여부를 놓고서, 많은 철학자가 의심하며 부정했던 한 가지 주요한 원인이 되었다고 생각합니다.

§.5-4 【 간접 지각 대상으로서 여러 사람들의 공통 경험을 통한 지식 구축 】

이제 제가 논의하고자 하는 것은, 이 규칙들이 참이라고[107] 가정하면서 우리가 어떤 것이든 간에 물질적 대상의 존재를 조금이라도 알 수 있는지 여부를 살펴보려는 것입니다. 많은 철학자들이 이 규칙들을 참이라고 가정하면서, 「우리가 임의의 물질적 대상의 존재를 조금이라도 알 수 없고, 심지어 개연적(확률)일지언정 물질적 대상이 존재함도 알 수 없다」고 여겼습니다. 그리고 이것이 철학자들이 심지어 개연성(확률)을 갖고서조차 우리가 임의의 물질적 대상에 대한 존재를 알지 못한다고 여겼던 한 가지 주요한 이유입니다(≒직접 지각이 너무나 좁은 범위만을 허용하므로 그렇게 보았었음).

그렇지만 우선 가능한 한 신중하게 그리고 정확히 이 규칙들이 무엇인지를 정확히 서술해 놓을 것입니다. 이 규칙에서는 다음 두 가지 경우를 제공해 주고자 하였습니다.

---

107) [역주] 임의의 규칙들을 놓고서 참값·거짓값이라고 말하는 것은, 차원을 혼동하는 일이기 때문에 잘못된 서술로 보인다. 규칙들이 올바르게 설정되었는지에 대한 기준은, 대상들을 포괄하여 일관성이 있으며, 대상들을 적절하게 구분하고 도출해 주는지 여부에 따라서 설정되어야 하는 것이다. 외부 대상들이나 사건들을 제대로 반영해 주는지 여부에 따라서 부여하는 단언(명제)의 참값·거짓값이라는 차원과는 근본적으로 다른 것이다. 대상 차원의 기준 및 상위 차원의 기준이 서로 달라야 하는 것이다. 상위 차원에서 규칙을 적용하는 측면은, 마땅히 타당성이나 적합성이나 완벽한 적용성 따위로 개념화되거나(appropriateness and consistency), 받아들이는 측면에서 설득력의 강도 따위를 고려하거나(persuasiveness), 얼마나 우리의 인지 구조에 맞춰 쉽게 파악할 수 있도록 보장해 주는지(elegance) 등을 고려해야 할 것이다.

(1) 우리가 직접 지각해 보지 못한 어떤 것이 분명히 실제로 존재했거나,
현재 존재하고 있거나, 존재할 것임을 믿고 있는 경우
(the case where we believe that something which we have not directly
apprehended *certainly* did exist, or is existing, or will exist;)

(2) 우리가 직접 지각해 보지 못한 어떤 것이 개연적(확률)으로 실제로 존
재했거나, 현재 존재하고 있거나, 존재할 것임을 믿고 있는 경우
(the case where we believe that something which we have not directly
apprehended, *probably* did exist, or is existing, or will exist.)

첫 번째 '분명히'의 경우에 이 규칙이 말하고 있는 것은 다음과 같습니
다(≒거짓되거나 왜곡된 믿음의 가능성을 배제함).

「아무도 자신이 직접 지각해 봤던 어떤 대상이나 일련의 대상들인 A가
분명히 존재하지 않았을 것을 깨닫지 못하는 한, 그리고 B도 역시 A 이
전이든지 동시이든지 또는 그 뒤에 존재했었던 것이 아닌 한, 그런 임의의
믿음이 참값이 됨을 알 수 없다. 다시 말하여, 무엇이든지 간에 자신이 직
접 지각해 보지 못한 B가 분명히 실제로 존재했거나 존재하고 있거나 또는
존재할 것임도 알 수 없다.」

(No man can ever know such a belief to be true, know, that is, that anything
whatever B, which he has not directly apprehended, *certainly* did exist, or
is existing or will exist, unless he knows that some thing or set of things
A which he has directly apprehended, would *certainly* not have existed, unless
B had existed too, either before or at the same time or after A.)

여기에 다시 추가됩니다(≒㉠ 자신의 지각, ㉡ 다른 사람의 지각에 대한 관
찰).108)

---

108) [역주] 지금 지각하는 대상이나 사건이 계속 지속될 것을 규정하는 내용이므로, 새롭
게 C와 D로 표현했더라면 더 좋았을 것으로 판단된다. 동일하게 A와 B를 계속 변항처
럼 쓰고 있어서 서로 뜻이 뒤바뀌므로 자칫 혼란스러울 수 있다(243쪽의 역주 104와
245쪽의 역주 105 참고). 바로 앞의 번역에서는 순차적 사건 발생에서 현재 지각 중인
대상이나 사건을 A(현재 지각 사건, 결과 사건)로, A보다 더 앞서서 일어났을 사건을

「㉠이전에 그리고 실제 그런 일이 가능하듯이 그가 그 대상들을 직접 지각하고 또한 그 대상들을 선행하거나 동시에 수반하거나 뒤따르는 B와 같은 대상들을 또한 직접 지각해 보았으며, 또한 A와 같은 대상들을 직접 지각했을 적에 B와 같은 대상들이 분명히 존재하지 않은 경우에, A와 같은 대상들을 그가 스스로 직접 지각해 보지 않은 한, ㉡ 아니면 다른 어떤 사람이 이런 종류를 직접 지각해 봤음을 그가 알고 있지 않는 한, 결코 아무도 분명하고 참된 이런 믿음이 지속될 것임을 알 수 없다.」

(And no man can ever know this last, unless *either he himself* has directly apprehended things like A *before*, and, *when* he directly apprehended them, has also directly apprehended things like B preceding or accompanying or following them as the case may be, and *also* has never found a case in which he directly apprehended things like A, things like B certainly did *not* exist: *or* unless he knows that some other person has had direct apprehensions of this sort.)

후자의 경우에 어떤 다른 사람이 그 대상들을 지각했었다는 그의 지식(㉡)은 반드시 그 자체로 그 자신의 직접 지각에 토대를 두어야 함을 덧붙이고 있습니다(≒이른바 객관적 지식이나 즉각적 지식으로서 제3자로부터 배울 수 있는 믿음은 모두 배제됨).

두 번째 '개연적으로'의 경우는, 우리가 직접 지각해 보지 못한 어떤 것이 개연적(확률)으로 존재하거나 존재해 왔거나 존재할 것이라고 믿고 있는 경우인데, 흄의 규칙이 말하는 것은 다음과 같습니다.

「개연적(확률)으로 존재할 것으로 믿고 있는 그 대상(원인 사건) B가 또한 개연적(확률)으로 존재했던 것이 아닌 한, 그 자신이 직접 지각해 봤던 모종의 대상(결과 사건) A도 존재하지 않았을 것임을 알고 있지 않는 한, 아무도 그런 임의의 믿음이 참값이 될 것임을 전혀 알 수 없다.」

(No man can ever know any such belief to be true unless he knows that

---

B(원인 사건일 수 있음)로 표시해 놓았다. 본문에서 'this last'는 this *should* last**당연히 지속될 것이다**의 속뜻을 품고 있다. this는 이런 분명하고 참된 믿음을 가리킨다.

some thing A, which he *has* directly apprehended would not have existed *unless* the thing B, which he believes probably to exist, had *probably* existed also.)

그리고 이 규칙들에 다시 다음 내용을 추가합니다.

「그 자신이나 아니면 다른 어떤 사람이 이전에 A와 같은 대상(결과 사건)들을 직접 지각해 본 적이 없는 한, 그리고 이런 일이 일어난 경우에 이전이든 이후든 또는 동시이든지 간에 일반적으로 B와 같은 대상(원인 사건)들을 직접 지각해 보지 않는 한, 그는 분명하고 참된 이런 믿음이 지속될 것임을 알 수 없다.」

(he cannot know this last unless *either* he himself *or* some other person has directly apprehended things like A before, and, *when* this happened, has *generally* directly apprehended thing like B, before, or after, or at the same time.)

그리고 여기서 다시, 만일 그가 의존하는 것이 또 다른 사람의 경험이라면, 확실히 또는 개연적(확률)으로 다른 그 사람이 현재 논의 중인 그 경험을 겪어 봤음을 그가 깨닫지 못하는 한, 그는 이 규칙을 실행할 수도 없으며, 바로 이들 규칙 중 하나 또는 다른 것이 준수되는 경우를 제외하고서는 그가 이런 사실을 알 수도 없습니다.

여러분이 보았듯이 이들 규칙이 사뭇 복잡합니다. 그러나 앞의 풀이로 말미암아 저는 일반 원리가 분명해졌기를 희망합니다.

이들 규칙이 참이었다고 가정하면서, 이제 무엇이 뒤따라 나올 것인지를 살펴보기로 하겠습니다. 저는 특정한 한 가지 사례를 거론할 것입니다. 사실상 저는 현재 이 순간에 저의 이 손 속에 뼈들이 있음을, 즉, 우리들 모두 실제로 손의 골격에 대한 사진으로부터 친숙해져 있을 법한 모양새의 골격이 있음을 믿고 있습니다. 저는 현재 이 순간에 이 손에서 그런 모양새의 뼈들이 있을 것임을 실제로 믿을 뿐만 아니라, 또한 아마도 분명히 그러하리라고 믿고 있습니다. 그렇지만 현재 이 순간에 분명히 이들 뼈의 어떤 것도 제가 직접 지각하고 있는 것은 아닙니다. 그렇다면 흄의 원리에 따라서, 제가 어떻게 그 뼈들이 존재함을 어떻게 알 수 있을까요?

한 가지 가능한 방식은 다음과 같습니다. 현재 이 순간에 저는 어떤 감각자료를 직접 지각하고 있습니다. 색깔과 모양새 등인데, 이는 제 손의 살갖에 대한 가시적 외형visible appearance으로 불릴 만합니다. 그리고 과거에 제가 직접 지각을 통해서 이것들과 비슷한 시각적 외형이 일반적으로 다른 감각자료와 어떤 방식으로 연결되었음을 깨달았을 수 있습니다. 예를 들어, 만일 제 손의 골격(≒X선 사진)을 보았더라면 당연히 제가 보았음직한 종류의 감각자료이거나, 또는 손 모형의 골격을 만져 보았더라면 당연히 느꼈음직한 종류의 감각자료입니다. 사실상 손을 해부할 경우에, 사람들은 제가 지금 직접 지각하는 것들과 실제로 비슷한 감각자료가 모종의 방식으로 골격의 외형으로서 그런 감각자료와 연결되어 있음을 알게 됩니다. 제가 지금 보고 있는 감각자료를 제 손의 살갖에 대한 '가시적 외형'이라고 부르기로 하겠습니다.

저는 다른 사람들도 손을 해부했을 경우에, 한 순간에 직접 지각한 손의 살갖에 대한 시각적 외형에 뒤이어서, 곧장 골격의 시각적 외형이 나타남을 알게 될 것으로 믿습니다. 이 골격은 직접 지각한 동일한 공간 속에서, 조금 전에 막 보았던 살갖의 가시적 외형과 어떤 공간적 관계에 참여할 듯합니다. 저는 제 손을 스스로 결코 해부해 보지도 않았고, 해부된 손을 직접 본 적도 없음을 추가해 놓아야 하겠습니다. 그렇지만 제가 막 서술해 놓은 대로, 흄의 원리에 따라서 다른 사람들(≒해부학자)이 손의 살갖에 대한 가시적 외형 및 그 골격의 가시적 외형 사이에 있는 연관성을 아마 배워서 경험했을 것입니다. 그러므로 그런 전문가들의 경험에 근거하여, 만일 이 손이 해부된다면 제가 지금 바라보는 살갖과 비슷한 가시적 외형에 이어서, 아마 거의 확실히 골격의 가시적 외형이 뒤따를 것임을 알 수 있습니다. 또한 다른 사람의 경험들을 통해서 골격의 가시적 외형이 한 순간에 존재할 경우에, 아마 제가 그 외형이 일반적으로 상당 시간 동안, 이전 및 이후로 존재할 것임을 알 가능성이 있습니다(이는 사건의 확률을 가리키는 것일 뿐이고, 저의 능력을 말하는 것이 아닙니다). 제가 어떤 모형 골격의 가시적 외형을 봤을 가능성도 있고, 그것이 순간 없어져 버리지 않는 종류의 대상임도 잘 알고 있습니다. 그러므로 지금 제 손이 해부되었더라면 어떤 골격의 가시적 외형이 잠시 존재했을 것이므로, 또한 반드시 아마 지금 이 순간에도 이미 그 골격이 그대로 존재해야 함을 제가 추론할 수 있을 것입니다. 따라서 흄의 원리 상으로 저는 어떤 손의 골격에 대한 가시적 외형이, 제 손의 살갗에 대한 이 가시적 외형에 대하여 제가 직접 지각하는 공간 속에서 어떤 확정된 공간적 관계를 유지하면서, 실제로 지금도 존재함을 알 수 있을 것입니다. 저는 이것을 아마 어떤 골격 모형의 가시적 외형과 관련하여 알 수 있을 것입니다. 비슷하게 다른 감각자료와 관련해서도 제가 그것을 알 수 있을 것입니다. 예를 들어, 만일 제가 어떤 손의 골격을 만져 보았더라면 당연히 느꼈을 감각자료입니다. 그러므로 흄의 원리에 따라서, 지금 이 순간에 이 가시적 외형과 연관하여 만일 손의 골격 모형을 보았더라면 마땅히 보게 되었음직한 종류의, 그런 골격을 만져 보았더라면 마땅히 느꼈음직한 종류의 어떤 다른 감각자료가 실제로 존재함을 제가 알 가능성이 있을 듯합니다.

이제 흄의 원리에 따라 제가 이런 정도를 알 수 있다고 가정하면서, 다음에 무엇이 뒤따를까요? 명백히 이런 가정 위에서는, 제가 추론할 수 있는 그런 대상(사건)들, 그 대상(사건)들의 현재 존재가, 제가 다수 철학자들한테 「수용된 이론」(제3장에서는 수용된 '견해')으로 불러 다룬 내용과 관련해서, 그러한 것들과 동일한 종류의 대상(사건)들일 것입니다. 그것들은 감각자료일 것인데, 제가 어떤 골격을 보거나 만져 보았더라면 대체로 당연히 봤거나 느꼈을 만한 것들과 비슷한 감각자료일 것입니다. 흄의 원리에서 실제로 제가 추론할 수 있도록 허용하는 듯한 모든 것은, 만일 제가 어떤 골격을 보았거나 만져 보았더라면 마땅히 보고 느꼈을 법한 그런 감각자료와 대체로 비슷한, 다른 감각자료들이 제가 직접 지각하는 그런 감각자료와 연관하여 지금 존재하고 있다는 점입니다. 만일 제가 그 존재를 믿고 있는 골격과 비슷할지라도, 임의의 한 가지 대상의 존재를 조금이라도 제가 추론할 수 있다면, 저는 반드시 그 색깔의 존재를 추론할 수 있어야 하며, 또 추론할 수 있을 듯합니다. 만일 제가 어떤 골격의 가시적 외형을 직접 지각해 보았더라면 마땅히 봤음직한, 대체로 비슷한 색깔일 것입니다.

§.5-5 【 버어클리의 유아론적 관념론에 대한 비판 】 그러나 많은 철학자들은 제가 보는 감각자료와 연관하여 임의의 그런 색깔이, 즉, 손의 골격 색깔이, 실제로 이 순간에 존재한다고 가정하는 일을 반박하면서, 극복하기 어려운 반론이 있다고 가정해 왔습니다(≒극단적 관념론임). 그들은 감각자료와 관련하여 사실상 「수용된 이론」(수용된 '견해')으로 불렀던 이론의 강화 내용을 받아들였습니다. 원래 이론 그 자체와 신중히 구별되어야 하는 강화 방식입니다. 여러분이 기억하듯이, 원래 그 이론은 「우리들 중 임의의 사람이 한 번이라도 직접 지각했던 감각자료 중에서 그 사람의 정신 속에 있는 것 말고는 아무런 것도 전혀 존재하지 않는다」고 주장하였습니다. 강화된 내용에서는 그런 동일한 감각자료가 누군가의 정신 속에 있는 것을 제외한다면, 존재할 수 없을 뿐만 아니라, 또한 아무런 감각자료도, 임의의 감각자료의 단편과도 비슷한 어떠한 것도, 누군가의 정신 속에 있는 것을 제외한다면, 조금이라도 존재할 수 없다고 주장합니다. 누군가의 정신 속에 있는 것을 제외하고서는, 「제가 직접 지각하는 임의의 감각자료의 단편과 같은 어떤 것도 전혀 존재할 수 없다」는 것입니다. 가령, 색깔이나 소리와 같은 대상들이 어떤 한 사람에 의해서 직접 지각되는 경우나, 또는 적어도 어떤 한 사람의 정신 속에 있는 경우를 제외하고서는, 아무런 것도 전혀 존재하지 않는다고 주장합니다.

일부 철학자들 중에서, 가령 버어클리(George Berkeley, 1685~1753)[109]는 흄 이론의 이러한 강화 방식도 자명하며, 물론 흄의 그 이론 자체도 자명하다고 선언하였습니다. 물론 만일 실제로 그랬었더라면, 물질적 대상의 존재를 우리가 알 수 있는 방법에 관한 모든 논의는 당장 중단되었을 것입니다. 그렇다면, 우리가 결코 물질적 대상의 존재를 알 수 없을 뿐만 아니라, 또한 아무런 물질적 대상도 존재할 수 없을 것임이 분명할 것입니다. 왜냐하면 무엇이든지 간에 우리가 '물질적 대상'이란 말로써 적어도 다음의 두 가지 것을 실제로 의미하기 때문입니다. 즉,

(1) 아무 사람의 정신 속에 들어 있지 않은 채로도 현존할 수 있는 어떤 대상
   (something which can exist, without being in anybody's mind)

(2) 적어도 한 가지 측면에서, 다시 말하여 어떤 모양새를 지니고서 모종의 공간 속에 자리잡는다는 사실의 측면에서, 실제로 감각자료와 비슷한 어떤 대상
   (something which does, in at least one respect resemble sense-data — namely in respect of the fact that it has a shape and is situated in some kind of a space)

그러므로 버어클리가 말하듯이, 만일 감각자료의 단편을 닮은 어떤 것도, 어떤 한 사람의 정신 속에 있는 것을 제외하고는 조금이라도 결코 현존할 수 없음이 자명했었더라면,

「아무런 물질적 대상도 전혀 현존할 수 없음」

---

109) [역주] 조어지 버어클리(George Berkeley, 1685~1753)는 아일랜드에서 태어났고 1710년 사제 서품을 받아 영국의 성공회 신부로서 평생을 보냈는데, 강하게 관념론을 옹호하는 철학 저술들도 출간하였다. 한 주제에 관한 무거운 논증보다는, 플라톤의 『대화편』처럼 논쟁점을 놓고서 대화를 통해 서술해 나가는 방식으로 책을 쓰기도 했다. 우리말로 3권이 번역되어 있다. 출간 연도별로 이재영 뒤침(2009) 『새로운 시각 이론에 관한 시론』(아카넷), 문성화 뒤침(2010) 『인간 지식의 원리론』(계명대출판부), 한석환 뒤침(2017) 『하일라스와 필로누스가 나눈 대화 세 마당』(숭실대출판부)이다.

(no material object exists at all)

이 뒤따라 나올 것입니다. 그렇지만 이미 언급했듯이, 저에게는 이것이 분명히 자명한 것이 아닐 듯합니다. 저는 대부분의 철학자가 자명하지 않았던 듯이 논의했다고 생각합니다. 모양새를 지닌 측면에서 감각자료를 닮은 임의의 물질적 대상이 존재할 가능성이 있음을 허용하였던 것입니다. 그러나 다음과 같은 이유들 때문에, 「우리가 물질적 대상이 현존함을 알 수 없다」고 논의하였습니다. 그들은 우리가 물질적 대상을 알 수 있을 유일한 방식이 흄의 원리들과 합치되어야 한다고 말했습니다. 그렇지만 이들 흄의 원리가 만일 우리로 하여금 조금이라도 물질적 대상을 알 수 있도록 허용하였더라면, 누군가의 정신 속에 있지 않은 상태의 모양새뿐만 아니라 또한 색깔과 소리와 다른 감각자료들의 존재도 알 수 있도록 허용해 주었을 것입니다. 직접 지각하지 않는 어떤 색깔이 물질적 대상의 일부가 될 수 있음을 가정하는 일에는, 제가 실제로 직접 지각하지 않는 대상이 난점이 될 수 있음을 가정하듯이, 동일한 난점들이 있습니다.

예를 들어, 제 손의 골격을 놓고서 추정된 색깔의 경우를 거론해 보겠습니다. ㉠ 저는 한 가지 대상이 지닌 색깔이 만일 제 손이 해부되었더라면 제가 봤을 법한 색깔이거나, 또는 다른 능력의 시력을 지닌 다른 어떤 사람이 봤을 법한 색깔이라고 가정해야 할까요? ㉡ 저는 그것이 양초 10개를 켠 밝기 아래에서 제가 봤을 법한 색깔이거나, 아니면 양초 100개를 켠 밝기 아래에서 봤을 법한 색깔이라고 가정해야 할까요? ㉢ 저는 그것이 노란 전등불 아래에서 봤을 법한 색깔이거나, 아니면 푸른색 불빛 아래에서 봤을 법한 다른 색깔이라고 가정해야 할까요?

흄의 이론 상으로 그것이 이들 색깔 중에서 임의의 한 가지 될 것이라고 가정하는 데에는 동등하게 타당한 이유들이 있을 듯합니다. 그럼에도 불구하고, 여전히 이들 모든 색깔이 실제로 지금 제 손의 내부에 있는 동일한 장소에 존재함을 가정하기란 어렵습니다. 만일 그것이 제 손 속에 지금 어떤 골격이 있다고 가정하기 위한 타당한 이유를 제공해 준다면, 흄의 이론도 손 속에 색깔 띤 골격이 있음을 가정하기 위한 타당한 이유를 제공해 주기 때문입니다. 그리고 흄의 원리들이 심지어 개연성(확률)일지언정 제 손 속에 골격이 있음을 알 수 있는 유일한 조건들을 서술해 주기 때문입니다. 그러므로 그들은 제가 아마 심지어 골격이 하나 있을지조차도 알 수 없을 것이라고 결론을 내립니다. 제 손의 골격을 놓고서 현재의 존재에 적용되는 것은, 무엇이든지 간에 임의의 물질적 대상을 놓고서 동등하게 과거나 현재나 미래의 존재에도 적용됩니다. 제 자신이 직접 지각해 봤던 범위를 넘어서서, 제가 알 수 있는 유일한 대상들의 존재는 다음과 같습니다.

(i) 제 의식 활동 및 또한 제가 직접적으로 지각하는 모든 대상들을 포함하여, 제 자신의 정신에 대한 과거와 미래의 내용들
(the past and future contents of my own mind, including both my acts of consciousness and also all the things I directly apprehend)

(ii) 동일한 의미에서 다른 사람들의 정신에 대한 내용들
(the contents of the minds of other people in the same sense)

저는 이것이 많은 철학자들로 하여금

「아마 내가 임의의 물질적 대상에 대한 현존을 알 수 없을 것이다」
(I cannot possibly know of the existence of any material object)

라고 가정하도록 이끌어 왔던 한 노선의 추론one line of reasoning110)에

---

110) [역주] 162~163쪽의 역주 68에 언급한 「낱말 파생의 일반 절차」에 따라서, reason이성, 합리성, 이유, 근거이 동명사로 쓰인 reasoning은 「이성 작동시키기, 합리적으로 사고하기, 이유 제시하기」 따위로도 번역될 수 있고, 이를 포괄적으로 '추론 작용, 추론하기'라고도 부를 수 있다. reasoning추론하기이란 용어 말고도, 같은 개념을 가리키기 위하여 서로

다른 학문 분야에서 십수 개가 넘는 낱말들이 줄곧 쓰여 오고 있음을 깨닫는 일도 중요
하다. 각 학문 분야마다 공통적으로 이런 일의 중요성을 깊이 인식하고 있기 때문인
것으로 보인다. 가령,

inferencing(추론하기)	situation model(상황 모형)	contextualization(맥락화)
justification(정당성 찾기)	intertextuality(겹쳐 읽기)	assertion with evidence followed
rationalization(합리성 부여)	syllogism(삼단논법)	(두괄식 전개)
coherencing(일관된 의미 찾기)	induction(귀납법)	communicative modelling
method of argumentation	abduction	(의사소통 모형 확보)
(논지 전개)	(머릿속 정보 덧없은 추론)	retroduction(소급 추론)
macro-structuring(거시구조 확보)	discursive transition(담화 추이)	

등이며, 다른 용어도 더 있을 것이다. 이미 184쪽의 역주 79에서는 추론 과정을 포함하
여 언어심리학에서 제안된 「킨취의 이해 모형」을 요약해 놓은 바 있다. 여기서 어느
낱말을 선택하느냐가 중요한 것이 아니라, 우리 인간의 사고 과정을 전체적으로 그리
고 포괄적으로 이해하는 것이 핵심이라고 본다. 필자는 우리의 사고는 귀납적인 측면
과 연역적 측면이 서로 맞물려 긴밀하게 작동하면서, 적어도 아래에 제시된 다섯 가지
층위를 오르내리면서 최종적으로 「일관되고 통일된 세계 모형」을 확보하기 위해서 끊
임없이 수정이 반복되어 일어난다고 믿는다. 이 모형에서는 2단계에서부터 4단계까지
의 순환 작동 과정에서 정보를 덜어 내거나 새로 끼워 넣는 일이 일어나는데, 이를
'추론'이란 낱말로 부를 수 있는 것이다.

복합 층위가 동시에 작동하는 인간 사고의 모형(김지홍 2019[※] 모형)

	층위 이름	역할	작동 속성
1	infinite, contingent facts(사실)	감각 기관＋관찰(우연성, 실험실, 도구)	구체적 대상과 사건
2	relevant data(자료)	관련 사실들 모아놓음(결여 부분 있음)	인과 또는 시계열
3	useful information(정보)	모형을 갖추고 일관성을 부여함	일반화 및 간접성
4	systematized knowledge(지식)	여러 영역을 연결, 통합 세계관을 세움	확장된 가설과 입증
5	brilliant wisdom(슬기, 지혜)	가능 세계에 대하여 예측과 검증	추상적이고 보편적

[※] 김지홍(2019), 「비판적 담화분석에 대하여」(원고본)

적어도 의식계로 불리는 우리의 두뇌는, 이미 일어난 사건이나 대상들을 가리키는 fact
(=what has happened)로 이뤄지는 구체적인 감각 자료(귀납 자료)들을 접하는 일뿐만
아니라, 또한 동시에 우연히 일어나는 사건에 대하여 주의를 기울여(선택적 주의력)
그 대상이나 사건과 관련하여 다른 사실들도 함께 포착해 주어야 한다. 이것이 이른바
경험론 내지 귀납법으로 불리는 첫 단계의 시작점인 것이다.

여기서 그쳐서는 안 되고, 다시 그런 감각 자료들이 일련의 사건들을 구성해 주는
것으로 상정하여, 서로 관련된 일련의 자료들로 바꾸어 놓음으로써, 임의 대상이 관련
된 일련의 한 사건 흐름을 모아 놓아야 한다. 이때 시간상의 계기적 사건들로 모을
수도 있고, 복수의 사건들이 하나의 목적을 위해 동시에 일어나는 것으로 관련성을
부여할 수도 있는 것이다. 이 단계의 관련된 자료들을 모으는 일에서는 중간 중간 결여
되어 있거나 모자라는 사실들도 있는지 여부도 챙겨 살펴야 할 것이다.

이렇게 모아진 관련 자료들은 하나의 사건 모형을 중심으로 하여, 유용한 정보의 상
태로 재구성해 주어야 한다. 여기서 모형을 상정하는 과정에서 「일반화 작업」이 일어
나고 또한 직접 경험의 단위가 아니더라도 간접적이거나 대행하여 확인할 수 있는 사
건들도 함께 상정되어야 수미상관 또는 일관성이 확보되는 것이다. 이를 유용한 정보
라고 부를 수 있다. 아마도 우리는 이 수준에서 임의의 대상이 일으키는 일련의 사건들
을 자초지종의 모습으로 개별 지도를 그려 두고 있을 듯하다.

대한 공정한 진술이라고 생각합니다. 저로서는 이런 추론이 확증적일 것 같지 않습니다. 따라서 당연히 모종의 해명(답변)을 저에게 요구할 만하다고 생각합니다. 이제 제6장에서 이런 물음을 놓고서 제가 할 수 있는 최선의 답변을 제시하고자 노력할 것입니다.

현재 우리가 「잘 짜여진 지식 체계」라고 부르는 학문의 세계는, 유용한 정보들이 영역별로 다시 얽히고 짜이어 우리 생활 세계에서 일어나는 운동과 변화를 포착하고 설명해 주는 일을 한다. 그런 일이 설득력을 지닐 경우에 해당 학문에 대한 신뢰감이 뒷받침된다. 유관 정보 체계들을 하나의 유관한 학문으로 질서를 부여하기 위해서는, 언제 어디에서나 반드시 임의의 가설이나 가정이 제시되어야 하고, 그 가정에 따라 현실 세계에서 일어나는 일련의 사건들이 추체험됨으로써 입증 내지 확증 단계가 뒤따라야 한다. 현재 우리가 체험하는 생활 세계와 임의 시점의 과거에서 일어난 것으로 알려진 사건들 사이에 공통 기반의 확정되어야 잘 짜여진(또는 체계화된) 지식으로 불리는 학문이 된다. 여기서도 미래의 가능세계에 관한 일까지 다 예측할 수는 없겠지만, 이런 지식을 활용하여 조만간 있을 수 있는 사건들을 대비할 경우에 우리는 지혜 또는 지성으로 불러 지식과는 또 다른 몫을 부여해 주기도 한다. 이는 217~219쪽의 역주 93에 있는 기억 관련 부서에 관한 도표에서 장기기억 속에 저장되는 중요한 요소들이 된다.

그런데 여기에 제시된 도표에서, 우리가 경험하는 임의의 대상이나 사건들은 동시에 어떤 정도의 추상화나 일반화가 일어나든지 간에 '복수의 층위가 동시에 가동되면서' 우리의 머릿속 그물짜임 속에 크고 작은 부분적으로 재구성되기 마련이다. 아동을 대상으로 하여 인지 발생학을 개척한 피아제(Jean Piaget, 1896~1980)는 어른들에게서도 일어나는 이런 인식 전환의 측면들을 놓고서 새로운 연구를 개척해 왔다. 피아제(1974, 1980 영역본) 『모순 극복에서의 실험(*Experiments in Contradiction*)』과 피아제(1975, 1985 영역본) 『인지 구조의 안정된 형평 상태(*The Equilibration of Cognitive Structures*)』 (모두 University of Chicago Press)에서는 어른들의 머릿속에서 어떻게 그런 전환들이 일어나고, 다시 조정되어 안정된 평형 상태에 이르는지를 논의하고 있다(모두 피아제가 60대 이후에 진행한 연구들임). 이는 마치 쿤 교수가 내세운 과학 발전의 모형을 연상시켜 준다. 사후에 출간된 물리학자와 함께 쓴 피아제·가씨어(J. Piaget and R. Garcia, 1989) 『심리(인지) 발생학과 과학의 역사(*Psychogenesis and the history of science*)』(Yale University Press)에서는 인류의 지성사를 놓고서도 한 개인의 내적 전환과 같은 일이 일어난다고 가정하고 이를 입증하고 있어서 눈길을 끈다.

제6장 흄의 이론 검토[111]

111) [역주] 이 장의 제목 Hume's Theory *Examined*는 초기 표상이 「Hume's theory which is examined by me(≒Moore)」로부터 변형된 것이다. 「나에 의해 검토된 흄의 이론」인데, 우리말 어감을 살려 '흄의 이론 검토'로 번역해 둔다. 사건의 결과 상태를 가리키는 영어의 과거 분사(-ed)는 물론, 사건 진행을 표시해 주는 현재 분사(-ing)도 전형적으로 앞쪽에 위치하여 명사를 선행하여 꾸며 주는 경우도 있고, 여기서처럼 명사 뒤에서 꾸며 주는 비-전형적인 경우도 있다. 전자는 제3장 '단언'에서 *accepted* view여러 철학자들한테 수용된 견해와 제5장 '흄의 이론'에서 *accepted* theory여러 철학자들한테 수용된 이론인데, 「내재적인 속성」을 가리켜 준다. 즉, 많은 철학자들이 「관념론 견해를 받아들이고 있음」을 뜻한다. 그렇지만 비-전형적으로 뒤에서 꾸미는(후행 수식) 경우는 「일시적 상태」를 가리키는 것을 해석한다(오직 나에 의해서만 검토된다는 속뜻이 깔림).

만일 일시적 상태가 반복되고 누적됨으로써, 점차 내재적인 본유 속성으로 진행될 수 있겠지만, 영어에서는 이런 어순 구조를 통해서 구분해 주고 있다. 'hunting a deer : deer-hunting'처럼, 사슴을 사냥하는 일을 절clause(1회적 사건)로 표현할 수도 있고, 구적 낱말phrasal word(직업으로서의 사슴사냥)로 표현할 수도 있다. 특히 구적 낱말의 경우는 영어에서 어순을 바꾸게 된다. 절은 1회적 사건(일시 상태와 대응함)을 가리키고, 구적 낱말은 전문화된 직업(내재적 속성과 대응함)을 가리킨다.

우리말에서는 전형적으로 관형형 어미 '-은, -을'을 이용하여 만든 경우와 비-전형적으로 통사 규칙을 어기서 사이시옷이나 어근끼리 결합시킨 경우가 대립한다(국어학에서는 각각 통사적 합성과 비-통사적 합성으로 부르고 있음). 가령, '먹을 거리 : 먹거리'가 그러하다. 전자는 언어 사용 맥락에 따라 씨를 뿌리는 경우에서부터 논밭에서 자라는 곡물뿐만 아니라 시장에 나온 재료와 조리된 음식까지 다양하게 가리킬 수 있는데, 다양하게 사용 맥락에 따라 특정한 상태를 가리켜 준다. 그렇지만 후자는 각별하게 오직 「조리된 음식」만 가리키는 쪽으로 뜻이 고정되어 있으며, 따라서 내재적 속성을 가리켜 준다. '넘어 보다 : 넘보다'도 통사적 구성과 통사 규칙을 어긴 구성을 보여

§.6-0【 들머리 】저는 다음 질문에 대하여, 흄의 답변이라고 불렀던 주로 한 가지 특정한 답변에 몰두해 있었습니다.

「어떤 환경 아래 (혹 있다면) 한 사람이 어떤 것이든지 간에 그 당시에 그가 스스로 직접 지각하지도 않고, 또 과거에 직접 지각해 보지도 못한 임의의 한 가지 대상(사건)의 과거나 현재나 미래의 존재를 한 번이라도 아는 것일까?」

(Under what circumstances (if any) does a man ever know of the existence, past, present or future, of anything whatever, which he himself is not directly apprehending at the moment, and has not directly apprehended in the past?)

이 질문에 대하여 제가 흄에 의해 대답된 것으로 밝힌 답변은 두 가지 부분이었습니다. 첫 번째 부분은 다음과 같았습니다.

「여러분이 참되게 말할 수 있을 때마다 한 가지 대상(사건) A의 존재가 항상 또 다른 대상(사건) B의 존재에 대한 <u>분명한</u> 신호라고 해 보자. A가 존재하므로, A 이전에 B가 실제로 존재했거나, 동일한 시간대에 실제 존재하거나, A 뒤에 존재할 것임이 <u>분명하다</u>.」

(Let us say that the existence of one thing, A, is a *sure sign* of the existence of another thing B, whenever you can truly say: *Since* A exists, it is certain that B did exist before it, does exist at the same time, or will exist after it.)

「그리고 여러분이 참되게 말할 수 있을 때마다 한 가지 대상(사건) A의

주는데, 이것들도 서로 그 뜻이 전혀 다르다. 전자는 가령 허들 경기 등과 같이 1회적 사건을 가리키지만, 후자는 자신의 것도 아닌 물건이나 재산을 차지하고자 욕심내는 일을 가리킨다.

이런 질서는 언어 보편적이지만, 아직 우리말 맞춤법은 20세기 초반의 '낱말 중심의 언어관'만 반영하고 있어서(훔볼트의 언어관), 낱말다운 낱말을 예외적으로 취급하며 고유한 낱말 형성방식임을 부정하고, '비-통사적 합성어'로만 불러 낱말다운 정상적 조어 방식을 잘못 왜곡시키고 있다. 하버드 대학 심리학자 핑커 교수는 규칙적일수록 제2두뇌에서 처리될 가능성이 높고, 비-규칙적일수록 제3두뇌에서 고정된 채 개별적으로 저장될 것이라고 가정한 바 있다(835쪽의 역주 324를 보기 바람).

존재가 항상 또 다른 대상(사건) B의 존재에 대한 <u>가능한</u> 신호라고 해 보자. A가 존재하고 있으므로, B가 A 이전에 실제로 존재했거나, 동시에 실제 존재하거나, A 뒤에 존재할 것임이 <u>가능한 일이다</u>.」

(And let us say that the existence of one thing, A, is a *probable sign* of the existence of another thing B, whenever you can truly say: *Since* A exists, it is *probable* that B did exist before it, does exist at the same time, or will exist after it.)

그렇다면 흄의 답변의 첫 번째 부분은 두 가지 사항을 말하는 것으로 이뤄져 있습니다.

「첫째, 결코 아무도 그가 직접 지각해 봤던 어떤 대상(사건)이나 일련의 대상(사건)들 A의 존재가, B의 존재에 대한 <u>확실한</u> 신호임을 깨닫지 못한다면, 그가 스스로 직접 지각해 보지 못한 임의의 대상(사건) B가 확실히 존재했거나, 존재하고 있거나, 존재할 것임을 알 수 없다.」

(Firstly: Nobody ever knows that anything, B, which he himself has not directly apprehended, *certainly* did exist, or does exist, or will exist, unless he knows that the existence of some thing or set of things, A, which he *has* directly apprehended, is *a sure sign* of the existence of B.)

「둘째, 결코 아무도 그가 직접 지각해 봤던 어떤 대상(사건)이나 일련의 대상(사건)들 A의 존재가, B의 존재에 대한 <u>가능한</u> 신호임을 깨닫지 못한다면, 그가 스스로 지각해 보지 못한 임의의 대상(사건) B가 <u>개연적(확률)</u> <u>으로</u> 존재했거나, 존재하고 있거나, 존재할 것임을 알 수 없다.」

(Secondly: Nobody ever knows that anything, B, which he himself has not directly apprehended, *probably* did exist, or does exist, or will exist, unless he knows that the existence of some thing or set of things, A, which he *has* directly apprehended, is *a probable sign* of the existence of B.)

이것이 우리 질문에 대하여 흄이 대답한 첫 번째 부분입니다. 그리고 두 번째 부분은 다음과 같습니다.

「만일 한 사람이 과거에 A와 같은 한 가지 대상(사건)을 직접 지각해 본 경우에, 그가 A 이전이든지 이후이든지 또는 동시이든지 간에 B와 같은 한 가지 대상을 일반적으로 직접 지각했다면, A와 같은 대상(사건)들 및 B와 같은 대상(사건)들 사이에서 어떤 일반적 연접 방식을 경험했다고 말하기로 하자.」

(Let us say that a man has experienced a *general conjunction* between *things like* A and *things like* B, if, when he has directly apprehended a thing like A in the past, he has *generally* directly apprehended a thing like B, either before or after, or at the same time.)

흄이 스스로 쓰는 낱말 「연접 방식」은 편의상의 낱말입니다(≒인과관계나 선후관계뿐만 아니라, 동일한 대상을 놓고서 동시에 시각·촉각·후각 등 여러 감각을 경험할 때도 '연접된 감각자료'로 부름). 왜냐하면 ㉠ 그것들이 일반적으로 선행함을 의미할 경우와 ㉡ 그것들이 일반적으로 후행함을 의미할 경우와 ㉢ 그것들이 일반적으로 수반됨을 의미할 경우에도 모두 「A와 같은 대상(사건)들이 B와 같은 대상(사건)들과 일반적으로 연접되어 있다」고 말할 수 있기 때문입니다. 그렇다면

「만일 한 사람이 과거에 A와 같은 한 가지 대상(사건)을 직접 지각해 본 경우에, 이전이든지 이후이든지 또는 동시이든지 간에, 그가 B와 같은 어떤 대상(사건)도 또한also 일반적으로 직접 지각했다면, A와 같은 대상(사건)들 및 B와 같은 대상(사건)들 사이에서 어떤 일반적 연접 방식을 경험했다고 말하기로 하자.」(영어 원문은 앞의 인용과 동일하며, 오직 also(도 또한)만이 더 추가됨)

만일 우리가 이런 의미에서 「어떤 일반 연접 방식을 경험하다」는 구절을 이해한다면, 흄이 대답한 두 번째 부분은 다음처럼 말하는 것

으로 이뤄져 있습니다. 흄이 말하기를

「결코 아무도 어떤 누군가가 과거에 A와 같은 대상(사건)들 및 B와 같은 대상(사건)들 사이에 있는 어떤 일반적인 연접 방식을 갖고 있지 않는 한, 임의의 대상(사건) A의 존재가 또 다른 대상(사건) B의 존재에 대한 확실한 신호이거나 심지어 가능한 신호이기도 함을 알 수 없다.」

(No man, he says, ever knows that the existence of any one thing A is either a *sure sign* or even a *probable sign* of the existence of another thing B, unless *somebody* has in the past experienced a general conjunction between *things like* A and *things like* B.)

그렇지만 명백히 이 답변에다 뭔가 더 추가될 수 있습니다. 왜냐하면 다른 누군가가 심지어 A와 같은 대상(사건)들 및 B와 같은 대상(사건)들 사이에 있는 어떤 일반적 연접 방식을 경험해 봤다고 해도, 여전히 내가 스스로 다른 임의의 사람이 지닌 경험을 갖고 있지도 않고, 또한 알지도 못한다면, A의 존재가 B의 존재에 대한 어떤 신호임을 깨닫는 일로부터 아주 멀리 떨어져서 잘 모를 것이기 때문입니다. 하지만 다른 임의의 사람이, 무엇이든지 간에 한 번이라도 경험해 보았다는 사실은, 언제나 제가 스스로 결코 직접 지각해 보지 못했다는 어떤 사실입니다. 그러므로 만일 제가 다른 임의의 사람이 임의의 일반적 연접 방식을 경험해 봤음을 깨닫게 된다면, 제가 직접 지각해 보았던 모종의 대상(사건) A가, 사람들이 지닌 어떤 신호임을 틀림없이 알고 있습니다. 그리고 만일 제가 스스로 A와 같은 대상(사건)들 및 다른 누군가가 현재 논의 중인 그 연접 방식을 경험해 봤다는 사실과 같은 대상(사건)들 사이에 있는 어떤 연접 방식을 경험해 보았다면, (그런 경우에라야) 저는 이를 알 수 있을 뿐입니다.

이것이 우리의 물음에 대하여 흄이 대답한 두 번째 부분입니다. 이러한 두 가지 규칙이나 원리가 지난 번 강의(제5장)에서 제가 길게 설명해 주려고 했던 것입니다. 저는 이것들을 정확하게 표현하기가 사뭇 어렵다고 생각합니다. 심지어 지금처럼 그 내용을 아주 정확하게 표현하려고 애써 본 적도 없습니다. 그럼에도 불구하고, 설령 표현해 주기가 아주 어렵다손 치더라도, 저는 그 규칙들을 통하여 의미된 내용을 거의 정확하게 알아내기는 아주 쉽다고 생각합니다. 저는 다음에 서술한 규칙을 '제1규칙'으로 부를 것입니다.

「그가 직접 지각해 봤던 어떤 것이, 그것의 존재에 대한 한 가지 신호임을 깨닫지 못하는 한, 아무도 자신이 직접 지각해 보지 못한 임의의 한 가지 대상의 존재를 전혀 알 수 없다.」

(nobody can ever know of the existence of anything which he has not directly apprehend, unless he knows that something which he has directly apprehended is a *sign* of its existence.)

그리고 다음에 서술한 규칙을 '제2규칙'으로 부를 것입니다.

「그 자신이 스스로 또는 어떤 조건 아래 다른 누군가가 A와 같은 대상(사건)들 및 B와 같은 대상(사건)들 사이에 있는 어떤 일반적 연접 방식을 경험해 보지 않는 한, 아무도 임의의 한 가지 대상(사건) A의 존재가 또 다른 대상(사건) B의 존재에 대한 한 가지 신호임을 전혀 알 수 없다.」

(nobody can ever know that the existence of any one thing A is a *sign* of the *existence* of another thing B, unless he himself (or, under certain conditions, somebody else) has experienced a *general conjunction* between *things like* A and *things like* B.)

이 제2규칙에 관해서 기억해야 할 중요한 것은, 「그가 직접 그 대상(사건)들 두 종류를 모두 지각해 보지 않은 한, 아무도 어떤 연접 방식을 경험해 봤다고 언급될 수 없다」는 것입니다. 그렇다면 저는 이들 두 규칙을 각각 흄의 '제1규칙'과 '제2규칙'으로 부를 것입니다.112) 그렇지만 이것들을 「흄의 규칙」으로 부를 경우에, 아마 제가 마땅히 두 가지 사항을 여러분에게 주지시켜 두어야 할 것입니다. 만일 여러분이 흄의 저술에서 이 규칙들을 찾아내려고 했다면, 어떤 규칙이든지 간에 정확히 제가 서술해 놓은 형태로 찾아낼 수 없을 것입니다. 또한 여러분은 이들 규칙에 대한 진술이 될 만한 내용이, 사실상 아주 다른 어떤 것을 의미하며, 흄이 스스로 이들 두 가지 규칙으로부터 아주 분명히 구분해 놓지 않은 듯한 다른 진술들과 뒤섞여 있음을 알게 될 것입니다. 그렇다면 저는 이들 두 가지 규칙이, 우리가 직접 지각하지 못한 대상들의 존재에 관한 우리의 지식을 놓고서 흄이 말해야 했던, 어떤 온전히 완벽한 진술인 척 내세우지 않습니다. 제가 실제 주장하려고 의미하는 모든 것은, 이 규칙들이 이런 주제에 관해서 실제로 흄이 생각했던 내용의 일부, 그리고 아주 중요한 일부를 표현한다는 점입니다. 제가 아는 한, 흄은 확정적으로 이들 두 가지 규칙을 실제로 생각했던 첫 번째 철학자입니다.

이제 의식적이든 무의식적이든 간에, 저로서는 이들 흄의 규칙이

---

112) [역주] 아무리 제1규칙이나 제2규칙으로 불러도, 무슨 내용인지 쉽게 연상할 수 없다면 도루묵이다. 필자는 제1규칙을 임의 대상에 대한 「지각 경험 기억(상기)」 규칙으로 부를 만하고, 제2규칙을 임의의 두 대상들 사이에 있는 「연접 경험 기억(상기)」 규칙으로 부르는 것이 좋을 듯하다(무어 교수는 규칙이나 원리나 이론이란 낱말들을 동일한 어휘 사슬로서 서로 교체하면서 쓰고 있음). 그런데 왜 이런 규칙을 내세워야 했던 것일까? ㉠ 지각 경험을 되살려 내는 능력으로 현재 내가 직접 경험하는 세계의 일반성을 확보할 수 있어야 하고, ㉡ 연접 방식 경험을 되살려 내는 능력으로 임의의 세계를 차츰 확장해 나갈 수 있어야 하기 때문이다. 그렇지만 무어 교수는 이들 규칙이 실패라고 본다. §.5-3에서 '관찰'을 오직 '직접 지각'으로만 잘못 간주함으로써 한 개인의 경험을 벗어날 수 없음을 비판했고, 다시 §.6-3 이하에서 흄의 원리들(제1, 제2규칙)이 '즉각적인 지식'을 다룰 수 없다는 점에서 잘못임을 논박하고 있다.

또한 흄의 원리들에 대한 서술에서 서로 A와 B 사이에 있는 필연적 관계와 우연한 관계를 나눠 놓았다. 이 주제는 다시 무어(1941) 「확실성」(사후에 나온 『철학 논고』 제10장에 수록됨)에서도 다뤄지는데, 수학 규칙처럼 모두 필연성에서 연역할 수 없고, 우연한 경험 그 자체가 한 가지 사실이고 참값이라는 점을 확립하는 토대만을 다지고 있을 뿐이다. 즉, 모든 게 필연적임이 귀류법임을 드러냄으로써(§.6-5에서도 흄의 원리들을 귀류법으로 논박함), 우연한 경험에 대한 타당함을 간접적으로 증명하려고 시도한다. 그렇지만 이는 두 절차를 물과 기름처럼 나눠 놓은 데에서 비롯되는 한계이다. 뒤친이로서는 오히려 만일 오늘날 가설-연역 체계에서와 같이 일부 경험적 자료들이나 세계 사실들을 놓고서 귀납적으로 일반화하여, 이를 한 가지 연역 공리로 내세워서 그 강건성을 검토하고 시험하면서, 공리체계를 더욱 수정하거나 다져나가는 방법으로 진행한다면, 거의 이런 갈등이 해소될 것으로 판단한다.

참이라는 가정을 통해서 많은 철학자들이 「우리가 임의의 물질적 대상의 존재를 결코 알 수 없다」고 결론을 내리는 쪽으로 이끌렸던 듯하다고 언급했습니다. 저는 그들이 먼저 모종의 타당성을 지니고서,

「만일 이들 규칙이 참이라면, 우리들 중 아무도 임의의 물질적 대상의 존재를 결코 알 수 없다」

(*if* these rules are true, then none of us ever knows of the existence of any material objects)

고 논의했다고 봅니다. 그런 다음에, 그들은

「이들 규칙이 참이기 때문에, 우리들 중 아무도 실제로 임의의 물질적 대상이 존재함을 결코 알 수도 없고, 심지어 그 존재의 가장 미약한 가능성까지도 존재하지 않는다」

(*since* these rules *are* true, none of us does ever know that any material objects exist — not even that there is the slightest probability of its existence)

고 결론을 내렸습니다. 이런 논점에서 저에게는 두 가지 단계가 충분히 대답할 필요가 있을 만큼 타당한 듯하다고 언급하였습니다. 그리고 이 강의에서 제가 그 답변을 충족시키려고 최선을 다하겠다고 약속했습니다. 명백히 두 가지 방식 중 하나 또는 다른 방식으로 조금이라도 틀림없이 충족될 것입니다. ① 설사 흄의 규칙들이 참이 된다고 해도, 여전히 여러분이 반드시 물질적 대상들의 존재를 알 수 있음을 보여 주고자 노력해야 하거나, ② 아니면 흄의 규칙들이 참이 아님을 보여주려고 노력해야 합니다. 현재로서는 제가 그것을 충족시키는 이들 두 가지 방식을 모두 다 살펴보게 될 것입니다. 그렇지만 우선 논의되는 쟁점이 정확히 무엇인지를 좀더 분명히 서술해 놓고 싶습니다.
저는 흄의 규칙들이 참이라는 가정에 대하여, 두 가지 견해가 있다

고 생각합니다. 제가 시사한 방식으로 그것들의 타당성에 힘입어 두 가지 견해가 모두 다 아주 타당하고, 둘 모두 아주 일반적으로 올바른 것으로 여겨진다고 생각합니다.

흄이 그랬듯이, 두 가지 견해가 모두 다 모든 사람이 그 당시에 그 자신이 직접 지각하고 있거나 또는 과거에 지각해 보았고 지금 기억하고 있는 대상(사건)들의 존재를 알 수 있음을 인정하면서 시작합니다. 그렇지만 두 견해에서는 어떤 사람이든지 한 번이라도 실제로 직접 지각하는 유일하게 존재하는 대상(사건)들이

ⓐ 그 자신의 의식 활동
  (his own acts of consciousness)
ⓑ 그 자신의 사밀한(사적인) 감각자료 및 감각인상
  (his own private sense-data and images)

이라고 여깁니다. 우리가 직접 지각하는 일부 감각자료가 우리한테 사밀한(사적인) 것이 될 수 없는 가능성을 제외하고서, 즉, 우리들이 둘 또는 그 이상의 사람이 때때로 바로 동일한 감각자료를 직접 지각할 수 있는 가능성을 제외하고서, 저는 분명히 지금까지 이것들이 아주 올바르다고 생각합니다. 저는

「한편으로 그 자신의 의식 활동을 제외하고, 다른 한편으로 감각자료와 감각인상을 제외한다면, 무엇이든지 간에 임의의 대상(사건)의 존재를 놓고서 결코 아무도 직접 지각을 통해서 학습하지 않는다」
(nobody, I think, does ever learn by direct apprehension of the existence of anything whatever except his own act of consciousness, on one hand, and sense-data and images on the other)

라고 생각합니다(≒많은 경우에 '간접 지각'을 통해 일어남). 이들 견해에서 간주하듯이, 저는 이들 감각자료 및 감각인상들이 이것들을 직접

지각하는 사람에게 언제나 사밀한(사적인) 모든 것이 된다고 생각합니다. 저는 이것이 가능성이 높다고 생각하지만, 그럼에도 불구하고 아주 확정적이라고는 보지 않습니다. 모든 사건들에서, 스스로 직접 지각하는 그 자신의 의식 활동과 감각자료·감각인상을 제외하고서는, 무엇이든지 간에 직접 지각을 통해서 결코 아무도 임의의 대상(사건)의 존재를 알지 못합니다. 이것에 관해서는 우리가 모두 다 동의합니다. 유일하게 남은 질문은

「그 자신의 의식 활동과 감각자료와 감각인상 말고도, 한 사람이 어떤 대상(사건)들을 존재하는 것으로 조금이라도 알 수 있는 것일까?」
(what things *beside* his own acts of consciousness and the sense-data and images which he directly apprehends can a man ever know to exist?)

에 관한 것입니다. 바로 여기에 흄의 규칙이 들어오는 것입니다.

§.6-1 【 극단적 상대주의로서의 불가지론 】 제가 말하고 있는 두 견해 중 한 견해에서는 다음을 옳게 여깁니다. 즉, 자신이 직접 지각한 것을 넘어서서, 무엇이 존재하는지 또는 심지어 아마 존재할 수 있는지에 관한 모든 사람의 지식조차, 전적으로 두 가지 부류의 대상(늑나의 의식 활동 및 남의 의식 활동)들에 국한되어 있습니다. 한 사람이 어떤 의식 활동을 그 자신이 미래에 실행할 것 같을지, 그리고 어떤 감각자료와 감각인상들을 그가 직접 지각할 것 같을지를 어느 정도까지 그가 알 수 있다고 합니다. 그리고 또한 그가 설사 다 잊어버렸다고 하더라도, 자신이 과거에 어떤 의식 활동들을 실행했거나 아마 실행했을 것이고, 어떤 감각자료를 직접 지각했음도 알 수 있다고 합니다. 흄의 규칙들에 따르면, 이것이 추론에 의해서 분명히 또는 개연적(확률)으로 존재하는 것으로 그가 알 수 있을 한 가지 부류의 대상들입니다. 즉, 그가 직접 지각하는 감각자료와 감각인상들이 그 자신의 머릿속

에 있다고 가정하면서, 즉, 머릿속에 포함되어 있다고 가정하면서, 이 부류가 전적으로 그 자신의 정신에 대한 과거와 미래 내용들로 이뤄진다고 합시다. 이런 견해에 따르면, 한 사람이 「존재한다」고 알 수 있을 나머지 부류의 대상들은, 개연적으로든지 확실하게든지 간에 동일한 의미로 온전히 다른 사람들의 정신에 대한 내용들로 이뤄져 있습니다. 다시 말하여, 한 사람은 그 자신 이외에도 다른 사람들이 어떤 의식 활동을 실행했었고, 실행하고 있으며, 아마 실행할 것이고, 그 사람들도 또한 어떤 감각자료를 직접 지각해 봤었고, 직접 지각하고 있으며, 아마 직접 지각할 것임을 알 수 있는 것입니다.

아마도 한 사람이 설사 직접 지각해 본 적이 없거나, 직접 지각했었지만 거의 다 잊어버렸더라도, 최소한 그 자신의 정신에 대한 어떤 과거와 미래 내용들 및 다른 사람들의 정신에 대한 어떤 과거와 현재와 미래 내용들인 이런 두 가지 부류의 대상들이 존재함을 알 수 있습니다. 그렇지만 이 견해에서는

「결코 아무도 이들 두 가지 부류에 속하지 않은 다른 임의의 대상이 무엇이든지 간에 우주 속에 실제로 존재하거나 조금이라도 존재할 것임을 심지어 개연적(확률)일지언정 알 수 없다」

(nobody can ever know, even probably, that anything else whatever, not belonging to these two classes, does exist in the Universe at all)

고 말합니다. 그 자신의 머릿속에 있거나 다른 누군가의 머릿속에 있는 어떤 대상들을 제외하고서, 결코 아무도 우주 속에서 다른 임의의 한 가지 대상이 무엇이든지 간에 아마 존재했었고 실제로 존재하며 조금이라도 존재할 것임을 알 수 없다고 합니다. 이것이 여러 철학자들에게 아주 공통적으로 견지된 한 가지 견해입니다. 저는 흄의 규칙들이 참이라는 가정으로 말미암아 아주 명백해졌다고 생각합니다.

흄의 제2규칙은 「그 자신이 직접 지각해 보지 않은 임의의 대상(사

건)의 존재를, 그 자신의 의식 활동이든지 아니면 자신이 직접 지각해 본 감각자료와 감각인상이든지 간에, 그 대상과 닮은 어떤 것을 미리 지각해 보지 않은 한, 결코 아무도 알 수 없다」고 서술합니다. 그런 다음에 일부 타당성과 더불어, 「흄의 규칙에 따라 충분히 추론될 이것 들과 닮은 다른 임의의 대상이, 또한 반드시 누군가의 정신 속에 있는 어떤 것이 되어야 한다」고 논의합니다. 따라서 그 자신의 정신이든지 다른 누군가의 정신이든지 간에, 「누군가의 정신 속에 있는 것을 제외 하고서는, 결코 아무도 실제로 무엇이든지 간에 임의 대상의 존재를 알 수 없다」고 결론을 맺습니다. 저에게는 이것이 흄의 규칙들이 참이 라는 가정으로 말미암는 듯한 두 가지 견해 중 한 가지입니다.

§.6-2 【 자기 자신처럼 다른 인식 주체들을 인정하지만 여전히 외부 대상 을 부정하는 견해 】 두 번째 견해는 한 가지 측면만 제외하고서는 정확 히 앞의 견해와 서로 같습니다. 이 견해도 또한 흄의 규칙들로부터 추론할 수 있도록 허용하는 유일하게 확정적인 종류의 대상들이, 제 자신의 정신에서 과거와 미래의 어떤 내용들 및 다른 사람의 정신에 서 과거·현재·미래의 어떤 내용들이라고 여깁니다. 그렇지만 또한 제 가 알 수 있는 제 자신의 정신이나 다른 사람의 정신 속에 있는 사건들 이, 저와 다른 사람들이 직접 지각하는 감각자료의 존재를 설명해 주 는 데에 아무런 것도 충분치 않다고 여깁니다. 그러므로 이 견해는

「내가 우주 속에 다른 어떤 것이 현존한다는 것을 알 수 있다」

(I *can* know that *something else* exists in the Universe)

고 여깁니다. 왜냐하면 제 자신과 다른 사람의 머릿속에서 감각자료 의 존재를 일으키기 위하여, 반드시 미리 다른 어떤 것이 존재해야 하기 때문입니다. 그렇지만 감각자료의 원인이 되는 다른 이런 어떤 것이, 누구든지 한 번이라도 직접 지각해 본 임의의 한 가지 대상과

어떤 측면에서 닮아 있거나 닮지 않다고 말합니다. 예를 들어, 아마 그것이 모양새를 지니고 공간 속에 자리잡고 있을지 여부를 알 수 없다는 것입니다. 아마 그것이 임의의 사람의 정신 속에 있는지 여부도 잘 알 수 없을 것입니다. 「특정한 종류의 임의의 한 가지 대상이 존재하도록, 어떤 종류의 대상이 원인으로 작용할 것 같은지」를 알 수 있는 유일한 수단은, 흄의 규칙을 이용하는 것입니다. 그렇지만 흄의 규칙들은 오직 제 자신의 정신 속에 있는, 그리고 다른 사람들의 정신 속에만 있는 어떤 대상들의 존재만 추론하도록 허용해 줄 뿐입니다. 제가 추론할 수 있는 이들 대상이, 제 자신의 감각자료 및 다른 사람들의 감각자료를 일으키는 원인이 되기에 충분치 않음을 저는 잘 알고 있습니다. 그러므로 다른 무엇인가가 반드시 미리 우주 속에 존재해야만 함을 알고 있는 것입니다. 그렇지만 무엇이든지 간에 다른 이 무엇인가와 관련하여, 간단히 그것이 실제로 존재하며 그것이 제 자신 및 다른 사람의 감각들을 일으킨 원인이라는 점만을 제외하고서, 저는 아무런 것도 알 수 없습니다. 아마 최소한도의 측면에서, 그것이 무엇이든지 간에 저 또는 다른 임의의 사람이 한 번이라도 직접 지각해 본 임의의 한 가지 대상과 비슷하다는 것도 알 수 없을 것입니다.

그렇다면 저는 이들 두 가지 견해가 모두 「임의의 물질적 대상의 현존을 우리가 조금이라도 알 수 있음」을 부인한다고 말합니다. 이들 견해가 둘 모두

「우리가 개연적(확률)일지언정 임의의 물질적 대상이 현존할 것임을 알 수 있다」

(we can ever know that any material object even probably exists)

는 점까지도 부인하는 것입니다. 그렇지만 충분히 이상하게도, 이런 견해를 지닌 많은 사람들이, 물질적 대상들에 대한 우리의 지식까지 부인하고 있다고 생각하지는 않았습니다. 그들은 「우리가 알고 있는

것으로 말하는 대상들을, 실제로 알고 있음」을 허용하는 것이, 「우리가 물질적 대상들의 현존을 실제로 알고 있음」을 허용하는 일과 동일한 것이라고 생각했습니다. 그들은 「상식에서 그 자체로 아는 것」이라고 가정하는 임의의 한 가지 대상을 알 수 있는 우리의 능력을 부인하는 것은 아니라고 여겼습니다.

§.6-3【 비록 전체는 아니더라도 일부 속성들에 대한 반복된 연접 경험을 통하여 앞의 두 가지 견해들을 반박함 】이제 우선 제가 분명히 만들어 놓고 싶은 것은, 이들 견해가 둘 모두 실제로 물질적 대상들의 존재를 알 수 있는 우리의 능력을 부인한다는 점, 그리고 그렇게 실행하면서 그것들이 상식과 정면으로 모순된다는 점입니다. 저는 실제로 우리가 물질적 대상들의 존재를 믿는 경우에, 이들 견해가 얼마나 전적으로 그리고 얼마나 극단적으로 우리가 채택하는 견해와 서로 다른지를 분명히 드러내고자 합니다. 따라서 동시에, 흄의 규칙들이 참이라면, 「우리가 임의의 물질적 대상의 존재를 조금이라도 알 수 있는지」 여부를 물을 경우에, 정확히 지금 논의 중인 질문이 무엇인지를 놓고서도 명백하게 만들어 놓을 것입니다.

특정한 사례를 살펴보기로 하겠습니다. (깎지 않은) 이 새 연필을 바라보시기 바랍니다. 이는 나무로 된 평범한 둥근 연필입니다. 이 둥근 연필을 볼 경우에, 여러분은 사뭇 길고 곧은 평행선에 의해 두 쪽에 끝면이 있는 갈색(늑나무 심 색깔)의 어떤 경험조각을 직접 지각하고 있습니다. (새 연필을 깎으면) 일부의 경우에는 아마 연필 한쪽 끝이 훨씬 더 짤막한 선들로 깎이어 연필심에 모아져 있을 것입니다. 여러분이 직접 이들 감각자료를 지각하며, 현재 우리가 논의하고 있는 두 가지 견해가 모두 다 「여러분이 이들 감각자료를 직접 지각하는 경우에 이들 시각 감각자료가 존재함」을 알 수 있도록 허용해 줍니다. 그런데 이전에 여러분이 모두 다 자주 연필을 본 적이 있습니다. 다시 말하여, 여러분이 지금 바라보고 있는 이것과 비슷한 감각자료를 직접 지각해 봤던 것입니다. 여러분이 그렇게 지각했을 경우에, 여러분이 지금 직접 지각하고 있는 것과 비슷한 시각 감각자료와 연접되어 있는 다른 감각자료도 자주 직접 지각했을 수 있습니다. 예를 들어, 자주 여러분이 연필을 잡고서 글을 써 보았을 것입니다. 여러분이 모두 이런 일을 실행하는 경우에, 여러분이 직접 지각한 종류의 감각자료를 잘 알고 있습니다. (연필심) 매끄러움·단단함의 촉각 및 원통 모양에 대한 시각입니다. 다시, 아마 드물겠지만 접합된 이 구분선을 따라 길게 연필을 반쪽으로 쪼개 보았고,113) 이렇게 쪼개는 일을 한 뒤 그 연필을 바라보거나 집어 보았다면, 어떤 종류의 감각자료를 여러분이 보고 느꼈을 법한지 알게 됩니다(≒시각·촉각 감각자료임). 따라서 다시 아마 쪼개진 반쪽 연필을 놓고서 가로로 자잘하게 너비를 잘라 봤다면, 그렇게 자른 다음에 새로운 두 끝면(≒반원)을 바라보고 느껴 보았다면, 어떤 종류의 감각자료를 보고 느꼈을 법한지 알게 됩니다.

여러분이 지금 직접 지각하고 있는 것과 비슷한 시각 감각자료와 더불어, 여러분이 경험해 보았음직한 다른 감각자료, 시각 및 촉각의 연접(≒동시 연접·선후 연접 중 전자에 해당함)에 대한 이런 과거 경험들은, 제가 지금 논의하고 있는 견해를 옳다고 여기는 철학자들에 의해서 종종

"일상 감각routines of sensation(일상적 감각 경험)"

으로 불리는 것입니다. 그리고 흄의 규칙들에 따르면, 두 가지 견해에

---

113) [역주] 원문에서 애초에 연필을 복수로 쓰고 있으니까 아마 두 자루 이상의 새 연필을 들고 예시하다가, 도중에 단수를 써서 오직 한 자루의 연필만 논의하는 듯하다. 뒤친이로서는 평생 연필을 한 번도 반으로 쪼개거나 갈라본 적이 없다. 다른 독자들도 거의 같을 것으로 본다. 따라서 너무 예외적인 사례를 거론하는 듯하다. 대신, 책상에 놓인 둥근 자명종 시계를 뜯어보았다면 선뜻 경험을 공유할 듯하다. 21세기를 사는 젊은 독자들은 대신 전자 기계를 뜯어보는 사례로 생각하면 될 것 같다. 여기서 중요한 것은 한 가지 낱개의 경험이 아니라, 일련의 연속된 경험들이 겹쳐짐으로써, 점차 공유된 느낌(공감)을 뒷받침하는 요소들이 된다는 점이다.

서 모두 다 이들 과거의 '일상 체험routines'들에 근거하여 지금 여러분이 만일 어떤 일을 했더라면, 즉, 만일 여러분이 직접 지각했음직한 감각자료를 직접 지각해 봤더라면, 만일 이 연필을 손에 잡고서 길게 쪼개고 자잘하게 잘라 봤더라면, 어떤 조건들 아래 제가 가리킨 종류의 다른 감각자료인 시각·촉각을 직접 지각할 수 있었음을 알 수 있도록 허용해 줍니다. 즉, 여러분이 지금 직접 지각하는 이들 감각자료가, 사실상 다른 무엇인가에 대한 신호가 됨을 허용해 주는 것입니다. 사실상 다른 임의의 대상이 심지어 개연적(확률)으로나마 존재한다는 신호가 아니라, 지금 지각하고 있는 감각자료 이외에도, 여러분이 어떤 다른 대상들을 직접 직각할 수 있었다면, 단지 어떤 다른 감각자료도 존재할 것 같은 신호들인 것입니다.

그렇지만 어떤 견해도 이들 다른 감각자료가, 즉, 여러분이 지금 보고 있는 감각자료들이 이런 우원한 방식으로 신호들이 되겠지만, 지금 실제로 존재하는 것처럼 여기지는 않습니다. 어떤 견해도 만일 이 연필을 만진다면 여러분이 느낄 법한 이 원통 모양새가 지금 존재하는 것처럼 간주하지도 않고, 만일 여러분이 그 연필을 둘로 쪼개거나 잘게 자른다면 느끼거나 보았음직한 감각자료가 지금 존재한다고도 여기지도 않습니다.

첫 번째 견해(≒극단적 상대주의)와 관련하여, 이 견해에서는 어떤 것이든지 간에 여러분이 지금 보고 있는 감각자료가 여러분에게 임의 대상의 현재 존재에 대한 어떤 신호가 되는 것으로 알려질 수 없다고 여깁니다. 지금까지 이 연필로써 심지어 개연적(확률)로나마 여러분이 지금 존재하는 것으로 알고 있는 어떤 것을 의미하는 한, 이 연필은 전적으로 여러분이 직접 지각하고 있는 그런 시각 감각자료들로 이뤄집니다. 즉, 홀로 이들 감각자료만으로든지, 아니면 아마 여러분이 지금 지각할 수 있을 임의의 감각인상들로든지 이뤄져 있다고 말해질 수 있습니다. 다시 말하여, 다른 환경 아래 여러분이 보거나 느낌직한 감각자료의 시각인상들입니다. 그렇지만 만일 여러분이 이 연필을 잘라서 내부를 드러낸다면, 설령 연필의 일부가 여러분이 보거나 느낌직한 감각인상일지라도, 이들 감각인상이 이제 이 연필의 내부에 있다고 여기는 것이 아닙니다. 여러분이 아는 한, 간단히 이 연필은 내부를 갖고 있지 않습니다.114) 아마 연필이 내부를 어떤 것이든 갖고 있음을 알 수도 없을 것입니다. 이제 여러분이 바라보며 감각자료가 어떤 신호로 되는 모든 것은, 지금 존재하는 임의의 한 가지 대상에 대한 신호가 아니라, 만일 결코 실현되지 못할 다른 어떤 조건들이 또한 구현되었더라면, 여러분이 보거나 느꼈음직한, 오직 다른 감각자료에 대한 신호일 뿐입니다.

이것이 첫 번째 견해(≒극단적 상대주의)에서 품었던 내용입니다. 두 번째 견해(≒다른 사람의 인식도 인정하는 완화된 견해)는 여기에다 다음 사항을 덧붙입니다. 「여러분이 지금 보고 있는 시각 감각자료가, 실제로 다른 어떤 것의 현재 존재에 대한 어떤 신호가 되는 것으로 알려질 수 있다」고 덧붙이는 것입니다. 왜냐하면 다른 모종의 것이 지금 여러분이 보고 있는 것의 유일한 원인the cause으로서 알려질 수 있고, 그 원인이 반드시 그 결과 이전에 존재해야 하기 때문입니다. 이는 이들 감각자료가 조금 전에 모종의 것이 존재했었다는 신호가 됨을 여러분

---

114) [역주] 무어 교수의 언급을 보면, 맥락상 당시 연필이 각(육각기둥)이 지지 않고, 모두 둥근 원통 기둥처럼 되어 있었던 듯하다. 뒤친이는 초등학교 시절에 대체로 육각형의 기둥으로 된 연필들을 썼었고(굴러 떨어지지 않도록 각이 져 있음), 원통 기둥 모양새는 아마 실을 당겨 종이를 뜯게 되어 있던 빨간 색연필 정도만 그랬었던 듯하다.

　　본문의 이 대목은, 무어 교수가 논박하려는 첫 번째 견해를 놓고서 거기에서 주장할 법한 내용을 추론하여 서술해 놓은 것이다. 둥근 연필의 겉모양만 연필의 전부가 아니고, 그 연필을 잘라서 내부가 어떻게 되어 있는지를 살펴보는 일도 일상적으로 일어날 수 있다. 마치 누구나 어렸을 적에 볼펜을 분해해 보았듯이, 그 내부를 들여다보고 싶은 호기심이 있는 것이다. 그렇지만 극단적 상대주의처럼 만일 현재 한 순간의 감각자료만을 받아들이고, 과거나 미래 사건 속에 들어 있을 감각자료를 상정하지 않는다면, 이런 모순과 맞닥뜨리게 되는 것이다.

　　이런 극단적 견해와는 달리, 명백히 §.6-4에서 무어 교수는 상식적으로 누구나 다 연필이 분명히 내부를 갖고 있음certainly has inside을 믿고 있고, 원통형 표면 속에 둘러싸인 내부의 것이 바깥에 있는 것과 다른 것이라고what is enclosed within this cylindrical surface is something different from what is just ouside it 적었다. 또한 외부와 내부 관계를 연필심을 감싸고 있는 '더 큰 원'과 연필심 그 자체인 '더 작은 원'으로도 표현한다.

이 알 수 있도록 허용해 줍니다. 여러분이 알고 있는 한, 여러분이나 다른 임의의 사람이 그 순간에 직접 지각해 본, 아무런 것이든 간에 임의의 대상anything과 구분되는 모종의 어떤 것something입니다. 그렇지만 다른 모종의 것과 관련해서는,

「그것이 임의의 모양새를 가졌거나 공간 속에 어디이든지 간에 자리잡고 있음을 아마 여러분이 알 수 <u>없을</u> 것이다」

고 말합니다(≒자가당착의 진술임). 예를 들어, 여러분이 보고 있는 감각자료를 일어나도록 한 원인이 되는 것이, 원통 표면의 일부이든지 그 원통 표면 안쪽에 어떤 것이든지 간에, 임의의 것이 있음을 알 수 <u>없는</u> 것입니다. 설령 (연필의 주인인) 제가 향유하는 장점을 지니고 제가 할 수 있는 만큼 자세히 여러분이 촉각과 시각 둘 모두에 의해서 이 연필을 검사해 볼 수 있었다고 하더라도, 이것(≒대상의 존재)을 알수가 없는 것입니다. 제가 직접 지각하는 감각자료가 모양새를 지니고 조금이라도 공간을 점유하고 있는 임의의 한 가지 대상에 대한 신호가 되는 것으로 알려질 수 있는 한, 첫 번째 견해에서 언급하듯이, 단지 아마 결코 실현되지 않을 수 있는 다른 조건 아래에서 보거나 느꼈음직한 다른 어떤 감각자료의 신호가 될 수 있을 뿐입니다. 그것들이 모양새를 지니거나 조금이라도 공간을 점유하는 임의의 한 가지 대상에 대한 현재나 과거의 존재에 대한 신호는 결코 아닌 것입니다 (≒결국 두 가지 견해가 모두 다 대상의 존재를 확증하지 못함).

이제 우리가 물질적 대상들의 존재를 믿는 경우에, 저에게는 이들 두 가지 견해가 우리가 모두 일반적으로 믿고 있는 것과는 전적으로 다름이 아주 분명한 듯합니다(≒둘 모두 상식을 위배함). 우리가 믿는 것은, 지금 직접 지각하고 있는 이들 감각자료가 현재 존재하거나 적어도 바로 전에 실제 존재했던 어떤 것의 존재에 대한 신호라는 것입니다. 단지 과거에 우리가 경험했던 바와 비슷한 조건들 아래 존재함직한

어떤 것에 대한 신호뿐만이 아닙니다. 설령 우리가 정반대 쪽의 철학적 견해를 가질 수 있다손 치더라도, 우리가 모두 믿지 않을 수 없는데, 지금 존재하거나 조금 전에 존재했던 모종의 것이, 단지 모양새나 공간 속에 자리잡거나(≒구체적 대상의 존재) 그렇지 않을 수 있는 어떤 것일 뿐만이 아닙니다. 또한 그 대상과 관련하여 그것이 모양새를 지니는지 여부를 아마 우리가 말할 수 없는 어떤 것일 수도 있습니다(≒추상적인 단언도 실제 존재할 수 있음). 우리는 이제 우리가 보는 감각자료가 어떤 것의 현재 존재나 막 지난 과거 존재에 대한 신호들임을 아주 확정적으로 믿고 있습니다. 이 연필은 분명히 소략하게 원통인데, 원통 모양새를 지니고 있고 분명히 내부도 갖고 있는 것입니다.

예를 들어, 저는 「지금 실제로 존재하며 조금 전에 제가 막 직접 지각했었던 이들 감각자료뿐만 아니라, 또한 아직 직접 지각해 보지 않은 다른 어떤 것도 알고 있다」고 주장합니다. 그리고 「다른 모종의 것이 제가 보고 있거나 느끼고 있는 감각자료의 원인임을 알고 있다」고 주장할 뿐만 아니라, 또한 이 원인이 '여기'에 자리잡고 있고this cause is situated here, 설령 반드시 '여기'라는 말로써 제가 직접 지각하는 공간 속에 있음을 의미하는 것이 아니라 하더라도, 그럼에도 불구하고 공간 속에 있음을, 즉, 실제로 임의의 공간 속에서 어디인가에 있음을 의미합니다. 더군다나, 제 감각의 원인이 여기 공간 속에 자리잡고 있으며, 따라서 어떤 모양새를 지니고 있음을 알고 있을 뿐만 아니라, 또한 소략하게 그 모양새가 어떤 것인지도 알고 있다고 주장합니다. 저는 지금 직접 지각하고 있는 감각자료의 원인이, 사실상 대략 원통 모양인 어떤 대상의 일부 표면이며, 이 원통 모양의 표면 속에 둘러싸여 있는 것(≒연필 내부)이 여기에 그 바깥에 있는 것(≒연필 표면)과는 다른 어떤 것임도 알고 있다고 주장합니다.

저는 우리가 물질적 대상들의 존재를 믿는 경우에, 우리가 모두 믿고 있는 것이 이것들처럼 평범한 대상이라고 생각합니다. 우리가 「항상 실제로 그 대상의 모양새가 정확히 무엇인지를 알고 있다」고 믿는 것은 아니지만, 그런 대상들이 사실상 어떤 모양새를 갖고 있음을 믿고 있습니다. 우리는 실제로 직접 지각한 감각자료를, 즉, 모양새를 지니고 공간 속에 있는 어떤 대상을 놓고서, 현재 또는 바로 이전의 과거 존재에 대한 신호들로 간주합니다. 또한 물론 모양새를 지니고 공간 속에 있는 어떤 대상의 가능한 미래 존재에 대한 신호들로도 여깁니다. 그리고 속성이 드러난 어떤 대상을 놓고서, 즉, 우리가 모양새를 지녔는지 여부를 말할 수 없는 것과 관련된 어떤 대상(≒추상적인 대상)을 놓고서도, 현재 또는 바로 이전 과거의 존재에 대한 신호로 여기는 것입니다.

§.6-4【 흄의 제2규칙도 물질적 대상의 존재를 보장 못함 】그렇다면 관련된 물음은, 일관되게 흄의 제2규칙(≒연접 경험 기억)을 갖고서, 「우리가 직접 지각하는 감각자료가 이런 의미에서 물리적 대상의 존재에 대한 신호임을 조금이라도 알 수 있는지」에 대한 것입니다. 이 물음을 고려하면서, 다시 이 연필을 한 가지 사례로 들 수 있습니다. 만일 제가 지금 직접 지각하는 이들 감각자료가, 실제로 직접 지각하지 않지만 사실상 대략 원통 모양새인 어떤 물체의[115] 현재 또는 바로 이전 과거

---

115) [역주] 원문에서 여기서는 a body한 가지 물체라고 썼지만, 수의적으로 a thing한 가지 것이든 an object한 가지 대상든 an entity한 가지 개체든 an idividual한 가지 개체이든 a particular한 가지 개별체든 간에 어느 하나를 골라 바꿔쓸 수 있다(785쪽의 역주 306). 영어의 수사학rhetorics에서는 오히려 이렇게 바꿔쓰는 일을 장려하는데, 흔히 '낱말 사슬a lexical chain' 만들기로 불리거나 '어휘 결속lexical cohesion'이라고 불린다(핼리데이, 1976; 호이, 1991). 이런 일을 도와주기 위한 도구로서 「관련 낱말 검색 사전thesaurus」을 자주 이용한다. '관련 낱말'은 유의어·반의어·상의어·하의어를 포함한다. 이에 대한 가장 뛰어난 논의가 마이클 호이(M. Hoey, 1991) 『덩잇글 속에 있는 어휘들의 유형(*Patterns of Lexis in Text*)』(Oxford University University)이다.

우리 문화에서도 최근 이런 자각이 생겨나서 먼저 북쪽의 원고를 남쪽에서 출판한 바 있는데, 김일성 종합대학 교수진 외(2006) 『우리말 글쓰기 연관어 사전』 상·하(황토출판사)이며, 몇 년 뒤에 서울대 국어연구소 외(2010) 『넓은 풀이, 우리말 유의어 대사전』(낱말·어휘 정보처리 연구소)이 나왔다. 장차 이런 사전류가 정부가 지원하여 값싸게 중고교 학생들이 이용할 수 있게 해 주어야 하며(정보 매체를 활용하든지 간에), 국어 교사들을 훈련시켜 학생들 스스로가 이런 도구를 쓰면서 표현들을 얼마만큼 다양하게 산출할 수 있는지를 터득할 수 있도록 해 주어야 할 것이다.

33쪽의 역주 8에서 적어 놓았듯이, 한문 문헌에서도 또한 이런 일을 크게 장려하며,

경험에 대한 신호임을 깨닫지 못한다면, 저는 반드시 「임의의 물질적 대상의 존재를 조금도 알 수 없음을 인정해야 한다」고 생각합니다. 만일 여기서 이제 제가 이 연필의 존재를 깨닫지 못한다면, 임의의 물질적 대상의 존재를 거의 조금도 알 수 없는 것입니다. 저는 이 연필에 대하여 제가 가진 증거보다, 조금이라도 임의의 한 가지 대상의 존재에 대한 더 나은 증거를 갖고 있다고 생각하지 않습니다. 그렇다면 만일 흄의 제2규칙(≒연접 경험 기억)이 참이라면, 제가 실제로 그 존재를 믿고 있지만 제가 직접 지각하지는 않은 이 원통형 몸체가, 심지어 개연적(확률)일지언정 지금 실제로 존재하며, 심지어 개연적(확률)일지언정 바로 조금 전에 실제로 존재했음을 사실상 지금 알 수 있을까요?

설령 흄의 제2규칙(≒연접 경험 기억)이 참이었다손 치더라도, 첫눈에 제가 이를 알 수 있음을 가능한 듯이 만들어 주는 것은 다음과 같은 환경이라고 생각합니다. 즉, 과거에 저는 분명히 어떤 측면에서 사실상 그 존재를 믿는 물질적 대상의 일부와 비슷한 다른 감각자료를, 지금 제가 직접 지각하는 감각자료와 비슷한 감각자료와 연접된 방식으로, 직접 지각해 보았다는 것입니다. 예를 들어, 저는 이 물질적 대상, 즉, 이 둥근 연필이 사실상 그것들(≒옛 연필)이 둥글거나 거의 온전한 원형이라는 사실의 측면에서, 이 연필 끝을 바라보거나 제 손으로 연필을 잡고 느끼는 경우에, 제가 지금 직접 지각하는 것과 비슷하게 많은 표면으로 이뤄져 있음을 믿는 것입니다. 그리고 과거에 연필을 깎을 적에, 이 연필의 길이를 바라볼 경우 지금 직접 지각하는 것과 비슷한 감각자료를 모종의 특정 관계로 유지하는 이런 종류의 원형

더욱 뛰어난 글로 평가한다(330쪽의 역주 120과 381쪽의 역주 136도 참고 바람). 그렇지만 글말 전통이 뚜렷하지 않은 우리 문화에서는 오직 일관되게 같은 낱말만을 써야 한다고 관념하고 있으므로, 자칫 낱말이 바뀌어 있을 때 전혀 다른 대상을 가리키는 것으로 오해될 소지가 많다. 대신, 우리말에서는 작지만 변화를 도모하기 위하여 접속어미의 반복을 피하는 경향이 뚜렷하다. 가령, 「~고 ~고 ~고 …」로 이어가는 것이 아니라 오히려 변화를 주어 「~고 ~며 ~고 …」로 쓰는 것을 선호하며, 「~이다. ~이다.」도 「~이다. ~인 것이다.」처럼 변화를 주어 강조한다고 서술할 수 있다.

끝 표면을 직접 지각했습니다. 그러므로 흄의 제2규칙(≒연접 경험 기억)에 따라서, 이전에 제가 비슷한 길이로 여러 요소들이 결합된 비슷한 표면을 알았던 경험과 유사한 관계로, 아마 이 순간에 제가 직접 지각하는 이런 길이로 모든 요소를 그대로 유지하는 둥근 표면이 실제로 존재함을 알 수 있을 것 같습니다. 다시 말하여, 아마 어떤 시점에서든지 간에 실제로 연필을 깎아 보았다면[116] 응당 보았음직한 것과 비슷한, 색깔 띤 둥근 몸체의 일련의 경험조각인 이 연필이, 이 순간에 실제로 존재함을 제가 처음부터 끝까지 알 수 있을 것입니다. 또한 연필의 어떤 속성들이 되었든지 간에 (연필심의) 매끄러움·단단함과 둥근 몸체에 대한 일련의 경험조각이, 만일 제가 연필을 깎고 나서 연필 끝에서 느꼈더라면 응당 느꼈음직한 것들입니다. 또한 저나 또는 다른 누군가가 때로 현미경을 이용하여 이것과 비슷한 둥근 경험조각을 검사하면서, 지금 맨눈을 쓰지만 여전히 원으로 둘러싸인 모든 것을 제가 직접 지각하는 결과와는 크게 다를, 색깔과 형태들을 직접 지각해 볼 수도 있습니다(≒목질의 세포 및 흑연 분자를 새로운 차원에서 볼 것임). 그러므로 이 연필을 깎아서 맨눈으로 연필 끝을 보았더라면 응당 보았음직한 감각자료와 비슷하고 색깔 띤 둥근 경험조각뿐만 아니라, 또한 동일한 장소에서 만일 현미경을 통해서 연필 끝을 보았더라면 응당 보았을 감각자료와 비슷한 경험조각까지 포함하여, 이 순간에 제가 이 연필의 길이가 첫 부분부터 끝 부분까지 실제로 존재하고 있음을 알 수 있습니다(≒일련의 연접 사건들에 대한 재확인 과정은, 꿈과 현실 사이를 구분해 주는 중요한 논법으로 다시 이용됨).

---

116) [역주] 자잘한 차이이지만, 초판 원문의 117쪽과 118쪽(재간은 133쪽과 134쪽)에서 지은이는 cut it *through*(새 연필을 깎아 다 써서 결국 몽당연필이 된 경우)와 cut it *open*(새 연필을 두 쪽으로 갈라 그 속이 활짝 드러난 경우)을 쓰고 있다. through와 open은 동작이 끝난 뒤 결과의 상태를 가리키므로 '결과절resultative'로 불린다. 개인적으로는 through(처음부터 끝까지)는 차츰차츰 전부 다 깎인 느낌을 주므로, 새 연필에서 몽당연필로 된 결과 상태를 가리켜 줄 듯하지만, open열려 있음은 단 번에 둘로 쪼개어서 내부가 활짝 열린 결과 상태가 된 것을 가리킬 듯하다. 만일 이런 이해가 옳다면, 아마 우리말로는 동사를 따로 각각 '깎다 : 가르다'로 써 주어야 될 것이다.

흄의 제2규칙(≒연접 경험 기억)에 따라서, 지금 제가 직접 지각하는 이들 감각자료가, 아마 저에게는 실제로 이들 모든 종류의 감각자료를 놓고서 현재나 방금 이전의 과거의 존재에 대한 신호들이 됨을 알 수 있을 것 같습니다. 비록 내가 직접 그것들을 지각하지 않더라도, 「이들 모든 감각자료가 실제로 지금 존재한다」는 신호인 것입니다. 만일 어떤 다른 조건들이 충족되었더라면 그것들이 미래에도 존재했을 것이라는 신호뿐만이 아닙니다. 다시 말하여, 실제로 지금 제가 직접 지각하고 있는 그런 감각자료들뿐만이 아니라, 또한 제가 직접 지각하지는 않지만 이것들과 비슷한 감각자료와 연접 방식으로 과거에 직접 지각해 본 것들과 비슷한, 상당히 많은 숫자의 다른 감각자료들도 그것들과 모종의 관계로서 존재함을 아마 제가 알 수 있을 것입니다. 이들 다른 감각자료는 실제로 제가 실제로 존재함을 믿는 이 물질적 대상, 즉, 이 연필의 일부와 비슷했을 것입니다. 왜냐하면 제가 줄곧 처음부터 끝까지 둥근 표면을 지닌 이 연필이 존재하며, 새 연필의 이런 끝면들을 각각 경계지어 주는 원에서 만일 그 연필을 깎고서 끝(≒연필심)을 바라봤더라면 「맨눈으로 당연히 보았을 감각자료와 비슷한 모양새를 지닌 대상이 존재한다」고 실제로 믿고 있기 때문입니다. 예를 들어, 더 큰 원 안에 있는 다른 색깔을 지닌 더 작은 원인데, 검은 연필심이 있는 장소를 보여 줍니다. 저는 사실상 제가 지금 보고 있는 더 큰 원 속에 있는 이 연필심의 둥근 표면과 모양새가 비슷한 어떤 것(≒흑연 연필심)이, 이 연필 속에 연필의 첫 부분에서 끝부분까지 있다고 믿고 있습니다. 또한 만일 연필을 가르고서 현미경으로 살펴봤더라면, 연필의 첫 부분에서부터 끝부분까지 사실상 모양새에서 맨눈으로 제가 응당 보았을 것들과는 차이가 있습니다(≒현미경으로는 목질 세포 및 흑연 분자를 보게 됨). 그러므로 제가 현재 존재한다고 믿고 있는 물질적 대상이 사실상 많은 측면에서 특정 환경 아래에서 지금 보고 있는 것들과 연접하여 보게 되었을 감각자료와 비슷하며, 따라서 또한 제가 과거에 이것들과 닮은 감각자료와 연접하여 직접 지각해 본 감각자료들과도 비슷합니다. 제가 알 수 있는 한, 흄의 제2규칙(≒연접 경험 기억)은 우리로 하여금 특정한 환경 아래에서 응당 보았을 이들 감각자료가 실제로 모두 지금 존재함을 추론할 수 있도록 허용해 줍니다.

그러므로 흄의 제2규칙(≒연접 경험 기억)이 참값이었다면, 제가 믿고 있는, 그 물질적 대상(≒둥근 연필)과 많은 측면에서 아주 닮은 어떤 것의 현재 존재를 알 수 있을 것 같습니다. 제가 존재한다고 믿고 있는, 그 대상의 부분들과 모양새가 아주 비슷한 일부를 구성하고 있는 모종의 것입니다. 제가 논박하고 있는 두 가지 견해에 따라 아직 구현되지 않았으나, 오직 특정한 조건들 아래에서만 존재할 것으로 알 수 있는, 어떤 종류의 감각자료가 지금 실제로 존재함을 제가 알 수 있는 것입니다. 그러므로 흄의 규칙은 이들 두 가지 견해에서 허용했던 것보다 제가 믿고 있는 어떤 것을 훨씬 더 많이 알 수 있도록 허용해 줄 듯합니다.

그럼에도 불구하고, 저에게는 흄의 제2규칙(≒연접 경험 기억)이 정확히 제가 믿고 있는 그것을, 즉, 그 물질적 대상인 연필의 존재를 제가 알 수 있도록 허용해 주지는 않을 듯합니다. 왜냐하면 흄의 규칙에서 저에게 알 수 있도록 허용해 준 그 연필의 부분들과 모양새로서 비슷한 이런 모든 것들이 색깔을 지닌 어떤 모양새의 경험조각이고, 어떤 모양새의 단단함과 (연필심의) 매끄러움이나 거칡에 대한 경험조각들이기 때문(≒부분일 뿐 전체가 아니기 때문)임을 꼭 상기해야 할 것입니다. 설령 만일 연필을 반쪽으로 쪼개어 갈라봤더라면 응당 보았음직한 것과 비슷한 색깔들이 그 연필 속에서 지금 사실상 존재함이 참값일 수 있다 하더라도 그렇습니다. 그리고 설령 서로 다른 크기의 서로 다른 색깔들이 모두 동일한 장소에 존재할 수 있음이 참값이 될 수 있다 하더라도 그러합니다. 이들 일부 경험조각을 지각한다고 하더라도, 여전히 색깔을 띠며 단단하고 매끄러운 속성에 대한 이들 경험조각이, 분명히 제가 믿고 있는 그 물질적 대상(≒연필)의 전체를 구성해 놓지는 못합니다. 다시 말하여, 설령 지금 여기에 제가 보지 못하는 모든 종류의 색깔들과 제가 느껴 보지 못하는 모든 종류의 촉각 속성들이 있다손 치더라도, 여전히 제가 믿고 있는 그 연필이 분명히 오로지 색깔과 촉각 속성으로만 이뤄질 수는 없습니다. 그 연필이 존재한다고 믿을 경우에, 제가 믿는 것은, 사실상 모양새가 원기둥인 어떤 것이 존재하지만, 오직 제가 한 번이라도 직접 지각해 본 색깔 띤 매끄럽거나 단단한 임의 숫자의 경험조각 또는 감각자료의 다른 종류로만 구성된 것이 아닌 모종의 것이 존재한다는 것입니다. 이들 모든 종류의 감각자료가 사실상 지금 그 연필이 있는 동일한 장소에 있다고 하더라도, 개인적으로는 그러할지 여부를 의심하고 부인할 타당한 이유가 있다고 생각하지만, 저는 분명히 그 장소에 그밖에도 다른 어떤 것이 있음을 믿고 있습니다(≒가령, 향나무로 만든 향기 나는 연필이나 슬슬 잘 깎이는 재질의 목심 따위). 다른 어떤 이것this something else도 전체 물질적 대상이 되는 것이 아닐지라도, 분명히 그 연필의 일부입니다.

「저로서는 설령 흄의 제2규칙(≒연접 경험 기억)이 참이었다손 치더라도, 아마 다른 어떤 이것의 존재를 알 수 없었을 것으로 봅니다.」
(And it seems to me that, if Hume's second rule were true, I could not possibly know of the existence of this something else.)

왜냐하면 과거에 그것과 닮은 임의의 한 가지 대상을 무엇이든지 간에 결코 직접 지각하지 못하기 때문입니다(≒모든 속성을 똑같이 지니지 못하고 오직 일부만 비슷할 뿐임). 저는 오직 그것이 지녔던 것과 비슷한 어떤 모양새만 지닌 감각자료를 직접 지각할 뿐입니다.

그러므로 저는 흄의 원리들에 근거하여 「임의의 물질적 대상의 존재를 결코 아무도 알 수 없다」고 주장하는 그런 철학자들이 자신의 논지 전개 중에서 첫 번째 단계에 관한 한 지금까지는 올바르다고 생각합니다. 그들이 다음처럼 말하는 것은 옳습니다.

「만일 흄의 원리가 참이라면, 결코 아무도 임의의 물질적 대상의 존재를 알 수 없다. 심지어 개연적(확률)일지언정 그런 임의의 한 가지 대상이 존재함을 결코 아무도 알 수 없다.」

(If Hume's principles are true, nobody can ever know of the existence of any material object — nobody can ever know that any such object even probably exists)

단, 여기서 '임의의 물질적 대상'으로써, 모양새를 지니고 공간 속에 자리잡고 있는 임의의 한 가지 대상이더라도, 이런 측면만 제외하고서는 우리가 한 번이라도 직접 지각해 본 어떤 감각자료와도 비슷하지 않음을 의미합니다. 그렇지만 그들의 논지 전개 중에서 두 번째 단계에서도 올바를까요? 그들이 또한 다음처럼 결론을 맺는 것도 올바를까요?

「흄의 원리들이 참이므로, 심지어 개연적(확률)일지언정 실제로 임의의 물질적 대상의 존재를 결코 아무도 알 수 없다.」

(*Since* Hume's principles are true, nobody ever *does* know, even probably, of the existence of nay material object.)

달리 말하여, 흄의 원리들이 참일까요?

§.6-5 【 귀류법을 통한 흄의 원리들에 대한 논박 】 여러분이 보듯이 우리가 도달한 입장은 다음과 같습니다. 만일 흄의 원리들이 참이라면, 저는 이제 이 연필이, 즉, 물질적 대상이 존재함을 알지 못함을 인정하는 것입니다. 그렇기 때문에, 만일 제가 이 연필이 존재함을 실제로 알고 있다고 입증할 예정이라면, 어쨌든 반드시 흄의 원리들이, 그 중 하나의 규칙이나 그 규칙들이 둘 모두 다 참값이 아님을 증명해

야만 합니다. 제가 어떤 종류의 방식으로, 어떤 종류의 논점으로 이를 반증할 수 있을까요?

저에게는 사실상 다음과 같은 것보다 더 강력하고 더 나은 논점이 있을 것 같지 않습니다(≒반례를 통한 삼단 반증의 형태를 띰).

「나는 실제로 이 연필이 존재함을 알고 있다.
그러나 만일 흄의 원리들이 참이었다면 내가 이를 알 수 없었을 것이다.
그러므로, 흄의 원리들 중 하나 또는 둘 모두 다 거짓이다.」
(I *do* know that this pencil exists; but I could not know this, if Hume's principles were true; *therefore*, Hume's principles, one or both of them, are false)

저는 이런 논점이, 이용될 수 있을 어떤 논점만큼이나 강력하고 타당한 논점이라고 생각합니다. 그리고 이것이 사실상 확정적이라고 여깁니다. 달리 말하여, 만일 흄의 원리들이 참이었더라면 이 연필의 존재를 알 수 없었을 것이라는 사실이, 그런 원리들에 대한 귀류법이라고 생각합니다. 그렇지만 물론 이 귀류법은 그 원리들이 참이라고 믿는 사람들에게, 그리고 여전히 제가 이 연필이 존재함을 실제로 알지 못한다고 믿는 사람들에게도 확신을 주지 못할 것 같은 논점입니다. 이는 문제를 교묘히 피해 가는 일처럼 보일 듯합니다. 그러므로 저는 이것이 실제로 온당하고 확정적인 논점임을 보여 주고자 노력할 것입니다.

한 가지 논점이 타당하고 확정적으로 될 수 있으려면 무엇이 필요할지 살펴보기로 합시다. 사실상 확정적인 임의의 논점은 우리로 하여금 그 결론이 참임을 알 수 있도록 해 주는 것입니다. 만일 임의의 논점 전개가 우리로 하여금 이 점을 알 수 있도록 해 주려면, 반드시 충족되어야 하는 한 가지 조건이, 사실상 반드시 결론이 전제들로부터 뒤따라 나와야 한다는 것입니다. 우선 이런 측면에서 제 논점이

제 반대쪽 논점의 것과 어떻게 비교될 수 있을지를 살펴보기로 하겠습니다. 제 논점은 다음과 같습니다.

「나는 실제로 이 연필이 존재함을 알고 있다. 그러므로 흄의 원리들이 거짓이다.」

(I do know this pencil exists; therefore Hume's principles are false)

이와는 달리 제 반대쪽의 논점은 다음과 같습니다.

「흄의 원리들이 참이다. 그러므로 실제로 여러분은 이 연필이 존재함을 알지 못한다.」

(Hume's principles are true; therefore you do not know that this pencil exists)

분명히 결론이 전제로부터 뒤따라 나와야 하는 확실성의 측면에서, 이들 두 논점은 동등하게 양호합니다. 만일 제 반대쪽 결론은, 한 가지 조건을 제외한다면, 즉,

「만일 흄의 원리들이 참이라면, 나는 이 연필이 존재함을 알지 못한다」

(If Hume's principles are true, then I do not know that this pencil exists)

는 가정적 단언(명제)이 참값이 아닌 한, 그 전제로부터 도출되어 나오지 않습니다. 그렇지만 만일 이 단언(명제)이 참값이라면, 제 결론도 또한 저의 전제로부터 뒤따라 나옵니다. 사실상 두 논점이 이런 측면에서 정확히 동일한 가정적 단언에 달려 있습니다. 저의 입장과 제 반대쪽 입장이 모두 참된 것으로 인정한 단언(명제)이며, 다음과 같습니다.

「만일 흄의 원리들이 참이라면, 나는 이 연필이 존재함을 알지 못한다.」

이 단언(명제)이 참값이 아닌 한, 그 전제로부터 아무런 결론도 뒤따라 나오지 않습니다. 만일 이 단언(명제)이 참값이라면, 그 전제로부터 결론이 각각 뒤따라 나옵니다. 그리고 대상의 이런 사태는 어떤 원리에 대한 탁월한 예시인데, 저는 많은 철학자들이 쉽게 이를 잊어버린다고 생각합니다. 즉, 한 가지 단언(명제)이 또 다른 단언(명제)과 일치하거나 뒤따라 나온다는 단순한 사실이, 저절로 그 진리값을 위하여 가장 사소한 추정도 우리한테 제공해 주지 못합니다. 제 결론은 제 반대쪽 결론이 그의 전제와 일치하는 만큼, 정확히 강력하게 제 전제와 일치합니다. 그럼에도 명백하게 이 단순한 사실은 어떤 입장을 위해서도 가장 사소한 추정도 전혀 제공해 주지 않습니다.

그러므로 두 가지 입장이 동등하게 임의의 논점을 확정적으로 만들기 위해 필요한 첫 번째 조건을 충족시켜 줍니다. 둘 모두 다 동등히 「결론이 반드시 그 전제로부터 뒤따라 나와야 함」을 충족시켜 주는 것입니다. 그렇다면 임의의 논점이 우리로 하여금 그 결론이 참임을 알 수 있도록 만들어 주려면, 다른 무슨 조건이 필요할까요?

필요한 두 번째 조건은 다음과 같습니다. 즉,

「우리가 그 전제가 마땅히 참값임을 알아야 한다」
(we should know the premiss to be true)

명백히 만일 그 논점이 우리들로 하여금 결론이 참값임을 알 수 있도록 해 준다면, 저는 반드시 이 조건이 충족되어야 한다고 생각합니다. 만일 우리가 이것이 그러함을 알지 못한다면, 단지 그 전제가 참이 되어야 함은 충분치 못합니다. 왜냐하면 그 전제가 참이고 결론이 전제로부터 뒤따라 나온다고 가정하되, 그럼에도 불구하고 그 전제가 참값임을 제가 알지 못하기 때문입니다. 대상들에 대한 이런 사태가 저로 하여금 그 결론이 참값임을 어떻게 알 수 있도록 해 줄까요?

명백히 이것이 해당 경우의 전체 사태가 되는 한, 마치 결코 그 전제를 한 번도 생각해 보지 않은 양, 저는 이 결론이 참값임을 아는 일로부터 즉시 멀어져 알 수 없게 될 것입니다. 그 결론이 전제로부터 뒤따라 나오고, 그 전제가 사실상 참값이며, 따라서 결론도 사실상 참값이라는 의미에서 이 논점은 온당한 논점일 수 있고, 실제로 온당한 논점입니다. 그렇지만 아마 저나 또는 다른 임의의 사람으로 하여금, 그 결론이 참값임을 알 수 있도록 해 줄 수 있다는 의미에서, 온당한 논점이 되지 못합니다. 전제가 참값이라는 단순한 사실이 임의의 사람으로 하여금 무엇이든지 간에 저절로 그 결론도 그러함을 알 수 있도록 해 주지 못할 것입니다.

만일 누구든지 간에 아무것이나 그 논점에 의해서 절대적으로 그 결론을 알 수 있게 된다면, 반드시 그 사람은 먼저 스스로 절대적으로 그 전제가 참임을 알고 있어야 합니다. 똑같은 일이 절대적 확실성을 위해서뿐만 아니라, 또한 가까이에 있는 모든 종류의 개연성(확률)을 위해서도 성립합니다. 만일 무엇이든지 간에 임의의 논점이 저로 하여금 그 결론이 임의의 개연성(확률)으로 되어 있음을 알 수 있게 한다면, 우선 반드시 저는 그 전제가 적어도 동일한 정도로 개연성(확률)이 있음을 알아야 합니다. 달리 말하여, 심지어 그 전제가 우리들로 하여금 무엇이든지 간에 그 결론이 임의의 개연성(확률)을 지님을 알 수 있게 하는 의미라고 하더라도, 그 전제가 적어도 그 결론만큼 확실하지 않는 한, 아무런 논점도 온당한 것이 아닙니다. 단, 여기서 '확실함'으로써, 참값이나 아마 참값일 것임을 의미할 뿐만 아니라, 또한 그렇게 되는 것으로 알려짐까지도 의미합니다.

그렇다면 제 반대쪽 논점 및 제 논점 사이에 어떤 것이 더 나은지를 결정하는 유일한 방법은, 어떤 전제가 참값이라고 알려져 있는지를 결정하는 일에 의해서 이뤄집니다. 제 반대쪽 입장의 전제는, 흄의 원리들이 참이라는 것입니다. 그리고 이런 전제가 참값일 뿐만 아니라 또한 절대적으로 참값이 되는 것으로 알려지지 않는 한, 이 연필의 존재를 제가 알지 못한다고 입증하려는 그런 논점은 확증적으로 될 수 없습니다. 제 논점은 이 연필의 존재를 제가 실제로 알고 있다는 것입니다. 이 전제가 참값일 뿐만 아니라 또한 절대적으로 참값이 되는 것으로 알려지지 않는 한, 흄의 원리들이 거짓임을 입증하려는 제 논점도 확증적으로 될 수 없습니다. 더구나 어떤 것도 아주 확실하지 않다고 가정하면서, 어떤 경우이든지 그 결론의 확실성의 정도는 그 전제의 확실성 정도에 비례할 것입니다. 그렇다면 어떤 것이든 간에 어떤 전제가 알려져 있음이 또는 어떤 전제가 더 확실함이 어떻게 결정될 수 있을까요?

임의의 전제가 참값이라고 알려질 수 있는 한 가지 조건은, 우리가 이미 서술해 놓은 어떤 조건입니다. 즉, 만일 우리가 임의의 확증적 논점을 선호하여 지닌다면, 임의의 단언이 참값이 된다고 알려집니다. 다시 말하여, 이미 참값이 되는 것으로 알려진 어떤 또는 일련의 전제들로부터 실제로 도출되어 나온다면 그러합니다. 저는 어떤 또는 일련의 전제들이라고 말합니다. 그리고 이 새로운 속성은 당연히 주목받아야 합니다. 왜냐하면 복잡성을 도입하기 때문입니다. 만일 단일한 한 가지 전제로부터 임의의 논점이 확증적으로 되려면, 이미 살펴봤듯이 반드시 그 단일한 전제가 적어도 그 결론만큼 확실해야 합니다. 임의의 그런 논점에 도움을 받아 그 결론이 그 전제보다 더 높은 확실성의 정도를 지니고서 알려질 수는 없는 것입니다. 그렇지만 명백히 일련의 전제들에 대한 경우에는, 그 결론이 여러 전제들 중 임의의 단일한 전제보다는 좀더 확실해질 수 있습니다. 그렇지만 여기서 또한 각각의 전제들이 최소한 반드시 어느 정도로 개연적(확률)임이 알려져야 합니다. 개연성(확률)이 있는 것으로 알려지지 않은 전제들은 아무리 많더라도, 우리로 하여금 그런 개연성 없는 모든 전제들로부터 뒤따라 나온 결론이 심지어 최소한도의 개연성(확률)으로 되어 있음을 알 수 있도록 보장해 주지도 못합니다.

그러므로 한 가지 단언(명제)이 참값이 된다고 알려질 수 있는 한 가지 방식은, 만일 결론이 어떤 또는 일련의 전제들로부터 뒤따라 나온다면, 각각의 결론이 이미 어느 정도의 확실성을 지니고서 그렇게 알려져 있는 것입니다. 그리고 일부 철학자들이 이것이 임의의 단언(명제)이 한 번이라도 참값이 된다고 알려질 수 있는 유일한 방식이라고 생각했던 듯합니다. 다시 말하여, 그들은 결론이 어떤 다른 단언(명제)이나 이미 그렇다고 알려져 있는 <u>일련의 단언(명제)</u>들로부터 도출되지 않는 한, 아무런 단언(명제)도 한 번이라도 참이 되는 것으로 알려질 수 없다고 생각했던 듯합니다.

그렇지만 저는 만일 이런 견해가 참값이었다면, 무엇이든 간에 아무도 임의의 명제를 가장 사소한 정도로나마 참값이 됨을 알지 못함을 쉽게 알아차릴 수 있다고 생각합니다(늑무한 퇴행의 늪에 빠져 버리기 때문임). 왜냐하면 제가 먼저 그 단언(명제)으로부터 도출되는 어떤 다른 단언(명제)이 참값이거나 참값이 될 수 있음을 깨닫지 못하는 한, 만일 제가 무엇이든지 간에 임의의 단언(명제)이 참값이거나 아마 참값이 될 수 있음을 알 수 없다면, 물론 저는 이 다른 단언을 그 이전에 어떤 제3의 단언을 미리 알지 못하는 한, 이 다른 단언의 참값을 알 수 없기 때문입니다. 이 제3의 단언도 또한 제가 그 이전에 미리 제4의 단언을 알고 있지 않다면 알 수도 없을 것입니다. 기타 등등. 이 과정이 끝도 없이 퇴행합니다ad infinitum. 달리 말하여, 그가 미리 절대적으로 임의의 무한한 계열an absolutely infinite series로 이뤄진 다른 단언(명제)들을 알 수 없는 한, 무엇이든지 간에 아무도 임의의 명제가 심지어 개연적(확률)일지언정 참값이 됨을 결코 알 수 없음이 도출되어 나올 것입니다. 따라서 실제로 「아무도 무한한 계열의 단언(명제)들을 전혀 알 수 없음」이 아주 명백합니다.

만일 이런 견해가 참값이었다면, 제 논점도 제 반대쪽 논점도 아마 온당한 논지 전개가 되지 않았을 것입니다. 두 가지 논점이 어떤 것도 우리로 하여금 결론이 심지어 최소한도의 개연성(확률)일지언정 가능함을 알 수 있도록 보장해 주지 못합니다. 그리고 어떤 것이든 간에 모든 다른 논점들에 대하여 동일한 상황이 참값이 될 듯합니다. 따라서 만일 이런 견해, 즉, 우리가 온당한 논점을 갖고 있지 않는 한, 무엇이든지 간에 우리가 결코 임의의 단언(명제)을 알 수 없다는 견해가 참값이었다면, 우리가 이를 위하여 결코 임의의 건전한 논점을117) 가질 수 없기 때문에, 우리가 무엇이든지 간에 임의의 단언(명제)이 참값이 됨을 결코 알 수 없음이 뒤따라 나올 것 같습니다.

---

117) [역주] 언제나 필연적 추론을 보장해 주는 가장 손쉬운 함의 형식이 「삼단 논법」이다. '모든 사람은 죽는다, 이순신은 사람이다, 따라서 이순신도 죽는다.' 이를 일반화하면 좀더 상위의 진술로 만들 수 있다. 임의의 X가 어떤 속성을 지닌다면, 그 X에 속한 원소들도 그 속성을 지닌다. 이를 다시 더 추상화하면, 이른바 함의 형식implication이된다. 즉, 임의의 X라면 Y가 된다. 이것이 인간 사고를 작동시키는 가장 기본적인 질서이며, 컴퓨터에서는 「입력이 들어오면 출력이 나간다」로 재번역하며(X→Y), 연산computation으로 부른다. 이것들은 모두 정의할 수 없이 다만 약속할 뿐인 공리 체계의 무정의 용어undefined terms이다.

그렇지만 비엔나 대학에 제출한 괴델의 증명에 따라 이 공리 체계에서도 무한 퇴행이 생겨남을 뤄쓸(1937 개정판)『수학의 원리』(Norton)에서도 잘 알고 있었다(그래서 개정판 서문이 길게 씌어졌음). 또한 가장 궁극적인 함의 관계조차 두 가지 갈래로 나뉨을 명확히 깨닫고 있었다. 따라서 뤄쓸은 수학적 사고가 가능해지는 관계를 오직 「if X, then Y」의 함의 형식을 전건과 후건이 서로 관련되어 있는 logical implication논리적 함의 관계로만 국한시켜 놓고 있다. 이와는 달리 더 상층에서 존재 여부만 따지는 material implication물질적 함의, 질료적 함의으로 진행되어 나간다면, 아무런 제약도 가할 수 없으며, 결코 인간의 지성으로는 다룰 수 없는 사태들을 마주하게 된다. 지성사에서 아무도 물질적 함의 관계를 다뤄본 적도 없기 때문에 다시 어떻게 더 상위 차원의 다른 퇴행 과정을 거칠지에 대해서는 아무도 모른다. 다만 우리로서는 무한 퇴행에 활짝 열려 있음만 알 뿐이다. 지금 현재 여러 가지 공리 체계들의 서로 모순되지 않게 양립할 수 있음도 코언(Paul Cohen, 1863)에 의해 증명되어 있다. 그렇다면 문제는 그런 무한 퇴행을 막거나 슬기롭게 회피하는 방식을 찾아야 한다. 이런 무한 퇴행의 형식은 뤄쓸이 「A∈A」에 의해서 비롯됨을 깨닫기 전에는 전혀 그 본질이 밝혀져 있지 않았지만, 희랍 시대에서부터 '전체'를 확인하는 방법에 골몰할 적에 늘 스며들어 있었다(특히 무한한 전체의 경우임).

잘 알려져 있듯이, 앨런 튜링은 「계산 가능성」이란 개념을 엄격히 정의하여 도출 과정이 스스로 점검 확인되는 방식을 도입하였다. 옥스퍼드 대학의 일상언어 철학자 그롸이스(Grice, 1989)『낱말 사용 방식에 대한 연구(Studies in the Way of Words)』(하버드대학 출판부)에서도 비슷하게 무한 퇴행을 오직 한 두 개 단계에만 그치도록 하면서 구성원들이 서로 합의점을 찾는 방식을 '상식적 접근'으로 간주하면서 이런 어려움을 벗어나는 전략을 썼다.

무어 교수는 직접 지각을 중심으로 하여 외부 세계의 물질이 직접 지각을 통해서 우리 정신 속에 수반 현상으로 감각자료와 감각인상을 만들어 내는 토대 위에서 다시 지식도 사실 여부를 즉각적으로 확인할 수 있는 '즉각 지식'의 수립 방법을 해결책으로 보았다. 여기서 원문에 a good argument건전한 논점는 무한 퇴행에 빠지지 않고 참값임을 증명할 수 있는 방식이다. 때로 sound온당한라는 수식어와 교체하면서 쓰고 있으며, 타당하게 입증될 수 있는 논점을 가리킨다. 이는 다른 단언의 매개 없이 즉각적으로 참임을 알 수 있는 단언으로서, 이어지는 §.6-6에서는 '즉각적 지식'으로 부른다.

§.6-6【 무한 퇴행을 벗어나는 방법으로서 새롭게 '즉각적 지식'을 내세움 】

그러므로 만일 제 논점이든 제 반대쪽 논점이든 아니면 다른 임의의 논점이든 간에, 건전한 논점이 되려면 무엇이든 간에 그 단언이 도출되어 나온 다른 임의의 선행 단언(명제)을 알지 않고서도, 반드시 적어도 우리가 한 가지 단언(명제)이 참값이 됨을 알 수 있도록 하는 경우일 것입니다. 저는 이런 방식으로 임의의 명제가 참값이 됨을 아는 방식을「즉각적 지식immediate knowledge」이라고 부르기를 제안합니다. 잠시 동안 즉각적 지식이 무엇인지에 대해서 다루려고 합니다. 이것은「직접 지각」으로 불렀던 것과는 아주 다른 어떤 것입니다. 사실상 비록 두 가지가 아주 종종 두 이름으로, 즉, 둘 모두 흔히「직접 지식」으로도,「즉각적 지식」으로도 불렸지만, 이것이 제가「직접 지각」과는 아주 다른 명칭을 선택한 이유입니다. 이 둘 사이에 한 가지 차이점은, 이미 설명한 대로「직접 지각」이란, 여러분이 믿는 경우이든 믿지 않는 경우이든 동등하게, 그리고 참값이 되는 경우이든 거짓값이 되는 경우이든 동등하게, 한 가지 단언(명제)에 대하여 여러분이 지닐 수 있는 어떤 관계입니다. 반면에「즉각적 지식」은 §.4-2에서 제가「전형적 지식knowledge proper」으로 불렀던 관계의 한 가지 형태입니다. 여러분이 기억하시듯이, 전형적 지식은 한 가지 단언(명제)에 대해서

㉠그 단언(명제)을 직접 지각하는 일 말고도
㉡그 단언을 믿지 않는다면 결코 지닐 수 없는 관계이고,
㉢그 단언을 믿는 일 말고도 그 단언(명제)이 그 자체로 참값이 아닌 한, 결코 지닐 수 없는 관계이며,
㉣그리고 어떤 네 번째 조건(≒207쪽의 '전형적 지식 구축')이 충족되지 않는 한, 결코 지닐 수 없는 관계입니다.

「직접 지각」과「즉각적 지식」사이에 있는 또 다른 차이는, 직접 지각이 단언(명제)이 아닌 대상들에 대해서도 지닐 수 있는 관계이지

만, 반면에 '전형적 지식'의 한 형태로서 「즉각적 지식」은 여러분이 오직 단언(명제)들에 대해서만 지닐 수 있는 관계입니다.

예를 들어, 지금 이 순간 저는 이 종이의 하야스름한 색깔을 직접 지각하고 있지만, 이 하야스름한 색깔을 즉각적으로 지각하는 것은 아닙니다. 제가 이 종이를 직접 지각하는 경우에, 저는 또한 「제가 직접 이 종이를 지각한다」는 단언(명제) 및 「이 종이가 존재한다」는 단언(명제)을 우연히 떠올린다면118) 즉각적으로 알 수 있습니다. 그렇지만 이들 단언(명제)이 둘 모두 하야스름한 색깔 그 자체와는 아주 다른 어떤 것입니다. 주어진 임의의 순간에 저는 동시에 어떤 단언(명제)도 즉각적으로 알고 있지 않은 채, 한 가지 색깔을 직접 지각할 수 있습니다. 비록 제가 한 가지 색깔이나 임의의 다른 감각자료를 실제로 직접 지각할 경우마다, 「내가 직접 그 색깔을 지각한다」는 단언(명제) 및 「그 색깔이 존재한다」는 단언(명제)을 둘 모두 우연히 떠올려서 알 수 있더라도 그러합니다. 그러므로 「즉각적 지식」은 「직접 지각」과는 아주 다른 어떤 것입니다.

이것이 「즉각적 지식」에 대하여 마땅히 언급되어야 할 다른 한 가지 핵심이 있습니다. 저는 여러분이 도출되어 나온 다른 임의의 도출 단언(명제)을 미리 잘 알지 못할 경우에, (곰곰 따져 본 결과) 그 단언(명제)이 참값이 됨을 알 수 있는 것으로, 여러분이 그 단언을 직접 지각할 뿐만 아니라 또한 실제로 알고 있는 종류의 방식이라고 언급하였습니다. 물론 여러분이 실제로 도출되어 나온 임의의 도출 단언(명제)을 미리 잘 알지 못할 경우에라도, 만일 그것이 도출된 단언(명제)임을 안다면(≒도출될 수 있음을 깨닫는다면), 즉각적으로 여러분은 오직 그 도출 단언을(≒도출 결과임을) 알 수 있을 뿐입니다. 그렇지만 여러분이 심지어 임의의 단언을 즉각적으로 깨달을 경우에조차도, 여러분은 또한 동시

---

118) [역주] if I happen to think of them**내가 우연히 그것들을 떠올린다면**에서 them은 두 가지 단언을 가리킨다. 우리말에서는 zero pronoun**무형식(공범주 대명사)**을 써야 하므로, '우연히 떠올린다면'을 두 개의 단언 뒤에다 놓았다.

에 도출되어 나온 어떤 도출 단언(명제)도 알 수 있다고 주장하는 것이 중요합니다(≒언제나 지식들은 여러 하위 영역들이 위계화되고 통일된 체계로 주어져 있기 때문임). 여러분이 이를 즉각적으로도 알 수 있고, 또한 도출되어 나온 다른 어떤 도출 단언(명제)도 함께 알고 있기 때문입니다(≒가령, 꽃이 피었다는 단언을 직접 지각한다면, 또한 벌 나비들이 날아들겠고 꿀과 꽃가루를 나르겠다는 딸림 단언들도 즉각 알 수 있음).

그러므로 만일 여러분이 한 가지 단언(명제)을 알고 있는 모든 경우들에 대해서, 도출되어 나온 어떤 다른 도출 단언(명제)도 잘 알고 있기 때문에, '즉각적 지식'이란 이름을 붙여 준다면, 그 결과는 여러분이 한때 그리고 동시에 동일한 단언(명제)을 매개를 통해서도mediately 그리고 즉각적으로도immediately 알 수 있는 것입니다. 그러므로「매개된 지식」및「즉각적 지식」사이에 있는 관계는,「직접 지각」및「간접 지각」사이에 있는 관계와는 아주 다른 것입니다. 여러분이 임의의 한 가지 대상을 직접적으로 지각하는 경우에, 결코 동시에 또한 그 대상을 간접적으로 지각할 수는 없습니다. 그리고 여러분이 임의의 한 가지 대상을 간접적으로 지각하고 있는 경우에, 동시에 결코 그 대상을 직접적으로 지각할 수는 없습니다. 그렇지만, 한 순간에 그리고 동시에, 여러분은 임의의 단언(명제)을 매개를 통해서도 그리고 즉각적으로도 알 수 있는 것입니다.

물론 여러분이 오직 임의의 단언(명제)을 매개를 통해서만 아는 경우들도 실제로 생겨납니다. 왜냐하면 도출되어 나온 어떤 다른 도출 단언(명제)만 알고 있었기 때문입니다. 그렇지만 비록 여러분이 도출되어 나온 도출 단언(명제)만 알고, 따라서 (추가적으로) 실제로 매개를 통해서만 어떤 다른 단언(명제)을 알기 때문에, 결과적으로 여러분이 그 단언(명제)까지 다 알고 있다고 하더라도, 즉각적으로 알게 되는 그런 경우들을, 즉각적으로 그 단언을 알지 못한 채 오직 이런 매개를 통해서만 알게 되는 경우들로부터 따로 떼어 놓아 구분하는 것이 중요합니다(≒가령 폭설이 내렸다는 단언이 곧 눈사태가 날 것이라는 단언을 자동적으로 알게 해 주더라도, 만일 큰 눈사태가 실제로 일어났다는 추가 소식이 없다면, 눈사태에 인명 구조가 필요하다는 추가 단언을 참값으로 여기지 않을 것임).

그렇다면 만일 임의의 단언(명제)이 무엇이든지 간에 매개를 통해서 알려지든지, 아니면 단지 도출되어 나온 것으로부터 다른 어떤 단언(명제)들이 알려지기 때문뿐만 아니라 또한 다시 도출되어 나온 단언(명제)으로부터 다른 어떤 단언(명제) 때문에도, 적어도 어떤 한 가지 단언이 우리한테 반드시 즉각적으로 알려져야 함은 분명합니다. 그러므로 그 전제가 오직 즉각적으로 알려질 경우에만, 선호되는 다른 논점들이 있는 경우에서와 같이, 임의의 논점을 온당하고 확증적으로 만들기 위해 필요한 조건들도 또한 충족될 수 있음이 뒤따라 나옵니다. 그러므로 다음의 제 논점

「나는 이 연필이 현존함을 알고 있다. 그러므로 흄의 원리들이 거짓이다.」

(I know this pencil to exist; therefore Hume's principles are false)

는 비록 그 전제가, 즉, 제가 이 연필이 현존함을 실제로 알고 있다는 전제가 오직 즉각적으로 알려지더라도, 임의의 다른 논점처럼 온당한 논점이 될 수 있습니다.

그렇지만 이 전제가 저한테 사실상 즉각적으로 알려지는 것일까요? 비록 다음과 같은 이유들 때문에 논쟁이 일어날 수 있다고 하더라도, 저는 그렇다고 생각하는 쪽으로 쏠려 있습니다. 반드시 그 전제가 「나는 이 연필이 현존함을 알고 있다」임이 주목되어야 합니다. 그러므로 제가 즉각적으로 알고 있다고 주장하고 있는 것은, 「이 연필이 현존한다」는 것이 아니라, 「나는 이 연필이 현존함을 알고 있다」는 것입니다. 그리고 다음처럼 언급될 수 있습니다.

「아마 내가 즉각적으로 이것과 같이 그런 한 가지 대상을 알 수 있을까?」

(Can I possibly know immediately such a thing like this?)

제가 실제로 「이 연필이 현존한다」고 알고 있지 않는 한(≒두 번째 단언), 명백히 저는 「제가 그 연필이 현존함을 알고 있다」는 것을 알 수 없습니다(≒첫 번째 단언). 그러므로 첫 번째 단언(명제)은 오직 두 번째 단언(명제)이 알려져 있기 때문에, 이런 매개를 통해서만 알려진다고 생각될 수 있습니다. 그렇지만 저는 어떤 구분을 만들어 줄 필요가 있다고 생각합니다.

「내가 감각자료의 직접 지각인 두 번째 단언(명제)을 미리 알고 있었던 것이 아닌 한, 내가 그 현존의 신호인 첫 번째 단언을 아는 것이 아니다」

라는 단순한 사실로부터, 단지 제가 감각자료의 직접 지각인 두 번째 단언(명제)을 알고 있었기 때문에, 「그 현존의 신호인 첫 번째 단언(명제)도 알고 있음」이 도출되어 나오는 것이 아닙니다. 사실상 저는 실제로 두 가지 단언을 모두 다 즉각적으로 알고 있다고 생각합니다.

이는 두 번째 단언의 경우에도 또한 논박될 수 있습니다. 이는 다음처럼 언급될 수 있습니다.

「분명히 나는 이 연필이 현존함을 즉각적으로 알지 못한다. 왜냐하면 "어떤 감각자료를 직접 지각하고 있는 것"도 아니고, "그 감각자료가 그 현존의 신호였음"을 알았던 것도 아닌 한, 조금도 그 사실을 알지 못했을 것이기 때문이다.」

(I certainly do not know immediately that the pencil exist; for I should not know it at all, unless I were directly apprehending certain sense-data, and knew that they were signs of its existence.)

물론 저는 어떤 감각자료를 직접 지각하고 있었던 것이 아닌 한, 제가 그것을 알 수 없을 것임을 인정합니다. 그렇지만 이것이 다시, 제가 그것을 즉각적으로 알지 못한다고 인정하는 일과는 또 다른 것입니다 (≒직접 지각 및 즉각적 지식은 서로 다름). 왜냐하면 어떤 다른 것들이 일어나고 있었던 것이 아닌 한, 제가 그것을 알 수 없을 것이라는 사실이, 오직 제가 어떤 다른 단언(명제)을 알고 있으므로 그것을 아는 일과는 아주 다른 것이기 때문입니다. 다만 어떤 감각자료에 대한 직접 지각이, 임의의 단언(명제)에 대한 지식과는 사뭇 다른 것입니다. 그럼에도 불구하고, 여전히 이것이 저로 하여금 「이 연필이 현존한다」고 알 수 있도록 해 주는 데에 그 자체로서 아주 충분치 않다는 점은 저로서는 분명치 않습니다.

그렇지만 저의 전제를 형성한 정확한 단언이 다음 세 가지 중에서 어떤 것인지는 즉각적으로 제게 알려져 있지 않습니다.

ⓐ 「나는 실제로 이 연필이 현존함을 알고 있다」일지,
ⓑ 「이 연필이 현존한다」는 단언(명제)일 뿐인지,
ⓒ 「내가 직접 지각하는 감각자료들이 연필이 현존한다는 어떤 신호이다」
　　일지 여부.

그렇지만 저는 이런 단언(명제)들 중 하나 또는 다른 것이 분명히 그 전제라고 생각합니다. 앞의 세 가지 단언(명제)들이 모두 다 이 단언(명제)들이 거짓임을 입증하는 데 쓰일 수 있는 임의의 전제보다도 훨씬 더 분명하며, 또한 이 단언들이 참값이라고 입증하는 데 쓰일 수 있는 다른 임의의 전제보다도 훨씬 더 분명합니다.

이는 제가 「흄의 원리들이 거짓임」을 증명하기 위한 가장 강력한 논점이, 어떤 물질적 대상의 현존을 실제로 알고 있는 이것과 같이, 어떤 특정한 경우로부터 나온 논점이라고 언급했던 까닭입니다. 그리고 비슷하게, 만일 그 목표가 일반적으로 우리가 물질적 대상들의 현존을 실제로 알고 있음을 증명하는 것이라면, 이를 증명하기 위하여 우리가 그런 대상의 현존을 알고 있는 구체적 사례들을 제시하는 것

보다도 실제로 더 강한 논점이 아무런 것도 제안될 수 없을 것으로 생각합니다(≒우연한 지각 경험이 외부 세계의 대상에 대한 존재 근거로 간주됨).

그렇지만 다른 논점들도 좀더 설득력이 있을 수 있습니다. 아마 여러분들 중에서 어느 분이 그러한 논점을 한 가지 저한테 제공해 줄 수 있음도 인정합니다. 그렇지만 아무리 그런 논점이 훨씬 더 설득력이 있을지라도, 제가 이 연필의 현존을 실제로 알고 있는 전제(the premiss, 실재하는 확실한 근거)보다도, 그런 논점이 덜 확실한 어떤 전제(some premiss)에 의존함이 분명하다고 저는 생각합니다. 그리고 우리가 임의의 물질적 대상의 현존을 실제로 알지 못함을 증명하기 위해 제안될 수 있는 논점의 경우에도 어떤 것이든지 또한 그러하다고 봅니다.

×   ×   ×

※ 이런 태도가 뒤친이가 읽어 본 바로는, 사후 출간된『철학 논고(*Philosophical Papers*)』의 제7장과 제9장으로 실린 1939년의「외부 세계에 대한 증명」과 1941년의「확실성」에까지 그대로 이어진다. 이것들은 크게 필연성 및 우연성에 관한 주제로 묶인다. 275쪽의 역주 112에서 지적해 두었지만, 무어 교수는 필연성과 우연성의 문제를 연역법과 귀납법으로 환원하여 생각하는 듯하다. 따라서 이들 후속 논문들에서는「귀류법을 써서」연역법만으로는 지식이 온전히 수립될 수 없다는 결론을 계속 강조하는 것으로 이해된다. 아마 물과 기름처럼 두 영역이 병존해야 한다고 믿었던 것이 아닐까 의심된다. 귀납법의 토대인「직접 지각」으로 대표되는 경험은, 외롭게 낱개의 사건만으로는 아무런 일도 하지 못한다.

귀납법이 약한 의미에서 일반화되기 위해서는 반드시 선접 형식의 두 가지 선택지를 따라야 한다. 첫째, 일련의 연관 사건들이 항상 반복적으로 직접 지각되어야 한다. 이는 무어 교수의 논지 전개에서 핵심 뼈대가 된다. 꿈과 현실의 차이도 일련의 사건들에 대한 점검과 확인 가능성으로 구분이 이뤄짐을 주장한다. 비록 필연적인 것은 아니더라도, 선후 관계로 이어져 있든지 병렬적으로 동시에 관찰되든지 간에, 우연히 경험한 임의의 사건들의 연쇄가 「반복 관찰될 가능성」이 확인되어야 하는 것이다. 우연성이 1회의 유일한 사건 연쇄가 아니라, 최소한 두 번 이상의 가능한 사건 연쇄에서부터, 빈발 사건 연쇄들이 되어야 하는 것이다.

둘째, 지시대명사(이것, 저것)들로 가리켜지는 현재 경험하는 유일한 대상 또는 그 대상과 관련된 사건이, 우연한 경험으로 지각되고 확인될 경우에, 반드시 이러저러한some or other 동일 종류의 사건들이 거듭 지각되고 확인되어야 한다. 바람직한 모습으로는 약한 일반화를 넘어서서, 전면적으로 모든 관련 대상들에 적용되는 어떤 관계로 더 발전되어야 한다. 무어 교수는 하나의 대상이나 일부 대상들에 관련된 것은 속성property이라고 부르고, 일반화된 대상들을 관계relation라고 불러 서로 구분해 놓는다(782쪽 이하). 이런 두 가지 선택지가 이 책에서도 모두 다 시도되고 채택된다. 그렇다면 이 책의 서평에서 치솜(Chisholm, 1955) 교수가 「무어 교수의 전성기를 보여 준다」고 언급한 대목이 있는데, 무어 교수가 논지를 전개하는 이런 흐름과 결론이 그의 후반기에도 지속적으로 반복되기 때문에 그런 평가를 내렸을 것으로 판단된다.

그렇지만 현재 과학철학에서 「가설-연역 공리계hypothetico-deductive axiomatic system」를 상정하는데, 궁극적인 가설의 후보들을 만들기 위해서는 반드시 귀납적 사건들에 대한 약한 일반화와 강한 일반화가 이뤄져야 한다. 그리고 그런 높은 수준의 일반화 가설들이 통일성 있게 짜이어 한 가지 공리 체계를 구성하게 되며, 계속 설명력과 예측력이 검증을 받는 과정에서 귀납적 사건들이 기존의 공리 체계를 허물어 놓은 단서가 될 수 있다. 자연과학의 발달사는 절대성을 매우 약화시켜 놓아 과학자 집단에서 받아들이거나 양립할 수 있는 상대성만이 「서로 합의할 수 있는 토대」로서 남겨져 있음을 웅변해 준다. 기존에 수립된 아인슈타인의 간단한 물질과 에너지 전환 법칙에 토대를 둔 공리계도, 반례들이 지속적으로 증가한다면, 마침내 허물어지고 새로운 공리계가 출현할 수 있는 것이다(아직은 예외적 현상까지도 이 법칙으로 설명하고 있음). 과학철학자 쿤(T. S. Kuhn, 1922~1996)도 패러다임의 전환이 언제나 일어날 수밖에 없는 게 현실이라고 여기며, 똑같이 과학 발달 과정의 전환을 다룬 툴민(S. E. Toulmin, 1922~2009)도 과학 발전이 절대적 지도 위에서 일어나는 것이 아니라 오직 상대적일 뿐이며 미리 몇 단계를 앞서 예측할 수 없음을 시사해 준다(720~721쪽의 역주 272 참고).

그런데 여기서 생명이 없는 자연계는 기존의 공리계에서 도출될 수 있는 인과율에 의해 설명될 것이고, 생명이 있는 생물들은 본능 등의 행동 원리에 의해 여러 가지가 설명될 수 있을 것이다. 유독 인간들만이 「자유의지」를 지니고서 특정한 가치를 추구해 나가는데, 유독 인과율이나 본능만으로 인간의 여러 가지 다양한 행동과 행위들을 설명해 낼 수 없기 때문이다.

서구의 근세 지식인들 사이에서는 (1) 역사가 오직 유일하고 1회적이며 따라서 단지 해석의 대상일 뿐이라는 주장에서부터, (2) 비록 그러하더라도 반복되는 흐름이 있기 때문에 어떤 주기를 찾을 수 있다는 일반화 주장을 포함하여, (3) 강력하게 절대적인 역사 전개 법칙까지도 예측된다는 극단적 주장도 있다.

중국의 주역周易(주나라 때에 쓰인 역)도 '하늘·땅·사람'을 포괄하는 우주의 통일 법칙을 추구하려는 시도였지만, 점[시초 점(占)과 거북 복(卜)]에 의존해서 합리적인 예측을 제시하지 못했고, 스스로 마음을 닦기 위하여 왕필(王弼, 226~249)이나 정이(程頤, 1033~1107)에 의해서 의리義理 역학으로 바뀌었다(422~423쪽의 역주 151). 그런 흐름 중 자연수의 결정론을 편 소옹(邵雍, 1011~1077)의 상수象數 역학은 오늘날 자연과학이 밝혀낸 우주 진화와 지구 진화의 시간 단위에 비해 턱없이 작은 시간 단위이므로, 특히 소옹의 선천先天과 후천後天의 발상은 더 이상 받아들여지지 않는다(469쪽의 역주 172).

근세에 들어 비록 경제적인 하부구조가 모든 것을 설명해 준다고 주장한 맑스는 소련이 붕괴로 철저히 그 예측이 실패로 끝났다. 그렇지만 (3)의 세계관을 품고서 인간과 관련된 행위와 사회의 문제까지도 과학철학자 헴펠(C. G. Hempel, 1905~1997) 교수는 자연의 질서를 설명하는 원리에 따라 예측할 수 있다고 주장한 바 있다. 전영삼·여영서·이영의·최원배 뒤침(2011)『과학적 설명의 여러 측면』Ⅰ~Ⅱ(나남출판)을 읽어 보기 바란다.【 뒤친이 적음 】

제7장 물질적 대상들

§.7-0 【 들머리 】 지금까지 서로 다른 논점들을 아주 많이 논의해 왔지만, 이것들은 모두 다 한 가지 단일한 물음과 관련됩니다. 그 물음은

「어느 누구든지 간에 우리가 임의의 물질적 대상의 현존을 조금이라도 알 수 있을까?」

(Do we, any of us, ever know of the existence of any material object?)

상당수의 큰 철학자들이 「우리가 알지 못한다」는 결론에 이르렀습니다. 그렇지만 그분들은 이런 결론을 옹호하는 두 가지 다른 종류의 논점을 이용했습니다. 그분들 중 일부는 아무런 물질적 대상이 현존하지 않음을 수긍하여 증명하고자 노력하였습니다. 한 가지 결론으로서 「우리가 어떤 것이든 간에 그 현존을 알 수 없음」이 뒤따라 나올 것입니다(≒불가지론). 그렇지만 저는 아주 간략하게 한 가지 단일 사례를 다루는 것을 제외하고서, 이후에서는 이런 아주 극단적 결론을 옹호하는 데 쓰인 논점들을 어떤 것도 다루려고 하지 않습니다. 저로

서는 사실상 이런 결론을 옹호하는 데 쓰인 논점들이 그리 타당하지도 않고, 훨씬 더 온전한 결론을 옹호하는 데에 쓰인 논점들만큼도 거의 아주 많은 사람들에게 호소력이 없는 듯이 보입니다. 다시 말하여, 물질적 대상들이 현존하는지 여부에 대한 물음에서, 「우리가 물질적 대상들이 현존함을 알지 못한다」는 결론입니다. 저는 이것이 아주 쉽게 수많은 사람들의 마음에 드는 한 가지 결론이라고 생각합니다. 「아무런 물질적 대상도 현존하지 않는다」는 좀더 극단적 결론을 옹호하는 논점들을 살펴보는 데로 진행하기에 앞서, 이런 결론에 반대하여, 될 수 있는 대로 저는 좀더 온건하고 타당하며 제게 가장 확신을 주는 듯한 논점을 우선 간단하게 서술해 놓고자 합니다. 간단히 말하여, 저는 설령 여러분이 실제로 물질적 대상들의 현존을 알지 못하더라도, 적어도 「여러분이 그것을 알지 못함을 깨닫지 못한다」는 점을 여러분한테 확신을 주기 위하여 마지막 노력을 쏟고자 합니다.

저는 실행되어야 할 첫 번째 것이 다음과 같다고 생각합니다. 즉, 논의될 핵심 논점이 정확히 무엇인지에 대하여 될 수 있는 대로 분명하고 확정적으로 만들어 주는 것입니다. 이미 언급하였듯이, 그 물음은

「실제로 우리가 물질적 대상들의 현재 존재(현존, 353~354쪽 역주 126과 727~728쪽 역주 278)를 알고 있는지 그렇지 않은지?」

(whether we do or do not know of the existence of material object?)

여부입니다. 그리고 이 물음을 사뭇 분명하고 확정적으로 만들어 놓기 위하여, 명백히 두 가지 요점을 살펴볼 필요가 있습니다. 즉, 첫째, '아는 것knowing'과 '알지 못하는 것not knowing'에 의해서 무엇이 의미되는 것일까요?(≒지식에 대한 물음임) 달리 말하여,

「나는 실제로 그러저런 것이 현존한다는 것을 알고 있다」

(I do *know* that so and so exists)

라고 주장하는 의미와 다음 주장의 의미 사이에는 무슨 차이가 있을까요?

「나는 그러저런 것이 현존한다는 것을 알지 못한다」
(I *do not* know that so and so exists)

둘째, 임의의 「물질적 대상a material object」이란 낱말에 의해서 무엇을 의미하는 것일까요? 먼저 두 번째 물음부터 다루기로 하겠습니다. 왜냐하면 명백히 「지식이 무엇인지」에 대한 첫 번째 물음이 훨씬 더 광범위하기 때문이며, 또 우리로 하여금 물질적 대상들에 대한 우리 지식뿐만 아니라 또한 이외에도 다른 많은 것들에 대한 우리 지식에 적용되는 여러 가지 고려사항들로도 이끌어 갈 것이기 때문입니다.

§.7-1【 물질적 대상이 지닌 세 가지 속성 】먼저, '물질적 대상'에 의해서 무엇이 의미되는 것일까요? 저는 물질적 대상을 세 가지 속성을 도구로 하여 정의하도록 제안합니다. 하나는 긍정적 속성이고(ⓐ 공간을 점유함), 다른 두 가지는 부정적 속성입니다(ⓑ 감각자료도 아니고, ⓒ 의식 활동도 아님).

(1) 저는 긍정적 속성을 다음처럼 말하고자 합니다.

「공간 속에서 어느 곳이나 다른 곳에 자리잡은 것을 제외하고서는, 아무런 것도 물질적 대상이 아니다」
(nothing can be a material object except what is situated somewhere or other in space)

이전에 저는 모양새를 가진 것을 제외하고서 아무런 것도 물질적 대상이 될 수 없는 듯이 말해 왔습니다. 그러나 이런 정의는 오해로 이끌어 갈 소지가 있습니다. 모양새를 지닌 모든 것이 반드시 어떤 공간이나 다른 공간 속에 자리 잡음도 또한 사실입니다. 그렇지만 일상적인 낱말인 '모양새shape'의 의미에서 임의의 한 가지 대상이 공간 속에 자리 잡을 수 있겠지만, 그럼에도 어떤 공간도 차지하지 않을 수 있습니다(지은이 머릿글 10쪽에서 새로 수정됐음). 예를 들어, 흔히 수학(유클리드 기하학)에서 더 이상 나눌 수 없다는 단순한 점a mere point은 어떤 모양새라도 갖고 있는 것으로 말하지 않는 게 좋겠습니다.119) 그렇다면 모든 물질적 대상이 반드시 모양새를 지닌다고 말함으로써, 「단지

---

119) [역주] 유클리드 기하학에서는 점(0차원)을 특정하게 연장延長하여(길게 늘이어) 선이 되고(1차원), 선을 특정하게 연장하여(길게 늘이어) 면이 되어야 하므로(2차원), 반드시 점은 실재로서 일정한 질량이 있어야 한다(3차원). 길게 늘이는 대상을 각각 차원으로 바꿔 놓는다면 곧 모순점들이 드러난다. 첫째, 「더 이상 나눌 수 없는 것이 점이다」라는 정의 및 「그런 점을 길게 늘인다」라는 개념 사이에 있는 모순이다. 점에 대한 전자의 정의는 동시에 「점이 더 이상 길게 늘일 수 없는 단위」임을 함의하기 때문이다. 둘째, 0차원의 대상이 길게 늘인다고 하여 1차원이 되고, 다시 이를 길게 늘여 2차원이 되며, 또다시 길게 늘여 3차원이 된다는 것도 허구이다. 길게 늘인다는 수단 대신 모아놓는다는 수단을 쓰더라도, 점들이 모이는 순간 3차원이 될 수도 있는 것이다. 논의의 대상을 달리 바꿔 부름으로써 논의의 대상들과 '길게 늘인다(연장한다)'는 수단에 어떤 모순이 깃들어 있는지 확연히 드러나는 것이다.

이를 벗어나는 길이 두 가지 있다. 하나는 거꾸로 첫 출발점을 임의의 덩어리로부터 시작하되, 계속 일정 방향으로 특정하게 무한히 분할해 나가는 것이다(덩어리→면→선→점). 3차원을 특정하게 분할하여 2차원으로 만들고, 다시 2차원을 특정하게 분할하여 1차원으로 만들며, 1차원을 특정하게 분할하여 0차원으로 만들 수 있다고 '약정'하는 것이다. 이런 방식에도 물질적 대상이 아무리 분할을 하더라도 처음부터 끝까지 언제나 3차원으로서만 머물고 있다고 주장한다면, 이를 반증할 방법이 전혀 없다는 데에 문제가 있다. 왜냐하면 분할이란 행위가 차원을 바꾸지 못하기 때문이다. 가령, 심지어 정교한 기계를 써서 전자현미경으로 볼 수 있는 나노 차원까지 분할한다고 해도, 나노 차원의 소립자들도 여전히 3차원 대상일 뿐이다.

다른 하나는 현재 우리가 이용하는 방식이다. 데카르트가 도입한 직교 좌표계에서 두 축이 교차하는 지점을 가리키므로, 이를 이용한다면 굳이 점이 질량을 지닐 필요가 없게 되는 것이다. 그런데 좌표계는 실재가 아니라, 우리가 서로 소통하기 위하여 공통적으로 '표상'할 수 있는 상징체계에 불과하다(문화마다 달리 이용하는 고유하게 써 오고 있는 여러 가지 계량 단위들과 동일한 측면임). 3차원 좌표계의 원점 ⟨0, 0, 0⟩을 의사소통을 하는 구성원들 사이에 임의의 지점에 임의대로 결정하고 합의할 수 있기 때문이다. 여기서도 다시 '표상'(칸트의 Vorstellungen을 영어로는 낱말을 바꿔 머릿속에 다시 드러낸 것이란 뜻으로 representation을 씀, 124~125쪽의 역주 49)이 무엇인지에 대한 논의가 본격적으로 제기될 수 있으며, 머릿속 개념들의 본질에 대한 일반적 논의와 결부되어 있다. 뷧건슈타인은 칸트의 Vorstellungen바로 눈앞에 서 있다는 용어보다 Darstellungen객체로서 저 멀리 떨어져서 서 있다이란 용어를 더 선호했다고 한다(Toulmin, 1972, 『인간의 이해 능력: 제1부(*Human Understanding* Part 1)』, Clarendon Press).

더 나눌 수 없는 한 가지 단일한 점을 점유하는 것은 아무런 것도 물질적 대상이 될 수 없음」을 의미하는 것으로 이해될 수도 있습니다.

그렇지만 제가 이를 말하고자 의미한 것은 아닙니다. 저에게는 비록 다른 것들이 의심의 여지없이 선을 점유하고, 또 다른 것들이 면을 점유하며, 다른 것들이 부피를 점유하더라도, 어떤 물질적 대상들이 사뭇 개연성(확률) 있게 단지 점들을 점유할 수 있을 듯합니다. 그러므로 아마 「임의의 물질적 대상이 반드시 공간 속에 자리 잡는다거나 공간 속에서 어디엔가에 위치한다」고 말하는 것이, 점의 모양새가 되는 특정한 한 가지 모양새가 있고, 설령 흔히 점이란 이름을 오직 좀더 복잡한 형상에만 적용하더라도 어떤 의미에서 점이 그런 형상들 중에 하나이기 때문에, 비록 명백히 여러분이 단순한 점이 어떤 의미에서 모양새를 지닌다고 말할 수도 있겠지만, 「물질적 대상이 반드시 모양새를 갖고 있어야 한다」고 말하는 것보다 아마 더 나을 듯합니다.

그렇다면 제가 물질적 대상을 정의하도록 제안하는 첫 번째 속성은, 「물질적 대상이 반드시 공간 속에 자리 잡아야 한다」는 것입니다. 이것이 긍정적 속성입니다. 다른 두 가지 속성은 부정적인 것입니다.

(2) 그 첫 번째 부정적 속성은 다음과 같습니다. 어떤 것이든지 간에 감각자료나 감각자료 단편의 일부나 또는 감각자료의 집합도, 한 가지 물질적 대상이거나 그런 대상의 일부가 아니라고 말하도록 제안합니다. 이는 어떤 설명이 필요합니다. 이전에 저는 「감각자료」라는 말로써 우리가 현장에서 실제로 보는 색깔 띤 경험조각, 현장에서 실제로 듣는 소리, 현장에서 실제로 맡는 냄새, 우리가 물건들을 만질 경우 직접 지각하는 다른 많은 종류의 이른바 감각sensations(느낌의 내용물, 88~89쪽의 역주 35 참고)들로서 가령

「단단함과 부드러움의 감각, 매끄러움의 감각, 거칢의 감각」

따위를 모두 다 의미한다고 설명하였습니다. 또한 불가에 손을 가까이 둘 경우에 실제로 느끼는 이른바 뜨거움의 감각, 손을 차가운 물에 담글 경우에 실제로 느끼는 차가움의 감각도 그러합니다. 마지막으로 아주 많은 서로 다른 종류의 감각으로서, 신체기관의 감각organic sensations으로 불릴 수 있습니다. 또 특정한 종류의 감각자료 단편으로서 치통으로 부를 수 있는 것이나, 다른 감각으로 불에 덴 통증(화상)이나 칼에 벤 통증(창상)으로 부를 수 있는 것도 그러합니다. 우리는 실제적으로 서로 다른 시간에 서로 다른 이런 모든 종류의 대상들을 눈으로 보거나 귀로 듣거나 코로 맡거나 손으로 느낍니다.

실제 경우가 그러하듯이, 실제로 보이거나 들리거나 냄새 나거나 촉각으로 느끼거나 또는 그렇게 해 온 어떤 것을 제외하고서는, 아무런 것도 마땅히 감각자료의 단편으로 불릴 수 없다고 여길 수도 있습니다. 예를 들어, 색깔 띤 경험조각이 실제로 누군가에 의해서 보인 것이 아닌 한, 감각자료의 단편으로 불려서는 안 된다고 여길 수 있습니다. 왜냐하면 엄격하게 그 감각(감각수용기)들the senses에 주어져 있는 감각자료의 단편은 오직 그것이 실제적으로 보인 경우에 그러하기 때문입니다.

그렇지만 이제 물질적 대상을 정의하려는 목적을 위하여, 저는 이런 용법보다 「감각자료의 단편」이란 용어를 훨씬 더 넓은 의미로 쓰고 싶습니다. 더 넓은 의미로서 이 용어가 사실상 아주 자주 쓰이고, 아주 자연스럽게 그러합니다. 예를 들어, 비록 현장에서 실제로 결코 보였던 것이 아니더라도, 우리가 직접 지각한 사례들의 종류로서 색깔 띤 경험조각이 어떤 것이든지 「감각자료의 단편」이 될 것이라고 말하고 싶습니다. 비록 현장에서 실제적으로 결코 들렸던 것이 아니더라도, 소리인 것은 어떤 것이든지 감각자료의 단편이 될 것입니다. 비슷하게 다른 부류의 감각자료와 관련해서도 그러합니다. 저는 이러한 용어의 확장 방식이 명백히 아주 자연스럽고, 사실상 항상 이뤄져 왔다고 생각합니다. 감각인상(기억에서 인출된 감각자료)들images도 널리 인정되듯이, 엄격하게 감각(감각수용기)들senses에 의해 주어진 것이 아니지만, 여전히 가장 중요한 측면으로 실제 감각자료와 동일한 종류이기 때문에, 아주 종종 「감각자료」라고 불립니다. 예를 들어, 상상을 하거나 꿈속에서 제가 색깔 띤 경험조각에 대한 감각인상을 직접 지각하는 경우에, 이런 감각인상은 단지 어떤 색깔 띤 경험조각의 감각인상만이 아니라, 그것이 한 가지 감각인상으로서 마치 이전에 보았던 임의의 색깔 띤 경험조각만큼 그 자체로 색깔 띤 한 가지 경험조각입니다. 이는 흔히 감각인상인 임의의 색깔 띤 경험조각과는 심지어 속성에서도 다릅니다. 예를 들어, 일반적으로 더 희미하고 덜 생생한 것입니다. 그리고 설령 복제품으로서 정확히 이전에 봤던 색깔 띤 경험조각과 온전히 닮았었다고 하더라도, 여전히 그것이 동일한 대상이 되지는 않을 것입니다. 다만, 숫자상으로 동일한 뿐입니다numerically the same(감각인상이든 복제품이든 간에 기수 상으로 보면 한 가지 동종의 것일 뿐임, 102쪽의 역주 41과 112쪽의 역주 45 참고). 그리고 평범하게 제가 직접 지각하는 색깔 띤 많은 감각인상들이 무엇이든지 간에, 저나 또는 다른 누구든지 간에 실제로 한 번이라도 보았을 임의의 색깔 띤 경험조각과 정확히 닮지 않은 경우라도 아주 가능합니다. 그러므로 종종 그렇게 불리듯이 만일 우리가 그것들을 「감각자료」로 부른다면, 「감각인상」들은 그럼에도 불구하고 결코 실제로 감각(감각수용기)들에 주어진 적이 없는 감각자료의 사례들입니다. 그것들이 실제로 감각들에 주어져 있지 않다는 사실에도 불구하고, '어떤 다른 측면으로' 그것들이 명백히 감각(감각수용기)들에 주어진 대상들처럼 동일한 부류에 속하기 때문에, 그것들이 감각자료로 불립니다(≒결국 머릿속에 있는 감각자료와 감각인상과 감각자료 복제품 등의 상의어로서, 그리고 현실태와 가능태를 포함한 상의어로서 「감각자료」를 쓰고 있음).

저는 이런 다른 측면을 정의하기가 어렵겠지만, 그것이 무엇인지를 알아보기란 아주 쉽다고 생각합니다. 예를 들어, 색깔 띤 감각인상이 감각자료의 단편으로 불리는데, 단순히 그것이 색깔 띤 경험조각이기 때문입니다. 어떤 소리의 감각인상(≒청각인상)도 감각자료의 단편으로 불리는데, 단순히 그 감각인상이 그 자체로 한 가지 소리이기 때문입니다. 그리고 비슷하게 다른 모든 경우들에서도 그러합니다. 그러므로 우리는 「감각자료의 단편sense-datum」이란 용어를 실제적이든 가능한 것이든 간에actual or possible(현실태이든지 가능태이든지 간에) 실제로 감각(감각수용기)들에 주어져 있는 임의의 감각자료의 단편을 닮은 resemble 모든 대상들을, 색깔 띤 감각인상이 감각들에 실제로 주어져 있는 색깔 띤 경험조각을 닮은 방식으로 포괄하도록 확장할 수 있습니다. 그리고 비록 실제적으로 결코 감각들에 주어져 있지 않더라도, 단지 색깔 띤 경험조각이기 때문에, 우리가 모든 색깔 띤 감각인상이 실제로 감각자료의 단편이라고 말할 수 있듯이, 우리는 마찬가지로 만일 전혀 직접 지각해 보지 못한 색깔 띤 경험조각이 존재했다면, 단순히 그것이 색깔 띤 경험조각이 될 것이기 때문에, 그것이 「감각자료의 단편」이 될 것이라고 말할 수 있습니다.

임의의 물질적 대상을 정의하려는 목적을 위하여 제가 「감각자료의 단편」이란 용어를 쓰고자 하는 것이, 바로 이런 확장된 의미에 있습니다. 감각자료의 단편을 이런 의미로 쓰면서, 저는 다음처럼 말합니다.

> 「아무런 감각자료의 단편도, 감각자료 단편의 일부도, 또는 감각자료의 집합도 개연적(확률)으로 임의의 물질적 대상이 될 수 없다」
> (no sense-datum, or part of a sense-datum, or collection of sense-data, can possibly be a material object)

여러분은 이것이 단순히 제가 스스로 「물질적 대상」이란 용어를 쓰고자 의도하는 방식에 대한 설명임을 이해할 것입니다. 그렇지만 이를 주목하는 것이 중요한데, 왜냐하면 (협소하게) 많은 철학자들이 어떤 감각자료나 '감각sensations(느낌 내용)'의 집합들이 물질적 대상들인 듯이 말했었기 때문입니다. 저는 여기에서 전형적으로 물질적 대상들로 불릴 수 있는 어떤 감각자료의 집합들만이 감각이라고 논쟁을 벌이고 싶진 않습니다. 다만, 저 자신이 이런 의미에서 물질적 대상이란 낱말을 쓰지 않을 것이라는 사실만 강조하고 싶습니다.

제가 쓰는 의미에서 「물질적 대상」들은 모두 반드시 사실상 다음 속성들 중 한 가지 이상을 반드시 갖고 있어야 하는데, 저는 이 낱말에 부여한 확정된 의미에서 반드시 어떤 「감각자료의 단편」으로 불려야 한다고 생각합니다. 물질적 대상들이 모두

㉠ 반드시 공간 속에 위치해야 한다(≒공간 점유 속성).

㉡ 따라서 그 모양새가 흔히 모양새로 불리는 한 가지 형상이 되어야 하는지, 아니면 다만 한 점의 모양새로 부를 만한 것이 되어야 하는지에 상관없이, 반드시 그것이 점유한 공간의 일부로서 '모양새'를 지녀야 한다(≒반드시 모양새를 가져야 하는 속성).

㉢ 앞에 제시한 확장된 정의에 따라, 모든 모양새가 반드시 어떤 '감각자료의 단편'으로 됨이 인정되어야 한다(≒기본값으로서 감각자료의 단편이 되는 모양새 속성).

㉣ 모든 모양새가 한 가지 모양새이며, 따라서 단순히 색깔 띤 경험조각들이 때로 감각(감각수용기)들에 의해 주어진 종류의 대상들 중 한 가지이기 때문에, 직접 지각되었는지 여부와 상관없이, 색깔 띤 경험조각인 임의의 대상이 무엇이든지 간에 여기서 뜻하는 의미로 「감각자료의 단편」이 될 수 있듯이, 그 모양새도 반드시 우리가 감각(감각수용기)들을 통하여 직접 지각하는 그런 모양새들과 같이 동일한 부류에 속해야 한다(≒가능태로서의 감각자료의 단편인 모양새 속성).

그렇다면, 저는 다음을 인정합니다.

「모든 물질적 대상이 반드시 적어도 한 가지 속성을 갖고 있어야 하며, 이런 확장된 의미에서 한 가지 감각자료의 단편인데, 반드시 모양새를 갖고 있어야 한다」

(Every material object, then, I admit, must *have* at least one property, which is in this extended sense a sense-datum: it must have shape)

그렇지만 모양새를 지니고 있더라도, 마치 색깔 띤 경험조각이 반드시 어떤 모양새를 지녀야 하더라도 여전히 그 경험조각 그 자체가 물질적 대상이 지닌 모양새와는 사뭇 다른 것이 되듯이, 그 자체로 그것이 지닌 모양새가 되는 것은 아닙니다. 그리고 모든 물질적 대상들에 대하여 말한 것으로 의미한 것은, 비록 그것들이 모두 반드시 어떤 감각자료의 단편인 어떤 모양새를 지니고 있다고 하더라도, 그 모양새의 아무런 것도 임의 종류의 감각자료의 단편은 아니라는 것입니다.

「무엇이든지 간에 감각자료의 단편이 되는 종류의 어떠한 것도, 또는 감각자료의 집합으로서 어떠한 것도 물질적 대상이란 낱말로써 의미한 것이 될 수 없다.」
(Anything whatever which is a sense-datum, of any kind at all, or a collection of sense-data, cannot *be* what I mean by a material object)

이것이 제가 물질적 대상을 정의하려고 제안한 첫 번째 부정적 속성입니다(≒단, 물질적 대상은 외부 세계에 있는 존재이고, 감각자료의 단편들은 머릿속에 있는 존재임).

(3) 두 번째 부정적 속성은 다음처럼 아주 짤막하게 언급될 수 있습니다.

「아무런 정신도 그리고 아무런 의식 활동도 물질적 대상이 될 수 없다.」
(no mind, and no act of consciousness can be a material object)

그렇다면 물질적 대상을 다음처럼 정의하도록 제안합니다.

ⓐ 물질적 대상은 실제로 공간을 점유한다.

ⓑ 물질적 대상은 무엇이든지 간에 어떤 종류의 감각자료 단편도 아니다.

ⓒ 물질적 대상은 정신도 아니고 의식 활동도 아닌 어떤 것이다.

이런 세 가지가 모든 물질적 대상들이 지닌 유일한 속성들이라거나, 우리가 물질적 대상들이 지닐 것으로 알 수 있는 속성들이라고 말하려는 뜻은 아닙니다. 반대로, 마지막 두 가지 속성들로부터, 저는 「모든 물질적 대상들이 전혀 아무런 것도 우리에게 직접 지각되지 못한 중요한 속성을 지님」이 뒤따라 나온다고 생각합니다. 왜냐하면 감각자료와 우리 자신의 정신과 의식 활동을 제외하고서는, 존재하는 것이 아무런 것도 우리한테 직접 지각된 적이 없기 때문입니다. 비록 오해되기 쉽겠지만, 이는 다음처럼 말함으로써 표현될 수 있는 한 가지 속성입니다.

「우리가 본질적으로 결코 물질적 대상이 무엇인지를 알 수 없다. 우리는 오직 그것이 어떤 속성들을 지니거나 다른 대상들과 어떻게 관련되는지만 알 수 있을 뿐이다.」

(we can never know *what* a material object *is in itself*, but can only know what properties it has, or how it is related to other things.)

우리가 임의의 한 가지 대상을 직접 지각해 보지 않는 한, 아니면 달리 제 의식 활동이 여러분의 의식 활동과 같고 제가 직접 지각하는 감각자료가 여러분이 직접 지각하는 것과 같다는 의미에서, 임의의 한 가지 대상과 같은 어떤 것을 직접 지각해 보지 않은 한, 「우리가 결코 임의의 한 가지 대상이 본질적으로 (그 자체로) 무엇인지를 안다고 언급될 수 없다」는 어떤 의미가 있습니다. 이런 의미에서 저는

「우리가 결코 임의의 물질적 대상이 무엇인지를 알 수 없다」

(we can, I think, never know *what* a material object is)

고 생각합니다(≒칸트도 또한 이런 전제를 깔고 있었음. 이와는 반대로, 우리가 물질적 대상의 본질을 알 수 있다는 주장은 관념론의 한 갈래로서 「강한 본질주의」라고 불림).

그렇지만 물론 또 다른 의미에서 우리는 물질적 대상들이 무엇인지를 아주 잘 알 수 있습니다. 예를 들어, 예외적인 정확성과 더불어, 우리는 물질적 대상들이 어떤 속성들을 갖고 있으며, 그것들이 다른 물질적 대상들을 놓고서 어떻게 작용하는지를 알 수 있습니다(≒그 결과로서 물질들에 대한 「원소 주기율표」를 확립할 수 있었음). 직접 지각될 수 없는 이런 속성 말고도, 또한 저는 물질적 대상들이 모두 중요한 속성을 지닌다고 생각합니다. 심지어 아무도 그것들을 의식하지 못한 순간에라도 존재할 수 있는 종류의 대상인 것입니다. 저는 아마 이들 속성 및 다른 속성들이, 실제로 모든 물질적 대상들에 속한다고 생각합니다. 그렇지만 제가 언급한 세 가지 속성들(ⓐ~ⓒ)이 우리 물음을 확정적으로 만들어 주기에 충분합니다. 이것이 분명히 제기하기에 충분히 확정적인 질문인 것입니다.

> 「세 가지 속성을 지닌 임의의 대상, 즉, ⓐ 실제로 공간을 점유하고, ⓑ 감각자료의 단편도 아니고, 무엇이든 간에 아무런 종류의 감각자료로 이뤄진 것도 아니며, ⓒ 정신도 아니고 의식 활동도 아닌 대상이 어떤 것이든지 존재함을 우리가 알까요, 알지 못할까요?」
>
> (Do we or do we not know that any object exist, which has the three properties: that it does occupy space; that it is not a sense-datum, or composed of sense-data of any kind whatever; that it is not a mind, nor an act of consciousness?)

이 질문에 대하여 저는 많은 철학자들이 분명히 부정적인 답변을 제시하고자 의도했었다고 생각합니다. 그분들은 「우리들 중 아무도 결코 이들 모든 세 가지 속성을 다 함께 갖고 있는 임의의 대상이 현존함을 알 수 없다」고 주장했음을 의미합니다. 저는 이런 부정적 시각이 일반적으로 올바른 것으로 여겨졌다는 사실은 논쟁거리가 아니라고 생각합니다. 좀더 많이 언급되어야 할 것은 긍정적인 시각, 즉

「우리가 실제로 이들 세 가지 속성을 모두 다 함께 가진 임의의 대상이 현존함을 알고 있다」

는 시각이 순수히 환상적 견해fantastic view이고, 개인적으로 아마 제가 견지할 수 있는 견해이겠지만, 거의 어떤 사람도 이것이 옳다고 여기지 않았기 때문에, 거의 어떤 흥미도 끌지 못했던 견해입니다. 사람들이 일반적으로 물질적 대상의 현존을 믿는 경우에, 그들은 이들 세 가지 속성을 지닌 대상의 현존을 믿는 것이 아니라, 사뭇 다른 어떤 것을 믿는 것이라고 말해질 수 있습니다. 따라서 「우리가 실제로 이들 세 가지 속성을 지닌 대상들이 현존함을 알고 있다」는 견해를 방어하려고 노력할 경우에, 일반적으로 견지되었다는 의미에서 물질적 대상들에 관한 그런 믿음(≒관념론)을 방어하고 있는 것이 아니라, 반대로 일반적으로 옳은 것으로 여겨지지 않았고, 제 자신을 제외하고서는 거의 어떤 사람도 방어하려고 관심조차 전혀 지니지 않은, 어떤 견해(≒실재론)를 저는 방어하고 있는 것입니다.

§.7-2 【 「물질적 대상이 현존하지 않는다」는 네 가지 주장에 대한 논박 】
우선 저는 이것이 실제의 경우가 아님을 보여 주고자 합니다. 「우리가 모두 대단한 확신을 갖고서 일반적으로 제가 막 정의한 이들 세 가지 속성을 지니고 있는, 즉, 한꺼번에 세 가지 속성을 모두 다 지니는 대상들의 현존을 실제로 믿고 있음」을 거대한 숫자의 사례들로써 보여 주고자 하는 것입니다.

제가 추천하고자 하는 이 한 가지 견해(≒뒤에서 일상생활에서 통용되

는 '상식적 견해'로 불림)가 있고, 이에 대한 대안으로서 성립할 수 있는 주요한 네 가지 견해가 있습니다. 저는 그것들을 놓고서 각각의 경우로서 그것들이 실제로 우리가 일반적으로 믿는 것이 아님을 보여 주게 될 것입니다. 그리고 사실상 만일 그것들이 의미하는 바를 여러분이 분명히 깨닫는다면, 그것들이 조금이라도 믿기가 아주 어렵습니다.

아마 여러분이 모두 종종 기차를 타고 철길 여행을 한 적이 있을 것입니다. 여러분은 철길 기차가 우리가 물질적 대상들로 부르는 종류의 대상들에 대한 한 가지 표본임에 동의할 것입니다. 그리고 여러분이 철길로 여행을 하는 경우에, 만일 우연히 기차가 생각에 떠오른다면, 여러분이 타고 여행하고 있는 그 기차의 존재를 믿을 수 있음에 동의할 것입니다.

여러분이 기차를 타고 여행을 하는 경우에 무슨 일이 일어나는지를 살펴보기로 하겠습니다. 여러분은 대단히 다양한 서로 다른 감각자료들을 직접 지각할 수 있습니다. 예를 들어, 여러분은 실제로 여러분이 타고 있는 객실의 벽·창·의자·선반들의 겉모습으로 서술해 줄 만한 어떤 색깔과 모양새들을 볼 수 있습니다. 여러분은 실제로 앉아 있는 의자로부터, 그리고 의자에 기대고 있는 등으로부터 어떤 푹신한 반동 감각을 느낄 수 있고, 다시 발을 디디고 있는 바닥으로부터 다른 감각들도 느낄 수 있습니다. 그리고 기차의 운행으로부터 덜컹거리는 흔들림도 느낄 수 있습니다. 그리고 실제로 우리가 기차로 타고 있을 경우에 듣는 종류의 소리로서, 우리에게 모두 아주 귀에 익은 일련의 소리를 들을 수 있습니다. 이들 모든 감각자료를 여러분이 스스로 직접 지각하고 있을 것입니다. 더욱이 여러분은 같은 기차를 타고서 여러분 자신처럼 같은 객실에서 그리고 다른 객실에서 여행을 하고 있을 다른 사람들도, 아마 여러분이 직접 지각하고 있는 것과 대체로 비슷한 감각자료들의 집합을 직접 지각하고 있음을 알 수 있습니다. 여러분이 이런 모든 것을 잘 알 수 있습니다.

이런 모든 것 이외에도, 현재 아무도 직접 지각하지 않는 다른 어떤 감각자료들은, 어떤 환경 아래 여러분이 현재 직접 지각하고 있는 것들에 대한 어떤 관계를 지니며, 여러분이나 다른 사람들한테 직접 지각될 수 있음도 알 수 있습니다. 예를 들어, 여러분이 현재 직접 지각하고 있는 감각자료가, 즉, 여러분이 타고 있는 기차 객차의 외부 겉모습과 여러분이 앉아 있는 의자로부터 느끼는 반동의 감각과 기차의 털컹거리는 흔들림과 친숙한 기차 소음들이, 이것들을 직접 지각한 뒤에 우연히 잠시 기차가 멈추자 밖으로 나가서 여러분이 밖에서 기차 객실을 바라봤더라면 직접 접했음직한 감각자료들을 직접 지각했을 신호들임을 알 수 있습니다. 이런 신호들은 여러분이 현재 직접 지각하는 감각자료들 다음에, 여러분이 탄 객실이 얹히어 달려온 바퀴들의 겉모습으로 부르는 다른 종류의 감각자료와, 그 기차에서 여러분의 객실칸과 다른 객차들을 이어 놓는 찻간車間 이음쇠 고리들에 대한 다른 종류의 감각자료 등, 아마 여러분이 이런 일련의 감각자료를 직접 지각할 수 있었더라면 보게 되었음직한 신호라고 말해야겠습니다. 또한 선로 바퀴들과 찻간 이음쇠 고리들의 겉모습인 가시적 감각자료를 볼 수 있었더라면, 또한 여러분이 이들 일련의 감각자료에 이어서 또 다른 종류의 감각자료를 직접 지각했을 것임을 알 수 있을 터인데, 즉, 여러분이 선로 바퀴들과 찻간 이음쇠 고리들로 다가가서 손으로 만져 봤더라면 직접 지각하였을 것 같은 감각자료들입니다. 이렇게 선로 바퀴들과 찻간 이음쇠 고리에 대한 가시적인 겉모습들을 직접 지각한 뒤에, 다시 또 이런 것과 같은 일련의 다음 감각자료들을 직접 지각할 수 있었더라면, 아마 여전히 또 다른 감각자료들을 지각했을 것임도 알았을 것입니다. 즉, 묵직한 찻간 이음쇠 고리를 만져 봤더라면 느꼈음직한 「차가움·단단함·매끄러움」에 대한 감각(≒선로 바퀴에 대한 감각)과 그것들을 들어올리려고 해 봤더라면 느꼈음직한 무게에 대한 감각(≒이음쇠에 대한 감각)을 직접 지각하였을 것임도 알았을 것이라고 말해야겠습니다. 여러분이 객실에 앉아 있는 동안에 그 순간 직접 지각하고 있던 감각자료들이, 앞의 감각자료들에 이어서 다른 어떤 일련의 감각자료들로 생겨날 수 있었더라면, 아마 그런 것들에 이어서 여전히 다른 것들을 지각하게 될 것이라는 신호임도 알았을 것이라고 말해야겠습니다. 여러분이 기차에 앉아 있는 동안에 이런 모든 것을 알 수 있을 것이라는 가정은, 제가 살펴보고자 하는 다섯 가지 견해에 모두 공통적입니다. 저는 이것들 중에서 네 가지 견해를 모두 오류로 간주하고, 다른 한 가지 견해(≒상식적 견해)를 옹호하여 주장하고자 합니다.

(1)【 직접 지각하는 감각자료에 대응하는 물질적 대상만이 현존한다는 반-상식적 견해 】그렇지만 제가 오류로 여기는 네 가지 견해 중에서 첫 번째 견해에서는 무엇이라고 말할까요? 제가 서술해 온 종류의 것들이 여러분이 여행을 하고 있는 기차의 존재에 관해서 절대적으로 알 수 있는 모든 것이라고 말합니다. 또한 그 기차가 존재한다고 믿는 경우에, 이런 종류의 것이 여러분이 절대적으로 믿고 있는 모든 것이라고도 말합니다. 다시 말하여, 그 기차의 존재가, 간단히 기차를 타고 여행을 하고 있는 여러분과 다른 사람들이 그 당시에 직접 지각하고 있었을 감각자료의 존재로 구성되어 있다는 것입니다. 그런 사실과 함께, 그런 감각자료에 뒤이어 여러분이 다른 어떤 감각자료들을 직접 지각하고 있었더라면, 여러분이 여전히 다른 감각자료들도 지각했거나 지각하고 있었을 것이라는 사실로 구성되어 있습니다.

그렇지만 여러분이 기차 속에 앉아 있는 동안에, 「객차가 실제로 선로 바퀴 위에 얹혀 달리고 있거나, 그 기차가 실제로 그 기차의 다른 객차들이나 기관차에 연결되어 있다」고 가정하는 일이, 이 첫 번째 견해에서는 이것이 완벽히 '오류'라고 말합니다. 여러분이 앉아 있는 객차가 아마 심지어 개연적(확률)으로라도 선로 바퀴에 얹혀서 달리고 있음을 알 수 없으며, 더욱이 여러분이 그렇게 믿고 있지도 않다고 주장합니다. 여러분이 기차를 타고서 여행을 하고 있다고 믿는 경우에, 만일 이런 첫 번째 견해의 주장이 여러분이 믿고 있는 것의 일부라고 가정한다면, 여러분은 잘못된 것입니다you are mistaken.

여러분이 실제로 믿고 있는 모든 것, 그리고 여러분이 분명히 알 수 있는 모든 것은, 그 당시에 존재하는 임의의 선로 바퀴가 있다는 것이 아니라, 오히려 단지 미래 시점에 여러분이 다른 어떤 감각자료를 우선 지각할 예정이었더라면, 또한 우리가 선로 바퀴들의 시각적 겉모습들로 부르는 그런 감각자료를 직접 지각했거나, 또는 손으로 만져 보는 것으로 부르는 일을 실제로 경험해 봤더라면 여러분이 느꼈음직한 그런 감각자료를 직접 지각했을 것이라는 점뿐입니다.

그렇지만 여러분이 직접 지각해 봤음직한 이들 감각자료가, 다른 환경 아래에서 여러분이 객실칸에 앉아 있는 동안에는 분명히 현재 존재하지 않는 것입니다. 지금 현재 존재하는 것으로 여러분이 알 수 있는 모든 것은, 어떤 환경 아래 장차 이들 감각자료를 직접 지각해 봄직한 가능성possibility이나 개연성probability입니다. 그러므로 만일 여러분이 탄 객차가 선로 바퀴들에 얹혀서 달리고 있음을 알고 있다면, 여러분이 알고 있는 바는, 「기차가 달리고 있으며, 어떤 감각자료들이 장차 존재할 것」이라는 그런 가능성에 의해 뒷받침되는 것입니다. 이런 가능성은, 만일 조금이라도 기차가 선로 바퀴들을 갖고 있다면, 여러분이 탄 객차의 선로 바퀴들이 현재 있다are는 것입니다. 그리고 이것이 여러분이 알 수 있는 모든 것일 뿐만 아니라, 이런 견해에 따라 또한 실제로 여러분이 믿고 있는 내용입니다. 여러분이 탄 객차가 얹혀서 달리고 있는 선로 바퀴들의 현재 존재를 믿는 것은, 단지 선로 바퀴들에 대한 가시적 겉모습으로 불릴 수 있고, 그 바퀴들의 촉각적 모습으로 불릴 만한 어떤 환경 아래, 감각자료들을 보고 느낄 것임을 믿고 있는 것입니다.

그렇지만 이제 사실상 제가 던지는 물음은 다음과 같습니다. 여러분이 기차로 여행을 하고 있는 것으로 믿는 경우에, 여러분은 무엇을 믿고 있는 것입니까? 여러분이 실제로 당시 여러분이 탄 객차가 얹혀서 달리고 있는 선로 바퀴들이 있고, 객차들 사이에 이음쇠 고리들이 있음을 믿고 있지 않는 것일까요? 설령 스스로 아무도 이것들도, 이것들의 어떤 겉모습들도 전혀 보지 못했다손 치더라도, 당시 현재 이런 것들이 실제로 존재하고 있음을 믿고 있지 않는 것일까요? 지금 또한 여러분이 이것과 같은 경우를 살펴보고 있는 경우에, 사실상 그런 환경 아래 여러분이 실제로「그 객차가 선로 바퀴 위에 얹혀 있고, 기관차에 연결되어 있음을 알 수 없다」고 믿기 쉽다는 것일까요?

물질적 대상들에 대한 우리의 지식과 관련하여, 저는 이 첫 번째 견해가[120] 일상생활에서 우리가 실제로 믿고 있는 바를 놓고서, 완벽히 잘못된 설명을 제시함이 분명하다고 봅니다. 또한 저는 우리가 이 견해가 의미하는 바를 말끔히 깨닫자마자,「사실상 감각자료가 우리가 알 수 있도록 허용하는 것보다도 상당량 더 많이 알고 있지 못함」을 믿기가 아주 어려울 것으로 생각합니다(≒상식적으로 우리는 직접 지각을 넘어서서 여러 가지를 추정하면서 믿고 있음). 여전히 이 견해가 많은 철학자들에 의해 진지하게 견지되어 왔습니다. 오직 아주 타당하게 들리는 사실상 애매모호한 다음의 어구

「물질적 대상들에 대하여 우리가 알고 있는 모든 것은, 우리들 자신이 지닌 감각들이 차례대로 이어진 순서열이다」

(All that we know of material objects is the orderly succession of our own sensations)

로 표현되는 한, 저는 철학 연구자들한테도 솔깃하게 마음에 들기 쉽다고 생각합니다. 그렇지만 논의 중인 기차의 경우처럼, 특정한 사례

---

120) [역주] 원문에 this first theory**이 첫 번째 이론**이라고 씌어 있다. 이는 더 앞에서 view**견해**라고 말한 것을 지루한 반복을 피하여 바꿔쓴 것에 불과하다. 이른바 어휘(낱말) 사슬 관계에 지나지 않는 것이다(33쪽의 역주 8, 288~289쪽의 역주 115, 381쪽의 역주 136을 보기 바람). 그렇지만 우리말 느낌으로는 이론이 더 중후하고 더 갖춰져 있다는 느낌을 준다. 따라서 이론과 견해를 서로 다른 것으로 여길 우려가 있기 때문에, 이런 오해를 막기 위하여 일관되게 '첫 번째 견해'라고 번역해 두기로 한다.

들에서 이 견해가 의미하는 바를 여러분이 깨닫자마자, 즉, 이 견해가 어떤 근거로 「여러분이 탄 객차가 선로 바퀴에 얹혀서 달리고 있고, 다른 객차들에 이어져 있음을 심지어 개연적으로조차 알 수 없다」고 그렇게 의미하는지를 깨닫게 되자마자, 저에게는 이 견해가 그 모든 타당성을 다 잃어버릴 듯합니다. 이것이 제가 오류라고 논박하고 있는 견해들 중에서 첫 번째 견해입니다.

　(2) 【 직접 지각하는 감각자료에 대응하는 물질적 대상뿐만 아니라 미지의 다른 원인까지도 인정하는 견해 】 저는 두 번째 견해가 좀더 타당하다고 생각합니다(≒미지의 원인을 도입한다는 측면에서만 그러함). 그렇지만 이 또한 우리가 구체적인 특정한 사례들을 살펴볼 경우에는, 일상생활에서 우리가 믿고 있는 내용과 완벽히 다르게 보일 수 있습니다. 심지어 우리가 이 견해를 철학적으로 검토하는 지금 현재라도 믿기가 아주 어렵다고 생각합니다. 두 번째 견해에서는121) 다음처럼 말합니다.

"그렇다. 첫 번째 견해는 잘못되었다. 기차로 여행을 하는 경우에, 설령 아무도 선로 바퀴와 찻간(객차들 사이) 이음쇠 고리를 보고 있지도 않고 느끼고 있지도 않다손 치더라도, 여러분이 탄 객차는 실제로 선로 바퀴 위에 얹혀서 달리며, 다른 객차들과도 이어져 있는 것이다. 그리고 실제로 여러분은 이것이 그러함을 알 수 있다. 선로 바퀴들과 찻간 이음쇠 고리들은, 여러분이 이것들이 그렇다고 생각하는 경우에, 그 당시 현재 이것들이 실제로 존재한다. 단지 미래 감각들에 대한 추상적 가능성만이 아니다. 그러나"

이 두 번째 견해에서 계속 이어서 말합니다.

---

121) [역주] 앞의 역주에서처럼 theory는 view를 바꿔쓴 것이다(어휘 또는 낱말 사슬 관계). 명확히 출처가 밝혀지지 않은 채 두 번째 견해가 길게 초판 원문의 135쪽과 136쪽(재간은 152쪽과 153쪽)에 걸쳐서 한 단락으로 인용되어 있다. 오늘날의 관행과는 아주 다른 측면이다. 강의 내용과 구별되므로, 인용 부분만은 '-습니다' 말투를 빼어 놓았다.

"여러분이 이들 선로 바퀴들과 찻간 이음쇠 고리들이 무엇인지에 관해서 성급하게 철학적이지 못한 견해를 취해서는 안 된다. 이것들에 관해서 여러분이 알 수 있는 모든 것은, 단순히 이것들이 어떤 것이거나 다른 것들이라는 사실과, 이것들이 특정한 환경 아래에서 여러분으로 하여금 특정한 감각을 갖도록 하는 원인이 된다는 사실이다. 아마도 여러분은 선로 바퀴들이 둥글거나 찻간 이음쇠 고리들이 실제로 객차들을 이어놓음을 알 수 없을 것이다. 「찻간 이음쇠 고리들이 객차들을 잇는다」고 가정하는 일은, 이것들이 공간에 존재하고, 객차들 사이에 거리가 떨어져 있음을 가정하는 것이 될 듯하다. 그렇지만 이것은 선택하기에 엉성하고 철학적이지 못한 견해이다. 여러분 자신의 감각들과 다른 사람의 감각들을 제외하고서, 아무런 것도 여러분에게 공간 속에 있거나 모양새를 지닌 것으로 알려질 수 없다. 여러분은 실제로 이들 감각에 대한 미지의 원인이 있음을 알 수 있는데, 현재 실제로 존재하는 어떤 원인이다. 그러나 아마도 여러분은 이런 미지의 원인이 어떤 종류의 대상인지를 알 수 없을 것이고, 무엇이든지 간에 어떤 사례에서도 그것이 어떤 종류의 모양새를 지니고 있는지도 아마 알 수 없을 것이며, 그것이 어떤 모양새라도 갖고 있는지 여부를 전혀 알 수도 없을 것이다. 선로 바퀴들과 찻간 이음쇠 고리들로써, 만일 가능한 미래 감각들에 대한 지금 현재 존재하는 원인을 의미한다면, 이것들은 여러분이 어떤 모양새라도 갖고 있거나, 서로로부터 또는 다른 임의의 것으로부터 임의의 거리만큼 임의의 방향으로 떨어져 있음을 전혀 알 수 없는 대상들인 것이다."

저는 이런 두 번째 견해가 다른 세 가지 견해보다 좀더 타당하다고 생각합니다. 왜냐하면 선로 바퀴들과 찻간 이음쇠 고리들이 여러분이 그것이 존재한다고 생각하는 경우에, 단지 어떤 감각들이 장차 존재할 수 있을 추상적 가능성에 대한 어떤 이름a name(명칭, 514쪽의 역주 194 참고)일 뿐만이 아니라, 그 순간 실제로 존재하는 어떤 것에 대한 이름(명칭)이 됨을 허용해 주기 때문입니다. 그렇지만 저는 또한 「두 번째 견해에 따라서 여러분이 존재하는 것으로 알고 있는 선로 바퀴들이 어떤 것이든 간에 객차가 위에 얹혀져 있는 것이 아니고, 선로 바퀴들이 둥글지 않으며, 찻간 이음쇠 고리들이 객차들 사이에 있지도 않음」

을 깨닫자마자(≒미지의 원인을 제약할 길이 없으므로, 엉뚱한 반례와 마주치자마자), 이 견해가 타당한 듯하다는 생각도 멈춘다고 봅니다.

　여러분이 객실칸에 앉아 있을 경우에 분명히 믿고 있는 바는, 「객차가 선로 바퀴 위에 얹혀 있고, 즉, 공간적으로 선로 바퀴들 위에서 바퀴들과 관련되어 있고, 그리고 여러분의 객차가 앞이나 뒤에 놓인 다른 객차와 공간적으로 관련되어 있으며, 두 객차 사이에 거리가 떨어져 있다」는 것입니다. 그리고 이제 철학적으로 이 문제를 살펴본다면, 「여러분이 객차에 앉아 있을 경우에, 이것들이 실제로 최소한도의 가능성으로서 참값이 됨을 알 수 있음」이 불가능하다고 믿을 수 있겠습니까? 저에게는 「실제로 어떤 환경 아래에서도 여러분이 객차가 둥근 선로 바퀴 위에 얹혀서 달리고 있음을 알 수 없다」고 믿기가 아주 어려울 듯합니다(≒아직 알 수도 없는 원인을 인정함은 '자명성' 원칙에 정면으로 위반됨). 그럼에도 불구하고, 이것이 두 번째 견해에서 여러분으로 하여금 믿도록 요구하는 내용입니다. 저는 실제로 많은 철학자들이 이 견해를 믿었다고 생각합니다. 이는 또한 여러분이 다만 추상적인 용어로 다음과 같이 진술하는 한, 아주 타당해 보일 수 있습니다.

　「우리가 물질적 대상들에 대하여 알고 있는 모든 것은, 그것들이 우리 감각에 대한 미지의 원인이라는 것이다. 그리고 이것이 우리가 '물질적 대상'이란 말로써 의미하는 내용이다.」

　(All that we know of material objects is that they are the unknown causes of our sensations; and this is what we mean by "material objects")

그렇지만 저에게는 이것도 또한 여러분이 구체적인 특정한 사례들에서 이 견해가 함의하는 바를 고려하자마자, 그 타당성을 잃어버릴 듯합니다(≒막연하게 미지의 원인을 허용함은 '직접 지각'의 기준을 허물어 버리므로, 결국 확실한 원인을 전제하고 다시 확증해야 함).

(3) 【 직접 지각 불가능한 감각자료라 해도, 대응하는 물질적 대상이 현존할 수 있다는 견해 】 제가 살펴보고자 하는 잘못된 세 번째 견해는, 많은 철학자에 의해 주장되었던 것은 아니지만, 적어도 몇 철학자에 의해서 일상생활에서 우리가 모두 공통적으로 믿는 것으로 주장된 내용입니다. 저는 어떤 측면에서 앞에서 살펴본 어떤 두 가지 견해들보다도 좀더 타당하다고 생각합니다. 이는 「여러분이 객실칸에 앉아 있는 동안에, 만일 기차 밖으로 나가서 선로 바퀴들을 바라보면서 만져 보았더라면 보고 느꼈음직한 감각자료들 또는 그 감각자료들 중 일부가, 설령 지금 아무도 그것들을 직접 지각하고 있는 것이 아니라 하더라도, 실제로 지금 존재하고 있다」는 견해입니다. 이들 감각자료가 선로 바퀴들로써 여러분이 의미하는 바이고, 객차가 달리고 떠받쳐지고 있는 것이 바로 선로 바퀴 위에 있기 때문이라는 것입니다. 이 견해의 타당성은, 가령 심지어 여러분의 머리를 딴 곳으로 돌려 버리고 더 이상 이런 감각자료들을 직접 지각하지 않는다손 치더라도, 저에게는 사실상 「여러분이 한 순간에 직접 지각하는 감각자료가 어떤 경우에 계속 존재하는 것이 아님」을 믿기가 아주 어렵다는 점에 달려 있는 듯이 보입니다.

예를 들어, 제가 만일 지금 이 손을 바라보고 있다가 눈길을 딴 데로 돌린다면, 설령 저도 그 밖의 다른 사람도 그것들을 보고 있는 것이 아니라고 하더라도, 실제로 「막 바라본 그런 감각자료들이 계속 존재하는 것이 아님」을 믿기가 아주 어렵다는 것을 깨닫습니다. 더욱이 제가 이 손을 바라보고 있는 순간에, 「제가 보고 있는 색깔들이 실제로 이 손의 표면에 있지 않다」, 즉, 「그 물질적 대상인 손의 표면이 있는 바로 동일한 그 장소에 그 색깔이 있지 않다」고 믿기가 아주 어렵다는 것을 깨닫습니다. 이들 대상이 그렇다는 확신이 아주 압도적인 듯하고, 여러분이 그 사안에 주의를 기울이면서 살펴보면 살펴볼수록, 제가 여전히 「그것들이 사실상 실제 사례가 아님」을 더욱 더 확신하지 못하게 됩니다(≒상식적으로 우리가 모두 실제 사례라고 여김).

그러므로 저는 만일 여러분이 선로 바퀴들을 검사해 봤더라면 보고 느꼈음직한 어떤 색깔 띤 경험조각과 다른 감각자료가, 「여러분이 객실칸에 앉아 있고 또한 아무도 그것들을 보지 못하는 경우에 그 순간에 실제로 존재하지 않았을 수도 있음」을 전혀 확신하지 못하고, 「이것들이 실제로 동일한 장소에 있지 않을 수도 있음」을 전혀 확신하지 못하는 것입니다.

그렇지만 물론 이것들이 그렇다는 견해는, 만일 그렇다면 「우리가 명백히 서로 다른 많은 색깔들이 모두 동시에 동일한 장소에 있었음을 반드시 인정해야 한다」는 친숙한 반론들에 열려 있습니다(≒반론들을 해결하지 못함). 그리고 우리가 이런 어려움을 극복할 수 있다고 해도, 저는 「이런 여러 색깔들이 모두 동일한 장소에 존재한다」는 견해가 현재 우리의 문제에서 해결책을 내어 주지 않을 것이라고 봅니다. 왜냐하면 제가 지금 살펴보고 있는 견해는, 이들 감각자료가 선로 바퀴들과 함께 동일한 장소에 있을 뿐만 아니라, 그것들이 또한 그 선로 바퀴이기 때문입니다. 즉, 오직 다른 환경들 아래에서도 선로 바퀴들이 여러분이 직접 지각함직한 어떤 감각자료들로만 이뤄져 있기 때문입니다. 그리고 이런 견해, 즉, 「현재 존재하는 선로 바퀴들과 찻간 이음쇠 고리들이 오직 여러분이 다른 환경 아래에서도 직접 지각할 수 있을 감각자료들로만 이뤄진다」는 견해가, 저는 여러분이 이를 신중히 살펴본다면, 우리가 일상생활에서 믿고 있는 상식으로부터 너무 멀리 떨어져 있는 만큼(≒유일한 사례만으로 선뜻 일반화하고서, 검증하고 확인해 보지 않은 채 단정하는 일은, 상식을 벗어나며 '과도 일반화'로 불림), 앞에서 보았던 다른 두 견해들처럼 철학적 진리로 받아들이기가 어려울 것으로 간주된다고 생각합니다.

여러분은 확실히 일상생활에서 그 객차가 실제로 선로 바퀴들 위에 놓여 있고, 그 선로 바퀴들이 객차를 떠받치고 있으며, 찻간 이음쇠 고리들이 두 객차를 함께 이어붙이고 있음을 믿고 있습니다. 그렇지만 여러분이 그 선로 바퀴들과 찻간 이음쇠 고리들을 검사해 봤더라면, 임의의 환경 아래에서 아마 여러분이 직접 지각할 수 있었을 모든 감각자료들을 생각해 보기 바랍니다. 그것들이 모두 색깔 띤 경험조각들과 다양한 촉각 감각자료들로 이뤄져 있겠는데, 선로 바퀴들이나 찻간 이음쇠 고리들을 손으로 만져 보았더라면 느꼈음직한 이른바 「단단함·매끄러움·차가움·압력이나 무게」와 같은 감각들입니다. 여러분은 사실상 단지 이것들만으로 또는 임의 숫자의 이것들이 실제적으로 그 객차를 떠받치고 있거나 그 객차 한 칸을 다른 객차와 이어붙이고 있는 것이라고 믿고 있습니까?(≒일부러 엉뚱하게 기차 운행과 동떨어진 감각자료를 상정하여 제시했음) 만일 그걸 생각해 본다면, 명백히 여러분이 단지 색깔 띤 경험조각만으로 그 객차를 충분히 떠받치거나 객차 한 칸이 다른 객차를 뒤따르게 할 수 있을 것으로 믿는 것은 아닙니다. 여러분이 만일 선로 바퀴들이나 찻간 이음쇠 고리들을 손으로 만졌더라면 직접 지각했음직한 속성들로서 촉각 감각자료가 어떤 것이든지, 그것이 실제로 그 객차를 떠받치고 있거나 다른 객차 뒤에 객차 한 칸을 끌고 있는 것으로 가정하는 데에도 아주 큰 어려움이 있습니다(≒교묘하게 무어 교수가 서술해 놓고 있지만, 궁극적으로 이것들은 오직 추상적인 힘의 균형점에 관한 모형으로써만 기차 운행이 설명될 수 있다. 피상적인 감각자료 따위는 대상들이 지닌 강도·장력·내구도 등 힘의 하위 요소들에 대한 궁극적인 모형으로 수렴되지 않는 한, 무관한 것일 뿐임).

의심의 여지없이, 선로 바퀴들이 오직 그 객차를 떠받치고 있으며, 그 찻간 이음쇠 고리들이 단지 그 객차를 다른 객차와 이어 붙여 놓습니다. 왜냐하면 그것들이 단단하기 때문입니다. 그렇지만 이는 기차 운행의 일을 떠맡는 임의의 환경 아래, 어떤 것이든지 간에 여러분이 느끼는, 즉, 직접 지각하는 어떤 단단함이 아닙니다(≒강철의 강도는 우리의 지각 범위를 훨씬 벗어나 있고, 오직 특정한 계측기로써만 측정되고 비교됨). 우리가 실제로 어떤 물질적 대상들에 속한다고 믿는 단단함은, 우리가 한 번이라도 직접 지각하는 임의의 감각자료 단편 또는 그런 종류의 감각자료와 동일한 것이 아닙니다. 그러므로 저는 설령 우리가 실제로 일부 감각자료들이 선로 바퀴와 동일한 장소에 있다는 견해를 취한다고 하더라도, 우리가 반드시 선로 바퀴들이, 즉, 객차를 실제로 떠받치는 강도를 지닌 선로 바퀴들이 무엇이든지 간에 감각자료로 이뤄져 있다는 견해를 포기해야 한다고 생각합니다(≒즉, 여러 물질들을 적절히 배합하여 만드는 강철의 속성들은 결코 우리 감각수용기로 파악할 수 없기 때문에, 대상의 자극으로부터 머릿속에 붙들어 둔 감각자료들은 그 대상의 본질적 속성을 제대로 반영해 주지 못하기 때문임).

(4)【 직접 지각을 할 수 없는 실체가 정신 속에 원인으로서 들어 있다는 견해 】앞에서 살펴본 세 가지 견해에 대하여, 그리고 제가 추천하려고 하는 견해에 대한 대안으로서 성립할 수 있는 네 번째 견해는, 쉽사리 타당한 듯이 보이지는 않습니다. 그렇지만 상당수 많은 철학자들에 의해서 견지되어 왔다고 생각합니다. 여러분들이 선로 바퀴들과 찻간 이음쇠 고리들이 존재한다고 생각할 경우에, 이것들이 실제로 존재하지만, 그 본질에서 감각자료로도, 미지의 어떤 것으로도 이뤄진 것이 아니라, 오직 정신으로만 이뤄져 있다는 견해입니다. 저는 일반적으로 이런 견해를 지닌 사람들이 「정신이 공간 속에서 전혀 자리를 차지할 수 없음을 옳게 여긴다」고 생각합니다. 그러므로 「선로 바퀴들이 실제로 둥글지도 않고, 객차가 실제로 선로 바퀴 위에 놓인 것도 아니며, 찻간 이음쇠 고리들이 실제로 객차들 사이에 있지도 않다」고 여기는 것입니다(≒이런 감각자료가 모두 기차 운행과 전혀 무관한 원인들로 간주하는 것이며, 오히려 대신 일반 지식에 의해서 머릿속에서 기차 운행의 원인 사건이 따로 상정되어야 한다고 보는 견해임).

이를 옳다고 여기는 한, 그들의 견해는 물론 두 번째 견해처럼 동일한 논박을 당하도록 활짝 열려 있습니다. 즉, 「객차가 사실상 다른 객차들과 공간적으로 관련된 선로 바퀴들 위에, 선로 바퀴들보다 높이 있지도 않고, 그 선로 바퀴들이 사실상 둥근 모양새를 지니지도 않음」을 믿기가 아주 어렵습니다. 그렇지만 이렇게 덜 타당한 형태로 네 번째 견해를 붙들 필요는 없습니다. 비록 선로 바퀴와 객차가 둘 모두 사실상 정신 내용물을 이루고 있더라도, 「그 선로 바퀴들이 둥글고, 객차가 선로 바퀴들 위에 있음」도 또한 성립될 수 있습니다. 저는 일부 철학자들이 이런 견해를 옳은 것으로 믿어 왔다고 봅니다. 그렇지만 제가 이제 이런 견해를 옹호하여 모든 논점들을 다루어 나가려는 제안은 조금도 하지 않습니다. 저는 첫눈에 아무도 이 견해가 아주 타당하거나 우리가 일상적으로 믿는 내용이라고 주장하지는 않을 것으로 생각합니다. 이 견해를 옹호하여 이용된 논점들은, 부분적으로 더 뒤에서 제가 다루게 될 종류의 것입니다. 즉,

「우리가 어떤 것이든 물질적 대상의 현존을 알지 못할 뿐만 아니라, 또한 아무런 물질적 대상도 현존할 수 없다」

(not merely that we do not know of the existence of any material object, but that no material object can exist)

는 것을 보여 주려는 논점입니다. 그렇지만 다른 세 가지 견해들이 그것들 나름의 속성에 말미암는 타당성과 같이, 저는 주요한 동일 논점들을 놓고서 여전히 이 견해가 얼마나 타당성을 갖고 있는지에 성패가 달려 있다고 생각합니다. 그러므로 제가 말하려고 하는 것은, 이런 내재적 타당성을 유지하는 정도까지 그 속성에 적용할 것입니다.

그렇다면 명백히 이들 네 가지 견해가 모두 다 일반적으로 우리가 믿는 내용(늑상식)과는 사뭇 다릅니다. 여러분이 이 네 가지 견해들 중에서 어떤 것이라도 택한다면, 「우리가 모두 공통적으로 물질적 대상의 현존을 실제로 알고 있다」고 믿는다는 의미와는 반대 쪽에서,

「우리가 물질적 대상들의 현존을 알지 못한다」

는 것을 옳다고 여기게 됩니다. '물질적 대상'이란 말로써 우리가 모두

공통적으로 의미하는 내용이 이미 §.7-1(325쪽)에서 제가 언급한 바임이 뒤따라 나옵니다. 즉,

「하나의 대상은 세 가지 속성을 지닌다. ⓐ 공간 속에서 위치를 점유하고, ⓑ 감각자료의 단편도 아니며, ⓒ 정신 활동도 아니다」

(an object having the three properties that it *has* position in space, and is *not* a sense-datum, *nor* a mind)

따라서 「우리가 실제로 이들 세 가지 속성을 지닌 대상들의 존재를 알고 있다」는 견해를 방어하는 일에서, 저는 사실상 우리가 모두 공통적으로 지닌 견해를 옹호하고 있습니다. 이는 「상식적 견해」입니다.

§.7-3 【 상식적 견해가 채택되지 못했던 까닭들과 흄의 오류 】 그렇지만, 이제 그렇게 많은 철학자들로 하여금 이런 상식적 견해를 거절하도록 이끌어 간 이유들이 무엇일까요? 어떤 이유들이 그분들로 하여금 「우리가 결코 심지어 개연성(확률) 정도로도 어떤 것이든 물질적 대상의 현존을 알지 못한다」고 결론을 내리도록 이끌었을까요? 어떤 이유들이 그들로 하여금 제가 서술해 놓은 네 가지 견해들 중 하나 또는 다른 것을 받아들이도록 이끌어 갔었던 것일까요? 이들 네 가지 견해의 일부가 그분들에게 왜 그렇게 쉽게 타당한 듯이 보였을까요?

여러분이 보듯이, 네 가지 견해들은 모두 명백히 공통적인 어떤 것을 지니고 있습니다. 그 견해들이 모두 「우리들 각자가 직접 지각하지 않는, 그리고 결코 직접 지각해 보지 못한 어떤 대상들의 현존을 알 수 있다」고 인정합니다. 그 견해들이 각각 우리가 존재하는 것으로 알 수 있는 이런 종류의 유일한 대상들과 관련하여, 어떤 규칙들을 마련해 놓습니다. 그 견해들이 토대를 둔 근거들에 대한 아주 시사적인 규칙들입니다. 이들 네 가지 견해에서는 아무런 견해도 아래에 언급된 두 가지 대안 이상을 허용하지 않을 것입니다. 만일 여러분이

무엇이든지 간에 직접 지각해 보지 못한 임의의 대상에 대한 현존을 알게 될 것이라면, (선접 방식으로 적용될) 다음의 두 가지 대안이 있습니다.

   ⓘ 틀림없이 여러분은 전체적으로 논의 중인 그 대상이 어떤 종류의 대상인지를 알 수 없다. 겨우 오직 그 대상이 현재 존재함만을 알 수 있을 뿐이다(≒현재 직접 지각임).
   (*Either* you must be totally incapable of knowing what sort of a thing the thing in question is; you can only know, barely *that* it exists.)

   ⓘⓘ 아니면 이와는 달리, 여러분이 논의 중인 그 대상이 어떤 종류의 대상인지를 알 수 있는 모든 경우들에서, 그것이 엄격하고 특정한 의미에서 과거에 여러분이 직접 지각해 봤던 어떤 것과 비슷한 대상임에 틀림없다(≒과거 경험을 인출하여 확인함).
   (*Or* else, in all cases where you can know what sort of a thing the thing in question is, it must be similar to something which you have previously directly apprehended, in the strict sense, to something which you have directly apprehend in the past.)

임의의 한 가지 색깔이 임의의 다른 색깔과 비슷하며, 임의의 색깔 말고는 아무런 것도 임의의 색깔과 비슷하지 않다는 엄격한 의미에서, 임의의 한 가지 소리가 또 다른 소리와 비슷하다는 엄격한 의미에서, 임의의 한 가지 정신 활동이나 의식 활동이 또 다른 임의의 정신 활동이나 의식 활동과 비슷하다는 엄격한 의미에서, 그것이 반드시 이전에 여러분이 직접 지각해 봤던 어떤 지각 내용과 비슷합니다. 간단히 말하여, 오직 여러분이 직접 지각하는, 존재하는 모든 대상들이 속하는 확정된 부류들의 하나 또는 다른 것에 속하는 대상들의 현존만을 알 수 있는 것입니다. 이것이 선접 방식으로 적용되는 첫 번째 대안과 두 번째 대안입니다.

   그렇지만 왜 누구든지 「엄격하게 이런 방식으로 우리의 지식이 제약되어야 옳다」고 여겨야만 하는 것일까요? 실제로 사람들로 하여금 이런 생각을 갖도록 영향을 주는 것이, 저한테는 「여러분이 오직 두 가지 방식으로만 어떤 것이든지 확정적인 대상의 현존을 알 수 있다」는 가정으로 보입니다. 즉, ⓘ 직접 지각direct apprehension에 의해서이든지, 아니면 ⓙ 경험Experience에 의해서이든지입니다. 여기서 '경험'이란 말은 흄이 뜻했던 바를 의미합니다. 즉, 여러분이 지금 지각하고 있는 어떤 것과 비슷한 대상들 및 여러분이 지금 추론하는 바와 비슷한 대상들 사이에 있는 연접 방식conjunctions(일련의 사건 흐름)들을 과거에 여러분이 직접 지각해 보았음을 의미합니다. 저는 이런 가정이 아주 타당한 듯하다고 생각합니다. 그리고 다음 물음을 던지는 일도 아주 타당할 듯합니다.

「첫 번째 사례로서, 무엇이든지 간에 임의의 대상을 내가 직접 지각한다는 사실 말고는, 어떻게 내가 그 대상의 현존을 알 수 있을까?」(≒직접 지각 이외의 방식이 있을까?)

「그리고 내가 직접 지각해 보았던 어떤 것으로부터 나온 추론 말고는, 직접 지각해 보지 못한, 어떤 것이든지 확정적인 대상의 현존을 어떻게 내가 추론할 수 있을까?」(≒경험 인출 이외의 방식이 있을까?)

「그리고 과거에 내가 지금 추론하고 있는 것과 비슷한 대상들 및 그런 추론으로부터 이제 그것을 추론해 낸 것과 비슷한 대상들 사이에 있는 연접 방식을 직접 지각해 보았다는 사실 말고는, 무엇이 나에게 그런 추론을 위한 임의의 토대를 제공해 줄 수 있을까?」(≒연접 방식의 추론 이외에 다른 추론 방식이 있을까?)

(How can I know of the existence of anything whatever, in the first instance, except by the fact that I directly apprehend it?

And how can I infer the existence of any definite thing, which I have not directly apprehended, except by inference from something which I have directly apprehended?

And what can possibly give me any basis for such an inference, except the fact that I have in the past directly apprehended conjunctions between things like what I now infer and things like that *from which* I now infer it?)

저에게는 이들 세 가지 질문이 아주 타당한 듯합니다. 저는 네 가지 견해들의 타당성을 감소시키는 데 쓰일 수 있는 어떤 논점들이 있다고 생각합니다.

(1) 【 필연성에 토대를 둔 지식과 가능성으로서의 우연한 경험에 토대를 둔 지식이 둘 모두 필요함 】 첫 번째 질문이 담고 있는 논점은 흄 자신이 제공한 것입니다. 이미 설명된 의미에서 '경험' 말고는 임의의 특정한 대상의 현존을 추론하는 데에 정당화될 수 없는 원리를 마련한 다음에, 흄은 계속하여 다음 물음을 던집니다.

「그렇지만 경험이 그런 추론을 정당하게 만들어 줄까?」
(But will Experience justify the inference?)

여기서 흄은 아주 현저한 사실에 주목하도록 요구합니다. 과거에 여러분이 항상 두 가지 서로 다른 종류의 대상들을 서로서로 연접 방식으로 직접 지각했다고 가정하겠습니다. 흄은 다음처럼 질문을 던집니다.

「여러분이 실제로 이것을 직접 지각해 보았지만, 저것을 직접 지각해 보지 못하였음에도 불구하고, 저것이 실제로 현존하거나 심지어 가능성일지언정 존재할 수 있을 경우에, 이것으로부터 새로운 사례로 된 저것을 추론을 하는 일에 정당성을 어떻게 부여받을 수 있을까?」
(how, he asks, can you possibly be justified in inferring form this, that in a new case, where you do directly apprehend the first, but do not directly apprehend the second, that the second does nevertheless exist, or even probably exist?)

흄은 이런 추론이 명백히 하나의 엉성한 가정a gross assumption을 포함하

고 있음을 지적합니다. 즉,

> 「과거에 두 가지 대상이 함께 진행되어 일어났기 때문에, 그러므로 다른
> 모든 경우들에서도 이것들이 함께 진행되어 일어날 것 같다.」
>
> (*because* two things have gone together, *therefore* it is likely that they ill go
> together in all other cases.)

그리고 흄은 「여러분이 어떻게 이런 가정이 올바르다고 알 수 있을
까?」라고 묻습니다. 아무리 지속적으로 그리고 아무리 빈번하다고 할
지언정, 과거에 두 가지 대상이 함께 진행되어 일어났다는 단순한 사
실이, 임의의 단일한 다른 사례에서도 이것들이 그렇게 일어날 것이
라거나, 또는 심지어 가능한 정도만이라도 일어날 것임을 절대적으로
증명해 주지는 못합니다(≒흄은 가능한 사건을 우연히 경험하는 일이, 궁
극적으로 필연적 사건으로 환원되어야 한다는 강박관념에 시달리고 있었던
듯함). 예를 들어, 설령 과거에 여러분이 난로불에 가까이 손을 댈 때
마다 뜨거움의 느낌(열 감각)을 경험하였다손 치더라도, 여전히 미래
에 이것이 다시 결코 일어나지 않을 것임도 쉽게 생각해 볼 수 있습니
다. 「이것이 임의의 단일한 사례로서 일어날 것이라거나 일어날 것
같다」는 것을 입증하기 위하여, 무엇이 거기에 있습니까? 명백히 오
직 여러분이 다음과 같은 어떤 원리를 이미 알고 있다면, 이를 입증할
수 있습니다. 즉,

> 「과거에 한 가지 대상이 지속적으로 또 다른 대상과 연접되어 있었던 경우
> 에, 임의의 새로운 사례에서는 과거에 이것들이 연접되지 않았던 것보
> 다도, (높은 확률로) 좀더 이것이 그렇게 연접될 수 있을 것 같다.」
>
> (That when one thing has been constantly conjoined with another in the past,
> it *is* more likely that it will so conjoined in any new instance, than if they
> had *not* been conjoined in the past.)

그렇지만 여러분은 이와 같은 원리를 어떻게 알 수 있을까요? 이는 흄이 가능한 것으로 허용한 어떠한 방식으로도 알려질 수 없는 원리입니다. 즉, 이 원리는 자명한self-evident 것이 아닙니다(≒필연성을 다루는 수학 규칙처럼 자명한 것은 아님). 이는 자명한 어떤 것으로부터 도출될 수 없는 것입니다. 그리고 경험에 의해서도 알려질 수 없습니다. 왜냐하면 거꾸로 이 원리가 먼저 참인 것으로 알려지지 않는 한, 경험이 무엇이든지 간에 결코 임의의 것을 입증하는 것으로 알려질 수 없기 때문입니다.

저는 「흄의 이런 논점이 결코 제대로 답변되지 못했다」고 생각합니다. 저도 이것이 어떻게 답변될 수 있을지 잘 모릅니다(≒뒤쪽에 있는 제6장의 마지막[308~311쪽]에 점선 글상자 속에 적어 놓은 가설-연역 체계의 접근 방식이, 가능성으로서의 우연함을 다루는 귀납법 및 필연성으로서의 명증한 도출을 보장하는 연역법이 서로 협동하는 모형이 현재로서는 가장 그럴듯한 답변이라고 믿는다). 사실상 「여러분은 과거에 두 가지 대상이 연접되어 있었던 경우에, 이것들이 다시 연접할 것 같음도 잘 알고 있다」고 주장할 수 있습니다(≒인과율이 적용되는 물질세계에서는 그러하겠지만, 「자유의지에 따라 행동하는 사람들」에게는 특히 변덕스런 성격을 지닐 경우에 꼭 그렇다라고 말할 수 없음). 그러므로 여러분은 경험이 추론을 위한 온당한 토대임을 잘 알고 있는 것입니다. 그렇지만 만일 여러분이 이를 주장할 예정이라면, 또한 마땅히 왜 「물질적 대상들의 현존을 실제로 알고 있다」고도 주장하지 못하는 것입니까? 한 가지 단언(명제)이 실제로 다른 단언(명제)보다 어떻든 간에 좀더 확실한 것일까요?

이와는 달리, 만일 여러분이 「경험이 추론을 위한 온당한 토대가 됨을 알지 못한다」고 인정한다면, 물질적 대상들에 대한 여러분의 지식 및 다른 사람들의 존재나 여러분 자신의 미래 감각들에 대한 지식 사이를 분간해 주는 모든 근거는 다 사라져 버립니다. 여러분이 만일 이 점을 인정한다면, 또한 반드시 「여러분 자신 말고는 어떤 사람이든지 간에 다른 사람의 현존을 알지 못함」을 인정해야만 합니다. 그렇다면 여러분은 명백히 제가 공격하고 있는 그런 임의의 규칙을 설정할 자격이 없습니다. 여러분은 아마 다음처럼 말할 자격이 없을 것입니다.

「아무도 어떤 것이든 물질적 대상의 현존을 알 수 없다.」
(No man knows of the existence of any material object)

만일 누구든지 간에 여러분이 다른 사람이 현존한다는 사실조차 알지 못한다면, 아마 다른 사람이 실제로 알고 있거나 알지 못하는 내용에 관해서 무엇이든지 간에 그것을 어떻게 알 수 있을까요? 왜냐하면 여러분이 알고 있는 모든 것이, 「만일 다른 사람이 현존한다면, 다른 사람들이 물질적 대상들의 현존 및 모든 종류의 다른 것들의 현존을 알 수 있다」는 것이기 때문입니다(늑무어 교수가 말년에까지도 이 근거를 확실하게 견지했던 만큼, 상대주의에 빠진 유아론이나 관념론을 벗어나기 위하여 아주 중요한 속성으로 여기고 있음). 달리 말하여, 한편으로 만일 여러분이 일단 「경험이 추론을 위한 충분한 토대가 아님」을 보여 주는 회의적인 흄의 이런 논점을 받아들인다면, 그리고 동시에 다른 한편으로 이것이 여러분이 지닌 유일한 토대라고 여긴다면, 인간 지식의 한계에 관하여 일반적 단언(명제)들을 마련해 놓으려는 모든 시도는 부조리하게 될 뿐입니다. 기껏해야 여러분은 자신이 실제 알고 있는 것과 알지 못하는 것에 관해서 규칙들을 마련할 자격만 갖출 수 있습니다. 심지어 여러분 자신과 관련해서조차, 아마 「바로 다음 순간에 여러분이 어떤 물질적 대상의 현존을 알 수 없을 것임」을 주장할 자격도 갖추지 못할 것입니다. 여러분은 「여러분이 이런 점을 깨닫지 못할 가능성이 가장 작다」고 주장할 만한 아무런 근거도 지니지 못할 것입니다.

그렇다면 사실상 이것이 제가 「우리가 어떤 것이든지 간에 물질적 대상의 현존을 알 수 없다」는 논점의 타당성을 실제로 줄여 버리는 것으로 생각하는 한 가지 논점입니다. 이 논점이 보여준 바는, 만일 경험이 그 자체로 무엇이든지 간에 추론에 대한 온당한 토대가 됨을 알게 된다면, 먼저 우리는 반드시 「물질적 대상들이 현존한다」는 단언(명제)처럼 거의 확실성이 없을 듯한 어떤 원리도 잘 알고 있어야 합니다(≒더 쉽게 말하여, 경험론의 출발점도 지식 수립의 중요한 토대라는 뜻인데, ㉠ 내가 가능한 대상이나 사건을 우연하게 경험하는 일을 귀납법이나 경험론의 출발점으로서 인정하는 즉시, ㉡ 동시에 같은 외부에 물질적 대상이 동일한 방식을 통하여 다른 사람 또는 다른 사람들에게도 그런 경험을 할 수 있도록 만들어 줄 것이기 때문에, ㉢ 그렇다면 결과적으로 공통된 외부 자극물로서 물질적 대상이 있어야 함을 인정하는 것임).

(2)【 물질적 대상의 현존 여부를 따지는 이론들을 놓고서 검토·판정할 상위 차원의 조건 】다음에, 동일한 결과에 도달하는 또 다른 논점이 있습니다. 사실상 어떻게 누구든지 간에 우리가 지금 살펴보고 있는 것과 같은 다음 원리에 도달하는 것일까요? 무엇이든 간에 어떤 원리이든지 상관없이 다음처럼 주장합니다.

> 「어떤 조건들이 충족되지 않는 한, 아무도 어떤 것이든 간에 임의의 대상의 현존을 알 수 없다」
>
> (No man can *know* of the existence of anything, unless certain conditions are fulfilled)

저는 이런 원리가 아무런 것도 자명하지 않음이 명백하다고 생각합니다. 단지 이런 단언(명제)의 용어들을 살펴봄으로써, 즉, 이 단언(명제)이 무엇을 의미하는지를 놓고서 완벽히 분명하고 변별적인 생각을 얻어냄으로써, 오직 해당 단언(명제)이 의미하는 내용만을 살펴보면서 「동일한 것과 똑같은 대상들이 서로 간에 동등함」을 알 수 있는 방식으로(≒tautology 항진 단언의 형식임), 여러분은 이것이 반드시 참값이 됨을 즉각적으로 알 수는 없습니다(판단·결정이나 증명 과정은 더 높은 차원의 인식 영역이며, 고작 항진 단언의 차원에만 머물고 있는 것이 아니기 때문인데, 217~219쪽의 역주 93에 있는 도표를 보기 바람).

만일 여러분이 우리 지식의 한계들에 관한 이런 단언(명제)이 사실상 어떻게 도달되고 뒷받침되는지를 살펴본다면, 저는 이것들이 모두 우리가 실제로 특정한 대상들을 알거나 알지 못하는 듯한 특정한 사례들을 놓고서 종합적으로 고려한 결과에 달려 있음을 깨닫게 될 것으로 봅니다.[122] 사례별로 검토하는 이것이 그것들이 가질 수 있는 최선의 토대입니다. 이것들은 사실상 우리가 명백히 어떤 것을 실제로 알고 있는 다양한 모든 사례들과, 그리고 명백히 어떤 것을 알지 못하는 사례들(≒예외적 사례들로부터 반례들에 이르기까지)을 모두 다 모으려는 시도에 근거하고 있고, 비교에 의해서 어떤 조건들이 우리가 실제로 알고 있는 모든 사례들에 공통적이며, 우리가 알지 못하는 모든 사례들로부터 결여되어 있는지를 발견하려는 시도에 근거하고 있습니다.

어떤 조건들을 제외하고서(≒주로 수학에서의 연역적 도출 조건을 제외하고서), 사실상 「우리가 특정한 종류의 단언(명제)을 결코 알 수 없다」는 결과에 대하여 판정할 수 있는 임의의 일반 원리는 경험적 귀납법이며, 반드시 여기에 근거해야 합니다. 즉,

- 명백히 논의 중인 종류의 단언(명제)들을 실제로 알고 있는 경우들에

---

122) [역주] 무어 교수의 단정과는 달리, 뒤친이는 이런 원리가 함의 관계 'X→Y' 형식의 하위 부류라고 본다. 이를 「입력이 없다면 출력도 없다」(연산 작용·computation으로도 부름)는 말로 표현할 수 있다. 이런 이해가 올바르다면, 이는 무정의 용어·undefined terms에 속한다고 보아야 할 것이다(301쪽의 역주 117 참고). 그렇다면 무어 교수가 주장하듯이 단순히 참값·거짓값이라는 판별 기준보다, 오히려 전체 체계 속에서 이런 무정의 용어 다발들의 「일관성·효용성·유용성·손쉬운 이해」 등을 새롭게 타당성 판별하는 기준으로 내세워야 할 것이다. 참값·거짓값은 대응 관계(§.15-4)를 통하여 수립되는 것이지만, 이론 체계의 선택이나 공리 체계의 선택에는 대응 관계 말고도 더 높은 차원에 있는 다른 기준들이 도입되어야 하는 것이다. 과학철학에서는 이런 기준이 여러 가지 서로 양립할 수 있는 공리계들 중에서 어떤 것을 선택할 것이지를 서로 합의할 수 있는 최상위의 기준이 된다고 보는 듯하다.

대한 관찰

- 우리가 명백히 알지 못하는 경우들에 대한 관찰
- 그리고 한 가지 부류를 나머지 부류들로부터 구별해 주는 조건들

에 근거해야 하는 것입니다. 그렇지만 이것이 그렇다고 치더라도 (귀납적 경험론에서는)「아무런 일반 원리도 그것이 근거하고 있는 관찰에 따른 특정한 사례들보다 분명히 더 큰 확실성을 지닐 수 없음」이 뒤따라 도출됩니다. 사실상 임의의 특정한 사례에서 물질적 대상의 현존을 알 수 없음이 명백해지지 않는 한(≒최면이나 꿈꾸는 상태가 아닌 한),

「물질적 대상들의 경우에 충족되지 못하는 특정한 조건들을 제외하고서 (≒수학 규칙 따위), 내가 임의의 대상의 현존을 알 수 없음을 주장하는 임의의 원리가 어떤 것도 수립될 수 없다」

고 간주될 수 있습니다(≒오직 경험 범위 내에서만 원리가 세워져야 하고, 경험 밖의 것에는 아무런 진술도 할 수 없음). 이름 붙여진 조건들이 충족되지 않았다는 사실에도 불구하고, 임의의 특정한 사례에서 실제로 제가 물질적 대상의 현존을 알았다는 단순한 사실은 앞의 원리를 전복시켜 버리며, 그 원리가 참값이 아님을 입증하기에 충분할 것입니다. 그러므로 만일 임의의 원리가 확실성과 더불어 알려지게 된다면, 이 원리로부터 제가 임의의 물질적 대상의 현존을 알 수 없음이 뒤따라 나올 터인데,[123] 우선 반드시 더 큰 확실성과 더불어 사실상 임의

---

123) [역주] 이 진술의 의미를 뒤친이는 '공리계an axiomatic system'가 상정되고 그 체계 위에서 연역적으로 도출되어 나오는 하위 진술들로 이해하고 있다. 아직 무어 교수는 헴펠 (C. G. Hempel, 1965; 전영삼·여영서·이영의·최원배 뒤침, 2011)『과학적 설명의 여러 측면』1~2(나남)에서 논의된 경험론과 귀납법을 모두 포괄할 수 있는 「가설-연역 체계 hypothetico-deductive system」가 확정되어 있다고 보지 않는 듯하다. 대신 귀납적 경험론이 맡는 영역이 있고, 이를 가능성 있는 우연한 경험으로만 돌린다. 이와는 달리 수학처럼 연역 과정에 토대를 두고서 여러 가지 하위 사실들을 도출하는 영역도 있다고 여기는 것이다. 즉, 무어 교수는 합리론과 경험론의 두 영역이 나란히 별개로 존재해야 한다는 입장을 지닌 것이다. 그런데 여기서 중요한 질문이 생겨난다. 수학이 모두 연역적 사고

의 특정한 사례에서 제가 한 가지 대상도 알지 못함이 알려져야 합니다. 이것이 사실상 어떤 것이든 확실성과 함께 알려져 있을까요? 저에게는 분명히 그것이 그렇지 않을 듯합니다(≒경험 법칙이 가능한 사건에 대한 우연성에서 비롯되겠지만, 다른 사람들도 그런 경험을 한다는 일 자체가 약한 일반화 가능성을 보여 주는 중요한 토대이다. 다시 사후에 출간된 무어(1959)의 제10장 「확실성」에서는 영어에서 자주 쓰는 7가지 확실성 표현들은 놓고서 필연성 쪽으로 지향해 나가기 위하여, 과거 경험들을 인출함으로써 연접 방식의 대상 또는 사건들에 대한 확인을 통하여, 거듭 ⓐ 우연한 대상이나 사건들의 연접 방식이 결코 자기모순이 아니며not self-contradictory ⓑ 논리적으로 가능한logically possible 연접임을 증명하고 있음).

요약한다면, 흄의 원리와 같은 것을 도구로 하여 「우리가 임의의 물질적 대상의 존재를 알 수 없음」을 증명하려는 시도는, 저에게는 철학에서 아주 흔한 종류의 논점에 대한 특징적인 사례가 될 듯합니다. 즉, 사실상 그 도구에 의해 거짓으로 입증된다고 추정된 단언(명제)보다, 훨씬 불확실한 어떤 원리를 도구로 하여, 주어진 임의의 단언(명제)이 거짓임을 증명하려는 시도인 것입니다. 이것으로부터 틀림없이 우리 지식의 한계를 놓고서 일반 원리를 마련하려는 모든 시도들

체계일까? 그렇지 않다.

현대 학문의 시작점이 자연수의 본질에 관한 물음을 놓고서 해답들에 토대로 한 방법론적 일원론으로부터 나온다. 이탈리아 수학자 페아노(G. Peano, 1858~1932)는 자연수가 임의의 시작점이 다시 반복되어야 한다는 점에서 이를 '수학적 귀납법mathematical induction'이라고 불렀고, 독일 수학자 프레게(G. Frege, 1848~1925)는 '반복 함수recursion' (일본에서는 회귀 함수로 부름)라고 불렀다. 반복을 가능케 하는 방식이 함의 관계이다 (X→Y).

그런데 뭐가 반복되는 것일까? 우리가 외부세계에서 지각할 수 있는 임의의 대상이 먼저 주어져야 하고, 이것이 다시 귀납적으로 재투입되는 것이다(반복되는 것이다). 그렇다면 그 대상은 반드시 개체individual일 수밖에 없다. 우주의 대상들을 모두 개체로서 존재하고 있는 것이며, 이를 자연수 체계로 표상해 놓은 것이다. 반복되는 대상들은 다시 상위 차원에서 파악하여 새롭게 이전에 없던 질서들로 다른 집합들을 만들고, 이내 여러 집합군들 사이의 관계를 다루는 것이 수학 기초론에서 밝혀낸 핵심이다(좌표로 표시되는 허수 공간뿐만 아니라[수학에서는 통칭하여 복소수complex number 공간으로 부름], 칸토어의 직관에 힘입어 초한 수까지도 다루게 됨). 이런 사실을 처음 깨친 프레게가 스스로 득의한 자긍심을, 타계하기 전에 양자에게 자신의 원고들이 빛을 발할 날이 있을 것이라고 예언한 대목이 새삼스럽다.

이 희망도 없고 쓸모도 없음이 뒤따라 나오는 것은 아닙니다. 우리 원리가 근거하고 있을 특정한 사례들에 대한 우리의 탐구에서, 오직 반드시 아주 신중한 태도를 취함으로써, 「명백히 우리가 뭔가를 알지 못하는 경우의 사례들로써는, 즉, 논의 중인 대상을 아는지 알지 못하는지 여부가 결코 명백하지 않은 사례들로써는 판단하지 말아야 한다」는 점만이 뒤따라 나올 뿐입니다. 저한테는 이것이 이런 특정한 사례에서 저질러진 오류로 보입니다.

결국 「우리가 물질적 대상들의 현존을 알지 못한다」는 주장이 아주 명백한 것은 아닙니다. 「만일 그러하다면, 물질들의 현존을 알 수 없었을 것임」이 뒤따라 나왔을 지식의 가능성 및 한계에124) 관한 일반 원리가 어떠하든지 간에, 아무런 것도 더욱 명백히 참값이 될 수 없는 것입니다. 저는 이런 모든 것이 「우리가 물질적 대상들의 현존을 알 수 없다」는 것을 우리가 알지 못한다는 입장을 옹호하는 엄격히 유일한 논점임을 깨닫습니다.125) 그렇지만 저는 이런 입장 및 「우리가 분

---

124) [역주] 원문은 'the limits of knowledge**지식의 한계들**'이지만, 속뜻은 지식의 가능성과 한계를 모두 싸안고 있으므로 '가능성과 한계'로 번역해 둔다. 이 물음은 데카르트로부터 시작하여 로크와 라이프니츠를 거쳐 흄과 칸트에게서도 *human understanding***인간의 이해 능력**에 대하여 지속적으로 제기되어 온 것이다. 오늘날 과학철학자 툴민 책의 제목도 그러한데, 이해 가능성과 한계를 모두 다 포함하고 있다. 단, 절대성과 필연성을 상정하였던 태도에서 오늘날에는 많이 누그러진 가능성과 우연성의 합리주의적 토대를 추구하고 있다는 점에서 태도가 바뀌었을 뿐이다. 그런데 일본에서는 understanding을 '오성'으로 번역하여 마치 「별도로 그런 능력이 따로 있는 듯」이 호도한다(228쪽의 역주 97 참고). 이는 잘못이며, 단지 우리가 지닌 이성 능력의 판단·결정의 결과일 뿐임은 217~219쪽의 역주 93에 있는 도표(여러 단계의 반복적으로 순환하면서 마치 안개가 걷히듯이 점차적으로 이해가 획득됨)를 참고하기 바란다.

125) [역주] 조지 앨런 출판사 초판 원문 144쪽과 콜리어 출판사 재간 원문 161쪽에 모두 동일하게 "in favour of the position that we do not know that we do not know of the existence of material objects."로 되어 있다. 번역에서는 일단 원문을 그대로 받아들여, "[우리가 … 알 수 없다]는 것을 우리가 알지 못한다는 입장"으로 번역해 놓았다. 그렇지만 만일 두 번 반복되어 있는 것이 옳다면, 직접 물질적 대상의 존재 여부를 묻는 질문이 아니라, 오히려 우리 인식 자체에 대한 상위 질문으로 바뀌어 버린다. 이는 여기서 의도하는 질문 방식이 아니다. 제7장에서 물질적 대상과 우리 인식 사이의 관계만을 놓고서 다뤄 왔기 때문이다. 따라서 중복된 we do not know가 하나가 삭제될 경우에, "우리가 알 수 없다는 입장"이 좀더 합당한 듯이 느껴진다. 아마 반복된 구절은 교정 과정의 실수일 듯하다.

명히 물질들의 현존을 알지 못한다」는 교조적 입장 사이에 있는 실재적이고 중요한 차이점이 있다고 생각합니다. 그리고 만일 논리상으로 따지는 것이 아니라면, 저는 이런 차이가 실용적으로

「우리가 실제로 물질적 대상들의 현존을 알고 있다」
(we *do* know of their existence)

는 확신을 향한 중요한 단계라고 생각합니다(≒이 주장과 태도는 오늘날 귀납법과 연역법이 통합되어 있는 「가설-연역 체계」의 접근법과 양립 가능한 방향이다. 그렇지만 무어 교수는 수학 규칙으로 대표되는 연역법과 경험 중심의 귀납법을 통일하기보다 나란히 두 영역이 공존해야 한다고 생각하는 듯이 보인다. 뒤친이는 265쪽 이하에 있는 역주 110의 도표가 보여주듯이, 정신 작용이 제3~제4 단계에서는 이미 연역법 토대가 중요하게 작동한다고 믿고 있다).

제8장 공간 속에 있는 존재

(물질과 정신은 어떻게 얽혀 있을까?)

§.8-0 【 들머리 】 저는 이제까지 저한테 가장 강력하고 가장 타당한 논점이 되는 듯한 다음의 주장을 옹호하면서 그 입장을 살펴보고 답변하려고 해 왔습니다.

「우리들 중 결코 아무도 어떤 것이든지 물질적 대상의 현존을 알 수 없다. 임의의 물질적 대상이 현존하는지 그렇지 않은지 여부를 간단히 말할 수 없는 것이다.」

(That none of us ever *knows* of the existence[126] of any material object; that

---

126) [역주] 존재와 관련된 'is, exist, real, true, fact'라는 용어가 제16장과 제17장에서 집중적으로 논의된다. 영어로 existence(현실 세계에서 존재함 또는 현존이며, 라틴어 어원이 「밖에 ex-(out)+서다 sistere」임)도 쓰이고, 비슷한 낱말로서 또한 §.16-2에서처럼 being(있음, 있는 상태)도 쓰인다. 이 책에서 being은 미래 시점이나 초시간적 세계에서 존재하는 상태를 가리킨다. 어원이 「있다 be+결과물의 속성이나 상태 -ing」이므로, '있는 상태, 존재하는 상태'로 번역될 수 있다. 흔히 existence**현재 존재, 현존**와 being**존재하는 상태**는 「현재 직접 지각할 수 있는지 여부」로써 구분된다. 전자는 반드시 대상들이 현실 세계에 있다는 뜻이므로, ㉠만일 그것이 구체적인 대상이라면 직접 지각이 될 수도 있고, ㉡추상적 대상이라면 지식(즉각적 지식)을 통해서 알 수 있다. 특히 후자는 §.16-2에서 무어 교수가 인용한 영국 관념론 옹호자인 브뢰들리 교수의 시간에 대한

we simply cannot tell at all whether any material objects exist or not.)

그렇지만 많은 철학자들이 이런 입장에 만족하지 않았습니다. 단순히 「물질적 대상들이 현존하는지 그렇지 않은지 여부에 관해서 우리가 절대적으로 무지하다」고 주장하는 대신에, 「분명히 물질적 대상들이 현존하지 않는다」고 주장하였습니다. 그분들은 「우리가 물질적 대상들이 현존하지 않음을 알 수 있다」고 주장하였습니다. 이제 저한테 가장 타당한 논점들로 보이는 것을 놓고서, 저는 이런 입장을 옹호하여 살펴보면서 제 능력껏 답변해 보고자 합니다.

이를 옹호하는 가장 공통적인 첫 번째 논점은 이미 제가 간략히 언급해 놓았던 것입니다. 이는 아래와 같으며, 많은 철학자들이 옳은 것으로 여기는 듯합니다.

「누군가에게 직접 지각되는 경우를 제외하고서는, 아무런 감각자료의 단편도, 임의의 한 가지 색깔이 임의의 다른 색깔과 닮았다는 의미에서 감각자료의 단편과 닮은 어떤 것도, 현존할 수 없음이 아주 확실하다.」

주장을 다루면서 쓰는 것인데, 비록 현재 시점에서 직접 지각할 수 없지만, 미래 시점이나 시간을 초월한 영원한 세계에서 존재할 수 있다는 뜻으로 쓴다. 만일 양상(양태) 논리를 확장하여 가능세계까지 다룬다면, being존재하는 상태은 가능세계에서 존재하는 상태라고 말할 수 있다. 이와 대립적으로 existence현재 존재함는 현실 세계에서 존재하며 직접 지각할 수 있는 것이므로 「현존한다」고 번역할 수 있다. 그렇지만 이런 용법이 「한 가지 사실」이 지각 가능한 범위를 포함하여 광의로 쓰이자, §.14-3에서부터는 이런 구분이 더 이상 불필요하게 된다. 724~725쪽의 역주 275를 보기 바란다.

그런데 쓰는 사람에 따라서 being있음은 독특하게 정의되기도 한다. ⓐ 에릭 프롬(E. Fromm, 1900~1980)과 같이 대문자 Being모든 세계에서의 있음, 절대 세계에서의 존재의 하위 부류 being개별체들이 각각 있음, 현실 세계에서의 개별체으로 쓰는 경우도 있다. ⓑ 알렉시우스 마이농처럼 우리가 직접 지각할 수 없으되, 한 개체의 존재 밑바닥에 깔려 있는 보편적 속성을 가리키는 경우도 있다(432쪽의 역주 154에서 subsist의 뜻임). ⓒ 필연성과 가능성의 대립에서 특히 가능성의 양태(양상)는 현재 우리들의 경험 폭 또는 존재 가능한 시폭을 기준으로 하여 우리가 우연히 경험하는 사건들을 결합시켜 성립되어 있는 듯하다. 그런데 인간 생명의 길이가 지금보다 10배 더 늘어나거나, 다른 행성으로 이주하여 하루 시간 분할이 지금처럼 24시간이 아닐 경우에 상정될 수 있는 「가능성」양태, 즉, 임의의 사건을 우연히 경험하게 되는 사태가 현재 시점에서 우리 경험의 경우와 반드시 동일할 것일까? 궁극적인 이런 물음에도 골똘히 답변을 모색해야 할 것이다.

(it is quite certain that no sense-datum — nothing that is *like* a sense-datum, in the sense in which any one colour is *like* any other colour — can exist, except when it is directly apprehended by somebody.)

우선 저는 만일 이런 논점이 사실이었더라면, 정확히 물질적 대상들의 현존을 놓고서 어떤 결과(bearing)를 지니게 될지를 설명해 놓고자 합니다.

지난 번 강의에서 제가 「물질적 대상」이란 말로써 뭘 의미하는지 (323쪽의 세 가지 속성), 그리고 우리가 공통적으로 무엇을 의미하는지 (≒공간 점유), 무엇이든지 간에 임의 종류의 감각자료 단편 한 가지도 아니고 감각자료로 이뤄져 있는 것도 아님을 주장하였습니다(≒비-감각자료·비-정신활동). 그러므로 오직 감각 자료가 직접 지각되는 경우만 제외하고서는 이런 논점이 무엇이든지 간에 존재할 수 없다는 주장을 하고 있기 때문에, 「물질적 대상들이 현존할 수 없음」을 입증하기 위하여 아무런 성향도 지닐 수 없는 듯이 여겨질 수도 있습니다.

그렇지만 이것은 실제의 경우가 아닙니다. 왜냐하면 설령 제가 「아무런 물질적 대상도 그 자체로 감각자료의 단편도 아니며, 감각자료의 단편과도 비슷하지 않다」고 주장했다손 치더라도,127) 또한 저는

---

127) [역주] 이 주장은 오해 없이 제대로 이해할 필요가 있다. 감각자료는 머릿속에 있는 것에 불과하고, 물질적 대상은 외부의 실재 세계에 있는 요소이다. 각각 다른 영역에 있는 대상들이다. 따라서 양자 사이에 있을 법한 관련성을 특정하게 정의해 주어야 하는 것이다. 흄의 원리에서는 '직접 지각'이나 '연접 경험'을 통해서 두 세계 사이를 묶어 줄 수 있다고 보았다. 그렇지만 무어 교수는 지식의 확장을 위해서 이런 정도로는 모자라며, 302쪽 이하에서 '즉각적 지식'을 도입하여 벗어나야 한다고 본다.

물론 §.8-3에서 우리 정신 작용이 외부 대상들에 대한 수반된 또는 부수된 현상이라고 본다는 점에서, 실재론이 더 먼저 전제되어야 하고, 감각 수용기와 이성을 지닌 주체로서 우리들의 정신에 수반 현상으로 정신 작용이 생겨난다고 보기 때문에, 관념론의 측면도 실재론의 측면도 다 함께 공존할 수 있는 계기를 마련해 놓았다. 그렇지만 우리는 경험한 것을 넘어서서 더 많은 것을 알고 있다는 점을 인정하므로, 이를 위하여 어떻게 그런 일이 가능할지를 설명해 주어야 한다.

언어학자 참스키 교수는 인류 지성사에서 지속적으로 다뤄온 서로 상반되는 문제를 각각 「플라톤의 문제」와 「오웰의 문제」로 불렀다(Chomsky, 1986; 이선우 뒤침, 2000, 『언어 지식』, 아르케). 전자는 우리가 한 줌의 경험만으로도 온 우주를 다 아는 듯이 말할 수 있고, 실제로 경험하지 않는 영역과 사건들에 대하여 예측하고 미리 대비할

「모든 물질적 대상이 반드시 공간 속에 있어야 하거나, 단지 어떤 점의 모양새이든지 아니면 좀더 일반적으로 모양새라고 불리는 형상의 어떤 모양새이든지 간에, 반드시 어떤 모양새를 지녀야 한다」고 주장했기 때문입니다. 그리고 저는 임의의 모양새가 임의의 감각자료의 단편과 비슷함도 인정하였습니다. 왜냐하면 모든 모양새가 어떤 모양새를 지니고 있고, 일부 모양새가 실제로 감각들로 주어져 있기 때문입니다. 그러므로 이 논점이 물질적 대상들에 적용되는데, 왜냐하면

수 있는 것이다. 이런 일이 어떻게 가능할 것인가? 간단히 대답하여, 태어나면서부터 우리에게 있는 「이성의 능력」을 충분히 이용하여 그러는 것이다.

그렇지만 이와는 반대로, 설령 주위에서 아무리 많은 증거와 충분한 사건들을 제시해 주더라도 이런 증거와 사건들은, 반대쪽의 것에 확신을 하는 사람에게 아무런 영향도 주지 못하고 그의 믿음을 꺾거나 바꿀 수 없다. 가령, 현재 북녘 동포들이 공산주의 제도에 의해 자유를 구속하고 있으면서도, 조선조 때 여러 차례 일어났던 민중의 저항과 봉기와는 달리, 한 번도 그런 집단적 항거를 일으키지 못하도록 세뇌되어 있는 현상이 대표적 사례로 들 수 있다. 영국 소설가 오웰은 자신의 작품에서 공산주의를 비꼬면서 이념을 조작하고 거짓을 참된 것처럼 믿도록 하는 일을 다루었다. 이것이 「오웰의 문제」로 불린다. 오웰의 경고한 이런 착각과 편견을 벗어나는 길이 있을까? 우리가 열린 태도를 지니지 않는다면 아무런 방법도 없다. 아무리 강력하고 확실하더라도 내 믿음이 잘못될 수 있다는 자세로 겸손하게 하나하나 따져나가는 길 이외에는 전혀 없는 것이다. 이런 「겸손한 회의주의」 태도는 소크라테스에서부터 무어 교수의 제자인 뷧건슈타인까지 찾을 수 있는데, 솔직하게 편견 없이 상대방의 말에 귀를 기울이는 길 밖에 없을 것이다.

다른 한편으로, 323~324쪽에서 무어 교수도 「우리가 물질적 대상의 본질을 알 수 없다」는 칸트의 주장을 인정하고 있다(377쪽에서 다시 언급되는데, 칸트는 우리가 오직 '우리 지각에 주어진 현상만'을 알고 있다고 봄). 현대 물리학에서도 물질계를 거시세계·일상세계·미시세계에서 핵심 개념들을 서로 달리 부르고 있고,

"덩어리 > 분자 중합체 > 분자 > 원자 > 소립자(quark·lepton·boson) > 반물질antimatter, 초끈super strings, 힉스 보존Higgs boson, 암흑 물질dark matter, 중성 미자neutron 등의 가능한 여러 가지 후보"

각각 그 세계(차원)의 작용 원리가 수학적 계산에 따른 추정으로써 확률적으로만 알 수 있음에 동의하고 있지만, 미시세계인 최종 단계에서는 무엇으로 수렴되어야 하는지도 잘 모르고 자연과학이 구가해 온 '예측력'이 급격히 떨어진다는 점도 문제이다. 결국 차원이 달라지면 그 핵심 개념도 달라지며 확실성이나 예측력 여부도 조정되어야 할 운명이다. 물질 및 아직 물질로 되지 않은 실체(sub-atom 아[亞]원자로 부름) 사이에 중요한 구분이 있어야 하는 것인지, 아니면 통일된 힘(에너지)이 작용 범위만 서로 달라지는 것인지는 아직 잘 알 수 없다. 아인슈타인이 상정한 물질과 힘(에너지)의 호환성($E=mc^2$) 공식을 제외하고서는, 아직 전문 학자들 사이에서 합의된 원리가 없고, 오직 서로 경합하는 후보들만이 서로 대치하고 있는 형편이다. 최근 반-물질이나 멀리 있는 초기 은하들을 더 멀리 멀어지게 만드는 암흑 에너지의 존재가, 오히려 새로운 생각 틀을 요구하는 전환기의 전조일 수도 있다.

다른 이유 때문이 아니라, 물질적 대상들이 모양새를 지니기 때문입니다(≒§.7-1의 정의에 따름). 이로부터 누군가에게 물질적 대상이 직접 지각되는 경우를 제외한다면, 아무런 모양새도 존재할 수 없음이 뒤따라 나올 것입니다. 그리고 그 모양새가 존재하지 않는 경우를 제외하고서는 아무런 물질적 대상도 존재할 수 없기 때문에, 누군가에 의해서 그 모양새가 직접 지각되고 있는 경우를 제외하고서는, 아무런 물질적 대상도 존재할 수 없음이 뒤따라 나올 것입니다.

그렇지만 물론 비록 그렇더라도, 만일 우리가「물질적 대상」이란 말로써 단지 제가 §.7-1에서 정의해 놓은 세 가지 속성을 갖고 있는 임의의 대상만을 의미한다면, 세 가지 그 논점으로부터

「아무런 물질적 대상도 전혀 존재할 수 없다」

(no material object can *ever* exist *at all*)

는 점이 엄격히 뒤따라 나오는 것은 아닙니다.「그 모양새가 누군가에게 직접 지각되고 있는 경우의 순간을 제외하고서, 오직 그런 대상이 아무런 것도 존재할 수 없음만」이 뒤따라 나올 뿐입니다(≒과도하게 지각에만 편향된 접근임). 예를 들어, 우리가 말하듯이 때때로 아주 종종 실제로 임의의 물질적 대상을 보는 경우에, 우리는 실제로 그 모양새나 그 대상의 일부인 그 모습을 직접 지각합니다. 물질적 대상의 모든 부분이 그 자체로 한 가지 물질적 대상입니다. 따라서 이런 견해 상으로는 응당 우리가 물질적 대상들의 모양새를 아주 종종 직접 지각할 것이고, 이 논점이 임의의 순간에 우리들로 하여금 우리가 그렇게 하는 경우, 논의 중인 물질적 대상이 존재할 수 있음을 가정하도록 허용해 줄 듯합니다. 그러므로 만일 우리가 실제로 한 번이라도 임의의 물질적 대상의 모양새를 직접 지각한다면, 이 논점은 그런 순간에 물질적 대상이 존재할 수 있음을 허용해 줄 것 같습니다. 따라서 이 논점이 상식적 견해와 충돌하는 것으로 여겨질 수 있습니다. 왜냐하면 (이

견해 상으로는 직접 지각의 경우 외에는 물질적 대상이 존재하지 않는다고 하므로) 이것이 조금이라도 물질적 대상들이 존재한다는 것을 부인하는 일을 포함하기 때문이 아니라, 우리가 물질적 대상들의 모양새를 직접 지각하고 있는 경우를 제외하고서는(≒직접 지각 순간 외에는), 이것이 조금이라도 물질적 대상들이 존재한다는 것에 대한 부인(부정)을 포함하고 있기 때문입니다. 또는 달리 말하여,

「물질적 대상들이 우리와 무관하게 독립적으로 존재한다」
(they ever exist *independently* of us)

는 것을 포함하기 때문입니다. 저는 이 점을 강조하는데, 왜냐하면 「물질적 대상들이 조금이라도 존재하는지 여부」에 관한 물음이 아주 종종

「물질적 대상들이 우리와 무관하게 독립적으로 존재하는지 여부」

에 관한 물음과 서로 혼동되어 있기 때문입니다. 반면에 명백하게 이 두 가지 물음은 사실상 별개의 것이며, 그것들을 확정하기 위하여 서로 다른 논점을 요구합니다. 그렇지만 명백히 설령 이런 논점이 오직

「실제로 아무런 물질적 대상도 우리와 무관하게 독립적으로 존재하는 것이 아니다」
(no material object ever does exist *independently of us*)

라는 결론을 포함할 뿐이라고 해도, 이는 '상식'과 가장 격렬하게 충돌합니다. 왜냐하면 아무도 물질적 대상들을 지각하고 있는 않는 경우라고 해도, 우리가 실제로 분명히 「물질적 대상이 항상 존재하고 있음」을 올바르게 여기고 있기 때문입니다. 그러나 여전히 저는 이런 갈등이 사실상 더욱 격렬하다고 생각합니다. 왜냐하면 반드시

「우리가 실제로 임의의 물질적 대상의 모양새를 결코 직접 지각하지 못한다」
(we never do directly apprehend *the* shape of *any* material object)

는 점이 인정되어야 한다고 생각하기 때문입니다. 이런 주장으로써 제가 의미하는 것은, 비록 우리가 실제로 자주 어떤 물질적 대상들의 모양과 정확히 닮은 모양새들을 직접 지각하지만, 우리가 직접 지각하는 어떤 모양새가 조금이라도 수치상으로[128] 임의의 물질적 대상의 모양새와 동일한 것은 아니라는 뜻입니다. 우리는 결코 실제적으로 임의의 물질적 대상을 경계 짓는 동일한 선들을 직접 지각하지 못합니다.

예를 들어, 여러분이 동전을 하나 곧바로 바라보는 경우에, 의심의 여지없이 실제로 대략 둥근 모양새를 직접 지각하고 있습니다. 이는 여러분이 직접 지각하는 황동색 색깔의 경험조각을 지닌 모양새입니다. 의심의 여지없이, 물질적 대상인 실제 동전의 한쪽 표면에 대한 모양새는 또한 대략 둥근 것입니다. 그렇지만 만일 강력한 배율의 현미경을 통해서 그 동전의 가장자리인 경계선을 바라봤었더라면 그 동전에 울퉁불퉁함이 있었을 터인데, 이는 맨눈으로 직접 지각하는 경계선에서는 드러나지 않았을 내용입니다. 실제로 동전을 경계 짓는 선이, 여러분이 맨눈으로 직접 지각하는 매끈한 선보다도 현미경을 통하여 직접 지각함직한 이런 울퉁불퉁한 선과 더 많이 닮아 있다고 가정할 이유가 있습니다. 그러므로 맨눈으로 직접 지각하는 선이 실제로 동전을 경계 짓는 선과 동일한 것이 아님이 뒤따라 나옵니다. 왜냐하면 맨눈에 비친 매끄러운 선이 심지어 정확히 현미경에 비친 울퉁불퉁한 선과도 동일한 것이 아니기 때문입니다. 그렇지만 또한

---

128) [역주] numerically**수치상으로**는 두 가지 의미로 쓰인다. 하나는 차례를 나열하는 서수의 뜻이며, 다른 하나는 각각 동일한 종류의 낱개 대상 하나하나라는 기수의 뜻이다. 여기서는 「동일한 것이 아니다」라고 언급하고 있으므로, '서수상'으로 다르다는 뜻으로 이해된다. 102쪽의 역주 41과 112쪽의 역주 45를 보기 바란다.

확대 배율이 어떠하든지 간에, 임의의 현미경을 통해서 여러분이 봤음직한 어떤 선도 실제로 동전을 경계 짓는 선과 동일한 것이 아니라고 가정할 이유가 있습니다. 왜냐하면 실재의 동전을 경계 짓는 것이, 심지어 배율이 가장 높은 현미경을 통해서 여러분이 직접 지각할 수 있었을 어떤 선보다도 (물질의 나노 단위까지 보여 주는 전자 현미경에서처럼) 더욱 울퉁불퉁하다고 가정할 이유가 있기 때문입니다. 그러므로 임의의 환경 아래 여러분이 직접 지각해 봤음직한 어떤 모양새도 실제로 그 동전의 모습과 동일한 것이 아닙니다(≒인식 조건들의 차이로 대상을 서로 달리 보게 된다는 주장임).

만일 이들 모양새의 어떤 것도, 경계 짓는 이들 선의 어떤 것도, 실제로 동전의 모양새가 아니라면, 그것들이 무엇이든지 간에 임의의 물질적 대상의 모양새라고 가정할 이유가 있을까요? 의심의 여지없이, 실제로 동전을 경계지어 주는 선 속에서는 맨눈으로든지 배율이 다른 현미경으로든지, 여러분이 직접 지각하는 것들과 정확히 모양새 및 크기 둘 모두에서 정확히 닮은 다른 선들이 있을 것입니다. 따라서 그 동전의 부분들이 여러분이 직접 지각하는 것들과 실제로 정확히 닮은 선들에 의해서 경계가 지워져 있다고 생각할 수 있습니다. 그렇지만 여러분이 실제로 직접 지각하는 임의의 선이 그 동전의 부분을 어떤 것이든지 경계지어 주는 동일한 선이라고 가정할 근거가 어떤 것이든지 있을까요? 저에게는 무엇이 되든지 간에 아무런 근거도 없을 듯합니다.

일단 우연히 그 동전을 바라보는 경우에 여러분이 직접 지각하는 선이 여러분이 스스로 보게 될 물질적 대상인 실재 동전의 표면을 경계 짓는 동일한 선이 아님을 아주 명백히 깨닫는다면(≒맨눈 관찰과 현미경 관찰 결과가 서로 다르고 변동하므로), 저는 그것이 어떤 다른 물질적 표면을, 가령 그 동전의 표면 일부를 경계지어 주는 선과 동일한 것으로 가정할 만한 타당성이 전혀 없다고 생각합니다. 만일 그 선이 그 동전의 표면을 경계지어 주는 선이 아니라면, 그것이 어떤 다른 물질적 표면을 경계지어 주는 선이라고 가정할 만한 아무런 타당성도 없을 듯합니다.

그러므로 저는 여러분이 한 번이라도 직접 지각하는 모양새들이 어떤 것도 임의의 물질적 대상에 관한 모양새, 즉, 동전을 경계지어 주는 동일한 선들이 아니라고 결론을 내립니다. 다시 말하여, 저는

「우리들 중 어느 누구이든지 간에 직접 지각하는 공간의 어떤 부분도 물질적 대상들이 있는 공간의 임의의 부분과 동일하지 않다」
(no part of the spaces, we any of us ever directly apprehend, is identical with any part of the space in which material objects are)

는 이론을 받아들입니다. 그렇지만 만일 그렇다면, 우리가 살펴보고 있는 논점으로부터, 우리의 직접 지각이 관련되어 있는 한, 우리가 물질적 대상을 지각하고 있는 경우이든지 그렇지 않든지 간에, 아무런 물질적 대상도 전혀 존재할 수 없다는 점이 뒤따라 나옵니다. 만일 물질적 대상이 존재할 수 있다면, 오직 우리들 중 누군가가, 어떤 사람이든 어떤 동물이든 간에, 그 모양새나 그것이 점유하고 있는 공간을 직접 지각하는 경우에만, (지각 주체마다 각기 다른 내용들만을 지각할 터이며, 결과적으로 공통된 지각 내용이 없으므로)

「아무런 물질적 대상도 전혀 존재하지 않는다」
(no material object ever does exist at all)

는 점이 뒤따라 나옵니다. 물론 그렇지만 여전히 이런 논점으로부터 엄격히 「실제로 아무런 물질적 대상도 전혀 존재하지 않는다」는 점이 뒤따라 나오는 것은 아닙니다. 왜냐하면 제가 인정하듯이, 심지어 만일 우리가 임의의 물질적 대상의 모양새가 사람이든 동물이든 간에 우리들 중 누구에 의해서든지 간에 직접 지각됨을 인정한다면, 그럼

에도 불구하고 「우리들 중 누구에 의해서든지 간에 한 번이라도 믿는 모든 물질적 대상의 모양새들은, 언제나 다른 누군가에 의해서도, 가령 하느님에 의해서라도, 부단히 지속적으로 직접 지각되고 있음」이 성립될 수 있기 때문입니다. 저는 이것이 많은 철학자들이 선택하는 성향을 지닌 노선의 논점이라고 생각합니다. 우리가 모두 공통적으로 가정하듯이, 그들도

「많은 대상들이 실제로 우리가 직접 지각하고 있지 않는 경우에라도 존재한다」

(many things do exist, when *we* are not directly apprehending them)

는 점이 아주 분명하다고 가정하였습니다. 그들은 어떤 한 존재가 그것들을 직접 지각하고 있는 경우만 제외하고서, 이것들이 존재할 수 없는 일종의 대상이라고 가정하였습니다. 그러므로 그들은 실제로 「그것들을 직접 지각하는 누군가가 반드시 존재한다」고 추론하였습니다. 따라서 「누군가에 의해서 직접 지각되는 경우를 제외하고서는 아무런 공간도 존재할 수 없다」는 논점은, 엄격히 「물질적 대상들이 존재할 수 없음」을 전혀 증명해 주지 못합니다.

　이와는 반대로, 이는 오직 물질적 대상들이 존재할 때마다 그런 모양새들이 모두 직접 어떤 정신에 의해서 직접 지각됨이 사실로서 주어진다면, 상식적으로 존재한다고 가정하는 「모든 물질적 대상들이 실제로 존재한다」는 견해와도 아주 잘 조화됩니다. 그러므로 이런 논점은 본질적으로 우리들 중 누구이든지 간에 한 번이라도 믿어 본 「물질적 대상의 존재에 대한 부정」을 논리상으로 포함하고 있지 않습니다. 그렇지만 저는 실질적으로 이것이 물질적 대상들이 무엇이든 간에 그 존재를 부정하는 가장 강력한 논점들 중 하나라고 생각합니다. 왜냐하면 사실상 우리는 일반적으로 물질적 대상들의 모양새가 '어떤 존재some one'(신 따위)에 의해서 언제나 직접 지각되고 있음을 믿고 있

지 않기 때문입니다. 상식에서는 분명히 한 가지 사실로서, 「임의의 물질적 대상이 있는 공간의 모든 부분들이 매 순간마다 '어떤 존재'에 의해서 직접 지각되고 있음」을 옳다고 보지 않습니다. 상식에서는 분명히

「물질적 대상들이 심지어 이것들이 존재하는 공간이 조금도 직접 지각되지 않는 경우에라도 존재할 수 있다」
(material objects *can* exist, even when the space in which they are is not being directly apprehended at all)

는 것을 옳게 여깁니다. 상식에 따른 이런 견해와, 우리가 살펴보고 있는 앞의 논점은 단호하게 서로 모순의 관계에 있습니다.

§.8-1 【 직접 지각하는 대상 외에는 아무런 대상도 현존하지 않는다는 주장 】 그렇지만 이제, 왜 이런 논점이 사람들한테 호소력을 지닐까요? 임의의 (동전 경계의) 둥근 형상이 반드시 다른 둥근 형상을 닮아야 한다는 의미에서, 왜 임의의 감각자료 단편을 닮은 것이 '어떤 존재'에 의해 직접 지각되고 있는 경우를 제외하고서는 누구든지 아무런 것도 존재할 수 없다고 생각하는 것일까요?

제가 알고 있는 한, 공간 및 공간적 형상들의 경우에 이런 입장을 옹호하여 제시된 주요한 논점이 두 가지 있습니다. 우리가 이것들을 지금 살펴보고 있다는 의미에서, 물질적 대상들이 공간을 점유하며 모양새를 지닌다는 사실의 측면을 제외하고서는, (머릿속에 표상되어 있는) 어떤 감각자료의 단편과도 비슷하지 않기 때문에, 이것이 우리로 하여금 관심을 갖게 만드는 유일한 경우입니다.

(1) 【 반-상식적임에도 불구하고 스스로 자명하다고 본 버어클리의 주장 】 첫 번째 논점은 제가 이미 언급한 것으로서, 즉, 버어클리에 의해 이용

된 것입니다. 다시 말하여, 이런 단언(명제)이 자명하다고 주장됩니다. '어떤 존재'에 의해 직접 지각되고 있는 경우를 제외하고서는 아무런 공간도 아무런 모양새도 존재할 수 없음이 자명하다는 것입니다.

만일 누구이든지 간에 실제로 이 단언(명제)이 자명하다고 믿는다면, 저는 이것이 그렇지 않다고 그 사람을 확신시킬 방법을 어떻게 착수할지 잘 모르겠습니다. 확신을 일으킬 만한 다른 논점들이 아주 많이 있겠지만, 물론 그것들이 아무런 것도 그렇게 확신하기에 분명하지 않을 것입니다. 저는 저한테 오직 가장 강력하며 저를 확신시켜 주는 데에 가장 큰 몫을 지니는 것으로 생각되는 논점만 언급할 것입니다.

이는 다음과 같습니다. 어떤 존재에 의해서 직접 지각되고 있는 경우를 제외하고서는 실제로 어떤 공간도 어떤 모양새도 존재할 수 없음이 자명하다는 점을 옳다고 여기는 사람이라면, 반드시 가령 지금 현재 우리들이 있는 이 강의실이 어떤 것에 의해서도 (강의실이 존재한다는 사실이) 뒷받침되고 있지 않음이 옳다고 여깁니다. 즉, 이것이 특정한 길이와 너비와 두께를 지니고 있는 벽들에 의해 뒷받침되지도 않고, 간단히 사실상 이 강의실 아래(≒아마 그 강의실이 2층에 있었던 듯함) 아무런 것도 없다는 것입니다.

또한 제가 이미 앞에서 썼던 손의 사례를 들어본다면, 반드시 「이 시점에 제 손에서 아무런 골격도 없음」이 옳다고 여겨야 합니다(≒직접 지각하지 못한다는 점에서). 우리 모두에게 익숙한 손의 골격에 대한 그림(≒X선 사진이나 해부도 따위)들을 닮은 것이, 손 안에 아무런 것도 존재하지 않는다는 것입니다. 또한 그가 기차 객실에 앉아 있는 경우에, 반드시 「자신이 앉아 있는 객차가 선로 바퀴들 위에 얹혀 지탱되고 있지 않음」이 옳다고 여겨야 합니다. 객차가 바퀴가 둥근 모양새이거나 다른 임의의 모양새이든지 간에 어떤 것에 의해서도 지탱되고 있지 않다는 것입니다. 그는 「거리상 프랑스 파리와 떨어진 정도보다 런던의 성 바울 대성당St. Paul's Cathedral과 더 가까이 있지 않음」도 옳다고 여겨야 합니다. 그리고 태양과 떨어진 정도보다 달과 더 가까이 있는 것도 아니라고 여겨야 합니다. 그는 반드시 우리가 「지금 현재 뉴질랜드로부터이든지 북극으로부터이든지 간에 거리상으로 조금도 멀리 떨어져 있지 않다」고 여겨야 합니다. 우리가 일반적으로 믿는 상식과는 달리, 「지금 이 강의실이 있는 장소로부터129) 스코틀런드가 떨어진 정도의 거리보다 런던이 더 멀리 떨어져 있다」고 믿는 것은 불합리합니다. 실제로 그는 자신이 항상 믿고 있고 일상생활에서 믿지 않을 수 없는 바와 모순이 되는 아주 많은 단언(명제)들을 반드시 믿어야 하는 것입니다. 반드시 그는 이를 믿어 실천하든지, 아니면 제가 언급한 이런 공간의 모든 부분들이 지금 현재 '어떤 존재'에 의해서 직접 지각되고 있다고 믿어야만 합니다. 예를 들어, 그 '어떤 존재'는 현재 이 순간에 이 강의실을 지탱하고 있는 벽들의 구조를 이루는 임의의 부분에 의해 점유된 공간의 모든 부분을 직접 지각하고 있습니다. 그 '어떤 존재'는 현재 이 순간에 제 손의 골격들에 의해 점유된 공간의 모든 부분을 직접 지각하고 있습니다. 그 '어떤 존재'는 현재 이 순간에 이곳과 북극 사이에 있는 전체 거리를 직접 지각하고 있는 것입니다.

그렇지만 이제 묻겠는데, 제가 상식적으로 언급한 이들 모든 단언(명제)이, 사실상 「'어떤 존재'에 의해서 직접 지각되고 있는 경우를 제외하고, 공간의 아무런 부분도 존재할 수 없다」고 주장된 소위 자명한 단언보다도 더욱 확실치 않을까요? (상식적으로) 이 강의실이 일정한 길이·너비·두께를 지닌 벽들에 의해서 유지되고 있음이, 「'어떤 존재'가 직접 지각하고 있지 않는 한 길이·너비·두께가 존재할 수 없다」는 단언(명제)보다도 훨씬 더 분명치 않을까요? 그리고 또한 제 손 안에 골격들이 있음이, 「어떤 존재가 누구이든지 이들 골격의 길이·

---

129) [역주] 당시 이 강의를 Morley College에서 진행하고 있었다. 이 학교가 런던 워털루 구the Waterloo District of London에 있으므로, 그렇다면 여기서 런던은 런던 중심가를 가리키는 것으로 이해되어야 할 것이다.

너비·두께를 직접 지각하고 있다」는 단언보다도 좀더 확실치 않을까요? 이들 모든 것이, 그리고 이것들과 같이 수많은 다른 것들이 저한테 아주 분명한 것은, 전적으로 제가 스스로 (버어클리 추종자들에 의해) 「이렇게 가정된 자명한 단언(명제)이 거짓임」을 확신하기 때문이라고 생각합니다. 저한테 이들 상식적 믿음이 아주 분명하지 않는 한, 저는 버어클리의 주장이 거짓이었다고 확신될 수 없다고 생각합니다. 그렇지만 이를 반대하는 증거에 관한 질문과는 별도로, 이 문제와 관련하여 참된 결론은 당연히 「이것이 분명히 참값이 아니라, 오직 참값이 될 가능성이 있을 뿐이다」라고 생각해야 합니다. 곧, 이것이 참값이었는지 거짓이었는지 여부를 조금도 말해 줄 수 없다는 것입니다.

이것이 「어떤 존재에 의해서 직접 지각되고 있는 경우를 제외하고서, 아무런 부분의 공간도 존재할 수 없다」는 것을 옹호하는 이런 단언(명제)이 자명하다는 첫 번째 논점을 반박하여, 제가 언급하고자 하는 모든 것입니다(≒반-상식적 측면들을 드러냄).

(2) 【 보편 형식의 측면만 고려하고, 인식 일반의 물음은 무시한 칸트의 주장 】 제가 언급하고 싶은 두 번째 논점은 칸트에 의해서 자신에게 유리하도록 제시된 것이며, 많은 수의 사람들에게 호소력을 지녔다고 생각합니다. 제가 제5장과 제6장에서 언급했던 그런 흄의 회의적 논점에 대답하려고 노력하는 과정에서, 칸트에게 떠오른 논점입니다. 기억하신다면, 흄의 논점은 「설사 과거에 한 종류의 대상에 대한 존재가 또 다른 종류의 존재와 연접하여 있었다는 사실을 경험해 보았다손 치더라도, 여전히 이들 두 종류의 대상이 언제나 연접하여 있다거나 사실상 그것들이 한 번이라도 다시 연접하게 될 것이라는 점이 뒤따라 나오는 것은 아님」을 지적하는 것으로 이뤄져 있습니다(≒우연성이 필연성을 보장할 수 없음). 예를 들어, 설사 여러분이 과거에 한 장의 종이를 불 속에 집어넣은 경우에 항상 그것이 불탔음을 알았다고 해도, 흄은 이런 단순한 사실로부터 한 장의 종이가 불 속에 넣어졌을

때 언제나 불에 타며, 불에 탈 것임이 뒤따라 나오는 것이 아니라고 말합니다. 반대로, 실제로 여러분이 그 종이가 불탄 것을 본 경우를 제외하고서, 아무튼 종이가 불 속에서 결코 불에 타 있지도 않고, 결코 불에 탈 것도 아님을 생각해 볼 수도 있습니다(≒우연성과 예외성을 같은 차원의 것으로 여김). 한마디로, 흄은 「어떤 종류의 보편적 단언들 universal propositions이 참값이 됨을 여러분이 조금이라도 어떻게 알 수 있을지」에 관해서 의심을 던집니다. 「보편적 단언」이란 말로써,

「무엇이든지 간에 어떤 한 가지 확정적 속성을 지닌 임의의 것이, 언제나 모든 경우들에 있어서 또한 다른 어떤 확정적 속성을 실제로 지님을 주장하는 어떤 단언」

(a proposition which asserts that anything whatever which has some one definite property, always does, on all occasions, also have some other definite property)

을 의미합니다.130) 흄이 이런 의심을 던지는 것과 관련된 종류의 보편

---

130) [역주] 양화사를 지닌 논리 형식으로 나타내면, $\forall x[Vx \rightarrow Wx]$로 표시할 수 있다. 만일 모든 개체들이 부피Volume를 지닌다면, 반드시 그것은 무게Weight도 지닌다. 개체에 대한 개념 분석을 통하여 부피를 지닐 뿐만 아니라 무게도 지님을 알 수 있는 것이다. 주어의 개념만 분석한다면 곧 서술어의 진리값을 알 수 있는 것이다. 이를 칸트가 '분석적analytic' 단언이라고 불렀고, 「모든 대상이 부피를 지닌다All things extend」는 사례를 제시하였다. 대상 그 자체가 언제나 부피를 지닌 것이기 때문에(만일 부피가 없다면, 이는 대상이 아니라 '정신'에 속하게 됨), 「대상이 부피를 지닌다」는 말은 결국 동어반복인 셈이다. 참고로 '밖으로+뻗는다ex+tendere'는 어원의 낱말은, 일본인들이 만든 '연장延長(길게 늘이다, 늘어나다)'보다, 우리말의 '부풀다'에서 나온 '부피 → 부피'가 더 올바른 용어임을 적어 둔다. 부피는 대상을 묘사하거나 기술하는 데 쓰이지만, 연장(길게 늘임, 길게 늘어남)은 반드시 작용 원인을 상정해 주어야 하는 표현이다. 가장 자연스럽고 우리말다운 표현은 '부피를 지닌다'이다. 그렇지만 "⁇대상이 연장[길게 늘어남]을 지닌다" 표현은 ⓐ 누가 그런 일을 하는지(껌처럼 길게 늘이는 비유), ⓑ 저절로 그러는 것인지에 대해서도 전혀 알 수 없으므로, 잘못 만들어졌음을 알 수 있다. 설령, 저절로 그렇게 길게 늘어난다고 해도, 이렇게 된다면 가장 최소한의 대상으로서 점은 결코 존재하지 못하는 모순에 봉착한다. '연장'(길게 늘임, 길게 늘어남)은 우리말답지도 않고, 내적 작용을 고려하지도 않아서, 개념상의 잘못이거나 오류일 뿐이다.

§10-1에서는(448쪽의 역주 162 참고) 무어 교수가 무한성을 다루면서 유클리드 공간에서 전제하는 두 속성이 「무한 확장 및 무한 분할」 가능성임을 지적하였다. 여기서 「무한 확장 가능성infinite extent」이 바로 '부피'에 해당하며, 이를 무한히 연장된다(길게

적 단언(명제)들은 무엇이든지 간에 확정적인 어떤 속성을 지닌 임의의 대상이, 언제나 그 존재가 다른 어떤 확정적 종류의 대상과 연접되어 있는, 즉, 선행하거나 수반되거나 뒤따르는 추가적인 속성을 지님을 주장하는 단언(명제)들입니다. 예를 들어, 불 속으로 한 장의 종이를 넣는 일은 사뭇 확정적 종류의 한 가지 행위입니다. 그리고 흄은 「한 장의 종이를 불 속으로 넣는 일로서 확정적인 속성을 지닌 모든 행위가, 언제나 종이가 불타는 일이 뒤따라 일어나는 또 다른 확정적 속성의 사건을 지녀 왔고, 지니고 있으며, 지닐 것이라는 '보편적 단언'(명제)을 여러분이 어떻게 조금이라도 알 수 있을까?」라고 묻습니다.

흄이 보편적 단언들을 우리가 어떻게 알 수 있는지에 관해서 의심

늘어난다)라고도 할 수 있겠다. 그렇지만 잘못 번역된 '연장'이란 말은, 「무한 분할 가능성infinite dividability」과는 서로 정반대 방향의 용어이므로, 무한히 분할할 수 있다는 속성을 결코 보장해 줄 수 없는 것이다. 오로지 '부피'라는 용어만이 무한히 분할될 수 있음을 속뜻으로 허용할 수 있을 뿐이다. 철학적 사고는 반드시 올바른 낱말 선택에 바탕을 두어야 하며(공자의 바른 이름 또는 정명론과 상통함), 이런 초보적 개념 분석도 하지 않은 채 마치 치수가 다른 나막신에다 대충 내 발을 맞추려는 어리석음을 버려야 한다. 분석 철학의 정수는 올바른 언어 및 개념 확정이다.

본문에서는 우연한 사건에 대한 연접 사건을 사례로 들고 있다. 「불 속에 종이를 집어넣는 일」이 언제나 「종이에 불이 붙는 일」로 이어지는 것이다. 여기서 종이를 불 속에 집어넣는다는 것은 우연한 사건에 지나지 않는다. 여기에서도 우연한 사건과 예외적 사건(불 붙지 않음)이 서로 어떻게 관련될 것인지에 대하여 새로운 논의를 해야 할 것이다. 무어 교수는 이를 칸트의 종합적 단언으로 간주하는데, 또 다른 경험이 덧붙여져야만 비로소 이 단언에 대한 참값 여부를 판단할 수 있다고 보는 것이다.

종합적 단언에 대하여 칸트가 사례는 「모든 대상이 무게를 지닌다All things weigh」이다. 그런데 가벼운지 무거운지를 판단하려면, 반드시 어떤 경험적 기준값을 정한 다음에 관련된 경험을 고려하면서, 종합적으로 이 단언을 판단 결정해야 하기 때문이다. 쇠구슬과 깃털을 비교한다면, '깃털이 가볍다'. 그렇지만 깃털과 머릿털 한 올을 비교한다면, 오히려 '깃털이 무겁다'. 그렇다면 종합synthetic이란 말은 개념 분석뿐만 아니라 추가적으로 현실 세계에 대한 경험 내용도 함께 주어져 있어야만 임의 단언에 대한 진리값의 판단이 가능하다는 뜻임을 알 수 있다.

하버드 대학 콰인 교수는 칸트의 분석적 단언과 종합적 단언도 미리 한 언어 체계의 전체적인 모습을 분석하지 않고서는 저절로 구분되는 것이 아니라는 반격을 펴서, 절대주의 성벽을 무너뜨린 바 있다(Quine, 1953; 허라금 뒤침, 1993, 『논리적 관점에서』, 서광사). 이런 주장에 맞설 수 있는 주장으로서 MIT에서 정년한 이성주의 언어학자 참스키 교수는 설사 아직 말소리로 표현되지 않았다고 하더라도, 우리 머릿속에 이미 개념 분화의 동기가 유전자의 발현으로 주어져 있기 때문에, 둘 사이를 나누는 씨앗이 주어져 있다고 여길 수 있다. 개념상의 제약조건이 이미 들어가 있는 것이다. 그렇지 않았다면 전체 언어 체계를 아무렇게나 분석하고 분류하더라도 그 결과를 어떻게 검증하고 시비에 관해서 말할 것인지 서로 합의할 수 없는 최악의 상태까지 이를 수 있다.

을 던지는 일과 관련하여, 이제 이들 보편적 단언은 분명히 단지 동어
반복tautologies(항진 단언)만이 아닙니다. 「동어반복의 단언」이란 말로
써, 저는 다음과 같은 단언(명제)을 의미합니다.

「둥글고 단단한 모든 것은 둥글다」

(Everything which is round and hard, is round)

이것이 보편적인 동어반복의 단언(명제)에 대한 한 가지 사례입니다.
이것은 분명히 만일 이미 한 가지 대상이 둥글면서 동시에 단단하다
고 말한 뒤에, 계속하여 그것이 둥글다고 덧붙였다면, 여러분이 단지
동일한 대상을 거듭 두 번씩이나 말하고 있기 때문입니다.131)

그렇지만 분명히 우리가 어떻게 보편적 단언들을 알 수 있는지를
놓고서 흄이 의문을 제기하는 것과 관련된 보편적 단언(명제)들은, 단
지 이것과 같은 동어반복이 아닙니다. 「종이를 불 속에 넣은 모든 행
위는 종이가 불타는 일이 뒤따라 일어난다」는 단언(명제)이 단지 동어
반복은 아닙니다(늑이는 '자유의지'로 일어난 불 속에 집어넣는 행위 및 '인
과율'이 적용되는 종이가 불에 탄다는 사건이 복합되어 있음). 여러분이 실
제로 한 장의 종이를 불 속에 넣었다고 말하는 경우에, 여러분은 이미

---

131) [역주] 논리 형식으로는 ∀x[[Rx and Hx] → Rx]로 표현할 수 있다. tautology를 수학에
서는 늘 참값이 된다는 뜻으로 항진恒眞 단언이라고 부른다. ∀x[Hx → Hx]처럼 되어야
한다는 뜻이다. 무어 교수는 tautology동어반복를 558~559쪽의 역주 209가 달린 본문에서
는 a circular definition순환론적 정의라고 달리 부르며, 모두 회피되어야 할 것으로 본다.
  그렇지만 수학에서는 오히려 적극적 추구해야 할 정의 방식으로 설정하여 '항진 단
언'(항진 명제)라고 부른다. 이것이 다람쥐 쳇바퀴 돌 듯이 한 차원에서만 맴도는 것이
아니다. 수학에서는 반드시 이 정의에 수반된 단서로서 「다음과 같은 성질을 갖는(such
that …) 항진 단언」이라는 부대 조건이 달려 있으므로, 순환되는 것이 아니라 해체되거
나 다른 속성에 대한 논의로 진행할 수 있는 것이며, 정의역domain과 공변역co-domain
사이에서 「재귀관계·대칭관계·추이관계」 등을 엄격히 적용하면서 단계별로 도출의 절
차를 전개해 나가는 것이다. 따라서 피상적으로 앞에서처럼 표시된 조건 형식이, 실제
로는 ∀x[Hx → Gx]와 같은 논리 형식이 쓰이는 것이며, 상위 계층의 속성이나 하위
계층의 속성으로 전환됨을 표시해 주는 것이다. 즉, 한 집합에서 다른 집합으로 가는
것인데, 이런 연역적 도출과정에서 차츰차츰 단계별로 집합족a family of classes의 관계
들을 규명해 주어야 하기 때문이다.

종이가 불탔다고 말한 것이 아닙니다. 「종이가 불속에 놓였다」라고 말하는 것이, 「종이가 불탔다」라고 말하는 것과는 동일하지 않습니다. 그렇다면 흄이 자신의 질문을 던진 것과 관련한 단언(명제)들은, 보편적인 것 이외에도 그것들이 동어반복이 아니라는 특성을 지닙니다. 칸트는 동어반복이 아닌 단언(명제)들에 특별한 이름을 붙입니다. 그것들을 종합synthetic 단언(명제)이라고 부르는 것입니다. 이 명칭을 받아들이기로 하겠습니다. 그렇다면 흄이 제기한 물음은 다음처럼 말할 수 있습니다.

「우리가 어떻게 특정한 종류의 보편적인 종합 단언을 알 수 있을까?」
(How we can possibly know a particular kind of universal synthetic propositions?)

이제 흄이 특정한 종류의 보편적인 종합 단언들과 관련하여 제기한 이런 질문이, 칸트는 동등하게 적합한 배경과 더불어 보편적인 모든 종합 단언들과 관련하여 제기될 수 있다고 생각하였습니다. 보편적인 모든 종합 단언들과 관련하여, 동등하게 칸트는 우리가 그것들이 참값이 되는지 여부를 알아내기가 어렵다고 생각하였습니다. 따라서 특정한 부류의 보편적 종합 단언들과 관련된 흄의 질문에 의해서, 칸트는 다음처럼 일반적인 질문을 던지도록 이끌렸었습니다.

「임의의 보편적인 종합 단언이 참값이 될지를 우리가 어떻게 알 수 있을까?」
(How can we possibly know *any*[132] universal synthetic proposition to be

---

132) [역주] 원문에서는 이탤릭체로 강조되어 있다. any는 「여러 가지 대상들 중에서 아무것이나 하나만 뽑는다」는 뜻이다. 자연언어에서는 많든 적든 아무렇게나 여러 개 뽑을 수도 있겠지만, 논리학과 수학에서는 이를 명확히 통제할 수 있는 방법이 없기 때문에, 오직 하나만 뽑도록 규정해 놓았다. 따라서 논리 형식에서는 a, any, an arbitrary 같은 낱말들이 서로 구별되지 않은 채 동일한 개념으로 취급되고 있는 것이다(167쪽의 역주 72를 보기 바람). 비록 번역에서는 '임의의'라고 써 놓았지만, '하나의'나 '제멋대로 뽑은 하나' 따위와 처리 방식이 서로 차이가 없는 것이다. 그렇지만 만일 하나를 뽑은 것이, 덤으로 「대표성이나 전형성」을 지닐 경우에는 자연언어에서 복수 표현

true?)

이 질문에 대한 칸트의 답변은, 세부 내용과 관련하여 보편적 종합 단언들에 대한 서로 다른 집합^{class133)}의 경우에 차이가 납니다. 아무튼 저는 칸트의 대답을 제시하는 데에 관심이 없습니다. 여기서 우리의 관심을 끄는 것은, 보편적 종합 단언들에 대한 한 가지 특정한 집합의 사례에서 칸트가 제시한 답변입니다. 다시 말하여, 다음과 같은 단언들입니다.

「삼각형에서 세 각을 합하면 언제나 두 직각과 동일하다」
(The three angles of a triangle are always equal to two right angles)

여러분이 잘 알고 있듯이, 이 단언(명제)과 서로 다른 공간적 형상들의 속성에 관한 아주 많은 유사한 단언(명제)들도 보편적 단언입니다. 예를 들어, 이 단언은

과 모든 대상을 가리키는 전칭 양화 표현으로도 전환될 수 있다. 따라서 이런 점들에 대한 명확히 구분할 수 있는 방법이 도입될 필요가 있다. 소박하게 뒤친이의 직관에만 기댄다면, 우리말에서 가령 '어떤'(어떠하다+관형형 어미 '은')이란 어구는 영어 표현에서 다음 어구들에도 두리뭉실하게 섞어 쓸 수 있는 듯이 느껴진다(곧 중의적으로 쓰이는 것임).

    a > a certain > some > the 따위 (후자일수록 좀더 범위가 좁고 명확히 확정됨)

따라서 현재 수학상으로 정의된 '어떤 특정한^{specific}'이라는 개념과 혼동을 일으킬 수 있으므로(the가 「어떤 그런」이나 「어떤 특정한」으로 번역될 수도 있음), 양화 범위에서 불확정성·특정성·확정성 따위의 개념에 대한 주의할 필요가 있다.

133) [역주] class, aggregate, collection, group, gathering, set 따위의 용어는 모두 다 같은 개념을 가리키며, 연구자들마다 선호도 달라 변동하는 것에 불과하다. 무어 교수도 대상들에 대해서는 자신의 2년 선배인 뤄쏠 교수처럼 class를 선호하는 듯하다(뤄쏠, 1937 개정판, 『수학의 원리』, Norton). 그런데 정신에 대해서는 collections of minds^{정신의 집합,} ^{정신들을 모아놓은 다발}를 쓰지만, 제18장에서는 group^{비슷한 개체들을 모아 놓은 집단}을 쓰고 있다. 이 번역에서는 이런 몇 경우를 제외하고서 일관되게 중학교 수학 교과서에서 쓰는 '집합'이라는 낱말을 받아들일 것이다. 심리학 쪽에서는 부류에 대한 목록을 뜻하는 '유목類目^(무리끼리 나누어 놓은 눈)'이란 일본어를 쓰기도 하지만, 뒤친이의 직관으로 본다면 우리말에서 쓰는 부류部類^(모아 놓은 무리)가 오히려 더 친숙한 낱말이다.

「모든 삼각형의 세 각은 언제나 두 직각과 동일하다」(단, 유클리드 기하 공간에서만)

(The three angles of *every* triangle are always equal to two right angles)

흄이 명확히 깨우치지 못했지만, 칸트는 또한 이런 단언 및 이와 같은 다른 단언들이 동어반복이 아님을 깨달았습니다. 이것들은 사실상 종합 단언인 것입니다. 그러므로 칸트는 공간적 형상의 속성들에 관한 이런 종류의 보편적 단언(명제)들이 어떻게 참값이 되는지를 우리가 알 수 있을지 알아내는 데 참으로 어려움이 있다고 여겼습니다. 어떻게 우리가 알 수 있을지, 이런 질문에 대한 칸트의 답변은 다음과 같습니다.

칸트는 만일 공간이 우리 정신의 구성 속성으로 말미암아 우리에게 드러나는 단순한 형식이기보다 다른 임의의 어떤 것이었더라면, 보편적 종합 단언들을 우리가 알 수 없었을 것이라고 말합니다. 만일 우리 정신이 그렇게 구성되어 있어서, 우리한테 드러나는 모든 삼각형의 각들이 언제나 두 직각과 동등하다면, 「실제로 우리에게 한 번이라도 드러나는 모든 삼각형은 그 각들의 합이 두 직각과 동등할 것임」이 아주 확실할 수 있습니다. 그러므로 만일 우리가 삼각형이란 말로써 의미하는 것이 대상들이 단지 우리에게 드러나는 한 가지 형태라면, 「모든 삼각형이 반드시 두 직각과 동일한 각들의 합을 가져야 함」을 우리가 어떻게 알 수 있는지를 쉽게 이해할 수 있습니다. 그렇지만 반대로, 비록 우리가 한 가지 삼각형을 직접 지각하지 않은 경우에라도, 만일 그 삼각형이 한 가지 대상이 지닐 수 있는 임의의 모양새를 갖고 있었더라면,134) 그런 모든 모양새가 반드시 두 직각과 동등한

---

134) [역주] 흔히 form형식과 contents내용를 짝지우거나, 아니면 idea생각와 substance실제 물질를 짝지어 생각한다. 본문에서 이 단락만 고려한다면, a form한 가지 형태(설계도)과 a shape한 가지 모양새(구체적 대상)를 짝지어 놓고 있다. 즉, 전자는 유클리드 기하학의 정의에 따라 도출된 속성을 가리키고, 후자는 그 속성이 우리가 감각 기관을 갖고서 직접 지각할 수 있는 대상임을 의미한다. 전자는 오직 우리 정신이 구성해 놓은 것이라고도 표현하

각들의 합을 갖고 있어야 함을 아마 우리가 알 수 없었을 것입니다.

저는 이것이 사실상 칸트의 논점에 해당하는 전부라고 생각합니다. 저는 이것이 애매하게vaguely 그리고 일반 용어general terms로 진술되는 경우에 어떤 타당성을 지닌다고 생각합니다. 실제로 다음처럼 말하는 것이 타당한 듯이 들립니다.

「우리는 대상들이 우리들에게 어떻게 드러날지 알 수 있다. 비록 우리가 그것들이 본질적으로 무엇과 같을지 결코 알 수 없다고 해도 그러하다」 (We *can* know how things will *appear* to us; though we can never know what they are like in themselves)

는데, 칸트의 입장에서는 '순수 이성'에 해당한다. 그렇다면, 좀더 정확하게 수식어를 덧붙여서, 각각 「구성 규칙에 따른 형태」 및 「감각 대상인 모양새」라고 말할 수도 있다. 여기서 진리값에 대한 판정은 경험과는 무관하게 판단할 수 있는 전자(형태, 설계도)로써 이뤄져야 한다. 칸트는 만일 후자(모양새, 구체물)로써 판단한다면, 결코 삼각형의 세 각을 합하여 두 직각이 됨을 보장해 줄 수 없다고 보았던 것이다.

그런데 형태의 측면만으로 이뤄진 순수 이성pure reason이 과연 보편적인지 여부에 대하여 상위 차원의 질문을 물을 수 있다. 즉, 이것이 무어 교수가 뒤에서 칸트의 답변을 비판하면서 제기하는 '인식 일반'에 관한 새로운 질문인 것이다. 무어 교수는 비-유클리드 기하학을 염두에 두고 있으므로 이런 질문이 가능한 것이다. 좀더 쉽게 비유한다면, 앞으로 우리가 만나게 될 외계인(ET)이 있다고 하자. 그들도 또한 동일하게 현재 지구 문명을 이룩한 우리의 순수 이성을 갖고 있을까? 가상의 질문에 소략하게 긍정과 부정의 두 가지 답안이 있다. 만일 긍정 답변이라면, 순수 이성이 보편적인 것이다. 따라서 상위 차원의 질문을 던질 필요도 없고, 더 이상 논란거리가 될 수 없다.

그렇지만 이와는 달리, 만일 그런 외계인과 외계 문명이 다른 지식 체계나 다른 지성 능력을 지니고 있다면, 칸트가 주장한 형태 측면을 띤 순수 이성은, 결국 '인간 중심'의 자가변에 불과하게 될 것이다. 미리 상상 가능한 이런 사태는, 궁극적으로 '단일 우주universe'라는 가정이 철저히 인간의 편견에 따른 산물이고, 최근 타계한 영국 물리학자 스티븐 호킹이 시사한 다중 우주multi-verse를 받아들여야 하는 결과를 낳을 것이다.

만일 유일한 하나의 단일 우주가 옳다면, 아무리 우주가 광막하다고 하더라도 먼저 모든 물질들이 원소 주기율표대로 철을 중심으로 하여 안정된 원자와 불안정한 원자로 나뉘고, 다시 안정된 원자들은 무기물 분자와 탄소를 중심으로 이뤄진 유기물 분자로 나뉜 다음에, 후자를 중심으로 하여 생명 현상의 흔적(가령, 임의의 별에서 찾아내려는 메탄가스의 존재)이 관찰되어야 한다. 그렇지만 엄청난 숫자의 다중 우주가 옳다면, 지금까지 찾아낸 원소 주기율표에서 추론할 수도 없으며 정신 차려 제대로 상상조차 할 수 없는 다른 물질들도 존재할 가능성도 있는 것이다. 결국 우리의 상상을 뛰어넘는 대상들에 대해서는 침묵해야 하는 사태로 귀결될 것이다. 이런 상황이 되면, 장차의 사태 전개를 알 수 없다는 측면에서, 지구 위에 살고 있는 모든 인류는 '공포감'[무지에서 비롯되는 두려움]에 사로잡힐 뿐만 아니라, 또한 다중 우주들 간의 상호작용이라는 전혀 새로운 차원이 문제들이 급부상하여 매우 혼란스런 상태가 될 것이다.

대상들이 우리에게 오직 우리 정신의 구성 내용에 달려 있는 대상으로서 어떻게 드러날지, 그리고 우리 정신이 어떻게 구성되어 있는지는, 바로 우리가 알아내려고 희망하는 한 가지 대상입니다. 그렇지만 「대상들이 본질적으로 무엇과 같을지」에 관한 보편적인 임의의 종합 단언(명제)을 발견하는 일은, 어쩔 도리 없이 우리의 능력을 훨씬 벗어나 있습니다.

그렇다면, 이 논점은 다음처럼 요약됩니다. 칸트는 만일 공간적 형상들spatial figures이 단지 현상뿐이라면, 즉, 단지 우리에게 드러나는 대상들뿐이라면, 우리가 오직 공간적 형상들에 관한 보편적 종합 단언들만 알 수 있다고 말합니다. 이런 진술로써, 저는 칸트가 적어도 「때때로 대상들이 오직 직접 지각되는 경우에만 존재하는 대상임」을 의미한다고 생각합니다. 그렇지만 칸트는 실제로 「우리가 공간적 형상들에 관한 보편적인 종합 단언들을 알고 있다」고 생각합니다. 예를 들어, 우리는 모든 환경 아래에서 모든 삼각형의 세 각의 합이 두 직각과 동일함을 알고 있습니다. 그러므로 칸트는 「모든 공간적 형상들이 단지 우리에게 드러나는 대상들뿐」이라고 매듭을 짓습니다. 즉, 「오직 우리가 직접 지각하는 경우에만 존재하는 대상들인 것」입니다. 달리 말하여, 「공간적 형상이나 모양새가 오직 우리가 그것들을 직접 지각하는 경우에만 존재할 수 있음」을 증명하려는 그의 논점은, 버어클리의 논점에서처럼 소위 그 주장이 자명함을 주장하는 일로 이뤄져 있는 것이 아니라, 이 주장이 반드시 참값이 되어야 함을 주장하는 일로 이뤄져 있습니다. 왜냐하면 이 주장이 참값이 아니었다면, 대상들에 관하여 어떠한 보편적인 종합 단언들도 우리가 알 수 없었을 것이기 때문입니다.

저는 이 논점이 아주 많은 사람들에게 타당한 듯이 받아들여졌다고 봅니다. 물론 칸트가 말하듯이 만일 공간이 단지 우리 감각 능력의 한 형식이라면, 즉, 만일 우리 정신이 그렇게 구성되어 있어서 결국 우리에게 드러나는 모든 삼각형의 각들의 합이 반드시 두 직각과 동등해야 한다면, 우리에게 드러나는 모든 삼각형은 두 직각과 동등한 각들을 여태까지 지녀 왔고, 언제나 그런 각들을 지닐 것임이 실제로 뒤따라 나옵니다. 물론 이는 참값을 지닙니다. 그렇지만 실제로 이것이 언제나 참된 실제의 경우가 되어 왔으며, 언제나 참된 경우가 될 것임을 우리가 어떻게 알 수 있는지 조금이라도 설명해 줄까요? 이것은

「우리가 "우리 정신이 그렇게 구성되어 있어서 언제나 이런 결과를 제공해 줌"을 어떻게 알 수 있는지」
(how we can know that our minds *are* so constituted as always to give this result)

가 먼저 설명되거나 자명해지지 않는 한, 분명히 그렇지 않습니다. 그렇지만 「우리 정신이 그렇게 구성되어 있어서 언제나 동일한 겉모습 appearance(외양)을 제공해 준다」는 이런 단언은, 그 자체로 보편적인 한 가지 종합 단언인 것입니다. 보편적 종합 단언들을 어떻게 우리가 아는지를 놓고서, 이미 흄이 알아내기 어렵다는 점을 정확히 지적해 놓은 것과 관련된 종류의 단언입니다. 칸트가 「실제로 우리가 우리 정신이 그렇게 구성되어 있음을 알고 있다」고 가정하는 경우에, 「실제로 우리들이 각자 우리 자신의 정신이 언제나 어떤 특정한 방식으로 작동해 왔을 뿐만 아니라, 또한 언제나 그렇게 작동할 것임을 안다」고 칸트가 가정하고 있는 것입니다. 이것뿐만 아니라, 또한 「다른 모든 사람들의 정신도 언제나 이런 방식으로 작동해 왔고, 언제나 그렇게 작동할 것임」을 가정하고 있습니다. 그렇지만 우리들 중에 어떤 사람이든지 간에 어떻게 이를 알 수 있을까요? 분명히 이는 칸트가 답변해 놓은 것들보다 더 많은 답변을 요구하는 (상위 차원의) 질문입니다. 그렇지만 칸트는 결코 이런 질문에 답변을 시도해 본 적이 없습니다. 칸트에게는

「우리가 어떻게 "모든 사람들의 정신이 언제나 특정한 방식으로만 작동하도록 그렇게 구성되어 있음"을 알 수 있을까?」

(how we can know that *all* men's minds are so constituted as *always* to act in a certain way)

라는 질문이 결코 머릿속에 떠오르지도 않았던 듯합니다. 일단 이런 상위 차원의 질문이 제기된다면, 저는 그의 논점에 대한 전반적 타당성이 허물어져 버린다고 생각합니다.

　직접 지각되든지 그렇지 않든지 간에, 여러분이 「모든 삼각형이 반드시 두 직각과 동등한 각들의 합을 지녀야 한다」는 그런 단언을 어떻게 알 수 있었는지를 알아차리기보다는, 「모든 인간 정신이 그렇게 구성되어 있다」는 이와 같은 단언을 어떻게 아는지를 알아차리기가 좀더 쉬울까요? 명백하게 동등한 힘을 지니고서 흄의 논점은 두 가지 단언(명제)에 모두 다 적용됩니다. 여러분이 실제로 관찰했을 사례들을 제외하고서, 과거에 여러분의 정신이 작동했던 방법에 관해서 무관심했었을 법한 경험이 전무한 상태로부터, 절대적으로 정신이 다시 그렇게 작동할 것이라거나, 또는 정신이 한 번이라도 그렇게 작동했었음이 뒤따라 나올까요? 그렇지 않다면, 누구이든지 간에 다른 사람의 정신이 여러분이 지닌 방식대로 한 번이라도 작동했었거나 작동할 것임이 뒤따라 나올까요?

　이런 것이 뒤따라 나오지 않는다는 사실에도 불구하고, 그럼에도 만일 여러분이 「모든 사람의 정신들이 언제나 이런 방식으로 작동해 왔고 작동할 것임」을 알 수 있다면, 비록 삼각형이 단지 여러분의 정신 작동에 의해서 산출된 겉모습이 아니라고 해도, 왜 여러분은 「모든 삼각형이 언제나 반드시 두 직각과 동등한 세 개의 각을 지녀야 함」을 알 수 없어야 하는 것일까요? 사실상 인간의 정신 작동 방식에 관한 보편적인 종합 단언(명제)들을 어떻게 여러분이 알 수 있었는지(≒인식 일반에 대한 물음)가, 다른 대상들에 관하여 보편적인 종합 단언(명제)

을 어떻게 여러분이 알 수 있었는지(≒보편적 단언 지각에 대한 물음)보다 약간 더 쉬운 것도 아닙니다. 따라서 보편적인 종합 단언(명제)을 여러분이 알 수 있는지에 관한 물음이 어떤 것이든지 간에, 반드시 인간 정신의 작동 방식에 말미암는다는 논점은, 전적으로 모든 타당성을 잃어버립니다.

그러므로 저는 「우리들에 의해서 직접 지각되고 있는 경우를 제외하고, 공간의 아무런 부분도 존재할 수 없음」을 증명하려는 칸트의 이런 논점은, 「어떤 존재에 의해서 직접 지각되고 있는 경우를 제외하고, 아무런 대상도 존재할 수 없음」이 자명하다는 버어클리의 논점만큼 (잘못이며) 결정적인 것이 되지 못한다고 생각합니다. 「직접 지각되고 있는 경우를 제외하고, 아무런 공간적 형상도 존재할 수 없다」는 주장에 의존하여 지금까지 물질적 대상의 존재를 반박하는 입장의 경우는, 저에게는 전적으로 설득력이 없습니다.

§.8-2 【 현실 세계의 대상들과 맞물리지 못하는 유명론(명목론)[135] 입장 】
그렇지만 이제 저는 물질적 대상들이 존재할 수 없다고 입증하는 전적으로 새로운 다른 논점을 살펴보고자 합니다. 여기서는 「아무도 물질적 대상들을 직접 지각하고 있지 않는 경우에라도 공간적 형상들이 존재할 수 있음」을 꼭 부인하는 논점인 것은 아닙니다. 거꾸로, 설령 우리가 이 입장을 받아들여서, 아무도 강의실 벽들의 높이·너비·두께

---

135) [역주] 본문에서 무어 교수가 명시적으로 이런 명칭을 쓰지는 않았지만, 「이름a name 이 독자적으로 존재한다」고 서술해 놓았기 때문에 뒤친이가 절 제목을 유명론 또는 명목론으로 붙였다. 영국에서 14세기 윌리엄 오캄과 17세기 토마스 홉즈 등이 대표적이라고 알려져 있는 유명론nominalism은, 우주 속에 오직 낱개의 개체나 대상만이 존재할 뿐이며, 개체들에게서 공통적으로 찾아질 수 있는 유일한 것이 단지 그것들을 묶는 기호 내지 이름일 뿐이라고 본다. 우주 속에 우선적으로 개체들만이 존재한다는 주장과 경험주의 귀납법이 서로 갈등 관계에 있지는 않다. 이런 점에서 뒤친이는 본문에서 흄과 버어클리가 거론되지 않았나 짐작한다. 최근 타계한 미국 철학자 도널드 데이뷧슨(D. Davidson, 1917~2003, 행동주의 노선의 심리철학 추구)이 유명론(명목론)적 입장에서 「무법칙적 일원론anomalous monism」을 주장한 바 있다. 데이뷧슨(1980; 배식한 뒤침, 2012) 『행위와 사건』(한길사)을 읽어 보기 바란다.

를 직접 지각하지 않고 있더라도, 여전히 이 강의실이 어떤 높이·너비·두께의 벽들에 의해 유지되고 있음을 옳다고 여길 수 있습니다. 만일 이 입장을 받아들인다면, 설령 아무도 이들 모양새와 크기를 직접 지각하지 않는다고 해도, 우리가 공통적으로 존재하는 것으로 알고 있음을 가정하는 다양한 모양새와 크기를 지닌 모든 대상들이 실제로 존재하며, 우리가 실제로 가정하는 모양새와 크기들임을 여전히 옳게 여깁니다.

이런 논점이 실제로 증명하고자 확언하는 바는, 설령 그것들이 우리가 가정하는 모양새와 크기로 되어 있을지라도, 그리고 아무도 이것들을 직접 지각하고 있지 않더라도, 제가 이 용어를 쓰고 있는 의미에서 단순히 정신 또는 정신들의 집합체collections of minds이기 때문에, 이들 모든 대상들이 여전히 물질적 대상이 될 수 없다는 점입니다. 다시 말하여, 이 입장을 지지하는 사람들은, 이 강의실을 받쳐 주는 벽들이나 제 손의 골격에 대하여, 의자·탁자와 철길 기차와 집들, 그리고 해·달·별·지구에 대하여 말할 경우에, 이들 모든 이름이 사실상 우리들과 독립적으로 존재하는 서로 다른 대상들에 대한 이름(514쪽의 역주 194를 보기 바람)이라는 상식과 합치할 수 있습니다. 이들 대상은 아무도 이것들을 직접 지각하고 있지 않을 경우에라도 존재할 수 있습니다. 이것들은 심지어 우리가 갖고 있을 것으로 가정하는 모양새 및 공간 속에 관련된 위치를 지닐 수 있습니다(≒이 문장은 모순스러운데, ⓐ 대상에 대한 이름뿐만 아니라 또한 「관련된 정보로서 그 모양새와 위치를 가리켜 주는 '이름들까지도' 다 함께 지닐 수 있다」고 해석하거나 또는 ⓑ 무어 교수가 주장하는 수반 현상으로서 「이름들이라도 모두 두뇌 속에서 신경계 상관물을 지녀야 한다」고 가정해야만 모순을 벗어나게 됨).

이것들이 상식과 부득이하게 합치되지 않는 유일한 점은, 「이들 모든 대상이 정신이거나 정신들의 집합체임」을 견지하는 데 있습니다. 의심의 여지없이, 이 입장을 지닌 많은 사람들, 아마 대부분의 사람들은, 또한 「이들 대상이 모양새나 공간 속에서의 위치를 지닐 수 없다」

고 여길 것 같습니다. 그렇지만 제가 명백히 만들어 놓고자 하는 초점은, 이 논점이 본질적으로 이를 증명해 줄 수 없다는 것입니다. 만일 (모든 대상이 정신들의 집합체라고 여기는) 이 논점이 올바르다면, 이것이 증명할 수 있는 모든 것은, 「본질적으로 상식에서 물질적 대상들이 된다고 가정하는 대상들도 사실상 단지 정신 또는 정신들의 집합체이다」라는 것뿐입니다. 이 입장에서는 다른 어떤 측면에서이든지 간에 물질적 대상들이 상식에서 물질적 대상으로 가정하는 바와 다른 종류의 것임을 증명해 줄 수는 없는 것입니다.

§.8-3 【 외부 물질적 대상 및 정신 간에 서로 맞물리는 '수반 현상'의 입장 】

제가 (옹호하려고) 의미하는 논점은, 우리 신체에 대한 우리 자신의 정신 관계를 고려하는 일로부터 도출됩니다. 이는 대략 다음과 같습니다. 첫째, 우리 자신의 정신이 명백하게 우리 신체들 상으로 작동하며, 마찬가지로 우리 신체들도 정신에 영향을 끼침이 논의됩니다. 다음으로, 우리 신체들이 무엇이 되든지 간에, 명백하게 우리가 공통적으로 물질적 대상들이라고 가정하는 다른 모든 종류의 대상들에 의해서 작동될 수 있으며, 또한 영향을 끼쳐 작동할 수도 있는 일종의 대상임이 논의됩니다. 그렇지만 정신은 그 자체로 정신이 되는 것이나 또는 정신의 본성이 되는 것을 제외하고서, 무엇이든지 간에 임의의 것을 놓고서 영향을 끼쳐 작동하거나 그것에 의해 작동될 수 있을 가능성이 없다고 언급됩니다(≒정신은 물질계의 대상에 결코 인과작용을 일으킬 수 없고, 소위 염력念力이란 것은 허황된 환상에 불과하며, 생물이 행동할 경우에는 「본능」을, 인간이 행동할 경우에는 「자유의지나 동기」를 따로 설정하게 됨).

그러므로 첫째, 우리 자신의 신체와 정신이 실제로 명백히 서로 간에 상호작용을 하고 있기 때문에, 우리의 신체는(≒특히 그 중에서 두뇌는) 반드시 정신이 되어야 하거나 또는 정신의 본성이 되어야 함이 논의됩니다. 그리고 둘째, 우리의 신체가 가정된 다른 모든 물질적 대상들과 상호작용을 할 수 있으므로, 그리고 또한 우리 신체가(≒특히 두뇌가) 이미 그 본성에서 정신적임도 입증이 이뤄졌으므로, 가정된 다른 모든 물질적 대상들도 또한 반드시 사실상 그 본성에서 정신적이어야 합니다.

저는 이 논점에서 두 단계가 모두 대다수의 사람들이 타당하게 받아들일 것으로 생각합니다. 다음처럼 필수적으로 두 가지 단계입니다 (=심신 상호작용 및 심신 일원론).

(1)【 정신과 신체 사이 또는 심신心身 상호작용 문제 】첫 번째 단계는 우리 정신이 실제로 우리 신체에 영향을 끼치며, 신체에 의해서도 정신이 영향을 받는다는 점입니다. (정신-신체 또는 심신 상호작용의) 이 단계에 관하여 상식으로 봐서 좀더 분명해 보이는 듯한 것은 너무 시시하여 거의 아무런 것도 아니거나, (이런 상호작용의 단계가) 우리들 모두에 의해서 더욱 빈번히 가정됩니다. 예를 들어, 우리들이 모두 다 많은 양의 술을 마시는 일이, 아주 종종 술을 마시는 사람의 정신에 아주 두드러진 효과를 낳음을 알고 있다고 가정하거나 실제로 알고 있습니다. 술에 취한 사람은 멀쩡한 정신으로 있을 때처럼 정확히 동일한 방식으로 생각하지도, 느끼지도, 지각하지도, 의지를 실행하지도 못합니다. 그가 마신 술은 그의 신체에 어떤 영향을 낳고, 그의 몸에 일어난 변화들이 그의 생각과 느낌과 지각과 의도에 변화를 일으킵니다. 따라서 우리가 모두 다 잘 알 듯이, 또는 알고 있다고 생각하듯이, 모종의 약을 먹는 일도 신체 상으로 일시적 의식의 중단이나 적어도 그 본성에서 아주 완벽히 변화를 만들어 낼 것입니다. 마취제 (또는 수면제)는 사람을 잠에 빠지게 만들 것인데, 그의 정신을 당분간 의식이 전혀 없도록 만들거나 꿈을 꾸게 만들 것입니다. 이는 본성상 마취제(또는 수면제)를 먹지 않았더라면 지녔을 법한 감각들로부터 구별되는 아주 다른 것입니다. 이것들이 모두 공통적으로 정신에 영향을 주는, 신체에 의한 작용의 명백한 사례로 여길 만한 것입니다.

물론 여전히 일반 사람이 겪는 사례들도 있습니다. 우리는 공통적으로 우리 눈에서 일어나는 변화들에 의해 시지각 경험이 일어난다고 가정합니다. 예를 들어, 우리가 실제로 색깔 띤 경험조각들을 바라보는 일로 부르는 그런 것들에 대한 직접 지각입니다. 그리고 소리들에 대한 직접 지각도 우리 귀에서 일어나는 변화들에 의해 일어납니다. 눈이 없거나 시력이 어떤 비정상적 상태에 있는 맹인은 결코 우리가 색깔을 보듯이 색깔들을 볼 수 없습니다. 그리고 실제로 이를 우리의 눈 상태가 우리 정신에 대해 영향을 끼친다는 증거로 여길 만합니다.

사실상 어떤 것이든 우리 신체가 실제로 지속적으로 우리 정신에 영향을 끼칠 수 있음이 거의 확실한 듯합니다. 예를 들어, 지금 제가 팔을 움직입니다. 저한테 아주 분명한 이 운동은, 제가 팔을 움직이려고 선택했다는 사실에 의해서 일어났습니다. 제가 그렇게 움직이려고 선택하지 않았더라면, 막 그런 움직임을 만들지 못했을 것입니다. 우리가 모두 변함없이 우리 신체의 자발적(수의근) 운동 및 비-자발적(비-수의근) 운동 사이를 구분합니다. 자발적 운동은 그런 운동을 하고자 하는 우리의 「의지」에 따라 일어나는 운동이며, 비-자발적 운동은 우리 자신의 의지에 의해 일어나지 않는 운동입니다. 우리 신체에서 일정한 숫자의 운동들이136) 있는데, 우리들 대부분이 거의 어떤 순간에라도 그런 신체 변화를 의도함으로써 일으킬 수 있는 변화인 듯합니다. 반면에 다른 신체 변화들도 있는데, 우리가 그렇게 의도를 갖고 일으키지는 못합니다. 지금 저는 의지적 행동으로 제 머리카락의 끝

---

136) [역주] 낱말들 사이에 변화를 줌으로써 풍부하고 다양하게 보이려는 낱말 사슬의 사례이다. 앞 문장에서는 movements운동로 썼지만, 바로 이어진 문장인 여기서는 changes 변화(신체상의 일시적 변화)로 쓰고 있다. 이런 특성이 잘 쓰이지 않는 우리 문화에서는 '운동'과 '변화'가 국어사전에 각각 다른 낱말로 등록되어 있기 때문에, 전혀 다른 대상을 가리키는 것으로 오해하거나 착각할 수 있다. 따라서 이를 막고자, 일부러 같은 것임을 가리켜 주려고, 맨 처음 나온 changes를 '운동'으로 번역하였고, 이 문장에 나온 두 번째 것은 '신체 변화'라고 적어 두었다. 언어학에서는 낱말보다 조금 큰 개념을 '어휘'로 부른다(뜻이 고정된 속담까지도 어휘에 속하는데, 가시가 모아져 있는 고슴도치를 그린 상형문자 '彙'는 '모아 놓는다'는 뜻을 띰). 낱말 또는 어휘 사슬의 다른 사례들에 대해서는 33쪽의 역주 8과 288~289쪽의 역주 115와 330쪽의 역주 120을 읽어 보기 바란다.

이 곧추 서도록 만들 수 없지만, 반면에 막 했던 대로 제 팔을 움직일 수는 있습니다. 우리의 「의지」가 신체에 미치는 영향은, 결코 우리 정신 작용이 신체에 영향을 주는 유일한 사례인 것만은 아닙니다. 단지 지각 및 생각도 또한 종종 신체에 두드러진 효과(영향)를 갖고 있을 듯합니다. 예를 들어, (끔찍한) 어떤 광경을 본다는 단순한 사실이, 두려워서 그 사람의 신체가 벌벌 떨도록 만들 수 있습니다. 어떤 낱말을 듣는다는 사실과 그 낱말들이 암시하는 생각들이, 우리가 얼굴을 붉힌다고 말하는 피의 순환에 변화를 일으킬 수도 있고, 눈물을 터뜨리게 할 수도 있습니다. 두 경우가 모두 다 아주 비-의지적인(무의식적인, 자동적인) 신체 변화의 사례입니다.

이들 사례에서 실제로 우리의 생각과 느낌과 지각 내용들이 우리 신체에서 변화들을 일으킴이 확실히 명백한 듯합니다. 그러므로 우리 신체가 실제로 종종 우리 정신에 영향을 미치고, 또한 우리 정신도 실제로 종종 우리 신체에 영향을 끼친다는 사실이 둘 모두 상식으로 봐서 분명한 듯합니다. 제 입장에서는 이를 반박할 방법을 알지 못합니다. 제가 제시한 이들 사례가 만일 다른 것에 영향을 주는 한 가지 동작의 사례가 아니라면, 즉, 원인 작용의 사례가 아니라면, 저로서는 달리 주어질 수 있는 다른 임의의 사례들이 그런 동작 및 원인 작용의 사례라고 말할 더 나은 이유를 지니지 않을 듯합니다. 제가 빛을 쳐다보는 경우에, 제 눈의 신경계에서 일어난 이들 변화가 저의 정신에 영향을 미치고 있으며, 「저로 하여금 실제로 보고 있는 바를 볼 수 있도록 원인 작용이 된다」고 말하는 일보다, 빛이 제 눈에 영향을 미치고 있으며 제 눈의 신경들에 변화를 일으키고 있음을 더 낫게 말해 줄 이유를 갖고 있지 않습니다. 제가 이 종이를 밀 경우에, 제 손이 이것에 영향을 주고 있으며, 이 종이가 움직이도록 하는 원인 작용이 됨을 말하기 위하여, 이보다 더 나은 이유를 갖고 있지 못합니다. 정신의 작용이 신체에 영향을 주는 사례를 여러분에게 제시해 주기 위하여, 이 종이를 밀어 주려는 제 희망이, 제 손에 영향을 미치고 제 손으로 하여금 움직이도록 만드는 원인이 되었던 것입니다(늑서구에서는 인간 행동의 원인을 의지will나 동기motivation로, 인간 생각이나 말의 원인을 의도intention로 따로따로 불러왔지만, 한문 문화권에서는 하나로 통합하여 '돈독한 뜻篤志'의 정도 차이로 생각해 왔으며, 여기에 언급된 wish희망 또는 바람는 의지의 하위 개념으로 쓰고 있는데, 393~394쪽의 역주 143을 보기 바람).

그러므로 만일 이런 논점을 조금이라도 거절한다면, 저는 우리가 이 첫 번째 (정신·신체 상호영향) 단계가 아니라, 이 논점 속에 있는 두 번째 단계에 대한 반박점을 찾아내어야 한다고 생각합니다. 실제로 우리 정신과 신체가 상호작용을 한다고 주장하는 이 첫 번째 단계는, 저한테 실제로 임의의 것에 조금이라도 영향을 주거나 원인이 되는 임의의 대상만큼이나 분명한 듯합니다. 만일 '작용action'(30쪽의 역주 6 참고) 및 '원인cause'이라는 낱말을 일상적 의미로 쓴다면, 우리 정신과 신체가 서로 간에 영향을 주면서 변화의 원인이 됨이, 임의의 것이 임의 대상에 영향을 주거나 조금이라도 임의의 변화들에 원인이 되는 사건만큼이나 분명합니다.

(2)【 정신-신체 일원론 또는 심신 일원론 문제 】그렇지만 두 번째 단계는 또한 겉보기에 극히 타당할 듯합니다. 이 두 번째 단계는「정신mind137)이 되거나 정신에 속한 것은 아무런 것도, 즉, 정신적인 것은

---

137) [역주] mind정신, 마음의 대립짝은 body신체, 몸이므로, 포괄적으로 우리말 '마음'으로 번역할 수도 있다(몸 : 마음). 그렇지만 우리말에서는 '마음이 착하다'라거나 '마음이 여리다'는 말도 쓰며, '따듯한 마음'이나 '냉철한 마음'이란 이름말도 쓰고 있으므로, 감정이나 정서뿐만 아니라 행동까지도 모두 다 포괄할 수 있을 것으로 생각한다. '마음'을 말하면서 자신의 심장이나 가슴을 손으로 가리킬 수도 있는데, 아마 따듯한 마음이란 비유 용법 때문에 그러는 듯하다(현재 제2의 두뇌에 또는 난삽한 일본어 번역인 변연계[뇌간과 제1뇌를 둘러싼 '테두리 뇌' limbic system로 번역해야 올바름]에 감정과 정서 관련 부서들이 있다고 알려짐). 일단 여기서는 두뇌 속 신경계를 가리키기 위하여 mind를 주로 '정신'이라고 번역해 놓았다.
   계몽주의를 열어 놓은 프랑스 철학자 데카르트로부터「정신·신체·감정」이라는 세 영역이 서로 독립적인 듯이 다뤄져 오고 있다. 만일 이를 명시적으로 부정하지 않는다면, 두뇌에서 일어나는 작용을 가리키기 위하여 범위가 좀더 좁혀진 정신이나 의식을 mind의 번역 용어로 채택하는 것이 나을 것으로 판단된다. 그런데 프로이트에서부터

아무런 것도 정신적이지 않은 임의의 것에 영향을 미치지도 않고 영향을 받지도 않는다」는 주장으로 이뤄져 있습니다. 이런 주장이 얼마나 타당할 수 있을지에 대한 최상의 증명은, 우리 정신과 신체가 서로서로 영향을 줌을 부정하는 것일 듯합니다. 이 주장이 참값이라는 점

다뤄지기 시작한 무의식(잠재의식)의 영역도 조정해 주어야 하므로, 현재로서는 의식적인 두뇌 작용을 가리키기 위하여 일상적으로 쓰는 '정신'이란 낱말이 무난할 것으로 본다. 최근에는 '인지cognition'라는 말도 쓰고 있는데, 두뇌 작용 주체를 새롭게 cognizer **인지 주체**라고도 부르기도 한다.

요즈음 군대에서는 "얼 차려!"(정신 차려!)라는 구호를 쓴다. 잘못 분석된 낱말 '얼'은 '어리둥절하다, 얼빠지다, 얼간이, 얼떨결에'에서 잘 알 수 있듯이, '얼얼하다, 어리버리하다, 어리둥절'에서 보이는 어간 '얼-'과 '빠지다, 가다, 떨다'의 「어간 결합 형식」에 불과하다. 비록 식민지 시절에 국수적 인사들에 의해서 잘못 목적어(명사)로 오인(오분석)되고, 마치 '넋魂'과 같이 착각하여 '민족의 얼'이란 말까지도 만들어 내었지만, 실제의 근거가 박약하므로 여기서는 따르지 않는다.

37~38쪽의 역주 9에 적어 놓았듯이, 진화론 입장에서 두뇌의 진화triune brains(세 겹 두뇌)를 다루는 쪽에서는 주로 뇌간을 둘러싼 제1두뇌(원시 파충류의 뇌, 신진대사 작용 부서)가 전적으로 무의식적이고 자동적으로 작동을 한다. 이를 둘러싼 제2뇌(원시 젖먹이 짐승의 뇌, '테두리' 뇌, 변연계[邊緣은 '가장자리인 끝'을 뜻하며, 올바른 번역이 아님] 뇌, 감정과 욕망 관련 부서)도 대체로 무의식적으로 작동을 하는 것으로 알려져 있다(단, 참선하는 스님들은 감정도 쉽게 통제하므로 예외가 됨). 제1뇌와 제2뇌는 백질로 불리지만, 인간 중심으로 큰 뇌로 불리는 대뇌 피질은 회백질grey matter로 이뤄져 있고, 좌반구와 우반구로 나뉘어 있으면 이들 사이를 뇌량이 연결시키고 있다. 전두엽(전두피질) 앞에 있는 전-전두엽pre-frontal lobe(전-전두피질)에 '작업기억working memory'이 자리 잡고 있는데, 재귀적인 의식체계가 작동하면서 의식적으로 판단과 결정을 맡을 적에는 주로 대뇌 피질(제3뇌)과 작업기억의 연동 현상을 가리키게 된다(217~219쪽의 역주 93에 있는 도표를 보기 바람).

두려움(공포)에 대한 연구로 유명한 미국 뉴욕 대학의 조지프 르두(Joseph E. LeDoux, 2002; 강봉균 뒤침, 2005) 『시냅스와 자아』(동녘사이언스)에서는 무의식적 처리 및 의식적 처리 방식이 서로 어떻게 관련되는지를 한 가지 사례로 예시해 준다. 가령 숲길에서 갑자기 곰을 만나 도망치는 경우이다. 처음에는 공포감을 느낄 새도 없이, 감각수용기에서 받아들인 그 자극이 뇌간 및 제1뇌로 들어가자마자 즉각 운동 신경계로 전달되고, 심장이 뛰면서 부신 피질에서 아드레날린이 분출되고 곧장 줄행랑을 치게 된다. 그러다가 몇 초 뒤에 같은 정보가 전-전두엽의 작업기억을 거쳐 제3뇌로 들어가면서부터 「왜 내가 도망가는지, 곰이 멀리 떨어져 있는지」 따위를 차츰 정신을 차려 스스로 상황을 되돌아보게 된다.

정신-신체 일원론 또는 심신 일원론을 분명하게 밝혀 일반 독자들이 쉽게 읽을 수 있도록 한 책으로 다음 두 권을 읽어 보기 바란다. 염색체의 이중 나선 구조를 밝혀 내어 제임스 왓슨과 노벨상을 공동 수상한 프뢴시스 크뤽(Francis Crick, 1994; 과학세대 뒤침, 1996) 『놀라운 가설』(한뜻출판사, 다른 번역본으로 김동광 뒤침, 2015, 궁리출판사)과 외과의사 겸 두뇌 생리학자인 안토니오 더마지우(Antonio Damasio, 1994; 김린 뒤침, 1999) 『데카르트의 오류』(중앙문화사, 2017년에 눈출판 그룹에서 재간행됨)를 읽어 보기 바란다.

에서 아주 많은 철학자들이 정신과 신체의 상호작용을 부정하도록 이끌렸습니다. 제가 규정한 의미에서, 즉, 신체가 그 본성상으로 정신적이지 않다는 의미에서, 그분들은 우리 신체가 물질적 대상이라고 믿었습니다. 이런 의미에서 물질적 대상들이 정신이나 어떤 것이든 정신적인 것에 대해서 영향을 미칠 수 없으며, 정신적인 어떤 것도 신체에 영향을 줄 수도 없음을 아주 확신했으므로, 「우리의 정신과 신체가 아주 분명히 그렇게 상호작용을 하는 듯한 사실에도 불구하고, 실제로는 서로 간에 작용을 하지 못한다」고 결론을 내렸습니다(386쪽 역주 138, 데카르트의 심신 이원론).

그렇다면 이 논점(≒지은이가 옹호하는 수반 현상론 또는 부수 현상론)에서 두 번째 단계(≒신체와 정신이 서로 영향이 없음)는, 아주 종종 순수히 물리적 대상의 존재를 실제로 믿고 우리 신체도 그런 대상이라고 믿는 사람들(≒심신 일원론자)과 그렇지 않다고 보는 사람들(≒심신 이원론자)에 의해서 모두 참값으로 여겨져 왔습니다. 물론 이런 두 번째 단계(≒신체와 정신이 서로 영향이 없음)를 옳게 여기기 때문에 또한 첫 번째 관점(≒심신 이원론)을 옳다고 보는 사람들은, 「우리의 신체와 정신이 실제로 조금이라도 상호작용을 한다」는 점을 부정하게 마련입니다. 반면에, 두 번째 관점(≒심신 일원론)을 옳다고 여기는 사람들은 이 두 번째 단계를, 우리 신체와 정신이 실제로 상호작용한다는 평범한 사실과 함께 자신들의 견해(≒심신 일원론)가 참값이라는 증거로서 여깁니다. 다시 말해서, 우리 신체가 정신적 대상이 아니라는 것입니다(≒원문에 material은 mental로 바뀌어야 함).

그러므로 「물질적 대상이, 즉, 정신이 아닌 대상, 아마 정신에 영향을 미칠 수도 없고 영향을 받을 수도 없을 것」이라는 견해(≒심신 이원론)는 아주 많은 철학자들에 의해 견지되어 왔는데, 실제로 물질적 대상들의 존재를 믿는 사람들과 그렇지 않은 사람들 두 쪽 모두에 의해서 유지되어 왔습니다. 근대 철학이 시작된 뒤에 거의 즉각적으로 데카르트의 제자들 가운데에서 이런 견해가 견지되었습니다. 물질적 대상들의 존재를 놓고 의문을 던져 보지도 못한 일부 데카르트 제자들은, 여전히 물질적 대상들이 우리 정신에 영향을 끼치는 일이 것이 불가능 하므로, '우연한 원인론Occasionalism(우인론)'으로138) 불리는 이론을 만들어 내었습니다. 즉, 우리 신체상으로 어떤 변화가 일어날 때마다 언제든지 신은 우리 정신에서도 대응하는 변화들이 일어나도록 만들었다는 것입니다. 다시 말하여, 이들 신체상의 변화가 우리 정신에 있는 변화들의 원인이 아니라, 그것들이 단순히 정신적 변화들이 응당 일어나야 하는 각 사례마다 신이 영원히 배당해 놓았거나 또는 확정적으로 의지를 실행한 결과로서 생겨난 발현occurrence(사건 발생 기회)일 뿐이라는 것입니다.

물론 「정신과 물질적 대상이 상호작용할 수 없다」는 동일한 견해가 일반적으로 현대적 견해에도 깃들어 있습니다. 정신 현상은 아무런 것도 일으키지도 않고 영향을 받지도 않은 채 단지 어떤 물질적 현상에 수반되어(부수되어) 일어나는 사건일 뿐이라는 것입니다. 예를 들어, 정신이 단지 어떤 물질적 현상에 붙어 있지만 물질들의 경로에는 영향을 끼칠 수 없는 '수반 현상epiphenomenon'일 뿐이라는 시각이거나,

---

138) [역주] 네덜란드 신학자 아르놀트 횔링크스(Arnold Geulincx, 1624~1669)와 프랑스 신부 니콜라스 말브랑슈(Nicolas Malebranche, 1638~1715)가 주장한 원인론의 한 가지 이다. 우리의 정신과 신체가 서로 별개의 실체라는 「심신 이원론」을 주장한 데카르트 (1596~1650)는, 물질들은 「접촉」에 의해서 변화가 일어나지만, 정신은 그렇지 않고도 변화된다고 생각하여 별개로 두 가지 실체를 인정하였다. 그렇지만 심신 이원론을 따르는 사람들은, 여전히 우리 마음이 행위를 일으키고, 외부 자극으로 우리 마음이 변화하는 「평범한 사실」을 합리적으로 설명하기 위하여, 신의 존재를 전제하고서 그 신이 언제나 두 사건이 우연히 연접하여 일어나도록 만들어 준다는 착상을 하였다. 즉, occasion기회, 우연한 원인이 필연적이지 않고 우연하게도 선행 사건과 후행 사건이 연접하여 일어난다고 보려는 것이다. 그렇지만 원인과 결과는 중간값이 배제된 두 값 논리에서 본다면, 반드시 「필연적」으로 항상 연접되어 있어야 한다(항상성과 필연성은 비록 시간과 사건 발생의 다른 차원이지만, 결과적으로 공모하는 서로 동일한 개념임). 매번 관찰될 기회마다 항상 그렇게 연접되어 있어야 하는 것이다. 그렇다면 「우연한」 인과 관계란 사실상 자기당착의 개념이다. 우연한 기회가 항상 그렇게 일어난다면 이는 필연성 개념에 불과한 것이다. 다만, 오늘날에는 확률을 도입하여 약한 수준의 인과 관계를 다루고 있다. 논리학에서는 경계가 흐릿한 논리fuzzy logic를 다루면서 확률이란 개념을 쓰고 있다. 미시세계인 양자 물리학에서도 시작 사건과 결과 사건을 제대로 구분할 수 없는 상황을 마주하게 됨으로써, 확률로 전환된 우연성이 다뤄지고 있는 것이다.

또는 병렬주의parallelism로 나란히 존재하지만 정신과 물질 현상들 사이에는 아무런 상호작용도 없다는 시각입니다. 다시 말하여, 정신 현상이 정규적으로 물질적 현상과 나란히 또는 병행하여 일어나지만, 인과적으로 물질적 현상과 연결되어 있지 않다는 견해입니다.

§.8-4 【 무어 교수가 옹호하는 '함께 수반된 현상'에 대한 입론 】 이제 정신과 물질적 대상이 상호작용을 할 수 없으나, 이것들의 관계에 관해서 한 가지 사뭇 확정적 이론과 관련된 이 「수반 현상론」 견해를 살펴보기로 하겠습니다. 제 생각으로는 현재 일반적으로 옳다고 견지되며 사실상 제 자신이 참값이라고 가정하는 한 가지 이론입니다. 근대적인 이 이론에 따르면, 조금이라도 우리 정신 속에서 일어나는 모든 변화가 절대적으로 두뇌 속의 물질에서 일어나는 어떤 확정적인 변화에 동시에 수반되어 일어납니다. 즉, 절대적으로 함께 동시에 일어나는 것입니다. 여러분이 한 번이라도 실행하는 다른 모든 의식 활동은 여러분 두뇌의 어떤 부분에서 물질적 입자들의 서로 다른 공간적 배열에 의해 동반됩니다.139) 서로 다른 두 가지 기회를 놓고서 여

---

139) [역주] 현재 무어 교수가 상상조차 할 수 없을 만큼 두뇌 신경생리학에 대한 연구가 축적되어 있다. 그렇지만 높은 수준의 정신 활동이 어떻게 구현될지에 대해서는, 특히 우리가 늘 쓰는 '기억'과 관련하여 노벨상을 받은 연구자들 사이에서도 경합하는 가정들만 서로 대립하고 있다. 따라서 현재 합의된 이론이나 가정이 수립되어 있는 것이 아니고, 서로 경합하면서 발전해 나가는 중이다(583~584쪽의 역주 221 참고).

소박하게 뉴런으로 불리는 낱개의 신경계가 있고, 신경계들의 연접부(시냅스)에서 도파민, 가바, 'CPEB3' 등의 여러 가지 특정한 물질들을 주고받으면서 일련의 신경계들이 같이 발화한다. 캔들 교수는 '바다 민달팽이'한테 특정한 자극을 지속적으로 주면서 새로운 연접부(시냅스)가 생겨남을 관찰하였고, 이것이 기억의 실체(무의식적 기억)라고 주장한다(「환원주의」로 불림). 그렇지만 이런 간단한 모형이 우리가 늘상 쓰는 고급 지능을 곧장 모의해 주지는 못한다고 보는 에들먼 교수는, 신경계들이 한 데 모여 통일된 다발을 이루고, 이 다발이 다른 다발과 연접부(시냅스)를 통해 정보를 주고받으면서 안정상태에 도달하는 것이, 스스로 되돌아보며 의식할 수 있는 기억의 실체이며, 고급 지식의 축적되는 기반이라고 가정한다(앞의 환원주의와 대립하는 「통합주의」로 불림).

두뇌 신경계들과 그 작동 방식을 안내하는 좋은 책들이 많이 나와 있다. 인간 대뇌(제3뇌)의 구조들도 또한 명함 두께의 6개 층위로 구분되는데(L_1~L_6), 그곳에 자리 잡은 신경계들에 대한 구조적 설명은 호킨즈(Hawkins, 2004; 이한음 뒤침, 2010) 『생각하는 뇌, 생각하는 기계』(멘토르)를 읽어 보기 바란다. 두뇌 신경계들의 작동하는 여러 방식

러분이 정확히 비슷한 의식 활동을 실행할 때마다, 가령, 만일 하루는 밝은 노란색 색깔을 보고 나서 다음날 정확히 비슷하게 밝은 노란색을 본다면, 또는 만일 어느 날 여러분이 둘에 둘을 곱하면 넷임을 생각하고 나서 다시 다른 날에 동일한 곱셈을 생각한다면, 정확히 비슷한 이런 의식 활동이 반복되어 일어날 경우마다, 이 일은 여러분의 두뇌 상으로 더 앞선 기회에서 일어난 것과 정확히 비슷한 분자들의 배열 (≒신경생리학 토대)에 의해 동반됩니다.

그러므로 이 견해 상으로는 서로 다른 모든 의식 활동에 대하여 모종의 두뇌 영역에서 절대적으로 동일한 시간대에 일어나는 물질의 어떤 형상들이 존재합니다.[140) 또한 여러분의 머릿속에서 이들 물질의 상태가 각각 여러분 두뇌나 두뇌와 연관된 신경계들에서 물질의 어떤 이전 상태에 의해서 일어남이 옳다고 간주됩니다. 더욱이 이것들이 각각 그 결과로서 여러분의 두뇌나 두뇌와 연관된 신경계들에서 물질의 어떤 계기적 상태를 갖게 됩니다. 그렇다면 제가 믿기로는 공통적으로 옳다고 간주된 이 이론에 따라서, 의식의 모든 상태가 두뇌의 어떤 상태에 의해 함께 동반되고, 이들 동반된 두뇌 상태가 각각 다른 어떤 두뇌-상태나 신경계-상태에 의해서 일어나며, 또한 실제로 그런 두뇌-상태를 일으키게 됩니다.141) 이 견해 상으로는「두뇌와 신경

들에 대해서는 조지프 르두(J. LeDoux, 2002; 강봉균 뒤침, 2005)『시냅스와 자아』(소소), 크뤼스톱 코크(C. Koch, 2004; 김미선 뒤침, 2006)『의식의 탐구: 신경 생물학적 접근』(시그마프레스)과 에뤽 켄들(E. Kandal, 2006; 전대호 뒤침, 2014)『기억을 찾아서』(RHK) 등이 의식이나 정신이라는 실체를 인정하지 않는 물리주의 계열의 논의들이다. 이와는 달리, 의식이나 정신이 작동할 수 있는 신경계의 기반을 구현해 주려는 노력이 제뤌드 에들먼(G. Edelman, 1991; 황희숙 뒤침, 2006)『신경과학과 마음의 세계』(범양사)과 에들먼(2007; 김창대 뒤침, 2009)『세컨드 네이처(≒두뇌가 창조해 내는 자연)』(이음)에 들어 있다. 2014년 타계한 故 에들먼 교수는 스스로 자신의 주장을「신경계 진화론Neural Darwinism」이라고 불렀다.

140) [역주] 정신의 고유성을 인정하지 않고 모든 것을 신경계 및 이와 관련된 작용 물질로 환원하는 물리주의(또는 자연주의) 입장은 패트뤼셔 춰칠랜드(Patricia Churchland, 1989; 박제윤 뒤침, 2006)『뇌과학과 철학』(철학과현실사)을 읽어 보기 바란다. 383~384쪽 역주 137의 크뤽『놀라운 가설』과 387~388쪽 역주 139의 코크『의식의 탐구』에서도「의식에 대한 신경계 상관물NCC, neuronal correlates of consciousness」을 상정한다는 점에서, 동일하게 일원론적인「물리주의 가정」(또는 환원주의 가정)을 전제하고 있다.

계와 이것들의 모든 부분들이 정확히 제가 설명해 오고 있는 의미에서 물질적 대상들임」을 주장할 가치가 있습니다(≒정신 활동의 두뇌 신경계 기반을 크뤽과 코크는 「의식에 대한 신경계 상관물NCC」로 부름). 이것들이 단지 감각자료의 집합이나 감각자료의 가능성뿐만이 아닙니다. 아무도 이것들을 직접 지각하지 못하는 경우에도, 예를 들어 이것들이 지금 제 두뇌 속에 실제로 존재합니다. 이것들은 공간 속에서 위치를 점유하고 있는 것으로 여겨집니다. 비록 분명히 실제로 그러한지 여부에 대한 물음이 이제 우리가 살펴보려고 하는 것이지만, 분명히 이것들이 일반적으로 그 자체로 정신이나 의식 활동이 되는 것으로 생각되는 것은 아닙니다(387~388쪽의 역주 139 참고).

그렇다면 「정신과 물질적 대상들이 상호작용을 할 수 없다」는 견해에서 반드시 추가적으로 삽입되어야 할 것은 다음과 같습니다. 서술된 이론상 우리는 「모든 정신적 행위가 어떤 특정한 두뇌-상태에 의해 함께 수반된다」고 가정하였습니다. 그리고 정신적 행위가 이것을 동시에 수반하는 두뇌-상태에 의해서 일어나는지 여부에 관한 질문은 제기될 수 없습니다. 왜냐하면 경로의 일상적 의미에서, 분명히 '원인'이란 말로써, 시간상으로 그 결과가 되는 대상(사건)에 선행하며,

---

141) [역주] 제8장에서 무어가 쓴 용어(epiphenomena, 동시에 수반된 현상, 부수 현상)와 조금 다르지만 오늘날 심리철학에서는 「심신 수반론mind-body supervenience」으로 불린다. 이는 특히 본격적으로 도널드 데이빗슨(377쪽의 역주 135)과 김재권 교수의 논의에서 다뤄졌다. 어원은 epiphenomenon이 beside+to appear곁에 드러나다이며, supervene이 from+to come~로부터 나오다인데, 모두 부수副隨나 수반隨伴으로 번역할 수 있다. 김재권 교수는 두 낱말을 모두 다 같이 쓰다가, 결국에는 뒤의 낱말로만 쓰고 있다. 김재권 (1994)『수반의 형이상학』(철학과현실사)와 김재권(1996; 하종호 외 뒤침, 1997)『심리철학』(철학과현실사)을 읽어 보기 바란다. 핵심은 「심신 인과 관계mind-body causality」이다. 김재권(2005; 하종호 뒤침, 2007)『물리주의』(아카넷)와 하종호 외 4인(2008)『김재권과 물리주의』(아카넷)에서는 수반론에서 새롭게 환원적 입장으로 바뀌어 「기능적 물리주의」라고 불린다.

뒤친이는 심신 인과의 문제가 평행선을 벗어나서 해결책을 마련하려면, 여러 하위 변인들이 복합적으로 모여 결과되어 나오게 되는 '의지'나 '의도'의 형성에 대한 물음으로 재구성되어 제기되어야 하고, 이럴 경우에라야 생각이 비로소 행동을 촉발하기 위한 모종의 결정적인 값 또는 임계값을 상정할 수 있을 것으로 본다. 이는 윌리엄 제임스 (William James, 1890; 정양은 뒤침, 2005)『심리학의 원리』1~3(아카넷)에서 다뤄진 스스로 감각을 지각하게 되는 '임계값' 또는 '문턱값'의 착상을 응용하는 것이다.

동시가 아닌 어떤 사건을 의미하기 때문입니다. 그러므로 우리의 정신적 행위가 분명히 동시에 이를 수반하는 두뇌-상태에 의해서 일어나는 것은 아닙니다(≒일련의 연속 사건으로서 자극이 감각수용기를 통해서 일으킨 두뇌-상태가 먼저 주어지자마자, 곧바로 정신적 행위나 의식 활동이 생겨남).

유일한 한 가지 질문이, 이 이론에서 특정한 정신적 행위를 함께 수반하는 특정한 두뇌-상태를 일으키는 다른 신경-상태나 두뇌-상태가 또한 특정한 정신적 행위 그 자체를 야기할 수 있는지, 없는지 여부에 대해서 제기됩니다. 그리고 특정한 정신적 행위를 함께 수반하는 특정한 두뇌-상태에 의해서 야기된 특정한 신경-상태나 두뇌-상태가, 또한 그 특정한 정신적 행위 그 자체에 의해서 야기될 수 있는지, 없는지 여부에 대해서도 제기됩니다. 「정신과 물질적 대상들이 상호작용을 할 수 없다」는 견해가 상호작용을 어떤 것이든 부인한다면, 반드시 이를 부인해야 합니다(≒더 쉽게 말하여, 오직 수반 현상으로서 정신이 피동적이고 수동적인가에 대한 질문인데, 능동적이고 자발적 측면이 전혀 없는가를 되묻고 있음). 이러한 특정한 이론이 참값이 될 수 없음이 입증될 수 없는 한, 정신과 물질적 대상들이 상호작용을 할 수 없음을 증명하려는 전반적 논점은 반드시 실패합니다. 이런 경우에 만일 정신과 물질적 대상들이 상호작용을 할 수 있다면, 이것들이 어떤 방식으로든지 간에 그럴 가능성이 있습니다(≒정신 활동의 능동적이고 적극적 측면이 상정될 수 있음).

그렇다면 임의의 정신적 행위와 함께 수반되는 특정한 두뇌-상태를 일으키게 되는 임의의 두뇌-상태가, 또한 특정한 정신적 행위 그 자체를 일으킬 수 없음을 입증하는 데에, 그리고 임의의 정신적 행위와 함께 수반되는 특정한 두뇌-상태를 일으키게 되는 임의의 두뇌-상태가 특정한 정신적 행위 그 자체에 의해서 야기될 수 없음을 입증하는 데에 어떤 논점이 이용될 수 있을까요? 제가 알고 있는 한, 일반적으로 이용되는 두 가지 논점이 있습니다.

(1)【 정신적 행위들 사이에서 상정되는 인과관계 】 첫 번째 논점은 다음과 같습니다. 단지 물질적 입자들에 대한 공간적 배열로만 간주된 두뇌의 상태가, 종류상 임의의 정신적 행위와는 완전히 다르기 때문에, 「한 가지 정신적 행위가 어떻게 다른 정신적 행위를 일으키거나 또는 다른 정신적 행위에 의해 일어나는지를 파악할 수 없다」고 강력히 주장됩니다. 여러분이 알고 있듯이, 만일 실제로 특정한 정신적 행위를 일으키는 것이 임의의 두뇌-상태가 될 수 없고, 반드시 또 다른 정신적 행위임을 입증하기 위한 논점으로 이용되는 경우에, 이런 논점은 비록 두뇌-상태가 어떻게 정신적 행위를 일으키는 것인지(≒심리철학자 김재권 교수는 '심신 인과관계'로 부름)를 잘 알 수 없다손 치더라도, 「우리가 하나의 정신적 행위가 어떻게 또 다른 정신적 행위를 일으킬 수 있는지를 알 수 있다」고 가정합니다. 이런 점이 바로 저한테 이 논점이 그리 확신을 주지 못하는 듯한 까닭입니다. 저는 이들 두 가지 사례 사이에서 아무런 차이점도 찾아볼 수 없습니다. 한 가지 정신적 행위가 의심의 여지없이 실제로 또 다른 정신적 행위를 일으키는 사례를 살펴보기로 하겠습니다.

많은 경우에서 제가 이 책에 인쇄된 특정 글자들을 바라보는 일이, 이 책에서 다루는 관련 논제들을 놓고서 특정한 생각들을 갖도록 만들었음이 아주 분명합니다. 만일 제가 그런 글자들을 보지 못했더라면 지니지 못했을 생각들인 것입니다. 그렇다면 여기서 이것이 한 가지 정신적 행위가 또 다른 정신적 행위에 의해서 야기된 사례가 됩니다. 『웨이뷜리(*Waverley*)』[142] 소설책에서 인쇄된 글자들을 보는 일이,

---

142) [역주] 자신의 이름을 숨긴 채 월터 스캇(Walter Scott, 1771~1832)에 의해서 1814년 발간된 서양 최초의 역사 소설이다(윤후남 뒤침, 2005, 『웨이벌리』, 현대지성사). 그는 1819년에 나온 『아이반호(*Ivanhoe*)』로도 아주 유명하다. 1745년 스튜어트 왕가를 복권시키고자 스코틀런드의 하일랜드를 중심으로 일어났던 보수적 왕당파(또는 Jacobite**제이콥 옹호자**)의 반란이 배경으로, 젊은 군인 장교 '웨이뷜리'(이름 그 자체는 옛 스튜어트 왕가 지지 세력과 새로운 하노버 왕가 지지 세력 사이를 넘나들면서 「줏대 없이 혼들린다」는 뜻이 깃듦)가 스코틀런드로 파견되어 여러 사건들이 전개된다. 자신의 이름을 숨긴 채 역사 소설을 쓴 월터 스캇은 1813년 계관 시인이 되고, 1820년 남작 작위도

독자인 저로 하여금 작가인 스캇Scott이 서술하고자 뜻했던 사건들에 대한 생각을 갖도록 만들어 줍니다. 이러한 생각들을 갖는 일인 한 가지 정신적 행위가, 분명히 인쇄된 문장들을 이해하는 일인 또 다른 정신적 행위에 대한 결과가 됩니다. 만일 제가 그 문장들을 읽지 않았 더라면, 이러한 생각을 갖게 되지 않았을 것입니다. 그렇지만 사실상 인쇄된 어떤 글자들을 바라보는 일로서 한 가지 정신적 행위가, 응당 주인공인 웨이뷜리의 인생에서 모종의 사건들을 놓고서 상상한 결과 로서 온전히 다른 정신적 행위를 일으켰을 것이라고 생각하는 쪽이 (≒혼히 이를 축자적이고 기계적인 독서로 부름), 이것들 중 어떤 것이든 한 가지가 제 머리 속 상태에 의해서 어떻게 야기되었는지를 생각해 내는 쪽(≒혼히 이를 비판적이며 융통성 있는 독서로 부름)보다 조금이라 도 더 쉽지 않을까요? 저한테는 후자를 생각하는 일도 전자만큼 아주 쉬울 듯합니다.

저는 모종의 글자들을 바라보는 일로서 한 가지 정신적 행위가, 어 떻게 또는 왜 제 두뇌의 임의의 상태가 그 글자들을 바라보는 일을 일으켰는지 이해하는 만큼, 마침내 어떻게 또는 왜 모종의 사건들을 놓고서 상상한 결과를 일으켰는지를 이해할 수 있습니다. 정신적 원 인 작용에 대한, 즉, 한 가지 정신적 행위가 또 다른 정신적 행위에 의해서 야기되는 일에 대한 임의의 사례에서, 제가 확신할 수 있는 모든 것이 「저한테는 특정한 상황 아래 단순히 결과가 되는 한 가지 정신적 행위가, (원인 사건으로서) 다른 정신 행위가 이 결과를 선행하 지 않았더라면 분명히 일어나지 않았을 것임」이 옳을 듯합니다.

제가 확신할 수 있는 모든 것은 어떤 사실의 사안으로서 이것이 그 렇다(≒두뇌 속의 정신적 행위들도 인과관계를 따른다)는 점입니다. 왜 그 렇게 되어야 하는지에 관해서는, 이 표현에 의해서 이것이 반드시 그

받았다. 뤄쓸(Russell, 1905) "On denoting**지시하는 일에 대하여**"에서 '월터 스캇'과 '웨이뷜리 의 저자'가 서로 같은 사람인지 여부를 따지는 논의가 이뤄진 이후에 철학에서 빈출 사례가 되었다.

렇게 되어야(≒인과관계를 따라야) 한다는 사실이, 모종의 자명한 원리로부터 (자동적으로) 도출되어 나올 수 있음을 의미한다면, 아무튼 제가 아주 무지함을 드러냅니다. 따라서 만일 이 물음이 단지 하나의 사실에 대한 사안으로서 무엇이 무엇에 의해서 일어나는지에 관한 질문이라면, 응당 저는 「아무런 정신적 행위들도 두뇌의 모종의 상태들이 그런 정신적 행위들을 선행하지 않았더라면 전혀 일어나지 않았을 것임」이 또한 한 가지 사실에 대한 사안으로서 참값이 되어야 함(≒정신적 행위들 사이에도 반드시 인과관계가 성립됨)을 아주 잘 파악할 수 있습니다. 저는 왜 실제 세계가 인과관계로 구성되어 있지 말아야 하는지, 따라서 정신 작용도 인과관계로 되지 말아야 하는지에 대한 이유를 전혀 알 수 없습니다(≒외부 세계의 물질들이 인과율에 의해 일어나듯이, 수반 현상으로서 정신 작용도 인과관계에 의해서 설명할 수 있다는 속뜻이 깃듦).

(2)【 물질계의 질서와 달리, 자유의지에 영향 받는 정신적 행위들 사이의 관계 】정신과 물질이 아마도 상호작용할 수 없음을 보여 주는 데에 쓰일 수 있는 두 번째 논점은 「원인cause」이란 낱말의 다른 의미에 달려 있습니다. 즉, 「원인」이란 낱말로써 어떤 것을 의미하는데, 발생된 사건 상으로 언제나 반드시 그 결과가 뒤따르는 어떤 것을 의미하는 것입니다.143) 따라서 확실성을 갖고서 그 원인의 존재로부터 단독으

---

143) [역주] 인간의 정신 작용은, 인간의 감정을 부각시켜 논의한 데카르트(1649; 김선영 뒤침, 2013) 『정념론』(문예출판사)에서 같이 언급된 '자유의지free will'의 문제가 깊이 관여되어 있다. 만일 자유의지를 습관화되고 관습적인 어떤 행동 양식으로 보지 않는 한, 일반화가 불가능하므로 낱낱의 사례들을 따로따로 하나씩 번다하게 언급할 수밖에 없다. 그렇지만 사회적 존재로서 우리는 어떤 규범도 있고, 양심에 따라 행동도 하고, 사회 질서를 따르기도 한다. 이런 측면에서 사회 구성원들 사이에 공유된 행위 양식을 서로 합의할 수 있다. 다시 말하여, 「판단하고 결정하여 말이나 행동으로 옮기는 과정에서 사회적 약속이나 양심을 따른다」고 가정함으로써, 일련의 행동들을 관찰하고 예측할 수 있는 매우 느슨한 기반을 마련할 수 있는 것이다.

　판단과 결정에 영향을 주는 큰 변수는 두 가지 체계가 작동한다. 심리학자로서 노벨 경제학상을 받은 대니얼 카느먼Daniel Kahneman 교수는 무의식적으로 감정적 대응을 하

로 반드시 그 결과가 뒤따름을 예측할 수 있을 것입니다. 참값이 되는 임의의 원인을 「충분한」 원인으로 부르기로 하겠습니다. 이 말로써 오직 그 원인의 존재가 단독으로 우리들로 하여금 그 결과를 추론할 수 있도록 하는 충분한 감각자료의 단편이 됨을 의미하며, 어떤 것이든지 간에 그 밖의 다른 전제를 필요치 않음을 의미합니다. 이제 (두뇌 신경계의 작동을 포함하여) 물질세계에 있는 모든 사건이 이런 의미에서 선행된 물질적 사건에서 임의의 충분한 원인을 지님이 옳은 것으로 널리 견지되고 있습니다. 우리가 충분한 지식을 갖고 있다면, 한 번이라도 결과로서 일어나는 임의의 물질적 사건은, 확실성을 갖고서 추론될 수 있는 원인으로서 선행한 모종의 물질적 사건들의 집합이 있다는 것입니다.

　이것이 사실로서 그렇다고 주어진다면, 물론 누구이든지 간에 자신의 신체에 있는, 즉, 자신의 신경계나 두뇌에 있는 모든 사건이, 단독

　는 '체계 1'과 지난 경험들을 종합하면서 의식적인 결정을 하려는 '체계 2'가 서로 경합한다고 보았다(카느먼 및 트뷔츠키, 1984, 『불확실한 상황에서의 판단: 주먹구구식 결정과 치우침(*Judgment Under Uncertainty: Heuristics and Biases*)』; 이영애(2001)에서는 '추단법과 편향'으로 번역, 아카넷). 후자의 경우에는 다시 가치나 신념 또는 믿음 체계, 지향성이나 삶의 목표라는 개념에 의해서 조정된다.

　서구 지성사에서는 생각과 행동의 원인을 각각 의도intention와 의지willingness로 구분하는 경우가 많다. 행동은 의지나 동기motivation가 그 밑바닥에 있고, 말이나 생각은 의도가 자리잡고 있다고 보는 것이다. 그렇지만 한자 문화권에서는 그 원인을 따로 보지 않고 하나의 기준인 돈독한 뜻의 정도篤志로써 생각과 행동의 차이를 바라보는 전통이 있다. 한편 383~384쪽의 역주 137에 적어 둔 더마지우 교수의 『데카르트의 오류』에서, 이성·감성의 데카르트 이분법이 잘못이라는 지적도 중요하다. 이는 판단·결정 과정에 여러 종류의 하위 영역이 계층적이거나 병렬적으로 작동하고 있음을 함의한다. 따라서 얼마나 많은 하위 영역들이 우리들에게서 의도나 의지(동기)를 만들어 내는 것인지를 놓고서 앞으로 연구자들 사이에서 합치된 의견을 모아 나가야 할 문제로 본다.

　본문에서는 물질계에서 작동하는 「필연적 원인, 필요한 원인」이라고 부르지 않고, 대신 「'충분한' 원인」이라고 약화시킴으로써, 정신적 행위들 사이에서 약한 인과 관계를 수립하려는 점에 유의할 필요가 있다. 가령, 규정상 어떤 잘못된 행위를 처벌해야 한다고 하더라도, 첫 번째 실수로 여겨 그런 처벌을 유예할 수 있는 것이며, 이런 것 때문에 약한 의미의 인과율로 환원할 수밖에 없는 것이다. 이런 상황에서 'sufficient' cause충분한 원인에 덧얹힌 수식어를, 규정대로 처벌하기에 '충분하지만', 모르고서 저지른 실수이므로 처벌을 보류할 가능성도 고려한다는 뜻으로 파악된다. 한마디로, 인간의 행위는 기계적이지 않고, 여러 가지 관련 사항들과 미래의 결과들까지 복합적으로 고려하는 만큼 매우 복잡다단하다고 요약할 수 있다.

으로 이전의 물질적 사건들로부터 추론될 수 있음이 뒤따라 나옵니다. 박식한 어떤 사람이 그것들(≒물질적 사건)을 추론할 수 있도록 하는 데에, 임의의 정신적 사건에 대한 아무런 지식도 필요하지 않음이 도출됩니다. 이로부터 저는 아무런 정신적 사건도 그것들(≒물질적 사건)을 산출하기 위하여 필요치 않음이 추론된다고 생각합니다. 심지어 정신적 사건들이 실제로 충분한 원인을 구성하는 일부 물질적 사건들에 수반되었다고 가정하더라도, 여전히 이런 물질적 사건들이 반드시 그 결과를 놓고서 전적으로 쓸데없고 영향력도 없는 어떤 것이 되어 왔음에 틀림없다고 생각합니다. 그렇지만 실제로 (물질적 사건과 정신적 사건이 서로 무관한) 이런 것이 도출되어 나올까요? 만일 우리가 좀더 신중하게 그 경우를 살펴본다면, 저한테는 이것이 도출되지 않음이 아주 분명한 듯합니다.

절대적 확실성을 지니고서 단독으로 어떤 결과가 뒤따라 나올 것임이 도출되는 원인 사건의 존재로부터 일련의 사건들을 지님이 사실로서 주어진다면, 결코 어떤 다른 사건이 또한 그 결과를 산출하는 데에 필요치 않을 수 있음은 뒤따라 나오지 않습니다. 이 세상이 아주 그렇게 잘 구성되어 있어서 우리로 하여금 임의의 결과를 충분히 예측할 수 있게 해 주는 임의의 원인이, 그럼에도 불구하고 그 결과를 산출하는 데에 충분치 않을 가능성도 있습니다(≒단순한 인과관계가 아니라, 여러 종류의 변인들에 따른 원인들이 복합적으로 상정되어야 할 경우임). 그렇게 구성되어 있어서 예측하기에 충분한 그 원인이, 그럼에도 불구하고, 사실의 사안으로서 또한 반드시 언제나 참값으로 한 가지 원인으로서 다른 모종의 원인에 의해서, 만일 이것이 존재하지 않았더라면 그 결과가 일어나지 못했을 것이라는 의미에서, 같이 수반되어야 할 경우도 있습니다. 그러므로 홀로 선행 사건들만으로 그 결과 사건의 존재가 예측될 수 있었을 것이라는 의미에서, 설령 우리가 모든 물질적 사건이 선행한 물질적 사건들에서 한 가지 충분한 원인을 갖고 있음을 보장한다손 치더라도, 결코 일부 경우들에서 정신적 사건들이 또한 그 결과를 산출하기 위하여 필요치 않을 수 있음이 뒤따라 나오는 것은 아닙니다. 저는 사실상 이것이 실제 경우가 아님이 어떻게 입증될 수 있을지를 잘 알지 못하겠습니다(≒여러 층위의 복잡한 원인들이 동시에 판단 결정 과정에 작동하고 있으므로, 뒤친이로서는 주된 변수들과 종속된 하위변수들을 구별하고 나서 체계를 만들어 주어야 할 것으로 보임).

그렇다면 저에게는 「정신과 물질적 대상들이 상호작용할 수 없음」을 입증하려는 이들 두 가지 논점이 둘 모두 아직 확정되지 않은 듯합니다. 저로서는 이를 입증할 더 나은 논점도 알지 못합니다. 저는 「물질적 대상들이 존재할 수 없음을 입증하려는 이런 특정한 논점도 또한 확정되지 못했다」고 결론을 맺습니다. 즉, 우리의 정신과 신체가 실제로 상호작용을 하고, 따라서 우리 신체가 물질적 대상들이 아니라 반드시 단독으로 정신들이 되어야 하거나 정신들로 구성되어야 한다는 상식적 사실로부터 시작하는 논점도 아직 확증되지 못한 것입니다.

다음 제9장에서는 물질적 대상들이 존재하지 않음을 입증하고자 견지되어 온, 즉, 어떤 다른 대상들도 역시 존재하지 않음을 입증하려는 다른 논점들을 살펴보도록 하겠습니다.

제9장 시간 속에 있는 존재
(무한한 계열의 시간과 끝점이 있는 시간 개념)

§.9-0 【 들머리 】 이제 또 다른 일련의 논점들을 살펴보고자 합니다. 이는 물질적 대상들이 존재하지 않음을 입증하는 데에 쓰여 온 것들입니다. 그렇지만 이들 논점에 대한 관심사항은, 우선적으로 물질적 대상이 존재하지 않음을 입증하고자 이용되었다는 사실에 있지 않습니다. 그보다는 만일 이 논점들이 이 점을 입증하였다면, 이것들이 또한 반드시 여태 훨씬 더 역설적인 다른 결론들까지도 입증하였을 것이라는 사실이 중요합니다. 사실상 많은 철학자에 의해서 이들 논점이 좀더 역설적인 이런 결론을 입증하기 위하여 가정되어 왔습니다. 그렇지만 또한 그들이 입증한다고 가정된 극히 역설적인 결론들을 어떤 것이든지 간에 입증하는지 여부에 대한 질문과는 아주 별개로, 그것들은 어떤 경우이든 아주 큰 관심거리가 되지만 전혀 쉽게 답변할 수 없는 우주의 본질에 관한 질문들도 포함해 놓았습니다.

제가 의미하는 논점들은, 앞에서 논의한 철학자들 중 한 사람인 독일 철학자 칸트에 의해서 처음 제시된 논점이라고 믿습니다. 이것들에 대한 그의 제안은 뒤이어진 많은 철학자들의 견해에 커다란 영향을 미쳤습니다. 실제로 칸트 자신에 의해서 이용된 한 가지 논점으로서 그런 종류의 특정한 한 가지 논점을 살펴봄으로써, 저는 정확히 그것들의 본성이 무엇인지를 설명하려고 노력할 것입니다.

§.9-1【 시간 속에서의 존재에 관한 칸트의 주장 】칸트 자신은 이런 논점을 아주 골치 아프게 뒤얽힌 방식으로 서술합니다. 그가 말하는 듯한 내용은 다음과 같습니다.

「칸트는 이 세상에 시간상으로 반드시 하나의 시작점(≒태초)이 있음이144) 엄격히 확증적으로 증명될 수 있는 듯이 말합니다」

---

144) [역주] 현대 물리학에서는 시간과 공간이 나눌 수 없는 하나의 개념이며, 시공spaciotime 이나 시공간으로 불리고 있다('사이 간[間]'은 거리 개념[수학의 norm 개념]이며, 최소한 둘 이상의 개체를 전제로 하고 있음). 그렇지만 우리들의 경험이 누적되는 「기억의 특성」에 따라, 시간이란 심리학적 개념을 누구나 다 공통적으로 마치 독립된 듯이 생각하기 일쑤이며(기억 창고를 차곡차곡 경험을 하나씩 쌓아 두는 일련의 보관함에 비유함), 아득히 먼 곳으로부터 와서 현재 이 시점을 거쳐 또 아득히 먼 곳을 멀어져 가는 듯이 관념한다. 이런 측면에서 물리적으로 다루는 시공 개념으로 본다면, 칸트의 논점도, 무어의 반박도 일정한 한계를 지닐 수밖에 없다. 가령, 무어 교수가 주장하는 §.9-3-(2)에서 절대적으로 텅 빈 시간 따위 개념은 오류에 불과하다. 430쪽의 역주 152도 읽어 보기 바란다.

그렇지만 후한 시절 정현(鄭玄, 127~200)이 주석을 낸 「건착도乾鑿度」(황제·복희·헌원 씨가 만듦, 『이조당 사고전서 회요』 권560)를 보면, '태역太易, 태극太極, 태초太初, 태시太始, 태소太素' 등의 여러 단계를 거쳐야 물질로서의 음양이 나온다고 적었으므로, 서구 지성사에서처럼 간단한 단계로 생각하지 않았음을 짐작할 수 있다.

오늘날에는 허블이 우주가 팽창하고 있음(적색 편이 현상)을 관찰한 뒤에, 아인슈타인의 통찰을 담은 E=mc²에 따라, 시간을 되돌려 특이점singularity에서 큰 폭발big bang이 일어났고, 그 이후 비로소 시·공간도 생겨나고, 초신성의 폭발 같은 우주적 사건들로부터 원자 주기율을 채우는 여러 물질이 생겨나면서 우주가 지금의 모습으로 되었다는 데에 이견을 달지 않는다(우주 진화 이론). 큰 폭발 이전에는 아마 물질의 형태를 갖추지 못한 아원자subatom나 물질-반물질antimatter 간 균형 상태였을 것으로 추측하기도 한다(355~356쪽의 역주 127을 보기 바람).

그렇지만 새로운 문제가 우주 궤도에 X선 관측을 포함한 여러 종류의 관측 위성들을 보내면서 수십 년 동안 누적된 자료들로부터 생겨났다. 아득히 멀리 있는 은하들이 예상과는 달리 더 빠른 속도로 멀어지고 있는 것이다. 여기서 그런 운동을 가능케 하는 힘이 있어야 하겠는데, 아직 알 수 없지만 그런 운동을 가능케 하는 암흑 에너지dark energy라는 개념도 처음으로 생겨났다. 고무줄은 늘였다가 놓으면 한 점으로 되돌아오듯이, 수십 년 전에 생각했던 대로 큰 폭발이 언젠가는 도로 역행하여 큰 바스라짐big crunch이 생길 것이라는 짐작은, 새로운 관측 때문에 깨끗이 사라져 버렸다. 그 대신, 언젠가는 갈갈이 찢겨big rip 아원자subatom 상태로 될 것이라는 예측이 대안으로 제시되

(It can be rigorously and conclusively proved (he seems to say) that the world must have had a beginning in time)

그는 증명을 제시하고 그것이 엄격하고 확증적이라고 주장합니다. 그렇지만 또한

「이 세상은 시간상으로 아무런 시작점(늑태초)도 있을 수 없지만, 반드시 절대적으로 무한한 길이의 시간 동안 존재해 왔다」

(the world can have had no beginning in time, but must have existed for an absolutely infinite length of time)

는 것도 틀림없음이 엄격히 그리고 확증적으로 입증될 수 있다고 말하는 듯합니다. 단, 논의되고 있는 시간의 길이가 「실제로 시작점을 지니지 못했다」는 의미에서 무한infinite입니다. 이 단언(명제)을 위하여 칸트는 또한 증명을 제시하고 이것도 엄격하고 확증적이라고 주장합니다. 그렇지만 칸트는 이들 두 가지 단언(명제)이 서로 모순된다고 말하는 듯합니다. 그러므로 이것들이 둘 모두 참값이 될 수는 없는 것입니다. 그렇다면 우리가 무엇을 가정해야 할까요? 두 가지 증명 중에서 하나 또는 다른 것에 잘못이 있다고 가정하는 것이 자연스러울 것입니다. 따라서 두 가지 단언(명제) 중 하나가 실제로 거짓이고, 다른 단언이 참값이라는 것입니다.

그렇지만 칸트는 이것이 분명히 실제 경우가 아니라고 주장합니다.

었다. 또한 자연스럽게 우주의 특이점이 오직 유일하게 하나뿐인가라는 질문도 함께 제기되었다. 만일 단일 우주universe라면 시작과 끝이 있을 것인데, 그 시작을 큰 폭발점 (특이점)이라고 부른다. 이와는 달리 이 세계가 다중 우주multiverse라면, 「최초의 시공간」에 대한 물음 자체가 의미를 잃어버린다. 이런 것들이 현재 잠정적으로 수용된 가설-연역 체계에 변화를 요구하는 압박으로 작용한다. 223쪽의 역주 94에 인용된 뤄쏠 (1935; 김이선 뒤침, 2011) 『종교와 과학』(동녘)에서는 인류 문명사를 조감하면서 천문학에서의 변화가 근대 세계를 열어 놓은 첫 단추로 보았다. 그런데 바로 우리가 살고 있는 지금 이 세상이 다시 우리들에게 그런 변화를 요구하고 있는 것으로 보인다.

「명백하게 자신의 증명들 중 어떤 것에도 잘못이 없다」는 것입니다. 그렇다면 칸트는 무엇을 결론지어야 할까요? 이것들이 서로 간에 모순이라는 사실에도 불구하고, 두 가지 단언(명제)이 모두 참값이라고 주장한다는 뜻일까요? 칸트가 말하듯이 만일 그의 증명들이 실제로 엄격하다면, 이것이 그가 마땅히 결론을 지어야 할 바인 듯합니다. 물론 이렇게 결론짓는 일에서, 모순율Law of Contradiction145)이 위배되어 모순되는 두 가지 단언이 둘 모두 참값이 된다고 단정하고 있으므로, 칸트는 모순율을 증명 과정에서 밖으로 내던져 버리고 있는 것 같습니다. 그렇지만 여전히 칸트의 증명들이 만일 실제로 엄격하다면, 남아 있는 대안도 전혀 없을 것 같습니다. 그렇지만 실제로 이것이 칸트

---

145) [역주] 한자 문화권에서는 막연히 창과 방패를 파는 장사꾼 이야기로써 모순을 비유할 뿐이다. 이는 쉽게 이해되지만(막연한 이해로만 그침), 정확히 무엇이 모순인지를 따질 적에는 아무런 도움도 되지 못한다. 모순이란 개념은 아리스토텔레스『생각의 도구 (*Organon*)』에서 처음 명시적으로 그 형식이 다뤄졌다(10쪽의 역주 2를 보기 바람). 먼저 옳고 그름(진리값)을 판단을 하기 위하여 ⓐ「주어와 술어가 결합된 형식」이 확보되어야 하는데, 이를 단언(명제)으로 부른다. 그런 다음, ⓑ 이런 판단 형식에 부정소(not, 아니, 못)가 덧붙으면 진리값(옳고 그름)이 바뀌어야 하고, ⓒ 양화 개념으로 반드시 전체와 하나(한 가지 개체)가 판단 형식 속에 꼭 표시되어야 한다. 마지막으로 ⓓ 필연과 가능(당위와 허용)이라는 양태(양상) 개념이 덧붙는다(626쪽의 역주 237). 이로써 아리스토텔레스는 처음으로 단언(명제)에 대한 기본 골격으로 네 가지 형식을 만들어 낼 수 있었고, 이를 사각형의 꼭짓점들에다 배당해 놓았다. 모순이란 판단 형식은, 엄격히 대각선들 사이에서 대립하는 단언(명제) 두 가지 형식을 가리킨다.「모든 X가 Y이다」는「하나의 X가 Y가 아니다」와 모순이 된다.「하나의 X가 Y이다」는「모든 X가 Y가 아니다」와 모순 관계에 놓인다.

칸트가 제시한 단언(명제)은「이 세상에 시작점이 있다」와「이 세상에 시작점이 있지 않다」인데, all 또는 a가 들어 있어야만「단언(명제) 대립 사각형」에서 모순 형식이 된다. 현재 제시된 모습은 그 사각형의 관계에서 서로 부정 관계에 놓인 단언(명제)일 뿐이다. all을 허용하면 그 즉시 단일 우주가 아니라 다중 우주를 전제로 하게 되며, 우리는 결코 또 다른 우주를 경험할 수 없기 때문에 자가당착에 직면하게 된다.

희랍 시대에서부터 소박하게 진리는「있는 것」을 있다고 하고,「없는 것」을 없다고 말하는 일이다. 이 때「있다」와「없다」사이에 중간 개념을 인정하지 않는 것을「중간값 배제 법칙」(또는 배중률)으로 부른다. 이제 만일 이를 받아들인다면,「이 세상에 시작점이 있지 않다」는「이 세상에 시작점이 없다」와 동일한 뜻이며 같은 진리값을 공유한다. 그렇다면 a beginning in time시간 속에서 시작 시점 한 가지라는 표현에서,「이 세상에 시작 시점이 있다」를 부정하면「*not* "이 세상에 시작 시점이 있다"」이며, 이것이 곧「이 세상에 시작 시점이 없다」가 된다. 이는 모순 관계가 아니라 부정 관계의 형식임을 알 수 있다. 본문에서는 이를 모순 관계로 부르고 있다. 그 까닭은 한 가지 사실을 놓고서 참값과 거짓값을 동시에 주장하는 측면에서 그러하며, 일상언어의 용법일 수 있다.

가 채택하는 증명 경로가 아닙니다. 칸트는 자신의 입증에 대한 모순율 및 엄격성에 둘 모두 집착하면서, 이 난점으로부터 벗어나는 또 다른 길이 있다고 주장합니다.

그리고 사실상 그렇게 다른 길이 있습니다. 왜냐하면 이들 두 가지 단언(명제)이 만일 실제로 서로 모순된다면, 그리고 칸트가 만일 이 단언들 중 한 가지가 반드시 참값임을 엄격하게 증명했다면, 이로써 모순 관계에 있는 다른 단언이 반드시 거짓임을 증명해 주기 때문입니다. 만일 칸트가 엄격하게 「시간상으로 이 세상이 시작점을 지녔다」는 것을 증명했다면, 이로써 「시간상으로 이 세상이 아무런 시작점도 지니지 않았다」는 단언(명제)이 거짓임을 증명한 것입니다. 따라서 모순되는 이들 두 가지 단언이 모두 참값임을 입증하려는 일에서, 칸트는 또한 똑같이 엄격하게 두 가지 단언이 모두 거짓임을 증명해 놓은 것입니다. 그리고 이것이 칸트가 실제로 받아들이기로 선택한 결론입니다. 칸트는 두 가지 단언이 모두 거짓이라는 결론을 받아들입니다. 물론 이것은 두 가지 단언이 모두 참값임을 거부한 다른 결론만큼이나 적법한 결론입니다.

그렇지만 이것 또한 모두 거짓이라는 다른 결론처럼 심각한 반론에 활짝 열려 있습니다. 왜냐하면 「모순되는 두 가지 단언(명제)이 모두 참값이 될 수 없다」는 모순율 말고도, 아주 확실해 보이는 또 다른 논리 법칙이 있기 때문인데, 「중간값 배제 법칙the Law of Excluded Middle(배중률)」으로 불리는 것입니다. 이 법칙에서는 만일 두 가지 단언이 서로 모순된다면 그것들 중에 하나 또는 다른 것이 반드시 참값이라고 단정합니다. 그러므로 중간값 배제 법칙에서는, 모순되는 두 가지 단언이 모두 거짓이 될 수 없다는 결론을 포함합니다. 따라서 이들 두 가지 단언이 모두 거짓이라고 주장하면서, 칸트는 앞에서 「모순 법칙」을 증명 과정에서 밖으로 내던져 버리고 실행하지 않았던 것처럼, 여기서도 실행할 중대한 한 가지 대상인 「중간값 배제 법칙」을 증명 과정에서 밖으로 내던져 버리고 있는 것입니다. 더욱이 칸트가 이들 두 가지 단언(명제)이 모두 거짓이라고 결론짓기 위한 하나의 근거로서, 「이것들이 모두 참값임을 증명했다」는 사실을 제시하였음이 관찰될 것입니다. 우리는 실제로 이것이 그랬음을 살펴보았습니다. 그렇지만 명백히 만일 이것이 이들 두 가지 단언이 모두 거짓임을 결론짓기 위한 하나의 근거라면, 이것이 이들 두 가지 단언이 모두 참값임을 결론내리기 위하여 동등하게 강력한 근거가 됩니다. 그럼에도 칸트는 이 두 가지 단언(명제)이 모두 거짓이라는 결론을 받아들이고, 이 두 가지 단언(명제)이 모두 참값이라는 결론을 거부합니다.

저는 반드시 이것이 아주 복잡하여 헷갈리는 논점임이 인정되어야 한다고 생각합니다. 그럼에도 저는 실제로 칸트가 분명히 그 논점을 헷갈리게 만들어 놓는 모든 점들을 주장하는 듯하다고 여깁니다. 칸트는 자신이 엄격하게

「시간상으로 이 세상에 하나의 시작점이 있었고, 이 세상에 아무런 시작점도 없었다」

(that the world had a beginning in time *and* that it had *no* beginning)

는 것을 입증했음을 주장하는 듯합니다. 칸트는 이들 두 가지 단언(명제)이 실제로 서로 모순되므로, 두 가지 단언이 모두 참값이 될 수 없다고 주장하는 듯합니다. 칸트는 이것들이 사실상 둘 모두 거짓이라고 주장하는 듯합니다. 마침내 칸트는 이것들이 엄격하게 둘 모두 참값이 될 수 있다는 사실이, 이것들이 둘 모두 거짓임을 결론 내리기 위한 하나의 근거가 된다고 주장하는 듯합니다.

§.9-2 【 모순율과 배중률까지 모두 다 포기해 버린 칸트의 고민 】 이런 칸트의 논점은 분명히 아주 복잡하여 어리둥절합니다. 이 논점이 전적으로 뒤죽박죽인 것 같습니다. 저는 비록 칸트가 스스로 아주 분명하게 이 논점 속에 있는 의미가 무엇이었는지를 정확히 알아차리지 못했다

고 생각하지만, 그럼에도 불구하고 여전히 이 논점 속에는 모종의 의미가 있다고 생각합니다. 저는 정확히 칸트 주장의 실제 논점이 무엇이 되는지를 놓고서, 가능한 한 명백하게 설명해 놓을 것입니다.

저는 칸트가 스스로 다음 두 가지 단언을 모두 엄격하게 입증했음을 주장하면서 시작하는 듯하다고 이미 말씀을 드렸습니다.

「시간 상으로 이 세상에 <u>하나의 시작점이 있었고,</u> 시간 상으로 이 세상에 <u>아무런 시작점도 없었다</u>」

(The world had a beginning in Time[146]); *and*: The world had *no* beginning in Time)

이제 이들 두 가지 단언(명제)을 입증하기보다는, 오히려 칸트의 증명이 조금이라도 어떤 것이든 입증하는 것이라면, 그가 실제로 입증하는 바가 다음의 두 가지 가정적인 단언(명제)들임을 말한다고 상정하기로 하겠습니다. 즉,

(1) 만일 이 세상이 시간상으로 조금이라도 존재한다면, 이 세상에는 반드

---

146) [역주] 무어 교수가 '시간상으로'(과거·현재·미래로 흐르는 시간 속에)라는 말을 여기서처럼 대문자(in Time)로 쓰기도 하고, 다음 인용에서처럼 소문자(in time)로도 적어 놓았다. 초판에서도, 그리고 출판사를 달리하여 나온 재판에서도 여기에 대한 언급이 따로 없다. 아마 수의적으로 교체되는 듯이 생각된다. 그렇지만 일반적으로 대문자를 쓸 경우에는 일반적이고 집합 속성을 부여하는 편이고, 소문자로 된 것은 개별 사례이고 원소의 지위를 부여하게 된다(수학에서 각각 집합은 대문자로, 원소는 소문자로 약속하여 쓰고 있음). 그렇다면 소통 값을 때의 시간, 연애 시절의 시간, 학창 시절의 시간 등이 개별적인 시간으로 지정할 수 있겠지만(분할된 시간 속에서의 변화 양상과 서로 대응함), 생명체와 지구와 우주를 망라하여 모든 대상들의 변화를 표시해 주는 시간을 일반적인 시간 또는 보편적 시간으로 간주할 수 있는 것이다. 여기서 유의해야 할 점은, 우리들은 「오직 대상이나 사건의 변화를 통해서만 시간의 변화를 느끼고 깨닫게 된다」는 사실이며, 우리가 만일 지금보다 몇백 배 더 오래 살 수 있다면 당연히 사건 변화의 관찰 범위가 늘어나서 필연성과 우연성에 대한 접근 방식도 달라질 수밖에 없다는 점이다. 인간의 경험과 인식 조건들이 여기에 긴밀히 맞물려 있음을 흘려버려서는 안 되는 것이다. 시간이나 공간이 모두 우리 공동체 구성원들 사이의 「표상 방식의 약속」임은 452쪽의 역주 164, 455쪽의 역주 166, 469쪽의 역주 171, 483쪽의 역주 181, 778~779쪽의 역주 304를 보기 바람.

시 하나의 시작점이 있었다. 그리고(그렇더라도)

(*If* the world exists in time at all, then it must have had a beginning; and)

(2) 만일 이 세상이 시간상으로 조금이라도 존재한다면, 이 세상에는 아무런 시작점도 갖고 있지 않을 수 있다.[147]

(*If* the world exists in time at all, then it can have had no beginning)

만일 칸트의 증명이 어떤 것이든 간에 조금이라도 입증을 한다면, 현재로서는 이것들이 실제로 이들 두 가지 가정적 단언(명제)들을 입증함을 보여 주고자 합니다. 그렇지만 당분간 이것이 칸트의 단언(명제)들이 실제로 입증하려는 것이었다고 가정하기로 하겠습니다. 이 가정이 그 경우를 어떻게 바꾸는 것일까요? 저는 명백하게 이것이 훨씬 더 나은 쪽으로 개선해 놓는다고 생각합니다. 왜냐하면 만일 칸트가 입증한 것이 단지 이들 두 가지 가정 상황일 뿐이라고 한다면, 칸트가 모순되는 두 가지 단언(명제)들이 모두 다 참값임을 입증한 것은 아니기 때문입니다. 왜냐하면 이들 두 가지 가정 상황들이 서로 모순되는 것은 아니기 때문입니다. 「만일 이 세상이 시간상으로 조금이라도 존재한다면, 반드시 하나의 시작점이 있어야 한다」는 주장 (1)은, 「만일 이 세상이 시간상으로 조금이라도 존재할지언정, 하나의 시작점도 갖고 있지 않을 수 있다」는 주장 (2)와 서로 모순되지 않을 것입니다.[148]

---

147) [역주] 만일 서로 모순이 일어나지 않도록 짝이 되는 단언(명제)을 대조시켜 놓는다면, "(2ʹ) 비록 이 세상이 조금이라도 존재할지언정, 이 세상은 아무런 시작점도 없을 가능성이 있다."라고 양보절로 표현해야 비로소 논점이 살아날 것 같다. 본문의 (1)은 중립적인 조건문과 필연적인 결과문을 표현한다. 그렇지만 (2)는 양보절이나 방임의 뜻을 지닌 수의적 조건문과 가능한 양태로서의 결과문을 표현하는 것이다. 이때 여기에는 심각한 문제가 도사려 있다. 양보절이나 방임절로서 표현된 (2)가 합리적인 검증을 거칠 수 있는 형식이 아니라, 오히려 불가지론 또는 신비론으로 전락할 위험이 있으며, 그렇다면 맹목적 믿음이나 믿음의 강요에 불과하다는 점이다(비합리적인 결과임). 뒤친이는 아마 이런 우려 때문에 무어 교수가 (2)에서도 동일하게 중립적 조건문의 형식으로 표현할 수밖에 없었을 것으로 이해하고 있다. 그렇더라도 이하에서는 독자들이 쉽게 알아차릴 수 있도록, 중립적 조건문이 아니라 양보문이나 방임의 형식으로 번역할 것이다.

이들 두 가지 가정 상황이 모두 다 또한 완벽히 참값이 될 수 있습니다.

만일 이들 가정 상황이 둘 모두 참값이라면, 뒤따라 도출되는 모든 것은, 만일 각각의 상황에서 일어나는 가정이 참값이었더라면, 칸트가 다룬 두 가지 모순되는 단언(명제)들도 모두 다 참값이었을 것이라는 점입니다. 그리고 이런 사실은, 즉, 만일 그 가정 상황이 참값이었다면 칸트에게서 모순되는 두 가지 단언(명제)들도 모두 다 참값이었다는 결론을 포함할 것이라는 사실은,「그 가정 상황이 거짓이다」라는 한 가지 확정적인 결론을 이끌어 내기 위한 완벽히 적법한 추론도 됩니다. 다시 말하여,「시간상으로 이 세상이 전혀 존재하지 않음」을 결론짓기 위하여 완벽히 적법한 추론인 것입니다(≒그렇지만 이 세상이 현재 있다는 경험적 사실에 반하는 결과를 낳으므로, 결국 추론 과정의 오류가 있음을 반추할 수 있다. 시간과 공간이 양립하는 세계 모형에서 따질 경우에 교묘하게 시간상의 물음이 아니라 공간상의 물음을 마치 시간과 관련된 것처럼 바꿔 놓았다고 비판될 수 있으므로, 공간의 문제가 먼저 제시된 뒤에라야 시간의 문제가 제기될 수 있다고 보는 것임).

이는 다음을 뜻합니다. 만일 칸트가 여기서 언급한 두 가지 가정 상황을 입증하는 일에 성공하였다면, 칸트는「시간상으로 이 세상이 전혀 존재하지 않음」을 입증하게 될 것입니다. 만일「이 세상이 존재하지 않음」을 입증했다면, 결국 모순되는 두 가지 단언(명제)들이 모두 다 참값이 됨을 입증했을 것이기 때문에,149) 칸트는 이 점(≒이 세

---

148) [역주] 두 가지 가정적 상황은 서로 차원이 다른 세계를 서술해 주고 있다. 주장 (1)이 유한한 세계를 언급하고 있다면, 주장 (2)는 그야말로 시작점도 끝점도 상상할 수 없이 활짝 열려 있는 무한한 세계를 서술해 주는 것이다. 따라서 유한 세계는 무한 세계의 부분 집합의 일원이거나 진부분 집합이 되는 것이다. 바로 이런 두 가정 상황에서는 모순이 저절로 없어져 버리는 것이다.

149) [역주] 본디 논점은 이 세계가 이미 주어져 있다고 전제한 다음에(이미 공간 차원에서 세계의 존재가 전제됨), 이 세계의 시작점이 있는지를 묻는 형식이었다. 그렇지만 엉뚱하게도 우리들의 자명한 경험과 어긋나게「이 세계가 존재하지 않는다」고 한다면, 시작점의 유무를 묻는 일 자체가 무위로 돌아간다(vacuous application). 본디 공간상의 전제가 철회되었기 때문에, 당연히 옳고 그름에 대한 판단도 유보되어야 마땅한 것이다. 무어 교수는 판단될 수 없는 이런 형식을 놓고서, "결국 칸트가 모순되는 두 가지

상이 존재하지 않음)을 입증했을 것입니다. 그렇지만 우리는 모순되는 두 가지 단언(명제)들이 모두 다 참값이 될 수 없음을 잘 알고 있습니다. 그러므로 이 두 가지 단언(명제)들이 둘 모두 반드시 참값임이 뒤따라 나올 만한 가정은 어떤 것이든지 반드시 거짓임이 뒤따라 도출되는 것입니다.

그렇다면 칸트가 「시간상으로 이 세상에 하나의 시작점이 있었다」 및 「이 세상은 시간상으로 아무런 시작점도 없었다」는 모순되는 두 가지 단언(명제)들을 모두 다 입증했다고 상정하기보다는, 그 대신에 단지 「만일 이 세상이 시간상으로 조금이라도 존재한다면, 하나의 시작점이 있었다」 및 「만일 이 세상이 시간상으로 조금이라도 존재할지언정, 아무런 시작점도 갖고 있지 않다」는 두 가지 가정적 상황을 모두 다 입증했다고 상정한다면, 우리는 칸트가 제시해 주는 듯한 복잡하고 혼란스런 듯한 논점 대신에, 완벽히 분명하고 이해하기 쉬운 논점을 얻게 됨을 깨닫습니다. 그리고 이런 분명하고 손쉬운 논점은 절대적으로 확실하게with absolute certainty

　　「이 세상이 시간상으로 전혀 존재하지 않는다」(≒세상의 존재는 1차적으로 공간의 하위 개념임)

　　(this world does not exist in time at all)

는 확정적인 결론을 산출합니다. 다시 말하여, 실제로 칸트가 논의 중인 두 가지 가정 상황을 입증했음이 사실로 주어진다면, (우리들의 자명한 경험적 사실과는 어긋나게) 그의 논점이 이런 결론을 산출하는 것입니다.

단언(명제)들이 모두 다 참값이 됨을 입증했을 것he will have proved that, if it did, then both of two contradictory propositions would be true"이라고 서술하였다. 이는 칸트가 그렇게 자가당착의 결론에 도달했다는 속뜻이 깃들어 있다. §.9-3에서 이 측면을 자세하게 논의하고 있다.

§.9-3【 칸트의 논점에 들어 있는 오류들 】이제 저는 칸트의 두 가지 논점이 만일 조금이라도 어떤 것이든지 입증한다고 치면, 실제로 이들 두 가지 가정 상황을 입증하는 것이며, 따라서 또한 「이 세상이 시간(과거·현재·미래) 속에서 전혀 존재하지 않는다」는 결론(≒그러나 우리들에게 자명한 경험적 사실과 어긋나는 결론)을 입증하고 있음을 보여 주고자 합니다. 칸트의 논점이 무엇일까요?

(1)【 무한한 계열의 각 시점마다 세상이 존재할 수 없으므로, 이 세상에 반드시 시작점이 있어야 한다 】첫 번째 논점은 다음과 같습니다. 칸트는 만일 이 세상이 과거 어떤 확정적 시점에서 존재하기 시작하지 않았더라면, 주어진 임의의 시점(가령 현재 시점과 같이) 이전에, 이전의 시점들에 대한 절대적으로 어떤 무한한 계열an absolutely infinite series(수학에서는 '발산 급수'로 번역함)의 각 시점마다 반드시 이 세상이 존재했을 것이라고 말합니다. 그리고 지금 당장 언급할 필요가 없는 이유들 때문에, 칸트는 이것이 불가능하다고 말합니다. 그러므로 칸트는

「반드시 이 세상이 과거에 있는 어떤 확정적 순간에 존재하기 시작했다」
(the world must have begun to exist at some definite moment in the past)

고 결론을 내립니다. 반드시 이 세상이 존재했을 때 처음이었던 어떤 시점이 있었을 것입니다. 그렇지만 명백하게 저는 이런 논점이

「만일 이 세상이 임의의 순간에 조금이라도 존재한다면, 다음 두 가지 대안(㉠, ㉡) 중에서 하나 또는 다른 것이 반드시 참값이다」

라는 단언(명제)을 포함한다고 생각합니다. 즉,

㉠ 이전 시점들에 대한 어떤 무한한 계열(발산 급수)의 각 순간마다 반드

시 이 세상이 존재하였든지, 아니면,

(*either* it must have existed at each of an infinite series of previous
moments)

ⓛ 세상이 존재했을 때에 반드시 어떤 시점이 첫 시작점이었든지

(*or* some moment must have been the first when it existed)

하는 것입니다. 그렇지만 「주어진 임의의 시점 이전에 어떤 무한한
계열의 각 시점들마다 반드시 이 세상이 존재했음」이 불가능함을 입
증하려는 이 논점은, 어떤 것이든지 간에 조금이라도 입증한다면 첫
번째 선택지 ⓐ이 실제 경우일 수 없음을 입증해 줍니다. 그러므로
전체적인 논점은, 만일 이 세상이 조금이라도 임의의 시점에서 존재
한다면, (만일 이것이 어떤 것이든지 간에 조금이라도 입증을 한다면) 반드
시 두 번째 선택지 ⓛ이 참값임을 입증해 줍니다. 즉, 세상이 존재하였
을 때 어떤 순간이 반드시 첫 시작점이었다는 것입니다. 다시 말하여,
제가 §.9-2에서 제시했던 두 가지의 가정 상황 (1)과 (2) 중에서 「만일
이 세상이 시간 속에서 조금이라도 존재한다면, 반드시 시작점이 있
다」는 첫 번째 가정 상황 (1)을 입증해 줍니다.

(2) 【 절대적으로 텅 빈 시간의 존재는 실체와 맞물릴 수 없으므로 결코
상정될 수 없다 】 이제 두 번째 논점을 살펴보기로 하겠습니다. 이는
다음과 같습니다. 칸트는 이 세상에 하나의 시작점이 있다고 말하는
것이, 「이 세상이 실제로 존재하지 않았을 때에 그 시작점에 앞서서
어떤 시간이 있었다there was a time」고 말하는 것이라고 합니다. 그리고
이는 「세상이 시작되기 이전에 전혀 아무런 것도 존재하지 않았을 때
에, 시간이 있었다」고 말하는 것입니다. 이는 「절대적으로 텅 빈 어떤
시간an absolutely empty time」입니다(430쪽의 역주 152를 보기 바람).

그렇지만 칸트는 「절대적으로 텅 빈 시간에서는 아무런 것도 시작
될 수 없다」고 말합니다. 왜냐하면 시간 흐름 속에서 한 시기 뒤에

무엇인가 존재하기 시작하는지 그 이유를 설명해 줄 만한 방식으로, 텅 빈 그런 시간의 아무런 부분도 임의의 다른 시간과 다르지 않을 것이지만(≒텅 빈 시간에서 세상이 처음 시작되어야 할 것이지만), 반면에 이전 시기(시간)들이 임의의 대상에 대한 존재를 이끌어 내지도 못한 채 그냥 지나가 버렸을 것이기 때문입니다(≒이는 개념상 모순을 피하기 위하여, 텅 빈 시간이 바로 아무런 존재의 시작을 낳지도 못한 채 그냥 절대적으로 텅 비게 되는 까닭인데, 개념상으로 뚜렷이 구분을 하려면 이를 시간 축에 '공간 존재의 도입'으로 인한 착종으로 부를 수 있음). 그러므로 칸트는

「이 세상은 하나의 시작점을 지녔을 수 없다」
(the world cannot have had a beginning)

고 결론을 내립니다. 그렇지만 명백히 이런 논점도 또한 저는 만일 이 세상이 임의의 순간에 조금이라도 존재한다면, 두 가지 가능한 대안(㉮, ㉯)이 있음을 가정한다고 생각합니다. 즉,

㉮ 이 세상이 존재한 경우에 어떤 순간이 유일한 첫 시작점이었거나, 아니면
(*either* some moment was the first when it existed)
㉯ 이 세상에 전혀 아무런 시작점도 없었다.
(*or* it had no beginning at all)

여기서 다시 이 세상이 첫 시작점을 갖지 못함을 입증하려는 논점은, (만일 이것이 어떤 것이든지 간에 입증을 한다면) 실제로 첫 번째 선택지 ㉮가 참된 것이 될 수 없음을 입증합니다. 그러므로 전체 논점이 (만일 이것이 어떤 것이든지 간에 입증을 한다면) 실제로 만일 어떤 시점에서이 든지 간에 조금이라도 이 세계가 존재한다면, 반드시 두 번째 선택지 ㉯가 참된 것임을 입증합니다. 다시 말하여, 이것이 §.9-2에서 제시했던 두 가지의 가정 상황 (1)과 (2) 중에서 실제로 (시작점도 끝점도 없는

무한대의 시간 상황인) 두 번째 경우 (2)를 입증하는 것입니다.

그렇다면 칸트의 두 가지 논점이 함께, 만일 이것들이 어떤 것이든지 간에 입증을 한다 치면, 만일 이 세상이 임의의 시점에서 조금이라도 존재하였다면, 모순되는 두 가지 단언(명제)들이 모두 다 분명히 참값이 될 것임을 실제로 입증하고 있습니다. 그러므로 칸트의 두 가지 논점은

「이 세상이 무엇이 되었든지 간에 아무런 시점에서도 존재할 수 없었다」
(the world cannot have existed at any time whatever)

는 것을 입증하는 것입니다.

지금까지 이 두 가지 논점의 결과들을 단순하게 만들어 놓음으로써, 저는 여전히 이 논점들을 좀더 간단하게 만들어 놓을 수 있을 것으로 생각합니다. 우리가 모종의 방식으로 애매한 낱말인 「이 세상the world(범위가 확정된 유일한 그 세계)」을150) 지시하는 내용을 빼어 버리고서, 간단히 이 논제를 입증하는 방식을 말할 수 있습니다. 즉, 만일 무엇이든지 간에 임의의 대상이 임의의 시점에 어떻게든지 간에 존재했다면, 모순되는 두 가지 단언(명제)이 모두 다 반드시 참값이 되는 것입니다. 왜냐하면 무엇이든지 간에 모종의 시점에서 어떤 방식으로든지 간에 실제로 존재한다고 가정해 봅시다. 그렇다면 다음과 같이 오직 세 가지 대안만이 가능하게 되기 때문입니다.

---

150) [역주] 'the world범위가 확정된 유일한 그 세계'는 이 번역에서처럼 ① 우리가 지금 살고 있는 이 세상(지구를 중심으로 한 생활 세계)을 가리킬 수도 있고, ② 태양계와 은하계를 포함하여 천체 망원경을 통해서 우리가 확인할 수 있는 이 우주 전체를 가리킬 수도 있으며(제1장에서 the Universe로 표현했음), ③ 과거·현재·미래를 관통하는 모든 시점의 일련의 세계를 가리킬 수도 있고, ④ 이승 세계와 저승 세계를 합쳐서 개념상으로 상정할 수 있는 모든 세계를 가리킬 수도 있다. 그렇다면 'the world'라는 낱말에서 정관사(확정 서술 어구, 한정 표현) the가 가리키는 범위가 적어도 여기서 제시한 네 가지 후보가 어느 것이든지 선택될 수 있다는 점에서, 해석 주체들 간에 해석 과정에서 서로 어긋나는 범위가 뒤섞일 수 있는 것이다. 129~130쪽의 역주 54에 영어의 정관사가 적어도 다섯 가지 맥락에서 쓰이고 있음을 적어 놓았으므로 그곳을 참고하기 바란다.

∘【 첫 번째 대안: 절대적으로 텅 빈 시간 다음에 느닷없이 설정되는 맨 처음 시간이다 】임의의 대상이 존재하는 시점이 그 대상이 존재해 온, 다시 말하여, 그 대상 이전에는 아무런 것도 존재하지 않은 맨 처음 순간이다.

그럴 경우에 그 존재를 반드시 텅 빈 시간이 선행해야만 하고, 아무런 것도 존재하기 시작할 수 없음을 증명하려는 칸트의 논점이, 만일 그 존재가 단지 텅 빈 시간에 의해 선행되었다면, 만일 이것이 어떤 것이든지 입증을 한다면, 이런 대안이 참된 후보가 아님을 증명해 줍니다.

∘【 두 번째 대안: 제3의 맨 처음 시간을 상정한다 】그렇다면 오직 나머지 두 가지 다른 대안만이 검토 대상으로 남는다. 만일 논의 중인 그 대상이 존재하는 맨 첫 순간이 임의의 대상이 존재하는 맨 처음 순간이 아니라면, 그 이전에 반드시 다른 대상들이 존재했었을 것이다.

이들 대상과 관련하여 오직 두 가지 대안 후보만이 가능합니다. 이 후보들 가운데 모종의 대상이 존재한 시점들 중에서 모종의 시점이 반드시 임의의 대상이 존재했던 맨 처음 순간이 되어야 합니다. 칸트의 주장에 대한 동일한 논점이, 만일 어떤 것이든지 입증한다고 치면, 이 대안이 참된 후보가 될 수 없음을 증명하게 될 것입니다(≒존재 세계와 맞물릴 수 없는 절대적으로 텅 빈 시간에 대한 칸트의 개념과 서로 상충되기 때문임).

∘【 세 번째 대안: 무한 계열의 시점마다 생겨나는 각각의 세계에 대한 시작점들이 동일한 한 가지 시점이다 】아니면, 주어진 그 시점 이전에, 절대적으로 어떤 무한한 계열의 이전 각 시점들마다 모종의 대상이 반드시 존재하였다.

여기서 임의의 주어진 시점 이전에 the world**범위가 확정된 유일한 그 세계**(역주 150 참고)가 절대적으로 어떤 무한한 계열(발산 급수)의 이전 각 시점들마다 존재했음이 불가능하다는 것을 증명하려는 칸트의 논점은, 반드시 (만일 이것이 조금이라도 어떤 것이든지 입증을 한다면) 이 대안 후보가 참된 것이 될 수 없음을 입증해야 합니다. 왜냐하면 이것이 불가능함을 증명하려는 칸트의 논점이, 'the world범위가 확정된 유일한 그 세계'로 불리는 대상에 대한 모종의 특정한 종류some peculiar species에만 국한된 어떤 특정한 논점이 아니기 때문입니다. 이는 절대적으로 일반적인 한 가지 논점이며, 다음과 같이 표현될 수 있습니다.

임의의 한 순간에 the world범위가 확정된 유일한 그 세계의 존재를, 한 순간에 존재하는 세계가 다른 순간에 존재하는 세계와 서로 다른지 여부와 무관하게, 임의의 다른 순간에 그 존재로부터 구별되는 한 가지 다른 사실a different fact이라고 부르기로 하겠습니다. 여러분이 잘 알고 있듯이 이런 방식으로 말하는 일은, 우리의 일상적 언어 사용과도 아주 일치합니다. 왜냐하면 비록 절대적으로 동일한 대상이 실제로 서로 다른 두 순간에서 모두 존재하더라도, 여전히 한 순간에 있는 그 존재가 다른 순간에 있는 그 존재로부터 차이가 나는 한 가지 사실이라고 말해야 하기 때문입니다. 예를 들어, 비록 다음 두 시점에 존재한 '저(I)'가 절대적으로 동일한 대상이라고 하더라도, 오늘 저녁 9시 몇 분 전의 시점에서 저의 존재는, 오늘 정오 시점에 있던 저의 존재와는 다른 한 가지 사실입니다(≒이런 상황은 곧 「자아의 동일성self-identity」을 어떻게 확보할지에 대한 물음으로 이어짐).

그렇다면, 임의의 한 시점에서 the world범위가 확정된 유일한 그 세계의 존재가, 임의의 다른 시점에서의 그 존재와는 다른 한 가지 사실이라고 말하기로 하겠습니다. 동일한 의미에서, 우리는 임의의 한 시점에서 무엇이든 간에 상관없이 임의의 대상에 대한 존재가, 그 동일한 대상의 존재이든지 아니면 임의의 다른 시점에서 다른 임의의 대상의 존재이든지 간에, 그 존재와는 다른 한 가지 사실이라고 말할 수 있습니다. 칸트의 논점은 이런 의미에서 「주어진 임의의 시점 이전에 절대적으로 어떤 무한한 계열로 된 서로 다른 사실들이, 다시 말하여, 각각 어떤 다른 시점에서 모종의 대상이나 다른 대상의 존재로 이뤄져 있는 사실들이 지나쳐 버렸음이 불가능하다」는 결론에 이르는 절대적으로 일반적인 한 가지 논점입니다.

§.9-4【 칸트의 입증 방식에서 미처 깨닫지 못한 채 혼동한 대목들 】 그렇다면 §.9-3 (1) '이 세상에 반드시 시작점이 있다'와 §.9-3 (2) '이 세상에 시작점은 없다'는 칸트의 두 가지 논점이 만일 조금이라도 어떤 것이든 입증을 한다면, 다음을 입증한다고 말할 수 있습니다. 즉, 만일 무엇이든지 간에 상관없이 조금이라도 임의의 대상이 임의의 시점에 존재한다면, 모순되는 두 가지 단언(명제)이 둘 모두 참값이 될 것이라고 말할 수 있습니다. 그리고 모순되는 두 가지 단언(명제)이 둘 모두 참값이 되는 일은 불가능하기 때문에, 이것들이 (만일 무엇이든지 입증을 한다면) 완벽히 확정적으로

「어떤 시점에서이든지 사실상 무엇이든지 간에 아무런 것도 전혀 존재하지 않는다」

(nothing whatever really exists at any time at all)

는 것을 입증해 줍니다.

당분간 저는 만일 칸트의 논점에서 어떤 것이라도 도출된다면, 이것이 모순되는 두 가지 논점으로부터 실제로 뒤따라 나오는 그런 결과임을 주장하고자 합니다. 왜냐하면 저는 칸트 자신과 비슷한 논점을 썼던 다른 모든 사람들이, 정확히 이것이 뒤따라 나오는 결과임을 아주 명백히 깨닫지는 못했다고 생각하기 때문입니다. 칸트는 자신의 논점으로부터

「시간은 대상들이 우리한테 드러나는 단지 한 가지 형식(형태)이다」

(Time is a mere form in which things appear to us)

라고 추론합니다. 이 진술로써 오직 칸트가 만일 대상들이 시간 속에 있는 것으로 우리한테 드러나지만, 임의의 단일한 경우에라도 실제로 다만 그렇지 않았음을 의미했을 뿐이라면, 그의 추론에 대해 반대가 없었을 것입니다. 제가 이미 보여 주었듯이, 실제로 칸트의 논점은 (만일 어떤 것이든 입증한다고 치면)

「무엇이든지 간에 사실상 시간 속에 아무런 것도 존재할 수 없다」
(nothing whatever can really exist in Time)

는 것을 입증합니다. 그렇지만 칸트의 논점이 「아무런 것도 시간 속에 있는 듯이 우리한테 드러날 수 없다」는 것을 입증해 주지는 못합니다. 오직 만일 임의의 대상이 실제로 우리한테 시간 속에 있는 것처럼 드러날 뿐이라면, 사실상 이런 사실 자체는, 즉, 모종의 대상이 실제로 우리한테 시간 속에 있는 듯이 드러난다는 사실 자체는, 그 자체로 시간 속에 있을 수 없습니다. 다시 말하여, 임의의 시점에서 조금도 이 세계가 생겨날 수 없는 것입니다. 임의의 시점에서 전혀 이 세상이 생겨나지도 않았음이 사실로 주어진다면, 이는 그런 사실이 실제로 존재할 수 있다는 추상적 가능성the abstract possibility만을 활짝 열어 놓습니다.

그렇지만 저는 때때로 칸트 스스로 마치 이것이 자신이 의미한 모든 것이 아닌 듯이 말한다고 생각합니다. 칸트는 자신이 이끌어 낸다고 의미한 그 결론이, 마치 시간 속에서 실제 존재하는 임의의 대상이 틀림없이 오직 겉모습Appearance일 뿐이고, 오직 현상Phenomenon뿐인 듯이 말하였습니다. 다시 말하여,

「시간 속에서 사실상 실제로 존재하는 어떤 특정한 부류의 대상들이 있다」
(there was a peculiar class of things which really do exist in Time)

는 듯이 말하였습니다. 그리고 그의 논점들이 입증해 놓은 모든 것이,

오직 이런 부류의 대상들이 모두 다 틀림없이 어떤 의미에서 겉모습들이나 현상들뿐인 듯이 말하였습니다. 저는 칸트가 스스로 사실상 이들 두 가지 견해를 서로 혼동했다고 생각합니다. 즉,

⑦ 「모종의 대상이 시간 속에 실제로 존재하지만, 이들 모든 대상이 단지 겉모습들, 즉, 시간 속에 존재하지 않는 어떤 다른 것의 겉모습일 뿐이다」
(the view that some things really do exist in time, but that all these things are merely Appearances or Phenomena — Appearances of something else which does *not* exist in Time)

라는 견해를,

⑭ 「무엇이든지 간에 상관없이 아무런 것도 시간 속에 존재할 수 없고, 따라서 심지어 단지 한 가지 겉모습조차도 시간 속에 존재할 수 없다」
(nothing whatever — not even, therefore, a mere Appearance — can exist in Time)

는 전적으로 일관되지 않은 견해와 서로 혼동한 것입니다. 저는 대체로 칸트 자신의 견해 및 비슷한 다른 견해들도 그럴 듯함에 신세지는 대목은, 이런 혼동 때문이라고 봅니다. 다양한 이유들로 말미암아, 사람들은 「시간 속에 실제로 존재하는 모든 것이 오직 한 가지 겉모습이다」는 것을 인정하기가 비교적 쉽다고 여깁니다. 그들이 아주 일관되게 그렇게 여길 수도 있습니다. 왜냐하면 겉모습Appearance이라는 낱말에 단지 한 가지 겉모습인 것이 겉모습이 아닌 양 참되고 사실처럼 존재할 수도 있다는 의미가 있기 때문입니다(≒겉과 속이 다르지 않을 수도 있기 때문임).

칸트 자신은 지속적으로 이것이 여러분에게 받아들이도록 요구한 모든 것인 듯이 말합니다. 그는 모종의 대상이 다른 것들 이전에 실제

로 존재했음이 사실상 참인 듯이 말합니다. 예를 들어, 칸트 자신이 흄의 책을 읽은 뒤에 견지하기를 포기한 견해들을, 한 때 옳은 것으로 여겼던 듯이 말합니다. 흄의 논점들이 칸트에게 옳다고 견지하도록 요구한 모든 것은, 서로 이전이나 또는 이후에 사실상 존재했던 이들 모든 것이 단지 현상이나 겉모습들뿐이었던 듯이 말합니다. 그렇지만 일단 여러분이 아주 명백하게 다음 사실들을 깨닫는다면, 즉, 칸트의 논점들이 여러분에게 받아들이도록 요구하는 것이 이것뿐만 아니라, 또한

• 절대적으로 결코 아무런 것도 시간상으로 존재하지 않는다,
• 그러므로 아무도 임의의 시점에서 임의의 대상도 믿지 않든지, 또는 또 다른 대상 이전에 임의의 한 가지 대상도 믿지 않는다,
• 임의의 한 가지 존재가 실제로 그렇게 믿은 결과에 이르는 모든 진술들은, 절대적으로 거짓이다

(that absolutely nothing ever exists in Time at all, that, therefore, nobody ever believed anything at any time, or any one thing before another, and that all statements to the effect that any one ever did do so are absolutely false)

는 것임을 깨닫는다면, 저는 여러분이 칸트의 논점을 수용하기가 훨씬 더 어렵다는 것을 깨닫게 될 것으로 봅니다. 이것이 바로 제가 칸트의 논점들이 실제로 입증하는 바가 만일 어떤 것이든 입증한다고 치면

「무엇이든지 상관없이, 임의의 종류나 부류 중에서, 아무런 것도 임의의 시점에서 어떤 방식으로든지 간에 존재할 가능성은 없다」

(nothing whatever, of any sort or kind, can possibly exist at any moment whatever)

는 것을 입증하는 것임을 주장하려는 이유입니다. 또는 달리 말하여,

「무엇이든지 간에 임의의 대상을 놓고서, 논의 중인 대상이 당연히 단지 한 가지 겉모습이라고 불려야 하는지 여부와 상관없이, 그 대상이 임의의 시점에서 조금이라도 존재하거나 존재해 왔거나 또는 존재할 것이라고 주장하는 진술은, 어떤 것이든지 단순히 거짓임에 틀림없다」

(any statement, which asserts with regard to anything whatever, whether the thing in question deserves to be called a mere Appearance or not, that it exists or has existed or will exist at any time at all, must be simply false)

는 것을 입증하고 있음을 밝혀내려는 이유입니다(늑이는 결국 소박하게 우리가 직접 지각을 하는 대상들이 있다는 경험 법칙만으로도 논박될 수 있음).

그러므로 칸트의 논점들은 (만일 온당하다고 치면)「시간 속에 실제로 존재하는 모든 것은 단지 한 가지 겉모습이다」는 것을 입증해 주지 못합니다. 반대로, 그의 논점들은「아무런 것도 시간 속에 전혀 존재하지 않는다」는 것을 입증해 주며, 따라서「그렇게 실제로 존재하는 모든 것이 단지 한 가지 겉모습이라는 단언(명제)은 거짓임」을 입증해 줍니다. 왜냐하면 그 단언(명제)이「어떠한 대상들이, 즉, 겉모습들이 실제로 그렇게 존재한다」는 것을 함의해 주지만, 반면에 칸트의 논점들이 입증하는 것은 (만일 어떤 것이든 입증한다고 치면)「아무런 것도 존재하지 않는다」는 것이기 때문입니다. 더욱이 칸트의 논점들은 심지어「시간 속에 존재하는 것으로 드러나는 모든 것이 단지 한 가지 겉모습이다」는 것조차도 입증해 주지 못합니다. 저는 이것이 또 다른 견해인데 종종 앞의 두 가지 견해(㉮, ㉯)와도 혼동되어 있으며, 여전히 그 두 가지 견해와도 명백히 다르다고 생각합니다.

㉠「시간 속에 실제로 존재하는 것은 무엇이든지 간에 단지 한 가지 겉모습이다」

(whatever *does* exist in Time is a mere appearance)

라는 주장은, 흔히

    ⓛ「시간 속에 <u>존재하는 것으로 보이는</u> 것도 무엇이든지 간에 그러하다」
    (whatever *appears* to exist in Time is so)

는 주장과도 혼동됩니다. 그리고 다시 이런 두 가지 주장이 모두 다음
의 주장들과도 혼동됩니다.

    ⓒ「대상들이 오직 시간 속에 존재하는 것으로만 보인다」
    (things only *appear* to exist in Time)
    ⓔ「아무런 것도 사실상 그렇게 보이지 않는다」
    (nothing really does so).

칸트의 논점들이 만일 온당하다고 치면, 이들 주장 중에서 세 번째
ⓒ만이 사실상 실제로 입증하는 유일한 논점입니다. 다른 두 가지 주
장은 세 번째 주장 ⓒ과는 사뭇 다른 관계로 수립되어 있습니다. 다시
말하여, 첫 번째 주장인 ㉠「시간 속에서 실제로 존재하는 것은 무엇
이든지 간에 단지 한 가지 겉모습이다」라는 것은, 이미 언급하였듯이
세 번째 주장 ⓒ과 상충됩니다. 만일 칸트가 실제로 입증한 것이 참값
이라면, 이 단언(명제)은 거짓임에 틀림없습니다. 그렇지만 두 번째 단
언(명제)인 ⓛ「시간 속에서 존재하는 것으로 보이는 것도 무엇이든지
간에 단지 한 가지 겉모습이다」라는 것은, 칸트의 논점들에 의해서
참값이든지 거짓이든지 간에 조금도 입증되지 못하였습니다. 왜냐하
면「시간 속에 존재하는 듯이 보이는 것」이, 설령 실제로 시간 속에
존재하지 않음에도 불구하고 여전히 절대적으로 실재할 수 있으며,
분명히 단지 한 가지 겉모양만이 아닐 가능성이 아주 높기 때문입니
다. 어떤 지팡이가 사실상 굽어 있지 않은 경우에라도, 저한테는 굽어
있는 듯이 보일 수 있습니다. 그렇지만 사실상 지팡이가 지니고 있지

않은 한 가지 속성을 지닌 듯이 보인다는 사실은, 잠시라도 그 지팡이 자체가 비실재적이거나 단지 한 가지 겉모습임을 입증해 주지는 못합니다.

그러하듯이 설령 칸트가 「아무런 것도 시간 속에 존재하는 그런 속성을 지니지 못함」을 입증했다고 하더라도, (그리고 어떤 것이든 입증했다면 이것이 그가 입증한 모든 것인데) 이것이 어떤 방식으로라도

「이런 속성을 지니는 것으로 보이는 그 대상들이 그 자체로 절대적으로 실재하지 않을 수도 있고, 단지 겉모습도 아닐 수 있다」

(the things which appear to have this property, may not themselves be absolutely real and not mere Appearances)

라는 것을 입증해 주는 것은 아닙니다. 칸트가 입증할 수 있는 모든 것은, 만일 우리가 대상들이 시간 속에 존재한다고 생각한다면, (그런 생각을 하는) 우리가 잘못이라는 것입니다. 만일 우리가 그것들이 단지 겉모습만이 아니라고 본다면, 여전히 우리가 잘못이 아닐 가능성도 결정되지 않은 채 남아 있습니다.

그렇다면 칸트의 이런 논점이 입증하는 것은, 만일 어떤 것이든지 입증한다고 치면, 「모순되는 두 가지 단언(명제)들이 참값이 될 것이므로, 사실상 무엇이든지 간에 아무런 것도 시간 속에 존재하지 않는다」는 것입니다. 그의 논점은 바로 이것만 입증하며, 더도 덜도 입증해 주는 것이 없습니다.

§.9-5 【 모순 속성들이 늘 다 함께 들어 있다는 헤겔 주장에 대한 반박 】

저는 이런 논점이 어떤 유형의 논점에 대한 한 가지 표본이었는데, 칸트 자신은 이것들 중에서 여러 가지 다른 논점들을 썼고, 그 이후로 이것이 다른 철학자들에 의해서 많이 쓰여 왔다고 말하였습니다. 그 유형의 논점은 다음과 같습니다. 만일 어떤 것이든지 입증한다고 치

면, 이것들이 모두

「설사 어떤 대상이든지 실제로 속성을 지녔다 해도, 모순되는 두 가지 단언이 모두 다 참값이 될 것이므로, 무엇이든지 간에 아무런 것도 어떤 특정한 속성을 지닐 수 없다」

(nothing whatever can possibly have *some particular property*, because, if anything did have it, both of two contradictory propositions would be true)

는 것을 입증해 줍니다. 예를 들어, 칸트 자신은, 만일 이 논점이 온당하다고 치면, 공간 속에 존재하는 속성과 관련해서 정확히 제가 막 서술해 놓은 논점이 입증하는 바를, 시간 속에 존재하는 속성과 관련해서 입증해 줄 한 가지 논점을 씁니다. 다시 말하여, 만일 이 논점이 온당하다면,

「만일 공간의 어떤 부분이든지 간에 임의의 대상이 그렇게 위치해 있었다면 모순되는 두 가지 단언(명제)이 모두 다 참값이 될 것이므로, 무엇이든지 간에 아무런 것도 공간의 어떤 부분에도 자리 잡을 수 없다」

(nothing whatever can possibly be situated in any part of Space, because, if anything were so situated, both of two contradictory propositions would be true)

는 것을 입증해 줍니다. 시간 속에 존재하는 속성 및 공간 속에 존재하는 속성과 관련해서 이들 두 가지 논점 이외에도, 칸트는 제가 언급할 필요가 없는 다른 속성과 관련해서 여러 가지 다른 논점들도 이용합니다. 칸트의 시대 이후로, 이런 유형의 논점에 대한 이용은 거대하게 확장되어 왔습니다. 서로 다른 철학자들이 모든 종류의 서로 다른 속성들과 관련하여 자신들이 「만일 무엇이든지 간에 임의의 대상이 논의 중인 속성을 지녔다면, 모순되는 두 가지 단언(명제)이 모두 다 참값이 될 것이다」는 점을 발견한 것으로 생각했습니다. 주로 이런 종류

의 논점들과 연합된 철학자의 이름은 헤겔(Hegel, 1770~1831)입니다. 헤겔은 거대한 숫자의 서로 다른 속성들과 관련해서, 우리가 공통적으로 많은 대상들이 실제로 지니고 있는 것으로 가정하는 속성들을 보여 줄 수 있는데, 만일 임의의 대상이 실제로 속성들을 지녔다고 치면, 그것이 반드시 모순되는 또 다른 속성도 함께 지녀야 한다고 생각하였습니다(≒음양 이론에 따른 절기에서도 한 여름에 초복·중복·말복이라는 겨울 음기가 잠복한다고 보는데, 422~423쪽의 역주 151을 참고 바람). 헤겔과 관련해서, 저는 그가 우리한테 제시해 준, 「서로 간에 깃들어 있는 것으로서 짝으로 된 속성들이 실제로 절대적으로 모순적이거나 또는 대상들이 그렇게 모순 속성이 깃들어 있다」는 주장은 모두 다 부인됐다고 믿고 있습니다. 그렇지만 만일 그것들이 모순스럽게 들어 있지 않다면, 저는 헤겔이 「모순되는 이들 속성이 실제로 서로서로를 함의한다」는 가정된 사실로부터 이끌어 낸 가장 역설적이며 주목을 끄는 결론들이, 명백히 「가정된 그런 사실로부터 도출되어 나오지 않음」이 분명하다고 생각합니다. 저는 분명히 헤겔이

「임의의 대상이 실제로 이들 속성 중 한 가지를 소유한다고 주장하는 단언(명제)은 어떤 것이든지 간에 거짓이다」

(any proposition which asserts that anything really possesses one of these properties is false)

라거나 또는 (헤겔을 옹호하는 일부 근대 계승자들이 다음처럼 표현하는 것을 선호하기 때문에) 「그런 단언(명제)은 어떤 것이든지 간에 적어도 부분적으로 거짓이다」라는 결론을 이끌어 낸다고 생각합니다.

그렇지만 이들 속성이 사실상 절대적으로 모순되지 않는 한, 다시 말하여, 주어진 어떤 대상이 한 가지 속성을 지님을 주장하는 단언(명제)이 어떤 것이든지 간에, 절대적으로 그 대상이 모순되는 다른 속성도 지닌다는 주장과 절대적으로 모순이 되지 않는 한, 한 가지 대상이

그 속성들 중 하나의 속성을 지닌다고 주장하는 단언(명제)이 심지어 부분적으로 거짓이라는 점조차도 명백히 도출되어 나오는 것은 아닙니다. 왜냐하면 우리가 헤겔이 증명했거나 입증하려고 의도했던 것은 모두 다음처럼 말하는 것으로 상정해 볼 수 있기 때문입니다.

「만일 어떤 대상이든지 간에 어떤 한 가지 속성을 지닌다면, 그 대상이 또한 반드시 첫째 속성과 모순스럽게 보이되 사실상 모순스럽지 않은 또 다른 속성도 지녀야 한다」

(if anything has a certain property, it must *also* have another, which appears to be, but is not really contradictory of the first)

그렇다면 여기서 무엇이 뒤따라 도출될까요? 명백히

「많은 대상들이 모순되는 속성을 모두 다 함께 지니고 있다」[151]

---

151) [역주] 뒤친이는 헤겔의 철학을 읽어 보지 못했다. 그렇지만 이 대목을 번역하면서, 번역자에게 몇 가지 영상이 교차되었다. 첫째, 소립자 물리학에서 영국의 폴 디락(Paul Dirac, 1902~1984)에서 제시된 반물질antimatter의 존재들(quarks와 leptons)과 물질matter 들 사이의 대립 관계인데, 반물질 내부의 균형이 깨어질 적에 임의의 물질로 바뀐다고 한다. 둘째, +전하를 띤 양성자와 −전하를 띤 전자 사이에 반대 전하들이 상정되는데, 이를 통해 인력과 척력에서 비롯되는 운동이 나오는 것으로 보인다. 셋째, 일부 파충류에서 알이 부화될 때 주위 온도에 따라 암수가 결정된다고 한다. 이는 잠재태로서 두 속성들이 미리 다 갖춰져 있어야 온도 변수에 따라 변화가 가능한 것이 아닐까 짐작된다. 넷째, 모순 속성을 다 함께 지닌다는 주장이 필자한테 친숙한 주역에서도 찾아진다. 여기서는 전혀 제3의 절대신에 대한 상정이 없이도, 대상 그 자체에 의한 변화와 운동의 추동력을 부여해 주기 위하여, 달이 차고 기우는 특성처럼 사안별로 주기적으로 음과 양으로 점차 변화해 나간다. 우리는 대상이나 사물이나 이것들의 매개에 의한 사건들이 지속적으로 변화해 나간다는 사실을 쉽게 관찰할 수 있다. 그렇지만 왜 변화하는지를 설명해 주려면, 대상에 내재된 모종의 속성을 제1의 원인으로, 그리고 이것이 주위와 상호작용하는 제2의 원인으로 상정할 경우에 채택 가능한 방식이다. 이는 다시 전체 세계관을 어떻게 볼 것인지에 대한 상위 물음과 맞닿아 있다.

주역周易에서는 전체 순환이나 변화의 흐름에 맞춰서 서로 대립되는 속성(음·양)이 미약하든지 강하든지 간에 동시에 들어 있다고 여긴다. 그렇지만 이를 모순 관계가 아니라 오히려 서로 힘을 겨루어 역동적으로 변화를 이끄는 「대대적待對的(마주하여 대립하는) 관계」라고 부른다. 이른바 가설-연역 체계(공리계)에서 「서로 대립적인 두 극점 사이를 사건들이 통시적인 전개 노선에서 항상 반복적으로 오가거나 바뀌어 가는 과정 속에 있음」을 무정의 용어undefined terms로 가정함으로써, 생성·소멸, 길·흉, 나아감·머묾, 강함·약함 따위의 이런 대대적 관계가 언제나 구현되도록 구성되어 있는 것

(many things have both properties)

는 점이 절대적으로 참이 될 수 있음을 부인하려는 최소한의 근거는 존재하지 않을 것입니다. 왜냐하면 「두 가지 속성이 사실상 그렇게 모순스럽지 않음이 사실로서 주어진다면, 한 가지 대상이 서로 간에 모순스러워 보이는 두 가지 속성들을 모두 다 지닐 수 없다」고 주장하는 법칙(늑배제적 법칙, 배타적 법칙)이란 존재하지 않기 때문입니다. 그러므로 대상들이 어떤 속성들을 지닌다고 주장하면서 어떤 공통적인 단언들이 적어도 부분적으로 거짓이라고 제시하는 일로 구성되어 있

이다. 마치 피스톤이 위·아래를 반복적으로 오가는 일이나 사계절이 서로 바뀌며 운행하는 일이 흥망성쇠의 순환 곡선(싸인이나 코싸인 곡선 따위)을 따르는 듯이 묘사해 놓을 것인데, 송나라 소옹의 「상수 역학」이 대표적이다(469쪽의 역주 172).

중국 고대의 하夏나라에서는 신농씨의 연산連山이란 역易(차츰 바뀜)을 썼다고 하고, 은殷나라에서는 황제 시대의 귀장歸藏이란 역易을 썼다고 하나 최근 일부 출토물을 제외하고서 전해지는 것이 없다(김성기, 2006, 「귀장역의 출토와 역학사적 의의」, 『동양철학 연구』 48). 현재 주周나라에서 비로소 썼던 역易(차츰 바뀜)만 전해진다. 은나라 폭군 주紂에 의해 유리羑里에 갇혔던 문왕(文王, BC 1152~1056)이 복희씨의 괘를 체계화하여 지었다는 '주역周易(주나라 역)'은, 3천 년 넘는 오랜 전승에도 불구하고 상당 부분 변함없이 전해지고 있다. 이는 최근 발굴된 전국시대(BC 403~221) 죽간들과 비교하여 거의 많은 부분이 일치함을 확인한 바 있다. 현재 갑골 유물에서 은허의 복사卜辭들은 많은 숫자가 발굴되고 판독되어 있어서 은나라에서 거북 점(거북은 복[卜]이라고 부름)을 쳐야 했던 내용들까지 구체적으로 잘 알 수 있다.

그렇지만 주역은 시초蓍草 줄기를 써서 점을 치게 된다. 모든 괘는 내괘內卦와 외괘外卦로 결합되는데, 여섯 개의 효마다 시초로 점을 칠 적에 소음인지 노음인지 여부, 아니면 소양인지 노양인지 여부를 따져서, 노음이나 노양이 나오면 각각 반대로 소양과 소음의 효爻로 가게 된다. 이를 지괘之卦(노양·노음이 반대로 변화하여 소음·소양으로 가는 괘)라고 부른다. 각 효마다 운명을 판단하는 뜻의 단사彖辭가 있는데, 문왕의 아들이며 무왕의 동생인 주공周公이 붙였다고 전해지며, 봉건사회의 상하 계급들을 중심으로 효들 사이의 해석이 이뤄진다. 모든 효들이 음양의 속성을 모두 다 갖고 있는 것은 아니다. 공자가 썼다는 『춘추』의 주석서인 『춘추 좌전』을 보면, 시초로써 각 효의 값을 정할 적에 노양과 노음만이 반대되는 속성으로 바뀐다고 하여 지괘之卦의 효사까지 참고했음을 알 수 있다. 따라서 맹목적으로 음과 양이 같은 비율로 들어 있는 것은 아니지만, 큰 순환의 주기에서 차츰차츰 변화해 나간다는 착상은 아마 본문의 주장과 공통적일 수 있다는 생각이 든다.

주역周易 관련 서적으로 17세기 강희제 시절에 이미 160여 종의 전문서를 『이조당 사고전서 회요』에 모아 놓았다(https://sou-yun.cn). 또한 최근 무덤 출토물로서 복모좌 교수의 전국시대의 죽간에 쓰인 주역 판독서도 나와 있고, 비단에 쓰인 백서들의 연구서들도 나와 있다. 어느 시절보다도 입체적으로 주역을 바라볼 토대가 마련되었다. 조선조에서는 정이 『역전』과 주희 『주역 본의』를 합친 『주역 전의 대전』을 읽어 왔으며 「한국 주역대전」에 우리말 번역이 있다(http://waks.aks.ac.kr).

는 헤겔의 철학에서 그런 모든 부분은, 실제로 헤겔이 이 점을 제시하고 있음을 아무도 부정하지 않을 것이라고 생각하는데, 이들 속성과 관련하여 헤겔의 논점들이 사실상 제가 지금 막 서술해 놓고 있는 유형의 것이라고 가정하지 않는 한(≒어떤 질서에 따라 일부 모순 속성들로 이뤄진 유형으로 가정하지 않는 한), 전적으로 근거가 없어지게 됩니다. 다시 말하여, 만일 임의의 대상이 실제로 논의 중인 해당 속성을 지녔다면 실제로 모순되는 두 가지 단언들이 모두 다 참값이 될 것이며, 따라서 절대적으로 무엇이든지 간에 임의의 대상이 논의 중인 해당 속성(≒모순 속성)을 실제로 지니고 있다고 말하는 것은 참값이 될 수 없다는 결론에 이르게 됩니다.

의심의 여지없이, 헤겔 및 비슷한 논점들을 이용하는 사람들이 실제로 자주 이런 결론을 제가 앞에서 구분해 놓은 두 가지 다른 결론들과 혼동하고 있습니다. 즉, 그들은 다음 결론을

「주어진 임의의 대상이 논의 중인 해당 속성들 중 한 가지를 갖고 있다는 단언(명제)은 단지 언제나 한 가지 겉모습일 뿐이다. 다시 말하여, 참값으로 보이되 실제로는 그렇지 않은 한 가지 단언(명제)인 것이다」
(the *proposition* that a given thing *has* one of the properties in question is always a mere appearance — that is to say, it is a *proposition* which appears to be true, but is not really so)

아래 결론과 혼동하고 있습니다.

「논의 중인 해당 속성들 중 실제로 한 가지 속성을 갖고 있는 대상은 어떤 것이든지 간에 단지 한 가지 겉모습일 뿐이다」
(Any*thing* which *does* have one of the properties in question, is a mere Appearance)

그리고 또다시 이 결론을 다음의 결론과도 혼동하고 있습니다.

「논의 중인 해당 속성들 중 한 가지 속성을 갖고 있는 것으로 보이는 대상은 어떤 것이든지 간에 단지 한 가지 겉모습일 뿐이다」

(Any*thing* which *appears* to have one of the properties in question, is a mere Appearance)

그렇지만 제가 주장하고 있는 것은, 이들 결론 중에서 첫 번째 내용, 즉

「이들 속성 중에서 한 가지 속성이 어떤 대상에 대한 서술어로 보이는 단언(명제)들은, 단지 겉으로 참값으로 보일 뿐이고, 절대적으로 참값인 것은 아니다」

(propositions, in which one of these properties appears as predicate of something, are merely apparently true, and not absolutely true)

라는 결론이, 분명히 그 단언들이 자체적으로 증명해야 할 부분이며, 만일 그런 논의들이 제가 앞에서 서술해 놓은 유형(≒질서 있고 모순 없는 속성들을 지닌 유형)의 것이라면, 그런 결론들에 대한 이런 부분만이 오직 사실상 뒤따라 도출될 수 있다는 점입니다.

§.9-6【 무한한 계열의 시간과 공간은 불가능하다는 논점 】물론 서로 다른 철학자들이 써 온 이런 유형의 서로 다른 논점들을 모두 검토하지는 않을 것입니다. 이제 제가 실행하려는 것은, 오직 그런 철학자들 중에서 한 가지 확정적 측면으로 칸트로부터 인용한 논점과 비슷한 것들만 검토할 뿐입니다. 이미 살펴봤듯이, 이 논점은 「절대적으로 어떤 무한한 계열(발산 급수)의 서로 다른 사실들은 그 각각의 사실들이 시간상 서로 다른 시점에 있는 어떤 대상의 존재로 이뤄져 있는데, 주어진 임의의 순간 이전에 이런 사실들이 흘러 지나가 버렸음은 불가능한 일이다」는 주장에 의존합니다. 다시 말하여, 이것은

「시간과 관련하여 어떤 특정한 종류의 무한한 계열은 불가능하다」

(an infinite series of a certain sort is impossible)

는 주장에 달려 있습니다. 제가 실행하고자 하는 바는 제가 할 수 있는 만큼 이런 종류의 모든 논점들을 논의하려는 것이며, 따라서 이는 시간과 관련하여 어떤 특정한 종류의 무한한 계열이 불가능하다는 가정에 달려 있는 것입니다. 제가 이들 특정한 논점을 선택한 것은 세 가지 이유 때문입니다.

- 무한에 대한 개념형성물conception(526~528쪽의 역주 197 참고)에 포함된 것으로 추정된 난점들에 의존하는 이들 논점이, 적어도 흔히 우리가 참값이라고 가정하는 대부분의 단언(명제)들이 확률상 그렇게 될 수 없음을 증명하려고 시도한 철학자들에 의해 채택된 임의의 논점들만큼이나 타당하다고 보기 때문이다.
- 또한 이것들이 실제로 이것들이 속한 유형의 단일한 다른 논점보다도 더 많은 철학자들에 의해서 확증적인 것으로 간주되어 왔다고 보기 때문이다.
- 이미 살펴봤듯이, 칸트에 따르면 무한에 대한 일반개념notion(통상적 개념)이 비록 무한으로부터 뒤따라 나오는 그런 극단적인 역설적 결론을 포함하지 않더라도, 이 세상의 본질이 무엇인지를 놓고서 실제 역설들 paradoxes 및 실제 난점들difficulties을 포함하고 있다고 보기 때문이다.

먼저 칸트의 특정한 논점을 살펴보면서 시작한 뒤에, 마지막으로 제가 그 논점에 대하여 제시한 단순화된 형태로(≒무한한 시간의 형태로) 그 논점을 다시 살펴보기로 하겠습니다.

그렇다면 논의를 시작하기 위하여, 저는 우리들에게 모두 「대상들이 시간 속에 실제로 존재한다」는 것이 확신되었다고 생각합니다. 예를 들어, 모종의 대상들이 이제 실제로 존재하고, 다른 대상들이 지금은 더 이상 존재하지 않지만 더 앞서 과거에 존재했었다는 것을 확신합니다. 이 사실보다도 우리에게 실제로 더 분명한 대상은 어떤 것이든지 거의 없습니다. 저는 만일 우리가 이런 사실을 옳게 여긴다면, 다른 무엇인가 또한 분명하다는 것도 아주 명백하다고 생각합니다. 즉, 임의의 대상이 존재하였을 때 과거 어떤 순간이 틀림없이 맨 처음 시점이었을 것이거나, 아니면 지금보다 앞서서 이전에 과거에 있는 서로 다른 각 시점마다 절대적으로 어떤 무한한 계열(수학에서는 '발산 급수'로 번역함)의 서로 다른 사실들이 틀림없이 존재했을 것입니다. 저는 이들 두 대안 중에 하나 또는 다른 것이 틀림없이 참값이라는 사실이 아주 분명하다고 생각합니다. 왜냐하면 만일 임의의 대상이 존재했을 때 과거에 아무런 시점도 맨 처음 순간이 아니었다면, 이는 곧 이전의 어느 시점에 틀림없이 모종의 대상이 존재했음을 의미하기 때문입니다. 계속하여, 또한 임의의 대상이 존재했을 때 이 시점이 또한 맨 처음 순간이 될 수 없으므로, 틀림없이 그 대상 이전에 어느 시점에 모종의 대상이 존재했을 것이며, 등등, 계속 '무한 소급ad infinitum'으로 진행되어 나갑니다.

그러므로 저는 만일 임의의 대상이 시간 속에 조금이라도 존재한다면, 임의의 대상이 존재했을 때 어떤 시점이 틀림없이 맨 처음 시점이 되었든지, 아니면 지금 이전에 절대적으로 어떤 무한한 계열의 서로 다른 사실들이 틀림없이 존재했다고 가정하는 일에서, 칸트가 명백히 아주 옳았다고 생각합니다. 그렇지만 칸트가 증명하도록 요구한 것은, 만일 임의의 대상이 시간 속에 조금이라도 존재한다면, 이들 대안 후보가 둘 다 틀림없이 참값이 되어야 한다는 점입니다. 이것이 어떻게 실행되는 것일까요?

맨 처음 가정, 즉 「만일 임의의 대상이 시간 속에 조금이라도 존재한다면, 임의의 대상이 존재하였을 때 틀림없이 모종의 순간이 맨 처음 시점이었다」는 것을 증명하려는 칸트의 논점은, 이미 언급했듯이 나머지 다른 대안, 즉, 「어떤 무한한 계열의 사실들이 주어진 임의의 시점 이전에 지나가 버릴 수 없다」는 주장이 참값이 될 수 없음을 입증하려는 시도로 이뤄져 있습니다. 그러므로 이는 무한성을 놓고서 추정된 난점들에 의존하는 논점입니다. 저는 이것을 좀더 뒤에서 살펴보기로 하겠습니다. 현재로서는 칸트가 말하듯이, 만일 그런 임의의 무한한 계열이 사실상 불가능하다면,

> 「만일 임의의 대상이 시간 속에 조금이라도 존재한다면, 틀림없이 한 시점이 있었을 것이며, 그 시점 이전에 아무런 것도 존재하지 않았다」
>
> (if anything exists in time at all, there must have been a moment, *before* which nothing existed)

는 점이 절대적으로 뒤따라 도출되어 나옴만을 지적해 놓고자 합니다. 그렇지만 심지어 칸트가 이것을 입증할 수 있다고 가정하면서도, 여전히 나머지 다른 가정, 즉,

> 「만일 임의의 대상이 시간 속에 조금이라도 존재한다면, 임의의 대상이 존재한 맨 처음 시점이었던 시점이란 어떤 것이든지 있을 수 없다」
>
> (if anything exists in time at all, there *cannot* have been any moment, which was the first at which anything existed)

는 것을 입증하도록 요구합니다. 저에게는 여기서 칸트의 증명이 명백하게 「절대적 엄격성」을 상실해 버리는 듯합니다.

> 「과거에 그 이전에 전혀 아무런 것도 존재하지 않았던 한 시점이 존재할 수 없다」
>
> (there may not have been a time in the past, before which nothing at all existed)

는 것이 어떻게 확실성과 더불어 입증될 수 있을까요? 저로서는 이것을 절대적으로 입증하기가 분명히 불가능할 듯합니다. 그렇지만 그럼

에도 불구하고, 저로서는 반대 상황을 믿는 것도 아주 어려울 것 같습니다.

이를 생각할 경우에, 여러분은 임의의 대상이 존재했던 절대적으로 맨 처음인 한 시점이 참으로 존재했었고, 그 시점 이전에 절대적으로 아무런 것도 존재하지 않았다는 것을 참으로 믿을 수 있겠습니까? 저로서는 이것을 믿기가 거의 불가능한 듯합니다(≒수학자 칸토어의 초한수 무한 개념을 인정하지 않는 태도임). 그리고 여전히 이것이 어떻게 입증될 수 있을지도 잘 모르겠습니다. 물론 만일 여러분이 미리 앞서서 그것이, 존재하는 원인이 되는 어떤 것이 존재하지 않는 한, 아무런 것도 전혀 존재할 수 없다고 가정한다면, 요구된 결과가 절대적으로 뒤따라 도출되어 나옵니다. 이런 원리는 또한 아주 타당할 듯합니다. 그렇지만 이 원리가 절대적으로 분명한 것 같지 않고, 이것이 어떻게 입증될 수 있을지를 저도 잘 모르겠습니다.

그러므로 비록 제가 한 시점 이전에 아무런 것도 존재하지 않았던 그런 시점이 있을 수 없음을 가정하기 위하여 아주 강력한 근거가 있다고 생각하더라도, 그리고 비록 그런 시점이 있을 수 없다는 상식적 견해가 칸트에게 동의하는 쪽으로 기울어져 있을 것이라고 여기더라도, 그럼에도 여전히 저는 「이것을 절대적으로 확실한 것으로 여길 수 없다」고 생각합니다. 따라서 오직 이러한 한 가지 이유 때문에, 설령 무한에 대한 난점들로부터 나온 칸트의 논점이 확정적이었다손 치더라도, 여전히 칸트의 전반적 논점이, 즉, 두 가지 가정적 상황이 모두 다 증명된 것으로 이해된 전반적 논점이, 만일 이를 정확히 칸트가 마련해 놓은 형식으로 다룬다면, 반드시 미확정적인 것으로 간주되어야만 합니다.

그렇지만 저한테는 이런 측면에서 칸트의 논점이 수정될 수 있을 듯합니다. 왜냐하면 비록 저한테는 「임의의 대상이 존재했을 때 맨 처음 순간이었던 시점이 있을 수 없다」는 것이 아주 불확실하고 단지 가능성(확률)만 대단히 높을 듯하지만,

「시간의 맨 처음인 어떤 시점이 그 자체로 존재할 수 없다」

(there cannot have been a[152] first moment of Time itself)

는 점은 아주 확실한 것 같습니다. 얼마나 멀리 뒤쪽으로 거슬러 가든지에 상관없이, 여러분이 멈추기로 선택한 임의의 시점 이전에도, 언제나 틀림없이 한 시점이 있었을 것임은 확실한 듯합니다. 간단히 말하여, 「과거 시간의 길이는 틀림없이 절대적으로 무한한 것입니다」. 제가 알 수 있는 한, 「시간이 절대적으로 무한하다」는 사실이 칸트의 목적은 물론, 또한 「시간 말고도 다른 어떤 대상이 또한 틀림없이 무한한 길이의 시간 동안 존재해 왔다」는 더 의심스런 가정에도 기여할 것입니다. 왜냐하면 저는 어떤 무한한 계열의 종결 가능성을 반대하는[153] 칸트의 논점이

---

152) [역주] 만일 눈 밝은 독자라면, 정관사 표현 the first moment**유일한 맨 처음 시점, 순간**이 아니라, 여기서 왜 부정관사 a를 썼는지에 눈길이 머물 듯하다. 만일 여느 표현처럼 정관사 the를 썼다면, 오직 단일한 세상만을 전제로 하여, 맨 처음 시점으로부터 지금까지 이어진 이 세상을 가리키고 있었을 것이다. 그렇지만 여기서 부정관사 a를 썼기 때문에, 각 시점마다 맨 처음 순간이 있고, 그 순간으로부터 이어진 수많은 종류의 우주들(다중 우주multiverse)이 각각 독자적으로 존재하고 있다는 속뜻이 깃들어 있는 것이다.

본문을 번역하면서 뒤친이에게는, 칸트와 무어 두 분이 모두 시간과 공간을 별개의 존재로 간주하고 있기 때문에 논의가 이렇게 번다하고 복잡해졌다는 판단이 들었다. 만일 현대 물리학에서와 같이 시간과 공간이 별개의 개념이 아니라, 복합적인 하나의 개념으로서 시·공이라고 한다면, 맨 처음 시작점이 곧 대상이 생겨난 시점과 일치되어야 함을 이내 파악할 수 있을 것이다. 칸트는 시간이 하나의 형식form이라는 생각에 집착하고 있기 때문에, §.9-3 (2)에서 공간 비유를 통한 「절대적으로 텅 빈 시간」이라는 허구를 계속 붙들고 있는 것으로 판단한다.

만일 공간을 점유하고 있는 대상이 없다면, 어느 누가 시간이라는 지표를 부여할 수 있을 것인가? 시간이란 지표를 상정해 주려면, 반드시 공간 속에 임의의 물질적 대상이 「기준점」으로 주어져야 하는 것이다. 기준점이 없다면 시간이라는 질서(「과거→현재→미래」로 가는 벡터 운동)가 생겨나지도 않고, 내세울 수조차 없는 것이다. 칸트는 절대적으로 텅 빈 시간도 마치 과거·현재·미래를 갖고 흘러가는 양 자가당착의 망상을 하고 있다. 바로 이것이 칸트의 잘못이다. 그럼에도 시간을 독립된 차원으로 보는 무어 교수도 또한 이를 속 시원히 해결해 주지 못하고 있는 것이다. 시간과 공간을 별개의 개념으로 상정하고 있기 때문이다. 452쪽의 역주 164와 455쪽의 역주 166 참고 바람.

153) [역주] 만일 무한에 끝점이 있다면 그 자체로 유한일 뿐이다. 이런 점에서 아마 수렴하는 무한 급수는 제외되어야 할 것으로 생각된다. 원문에 completion**완결, 종결**이란 낱말이 이런 측면에서 무한성을 '종결'한다는 뜻으로 번역되는 것이 적합할 것으로 본다. 원문 초판 176쪽(재간은 194쪽)에 있는 표현은 Kant's argument against the possibility of *the*

「시간 속에 어떤 무한한 계열의 사실들이 존재할 수 없다」(≒일반화된 보편 진술)

(there cannot have been an infinite series of facts in time)

는 것을 입증하는 일과 관련하여, 또한 곧바로

「무한한 길이로 된 과거 시간 그 자체가 존재할 수 없다」(≒개별화된 진술)

(there cannot have been an infinite length of past time itself)

는 점을 입증하는 데에 적용될 것이라고 생각합니다. 그러므로 만일 어떤 무한한 계열의 종결 가능성을 반대하는 칸트의 논점이 온당했더라면, 저는 애초 그의 논점을 동일한 결론을 실제로 입증해 주는 또 다른 논점, 즉, 「시간 속에 전혀 아무런 것도 존재할 수 없다」는 논점으로 대치할 수 있을 것으로 생각합니다.

　그 논점은 다음과 같을 것입니다. 만일 시간 속에 임의의 대상이 존재한다면, 절대적으로 어떤 무한한 길이의 시간이 반드시 그 존재에 앞서서 틀림없이 흘러 지나가 버렸습니다. 저는 이것을 자명한 단언(명제)이며, 확실히 참값이라고 간주합니다. 그렇지만 이 논점이 계속 진행되면서, 절대적으로 어떤 무한한 길이의 시간이, 주어진 임의의 시점을 앞서서 흘러 지났어야 한다는 점은 전적으로 불가능하게 됩니다. 이런 논점이 온당하다고 칠 경우, 만일 시간 속에 임의의 대상이 조금이라도 존재한다면, 실제로 모순되는 두 가지 단언(§.9-1에서 시작점이 있었는지 여부를 가리킴)이 모두 다 참값으로 될 것임이 뒤따라 나옵니다. 따라서 「아무런 것도 시간 속에 전혀 존재할 수 없다」는 것이 뒤따라 도출될 것이며, 사실상 「시간과 같은 그런 것은 존재할 수 없다」는 점이 뒤따라 나옵니다. 시간이 마치 모순된 개념인 '둥근

---

completion of an infinite series이다.

정사각형a round square'과 같이154) 절대적으로 「모순 속성으로서 존재할 수 없는 개체non-entity」인 것입니다. 다시 말하여, 칸트가 실제로 말했듯이, 이 결론은 실제로 어떤 종류의 무한한 계열이 가능한지 여부에 관한 물음에 달려 있습니다. 만일 그런 임의의 무한한 계열이 불가능함을 보일 수 있다면, 「시간 속에 전혀 아무런 것도 존재하지 않는다」는 결론이 곧장 뒤따라 도출됩니다.

비록 그리 분명한 것은 아니더라도, 저는 한 가지 비슷한 논점이 명백히 공간의 경우에도 또한 이용될 수 있을 것으로 생각합니다. 공간의 경우에, 저는 칸트의 실제 논점이 명백하게 시간의 경우에서보다도 더 많이 취약하다고 생각합니다. 여기서 또한 칸트가 입증하려고 애쓰는 것은, 만일 공간 속에 임의의 대상이 조금이라도 존재한다면 대상들이 틀림없이 공간의 무한한 범위를 통해서 두루 곳곳에 존재해야만 하겠지만, 대상들이 그러하리라는 것이 불가능하다는 점입니다. 저는 분명히 이런 논점의 취약점이

---

154) [역주] 본디 밀(J. S. Mill, 1846) 『추론과 귀납에 대한 한 가지 논리 체계』(Harper, 13쪽)에서 거론된 사례이지만, 뤄쓸(1905) "지시하기(On denoting)"에서는 오스트리아 철학자 알렉시우스 마이농(A. Meinong, 1853~1920)으로부터 인용한 「존재할 수 없는 모순 개념」의 사례들 중 한 가지로 되어 있다. 칸트의 분석 단언과 종합 단언의 구분에 따라서, 전자의 부류로서 '둥근 정사각형'을 들었고, 후자의 부류로서 '황금산'을 들었다. 둥글다는 것은 '각이 없다'는 것이고, 사각형이라는 것은 '각이 있으므로 결코 둥글지 않다'는 뜻이다. 이렇게 서로 모순되는 속성들을 합쳐 놓은 것을 여기서는 non-entity(모순 속성을 지녀 존재할 수 없는 개체, 공집합의 개체)라고 불렀다. 개체는 한 가지 개별적 사례 구현체이므로, 「모순되는 속성을 현실 세계에서 구현해 놓는 그런 개체가 존재하지 않는다」는 속뜻을 지니고 있다. 황금산이 더러 비유적인 뜻으로 쓰일 수도 있겠지만(금광을 캐는 산이나 숭배의 대상이 되는 제일 높은 산이나 황금 사원이 있는 산 따위), 여기서는 축자적으로 순수히 황금만을 재질로 하여 이뤄진 산을 뜻하며, 결코 우리가 경험할 수 없는 대상일 뿐이다.

마이농은 서로 모순되어 맞물릴 수 없는 존재를 가리키기 위하여 absist**모순 속성의 존재**라는 새로운 용어를 만들어 내었다. 마이농은 이 세상에 존재하는 대상들을 세 종류로 간주하여 다음처럼 접두사를 붙여 구분하였다.

- 구체적으로 개체화되어 분명히 드러나는 현실 속에 있는 현재 존재(e-xist, 현존)가 있고,
- 개체들을 실재하도록 만들어 주는 재질·모양·단단함·색깔 따위 보편적 속성들로서 오직 밑바닥에만 깔려 있는 존재(sub-sist)가 있으며(§.16-2에서 정의한 무어 교수의 용법 being[미래 시점이나 과거 시점에서 존재하는 상태]과는 근본적으로 다름),
- 모순 속성을 지녀 구현이 불가능한 존재(ab-sist)가 있다(§.16-1의 역주 257).

「대상들이 틀림없이 공간의 무한한 범위를 통해서 두루 곳곳에 존재한다」
(*things* must exist throughout an infinite extent of Space)

는 것을 입증하거나, 심지어 이를 좀더 가능한 듯이 만들어 놓는 일조
차 불가능하다는 것이라고 생각합니다. 저는

「공간 그 자체가 조금이라도 존재한다면, 그 범위가 틀림없이 무한해야
한다」
(space itself, if it exists at all, must be infinite in extent)

는 주장이, 만일 아주 확실한 것이 아니라면, 아주 가능성이 높을 것으
로 생각합니다. 예를 들어, 어떤 방향으로든지 여기에서부터 출발하
면 틀림없이 그 방향으로 절대적으로 어떤 무한한 계열의 거리가 있
을 것입니다. 그렇지만 그런 거리들의 각 지점마다 모종의 대상이 틀
림없이 존재한다는 것은, 어떤 수단에 의해서도 그리 명백할 것 같지
않습니다. 제가 알고 있는 한, 이것이 심지어 가능할 것으로 생각하는
일조차도 전혀 근거가 없습니다. 물론 만일 어떤 물질적 우주가 존재
한다면, 그 물질적 우주가 여기서부터 임의의 방향으로 아주 거대한
숫자의 거리만큼 실제로 확장된다는 것을 생각하기 위한 근거는 존재
합니다. 그렇지만 비록 이 우주가 수만의 수만 제곱만큼이나 확장된
다고 해도, 제가 알고 있는 한, 이 우주가 어딘가에서 끝점을 만나지
않게 되고, 여기서부터 어떤 유한한 숫자의 거리에 있는 한 지점을
넘어서면 결코 텅빈 공간 외에 아무런 것도 존재하지 않는 그런 지점
이 존재하지 않을 것이라고 생각할 근거는 전혀 없다고 봅니다.

저는 이런 측면에서 공간 및 시간의 경우들 사이에 분명히 실질적
인 차이점이 있다고 생각합니다. 이미 언급했듯이, 시간의 경우에 틀
림없이 어떤 대상이 무한한 길이의 과거 시간 전체 기간을 통해서 내
내 존재했음이, 가령, 이 순간을 앞서 흘러 지나간 무한 숫자의 시간들

을 채택하면서 어떤 대상이 그런 시간의 각 시점마다 틀림없이 존재했다는 것이, 절대적으로 확실한 것은 아니더라도, 극히 가능성이 높을 듯합니다. 저는 이것이 실제의 경우가 아니라고 믿기가 아주 어렵다고 생각합니다.

그렇지만 저로서는 공간의 경우에 물질적 우주가 유한한 숫자의 3제곱-공간cubic miles(임의 대상의 부피는 3차원 좌표계에서 값을 지니므로, 3제곱으로 표시된 공간이 됨)만을 점유할 뿐이고, 물론 사실상 아주 거대하더라도 유한한 공간만을 점유할 뿐이며, 이를 넘어서면 어떤 무한한 범위의 절대적으로 텅빈 공간이 있다고, 즉, 무엇이든지 간에 아무런 것도 존재하지 않는 공간이 있다고 믿기가 아주 쉬운 듯합니다. 저는 만일 조금이라도 공간 및 어떤 물질적 우주가 존재한다면, 이것이 실제 경우가 되지 말아야 할지를 놓고서 아무런 근거도 찾을 수 없습니다. 그러므로 「이 지점으로부터 절대적으로 어떤 무한한 계열로 된 각 지점마다 임의의 대상이 존재해야 한다는 것은 불가능하다」는 것을 입증하려는 칸트의 논점이 온당했더라면, 물질적 우주가 사실상 공간상으로 제한되어 있음을 가정하는 데 아무런 난점도 없기 때문에, 칸트의 전체 논점은 심지어 타당성마저 결여하고 있는 듯합니다.

그렇지만 여기서 저는 만일 공간 속에 무엇이 존재하는지를 살펴보는 일 대신에, 공간 그 자체를 살펴본다면, 칸트의 논점이 수정될 수 있다고 봅니다. 만일 공간이 유클리드 공간이라면, 틀림없이 여기로부터 임의의 방향으로 절대적으로 어떤 무한한 계열의 거리가 있습니다. 비록 우리가 존재하는 공간과 만일 그런 대상이 있다면 제가 그 공간에 있는 물질적 대상들도 유클리드 공간의 속성을 지님을 분명한 것으로 여기지 말아야 한다고 가정하더라도, 적어도 그렇게 실행하는 것이 타당합니다. 제가 알 수 있는 한, 「여기에서부터 임의의 방향으로 어떤 무한한 계열의 속성으로 점유된 거리가 존재할 수 없음」을 입증하려는 칸트의 논점은, 또한 마찬가지로 「어떤 무한한 계열의 속성으로 이뤄진 텅 빈 거리는 존재할 수 없다」는 것을 입증하게 될 것입니다. 따라서 우리는 칸트의 논점을 다음 논점으로 대치할 수도 있습니다.

> 「만일 유클리드 공간에서 임의의 대상이 존재한다면, 틀림없이 <u>그 대상으로부터</u> 어떤 방향으로든지 어떤 무한한 계열의 거리가 있다.」
>
> (if anything exist in Euclidean Space, there must be an infinite series of miles in any direction from that thing)

그렇지만 「<u>주어진 임의의 지점으로부터</u> 어떤 방향으로든지 간에 어떤 무한한 계열의 거리가 있어야 함」은 불가능합니다.155) 그러므로 만일 유클리드 공간에서 실제로 어떤 대상이든지 간에 존재했다면, 모순되는 두 가지 단언(명제)이 모두 다 참값이 되었을 것입니다. 그렇지만 그것들이 당연히 그래야 한다는 것은 불가능합니다.156) 그러므로 이것이 뒤따라 나올 만한 가정은 틀림없이 거짓입니다. 다시 말하여, 유클

---

155) [역주] 바로 앞의 인용문과 차이점은 점선 줄로 표시되어 있듯이 기준점에 있다. 전자는 '특정한 대상으로부터'이고, 후자는 '주어진 임의의 지점으로부터from a given point'이다. 뒤친이는 후자에서는 「공간 그 자체」가 결코 임의의 공간을 점유할 수 없기 때문에 「불가능하다」고 표현한 것이 아닐까 추정한다. 임의의 지점은 공간의 한 요소이기 때문이다. 만일 공간에서 임의의 기준점을 정해 주려면, 반드시 공간을 점유하거나 차지하고 있는 대상이나 물질과 관련해서만 가능하다. 이를 규정해 줄 수 있는 임의의 좌표계를 구성하여, 비로소 그 물질의 좌표를 〈4, 5, 2〉처럼 표시해 줄 수 있을 것이다. 그렇다면 이런 조건을 오직 바로 앞의 인용문('그 대상으로부터')만이 구현해 놓고 있다.

156) [역주] 「이 세상에는 시작 시점이 있다」는 것과 「이 세상에는 시작 시점조차 있지 않다」는 것은 형식상 서로 모순이다(400쪽의 역주 145를 보기 바람). 그렇지만 만일 전자가 유한 우주에 적용되고, 후자가 무한 그 자체에 적용된다면, 결국 무한 우주 속에 임의의 유한 세계가 들어 있을 것이므로 외견상의 모순이 해소되어 버린다(405쪽의 역주 148 참고). 이처럼 모순되는 두 가지 단언(명제)이 참값을 받는다는 결론은, 우연히 각 단언(명제)이 적용되는 대상과 범위가 다르기 때문에 두 가지 단언(명제)이 모순되지 않은 채 각각 참값을 받는 것이다.

그렇지만 바로 다음 문장에서 「이것들이 당연히 참값을 받아야 한다는 것은 불가능하다」고 적어 놓았다. 이는 임의의 단언(명제)이 모순율을 허물어 버리면 안 되며, 모순되는 두 단언(명제) 중에서 오직 하나만 참값을 받아야 함을 강조하는 것이다. 따라서 본문의 주장은 「모순율을 허물어 버리는 것은 불가능하다」는 뜻으로 해석되어야 할 것이다.

리드 공간에서는 전혀 아무런 것도 존재할 수 없습니다. 사실상 유클리드 공간과 같은 그런 것은 존재할 수 없습니다.157) 이는 모순되는 임의의 '둥근 정사각형a round square'처럼 완벽히 '모순 속성들로 인해 존재하지 않는 개체non-entity'임에 틀림없습니다(432쪽의 역주 154 참고).

그렇다면 칸트에 의해 제시된 노선 상으로 오직 「어떤 무한한 숫자의 시간이 당연히 지금 시점 이전에 흘러 지났음」과 「어떤 무한한 숫자의 거리가 여기에서부터 어떤 방향으로든지 당연히 확장되어 있음」이 불가능하다는 것이 입증될 수 있다면, 시간의 경우에서 그리고 공간의 경우에서 (만일 공간이란 말로써 유클리드 공간을 의미한다면) 모두 다 「공간이나 시간 속에 아무런 것도 존재하지 않을 수 있다」는 결론을 산출할 타당한 논점이 한 가지 있습니다. 이것이 입증될 수 있음이 사실이라면, 뒤따라 도출되는 두 가지 가정 상황 ⓐ와 ⓑ가 실제로 분명하기 때문에, 저는 이런 결론이 명백하다고 생각합니다. 즉,

ⓐ 만일 시간 속에 임의의 대상이 존재한다면, 그 대상이 존재하기 이전에 어떤 무한한 숫자의 시간이 틀림없이 이미 흘러 지나가 버렸다
(*If* anything exists in time, an infinite number of hours must have elapsed before it existed)

---

157) [역주] 무어 교수는 이미 1899년 『*Mind*』 vol. 8-31에 뤄쓸(1897) 『*An Essay on the Foundations of Geometry*』(Cambridge University Press)에 대하여 8쪽 길이의 긴 서평을 쓴 바 있다. 본문에서는 「비-유클리드 공간만이 우리가 현실 세계에서 경험하는 실제 공간임」을 뜻한다. 지구 표면에서 어떤 직선을 긋는다면, 지표면이 둥근 원이므로, 언제나 일정한 곡률을 지닌 선으로 귀결될 것이다. 따라서 소박하게 지표면에 직선을 그을 수 있다는 유클리드 기하학에서의 믿음은 착각에 지나지 않는다. 이런 배경에서, 제자인 뤄쓸과 함께 『수학 원리』 I~III를 쓴 화잇헤드(Alfred North Whitehead, 1861~1947) 교수는 비-유클리드 공간과 복잡계를 다루는 개념을 써서, 이전의 지성사에서는 볼 수 없는 매우 특이한 세계관을 주장했다고 한다. 생명체와 물체들이 모두 연관되어 있다는 「유기체 철학」으로도 불린다(이전의 절대신이라는 존재는 무의미함). 우리나라에서는 『과정과 실재』(오영환 뒤침, 2003, 민음사)를 비롯하여 여러 책들을 번역한 연세대 오영환 교수를 주축으로 그의 철학이 소개되었다. 현대 수학에 대한 이해와 배경 지식이 전제되어 있으므로, 결코 이해하기 쉽지 않은 철학자로 알려져 있다. 「한국 화이트헤드 학회」(http://whitehead.or.kr)에서는 관련 학술지 35호와 36호만 올라 있고, 따로 일반인을 위한 글들은 없어서 아쉽다.

ⓑ 만일 유클리드 공간 속에 임의의 대상이 존재한다면, 틀림없이 그 대상으로부터 어떤 방향으로든지 간에 어떤 무한 숫자의 거리가 확장된다. (*If* anything exists in Euclidean Space, an infinite number of miles must extend in any direction from it)

그렇지만 이제 이들 두 가지 대상이 불가능함이 입증될 수 있을까요? 「절대적으로 어떤 무한한 숫자의 시간이 당연히 현재 시점 이전에 흘러 지났음」이 불가능하다고 입증될 수 있을까요? 그리고 「공간이 당연히 여기에서부터 어떤 방향으로든지 간에 절대적으로 어떤 무한한 숫자의 거리만큼 확장됨」이 불가능하다고 입증될 수 있을까요?

　저는 이들 두 가지 가정 상황 ⓐ와 ⓑ 중에서 어떤 것이든 가정하는 데 분명히 난점들이 있다고 생각합니다. 저는 많은 사람들이 「실제로 이들 두 가지 상황이 불가능하다」고 칸트한테 동의하는 쪽으로 기울어져 있다고 봅니다. 그들은 측정 단위를 분이든 시간이든 날짜이든 햇수이든 무엇을 쓰든지 간에, 아니면 인치(2.5cm)이든 피트(30.4cm)이든 야드(91cm)이든 마일(1.6km)이든 무엇을 쓰든지 간에, 실제로 임의의 대상에 대하여 어떤 무한한 계열을 파악하기가 불가능하다고 말합니다. 그렇게 무한한 계열은 파악하기가 불가능하기 때문에, 「그런 계열이 실제로 존재하지 않는다」고 여깁니다. 저는 이런 견해도 아주 타당하게 만들어질 수 있다고 생각합니다. 저는 가능한 대로 이를 타당해 보이도록 만들고자 합니다. 어떤 무한한 계열이 있다는 가정에서 이런 가정을 될 수 있는 대로 공평하게 다루기 위하여, 제가 파악할 수 있는 모든 난점들을 명백히 드러내는 일입니다. 저는 이것이 「공간 속에 또는 시간 속에 실제로 아무런 것도 전혀 존재하지 않는다」는 극단적으로 역설적인 결론들을 입증하게 될 것이라고 생각하는데, 많은 사람들이 실제로 이런 결론을 믿고 있습니다.

§.9-7 【 무한한 계열의 시간에 대한 입증에 들어 있는 칸트의 오류 】 이제

칸트 자신은 시간 및 공간의 경우가 서로 다르다고 생각하는 것 같습니다. 칸트는 여러분이 여기 이곳으로부터 떨어진 절대적으로 어떤 무한한 계열의 거리가 있을 수 없음(≒불가능함)을 입증하기 위하여, 「절대적으로 어떤 무한한 계열의 시간이 지금 시점에 앞서서 이미 흘러 지났음」을 입증하는 일과 관련되어 있는 정확히 동일한 논점을 이용할 수 없다고 생각합니다. 어떤 의미에서 공간의 경우를 시간의 경우로 환원하는 일을 제외한다면, 사실상 공간의 경우에 칸트는 여러분이 이를 증명할 수 없다고 생각했던 듯합니다. 저로서는 이런 증명을 하려는 칸트의 시도가 실패인 것으로 보입니다. 그러므로 저는 그의 논점이 두 가지 시도 중에서 시간의 경우에 훨씬 더 타당하다고 생각합니다. 더욱이 만일 이런 논점이 확증 불가능하다면, 공간의 경우에 그 논점도 또한 분명히 확증될 수 없습니다. 그러므로 저는 오직 시간의 경우에 칸트 자신의 논점만을 살펴보기로 하겠습니다. 그러고 나서 공간 및 시간에 동등하게 적용하게 될 다른 논점들을 살펴보는 쪽으로 진행해 나가기로 하겠습니다.

그렇다면 시간의 경우에 칸트의 논점이 무엇일까요? 칸트는 정밀하게 이를 설명하려고 전혀 애쓰지도 않고, 시간에 의해서 자신이 정확히 무엇을 의미하는지를 명백하게 만들어 주려고도 하지 않았습니다. 칸트는 설명이 없더라도 그 진리가 거의 자명하다고 여긴 듯합니다.

이는 간단히 다음과 같습니다. 무한한 계열에 대한 바로 일반개념은, 결코 어떤 끝점으로 귀결되거나 종결될 수 없는 것입니다. 그렇지만 지금 시점 이전에 어떤 무한한 계열의 시간이나 분이나 날짜가 흘러 지났다고 가정하는 경우에, 우리가 가정하는 바가 바로 지금 이 시점에서는 특정한 계열이 한 가지 끝점에 왔다는 것입니다. 그러므로 한 가지 끝점에 도달하였기 때문에, 논의 중인 계열이 실제로 무한할 수 없다는 것입니다.

저는 이제 칸트 입장에서 이런 논점이 부분적으로 끝점에 대한 일반개념에서 중의성에 근거한 순수한 한 가지 오류라고 생각하는 쪽으로 기울어져 있습니다. 지금 이 시점에 이르기까지 무한한 숫자의 시간이 존재해 왔음을 가정할 경우에, 우리가 실제로 그 계열이 이 시점에서 한 가지 끝점에 이르렀다고 가정함은 아주 분명히 참값입니다. 그러므로 우리는 그 계열이 한 가지 끝점, 즉, 이 시점에 도달했다고 가정하겠습니다. 그렇지만 전혀 이것이 「이 계열이 무한하다」는 우리의 가정과 모순되지 않습니다. 왜냐하면 이 표현으로써 우리가 의미하는 것은, 오직 이 계열이 반대의 방향으로는 아무런 끝점도 갖고 있지 않을 뿐이거나, 또는 달리 표현한다면, 이 계열이 아무런 시작 시점을 갖고 있지 않을 뿐이라는 것입니다. 여러분은 한 계열이 두 가지 끝점을, 또는 달리 표현하자면, 한 가지 시작 시점과 한 가지 종결 시점을 지닐 수 있음을 알고 있습니다. 심지어 이 계열이 한 방향으로 한 가지 끝점을 지닌다고 가정하더라도, 반대의 방향으로 아무런 끝점도 지니지 못함이 사실로 주어진다면, 한 계열이 진정으로 무한하게 될 것임을 잘 알고 있습니다(늑무한을 다룰 경우에 끝점 속성으로서 「닫힌 무한」과 「열린 무한」이 있으며, 다시 내부 속성으로 「빽빽함」과 「성긂」이 다뤄지는데, 모두 특정한 계열[가부번 집합]의 숫자와의 대응 관계로 표현됨).

이런 경우는 어떤 무한 계열에 대한 가장 단순한 사례의 한 가지로써 쉽게 예시될 수 있습니다. 「1, 2, 3, 4, 5 등」의 자연수 계열을 살펴보십시오. 이 계열은 숫자 1과 더불어 시작하기 때문에, 한 방향으로 한 가지 끝점을 갖고 있습니다. 그렇지만 그럼에도 불구하고, 선행하는 숫자에 하나를 더해 줌으로써 자연수가 계속 만들어지므로, 자연수들에 대한 절대적으로 무한한 숫자가 형성될 수 있다는 점에서, 이 계열은 절대적으로 무한한 계열입니다. 자연수 5에 하나를 더하면 6을 얻습니다. 6에 하나를 더하면 7을 얻습니다. 비슷하게 여러분이 어떤 숫자를 선택하든지 간에, 명백하게 언제나 그 숫자보다 하나가 더 큰 또 다른 숫자가 존재하게 됩니다. 그러므로 자연수 1로부터 시작하는 절대적으로 어떤 무한한 계열의 서로 다른 자연수들이 있습니다. 이 계열이 한쪽 방향으로 한 가지 끝점을 갖고 있다는 사실에도 불구하고, 단순히 반대의 방향으로는 아무런 끝점도 갖고 있지 않기 때문에 참으로 무한합니다. 그러므로 단순히 그 계열이 한쪽 방향에서 한 가지 끝점을 갖고 있기 때문에, 즉, 지금 현재 한 가지 끝점에 도달하였기 때문에, 어떤 무한한 계열의 과거 시간이 존재할 수 없다고 가정하는 것은 순수한 한 가지 오류입니다. 이를 '무한하다'고 부름으로써 우리가 의미하는 모든 것은, 반대 방향으로 아무런 끝점도 갖고 있지 않다, 달리 말하여, 아무런 시작 시점(늑태초)도 갖고 있지 않다는 것입니다.

그렇지만 저는 이런 오류가 칸트의 논점에 있는 전부가 아니라고 생각합니다. 저는 칸트가 분명히 이것 말고, 뭔가 다른 것을 의미했다고 생각합니다. 정확히 표현하기가 아주 어려운 어떤 것이지만, 다음과 같은 방식으로 표현될 수 있을 것입니다. 저는 칸트가 소위 시간이란 것이 만일 우선 절대적으로 어떤 무한한 계열을 통과하고서 지났다면, 결코 현재 시점까지 이를 수 없었을 것으로 여기고 있었다고 봅니다. 저는 이런 일반개념에서 분명히 가능한 어떤 대상이, 즉, 사람들에게 호소력이 있는 어떤 것이 있다고 생각합니다. 저는 아킬레스와 거북의 경기에 관한 오래된 수수께끼를 타당하게 만들어 주는 난점들의 한 가지로 유추된다고 생각합니다.

그 수수께끼는 다음과 같습니다. 아킬레스와 거북이 달리기 시합을 할 것이라고 가정하겠습니다. 아킬레스는 거북이보다 10배나 빨리 뜁니다. 아킬레스는 거북이보다 10야드(9m) 뒤에서 뛰기 시작합니다. 그렇다면 거북이가 뛰기 시작한 지점에 도달한 시간까지는, 거북이가 아킬레스보다 1야드(0.9m) 앞에 있을 것입니다. 왜냐하면 아킬레스가 10야드(9m)를 뛰고 있는 동안에 거북이는 1야드(0.9m)를 달렸을 것이기 때문입니다. 그러므로 거북이는 아킬레스가 10야드(9m)의 끝점에 있는 시간이 되면, 아킬레스의 출발점으로부터 11야드(9.9m)의 끝점에 있을 것입니다. 그렇지만 이제 아킬레스가 11야드(9.9m)의 끝점에 도착하는 경우, 거북이는 여전히 그보다 앞서서 1/10야드

(0.09m)에 있을 것입니다. 그리고 아킬레스가 그 1/10야드(0.09m)를 뛴 경우에 거북이는 여전히 그보다 앞서서 1/100야드(0.009m)에 있을 것입니다. 그리고 아킬레스가 그 1/100야드(0.009m)를 뛴 경우에, 거북이는 여전히 그보다 앞서서 1/1000야드(0.0009m)에 있을 것입니다. 그리고 무한 소급 방식으로 계속 그렇게 이어질 것이며, 절대적으로 무한 소급ad infinitum인 것입니다.158)

　요약하면, 아킬레스는 결코 거북이를 따라잡을 수 없을 듯합니다. 왜냐하면 아킬레스가 그렇게 따라잡을 수 있기 전에, 틀림없이 거북이가 절대적으로 어떤 무한한 계열의 공간에 걸쳐서 뛰어갔을 것이기 때문입니다. 이들 공간이 크기에서 지속적으로 줄어들고 있음은 사실입니다. 그렇지만 여전히 절대적으로 어떤 무한한 숫자의 공간들이 있을 듯합니다. 아킬레스가 거북이에 의해서 이미 점유된 임의의 지점에 도달할 때면, 거북이가 언제나 그보다 조금 앞서 있을 듯합니다 (늑이는 측정 기준을 잘못 내세운 논리상의 오류에 지나지 않음).

---

158) [역주] 무한 소급이나 무한 퇴행infinite regression은 같은 개념이며, ad infinitum은 '무한히'라는 부사이다. 엄격히 시구간을 기준으로 해서 운동한 거리를 측정해야 올바르다. 가령, 아킬레스가 1분 동안 10m를 뛰면, 거북이는 1분 동안 1/10인 1m를 뛴다고 하자. 두 경주자가 서로 출발점을 달리하여 10m의 차이를 두고 뛰었다고 하더라도, 아킬레스는 2분 동안에 도합 20m를 뛴다. 그렇지만 거북이는 고작 11m밖에 뛰지 못한다. 20m는 아킬레스가 고작 2분 동안 뛴 거리일 뿐이며, 따라서 채 2분도 되기 전에 이미 거북이를 젖혔음을 알 수 있다. 정확한 시간은 대수 방정식을 세워 얻을 수 있는데, 대략 1.11분만에 거북이를 추월했음을 알 수 있다. 따라서 '제논의 역설'로 예시된 이 문제는 결코 「역설」이 아니라, 왜곡되고 잘못된 기준을 내세운 데에서 나온 「논리상의 오류」에 지나지 않는다. 만일 추월 시간을 알아내려면, 속도에 시간을 곱하면 뛴 전체 거리가 되기 때문에, 두 경주자가 동일한 거리를 뛰었을 때가 곧 '추월하는 시점'이 되며, 대수 방정식을 세울 수 있다.

　속도 m × 시간 t = 뛴 전체 거리
이제 두 경주자가 뛴 거리가 동일한 지점(곧, 추월 지점)이 있을 것이므로, 만일 아킬레스가 뛴 거리와 거북이가 뛴 거리를 등식으로 놓으면, 아킬레스가 언제 거북이를 추월하는지 알 수 있다. 즉,

　10m × t분 = 1m × t분 ＋ 10m(거북이 출발선)
이제 알고자 하는 추월 시간 t분을 한쪽으로 모은 뒤, 단위 시간 t분을 계산하면,

　t분 = 10/9 = 1.11분
아킬레스가 거북이를 추월하는 데 걸리는 시간이 대략 1.11분이 된다.

저는 시간의 경우에 칸트가 느꼈던 것이, 바로 이것과 유추되는 난점이라고 생각합니다. 비록 이들 공간이 크기에서 지속적으로 줄어들고 있지만, 아킬레스가 절대적으로 어떤 무한한 계열의 공간을 뛰어넘어 도달하는 것이 불가능했던 것과 같이, 마찬가지로 (역설적으로) 현재 시점에 이르기 위하여 꼭 실행되었어야 했던 만큼이나, 저는 칸트에게서 시간이 절대적으로 어떤 무한한 계열의 시간을 뛰어넘어 현재 시점까지 도달해야 함이 불가능한 듯하다고 생각합니다. 그리고 저로서는 칸트한테 여기에서 극복할 수 없었던 실제적 어려움이 있는 것 같습니다.

저는 이를 최소화하고 싶지 않습니다. 그렇지만 우리에게 사실상 그 대상이 불가능하다는 이런 명백한 난점으로부터 결론을 내릴 권리가 있을까요? 만일 그렇게 결론을 내린다면, 특히 「시간 속에 아무런 것도 전혀 존재할 수 없다」거나 「시간과 같은 그런 대상은 존재하지 않는다」와 같이, 명백히 그렇게 거짓으로 보이는 추가적 결론이 뒤따라 나올 경우에라도 그럴까요? 저한테는 분명히 우리에게 그런 권리가 없을 듯합니다. 특히 이 난점을 사뭇 정확하게 표현해 놓기가 그렇게 어렵기 때문에 그러하며, 최소한 분명히 칸트도 그 난점을 좀더 정밀하게 표현하는 일에 성공하지 못하기 때문에 그러합니다. 최소한 저는 「어떤 무한한 계열의 시간이 현재 시점을 앞서서 흘러 지나갈 수 없다」는 것을 엄격하게 증명했다는 칸트의 주장에는 동의할 수 없습니다.

제10장에서는 시간과 공간의 실재에 반하는, 무한에 대한 일반개념으로부터 도출되어 나온 다른 논점들을 살펴보게 될 것인데, 좀더 정확하게 표현될 수 있는 논점들입니다. 그리고 전체 사안을 놓고서 요약을 하게 될 것입니다.

제10장 무한에 대한 일반개념

§.10-0 【 들머리 】 저는 무한의 일반개념 및 시간과 공간에 대한 무한의 관계를 놓고서 될 수 있는 대로 명백히 해 놓고자 합니다. 먼저 어떤 예비적 논점들을 설명하고자 합니다. 이것들은 제가 충분히 명백하게 만들어 놓지 못한 것들이라고 생각합니다.

논의 시작을 위하여, 분명히 저는 일상생활에서 우리가 모두 항상 인치(2.5cm)·피트(30.4cm), 야드(91cm)·마일(1.6km)과[159] 같은 것들이

---

159) [역주] 관습적으로 영국에서 쓰는 길이 단위들이다. 길이를 1인치(2.54cm)를 중심으로 시작하여, 12인치가 1푸트(복수는 피트)이고, 3피트가 1야드이며, 1760야드가 1마일이다. 그런데 문화권마다 다른 단위들이 작은 문화권을 넘어서서도 계속 쓰인다면, 서로 다른 단위들이 충돌하여 혼란스럽고 복잡해지게 마련이다. 왜 꼭 12배수(12인치=1피트)와 3배수(3피트=1야드)가 새로운 단위를 만들어야 할까? 이는 오직 역사적 우연일 뿐이다. 그렇지만 국제 표준에서는 십진법의 약정대로 일관되게 10배수에 따라 단위가 달라지도록 하였다(그러나 1년 단위와 일주일 단위나 원의 각도 따위는 고칠 수 없을 듯함). 산업 혁명 이후 근대 시기로 들어오면서 공산품과 관련된 단위들을 국제적으로 통일하여 쓰기로 약속을 한 바 있고, 현재 우리나라에서도 그런 국제적 약속을 따르고 있다. 따라서 본문에서 국제적으로 약속한 표준 단위로 바꾼 것은 정확한 수치가 아니라, 간략히 표시하려고 절삭한 값(근사치)임을 덧붙여 둔다. 일단 젊을 적에 익힌 습관은 오래 가는 법이다. 필자에게는 아직도 집의 크기를 말할 때에 평수가 더 편하다(1평 =3.3m²). 아마 조선조 말기까지는 칸수를 놓고 몇 칸 집인지 말하는 것이 더 편했을

있음을 믿는다고 생각합니다. 우리가 항상 이 단위들에 대하여 말하고, 이것들에 관한 매우 큰 숫자의 단언(명제)들을 확실히 알고 있다고 가정합니다. 예를 들어, 야드(91cm)로 따져서, 우리는 이곳 런던 모얼리 대학의 이 강의실과 템즈강에 있는 워털루 다리 사이에 떨어져 있는 거리가, 이 강의실과 워털루 역 사이의 거리보다도 야드(91cm)로 훨씬 더 멀리 떨어져 있음을 잘 알고 있습니다. 마일(1.6km)로 따져서, 이곳 런던과 뉴질랜드 사이의 거리가, 이곳 런던과 파리 사이의 거리보다도 마일로 따져서 훨씬 더 멀리 있음을 잘 알고 있습니다. 이 강의실의 칠판이 너비보다는 오히려 길이가 더 긴 것도 확실합니다. 인치(2.5cm)로 따질 때, 우리가 '길이'로 부르는 칠판의 한쪽 면을 따라 잰 수치가, '너비'로 부르는 면을 따라 잰 수치보다 훨씬 더 긺을 잘 알고 있습니다. 만일 일상생활에서 누군가가 런던에서 독일 서울 베를린이 프랑스 서울 파리보다 더 멀리 떨어져 있지 않다거나, 또는 두 도시 중 어떤 곳도 채 1백 마일(160km) 이내로 떨어져 있다고 말했다면, 우리는 그가 단순히 지리적 사실에 대해 무지하다고 평가합니다. 의문의 여지없이 그가 사실들에 대하여 잘못을 저질렀다고 말했을 것입니다. 왜냐하면 런던으로부터 베를린이 파리보다 더 멀리 떨어져 있으며, 분명히 두 도시가 모두 1백 마일(160km)보다 더 멀리 있음이 단순히 한 가지 사실이기 때문입니다.

그렇지만 이제 우리가 그렇게 확신을 갖고 믿고 있는 존재로서이들 인치(2.5cm)·피트(30.4cm)·야드(91cm)·마일(1.6km) 단위가 무엇 것일까요? 우리들 중에서 누구이든지 간에 한 번이라도 이들 단위 중에서 어떤 것이든 한 가지 단위를 또는 이들 단위 중에서 어떤 부분이든지 한 부분을 「직접 지각」할까요? 우리가 직접 지각하는 공간 및 우리가 물질적 대상들이 들어 있을 것으로 가정한 공간 사이에 있는 차이를

듯하고, 새로운 뒷세대에서는 집의 크기를 비교하는 데에 몇 m²가 더 쉽게 다가올 듯하다. 문화가 달라지면 적응이 잘 안 되는 것 중 하나가 미국 생활에서 화씨(°F)이다. 개인적으로는 대충 섭씨(°C)로 바꾼 어림치 정도만 생각하는 쪽이다.

놓고서 언급을 아주 많이 한 다음에, 다시 이 점을 언급하는 일에 대해서는 응당 양해를 구해야 할 것입니다. 그렇지만 저로서는 「어떤 종류의 무한한 계열이 불가능하다」는 가정이 정확히 상식과 서로 충돌하는 지점에 대하여, 즉, 설사 이런 가정이 확증됐다고 하더라도 우리가 공통적으로 믿고 있는 모든 대상들 중에서 정확히 여전히 참값을 지닐 수 있는 것에 대하여, 아주 명백히 해 놓고자 합니다. 그렇다면 우리가 공통적으로 믿는 존재로서 이런 단위들이

인치(2.5cm)·피트(30.4cm)·야드(91cm)·마일(1.6km)

우리들에게 한 번이라도 직접 지각될까요?[160]

§.10-1 【 물질 그 자체의 내재적 속성과 무관하고 수반 현상도 아니며, 사회 문화적 산물인 길이 측정 단위의 약속 】 먼저 이것들이 그렇지 않다고 말하는 데에는 어떤 역설이 있는 듯합니다. 예를 들어, 우리가 인치 (2.5cm) 단위들이 표시되어 있는 1피트(30.4cm) 잣대를 바라볼 때, 이런 특정한 경우에는 여러분이 실제로 특정 인치의 어떤 눈금을 바라보고 있다고 가정하는 것이 자연스러울 듯합니다. 물론 우리는 그 1피트 (30.4cm)의 잣대가 절대적으로 정확하지 않을 수도 있고, 1인치(2.5cm)마다 잣대 위에 표시되어 있는 것이 정확히 1인치가 아닐 수도 있음을 잘 알고 있습니다. 그렇지만 눈금이 1인치(2.5cm)마다 표시되는 1피트

---

160) [역주] 측정이나 계량을 위한 단위unit는 임의의 문화권마다 자의적으로 정해 놓은 문화적 산물이다. 따라서 해당 문화권의 구성원들 사이에서 그런 약속이 받아들여짐으로써 마치 '실재'처럼 행세하는 것에 지나지 않는다. 실재가 아니라 단지 사회 구성원들 사이에 공유된 편의상의 개념(공적인 약속)이기 때문에, 생활환경에 따라 자연스럽게 달라지는 것이다. 옛날 조선에서는 고을과 고을의 거리를 표시하기 위하여, 공식적으로 말을 쉬게 하거나 갈아탈 수 있는 '역참'이 설치되어 있었고, 당시에는 '몇 참'인지가 실생활에서 여러 가지 관련성을 표시해 주는 단위였다('한 참 동안'이란 표현이 지금도 남아 있음). 그러나 생활 습관이 달라진 지금은 자동차로 다니기 때문에 오직 몇 km인지, 또는 일반도로의 평균 속도로 몇 시간 거리인지가 더 일상생활과 관련된다. 계량 단위와 방식이 오늘날의 생활환경에 맞춰 자연스럽게 달라져 있는 것이다.

(30.4cm) 잣대의 그 부분에 대한 정확한 길이가 어떻게 되든지 간에, 곧장 그런 잣대를 보는 경우에 우리는 해당 길이를 지닌 잣대를 보고 있는 듯이 여기는 듯합니다. 그 눈금 길이가 1인치(2.5cm)로부터 크게 다른 것이 아니기 때문에, 그리고 그런 눈금을 보는 경우에 해당 눈금보다 약간 덜 또는 약간 더 나가더라도 어림치로 말하기 때문에, 비록 우리가 보고 있는 얼마만큼의 길이가 정확히 1인치(2.5cm)인지를 알 수 없다고 하더라도, 틀림없이 우리는 실제로 1인치마다 눈금이 표시된 1피트(30.4cm) 잣대를 보고 있는 것입니다. 그런 경우에 제가 실제로 1인치 단위를 보고 있음을 부인하는 것이 아닙니다. 저는 일반적으로 'seeing바라보고 있다'은 낱말을 쓰는 한 가지 의미에서 우리가 실제로 그런다고 생각합니다.

그렇지만 저는 'see바라보다'라는 낱말의 이런 의미를, 직접 지각을 가리키는 'seeing살펴보기, 알아차리기'이라는 의미와 혼동할 커다란 위험이 있다고 생각합니다. 만일 내적 성찰을 통해서 여러분이 살펴보는 것이 무엇인지를 발견하려고 애쓴다면, 아주 명백히 발견할 수 있는 모든 것은, 여러분이 직접 지각하는 대상입니다. 여러분은 실제로 어떤 공간을 직접 지각하며, 이 공간의 일부가 1인치(2.5cm) 단위라고 가정하는 것은 아주 자연스럽습니다. 여러분이 보는 1인치(2.5cm) 단위가 실제로 여러분이 직접 지각하는 그 공간의 한 부분입니다. 그러나 최소한도로 말하여 저는 이것이 그러한지 여부가 극히 의심스럽다고 생각합니다. 이것이 의심스럽다고 가정하는 데에 주요한 두 가지 이유가 있습니다.

첫째, 여러분이 바라보는 1피트(30.4cm) 잣대의 부분은 길이가 1인치(2.5cm) 단위인데, 맨눈으로 그 눈금을 보든지 아니면 배율 높은 돋보기 안경을 쓰고 그 눈금을 보든지 간에, 여러분에게 동등하게 그리고 여전히 정확히 동일한 길이로 보일 것 같습니다. 그렇지만 이들 두 경우에서 여러분이 직접 지각하는 공간들은 서로 다른 길이로 되어 있을 것입니다.161) 그러므로 그것들이 둘 모두 여러분이 보는 1피트(30.4cm) 잣대에서 해당 눈금의 인치(2.5cm)와 동일한 것이 될 수 없습니다. 이런 감각자료들 중에서 하나가 나머지 다른 것보다 원래 길이와 동일하다고 가정할 이유가 더 이상 없습니다. 그러므로 어떤 특정 사례에서이든지 간에 여러분이 직접 지각하는 공간의 임의의 일부가, 그 1피트(30.4cm) 잣대의 임의의 일부에 의해 점유된 해당 눈금의 인치와 동일하다고 가정할 하등의 이유도 없는 것입니다.

둘째, 여러분이 그 1피트(30.4cm) 잣대를 바라보는 경우에, 직접 지각하는 공간의 모든 부분이 색깔을 지닐 뿐만 아니라 또한 (편의상 눈금을 표시해 주는 검정이나 파란색 계통의) 어떤 색깔로 점유되어 있음이 분명할 듯합니다. 반면에, 1피트(30.4cm) 잣대에 의해 점유된 공간의 해당 인치는 (그 자체로) 어떤 색깔에 의해서도 점유되어 있지 않다고 가정할 근거가 있습니다(≒해당 길이 단위가 사물 자체에 들어 있는 실재가 아니라, 오직 사회·문화적 약정일 뿐임). 이들 근거가 「여러분이 조금이라도 직접 지각하는 해당 공간의 아무런 부분도 1피트(30.4cm) 잣대의 임의의 인치와도 동일한 것이 아님」을 확증해 주지는 않습니다. 그렇지만 이 단위들은 여러분이 그 잣대를 바라보면서 직접 지각하는 많은 공간들이 실제로 그 잣대와 동일하지 않음을 보여 줍니다. 그리고 이것들이 그 공간들 중 어떤 것이라도 존재하는지 의심스럽게 드러내 줍니다. 1피트(30.4cm) 잣대를 바라보면서, 만일 여러분이 그 잣대의 임의의 인치(2.5cm)를 집적 지각하고 있는지 여부가 의심스럽다면, 또한 무엇이든지 임의의 대상을 바라보거나 만져 보는 동안에, 여러분이 지각하고 있는 것이 그 잣대의 임의의 인치이거나 임의의 길이인지 여부도 또한 의심스럽게 됩니다. 그러므로 일상생활에서 그렇

---

161) [역주] 우리 눈에 「원래대로의 눈금 : 돋보기 배율에 따라 커진 눈금」의 차이가 직접 지각되는 것이므로, 일단 눈에 직접 지각된 1차적 감각자료는 서로 다를 것이다. 그렇지만 이것으로 끝나는 것이 아니다. 돋보기를 통해서 보고 있다는 우리의 개념 작용으로 인하여, 금새 이것들 사이에 돋보기 배율의 차이 때문에 서로 달라졌다고 판단하게 되므로, 그 차이를 보정하여 마침내 통일된 한 가지 단위로 처리하게 될 것이다. 두 종류의 눈금이 동일치 않다는 첫 번째 결론은 우리 상식과 일치하지 않는다.

게 확신을 지니고서, 우리가 말하는

인치(2.5cm)·피트(30.4cm)·야드(91cm)·마일(1.6km)

단위가 이것들 그 자체이든지 또는 이 단위들의 임의의 부분이든지 간에, 우리들 중에서 어떤 사람에 의해서이든지 간에, 한 번이라도 직접 지각되는지 여부가 의심스럽습니다(≒이 단위들이 사물에 내재된 실재가 아니라, 오직 사회·문화적 약정일 뿐이라는 뜻임).

지금 제가 이 점을 언급한 까닭은, 지난 번 어떤 종류의 무한한 계열이 불가능하다고 가정하면서, 마치 유클리드 공간과 같은 그런 것이 전혀 존재하지 않았다는 듯이 말했고, 일부 철학자들이 그리고 그들 중에서 칸트가 실제로 그런 대상이 존재하지 않다는 듯이 말했기 때문입니다(436쪽의 역주 157과 관련된 본문). 저는 직접 지각된 공간들 및 우리가 일상생활에서 말하는 인치(2.5cm)·피트(30.4cm)·야드(91cm)·마일(1.6km) 단위들 사이를 구별하지 않은 채, 일반적으로 공간에 대하여 언급하였습니다. 그렇지만 이제 우리가 직접 지각하는 대부분의 공간이 이들 인치(2.5cm)나 피트(30.4cm)나 마일(1.6km) 단위의 임의의 부분과 동일한 것이 아님이 확실하고, 어떤 것이든 이런 단위가 공간과 동일한지 여부도 의심스러움을 알고 있습니다. 저는 몇 가지 이유로 이 둘(≒측정 단위 및 공간)을 구별해 놓는 것이 아주 중요하다고 생각합니다.

첫째, 어떤 종류(≒특히 유클리드 공간을 가리킴)의 무한한 계열이 불가능하기 때문에, 따라서 어떤 종류의 공간들이 실재가 될 수 없다고 논의될 경우에, 주요한 두 가지 노선의 논점162)이 이용될 수 있습니다. 우선 만일 이들 공간이 실재였다면 범위상 무한히 확장할 수 있었

---

162) [역주] 무한히 늘어날 수 있는 속성(무한 확장 가능성)과 무한히 나눌 수 있는 속성(무한 분할 가능성)을 가리킨다. 전자는 infinite in extent**범위상 무한하다**라고 말하고, 후자는 infinite divisible**무한히 나눌 수 있다**이라고 말한다. 367~368쪽의 역주 130을 보기 바란다.

을 것인데, 이것이 불가능하므로, 이들 공간이 실재일 수 없다고 논의될 수 있습니다. 아니면, 만일 이들 공간이 실재였다면 무한하게 분할할 수 있었을 것인데, 이것이 불가능하므로, 이들 공간이 실재일 수 없다고 논의될 수 있습니다. 지난 번에는(§.9-6) 오직 첫 번째 종류의 논점만을 다뤘는데, 「어떤 종류의 공간들이 틀림없이 범위상 무한히 확장 가능하다」고 언급하는 논점이었습니다.

이번에는 가령, 만일 유클리드 기하학의 직선으로서 길이가 1야드 (91cm)가 있다면, 이것과 함께 동일한 직선으로서 틀림없이 무한한 숫자의 정확히 다른 직선들이 있을 것인데, 그것들이 길이가 각각 1야드 (91cm)입니다. 이번에는 무한한 분할 가능성infinite divisibility으로부터 나온 논점을 다루는 것을 의미합니다. 그렇지만 제가 지적하고 싶은 것은, 특정한 도막의 공간이 조금이라도 실재라면, 틀림없이 무한한 숫자의 동일한 크기를 지닌 다른 도막의 공간들이 존재하거나, 아니면 그 도막의 공간이 그 자체로 틀림없이 무한하게 분할할 수 있음을 보일 수 없는 한, 두 경우에서 모두 임의의 특정한 도막의 공간에 대한 실재를 반박하는 논점이 한꺼번에 실패한다는 점입니다. 예를 들어, 응당 저 칠판의 한 변에서 아무런 부분도 실제로 길이가 1인치(2.5cm)가 아님을 보여주는 것이 바람직하다면, 이는 오직 이들 논의들로써 보여질 수 있습니다. 만일 칠판의 한 변이 1인치(2.5cm)였다고 가정함으로써, 틀림없이 이 세상에서 무한한 숫자의 정확히 비슷한 인치들이 있음(≒무한 확장 가능성)을 보일 수 있거나, 아니면 만일 칠판의 한 변이 1인치였다면, 논의 중인 인치가 틀림없이 무한하게 분할됨(≒무한 분할 가능성)을 보일 수 있습니다.

이것을 말하는 이유는, 제가 알고 있는 한, 「우리가 직접 지각하는 그 공간이 어떠한 부분도 무한히 확장되거나 무한히 분할될 수 있다」고 가정할 근거가 전혀 없기 때문입니다. 예를 들어, 지금 제가 이 종이를 바라보면서 직접 지각하는 이 공간을 살펴본다고 가정하겠습니다. 제가 직접 지각하는 흰색에 의해 점유된 공간으로, 그 위에 글자가 쐬어져 있습니다. 비록 종이에 아무런 정사각형도 표시되어 있지 않지만, 저는 이 공간의 일부가 의심의 여지없이 정사각형이라고 생각합니다. 제가 알고 있는 바로는 이것이 한 가지 유클리드 기하학의 정사각형일 수 있습니다. 그렇지만 설령 그렇다고 하더라도, 제가 직접 지각하는 이 정사각형의 각 면에 나란히 붙어 있는 무한한 숫자의 정확히 비슷한 정사각형들이 있다고(≒무한 확장 가능성) 생각할 근거를 전혀 알지 못하겠습니다. 여전히 이 정사각형이 그 자체로 무한히 분할 가능하다고 생각할 근거도 잘 모르겠습니다. 또한 임의의 한 순간에 제가 직접 지각하는 해당 공간의 전체가, 제가 전혀 지각하지 못하는 임의의 공간과 더불어 연속되어 있다거나, 아니면 무한히 분할 가능하다고 생각할 만한 적합한 근거도 잘 알지 못하겠습니다. 다시 말하여, 이들 난점이 모두 만일 조금이라도 일어난다면, 오직 물질적 대상인 이 종이의 부분들에 국한된 직선들과 관련해서만 일어날 뿐입니다. 제가 알고 있는 한, 임의의 정사각형이나 선이나 삼각형이나 이 종이를 바라보고 있는 데에서 제가 직접 지각하는 다른 도형과 관련해서는 이런 난점들이 생겨나지 않습니다.

그러므로 무한한 확장이나 무한한 분할 가능성을 놓고서 가정된 불가능성으로부터 나온 논점들은, 우리가 직접 지각하는 임의 도막의 공간이 실재적이지 않음을 보여 주는 일을 어떤 방식으로든 진전시키지 못한다고 생각합니다. 이것들이 이런 일을 실행하지 못하는 것은, 우리가 직접 지각하는 임의 도막의 공간이 무한한 숫자의 다른 비슷한 도막들과 이어져 있다거나, 그 자체로 무한히 분할 가능하다고 가정할 근거가 전혀 없기 때문입니다. 일상생활에서 우리가 이들 두 가지 가정 중에서 어느 하나를 가정할 임의의 온당한 근거가 있다고 말하는 것은, 오직

인치(2.5cm)·피트(30.4cm)·야드(91cm)·마일(1.6km)

단위와 관련되어 있을 뿐입니다. 그리고 이미 살펴보았듯이, 이들 인치(2.5cm)와 야드(91cm)가 우리가 한 번이라도 직접 지각한 임의 도막의 공간과 동일하지 않음은 가능성이 아주 높습니다.

그리고 다음은 제가 주목하도록 요구하고자 하는 두 번째 논점입니다. 저는 이들 논점을 이용해 온 대부분의 철학자들이, 확정적으로 이 논점들이 우리가 직접 지각하는 임의 도막의 공간에 적용됨을 의미한 것은 아니라고 생각합니다. 사실상 종종 그들은 자신이 말하고 있던 것이 어떤 종류의 공간인지를 놓고서 신중하게 말하지 않았던 것입니다. 그렇지만 저는 비록 그들이 인치(2.5cm)·피트(30.4cm)·야드(91cm)·마일(1.6km) 단위들을 우리가 직접 지각하는 공간의 도막들과 혼동하였지만, 일반적으로 그들이 우리가 일상생활에서 말하는 이런 단위들을 생각하고 있었다고 생각합니다. 저는 사실상 일부 철학자들은 확정적으로

「심지어 우리가 직접 지각하는 공간들조차 실재하지 않는다」
(even the spaces which we directly apprehend are unreal)

는 생각을 견지했다고 봅니다. 우주 속에 단순히 그런 대상들이 존재하지 않는다고 생각했던 것입니다. 그렇지만 이들 공간을 우리가 일상생활에서 다루는 인치(2.5cm)와 마일(1.6km)로부터 구별해 놓았다고 해도, 제가 알고 있기로는, 그분들이 확정적으로 결코 「우리가 직접 지각하는 공간들이 무한한 범위이든지 무한한 분할 가능성이든지를 포함한다」는 것을 보여 주려는 시도조차 해 보지 못했습니다. 저는 이런 공간의 실재에 반대하는 논점이, 항상 다른 고려사항들로부터 도출되었다고 생각합니다.

그러므로 공간의 「무한한 확장 가능성」 및 「무한한 분할 가능성」에 대하여 제가 말하고자 하는 모든 것이, 오직 일상생활에서 우리가 말하는 인치(2.5cm)·피트(30.4cm)·야드(91cm)·마일(1.6km) 단위들에만 적

용됨을 의미하는 것이 명백히 이해되기를 희망합니다. 우리가 한 번이라도 직접 지각하는 공간의 임의 도막에 적용됨을 의미하는 것이 아닙니다. 제가 알 수 있는 한, 무한한 확장 및 분할 가능성이 그런 도막에는 아무런 것에도 적용되는 것이 아닙니다. 제가 살펴보려고 하는 공간의 무한 확장 가능성 및 무한 분할 가능성에 대한 논점들은, 만일 온당하다면 「이곳 모얼리 대학과 췌어륑 교차로163) 사이에 공간이란 존재하지 않는다」는 것과 같은 대상들만 입증할 수 있습니다. 그렇지만 이 논점은 상식과 이런 방식으로 서로 모순을 빚습니다. 이것들은

「우리가 한 번이라도 직접 지각하는 임의의 대상이 실재하지 않는다」

(anything which we ever directly apprehend is unreal)

는 것을 증명할 수 없습니다. 왜냐하면 제가 알고 있는 한, 누구이든지 간에 한 번이라도 여기 이곳과 췌어륑 교차로 사이에 있는 공간의 임의 부분을 직접 지각해 보았다고 가정할 근거가 없기 때문입니다.164) 공간과 관련하여 정확히 이 논제가 무엇인지를 분명히 만들어 주기 위한 내용이 아주 많이 있습니다.

---

163) [역주] 현재 구글 지도로 검색해 보면, 당시 무어 교수가 (1911년 당시) 강의를 하던 런던의 워털루 구역 모얼리 대학Morley College으로부터 북쪽에 있는 템즈강을 건너서 스트뤈드Strand 거리 서쪽 끝의 번화가인 췌어륑 교차로Charing Cross의 전철역까지 가는 데에 버스로 12분이 소요된다. 이런 거리 공간이 있음에도 불구하고, 그런 공간이 없다고 하는 것은 경험적 사실과 서로 모순이 된다.

164) [역주] 공간 그 자체는 개념상 좌표계를 설정하여 표상하는 허구이며, 공간을 직접 지각할 수는 없다. 대신 우리가 5관을 통하여 감각할 수 있는 둘 이상의 물체나 대상들을 통하여 얼마나 큰지, 얼마나 떨어져 있는지 따위를 파악할 수 있을 뿐이다. 이런 점에서 공간 그 자체가 감각적 대상물이 아니므로, 이를 지각한다는 것을 불가능한 일이다. 가령, 가상의 머나먼 우주여행에서 만일 임시 좌표계를 쓸 수 있을 만한 항성들이 없다면, 조금도 공간 지각이 방향 감각이 생겨날 수 없을 것이다. 그렇다면 원래 출발 지점으로 되돌아오는 일이 불가능하다.

§.10-2 【 사물의 내재적 속성이 아닌, 사회 문화적 차원의 시간 단위 】
이제 저는 시간과 관련하여, 정확히 이 논제가 무엇인지를 분명히 만
들어 놓고자 합니다. 여기에서도 근본적인 사실은, 우리가 모두 공통
적으로 시간 단위로서

초·분·시간·날짜·햇수

와 같은 이런 대상들을 믿고 있다는 것이라고 생각합니다. 우리는 언
제나 이런 대상들을 말하고, 절대적으로 이 시간 단위들에 관한 아주
많은 단언(명제)들을 조금이라도 잘 알고 있다고 가정합니다. 예를 들
어, 오늘 저녁에 제가 5분 이상 강의를 하고 있음을 저도 알고, 여러분
도 모두 잘 알고 있습니다. 우리는 모두 워털루 전투165)가 50년 훨씬
넘게 그 이전에 일어났다고 알고 있습니다. 만일 일상생활에서 누군
가가 그렇지 않다고 말한다면, 우리는 단순히 역사 지식에 대해 그
가 무지하다고 여김직합니다. 그가 옳았을 것 같다고 잠시라도 의심
하는 일조차 마음에 내키지 않았을 것입니다.
　수천 가지의 다른 사례들에서도 그러합니다. 우리는 각자 자신이
상이한 사건들로 따로 구별되는 시간의 길이에 대하여, 절대적으로
참값인 단언(명제)들을 수천 가지 알고 있다고 일반적으로 가정합니
다. 아마 결코 그 사건들 사이에 절대적으로 정확히 얼마만큼의 시간
이 흘러 지났는지 알지는 못할 것입니다. 그렇지만 우리는 엘리자베
쓰 여왕 1세(Queen Elizabeth Ⅰ, 1533~1603)가 타계한 해를 계산하여,
어림치기로 앤 여왕(Queen Ann, 1665~1714)이 타계하기 20년도 훨씬
넘게 그 이전에 사망하였고, 앤 여왕이 타계한 햇수가 현재(1911년)

---

165) [역주] 1815년 2월 엘바 섬을 탈출하여 프랑스 황제로 복귀한 나폴레옹은, 같은 해
6월 벨기에의 워털루 인근에서 반-프랑스 동맹 세력인 영국과 프로이센 군대들과 마지
막 전투를 벌였는데, 영국 웰링턴 공작(the 1ˢᵗ Duke of Wellington, Arthur Wellesley,
1769~1852)이 완전히 프랑스 군대를 궤멸시킨 전투이다. 만일 당시 1911년 초반의 시
점으로부터 계산한다면 96년 전이다.

시점으로부터 어림하여 아직 2백년이 안 넘었다는 것을, 비록 초 단위와 1초의 1/1000인 밀리초(msec) 단위로 환원하여 이 분들이 타계한 두 시점 사이에 정확히 얼마나 많은 시간이 흘러 지났는지를 알지 못한다고 해도, 절대적으로 옳다고 알고 있습니다.

그렇지만 우리가 그렇게 잘 알고 있는 이들「초·분·날짜·햇수」단위들이 무엇일까요? 이것들 중 임의의 단위 하나 또는 그 임의 부분이 우리들 중 어느 누구에게서라도 한 번이라도 직접 지각될까요? 마치 우리가 일상생활에서 말하는「인치·피트·야드·마일」이라는 거리 단위에서 그랬던 것처럼, 이 시간 단위들과 관련해서도 명백히 이런 질문이 제기될 수 있습니다. 그렇지만 시간의 경우에, 저는 이 질문에 대답할 수 없음을 솔직히 고백합니다. 저한테는 올바른 답변이 무엇일지 아주 의심스럽습니다. 이것이 답변될 수 없을 것으로 의심한다는 사실이, 저한테는 유추가 되는 공간의 경우를 놓고서, 그리고 우리가 일상생활에서 말하는 공간과 시간의 존재를 놓고서 (만일 우리가 조금이라도 알고 있다고 치면) 우리가 알게 되는 방식을 놓고서, 어떤 서광을 비쳐 주는 듯하기 때문에 이 점을 언급하는 것입니다.

공간의 경우에, 우리가 실제로 어떤 종류의 공간에 대한 도막들pieces 을 직접 지각함이, 저한테는 아주 분명하다고 말하였습니다. 의심의 여지없이 저는 실제로 서로 다른 크기와 모양으로 된 공간을 차지하고 있는 색깔의 경험조각들을 직접 지각합니다. 저는 이 경험조각들이 차지하는 공간을, 경험조각을 점유하는 색깔들로부터 구별할 수 있습니다. 그렇지만 저는 이들 직접 지각된 공간들이 아무런 것도 일상생활에서 우리가 말하는 공간의 임의 부분과도 동일하지 않을 가능성이 매우 높다고 말하였습니다. 그렇다면 공간의 경우에, 두 가지 종류의 공간을 구별해 놓을 근거가 한 가지 있습니다. 직접 지각된 공간directly apprehended space과 일상생활에서의 공간the space of ordinary life입니다.

그렇지만 시간의 경우에, 일상생활의 시간이든지 다른 임의의 시간이든지 간에,166) 우리가 조금이라도 임의의 시간을 직접 지각하는지 여부가 저한테는 의심스럽습니다. 실제로 우리가 시간의 흘러감ª lapse of time(시간의 경과)을 조금이라도 직접 지각하는 경우를 살펴보기로 하겠습니다. 의심의 여지없이, 우리는 다양한 종류의 변화를 직접 지각합니다. 직접 지각된 공간에 있는 「상대적 위치의 변화」인 운동들movements(움직임들)과 운동으로 구성되어 있지 않은 다른 변화들other changes을 모두 다 지각하는 것입니다. 가령, 우리는 좀더 밝아져 가는

---

166) [역주] 이 어구대로만 따질 때, 과연 시간의 종류가 많이 있는 것일까? 종류가 너무 많다. 일상생활에서는 초·분·시간·날짜·햇수 단위가 일반적인 시간 단위이며, 이런 단위는 현재 국제적으로 공인된 약속에 따르고 있다. 무어 교수는 이를 「일상생활의 시간」 개념이라고 부른다. 그런데 한 개인의 전체 인생을 나눌 때에는 유아기·소년기·청년기·장년기·노년기가 일반적인 시간 분할 단위이다. 그렇지만 극단적인 위험 상황에서는 콩팥에서 아드레날린이 분출되면서 두뇌에 영향을 준다면, 짤막한 순간도 생생하게 여러 순간들로 분할되며, 하나하나 파노라마 방식으로 기억된다. 인간에게서는 기억의 특징에 말미암아 재구성되는 것이 '시간의 실체'라고 믿기 일쑤이다. 이를 「심리학적 시간」이란 개념으로 부르는데, 기억이 누적되는 방향에 따라 「시간이 흐른다」고 느끼는 것이다. 「사건의 변화」에 대한 관찰과 이에 대한 「기억의 인출」이 중요한 변수이다. 우스갯소리로 나이에 비례하여 시간이 흘러가는 속도가 더 빨라진다고들 말한다. 이것 또한 새로운 외부 사건들을 받아들여 기억하는 총량에 반비례하여, 스스로 느끼는 결과에 불과하다.

범위를 더 넓혀서, 하나의 사회는 역사적으로 초창기·발전기·전성기·쇠퇴기 따위가 시간을 구획하는 단위가 되며, 전체 역사는 고대·중세·근대·현재 등으로도 나눈다. 인류의 역사를 나눌 때에는 수렵 시대·농경 시대·봉건 시대·산업 혁명·정보 시대 따위로 불러 구분할 수 있다. 진화론 시각에서 생명체의 진화 시기들도 여러 단위로 구분하여 부를 수 있는데, 진핵 세포·눈과 등뼈·육상 진출·정온 동물·젖먹이·제3의 뇌 등이 생명체의 특징을 구별해 주는 기준으로 채택될 수 있다. 더 나아가, 지구가 탄생하여 지금까지 오는 동안도 지질학적 시대들을 구획하여 나누는데, 대륙이 지금의 위치로 자리잡는 시기, 산소가 대기의 20% 이상이 되는 시기(제2 동결기 이후), 생명이 갈래가 다양해지는 캄브리아 시기 따위로도 나눌 수 있다. 우주의 시간은 대폭발 시점으로부터 다양한 원자들이 생겨나오는 시기를 거쳐, 현재 관찰 가능한 시기와 앞으로 계속 확장되어 아원자 상태로 바스러지는 종결 시기를 상정하기도 한다.

시간의 개념이 논의 대상에 따라 그 폭과 단위가 계속 달라져 버림을 잘 알 수 있다. 그렇다면 모든 범위를 초월하는 절대적인 시간 개념이 있는 것일까? 어디에 맞춘 것이 그런 시간 개념일까? 만일 절대적 시간 개념이 있다면, 소박하게 뒤친이는 현재 우리의 지식으로서는 아인슈타인 이후 시간과 공간이 합쳐진 개념으로 정의한 「물리학적 개념」을 따르는 것이 아마 제1후보라고 생각한다. 이는 결국 빛의 빠르기 및 거대한 중력장(지구 중력 1G)과 관련하여 복합적으로 정의될 수 있다(그렇지만 중력장이 지구의 1천배 되는 별에서는, 현재 국제 시간의 표준을 표시하는 세슘 원자 진동도 좀더 빨라질 것임). 뒤친이는 시간이 오직 물체나 대상의 변화나 운동에 대한 경험을 통해서만(즉, 공간을 점유한 물체들의 변화와 운동에 부수되거나 수반되어서만 존재) 우리 머릿속에서 배경과 초점의 유형으로 재구성되어 비로소 지각될 수 있는 것으로 믿는다. 시간이란 결국 사진 변화를 표상해 주는 우리 관습적 기준에 불과한 것이다. 483쪽의 역주 181와 778~779쪽의 역주 304도 참고 바란다.

빛의 세기나, 바뀌고 있는 색깔이나, 점점 커져 가는 소리를 직접 지각할 수 있습니다. 저는 일부 사람들에 의해서 「이것이 실제의 경우가 아니다this is not the case」라고 가정된 적이 있고, 여전히 가정되고 있다고 생각합니다.

어떤 특정한 사례를 들어보기로 하겠습니다. 저는 지금 실제로 움직이고 있는 제 손목시계의 초침秒針을 관찰할 수 있습니다. 여러분이 모두 움직이고 있는 초침을 보는 것이 무엇과 같을지 잘 알고 있습니다. 물론 제가 직접 지각하는 것은, 초침 그 자체도, 손목시계의 숫자판도 아닙니다. 초침의 겉모습으로 여기는 검정색 초침 및 손목시계 윗면의 겉모습으로 여기는 흰색 숫자판입니다. 아무도 여기에 이의를 달지 않을 것으로 봅니다. 그렇다면 제가 이들 겉모양들에 대해서만 말할 것임을 양해해 주시기 바랍니다. 즉, 검정색 초침 및 흰색 숫자판일 뿐이며, 초침 그 자체에 대해서도 아니고, 그 시계의 앞면 그 자체에 대해서도 아닙니다. 왜냐하면 비록 실제로 초침 그 자체와 시계의 앞면 그 자체를 바라보거나 관찰하고 있다고 하더라도, 제가 (그 자체의 본질을) 직접 지각하는 것은 아니기 때문입니다.167) 그렇다면, 다양

---

167) [역주] 초침秒針이라는 대상 그 자체(이를 '본질'이라고 부름)를 직접 지각하는 경우와 초침이라는 대상의 겉모습만 관찰하는 경우가 서로 다른 것으로 설명하고 있다. 일반 사람들은 이 두 가지 경우를 거의 구별하지 않고 서로 같다고 보기 일쑤이다. 그렇지만 무어 교수는 대상의 본질과 겉으로 드러나는 모습(사회·문화적 약속)을 서로 구분해 놓고 있는 것이다. 가령, 본문에서 손목시계의 blackish line검정색 초침, 검정색 선(대체로 옛날 괘종시계의 시침·분침·초침들이 검정색이었음)이라고 표현한 초침을 놓고서, 이 것 자체의 본질(대상의 본질, 시간 단위 구획)을 다룰 수도 있고, 아니면 사회·문화적 약속으로서 초침이 맡고 있는 것으로 우리가 받아들이는 측면(이를 겉모습으로 부름)으로도 다룰 수 있다.

그런데 대상(검정색 바늘)으로서 초침의 본질(물질적 대상인 초침)은, 우리가 모두 다 찾아낼 수 없는 무한히 많은 속성들을 지녔을 것이기 때문에, 사실상 대상의 본질(초침 그 자체)에 대해서는 우리가 죽어갈 때까지 캐어 보더라도 결코 알 수 없을 것이다. 다만, 우리 사회에서 시간을 분할하는 약속대로 손목시계를 만들어 놓았기 때문에, 우리의 일상생활 기준으로 하여 제일 작은 단위를 초second, 秒라는 단위로 표시해 주기 위하여, 각각 시침·분침·초침의 크기와 너비와 모양을 다르게 하여 특정한 색깔로 된 초침을 시계에 얹혀 놓거나, 디지털시계처럼 아라비아 숫자를 표시해 놓거나, 1초마다 깜빡이는 빨강 전구 따위의 다른 수단도 쓸 수 있다. 이것들이 모두 다 동일하게 우리가 받아들인 약속 체계를 표현해 준다. 다시 말하여, 「사회에서 공유하는 상징체계」를 구

한 시점에서라도 제가 검정색 초침과 흰색 숫자판을(대상의 본질을) 직접 지각하는(→지각하지 못하는) 것입니다.168) 아무도 이 점을 반박하지 않으리라 봅니다.

그렇지만 제가 결코 임의의 대상을 직접 지각하지 못하고, 단지 흰색 숫자판 위에 한 지점에 잠시 멈춘 검정색 초침만 지각한다고 관념되어 오곤 했습니다. 그리고 흰색 숫자판 위를 돌아가는 검정색 초침을 본다고 말할 경우에, 이것이 그 초침의 운동을 직접 지각하는 것을 의미하는 것은 아니라, 오직 검정색 초침이 잠깐 이전의 순간에 어떤 다른 위치에 있었음을 기억하고서, 그 초침이 움직였다고 추론할 뿐이라고 관념하였습니다. 그렇지만 저는 지금 이것이 일반적으로 실제의 경우가 아니라는 데에 동의한다고 생각합니다. 실제로 그 운동을 직접 지각한다고 합의되어 있는 것입니다. 저는 일어난 일이, 사실상 잠시 멈춘 어떤 색깔에 대한 단순한 직접 지각과는 아주 다르며, 앞서서 여러 다른 위치에서 잠시 멈췄던 초침의 존재에 대한 기억과 결합된 어떤 것임을 여러분이 잘 알 수 있다고 생각합니다. 예를 들어, 이 경우를 제가 시침時針을 바라보는 경우에 일어난 것과 비교하여 보십시오. 저는 그 경우에도 멈춰 있는 검정색의 시침을 실제로 직접 지각하고, 그 시침이 이전에 다른 위치들에 있었음을 기억할 수 있습니다.

그렇지만 분명히 이는 초침의 경우에 일어나는 모든 것이 아닙니다. 저는 실제로 움직이고 있는 초침을 보지만, 반면에 움직이고 있는 시침을 보지는 못합니다. 이런 방식으로 표현한 차이는, 분명히 제가 직접 지각하는 것에서의 한 가지 차이점입니다. 그러므로 초침의 경

현해 주는 등가물equivalent인 셈이다.

168) [역주] 앞의 역주에 따라 직접 지각하는 대상이 손목시계의 초침과 숫자판에 대한 본질이므로, 앞의 문장들과 일관되게 전개하려면 반드시 부정문으로 표현되어야 한다 (→지각하지 못하는). 이 대목은 교정이 안 된 채 동일하게 초판 188쪽 3줄(재간은 206쪽 24줄)에 나와 있다. do는 응당 do *not*으로 고쳐져야 옳다. 이미 선행 문장에서 do *not* directly apprehend가 나왔기 때문에, 아마 반대의 뜻을 표현하려다 보니, 후속 문장에서 'not'을 빠뜨린 것으로 짐작된다.

우에 제가 어떤 변화를 직접 지각하는 한 가지 경우로서, 이 경우에 어떤 운동입니다. 그리고 만일 있다면, 이것이 반드시 시간의 흘러감(경과)을 직접 지각하는 한 가지 경우일 것 같습니다. 의심의 여지없이, 제가 정확히 얼마나 많은 운동을 직접 지각하며, 직접 지각이 기억 속으로 들어가는지를 결정하기가 아주 어렵습니다. 그렇지만 의심할 바 없이 여기서 어떤 운동은 제가 직접 지각하는 것입니다.

그렇지만 그 운동이 점유하고 있는 임의 길이의 시간을 제가 직접 지각할까요? 제가 그렇다는 것을 확신할 수 없다고 말해야 하겠습니다. 저는 이런 운동이 실제로 어떤 시간을 점유하고 있음을 의심치 않습니다. 그러나 될 수 있는 대로 아주 신중하게, 직접 지각하는 바를 놓고 전체적으로 검토하는 경우에, 저는 이런 전체 형상에서 그 운동이 점유하는 시간이라고 불릴 수 있을 직접 지각된 요소를 어떤 것도 명백히 구별해 놓을 수 없습니다. 사실상 제 손목시계의 숫자판을 바라보는 경우에, 이런 흰색 표면이 점유한 둥근 공간을 직접 지각하는 방식으로, 저는 그 운동(시계 바늘의 움직임)이 점유하는 시간을 실제로 직접 지각한다고 확신할 수 없습니다.

저는 그 시간을 직접 지각하지 못한다고도 확신하지 않지만, 이것들이 직접 지각되는지의 여부가 분명해질 수 있는 용이함의 측면에서, 저한테는 공간 및 시간 사이에 커다란 차이점이 있을 것 같습니다. 저는 어떤 공간이 직접 지각됨이 확실히 해 놓기가 아주 쉽지만, 시간이 어떤 것이든 그러함을 확실히 해 주기란 전혀 쉽지 않다고 생각합니다. 물론 우리가 한 가지 운동이나 다른 변화에 관해서 즉각 판단할 수 있고, 이런 판단이 다른 것보다 시간이 좀 더 오래 걸림을 부정하는 것은 아닙니다. 예를 들어, 만일 제가 팔을 천천히 움직이고 난 뒤에 곧장 빠르게 움직인다면, 추론도 없이 여러분이 즉각 첫 번째 운동이 두 번째 운동보다 시간이 더 걸렸음을 알 수 있습니다. 그렇지만 제가 §.6-6에서 다룬 '즉각적 지식immediate knowledge'은 '직접 지각direct apprehension'과 아주 다른 것입니다(302쪽 이하). 여러분이 사실상 실제로 이들 두 가지 운동이 점유한 시간의 어떤 부분이든지 직접 지각하였음을 확신할 수 있을까요? 저는 여러분이 직접 지각하지 못했음을 확신하기가 어렵다고 생각합니다. 저는 여러분이 「두 가지 운동이 모두 다 시간을 점유하였고, 한 가지 운동이 다른 운동보다 더 많은 시간을 점유했음」을 아주 확신할 수 있다고 생각합니다. 그렇지만 두 가지 운동이 어떤 것이든 점유하는 그 시간의 임의 부분을 여러분이 직접 지각했는지 여부가, 저한테는 훨씬 더 확실치 않은 듯합니다. 그리고 이런 사실, 즉, 실제로 임의의 시간을 여러분이 직접 지각하는지 여부가 아주 불확실한 듯하다는 사실이, 저한테는 「직접 지각되지 못하는 임의의 공간이 존재할 수 있거나, 만일 조금이라도 그렇다면 우리가 그 존재를 알 수 있음」을 받아들이는 데에서 몇몇 사람들이 느끼는 반론을 약화시킬 것으로 판단됩니다.

지난 강의들에서 우리는 많은 사람이 실제로 「우리가 직접 지각하는 경우를 제외하고서는 아무런 공간도 존재할 수 없다」거나 또는 「적어도 만일 그렇다면, 우리가 그 존재를 알 수 없다」는 생각을 올바른 것으로 견지하고 있음을 알 수 있었습니다. 그렇지만, 그렇다면 시간에 대해서는 어떨까요? 시간이 조금이라도 직접 지각되는지 여부는 더욱 불확실할까요? 이런 근거 위에서, 여러분은 「시간이 조금이라도 존재하거나 또는 우리가 시간의 존재를 알 수 있음」을 부정하려고 합니까? 우리가 직접 지각되지 않는 시간과 임의의 공간 사이에는 이런 차이점이 있음이 참값입니다. 즉, 시간의 경우에 우리가 실제로 공간을 점유하는 대상들의 일부를 실제로 직접 지각합니다. 그렇지만 우리가 직접 지각하지 못하는 임의의 공간의 경우에는, 우리가 그것을 점유하는 대상들을 어떤 것이든지 조금이라도 직접 지각하는지 여부가 의심스럽습니다. 시간의 경우에는 우리가 직접 지각함을 확신하지 못하는 것과 관련하여, 무엇인가의 존재에 대하여, 즉, 시간의 흘러감(경과)에 대하여 확신받을 수 있다는 단순한 사실이, 저한테는 직접 지각되는 것을 제외하고서 우리가 임의의 공간의 존재를 알 수 없다는 가정을 약화시켜 버리는 듯합니다(≒공간은 서로 떨어져 있는 대상들을 지각함으로써 상정하게 되는 개념이고, 시간은 변화하는 대상이 우리 기억 속에서 동일성이 부여됨으로써 뒤따라 나오는 개념이므로, 시간과 공간이 모두 다 다른 매개체를 통하여 표상하게 되는 것으로서, 지각 표상의 체계성과 일관성을 보장하기 위해 필요한 추상 개념일 뿐이며, 직접 지각의 대상이 되는 것은 아님. 455쪽의 역주 166과 483쪽의 역주 181 참고 바람).

그렇다면 공간의 경우에서와 같이 시간의 경우에도 저는 시간이란 말로써 제가 의미하는 바와 말하고자 하는 바가, 일상생활에서 우리가 말하는 「초·분·시간·날짜」 단위임을 강조하고 싶습니다. 이런 시간의 어떤 부분이든지 간에 우리에게 조금이라도 직접 지각되는지 여부에 대해서, 저로서는 잘 모르겠습니다. 저에게는 세 가지 서로 다른 대안이 가능성이 아주 높을 듯합니다. 첫째, 마치 일상생활의 공간과 동일한 것이 아니지만 직접 지각된 공간이 있듯이, 일상생활의 시간과 동일한 것은 아니지만 직접 지각된 시간이 있을 수 있다고 생각합니다. 만일 그런 시간이 있다면, 제가 말하고자 하는 바는, 전혀 이런 시간에 응용하고자 의도된 것이 아닙니다. 또는 둘째, 우리가 일상생활의 시간을 실제로 직접 지각하는 경우가 실제일 수 있습니다. 아니면 셋째, 어떤 시간이든지 간에 우리가 직접 지각하지 못하는 경우가 실제일 수 있습니다. 저는 이들 세 가지 후보들 사이에서 결정을 내릴 수 없습니다. 그렇지만 어떤 것이 참값이 되든지 간에, 제가 말하고자 하는 시간은 일상생활의 시간입니다. 우리가 항상 말하고 있는 「초·분·시간·날짜·햇수」 들인데, 이것들에 대하여 일반적으로 우리가 절대적으로 아주 많은 숫자의 서로 다른 단언(명제)들을 잘 알고 있다고 가정합니다.

그렇다면 제가 말하려고 하는 바는, 일상생활의 공간 및 일상생활의 시간입니다(≒둘 모두 사회-문화적 약속 체계인데, 452쪽의 역주 164와 455쪽의 역주 166 참고). 예를 들어, 이 시점에 이곳 모얼리 대학과 쮀어링 교차로 사이에 그 공간이 있는데(452쪽의 역주 163 참고), 비록 아무도 그 공간의 어떤 부분도 직접 지각하지 못하고 있더라도, 우리는 이 시점에 그 공간이 실제로 존재함을 믿는 것입니다. 그리고 예를 들어 지금(1911년)과 워털루 전투(1815년) 사이에 시간이 흘러 지났는데, 비록 아마 아무도 그 시간의 어떤 부분도 직접 지각하지 못하더라도, 분명히 그런 시간이 흘러 지났음을 믿고 있습니다. 이들 모든 두 가지 양에 관해서, 즉, 이곳 모얼리 대학과 췌어륑 교차로 사이에 있는 공간의 길이 및 지금 1911년과 1815년 워털루 전투 사이에 있는 시간의 길이와 관련해서, 모종의 타당성과 더불어 네 가지 사항이 논의될 수 있습니다. ① 이들 두 가지와 관련하여, 만일 이것들이 존재하거나 조금이라도 존재했다면, 틀림없이 또한 정확히 동일한 길이로 된 무한한 숫자의 다른 분량이 존재하거나 존재해 왔습니다. 또는 달리 말하여, 시간과 공간이 틀림없이 그 범위상 무한한 것입니다. ② 그리고 이 두 가지가 모두 반드시 무한하게 분할될 수 있습니다. 그렇지만 ③ 거꾸로 또한 이것들처럼 무한한 숫자의 양이 있을 수 없고, ④ 이것들이 무한히 분할 가능하지 않음도 어떤 타당성과 더불어 논의될 수 있습니다. 만일 이들 부정적 논의가 모두 다 온당하다면(③, ④), 여기와 췌어륑 교차로 사이에 아무런 공간도 있을 수 없고, 1815년 워털루 전투 이후에 아무런 시간도 흘러 지날 수 없다는 점이 뒤따라 도출될 것입니다. 이것들이 제가 살펴보려고 하는 논점들입니다.

§.10-3 【 현재 시간 앞뒤로 이어진 시간의 무한성 】 이제 먼저 무한한 범위에 대하여 살펴보기로 하겠습니다. 앞의 §.9-6에서는 다음 단언을 포함한 칸트의 논점을 제시하였습니다(436쪽). 즉,

「만일 지금 이전에 한 시간이 흘러 지났다면, 틀림없이 무한한 숫자의 시간이 지금 이전에 흘러 지났다」

(*if* one hour has elapsed before now, an infinite number of hours must have elapsed before now)

물론 이 단언(명제)은 단순히 일반적 원리를 포함합니다. 그 길이가 어떠하든지 간에 또는 시간이 생겨나는 경우와 상관없이, 임의 길이의 시간 이전에 틀림없이 동등한 길이로 된 무한한 숫자의 시간이 흘러 지났다는 것입니다. 왜냐하면 시간과 관련하여, 초 단위이든지 분 단위이든지 햇수 단위이든지 간에, 다른 길이의 모든 시간에 동등하게 적용하지 못할 것이라고 주장할 근거가 아무런 것도 없기 때문입니다. 지금 현재를 막 흘러 지난 시간과 관련하여, 이것이 다른 모든 시간 단위들에 동등하게 적용하지 못할 것이라고 주장할 근거가 아무런 것도 없습니다. 그러므로 칸트의 논점은 「임의 길이의 시간 이전에 동등한 길이로 된 무한한 숫자의 시간이 틀림없이 흘러 지났다」는 일반 원리를 담고 있습니다. 그리고 이 원리가 여전히 더욱 간단한 한 가지로 줄어들 수 있습니다. 즉,

「어떤 길이로 되었든 간에, 그 시간 이전에 틀림없이 그 시간과 동등한 길이로 된 다른 하나의 시간이 흘러 지났다」

(before *any* length, there must have elapsed one *other* length equal to it)

왜냐하면 임의의 시간 이전에, 만일 틀림없이 한 가지 시간이 있다면, 임의의 시간 이전에 틀림없이 무한한 숫자의 시간이 있었음이 뒤따라 나오기 때문입니다. 임의 길이의 시간 이전에 그 시간과 동등한 길이로 된 다른 한 가지 시간이 틀림없이 있었다고 말하는 것이, 가령 오늘 12시부터 1시까지 사이의 시간 이전에, 틀림없이 다른 한 가지 시간이 있었다는 단언(명제)을 포함하기 때문입니다. 물론 동일한 원리에 따라, 이 두 번째 시간 이전에도 다시 틀림없이 또 다른 제3의 시간이 있었음을 포함합니다. 또 다시, 이 제3의 시간 이전에도 틀림없이 제4의 시간이 있었음을 포함하며, 이렇게 무한 소급으로 진행되어 나갑니다. 그러므로 단지 임의 길이의 또는 모든 길이의 시간 이전에, 이 시간과 동등한 다른 길이로 된 한 가지 시간이 틀림없이 흘러 지났다고

말하는 것은, 「임의 길이의 또는 모든 길이의 시간 이전에 그 시간과 동등한 길이로 된 무한한 숫자의 시간이 틀림없이 흘러 지났다」고 말하는 일과 똑같은 것입니다. 이것이 칸트가 가정하는 모든 것입니다.

물론 또한 동등하게 「임의 길이의 또는 모든 길이의 시간 뒤에, 틀림없이 그 시간과 동등한 길이로 된 다른 한 가지 시간이 있고, 따라서 무한한 숫자의 시간이 있다」고 가정될 수도 있습니다. 다시 말하여, 또한 동등하게 「시간이 과거 쪽과 미래 쪽의 두 방향으로 모두 범위상으로 무한하다」고 가정될 수 있습니다. 이 가정은 오직 「ⓐ 임의 길이의 또는 모든 길이의 시간 이전에, 틀림없이 그 시간과 동등한 다른 한 가지 시간이 흘러 지났고, ⓑ 임의 길이의 또는 모든 길이의 시간 이후에, 틀림없이 그 시간과 동등한 다른 한 가지 시간이 흘러 지났다」는 원리들을 담고 있습니다.

이들 두 가지 원리(ⓐ, ⓑ)를 놓고서 우리가 무엇을 말하는 것일까요? 이 원리들은 저한테 실제로 자명한 것 같습니다. 그렇지만 솔직히 고백하건대, 제가 정확히 이것들이 자명하다고 논의하는 방식을 어떻게 마련할지 잘 모르겠습니다. 실행되어야 할 주요한 일은, 될 수 있는 대로 신중하고 변별적으로 이 원리들을 살펴보고 나서, 틀림없이 이것들이 참값인 듯이 보이지 않을 것인지 여부를 알아보는 것이라고 생각합니다. 그리고 이것들을 확실히 참값인 듯한 다른 단언(명제)들과 비교해 보고서, 어떤 것이든 간에 여러분이 이 한 가지 단언(명제)이 참값이 된다고 가정하는 것보다, 오히려 이들 다른 단언이 참값이 된다고 가정하기 위하여 더 나은 근거를 갖고 있을지 여부를 알아보는 것입니다.

예를 들어, 오늘 저녁 제가 강의를 시작한 이후로, 분명히 일정한 시간이 흘러 지났다는 단언(명제)을 살펴보기로 하겠습니다. 만일 그렇다면, 여러분은 이런 단언(≒개별화된 단언 ㉠)을 믿기 위하여, 다른 단언(≒일반화된 단언 ㉡)을 믿기 위한 근거보다 더 나은 근거를 어떤 것이든 갖고 있습니까? 즉, 틀림없이 제가 강의를 시작한 이후로 흘러 지나 버린 일정한 그 시간과 동등한 모든 길이의 시간에 대하여 이것이 참값이라는 단언(≒일반화된 단언 ㉤임)을 믿기보다, 일정한 그 시간과 동등한 임의 길이의 시간이 틀림없이 그 시간 이전에 흘러 지났다는 단언(≒개별화된 단언 ㉠임)을 믿기 위한 더 나은 근거를 어떤 것이든 갖고 있습니까? 저는 여러분이 한 가지 단언(≒개별화된 단언 ㉠)을 믿기 위하여, 다른 단언(≒일반화된 단언 ㉤)을 믿기 위한 근거보다 더 나은 근거를 어떤 것이든지 갖고 있음을 알 수 없습니다.

§.10-4 【 공간의 무한성에 유추된 시간의 무한성 】 이와 같은 질문들을 여러분에게 살펴보도록 요구하는 일 이외에도, 제가 실행하도록 제안하는 모든 것은, 「이들 두 가지 원리(463쪽의 ⓐ, ⓑ)가 자명하지 않다」는 단언(명제)을 옹호하는 데 쓰일 수 있는 한 가지 논점을 살펴보도록 하는 것입니다. 그렇지만 이를 실행하기에 앞서서, 저는 이것들과 관련하여 한 가지 다른 핵심점에 주목하고자 합니다. 즉, 이것들이 확실히 참값인지 아닌지 여부인데, 최소한 이것들은 완벽하게 파악하기 쉽습니다. 즉, 완벽히 변별적이고 분명하여 이해하기가 쉬운 것입니다. 만일 분이든지 시간이든지 햇수이든지 간에, 임의 길이의 시간이란 말로써 여러분이 무엇이 의미되는지를 조금이라도 이해한다면,

「임의 길이의 분 이전과 이후에도, 같은 길이로 된 또 다른 분이 있었거나 또는 있을 것이다」[169]

---

169) [역주] 누구든지 쉽게 이해되도록, 가령 10분 단위의 시간을 놓고서 어떻게 누적되어 무한한 시간으로 될 수 있는지를 들고 있다. 지금 막 10분이 지났다고 할 때에, 이를 기준으로 하여 10분 이전에도 또 다른 10분이 있었고, 그 시간을 더 앞서서도 또 다른 10분이 있을 것임을 말하는 것이다. 구체적인 시간 단위를 내세워, 그런 시간 단위가 이 시점의 앞뒤로 계속 누적되어 이어져 있음을 보여 주는 것이다. 원문에서 other minutes^{다른 분}나 another minutes^{또 다른 분}은 모두 동일한 길이로 된 다른 시간이면서 더 앞선 시간을 가리킨다. 만일 10분 길이의 시간이라면, 현재 시점이 있는 10분 구간을 기준으로 삼아, 이보다 앞선 10분, 그리고 더 앞선 10분, 더더 앞선 10분 등이 계속 누적됨을 가리키는 것이다.

(both before and after *any* minute, there was or will be *another* minute)

라는 단언(명제)을 알아차리고 깨닫기가 아주 쉽습니다. 그리고 제가
주장하려는 것은, 만일 여러분이 이 단언(명제)을 실제로 이해한다면,
무한한 길이의 시간에 의해서 무엇이 의미되는지에 대해서도 실제로
이해된다는 점입니다. 이런 일상개념에 관하여, 흐릿함이나 이해 불
가능함이나, 명료함과 변별성의 결여가 아무런 것도 없습니다. 단지
「임의 길이의 분 이전에도 동등한 길이로 된 또 다른 분이 있었다」는
주장을 이해하는 것은,

「과거 시간이 범위가 무한하다」
(past time was infinite in extent)

는 단언(명제)을 이해하는 일입니다. 물론 이런 단언에 깃들어 있고
이 단언으로부터 도출되어 나올 수 있는 다른 단언들도 가능하겠지
만, 이해하기는 더욱 어렵습니다. 그렇지만 이 단언을 이해하는 것이,
아마 비록 이 단언 속에 깃들어 있는 모든 것은 아니라고 하더라도,
단지 무한에 대한 일상개념을 이해하는 길입니다. 최소한 분명히 이
단언을 알아차리고 이해하는 것이 아주 쉽습니다. 「임의 길이의 분
이전에 틀림없이 어떤 무한한 계열의 다른 분들도 있었다」는 주장이
자명하다는 견해에 맞서서, 제가 언급하고 싶은 논점은 공간의 유추
로부터 도출된 것입니다.

　이는 다른 근거상으로 언급할 만하다고 생각합니다. 실제 사실은,
공간의 경우에도 또한 첫눈에 이것이 자명할 것 같다는 것입니다. 즉,
만일 여러분이 어떤 길이이든 간에 확정된 길이로 된 임의의 직선을
─가령, 1야드(91cm)를─택한다면, 그 직선의 양쪽 끝으로부터 두 방
향으로 모두 다 틀림없이 이 직선과 함께 동일한 길이의 직선으로─
각각 1야드(91cm)의 길이로─어떤 무한한 숫자의 다른 직선들이 있을

것입니다. 그렇지만 공간의 경우는 이를 논박하기 위하여 서로 다른 두 가지 근거가 있습니다.

우선, 이것이 만일 여러분이 주어진 임의의 야드(91cm)의 끝점으로부터 시작하여 동일한 직선을 따라 계속 움직였다고 한다면, 유한한 일정 숫자의 야드를 지나간 뒤에 여러분이 한 가지 직선에 도달할 것입니다. 이 직선을 넘어서면 더 이상 아무런 직선도 없다고 생각해 볼 수 있으며(≒직선을 끝을 지닌 '선분'으로 여기는 것임), 이런 근거 위에서 논박될 수 있습니다. 즉, 간단히 여러분이 공간의 한 끝점에 도달하였다고 보는 것입니다. 저는 이것이 실제로 시간의 경우에도 유추가 되는 대안이라고 생각합니다.

그렇지만 공간의 경우에는 또 다른 대안이 있습니다. 즉, 19세기 동안에 (새롭게 비-유클리드 공간을 제시한) 수학자들은 다른 선들이 존재할 수 있다고 제안하였습니다. 사실상 마땅히 직선으로 불리겠지만, 그럼에도 불구하고 외견상으로 직선이 될 수 없는 속성을 지닙니다. 즉, 만일 여러분이 그 선들 중에서 길이가 1야드(91cm)로 된 한 선의 끝점으로부터 출발하여, 동일한 선을 따라 계속 움직였다고 한다면, 유한한 숫자의 야드(91cm)를 통과한 뒤에, 여러분이 출발했던 바로 동일한 그 야드로 되돌아왔을 것입니다.[170] 저는 이것이 불가능할 것으로 보입니다. 만일 여러분이 처음 출발한 곳으로부터 동일한 선으로 되돌아온다면, 여러분이 이동한 그 선은 틀림없이 어떤 곡선이며, 직선을 아님이 명백한 듯이 보입니다. 수학자들은 만일 여러분이 출발한 1야드(91cm)의 출발선이 유클리드 기하학의 직선이었다면, 그리고 만일 유클리드 직선상으로 출발선으로부터 계속 이동하였다면, 응당 출발선으로 돌아오는 일이 불가능했을 것입니다.

---

170) [역주] 비유클리드 기하학에서는 지구와 같이 큰 구 위에서 하나의 직선이나 선분을 계속 더하면서 늘여갈 경우에, 첫 출발 지점과 도착 지점이 서로 겹칠 것임을 의미한다. 이는 유클리들 기하학에서 무한히 뻗어나가기만 하는 직선의 개념과는 전혀 다른 것이다.

현대 수학자들이 말하는 바는, 서로 다른 종류의 많은 직선들이 가능하며, 한편으로 이 직선들 중 일부가 임의의 유한한 숫자의 야드 (91cm)에서 그 직선들이 출발한 지점으로 돌아올 수 없겠지만, 다른 한편으로 나머지 직선들은 돌아올 수 있다는 것입니다. 유클리드 기하학의 직선은, 다시 말하여, 모든 직선들이 반드시 지녀야 하고 19세기까지도 거의 모든 수학자들이 모든 직선이 꼭 지녀야 한다고 가정했던 모든 속성들에 따라서, 그렇게 출발 지점으로 되돌아올 수 없는 것입니다. 또는 어떤 종류의 비-유클리드 기하학의 직선들도 그렇게 돌아올 수 없습니다. 그렇지만 일부 비-유클리드 기하학의 직선들은 첫 출발 지점으로 돌아올 수 있습니다. 물론 여러분이 유클리드 기하학의 직선들을 제외하고서, 아무런 직선도 사실상 조금도 직선으로 불리지 말아야 한다고 말할 수도 있습니다. 이것은 단지 「낱말 사용의 문제」일 뿐이고, 현대 수학자들의 아무런 논점도 이런 문제를 제기하지 않으며, 아주 중요한 것도 아닙니다.

저는 현대 수학자들이 증명한 것과 정작 중요한 일은 다음 사실이라고 여깁니다. 19세기 이전까지 유클리드(기원전 365년~275년쯤)와 거의 모든 수학자들은, 어떤 선이든지 간에 상관없이 어떤 확정적 속성들을 지닌 임의의 선은 틀림없이 또한 나머지 모든 속성들도 갖고 있어야 한다고 가정하였습니다. 그들은 「직선straight line」이란 용어로써 이들 속성을 모두 지닌 어떤 선을 뜻하였습니다. 이미 언급하였듯이, 물론 여러분이 이 명칭을 오직 그 속성들을 모두 다 갖고 있는 선들에만 부여할지, 아니면 단지 그 속성들의 일부만 갖고 있는 선들에도 부여할지 여부는, 단지 「낱말 사용에 대한 질문」일 따름입니다. 그렇지만 현대 수학자들이 증명한 바는

「어떠한 선도 이들 속성 중에서 나머지 모든 속성을 지니지 않은 채로 임의로 한 가지만 선택하여 가질 수 없다」

(no line could have any one of these properties without having all the rest)

고 가정하는 데에서 잘못을 저질렀다는 것입니다. 현대 수학자들은 한 가지 선이 이들 속성 중 일부를 지니지만, 다른 속성들을 갖지 않을 수 있음을 증명하였습니다. 따라서 한 가지 선이 유클리드가 직선들의 특성으로 가정한 속성들 중에서 일부만 갖고 있으며, 만일 산출되었을 경우에 「임의의 유한한 숫자의 야드(91cm)들로 뻗어나가더라도 유클리드 직선이 처음 출발했던 지점으로 되돌아올 수 없다」는 사실이 도출되는 속성을 지니지 않는 일도 가능한 것입니다.

예를 들어, 다음 속성을 들어보겠습니다. 두 점 사이에 가장 짤막한 거리가 되는 속성입니다. 두 점 사이에 최단 거리가 되는 어떤 선이 틀림없이 하나의 직선이라고 가정하는 것은 자연스럽습니다. 그렇지만 저는 설령 여러분이 「직선straight line」이라는 이 용어를 유클리드 기하학의 직선에만 한정짓더라도, 다시 말하여, 유클리드가 한 가지 직선이 반드시 지녀야 한다고 가정한 모든 속성들을 지닌 직선에만 한정하더라도, 두 점 사이에 최단 거리가 되는 한 가지 선이 반드시 직선일 필요가 없음이 완벽히 입증될 수 있다고 믿습니다. 예를 들어, (비-유클리드 공간에서) 두 점 사이에서 최단 거리가 되는 한 가지 선이, 유한한 숫자의 야드(91cm)들로 뻗어나간 뒤에 처음 출발했던 바로 그 출발 지점으로 되돌아올 수 있음도 완벽히 입증될 수 있는 것입니다. 예를 들어, 저는 여기 모얼리 대학과 쉐어링 교차로 사이에 최단 거리가 되는 선이(452쪽의 역주 163), 왜 이런 속성이 되지 말아야 하는지 아직 아무런 이유도 찾을 수 없다고 믿습니다. 이것이 유클리드 기하학의 직선임을 입증할 만한 것이, 또는 그렇다고 하여 이것이 또한 유한한 길이로 뻗어나간 뒤에 처음 출발한 지점으로 되돌아올 수 없는 속성을 지닌 비-유클리드 기하학의 직선의 한 가지임을 입증할 만한 것이, 아무런 것도 없습니다. 이것이 또한 유한한 숫자의 야드(91cm)들로 뻗어나간 뒤에, 처음 출발한 지점으로 되돌아올 수 있는 종류의 비-유클리드 직선이 될 수도 있는 것입니다.[171]

그러므로 동일한 길이로 된 무한한 숫자의 다른 선들이 틀림없이 두 방향으로 모두 다 있음이 자명해질 수 있는 것은, 오직 일상생활에서 쓰는 인치(2.5cm)·피트(30.4cm)·야드(91cm)·마일(1.6km) 단위들이 유클리드 기하학의 직선이거나 특정 종류의 비-유클리드 기하학의 직선일 경우에라야만 합니다. 이것들이 유클리드 기하학 대상임이 자명한 듯하지도 않고, 그렇다고 다른 임의의 이유로 말미암아 명확한 것도 아니며, 또한 여전히 요구된 종류의 비-유클리드 기하학 대상인 것도 아닙니다(≒다만 막연하게 구분 없이 써 왔을 뿐임).

§.10-5 【 비-유클리드 기하학에 유추되는 순환적 시간 】 시간과 관련해서도 유사한 가능성이 있다고 생각될 수 있습니다.172) 즉, 지금 흘러

---

171) [역주] 수학에서도 이미 여러 차례 지적 혁명이 일어난 바 있다. 큰 줄기는 데카르트에 의해서 좌표계를 상정함으로써 기하학이 대수학적으로 다뤄지게 되고(해석 기하학), 다시 대수학이 인간 사고를 다루는 논리학과 공통된 기반으로 환원되는 전환을 맞는다 (G. Boole, 1854, 『*An Investigation of the Laws of Thought*』, Walton & Maberly). 이런 과정에서 자연수natural number의 본질에 대해서도 의문들이 생겨났다.

　자연수는 아주 자연스럽고 누구에게도 의심 받지 않는 실체라고 생각되어 왔고, 마치 유클리드 기하학의 존재처럼 자명한 것으로 여겨졌었다. 따라서 사칙 연산을 적용하면서, 점차적으로 음의 정수가 나오고, 유리수가 나오고, 무리수가 나왔으며, 이들을 한데 묶어 실수real number로 부르며, 이것과 대립하는 허수imaginary number까지 나왔다. 그런데 엄격히 4분위 좌표계에서 허수는 더 이상 상상의 산물이 아니라 일정한 위치를 지닌 수 체계이다. 현대 수학에서는 실수와 허수를 한데 묶어서 복소수complex number라고 부르며, 이전과는 달리 복소수가 우주 속에 실재하는 수의 존재라고 보는 것이다. 19세기 말 수학 기초론에서(특히 이탈리아 페아노G. Peano 및 독일 프레게G. Frege에 의해서) 자연수를 만드는 공리계가 반복 함수recursion의 구현체임이 밝혀졌다(페아노는 이를 '수학적 귀납법mathematical induction'으로 불렀음). 그렇다면 과거에 기본적이라고 착각했던 자연수의 지위는 어떻게 될까? 복소수에서 살펴본다면, 모종의 제약들을 가장 많이 부가해 놓은 '아주 특별한' 수에 지나지 않는다.

　동일하게 기하학에서도 이런 전환이 일어났다. 곧, 비-유클리드 공간이 실재를 반영하며 초기값default(기본값)의 존재로서, 유클리드 공간까지 아우르는 거대한 집합이다. 다시 말하여, 만일 비-유클리드 공간에 여러 가지 제약들을 부가해 놓는다면, 가장 작은 진부분 집합으로서 유클리드 공간이 나오는 것이다. 따라서 본문에서 지은이는 첫 출발 지점으로 되돌아올 수도 있고, 되돌아올 수도 없는 두 가지 종류의 선을 언급하였다. 이는 특정한 제약조건들을 부가할지 여부에 따른 차이에 불과한 것이다.

172) [역주] 순환되는 시간 개념의 후보는 여러 가지가 있다. 아주 짧게는 네 계절이 반복되는 일이겠지만, 우주와 인류 역사를 순환 시간으로 파악한 경우도 실제로 있다. 상·수象數 결정론을 주장한 송나라 소옹(1011~1077)의 『황극 경세서』에서는 원(元 12회)·회(會 30운)·운(運 12세)·세(世 30년)의 단위를 거쳐 선천先天(129,600년) 세계가 끝나면, 다시 후천後天 세계로 이어진다. 소옹은 중국의 역대 왕조들에 대한 흥망을 이 틀 속에서 결정론적 시각으로 재해석하였다. 불교에서도 아주 짤막한 찰나로부터 갠지즈강 모래

지나가고 있는 시간으로부터 출발하여, 가령, 오늘밤 9시~10시의 시간으로부터 출발하여, 만일 여러분이 차례대로 이 시간을 앞서 지난 시간들을 살펴보고 있었다면, 처음이 8시~9시, 그 다음이 7시~8시, 등등으로 진행됩니다. 의심의 여지없이 아주 큰 숫자이겠지만 그렇게 유한한 숫자의 시간들을 다 건너간 뒤에, 여러분이 처음 출발했던 바로 이 시간으로 다시 되돌아올 것 같은데, 현재 여러분이 있는 바로 이 시간입니다. 여러분이 보듯이, 공간의 경우에 이것이 실제로 보여질 수 있는 한, 가능한 바에 대한 어떤 유추가 될 것입니다. 즉, 이 피트(30.4cm)로부터 출발하면서 만일 여러분이 그 출발 직선과 더불어 저 방향으로 동일한 직선으로 된 모든 피트(30.4cm)들을 고려한다면, 설사 아주 크더라도 유한한 숫자의 피트(30.4cm)들로 뻗어나간 뒤에, 본디 출발 지점인 바로 이 피트(30.4cm)로 되돌아올 것입니다. 그렇지만 저한테는 시간 및 공간의 경우 사이에, 자명하게 만들어 주는 가정에서 차이점이 있을 듯합니다. 설사 이것이 공간의 경우에는 가능하다고 하더라도, 유추가 되는 가정이 시간의 경우에는 불가능합니다. 말하자면, 그 가정은 「바로 이 시간이 어떤 시간 간격으로 스스로 선행하였다」는 것입니다. 그렇지만 시간의 특정한 어떤 속성(≒순환론 속성)으로 말미암아, 저는 이런 가정이

「현재 여러분이 있는 바로 이 시간은, 서로 다른 두 가지 시점에 두 번씩 존재해야 한다」

(this very hour, in which we are now, should have existed twice over, at two different times)

앞의 10의 104제곱을 가리키는 아승기(아승지)라는 시간도 있다. 현대 천문물리학에서 대폭발로부터, big rip**아원자로까지 산산조각 남**까지 우주 시간의 한 주기가 된다. 그렇지만 물질이 아닌 아원자 상태가 다시 대폭발로 이어질지에 대해서는 그 가능성이 아직 알려져 있지 않다.

는 가정을 담고 있음이 자명하다고 생각합니다. 그렇지만 이것은 불가능한 일입니다. 공간의 경우에, 이것과 유추가 되는 것은 아무런 것도 없습니다. 왜냐하면 비록 어렵더라도 이 피트(30.4cm)가 자신의 오른쪽(≒시간에서는 미래 방향)에 놓일 것이라고 가정하는 것이, 분명히 「(1피트에 비유된) 이 시간이 두 번씩 존재한다」는 가정, 즉, 「이것이 오직 여기에 존재할 뿐만 아니라, 또한 거기 어딘가에도 존재한다」는 가정을 담고 있는 것이 아니기 때문입니다.

그렇다면 저는 실제로 「현재 시간 이전에 틀림없이 어떤 무한한 숫자의 다른 시간들이 존재했고, 현재 시간 이후에 어떤 무한한 숫자의 다른 시간들도 존재할 것이다」라는 점이 자명하다고 생각합니다. 따라서 공간의 경우에도 또한 「만일 이 피트(30.4cm)가 유클리드 기하학적 속성이라면, 틀림없이 이것의 오른쪽 방향으로 동일한 길이의 직선으로 된 어떤 무한한 숫자의 다른 피트(30.4cm)들도 존재하고, 또한 이것의 왼쪽 방향으로도 동일한 길이의 직선으로 어떤 무한한 숫자의 다른 피트(30.4cm)들도 존재한다」고 생각합니다. 다만 이 경우에 이 피트(30.4cm)가 유클리드 기하학적 속성임이 자명한 것은 아니지만, 오직 그렇다고 가정하는 것이 그럴 듯할 따름입니다.[173]

§.10-6 【 한 끝의 출발 시점으로부터 무한한 시간 개념 】 그렇지만 이미 언급한 대로 그럴 듯한 논점이 이들 가정 둘 모두에 맞서서 도입될 수 있습니다. 「이들 무한한 계열이 모두 불가능하다」고 반박될 수 있습니다. 이들 논점이 무엇일까요?

---

173) [역주] 시간이 비-유클리드 기하학적 속성을 지녀서 순환론적으로 본디 자리로 되돌아올 가능성을 아무런 반증도 제시함이 없이 소박하게 배제하고 싶기 때문에, 「이런 가정이 직관적으로 맞다」고 여기고 있다. 「그렇게 가정하는 것이 타당하게 보일 따름이다only plausible to suppose so」라고 언급한 속뜻이 이런 어려움을 반영해 주는 것이다. 이런 태도는 버어클리의 논증에서 스스로 소위 자명하다고 말한 대목과 오십보백보일 것이다. 왜냐하면 직접적 증거를 제시하지 못한 채 단지 비유로써 그럴 것 같음만 암시하고 있기 때문이다.

지난 번 §.9-6에서 여러분에게 한 가지 논점을 제시하였습니다. 즉, 칸트는 「어떤 무한한 숫자의 시간들이 지금 이전에 흘러 지났을 가능성이 없다」고 생각했던 듯합니다. 그렇지만 칸트의 이런 논점이 오직 이런 무한한 범위의 한 가지 경우(아래 역주 174의 ⓑ)에만 적용됨을 관찰하는 것이 중요합니다. 이것은 다른 세 가지 경우의 어떤 것에도 적용되지 않습니다.174) 칸트는

「어떤 무한한 계열의 시간들이 미래에도 흘러 지날 것임은 참값일 수 없다」
(it cannot be true that an infinite series of hours *will* elapse in the future)

는 점을 자명하다고 주장하지는 않았습니다(≒태초 시점이 상정되어야 하므로 과거는 무한할 수 없겠지만, 미래는 무한할 것으로 여겼다고 해석함). 또한 어떤 무한한 숫자의 피트(30.4cm)들이 이 출발 피트의 오른쪽·왼쪽 양쪽에 있을 수 없음이 자명하다고 여기지도 않았습니다.

사실상 칸트가 깨달았던 듯한 유일한 난점은, 오로지 절대적으로 어떤 무한한 계열의 서로 다른 단위들이 어떻게 주어진 임의의 시간을 건너서 지나갔을 수 있고, 어떻게 주어진 그 시간 이전에 한쪽 끝점에 도달했을 것인지에 관한 것입니다(≒모두 과거와 관련된 시간들임).

---

174) [역주] 무어 교수가 무한성을 다룰 때에 「무한한 확장 가능성」과 「무한한 분할 가능성」을 언급하였다. 그렇다면 현재 주어진 시점에서 과거와 현재로 나뉠 수 있기 때문에 네 가지 경우가 생겨나는데, 「세 가지 경우」란 여기에서 한 가지 경우를 뺀 것이다. 시간의 무한성이 공간의 경우처럼 다시 각각 유클리드 기하학 대상과 비-유클리드 기하학 대상으로 대분되어야 하겠으나, 이미 §.10-5에서 순환론적 시간이 상정될 수 없는 것으로 배제되어 있다. 그렇다면 결국 네 가지 경우가, ⓐ 미래로 무한히 확장되는 경우, ⓑ 과거로 무한히 확장되는 경우, ⓒ 주어진 시간 단위를 무한히 과거 쪽으로 분할하는 경우, ⓓ 주어진 시간 단위를 무한히 미래 쪽으로 분할하는 경우이다. 본문에서 한 가지 경우에만 적용된다는 것은 과거 쪽으로 무한히 확장되는 ⓑ의 경우이다. 그렇지만 태초 시점이 있어야 하기 때문에 이는 ⓑ의 무한한 확장을 부정하게 되며, 결국 세 가지 경우가 남는다. 이는 ⓐ와 ⓒ와 ⓓ의 경우이다. 그렇지만 뒤친이는 시간을 무한히 분할할 필요가 생겨나지 않으므로(시간은 본질상 오직 흘러 지나가야 하므로, 단위 시간 밖으로 증가되거나 누적될 뿐, 축소나 분할 개념은 불필요함), 여기에서도 결국 ⓒ와 ⓓ는 무의미할 것으로 본다.

그러므로 이 난점이 어떤 무한한 범위의 미래 시간에는 적용되지 않습니다. 왜냐하면, 무한대의 시간이 조금이라도 장차 특정 시간을 통과하여 지나쳐 버리거나, 조금이라도 어떤 끝점에 도달할 것이라고 생각할 하등의 이유도 없기 때문입니다. 그리고 이는 오직 공간의 경우에만 만일 어떤 물체가 주어진 시간까지 무한한 범위의 공간을 넘어서 운동했다고 생각할 필요가 있었더라면, 무한한 범위에 적용됐었을 것이기 때문입니다. 따라서 분명히 실제로 적용되는 과거 시간의 경우들 외에, 유일한 경우들은 시간이 무한히 분할될 수 있다고 가정하면서 임의 시간 속에서 일어나는 바에만 적용되거나, 아니면 어떤 물체가 1야드(91cm)를 넘어서 운동하는 경우에 이것이 무한히 분할될 수 있다고 가정함으로써 일어나는 바에만 적용되는 것입니다.

그러므로 지금까지 제가 무한한 범위로 부르는 것과 관련되는 한, 칸트의 논점은 오직 어떤 무한한 범위의 과거 시간에 대해서만 적용되었습니다. 이 경우에 저는 거기에 사실상 다른 세 가지 경우(472쪽 역주 174의 ⓐ, ⓒ, ⓓ)에는 적용될 수 없는 무엇인가 특별한 것이 있다고 생각합니다. 「이미 어떤 무한한 계열의 시간들이 지금 이전에 지났어야 한다는 점이 사실상 불가능함」을 수긍했던 칸트와는 달리, 저로서는 이 사안이 우리들로 하여금 충분히 분명하게 수긍할 수 있도록 해 주지는 않을 것 같습니다.

§.10-7 【 무한한 계열의 시간 개념 】 그렇지만 이제 저는 모든 네 가지 경우들을 놓고서 사실상 무엇이 되었든지 간에 임의의 무한한 계열에 대해서, 동등하게 적용할 어떤 무한한 범위의 가능성에 대해서 다룰 논점에까지 이르렀습니다. 즉, 임의의 무한한 계열의 경우에 틀림없이 전체 계열들 그 자체에서 그러하듯이 단지 전체 계열의 어떤 부분에서만 정확히 동일한 숫자의 항들이 있음이 주장되었습니다. 여기서 「항terms」이란 말로써는 그 계열이 구성되어 있는 단위들units을 가리킵니다. 더 요약하여, 만일 여러분이 전체 계열로부터 그것이 구성되어

있는 모종의 항들을 뺀다고 하더라도, 이전에 그랬었던 대로 여전히 많은 항들이 남아 있게 될 것이라는 사실이,175) 모든 무한한 계열들의 특징인 것입니다.

예를 들어, 어떤 무한한 계열의 시간들이 오늘 밤 9시 이전에 흘러 지났다고 가정하겠습니다. 만일 그렇다면, 틀림없이 8시 이전에도 많은 시간들이 흘러 지났습니다. 8시 이전에 흘러 지난 시간들의 숫자는, 틀림없이 정확히 9시 이전에 흘러 지난 시간과 동일하게 되었을 것입니다(≒무한은 오직 양 끝점의 유무 및 농도로 불리는 빽빽하거나 성긂의 유무로만 비교될 수 있음, 480쪽의 역주 179 참고). 비록 9시까지 1시간이 그런 시간에 더해져 있더라도 그러합니다. 부분적으로 이 근거 위에서, 만일 여러분이 8시 이전의 시간 계열들을 9시 이전의 전체 시간 계열과 비교한다면, 틀림없이 후자의 계열에서 모든 다른 시간에 대응하는, 전자의 계열에서 하나의 상이한 시간이 존재함을 깨닫게 됩니다.「두 계열 사이에 1 : 1 대응이 있다」고 말함으로써 표현되는 한 가지 대응입니다. 한 가지 계열에 있는 모든 항들에 대하여, 다른 계열에서 하나의 그리고 유일한 항이 대응하는 것입니다(≒뒤친이는 오직 항들 사이에서 조밀도만이 기준이 되어야 하며, 개수를 확인할 수 있도록 유한 집합에 쓸 수 있는 1 : 1 대응은 무의미하다고 보며, 결과적으로 무어 교수가 잘못된 입론 방식을 쓰고 있다고 판단함).

---

175) [역주] 만일 이 계열이 「유한」하였더라면, 틀림없이 빼어낸 만큼의 시간이 모자라야만 한다. 그렇지만, 정의상 이 계열은 무한하다. 그렇다면 아무리 많은 길이의 시간을 빼더라도, 결코 티도 나지 않을 것이며, 그래야만 「비로소 무한하다」는 속성을 확보하는 것이다. 정의에 따라서, 아무리 많은 시간들을 빼어낸다고 해도, 여전히 언제나 균질적으로 두 계열 사이에 1 : 1 대응이 무한히 일어나는 것이다.

　이런 특성을 독일 수학자 다빗 힐베르트(David Hilbert, 1862~1943)는 어느 손님이 호텔에 투숙하는 경우를 빗대어 예시해 주었다고 한다(Hilbert's Paradox of the Grand Hotel). 설령 아무리 객실이 다 찼다고 하더라도, 만일 무한한 객실이 있다면, 한 순간에 모두 동시에 투숙객마다 객실을 한 칸씩 이동하게 만들 경우에, 언제나 새로운 손님을 위한 객실이 하나 마련되어 있을 것이다. 유한과 무한의 차이를 극명하게 잘 보여 주는 사례이지만, 이 생각은 어떻게 무한한 객실에 투숙객이 다 차 있는지 확인할 수 있는 절차는 깡그리 무시해 버린 실수를 담고 있다. 무한한 대상 밖에서 무한을 볼 수 있는 관찰자는 무한 존재일까, 유한 존재일까?

이런 1 : 1 대응이 성립하는 이유가, 저는 자연수의 계열 1, 2, 3, 4, 5 등을 살펴봄으로써 좀더 쉽게 만들어질 수 있다고 생각합니다. 이 계열의 항이 각각 바로 앞선 숫자에 1을 더해 줌으로써 만들어집니다. 이 계열이 명백히 한 가지 무한한 계열입니다(≒자연수는 수학적 귀납법 또는 반복 함수의 구현이므로, 반복 그 자체가 끊임없이 일어나야 함). 자연수 계열에 있는 어떤 수이든지 간에 여러분이 한 가지를 택하더라도, 그 수에 1을 더해 줌으로써 한 가지 새롭고 상이한 수가 만들어질 수 있습니다. 달리 말하여, 이 계열에 있는 임의의 숫자를 넘어서서 또 다른 숫자가 있는 것입니다. 그렇지만 1로부터 시작하는 이 계열의 수를, 2로부터 출발하는 다른 계열의 수와 서로 비교해 보기 바랍니다. 2로부터 시작하는 계열의 수도 또한 명백히 무한합니다. 여러분이 윗줄에 1, 2, 3, 4, 5 등을 적어 놓고 나서, 윗줄의 1 아래에다 2을 적고, 윗줄의 2 아래에다 3을 적으며, 윗줄의 3 아래에다 4를 적는 등, 계속 진행해 나갑니다(≒한쪽 끝점을 지니되, 서로 간에 농도가 같을 뿐이므로, 두 계열의 집합은 서로 구별되지 않는 완벽히 동일한 집합인 데도 불구하고, 무어 교수는 두 계열이 마치 서로 다른 것처럼 잘못 서술해 놓았음).

이런 방식으로 윗줄에 더해질 수 있는 모든 숫자에 대응하면서, 아랫줄에도 계속 더해질 수 있는 한 가지 다른 숫자가 있습니다. 그러므로 1로부터 시작하는 전체 계열에 있는 모든 숫자 및 2로부터 시작하는 계열에서 어떤 다른 숫자 사이에 한 가지 대응이 있습니다. 달리 말하여, 두 계열 사이에 1 : 1 대응이 있는 것입니다. 비록 윗줄에서 한 가지 항, 즉, 아랫줄에는 나오지 않는 숫자 1이 있다고 하더라도, 이는 두 계열에서 정확히 동일한 숫자의 항들이 있음을 의미합니다(≒둘 모두 무한한 숫자의 항들이 있는데, 다시 추가적으로 발산 급수인지 수렴 급수인지 등간 급수인지 여부를 놓고 구분해 줄 수 있을 듯하며, 자연수는 등간 급수임). 이 결과는 충분히 역설적인 듯합니다.

그렇지만 또한 여전히 더욱 역설적인 다른 많은 결과들이 뒤따라 나옵니다. 예를 들어, 여러분이 1, 2, 3, 4, 5, 등으로 된 자연수 전체

계열을, 짝수로 이뤄진 2, 4, 6, 8, 10, 등의 계열과 서로 비교한다고 해 봅시다. 이런 짝수 계열도 명백히 또한 무한합니다. 그러므로 자연수 전체 계열대로 그 짝수 계열도 정확히 동일한 숫자의 항들을 지닌다고 주장됩니다.176) 앞에서 봤던 다른 두 계열 사이에 그랬듯(늦전적으로 동일한 계열을 서로 다른 계열로 잘못 서술하고 있음), 명백히 이들 두 가지 계열 사이에도 어떤 1:1 대응이 있다고 가정하기 위한 근거가 아주 많이 있습니다. 그렇지만 자연수 전체 계열로부터 모든 홀수 숫자들, 즉, 1, 3, 5, 7, 등을 빼어냄으로써 또한 숫자를 하나를 건너뛴 계열이 만들어집니다. 그리고 이렇게 만들어진 홀수들의 계열도 그 자체로 어떤 무한한 계열이 됩니다. 그러므로 설사 여러분이 자연수 전체 계열로부터 한 항 걸러 한 가지 항씩 빼어내더라도, 즉, 모든 홀수들에도 여전히 앞에서와 같이 많은 항들이 무한하게 남아 있습니다(늦전적으로 동일한 계열의 집합을 놓고서 무어 교수는 마치 다른 계열인 듯이 착각하여 잘못 서술해 놓고 있음).

시간의 경우를 다시 살펴보기로 하겠습니다. 만일 어떤 무한한 숫자의 햇수가 지금 이전에 흘러 지났다면, 틀림없이 (1:1 대응 방식으로) 또한 어떤 무한한 숫자의 1백만 년 기간도 각각 흘러 지났습니다. 그리고 단일한 1년들에서 그랬듯이, 틀림없이 정확히 동일하게 무한한 숫자의 1백만 년 기간들도 있었다고 주장됩니다. 여기서177) 1백만

---

176) [역주] 더 쉬운 비유는 자연수 계열을 놓고서 두 배의 확대경으로 그 항들을 보면, 두 항 사이의 거리(또는 등간격)가 두 배로 확대된 항들을 만나게 될 것이다. 여기서 두 배의 간격으로 떨어진 항들이 각각 짝수로 명찰이 붙여져 있다고 생각하면 된다. 맨눈으로 보든지, 짝수 배율의 돋보기를 통해서 보든지 간에, 이런 두 계열이 역시 무한히 지속될 것임을 쉽게 알 수 있다.

177) [역주] 무어 교수가 쓰는 접속사는 but이라는 역접 접속사이다. 아마 그 하나의 사실만으로 그치지 않고, 다른 사실도 더 추가되어야 한다는 뜻으로 읽히는데, 여전히 현재 직접 지각하는 사실들과는 어긋나거나 이례적인 진술임을 함의하고 있다. 순접·역접의 선택은 영어의 담화 운용 방식에서는 화자의 생각과 상관없이 오로지 현실 세계에서 사실인지 그렇지 않은지 여부만을 반영해 준다.

이는 부정의문에 대한 답변 방식과 동일한 질서이다. 가령, "너 밥 안 먹었니?"라고 물었을 적에(화자가 「안 먹었다」고 보아서 묻고 있음), 영어에서는 밥을 먹은 경우에 "응, 아까 다 먹었어!"라고 대답해 주지만, 우리말에서는 "아니, 아까 다 먹었어!"라고

년으로 된 모든 시기에서 맨 처음 1백만 년을 살펴보기로 하겠습니다. 이미 1백만 년이란 기간이 있는 만큼, 틀림없이 명백하게 다른 이들 1백만 년 기간도 아주 많이 있습니다. 더 나아가, 그러한 햇수들이 있는 만큼, 명백히 틀림없이 단일한 1년들이 누적되어 이뤄진 수많은 1백만 년 시간들도 있고, 각각 1백만 년으로 된 서로 다른 기간에서 첫 시점도 있었습니다. 그렇지만 비록 또한 한 단위의 1백만 년 시간들이 아주 많이 있더라도, 여전히 틀림없이 이들 기간의 첫 시작 해(출발 시점)로서 정확히 동일한 수의 단일한 1년들이 있습니다. 달리 말하여, 설령 여러분이 한 가지 무한한 숫자를 1백만 년으로써 곱해 준다고 하더라도, 아무런 차이도 만들어 내지 못합니다. 그 결과는 여러분이 곱셈을 하기 이전에 지녔던 숫자와 동일한 숫자가 되는 것입니다 (≒곱셈 이전에도 끝점 유무와 조밀성 유무에서 동일하게 무한한 숫자였고, 곱셈 이후에도 두 속성의 유무에서 동일하게 무한한 숫자임).

저는 이들 결과 및 뒤따라 나오는 비슷한 많은 결과들이 또한 분명히 아주 역설적이라고 여깁니다. 그럼에도 불구하고, 만일 여러분이 일단 「한쪽 끝점을 지니고[178] 1로부터 시작하는 자연수 전체 숫자의 무한한 계열과 2로부터 시작하는 자연수 계열 사이에 1:1 대응이 있다」는 사실을 인정한다면, 이것들이 모두 절대적으로 뒤따라 나오는 듯합니다. 만일 이들 두 계열 사이에 실제로 어떤 1:1 대응이 있다면 (≒끝점 유무와 농도에서 완벽히 동일한 한 가지 계열의 무한 집합을 놓고서, 무어 교수는 마치 출발 지점이 서로 다른 두 계열로 착각하여 잘못 서술하고

___

대답하는 것이다. 우리말의 운용 방식은 바로 앞에 제시된 화자의 의견이나 판단에 대해서 순방향인지 역방향인지만을 구분해 주기 때문이다.

번역에서는 본문에 있는 but을 우리말의 순방향 전개 방식에 따라, 전개 또는 추가 형태의 '여기서, 더 나아가'로 바꿔 둔다.

178) [역주] 원문에는 *finite* whole numbers유한한 자연수 전체 숫자로 표현되어 있지만, *finite*유한한 이 1로부터 시작하는 「한쪽 끝점이 주어져 있다」는 뜻이므로, 독자들이 오해하지 않도록 이를 풀어 번역해 놓았다. 무어 교수가 무한성을 산출하는 속성들을 먼저 생각하기 보다, 유한 집합의 속성을 더 확장하여 생각해 버릇하기 때문에, 여기서처럼 1:1 대응이라는 잘못된 주장을 되풀이하고 있는 것으로 판단된다. 어느 것이든 동일하게 등간 급수의 구현체일 뿐이다.

있음), 다시 말하여 한 계열에 있는 모든 항에 대하여 실제로 두 번째 계열에서도 한 가지 다른 항이 대응한다면, 분명히 모든 다른 경우들에서도 또한 하나의 1 : 1 대응이 있음이 뒤따라 나올 듯합니다. 그렇지만 동시에 저에게는 이것이 자명함이 절대적으로 명백할 것 같지 않습니다. 따라서 만일 조금이라도 어떤 무한한 계열이 존재한다면, 틀림없이 자연수 전체 계열 및 단지 그 자체의 부분 계열 사이에는 하나의 1 : 1 대응이 있다는 것입니다.

그렇지만 이제 이들 역설적 결과가 「어떤 무한한 계열의 시간들이 있어 왔거나, 있을 것이다」라거나 또는 「어떤 무한한 계열의 마일 (1.6km)들이 있다」는 가정으로부터 뒤따라 도출된다고 가정함으로써, 「그러한 어떤 무한한 계열이 있어야 함은 불가능하다」는 사실이 뒤따라 나오는 것일까요? 뤄쓸 교수는 한편으로 「이들 역설적 결과들이 실제로 어떤 무한한 계열에 대한 가정으로부터 뒤따라 나온다」고 주장하면서, 다른 한편으로 또한 「이것들이 무한한 계열의 존재에 반대하는 논점을 아무런 것도 구성해 주지 못함」을 강조하는 논의를 합니다. 무한한 계열이 그럼에도 불구하고 완벽히 가능하다는 것입니다. 뤄쓸 교수는 왜 무한한 집합이 동일한 숫자의 항들을 가지는 일이 불가능하다고 가정해야 하는 이유가, 다시 말하여, 우리가 어떤 항들을 그 집합collection(371쪽의 역주 133 참고)으로부터 뽑아내는 경우에도 여전히 동일한 숫자의 항이 여전히 남아 있음이 불가능하다고 가정해야 하는 이유가, 오직 우리가 유한한 숫자들만을 이용해 왔기 때문이라고 합니다. 즉, 유한한 숫자들에 참값이 되는 것이 틀림없이 또한 무한한 숫자들에도 참값이 된다고 잘못 가정하기 때문이라고 말합니다. 물론 만일 여러분이 하나 또는 어떤 다른 숫자를 빼어 낸다면, 남아 있는 대상들의 숫자는 이전에 있었던 것과 동일할 수 없음은, 임의의 유한한 대상들을 놓고서 참값이 됩니다.

저는 뤄쓸 교수가 설령 오늘밤 8시 이전에 흘러 지난 시간들이 오늘밤 9시 이전에 흘러 지난 시간들의 오직 한 부분만이 될 수 있다고 하더라도, 「오늘밤 9시 이전에 흘러 지난 시간과 마찬가지로, 오늘밤 8시 이전에도 정확히 동일한 숫자의 시간들이 흘러 지났을 수 있다」고 가정하는 일에 명백한 모순이 아무런 것도 없음을 보여 주는 데에 성공하고 있다고 생각합니다. 그렇지만 저한테는 이것이 그렇다고 가정하는 데에 어떤 난점이 있을 듯합니다. 뤄쑬 교수에 따르면 적어도 모든 무한한 계열들의 경우에 동등하게 일어나는 이 난점은, 최소한 저에게는 칸트의 논점에 따라 오직 어떤 특정한 종류(≒특히 과거를 향한 시간)의 무한한 계열의 경우에만 일어나는 난점만큼이나 큰 문제인 듯합니다. 그렇지만 여전히 두 경우에서 모두 우리가 절대적으로 「논의 중인 종류의 어떤 무한한 계열이 불가능하다」고 결론을 짓는 데 정당화되는 것은 아무런 것도 없습니다.

§.10-8【 뒤친이의 판단에 공간에 유추하여 시간의 무한 분할 가능성을 잘못 논의하는 무어 교수의 오류 】이제 저는 「무한 분할 가능성」을 놓고서, 비록 반드시 말해야 하는 바를 아주 짤막하게 잘라야 하겠지만, 무엇인가를 말하고 싶습니다. 공간과 시간의 무한한 분할 가능성에 대한 이런 물음 및 시간과 공간의 무한한 범위에 대한 물음 사이를 신중하게 구별해 주어야 하는 주요한 근거는, 이것들을 무한히 분할할 수 있다고 가정하기 위해 지닌 근거 및 이것들을 무한히 확장 가능하다고 가정하기 위해 지닌 근거 사이에 서로 아주 큰 차이가 있을 듯하기 때문입니다. 이것들이 범위가 무한하다(≒무한한 확장 가능성)고 가정하기 위한 근거를 지니고 있는 한, 그 근거는 이것들이 그러함이 자명하다고 가정하는 듯합니다(≒엄격한 증명 없이, 전제해 둔 직관적 가정일 뿐이라는 뜻). 제가 알고 있는 한, 다른 종류의 근거는 없습니다. 그렇지만 저한테는 이것들이 틀림없이 무한히 분할될 수 있음이 조금도 자명할 것 같지 않습니다. 저는 이것들이 그러함을 가정하기 위해서는 우리가 또 다른 종류의 근거들을 가져야 한다고 생각합니다.

1야드(91cm) 또는 1시간이 무한히 분할될 수 있음이 유지될 수 있는 두 가지 다른 의미가 있습니다. 저는 두 가지 다른 의미가 혼동되기 일쑤이라고 생각합니다.

(1) 이것이 임의의 야드(91cm)와 임의의 시간이 어떤 무한한 숫자의 부분들로 나뉠 수 있고, 그 부분들도 각각 다시 분할될 수 있음을 의미한다.

(2) 또는 그것들이 각각 어떤 무한한 숫자의 더 이상 분석 불가능한 개별 요소들로 나뉘어질 수 있음이 의미될 가능성이 있다. 공간의 경우에는 더 이상 분할할 수 없는 점들이고, 시간의 경우에는 더 이상 분할할 수 없는 순간들이다.[179]

---

179) [역주] 무한히 분할할 수 있는 속성을 두 가지로 나눈 이 대목은 무어 교수의 독창적인 측면이다.

그러나 두 가지 오류가 깃들어 있다. 만일 더 이상 나눌 수 없으면, 유한한 끝점이 되어야 한다. 이는 유한의 속성이므로, 무한성과 모순 또는 자가당착이 생긴다. 뒤친이는 더 이상 나눌 수 없음indivisible은 유한의 속성이므로, 무어 교수가 잘못 설정한 것으로 판단한다. 두 번째 오류로서, 이미 472쪽의 역주 174에 적어 놓았듯이, 무어 교수는 시간의 본질과 공간의 본질이 서로 다름을 무시해 버리는 듯하다. 시간은 정의에 따라 「흘러 지나가야 한다」. 이는 사칙 연산에서 더하기 연산만을 허용하는 것이므로, 반드시 증가 방향이나 누적 방향만 허용될 뿐이다. 그렇다면 이는 오직 무한한 확장 가능성과 관련될 뿐이다.

그렇지만 무한한 분할 가능성은 아무리 무한히 진행해 나가더라도 극한 지점을 통과하여, 다른 지점으로 진행할 수는 없는 것이다. 거시 시간을 분할하여 미시의 시간으로 만들고, 다시 아무리 극미한 시간들로 더 세밀하게 쪼개더라도(흔히 미분 과정에서 수렴 급수를 이용하는 방식이며, 차원 전환을 통해서 한 시점에서의 속도인 미분 계수만을 얻게 됨), 임의의 단위 시간을 건너서 동일한 단위의 다른 시간대로 진행해 나가지 못하는 것이다. 그렇다면 무한한 분할 가능성은 시간 개념과 본질적으로 맞물리지 못하는 것이며, 시간 단위에 적용되어서는 안 되는 것임을 잘 알 수 있다. 비록 초보적인 특성이지만, 시간과 공간의 개별 특징들을 무시해 버리기 때문에, 저자는 이런 자기 모순적인 속성을 그대로 시간에도 적용하고 있다.

그런데 수학에서는 칸토어(G. Cantor, 1845~1918)에서 처음으로 무한을 다루기 시작하였는데, 이를 초한수transfinite number(유한성을 초월한 숫자)라는 영역에서 다룬다. 무한의 개념은 경계가 있는지boundedness 여부와 빼빼함·성긂density(농도, 조밀도) 여부에 따라 무한한 속성들이 분류된다. 아마 무한 계열(급수)을 이루는 항들 사이에 발산 급수인지 수렴 급수인지 아니면 등간격 급수인지 여부에 따라 다시 구분이 이뤄질 수 있을 것 같다. 초한수는 순서수와 대응하는 무한 기수를 표시해 주기 위하여, 자연수에 대응하는 조밀성이 가장 낮은 aleph 0($\aleph_0$)에서부터 시작하여, 이보다 더 조밀한 농도를 지닌 실수의 기수 aleph 1($\aleph_1$)이 있고, 다시 이보다 더욱 더 조밀한 농도로 초한수의 저는 분명히 모든 길이의 야드(91cm)와 모든 길이의 분minute이 두 가지 의미에서 모두 무한하게 분할될 수 있음이 일반적으로 견지되고 있다고 생각합니다. 다시 말하여, 무한한 숫자의 분할 가능한divisible 부분들 및 무한한 숫자의 더 이상 분할할 수 없는indivisible 부분들을 모두 다 포함하는 것입니다.

제가 알 수 있는 한, 무엇이 되었든지 간에 만일 두 가지 대상(분할 가능한 부분 및 더 이상 분할할 수 없는 부분)이 어떤 것이든 참값이 될 수 있다면, 두 가지 대상이 모두 참값이 되지 말아야 할 근거가 아무런 것도 없습니다. 이 점을 언급하는 것은, 칸트가 「임의의 유한한 공간이 어떤 무한한 숫자의 분할 가능한 부분들로 나뉠 수 있음」이 자명하다고 가정하고서, 이를 「유한한 공간이 더 이상 분할할 수 없는 임의의 부분들을 지닐 수 없다」고 가정하기 위한 하나의 근거로서 제시하기 때문입니다. 칸트는 「유한한 공간이 어떤 무한한 숫자의 분할 가능한 부분들을 지닌다」는 단언(명제)을, 「유한한 공간이 더 이상 분할할 수 없는 임의의 부분들을 지닌다」는 단언(명제)과 모순되는 것으로 취급합니다. 반면에, 제가 알 수 있는 한, 이것들이 조금이라도 모순적이라고 생각하기 위한 근거는 아무런 것도 없습니다. 또한 여전히 첫 번째 단언(명제)이 자명하다고 생각할 명백한 근거가 어떠한 것도 없습니다.

그렇지만 이제 야드(91cm)들과 분들minutes이 어떤 의미에서 무한히 분할 가능하다고 가정하기 위하여, 우리는 어떤 근거를 갖고 있는 것일까요? 저에게는 가장 강력한 근거가 두 가지 경우에서 모두 동일하며, 두 경우에서 모두 동등하게 강력할 듯합니다. 다시 말하여 응용수학에서는 「공간과 시간이 모두 다 두 가지 의미에서[180) 무한하게 분

초한수 제곱으로 계속 확장되어 나갈 수 있다. 그렇지만 초한수의 초한수 제곱이 어떤 사례가 있을지, 그리고 그것이 대체 무슨 의미가 있을지에 대해서는 뒤친이의 머릿속이 텅 비어 있다.

180) [역주] 두 가지 의미는 바로 앞쪽에서 무한히 분할 가능하다는 의미와 무한히 많은

할 가능하다」고 가정됩니다. 「공간과 시간이 무한히 분할할 수 있다」는 가정으로부터 여러 결과들이 연역되고, 임의의 것이든 경험이 확증할 수 있는 한, 그 가정을 확정해 줍니다. 만일 이 가정이 참값이었더라면, 실제적으로 일어남직한 그 사건들이 실제로 일어난다는 것이 밝혀지기 때문입니다. 달리 말하여, 이들 가정이 만들어진 수학적 단언(명제)들이 적용된 물리학의 아주 많은 사례들에서, 우리로 하여금 미래 사건들을 정확하게 예측할 수 있게 해 주는 것입니다. 그리고 만일 연역되어 나온 가정들이 거짓이었더라면, 일반적 논점은 이들 예측이 아주 많은 사례들에서 올바른 것으로 밝혀질 것 같지 않다는 점입니다.

그렇지만 이제 야드(91cm)나 시간이 아무런 것도 무한히 분할할 수 없다고 가정하는 근거들이 무엇일까요?

이미 살펴본 대로 임의의 무한한 계열에 대한 가정으로부터 뒤따라 나온 모든 역설적 결과들이, 이 무한 분할 불가능성의 가정으로부터도 뒤따라 나올 것임이 분명합니다. 예를 들어, 우리는 반드시 모든 야드(91cm)가 어떤 무한한 숫자의 분할 가능한 부분들로 구성되어 있다고 가정해야 할 것입니다. 이 부분들로 설사 한 가지 항을 빼어 내더라도, 이전에 있었던 만큼 똑같이 많은 부분들이 있을 것입니다. 우리는 반드시 1인치(2.5cm)가 정확히 1백만 마일(1.6km)만큼 분할할 수 있는 많은 부분들을 담고 있고, 또한 정확히 분할할 수 없는 많은 부분들도 담고 있다고 가정해야 할 것입니다. 그리고 비슷하게, 1초가 정확히 1천년만큼 분할할 수 있는 많은 부분들을 담고 있고, 또한 정확히 분할할 수 없는 많은 부분들을 담고 있다고 가정해야 합니다(≒유한함을 가정하면, 곧 자가당착인데, 무어 교수는 이를 무시하고 있음). 또한 두 집합의 부분들에서부터 어떤 무한한 숫자의 부분들이 빼어질 수 있겠

숫자의 더 이상 분할할 수 없는 개별 요소들이 있다는 의미이다. 뒤친이는 후자의 의미가 유한함을 의미하므로, 무한성과 서로 모순이 되며, 오직 전자의 의미만이 무한성과 일관성 있게 작동할 것으로 본다.

지만, 여전히 이전에 있었던 만큼 그대로 많이 남아 있다고 가정해야 합니다.

또한 칸트가 과거 시간past time(지나간 시간)에서 무한한 범위의 경우에 존재하는 것으로 여겼던 특별한 난점도 뒤따라 나옵니다. 이 난점이 또한 한 가지 물체가 1인치(2.5cm)이든지 1야드(91cm)이든지 1마일(1.6km)이든지 간에, 임의 길이의 공간을 훌쩍 넘어 이동할 수 있다는 가정에도 적용되고, 임의 길이의 시간이 무한히 분할될 수 있다는 가정에도 적용될 것입니다. 왜냐하면 한 가지 물체가 1인치(2.5cm)의 한 끝점으로부터 또 다른 인치(2.5cm)의 끝점으로 이동한다고 가정해 보십시오. 그렇다면 두 가지 의미(481~482쪽의 역주 180 참고)에서 만일 이 인치(2.5cm)가 무한히 분할될 수 있다면, 어떤 무한한 숫자의 분할 가능한 부분들을 건너 통과해야만 하고, 또한 어떤 무한한 숫자의 더 이상 분할할 수 없는 부분들을 건너 통과해야만 할 것이기 때문입니다(≒무한 분할을 통해서는 결코 통과할 수 없겠지만, 무어 교수는 통과할 수 있는 듯이 잘못 서술해 놓았음). 그리고 어떤 대상이든 간에 한 번이라도 무한한 계열의 끝점에 이르러야 한다는 것, 이것이 바로 칸트가 불가능하다고 주장했던 내용입니다. 따라서 또한 오늘밤 8시와 9시 사이에 어떤 무한한 숫자의 분할할 수 있는 길이의 시간이, 그리고 또한 어떤 무한한 숫자의 더 이상 분할할 수 없는 순간들이 틀림없이 흘러 지났습니다. 그리고 그렇게 흘러 지나기 이전에, 만일 어떤 무한한 계열의 시간을 넘어 지났어야 했다면, 시간이 비로소 9시에 도달할 수 있을 것이라는 점이, 바로 칸트가 불가능한 것으로 단정한 내용입니다. 저의 입장에서는 이들 모든 논점들로부터 정확히 어떤 결론이 도출되어야 하는지를 잘 모르겠습니다.[181] 저는 이것들을 놓고서

---

181) [역주] 일관된 논리를 적용한다면, 무한히 진행해 나가야 한다는 점만이 고려되어야 한다. 여기서는 더 작아지면서 점차 좁아지는 수렴 급수만 다루고 있다. 결코 등간 급수가 아님에 유의해야 한다. 이런 측면에서 오직 그런 무한한 시간을 껑충 뛰어 넘고 건너야만 9시에 도달하겠는데, 정작 수렴 급수의 무한 계열 속에서 결코 빠져 나올 길이 없으므로(무한 계열을 빠져 나오는 즉시 '유한'해져 버림), 결코 9시에 이어질 수

없음이 결론으로서 유도된다. 따라서 칸트는 무한 분할 가능성이 만일 시간에 적용된다면, 시간이나 시점이 서로 이어질 수 없을 것이므로, 이런 주장 자체가 불가능한 것으로 보았던 것이다.

뒤친이는 무한 수렴 급수의 본질을 무시한 데에서 생긴 오류이지만, 또한 이런 주장이 오직 시간이 독자적으로 실재하는 대상으로 보았기 때문에 생겨난 오류라고 본다. 시간은 공간과 동일하게 한 데 합쳐진 개념이다. 물질의 변화나 운동을 통해서 우리들에게 변화나 운동 자체를 편리하게 분할하기 위한 인류 문명의 구성물(가공물)에 지나지 않으며(제3의 뇌에 저장되는 기억에 기반하여 변화와 운동을 표상하기 위해 생겨난 파생물), 공통적으로 이를 좌표계를 통해서 인간들 사이에서 서로 약속할 수 있다. 455쪽의 역주 166에서도 언급되었듯이, 시간은 오직 공간에 있는 물체와 관련하여 정의될 수 있으며, 이런 측면에서

「시간은 오직 공간을 점유한 물체의 변화와 운동에 따라 표상된 수반 현상일 뿐이다」 무어 교수는 이런 점을 전혀 부각시키지 못하였다. 왜 그랬을까? 뒤친이의 판단으로는 무어 교수가 다만 일상생활에서 쓰는 시간 단위를 상식적으로 받아들이고 있기 때문이라고 생각된다. 그는 오직 제11장 '시간은 실재인가?'에서 오직 브뢰들리 교수의 주장을 반박하는 일에만 몰두한다.

현대 물리학에서는 모든 물질이 에너지로 바뀔 수 있고($E=mc^2$), 이것들이 빛과 관련하여 빛의 속도 및 거대한 중력장(지구 중력 1G)과의 상호작용으로 재구성된다는 점에서, 현재로서는 우리가 합의할 수 있으며, 상호 약속된 시간 개념이 의존할 수 있는 유일한 대상이라고 말할 수 있다. 국제 표준 시각(UTC)의 단위는 세슘(Cs) 원자시계의 진동을 보정하여 정해진다. 그렇지만 중력장이 지구의 1천 배가 되는 어떤 별이 있다면(중력 1천G), 그곳에서는 당연히 세슘 원자의 진동도 더 빠르게 변동될 것이다(그리고 블랙홀 내부에서 특정 원자의 진동수를 통해서 계량될 수 있는 시간이란 개념은 아무런 의미도 없음). 그리고 놀랍게도, 운동량이 0에 수렴되는 절대 영도(−273℃)의 보스-아인슈타인 응축Bose-Einstein condensate이 일어난 공간에서는, 빛의 파장이 전파되는 속도마저 마치 갇힌 듯이 아주 느려질 것으로 예측한다(설령 아무리 세슘 원자 진동이 항상성을 보장해 준다고 하더라도, 다시 관찰자에게 전달되는 빛 속도에서 크든 작든 변화가 생겨나게 되는 역설적 상황이 됨).

지금 지구 주위를 돌고 있는 인공위성들이 고도별로 중력장이 다르기 때문에 지구 표면에서 시간을 정확히 맞추려면 반드시 인공위성 속의 시계들에 대한 보정 작업이 있어야 한다. 따라서 결코 시간이 대상이나 사물 자체에 깃들어 있는 것이 아님을 알 수 있다. 특정 원자의 규칙적 진동은, 마치 좌표계의 설정과 같이, 우리가 어디에 있든지 간에 서로 비교될 수 있는 한 가지 기준으로 「약속한 표상」에 지나지 않는 것이므로, 인공위성 속에 있는 세슘 시계의 시간과 지구 표면에 있는 세슘 시계의 시간을 서로 일치하도록 맞추어 가는 것이다.

만일 사물이나 대상의 변화 또는 운동이 관찰되거나 또는 간접적으로 추정할 단서를 경험하지 못한다면, 우리 인지 구조에서 「배경 정보」와 「초점 정보」를 나눠서 세계를 받아들이고 파악하는 일을 할 수 없기 때문에, 우리들에게서 시간에 대한 의식 자체도 불가능하다고 본다. 변화나 운동이 반드시 시간 파악에 전제가 되고, 시간 좌표계를 표상하도록 촉발시켜 주는 것이다. 따라서 시간만을 독자적으로 떼어내고서, 이것에 무한성을 부여한 다음에 무한 확장 가능성과 무한 분할 가능성을 적용한다면 어떤 결론도 얻어낼 수 없을 것이다. 이런 점에서 무어 교수는 오류를 저지르고 있다.

흘러가는 시간 개념과 관련하여, 거의 50년 전에서부터 시작된 것으로서, 심리학에서 밝혀낸 기억의 유형들에 대한 논의는 인류 지성사 상으로 매우 신선하게 새로운 논거와 바탕을 마련해 준다. 특히 인간들이 왜 공통적으로 시간 개념을 느끼는지에 대한

철학적 논점이 우선 아주 분명한 듯한 대상들을 급기야 불분명한 듯이 만들어 버릴 수 있는 방식의 전형적 사례라고 생각합니다. 그렇지만 우리에게 분명히 긍정적 결론을 이끌어 낼 권한이 없을 듯합니다. 일부 철학자들은 「인치(2.5cm)·피트(30.4cm)·야드(91cm)·마일(1.6km)」

이유를 매우 탄탄하고 구체적으로 기억의 단서로 밝혀줄 수 있는 것이다. 이를 「기억 유형에 기반한 시간 개념」의 탄생이라고 부를 만하다. 캐나다 토론토 대학 엔들 털뵝(Endel Tulving, 1927~) 교수는 기억의 유형을 '서술 지식 기억'(명시적 기억)과 '절차 지식 기억'(암묵적 기억)으로 나누고, 다시 서술 지식 기억을 '구체적 사건 기억episode, 일화, episodic memory'과 '일반화된 의미 기억semantic memory'으로 나눈 바 있다. 최근에 그 기능에 초점을 모아 구체적 사건 기억과 일반화된 의미 기억을 각각 「뒤를 돌아보는 기억」과 「앞만 내다보는 기억」으로도 불렀다.

여기서 「시간 개념」 또는 「시간에 대한 의식」이란, 오직 상황 배경과 초점 사건의 자세한 변화를 하나하나 연합하여 기억하는 구체적 사건episode을 기억하는 주체(자신의 경험 내용을 뒤돌아보면서 스스로 자각할 수 있는 주체)에게서만 나타나는 현상에 불과하다고 본다. 구체적 사건 기억은 일부 영장류와 코끼리 등 일부 젖먹이 동물들의 뇌에서 찾아지는데, 이는 두뇌의 진화에서 특별한 부서들을 필요로 한다. 37~38쪽의 역주 9에 적어 놓았듯이, 백질white-matter의 두뇌 외에 진화상 새롭게 발달한 회백질grey-matter 두뇌 부서가 있으며, 이 신생뇌를 흔히 이를 제3의 뇌 또는 두뇌 피질로 부른다. 양 반구로 나뉘어져 둘 사이를 뇌량으로 연결하여 정보를 주고 받는 이 부서는, 다시 전-전두피질(전-전두엽)에 자리잡은 배들리의 작업 기억working memory과도 긴밀하게 작동하면서 종합적으로 우리에게 의식 또는 인식을 만들어 준다.

젖먹이 짐승들 중에서도 만약 현격히 구체적 사건을 저장할 두뇌 부서를 갖추고 있지 못한 경우(회백질 두뇌 부서가 검성 드뭇하고, 대체로 백질의 두뇌들을 갖고 있는 경우)에는, 결코 '시간'이란 개념이나 시간에 대한 의식조차 상정할 수 없다. 털뵝 교수는 대다수의 짐승들이 오직 자극-반응에 따른 본능적 행동들만 실행하면서 '영원히 현재 시간'만을 살아간다고 보았는데, 이것이 「앞만 내다보는 기억」의 핵심 내용인 것이다. 가령, 사바나 평원의 암사자에게는 불행하게도 며칠 전 사냥해서 먹었던 사슴 고기 맛과 오늘 잡은 들소 고기 맛을 서로 비교하면서 음미할 만한 기억의 토대가 전혀 없는 것이다. 단지, 자극-반응의 본능적 행동에만 국한되어 살아갈 뿐이다. 좀더 나아가, 만일 외계인(ET)이 있다고 할 때, 외계인의 「정보 처리 부서」나 두뇌에서 구체적 사건 episode들을 저장하고 필요할 때 인출하여 서로 비교해 볼 기억 창고의 토대가 없다면, 그 외계인에게서도 결코 '시간'에 대한 개념이나 의식이 깃들 수 없다. 더 나아가, 총체적으로 265~267쪽의 역주 110에 있는 「인간 사고의 모형」 도표에 따라 작동함직한 추상적 사고들도 전혀 불가능할 것임을 알 수 있다.

만일 이런 심리학적 주장을 받아들인다면, 소위 「절대적 시간」이란 개념 자체가 매우 인간 중심의 편향된 믿음에 불과함을 쉽게 깨닫게 된다. 그럼에도 인간이란 생물 종은, 공통된 기억에 기반하여 사회생활을 누려 왔고, 계속 이에 따라 생활해 나가고 있기 때문에, 현대 시기 이전에 일어난 사건들에 대한 논의들이 무의미한 것이 아니라, 새롭게 재구성되고 음미되어야 할 대상들이 된다. 제13장 '상상력과 기억'에 대한 논의에서 뒤친이가 따로 최근까지 발전되어 온 '기억'에 대한 논의를 583~584쪽의 역주 221과 595~596쪽의 역주 226에 적어 놓았으므로 그곳을 보기 바란다. 하버드 대학 심리학자 핑커(S. Pinker, 1954~) 교수의 언어 사용에 대한 관련성도 269~270쪽의 역주 111과 835쪽의 역주 324에 적어 두었는데 같이 참고하기 바란다.

과 같은 단위들이나 「초·분·시·햇수」와 같은 단위들도 존재하지 않는다는 결과에 도달한 결론(≒상식을 벗어난 결론)을 이끌어 냈습니다.

제11장 시간은 실재하는가?

§.11-0 【 들머리 】 저는 일부 철학자들이 시간에 대하여 견지했던 것으로 생각하는 두 가지 서로 다른 견해들을 구분해 주려고 하였습니다. 첫 번째 것은 다음과 같은 방식으로 표현하려고 했던 견해입니다. 어떤 것이든 간에 시간과 같은 그런 대상이 실제로 전혀 존재하지 않음을 옳게 여기는 것입니다. 무엇이 되었든 간에 시간 속에 실제로 아무런 것도 존재하지 않거나 일어나지 않는다는 것입니다. 그러므로 만일 누구이든지 간에 무엇이 되었든 간에 임의의 대상이, 다른 임의의 대상 이전이나 이후에 한 번이라도 일어났다고 믿거나, 또는 동시에 임의의 두 가지 사건이 한 번이라도 일어났다고 믿거나, 또는 임의의 한 가지 대상이 또 다른 대상보다 조금이라도 더 오래 지속되었다고 믿거나, 또는 임의의 대상이 과거에 존재했거나 지금 존재하고 있거나 미래에 존재할 것이라고 믿는다면, 단순히 그는 잘못을 저지르고 있습니다. 왜냐하면 사실상 그런 믿음이 모두 다 거짓이기 때문입니다. 극히 역설적인 이런 견해는, 시간에 대하여 견지된 것으로 제가 언급한 두 가지 견해 중 한 가지입니다.

또 다른 견해는 아주 다른 것이었습니다. 두 번째 견해에서는 시간과 같은 그런 것이 존재한다고 인정합니다. 그리고 시간 속에 아주 많은 상이한 대상들이 존재하지만, 시간 속에 조금이라도 존재하는 모든 대상들이, 그리고 아마 심지어 시간 그 자체까지도, 어떤 의미에서 단지 '겉모습'일 뿐이라고 여깁니다. 전혀 시간 속에 존재하지 않는 다른 무엇인가의 겉모습입니다(≒플라톤은 '그림자' 비유를 썼었음). 그러므로 과거에도 존재하지 않았고, 현재에도 존재하지 않으며, 미래에도 존재하지 않을 것이지만, 여전히 실제로 존재하거나 실재하는 어떤 것입니다. 이런 생각을 표현하기 위하여 철학자들이 고안한 구절을 쓴다면, 이는 '시간을 초월하여timelessly(초시간적으로 영구불변하게)' 존재하거나 실재하는 것입니다.

저는 이들 두 가지 견해가 모두 다 우주에 대한 아주 기묘한 견해를 제시해 준다고 생각합니다. 그리고 둘 모두 다 상식과 모순이 된다고 말할 수 있을 것으로 봅니다. 첫 번째 견해는 아주 분명하게 모순되지만, 누구든지 이것이 모순이라고 논박할 것으로 생각하지 않습니다. 두 번째 견해도 또한 모순된다고 말해질 수 있습니다. 제 생각에, 왜냐하면 만일 임의의 대상(≒시간)이 지금 존재하지도 않고 과거에 존재하지도 않았으며 미래에 존재하지도 않을 것이라면, 그 대상이 참되게 존재하거나 실재한다고 말해질 수 있는 방식을 붙들어 내기가 아주 어려움을 깨닫기 때문입니다. 초시간적timeless(영원불변의) 존재에 대한 일반개념은, 분명히 붙들어내기가 아주 어려운 것입니다. 우리의 성향은, 무엇이든 간에 조금이라도 존재하는 것은, 틀림없이 어떤 시점에at some time 존재하는 것으로 말하기 일쑤입니다. 저는 「이렇게 말하는 일이 옳지 않음」을 전혀 확신치 못합니다(≒결국 옳다는 뜻임).

그럼에도 불구하고, 상식과 모순을 빚는 정도와 관련하여, 저는 이들 두 견해 사이에 커다란 차이점이 있다고 생각합니다. 아주 명백하게, 전적으로 우리의 일상적 믿음과 대부분 모순을 빚는 것은, 다만 첫 번째 견해일 뿐입니다. 우리는 지속적으로 어떤 대상들이, 다른 대상들 이전에 실제로 일어나고, 어떤 대상들이 과거에 속하며, 다른 대상들이 현재라고 믿고 있습니다. 심지어 이렇게 말하면서도, 물론 저는 우리가 지속적으로 「대상들이 시간 속에서 실제로 일어난다」고 하는 믿음을 전제하고 있습니다. 그렇지만 여전히 실제로 우리가 지속적으로 믿는다고 말할 수 있을 것으로 봅니다(≒믿음뿐만이 아니라, 또한 상식적으로 실제 사실임). 만일 첫 번째 견해가 참값이라면, 이들 모든 상식적 믿음은 틀림없이 거짓입니다.

그렇지만 두 번째 견해에서는 결과가 다릅니다. 이들 우리의 일상적 믿음이 어떤 방식으로든 두 번째 견해와 모순이 생겨나지 않습니다. 왜냐하면 오직 그렇게 많은 대상들이 시간 속에 실제로 한 번이라도 존재한다는 것만 명백하게 함의하기 때문입니다. 물론 이것이 또한 설령 시간 속에 존재하지 않는 다른 가장 중요한 어떤 실체들realities이 존재할 수 있다손 치더라도, 실제의 경우일 수 있습니다. 그러므로 제가 상식과 모순을 빚는 것으로 여기는 것은, 오직 첫 번째 견해일 뿐입니다.

이 첫 번째 견해가 참값인지 여부에 관한 질문이, 실제로 시간 속에 존재하는 대상들 이것 말고도 또한 그렇지 않는 다른 대상들이 존재하지 않는지 여부에 관한 단순한 질문보다 저에게는 더욱 굉장히 중요합니다. 「만일 아무런 것도 임의의 시간에 전혀 존재하지 않는다면, 우주가 무엇과 같을 것인지」에 대한 물음 및 우리가 일반적으로 가정하듯이 「만일 그렇게 많은 서로 다른 대상들이 실제로 서로 간에 시간상의 관계들을 지니며 그런 관계를 지녀왔다면, 우주가 무엇과 같을 것인지」에 대한 물음 사이에 있는 차이점은, 「존재하는 모든 것이 시간 속에 존재한다」는 가정 및 비록 많은 대상들이 시간 속에 존재하지만 「시간 속에 존재하지 않는 어떤 대상도 있다」 가정 사이에 있는 단순한 차이보다도 확실히 더 크고 굉장한 것입니다. 그러므로 우주 속에 굉장한 숫자의 상이한 대상들이 모두 다 서로 간에 시간적 관계를 지님이 참값인지, 거짓인지 여부에 관한 이런 물음이, 저에게는 지금까지 우주에 대하여 지니는 시간의 관계를 놓고서 제기될 수 있는 가장 중요한 질문일 듯합니다.

사실상 우주에 관해서 조금이라도 제기될 수 있는 가장 중요한 질문들 중 한 가지인 것 같습니다.182) 물론 오직 제1장에서 제가 설명한

---

182) [역주] 원문에서 it seems to me저한테는 ~인 듯합니다라는 추정 또는 짐작 표현은 두 가지 기능이 있다. 첫째, 주장하는 사람이 져야 할 책임을 줄여 주는 역할을 한다. 설사 상대쪽 사람이 「내 주장이 틀렸다」고 논박하더라도, 나는 여전히 「사람은 실수하기 마련이며, 내가 실수로 잘못 추정하였다」고 말하면서 주장을 철회할 수 있기 때문이다. 따라서 그만큼 주장하는 사람의 체면을 보호해 주며, 오직 추정 표현이기 때문에 언제나 빠져 나갈 발판이 마련되어 있는 것이다. 둘째, 상대 쪽 청자에게는 너무 단정적으로 말하지 않고 대신 「추정이라는 틀릴 수도 있는 약한 가능성」으로 표현해 줌으로써, 상대방이 스스로 판단하고 결정하도록 하는 배려의 기능도 한다. 너무 단정적으로 말한다면, 그 속뜻이 마치 "왜 너는 진리를 따르지 않는 것이냐?"라는 반문처럼, 억지로 상대방에게 강요하는 인상을 주며, 상대방의 지위가 낮을 경우에 협박의 속뜻까지 담길 수 있기 때문이다.

주위에서 손자가 할아버지에게 내일 집을 떠나는 일정을 말씀 드릴 경우에, 「제가 내일 떠나야 될 것 같습니다!」라고 말할 수 있다. 자신이 이미 결정한 일을 말하면서도 「추정 표현」의 형식을 쓰고 있다. 그런 만큼 필연적이지 않기 때문에, 할아버지가 그런 결정을 번복할 수 있는 모습으로 표현되어 있는 것이다(더 강력한 결정권이 마치 지위가 높은 상대방에게 있는 듯한 표현이 됨). 결국 이런 방식으로 할아버지의 체면을 높여 주고 있는 것이다.

언어 사용에서 이런 중요한 「사회적 기능」을 제대로 파악하지 못한 채, 이런 표현을 「정신 나간 말」로 매도하는 경우를 더러 본 적이 있다. 그런 사람들은 반드시 「~이다」라고 단정적으로(참·거짓 범주 중 오직 하나만 선택하여) 말해야 한다는 주장한다. 백 걸음 양보하여, 아마 "끝끝을 흐린다"는 일상 표현이 함의하듯이, 부정적 속뜻(확신이나 자신감이 없는 부정적인 상태)만 갖고 있는 것으로 판단했기 때문인 듯하다. 언어 교육의 목표로서 「기계적으로 누구나 다 분명하고 똑 부러지게 말을 하도록 가르쳐야 한다」고만 봤던 것이다. 그렇지만 언어 교육의 목표는 언어 표현을 통하여 사회적 관계상 친분감과 서로 간의 거리를 좁히는 일을 지속하고 발전시키는 방식도 함께 가르쳐 주어야 하는 것이다.

우리말에서 '~는/을 것 같다'는 화자에게서 동일한 「책임 경감」의 기능을 지니고 있으며, 동시에 또한 상대방이 간섭하여 결론을 조정할 수 있도록 발판을 마련해 주는 역할도 한다(상대방과 협상 가능한 표현 방법임). 똑같이 '~듯하다, ~듯싶다, ~것처럼 보인다, ~것 같다'와 같이 같은 부류로 묶이는 「추정·짐작 표현」도 동일한 역할과 기능을 떠맡고 있다. 만일 모든 표현을 단정적으로만 말한다면(참·거짓 중 하나만 선택하는 '범주적 표현'으로도 불림), 「억지로 내 의견을 상대방에게 강요한다」고 오해를 빚을 수 있어서, 결국 상대방과 말싸움이나 갈등이 더욱 많아질 것이다. 설령 참·거짓으로 강하게 표현한다고 하더라도, "~라고 생각한다"를 덧붙여 오직 「개인의 사사로운 의견」으로 약화시킬 수도 있으며, 반드시 "네 생각은 어떻니?"라고 되물어 줌으로써, 이런 방식으로 상대방과 협상할 수 있는 발판을 마련해 줄 수도 있다. 물론 극히 예외인 경우도 있다. 명령과 보고의 표현이 명백해야 할 군대에서 말을 주고받는 상황에서나 관제탑과 비행기 사이에 주고받는 정보 교환에서는, "~이다, ~아니다"와 같은 참·거짓을 나누는 범주적 표현만이 분명히 선호될 것으로 판단된다.

무어 교수는 이 장에서뿐만 아니라 이하에서도 이런 책임 경감 표현을 자주 쓰고 있다. 영어의 입말 표현에서 자주 쓰이는 'sort of, kind of, I guess, maybe' 따위도 다

특정한 의미에서만 중요합니다. 만일 우리가 현재 있는 그대로의 우주를, 상상만 가능한 다른 우주들로부터 가장 뚜렷하게 구별해 주는 특징들이 무엇인지를 알고 싶을 경우에만 중요한 것입니다. 만일 우리가 이를 알고자 한다면, 분명히 「아주 많은 대상들이 시간 속에 존재한다」는 사실이, 만일 이것이 한 가지 사실이라면, 가장 주목할 만한 가치가 있는 우주에 관한 사실들 중에서 한 가지가 됩니다.

그렇지만 제가 알 수 있는 한, 이것이 그런지 그렇지 않은지 여부에 대한 물음은, 거의 아무런 실용적 중요성을 지니지 못한 질문입니다. 사실상 만일 아무런 것도 시간 속에 존재하지 않음이 참값이었더라면, 무엇이 되었든지 간에 아무런 것도 전혀 실용적 중요성을 어떤 것도 지닐 수 없습니다. 왜냐하면 우리가 한 가지 대상이 실용적 중요성을 지닌다고 말함으로써 의미하는 것이, 미래에 중요한 결과들을 지닌다는 점 때문입니다. 그리고 명백히 만일 시간이 존재하지 않는다면, 아무런 것도 좋든 나쁘든 전혀 임의 종류의 결과를 어떤 것이든 가질 수 없습니다. 그러므로 만일 「시간과 같은 그런 대상이 존재하지 않음」을 올바르다고 여기는 철학자들이 옳았더라면, 그들이 옳은지 그렇지 않은지 여부에 대한 질문이 무엇이 되었든지 간에, 다른 임의의 질문보다 실용적 중요성에서 더 못한 것이 되지 않았을 것입니다. 이것이 더 열등한 것은 아닐 것입니다. 왜냐하면 예외 없이 모든 질문들이 한결같이 실용적 중요성을 모두 다 결여하고 있을 것이기 때문입니다.

그렇지만 만일 상식적 견해를 받아들여, 시간과 같은 그런 대상이

똑같은 역할을 한다. 반대로 또한 absolutely절대적으로와 100% certainly[1]백 프로 확실히와 같은 부사는 주장하는 사람의 확신을 더 강하게 실어 주며, 상대방으로 주저 없이 즉각 받아들이도록 하려는 의도를 담고 있다. 이런 기능을 지닌 표현을 영어에서는 hedge나 hedging이라고 부른다. 주장하는 사람을 보호해 준다는 측면에서 '책임 경감 표현'이나 '울타리 두르는 표현'으로 번역한다. 자세한 것은 페어클럽(2003; 김지홍 뒤침, 2012) 『담화 분석 방법』(경진출판)의 §.10-5 '양태표현의 표지'를 읽어 보기 바란다.

영어 표현도 과연 우리말에서 찾을 수 있는 '협상의 발판 마련' 기능이 있는지 여부는 잘 알 수 없다. 그렇지만 추정이나 짐작 표현은 여러 기능을 맡고 있음이 분명한 듯하다. 654쪽의 역주 247과 관련된 본문에서도, 영어에서 확실성을 완화시키는 일상적 표현들이 다뤄지고 있다.

있고, 따라서 몇 질문들이 실용적 중요성을 지닐 수 있다면, 저는 우리가 반드시 「이런 특정한 질문이 거의 어떤 것이든 실용적 중요성을 지니지 않음」을 인정해야 할 것으로 봅니다(≒「시간」이라는 용어로써 무어 교수가 사회 문화적 「시간 단위」도 언급하고 있고, 「시간이라는 존재 그 자체」도 의미하고 있으므로, 편한 대로 중의적으로 쓰고 있는 셈인데, 자칫 이는 서로 혼란을 빚을 소지가 있음). 의심의 여지없이, 특정한 대상들과의 시간적 관계에 관해서, 우리가 모두 믿음을 갖고 있어야 함이 굉장히 중요합니다. 거대하게 많은 숫자의 우리 행동들이, 그런 믿음에 의해서 안내됩니다. 따라서 만일 「시간과 같은 그런 대상이 존재하지 않는다」는 철학적 신조를 채택하여, 우리로 하여금 일상생활에서 시간에 관한 그런 믿음을 모두 버리도록 이끌어 간다면, 이런 점을 놓고서 우리가 받아들인 신조는 굉장히 실용적 중요성을 지닐 듯합니다. 그렇지만 저는 어떤 것이 되든지 간에, 「시간과 같은 그런 대상이 존재하지 않는다」는 철학적 주장을 아무리 진지하게 받아들일지라도, 어떤 철학자이든지 한 번이라도 이런 주장과 모순이 되는 특정한 믿음들로부터 스스로 벗어나도록 만들 수 있을 것이며, 이런 전환에 아무런 위험도 없다고 생각합니다. 여전히 특정한 대상들과 관련해서, 나머지 우리들이 모두 믿듯이, 「일부 그런 대상이 다른 대상들 이전에 실제로 존재하며, 일부 대상이 존재하기를 멈추었고, 다른 대상들은 아직 존재 속으로 들어가지 않았으며, 특정한 사건들 사이에 있는 시간의 간격이 길이상 서로 다르다」고 그런 철학자도 지속적으로 확실하게 그리고 자주 믿을 것입니다. 그러므로 그의 행동들은, 이런 질문에 대한 그 자신의 견해에 의해서, 영향이 있다고 해도 아주 조금만 영향을 받게 될 것입니다. 따라서 제가 이 질문이 어떤 실용적 중요성을 지닌다고 단정하는 것은 아닙니다.

여전히 그 중요성을 논쟁해야 하는 데에 강력히 권고될 수 있는 또 다른 이유가 있습니다. 이것이 전반적으로 사소한 질문이고, 이를 논의하는 것이 순전히 시간 낭비라고 말해질 수 있습니다. 왜냐하면 어떤 것이 올바른 답변임이 절대적으로 분명하기 때문입니다. 절대적으로 분명해서 「대상들이 시간 속에 실제로 존재한다」는 것입니다. 저는 「이것이 아주 확실하다」고 여기고 있음을 인정합니다(≒상식적 견해임). 또한 제가 만일 그 확실성에 관해서 모두에 의해 동의되었다고 생각했더라면, 여기에 더 많은 주의를 쏟을 만하다고 생각하지 말아야 합니다. 그렇지만 이것이 아무리 확실하더라도, 분명히 「사람들이 이에 대하여 공감하지 않는다」는 사실이, 만일 이것이 한 가지 사실이라면, 실제로 차이를 만들어 냅니다.

저는 실제적으로 어떤 누구에 의해서이든지, 설령 아무리 불합리하게 보이고 아무리 분명하게 거짓이라도, 옳은 것으로 여겨지는 철학적 신조가 아무런 것도 온전히 주목받지 못한 채 지나쳐선 안 된다고 고백합니다. 옳은 것으로 여겨지는, 즉, 누군가가 진정으로 그 참값을 확신한다는 단순한 사실이, 저한테는 어느 정도 그 내용을 검토해 볼 만한 듯합니다. 그런 모든 경우에 아마도 최소한 그 사안에 관해서 어떤 난점이 있을 터인데, 그렇지 않다면 아무도 그런 생각을 하지 않았을 것이기 때문입니다.

설령 제가 확신하지 못하더라도, 이미 언급했듯이 저는 일부 철학자들, 그리고 무시하기가 불가능한 큰 철학자들이 실제로 「시간 속에 아무런 것도 현재 존재하지 않는다」는 점을 견지했다는 의심을 떨쳐버릴 수 없습니다. 우주에 대해서 「대상들이 실제로 시간 속에 존재하는지, 그렇지 않은지 여부」에 대한 거대한 차이점을 만들어 내는 사실과 결합되어 있는 이런 단순한 의심이, 저에게는 이 질문에 주의를 기울여야 할 충분한 이유일 듯합니다. 따라서 저는 이것을 좀더 논의하고자 합니다. 그렇지만 제가 실행하고자 하는 내용 속에는 이 질문을 놓고서 직접 제 견해를 옹호하여 논의하는 부분은 많지 않습니다. 오히려 이 질문이 그 자체로 정확히 무엇인지를 놓고서, 어떤 측면에서 좀더 분명하게 정의해 주고자 노력할 것입니다.

§.11-1【 비슷한 용어들의 목록과 용어들 간의 차이점 】의심할 바 없이 핵심적인 사실은, 낱말들이 가리키는 대로 가장 강력하게 다음 주장을 말하는 철학자들이 있습니다.

「시간이 비실재적이다」거나 「시간이 실재하지 않는다」
(Time is *unreal* or Time is *not* real)

그런 낱말들의 의미가 충분히 분명하다고 생각할 수 있습니다. 실제로 이를 말하는 사람이 누구이든지 간에, 만일 우리가

「임의의 한 가지 대상이, 이미 또 다른 대상이 존재 속으로 들어오기 이전에 존재하기를 멈추고서 없어졌다」거나 「임의의 한 가지 대상이 또 다른 대상보다 더 오래 지속된다」
(any one thing had ceased to exist before another came into existence or any one thing lasts longer than another)

고 믿는다면, 틀림없이 우리가 잘못되었음을 뜻한다고 생각할 수 있습니다. 그렇지만 저는 그 사람들이 언제나 이를 의미하는지 여부에 대하여 의심할 만한 어떤 근거가 있다고 생각합니다. 만일 그들이 우리가 잘못임을 의미하지 않는다면, 「시간이 비실재적이다」라고 말함으로써 의미하는 것이, 우리가 잘못이라고 했을 경우에만 일어났음직하게, 거의 어떤 것도 그렇게 중요한 것이 될 수 없다고 말할지도 모르겠습니다. 저는 우리가 잘못되었음을 뜻하는 것으로 생각합니다.

그렇지만 분명히 그들은 「시간이 비실재적이다」라고 말하면서, 「자신들이 뜻하는 것이 엄청나게 중요한 어떤 것이라고 생각한다」는 사실이 남아 있습니다. 그들은 「시간이 실재적이지 않다」고 말하는 바로 그 의미에서, 「어떤 대상들이 실재적인지」를 정립하기 위하여, 이를 철학의 주요한 문제로 여기고 있는 듯합니다. 그렇다면 그들이 「시

간이 실재적이지 않다」고 말하는 경우에, 이런 주장을 상식과 모순되는 의미로 이해되리라 뜻하는지, 그렇지 않은지 여부에서 어떤 경우이든지 간에, 저로서는 실제로 「정확히 그들이 무엇을 의미하는지」를 찾아내려는 노력이 오히려 더욱 중요할 듯합니다. 만일 그들이 상식과 모순되는 쪽을 뜻한다면, 명백히 그들의 견해는 제가 설명해 온 의미에서 아주 중요해집니다. 만일 그렇지 않다면, 그들은 시간에 관해서 제기될 수 있는 또 다른 질문이 있음을 함의하고 있습니다. 즉, 가장 중요성을 지닌 질문으로서, 제가 지금까지 아무런 것도 언급하지 않은 내용에 대한 것입니다. 만일 그런 질문이 있다면, 분명히 그것이 무엇인지를 찾아내려고 노력할 만한 가치가 있습니다. 그러므로 저는 이들 철학자가 「시간이 비실재적이다」라고 말하면서 실제로 무엇을 뜻하는지에 관한 질문을 다뤄나가려고 합니다. 이는 단독으로 시간에만 영향을 주는 질문이 아닙니다. 우리는 우주에 관해서

「그러저런 것이 실재한다」거나 「그러저런 것이 실재하지 않는다」
("So and so is real" or "not real")

라는 표현 중에서 어떤 한 가지를 택하여 쓰지 않으면 어떤 견해도 피력할 수 없습니다. 아니면, 정확히 동일한 생각을 표현해 주려고 자연스럽게 채택해야 하는 다음의 표현들 중에서 어느 한 가지를 채택하여 쓰지 않고서는,

「그러저런 것이 한 가지 사실이다」거나 「그러저런 것이 사실이 아니다」
("So and so is a fact" or "not a fact")
「그러저런 것이 현존한다」거나 「그러저런 것이 현존하지 않는다」
("So and so exists" or "does not exist")
「그러저런 상태가 있다」거나 「그러저런 상태가 있지 않다」
("So and so is" or "is not")

「그러저런 것이 참값이다」거나 「그러저런 것이 참값이 아니다」
("So and so is true" or "not true")

거의 어떤 견해도 피력할 수 없습니다. 이 강의에서 지속적으로 저는 일관되게 이들 표현을 제가 말한 모든 것들에서 써 오고 있으며, 여러분이 이것들을 잘 이해할 것으로 가정하고 있습니다.

그렇지만 이들 표현이 무엇을 뜻하는지를 놓고서 질문을 제기한다면, 이 주제와 관련하여 어떤 의문점이 있음을 발견하게 될 것입니다. 이는 언어로 표현하기 쉽지 않은 것입니다. 이 의문은 이들 표현이 뜻하는 바에 관한 것입니다.

"real(실재이다)"183), "exist(현재 존재하다)", "is(있다)",
"is a fact(한 가지 사실이다)", "is true(참값이다)"

와 같은 낱말에 의해 의미되는 것이, 사실상 「어떤 대상들이 이들 속성을 지니는지」에 관한 더욱 중요한 질문들로서 논리적으로

'어떤 대상들이 실재하고, 실제로 현존하며, 존재의 상태를 지니고, 사실이거나 참값인지'

---

183) [역주] real이란 낱말은 영어에서 형용사이다. 영어에서는 형용사가 명사를 꾸며 주거나, 계사 be와 같이 쓰여 서술어로 기능한다. 이 맥락에서는 서술어의 한 사례로 제시되어 있다. 그러므로 우리말에서 관형어로 분류되는 '실재의, 실재적인'보다, '실재한다, 실재이다, 실재이다' 등의 서술어로서 풀이해 놓았다.

우리말에서 실재實在와 실제實際는 발음이 거의 비슷하며(두 발음의 공통 부분을 흔히 [ㅈ]로 표기함), 뜻도 또한 서로 통용될 수 있다. 그렇더라도 만일 그 뜻을 구분해 본다면, 전자는 지금 경험하고 있는 「현실 세계 속에 있다」는 뜻을 지닌다. 반면에 후자는 「현실 세계와 맞닿아 있다」는 뜻이며, 명사뿐만 아니라 '실제로'와 같이 자주 부사로도 쓰인다. 시간 표현에서는 '즈음할 제'로 새긴다.

조선조 때에 물건들의 목록을 작성한 문서의 맨 마지막 줄에는 '끝 제(際)'를 써 놓기도 했다(사람들의 이름 목록 뒤에는 원본이란 뜻으로 원[原]을 썼음). 마치 오늘날 공문에서는 '이상'이나 '끝'이란 낱말을 쓰는 것과 동일한 모습이다. '끝 제(際)'가 다시 '국제國際'처럼 쓰이면, '나라 끝'을 넘어서서, 나라와 나라가 맞붙어 있으므로, 나라들 사이라는 뜻으로 속뜻이 더 확장된다.

(what things are real, do exist, have being, are facts or true)

와 관련되어 있지는 않습니다. 예를 들어, 우리는 모두 다음과 같은 주장

「스캇의 소설 속 남성 주인공 웨이빌리와 같은 사람이 전혀 실제로 존재하지 않았다 ─ 즉, 웨이빌리는 실재하는 인물이 아니었다」(391쪽의 역주 142)
(No such person as Waverley, the hero of Scott's novel, ever did *really exist* ─ Waverley was not a *real* person)

에 의해서 무엇이 의미되는지를 잘 알고 있습니다. 설령, 그런 주장을 하는 데에 이용하는

"really exists(실제로 현존한다)", "real(실재한다)", "is true(참값이다)"

라는 표현들에 의해서 우리가 뜻하는 바에 대한 설명을 어떤 것도 제시하지 못할 경우에라도, 또한 그런 주장이 참값임을 확신할 수 있습니다. 그러므로 이들 표현이 의미하는 바를 확신하기가 어렵다고 말하는 것은, 저는 이것이 참값이라고 생각하더라도, 우리가 이 낱말들이 들어가 있는 문장의 의미를 완벽히 쉽게 이해할 수 없음도, 그런 어떤 문장들이 참값이며 다른 것들이 거짓임을 확신할 수 없음도 함의하지는 않습니다.

어떤 의미에서, 이들 낱말이 정확히 무엇을 의미하는지 알지 못한 채, 우리는 이해와 확신을 둘 다 실행할 수 있습니다. 왜냐하면 그것들이 뜻하는 바를 알고 있음에 따라, 종종 이들 낱말이 나온 문장을 이해할 뿐만 아니라, 또한 그것들을 분석할 수 있거나 그것들에 대한 모종의 참값을 알고 있음을 의미하기 때문입니다. 예를 들어, 그것들이 전달하는 일상개념이 다른 일상개념들과 어떻게 구별되거나 관련되는

지를 잘 알고 있는 것입니다. 명백히 우리는 한 가지 개념 그 자체에 아주 익숙해져 있습니다. 설령, 이 일상개념을 분석할 수 없거나 정확히 이 일상개념이 다른 일상개념들과 어떻게 관련되고 구별되는지를 정확히 말할 수 없다손 치더라도, 이 일상개념이 한 가지 낱말에 의해 우리들에게 아주 쉽게 전달될 수 있습니다. 그러므로 어떤 의미에서 우리는 한 가지 낱말이 의미하는 바를 아주 잘 알고 있을지라도, 동시에 또 다른 의미에서 그 낱말이 무엇을 의미하는지 정확히 알 수 없을 수도 있습니다. 우리는 그 낱말이 전달해 주는 일상개념에 아주 익숙해져 있고, 동시에 비록 그것을 잘 정의할 수 없을지라도, 그 낱말이 나온 문장들을 잘 이해할 수 있습니다.

이에 대한 아주 좋은 사례로서, 다음처럼 매우 빈번히 쓰는 일상적인 낱말을 제시할 수 있습니다.

"life(삶·생명·수명·생활 등)", "alive(살아 있는·생기찬·민감한 등)"

그렇게 아주 많은 경우에, 충분히 확신을 갖고서 「어떤 사람들이 살아 있고, 다른 사람들이 죽었다」라고 말할 수 있으면서도, 또한 「어떤 사람들이 살아 있고, 다른 사람들이 죽었다」고 말함으로써 의미되는 바를 깨닫지 못하는 사람이 있을까요?(≒반문은 '없다'는 뜻의 자문자답 형태임) 그럼에도 불구하고, 여전히 여러분이 'life삶·생명'라는 낱말의 의미를 아주 일반적으로 정의하려고 한다면, 다시 말하여 「하나의 대상이 살아 있고, 또 다른 대상이 죽었다」고 말하는 모든 경우에 두루 다 적용할 「삶·죽음life and death」 사이에 있는 차이를184) 설명해 주려고 한

---

184) [역주] 어떤 경우이든지 전형적인 경우로부터 시작하여 지속적으로 여러 가지로 쓰임이 확장되기 때문에, 자연언어를 다룰 경우에는 대표적인 표본을 찾아내는 일이 아주 중요해진다(531쪽 이하의 역주 199에 있는 '언어 형식의 중의성 도표'를 보기 바람). 어느 나라 말에서도 다 그러할 텐데, 우리말에서도 '죽다'는 생명이 없는 사물에도 비유적으로 확장되어 쓰인다. 또 '그 친구 성질이 많이 죽었어!, 꼬마가 풀이 죽었다!'라고 말할 때, 죽다는 의미가 '살다'와 여전히 짝을 맞출 수 있다. 그렇지만 '시계가 죽다,

다면, 분명히 지극히 어렵다는 것을 깨닫게 될 것입니다. 「특정한 한 사람이 살아 있고, 또 다른 사람이 죽었음」을 잘 알 수 있는 바로 동일한 사람이, 그럼에도 불구하고 정확히 살아 있는 사람에게 공통적이지만 죽은 사람에게는 속하지 않는 속성들, 그리고 「살아 있는 식물·살아 있는 세포·살아 있는 세균」과 같이 살아 있는 다른 모든 대상들한테 공통적이지만, 그렇지 않은 임의의 대상들에는 속하지 않는 속성들이 무엇이 있는지를 말할 수 없을지도 모릅니다.[185] 동일한 방식

불이 죽다, 웃주름이 죽다, 장기판에서 포가 죽다'라는 표현에서는 각각 서로 다른 반의어로서 '시계가 가다, 불 사르다, 웃주름이 잡히다, 포를 써서 상대방 장기알을 먹다'라는 짝을 내세움직하다. 힘들게 지내는 경우에 흔히 '죽어 지낸다'는 말을 쓰는데, 이에 짝으로서 '잘 지내다'는 가능하겠지만, 결코 '*살아 지내다'는 불가능하다(단, 앞의 별표 '*'는 비문법적임에 대한 생성문법의 약속임). '얼굴에 주근깨가 있다'에서 주근깨(죽은깨)는 뜻이 고정된 낱말(얼굴에 있는 점)로서 '*살아 있는 깨'나 '*죽을 깨'라는 표현이 불가능하다. 따라서 사전에 굳어진 낱말로서 연철한 형태 '주근깨'로만 올라 있다. 급한 대로 우리말의 다양한 용례들은, 국립 국어원의 「우리말샘」에서 찾아 볼 수 있다(https://opendic.korean.go.kr).

185) [역주] 심지어 낱말에 대한 정의를 대체로 막연히 알고 있더라도, 자주 맥락에 맞게 정확히 사용하는 일이 가능하다. 이런 지식을 암묵적implicit 지식으로 부르며, 심리학에서는 절차적procedural 지식으로 부른다(새로운 대상을 만들어 주는 '절차'와 관련된 지식임). 언어 사용은 일차적으로 앞뒤 문맥에 따라 낱말의 뜻이 고정되며, 다시 그 낱말이 포함된 언어 사용 맥락이나 상황 맥락에 따라 결정되게 마련이다. 담화 연구에서는 전자를 co-text앞뒤 문맥로 부르고, 후자를 context상황 맥락로 불러 구별하려고 한다(531~532쪽의 역주 199). 가령 우리말에서 '손을 들다'는 말이, ① 권투 시합에서 심판이 '홍 코너 선수의 손을 들었다'는 시합에서 이겼음을 가리킨다. ② 사업을 벌이거나 투자를 하는 상황에서 '투자의 귀재 버펏이 주식시장에서 손을 들었다'는 사업이나 투자를 그만 둔다는 뜻이다. ③ 전장터에서 '적군이 손을 들었다'는 상대방에게 항복하다는 뜻을 나타낸다. ④ 교실수업 상황에서 '철수가 손을 들었다'에서는 선생님한테 지명받고자 하는 것을 말한다. 이처럼 앞뒤 문맥과 언어 사용 상황에 따라 일상 표현들의 의미가 달라지기 때문에, 축자적으로 사전에서 '손 내리다'와 관련하여 풀이됨직한 '손 들다'의 의미는, 오직 의미 해석의 단서만을 제공해 준다. 이것이 초보적인 기본값 정보인데, 다시 '앞뒤 문맥'과 '상황 맥락'에 의해서 최종적으로 그 의미가 결정됨을 알 수 있다. 자세한 논의는 위도슨(2004; 김지홍 뒤침, 2018) 『텍스트, 상황 맥락, 숨겨진 의도』(경진출판)를 읽어 보기 바란다.

참고로, 후기 뷧건슈타인(Ludwig Wittgenstein, 1889~1951)의 일상언어 철학에 대한 논의에서도 이렇게 의미를 결정해 주는 상황 맥락에 대한 관심을 모았었다. 단, 여기서 의미는 낱말의 의미가 아니라 '사용 의미' 내지 '화자 의미'라고도 불렸었다. 그렇지만 그라이스(H. P. Grice, 1913~1988) 교수에 의해서 '의도intention'라는 말로 정착되었다. 따라서 자칫 무한히 확산되어 버릴 법한 '상황 맥락'을 제약하는 방식이 논의될 수 있는데, 바로 복합적으로 의사소통 상황에 대한 분류 및 화자의 의도에 의해서 수립될 수 있는 것이다. 한편, 말뭉치 언어학(전산처리 언어학)에서는 '상황 맥락'을 제약하는 방편으로 「균형 잡힌 말뭉치」 확보를 목표로 삼는다. 머카씨(1998; 김지홍 뒤침, 2010)

으로 우리가 실제로 흔히

"real(실재한다)", "exists(현존한다)", "is(상태가 있다)",
"is a fact(한 가지 사실이다)", "is true(참값이다)"

처럼 이들 훨씬 더 근본적인 표현들의 의미도 잘 이해하고 있고, 설령
이 낱말들을 정의할 수 없다는 의미에서 그 의미를 잘 알 수 없다손
치더라도, 수천 가지의 사례에서 이들 낱말이 나오는 문장들이 참값
인지, 거짓인지 여부를 (직관적으로) 이내 결정할 수 있을 듯합니다.
이것이 제가 이들 낱말의 정의에 관한 질문이, 논리상으로 이 낱말들
이 나오는 문장이 참값인지, 거짓인지에 관한 더욱 중요한 물음과 관
련되어 있지 않다고 말하는 이유입니다.
    그렇지만 철학적 논의의 많은 부분이, 사실상 낱말들의 의미에 관
한 논의로 이뤄져 있습니다. 그런 논의들이 심지어 논리상으로 좀더
중요한 물음들과 관련되어 있지 않다고 하더라도,

"real(실재한다)", "true(참값이다)"

와 같은 낱말의 의미와 관련된 철학자들의 견해가, 「어떤 대상들이
실재하고 참값인지」에 관한 그들의 견해에 사실상 아주 많은 영향을
미쳐왔다고 생각합니다. 그러므로 좀더 중요한 물음들에 관한 한 사
람의 견해가, 한 가지 낱말의 의미에 관한 그의 견해에 의해 영향을
아주 많이 받을 소지가 있습니다. 이런 사실이 아마 이런 질문들로
들어가서 본격적인 논의를 하는 일에 대한 주된 정당성으로 작용할
것입니다. 그렇지만 그것이 주된 정당성인지, 아닌지 여부 말고도, 그

『입말, 그리고 담화 중심의 언어교육』(경진출판)을 보기 바란다. 또한 618쪽의 역주
232도 같이 보기 바란다.

렇게 실행하기 위한 또 다른 동기가 분명히 있습니다. 이것도 한 가지 정당성이 될 수 있으며, 그렇거나 말거나 간에, 일부 사람들에게는 앞의 것보다도 이것이 분명히 훨씬 더욱 강력하게 작용한다고 봅니다.

"real(실재한다)", "true(참값이다)"

와 같은 낱말의 의미에 관한 논의가, 「어떤 대상들이 실재하거나 참값인지」에 관한 우리의 견해에 영향을 주거나 그렇지 않거나 간에, 「그런 논의들이 분명히 무엇인가 언급될 만한 것이 있다」는 쪽을 옹호하는 일부 사람들에게 관심거리가 됩니다. 왜냐하면 한 가지 낱말의 의미에 관한 아무런 논의도, 결코 고작 한 가지 낱말의 의미에 관한 것으로만 끝나는 것이 아니기 때문입니다. 이는 언제나 이 낱말이 표현해줄 대상들이나 일반개념들이 서로 간에 구별되거나 관련되는 방식에 관하여 어떤 논의까지도 함께 포함할 것입니다.

가령, 'real실재한다', 'true참값이다'와 같은 낱말에 의해 전달되는 일반개념을 놓고서 우리가 만들어 낼 만한 이런 본질에 관한 모든 새로운 발견이, 잘 알다시피 실재하거나 참된 대상들의 모든 범위에 적용하는 어떤 새로운 발견이 됩니다. 이런 의미에서 설사 낱말들과 같은 그런 대상들이 전혀 없다손 치더라도, 우주의 가장 중요한 구성체들을 놓고서 우주에 속할 만한 속성들에 관한, 그리고 전체가 아니라면 거대한 숫자의 대상들에 속한 대단히 일반적인 속성들에 관한, 한 가지 새로운 발견인 셈입니다. 전체 진리들이라고 말하지는 않겠지만, 저는 이런 본질에 대한 일부 일반적 진리들이, 분명히 많은 사람들에게 커다란 관심사항이 됩니다. 「참값과 거짓이 무엇인지」에 관한 물음들, 「실재와 존재가 무엇인지」에 관한 물음들이, 그 나름의 이유 때문에 철학자들에게 가장 관심을 끄는 듯한 질문들 속에 들어가 있습니다. 설령 그런 질문들이 「어떤 대상들이 참값이고 거짓인지」, 「어떤 대상들이 실재하고 실재하지 않는지」를 묻는 추가적인 질문을 놓고서 아무런 결과를 지니지 못했다손 치더라도, 저는 그 나름대로의 이유 때문에 「논의할 만한 가치가 없다」고 말하기가 어렵다고 봅니다. 그러므로 이제 저는

"real(현실 속에 실재한다)", "exist(현존한다)", "is(상태가 있다)", "is a fact(한 가지 사실이다)", "is true(참값이다)"

와 같은 낱말이 의미하는 것을 놓고서 몇 가지 핵심 사항을 논의하고자 합니다. 그렇지만 이미 언급했듯이, 이 시점에서 이런 논의 속으로 들어가는 주요한 이유가, 저한테는 일부 철학자들이

「시간은 비실재적이다」
(Time is unreal)

라고 말하는 경우에, 그들이 뜻하는 바를 이해하는 데에 실질적인 어려움이 있을 듯하다는 점 때문입니다. 저는 그분들이 우리가 이해하려고 애쓸 만한 가치가 있는 아주 중요한 철학자들이라고 생각합니다.186) 이미 말했듯이, 그분들이 「시간은 비실재적이다」라고 말하는 경우에, 우주에 관한 한 가지 가장 중요한 사실을 표현하고 있다고 생각합니다. 그럼에도 불구하고 그분들이 이를 언급하는 경우에, 단지 제가 우선 구분해 놓은

---

186) [역주] 일차적으로 옥스퍼드 대학 브뢰들리(F. H. Bradley, 1846~1924) 교수의 주장을 비판의 표적으로 놓고 다뤄나간다. 그렇지만 명시적으로 언급하지 않았으나, 무어 교수의 7년 선배이자 케임브리지 대학 맥태거엇(J. M. E. McTaggart, 1866~1925) 교수도 신-헤겔주의를 옹호했었다. 방대하게 790쪽이나 되는 맥태거엇(1927) 『존재의 본질 (The Nature of Existence)』 I ~ II (Cambridge University Press) 제2권의 제33장 '시간'에서 똑같이 「시간은 실재하지 않는다」고 주장하였다. 특히 §.303에서 맥태거엇 교수가 「변화'에 대응하는 B-계열로 파악된 시간 개념은 실재하지 않는다」고 하였다. 따라서 곧바로 직접 자신의 선배를 반박하는 논증을 하는 셈이 된다. 이 때문에 조심스러운 표현을 쓰고 있는 것으로 짐작된다.

「시간 속에 아무런 것도 존재하지 않는다」

「어떤 대상들만이 시간 속에 존재한다」

라는 두 가지 견해 중에서 어느 한 가지를 표현하려는 것인지 여부는 여전히 의심스럽습니다. 저는 그분들이 또 다른 물음, 이런 두 가지 견해와 구분되는 제3의 물음을 논의하고 있다고 말하는 것이 오히려 가능성이 더 높을 것으로 봅니다. 철학의 주요한 문제들을 다루려는 어떤 시도에서이든지, 분명히 진술되어야 마땅할 아주 중요한 어떤 물음입니다. 제가 왜 이것이 의심스럽다고 생각하는지, 그리고 왜 그 것들의 의미를 이해하는 데에 어려움이 있다고 여기는지를 여러분에게 보여 주기 위하여, 그런 주장들 중 한 가지로부터 일부 실제 인용을 여러분에게 제시해 놓고자 합니다.

§.11-2 【 브뢰들리 교수의 용어 '실재한다'의 모순된 측면 】 저는 브뢰들리(1893, 제9쇄 1930) 『겉모습과 실재(*Appearance and Reality*)』(Allen & Unwin)로부터[187] 몇 개의 단락을 인용하려고 합니다. 브뢰들리 교수는 분명히 가장 유명한 생존 철학자들 중 한 분입니다. 설사 아무도 언급하지 않았다고 하더라도, 그분이 말하는 것은 어떤 것이든지 아마 주목할 필요가 있을 것 같습니다. 그렇지만 브뢰들리 교수는 이런 특정 문제에 대하여 혼자만 주장하는 것이 아닙니다. 저는 대체로 이분이 말하는 것과 비슷한 것들을 말하는 쪽으로 쏠려 있는 다른 철학자들이 아주 많이 있다고 생각합니다. 따라서 실제로 그의 원리가 무엇인지를 찾아보려는 데 대한 추가적인 이유가 있다고 봅니다. 제가

---

187) [역주] 저자가 타계한 지 70년이 지났으므로, 저작권이 소멸되어 다음 누리집에서 이 책을 내려받을 수 있다. 출판사를 달리하여 9쇄 이상 나왔다. 아래 두 군데를 찾아가 보기 바란다. 비록 현재 영향력이 없다손 치더라도, 영국 관념론에서 중요한 철학자로 보인다.

https://archive.org/details/appearanceandrea00braduoft/page/n10
https://en.wikisource.org/wiki/Appearance_and_Reality

제시하려고 하는 인용들은, 시간이 비실재적이라는 내용을 이해하는데에 어떤 외관상의 난점이 있음을 보여 줄 것입니다. 이것들이 철학자의 업적을 연구하는 경우에 항상 일어나는 한 종류의 어려움에 대한 좋은 예시가 되기 때문에, 저는 이것들을 제시해 놓고자 합니다. 저한테는 가장 큰 문제 중 한 가지인 듯하며, 여태까지 충분히 언급하지 않았다고 생각하는 어떤 종류의 난점입니다.

제가 여러분에게 주목하도록 바라면서 『겉모습과 실재』에서 가져온 첫 번째 인용은 '공간과 시간'으로 제목을 붙인 제4장에서 가져왔습니다. 제4장에 있는 마지막 한 문장인데, 다음과 같습니다.[188]

> "공간과 같이, 시간도 실재적이지 않고 모순된 겉모습임이 가장 명백하게 입증되었다."
>
> (Time, like space, has most evidently proved not to be real but to be a contradictory appearance)

이는 희망될 수 있을 만큼 명백하고 확정적인 듯이 보입니다. 브뢰들리 교수는 「시간이 실재하지 않으며」, 시간이 「겉모습」이라고 선언합니다. 그분은 이것이 그러함을 입증했다고 여깁니다. 이것이 그렇다고 생각하는 자신의 이유, 「시간이 모순적이다」고 말함으로써 자신이 표현하는 이유가 만일 사실이라면, 완벽히 확정적이었을 것으로 생각합니다. 「시간이 실재한다」라는 단언(명제)으로부터 서로 모순되는 두 가지 단언(명제)이 뒤따라 나옴이 참값이었다면, 물론 「시간이 실재한다」는 아마 참값이 될 수 없음이 도출되어 나올 것 같습니다. 저는 그분이 「시간이 실재한다」에 임의의 모순이 포함되어 있음을 입증하

---

188) [원자자 주석 1] 1930년에 찍은 제9쇄의 36쪽이다. 제9쇄에 있는 쪽수는 불행하게도 1893년 나온 제1쇄에 있는 쪽수와 다르다. 그렇지만 이 제9쇄의 쪽수를 제시하는 것이 최선이라고 생각하였고, 이것이 내가 갖고 있는 최신판이다. '승인 받고 고쳐진' 것으로 적혀 있지만, 여기서 제시하게 될 네 가지 인용 내용이 모두 쪽수만 달리하면서, 제1판이나 제2판에서 정확히 모두 동일한 낱말로 적혀 있다.

는 데에 성공했다고 보지 않습니다. 그렇지만 그분이 이를 입증했는지 그렇지 못했는지 여부를 논의하는 것은 저의 현재 목적과 무관합니다.

제가 다음에 제시하고 싶은 인용은 같은 제4장의[189] 첫 문장 세 가지로 이뤄져 있는데, 다음과 같습니다.

「제4장의 목표가 공간 및 시간의 본질을 충분히 논의하려는 시도와는 멀리 떨어져 있다. 여기서는 시간 및 공간을 '겉모습'으로 간주하는 데 대한 주요한 정당성을 서술하는 일에 국한되는 것만으로도 충분할 것이다. 여기서는 시간 및 공간이 내보이는 특성에서 이것들이 실체를 지니거나 실체에 속함을 우리가 왜 부인하는지 그 이유를 설명하게 될 것이다」

(The object of this chapter is far from being an attempt to discuss full the nature of space and time. It will content itself with stating our main justification for regarding them as appearance. It will explain why we deny that, *in the character which they exhibit*, they either *have* or *belong to*[190] reality)

제가 왜 이들 낱말에 주목하도록 요구하는지, 한 가지 이유는, 여기서 단순히 그분이 「시간은 실재한다」는 것을 부인한다고 말하지 않고, 그 대신에 그분이 부정하는 것이 모종의 어떤 특성에서 시간이 「실체를 지니거나, 실체에 속한다」는 것임을 말하고 있다는 점입니다. 이들 두 가지 구절 중에서 첫 번째 구절과 관련하여, 그분이 정확히 '실재한다is real'라는 구절과 동일한 뜻을 의미하기 위하여 '실체를 지닌다has reality'라는 구절을 쓰고 있다고 안전하게 가정할 수 있습니다. 그분이 시간이 '실체를 지닌다'는 것을 부인한다고 말하는 것은, 단순히 「시간이 실재한다」는 것을 부인한다고 말하는 또 다른 방식에 불과합니다. 그렇지만 그분은 자신의 다른 구절, '실체에 속한다 belongs to reality'라는 구절이, '실체를 지닌다has reality'와 동일한 뜻을 의

---

189) [원저자 주석 2] 그분의 책 30쪽에 있다.
190) [원저자 주석 3] 세 군데의 이탤릭 글씨체는 모두 인용자(늑무어 교수)가 강조한 것이다.

미하지 않음을 함의하며, 따라서 '실재한다is real'와도 동일한 것이 아닙니다. 그렇다면 어떤 방식에서 「시간이 실체에 속하지 않는다」는 것을 부인하는 일이, 「시간이 실재한다」는 것을 부인하는 일과 다른 것일까요? 이는 제가 여러분에게 그분이 이 '실체에 속한다'는 동일한 구절을 쓰는 또 다른 인용을 제시해 놓기 전까지, 잠깐 논의를 유보할 질문입니다.

현재 인용한 대목에 주목하도록 요구하려는 저의 또 다른 이유는, 그분이 여기서 자신이 단지 「시간이 보여 주는 특성에서 시간은 실재한다」는 것만 부인한다고 말함으로써, 「시간이 실재한다」는 것에 대한 부인을 누구러뜨리는 듯하다는 점입니다. 이는 어떤 다른 특성에서, 시간이 실제적으로 지니되 보여 주지 않는 어떤 특성에서, 시간이 실재할 수 있음을 명백히 함의하는 듯합니다. 그렇지만 분명히 「한 가지 동일한 대상이 한 가지 특성에서 실재하지 않되, 또 다른 특성에서는 실재한다」라는 이런 일상개념은 이해하기가 쉽지 않습니다.

시간이 실제적으로 「시간이 보여 주는 특성」을 지니거나, 지니지 않을까요? 브뢰들리 교수가 의미하는 바는, 한눈에 시간이 그렇지 않다는 것임을 자연스럽게 시사하는 듯합니다. 즉, 시간이 단지 '자신이 보여 주는' 모순되는 '특성'을 지니는 듯할 뿐입니다. 그렇지만 이것이 그분이 뜻하는 바였다면, 바로 잠깐만 내성해 보더라도, 「시간이 단지 어떤 모순되는 특성을 지닌 듯하다」는 단순한 사실이, 전혀 시간을 비-실재적이라고 힐난하기 위한 아무런 근거도 되지 않을 것임이 명백합니다. 그렇다면, 틀림없이 그분이 「시간이 실제적으로 '시간이 보여주는' 모순되는 '특성'을 지님」을 옳게 여겼다고 가정해야 한다고 봅니다. 그렇다면 「한 가지 동일한 대상이, 실제로 자신이 지니고 있는 한 가지 특성으로 말미암아, 비-실재적이며 동시에 또한 자신이 지닌 또 다른 특성으로 말미암아 실재해야 함」이 어떻게 가능할 수 있을까요? 저는 이것이 명백히 불가능하다고 생각합니다.

따라서 브뢰들리 교수가 '한 가지 특성에서' 시간이 실재할 수 있고,

또 다른 특성에서 비-실재적이라고 가정하는 경우에, 그분이 '시간'이란 말로써 두 경우에 모두 동일한 대상을 가리키는 것은 아니라고 봅니다. 그분이 아마 실재할 수 있다고 가정하는 '시간'은, 우리가 '시간'이란 말로써 의미하는 것이 아니라, 어떤 모순되는 특성도 지니지 않는 뭔가 다른 대상입니다. 이는 오직 설명되지 않은 어떤 의미로, 우리가 모두 '시간'이란 말로써 의미하는 바와 '대응할corresponds' 뿐입니다. 그분이 「우리가 모두 '시간'이란 말로써 의미하는 바가 실제로 어떤 '모순되는' 특성을 지니는 어떤 대상이며, 따라서 실재할 수 없음」을 옳게 여김은 아주 분명한 듯합니다.

이제 저는 『겉보기와 실재』로부터 다른 두 가지 인용을 제시하려고 합니다. 첫 번째 인용은 아주 긴 것이고, 두 번째 것은 사실상 아주 짤막한 것입니다. 첫 번째 인용은 제7장의 끄트머리에 거의 가까운 곳에 나오는데,[191] 다음처럼 서술되어 있습니다. 브뢰들리 교수가 말하기를,

「현재로서는 신속히 우리가 "겉모습이 실제로 현존한다"는 이런 주장을 견지해 둘 수 있다. 그것이 절대적으로 확실하며, 이를 부인하는 것은 헛소리이다. 무엇이든지 간에 현재 존재하는 것은, 틀림없이 실체에 속한다. 이것도 또한 아주 확실하며, 이를 부인함은 다시 한 번 자기모순이 된다. 의심의 여지없이, 우리의 겉모습들은 초라한 외양일 수 있고, 잘 모르는 어떤 범위까지 그 겉모습들의 본성이, 사실상 실체에 대하여 참값이 아닌 어떤 것일 수 있다. 겉모습, 이것은 전혀 별개로 한 가지 일이다. 이들 사실이 실제적 존재를 지니지 못한 듯이 말하거나, 이것들이 속할 수 있을 실체를 제외하고서 아무것이나 될 수 있을 듯이 말하는 것은, 아주 또 다른 별개의 일인 것이다. 나는 감히 그런 생각이 온전히 헛소리가 될 것이라고 반복해서 말해야겠다. 그런 유일한 이유로 말미암아, 의심의 여지없이 밖으로 드러나는 바는, 가장 확실하게 상태로서 존재하며, 그것의 존재 상태를 그것으로부터 동떨어지게 상기시킬 가능성은 전혀 없다.」

---

191) [원저자 주석 4] 그분의 책 114쪽에서 가져온 것이다.

(For the present we may keep a fast hold upon this, that appearances *exist*. That is absolutely certain, and to deny it is nonsense. And whatever exists must *belong to reality*. This is also quite certain, and its denial once more is self-contradictory. Our appearances, no doubt, may be a beggarly show, and their nature to an unknown extent may be something which, *as it is*, is *not* true of reality. That is one thing, and it is quite another thing to speak as if these facts had no actual existence, or as if there could be anything but reality to which they might belong. And I must venture to repeat that such an idea would be sheer nonsense. What appears, for that sole reason, most indubitably *is*; and there is no possibility of conjuring its being away from it)

두 번째 인용은 단일한 문장으로 이뤄집니다. 제2판의 부록에서 처음으로 등장하며, 여전히 9쇄에 있는 부록(그 책의 493쪽)에도 들어 있습니다. 브뢰들리 교수가 다음처럼 말합니다.

「어떤 의미에서이든지, '있는' 대상은 어떤 것이든 간에 절대적 실체를 규정하여 자격을 주며, 따라서 실재하는 것이다.」
(Anything that in any sense "is", qualifies the absolute reality and so is real)

이제 우리는 브뢰들리 교수의 주장이 「시간이 '어떤 겉모습'」인데, '시간이 보여 주는 특성에서' 그리고 그분이 '모순스럽게' 여기는 특성에서, 따라서 우리가 모두 공통적으로 그 낱말을 이해하는 의미에서, 「시간이 어떤 겉모습을 띠고 있음」을 보았습니다. 그러므로 틀림없이, 일반적으로 '겉모습'들에 관한 이들 인용 중 첫 번째 인용에서 그분이 말한 것은 모두 시간에 적용하려고 의도되었다고 가정해야 합니다. 그렇다면 한 가지 대상에 대하여, 이제 우리는 그분이 명시적으로 더 앞에서 자신이 말한 것과 모순되게 말하고 있음을 발견합니다. 왜냐하면 더 앞에서는 「어떤 겉모습인 시간이 "실체를 지니지도 않고 실체에 속하지도 않는다"」고 말했지만, 반면에 마지막 두 가지 인용 중 첫 번째 인용에서는, 그분이 「모든 '겉모습'들이 (따라서 시간이) 실제로 '실체에 속한다'」고 말하고 있기 때문입니다. 이런 명백한 모순을 어떻게 이해해야 할까요? 우리는 그분이 이들 두 가지 경우에서 "실체에 속한다"는 구절을 서로 다른 의미로 쓰고 있다고 가정함으로써, 이것을 단지 단순히 외양의 것으로, 단순히 언어적인 것으로 여길 수도 있습니다.

그렇다면 그분이 쓰고 있는 두 가지 다른 의미가 무엇일까요? 저는 단지 그분이 「시간이 '실체에 속하지' 않는다」고 말한 첫 번째 경우에, 모순된 내용을 함의함에도 불구하고 그분이 이 구절을 단지 '실체를 지닌다'와 동등한 것으로, 다시 말하여 '실재한다'는 뜻으로 쓰고 있다고 가정할 뿐입니다. 그러므로 「시간이 '실체에 속하지' 않는다」고 말하는 경우에, 이것은 단지 시간이 실재하지 않음을 말하는 또 다른 방식일 뿐입니다. 그리고 그분이 「모든 '겉모습'들이 (따라서 시간이) 실제로 '실체에 속한다'」고 말하는 두 번째 경우에, 우리가 그분이 견지한 것으로 살펴본 것인데, 아마 「실체에서 시간과 '대응하지만' 동일한 것이 아닌 어떤 것이 있음」을 의미할 수 있습니다. 그렇지만 이런 "실체에 속한다"는 표현으로 그분이 무엇을 뜻하는지를 논의하는 것은, 현재 논의의 목적과는 관련이 없습니다. 명백히 이런 모순을 놓고서 현재 제 목적과의 유일한 관련성은, 브뢰들리 교수가 자신이 쓰는 표현들의 의미에 관하여 아주 분명치 않다는 점을 보여 주는 듯합니다. 그러므로 아마도 그것들의 의미에 관해서, 예를 들어 특히 「실재한다is real」는 의미에 관해서, 명백해지도록 하는 데에 어떤 실제적 난관이 있을 것이라는 점입니다.

그렇지만 이들 두 가지 인용 중 첫 번째 인용에서 주목하고 싶은 두 번째 핵심점은, 여기서 「실재한다is real」라는 표현의 의미 및 「현존한다exists」라는 표현의 의미 사이에 분명히 선명한 구분을 만들고 있는 듯하다는 점입니다. 더 앞에서 그분이 아주 단호하게 「시간은 실재하지 않는다」고 말했었습니다. 그렇지만 이제 여기서 그분은 심지어 더욱 더 강조를 하면서 「바로 동일한 그 '시간'이, '겉모습'인 시간이,

실제로 현존한다」고 말합니다. 그분은 절대적으로 「시간이 현존함」이 확실하고, 이를 부인하는 것이 헛소리nonsense라고 말합니다. 이것에 대하여 놀랄 만한 어떤 것이 있지 않을까요? 만일 그분이 입증했다고 여기듯이, 만일 시간이 실제로 '모순적'이었더라면, (이것이 그분이 시간이 실재하지 않는다고 말하는 유일한 근거인데) 저한테는 「시간이 현존한다」는 것이 아마 참값이 될 수 없음이 아주 명백한 듯합니다(≒ 483쪽 이하의 역주 181에서는 뒤친이가 브뢰들리 교수나 무어 교수가 둘 모두 시간을 질재로 착각하고 있다고 비판해 두었다. 시·공 개념은 대상들과 사건들을 표상해 주는 「수반 현상」일 뿐이다).

시간이 '모순적'이기 때문에, 만일 「시간이 실재한다」는 것이, 결과적으로 두 가지 서로 모순되는 단언(명제)들을 둘 모두 귀결시킨다면, 「시간이 현존한다」는 것도 또한 틀림없이 두 가지 서로 모순되는 단언(명제)들을 결과적으로 귀결시킬 것이므로, 아마 참값이 될 수 없을 것입니다. 그렇지만 이제 저의 관심 사항은, 브뢰들리 교수가 말하는 것이 참값인지 여부에 대한 질문이 아니라, 오히려 본디 그분이 뜻하는 바에 있습니다. 그분이

「실재하지 않는 대상이, 그럼에도 불구하고 실제로 현존한다」

(things which are not real nevertheless do exist)

는 것을 옹호한다는 사실이, 저는 최소한 때때로 그분이 「실재한다is real」는 표현을, 적어도 우리가 일반적으로 쓰는 그런 의미들의 한 가지와는 다른 의미를 지닌 것으로 쓰고 있음을 보여 준다고 봅니다. 왜냐하면 「실재한다」이란 표현의 한 가지 공통적 용법이 「한 가지 대상이 현존한다」는 단순한 사실로부터, 「그 대상이 실재한다」라는 것이 뒤따라 나오는 그런 것임은, 의심의 여지가 없다고 보기 때문입니다. 그러므로 만일 「x가 실재한다x is real」가 「x가 현존한다x exists」로부터 도출되지 않는 어떤 것을 뜻하기 위하여, 그분이 쓴 「실재한다is

real」의 용법이 어떤 공통적 용법과 일치하지 않는다면, 「실재한다is real」
라는 표현은 혼란스럽다ambiguous(530~531쪽의 역주 198과 531~532쪽의
역주 199 참고)라는 점이 뒤따라 나올 것 같습니다. 그리고 브뢰들리
교수 자신이 그렇게 생각한다는 것은, 저의 마지막 인용에 의해서 입
증되는 듯합니다. 왜냐하면, 의심의 여지없이, 미리 더 앞에서 「시간
은 있으되is, 여전히 실재하지 않는다」고 단정함으로써, 그 인용에서
는 그분이 모순스럽게 「어떤 의미에서 무엇이든지 간에 있는is 것은
실재한다」고 단정하기 때문입니다.

§.11-3 【 대립 개념으로서 실재물과 상상물, 그리고 이름만 지닌 상상물 】

그러므로 이제 저는 결국 「실재한다real」라는 낱말로 우리가 무엇을
의미하는지, 그 낱말이 애매하다고 가정하는 데 어떤 이유들이 있는
지, 조금이라도 그러하다면, 이러한 이유들이 어떻게 답변될 수 있는
지를 살펴보려고 합니다. 그리고 당장 이 문젯거리를 놓고서 저한테
주요한 그리고 가장 명백한 난점인 듯한 것을 제시할 것입니다.

저는 일상언어에서 「실재한다real」라는 낱말의 가장 공통적 용법은
「상상한다imaginary」와 짝이 되어 서로 대립한다고 봅니다. 예를 들어
우리가 「사자와 곰이 실재하는 동물이다」라고 말하지만, 반면에, 「(반
인반마의) 센토어나 (독수리 머리와 날개에다 사자 몸통을 한) 그뤼퓐이
상상하는 동물이다」라고 말하는 경우와 같습니다. 또는 우리가 「찰즈
에드워드가192) 실재한 사람이었다」라고 말하지만, 반면에 「웨이뷜리
는 소설 속의 주인공이거나 상상 속의 인물이다」라고 말합니다. 유일
한 한 가지 의미인지, 여러 가지 의미인지 여부에 상관없이, 저는 이것
이 최소한 그 낱말의 아주 근본적인 한 가지 의미라고 봅니다. 이 의미

---

192) [역주] 월터 스캇(Walter Scott, 1771~1832)이 제이콥 옹호자Jacobite들의 반란(1688~
1746)을 배경으로 하여 1914년에 출간한 역사 소설 속 주인공이자 소설 이름이 '웨이뷜
리'이다. 역사상 이 반란은 제임스 Ⅱ세의 손자 Charles Edward Stuart(1720~1778)를
영국·스코틀런드 왕좌에 앉히려고 했던 사건이다. 391쪽의 역주 142를 보기 바란다.

가 어떤 사람이든지 간에 전적으로 사소한 것이라고 말하지 않으리라 생각합니다. 분명히 한편으로 사자·곰·원숭이들과, 다른 한편으로 센토어·그뤼퓐·키메라193) 사이에 어떤 두드러지고 중요한 구분이 있습니다. 전자는 어떤 의미에서 모두 실재하지만, 반면에 후자는 실재하지 않고 순수히 상상의 동물들입니다. 이 차이점은 실재 현실 세계로부터, 단지 꿈에 그리는 모든 대상들 및 일반적으로 상상물을 구별해 주는 중요한 것입니다.

　여러분이 보듯이, 이런 구분은 완벽히 자연스럽게 제가 언급한 다른 두 가지 구절의 용법 'exist**현존한다**'와 'there are such things as~ **~와 같은 그런 것들이 있다**'로 표현될 수 있는 것입니다. 「곰과 사자들이 실제로 현존하지만, 반면에 센토어와 그뤼퓐은 존재하지도 않고 결코 존재한 적도 없다」고 말해야 합니다. 이것이 바로 전자가 실재하지만, 후자는 상상물이라고 말함으로써 의미하는 바입니다. 또한 「곰이나 사자와 같은 그런 대상들이 있지만, 그뤼퓐이나 키메라와 같은 그런 대상들은 없으며 결코 있어 본 적도 없다」고 말함으로써, 동일한 구분을 아주 자연스럽게 표현할 수 있습니다. 그렇지만 제가 언급한 구절들 중 한 가지 표현 'is a fact**한 가지 사실이다**'와 관련해서, 이런 방식으로 그것을 적용하기가 아주 자연스러운 것은 아닙니다.

　??「곰과 사자가 그 자체로 한 가지 사실이지만, 반면에 그뤼퓐은 한 가지 사실이 아니다」

---

193) [역주] 마치 우리 문화의 용이나 봉황처럼 모두 상상 속의 동물이다. 영어 발음 '센토어'는 라틴 발음으로 '켄타우로스'로도 쓴다. 다음은 각각 센토어centaurs(사람＋말), 그뤼퓐griffins(독수리 머리와 날개＋사자 몸), 키메라 또는 카이미뤄chimaeras(사자 머리＋염소 몸＋뱀 꼬리, 특이하게 불을 내뿜음)이다.

라고 말하는 것은, 물론 이렇게 말할지도 모르겠지만, 사뭇 자연스러운 것은 아닙니다(≒단, 윗첨자 물음표 "??"는 자연스럽지 않고 기묘함을 나타내는 생성문법의 약속임). 좀더 자연스럽게 말하게 되는 바는

「곰의 존재가 한 가지 사실이다」

는 것입니다. 앞의 표현에서 「곰a bear」 및 「곰의 존재the existence of a bear」 사이에 만들어 놓는 듯한 이런 구분은, 바로 우리가 현재 주의를 기울어야 할 내용입니다.

　그렇지만 현재로서는 실재물과 상상물 사이에 있는, 즉, 실재의 동물 및 상상의 동물 사이에 있는, 익숙한 구분과 함께 시작해 나가기로 하겠습니다. 이런 구분에 대하여 어떤 난점이라도 있을까요? 우리로 하여금 그러한 의미와 타당성에 관해서 의심하도록 만드는 것이 어떤 것이라도 있을까요? 여러분도 이런 구분이 될 수 있는 대로 분명하고 확실하다고 생각할 수 있습니다. 어떤 의미에서, 저도 그렇다고 봅니다. 그럼에도 불구하고, 저는 이에 대하여 한 가지 난점이 있다고 생각합니다. 저는 「철학에서 이런 난점이 아주 큰 부분의 몫을 맡아 왔다」고 여기는 쪽으로 기울어져 있습니다. 저는 이를 저한테 가장 호소력 있는 형태로 서술해 놓고자 합니다.

　이미 저는 「(반인반마의) 센토어가 실재하지 않는다」고 말하는 것이 「(반인반마의) 센토어와 같은 그런 대상이 없다」라고 말하는 것과 동등할 듯하다는 점을 지적해 두었습니다. 우리는 그런 대상들이 실제로 없고, 순수히 허구임을 가장 강력하게 주장해야 합니다. 그렇지만 한눈에 똑같이 분명한 듯한 또 다른 사실이 있습니다. 저는 분명히 (반인반마의) 어떤 센토어를 상상할 수 있고, 우리들이 모두 센토어 한 마리를 상상할 수 있습니다. (반인반마의) 센토어를 상상하는 것이, 분명히 아무런 것도 상상하지 않는 일과 동일한 것은 아닙니다. 오히려 (반인반마의) 센토어를 상상하는 것은, 명백히 (독수리 머리·날개와 사자 몸통

을 한) 그뤼퓐을 상상하는 일과 아주 다른 것입니다. 반면에, 두 종류의 상상물이 순수한 공집합 개체non-entity(개체가 전혀 없는 것, 432쪽의 역주 154 참고)로서 아무런 것도 아니었더라면, 한 괴물과 다른 괴물을 상상하는 일들 사이에 아무런 차이도 없었을 듯합니다. 그렇다면 (반인반마의) 센토어가 아무런 것도 아님은 아닐 듯합니다. 그것은 제가 실제로 상상하는 어떤 대상인 것입니다. 만일 그것이 어떤 대상이라면, 이것이 「그와 같은 어떤 대상이 있다」라고, 즉, 「그것이 있거나 속성을 지닌다」고 말하는 일과 동일한 것은 아닐까요?

제가 그런 괴물 한 마리를 상상할 경우에, 분명히 실제로 어떤 대상을 상상합니다. 어떤 대상으로서 무엇인가가 틀림없이 있을 것 같습니다. 제가 상상하는 바와 같은 한 가지 대상이 있는 것입니다. 그렇지만 또한 (반인반마의) '센토어'가 제가 실제로 상상하는 이런 어떤 것에 대한 한 가지 이름a name(명칭)인 듯합니다.194) 그러므로 틀림없이 (반인반마의) 센토어와 같은 그런 대상이 분명히 있을 것 같습니다. 그렇지 않았다면, 제가 그것을 상상할 수 없었을 것입니다. 따라서 아주 분명한 듯한 「(반인반마의) 센토어와 같은 그런 대상이 있지 않다」는 주장으로, 이제 더 앞에 있던 우리의 단언(명제)을 어떻게 유지할 수 있을까요?

여러분은 아마 이런 모든 것이 오직 「얼버무리기 궤변」에 불과하

---

194) [역주] 아리스토텔레스는 '이것·저것'과 같은 지시대명사와 '소크라테스'처럼 사람의 이름(고유명사)은 「자명하게 외부 세계에 한 가지 대상이나 개체로서 실제로 주어져 있다」고 간주했었다. 이런 직관을 밀(J. S. Mill, 1843)『추론과 귀납에 대한 한 가지 논리 체계』에서도 그대로 받아들여서, 이름이 지닌 기능을 기본적으로 「현실 세계의 대상」을 가리키는 것으로 보았다.

그렇지만 무어 교수는 이런 전통과는 좀 다른 입장을 취한다. 상상물들이 이름에 불과하다고 보기 때문이다. 가령, 흥부나 심청이는 실재하는 인물일까? 고유명사라고 해도 항상 필연적으로 현실 세계에 실존하는 개체나 대상을 가리키는 것이 아니다. 더나아가, 단언(명제)으로 되기 이전의 문장도 그 지위가 또한 '이름'과 비슷한 것으로 취급한다. 문장과 단언을 구분하는 무어 교수의 입장에서는 문장이 굳이 사실을 따질 필요는 없지만, 단언은 반드시 「사실과의 대응 관계」를 따지는 것으로 구분을 한다. 그런데 만일 정신 현상이 현실 세계의 대상들과 사건들을 경험함으로써 생겨난 수반 현상이라면, 강력히 수반 현상을 옹호하는 무어 교수는 다시 현실 세계의 사실들과 관련되지 않는 이름과 같은 존재는 어떻게 해서 생겨나는지에 대하여 설명을 해 주어야 할 것이다. 즉, 감각인상들의 조합 가능성을 규정해 주어야 하는 것이다.

며, 수수께끼에 대한 해결책이 아주 쉽다고 생각할 수 있습니다. 그렇지만 저는 그렇게 생각하지 않음을 고백합니다. 여러분만큼 저도 「(반인반마의) 센토어와 같은 그런 대상이 없다」고 확신합니다. 이것이 제가 채택하려는 노선입니다. 저는 이런 낱말들의 적절한 의미에서 「그런 대상이 실제로 없었고, 결코 있어 본 적도 없다」는 점을 그대로 유지하고자 합니다. 그렇지만 저에게는 다음처럼 반대의 논점을 이기는 방법이 전혀 확실치 않습니다.

- 틀림없이 (반인반마의) 센토어를 상상하는 경우에 여러분은 어떤 것을 상상하고 있음을 인정해야 하지 않을까?
- (반인반마의) '센토어'라는 구절은 오직 분명히 실제로 여러분이 상상하는 이런 어떤 것에 대한 이름에 불과한 듯이 드러나지 않을까?
- 어떤 대상인 이것이, 그럼에도 불구하고 상태를 지니지 못하고, 그런 대상도 없으며, 그것이 순수히 공집합 개체non-entity(개체가 전혀 없는 것)임을 유지하는 데에 여러분은 아주 만족할 수 있을까?

이들 세 가지 질문은 이런 난점을 서술해 줍니다. 여러분도 잘 알듯이, 이것이 한 가지 난점임을 인정한다면, 이 난점은 당장 브뢰들리 교수가 만들어 놓는 구별들의 한 가지에 대한 모종의 정당성을 제공해 주고, 그분이 아마 그 구별에 의해서 의미함직한 것을 놓고서 한 가지 설명을 제공해 줍니다.

§.11-4 【 상상물과 실재물 구분하는 표현 】 이제 다음의 논점들에 감명 받았다고 가정하면서,

「(반인반마의) 센토어, (독수리 머리·날개와 사자 몸통을 한) 그뤼핀, (사자 머리와 염소 몸과 뱀 꼬리를 가진) 키메라들이 우리가 상상하는 어떤 것들이기 때문에, 틀림없이 (상상 속의 속성이) 있다」

(centaur and griffins and chimaeras must *be*, because they *are something* —

something which we imagine)

해당 난점으로부터 빠져나가는 바로 한 가지 자연스런 방식은, 제 생각에 사실상 가장 분명한 방식은, 결국 'being있음, 존재하는 상태'이란 낱말의 의미 및 'reality현실 속의 실체'라는 낱말의 의미 사이에 어떤 차이가 있다고 가정하는 것입니다. 즉,

「비록 (반인반마의) 센토어가 (상상 속의 속성이) 있지만, 그럼에도 불구하고 그것이 현실 속에 실재하지 않는다」

(though a centaur *is*, it is nevertheless not *real*)

라고 여기는 것입니다. 따라서 한 가지 측면에서 정확히 브뢰들리 교수가 시간에 대하여 유지했던 듯한 바대로, 우리는 (반인반마의) 센토어에 대해서도 옹호해야 하는 것입니다. 그분은 「의심의 여지없이 시간이 (어떤 속성이) 있지만 그럼에도 시간은 실재하지 않는다」고 말한 듯합니다. 우리는

「의심의 여지없이 (반인반마의) 센토어가 (상상 속의 속성이) 있지만, 그럼에도 분명히 그것은 실재하지 않는다」

(Centaurs indubitably *are*, but yet they are certainly not real)

고 말하도록 유도되는 듯합니다. 그렇다고 하여, 반드시 브뢰들리 교수의 다른 구분들에 대해서도 동의하도록 우리가 내몰리는 것은 아닙니다.

「(반인반마의) 센토어가 (상상 속의 속성이) 있기 때문에, 그것이 현존하며 한 가지 사실이다」

(a centaur exists and is a fact, because it *is*)

라고 말하기는 아주 주저될 것입니다. 오히려 우리가 'reality현실 속의 실체'를 단지 'being있음, 존재하는 상태'으로부터 구별해 놓은 의미에서,195) 이들 'exists현재 존재한다, 현존한다'와 'is a fact한 가지 사실이다'라는 표현을 이제 'real실재한다'과 동등한 것으로 여기는 쪽으로 기울어져 있는 것입니다. 따라서 브뢰들리 교수의 표현대로

「비록 시간이 (상상 속의 속성이) 있고 현존하며 한 가지 사실이지만, 그럼에도 불구하고 시간은 실재하지 않는다」

---

195) [역주] 제16장에서 being있음, 존재하는 상태, is a fact한 가지 사실이다, exist현존한다가 자세히 논의되고, 제17장에서 is true참값이다가 보편 속성과 관련하여 논의된다. 무어 교수는 상상물들이 어떤 상태나 속성을 지니고 있다는 측면에서, 다음 표현들을 같은 계열의 것으로 취급한다. 단, 여기서 'is'는 계사(이다)가 아니라, 오직 존재사(있다)의 뜻으로만 쓰이고 있다.

> 'is'(있다, 존재하는 상태이다, 715쪽의 역주 266을 보기 바람)
> 'being'(있음, 존재하는 상태)
> 'has being'(존재하는 상태를 지닌다, 616쪽의 역주 231을 보기 바람)
> 'has some kind of being'(어떤 종류의 존재하는 상태를 지닌다)
> 'they are'(상상 속의 대상인 그것들이 있다)
> 'exist'(현존한다, 용어 사용에서 전환이 있었는데, 727~728쪽의 역주 278 참고)

단, 여기서 상태state는 일시적이고 가변적이며 외현적인 특성을 지니지만, 일정 기간에 걸쳐서 지속적 또는 내재적 특성으로 말미암아 일관되게 그런 상태가 유지될 경우에는 따로 특질quality나 속성property이란 낱말을 쓰는 것이 일반적이다. 이와 반대로, 현실 세계에서 실질적으로 현재 존재하는 대상을 가리키기 위해서 무어 교수는 다음 네 가지 표현을 동일한 계열로 취급하고 있다.

> 'is a fact'(한 가지 사실이다)
> 'reality'(현실 속의 실체)
> 'is real'(현실 속에 실재한다, 실재적이다)
> 'there are such things as ~'(~와 같은 그런 대상들이 있다)

이런 구분은 무어 교수의 언어 사용 방식이므로, 일상적인 용법과 반드시 일치한다고 말할 수 없겠지만, 상상 속에서 조합해 놓은 대상 및 현실 속에서 직접 지각하는 대상을 서로 구분해 놓으려는 취지를 반영해 준다. 그러므로 이 책 속에서는 두 계열의 낱말이 선명하게 구분될 필요가 있다. 본문의 논지를 따라갈 수 있도록 하기 위하여 필요할 경우에 각각 '상상 속의'와 '현실 속에'와 같은 보조적 어구를 더 추가해 놓을 것이다.
참고로, 본문 속의 바로 다음 인용에만 근거한다면, 브뢰들리 교수는 is, exist, is a fact를 같은 계열로 보고, real만을 따로 떼어 대립하는 것으로 썼던 듯하며, 아마 두 가지 대표 낱말로서 각각 being상상 속의 속성이 있는 상태, 또는 appearance 겉모습 및 reality현실 속 실체를 내세웠던 것으로 짐작된다(무어 교수의 구분과는 서로 차이가 있음). 한편, 뒤친이는 개인적으로 is가 오늘날 양상(양태) 논리학에서 있을 수 있는 가능한 세계all possible worlds에서 그 구성원이 되는 것으로서, 현재 이 세계this world에서만은 직접 경험할 수 없는 경우를 가리킬 수 있음직하다(702~703쪽의 역주 262를 보기 바람).

(Though Time is and exists and is a fact, it is nevertheless *not real*)

라고 말하는 대신, 당연히 우리는 다음처럼 말하게 될 것입니다.

「비록 반인반마의 센토어들이 상상 속의 속성이 있지만, 그럼에도 불구하고 그것들은 현존하지도 않고, 사실도 아니며, 실재하지도 않는다.」
(Though centaurs *are*, they nevertheless don't exist, are not facts, and are not real)

그렇지만 일단 우리가 'being있음, 존재하는 상태' 및 'reality실체' 사이에 구분을 만들도록 납득되었다면, 이런 다른 구분에 대해서도 저는 어떤 의문점을 느끼지 않을 수 없다고 생각합니다.

「만일 반인반마의 센토어들이 있음을 인정한다면, 틀림없이 또한 그것들이 현존하며, 사실임을 인정해야 한다. 즉, "센토어들이 있다"고 말하는 것이 "센토어들이 현존하며 사실이다"라고 말하는 것과 동일하다」
(if we admit that centaurs *are*, we must also admit that they *exist* and are facts: that to say they *are* is the same thing as to say that they exist and are facts)

고 논의될 수 있습니다. 분명히 이런 견해에 대하여 언급되어야 할 어떤 것이 있습니다. 우리가 「한 가지 대상이 현존한다」고 말하는 경우에, 분명히 우리가 「그것이 있다it is」보다도 어떤 것이든지 그 이상의 것을 더 의미하는 것임은 명백하지 않습니다. 그렇지만 만일 우리가

「(반인반마의) 센토어와 (독수리 머리·날개와 사자 몸통을 한) 그뤼핀이 현존한다」
(centaurs and griffins exist)

처럼 말한다면, 단지 만일 「센토어와 그뤼퓐들이 (상상 속의 속성이) 있다」고 말하는 일보다도 사실상 좀더 격렬하게 상식과 모순이 될 듯함이 언급될 수 있습니다. 그렇지만 단지 「그것들이 있다」고 말하는 일에서, 즉, 「반인반마의 센토어와 같은 그런 대상들이 있다」고 말하는 일에서, 실제로 이미 언어상으로 상식과 모순됩니다. 결코 상식으로는 「그런 대상들이 있다」는 것을 인정하지 않을 것 같습니다. 만일 이런한 가지 격렬한 언어상의 모순을 저지르도록 억지로 강요받음을 느낀다면, 또한 다른 모순들도 저지르지 말아야 함을 확신하기 어렵습니다(≒모순만을 남발하게 됨). 이들 낱말 중에서 어떤 것이든지 하나 또는 그 이상을 한 가지 의미에만 적합해지도록 조절하고, 다른 것들을 위해 나머지 의미를 유지하려는 시도가 없이(≒앞의 역주 195와 같이 조절하지 않은 채), 왜 우리가 당장 다음처럼 말하지 말아야 하는 것일까요?

> 「반인반마의 센토어들이 상상 속의 속성이 있고, 현존하며, 사실이고, 실재한다. 그리고 또 다른 의미가 있는데, 그 의미에서는 그것들이 상상 속의 속성도 없고, 현존하지도 않으며, 사실도 아니고, 실재하지도 않는다」
>
> ("There is a sense in which Centaurs both are and exist and are facts and are real; and there is another sense, in which they neither are nor exist nor are facts nor are real.")

만일 우리가 어떤 구분이든지 구획하도록 강요받는다면, 분명히 이런 절차에 관해서 언급될 어떤 것이 있을 듯합니다. 그리고 제가 제시한 논점이 보여 주는 것은, 틀림없이 우리가 어떤 구분을 만들어야 한다는 사실입니다. (이런 구분을 하지 않는다면 자가당착이 생겨나는데) 한 가지 의미에서 틀림없이 「반인반마의 센토어들과 같은 대상이 있다」는 것을 인정해야 하지만, 반면에 동시에 또 다른 의미에서 또한 틀림없이 「센토어들이 있지 않다」는 것도 유지해야 하는 것입니다. 물론 중요한 것은, 만일 그런 두 가지 의미가 있다면, 이들 두 가지 의미가 서로 간에 어떻게 구분되는지를 보여주어야 합니다. 포함된 두 가지 서로 다른 일상개념들을 아주 분명히 구별해 주는 일입니다. 그 차이를 표현하기 위하여 우리가 어떤 낱말을 쓰는지는 상대적으로 중요치 않습니다.

지금까지 실재물과 상상물 사이에 있는 이런 구분을 놓고서 주요한 난점이 되는 내용들을 논의해 왔습니다. 그 난점은, 상상의 속성에도 불구하고, 상상물들이 어떤 대상이고 우리가 상상하는 어떤 것이기 때문에, 우리가 「모든 상상물이 어떤 의미에서 상상 속의 속성이 있거나 그런 속성을 지님」을 우리가 받아들여야 할 것 같다는 점입니다. 이와는 반대로, 그럼에도 불구하고, 어떤 의미에서 그것들이 실재하지 않음은 아주 분명합니다. 비록 서로 다른 많은 방식으로도 표현될수 있겠지만, 이것은 한편으로는 'being상상하는 속성이 있는 상태' 및 다른 한편으로는 being 'real'현실 속에 실재하는 상태 사이에서 한 가지 차이점으로 표현될 수 있는 어떤 차이가 있음을 보여 주는 듯합니다.

저는 많은 철학자들이 이런 난점으로부터 벗어나려고 하면서 타당한 해결책이 되는 듯한 바로 이런 방식(being: being real)이, 올바른 탈출구임을 제안해 왔다고 생각합니다. 비록 그 구분을 놓고서 정확한 본성이 무엇인지에 관해서는 서로 다른 견해들을 지녔었지만, 사실상 그러한 구분이 실제로 있음을 견지해 온 것입니다. 제12장 논의에서는 이런 구분의 본성을 놓고서 채택되어 온 것으로 생각되는 네 가지 상이한 견해들을 구별해 놓고자 합니다. 이들 견해가 모두 살펴볼 만한 것들입니다. 그것들이 일반적으로 견지되거나, 아마 참값일 수 있거나, 아니면 동시에 이런 두 가지 이유들 모두이기 때문입니다. 이들 견해가 채택되어 왔다는 단순한 사실이, 또한 실제로 상상물과 실재물 사이에 있는 이런 구분과 관련해서 어떤 어려움이 있음을 잘 보여주기 때문에 살펴볼 만한 것입니다.

제12장 '실재한다'는 의미

§.12-0 【 들머리 】 제11장의 논의에서는 특정한 낱말들의 의미에 관심을 두었습니다. 저는 그 질문을 다음처럼 제기하였습니다.

「"real**현실 속에 실재한다**",196) "exist**현존한다**", "is**상상 속의 속성이 있다**", "is a fact**한 가지**

---

196) [역주] real은 품사가 형용사(실재하는, 참된, 현실의)와 명사(실재, 현실)와 부사(정말로, 실제로)로 쓰인다. 그렇지만 여기서 거론되는 낱말들은 「서술어 자격」으로서 나열되고 있다. 이런 점을 고려하여 비록 계사(be)가 없더라도 서술어처럼 풀어 둔다(be real). 우리말에서 접미된 요소로서 「실재하다」는 묘사 동사depict verb이고, 「실재이다」는 속성을 표시해 주는 계사이다. 동일하게 묘사 동사로 묶이는 '하다' 형태는 '반짝반짝하다, 튼튼하다, 핼쑥하다, 좋아 하다' 등(현행 학교문법에서는 접미사와 보조동사로 지정함)에서 찾아진다. 뒤친이는 이런 '하다'를 묘사 동사로 파악하지만, 이에 대응하는 영어의 'is'를 무어 교수는 특이하게 「부록」에서 「서술 관계를 지닌 동사」로 언급한다(912쪽의 역주 347을 보기 바람). 우리말의 '하다'라는 형태는 분포가 가장 넓고, 접미사나 묘사 동사뿐만 아니라, 타동사·사동사·대동사(문법 요소만 담긴 가벼운 동사)·희망 동사(비가 많이 내렸으면 해!) 등과 같이 여러 범주로 분류되는 낱말이다.

real**실재한다**은 낱말이 이 장의 제목으로 들어 있다. 이는 상상 속의 속성을 가리키는 is, being, has being 따위의 표현 및 현실 속의 실체나 실재를 가리키는 exist, reality, is a fact 따위의 표현을 모두 아울러 놓은 「상의어」로서 제시되어 있는 것이다(영어의 하의어 man과 woman의 상의어는 man임). 그런데 538~539쪽의 역주 201에 적어 놓았듯이, 1910년 당시에는 real을 상상 속의 속성이 있는 것도 가리킨다고 보았던 듯하다(만일 상의어로만 썼다면, 스스로 혼동했음). 그러다가 롸일 교수와 토론하면서 1930년대 이후에 real을 현실 속에 실재하는 것만을 가리키는 것으로 고정시킨 듯하다.

본문에서 나열된 낱말들 중에서 세 번째 항목 'is'(존재사이며, 상상 속의 대상이 있다)만 제외하고서, 서로 교체될 수 있는 같은 계열의 낱말인데, 517쪽의 역주 195를 보기 바란다.

그런데 제17장에서 본격적으로 다뤄진 'is true참값이다'라는 개념은, 제14장과 제15장을 보면, 어떤 믿음과 관련 단언이 서로 대응 관계를 이루고, 다시 그 단언과 관련 fact사실가 대응하는 상태를 가리키기 위한 상위 개념으로 정의된다(수학에서 다루는 단사 대응인지, 전사 대응인지 여부와 대응의 종류에 대해서는 전혀 언급하지 못했음). 믿음은 사실 여부에 대한 판단·결정·평가의 과정을 거쳐 참된 믿음이 마련되는데(217~219쪽의 역주 93 도표 및 266쪽의 역주 110 도표를 보기 바람), 본문에서 논의되는 실재에 대한 단언(명제)일 경우에 사실로서 성립하는 것이다. 그렇지만 믿음의 범위가 과거 및 현재 사건뿐만 아니라, 아직 일어나지 않는 미래 사건까지도 포함한다. 그렇다면 「믿음·바람(희망)·꿈·반사실적 가정」 등에 대한 선명한 구분이 재귀적 판단을 제외하고서 불가능하다는 난점도 같이 들어 있다. 무어 교수는 §.14-5에서 '어떤 정신적 태도 an attitude of mind'라는 용어로써 「단언 태도propositional attitude(명제 태도)」의 개념을 처음으로 확립한 공로가 있다. 이 태도도 또한 재귀적 특성을 지닌다. 결과적으로 §.15-3에서 특정한 믿음이 특정한 단언 형식을 거쳐서 특정한 사실과 「대응 관계」가 성립하는 경우를 '참값'으로 정의하는 것이다. 이를 다음 도표처럼 나타낼 수 있다.

그의 제자 뷧건슈타인은 이를 '그림 이론picture theory'이라고 불렀지만, 직관적으로 대상과 그림 사이의 대응 관계만 언급하고, '사생화'인지 '추상화'인지 '소묘'에 지나지 않는지 등에 대해서는 더 이상 논의하지 않았다. 잘 지적되지 않지만, 그림은 겉모습만 드러낼 뿐, 내적 속성을 가리킬 수 없는 점도 동시에 치명적 한계이다. fact사실는 다시 단언과 실재로 이뤄져 있으며, 이들 사이를 「판단·결정·평가 과정」이 매개하게 된다(그 결과 참된 믿음이 생겨남). 무어 교수는 독립 부서로서 이런 과정을 전혀 의식하지 못하였다. §.17-1에서 자신의 견지해 온 단언(명제)이라는 개념을 놓고서, 전적으로 그 존재를 부정한다고 적어 놓았다. 대신 이름의 지위를 지닌 문장 정도를 상정하고 있는데, 642쪽의 역주 242를 보기 바란다. 여기서 믿음과 사실 사이에 있는 「대응 관계」를 확인하기 위해서는, 무엇인가 머릿속에서 현실 세계의 사실을 반영해 주는 구성요소들의 조합이 있어야 한다. 만일 단언(명제)의 존재를 부정한다면, 단언(명제)을 대신할 수 있는 제3의 존재가 반드시 상정되어야 한다.

만일 제3의 후보를 찾는다면 무어 교수는 한 가지 이름a name의 자격을 부여한 문장 정도가 될 것이다. 문장은 서술을 할 뿐, 주장이나 단정을 하지 않는다. 주장이나 단정을 할 경우에 그 속내를 분석해야 한다. 이는 결국 단언(명제) 분석이나 문장(이름) 분석을 통해서 동일한 절차로 일어나는 것에 불과하다. 그렇다면 단언(명제)과 문장 사이에 아무런 차별점도 없는 결과에 이른다. 750~751쪽의 역주 289에서 뒤친이는 그런 주장의 배경을 비판하는 쪽으로 언급해 두었다. 직관적으로 머릿속에서 일어나는 일에 아무런 신경·생리학적 근거도 없이 아무렇게나 복잡하게 그 처리과정이나 절차를 상정하기보다는, 일차적으로 우리의 직관에 맞게 간단하게 설정해 주는 것이 바람직하기 때문이다. 217~219쪽의 역주 93에서 도표로 제시한 부서들은 의식활동으로 불 사실이다", "is true**참값이다**"라는 낱말들의 의미가 무엇일까?」

그런데 이것이 아마도 제가 실제로 논의하고 싶은 질문을 서술해 주는 불리한 방식이었다고 생각합니다. 「만일 제가 영어의 낱말을 모르는 어떤 외국인에게 영어를 가르치려고 하는 중이었더라면, 그 의미를 설명해 줄 필요가 있었을 것」이라는 측면으로 본다면, 저로서는 모어 화자인 여러분에게 명백히 따로 'real**현실 속에 실재한다**'이란 낱말의 의미를 설명해 줄 필요가 없을 것입니다. 분명히 만일 외국인을 대상으로 하여 이것이 제가 실행하려고 했던 것이라면, 이를 실행하려고 시작하는 방식이 완벽히 불합리했을 것입니다. 제가 제시한 모든 설명 내용들이 단순히 영어로 된 설명이었습니다. 제가 말하고자 한 바를 표현하기 위해서 저는 오직 다른 영어 낱말들을 썼을 뿐입니다. 만일 분명히 여러분이 영어 낱말을 하나도 모르는 외국인이었더라면, 단순히 제 설명에서 썼던 낱말들을 여러분이 'real**현실 속에 실재한다**' 그 자체를 이해하지 못하는 것 이상으로 어떤 것도 이해하지 못했을 것이기 때문에, 'real**현실 속에 실재한다**'의 의미에 관해서 그런 설명을 듣기 이전보다 그런 설명을 들은 이후에 더 똑똑해진 분은 아무도 없었을 것입니다. 물론, 저는 여러분이 실제로 영어를 잘 알고 있다고 전제하고 있습니다. 여러분이 영어를 모어로 쓰고 있기 때문에, 여러분에게 이것을 설명하기 위한 노력으로 도움이 되는 낱말이 어떤 것이든지 그 의미를 알고 있을 뿐만 아니라, 또한 이미 'real**현실 속에 실재한다**'이란 낱말의 의미도 잘 알고 있습니다.

리는 정신 작용에서 매우 일반적이며, 일상생활에서 주고받는 흔한 의사소통 과정에서도 순식간에 신속히 작동하는 것이다. 김지홍(2015) 『언어 산출과정에 대한 학제적 접근』(경진출판)의 제2부를 보기 바란다. 믿음은 다양한 사실들을 누적적으로 경험한 결과로서 수반되거나 또는 부수되는 현상으로서, 그 자체가 스스로 전체적인 통일성을 확보하면서 계속 자기-강화가 이뤄지는 마음의 상태라고 말할 수 있다. 아직까지도 믿음의 문제가 본격적으로 다뤄지지 않은 현재의 단계에서는(믿음의 문제와 가치의 문제가 서로 긴밀하게 연관되어 있음), 상위 개념인지 하위 항목인지 여부를 구분할 필요가 없으므로, 일단 동일한 하나의 계열이라고 봐도 무방할 듯하다.

따라서 제가 제기하고 싶은 문제는, 만일 영어를 이해하지 못했더라면 제기되었을 법한 이런 것과는 아주 다른 모습이 되어야 합니다. 물론 철학에서 일상생활에서 쓰이는 의미와는 차이가 나도록 어떤 전문적인 의미로 'real현실 속에 실재한다'이란 낱말이 쓰였더라면, 저는 마치 여러분이 이전에 결코 들어보지 못했던 낱말인 양, 이 낱말에 대한 이런 전문적 용법을 설명했을 것입니다. 물론 제11장에서 지적하려고 했던 난점들 중 하나를 놓고서 한 가지 가능한 설명은, 아마 브뢰들리 교수가 「시간이 비-실재적이다」라고 말하는 경우에, 일상적 용법의 어떤 의미와도 차이가 나는 어떤 전문적 의미로 'real실재적이다, 실재한다'이란 낱말을 쓰고 있는 것입니다. 그렇지만 저는 이것이 그렇다고 생각하지 않습니다. 설사 그렇게 했더라도, 저의 목표는 분명히 스스로 이들 낱말의 전문적 용법을 설명하는 일에만 국한지어 놓지 않을 것입니다.

주로 제가 실행하고 싶은 것은, 'real현실 속에 실재한다'이라는 낱말의 일상적 의미와 관련된 몇 가지 문제를 논의하려는 것입니다. 그렇지만 만일 그렇다면, 이들 질문이 무엇이 될까요? 만일 여러분이 영어를 전혀 모르는 외국인이었더라면, 또는 제가 한 낱말의 어떤 특별한 전문적 용법을 설명해 주려고 했었더라면, 제가 실행해야 할 바는 단지 (전형적으로) 그것을 실제로 이해하는 모어 화자에게서 해당 낱말로써 시사되는 일상개념이나 생각을, 그분들의 정신 앞에다 불러내는 것이 되었을 것입니다. 그렇지만 이미 여러분이 영어를 잘 알고 있기 때문에, 단지 제가 말한 'real현실 속에 실재한다'이라는 낱말의 발화가 이런 일을 충분히 실행합니다. 논의 중인 그 일상개념이나 일상개념들을 여러분의 정신 앞에 충분히 떠오르도록 해 주는 것입니다. 그러므로 이것이 제가 실행하려는 모든 것은 아닙니다. 따라서 아마 'real현실 속에 실재한다'이라는 낱말의 의미가 무엇인지를 발견하고 싶었던 듯이 말했다면 유감스러웠을 것입니다. 영어를 모르는 폴리네시아 사람이 알고 싶어할 수 있다는 의미에서, 이런 의미를 발견하고 싶은 것은 아닙니다. 반대로, 이런 의미에서, 여러분이 그 의미를 이미 잘 알고 있으며, 또한 제가 실행하는 만큼 모두 잘 알고 있습니다. 그렇다면 실제로 제가 발견하고자 하는 것은 무엇일까요? 제가 실제로 답변하고자 하는 물음은 무엇일까요?

앞에 언급된 이유들로 말미암아, 제가 논의하고자 하는 물음들이 단순히 'real현실 속에 실재한다'이나 'exists현재 존재한다, 현존한다' 따위 낱말들의 의미에 관한 질문이 전혀 아니라고 말할 수 있습니다. 그 질문들은 더 이상 그런 낱말들의 의미에 관한 물음이 아님은, 말horse의 해부학에 관한 질문 또는 다른 동물들로부터 말이 비슷하거나 다른지에 관한 측면의 질문이, 고작 '말horse'이라는 낱말의 의미에 관한 질문이 아님과 마찬가지입니다. 만일 제가 말들의 해부학적 구조를 놓고서 어떤 사실들을 여러분에게 말해 주려고 했더라면, '말'이라는 낱말이 이미 여러분 정신 앞에다 제가 논의하려는 대상을 불러내었다고 가정해야 합니다. 그렇지 않았더라면, 제가 말하고 있던 낱말을 하나도 이해하지 못했을 것입니다. 그와 마찬가지로, 따라서 저는 'real현실 속에 실재한다'이라는 낱말이 여러분의 정신 앞에다 제가 논의하고 싶은 그 대상이나 대상들을 이미 불러내었다고 가정하고 있습니다. 다시 말하여, 「한 가지 대상이 실재한다」고 말하는 경우에, 여러분이 그 대상이 소유한다고 주장하고 싶은 속성이나 속성들인 것입니다. 그 낱말이 이런 속성이나 속성들을 여러분 정신 앞에 불러내지 않았다면, 제가 말하는 모든 것이 거의 이해될 수 없을 것입니다. 그렇다면 여러분이 영어를 이해한다면, 저는 'real현실 속에 실재한다'이라는 낱말로써 여러분 정신 앞에 불러들인 그 대상이나 속성이나 생각에 전적으로 관심을 두고 있다는 것이 사실입니다. 제가 탐구하고 싶은 것은 전적으로 이런 대상이나 속성이나 일상개념이나 생각에 대한 몇 가지 물음입니다.

그렇지만 여러분이 잘 알 듯이, 우리가 'real현실 속에 실재한다'이라는 낱말로써 이것을 여러분의 정신 앞에다 불러들인 어떤 것이라고 부르려는 것에 관해서는, 어떤 난점이 있습니다. 제가 방금 했던 대로, 그것을 한 가지 「대상object」이라고 부르는 것은 사뭇 자연스럽지 않습니다. 그것을 한 가지 「대상」이라고 부르는 것은, 여러분으로 하여금 제가 언급하려고 했던 것이 실재하는 것이나 대상들이었다고 생각하도록 잘못 이끌어 갈 수 있습니다. 저는 전혀 그것들에 대하여 언급하고 있는 것이 아님을 아주 분명히 해 놓고 싶습니다. 저는 단지 그것들이 모두 공통적으로 지니고 있는 속성에 대하여 언급하고 있는 것입니다. 우리가 「그것들이 모두 실재한다」고 말하는 경우에, 「그것들이 모두 그 속성을 공통적으로 지닌다」고 주장함을 의미합니다. 제가 언급하고 싶은 이 어떤 것을 한 가지 「대상object」이라고 부르기보다는, 「일반개념notion」이나 「생각idea」이나 「개념형성물conception(개인별 뜻잡이)」로197) 부르는 것이 좀더 자연스럽습니다. 이것이 또한 제가 이용해

---

197) [역주] 중요하게 낱말들을 구별하여 사용하는 방법을 강조하고 있다. 전형적으로 현실 세계 속에 있는 물건이나 사물을 가리키기 위하여 「대상object(사물)」이라는 낱말을 쓴다. 그렇다면 머릿속에 있다고 간주되는 실체를 달리 부르는 편이 혼란을 줄여 줄 것이므로, 여기서 세 가지 후보를 제시한 것인데, 다시 이것을 속성a property이라고도 부른다. 또한 머릿속에 있는 실체들을 가리키기 위하여 such a thing as~그러한 것, 그러한 대상이나 something어떤 것, 어떤 대상이나 everything모든 것, 모든 대상이라는 낱말도 쓴다. 우리말 번역에서 '것'을 쓰는 일이 매우 막연할 듯하여(가령, a thing을 '하나의 것'이라고 하면 앞뒤 맥락상 이해가 어려움), 불가피하게 '대상'이라고 쓴 곳도 많음을 적어 둔다(a thing을 '한 가지 대상'으로 번역함). 바로 이어진 제13장에서는 정신 속의 실체를 다시 나누어, 하의어로서 감각자료의 단편·심상·상상물 따위를 논의한다.

그런데 여기에 나열된 세 가지 후보 「notion·idea·conception」들은 영어를 배우는 과정에서 우리가 자주 접하지만, 막연한 채로 그냥 넘어가기 일쑤다. 이하에서는 개인적으로 필자가 이해하는 배경지식을 몇 가지 적어 둔다. notion일반개념, 통념은 엄격한 정의 없이 쓰는 일상생활에서 쓰는 개념이므로, 「통상적 개념」이라고 말할 수 있다. 이를 줄여 통념通念으로 부를 수 있겠지만, 최근 같은 발음의 한자어 통념痛念(아프게 느끼는 일)도 자주 쓰므로, 혼동을 피하여 여기서는 '일반개념'이라고 번역하고 있다. idea생각, 관념에 대해서는 여러 군데 역주로 달아 두었다(124~125쪽의 역주 49와 170~171쪽의 역주 73, 372~373쪽의 역주 134, 732~733쪽의 역주 281). 왜냐하면 ideas라는 낱말의 대립 항목이 무엇인지에 따라서 각각 달리 번역 용어를 선택해 주어야 하기 때문이다.

그런데 외국인으로서 우리가 가장 이해하기 힘든 용어가 conception(개인적인 개념 형성 산물 또는 개인별 뜻잡이로서, 가끔 그런 과정에서 오류가 깃들 수 있음)일 것이다. 이 용어가 여기에서뿐만 아니라 제16장에 여러 번 나오며, concept주로 학문적 정의를 갖춘 공공의 개념와 구별되어 쓰인다. 제17장(원본의 초판 312쪽, 재간은 339쪽)과 제20장(원본의 초판 353쪽, 재간은 383쪽)에서는 이들 낱말이 나란히 선별 접속 형태로 'concepts공적인 개념' or 'conceptions개인이 형성한 개념, 개인별 뜻잡이'처럼 제시되어 있다. 이들 두 가지 낱말 사이의 차이를 명확히 붙들기 위해 162쪽 이하의 역주 68에 있는 도표 「낱말 파생의 일반절차」를 참고하기 바란다. 여기서 관련 동사는 conceive(어원은 「함께, 온전히 모두

+받다, 갖다」)인데, 「생각을 품다, 아기를 배다」라는 뜻이 있다. 여기서는 「생각을 품다, 생각을 지니다」의 경우만 언급하기로 한다. 진행 과정은 conceiving으로, 결과 상태는 conceived로 되며, 그 결과 산출물이 concept주로 학문상으로 정의가 주어진 공적인 개념로 쓰인다.

하지만 다시 concept에 접미사가 붙어 conceptualize개념화하다라는 동사가 만들어졌고, 이것이 같은 파생 과정을 거쳤다. 진행 과정이 conceptualizing, 결과 상태가 conceptualized로 쓰이고, 그 결과 산출물이 두 가지 ⓐ conceptualization개념화 내용과 ⓑ conception개인이 형성해 놓은 개념 산출물, 개인별 뜻잡이으로 쓰이고 있다. 쉽게 concept공적 개념와 conception개인별 뜻잡이을 구분할 수 있는 대표적인 사례는 mis-conception한 개인이 멋대로 형성한 잘못된 개념, 오개념[誤槪念]이다. 이는 conception개인마다 스스로 형성한 개념, 개인별 뜻잡이이 잘못되었음을 접두사(mis-)로 표시해 놓은 것이다. 임의의 학문에서 공인된 공적 개념인 concept은 원론적으로 잘못되었다는 접두사(mis-)를 붙일 수 없다. 따라서 웹스터 사전에 *mis-concept는 낱말로 등록되어 있지도 않다(별표 '*'는 불가능하거나 비문법적임을 표시하는 생성문법의 약속임). 그렇다면 다양하게 conceptualization개별적으로 개념으로 만들어 놓은 내용과 conception개인별 형성 개념들이 경합하면서, 어떤 검증을 거친 뒤 관련된 모종의 정의가 전문가들 사이에 수용됨으로써 concept공적 개념가 된다고 말할 수 있다. 일단 여기서는 conception을 '개념 형성'(뜻잡이)으로만 번역해 둔다. 아마도 conceive에서 직접 파생된 conception잉태, 임신은 '성모 잉태'란 말을 고려한다면, 아주 오래된 것(적어도 예수가 태어났을 시기)로 보이는데, 마침내 이 낱말과 형태상의 합치가 일어나 두 가지 뜻을 동시에 지녔던 것으로 짐작된다.

일부에서는 번역 용어로서 '개념화'('개념으로 만든 내용'을 나타내겠지만, 관련 산출물을 가리키지는 못함)라고 하지만, conceptualizing개념을 만들어 가는 과정이나 그런 일과 conceptualization개념으로 만든 내용이나 결과와 서로 어떻게 구분할지 알려 주는 게 하나도 없다. 또한 구분되어야 할 몇 가지 단계를 뭉뚱그려 언급하는 모호한 낱말 선택에 불과하다. 뒤친이는 최소한 ㉠ 인간 언어에서 공통적으로 찾아지는 「낱말 파생의 일반절차」에 따라 우선 「진행 과정·결과 상태·관련 산출물」을 구분해 주고(우리말에서는 접미사 '-기 : -음 : -이/-개'가 대립됨), ㉡ 다시 사적인 영역과 공공의 영역을 추가하여 구별해 주는 것(우리말에서는 관련된 형태가 따로 없으므로 수식어를 붙여야 함)이 바람직할 것으로 본다. 굉장히 중요한 차이라고 보는데, 영어는 3인칭 활용 어미가 「공적, 객관적」 상태를 붙드는 일에 도움을 준직하다. 우리말에는 결여된 속성이다.

고故 김수업 선생(1939~2018)은 쉽게 '뜻잡이'라고 쓴 바 있다. 2500여 년 전 중국 땅의 실용주의자인 공자가 『주역』에 「얽어맨 뜻 풀이繫辭」를 달면서 내세웠던 두 가지 기준이 「쉽다, 간단하다(이[易], 간[簡])」이었다(지금은 한데 합쳐져 '간이함'이 편리하다는 뜻으로 바뀌어 쓰임). 이 기준은 여전히 오늘날 과학철학에서도 이론들을 평가하는 상위 기준으로 쓰이며, 각각 우아함elegance과 간단함simplicity으로 불린다(586~587쪽의 역주 222). 이런 측면에서, '뜻잡이'란 낱말은 상의어로서 과정과 결과와 개념형성물까지 다 아우를 수 있는 후보로 판단된다.

개념이란 한자어는 '평미레 개(槪)'와 '생각 념(念)'으로 이뤄져 있다. 본디 붉은 칠로 단장된 양각된 제기를 가리켰던 '개'(有朱帶者曰槩)가, 이미 한나라 시절에 싸전에서 되질할 적에 되에 수북이 쌓은 쌀을 평평하게 고르는 긴 막대인 「평미레(평평히+밀다+개)」를 가리켰다(平斗斛木, 量槩). 이런 도구로부터 그 속성이 '개념, 개론'에서 보듯이 「누구에게나 공정하여 다 받아들인다」는 속뜻과 '개요, 개관'에서 보듯이 「두루 전체적으로 적용된다」는 두 가지 속뜻이 나왔다. '이제 금(今)'이 마음 심(心)에 덧얹힌 '생각 념(念)'은, 현재 재귀적으로 나의 머릿속 생각을 바라보면서 확인할 수 있다는 속뜻이 들어 있다(여기서는 재귀적 자기 점검을 뜻함). '생각'(『능엄경 언해』에는 '싱각')에 대한 어원이 불분명하지만, 만일 흔히 추정하듯이 생각生覺이라면, 「재귀적으로 자신의 마음을 온 언급 방식이기도 합니다.

그렇지만 이렇게 부르는 방식에 대해서도 반론이 있습니다. 우리가 논의 중인 어떤 것을 생각하는 경우에, 이들 용어가 또한 우리가 실행하는 행위에까지도 적용될 수 있다고 반대하는 것입니다. 우리 정신 앞에 우리가 지닌 바인 이런 어떤 개념에 대한 것이라기보다는, 오히려 우리 정신 앞에 그런 개념을 지니는 일로 이뤄진 행위(≒정신 작용 방식 그 자체)입니다. 즉, 우리가 한 가지 일반개념이나 개념형성(개인별 뜻잡이)이나 관념(생각)을 지니는 행위인 것입니다(≒낱말 파생의 「과정·결과·산출물」 중 진행 과정을 가리킴). 따라서 우리가 그것을 한 가지 관념(생각)이나 일반개념으로 부른다면, 어떤 정신 속에 있는 경우를 제외하고서, 이는 전혀 상상 속의 상태일 수 없는 어떤 것이라는 가정으로 잘못 이끌어 갈 듯하며, 제가 제안하기에 아주 불편스러울 어떤 견해입니다.

아마 이런 어떤 것을 이름 붙이는 가장 자연스런 방식은, 이제 막 썼던 다른 낱말을 이용하는 것이며, 그것을 하나의 속성a property이라고 부르는 것입니다. 그렇지만 이것에 대해서도 또한 반론들이 있습니다. 많은 사람들이 다음처럼 말할 수 있습니다.

「오직 현실 속에 실재하는 존재인 '실체'는 전혀 적합하게 어떤 속성이라고 불릴 수 없다」

("reality", the mere being real, cannot properly be called a property at all)

각성한다」는 공통점이 있을 것이다. 아마 우리 쪽에서는 「일반적으로 통용되는 생각, 통상적인 생각」이란 뜻으로 통념通念을 써 왔을 듯한데(notion을 이 번역에서는 '일반개념'으로 번역하고 있음), 이는 엄격한 정의 없이 주먹구구식으로 쓰는 것도 포함하므로, 공적으로 받아들이는 측면에서 따로 새로운 낱말이 필요했을 듯하다(누구나 받아들일 수 있는 어떤 정의를 바탕으로 쓰인다는 속뜻이 깃듦). 근대에 들어서면서 '개념槪念'이란 낱말은 아마 독일어 Vorstellung눈 앞에 서 있다(칸트의 용어, 316쪽의 역주 119)나 Begriff(프레게 용어, 144~145쪽의 역주 59) 따위에 해당하는 번역어로서 일본에서 만들어졌을 것으로 짐작된다. 현재 우리나라에서뿐만 아니라 또한 중국 zdic(漢典)에서도 이 낱말이 검색된다는 점에서, 인접한 세 나라에서 모두 다 쓰고 있는 듯하다.

그렇다면 우리가 그것을 뭐라고 부를까요? 여러분이 잘 알 듯이, 그것을 이름 부르는 가장 자연스런 한 가지 방식은 그것을 'real실재한다'이라는 낱말의 의미로 부르는 것인데, 의미되는 것이란 측면에서, '의미'입니다. 왜냐하면 사실상 제가 언급하고 싶은 대상은, 실재한다는 낱말에 의해 전달되거나 의미되는 대상이나 속성이나 개념이나 생각이며, 그런 측면에서 실재한다는 의미입니다. 이런 사실이 제가 'real실재한다'이라는 낱말의 의미를 논의하려고 했다고 말한 이유를 설명해 줄 수 있습니다. 저는 'real실재한다'이라는 낱말에 의해서 의미되는 바인 이 개념이나 속성에 관한 몇 가지 문제를 제기하고, 또한 「이 개념이나 속성이 무엇일까?」라는 형태로 표현됨직한 몇 가지 물음을 던지고자 했음을 뜻했습니다. 그러므로 결국 제가 논의하고 싶은 질문은 「'실재한다'라는 낱말의 의미가 무엇일까?」라는 측면이 있습니다. 저는 실제로 다음 물음을 논의하고 싶습니다.

> 「'실재한다'는 낱말에 의해 의미하게 되는 이런 일반개념이나 속성은 무엇일까?」
>
> (What is this notion or property, which we *mean* by the word "real"?)

그렇지만 여러분이 잘 알 듯이, 이런 측면에서 바로 이 질문은, 만일 영어를 모르는 폴리네시아 사람이 「'real'이란 낱말의 의미가 무엇입니까?」라고 물었을 적에 동일한 낱말들로 표현됨직한 내용과는 전적으로 다른 물음이 됩니다. 제가 알 수 있는 한, 폴리네시아 사람의 질문은 간단히 다음처럼 말하는 일과 동일할 것입니다. 「영국인이 '실재한다'는 낱말로 표현하는 일상개념을 제 정신 앞에 좀 불러일으켜 주시겠습니까?」 이를 묻자마자, 그 외국인의 질문에 여러분이 완벽히 답변했을 것 같습니다. 그렇지만 「'real실재한다'이라는 낱말의 의미가 무엇일까?」라고 묻는 경우에, 이것이 제가 실행하고자 하는 모든 것이 결코 아닙니다. 제가 실행하고자 하는 것은, 단지 어떤 개념을 떠오르게 할 뿐만 아니라, 'real실재한다'이라는 낱말로 불러일으킨 이 개념의 본성을 놓고서 어떤 질문들을 제기하는 것입니다. 그러므로 제 질문을 'real실재한다'이라는 낱말의 의미에 관한 한 가지 질문으로 서술하는 것이, 저로서는 마뜩치 않게 여깁니다. 바로 동일한 낱말들로서 「'real실재한다'이라는 낱말의 의미가 무엇일까?」라는 표현이, 온전히 이들 두 가지 다른 질문(≒철학의 본질에 대한 질문과 영어를 모르는 외국인의 질문)을 표현하는 데 쓰일 수 있다는 사실이, 제가 실제로 제기하고 싶은 질문에 관하여 정확한 본성 및 논의 결과bearings(의미)에 관해서 오해를 불러일으킬 수 있다고 생각합니다. 이런 구분에 도움을 받아, 이제 저는 좀더 명확히 실제로 제기하고 싶은 주요한 문제가 정확히 무엇이고, 그 논의 결과들이 무엇인지를 지적하고자 합니다.

§.12-1 【 '실재한다'는 낱말의 애매한 용법에 따른 오류들 】 분명히 우리가 영어를 잘 알고 있을 적에라도 'real실재한다'이라는 낱말의 의미에 대하여 제기할 수 있는 한 가지 질문은 다음과 같습니다. 「'real실재한다'이라는 낱말에 의해서 영어를 잘 아는 사람들의 정신 속에 떠오르는 일상개념이 언제나 동일한 것일까, 아니면 서로 다른 맥락들에서 이 낱말에 의해 떠올릴 만한 것으로 서로 다른 것들이 있을까?」198) 이는

---

198) [역주] 1910년 강의 당시에 무어 교수는 real을 반드시 imaginary와 반대되는 뜻으로 보지 않았고, '상의어'로서 현실 속에 존재하는 대상 및 상상 속의 대상도 모두 가리킬 수 있는 듯이 본 듯한 인상이 짙다. 1933년 서로 생각이 달랐던 옥스퍼드 대학 롸일 교수와의 토론을 통해서 real을 상상 속의 대상과 대립하는 하의어로 보기 시작한 것이 아닌가 의심된다(538~539쪽의 역주 201을 보기 바람).
현대 언어학을 시작한 스위스 언어학자 소쉬르(Ferdinand de Saussure, 1857~1913)는 사후에 출간된 『일반 언어학 강의』(최승언 뒤침, 1990, 민음사; 김현권 뒤침, 2008, 지식을만드는지식)와 『일반 언어학 노트』(김현권·최용호 뒤침, 2007, 인간사랑)에서 「언어는 동시에 공통된 사회적 특성(랑그langue)과 개인마다 다른 개인별 특이성(파롤parole)도 지니고 있다」고 보았으며, 공통된 사회적 자산의 지위를 지닌 '랑그'를 일차 대상으로 연구하였다. 그 방법으로서는 한 언어 속에서 다른 형태들과 대립적 속성(계열·통합 관계)들을 찾아내는 것이다. 따라서 어떤 대상을 먼저 연구할 것인지를 물을 경우에, 소쉬르의 답변은 「공통된 내용(랑그)을 먼저 다루고 나서, 개별적으로 달라질 수 있는 측면(파롤)을 추구해 나간다」고 요약할 수 있다.
언어 형태(형식)는 늘 중의적이다(531~532쪽의 역주 199의 도표를 보기 바람). ambiguous

'real실재한다'이라는 낱말이 애매한지ambiguous(중의적인지) 여부를 물음으로써 의미될 수 있는 바입니다. 이런 물음을 그 전체 범위로 제기하고 싶지는 않습니다. 만일 이 낱말이 쓰이는 모든 경우들을 살펴본다면, 저는 'real실재한다'이라는 낱말이 애매함(중의성)에는 의심이 없을 것으로 생각합니다.[199] 즉, 어떤 맥락들에서는 다른 맥락들에서 표현한 내

중의적이란 용어는 논리학이나 언어학에서는 두 가지 이상의 의미가 있다는 뜻으로 쓴다. 그렇지만 무어 교수는 vague애매하다, 범위가 정해져 있지 않다라는 용어와 뒤섞어 쓰고 있는 듯하다. 왜냐하면 피해야 할 대상으로 ambiguous애매함를 쓰기 때문이다. ambiguity중의성, 애매함는 마치 tautology동어 반복, 항진 단언가 서로 다른 속뜻을 지니듯이, 용인될 수 있는 것인지 피해야 할 것인지로 나뉠 수 있다. 만일 피해야 할 것이라면 틀림없이 '애매하다'는 쪽으로 쓰는 것이다.

199) [역주] 언어학에서는 언어의 형태가 언제나 중의적(이중, 삼중, 사중, …)이라고 여긴다. 중의성은 언어 형태의 내재적 중의성 및 이 형태가 쓰이는 환경에 따른 외재적 중의성으로 나뉜다. 전자를 내재적 의미 확장에 따른 중의성으로 부른다. 후자는 다시 구조적 중의성과 환경 맥락에 따른 중의성으로 세분된다. 내재적 중의성은 오래 전에서부터 낱말을 다루면서 원래 의미本義와 확장된 의미引伸義를 늘 다뤄왔다. 수학자 프레게가 이를 지시 의미reference와 속성 의미sense로 구분하였고, 그 제자인 카아냅(R. Carnap, 1891~1970)이 각각 외연 의미extension와 내포 의미intension로 부른 뒤(1956, 『의미와 필연성』, University of Chicargo Press), 일반적으로 이 용어가 받아들여지고 있다. 가령 「저것은 돼지이다」라는 말과 「철수는 돼지이다」라는 표현에서, 전자는 외연 의미(대상물을 지시함)를 가리키고, 후자에서는 내포 의미(속성을 지시함)를 가리킨다. 우리 문화에서는 흔히 욕심 많은 이기적 인간을 '돼지'라고 얕잡아 부른다.

낱말뿐만 아니라 심지어 더 자잘한 형태소까지도 두 가지 이상의 기능을 지니고 있다. 예를 들어, "밥을 먹다"와 같이 타동사에서는 대격(목적격) 조사 '을'은, 어떤 행위가 영향을 주는 대상임을 가리킨다. 그렇지만 "십 년을 살다, 첨단 기술의 현대를 살다"에서와 같이 자동사 구문에 쓰이면, 영향 받는 대상이 아니라, 오히려 그 사건이 실현되는 전체 기간이나 살아가는 모습(첨단 기술의 현대적 스타일)을 나타내는 것이다. 앞의 사례에서는 사건이 지향하는 「초점이나 목표」가 되지만, 뒤의 사례에서는 오히려 사건이 전개되는 「무대나 배경」으로 역할이 달라지고 있는 것이다.

언어 형태의 외재적 중의성은 ㉠언어 구조의 차이에 따른 중의성과 ㉡그 형식이 어떤 맥락과 결합되는지에 따른 중의성으로 다시 세분된다. 전자 ㉠은 「내부 논항·외부 논항·부가 논항」이라는 서로 다른 위치에 따라 의미 해석이 달라지는 것을 가리킨다. 722~723쪽의 역주 274에서 부사 '정말'이 구조상 동사구에 속하는지, 전체 문장에 속하는지에 따라 해석이 달라지며, with guns총을 갖고가 구조상 주어(외부 논항)에 속하는지, 목적어(내부 논항)에 속하는지에 따라 해석이 달라짐을 예시해 두었다. 후자 ㉡의 경우 또다시 세분된다. 임의의 형태가 사용될 때에는 앞뒤 문맥co-text에 따라 속성 의미 또는 내포 의미가 고정되기도 하고, 그 형태가 들어가 있는 표현이 쓰이게 될 상황 맥락context에 따라서도 본디 의도가 달라질 수 있는 것이다. 앞뒤 문맥에 따라 의미가 달라지는 사례는 이미 88~89쪽의 역주 35에서 우리말 '손을 내밀다'를 놓고서, 499~500쪽의 역주 185에서 우리말 '손을 들다'를 놓고서 설명하였다. 214쪽의 역주 91에서는 우리말 '보다'를 다의어로 볼 경우를 예시해 두었다. 상황 맥락에 따라 의미가 완전히 달라져 버리는 경우는 반어 표현을 예시할 수 있다. 만일 "잘~~ 났다!"라는

용과 아주 다른 일반개념을 불러일으키려고 표현하는 것입니다. 그렇지만 저는 어떤 특정한 사례들에 관한 질문을 제기하려고 합니다. 저한테 각별히 중요한 어떤 것은 「그러저런 것이 실재한다So and so is real」

말을 이례적인 어조로 말한다면, 비꼬는 의미가 깃들게 된다. 설령 고정되어 있는 인사 말투 「안녕하세요」라 하더라도, 언어 사용 상황에 따라 어조와 음색과 진지함 따위가 복합적으로 작동하여, 관련된 사람들 사이에 가깝고 멂을 드러내는 「사회적 거리」와 「심리적 거리」를 파악할 수 있게 해 준다. 그렇다면 임의의 언어 표현은 앞뒤 문맥뿐만 아니라 상황 맥락까지 고려하면서 「전형적으로 표현될 만한 내용」을 기준으로 삼아, 현장에서 듣고 있는 표현을 서로 재빨리 비교하면서(러시아 형식주의자 바흐친은 intertextuality '겹쳐 읽기' 또는 '텍스트끼리 얽힌 속성'으로 부름) 수시로 그리고 지속적으로 상대방의 본디 의도를 파악하고 점검 확인해 나가야 하는 것이다.

그렇다면 언어 표현이 계속 이어지면서 이런 중의성 발생 기제들이 겹쳐짐으로써, 급기야 지수적으로 중의성의 숫자가 늘어날 터인데, 어떻게 하여 우리가 상대방이 의미하는 바를 이내 쉽게 파악하는 것일까? 그 대답은 다음과 같다. 우리는 비슷한 생활 세계에서 경험들을 누적하면서 상대방과 우연히 마주칠 적에도 사회적 관계에 따라 어떤 기대를 하게 된다. 일상언어 철학자 오스틴의 통찰에 힘입어(1955, 『낱말들의 운용 방식』, Clarendon에서 다룬 '적정 조건felicity conditions'을 확대하여), 이를 흔히 언어 사용 상황에 적합하게 맞춰 놓은 「의사소통 모형의 상정」이라고 말한다. 그렇지만 이런 상정 결과가 항상 성공하는 것만은 아니므로, 또한 상대방과 긴밀한 협력 아래, 의사소통의 목표가 즉각적으로 조정되거나 수정되어 나갈 수 있다. 만일 홍부처럼 상대방에게 협력하고 맞춰주려고 하는 사람들이라면, 「의심점들을 보류하거나 삭제하면서」기꺼이 상대방과 조율하려고 한다(마치 아기 엄마가 옹알이를 하는 아기를 보면서 아기의 마음을 꿰뚫어 보듯이). 하지만 이런 기대가 충족되지도 않고 의사소통이 파행으로 갈 수도 있다. 그렇다면 서로 불신하며 속이려는 상대방과의 교류를 계속할지 여부를 가르는 큰 결단만 남게 된다.

그런데 우리 문화에서는 말과 행동을 서로 비교하여, 행동에다 진실함의 무게를 더 많이 두는 전통이 있다. 한 사람이 왜 그렇게 말을 하고, 왜 그렇게 행동하는지를 한데 묶어 「그 사람의 가치관이나 인생 목표」로 불러왔다. 이는 오랜 기간 동안에 걸쳐 가정 환경·교육 내용·성패 경험·행동 교정 따위의 복잡한 변수들의 결합을 통해 형성되고, 한 사회에서 지향하는 공공의 가치와도 중요하게 영향을 주고 받는 내용이다. 친구나 집단이나 가까운 사람들은 모두 이런 지향점들이 공유된다고 서로 믿고 있는 것이며, 따라서 상대방의 말과 행동을 크든 작든 대체로 예측할 수 있으므로, 긴장하고 불안하기보다는 서로 편안히 여기게 되는 것이다.

언어 형태 또는 언어 형식에서 중의성을 일으키는 범위와 분포를 놓고서 다음 그림처럼 나타낼 수 있다. 단, 이런 분류가 항목마다 독자적이고 개별적으로 작용을 하는 것이 아니라, 오히려 서로 하위 항목들 사이에 크든 작든 서로 영향을 주고받으면서 복합적으로 작동함에 유의해야 한다.

언어 중의성의 범위와 하위 분포(김지홍, 2019* 모형)

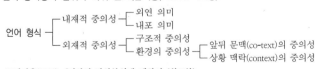

※ 김지홍(2019), 「비판적 담화분석에 대하여」(원고본)

거나 「그러저런 것이 실재하지 않는다So and so is not real」란 주장에 의해서 전달되는 듯한 몇 가지 사례만 선택하고자 하며, 다음과 같이 질문을 던집니다. 「이들 모든 사례에서 전달되는 것이 동일한 개념일까?, 아니면 서로 다른 경우마다 서로 다른 개념들이 전달되는 것일까?」 여러분이 잘 알 듯이, 만일 우리가 영어를 모른다면 이는 부분적으로 우리가 대답할 수 없는 물음입니다. 즉, 앞에서 가정한 폴리네시아 사람이 'real실재한다'이라는 낱말을 모른다는 측면에서, 만일 우리가 'real실재한다'이라는 낱말의 의미를 알지 못한다면 대답할 수 없는 것입니다. 우리가 논의 중인 개념이나 개념들이 'real실재한다'이라는 낱말에 의해 전달된다고 주장하는 한, 영어에 대한 지식을 전제하는 어떤 것을 주장하고 있는 것입니다. 그렇지만 저는 그 의미의 부분, 특히 가장 중요한 부분과 관련하여, 제 질문이 영어의 지식이 없이는 제기될 수 없는 물음임을 주장하고 싶습니다. 그 질문이 요구하는 모든 것은, 사실상 우리 정신 앞에 'real실재한다'이라는 낱말에 의해서 영국인에게 표현되는 일상개념이나 일상개념들을 가져야 한다는 것입니다. 이들 개념이 영국인에게 'real실재한다'이라는 낱말에 의해서 표현된다는 사실을 우리가 알아야 함을 요구하는 것은 아닙니다.

어떤 사람이 말과 당나귀 사이의 차이점들을, 영어로 이들 대상이 '말'과 '당나귀'로 불린다는 점을 전혀 모르는 채로도, 탐구를 아주 잘할 수 있을 것입니다. 비슷하게 'real실재한다'이라는 낱말을 전혀 들어보지도 않은 어떤 사람이, 이 낱말에 의해서 우리에게 전달되는 소략한 일상개념이나 공적 개념들을 자신의 정신 앞에 지닐 수도 있으며, 다음처럼 물을 수 있습니다. 「내 정신 앞에 지금 갖고 있는 것이,200) 막

---

200) [역주] 원문은 have the notion해당되는 일반개념을 갖다, 관련되는 그 일반개념을 지니다으로 씌어 있다. 이는 눈을 감고서 내성을 하는 경우에 머릿속에서 그런 개념을 떠올려 생각하는 것과 같은 일이다. have에 대한 내포 의미와 쓰임이 우리말과 다르기 때문에 원문의 표현이 이상하게 느껴질 수도 있을 듯하다. 무어 교수가 동일하게 이 표현을 달리 call up머릿속에 떠올리다, 불러들이다, 상기하다으로도 쓰고 있음에 유의할 필요가 있다. 뒤친이의 판단에 "여러분의 정신 앞에 해당 일반개념을 갖다/지니다"는 표현은, 「그런 일반개념을

내가 가졌었던 것과 동일한 일반개념일까? 아니면 다른 어떤 일반개념일까?」 저는 이 질문에서 이런 중요한 부분이, 종종 답변하기가 실제로 어려운 질문임을 주장하고 싶습니다. 여러분은 한 가지 경우에 여러분의 정신 앞에 지니는 일상개념이, 또 다른 경우에 여러분의 정신 앞에 지니는 일상개념과 개별적 경우마다 다른지, 그렇지 않은지 여부를 틀림없이 아주 쉽게 알 수 있으리라 생각할지도 모릅니다. 만일 여러분의 정신 앞에 말horse에 대한 일반개념과 또한 당나귀에 대한 일반개념을 가진다면(≒떠올린다면), 그것들이 서로 다름을 이내 알게 됩니다. 잘못될 가능성이 전혀 없는 것입니다.

그렇지만 다른 사례들에서는 잘못될 가능성이 있음이 분명하다고 생각합니다. 잘못을 저지르기 아주 쉬운 것입니다. 만일 여러분이 자신에게 스스로 다음처럼 묻는다면,

「저 문장에 있는 'real실재한다'이라는 낱말에 의해서 내 정신에 전달되는 일상개념이, 이 문장에 있는 'real실재한다'이라는 낱말에 의해 내게 전달되는 일상개념과 동일한 것일까?」

머릿속에서 떠올려 생각한다」는 뜻으로 이해하는 쪽이 더 온당할 듯하다.

이 번역에서는 이를 위해 우리말에서 '불러들이다, 불러들여지다'를 쓰기로 하겠다. 전자는 사동·피동 표현 둘 모두의 뜻으로 쓰여 맥락상으로 구분해야겠지만(마치 「시계를 전당 잡히다」와 「범인이 잡히다」는 동일한 형태가 오직 맥락상으로만 능동·피동으로 구분되듯이), 후자는 오직 피동적 해석만 받으며 더욱이 저절로 그렇게 된다는 「자동성」도 함의하게 된다. 만일 필자의 직관이 옳다면, be called up에 대응하는 표현으로서, 특정 낱말에 의해 저절로 연상되는 것이므로, '불러들여지다'가 더 나은 후보일 듯하다(학교문법에서는 '이중 피동' 표현으로 보아 피해야 할 형식이라고 오판함).

참스키 교수가 주도한 생성문법에서는 1970년대 초반에 몇 가지 논제에 대한 의견 차이로, 스승을 따르는 변형 옹호주의(Chomsky, 1970, "Remarks on Nominalisation")와 그의 제자들(Lakoff 등)이 옹호하는 생성 의미론로 분열된다(레이코프 교수는 뒤에 「인지 언어학」을 개척함). 그런 중요한 논제들 중 하나가, 전통문법에서의 서술과는 달리 수동태 구문이 능동 구문에서 변형되고 도출되는 것이 아니라, 오히려 형용사 구문과 같이 그 자체로 기본 형상이라는 사실을 처음 발견한 사실에 있다. 이런 영향 아래 우리말에서도 짧은 형태의 형식을 중심으로 하여, "날이 풀리다"가 결코 "*누군가 날을 풀다"(단, 별표 '*'는 비문법적임을 표시하는 생성문법의 약속임)라는 기본 형식으로부터 변형될 수 없음이 밝혀지고, "-아지다"라는 긴 형식에도 다른 속뜻이 깃들어 있음이 지적된 바 있다(즉, 사동·피동의 해석을 모두 다 받는 '불러들이다' 및 결과 상태·피동의 해석을 받는 '불러들여지다'는 서로 차이가 있음).

그것이 동일한지 여부에 대해서는 언제나 확신하기가 쉽지 않습니다. 이는 철학에서 임의의 문젯거리들처럼 답변이 모아지지 않은 채 열려 있는 사안입니다. 한 사람이 한 문장에서 자신이 표현하고 있는 생각이, 또 다른 경우에 동일하거나 다른 낱말들로써 자신이 표현하고 있는 바와 동일한 것인지, 그렇지 않은지 여부에 관해서도 아주 쉽게 잘못을 저지를 수 있습니다. 따라서 철학자들이 이런 종류의 잘못을 실제로 저지른다고 시사하는 것은, 결코 주제넘은 건방진 태도가 아닙니다. 다른 사안들에 대해서도 잘못될 수 있다고 시사하는 일이, 더 이상 혼자서 잘난 척 시건방을 떠는 것도 아닙니다.

어떤 철학자가 다음처럼 말할 수 있습니다.

「'실재한다'라는 낱말을 쓸 경우에, 이것이 내가 바로 이 낱말로써 의미하는 바이다」

(When I use the word "real", this is what I mean by it)

그럼에도 그가 잘못일 수 있습니다. 그가 그 낱말로써 의미한다고 말하는 것이, 사실상 그 낱말로써 실제로 그가 의미하는 것이 아닐 수도 있는 것입니다. 그가 'real실재한다'이라는 낱말을 쓰고 그 낱말로써 표현하는 경우에, 그의 정신 앞에 있는 생각이 사실상 그의 정의에 따라 그 낱말들로써 전달되는 것과는 다른 것이 실제의 경우일 수 있으며, 오직 그것들이 동일하다고 착각하는 오류를 저질렀을 따름인 것입니다. 그러므로 어떤 철학자가 한 낱말의 정의를 제시하고, 이것이 자신이 그 낱말을 쓰고 있는 의미라고 말한다는 사실이, 결코 그것이 실제로 그가 그것을 쓰고 있는 의미가 됨을 입증해 주는 것은 아닙니다. 오직 그가 의미한다고 간주하는 것임만 입증할 따름입니다. 그 자신이 의미한다고 여기는 것이, 그가 실제로 의미하는 바와 아주 다를 수 있는 것입니다.

그리고 어떤 철학자가 자신이 두 가지 서로 다른 낱말들로써 표현하고 있거나, 두 가지 서로 다른 경우에서 사실상 다른 낱말을 써야 하겠지만 동일한 낱말로써 표현하고 있는 생각이 서로 동일한 것이라고 여기는 일이 있듯이, 마찬가지로 거꾸로 한 가지 경우에서 어떤 낱말로써 그가 표현하고 있는 것과 또 다른 경우에 사실상 아무런 차이도 없지만 동일하거나 서로 다른 어떤 낱말로 표현하고 있는 것 사이에 어떤 차이가 있다고 생각할 수도 있습니다. 곧, 그가 다른 것으로 여기는 두 가지 생각이 사실상 동일한 경우인 것입니다.

이런 두 가지 종류의 실수가, 심지어 한 가지 경우에 제 생각이 또 다른 경우에 있는 제 생각과 동일할지 여부를 정확히 찾아내려고 노력하는 경우에조차, 저 자신에 의해서 저질러질 수도 있습니다. 물론 그렇지만 만일 두 가지 생각이 동일한지, 그렇지 않은지 여부를 찾아내려고 노력하지 않는다면, 사실상 다른 것임에도 불구하고 여전히 한 가지 제 생각을 마치 또 다른 생각과 동일한 것처럼 취급하거나, 또는 사실상 같은 것임에도 불구하고 다른 것으로 취급할 가능성도 많습니다. 두 가지 경우에서 모두 심각한 오류로 이끌려 들어갈 수 있습니다. 저는 어떻게 하여 그렇게 되는지를 설명할 것입니다.

한 문장에서 술어predicate(서술어)로 쓰는 낱말로써 제가 표현하는 속성을 'A'라고 부르고, 또 다른 문장에서 술어로 쓰는 속성을 'B'로 부르도록 하겠습니다. 그리고 속성 A가 속성 B와 구분되는지, 그렇지 않은지 여부를 알아차리기 어렵다고 가정하기로 하겠습니다. 그럴 경우에 두 가지 가능성이 있습니다. 속성 A가 사실상 속성 B와 다르거나, 아니면 동일할 수 있습니다(≒영어 표현 is real이 현실 세계에서 사실일 수도 있고, 머릿속에서 상상의 이름을 정신 앞에 불러들인 대상일 수도 있다고 보기 때문에, 미리 복선으로 이런 논의를 도입하고 있음).

㉮【 속성 A와 속성 B가 서로 다를 경우 】우선 속성 A와 속성 B가 서로 다를 경우를 살펴보기로 하겠습니다. 다시 여기서 두 가지 가능성이 있습니다. 제가 확정적으로 속성 A가 속성 B와 다른지 여부를

찾아내려고 노력할 수 있습니다. 아니면, 이를 찾아내려는 노력을 하지 않을 수도 있습니다. 그렇지만 제가 이런 노력을 하든지 그렇지 않든지 간에, 비록 동등할 가능성이 없다손 치더라도, 어떤 경우이든지 제가 속성 A와 속성 B를 마치 동일한 것인 양 취급할 수 있을 것입니다. 심지어 이것들이 다른지 여부에 대한 물음을 확정적으로 살펴본 경우이더라도, 우연히 이것이 확신하기 쉬운 일이 아니기 때문에, 실제로 이것들이 서로 다를 경우에라도 제가 잘못을 저지른 채, 이것들이 동일하다는 결론에 이를 수 있습니다. 그러므로 어떤 경우이든지 간에, 사실상 이것들이 서로 다를 경우에라도 제가 마치 동일한 것인 양 취급할 가능성도 있을 것입니다.

그것들을 동일한 것으로 취급한다는 표현으로써, 제가 의미하는 바는 다음과 같습니다. 우연히 한 가지 대상 Z가 속성 A를 지니고 있고, 또 다른 대상 Y가 속성 B를 지님을 미리 알 수 있습니다. 이제 제가 사실상 이들 두 가지 사실을 모두 잘 알고 있다고 가정하기로 하겠습니다. 그렇다면, 이들 사실을 아는 일이, 그렇지만 속성 A와 속성 B가 서로 다르다는 것을 깨닫지 못한 채, 저는 속성 A를 지닌 대상 Z가 또한 속성 B도 갖고 있고, 속성 B를 지닌 대상 Y가 또한 속성 A도 갖고 있는 것으로 결론을 내리기가 아주 쉬울 것입니다. 만일 사실상 속성 A와 속성 B 사이에 중요한 차이점이 한 가지라도 있다면, 이들 두 가지 결론이 모두 다 아주 심각한 오류가 됩니다. 우리가 한 문장에서 술어로 쓰인 낱말로써 표현하는 생각이, 또 다른 문장에서 술어로 쓴 낱말로써 우리가 표현한 생각과 같은지 다른지 여부를 알아내는 일이 어렵기 때문에, 이로 말미암아 이것이 우리가 빠질 수 있는 한 가지 오류인 것입니다.

㉮【 속성 A와 속성 B가 같을 경우 】그렇지만 이제 또 다른 경우를 살펴보기로 하겠습니다. 속성 A와 속성 B가 사실상 동일하며, 다르지 않다고 가정하겠습니다. 다시 여기서, 이것들의 동일성에 관한 질문

을 명백히 살펴보았거나 그렇지 않을 수 있습니다. 이것들이 사실상 동일하지만, 우리가 서로 다른 것으로 여길 가능성이 있습니다. 그리고 뒤따라 나올 결과들이 다음과 같습니다. 우연히 한 가지 대상 Z가 속성 A를 갖고 있으며, 또 다른 대상 Y가 속성 B를 지님을 알 수 있으며, 우리가 이런 사실에 관해서 아주 올바를 수 있습니다. 그렇지만 속성 A와 속성 B가 동일함을 깨닫지 못했기 때문에, 비록 속성 A와 속성 B 사이에 서로 차이가 없으므로, 이들 두 가지 대상이 모두 다 아주 불가능할망정, 속성 A를 지닌 대상이 속성 B를 지니지 않으며, 속성 B를 지닌 대상도 속성 A를 지니지 않는다는 생각으로 이끌려 들어갈 수 있습니다. 간단히 말하여, 그것을 알지 못한 채 스스로 모순에 이르게 될 수 있는 경우입니다.

예를 들어, 'exist현존한다'란 낱말로써 표현하는 속성이 'real실재한다'(무어 교수의 후기 용어 사용법으로는 being으로 바꿔 써야 옳음)라는[201] 낱

---

201) [역주] 517쪽의 역주 195에서 목록으로 제시하였듯이, 관련 낱말이 두 계열의 표현들로 나뉜다. 상상 속의 대상을 가리키려는 목적을 지닌 한 계열의 표현들이 있고, 이와 대립하여 현실 속에 실제로 존재하는 대상으로서, 우리 감각 기관에 자극을 주어 머릿속에서 감각자료를 만들어 주는 다른 계열의 표현들이 있다. exist현존한다와 real현실 속에 실재한다은 같은 계열의 낱말이다. 이와 맞서는 다른 계열의 낱말은 being상상 속 대상이 존재하는 상태과 is상상 속 대상이 있다이며, §.16-2에서 자세히 논의된다. 개인적으로 뒤친이는 is가 오늘날 양상(양태) 논리학의 논의에서 본다면, 있을 수 있는 모든 가능세계all possible worlds에서 그 구성원으로 있는 상태를 가리키지만, 현재 이 세계this world에서는 우리가 그 대상을 경험할 수 없는 것으로 해석할 수 있을 듯하다.

그런데 본문 §.12-3에서 real실재한다에 대한 몇 가지 사용 방식이 논의하면서, 눈을 감고서 내성할 경우에 상상을 통해서(그 이름을 통해서) 정신 앞에 불러들여진 대상도 가능한 만큼, real머릿속 정신 앞에 실재한다, 현실 세계 속에 실재한다이 「상상의 대상 및 현실의 대상을 구획하는 데 쓰일 수 없다」고 자신의 유보적 입장을 명기하였다. 아마 "코끼리가 실재하지 않는다not real"는 브뢰들리 교수의 용법(오직 절대자만이 완벽하게 실재하지만, 다른 모든 것들은 겉모습이며, 따라서 오직 낮은 정도의 속성만 지니기 때문에 실재한다고 볼 수 없다고 주장했음)을 그대로 따랐기 때문에 그러한 듯하며, 또한 라틴어 어근도 「rēs 것, 일」도 한 몫을 거드는 듯하다. 그러다가 1933년 아리스토텔레스 학회에서 '상상의 대상물'에 관한 토론회에서 다른 사람들과 서로 의견을 주고 받았는데(G. Ryle, R. B. Braithwaite and G. E. Moore, "Symposium: Imaginary Objects", 『Aristotelian Society Supplementary』 Volume 12, 18~70쪽), 여기에서는 real실재한다을 is a fact한 가지 사실이다와 같이 묶어 놓았으므로, 뒤에 가서야 이런 용어 사용법이 확정된 것으로 보인다(명확한 전환 시기는 더 추적해 볼 사안임). 즉, imaginary상상의나 fictious소설 속의와 대립항으로 real실재한다을 고정함으로써, 비로소 두 영역을 모두 다 묶을 수 있는 '상의어'로서 쓰던 용법으로부터 벗어나, 오직 '하의어'로만 쓰게 된 것이다. 그렇다면 두

말로 표현하는 속성과 다르거나, 또는 'is상상 속 속성이 있다'란 낱말로써
표현하는 속성이 'exist현실 속에 존재한다'란 낱말로 표현하는 속성과 서로
다르지만, 반면에 (눈을 감고 내성을 한다면) 실제로 우리 정신 앞에 떠
올려 지니는 속성이 정확히 두 경우들에서 모두 동일하기 때문에, 주
어진 임의의 대상이 현실 속에 존재하지만exist '실재하지' 않는다거나
not 'real'(무어 교수의 후기 용어 사용법으로는 not 'being'[상상 속 대상이 존재 속성을
지니지 못한 상태]으로 바꿔야 함), 또는 주어진 임의의 대상이 '존재 속성을
지니지만has being'202) 현실 속에 '존재하지' 않는다not 'exist'고 주장할
수 있습니다. 이는 차이점이 없이 구별을 해 놓는 사례가 될 것인데,
즉, 단지 언어상의 구별을 만드는 일입니다. 제 생각에 비록 분명히
한 가지 구분점이 있더라도, 마치 아무런 구분도 없는 듯이 가정하는
반대쪽의 반칙에 더욱 자주 뒤가 켕긴다고 느끼겠지만, 때때로 이는
아마 정당성을 지니고서 일부 철학자들이 남들을 자주 힐난해 온 반

___

영역을 포괄할 수 있는 상의어로 무엇이 대안이 될 것인가? 뒤친이는 가능세계가 현실
세계를 포괄하듯이, being있음, 존재하는 상태이 그 대신에 상의어로서 채택될 수 있을 것으
로 본다. §.16-2에서 무어 교수도 being있음, 존재하는 상태이 지닌 의미가 다섯 가지 유사한
어구들에 모두 다 들어 있다고 적어 놓았다.
　1954년에 출간된 이 책자에서는 이런 변화들을 충실히 완벽하게 반영한 것이 아니다.
비록 고식지계로 비난받을 수 있겠지만, 1910년 강의 당시의 원고를 놓고서 꼭 필요한
견해 상의 변화에 대한 몇 가지 추가 주석만 덧붙여 놓은 것이다. 따라서 real현실 속에
실재한다이라는 낱말을 being상상 속대상이 있는 상태과 대립시켜야 더 일관되겠지만, 1910년
당시에는 real이란 낱말 자체를 브뢰들리 교수의 책을 따라 상의어 용법, 즉, 「exist,
real, is, being 따위를 모두 다 포괄하는 상의어」로도 봤던 것이다(본문에서 두 가지
속성 A와 B를 표현하는 데에 모두 다 쓰인다고 명시적으로 지적하였는데, 이 말은 결국
상의어와 하의어로 모두 다 쓰임을 뜻함). 마치 man이 영어에서 woman과 대립하는
하의어로도 쓰이고, man과 woman을 다 총칭하는 상의어로도 쓰이듯이, 하의어와 상
의어로서 두 가지 용법을 넘나들고 있는 것이다.

202) [역주] 좀더 뒤에 있는 §.16-2에서 being은 「존재 속성」이나 「존재하는 상태」로만 국한
하여 쓰는 것이 좋겠다고 제안하였다. 무어 교수는 여기서처럼 has being존재하는 상태를
지님이란 표현을 쓰거나, 아니면 §.13-0의 첫 단락에서처럼 has some kind of being상상
가능한 어떤 종류의 존재 속성을 지님이란 표현도 쓴다(원문 초판에서 234쪽, 재간은 255쪽). 따라
서 여기서는 실체reality 또는 실재하는 대상real thing이 아니라는 의도를 드러내기 위하
여, 'being'을 「상상 속 대상이 존재하는 상태」를 염두에 두면서 「존재 속성이 있음」으
로 번역해 둔다. 만일 축자적으로 고작 '상태'나 '존재'로 번역한다면, 본문 속에서 정확
한 의도와 취지를 변별하여 드러낼 수 없으며, 논지 전개도 올바르게 이해할 길이 없다.
§.16-2에서 is있다, 상태가 있다의 명사형 being있음, 존재하는 상태이 자세히 논의된다.

칙입니다(≒실질적 증거도 없이 언어상의 형식적 구분만 일삼는 행위를 가리킴).

§.12-2 【 오류를 피하기 위한 질문들 】 제가 몰두하고 있는 것과 같은 그런 문제들을 논의하는 주요한 용도는, 이제 이런 두 가지 종류의 오류를 피하는 데에 도움을 줄 수 있기 때문이라고 생각합니다. 그럼에도 불구하고 이들 물음에 대한 논의는,「어떤 대상들이 'real실재하고', 'do exist실제 현존하며', 'are facts사실들인지'에 관한 좀더 중요한 질문을 확정하는 일과 논리상으로 긴밀히 관련되어 있지 않다」고 생각합니다. 제가 방금 말한 바는, 토론의 용도에 대한 이런 주장과 모순된다고 생각될 소지가 있습니다. 저는 그런 구분이 이들 좀더 중요한 물음을 놓고서 오류들을 피할 수 있도록 도움을 줄 수 있음을 인정하였습니다. 그리고 이것이 논리상 이들 물음과 관련됨을 함의한다고 여길 수도 있습니다. 따라서 이하에서는 제가 염두에 두고 있는 구분을 설명해 놓고자 합니다.

우리가 마련해 놓고자 한 그 질문이 다음과 같다고 가정하기로 하겠습니다.

「코끼리들이 실재하는가, 그렇지 않은가?」

(Whether elephants are real or not?)

한 마디로 저는 이것이 아무튼 철학자들이 다르게 여겼을 법한 질문이라고 생각합니다. 왜냐하면, 제가 올바르게 이해하였다면, 브뢰들리 교수와 다른 철학자들이 분명히

「그렇듯이 코끼리들이 실재하지 않는다」

(elephants, as such, are not real)

라고 말했을 것이기 때문입니다. 그렇다면 우리가 다음 질문을 던진다고 가정해 보겠습니다.

「코끼리들은 실재하는가?」
(Are elephants real?)

제가 설명해 온 의미에서, 'real실재한다'이라는 낱말의 의미에 관한 어떤 토론이 이 질문을 확정하는 일과 논리상으로 관련될 수 있을까요? 그러한 논의가 직접 우리들에게 보여 줄 수 있는 것은 모두 「한 가지 문장에서 'real실재한다'이라는 낱말로써 우리 정신 앞에 불러들여진 속성이, 또 다른 문장에서 그 낱말로 불러들여진 속성과 다르거나, 그렇지 않으면 같다」는 것입니다. 그러므로 우리의 물음은 다음처럼 제시됩니다.

「이들 발견 중 어떤 것이든지 "코끼리들이 논의 중인 해당 속성이나 속성들을 갖고 있는지 여부에 대한 질문"과 논리적 관련성을 어떤 것이든 지닐 수 있을까?」
(Can either of these discoveries have any logical relevance to the question whether elephants have the property or properties in question?)

우선 우리의 논의가 보여준 것은, 「'real실재한다'이라는 낱말이 전적으로 다른 두 가지 속성 A와 속성 B를 표현하는 데 쓰일 수 있다」는 점입니다. 이 논의가 또한 비록 별개의 논점이더라도, 속성 B의 소유가 속성 A의 소유로부터 뒤따라 나오는 것이 아님을 보여 주었다고 가정하기로 하겠습니다. 이제 이 결과는 분명히 「코끼리들이 속성 A를 소유했기 때문에, 틀림없이 또한 속성 B도 갖고 있다」고 결론짓는 것이 오류였음을 보여 줄 듯합니다. 그러므로 만일 우리가 「코끼리들이 속성 A를 소유하였기 때문에, 코끼리들이 속성 B도 소유하였다」고 결론지었다면, 우리의 근거가 아주 나쁜 것이었음을 보여 줄 것 같습니다. 아마 이는 사실상 코끼리들이 속성 B를 소유하지 않았음을 보여 줄 수 없을 것입니다.

그렇지만 이것이 코끼리들이 속성 A는 물론 또한 속성 B도 소유하는 것으로 가정하는 일이 잘못이었음을 입증할 수는 없습니다. 그러므로 「속성 A가 속성 B와 다르고, 속성 B를 함의하지 않는다」는 우리의 발견은, 단지 잘못된 토대들 위에서 우리 정신의 판단·결정을 내리는 일만 저지할 수 있습니다. 이것이 잘못을 피하도록 도와 줄 수 있는 것은, 오직 이런 방식으로만 가능합니다. 여전히 잘못된 토대들 위에서 우리가 받아들인 그 견해가 그 자체로 잘못된 것인지 그렇지 않은지 여부는, 활짝 열려 있어서 답변할 수 없는 질문입니다. 이것이 속성 A와 속성 B가 서로 간에 다른 것이라는 단순한 발견이, 전적으로 「임의의 특정한 대상이 실제로 속성 A나, 속성 B나, 아니면 두 속성을 모두 다 소유하는지, 또는 전혀 소유하지 않는지 여부를 놓고서 논리상 더욱 중요한 질문과 무관하다」고 제가 말한 이유입니다.

만일 반대의 경우를 택하더라도, 저는 동일한 결론이 똑같이 분명하다고 생각합니다. 우리 논의가 'real실재한다'이라는 낱말이 두 가지 서로 다른 속성을 나타내지 못하고, 언제나 오직 한 가지 속성만 나타냄을 보여 주었다고 가정하기로 하겠습니다. 이는 한 가지 의미에서, 절대적으로 만일 코끼리가 '실재한다면', 또 다른 의미에서는 아마 비-실재적일 수 없음을 입증할 것입니다(≒배중률의 적용임). 왜냐하면 'real실재한다'이라는 낱말에 대하여 두 가지 서로 다른 의미가 있는 것이 아님을 입증할 것이기 때문입니다. 만일 「코끼리가 비-실재적이었다」라고 결론짓기 위한 우리의 일부 근거가

「코끼리가 실재할 수도 있고, 또한 실재하지 않을 수도 있다」

고 가정한 것이라면, 그 결론에 대한 우리의 근거가 지금까지 잘못이었

음을 보여 줄 것입니다. 그러므로 두 가지 선택지 가운데 우리가 하나를 선택해야 함을 보여 줌으로써, 간접적으로 올바른 결론으로 가도록 도와 줄 수 있습니다. 그렇지만 최소한 이것이 논리적으로 두 가지 선택지 중에서 어떤 것이 참된 대안임을 확정해 줄 수는 없습니다.

「코끼리가 동시에 실재하거나 비-실재적일 두 가지 가능성은 있을 수 없다」

는 단순한 사실이, 아마 이들 두 가지 선택지 중 올바른 것이 어떤 것인지를 입증해 줄 수 없는 것입니다. 그 결론이 양자를 모두 선택하는 것이 될 수 없다는 이런 사실이, 'real실재한다'의 의미에 관한 논의가 아마 우리들에게 보여 줄 수 있는 모든 것입니다.

그러므로 제가 제기하고자 하는 주요한 질문은, 어떤 특정한 경우들을 놓고서

"real(실재한다)", "exists(존재한다)", "is(속성이 있다)",
"is a fact(한 가지 사실이다)", "is true(참값이다)"

와 같은 낱말들로써 단순히 우리 정신 앞에 불러들여진 속성이, 다른 특정한 경우들을 놓고서 그런 낱말들로써 우리 정신 앞에 불러들여진 속성과 동일한 것인지, 아니면 다른 것인지 여부에 대한 것입니다. 비록 이런 물음을 살펴보는 일이 간접적으로 어떤 대상들이 논의 중인 그 속성이나 속성들을 지니는지에 관해서 오류들을 피할 수 있도록 도움을 줄 수 있더라도, 저는 여전히 그런 모든 문제들과 논리상으로 아주 무관하다고 생각합니다. 더욱이 설령 논의 중인 그 속성이나 속성들이 이들 특정한 낱말로써 사실상 우리 정신 앞에 불러들여진다고 하더라도, 저는 이런 사실이 또한 전적으로 (본질적으로 실재 속성을 다루는) 그 질문 자체와는 무관하다는 점을 주장하고자 합니다. 이는 또한 이들 영어 낱말들을 전혀 들어보지도 못한 어떤 사람에 의해서도,

그리고 심지어 최소한 이론적으로 전혀 임의의 낱말에 의한 도움이 없더라도, 동등하게 논의될 수 있는 질문인 것입니다.

§.12-3 【 이름만 지닌 상상물과 실재물 사이의 차이점 】 그렇지만 이제 그 질문 자체로 되돌아가기로 하겠습니다. 우리가

> 「코끼리들이 실재하는 동물이지만, (독수리 머리·날개와 사자 몸통을 한) 그뤼퓐들은 실재하지 않는다」

라고 말하는 경우에, 우리는 그뤼퓐들이 소유하지 않는 어떤 속성을 코끼리들이 소유한다고 단정하고 있음을 가정하고 있습니다. 이미 언급했듯이 비록 「속성property」이라는 낱말에 대한 제 용법에 반대할 수 있겠지만, 아무도 이 점을 반박하지 않을 것이라고 생각합니다. 그러므로 이 문장에 의해서 우리 정신 앞에 불러들여진 이런 속성은, 최소한 'real실재한다'이라는 낱말로써 표현된 속성들 중에 한 가지입니다. 물론 이것이 반박될 수도 있겠지만, 저는 스스로 이런 속성이 적어도 'real실재한다'이라는 낱말로써 표현된 속성들 중 한 가지라고 생각합니다. 저는 우리가 가장 알고 싶어 하며, 모든 종류의 경우들을 놓고서 알아야 할 가장 중요한 것들 중 한 가지가, 우리가 공통적으로 코끼리들이 실제로 갖고 있지만 그뤼퓐들은 갖고 있지 않는 것으로 가정하는 이런 속성을 실제로 소유하는지, 그렇지 않는지 여부입니다. 그렇지만 만일 우리가 이것이 'real실재한다'이라는 낱말로써 표현된 속성들 중 한 가지이며, 가장 중요한 것 중 하나임을 인정한다면, 여전히 다음 질문이 남게 됩니다.

> 「다른 경우들을 놓고서, 이 낱말이나 내가 언급한 다른 낱말들에 의해서 표현된 것으로서, 이것과는 다른 임의의 것이 그리고 또한 중요한 것이 있을까?」

지난 번에 저는 최소한 한 가지 그런 다른 속성이 있다고 가정하기 위한 한 가지 이유를 제시하였습니다(≒특히 §.11-3에서 상상의 동물도 한 가지 이름이라고 주장했는데, 514쪽의 역주 194와 관련된 본문을 보기 바람). 그 이유는 다음과 같았습니다. 의심의 여지없이, 제가 어떤 (독수리 머리·날개와 사자 몸통을 한) 그뤼퓐을 상상하는 경우에, 한눈에 저는 something^{어떤 것, 어떤 개념, 어떤 대상}을 상상하고 있을 듯합니다. 만일 그렇다면, 어떤 그뤼퓐을 상상하는 경우에, 제가 상상하는 것으로서 such a thing^{그런 어떤 것, 그런 어떤 개념, 그런 어떤 대상}이 있으며, 「어떤 그뤼퓐을 상상하는 경우에 제가 상상하는 것」이란 전체 구절이, 속성이 있거나 존재하는 속성을 지니는 <u>어떤 것(개념, 대상)</u>에 대한 이름일 듯합니다<u>a name of something which is or has being</u>. 그렇지만 또한 '그뤼퓐'이 단지 이런 동일한 어떤 것(개념, 대상)을 위한 또 다른 이름일 듯합니다. 만일 그렇다면, 우리는 틀림없이 그뤼퓐과 같이 그런 어떤 것이 있음을 허용해야 합니다. 그렇지만 설사 이를 인정한다손 치더라도, 코끼리가 '실재한다'고 말하는 동일한 의미에서 「그뤼퓐이 '실재한다'」는 점이 뒤따라 나오는 것은 아닙니다(≒이를 명백히 설명해 줄 수 있다. 265~267쪽의 역주 110에 있는 5단계의 동시 작동 층위에서 살펴본다면, 제3단계나 제4단계의 사건 모형이나 세계 모형으로부터 연역적으로 도출될 수 있는 것이 이 경우이다. 제2 단계에서 마치 실재하는 양 관념할 수 있다. 드물게 공상이 상상으로, 상상이 현실[제1단계]로 될 경우도 있다).

만일 그렇다면, 우리 정신 앞에 두 가지 서로 다른 속성들이 있음이 뒤따라 나옵니다. 한 속성은 'is^{있다, 있는 상태}'나 'has being^{존재 속성의 상태를 지니다, 있음 상태를 지니다}'이라는 낱말로 표현될 수 있는 것이고, 다른 속성은 'real^{현실 속에 실재한다}'이라는 낱말에 의해 표현되는 것입니다. 이것들 중 한 가지가 그뤼퓐과 모든 상상 속의 대상들에 의해 소유된 한 가지 속성이고(≒상의어 속성), 다른 것이 상상 속의 대상들에 의해서 소유되지 않는 어떤 속성입니다(≒하의어 속성). 그리고 지난 번에 저는 사실상 많은 철학자들이 이것이 실제의 경우였다고 가정한 것으로 여겼음을 언급하였습니다. 즉, 모든 상상 속의 대상들이, 설령 우리가 'real 현실 속에 실재한다'이라는 낱말로 표현하는 속성을 소유하지 못한다손 치더라도, 실제로 「그 대상들이 상상 속의 속성을 지닌다」고 말함으로써 표현될 수 있는 어떤 속성을 소유한다고 가정했던 것입니다.

그렇지만 만일 이것이 그러하다면, 다음 질문이 제기됩니다.

「이들 두 가지 속성 사이에 있는 차이는 무엇일까?」
(What is the difference between these two properties?)

저는 그 차이를 놓고서 최소한 서로 다른 네 가지 설명이 주어질 수 있음을 언급하였습니다.203) 이것들이 올바르거나 그른지 여부를 충분히 논의하려는 목적을 그리 많이 지니지 않은 채, 주로 낱말들의 한 가지 형식에 의해서 여러분의 정신 앞에 불러들여진 속성이, 낱말들의 또 다른 형식에 의해서 여러분의 정신 앞에 불러들여진 속성과 같은 것인지, 그렇지 않은지를 발견하는 데에 실질적인 어려움이 있음을 지적하려는 목적을 위하여, 이들 설명을 제시하고자 합니다. 최소한 이들 네 가지 설명 중에서 세 가지는, 여러분이 「코끼리는 실재하지만 그뤼퓐들은 그렇지 않다」고 말할 경우에, 'real실재한다'이라는 낱말에 의해서 여러분의 정신 앞에 불러들여진 그 속성이, 어떤 다른 표현에 의해서 여러분의 정신 앞에 불러들여진 속성과 동일함을 시사하는 것으로 이뤄져 있습니다. 그렇지만 저는 이들 세 가지 다른 표현들에 의해서 여러분의 정신 앞에 불러들여진 속성들이, 아주 명백히 그것들이 모두 각각 다르다고 생각합니다. 이것이 제가 세 가지 설명이 서로 다른 설명이라고 말함으로써 의미하는 바입니다. 그렇지만

---

203) [역주] 제12장에서는 세 가지 설명(이론, 견해)만이 다뤄지는데, 각각 개별 절로 독립시켜 놓았다(§.12-4에서부터 §.12-6까지). 마지막 네 번째 설명(이론, 견해)은 심상 image의 유래를 다루려는 것으로서, 특히 심상을 평가하는 상위 인식이 깃들어 있는 복잡한 인식 활동이다. 이는 장을 달리하여 §.13-1에서 다뤄진다.

만일 이들 세 가지 속성이 각각 다른 두 가지 설명과 다르다면, 이것들이 모두 'real실재한다'이라는 낱말로써 우리가 실제로 의미하는 속성과 동일할 수 없음이 명백합니다. 그러므로 이것들이 모두 real실재한다과 동일한 것으로 가정되었고, real실재한다과 동일하다는 이 설명들을 뒷받침하는 일도 타당할 듯하다는 사실이, 'real실재한다'이라는 낱말로써 표현된 속성이 다른 방식들로 표현된 속성들과 동일한지, 동일하지 않은지 여부를 알아내기가 어렵다는 점을 보여 줍니다.

§.12-4 【 상상 및 실재를 막연히 구분하는 첫 번째 이론의 한계 】 첫 번째 설명은204) 누구든지 다음의 질문을 받을 때에 가장 명백한 것으로 떠오름직한 것이라고 생각합니다.

> 「우리가 하나는 '실재하고' 다른 것은 단지 '상상이다'라고 말함으로써 표현하고 있는 현실 속의 코끼리 및 상상 속 동물인 그뤼퓐 사이에 특정한 차이점은 무엇일까?」

저는 단순히 일단 한 사람이 그 차이가 「그뤼퓐과 같은 것들이 없으나, 코끼리와 같은 것들은 있다」고 말하는 일을 실행하려는 것이 아님을 확신받은 경우에, 그런 어떤 사람에게서 일어날 만한 것이 바로 첫 번째 설명(이론)이라고 생각합니다. 저는 그런 사람이 다음처럼 말

---

204) [역주] 여기서는 explanation설명이란 낱말을 쓰고, 뒤에서는 theory이론이라는 낱말을 쓰기도 한다. 모두 낱말 사슬을 이용한 표현 방법이다(33쪽의 역주 8 참고). 굳이 구별하자면 「설명」이 더 작은 범위 또는 개별 변화 사건을 기술하고 원인을 찾는 일인 반면에, 「이론」은 상의어로서 여러 영역과 더 큰 범위를 대상으로 하여 변화 사건을 기술하고 그 관련성을 찾아내는 일이다. 따라서 이론을 view견해, 관점라는 낱말로도 특정한 사람이 주장했음을 표현할 수 있다. 무어 교수는 theory이론와 view견해, 관점를 수시로 교체하면서 쓰고 있다. 만일 이론이나 견해가 더욱 적용 범위가 넓어져서 체계성과 포괄성을 확보하는 단계에서는 필수적으로 전제되는 가정들 및 무정의 용어들을 담고 있는 공리계가 상정되어야 한다. 그리고 만일 이런 이론이 학문 공동체에서 수용될 경우라면 모범적인 사고 방식이나 해법을 뜻하는 a paradigm전형적 사고 틀의 지위를 얻게 된다.

하는 쪽으로 기울어져 있다고 봅니다.

「그 차이는 그뤼퓐이 오직 정신 속에서만 또는 정신에 의존해서만 속성이 있거나 존재하지만, 반면에 코끼리는 정신 속에서뿐만이 아니라 또한 정신으로부터 떨어져 (현실 속에서) 독립적으로도 속성이 있거나 존재한다는 점이다.」

오직 정신 속에서만 또는 정신에 의존해서만 속성이 존재하는 것 및 정신 속에서뿐만 아니라 또한 정신으로부터 떨어져 (현실 속에서) 독립적으로도 속성이 존재하는 것 사이에 있는 이런 차이가, 분명히 아주 중요한 차이라고 생각합니다. 따라서 실재물the real과 상상물the imaginary 사이의 구별에 붙여 놓는 중요성을 충분히 설명할 것으로 봅니다. 더욱이 그 차이를 진술해 주는 이런 방식은, 각각 다른 두 가지 이론과도 아주 일관적일 것 같습니다. 실재물과 상상물 두 가지 대상 사이에 그 자체로 중요한 차이입니다. 한 가지 이론은 다음과 같습니다. 제가 어떤 코끼리를 볼 경우에, 마치 그뤼퓐을 상상하는 경우에 그뤼퓐만큼이나, 그 코끼리가 내 정신 속에 있음이 성립될 수 있습니다. 이 때 두 경우 사이에 있는 차이는, 어떤 사람이든 간에 그 사람의 정신 속에 코끼리가 있지 않을 경우에도, 코끼리가 때때로 제 정신 속에도 있고 때때로 또한 실물 속성도 있겠지만, 반면에 그뤼퓐은 한 사람의 정신 속에 있는 경우를 제외하고서 결코 실물로서 있는 것이 아닙니다. 이런 견해view에서는 다음처럼 말해질 수 있습니다.

「우리는 때때로 한 사람의 정신 속에 있거나 때때로 그렇지 않은 것으로 믿는 모든 대상에 'real실재하는'이라는 이름을 부여하고, 오직 한 사람의 정신 속에만 있는 것으로 믿는 모든 것에 imaginary상상하는이라는 이름을 부여한다.」

그렇지만 다른 한편으로 제가 코끼리를 볼 경우가 아니더라도 (상상물과는 달리) 조금도 코끼리가 제 정신 속에 있지 않음이 성립될 수도 있습니다. 즉, 단지 코끼리에 대한 제 관념만이 제 정신 속에 있다는 것입니다. 그렇다면 이 이론은 다음처럼 될 듯합니다.

「실재하는 모든 대상들이 결코 한 사람의 정신 속에 있지 않은 것이지만, 반면에 한 번이라도 한 사람의 정신 속에 있는 모든 대상은 상상하는 것이다」 (all real things are things which are *never* in mind, whereas everything that is *ever* in a mind is imaginary)

이제, 제가 서술해 놓았듯이 이런 이론에 반대하여, 「느낌·사고·지각·욕망」과 같은 우리 자신의 모든 정신적 행위들이 바로 그뤼퓐처럼 상상하는 것임을 말하는 일을 힐난하는 명백한 반론도 있습니다. 정신적 행위들이 「제 정신 속을 제외하고서는 전혀 정신 행위가 될 수 없다」는 의미에서, 분명히 제 정신 속에 있고, 정신에 의존해 있습니다. 그러므로 만일 오직 정신 속에만 있거나 정신에만 의존해 있는 모든 것이 상상한 결과라면, 그뤼퓐에 대한 제 생각도 그뤼퓐 그 자체가 그런 만큼 상상의 대상일 것 같습니다. 이것이 명백한 반론이며, 지적해 둘 만한 가치가 있다고 생각합니다. 왜냐하면 제가 앞에서 언급해 놓았듯이 'in the mind정신 속에'의 두 가지 서로 다른 의미 사이에 극단적 차이가 있음을 강조하기 때문입니다. 제 정신적 행위들이 그 자체로 제 정신 속에 있다는 의미 및 제가 생각하거나 의식하고 있는 것이 어떤 것이든지 간에 제 정신 속에 있는 것으로 언급될 수 있다는 의미입니다.

그렇지만 물론, 이런 구분에 주의를 기울이면서, 오직 정신에 대하여 한 가지 대상이 되는 경우에라야만, 즉, 오직 누군가가 그것을 의식하는 경우에라야만 그런 속성이 존재한다는 의미에서, 「상상하는 것이 단지 머리 속에 있는 것이다」라고 말함으로써 이런 반론을 피해 나갈 수도 있습니다. 그렇다면 우리는 「그뤼퓐이 상상이다」라고 말하는 것이 「오직 어떤 정신에 대하여 한 가지 대상이 되는 한, 그것이 존재하거나 속성이 존재한다」는 이론을 얻게 됩니다. 사실상 더 앞에서(§.8-1) 제가 논의했던 형식을 도구로 써서 표현될 만한 한 가지 이론이 되는 것입니다. 이런 이론은 다음처럼 표현될 듯합니다.

> 「상상하는 대상들에 대한 존재가, 곧, 그것들이 지니는 유일한 종류의 존재(있음의 상태)가 지각되는 것이다. 그리고 이것이 그런 종류의 존재를 실재하는 것(실재물)들이 갖고 있는 존재로부터 구별해 주는 것이다.」
> (the *esse* of imaginary things — the only kind of being which *they* have — is *percipi*,205) and that this is what distinguishes their kind of being from that which real things have)

그러한 어떤 이론이 「우리의 모든 정신적 행위들이 상상이다」라고 말하는 역설을 피해 나갈 듯합니다.

> 「우리의 정신적 행위들이 오직 지각되는 경우에라야만 존재하는 상태를 지니는 것은 아니다」
> (our mental acts do not have being only when they are perceived)

는 점이 물론 성립될 수 있을 것이기 때문입니다.

그렇지만 저는 여전히 이것이 한 가지 분명한 반론에 노출되어 있다고 생각합니다. 다시 말하여, 더 앞에서 설명했었는데, 「모든 감각자료들이 오직 지각되는 경우에라야만 존재한다」는 단언(명제)으로서, 만일 우리가 감각자료에 관한 이 단언(명제)을 옳은 것으로 여긴다면, 이런 이론에서는 우리가 「모든 감각자료들이 순수히 상상이다」라고 말하는 것, 즉, 「모든 감각자료들이 그뤼퓐과 같이 바로 상상물이

---

205) [역주] 라틴어로 "*Esse est percipi*존재하는 것은 곧 지각되는 것이다" 원리로 불리는 버어클리(George Berkeley, 1685~1753)의 주장이다. 영어로는 「To be is to be perceived」 Doctrine원리, 교리, 신조으로 불린다. 본문에서는 이탤릭 글체로써 라틴어 그대로임을 표시해 놓았다.

다」라고 말하는 것을 힐난하게 됩니다. 예를 들어, 상상이란 낱말을 최대한도로 넓은 의미로 보아, 지금 제가 실제로 보는 색깔 띤 경험조각들이 순수하게 상상임을 함의하는 것입니다. 제가 임의의 대상이 상상이라고 말하는 경우에 의미할 수 있는 최대한의 것은, 그것이 이들 색깔 띤 경험조각이 지닌 속성을 지닌다는 것입니다. 즉, 오직 지각되는 경우에라야만 존재하는 속성인 것입니다.

그렇지만 이것이 실제 경우가 아님은, 한 가지 간단한 사례로써 쉽게 지각될 수 있다고 생각합니다. 가령, 어떤 상상 속의 인물로서 소설 속에 있는 어떤 주인공이든지 살펴보기로 하겠습니다. 웨이뷜리 Waverley도 좋고,206) 다른 어떤 주인공이라도 좋습니다. 우리가 잘 알고 있듯이, 남성 주인공 웨이뷜리는 또한 상상 속의 여성 주인공인 플로뤄 매카이붜Miss Flora MacIvor 양을 만났습니다. 쉽게 상상할 수 있듯이, 계속하여 여성 주인공인 플로뤄 매카이붜의 등장이 실제로 존재하였던 실재 사람의 출현처럼 정확히 같은 것은 아니라고 상상해 보겠습니다. 그런데, 만일 그렇다면, 웨이뷜리가 플로뤄 매카이붜 양을 보았을 때, 우리들 누구이든지 간에 실제로 직접 지각해 보았던 임의의 감각자료와는 다른, 일련의 감각자료를 웨이뷜리는 직접 지각했을 것입니다. 우리가 상상 속의 웨이뷜리가 직접 지각했을 것으로 상상할 수 있는 이들 감각자료는, 자연스럽게 응당 '상상하는' 감각자료에 의해 가리켜지는 것이어야 합니다. 그뤼퓐이 상상물이라는 의미에서, 이들 웨이뷜리의 감각자료도 상상일 듯합니다. 지금 제가 직접 지각하고 있는 제 감각자료는, 명백하게 이런 의미에서 상상의 것은 아닙니다. 이런 이유 때문에, 아마도 우리가 실재물 및 상상물 사이에 있는 구분이, 오직 의식의 대상이 되는 경우에라야만 속성이 있거나 존재한다는 의미에서, 저는 정신에만 의존하는 것 및 그렇게 의존치

---

206) 391~392쪽의 역주 142를 보기 바란다. 여자 주인공 이름인 Flora는 꽃의 여신을 가리키기도 하며, Mac이나 Mc로 시작하는 이름은 스코틀랜드 출신임을 뜻한다. 웨이뷜리라는 이름은 「줏대 없이 흔들린다waver」는 뜻을 담고 있다고 한다.

않고 독립되어 현실 속에 있는 것 사이에 있는 구분과 동일한 것이라는 견해를 받아들일 수 없다고 생각합니다. 이런 의미에서, 정신에만 의존하는 두 가지 대상의 감각자료들이, 즉, 남성 주인공 웨이뷜리가 여성 주인공 플로뤄 매카이뷔를 보았을 때 가졌던 감각자료 및 지금 제가 직접 지각하고 있는 감각자료들이, 그럼에도 불구하고 한 가지는 실재할 수 있지만, 다른 것은 상상임을 깨닫기 때문에, 이런 견해를 받아들일 수 없는 것입니다. 다시 말하여, 전적으로 정신에만 의존하는 대상들의 집합 속에서조차, 여전히 실재물과 상상물 사이에 지속되고 있는 이런 구분을 깨닫습니다. 물론, 정신에만 의존하는 것 및 그렇지 않은 것 사이에 있는 이런 구분이, 때때로 우리가 실재real와 비실재unreal 사이에 있는 구분으로써 가리키는 구분들 가운데 하나라고 말해질 수 있습니다. 저는 이것이 그러하리라 봅니다. 아무튼 철학자들은 종종 어떤 종류의 것들이 실재하는지, 그렇지 않은지 여부에 대한 질문이, 마치 그 대상들이 실제로 정신으로부터 떨어져서 독립적으로 현실 속에 존재하는지, 그렇지 않은지 여부에 관한 질문과 동일한 듯이 언급합니다. 아마도 그렇게 말하는 일이 올바른 것일 수 있습니다.

그렇지만 설령 그들이 그렇게 동일하게 취급하는 것이 옳다손 치더라도, 이것이 보여 주는 바는, 우리가 단지 두 가지 속성만이 아니라 다음의 세 가지 서로 다른 속성들을 인식해야만 한다는 점입니다.

(1) 남성 주인공 웨이뷜리의 감각자료가 상상이라는 의미에서, 전적으로 정신에만 의존하는 대상들에 의해 소유된 종류의 존재인데, 이는 상상물이다.
(2) 앞에서 언급한 그런 의미에서 상상인 것은 아니지만, 전적으로 정신에 달려 있는 대상들에 의해 소유된 종류의 존재이다. 예를 들어, 내가 지금 직접 지각하고 있는 감각자료에 의해서 소유된 종류의 존재인 것이다.
(3) 정신으로부터 떨어져 독립된 존재로 이뤄진 그런 종류의 실체reality이다.

여러분이 보듯이, 지금까지 검토해 온 첫 번째 이론에서는 먼저 (1)과 (2)로 서술된 두 가지 종류의 존재들 사이에 있는 차이점에 대하여 전혀 아무런 설명도 제공해 주지 못합니다.207)

§.12-5 【 꿈속의 지각 및 평상시 지각을 구분하는 두 번째 이론의 한계 】
실재물 및 상상물 사이에 있는 구분의 본질에 관한 첫 번째 이론을 놓고서는 충분히 언급하였습니다. 이제 다룰 두 번째 이론은 다음 물음이 제기되는 방식으로 제시될 수 있을 것으로 생각합니다.

「우리가 꿈에서의 지각을 실제로 깨어 있을 때 얻는 지각으로부터 어떻게 구분할 수 있을까?」

사자 한 마리가 제 침실에 와 있는 꿈을 꾸고 있다고 가정하겠습니다. 제가 실제로 어떻게 이것이 오직 꿈일 뿐이었고, 실제로 사자는 침실에 있지도 않았음을 알아차리는 것일까요? 아니면, 소름 돋는 두려움의 환상을 겪는 어떤 사람이, 어떻게 자신이 보는 뱀이 실재의 뱀이 아니라 오직 상상의 뱀임을 알아차리는 것일까요? 실제로 제가 스스로 제 침실에 사자가 있지 않다고 확신할 수 있는 방식은, 다음날 아침에 사자가 남겼을 법한 그런 흔적이 실제로 없음을 발견함으로써 이

---

207) [역주] 현재 이 문제는 가능세계possible worlds에 대한 양상modality(국어학에서는 '상'과 혼동되지 않도록 '양태'로 부름)과 관련되어 있다. 현실 양상, 잠재태 양상, 가능한 양상, 반-현실적 양상 따위들이 다뤄질 수 있는데, 최근 언어학에서는 증거태evidentiality 양상을 드러내는 구체적 형태소들에 대한 논의가 이어지고 있다(탁월한 개관이 윌리스 췌이프W. Chafe, 2018, 『사고 기반 언어학(*Thought-Based Linguistics*)』, Cambridge University Press의 제18장 '생각들을 실체에 관계 짓기'이다). 가령 우리말에서는 '-느- : -더-'(형용사 구문에서는 'ø : -더-')가 대립 형태소인데("철수가 밥을 먹는다"[느+은다] : "철수가 밥을 먹더라", "꽃이 핀다[ø+은다] : 꽃이 피더라"), 각각 현재 경험 가능함과 이미 경험하였음으로 대립하며, 후자가 증거태의 요소로 다뤄지는 것이다. '-느-'가 녹아 있는 구문은 이런 발화를 듣는 즉시, 누구이든지 원하면 해당 사건의 진위를 현재 시점 이후에 확인할 수 있다(추체험 가능한 양태). 그렇지만 '-더-'가 있는 구문에서는 이미 해당 사건이 이미 끝나 버렸기 때문에, 남들은 해당 사건의 진위를 더 이상 확인할 수 없고, 오직 말하는 사람의 진실성에 기대어 판단할 수 있을 뿐이다.

뤄진다고 말해질 수 있습니다. 달리 말하여, 실재하는 사자라면 만들었을 법한 어떤 결과들이 결여되어 있기 때문에, 저는 사자가 실재하지 않았다고 판단합니다. 비슷하게 두려움의 환상을 겪는 그 사람도, 자신이 보는 뱀들이 실재하지 않았음을 알아차릴 수 있습니다. 왜냐하면 실재하는 뱀들이라면 (소리를 질러) 곧장 다른 사람들로 하여금 그 뱀들을 보도록 했음직한 결과에 이르렀을 터인데, 다른 사람들이 그런 뱀들을 보지 못하는 것을 깨닫기 때문입니다. 그는 이렇게 결과될 사건의 결여로부터 뱀들이 실재가 아니었다고 결론을 짓습니다.

그렇지만 비록 이런 방식이 일반적인 것이겠지만, 물론 우리가 그런 결론에 이르는 것이 반드시 오직 (실재인지 여부를 판단할) 그런 결과 사건들의 결여에 의한 것일 필요는 없습니다. 또한 만일 실재하지 않았더라면 필히 비슷한 결과를 지녔었음직하듯이, 어떤 원인 사건들의 결여로부터 우리가 한 가지 대상이 다만 상상뿐이라고 판정할 수 있습니다. 예를 들어, 제가 이미 이 세상을 떠났거나 아니면 뉴질랜드에 있는 것으로 알고 있는 친구를 만나는 꿈을 꾼다고 가정하기로 하겠습니다. 만나는 장소에 그가 실재로 존재하려면, 지금도 살아 있거나 지금 영국에 있어야 함을 알기 때문에, 저는 이것이 오직 꿈이었다고 결론지을 수 있습니다. 그러므로 저는 그 만남이 실재였더라면, 그의 등장이 필히 그 만남을 선행했음직한 대로, 관련된 원인 사건들(≒ 미리 서로 만날 약속의 편지나 전화 따위)에 의해서 아무런 것도 선행되지 않았음을 알게 됩니다.

그러므로 우리는 일반적으로 주어진 대상이 상상이며 실재하지 않음을 실제로 결정하는 한 가지 방식이, 「만일 그 대상이 실재하였더라면 그 사건을 '선행하든지 뒤따르든지 수반하든지 간에', 그 대상과 연관되어 있을 법한 다른 대상(대상이나 사건)들의 결여 여부」에 의한 것입니다. 의심의 여지없이, 저는 무엇이든지 간에 우리가 이런 방식으로 실제로 결정을 내린다고 생각합니다. 제가 서술해 놓은 과정은 실제로 우리가 이용하는 것이며, 분명히 크게 중요한 것입니다. 심지어 한눈에 우리가 한 번이라도 한 가지 대상이 실재하는지, 그렇지 않은지 여부를 결정하는 일이, 오직 이런 유형의 과정에 의해서만 이뤄진다고 생각될 수 있습니다. 그렇지만 어떤 경우이든지 간에 우리가 언제나 이런 방식으로 결정을 하는지 여부에 대해서는, 분명히 언제나 그렇게 결정할 수 있다고 말해질 수 있습니다. 이론상으로 우리가 그렇게 실행할 수 있는데, 만일 그 대상이 실재하지 않았더라면 다른 대상과 연관되어 있지 않았을 것 같습니다. 왜냐하면 실재하는 한 가지 대상이 실제로 언제나 어떤 대상이나 다른 대상과 연관되어 있음이 참값이기 때문입니다. 이것이 언제나 어떤 결과나 원인이나 수반물을 지니는데, 만일 이것이 상상이었더라면 지니지 않았을 법한 것들입니다.208) 제가 알 수 있는 한, 이것은 참값입니다. 그렇다면 다음처럼 말할 수 있습니다.

「여기서 우리는 실재하는 모든 대상들에 속하지만, 어떤 상상의 대상에도 속하지 않는 한 가지 속성(≒연관된 대상이나 사건들의 계기적 출현)을 실제로 찾아내었다」

---

208) [역주] 본문 속에서는 한 가지 대상을 거론하였지만, 일반적으로 대상이 포함되어 있는 「한 가지 사건」이라고 표현한다. 사건과 사건이 이어져 있다는 것은 변화를 보이는 사건임을 뜻한다. 우리가 추구하는 것은 각각의 사건에 대한 변화를 서술하고 나서, 그 변화의 이면에 있는 동기나 원인들을 찾아내려는 것인데, 크게 필연적인 인과 관계나 규범적인 일련의 행위들을 설명하게 되는 방식이다. 현재 상태의 어떤 사건을 일으킨 사건을 여기서처럼 '원인'으로 부를 수도 있겠으나, 우리말에서는 오히려 미리 앞선 조짐으로서 '전조前兆'나 '낌새'(기미[幾微])라는 낱말로 따로 부른다. 물론 모두 조건 관계에서 필연적인 도출을 전제하므로, 원인 사건과 결과 사건이라고 말할 수 있겠지만, 현재의 시점에서 가능한 이전의 사건을 가리킬 적에 전조 현상들이 하나 이상 나타날 수 있는 것이다(여러 징후들이 미리 관찰될 수 있음).

이런 사건의 변화들은 우리를 둘러싸고 있는 물리적 환경에 대한 것과 사회적 환경에 대한 것으로 대분된다. 물리적 환경은 무생명체(인과율을 준수함)와 생명체(본능을 준수함)로 대분하고, 사회적 환경 속에서는 다시 인간 개개인의 자유의지나 신념 또는 가치에 따른 행동들을 설명해 주게 된다. 인문학에서는 한 개인의 믿음 체계 속에 사회와 공유하는 일반적 측면도 있고, 개인의 취미와 같이 개인이 혼자서 결정하고 누리는 개별적 측면도 있다고 가정한다(530~531쪽의 역주 198에 적어 놓은 소쉬르의 랑그와 파롤 측면임).

이 속성은 추가적으로 우리가 주목하도록 두 가지 권고 사항을 지닙니다. 첫째, 이는 우리가 실제로 일부의 경우들에서 「주어진 한 가지 대상이 실재하는지, 그렇지 않은지」 여부를 결정하기 위한 어떤 검사로서 이용하는 어떤 속성입니다. 둘째, 일부 경우들에서는 아무튼 전적으로 이런 도움이 없다면 결정을 내릴 수 없습니다. 실재하는 한 가지 대상이, 만일 한 가지 대상이 실재하지 않았다면 그것이 지니지 않았을 법한 관련된 어떤 대상을 언제나 지님이 실제의 경우가 아니었더라면, 일부 경우들에서 우리는 「주어진 한 가지 대상이 실재하였는지, 그렇지 않았는지」 여부를 전반적으로 결정할 수 없을 것입니다. 일부 경우들에서는 우리가 어떤 대상이 상상이라고 결정할 수 있는 것은, 오직 분명히 만일 그것이 실재하였더라면 지녔었음직한 <u>원인이나 결과나 수반물의 결여</u>에 의해서일 뿐입니다. 그리고 그것이 실재한다고 결정할 수 있는 것도 또한, 오직 만일 그것이 상상이었더라면 지니지 않았었을 <u>원인이나 결과나 수반물의 출현</u>에 의해서일 뿐입니다. 저는 이런 모든 것이 참값과 함께 언급될 수 있다고 생각합니다. 그렇지만 만일 그렇다면, 자연스럽게 다음 질문을 던질 수 있습니다.

「한 가지 대상이 실재하는지 아니면 상상물인지 여부를 결정하기 위하여, 실제로 우리가 쓰며 최소한 우리의 결정에 절대 불가결한 이런 속성(≒관련된 대상이나 사건들의 계기적 출현)이, 왜 그 대상이 '실재한다'고 말하는 경우에 우리 정신 앞에 지니는 바로 그런 속성이 되지 않을까?」(≒반문은 그런 속성이 된다는 뜻임)

(Why should not *this* property, which we actually *use* to decide whether a thing is real or imaginary, and which is sometimes, at least, indispensable to our decision, be the very one which we have before our minds when we say that a thing is "real"?)

「우리가 한 가지 대상이 실재라고 말하는 경우에, 이런 속성(≒관련된 대상이나 사건들의 계기적 출현)이 실제로 왜 그 대상이 소유한다고 의미하

는 속성이 되지 않을까?」(늑반문은 긍정적임을 뜻함)

(Why should not this property be the one which we actually mean that a thing possesses when we say that it is real?)

저는 이것이 만들어 낼 만한 아주 자연스러운 제안이라고 생각합니다. 최소한 우리는 여기서 실재물과 상상물 사이에 구분을 지닌다고 제안하는 것이 아주 자연스럽습니다. 따라서 저는 많은 철학자들이 「실재물을 상상물로부터 구별해 주는 그 속성이 다른 대상들과의 연관성이다」라고 가정하는 쪽으로 기울어져 왔다고 생각합니다.

그렇지만 이런 제안을 고려하면서, 저는 우리가 제안된 그 속성이 정확히 무엇인지를 아주 신중하게 주목해야 한다고 생각합니다. 만일 우리의 목적에 답변하는 것이라면, 그것이 모든 실재물들에 속하지만, 아무런 상상물에도 속하지 않는 속성이 되어야 합니다. 인용된 사례들이 모든 실재물에는 속하지만 어떤 상상물에도 속하지 않음을 보여 주는 유일한 속성은 정확히 다음과 같습니다.

「그것은 어떤 결과나 원인이나 수반물을 지니는 속성이며, 논의 중인 대상이 만일 실재하지 않았더라면 이런 속성을 지니지 못했을 것이다.」

(it is that of having *some* effect or cause or accompaniment, which the thing in question, would *not* have had, if it had not been real)

여기서, 논의 중인 결과나 원인이나 수반물이 언제나 동일함을 보여 줄 만한 것은 아무런 것도 없습니다. 그리고 또한 「언제나 모든 실재물에는 속하지만, 아무런 상상물에도 속하지 않는 임의의 한 가지 특정한 원인이나 결과나 또는 수반물이 있음」을 보여 줄 만한 것이 아무런 것도 없습니다. 반대로, 서로 다른 대상들의 경우에는 우리가 결정 짓는 데에 이용할 특정한 원인과 결과들이 서로 다르다는 점이 사뭇 분명한 듯합니다. 그러므로 우리의 사례들이 우리로 하여금 모든 실재물에 대하여 단정하도록 권한을 주는 모든 것은, 그 사례들이 각각 어떤 연관이나 다른 연관(≒관련된 대상이나 사건들의 계기적 출현)을 지녔다는 점입니다. 즉, 만일 그 사례가 실재하지 않았더라면 갖지 못했을 법한 연관성입니다. 이것이 바로 제가 실제로 모든 실재물들이 소유한다고 믿고 있는 한 가지 속성입니다. 그리고 만일 실재물들이 그런 연관 속성을 소유하지 못했었더라면, 아주 종종 한 대상이 실재했는지, 상상이었는지 여부를 결정짓지 못했을 것입니다(≒이는 어떤 것이든지 간에 일련의 사건 연결체로서 일어나며, 우리가 이를 경험하는 것임을 뜻한다. 고립된 낱개의 사건이란 현실세계에서 존재할 수 없는 것이다).

그렇지만 저는 「이것이 'real실재한다'이라는 낱말로써 우리가 표현하는 속성이다」라고 가정하는 일에 대하여 치명적 반론이 있다고 생각합니다. 'real실재한다'이라는 낱말 그 자체가, 이런 속성의 정의에 나타난다는 점이 반드시 관찰되어야 합니다. 그런 의미에서 이것은 <u>순환론적 정의</u>a circular definition입니다.209) 비록 이것이 'real실재한다'이라는 낱말

---

209) [역주] 369쪽의 역주 131과 관련된 본문 속 논의에서는 tautology동어반복, 항진 단언라고 썼다. 지은이는 여기서 거의 동일한 개념을 「순환론적 정의」라고 부르고 있다. 거시적으로 보면, 항진恒眞(항상 참인) 형식의 단언으로부터 출발하는 수학에서도 정의역domain·공변역co-domain 사이에서 「재귀관계·대칭관계·추이관계」라는 조건들을 엄격히 충족시켜 주는 단계별 도출 과정을 상정하고 있으므로, 포장지인 겉모양만 순환론적으로 보일 뿐이다. 순환론에 머무는 것이 결코 아니기 때문에 수학에서 tautology를 '항진 단언'(명제)이라고 번역하는 까닭을 알 수 있다.

순환론적 정의 방식을 회피하는 길이 희랍 시대로부터 이용되어 왔다. 비록 오래되었지만 아주 손쉽게 쓸 수 있다는 점에서 지금도 사전의 낱말 풀이에서 채택된다는 점에서 '소박한 정의 방식'으로 부를 수 있다. 임의의 대상을 정의하려면 먼저 그 대상을 포괄하는 '상의어'를 찾아내어야 한다. 그러고 나서 다시 그 상의어 아래 형제·자매 관계에 있는 항목들과 지금 정의하려는 항목 사이에 구별되는 속성이나 차이점을 제시해 주는 것이다(771쪽의 역주 301 참고).

가령, '소'를 정의한다면, 상의어를 '가축'으로 볼 경우에 이 항목의 하의어들이 여럿 상정될 수 있겠지만 우선 '말'과 대립시켜 볼 수 있다. 그렇다면 '소'의 정의는 「가축의 하나로서, 교통수단이 되는 말과 달리 논밭을 갈 때 쟁기를 끄는 일을 떠맡는다」라고 정의하는 것이다. 물론 전체로서의 소(보편성, 일반성), 전형적인 소(전형성, 대표성), 개별적인 소(개체성, 개별 사례) 따위에 대한 논의도 복잡하게 들어올 수 있고(우유 제공·소고기 제공·부유함의 기준·종교적 대상 등의 속성이 복잡하게 얽히게 됨), 대립 속성을 어떻게 결정할지도 아주 자의적일 수 있으며, 이런 방식으로 모든 것을 정의할 수 있는 것도 아니라는 점이 소박한 정의 방식의 한계이다.

로 의미되는 속성 이외에도 모든 실재물들이 실제로 이런 속성을 지
닌다고 가정하는 일에 반론은 아니겠지만, 저는 순환론적 정의가

「'실재한다'라는 낱말에 의해서 의미된 이것이 그 자체로 바로 그 속성이다」
(this itself is *the* property meant by the word "real")

라고 가정하는 일에 대한 한 가지 치명적 반론이라고 생각합니다. 왜
냐하면 추가적 검토에서, 'real실재한다'이라는 낱말에 의해 전달된 그 속
성이 순환론적 정의와 다른 어떤 것이 아닌 한, 우리는 그런 속성이
전혀 없을 것임을 깨닫기 때문입니다(≒적절히 다른 차원의 속성으로 환
원해 주지 못했다는 뜻임).210) 'real실재한다'이라는 낱말이 어떤 다른 의미
를 지니지 않는 한, 그것이 표현된 낱말들은 전적으로 무의미한 것이
고, 전혀 아무런 것도 나타내어 주지 못하는 것입니다.
　(앞의 순환론을 벗어나기 위하여) 우선 우리는 다음을 찾아내었습니다.

「실재하는 모든 것은 어떤 연관이나 다른 연관을 지닌다. 만일 그것이 실
재하지 않았더라면 그런 연관을 지니지 못했을 것이다.」
(Everything, which is real has some connection or other, which it would not
have had, if it had not been real)

---

210) [역주] real실재한다을 real실재한다로써 정의해 줄 수 없다는 것이다. 만일 이럴 경우에는
다람쥐 쳇바퀴 돌 듯이, 결코 순환론을 벗어날 수 없다. 순환론을 벗어나는 방식은 real
실재한다을 해체하여 다른 차원의 구성요소들을 찾아내어 그런 속성으로 환원을 해 주어
야 한다. 가령, ㉠ 본문에서처럼 다른 연관 대상들의 출현을 언급하거나, ㉡ 현실 세계
와 단언(명제) 사이에 있는 모종의 관계로 환원하거나, ㉢ 소박하게 real실재한다의 어떤
사례를 직접 보여주거나 가리켜 주거나(수학에서는 사례 제시법[enumeration]으로 부르
고, 철학에서는 직접 보여주기 방법[ostensive definition]으로 부름), ㉣ real실재한다과 모순되
는 반실재성non-real을 규정하여 반실재성이 없는 상태로 진행해 나갈 수도 있는 것이다.
난이도가 다른 이런 여러 가지 선택지들 중에서, 한 가지 또는 둘 이상의 복수 후보를
채택하여, real실재한다을 다른 속성들로 해체하여 재구성할 수 있는 하위 개념들을 제시
함으로써, 다른 방식으로 이해의 단계를 논의해 나가야 하는 것이다.

이는 제가 참값인 것으로 인정하는 단언(명제)이며, 결코 무의미하지 않습니다. 그렇지만 이제 다른 후보로 제시된 것은 다음과 같습니다. 우리는 다음 진술을 인정하도록 요구받습니다.

> 「한 대상이 '실재한다'고 말하는 것은 그것이 어떤 연관이나 다른 연관을 지닌다고 말하는 것이다. 만일 그것이 실재하지 않았더라면 그런 연관을 지니지 못했을 것이다.」
>
> (To say that a thing is "real" is to say that it has some connection or other, which it would not have had, if it had not been real)

그렇지만 이것은 무의미한 것으로 밝혀진 내용입니다. 왜냐하면 만일 이런 정의를 받아들인다면,211) 'real실재한다'이라는 낱말이 나올 때마다

---

211) [역주] 도대체 뭐가 잘못된 것일까? 우리말로 예를 들어 둔다. 만일 ㉠ "철수가 있다" 와 이를 인용한 ㉡ "철수가 있다고 말한다" 사이에 있는 차이를 주목하기 바란다. ㉠은 말하는 사람이 어떤 사건을 직접 경험한 것을 표현하고 있다. ㉡과 대비하여 상대적으로 「사실에 대한 직접 표현」이라고 여길 수 있다. 그렇지만 ㉡은 어떤 사람이 말한 것을 스스로 전해 들은 것만을 표현하고 있다. ㉠과 대비하여 간접 표현이라고 부를 수 있다. 즉, 전해 들은 것을 통해서만, 간접적으로 실제 사실을 추정하게 되는 것이다. 그렇지만 만일 ㉡의 화자가 놀부일 경우에는, 당장 신뢰를 잃게 될 것이다. 물론 ㉡과 같은 표현이 화자의 책임을 벗어나기 위한 방편일 수 있다(490~491쪽의 역주 182에서 '책임 경감 표현'을 보기 바람). 왜냐하면 인용이라든지 전해 들은 형식은, 1차적으로 관련 내용을 놓고서 직접적으로 책임질 일이 차단되어 있는 것이기 때문이다. 어떤 경우이든지, 상대적으로 사실에 대한 직접 표현인 ㉠과, 이를 인용한 형식으로서 간접 표현인 ㉡ 사이에는 커다란 차이가 있다고 결론지을 수 있다. 똑같은 인용 구문 형식 '-라고 (말)한다'가 남의 말이 아니라 화자 자신의 판단이나 생각을 표현해 줄 수 있다. 특히, 신문 사설에서 '-라고 할 수 있다'라는 표현이 두드러지게 쓰이는데, 자신이 질 책임을 줄여 놓는 전형적인 방식이다. 담화 전개에서 「책임 귀속」을 아주 편리하게 이용하는 전략인 것이다.

본문에서 무어 교수는 '~고 말한다'라는 형식이 곧장 말하는 일의 진실성을 따져야 하겠지만, 이런 일을 시작할 적에 무한 퇴행으로 진행된다고 보는 듯하다. 왜냐하면 다시 말하는 일의 진실성을 따지는 기준 그 자체가 문제가 될 수 있고, 더 나아가 그 기준에 대한 상위 물음이 계속 제기될 수 있기 때문이다. 이럴 경우에 이는 정작 실재나 사실에 대한 물음이 아니라, 전혀 다른 차원의 문제로 달라져 버리는 것이다.

그렇지만 문제는 실제로 녹록하지 않다. 특히 제14장에서 다룰 믿음beliefs과 깊이 관련되어 있다. 이제 사실에 대한 직접 표현인 ㉠ "철수가 있다"와 ㉢ 믿음에 대한 표현인 "철수가 있다고 믿는다"를 비교해 보기 바란다. ㉢의 언어 형식은, 인용 구문의 ㉡과 같다(상위문 동사만이 '말하다'에서 '믿다'로 바뀌었음). 그렇다고 하여 결코 ㉢을 간접 표현으로 규정할 수는 없다. ㉢은 화자의 정신 속에 있는 어떤 상태를 가리키고 있기

'real실재한다'이라는 낱말을, 동일한 것으로 가정된 어구로 바꿔놓도록 우리한테 권한이 부여되기 때문입니다. 따라서 우리는 다음과 같이 말할 수도 있습니다.

「한 대상이 '실재한다'고 말하는 것은, 그것이 어떤 연관이나 다른 연관을 지닌다고 말하는 것인데, 만일 그것이 실재하지 않았더라면 그런 연관을 지니고 있지 못했을 것이다.— 뭐라고?」(≒뒤의 의문사는 예기치 않은 엉뚱한 사태에 대한 부정적 반응을 뜻함)

(To say that a thing is "real" is to say that it has some connection or other, which it would not have had, if it had not been — what?)

여기서 우리는 'real실재한다'이라는 낱말 그 자체를 갖고 있으며(≒real을 다른 차원의 것으로 조금도 환원해 놓지 못했음), 이를 동등한 어구로 바꿔 놓도록 해 보겠습니다. 그렇다면 우리는 다시 다음처럼 시작합니다.212)

때문이다. 이것이 사실이라면, 오히려 사실에 대한 직접 표현 ㉠을 그 화자의 정신 상태까지 포함하여, 더 정확히 제3자의 관점에서 새롭게 서술해 놓은 것일 개연성도 있다. 다시 말하여, ㉢을 줄인 표현을 ㉠으로 여기는 것이다. 그렇다면 사실에 대한 단언(명제)이 모두 다 믿음에 관련된 단언(명제)이라고 봐야 하는 상황까지 올 수 있다. 상황이 이렇게 전개된다면, 막상 모든 믿음을 하나로 봐서는 안 되고, 반드시 참된 믿음과 거짓된 믿음을 구분하는 논의로 진행해 나가야 하는 것이다. 이런 일을 제14장에서 다루고 있다.

이런 자각은 일상언어 철학을 처음 열어 놓은 옥스퍼드 대학의 존 랭쇼 오스틴(John Langshaw Austin, 1911~1960)에서도 똑같이 찾아진다(158쪽의 역주 66 참고). 오스틴 교수는 애초에 참·거짓을 판정하는 단언(명제)들을 constative참·거짓 판정문라는 독립된 범주를 확정했었다. 그렇지만 나중에 이런 판단도 결국 "나는 ~을 주장한다assert that ~"라는 상위문 속에 들어 있어야 함을 깨달았으며, 마침내 모든 발화(언어) 행위가 다 performative실천을 요구하는 수행문이라고 보았던 것이다. 그렇다면 무어 교수의 전략을 기본적으로 받아들일 수도 있고, 새롭게 오스틴 교수의 접근을 기본 가정으로 받아들일 수도 있다. 뒤친이로서는 이것이 단순히 사실의 문제라고 하기보다는, 더욱 심층에 자리잡은 궁극적인 태도나 세계관과 맞물린 선택지로 봐야 할 것으로 믿는다.

212) [역주] 말하는 것을 또 다시 풀이하여 말해 줘야 하는 '무한 퇴행'의 형식이다. 영어에서 줄표 '—'는 「다시 말하여」라는 뜻의 풀이 부호이다. 만일 이 부호를 우리말로 번역하면, 명시적으로 "다시 말하여 ~을 말하는 것이다"로 풀이해 줄 수 있다. 결국, 이것은 「말을 말로 풀이한다」는 것의 한계이다. 무어 교수는 앞에서 이런 형식을 순환론적 정의라고 불렀고, 여기서는 무한 퇴행의 형식이므로 "never possibly be completed아마 결코 완결되지 않을 것이다"라고 적고 있다.

「한 대상이 '실재한다'고 말하는 것은 그것이 만일 실재하지 않았더라면 갖고 있지 못했을 어떤 연관이나 다른 연관을 지닌다고 말하는 것이다. 다시 말하여, 이는 만일 그것이 실재하지 않았더라면 갖고 있지 못했을 어떤 연관이나 다른 연관을 지녔다고 말하는 것으로서, 즉, 어떤 연관이나 다른 연관을 지녔다고 말하는 것이며……」(무한 퇴행함)

(To say that a thing is "real" is to say that it has some connection or other which it would not have had, if it had not — had some connection or other, which it would not have had, it it had not — had some connection or other ……)

따라서 우리는 결코 완결될 수 없을 어떤 문장을 얻습니다. 어떤 것이든지 간에 만일 그런 대상이 있다면, 순전히 무의미한 것이 됩니다.

이것이 보여 주는 것은, 'real실재한다'이라는 낱말에 의해서 의미된 속성이 될 것으로 가정되었고 실제로 모든 실재물들에 속하는 속성이, 그 자신의 존재를 위해서 'real실재한다'이라는 낱말로써 의미된 그 속성이 되지 않은 상태에 의존하는 어떤 속성입니다(≒반드시 다른 차원으로 환원된 속성들을 지니도록 개선되어야 함). 'real실재한다'이라는 낱말로써 의미된 그 속성이 그 낱말의 구성성분 일부가 되고, 그 구성 내용물 속으로 들어가야 하며, 따라서 전체와 동일한 것은 되지 말아야 합니다. 즉, 오직 그것은 이 전체의 일부만이 됩니다. 그런 어떤 구성성분의 일부가 없는 한, 그것이 일부가 되어 다시 일부들이 모여 이뤄진 전체는213) 단순히 전혀 존재하지 못했을 것입니다.

이런 이유 때문에, (동일한 용어를 반복하는) 앞의 과정에 의해서 우리가 실제로 종종 주어진 어떤 대상이 실재하는지, 상상인지 여부를 결정하게 되는데, 이런 과정을 고려하는 일로부터 저는 우리가 실재물 및 상상물 사이에 구분을 하기 위하여 어떤 설명도 이끌어 낼 수 없다

---

213) [역주] 원문은 the whole, of which it is a part전체, 그것이 이 전체의 일부이다인데, 문맥이 쉽게 이해될 수 있도록 일부러 '다시 일부들이 모여 이뤄진'이라는 풀이를 더 집어넣었다.

고 생각합니다. 이런 과정이 우리로 하여금 모든 실재물들을 단정하도록 권한을 주는 유일한 속성은, 아마 그것들의 실체 이외에도 그것들이 모두 소유하고 있는 한 가지 이상이 될 수 없는 어떤 속성일 것입니다. 이는 아마 실재하는 상태 그 자체에 대한 유일한 속성이 될 수는 없을 것입니다.214) 그러므로 저는 실재물과 상상물 사이에 있는 구분을 놓고서 두 번째로 제안된 설명도 또한 실제로 허물어져 버린다고 생각합니다.

§.12-6【 상상물과 실재물을 정도성 차이로 본 브뢰들리 교수에 대한 반론 】제가 다루고자 하는 가능한 세 번째 설명은, 브뢰들리 교수(F. H. Bradley, 1846~1924)에 의해서 제시된 것입니다. 브뢰들리 교수는 자신이 'real실재한다'이라는 낱말로써 표현하는 속성들 중 한 가지가 「정도성 degrees을 띠는 어떤 속성」이라고 여깁니다. 그분은 지속적으로 한 가지 대상을 다른 것보다 좀더 실재적이거나 또는 덜 실재적인 상태라고 언급합니다. 실체reality의 정도성에 대한 이런 뜻잡이conception(개인별 개념 형성: 526~528쪽의 역주 197을 보기 바람)는 그분이 가장 많이 이용하는 방식들 중 하나입니다. 그렇지만 한 가지 속성이 정도성을 지니는 조건에서, 그분은 또한 그런 속성의 가능한 최고 정도에 대한 뜻잡이가 아무튼 완벽히 분명한 개념이라고 주장합니다. 그리고 만일 그 뜻잡이로서 가능한 최고 정도의 어떤 그런 대상이 있다면, 그리고 또한 만일 어떤 대상이나 대상들이 그런 최고의 정도를 소유하지만 다른 대상들이 그렇지 않다면, 대상들이 그 속성(it)의215) 최고 정도를

---

214) [역주] 초판 원문 231쪽(재간은 253쪽)에 "it cannot possibly be the property of being real itself"라고 씌어 있다. 무어 교수는 여러 가지 복수의 속성들이 상정되어야 한다고 믿고 있다. 수학에서는 이런 상태를 충분조건만 만족되고, 필요조건은 아직 만족되지 않았다고 말한다(일상 용법의 오류에 대해서는 166~167쪽의 역주 71을 보기 바람). 즉, 실제하는 개체들 사이에 구별이 이뤄질 수 있도록 다른 속성들도 더 추가되어야 하는 것이다.

215) [역주] 영어에서 대명사가 무엇을 가리키는지는, 참스키 교수의 결속 원리binding principle에 따라 쉽게 결정할 수 있다. 여기에 있는 it그것도 「자신이 실현된 범위(동사구

소유하는지, 그렇지 않는지에 따라서 대상을 두 가지 부류로 나눌 수 있습니다. 저는 이제 분명히 브뢰들리 교수가 스스로 「절대자the Absolute」로 부르는 것이, 가정된 이런 속성의 최고 정도를 소유하는 것으로 생각합니다. 반면에 그분은 「겉모습Appearance으로 부르는 대상이 아무런 것도 이런 속성의 최고 정도를 소유하지 않는다」고 여깁니다. 그분은 이것들이 모두 어느 정도로 그 속성을 소유하며, 비록 일부가 그 속성을 다른 것들보다 더 많이 소유하겠지만, 모든 것이 이런 첫 번째 의미에서 '실재하며' 일부가 다른 것보다 더 '실재하되', 「겉모습은 어떤 것이든지 간에 아무런 것도 이런 종류의 실체reality에 대한 가능한 최고의 정도를 갖지 못한다」고 생각합니다.

그러므로 브뢰들리 교수의 주장에 따라서, 우리는 절대자를 모든 겉모습의 대상들과 구분해 주는 한 가지 속성이, 전자가 이런 종류의 실체에 대한 가능한 최고의 정도를 실제로 소유하지만, 반면에 후자가 아무런 것도 그렇지 못한 것임을 찾아내게 됩니다. 따라서 첫 번째 종류의 실체에 대한 최고의 정도가, 그분이 말한 두 번째 종류의 실체를 구성하는 일에 간여할 수는 있을 듯합니다. 첫 번째 종류의 실체는 홀로 「절대자」만이 소유하지만, 겉모습 대상들이 아무런 것도 소유하지 않는 종류의 실체입니다. 그분이 모든 겉모습 대상들이 비-실재적이라고unreal 말한 경우에, 아마 「그 겉모습들 중 아무런 것도 첫 번째 종류의 이런 실체에 대한 최고의 정도를 소유하지 못함」만을 뜻하는 듯합니다. 그러므로 이것은 브뢰들리 교수가 'real실재한다'이라는 낱말

나 문장) 밖에서 선행사를 찾아야 한다」. ⓐ 그것이 가까이 있을 수도 있고, ⓑ 아니면 멀리 떨어져 있거나, ⓒ 언어 표현으로 나오지 않을 수도 있다. it그것이 가리키는 선행사는 두 가지 후보가 있으며, 둘 다 적합한 후보이다. 하나는 that property저 속성, 그 속성나 the property해당 속성, 그 속성로 표현된 것이고, 다른 하나는 더 멀리 떨어져 있는 reality실체이다. 여기서는 모두 '그 속성'을 대신하는 것으로 번역해 둔다. 왜냐하면 무어 교수가 realtity실체를 다시 가리키기 위해서 더 아래에서 대명사 it를 쓰는 것이 아님을 알 수 있는 것은, 동일한 낱말 reality실체라는 낱말을 그대로 다시 쓰기 때문이다. 이런 이유로 우리말 번역에서는 이해가 더 쉽게 이뤄지도록 it를 '그 속성'으로 원래 낱말로 환원해 놓았다.

을 쓰는 서로 다른 두 가지 의미를 놓고서, 가능한 설명을 한 가지 제시해 줍니다.

이 낱말의 한 가지 의미에서는, 'real**정도성을 지니고서 실재한다**'은 그분의 주장에 따라 분명히 정도성을 지닌 어떤 속성을 나타냅니다. 이것이 절대자뿐만 아니라, 또한 시간 및 다른 모든 겉모습 대상들도 '실재한다'라는 의미인 것입니다. 그렇지만 다른 의미에서는, 'real**최고의 정도로서만 실재한다**'이 아마 배타적으로 이런 첫 번째 속성에 대한 가능한 최고의 정도를 나타낼 것입니다(≒절대자의 속성). 브뢰들리 교수의 주장대로 아마 「이것이 홀로 절대자만이 실재한다」는 의미가 될 듯합니다. 저는 브뢰들리 교수가 'real**낮은 정도로 실재한다**'에 대한 자신의 두 번째 의미로써 뜻한 것으로서, 그 자신이 자기 정신 앞에 지닌 속성 상태인 것을 받아들일지 여부는 잘 모르겠습니다. 그렇지만 만일 그분의 첫 번째 의미가 정도성을 띤다는 논점이 올바르다면, 정도성에 따른 차이가 아무튼 그분의 두 번째 의미에 대한 가능한 한 가지 설명이 됩니다. 이미 살펴보았듯이, 「절대자가 실재하지만 다른 겉모습들은 그렇지 않다」고 말함으로써, 이것이 그분이 표현하는 구분인지 여부와는 상관없이, 그분은 분명히 절대자가 이런 가능한 최고의 정도를 소유함으로써 겉모습 대상들로부터 구분됨을 옳다고 여겼던 것입니다.

그렇지만 만일 이것이 브뢰들리 교수의 의미에 대한 가능한 한 가지 설명이라면, 이런 정도성의 기준도 또한 우리가 확립하려는 의미에 대한 가능한 어떤 설명 방식이 됩니다. 일상생활에서 흔히 그러하듯이, 우리가

> 「코끼리가 실재하지만, (독수리 머리·날개와 사자 몸통을 한) 그뤼퓐은 그렇지 않다」

고 말할 경우에, 우리 정신 앞에 실제로 지니며 코끼리에는 귀속시키지만, 그뤼퓐에 대해서는 부인하는 그 속성이, 브뢰들리 교수가 말한

첫 번째 종류의 실체에 대한 가능한 최고 정도의 속성일 수 있습니다. 물론 이런 첫 번째 종류의 실체에 대한 최고의 정도를 코끼리에 귀속시킨다면, 브뢰들리 교수는 우리가 잘못이라고 말할 듯합니다. 그분이 분명히 「코끼리가 그 속성을 갖고 있지 않음」을 옳게 여깁니다. 그분의 주장에 따르면, 「코끼리는 단지 겉모습일 뿐」이며, 아마 또한 일상생활에서 「코끼리가 실재한다」고 말할 적에 이것이 우리가 의미하는 것이 아니라고 말할 것 같습니다. 그렇지만 그럼에도 불구하고, 여전히 브뢰들리 교수가 옳게 여기는 것처럼, 만일 그뤼퓐이 실제로 정도성을 띠는 한 종류의 실체를 지니고 있다면, 「상대적으로 코끼리들이 이런 종류의 실체에 대한 가능한 최고의 정도를 지니겠지만, 그뤼퓐들은 그렇지 않다」는 이런 견해가 가능할 수 있습니다. 이런 견해는 아마 「코끼리들이 실재하지만, 그뤼퓐들은 그렇지 않다」라고 말함으로써 표현하게 되는 코끼리와 그뤼퓐 사이의 선명한 구분을 이끌어낼 경우에, 우리 정신 앞에 실제로 존재하는 것일 수 있습니다.

바로 여기에 '실재물'과 '상상물' 사이에서 어떤 참된 구분을 해 줄 수 있는 설명이 있습니다. 즉, 브뢰들리 교수의 첫 번째 의미에서 보면, 둘 모두 '실재합니다'. 그렇지만 이런 첫 번째 종류의 「실체reality」가 정도성을 띠고 있습니다. 그러므로 상상물에는 속하지 않지만 실재물에만 속하는 이런 종류의 실체가, 아마도 두 가지 대상에 모두 속하는 이런 첫 번째 종류 중에서 가능한 최고의 정도가 될 수 있습니다(≒반면에 상상물은 가장 낮은 정도의 실체가 되어, 정도의 차이로써 서로 구분될 수 있음).

이런 설명에 대하여 어떤 반론이 있을까요? 제가 아는 유일한 반론은 다음과 같습니다. 만일 억지로 그뤼퓐들과 같은 그런 것이 있다고 말한다면, 만일 눈을 감고서 여러분 자신의 정신을 들여다보면서 어떤 속성을 그뤼퓐에 부여하고 있는지를 애써 찾아내려고 한다면, 논의 중인 속성이 정도성을 띠지 않은 것임을 알아차리게 됩니다(≒즉, 정도성 대립이 아니라 유무 대립일 뿐임, 100%가 아니면 0%임). 한 가지 대상이 다른 대상보다 좀더 많은 속성을 지니는 것으로 이야기하는 것은 무의미한 것이기 때문입니다. 그리고 비슷하게 코끼리들이 실재한다고 말할 경우에, 만일 여러분이 스스로 내성을 하면서 어떤 속성을 코끼리에게 부여하고 있는지를 찾아내려고 한다면, 이런 속성이 무엇이든 간에 어떤 속성이든지 가능한 최고의 정도가 아니라, 오히려 단지 긍정적인 어떤 것임을 깨닫게 됩니다(≒긍정적·부정적인 것은 각각 yes와 no이며, 오직 100%와 0%만을 가리킴). 저는 이것들이 명백한 반론이라고 생각합니다. 그렇지만 'real실재한다'이라는 낱말의 중요한 의미가 어떤 것이든지 간에, 'real실재한다'이 정도성을 띤 어떤 속성을 나타내는지, 아니면 어떤 다른 속성(≒기억과 심상의 속성)을 놓고서 임의의 정도가 되는 속성을 나타내는지 여부에 관한 이런 질문이 부각됩니다. 이는 제13장에서 다시 다뤄 나가야 할 논제가 됩니다.

제13장 상상과 기억이 어떻게 다를까?

§.13-0 【 들머리 】 저는 순수히 상상하는 대상들이[216] 순수히 상상

---

216) [역주] 526~528쪽의 역주 197에서 주목한 것인데, 무어 교수가 현실 속의 실재 사물이나 물체를 object**대상**로 부르고, 머릿속에 있어서 우리 눈 앞에 떠오르는 듯이 언급한 실체를 notion**일반개념**, idea**관념, 생각**, conception**개념 형성**으로 달리 쓰겠다고 언급한 대목을 상기하기 바란다. 여기서는 thing**것, 대상**이나 such a thing as~**과 같이 그런 어떤 것, 그런 어떤 대상**이란 용어도 자주 쓴다. 번역에서는 우리말 형식 명사 '것'이 너무 막연하게 느껴져서 일부러 '대상'으로 바꿔 놓기도 하였다. 이제 제13장에서는 머릿속 실체들에 대한 하위 갈래를 다루려고 하는 것이다.

  원문의 imagination**상상하는 힘, 상상한 내용, 상상력, 상상물**은 여러 가지 의미를 지닌다. 초판 원문 234쪽(재간은 259쪽)에서 a visual image**시각 심상, 시각적 인상, 머릿속에 있는 시지각 인상**이란 용어를 쓰고, 초판 원문 238쪽(재간은 260쪽)에서 memory image**기억 속 심상, 인상**이란 용어를 쓰고 있으므로, 지은이는 이 낱말로써 상상한 결과물을 가리키고 있음을 알 수 있다. 따라서 명확히 상상하는 힘을 가리키는 경우가 아니라면 imagination을 '상상물'로 번역해 둔다. 제13장에서 자주 쓰는 낱말로서 imagine**상상하다**, image**심상, 시각 인상**, imaginary things**상상의 대상들**이 있다. 여기서 image**심상, 시각 인상**은 '상의어'로도 쓰이어서, 다른 감각 기관을 통해 얻는 것에도 쓰임에 유의할 필요가 있다. 즉, 하의어로서 visual image**시각 인상, 심상**뿐만 아니라, acoustic image**청각 인상**도 있고 tactile image**촉각 인상**들도 있는 것이다. 단, 여기서 무어 교수의 image**심상, 인상**이란 낱말은 흄의 용어 idea**관념, 생각**와 통하고, 무어 교수의 감각자료**sense-data**란 용어는 흄이 썼던 impression**인상**과 같은 뜻이다. 시각과 시지각, 청각과 청지각, 촉각과 청지각 따위는 관련 감각이나 자극을 스스로 자각하는(스스로 의식하는) 경우를 구분해 놓기 위해서 만든 용어이다. 독일 심리학자 분트는 후자를 특히 apperception**지각, 감각에 대한 재귀 의식**이라고 부른 바 있다(93쪽의 역주 37).

  심상**心象, 心像**이란 낱말은 특히 현대에 와서 imagism**인상주의, 시각주의, 심상주의**을 따라 만들

임에도 불구하고 모종의 존재하는 상태가 실제 경우인지, 그렇지 않은지 여부에 관한 질문을 다뤄 오고 있습니다. 예를 들어, (독수리 머리·날개와 사자 몸통을 지닌) 그뤼퓐, (반인반마의) 센토어, (사자 머리와 염소 몸통과 뱀 꼬리를 지닌) 키메라가 순전히 상상의 동물이라고 가정하면서, 그럼에도 불구하고 어떤 의미에서 그뤼퓐·센토어·키메라와 같은 그런 대상들이 있음이 참값이 아닌지 여부에 관한 질문인 것입니다. 비록 이런 특정한 질문이 'real실재한다'이라는 낱말의 의미와 연관지어 첫눈에 드러나 보이는 만큼 아주 큰 중요성을 지님이 저에게는 확실하지 않지만, 이제 이런 논의를 끝내도록 노력하게 될 것입니다.

저는 일부 철학자들이 모든 상상의 대상들이 상상하는 상태임에도 불구하고, 분명히 모종의 being있음, 존재하는 상태을 갖고 있다고 가정해 온 것으로 생각합니다. 이미 저는 이런 견해를 옹호하는 한 가지 논점을 소개했습니다(§.12-6의 브뢰들리 교수 주장). 비록 얼버무려 둘러대기인 듯이 보이더라도, 제가 언급한 대로 분명히 답변하기 쉽지 않은 한 가지 논점이었습니다. 그렇지만 아직 언급하지 않았지만, 지금 여기서 다뤄나가고자 하는 것으로서 이를 옹호하는 또 다른 논점도 있습니다. 이 논점 속의 질문에 답변하는 일은 한 가지 구분을 포함합니다. 애초에 제가 이 구분을 명백한 것으로 가정하고자 의도했었지만, 제가 알 수 있는 한, 결코 명백한 것이 아니라고 생각합니다. 이런 주제

어진 낱말이다. 모두 옛날에 중시하던 심장을 본뜬 마음心을 바탕으로 깔고 있지만, 오늘날에는 두뇌 속의 의식이나 정신이 더욱 올바른 활동 장소임을 부정하는 사람은 아무도 없다. 미술에서는 '인상주의'라고 번역하고, 문학에서는 심상으로 쓰므로 '심상주의'라고 할 수 있겠지만, 자주 외래어로 '이미지즘'으로도 쓰고 있다. 상(象)은 동사(그리다) 및 명사(그림, 코끼리) 용법이 모두 다 들어 있다. 한참 뒤에 나온 상(像, 영상, 그림)은 오직 명사로만 쓰인다.

불경의 초기 번역(구마라집 스님 등의 舊譯)에서는 눈에 보이는 모든 것을 색(色)으로 대표하고, 눈으로 볼 수 없는 추상적인 대상을 명(名)이라고 구분하였다(이름이 있어야 비로소 붙일 수 있음). 이는 감각정보에서 역시 시지각 정보의 우선순위를 반영해 준다. 물체나 대상치고 부피extention를 갖지 않은 게 없고, 부피를 지닌 것치고 껍데기surface가 없는 것이 없으며, 껍데기치고 빛을 반사하지 않는 것(colour, 色)이 없기 때문이다. 브뢰들리 교수의 용어인 겉모습Appearance도 아마 비슷한 발상에서 만들어진 보인다.

와 관련하여, 그리고 사실상 일반적으로 지식에 대한 이론과 관련하여, 극히 중요성을 지니는 것이라고 생각하기 때문입니다(595~596쪽의 역주 226을 보기 바람).

§.13-1 【 심상의 유래를 묻는 마지막 네 번째 이론 】 제가 의미하는 논점은 다음과 같습니다. 우리가 어떤 것이든지 상상을 하는 경우에, 우리 정신 앞에 때때로 한 가지 심상image이라고 불리는 것을 지니는 일이 아주 종종 생겨납니다. 예를 들어, 당분간 제가 (독수리 머리·날개와 사자 몸통을 지닌) 그뤼퓐을 말할 경우에, 비록 상당 부분이 희미하더라도, 대체로 제가 보았던 그뤼퓐들에 대한 그림 또는 조각상과 같은 시각적 인상을 우리 정신 앞에 지니게 됩니다. 제가 설명한 의미에서, 물론 이런 시각 인상도 그 자체로 감각자료입니다. 물론 제가 지금 보고 있는 색깔 띤 경험조각들이 감각에 의해 주어진다는 의미에서 따진다면, (현실 세계에 시각 자극을 내보내는 아무런 대상도 주어져 있지 않기 때문에) 감각으로 주어져 있는 것은 아닙니다. 그렇지만 상상의 동물이 다양한 모양들로서 색깔 띤 경험조각들로 구성되어 있는데, 그것들이 늘 그렇듯이 정확히 동일한 종류의 감각으로 되어 있는 것입니다.

그렇다면 심상images은 한 종류의 감각자료입니다. 저는 여러분이 한 가지 심상에 의해서 의미하는 바를 잘 알고 있다고 가정할 것입니다. 그런데 우리가 대상들을 상상하는 경우에, 저는 많은 철학자들이 우리 정신 앞에 지니는 이런 인상들이 우리가 상상하는 내용임을 가정하였다고 생각합니다. 그리고 확실히 이를 가정하는 것은 아주 자연스럽습니다. 실제로 상상물imagination(상상 내용)은 단순히 우리 정신 앞에 심상들을 지니는 일로 이뤄지는 것입니다. 그렇지만 이제 상상하고 있는 것이 어떤 그뤼퓐이라는 것은 의심할 바 없습니다. 그러므로 만일 제가 상상하고 있는 것이 제 정신 앞에 지닌 심상이라면, 이런 심상이 어떤 그뤼퓐이라는 점이 뒤따라 나옵니다.

무엇이든지 간에 이런 심상과 같은 어떤 것이 있음이 의심의 여지가 없으므로, 분명히 어떤 그뤼퓐처럼 그런 대상이 있음이 뒤따라 나올 것입니다. 달리 말하여, 상상하는 대상들을 심상과 동일하게 여기도록 제안될 수 있습니다. 상상하는 한 가지 대상에 대한 이름이 되는 임의의 이름은, 사실상 더도 덜도 아닌 바로「어떤 심상에 대한 이름」이라는 것입니다. 만일 이런 견해가 참된 것이었더라면, 저한테는 상상하는 그런 대상들이 모두 모종의 being있음, 존재하는 상태을 가질 뿐만 아니라, 또한 그것들이 모두 존재했거나 실재했을 것 같습니다. 비록 이것이 물론 논박받을 수도 있겠지만, 만일 한편으로 being있음, 존재하는 상태 및 다른 한편으로 현실 속의 존재existence나 실체reality 사이에 어떤 것이든지 간에 구분이 있다면, 저는 오직 심상들도 being있음, 존재하는 상태을 지닐 뿐만 아니라 또한 현실 속의 존재나 실체도 지닌다고 생각하기 때문입니다.

저는 상상하는 대상들이 심상 이상도 이하도 아니라는 이런 견해가, 아주 일반적으로 옳다고 여겨져 왔거나 함의되어 왔다고 생각합니다. 예들 들어, 저는 버어클리(G. Berkeley, 1685~1753)와 흄(D. Hume, 1711~1776)이 결코 양자 사이에 어떤 차이가 있을 것이라고 의심조차 하지 못했다고 생각합니다. 제가

「저녁 다과 시간에 나는 버터 바른 빵을 한 조각 먹었다」

라고 말할 경우에, 이들「버터 바른 빵 한 조각」이란 낱말이 단지 제가 지닌 생각에 대한 한 가지 이름이므로, 따라서 버터 바른 빵을 먹는 데에서「저는 제 자신의 생각들 중 하나를 먹고 있었다」고 버어클리가 가정하였던 것과 마찬가지로, 그렇듯이 또한 제가

「나는 어떤 그뤼퓐을 상상하고 있다」

고 말할 경우에, 버어클리는「어떤 그뤼퓐」이란 이름이 또한 오직 제

가 가진 생각에 대한 한 가지 이름일 뿐이라고 가정했었다고 생각합니다. 두 경우들에서 버어클리는 'idea관념, 생각'이란 이름으로써 제가 감각자료나 감각자료들의 집합으로 불렀던 것만을 의미한다고 생각합니다.

이제 흄은 이들 두 가지 서로 다른 종류의 감각자료들에 대해 서로 다른 이름을 실제로 부여했었지만, 버어클리는 이 두 가지를 구분 없이 모두 'ideas관념들, 생각들'로만 불렀습니다. 흄은 제가 실제로 버터 바른 빵 한 조각을 보거나 만지거나 맛보는 경우에, 제가 직접 지각하는 감각자료에는 'impression감각인상'이란 이름을 붙였습니다. 그리고 'idea관념, 생각'이란 이름을 제가 막 'images심상, 인상'로 부른 종류의 감각자료에만, 즉, 제가 단지 '어떤 그뤼퓐'을 상상하는 경우에만, 제가 직접 지각하는 감각자료들이나 또는 단지 제가 버터 바른 빵 한 조각을 기억하고 실제로 그 빵을 보지도 만지지도 맛보지도 않았을 경우에, 제가 직접 지각하는 감각자료들에만 국한시켜 놓았습니다. 흄은 한편으로 'impressions감각인상들'로 불리고, 다른 한편으로 'ideas관념들'나 'images심상'로 불리는 이들 두 부류의 감각자료들이 나뉠 수 있는데, 「감각인상들보다 관념들이 더 희미하거나 덜 생생하다는 사실에 의해서 구분된다」고 가정하였습니다. 제 생각으로는, 'impressions감각인상들'과 관련해서

「나는 버터 바른 빵을 한 조각 먹었다」

고 말할 경우에, 흄은 "버터 바른 빵 한 조각"이란 이름이, 단지 나의 감각인상들에 대한 한 가지 이름일 뿐만 아니라, 또한 아주 다른 어떤 것에 대한 이름이라고 의심하였습니다. 감각자료가 아닌 어떤 것입니다. 아마 심지어 버어클리도 또한 이를 의심했다고 말할 수 있을 것입니다. 왜냐하면 버어클리가 스스로 확정적으로 입증하고자 마련한 것이, 이름이 단지 나의 감각인상에 대한 한 가지 이름이라고 보았고,

따라서 다른 어떤 것을 위하여 한 가지 이름이 됨이 성립될 가능성을 깨닫고 있었음을 보여 주기 때문입니다. 그렇지만 저는 흄도 버어클리도, 어떤 상상의 대상을 상상하는 경우에 저의 정신 앞에 지닌 심상 image 및 상상하는 대상 그 자체the imaginary thing itself 사이에 전혀 어떤 것이든 상응하는 차이가 있을 것이라고 의심한 흔적을 보여 주지 않는 것으로 생각합니다. 심지어 설령 버터 바른 빵 한 조각 및 버터 바른 빵 한 조각에 대한 저의 감각인상 사이에 구분이 있다고 하더라도, 저는 그분들이 모두 언제나 그뤼퓐 및 그뤼퓐에 대한 저의 관념 사이에는 전혀 구분이 없다고 가정한 것으로 봅니다.

§.13-2 【 버어클리와 흄의 주장을 대체할 감각자료 및 심상 사이의 구분 】
이제 저는 오늘날 최고의 권위를 지닌 분들도, 제가 버어클리와 흄에게 귀속시킨 이런 견해가 (제가 주장하듯이) 잘못된 것임에 동의하리라고 봅니다. 그렇지만 아마 명백히 버어클리와 흄의 견해를 방어하고 있는 많은 사람들이 찾아질 정도로, 그들의 주장도 또한 여전히 채택 가능한 그런 어떤 자연스런 견해입니다. 그러므로 저는 이에 반대할 수 있는 최상의 논점들을 제시해 주는 것이 더 나을 듯합니다. 특히 저는 실제로 이에 반대하는 명백히 확정적인 논점들을 찾아내기가 극히 어렵다고 봅니다. 그리고 이것에 대한 대안이 정확히 무엇인지, 즉, 만일 그것이 단지 심상들에 대한 이해로 이뤄져 있는 것이 아니라면, 상상물이 정확히 무엇으로 구성될 수 있는지 분명히 다루기가 극히 어렵다고 여기기 때문입니다.

그러므로 어떤 그뤼퓐을 상상하는 경우에, 제가 상상하는 것이 단지 제 정신 앞에 갖고 있는 그 심상the image만이 아님을 가정하기 위하여, 즉, 단지 제가 보았던 그뤼퓐의 그림 또는 조각상에 대한 대체로 희미하고 부정확하며 일부 달라진 복제품인 어떤 감각자료의 단편만이 아님을 가정하기 위하여, 제가 할 수 있는 최상의 근거들을 제시해 놓고자 합니다. 이를 입증하기 위하여 어떤 논점들을 찾아낼 수 있을까요?

첫째, 무엇보다도 「지금 제 정신 앞에 있는 이런 심상이 단지 그뤼핀에 대한 어떤 심상일 뿐이고, 그것이 그 자체로는 그뤼핀이 아니며, 한 가지 대상에 대하여 심상이 되는 것이, 심상이 유래한 그 대상과 동일한 것이 될 수 없다」고 자연스럽게 말해야 하는 논점이 있습니다. 이것이 분명히 우리가 당연히 자연스럽게 말하는 바입니다. 따라서 제가 가진 이런 심상이 그뤼핀이라고 말해야 하겠는데, 이런 견해는 실제로 역설적으로 들립니다. 우리는 또한 이런 견해를, 논박받은 원래의 논점을 가정하면서, 다음처럼 보충할 수 있습니다.

「그뤼핀과 같은 그런 대상이 없음이 아주 분명하지만, 반면에 그뤼핀에 대한 나의 심상과 같이 그런 어떤 대상이 있음도 또한 동등하게 분명하다. 그러므로 그 그뤼핀 및 그뤼핀에 대한 나의 심상이 동일하지 않다.」

저는 이들 논점 둘 모두에 대하여 어떤 가중치가 부여될 수 있으리라 생각합니다. 그렇지만 누구이든지 간에 반대 견해를 지닌 사람에게는 그것들이 그대로 확신되기는 어려울 것입니다. 따라서 저는 다른 논점을 찾아내고자 합니다.

둘째, 제가 끌어들이고 싶은 다음 논점은, 순수한 상상물과 관련하여 직접 그 핵심을 입증하려고 하지는 않지만, 기억을 이용하여 가정된 유추(유비)에 호소하는 것입니다. 물론 우리가 상상하는 것이 순수히 상상물일 뿐만 아니라, 또한 과거에 실제로 존재하였고 우리 스스로 실제로 목격했던 과거의 어떤 장면을 기억하는 경우에도 실제로 우리가 상상물에 관하여 말합니다. 가령, 저는 기억에 의해서 오늘 오후에 제가 실제로 목격했던 어떤 장면을 떠올릴 수 있습니다. 제가 그렇게 하는 경우에 제가 「상상물 형태로in imagination」 그 장면을 떠올리고 있다고 말하는 것이 아주 자연스럽습니다. 다시 말하여, 제 자신의 과거 경험들을 '상상물 형태로서'뿐만 아니라, 또한 순수히 상상하는 것으로서도 찬찬히 생각할 수 있습니다. 제가 알 수 있는 한, 우리가 이미 이전에 봤던 것을 '상상물 형태로' 되살리는 이런 과정은, 한 가지 경우에서 지금 저에 의해 상상된 것이 비록 지금 현재 있는 것은 아니지만 실재했던 어떤 것인 반면에, 다른 경우에서 지금 제가 상상하는 것은 순수히 상상이며 결코 실재하지 않았다는 점만 제외하고서, 모든 측면에서 엄격히 순수한 상상물과 유사합니다. 그러므로 순수히 상상의 경우에, 우리가 직접 지각하는 심상들이 상상된 대상과 동일한지 그렇지 않은지 여부에 대한 물음을 놓고서, 기억의 경우에 상응하는 물음을 고려함으로써, 어떤 서광을 얻기를 희망할 수 있습니다. 「제가 어떤 대상을 기억하는 경우에, 기억하는 그 순간에 직접 지각하는 심상들은, 기억의 대상, 즉, 제가 기억하는 것과 동일하다는 점이 실제의 경우가 될까요? 그렇지 않을까요?」

저는 이것이 아주 혼란스런 물음이며, 설령 그것들을 붙들기 쉽다고 하더라도, 언어로 분명히 표현하기가 쉽지 않은 어떤 구분을 요구한다고 생각합니다. 특히 저는 이들 구분에다 온전히 주의를 쏟고자 합니다.

(1) 【 기억에 기반한 감각자료와 심상을 동일하다고 보는 주장 】 제가 찾을 수 있는 분명하고 간단한 한 가지 기억의 사례를 다루기로 하겠습니다. 제가 「한 가지 대상에 대한 직접 지각」이라고 불렀던 것 및 「동일한 그 대상을 의식하고 있는 다른 방식」들 사이에 분명히 구분을 짓기 위하여 이용했던 사례입니다. 잠시 이 하얀 종이를 바라보면서, 하야스름한 색깔 그 자체의 실제적 경험조각에, 즉, 여러분이 이 종이를 바라보는 경우에, 분명히 직접 지각하는 실제적 감각자료의 단편에 주목해 주시기 바랍니다. 이제 제가 이 종이를 눈앞에서 없애 버릴 경우에, 조금 전에 직접 지각한 감각자료의 단편을 기억하도록, 즉, 여러분이 정신 앞에 바로 그 흰색 경험조각을 불러들이도록 해 보시기 바랍니다. 이제 그 종이에 대한 어떤 시각적 심상a visual image(시각적 인상)을 떠올릴 수 있을 텐데, 대체로 여러분이 막 보았던 것과

같이 하야스름한 색깔을 띤 경험조각인 한 가지 시각적 심상입니다. 만일 그렇다면, 마치 조금 전에 여러분이 실제로 보았던 그 경험조각에 주의를 기울였던 것과 같이, 이제 여러분은 이런 심상을 직접 지각하고 있으며, 그 심상에 주의를 기울일 수 있습니다.

일부 사람들은 그런 심상을 전혀 떠올릴 수 없다고 말합니다. 그런 분들은 심상이 불러들여지는 대로「시각화할visualize」수 없는 것입니다. 만일 여러분 중 일부가 이를 실행할 수 없다면, 제가 전개하려고 하는 논점들 중 한 가지가, 심지어 여러분이 시각화할 수 있는 경우보다도 더욱 분명해질 것입니다.[217] 왜냐하면 어떤 의미에서 여러분이 막 보았던 감각자료의 단편을 (추상적인 단언[명제]의 형태로) 기억할 수 있음이 아주 분명하기 때문입니다. 여러분은「실제로 그 심상을 보았음」을 알고 있습니다. 가령, 그 심상이 어떤 종류의 모양새를 가졌는지, 그 심상에 관해서 단언(명제)들을 만들 수 있는 것입니다. 지금 그 종이에 대한 어떤 심상이든지 간에, 직접 지각하고 있는지 그렇지 않은지 여부와 상관없이, 여러분은 이를 실행할 수 있습니다. 만일 여러분이 어떤 것이든 간에 그 종이에 대한 심상을, 즉, 아무리 희미하더라도 대체로 그 종이와 닮은 하야스름한 색깔의 어떤 경험조각인 어떤 심상을 직접 지각하고 있는 것이 아니라면, 여러분이 기억하고 있고

---

217) [역주] 희미하든지 막연하든지 상관없이, 만일 아무런 심상도 머릿속에 떠오르지 않는다면, 더 이상 전혀 기억의 논의도 상상의 논의도 전개해 나갈 수 없다. 그렇다면 아무런 심상도 떠오르지 않는 경우를, 기억과 상상을 논의하는 자리에서는 응당 제외되어야 하는 것이다. 오직 그런 기억이나 상상이 가능한 경우만을 대상으로 삼아야 하기 때문이다.

흄은 우리가 기억하는 방식이 크게 구체적인 대상에 대한 인상과 추상적인 관념으로 이뤄진다고 보았었다. 483쪽의 역주 181에 적어 놓았듯이, 최근 기억을 다루는 심리학자인 털뷩Tulving 교수의 주장에 따르면, 구체적 사건을 기억하는 일을 가리키는 구체적 사건 기억episodic memory(일화 기억)과 일반화되고 추상적인 내용을 기억하는 의미론적 기억semantic memory으로 나뉘는데, 각각 이런 개념과 서로 관련지을 수 있을 것으로 본다. 구체적 사건 기억도 또한 순수히 시각적 인상만으로만 되어 있을 경우는 두드러진 예외가 될 듯하다. 595~596쪽의 역주 226에서 언급된 배들리 교수가 주장한 작업기억의 두 가지 부서도「감각정보 처리 부서」와「언어 처리 부서」로 양분된다. 그렇다면 반드시 시각 인상이 분명하게 머릿속에 떠올라야 한다고 말할 수는 없겠지만(732~733쪽의 역주 281), 일단 무어 교수의 논의를 따라가기 위해서 그렇다고 수용할 만하다.

따라서 어떤 의미에서 현재 여전히 의식하고 있는 하야스름한 그 경험조각이, 아마 여러분이 지금 직접 지각하고 있는 어떠한 심상과도 동일하지 않을 것이라는 점이 뒤따라 나옵니다. (그 정보를 단언[명제]의 형태로도 기억한다는) 가설에 따라, 이런 경우에 여러분이 어떠한 심상도 전혀 직접 지각하고 있는 것은 아니기 때문입니다.

그렇지만 이와는 달리, 여러분이 시각화할 수 있으며, 지금 색깔 띤 어떤 심상을 직접 지각하고 있다고 가정하기로 하겠습니다. 먼저 다음 질문을 던지기로 하겠습니다.

「여러분이 실제로 그 종이를 바라봤을 경우에, 여러분이 지금 머릿속에서 직접 지각하는 이 심상이, 조금 전에 직접 지각한 하야스름한 경험조각과 동일할까? 그렇지 않을까?」

지금 검토할 가능성은, 「여러분이 직접 지각하고 있는 그 심상이, 아주 분명하게 본디 감각자료의 단편과는 닮지 않았다」는 것입니다. 그 심상이 어떤 측면들에서, 비록 정확히 그 측면들이 무엇인지를 말해 주기 어려울 수 있겠지만, 분명히 감각자료와는 다른 것입니다. 적어도 감각자료와 차이가 나는 그 측면들의 한 가지를 서술해 주는 가장 명백한 방식은, 이미 흄이 언급했듯이, 「그 심상이 더 희미하거나 덜 생생하다」고 말하는 것입니다. 저는 모든 철학자들이 이것이 정상적으로 실제의 경우임에 동의한다고 생각합니다. 한 가지 규칙으로서, 기억 심상들memory images은 본디 감각자료와 실제로 차이가 납니다. 기억 심상들은 감각자료에 대한 심상이고,218) 따라서 아마 이들 본디

---

218) [역주] 이미 87~88쪽의 역주 34에 적어 놓았듯이, 관념론자들의 주장처럼 무어 교수도 또한 감각자료가 또한 머릿속에 들어 있는 실체임에 동의한다. 따라서 감각자료 및 기억 심상이 모두 머릿속에 있는 대상들이며, 흄과 동일하게 후자가 전자의 복제품copy으로 여기고 있는 셈이다. 그렇다면 원본과 복제품 사이에 많든 적든 차이가 생길 것이다. 혹백 복사기에서 자주 확인하는 일인데, 원본 사진을 복사하고, 이 복사물을 다시 복사한다면 선명도가 더욱 낮아진다. 이런 점에서 흄도 절대적으로 동일한 것이 될 수 없다고 말한 듯하다. 기억 심상은 뒷부분의 논의에서는 저자가 하이픈을 넣어 마치

감각자료들과는 절대적으로 동일한 것이 될 수 없을 것입니다.

한눈에, 이렇게 인정한 결과가, 우리의 본디 물음을 확정한다고 여길 수 있습니다. 왜냐하면 제가 더 앞서 보았던 감각자료의 단편을 기억하는 경우에, 제가 기억하는 것이 더 앞서 보았던 그 감각자료의 단편이며, 제가 지금 직접 지각하고 있는 심상이 아님이 명백할 듯하기 때문입니다. 그리고 제가 지금 직접 지각하고 있는 심상이, 최소한 한 가지 규칙으로서, 더 앞서 보았던 그 감각자료의 단편과는 다른 것입니다. 제가 기억하는 경우에, 한 가지 규칙으로서, 「기억하는 것이 직접 지각하는 심상과 동일한 것이 아님」이 뒤따라 나오는 듯합니다.

그렇지만 제가 실수하지 않는 한, 많은 사람들이 이런 결론을 놓고서 반대 의견을 제시하는 쪽으로 기울어져 있을 듯합니다. 저는 그런 사람들이 다음과 같은 어떤 방식으로 논박하고자 의도하리라 생각합니다. 그 반론자가 다음처럼 말할 듯합니다.

「물론 나는 이제 나의 정신 앞에 색깔 띤 그 심상이, 아까 막 보았던 하야스름한 그 경험조각과 다름을 인정하고, 이런 사례에서 실제 경우가 되는 것이 일반적으로 올바른 실제의 경우임을 인정한다. 다시 말하여, 일반적으로 기억 심상 및 한 심상이 유래된 본디 감각자료 사이에는 어떤 차이가 있다는 점을 충분히 인정하는 것이다. 그렇지만 내가 막 보았던 하야스름한 그 경험조각이, 지금 내가 기억하고 있는 것이라고 하는 당신의 주장에는 반대한다. 또는 한 가지 규칙으로서, 본디 감각자료의 단편이, 그것을 기억한다고 말해질 경우에 우리가 실제로 기억하는 것이라는 주장에는 반대한다.

물론 일상생활에서 우리가 그렇게 말하곤 한다. 그렇지만 그렇게 말하는 경우에, 내 의견으로는 느슨하게 언어를 쓰고 있는 것이다. 당신은 우리가 아주 종종 언어를 느슨하게 쓴다는 것을 부정할 수 없다. 예를 들어, 우리는 한결같이 의자나 말이나 나무를 "보고 있다"고 말한다. 사실상 이런 대상들의 온전한 전체를 보고 있는 것이 아니라, 기껏해야 오직 이런 대상들의 일부만 보고 있는 경우에라도, 똑같이 그렇게 말한다. 같은 방식

한 낱말처럼 'memory-image'로도 썼다.

으로, 느슨하게 내가 실제로 기억하는 모든 것이 단지 경험조각의 일부에 불과한 경우에라도, 나는 막 보았던 흰색의 그 경험조각을 기억한다고 말할 수 있다. 나한테는 이것이 실제의 경우일 듯하다.

내가 알 수 있는 한, 이제 사실상 나는 오직 막 보았던 것의 일부만 기억하고 있고, 내가 알 수 있는 한, 실제로 기억하는 경험조각의 일부가 지금 직접 지각하고 있는 그 심상과 절대적으로 동일한 것이다. 간단히 말하여, 내가 막 보았던 본디 감각자료의 단편 중에서, 나는 사실상 오직 지금 직접 지각하고 있는 그 심상과 동일시될 만큼 아주 많은 정도로 (그 감각자료의 단편을) 기억하고 있을 뿐이라고 여긴다. 그러므로 당신이 막 언급한 주장에도 불구하고, 나는 감히 다음과 같은 단언(명제)을 마련해 놓을 것이다. 즉, "우리가 어떤 것이든 간에 미리 보았던 감각자료의 단편을 기억하는 경우에, 우리가 실제로 기억하는 것은 언제나 우리의 기억 심상과 절대적으로 구별될 수 없다. 즉, 우리가 기억하는 그 순간에 실제로 직접 지각하고 있는 심상과는 구별 불가능한 것이다."」219)

---

219) [역주] 이런 가상의 반론은 우리의 기억에 대한 일반적 특성을 결여하고 있다. 오직 우리가 공포스런 위기에 처하자마자, 콩팥으로부터 분출된 아드레날린이 경동맥을 통하여 두뇌에 퍼지면서 갑작스럽게 지각 범위 더 넓어지고 개별 대상들을 생생하게 기억하는 경우만 제외하고서는, 다시 말하여 flash memory생생한 기억, 섬광 기억의 경우를 제외하고서는, 크게 「배경 정보background」와 「초점 정보foreground」를 나눠 놓는다. 여기서 전자는 개략적으로 몇 가지 특성만 기억하지만 반면에 후자는 세부사항들을 자세히 기억하게 된다. 따라서 온전히 '전체적 기억'이란 개념 자체가, 이런 기억 특성이나 구분 기억의 전략과 맞지 않는 것이다. 핵심 정보들을 무엇으로 상정할지, 그리고 얼마나 상정할지는 사람들마다 관심 정도에 따라서 달라질 것이며(대상에 대한 감정적 변수도 기억 내용과 지속에 중요한 변수가 됨), 이런 정보들을 재구성해 주는 데에 언어가 크게 도움을 줄 것이다. 만일 이런 언어적 도구마저 제대로 기능하지 못한다면, 우리가 제대로 기억을 인출할 수 없으므로, 흄의 비유처럼 더욱 더 희미하고 더 아스라한 기억이라고 표현함직하다.

만일 거시적으로 본다면, 머릿속에서 작동하는 감각자료이든지, 이것을 복제하여 기억 창고에서 인출한 심상이든지 간에, 대체로 같은 속성을 지닌 것이 아니라면, 기억에서 인출하는 심상이 자의적으로 생겨나는 것으로 주장하는 일을 막을 길이 없다. 결국 이런 자의성은 아무런 이론도, 아무런 체계적 접근도 불가능하게 만들 것이다. 따라서 무어 교수의 선택과는 달리, 뒤친이는 「이것들이 공통의 기반 위에서 어떤 차이가 찾아질지를 논의하고, 그런 차이들이 모여 모종의 문턱값threshold이나 임계값critical size을 넘는다면 서로 다른 것으로 판정하는 전략이 합당하고 합리적인 선택이 될 것」으로 본다.

그렇지만 무어 교수는 상상의 대상을 우리 정신 앞에 불러들이는 경우에, 그 심상을 놓고서 이미 경험한 감각자료들과 대비하면서 「판단·결정·평가」하는 상위 인식 체계가 있다고 상정한다. 그렇다면 머릿속에서 두 가지 대상들을 비교 검토하는 셈인데, 이것들의 동일 여부를 비교 검토를 해야 하는 필수적 절차의 존재가, 이미 심상과 감각 저는 많은 사람들이 이를 말하고 싶어할 것으로 생각합니다. 지금 제가 보여 주게 되듯이, 비록 실제로 기억하는 것이 언제나 우리의 기억 심상과 동일한 것이 아니라고 하더라도, 저는 이것이 일반적으로 실제의 경우가 되지 않을 수 있음을 어떤 방식으로든 증명하기가 쉽지 않다고 봅니다(≒반증하기 어렵다고 여김). 이것이 실제 경우가 아니라는 가정에 대한 명백한 반론은, 이 이론에서 가정하듯이 고작 그 일부가 되더라도, 단지 이 속성만으로는 기억 심상이 본디 감각자료의 단편과 서로 다른 듯하지 않다는 점입니다. 단지 본디 감각자료에 들어 있었던 세부사항들이 그 심상에서 결여되어 있다는 사실의 측면만으로는, (본디 감각자료와 여기서 인출된 심상이) 서로 다를 것 같지 않은 것입니다.

오히려 품질로 따진다면, 마치 본디 감각자료의 단편과 전적으로 다른 심상일 듯이 보입니다. 예를 들어, 만일 그 심상이 색깔을 띤다면, 그 색깔이 전체적으로 더 희미하고, 따라서 약간 차이가 나는 명암으로 되어 있을 듯한 것입니다. 이제 여러분의 정신 앞에 불러들일 수 있는 하야스름한 그 경험조각이, 이런 방식으로 막 여러분이 봤던 것과 구분되지 않는지, 구분되는지 여부를 살펴보시기 바랍니다. 사실상 지금까지 오직 본디 감각자료 단편의 일부일 뿐인 그 심상으로부터 살펴본다면, 최소한 그 심상이 일반적으로 본디 감각자료와는 전반적으로 다를 듯합니다. 한 가지 대상의 어떤 부분도 다른 대상의 임의의 부분과 동일하지 않은 것입니다. 이것들의 관계에 관해서 참값이 되는 모든 것은, 「그 심상이 많든 적든 본디 감각자료의 단편과 대체로 <u>비슷하다</u>」는 것입니다(≒동일하다고 말하지 않고, 비슷하다고 적

자료가 서로 다를 수 있음을 속뜻으로 전제하고 있다(595~596쪽의 역주 226 참고). 이런 구도에서는 부분적 복제품으로서만 심상을 규정하게 된다. 여기서 만일 전체가 아니라 일부 복제에 불과하다면 중요한 「동일성 판정 기준」이 무력화될 수 있다. 더구나 정형화할 수 없는 무의식적 기억까지도 잠간 언급하는데, 마치 짙은 안개 속에서 물체를 보는 일에 비유할 수 있는 것이다. 그렇다면 심상이 생겨날 수 있는 폭을 넓게 인정하려는 무어 교수의 선택지는 감각자료와 심상이 동일하다는 첫 번째 이론을 배제해 버릴 수밖에 없는 것이다.

었음에 유의하기 바람). 저는 이것이 사실상 실제의 경우라고 믿습니다. 따라서 만일 그렇다면, (감각자료와 심상이 동일하다고 보는) 현재의 이론은 전적으로 거부되어야 합니다.

(2) 【 부분 복제품인 심상이 감각자료와 다르다는 주장 】 그렇지만 두 번째로 가능한 아주 다른 이론이 있습니다. 저는 많은 사람들이 이를 옳게 여기는 쪽으로 쏠려 있다고 생각합니다. 이런 사람들은 다음처럼 말할 것 같습니다.

「최소한 한 가지 규칙으로서, 우리는 기억 심상이 본디 감각자료의 단편에 대한 어떤 일부이든지 간에 그것과 동일하지 않음을 인정한다. 그리고 과거에 경험한 감각자료의 단편을 기억하는 경우에, 이런 감각자료의 단편이 그 자체로 또는 그것의 일부가, 그리고 감각자료에 대한 기억 심상이 아닌 것이, 우리가 기억하는 것임도 인정한다. 예를 들어, 만일 우리가 스미쓰 씨라고 부를 어떤 사람이, 오늘 오후에 봤던 어떤 그림에서 한 가지 옷의 색깔을 기억하고 있다면, 우리는 스미쓰 씨가 기억하고 있는 것이 최소한 그가 실제로 오늘 오후에 봤던 것의 일부임을 인정한다. 우리가 스미쓰 씨가 그 그림에 있는 옷 색깔을 기억하고 있다고 말할 경우에, 스미쓰 및 오늘 오후에 그가 봤던 어떤 것 사이에 모종의 관계를 주장하고 있음을 인정한다. 스미쓰 씨가 오늘 오후에 봤던 이런 어떤 것이, 오직 그가 지금 직접 지각하고 있는 그 심상과 비슷하거나 동일할 것임도 인정한다.

그렇지만 우리가 실제 주장하는 것은 다음과 같다. 지금 스미쓰 씨와 그가 오늘 오후에 봤던 것 사이에 내재하는 유일한 관계가, 간단히 그리고 온전히 두 가지 사실로 이뤄져 있다는 점이다. 그가 직접 한 가지 심상을 지각하고 있다는 사실 및 이 심상이 사실상 오늘 오후에 그가 봤던 것에 대한 어떤 복제품, 즉, 대체로 그것과 닮은 것이라는 사실이다. 그의 기억은 전적으로 이것으로 구성되어 있다. 사실상 그의 기억이 온전히 그 심상에 대한 그의 직접 지각으로 이뤄져 있다고 말하지는 않는다. 그렇게 말하지 않는 것은, 그가 오늘 오후에 그가 봤던 것을 기억하고 있다고 적합하게 언급되기 위해서는, 그가 직접 지각하는 그 심상이, 이제 당연히 절대적으로 그가 오늘 오후에 봤던 것에 대한 어떤 복제품이 되어야 함이 필요하기 때문이다. 그렇지만 우리는 절대적으로 이것이 필수적인 모든 것이라고 주장한다.

따라서 더 나아가 일반적으로 다음처럼 주장하기를 머뭇거리지 않는다. 기억하는 것은 언제나 오직 어떤 심상을 직접 지각하는 것이다. 이 심상은 기억된 그 대상에 대한 어떤 복제품이다. 따라서 기억은 언제나 기억하는 주체인 그 사람 및 기억되는 것인 그 대상 사이에 있는 어떤 관계를 위한 실제적이고 참된 어떤 이름이 된다. 기억은 단지 그 사람과 그 사람의 기억 심상 사이에 있는 어떤 관계를 위한 이름뿐만이 아니다. 왜냐하면 최소한 한 가지 규칙으로서, 우리가 그의 기억 심상이 부분적으로 기억된 그 대상 뿐만 아니라, 또한 기억된 그 대상과 비슷한 것임을 인정해 왔기 때문이다. 그러나 우리는 기억된 대상에 대한 그의 관계가, 그가 직접 지각하는 기억 심상이 온전히 기억된 그 대상에 대한 어떤 복제품(복사물)이라는 사실로 이뤄져 있음을 주장한다.」

저는 이 이론도 아주 일반적으로 옳다고 견지되거나 함의되는 것이라고 생각합니다. 그리고 이것이 아주 타당할 것으로 보입니다.220) 이 이론과 관련해서도, 저는 또한 이것이 언제나 참값이 아님이, 즉, 기억이 언제나 온전히 이런 관계로만 구성되는 것이 아님이 절대적으로 입증될 수 있을 것으로 생각합니다(≒595~596쪽의 역주 226을 보기 바람). 그렇지만 한 가지 규칙으로서, 저는 사실상 기억에서 어떤 것이든 간에 더 많은 것이 있음을 증명하기가 아주 어렵다고 생각합니다. 기억에 관해서 여러분에게 특히 주목하도록 하고 싶은 것은, 어떤 의미에서, 심지어 우리가 어떤 방식으로든지 기억된 어떤 대상을 의식하고 있지 않을 경우에라도,221) 적합하게 그 대상을 기억한다고 말해질 수

---

220) [역주] §.13-2의 마무리 단락(589쪽)에서 두 번째 이론 쪽에 무어 교수가 동의하고 있음을 본다. 그런 판단의 밑바탕에는, 의식적인 기억 이전에 전반적으로 무의식적인 기억들이 먼저 작용하고 있지만, 반면에 상상은 항상 의식적인 결과임을 고려하기 때문으로 보인다. 그렇지만 이런 구분은 현대에 들어서면서 무의식을 의식으로 바꿔 놓으려는 초현실주의라든지, 무의식적 기억을 연상을 통해 떠올려서 히스테리(무의식적 억압에 의한 발작)를 해소하는 심리치료법 등과는 정반대 방향에 놓여 있다. 이런 점들이 아마도 무어 교수의 주장에 반례로 작용할 듯하다.

221) [역주] 암묵적tacit 기억, 절차적 지식procedural knowledge 기억, 무의식적 기억, 심층 기억

있음을 함의한다는 점입니다. 이것이 두 번째 이론에 대한 한 가지 반론이 된다고 생각될 수 있습니다. 즉, 다음처럼 생각될 수 있습니다.

「기억은 명백히 의식의 한 형태에 대한 한 가지 이름이다. 따라서 우리는 기억된 한 가지 대상을 의식하지 못하는 한, 명백히 그 대상을 기억한다고 말할 수 없다.」

반면에 이런 견해는 한 가지 대상에 대한 기억이 언제나 다른 무엇인가에 대한 의식으로 이뤄져 있습니다. 오직 기억된 그 대상의 어떤 심상일 뿐인 다른 어떤 대상에 대한 의식입니다. 그렇지만 물론 이런 반론에 대한 답변으로서, 이것이 오직 낱말 사용의 문제일 뿐이라고 대답할 수 있습니다. 즉, 다음처럼 말하는 것입니다.

따위의 여러 가지 용어로 불리는 기억 내용이다. 일상생활을 해 나가는 데에 대체로 이런 무의식적 기억들이 매우 중요한 역할을 하는데, 특히 신진대사와 몸의 보존을 떠맡는 뇌간 및 제1뇌에서 이런 기억에 의해서 자극-반응의 기제로 작동하게 된다(교감 신경이나 부교감 신경 등의 자율 신경계 작동 방식임). 이와는 반대로 20년 넘게 교육을 받는 과정에서는 명시적이고 분명한 기억들을 저장하고 인출하면서 여러 가지 단계별 시험을 통과해야 하기 때문에, 스스로 자각할 수 있는 명시적 기억 내용들이 필요하다.

우리가 아무런 값도 치르지 않은 채 공짜로 이용하는 기억에 대해서는 앳킨슨·쉬프린(Atkinson and Schiffrin, 1968) 「인간 기억: 한 가지 제안된 체계와 그 제어 과정」, 스펜스·스펜스(Spence and Spence) 엮음 『The Psychology of Learning and Motivation』 vol. 2 pp. 89~195에서 「다중 기억 이론」이 제안된 뒤에 지금까지 올바른 가정으로 수용되고 있다. 현재는 작업기억·장기기억·영구기억·감각기억·생생한 기억 등 여러 영역들이 다뤄져 오고 있다(작업기억은 595~596쪽의 역주 226 참고).

기억의 방식에 대한 논의는 기억 연구의 아버지로 불리는 두 사람에 의해 이뤄졌다. 독일 심리학자 에빙하우스(H. Ebbinghaus, 1850~1909)는 자극과 반응이 반복되면서 내재화되는 과정을 「자유연상 기억」이라고 불렀지만, 영국 심리학자 바아틀릿(F. C. Bartlett, 1886~1969)은 이에 반발하여 기존에 갖고 있는 짜여진 기억 자산을 바탕으로 차츰 덧붙여 나가는 「재구성 기억」이 일어난다고 주장하였다. 뒤친이로서는 아마 무의식적인 자율 신경계는 자유연상 기억에 의존하지만, 의식적으로 인출하는 기억들은 재구성 기억으로 설명해야 옳을 것으로 본다. 기억의 신경 생리학적 기반에 대한 연구 또한 대립적으로 노벨상 수상자들 사이에서 서로 다른 가정 위에서 진행되고 있다(387~388쪽의 역주 139에서 각각 크뤽 교수와 에들먼 교수의 주장을 보기 바람). 기억에 대한 일반적인 설명은 이정모 외 16인(2009, 제3개정판) 『인지 심리학』(학지사)에서 박태진 교수의 「기억」과 김성일 교수의 「기억 과정」을 읽어 보기 바란다.

「기억이 의식의 한 가지 형식임이 옳은 것이라면, 한 가지 대상을 의식하는 상태에 의해서 우리가 의미하는 한 가지 대상은, 우리가 의식하고 있다고 말해지는 그 대상에 대한 어떤 심상이거나 어떤 다른 방식으로 관련되어 있는 어떤 다른 대상을 직접 지각하는 일에 불과하다는 주장이 가능하다. 왜 이것이 실제의 경우가 되지 말아야 할까?」(≒긍정 답변의 속뜻임)

(Granted that memory is a form of consciousness, why should it not be the case that one thing which we mean by being conscious of a thing, is merely the directly perceiving of some *other* thing, which is an image of, or related in some other way to, the thing of which we are said to be conscious?)

저는 특히 이 이론을 주장하려고 합니다. 왜냐하면 저는 동일한 종류의 어떤 이론이, 기억의 경우뿐만 아니라, 또한 의식의 형태를 위한 이름이 될 것으로 언급됨직한 다른 많은 낱말들의 경우에도 종종 아주 타당하게 적용될 수 있으며, 그렇게 성립된다고 생각하기 때문입니다. 예를 들어,

"to perceive**지각하다**", "to observe**관찰하다**", "to see**보다**", "to hear**듣다**"

와 같은 낱말을 살펴보기 바랍니다. 이 강의를 시작하는 부분(제2장과 제4장)에서 제가 글을 읽고 있는 이 종이를 보는 경우에(≒1910년 당시에 완성된 원고를 읽어가면서 강의를 진행했었음), 제가 직접 지각하는 감각자료가, 즉, 하야스름한 배경 위에 찍힌 검정 표시들이, 종이 그 자체의 어떤 부분과도 동일하지 않다고 가정할 이유가 있음을 보았습니다(≒종이에 대한 지각이 아니라, 거기 인쇄된 언어들에 대한 이해임). 그럼에도 불구하고, 일상언어로서 '본다'고 말해진 것은 종이 그 자체입니다. 따라서 비슷하게, 우리가 직접 지각하는 모든 것이 다음 대상들의 어떤 일부와도 동일한 것이 아닌 감각자료일 경우에도, 사실상 우리는 나무와 집과 해와 달을 본다고 말해질 수 있습니다(≒「외부 대상물 → 감각자료 → 이해」에서와 같이 반드시 중간에 감각자료가 매개해 주어야

하는 것이지만, 일상언어에서는 이를 무시하고 마치 단순히 「대상물 → 지각」처럼 여김). 저는 많은 사람들이 이 일상언어에 의해서 의미하는 것이, 가령, 나무 한 그루를 '봄'으로써 우리가 의미하는 것이, 사실상 간단히 그리고 온전히 그 나무에 의해서 야기되거나 또는 최소한 그 나무의 기호signs인222) 감각자료를 직접 지각하는 일로 이뤄져 있다고 말할

---

222) [역주] 물론 본문에서 우리 정신 작용의 계층성(적어도 5단계 복합 층위)에 대해서는 전혀 자각하고 있지 못하지만(265쪽 이하의 역주 110을 보기 바람), 머릿속에 들어오는 최초의 원시 자료들을 놓고서 흄의 성찰을 고려하고 있다. 흄은 우리 머릿속에서 작동하는 실체가, 크게 ⓐ 구체적 감각자료인 감각인상이나 심상이 있고, ⓑ 이것들에 속하지 않은 추상적 관념(생각)이라고 여겼었다. 후자는 주로 사실들에 대한 단언(명제)들과 긴밀히 관련되는데, 쉽게 언어 형태로 바뀔 수 있다. 여기서 기호sign라는 개념을 두 종류 자료에 대한 「상의어」로 설정할 수도 있고, 또는 추상적 관념과 대치될 수 있는 「하의어」로도 쓸 수 있다. 무어 교수는 상의어로 쓰는 듯하다. 감각자료와 기호를 대등하게 바꿔쓰는 사례가, 바로 뒤 이어지는 문장에서도 찾을 수 있기 때문이다. 나무라는 외부세계의 대상이 내보내는 자극이 원인이 되어서, 머릿속에 그 결과로서 어떤 기호가 생겨난다고 언급하는 것이다. 그렇다면 상상물의 이름 및 기호 사이의 관계가 더 규명되어야 한다.

그렇지만 무어 교수는 기호에 대한 관념이나 의식으로 설명하는 일도 잘못될 수 있다. 마치 562쪽의 역주 212에서 "~고 말한다"를 써서 정의하는 방식이 무한 퇴행에 빠지듯이, 동일하게 무한 퇴행을 벗어날 수 없을 것이기 때문이다. 실재론과 관념론을 이어주는 자신의 수반론 또는 부수 현상이라는 생각을 굳게 지닌 무어 교수에게는, 어떤 정의 방식이나 설명이라도 모두 현실 세계를 향해 있거나 모종의 관련성을 지녀야 하는 것이다. 이런 관점은 오늘날 다수의 공리계들이 서로 모순 없이 공존할 수 있다는 증명에 의해서 반드시 옳다고 보지 않는다. 중간의 연산 과정과 연산 방식이 어떠하든지 간에, 오직 초기 조건과 최종 결과가 서로 대응하는지 여부만이 「합당성 판단」을 내리는 기본 자료들인 것이다. 이런 상위 판별 기준을 「양립 가능성compatability」이라고 부른다. 인간에게 친숙한 연산 방식을 골라내는 기준을 흔히 우아함elegance(인간의 사고 경향에 잘 맞춰져 있음) 기준이라고 말한다. 그렇지만 이는 단지 포장지에 불과하며, 참된 대응을 찾아내는 중간 과정에는 아무런 영향도 끼치지 못한다. 가령, 우리는 십진법으로 계산을 하는 것이 친숙하다. 그렇지만 컴퓨터는 오직 이진법으로 모든 계산을 진행한다. 십진법 계산 결과와 이진법 계산 결과가 같으므로, 두 방식이 서로 양립 가능한 것이다. 그럼에도 불구하고 계산 결과는 인간보다 더욱 정확한 것이며, 공대생들이 들고 다니는 믿을 만한 계산기는 인간의 계산 능력을 초월한다. 따라서 무어 교수가 상징성을 도입하는 것을 무한 퇴행으로 빠진다고 논박하는 것은, 이러한 실재의 모습을 호도하는 결과가 된다. 또한 무어 교수의 판단과는 다르게, 개인적으로 뒤친이는 첫 번째 기억 이론을 추구해야 한다고 믿는다.

우리 정신 작용의 특성으로서 상징체계를 다루는 기호학semiotics은 서로 독자적으로 두 갈래로 시작되었다. 스위스 언어학자 소쉬르(1857~1913)와 미국의 철학자 퍼어스(C. S. Pierce, 1839~1914)이다. 현대 논리학을 흔히 「기호논리학symbolic logic」으로 번역하는 이유도 상징체계로서 기호의 본질을 깔고 있기 때문이다. 기호는 형식과 내용이 (사회적으로, 관습적으로, 비-자연적으로, 자의적으로) 결합된 상징물이다. 소쉬르는 기호들의 2항 대립을 본질로 여겼지만, 퍼어스는 이것이 흑백 논리로 빠질 소지가 많으

것으로 봅니다. 따라서 이런 견해에서는 「제가 나무 한 그루를 본다」고 말할 경우에, 이는 어떤 방식으로든지 그 나무 자체를 의식하고 있음을 의미하지 않고, 오직 사실상 그 나무의 결과effect(외부 자극 원인이 머릿속에 남긴 결과임)이거나 기호sign(머릿속에 있는 대상)가 되는 「어떤 감각자료의 단편을 의식하고 있음」을 의미하는 것입니다. 저는 실제로 이것이 일반적으로 일어나는 바에 대한 참된 설명이 아님을 입증하기가 아주 어렵다고 생각합니다(≒반증하기 어려운데, 포퍼K. Popper의 관점에서는 만일 반증이 불가능하다면, 곧 진리가 됨).

제가 주위를 걸어다니면서 모든 종류의 대상들을 보는 경우에, 한 가지 규칙으로서, 사실상 이들 대상의 기호인 감각자료를 의식하고 있지만, 반면에 어떤 방식으로든지 간에 그 대상들 자체는 전혀 의식하지 못한다는 점을 제외하고서, 어떤 것이든지 간에 조금이라도 임의의 대상이 생겨날까요? (요술처럼 만일 보는 대로 즉시 임의의 대상이 생겨나는 것으로 여긴다면) 이것은 채택할 만한 아주 그럴 듯한 견해인 듯이 보입니다. 물론 여기서 다시, 오직 「의식consciousness」이란 낱말에 대하여 동일한 중의성(애매성)이 있는 것이라고만 말해질 수 있습니다. 어떤 의미에서, 한 가지 대상의 기호가 되는 감각자료들의 단편을 의식하는 일이, 논의 중인 그 대상을 의식하고 있는 것과 관련하여 동일한 것이라고 말해질 수 있는 것입니다. 이는 '의식'이란 낱말의 한 가지 적절한 용법입니다. 어떤 공정성을 지니고서 사실상 일부 철학자들이 다른 의견을 지닌 다른 철학자들을 비난하는 한 가지 견해는, 제 생각

므로 이를 극복하는 길로 3항 대립을 항상 염두에 두고 있었다. 그렇지만 오늘날 컴퓨터 이진법binary code의 구현에 힘입어 3항 대립도 결국 「두 계층으로 된 2항 대립」의 표상에 지나지 않음을 깨닫게 되었다. 더욱이 뉴얼·싸이먼(A. Newell and H. Simon, 1972) 『인간의 문제 해결 능력(Human Problem Solving)』(Prentice-Hall)에서 컴퓨터가 인간의 상징 능력(최단 거리의 문제 해결 경로 찾기로 환원됨)을 구현할 수 있음이 밝혀지면서 중요한 전기가 마련되었다. 뉴얼 책의 유일한 번역으로 차경호 뒤침(2002) 『통합 인지 이론』(아카넷)이 있다. 퍼스에 대해서는 김성도 엮고 뒤침(2006) 『퍼스의 기호 사상』(민음사)과 김동식·이유선 뒤침(2008) 『퍼스의 기호학』(나남)과 정해창 지음(2005) 『퍼스의 미완성 체계』(청계)를 읽어 보기 바란다. 소쉬르 책은 530~531쪽의 역주 198을 보기 바란다.

에 우리가 의식을 불러내는 것이, 오직 「언제나 우리가 의식하고 있다고 언급되는 그 대상에 대한 어떤 심상이나 기호를 의식하는 상태」로 이뤄질 뿐입니다. 우리 정신 앞에 한 가지 대상을 지니는 일은, 언제나 오직 우리 정신 앞에 그 대상에 대한 우리의 관념idea(124~125쪽의 역주 49 참고)을 지니는 것입니다. 즉, 우리 정신 앞에 그 대상에 대한 어떤 심상이나 기호를 지니는 것입니다. 여러분이 잘 알고 있듯이, 이런 특정한 견해는 아마 참값이 될 수 없을 것입니다. 왜냐하면 제 정신 앞에 갖고 있거나 제 관념을 의식하고 있는 감각인 그 심상이나 기호가, 한 가지 기호가 되는 그 대상을 제 정신 앞에 갖고 있거나 의식하고 있는 것과 동일한 것이 될 수 없기 때문입니다. 제 관념에 대한 저의 의식(≒상위 인식 또는 재귀의식)이, 아마 단지 그런 관념에 대하여 제가 지닌 어떤 관념의 의식(≒상위 인식에 대한 더 높은 차원의 초-상위 인식), 그리고 다시 이 의식에 대한 무한 퇴행으로 진행해 나갈 터인데(≒활짝 열려 있는 상위 인식에 대한 초-상위 인식, 다시 이에 대한 초-초상위 인식, 또다시 이에 대한 초-초초상위 인식 등으로 무한 퇴행함), 이런 방식으로는 합리적인 논의가 이뤄질 수 없기 때문입니다.

그렇지만 그럼에도 불구하고, 우리가 종종 한 가지 대상을 보는 일로써 의미하는 것이, 「단지 어떤 감각자료의 단편을 직접 지각하는 일뿐임」이 참값일 수는 있습니다. 단지 그 대상에 대한 어떤 심상이 되는 한 가지 심상만 직접 지각하면서 한 가지 대상을 기억함으로써 그렇게 하는 것입니다. 만일 이것이 그렇다면, 다시 말하여, 만일 우리가 '보는 일'과 '기억하는 일'이 의식의 형식에 대한 이름이라고 주장한다면, 우리는 틀림없이 '의식'이란 낱말의 애매함(중의적임, 530~531쪽의 역주 198)을 인정해야 합니다. 우리가 한 가지 대상을 의식한다고 말할 경우에, 또 다른 의미에서 종종 그 대상을 전혀 의식하지 못함도 틀림없이 인정해야 하는 것입니다(≒즉, 느슨하게 무의식적으로 깨닫는 경우에도 「의식한다」고 말하게 됨). 물론 만일 이런 애매성(중의성)이 실제로 존재한다면, 두 가지 서로 다른 의미 사이를 분명히 구분해 주는 것이 엄청나게 중요해집니다.

저는 지금 살펴보고 있는 사례들에 의해 구분해 주는 일(≒사례 제시법)보다도 그 구분을 명백히 만들어 주는 더 분명한 방식을 생각할 수 없습니다. 저는 만일 한 사람이 한 가지 대상을 기억하는 경우에, 그 대상에 대한 그의 기억이 오직 다른 어떤 대상, 즉, 그가 기억하는 것으로 말해진 그 대상을 닮은 어떤 심상을 직접 지각하는 일로만 이뤄져 있지만, 어떤 의미에서, 「그 대상과 심지어 부분적으로도 동일하지 않으며, 그렇다면 그가 그 대상을 기억하는 경우에 그는 전혀 기억된 그 대상을 의식하는 것이 아님」이 분명하다고 생각합니다(≒감각자료와 심상은 서로 다르다는 뜻임). 저는 장차 만일 이것이 기억에 대한 참된 설명이라면, 의식이란 이름을 이런 관계 말고, 다른 관계들로만 제약해 놓고자 합니다. 물론 이런 제약이 순전히 자의적일 수 있음을 충분히 인정합니다. 그렇지만 때때로 우리가 이런 관계를 위해서뿐만 아니라 다른 관계들을 위해서도, 사뭇 적합하게 '의식'이란 낱말을 쓰고 있음이 실제 경우일 수 있음도 인정합니다(≒언어 사용의 중의성은 531~532쪽의 역주 199를 보기 바람).

§.13-3 【 심상과 상상물 사이의 차이점 】 그렇다면 다음처럼 말할 수 있습니다. 저는 지금까지 우리가 이전에 보았던 한 가지 감각자료의 단편을 기억하는 경우에 어떤 일이 일어나는지에 관해 성립될 수 있는 서로 다른 두 가지 이론을 구별해 놓았습니다. 제가 모든 사람들이 받아들인다고 믿는 것인데, 한 가지 규칙으로서 「우리가 어떤 것을 기억하는 경우에 직접 지각하고 있는 기억 심상이, 어떤 측면들에서 분명히 본디 감각자료의 단편과 다르다」는 점을 두 가지 이론에서 모두 다 인정합니다. 그렇지만 첫 번째 이론에서는 「기억 심상이 오직 전체로부터 나온 일부로서만 감각자료와 다르다」고 주장합니다. 더 나아가, 설사 우리가 느슨하게 본디 전체 감각자료를 기억하는 듯이 말하더라도, 실제로 본디 감각자료를 기억하는 모든 것이, 이제 우리

정신 앞에 있는 기억 심상과 동일시되는 만큼, 본디 감각자료의 많은 부분이라고 여깁니다(≒동일하다는 주장임). 그러므로 이 이론에서는 우리가 기억하는 경우에 실제로 기억하는 것이, 즉, 기억의 참된 대상이, 우리가 기억하는 그 순간에 직접 지각하고 있는 기억 심상과는 구분이 사뭇 불가능한 것이라고 여깁니다. 우리가 기억하는 경우에, 기억하는 대상이 단순히 이 심상이라는 것입니다. 그러므로 기억의 유추(유비)가 순수한 상상물에 관한 그 이론을 뒷받침할 수 있는 만큼, 이 이론에서는 우리가 논의를 시작했던 것으로부터 순수한 상상물에 관한 원래 이론을 충분히 뒷받침하게 될 듯합니다. 이는 제가 어떤 그뤼퓐을 상상하는 경우에, 간단히 제가 상상한 것으로서 그 그뤼퓐이 제가 직접 지각하고 있는 그 심상과 동일한 것임을 뒷받침해 줄 것 같습니다.

그렇지만 두 번째 이론은 아주 다릅니다. 여기서는 제가 기억하는 것이, 심지어 실제로 제가 기억하는 것조차, 제 기억 심상과 동일한 것이 아니라고 단정합니다(≒서로 상이하다는 주장임). 그렇지만 그럼에도 불구하고, 제가 기억을 하는 경우에 이런 기억 심상이 어떤 방식으로든지 의식하고 있는 유일한 대상이라고 주장합니다. 첫 번째 이론에서 말했듯이, 기억이 단지 저와 저의 기억 심상 사이에 있는 어떤 관계에 대한 한 가지 이름은 아니라고 말합니다. 대신, 기억은 저와 그 심상과는 동일하지 않은 본디 감각자료의 일부 사이에 있는 어떤 관계에 대한 한 가지 이름이라고 봅니다. 그렇지만 이런 관계가 단지 다음의 두 가지 사실로 이뤄져 있다고 말합니다.

- 내가 그 심상을 의식한다는 사실
- 사실상 이 심상이 본디 감각자료의 단편에 대한 어떤 복제품이라는 사실

저와 본디 감각자료의 단편 사이에 다른 어떤 관계도 포함되어 있지 않습니다. 다른 어떤 의미에서든지 간에, 제가 그것을 기억하는 경우에 본디 감각자료의 단편을 의식할 필요는 없습니다. 그러므로 두 번

째 이론에서는 한편으로 기억의 대상인 기억되는 것이, 그 기억 심상과 동일한 것이 아님을 허용하지만, 그럼에도 기억의 대상이 그것을 기억하는 경우에라도 우리가 의식하지 않는 어떤 것이라고 주장합니다(≒무의식적 기억이 더 기본적인 것으로 여김). 그러므로 한편으로 이 두 번째 이론에서는 우리가 상상을 하는 경우에 순수한 상상의 대상이 우리 정신 앞에 지니는 그 심상과 동일하다는 견해를 뒷받침해 주지 않습니다. 기억 및 순수한 상상물 사이에 있는 유추(유비)가 성립될 수 있는 한, 두 번째 이론은 우리들로 하여금 우리가 상상을 하는 경우에 조금이라도 의식할 수 있는 유일한 대상이 어떤 심상이며, '어떤 그뤼핀'이 제가 한 마리를 상상하는 경우에 분명히 어떤 그뤼핀을 의식하지 못한다는 점에서, 단지 제가 지닌 어떤 심상에 대한 한 가지 이름이 아니라, 「오직 그뤼핀에 대한 제 심상에 불과하다」는 점을 주장할 권한을 부여해 줍니다.223)

---

223) [역주] 원초적으로, 무정형하게 막연한 범위와 대상, 그리고 이와는 달리 확연히 범위가 정해진 대상 사이의 차이는, 고정된 이름이 붙여져 있는지 여부에 의해 나뉜다. 상상물과 기억 사이를 구분해 주기 위하여, 무어 교수는 원초적 상황을 상정함으로써, 상상이 개별적이고 자의적이며 유동적인 특성이 있으므로써, 한 개인에게서도 동일한 상상을 일관되게 거듭하는 일이 아주 어렵고, 따라서 남들과 공유할 가능성은 더더욱 어렵다는 특성에 초점을 모으고 있다. 그렇지만 일단 어떤 이름이 부여된 뒤에는, 한 개인에게서도 일관되게 거듭 상상할 수 있고, 남들과도 공유될 수 있는 새로운 단계를 획득하게 된다. 이런 차이를 본문에서 'a name for an image of mine내가 지닌 것 중 어떤 심상에 대한 한 가지 이름'과 'my image of it그것, 즉 그뤼핀에 대한 나의 심상'으로 구분해 놓고 있는 것이다. 전자는 구성원들 사이에 서로 합의할 수 있는 토대를 지닌 것이지만, 후자는 무정형의 막연한 심상이므로 다른 사람과 합의할 수 있는 토대가 아직 마련되어 있지 않은 상태이다.

여기서 주목할 점은 a name하나의 이름이 관념론 또는 유명론을 배경으로 하여 쓰였다는 사실이다. 희랍 전통에서는 「이름 중 특히 고유명사a proper name로 대표하여 현실 속에 실재하는 사람을 유일하고 고유하게 가리키고 있으므로 늘 참값이 된다」고 여겼던 흐름(514쪽의 역주 194를 보기 바람)을 거부하고 있는 것이다. 이럴 경우에 문제가 있다. 현실 속에 있는 어떤 대상이 머릿속에 감각자료를 남길 적에 무어 교수는 이를 수반 현상 또는 부수 현상으로 간주하여 일관되게 실재론의 근거 위에서 자신의 철학을 전개해 왔다(§.8-4를 보기 바람). 그렇지만 자의적으로 한 개인이 막연하게 심상을 제약 없이 만들 가능성이 있다는 점에서, 여기서는 실재론도 수반론도 직접 간여하지 못할 것이다. 이런 난점을 벗어나려면, 거꾸로 구성원들 사이에 어떤 합치점이나 합의가 마련될 수 있는 터전이 주어져야 할 것이다. 이럴 경우에 한 가지 이름이 이런 터전을 확보하는 수단이 되는 것이다.

이들 두 가지 이론을 모두 다 뒷받침해 주는 사실이 있습니다. 실질적으로 그것들이 채택되도록 이끌어 가고, 제 생각으로는 철학에서 지속적으로 난점들로 몰고 가는 사실입니다. 만일 내성introspection(눈을 감고서 스스로를 되돌아 봄)으로써 우리가 기억을 하거나 상상을 하는 경우에, 우리 정신 앞에 있는 것을 찾아내고자 한다면, 어떤 심상을 제외하고서 무엇이든지 간에 정신 앞에 있는 임의의 대상을 찾아내기가 엄청나게 어렵습니다. 설령 다른 어떤 것이 정신 앞에 있음을 우리가 확신받는다고 하더라도, 여전히 정확히 어떤 종류의 방식으로 다른 어떤 이런 것이 정신 앞에 있는지를 발견하기는 지극히 어렵습니다. 그 난점은 감각-지각의 경우에서와 동일한 종류의 것입니다.

「내가 이 종이를 바라보는 경우에, 내가 직접 지각하는 감각자료를 제외하고서, 어떤 것이든지 내 정신 앞에 있을까? 그리고 만일 어떤 다른 것이 내 정신 앞에 있다면, 어떤 종류의 방식으로 그것이 정신 앞에 있는 것일까?」

일반적으로 저는 우리가 「감각인상이든지 심상이든지 간에 감각자료에 대한 직접 지각을 제외하고서, 내성에 의해서 의식 과정이나 정신 작용들이 한 번이라도 다른 어떤 임의의 것으로 이뤄져 있음을 발견하기란 엄청나게 어렵다」고 생각합니다. 흄이 말한 대로, 우리도 인간 정신의 모든 지각 내용들이 감각인상impressions이거나 아니면 관념ideas(생각)이라고, 다시 말하여, 단순히 감각자료만 갖고서 가리킨다면 본디 감각자료 및 그것들에 대한 복제품이라고 말하기 십상입니다.224) 물론 만일 이것이 실제의 경우였더라면, 이들 기억에 대한

---

224) [역주] 이는 세 가지 점을 처리하지 못한다. 첫째, 217~219쪽의 역주 93과 265쪽 이하의 역주 110에서 도표들로 보인 인간 정신의 계층적 작동 방식을 전혀 다루지 못한다. 둘째, 583~584쪽의 역주 221에 있는 「다중 기억 이론」에 따른 여러 기억들의 협동 작업을 다루지 못한다. 셋째, 무어 교수가 좀더 앞에서 무의식적 기억(심리학에서는 '절차지식 기억'으로 부름)을 언급하였는데, 무의식적 기억은 어떤 것도 인상이나 관념이 될 수 없다는 사실을 설명할 수 없다. 특히 383~384쪽의 역주 137에서 르두J. LeDoux 교수는 무의식적 행위와 의식적 행위가 서로 다른 방식으로 작동하는 것으로 설명한다.

두 가지 이론 중 하나 또는 다른 것이 틀림없이 참값이 될 것입니다. 물론 절대적으로 이것이 실제의 경우가 아님이 입증될 수도 있습니다. 어떤 의미 또는 다른 의미에서, 절대적으로 우리가 감각자료가 아닌 대상들을 의식하고 있음이 입증될 수 있고, 직접 감각자료를 지각하지도 않은 채로 우리가 감각자료를 의식할 수도 있는 것입니다. 그리고 흄과 같이 심지어 반대의 경우를 가정하는 철학자들도, 스스로 지속적으로 모순을 저지르는 일을 피할 수 없습니다. 그렇지만 다른 한편으로, 직접 지각이 의식의 유일한 형태가 아니며, 감각자료가 우리의 유일한 대상도 아님을 확신하는 사람들조차, 저한테는 이런 다른 형태의 의식이 무엇인지에 관해서 실제로 명쾌한 설명을 제시해 줄 수 없을 것으로 보입니다. 그들 중 많은 사람들이 결국 또한 「직접 지각만이 유일한 의식의 형태이고, 감각자료들만이 유일한 그 대상이다」라는 가정 속으로225) 도로 미끄러져 들어갈 것 같습니다.

§.13-4 【 기억에서 유래된 심상을 평가하는 상위인식 】 이들 두 가지 이론을 옹호하여 충분히 논의가 이뤄졌습니다. 그렇지만 한 가지 규칙으로서, 저는 설령 이들 두 가지 이론 중 하나 또는 다른 것이 우리가 기억하는 경우에 일어나는 모든 것이라고 하더라도, 절대적으로 이것이 언제나 일어나는 모든 것은 아님이 입증될 수 있다고 언급하였습니다. 이제 저는 이 점을 입증하려고 합니다.

우리 애초의 경우로 되돌아가기로 하겠습니다. 여러분이 이 한 장

갑자기 곰을 만날 경우에 먼저 몸이 알아서 반사작용을 하는데(감각수용기의 자극과 뇌간 및 제1뇌에서 일어나는 반사작용), 조금 시차를 두고 같은 자극 정보가 다시 전-전두엽에 있는 작업기억을 거쳐 제3뇌로 들어간 다음에 상황을 스스로 자각하고 정리하게 되는 것이다.

225) [역주] 이런 가정은 청소년기에 교육을 거치는 동안 많은 간접 지식들을 획득하게 된다는 사실을 조금도 설명해 주지 못한다. 일상생활에서 일어나는 여러 가지 일들(상품 거래, 사교 모임, 직장 생활, 잡담 등)도 또한 이런 간접 지식들을 통합적으로 적용하여 이뤄지는 것이다. 따라서 우리가 참값으로 여기는 지식들이 대부분이 직접 경험에 얻기보다는 언어와 여러 정보를 통해서 간접적으로 얻는 것이므로, 어떻게 시작하든지 간에 반드시 이런 사실을 설명해 줄 수 있어야 하는 것이다.

의 종이를 바라보면서 직접 지각하는 감각자료의 단편에 주의를 기울입니다. 즉, 하야스름한 색깔을 띤 경험조각에 주목하는 것입니다. 그런 다음에 더 이상 이 종이를 보지 못할 경우에, 여러분은 그 종이를 기억해 내고자 합니다. 이제 여러분이 시각화할 수 있다고, 즉, 아무리 희미하더라도 그 종이에 대한 어떤 심상을 떠올릴 수 있다고 가정하기로 하겠습니다. 이제 첫 번째 동일성 이론에서 주장했듯이, 설령 그 경험 조각에 대한 여러분의 기억이 때때로 단지 그 심상에 대한 여러분의 직접 지각으로 구성되어 있을 뿐이라고 하더라도, 그리고 두 번째 상이성 이론에서 주장했듯이, 때때로 설령 그것이 다만 이 심상이 사실상 본디 경험조각에 대한 어떤 복제품이라는 사실과 함께 이런 심상으로 이뤄져 있을 뿐이라고 하더라도, 사뭇 다른 어떤 것이 이제 일어날 수 있음이 아주 명백합니다(≒이 심상들을 판단하고 평가하는 상위 차원의 인식을 가리키고·있음). 이제 여러분이 기억하고 있을 뿐만 아니라, 또한 스스로 여러분이 기억하고 있음도 잘 알고 있습니다(≒후자는 재귀의식임). 두 가지 이론상으로 이를 실행하기 위하여, 틀림없이 여러분은 첫 번째 이론의 경우에 여러분의 현재 심상이 단지 이전에 여러분이 보았던 것이 전체가 아니라 일부에 불과하며, 두 번째 이론의 경우에 그 심상이 어떤 복제품이더라도 여러분이 이전에 보았던 것과는 다르다는 것을 알아야 합니다.

그렇지만 여러분이 갖고 있는 이런 지식, 즉, 여러분의 심상이 본디 감각자료의 단편과 다르다는 지식, 이것이 무엇으로 이뤄질 수 있을까요? 어떤 의미에서, 본디 그 감각자료의 단편 그 자체를 의식함이 없이는 명백히 이를 알 수 없습니다. 여러분이 알고 있는 것은, 본디 그 감각자료의 단편이 그 자체로 그 심상과 다르다는 점입니다. 명백히 이것이 그러합니다. 왜냐하면 그 심상이 일반적인 심상(≒상상물도 만들어내는 능력)과 다르지 않기 때문입니다. 그러므로 여러분은 본디 그 감각자료의 단편 그 자체에 대하여 뭔가를 알고 있는 것입니다. 그리고 만일 여러분이 그 심상을 의식하고 있었다면, 즉, 만일 그 심상이 여러분이 의식하는 모든 것이었더라면, 이것이 아주 불가능하였을 것입니다. 다시 말하여, 만일 여러분이 의식했던 모든 것이 그 심상 자체였더라면, 여러분은 아마 그 심상이 단지 본디 그 감각자료의 단편에 대한 일부에 지나지 않거나, 본디 그 감각자료의 단편에 대한 어떤 복제품이었음을 알 수도 없었을 것입니다.

그러므로 우리가 기억하고 있음을 알 때마다, 틀림없이 우리는 어떤 의미에서 오직 본디 그 감각자료의 단편 일부를 직접 지각하는 것이나 또는 단지 사실상 본디 그 감각자료의 복제품인 어떤 심상을 직접 지각하는 것과는 사뭇 다른 본디 그 감각자료의 단편을 의식해야 합니다. 우리가 스스로 그것을 기억하고 있음을 아는 경우에, 그것을 의식하는 이런 방식도 그 자체로 명백히 일종의 기억하기입니다(≒상위 차원의 인식은 평가 과정이므로 「기억 인출」과는 완전히 차원이 다르지만, 무어 교수는 같은 용어를 쓰고 있어서 자기모순을 빚고 있음). 그러므로 분명히 어떤 종류의 기억하기가 있는데, 이는 이들 두 가지 이론이 어떤 것이든 허용해 주는 것과는 아주 다른 것입니다.226) 이런 종류의 기억

---

226) [역주] 무어 교수는 기억 과정을 다루면서 이것을 동일한 용어 remembering기억하기로 쓰고 있기 때문에 「순환론적 착오」를 일으키고 있다(흔히 뱀머리가 뱀꼬리를 물고 있는 비유를 딞). 만일 이것을 기억과 관련된 심상들을 놓고서 「판단·결정·평가해 주는 상위 인식」으로 서술해 주었더라면(간단히 「결정체계」나 「판단체계」로도 부름), 논지 전개의 뒤엉킴을 막을 수 있었을 것이다. 뒤친이는 학생들에게 비유적으로 이 상위 부서를 최상급의 헌법재판소로 말해 준다(217~219쪽의 역주 93과 393~394쪽의 역주 143 참고). 만일 이 부서를 넘어서면 특수한 종교적 수련 성격의 것을 제외하고서는 고정적이거나 특정한 부서가 존재하지 않을 것이다.

이런 최상위 부서에 대한 최초의 인식은 현대 학문의 비조로 칭송받는 독일 수학자 프레게(G. Frege, 1848~1925)가 수학 기초론을 다루면서, 명확히 이를 가능하게 만드는 최종적인 상위 개념이 '판단judgement'이라고 지적하면서 그 중요성이 부각된 바 있다. 전통적으로 이는 참값·거짓값 정도로만 논의되었기 때문에, 고유한 상위 인식 체계임을 전혀 파악하지 못했다(12쪽 이하의 역주 3에서 「뢺지 : 무어」의 차이를 보기 바람). 이 책의 제15장에서 논의하는 「단언(명제)에 대한 어떤 정신적 태도」가 모든 머릿속 대상들을 놓고서 적용되도록 일반화되어 특정한 부서를 독립시켜 주었더라면, 이런 일이 성취될 수 있었을 것이다. 이런 개념을 앨런 튜륑(A. Turing, 1912~1954)은 자신의 박사논문에서 도출 과정에서의 '재귀적 점검' 체계(재귀적 기억)로 다뤘다.

이하의 논의에서는 '판단-결정 체계'가 기억이든지 심상이든지 모든 정신 활동들의 재료를 내성 또는 반성을 통하여 점검하고 평가한다는 매우 단순하고 분명한 사실을 염두에 두고 읽어 간다면, 무어 교수처럼 안개 속에서 길을 찾는 느낌을 덜 받을 것이다.

하기는, 여러분이 기억하고 있음을 스스로 깨달을 때마다 언제나 일어나고 있는 어떤 것입니다. 만일 그렇게 일어난다면, 다른 경우에서도 또한 왜 일어나지 않을까요?(≒반문 형식의 속뜻은, 당연히 일어날 것임을 속뜻으로 깔고 있음) 심지어 우리가 기억하고 있음을 깨닫지 못하더라도, 왜 이것이 우리가 기억할 때마다 일반적으로 일어나지 말아야 할까요? 이것이 일반적으로 일어나는 것임을 증명하는 일이 저에게는 극단적으로 어려운 듯이 보입니다. 저는 이를 입증할 방법을 전혀 모르겠습니다(≒지금은 여러 학문 분야에서의 발전 덕택에, 이 일이 상위 차원의 인식으로서 「판단·결정·평가체계」에서 처리된다고 여기는데, 217~219쪽의 역주 93에 있는 도표를 보기 바람).

그렇지만 저는 때때로 이것이 실제로 일어난다는 단순한 사실이, 일반적으로 이것이 일어나는 것이 아니라고 가정하기 위한 유일하게 강력한 근거를 파괴한다고 생각합니다(≒결정적 반례를 제시하여 논박하는 일에 해당함). 심지어 지금 이런 일이 일어나고 있는 경우에라도, 내성에 의해서 이것이 일어나고 있음을 찾아내기가 거의 불가능하며, 정확히 일어나고 있는 것이 무엇인지를 알아내기가 거의 불가능합니다. 이제 여러분의 심상이 본디 감각자료의 단편 그 자체와는 다른 것임을 여러분이 실제로 잘 알고 있습니다. 그러므로 (이런 가정에 따라) 여러분이 본디 그 감각자료의 단편 그 자체를 생각하고 있는데, 여러분은 이제 명백히 다만 그 심상만 생각하고 있는 것이 아닙니다. 어떤 의미에서, 본디 그 감각자료의 단편은 그 자체로 여러분의 정신 앞에

그렇지만 이런 결정 체계를 맡는 두뇌 부서가 따로 실재하는 것일까? 현재 지식으로는 그런 부서가 눈두덩 위쪽의 이마 부분 안쪽인 전-전두피질(전-전두엽)에 있는 작업기억working memory이라고 추정하고 있다. 애초에 이 기억은 정보 처리를 위한 임시저장고buffer(완충부서)에서 단기기억short-term memory으로도 불렸었는데, 언어 처리와 감각 처리의 기능을 고려하면서 영국 심리학자 배들리(Baddeley, 1986) 『*Working Memory*』(Oxford Clarendon Press)에서 「작업기억」이란 이름으로 고정되었다. 그 후 다시 사고와 행위까지 모두 다 처리하도록 더욱 확장되었는데 배들리(2007) 『작업기억·사고·일련의 행위(*Working Memory, Thought, and Action*)』(Oxford University Press)를 읽어 보기 바란다(37~38쪽의 역주 9와 483쪽의 역주 181도 참고 바람).

있습니다. 그렇지 않았더라면, 여러분이 그 감각자료의 단편을 심상과 비교하여 이들 두 가지가 서로 다름을 알 수 없었을 것입니다. 그렇지만 어떤 의미에서 그 감각자료의 단편이 여러분 정신 앞에 있을까요? 분명히 여러분이 지금 그 감각자료의 단편을 직접 지각하고 있는 것은 아닙니다. 여러분이 직접 지각하고 있는 모든 것은 이제 그 심상입니다. 제가 '직접 지각'을 정의한 방식이, 간단히 여러분이 실제로 그 감각자료의 단편을 직접 보았을 때, 본디 그 감각자료의 단편을 의식하는 상태였습니다. 여러분이 지금 그 감각자료의 단편을 의식하지 못하는 상태가 아니었음에 유의해야 합니다. 그러므로 분명히 지금 여러분은 본디 그 감각자료의 단편을 직접 지각하고 있는 것입니다.

그렇지만 만일 그렇다면, 어떤 의미에서 지금 여러분이 그 감각자료의 단편을 의식하고 있는 것일까요? 저는 확실성을 지니고서 서술될 수 있는 모든 것이, 그것이 그 심상과 다른 것임을 깨닫기 위해서는, 따라서 어떤 것이든지 간에 여러분이 직접 지각하고 있는 것이 그것과는 다른 것임을 깨닫기 위해서는, 당연히 그 감각자료의 단편을 의식하는 것이 필요하다는 막연한 의미에서, 여러분이 그 감각자료의 단편을 의식하고 있다고 생각합니다. 이런 막연한 종류의 의식은, 이미 심지어 그 존재를 인정하는 사람일지라도 분명한 설명을 제시할 수 없는 듯이 제가 언급했던 내용입니다(§.13-4의 초반부). 저 자신도 어떤 것이든지 간에 그것에 대하여 분명한 설명을 제시할 수 없음을 솔직히 고백합니다(≒오늘날 시점에서는 「재귀적인 판단·결정·평가 체계」임). 저는 분명히 우리가 그런 과거 감각자료의 단편 그 자체에 대하여 뭔가를 알고 있을 경우에, 비록 우리가 더 이상 그 감각자료의 단편을 직접 지각할 수 없더라도, 이런 사례에서 일어나는 것이라고 지적해 줌으로써, 오직 그것이 무엇인지를 시사해 주고자 노력할 뿐입니다. 그것은 분명히 실제로 지속적으로 일어나는 어떤 대상으로서, 오직 우리가 직접 지각하지 않는 어떤 대상을 생각하는 바로 이런 일입니다. 이는 최고의 중요성을 지니는 정신 작동 방식mental operation

인 것입니다(≒우리 정신 속의 '헌법재판소'로 비유할 수 있음). 분명히 그것이 거기에 있으며, 우리가 실제로 그것을 찾아보고 있는 경우에라도, 그것을 찾아내고 그것이 무엇인지 알아내기가 그렇게 어렵기 때문에, 절대적으로 그것이 거기에 있음을 입증하기가 힘들 경우에라도, 그리고 그것이 일어나는 순간에 우리가 우연히 그것을 찾아보려고 하지 않을 경우라고 하더라도,227) 그렇게 풍부히 많은 다른 사례들에서 그것이 실제로 거기 있을 가능성은 아주 높습니다.

그런데 제가 제안하고자 하는 것은, 우리가 임의의 대상을 기억할 때마다 이런 종류의 의식이 흔히 일어난다는 점입니다. 우리가 기억하는 경우에 이런 막연한 의미에서 실제로 우리가 흔히 과거 대상 그 자체를 의식한다는 것입니다. 한 가지 규칙으로서, 기억은 단지 어떤 심상에 대한 직접 지각으로 이뤄져 있는 것도 아니고, 그렇다고 그 심상이 과거 대상에 대한 어떤 복제품이라는 사실과 함께 이 심상으로 이뤄져 있는 것도 아닙니다. 저는 이것이 오늘날 최고의 권위자들에 의해서 일반적으로 받아들여지는 것 같다고 생각합니다. 우리가 기억을 하는 경우에, 비록 이런 종류의 의식이 흔히 일어난다는 것을 어떻게 입증할 수 있을지는 제가 알지 못하겠지만, 아무튼 이것이 일어난다는 견해가 가능할 것임은 분명합니다. 또한 제가 알 수 있는 한, 우리가 이런 종류의 의식이 분명히 때때로 실제 일어난다는 것을 우리가 인식하자마자, 무엇이든지 간에 이런 견해에 반대하는 것은 아무런 것도 없습니다. 우리 자신이 기억을 하고 있음을 알고 있거나 또는 다른 임의의 어떤 것이 그렇게 기억을 하고 있음을 깨닫고 있을 때마다, 실제로 그리고 틀림없이 이것이 일어난다는 것입니다(≒595~596쪽의 역주 226을 보기 바람).

---

227) [역주] 원문에는 세 가지 절이 모두 다 조건절 형식의 where~**의 경우에**로만 적혀 있다. 그렇지만 응당 in spite of the case in which~**인 경우에라도, 그럼에도 불구하고**와 같이 양보절로 쓰여야 뜻이 쉽게 다가오는 더욱 정확한 서술이 되었을 것이다. 여기서는 양보절로 번역해 둔다.

만일 기억에 대한 처음 두 가지 이론이 어떤 것이든 간에 참값이었더라면, 비록 기억 행위가 지속적으로 일어나고 있다고 하더라도, 여전히 아무도 그런 임의의 행위가 아마 한 번이라도 실제로 일어났다는 것을 전혀 깨닫지 못할 것임이 뒤따라 나왔을 것입니다. 아무도 자신의 정신 앞에 임의의 심상이, 사실상 비록 아주 종종 이것이 그랬음이 실제의 경우가 될 수 있을지라도, 아마 이전의 어떤 감각자료의 단편에 대한 일부이었거나 어떤 복제품이었음을 전혀 깨닫지 못할 것입니다. 제안된 이들 두 가지 의미 중 어느 하나로 기억이 일어남을 알기 위해서, 다른 어떤 의미에서 우리는 반드시 이전의 감각자료를 기억할 수 있어야 합니다. 실제로 「우리가 기억 심상들이 종종 과거의 어떤 감각자료의 단편과도 동일하지 않음을 깨닫는다」는 사실이, 이런 다른 의미에서 우리가 과거 감각자료들을 기억할 수 있음을 입증해 줍니다. 제가 말한 막연한 종류의 그 의식이, 때때로 실제로 일어나고 있는 것입니다.

그렇지만 실제로 기억에서 만일 이전의 감각자료의 단편에 대한 이런 막연한 종류의 의식이 일반적으로 일어난다면, 우리가 기억을 하는 경우에 「기억의 대상인 기억된 것이 우리가 직접 지각할 수 있는 임의의 심상과 동일하지 않음」이 뒤따라 나올 뿐만 아니라, 또한 실제로 「우리가 그 심상뿐만이 아니라 기억의 대상도 의식함」이 뒤따라 나옵니다. 만일 기억에서 이것이 실제의 경우라면, 유추(유비)로서 자연스럽게 순수히 상상에서도 또한 실제의 경우가 될 수 있음을 시사해 줍니다. 여기에서도 또한 어떤 그뤼퓐을 상상하는 경우에, 제가 상상한 것이 제 정신 앞에 갖고 있는 임의의 심상과는 동일하지 않습니다. 상상물이 심상에 대한 직접 지각으로 이뤄질 뿐만 아니라, 또한 우리가 직접 지각하고 있는 그 심상이 아닌, 다른 어떤 것에 대하여 직접 지각이 아닌, 다른 어떤 방식으로 의식하는 것입니다. 다른 이 어떤 것이 우리가 상상하는 것이며, 곧, 그 그뤼퓐인 것입니다.

저는 이것이 상상물에서 언제나 일반적으로 일어나는 것이라고 절대적으로 입증하는 방법을 알 수 없음을 솔직히 고백합니다. 그렇지만 늘 말하듯이, 이제 저는 최고 권위자들이 이것이 실제의 경우라고 동의할 것으로 생각합니다. 저는 장차 이것이 그러하다고 가정해 나갈 것입니다. 제가 어떤 그뤼핀을 상상하는 경우에, 제가 직접 지각할 수 있는 임의의 심상이, 그 자체로 어떤 그뤼핀이 아니라 오직 그뤼핀에 대한 어떤 심상일 뿐이며, 실제로 이런 심상 말고 다른 어떤 것을 제가 의식하고 있다고 가정하려고 합니다. 저는 중요한 것이, 최소한 이것이 가능한 한 가지 견해임을 깨닫는 일이라고 생각합니다. 직접 지각 말고도 다른 한 종류의 의식이 있다고 가정하는데, 상상물 형태로 보일 수 있으며, 직접 지각의 대상물과는 다른 어떤 대상을 지니게 되는 것입니다. 여러 사례들을 통해서, 될 수 있는 한 이런 종류의 의식이 무엇인지, 그리고 이것이 어떻게 직접 지각과 다른지에 대하여 명백한 어떤 견해를 얻기 위하여, 저로서는 이런 다른 종류의 의식이 실제로 존재함을 보여 주는 듯하며, 또한 비록 제가 절대적으로 입증할 수 없음을 인정하더라도 이것이 상상물 형태로 나타난다고 시사해 주는 듯한 한 가지 논점만을 아래에서 제시할 것입니다.

§.13-5 【 상상물 형태로 나타나는 의식과 직접 지각 사이의 차이점 】 다시 여러분이 어린이에게 독수리 머리·날개와 사자 몸통을 가진 그뤼핀에 대한 그림을 한 장 보여 주고 있다고 가정하겠습니다. 그 어린이가

「그뤼핀이 진짜예요? 실재하나요?」
(Are griffins real?)

라고 묻습니다. 분명히 여기서 그 어린이가 지금 보고 있는 그림이 진짜인지 여부를 묻고 있는 것이 아님은 아주 명백합니다. 그 그림의 실체에 대해서는 조금도 의심의 여지가 없습니다. 그러므로 어린이가 그 그림 말고 다른 어떤 것에 대하여 질문을 던지고 있는 것이며, 이

다른 어떤 것이 바로 그뤼핀으로 어린이가 의미하는 것입니다. 그렇지만 다른 어떤 이것이 한 가지 심상이라고 가정하는 것은 아무런 근거도 없습니다. 다른 경우들에서 심상들이 기여하듯이, 여기서도 그 그림이 그 자체로 동일한 목적에 기여할 수 있습니다. 제가 제안하고자 하는 것은, 심상들이 상상의 형태로 역할을 하는 유일한 부분이, 이 경우에 그 그림이 떠맡고 있는 부분인 것입니다. 명백히 오직 그뤼핀에 대한 그림을 보는 것만이 그뤼핀을 상상하는 일과 동일한 것은 아닙니다. 만일 그것이 「그뤼핀이 진짜예요?」라는 질문으로 물은 것이었더라면, 당연히 우리는 「이 그림이 진짜예요?」라고 물었을 것인데, 이는 명백히 우리가 실행하고 있는 일이 아닙니다. 비슷하게 우리가 그뤼핀에 대한 어떤 심상을 직접 지각하는 경우에도 「그뤼핀이 진짜예요?」라고 묻습니다. 우리의 심상이 실재인지 여부를 묻는 것이 아니라, 그 그림이 진짜였는지 여부를 묻고 있는 것입니다. 두 가지 경우에서 모두 우리가 직접 지각하고 있는 감각자료가 오직 다른 무엇인가를 시사하는 데 기여할 뿐입니다. 우리가 직접 지각하고 있지 않은 어떤 것입니다. 우리가 이 질문으로 묻고 있는 것은 바로 다른 어떤 이것에 대한 것입니다.

그러므로 저는 우리가 상상하는 상상의 대상이, 우리가 상상하는 경우에 직접 지각할 수 있을 임의의 심상과 동일한 것이 아니라고 가정하게 될 것입니다. 그러므로 상상의 속성임에도 불구하고, 상상하는 대상들이 임의 종류의 being있음, **존재하는 상태**을 지니는지 여부에 관한 본디 우리의 질문은, 단순히 상상하는 대상을 심상과 동일하게 봄으로써 확정될 수 있는 것이 아닙니다. 저는 다음 논점을 가정할 것입니다.

「그뤼핀은 단순히 여러분이 그뤼핀을 상상하는 경우에 직접 지각하는 심상에 대한 한 가지 이름이다. 그렇지만 이 심상과 같은 그런 대상이 있음에 의심의 여지가 없다. 그러므로 그뤼핀과 같은 그런 대상이 있음이 뒤따라 나온다.」

이 논점은 그 핵심을 입증할 수 없을 것인데,

「그뤼핀이 단순히 여러분이 그뤼핀을 상상하는 경우에 직접 지각하는 심상에 대한 한 가지 이름이다.」

라는 첫 번째 전제가 거짓이기 때문입니다. 물론 그렇지만 심지어 이 논점을 거절한다고 하더라도, 본디 저의 논점이 여전히 그 힘을 보존합니다. 여전히 다음처럼 논의될 수 있는 것입니다.

「심지어 그뤼핀이 그뤼핀에 대한 임의의 심상과 동일하지 않다 심상과 동일하지 않다고 하더라도, 여전히 그뤼핀이 여러분이 상상하는 것임이 참값으로 남아 있고, 분명히 여러분이 상상하는 것과 같은 그런 어떤 대상이 틀림없이 있다. 그렇지 않았더라면, 여러분이 그것을 상상할 수 없었을 것이다. 그러므로 여러분이 상상하는 것과 같은 그런 한 가지 대상이 있기 때문에, 그리고 여러분이 상상하는 것이 그뤼핀이기 때문에, 여전히 그뤼핀과 같은 그런 한 가지 대상이 있음이 뒤따라 나온다.」

이것이 이제 제가 답변하고자 하는 논점입니다. 이 논점에 대해 답변을 하기 위하여, 저는 전적으로 새로운 사실들의 집합에 대한 설명을 채택하고 싶습니다. 진리는, 정확히 비슷한 수수께끼가 또 다른 사례에서도 일어난다는 점입니다. 모두가 가장 근본적인 철학의 문제들중 한 가지를 구성하는 것으로 인정하는 사례입니다. 저는 거짓된 믿음의 경우에 오류errors 또는 실수mistakes를 의미합니다. 실수를 저지르는 일로서, 참값이 아닌 것을 믿는 그런 어떤 일이 있음을 모두가 인정합니다. 철학자들에 의해서 특히 최근에 많이 논의되어 온 한 가지 질문은 다음과 같습니다.

「결국 참된 믿음과 거짓된 믿음 사이에, 참값과 거짓값 사이에, 참된 믿음과 오류 사이에 차이가 무엇일까?」

(What, after all, is the difference between true and false belief, between truth and falsehood, between true belief and error?)

만일 이런 질문을 던질 경우에, 우리가 실재물과 상상물 사이에 있는 차이가 무엇인지를 물을 경우처럼 정확히 동일한 종류의 난점에 부닥치게 마련입니다. 비록 두 가지 질문이 연결되는 정확한 방식에 관해서 모든 종류의 상이한 견해들이 채택될 수 있겠지만, 사실상 두 가지 질문이 아주 밀접히 연결되어 있음을 모두가 인정합니다.

　참된 믿음과 거짓된 믿음의 경우에, 그 난점을 확정하는 제가 찾아낼 수 있는 최선의 방식은 다음과 같습니다.

「어떤 사람이 하느님이 현존한다고 믿고 있음을 가정하자. 그리고 그의 믿음이 참되다고 가정하겠다. 그렇다면 "그의 믿음이 참되다"고 말하는 것이 정확히 "하느님이 현존함이 한 가지 사실이다"라거나 또는 "하느님의 현존이 한 가지 사실이다"라고 말하는 일과 동등할 듯하다. 만일 그의 믿음이 참되다면, 하느님이 현존함이 한 가지 사실이다. 그리고 만일 하느님이 현존함이 사실이 아니라면, 그의 믿음은 거짓이다」

이런 믿음 대신에, 어떤 것이든지 간에 다른 믿음을 여러분이 채택하여도, 정확히 똑같은 동등성이 성립되는 듯합니다. 어떤 것이든지 임의의 믿음에 대한 경우에서, 「그 믿음이 참되다」고 말하는 것이

「믿음의 대상이, 즉, 믿음 속에서 믿어지는 것이, 한 가지 사실이다」
(its object — what is believed in it — is a fact)

라고 말하는 일과 동등한 것인 듯합니다. 만일 믿음의 대상이 사실이 아니라면, 언제나 그 믿음은 거짓입니다. 오직 언어에 대한 물음으로서 저는 이런 동등성이 분명히 보편적으로 성립한다고 생각합니다. 「그러저런 것이 참이다」라고 말할 때마다 언제나 우리는 아주 자연스

럽게 대신 다음처럼 말할 수 있습니다. 「그러저런 것이 한 가지 사실이다.」 그러므로 한눈에 참된 믿음과 거짓된 믿음 사이에 차이점은 이것이라고 완벽히 자연스럽게 그리고 만족스럽게 말할 수 있을 듯합니다. 즉, 「어떤 믿음이 참된 경우에, 믿어지는 것이 한 가지 사실이지만, 반면에 어떤 믿음이 거짓인 경우에 거기에서 믿어지는 것은 사실이 아니다」.

그렇지만 이제 다른 쪽을 살펴보기로 하겠습니다.

「어떤 사람이 하느님이 현존하는 것을 믿고 있다고 가정하자. 그리고 이런 믿음이 거짓이라고 가정하겠다. 이미 보았듯이 아주 자연스럽게 "그가 믿고 있는 것은 하느님이 현존한다는 것이다"라고 말할 수 있을 듯하다. 그리고 그가 이를 믿고 있는 경우에 "그가 뭔가를 믿고 있다는 사실"도 아주 분명하다. 그러므로 그가 이를 믿고 있는 경우에, "그가 믿고 있는 것과 같은 그런 어떤 것이 있다"는 점도 아주 분명할 듯하다.」

그렇지만 그가 믿고 있는 것인 이 어떤 것이 무엇일까요? 그것이 「하느님이 현존한다」는 점이거나, 표현을 다른 방식으로 바꿔서 그것이 「하느님의 현존」이라고 말할 수 있습니다.228) 왜냐하면 「어떤 사람이

---

228) [역주] 여기에서 제시된 사례와 같이, 특이하게 지속적으로 무어 교수는 "사자가 현존한다"라는 문장과 '사자의 현존'이라는 명사구를 동일한 것으로 여긴다. 1910년대 당시에 어떤 언어학자도 생각하지 못한 뛰어난 통찰력이다. §.14-3 이하에서는 하나의 문장을 한 가지 이름처럼 간주하는데, 아마 이런 사례들이 보여 주는 변환 과정을 염두에 두고 있을 가능성도 있다. 이미 살펴본 §.12-3에서는 「상상물이 단지 한 가지 이름이란 자격을 갖는 것」으로 취급하였다. 또한 비슷하게 문장도 단언(명제)의 자격을 갖추지 못한다고 보기 때문에, 문장을 폄하하여 '낱말들의 형식'으로만 언급되기도 한다. 이는 낱말들이 배열되어 있다는 뜻이며, 문장을 가리키는 우회 표현이다. 문장이든 이름이든 간에 단언(명제)으로서의 자격은 없는 것이다. 633쪽의 역주 240과 638쪽의 역주 241을 읽어 보기 바란다.

언어학에서는 문장과 명사절, 명사구, 명사라는 말을 쓰지만, 왜 이런 것들이 존재하며, 왜 서로 교체 가능한 방식들이 언어에 존재하는지를 거의 묻지 않는다. 그렇지만 최근 비판적 담화 분석에서는 문장으로 제시되는 방식과 명사 형식의 명사구 또는 명사절로 제시하는 방식에 중요한 차이가 있음을 자각하고서, 그 내용들을 명시적으로 다뤄오고 있다. 우리말로 예를 들어 보이면 다음과 같다. 가령, "철수가 죽었다."라는 문장이 명사 형식으로 되는 방식은 적어도 열 가지가 넘는다. 간략히 대비를 위해서,

하느님의 현존을 믿는다」고 말하는 것이 분명히 단지 「그가 하느님이 현존한다고 믿음」을 말하는 또 다른 방식이기 때문입니다.

사실상 그것을 확정하는 이런 방식이, 사실상 우리들에게 모든 믿음들의 경우에도 활짝 열려 있는 것이 아닙니다. 상당히 많은 경우에, 오직 우리는 믿어진 대상 또는 관계대명사 'that~이라고'으로 시작하는 내포문에 의해서만 믿어진 것을 표현할 수 있을 뿐입니다. 왜냐하면 믿어진 것이 아주 복잡하므로, 따라서 그 믿음에 대하여 쉽게 관계대명사verbal noun229)를 붙여 놓을 수 없기 때문입니다. 그렇지만 저는 이

동일하게 기본 정보를 갖춘 '철수의 죽음'이라는 한 가지 명사구와 대비시키기로 한다. 앞의 문장은 그 말을 듣는 즉시, 듣는 사람들이 원한다면 그 문장이 사실인지에 대하여 확인에 들어갈 수 있다. 그렇지만 뒤의 명사구는 마치 그 죽음이 이미 사실인 양 전제되어 있고, 따라서 철수가 죽었는지 여부에 의문을 던지지 못하도록 차단되어 있는 것이다. "철수의 죽음이 그 집안의 몰락으로 이어졌다."와 같이 언제나 문장 속에 들어 있는 한 요소로 들어가는 일이 일반적이기 때문이다. 전체 문장에는 과연 그런지 의심하면서 재차 확인할 수 있겠지만, 문장의 일부 요소로 자리한 명사구 구성요소에는 더 이상 의문을 던지지 않는 모습이다.

이런 차이를 놓고서 이 책에 대한 서평에서 치좀(Chisohm, 1955) 교수도 ⓐ The wall *appears* (to be) red그 벽이 붉게 보인다와 ⓑ The wall present an *appearance* which is red그 벽이 붉은 모습을 드러낸다가 진리값이 서로 다르다는 사실에 주목하면서 무어 교수한테 동의하였다. ⓐ는 붉지 않은 벽에 대해서도 쓰일 수 있지만 ⓑ는 불가능하다(『*Philosophy and Phenomenological Research*』 vol. 15(4), 571~572쪽). 논리학에서는 명사구 표현은 오직 참값을 지닌 항목들로만 구성되어 있는 것으로 취급하며, 수학자 얼란조 처어취(Alonzo Church, 1903~1995)의 용어를 받아들여 absrtaction추상화 연산(λ-calculus)으로도 부른다. 최근에 들어 담화에서도 이런 표현의 차이에 숨겨져 있는 의도들을 드러내기 시작하였는데, 페어클럽(Fairclough, 2003; 김지홍 뒤침, 2012) 『담화 분석 방법』(경진출판)의 제8장과 위도슨(Widdoson, 2004; 김지홍 뒤침, 2018) 『텍스트, 상황 맥락, 숨겨진 의도』(경진출판)의 제6장을 보기 바란다.

229) [역주] 초판 원문 250쪽(재간은 273쪽)에 verbal noun('언어상으로 명사'란 말은, 내포문을 이끌어 주는 언어상의 형식인 관계대명사 'that'을 가리키는데, 무어 교수가 혼자만 쓰는 용어임)이라고 쓰고 있다. 언어학에서는 관계대명사 that이 이끄는 후행절을 후행 수식절이라고 부르고, 무어 교수가 noun명사라고 명명한 that을 '관계대명사relative pronoun'라고 부른다. 참스키 교수는 '보문 형태소complementizer(보문자)'라고 부른다. 604~605쪽의 역주 228에서 임의의 문장이 임의의 어구로 줄어듦을 보았다. 문장이 명사구로 된 뒤 전치사와 함께 새롭게 하나의 구성요소가 된 경우이다. 621~622쪽의 역주 236에서는 belief *in existence of lions*사자의 현존에 관한 믿음도 verbal noun언어상으로 명사에 해당함으로 부르는 것이 전치사 구절이기 때문에 엄격히 정의하여 잘못이지만, 무어 교수는 belief that~과 같이 관계대명사로 된 후행절이 belief를 꾸며 주는 경우와 동일시하고 있기 때문에, 전치사 구절을 noun으로 같이 부르고 있는 듯하다(문법상 잘못이지만, 그분의 의도를 짐작할 수 있음). 그러므로 verbal은 '언어상으로 판단할 경우에' 정도의 뜻을 머금고 있다.

것이 분명히 오직 낱말의 문제일 뿐이며, 그것을 표현할 수 없을 정도로 너무 복잡하지 않았더라면, 모든 경우에서 믿어진 것이 관계대명사verbal noun에 의해 표현될 수 있는 형식과 동등하다고 생각합니다. 그러므로 저는 하느님의 현존에 대한 이런 사례를, 공정하게 모든 믿음들 중 전형적인 것으로 여길 수 있다고 생각합니다.

정확히 동일한 난점이 비록 많은 경우에 우리가 그것을 사뭇 간단하게 표현할 수 없더라도, 여기에서 일어나는 것과 같이 모든 믿음들과 관련해서도 일어납니다. 그 난점은 다음과 같습니다.

「어떤 사람이 하느님의 현존을 믿으며, 그가 어떤 대상을 믿고 있음이 아주 분명한 듯하다. 즉, 그가 믿는 바대로 그런 어떤 대상이 있다는 것과 이 어떤 대상이 하느님의 현존이라는 것이 아주 분명할 듯하다. 그러므로 그의 믿음이 참값인지 거짓인지 여부에 상관없이, 하느님의 현존과 같은 그런 어떤 대상이 있음이 아주 분명할 듯하다.」

그렇지만 우리는 만일 그의 믿음이 거짓이라면, 막 하느님의 현존이 한 가지 사실이 아님을 보았습니다. 그리고 「하느님의 현존과 같은 그런 어떤 대상이 있다」라고 말하는 일과 「하느님의 현존이 한 가지 사실이다」라고 말하는 일 사이에는 차이가 무엇일까요? 두 가지 표현이 절대적으로 동등할 듯합니다. 만일 하느님의 현존과 같은 그런 어

204쪽 이하의 역주 83에서 사실성 동사들이 모두 관계대명사 that을 수반하고 있음을 예시한 바 있는데, 이는 'the fact that ~ **~라는 사실**'과 같은 모습이 기본 형상이라고 설정한다. 그렇지만 상위문 동사의 종류에 따라 꼭 사실성factivity이 보장되는 것이 아니다. 가장 대표적인 반례가 believe 동사이며, 이를 참값을 알 수 없는 불투명 동사opaque verb라고 부른다.

영어 구문에서 관계대명사 that과 대립되는 형태소가 영어에서 to이다. to가 이끄는 내포문 내용이 아직 사실로 구현되지는 않았다고 하더라도, 여러 가지 속뜻들이 깃듦이 카투넌 교수에 의해 밝혀진 바 있다. I want him *to leave*난 **그가 떠나기를 바란다**에서 그가 떠나는 일이 아직 실제로 일어난 것이 아니다. 영어에서는 bare infinitive**동사 원형의 내포문**라는 구문도 있는데, 반드시 to가 삭제되어야 한다. 이는 감각동사 부류의 상위문과 내포문의 동사가 한데 합쳐져서 하나의 사건을 구성하는 경우를 가리킨다. I heard him *come***나는 그가 오는 소리를 들었다**에서처럼, 오는 소리와 이를 듣는 동작이 동시에 한데 합쳐져서 하나의 사건을 이루는 것이다.

떤 대상이 있다면, 하느님의 현존이 한 가지 사실임이 아주 분명한 듯합니다. 그리고 만일 하느님의 현존이 사실이 아니라면, 하느님의 현존과 같은 그런 대상이 아무런 것도 없음이 아주 분명한 듯합니다.

그러므로 우리는 참된 믿음을 거짓된 믿음으로부터 구별해 내는 제안된 방식이, 그렇게 보였던 만큼, 사뭇 그렇게 간단한 것이 아님을 깨닫습니다. 우리는 어떤 믿음이 거짓인 경우에 믿어지는 것이 사실이 아니라고 말하도록 제안합니다. 그렇지만 이제 심지어 어떤 믿음이 거짓인 경우에조차, 즉, 믿어지는 바가 가장 확실하게 있는 경우에는, 분명히 그런 어떤 대상이 있음이 드러날 듯합니다. 「믿어지는 바 대로 그런 어떤 대상이 있다」라고[230] 말하는 일과 「믿어지는 바가 한 가지 사실이다」라고 말하는 일 사이에 있을 차이가 무엇인지를 알아 내기가 사뭇 쉬운 것은 아닙니다.

이제 물론 아무도, 심지어 모든 경우에 동등하게 믿어진 것과 같이 그런 어떤 대상이 있을지라도, 그 믿음이 참값인지 거짓인지 여부에 상관없이, 이것이 참된 믿음과 거짓된 믿음 사이에 있는 구분을 제거

---

230) [역주] 흔히 주변에서 여행을 가면 「아는 만큼 보인다」고 말한다. 이런 구호 때문에 한때 국내 여행으로 역사 기행을 도와주는 책자들이 유행처럼 나온 적도 있다. 특히 이해력이 다른 학습자들에게 똑같은 논술문을 읽히고 나서 요약하도록 요구할 경우에, 요약 내용들 사이에 질적·양적 편차가 우심하다. 아마 이 경우에도 학습자가 자신의 관심대로만 요약해 나간다고 말할 수 있다. 주제가 명백하게 간주되는 논술류의 글들을 제외한다면, 특히 문학 작품들은 극단적으로 작가로부터 떠나는 순간 독자적으로 읽힌다고 주장할 만큼 표현의 중의성과 해석의 중의성들이 거듭거듭 누적되어 쉽게 결정할 수 없는 경우들이 비일비재하다.

만일 이를 조금 변형하면, 「믿는 만큼 신의 손길을 느낀다」라고 말할 수 있다. 이 경우 믿음을 객관화하거나 양적으로 측정할 수 없다는 점이 큰 장애 요소이며, 잘못된 해석을 조장하는 맹목적 믿음으로 빠질 수도 있다. 특히 삿된 종교에서 맹목적 믿음을 강요하여 집단 자살로 끝나는 경우들이 현대 사회에서 세계 도처에서 가끔 언론을 장식한다(우리나라에서는 미결인 채 덮힌 전두환 시절의 오대양 사건 따위). 마치 동어반복처럼 들리는 이런 유형의 경구들을 주위에 흔히 널려 있다. 「간절한 만큼 실제로 이룬다」거나 우리말 문법을 위배한 「하늘은 스스로 돕는 자를 돕는다」(부지런하면 성공한다)도 그러하고, 「준비하는 자에게만 기회가 열린다」 등이다. 분명히 일부는 삶의 지혜를 담고 있지만, 일부는 우리를 당착봉사로 이끌어 간다. 그렇다면 개개인마다 자유롭게 자기 삶의 결정을 내려야 하되, 합리적 바탕 위에서 이뤄질 수 있도록 교육되어야 할 것이다. 믿음을 다루기 어려운 이유는 그 범위와 속성이 너무 다양하고 모순되는 측면이 있기 때문이다. 644~645쪽의 역주 244도 함께 읽어 보기 바란다.

해 버리지 않는다고 가정하지는 않습니다. 설령 우리가 그뤼핀·센토어·키메라와 같이 그런 것들이 있음을 인정해야 한다손 치더라도, 이런 사실이 실재물과 상상물 사이에 있는 구분을 없애 버리지 않듯이, 더 이상 아무도 참된 믿음과 거짓된 믿음 사이의 구분을 없앤다고 가정하지도 않습니다. 어떤 믿음이 거짓일 경우에, 심지어 믿어진 바대로 그런 어떤 대상이 있다고 하더라도, 만일 그 믿음이 참이었을 때 그랬을 법한 대로, 동일한 의미에서, 그런 경우에 믿어진 것은 사실이 아님이 분명합니다. 그렇지만 설령 그뤼핀이 순수히 상상이라고 하더라도, 그뤼핀과 같이 그런 어떤 대상이 있다고 가정하기 위한 이유가 있는 것처럼, 설령 하느님의 현존을 믿는 사람들이 잘못되게 믿는다손 치더라도, 여러분은 하느님의 현존과 같이 그런 어떤 대상이 있다고 가정하기 위하여 정확히 동일한 이유가 있음을 알고 있습니다. 저는 거짓된 믿음의 경우가 가장 명백한 것이라고 생각합니다. 거기에서 그 근거가 건전한 것인지 아닌지 여부에 관한 질문을 던지게 됩니다. 그러므로 다음처럼 질문하도록 제안합니다. 「사람들이 하느님의 현존을 믿는다는 단순한 사실이, 하느님의 현존과 같이 그런 어떤 대상이 있음을 증명할까? 그렇지 않을까?」 만일 증명한다면, 「하느님의 현존과 같은 그런 어떤 대상이 있다」라는 주장과 「하느님의 현존이 한 가지 사실이다」라는 주장 사이에 차이는 무엇일까요? 만일 증명하지 못한다면, 참된지 거짓인지 여부에 상관없이, 여러분은 믿어진 것이 어떤 경우에라도 확실히 틀림없이 있음을 증명하는 듯한 논점에 대해서는 어떻게 대답하겠습니까?

제14장 믿음과 단언(명제)

§.14-0【 들머리 】지금 시작하기로 한 질문은「진리가 무엇일까?」또는「참된 믿음과 거짓된 믿음 사이에 차이가 무엇일까?」에 관한 것입니다. 저한테는 이것이 명백히 생각하거나 분명하게 말하기가 지극히 어려운 듯한 질문입니다. 지금까지 논의해 온 어떤 질문보다도 훨씬 더 어렵습니다. 무엇보다도 먼저, 진리와 믿음에 관해서 성립될 수 있는 서로 다른 견해들을 분명하게 구별하고, 혼란을 회피하는 일이 엄청나게 어렵습니다. 다음으로, 설령 이를 실행하는 데에 실제로 성공한다고 할지라도, 그 구별 방법들을 명확하게 표현하기가 너무나 어렵습니다. 저는 이를 실행하면서 혼란을 피하거나 또는 스스로 분명하게 표현하는 일에서 성공하지 못할까 걱정이 큽니다. 그렇지만 제가 할 수 있는 만큼 최선을 다하여 실행하도록 하겠습니다.

제가 알 수 있는 한, 비록 실제로 아주 무관하겠지만, 이 논의 속으로 복잡성을 끌어들이기 쉬운 한 가지 사실은, 잘못된 믿음의 가장 일반적인 사례들의 경우에, 즉, 일상생활에서 가장 흔히 일어나는 사례들과 최소한의 의문만 있는(≒덥석 믿기 쉬운) 잘못된 믿음들로 되는 사례들의 경우에, 정확히 「믿어진 것이 무엇일까?」에 관해서 아주 종종 어떤 의문이 있다는 사실입니다. 여러분은 어떤 거짓된 믿음a false belief의 본질을 조사하기 위해서 다음과 같이 흔한 사례들보다 더 나은 사례를 고를 수 없을 것으로 여길 수 있습니다. 흔히 저는 (편지 개봉용) 제 가위가 실제로 제 책상 위에 있지 않지만 책상 위에 놓여 있는 것으로 믿거나, 제 중절모자가 실제로 강의실 벽면에 걸려 있지 않지만 강의실 벽면에 걸려 있는 것으로 믿는 경우가 있습니다. 이런 종류의 거짓된 믿음이 일상생활에서 지속적으로 일어납니다. 의심의 여지 없이, 이것들이 잘못된 믿음입니다. 그렇지만 이 강의의 더 앞부분(제3장과 제13장)에서 이미 살펴보았듯이, 서로 다른 철학자들이 우리가 이것과 같이 그런 거짓된 것들을 믿는 경우에, 실제로 믿고 있는 것에 관해서 아주 상이한 견해들을 채택했습니다. 가위가 무엇인지, 또는 책상이 무엇인지, 또는 「책상 위에 놓여 있다」로 무엇이 의미되는지에 관해서 어떤 종류의 일치점도 없습니다. 제가 알 수 있는 한, 비록 명백히 간단한 단언(명제)인

「나의 가위가 내 책상 위에 놓여 있다」

에 의해서 무엇이 의미되는지에 관한 이런 질문이, 엄밀히 「그것이 참값이다」라고 말하는 일과 「그것이 거짓값이다」라고 말하는 일 사이에 차이가 무엇인지에 관한 질문과 관련되는 것은 아닙니다. 사실상 (배중률을 전제하고 있으므로 같은 상황에 대한 단언[명제]으로서) 그 의미가 무엇이 되든지 간에, 그 참값인 상태와 그 거짓인 상태 사이의 차이가 틀림없이 동일함은 아주 분명한 듯합니다(≒동일한 상황을 놓고서 참값인지 거짓값인지 판정이 이뤄지는 것이기 때문임). 그럼에도 불구하고 저는 그 의미에 관한 이런 의문이, 그 참값인 상태에 의해서 의미되는 것이 무엇인지에 관한 질문에 영향을 주는 것으로 간주될 수 있거나, 또는 어떤 경우이든지 간에 우리를 정확히 「그 차이가 무엇일까?」를

합당할 만큼 아주 분명하게 보지 못하도록 막아 버릴 것으로 생각합니다.

§.14-1 【 거짓된 믿음의 사례로서 취주악단의 굉음 연주 】 그러므로 저는 거짓된 믿음에 대한 어떤 사례를 얻어내고자 합니다. 그런 사례에서는 정확히 「믿어진 것이 무엇일까?」를 놓고서 가능한 한 의문점이 거의 없어야 할 것입니다. 마땅히 이런 요구조건을 충족시켜 주는 어떤 사례를 찾아보면서, 저는 거짓된 믿음이라는 결함으로부터 피해를 입는 한 가지 사례를 오직 우연히 발견할 수 있었습니다. 여러분이 실제로 조금도 일어날 것 같지 않다고 말함직한 것입니다. 그렇지만 아주 일반적으로 실제 일어나는 일종의 거짓된 믿음입니다. 저는 이 사례를 갖고서 제가 할 수 있는 최선의 논의를 실행하려고 합니다. 모든 측면에서 실제로 이상적인 임의의 사례를 생각해 볼 수 없기 때문입니다.

제가 찾아낸 사례는 다음과 같습니다. 여러분들이 모두 다 음악의 종류를 잘 알고 있습니다. 만일 지금 이 강의실에서 취주악단a brass-band이 떠들썩하게 연주를 하고 있었다면, 그 사례가 여러분이 들었을 법한 실제의 감각자료입니다. 이런 종류의 사실은, 즉, 바로 여러분 옆에서 연주되고 있는 취주악단의 굉음 연주처럼 고막을 찢는 그런 감각자료에 대한 실제적 경험으로 이뤄진 종류의 사실은, 저한테는 그 본성에 관해서 최소한의 실수 가능성만 있을 일종의 사실일 듯합니다. 또한 주어진 시점에서 우리들이 각자 이런 격렬한 속성을 지닌 특정한 감각자료를 경험하고 있는지, 그렇지 않은지를 확인하기에, 이보다 더 확실한 종류의 사실은 없습니다. 이 시점에서 만일 어떤 취주악단이 요란하게 이 강의실에서 연주를 하고 있었다면, 오직 제가 마땅히 경험하였을 사실들이라고 서술할 수 있는 것으로서, (거짓된 믿음을 보여 주기 위하여) 「고막을 찢을 듯이 잘못될 수 없는 그런 감각자료들을 제가 경험하고 있지 않다」고 말하는 일, 이보다 더 확실한 것은 아무런 것도 없습니다. 저는 어떤 종류의 감각자료를 의미하는지, 취주악단의 연주 굉음이 어떠할지를 제가 아는 만큼 여러분들도 모두 다 잘 알고 있다고 생각합니다. 그런데 (앞의 주장이 거짓이기 때문에) 현재 여러분은 이들 감각자료를 전혀 듣고 있지 않습니다.

이제 누군가가 어느 곳에서 우리들 중 어떤 한 분이 취주악단의 연주 굉음을 듣고 있음을 믿고 있었다고 가정하겠습니다. 또한 늘 말하듯이, 당장 현재 시점에서 어느 누구이든지 어느 곳에서든지 (우리들 중) 어느 누군가와 관련해서도, 실제로 이런 실수를 전혀 저지르고 있을 것 같지 않다고 가정합니다. 그렇지만 이는 분명히 실제로 우리가 종종 저지르는 종류의 실수입니다. 어처구니없이 우리는 주어진 어떤 시점에서, 다른 어떤 사람이 당시 실제로 경험하고 있지도 않은 감각자료를 경험하고 있는 것으로 여기는 실수들을 자주 저지릅니다.

예를 들어, 스미쓰 씨가 「어느 날 저녁에 그의 친구 조은즈 씨가 어떤 취주악단의 연주를 들으려고 집을 나섰다」고 믿을 수 있습니다. 만일 조금이라도 스미쓰 씨가 상상한다면, 그런 가정 위에서 조은즈 씨가 경험하고 있을 바를 계속 상상해 나갈 수 있습니다. 스미쓰 씨는 실제로 「조은즈 씨가 어떤 취주악단의 연주 굉음을 듣고 있다」고 자신에게 표상하면서 이를 믿을 수 있습니다. 분명히 조은즈 씨를 놓고서 스미쓰 씨는 이를 믿을 가능성이 있으며, 이렇듯 사뭇 쉽게 실수할 수 있습니다. 가령, 조은즈 씨가 스미쓰 씨에게 「자신이 그날 저녁 그 취주악단의 연주를 들을 것」이라고 말해 줬지만, 그럼에도 다른 일 때문에 사실상 집밖을 전혀 나서지 못했습니다. 그럴 경우에 스미쓰 씨는 「실제로 그 연주를 듣고 있지 않은 조은즈 씨가 감각자료를 경험하고 있었다」고 믿고 있을 가능성이 있습니다. 그리고 분명히 이것이 실제로 아주 흔하게 일어나는 일종의 실수입니다.

그런데 이와 비슷하게, (취주악단의 굉음 연주가 없는 상황에서) 여기 있는 분들 중에서 어떤 한 분이, 지금 우리들 중 한 사람이 사실 그렇지 않음에도 불구하고 취주악단의 굉음 연주를 듣고 있는 것으로 믿고 있을 가능성도 있습니다. 설령 우리들에 대해서 어떤 누구이든지 간에 이를 믿고 있을 것 같지 않더라도, 여러분이 잘 알 듯이 저는 그런 어떤 믿음이 무엇과 같을 것인지를 생각할 수 있습니다. 그렇다면 잘못된 믿음에 대한 사례로서, 만일 어떤 한 분이「우리가 지금 취주악단의 그 굉음 연주를 듣고 있다」고 믿고 있었다면, 그분이 지금 지니고 있을 만한 믿음을 선택하여 이를 논의하기로 하겠습니다.

여기서 만일 누구이든지 간에 지금 이를 믿고 있었다면, 분명히 어떤 실수를 저지르고 있습니다. 그의 믿음이 잘못이었을 것임에는 의문의 여지가 없습니다. 저한테는 이런 경우에 그의 실수의 본질이 무엇으로 이뤄져 있을 것인지를 놓고서 있을 만한 의문점이 거의 없을 듯합니다. 분명히 그 실수의 전반적 본질은 간단히 다음처럼 찾을 수 있을 듯합니다. 한편으로 그가「우리가 어떤 취주악단의 굉음 연주를 듣고 있다」고 믿고 있을 듯하지만, 다른 한편으로 실제의 사실은 우리가 그 연주를 듣고 있지 않습니다. 비슷하게 이런 그의 믿음을 어떤 참된 믿음으로 만들어 주는 데 무엇이 필요할지는 아주 분명합니다. 필요할 만한 모든 것은, 간단히「우리가 응당 논의 중인 그 굉음 연주를 듣고 있다」라는 것입니다(≒믿음에 '대응하는 사실'). 만일 우리가 그 연주를 듣고 있었고, 그가 우리가 그러함을 믿었더라면, 그의 믿음은 참값이 되었을 것입니다. 이런 특정 믿음의 경우에 이는 실제로 진리와 거짓 사이에 차이점을 분명히 올바르게 진술해 줍니다. 제가 묻고자 하는 것은 다음과 같습니다.

「이것이 그 차이에 대한 올바른 진술이라고 가정함으로써, 진술된 차이점이 정확히 무엇일까? 만일 이를 좀더 정확히 표현해 놓는다면, 이 진술은 과연 무엇을 의미할까?」

(Supposing that it is a correct statement of the difference, what exactly is the difference that has been stated? What does this statement mean, if we try to put it more exactly?)

논의를 시작하기 위하여, 한 가지 점이 저에게서 분명한 듯한데, 특히 이것이 제가 주장하고 싶은 논점입니다. 이미 언급했듯이, 이런 특정한 믿음의 경우에 진리와 거짓 사이에 있는 차이는, 사실상 「우리가 지금 어떤 취주악단의 꽝음 연주를 듣고 있는지, 그렇지 않은지」 여부에 달려 있습니다. 그러므로 우리가 이들 두 가지 대안 사이에 있는 차이, 즉, 지금 우리가 그 꽝음 연주를 듣고 있는 상태와 지금 그것을 듣지 않는 상태 사이에 있는 차이를 이해할 수 없는 한, 분명히 이런 믿음의 진리와 거짓 사이에 있는 차이를 이해할 수 없습니다. 비록 단지 한 가지일 뿐이지만, 이것이 핵심 요점입니다(늑믿음과 사실의 '대응 관계'). 저한테는 이 요점에 관해서 사실상 전혀 의문이 없을 듯합니다. 우리가 지금 어떤 취주악단의 꽝음 연주를 듣고 있는 것이 아닙니다. 저는 한 가지 측면에서 「우리가 듣고 있지 않다」고 말함으로써, 제가 표현하는 사실의 본성을 우리가 모두 사뭇 명확히 이해할 수 있다고 봅니다. 이들 낱말이 함의하는 바는, 단순히 이 세상에서 우리가 지금 특정한 종류의 그 꽝음 연주를 듣고 있는 상태가 되는 그런 일은 없다는 것입니다.

이 시점에서 우리를 특정한 종류의 그 꽝음 연주와 결합시켜 주는 것은, 단순히 그런 상태를 지님이 없는 어떤 결합입니다. 저는 우리가 모두 아주 분명히 실제로 「그런 것이 없다」고 말함으로써 의미되는 바를 잘 이해한다고 생각합니다. 만일 여러분이 이를 이해하지 못한다면, 제가 더 이상 어떻게 명확히 설명 방식을 만들 수 없기 때문에 걱정됩니다. 우리가 지금 특정한 종류의 그런 꽝음 연주를 듣는 일과 같은 그런 것이 거기에 있는 상태 및 그런 것이 거기에 없는 상태 사이에 있는 이런 구분이, 저한테는 절대적으로 근본적인 것일 듯합니다. 저는 여러분의 주의력을 'being있음, 존재하는 상태'이라는 낱말의 이런 특정한 의미에 집중케 하고 싶습니다. 즉, 우리가 지금 어떤 취주악단의 꽝음 연주를 듣고 있는 상태로서의 그런 것이 분명히 없다는 의미입니다. 아무튼 한 가지 의미에서, 분명히 거기에 그런 꽝음 연주 상태가 없으며, 우리가 모두 거기에 그런 상태가 없음을 잘 알고 있습니다. 우리는 거기에 굉음 연주 상태가 없다는 의미를 인식할 수 있습니다. 제가 고정시켜 놓고 싶은 것이 바로 'being있음, 존재하는 상태'이라는 낱말의 이런 특정한 의미인 것입니다. 'being있음, 존재하는 상태'이라는 낱말에 대한 이런 의미를 이용하면서, 당장 우리는 이런 특정한 믿음에 대하여, 즉, 지금 우리가 어떤 취주악단의 굉음 연주를 듣고 있다는 믿음에 대한 진리와 거짓 사이에 있는 차이점에 관해서, 두 가지 것을 말할 수 있습니다. 무엇보다도 첫째, 그 믿음이 거짓이므로, 간단히 「이 세상에서 거기에 만일 그 믿음이 참된 것이었더라면 그 믿음 속에 있었음직한 한 가지 것이 없다」고 말할 수 있습니다. 둘째, 그 믿음이 거짓이므로 단순히 세상으로부터 결여된 이것은, 즉, 만일 참값이었더라면 출현 하였음직한 것이지만 그 결여의 본성은, 틀릴 여지가 없는 명백한 사실입니다. 당시 우리가 어떤 취주악단의 굉음 연주를 듣고 있었더라면 참값이 되었음직한 사실로서, 실제적으로 당시 우리가 그 굉음 연주를 듣고 있는 상태로 이뤄졌음직한 사실입니다.

§.14-2 【 참된 믿음과 관련 사실을 표현하는 이름의 관계 】 그렇지만 이제 이들 두 가지 요점(≒듣는 일이 있는 상태와 듣는 일이 없는 상태)은 단독으로 우리에게 진리와 거짓에 대한 완벽히 만족스런 정의를 제공 하는 데 충분치 않습니다. 만일 우리가 「그것이 참값이다」라고 말하려고 했더라면, 이것들이 절대 확정적으로 우리가 이런 믿음에 응당 귀속시켜야 하는 것이 어떤 속성인지를 말해 주기에 충분한 것은 아닙니다. 그렇다고 하여, 우리가 「그것이 거짓이다」라고 말할 경우에, 우리가 지금 그것에 귀속시키고 있는 것이 어떤 속성인지도 말해 주지를 못합니다. 제가 분명히 설명하기 아주 어려움을 느끼지만, 최선을 다해서 가리켜 주어야 할 어떤 이유로 말미암아(≒믿음과 사실과의 '대응 관계'를 가리킴), 이것들은 이를 실행하기에 충분치 못합니다. 이것들이 실제로 한 가지 정의를 제공해 줍니다. 이것들이 제공하는 정

의는 다음과 같습니다.

「이런 믿음을 놓고서 "그게 참값이다"라고 말하는 것은, 이런 믿음을 놓고서 이 믿음이 가리키는 '사실이 있다'고 말하는 것이다. 다시 말하여, 이 세상에 이 믿음이 가리키는 사실과 같은 그런 어떤 사실이 있다는 뜻이다. 반면에, 이런 믿음을 놓고서 "그게 거짓이다"라고 말하는 것은, 이런 믿음을 놓고서 간단히 이 믿음이 가리키는 '사실이 없다'고 말하는 것이다. 다시 말하여, 이 세상에 그런 사실이 없는 것이다.」

(To say of this belief that it is true would be to say of it that the fact to which it refers *is* ― that there is such a fact in the Universe as the fact to which it refers; while to say of it that it is false is to say of it that *the fact to which it refers* simply is not ― that there is no such fact in the Universe)

여기서 이런 믿음의 참값과 거짓에 의해서 의미된 바를 놓고서 어떤 정의를 갖게 됩니다. 제가 올바른 정의라고 믿는 것입니다. 그것은 이런 믿음에 적용될 수 있을 뿐만 아니라, 또한 우리가 한번이라도 참값이라거나 거짓이라고 말하는 모든 믿음들에 다 적용될 수 있습니다. 아주 일반적으로 다음처럼 말할 수 있습니다.

「어떤 믿음이 참값이라고 말하는 것은, 언제나 그 믿음이 가리키는 사실이 있거나 또는 '존재하는 상태'를 지니는 것이다. 반면에, 거짓인 어떤 믿음에 대하여 말하는 것은, 그 믿음이 가리키는 사실이 없거나 또는 '존재하지 않는 상태'를 지니는 것이다.」

(To say that a belief is true is to say always that *the fact to which it refers is* or has being,231) while to say of a belief that it is fase is to say always,

---

231) [역주] being있음, 존재하는 상태은 관련된 핵심 속성은 「있는 상태」(존재하는 상태)를 가리킨다. have being은 '존재하는 상태를 지니다'로 번역할 수 있다. have no being은 「존재하지 않는 상태를 지니다」로 번역하여 짝을 맞출 수도 있고, 순박하게 그냥 「존재하지 않는다」라고 표현할 수도 있다(715쪽 이하의 역주 266 참고). 임의의 대상object은 언제나 복잡하게 「여러 가지 속성이나 특질들의 다발이 한데 모여 있는 것」임에 유의하기 바란다. 칸트가 「우리가 사물의 본질을 알 수 없다」고 말한 것도 얼마나 많은 속성을

that the fact to which it refers, is not or has *no* being)

배정해 주어야 하는지 낱낱이 매거할 수 없었기 때문이라고 본다. 432쪽의 역주 154에 있는 독일 철학자 마이농의 용어 sub-sist**사물의 밑바닥에 깔려 있는 보편 속성의 존재**도 참고하기 바란다.

object**대상, 물체, 사물**는 우리 감각 기관에 자극을 주기 위해서는 반드시 부피를 지녀야 하고, 그것이 입체인 만큼 겉과 속이 있어야 하며, 겉에는 빛을 반사하여 고유한 색깔도 지닐 뿐만 아니라, 또한 모양새도 지녀야 하는 것이다. 이것뿐만 아니라, 단단한 정도나 부드러운 정도, 무거운 정도, 조밀한 정도, 표면의 균질성 따위도 다시 추가되어야 한다 (이른바 로크의 제1특질임). 이런 속성들이 더 많이 추가된 뒤에라야 비로소 한 가지 대상으로서 현실 속에 존재하게 된다. 다시 말하여, 대상은 이미 그런 속성의 다발들을 지니고 있지만, 우리의 인식이 전체적으로 지각하기보다는 어떤 특성들에 초점을 모아 대상을 특화시켜 인식할 뿐이므로(586~587쪽의 역주 222에서 언급한 기호학에서는, 특히 대립 속성을 '변별 속성'으로 불러 이런 측면을 강조함), 자칫 우리에게 한두 속성만이 임의 대상 속에 깃들어 있다고 착각하기 일쑤이다.

그런데 멘델레예프가 상정했던 「원소 주기율표」가 오늘날 우리 주위에 있는 물질의 본질을 분명하게 드러내었듯이, 한 대상의 속성들이 무작위적이지 않고 위계화될 수 있을 가능성이 처음으로 참스키 교수에 의해서 자질feature 이론으로 제안되었다. 특히 인간 말소리들을 대상으로 하여, 유의미한 소리들이 아무렇게나 있는 것이 아니라 가지런히 모음과 자음의 특성별로, 말소리를 만들어 내는 조음 기관과 관련된 특성별로, 듣는 쪽에서 느끼는 특성별로 체계적이고 위계화된 속성들이 자질들의 집합으로 표상된 바 있다. 참스키·할레(Chomsky and Halle, 1968; 전상범 뒤침, 1993)『영어의 음성 체계』(한신문화사)를 읽어 보기 바란다. 이런 특성이 이내 우리 인간의 정신 작용에서도 적용될 수 있음이 계속 발견되고 일상개념들로도 확대되었다. 심리학에서는 '자질'을 '세부특징feature'으로 달리 번역하여 쓴다. 신현정(2000)『개념과 범주화』(아카넷)와 신현정(2011)『개념과 범주적 사고』(학지사)를 읽어 보기 바란다(771쪽 이하의 역주 301 참고).

한 가지 대상이 내적으로 지닌 속성들을 자질이든 세부특성이든 일정 범위로 포착한다고 하더라도, 다시 한 가지 대상이 다른 대상과 관련하여 지닌 속성들도 중요하게 취급된다. 이를 한 대상이 외부로 향한 속성이라고 말할 수 있겠는데, 제18장에서는 이를 '관계relations'라는 용어로 달리 부른다. 상위 관계와 하위 관계, 그리고 형제 자매 관계도 있으며, 서로 대치하는지, 결합하는지(화학적 결합은 또 다른 문제임), 병립하는지도 대상들마다 달라질 수 있고, 단순 관계와 복합 관계도 찾아져야 한다. 더욱 중요한 것은, 관계들에 대한 관계를 재분류하는 것이다(관계들에 대한 관계의 층위는 문화 인류학자들에 의해 6개 층위 내외로 상정되는데, 771쪽의 역주 301 참고). 그렇지만 대상들이 존재하는 초기 방식이, 한 가지 대상에서 출발하는 것이 아니라, 이른바 군론 group theory에서 다뤄지는 복합 관계(애초에 홀로 있는 것은 아무런 것도 없었을 개연성)가 가장 원초의 존재 방식일 수도 있다. 그렇지만 인간의 인식 구조의 한계로 말미암아 단순히 한 가지 대상으로부터 더듬어 나가는 것일 수도 있고, 그런 만큼 사물의 본질을 왜곡하고 있을 소지도 없지 않다. 대상의 존재론 및 인식의 방식 사이에 괴리가 있을 가능성도 진지하게 검토되어야 한다.

fact는 흔히 what has happened**이미 일어난 것, 이미 일어난 일**이어서 더 이상 그 존재를 부정할 수 없는 사건(그 사건에 관련된 대상)을 가리킨다. 무어 교수는 대상과 사건을 구분하지 않고 모두 대상으로만 통칭하고 있다. 그렇지만 흔히 사건은 대상보다 상위의 개념으로 쓴다. 한 문장이나 단언(명제)이 가리키는 것이 사건에 해당하고, 그 문장이나 단언(명제)의 내부 요소들 중에 명사 상당 어구가 대상에 대응할 수 있기 때문이다.

그렇지만 이 정의가 완벽히 만족스럽고 확정적인 것은 아닙니다. 왜
냐하면 이것이 한 가지 점을 막연하게 남겨 놓았기 때문입니다. 어떤
믿음이 가리키는 해당 사실에 의해서 무엇이 의미되는지를 막연한 채
로 남겨 놓았습니다. 우리가 다루는 특정한 사례에서는, 우연히 그 믿
음이 가리키는 해당 사실이 무엇인지를 잘 알고 있습니다. 그것은 우
리가 지금 어떤 취주악단의 굉음 연주를 듣고 있는 상태입니다. 그렇
지만 우리가 거짓인 어떤 믿음을 말하는 경우에, 단지 「우리가 사실상
어떤 취주악단의 굉음 연주를 듣고 있지 않다」고 말하는 것만 의미하
는 것이 아닙니다. 오직 이렇게만 말하는 데에서, 우리는 그 믿음에
전혀 아무런 속성도 귀속시키지 않고 있습니다. 반면에, 우리가 그게
거짓이라고 말하는 경우에, 분명히 실제로 그 믿음 자체에 어떤 확정
적 속성을 귀속시킴을 의미하는데, 그것이 다른 거짓된 믿음들과 공
유하는 어떤 속성입니다. 그리고 「그것이 거짓이다」라고 말하는 경우
에, 우리가 의미하는 모든 것이 단순히 「어떤 사실이나 다른 사실이
이 세상에서 결여되어 있다는 것임」은, 바로 어떤 쪽으로든 진리값을
말하는 일이 실행하는 것은 아닙니다. 왜냐하면 서로 다른 모든 거짓
된 믿음에 대하여, 이 세상으로부터 서로 다른 어떤 사실이 결여되어
있기 때문입니다.232) 우리가 「그게 거짓이다」라고 말하는 경우에, 각

---

232) [역주] 참값이 되는 사실이 지니게 될 변별적 속성이 단언(명제)마다 다를 것이다.
따라서 결여된 내용도 사안별로 당연히 달라질 것임을 알 수 있다. 가령, "철수가 안
왔다"라고 말할 때, 오직 그 사건이 이 세상에서 결여되어 있다는 막연한 의미만을
가리키는 것이 아니다. 「철수가 왔어야 한다」든지 철수가 온다는 전제와 관련된 여러
가지 속뜻이 상정될 수 있는데, 만일 그가 아파서 못 왔다고 판단한다면 「그를 찾아가
보자」는 뜻도 담게 된다. 좀더 뒤에서 무어 교수는 이런 점을 "curiously enough**아주 기묘하
게**"라고 표현하였다(번역 622쪽, 초판의 원문 257쪽).
　일상언어 철학자 오스틴은 이를 158쪽의 역주 66에서는 언어 표현 속에 깔려 있는
속뜻illocution이라고 언급하였으며, 다시 세부적으로 미리 주어진 전제presupposition와 귀
결되는 결과entailment로 구별해 놓았다. 오스틴Austin의 2년 후배이며 화용론의 창시자로
칭송받는 그라이스H. P. Grice 교수는 전제와 귀결 결과라는 서로 다른 용어를 하나로
통일하여 '속뜻implicature'이라 부르고, 각각 언어 형태에 관련된 '관습적 속뜻conventional
implicature'과 화용 상황에서 비롯되는 '대화상의 속뜻conversational implicature'으로 바꿔 불
렀다(Grice, 1989, 『낱말 사용 방식에 대한 연구(*Studies in the Way of Words*)』, 하버드
대학 출판부). 499~500쪽의 역주 185도 참고 바람.

각에 대해서 의미하는 것이 단지 어떤 사실이나 다른 사실이 이 세상으로부터 결여되어 있다는 것뿐만이 아니라, 또한 거짓된 믿음이 가리키는 해당 사실이 그렇게 결여되어 있는 것입니다.

그렇지만 그렇다면 이제 해당 질문은, 그것이 가리키는 사실에 의해 의미되는 것이 무엇일까요? 우리가 「어떤 사실을 가리키기」로 부르는 이 관계가 무엇일까요? 그런 어떤 관계가 있다고 말하는 일에서, 우리는 모든 참된 믿음이 필요·충분조건에서 한 가지 사실과만233) 어떤 특정한 관계를 지님을 함의합니다. 즉, 어떤 다른 사실에 대하여, 논의 중인 그 관계를 지니고 있는 각각 서로 다른 모든 참된 믿음입니다. 완벽히 만족스럽게 「어떤 믿음이 가리키는 그 사실에 의해서 무엇을 의미하는지」를 정의하기 위하여, 이런 관계가 무엇인지를 말해 줘야 할 필요가 있습니다. 우리는 이런 관계가 무엇인지 말할 수 있을까요?

한눈에 아주 분명하게 그 요구조건을 만족시켜 주는 유일한 관계가 저에게는 다음과 같을 듯합니다. 「필요·충분조건에서 한 가지 사실에 대하여 모든 참된 믿음은, 그 믿음을 이름 부르는 데 있어서, 우리가 실제로 그 사실에 대한 이름을 이용하며, 반드시 이용해야만 한다는 이런 특정한 관계를 지닌다」. 따라서 우리는 다음처럼 말할 수 있습니다.

「어떤 믿음이 가리키는 사실은, 그 믿음을 이름 부르는 데 있어서 반드시 우리가 이용하는 것으로서, 언제나 동일한 이름을 지닌 바로 그 사실이다.」
(*The* fact to which a belief refers is always *the* fact which has the *same name* as that which we have to use in naming the belief)

---

233) [역주] 166~167쪽의 역주 71에서 언급한 필요·충분조건을 표현하는 방식이다. to one fact and one fact only**한 가지 사실과 오직 한 가지 사실만**은 "필요·충분조건에서 한 가지 사실만"으로 번역하는 것이 더 부드럽다. 이를 to one fact and to one only로도 줄여서 쓴 대목도 있다.

저는 이것이 참값이라고 생각합니다. 저는 이를 주장하고자 합니다. 왜냐하면 어떤 믿음에 대한 이름the name of a belief 및 그 믿음이 가리키는 관련 사실에 대한 이름the name of the fact to which it refers 사이에서 이런 부분적 동일성이 종종 혼란으로 이끌어 갑니다. 왜냐하면 자주 우리가 마주쳐야 하는 문제의 참된 본성을 가려 버리는 데에 한 몫을 하기 때문입니다. 만일 어떤 믿음이든지 간에 한 가지 이름을 부여하고자 한다면, 우리가 언급하고 있는 것이 어떤 믿음인지를 지적하기 위하여, 그리고 그 믿음을 서로 다른 믿음들과 구분해 주기 위하여, 언제나 다음과 같은 방식으로 이름 붙이기를 실행해야 합니다. 우리는 오직 그것을 「그러저런 바로 그 믿음the234) belief that so and so」이라고 가리킬 수 있을 뿐입니다. 예를 들어, 하나의 믿음이 「'사자가 현존한다'는 바로 그 믿음」이고, 또 다른 믿음이 「'곰이 현존한다'는 바로 그 믿음」이며, 또 다른 믿음이 「'나의 가위가 내 책상 위에 놓여 있다'는 바로 그 믿음」 등입니다.

우리가 말하고 있는 이들 믿음을 가리키기 위하여, 그것이 어떤 믿음인지를 드러내기 위하여 지니는235) 유일한 방식은, 후행 관계절로

---

234) [역주] 129~130쪽의 역주 54에서 이미 the(전통문법에서는 정관사로, 철학에서는 확정 서술 어구[확정 기술구]나 한정 표현으로 부름)가 쓰일 때 최소한 다섯 가지 분포에서 달리 쓰임을 언급하였다. 이것들이 우리말과 일치되는 것이 아님에 유의할 필요가 있다. 만일 우리말에서 '그'를 쓰면 ㉠ 화자와 청자가 함께 알고 있는 어떤 대상을 가리키거나(청·화자에게 공유된 배경지식 속의 어느 대상), ㉡ 화자가 자신의 말에서 선행한 것이나 곧 나올 내용을 가리키게 된다(대용 표현).
　「" ~다」는 그 믿음」이나 「" ~다」는 해당 믿음」이나 「" ~다」는 바로 그 믿음」이란 표현이 모두 다 두 가지 용법으로 해석될 수 있다. '해당該當한다'는 한자어를 젊은 층에서는 잘 쓰지 않을 수 있는데, "해당, 당해"처럼 한자어 순서를 바꾸더라도, 우리말로는 "바로 그"로 바꿔쓸 수 있다. 뒤친이의 직관으로는 "해당 믿음, 바로 그 믿음"이 서로 자유롭게 교체될 수 있는 듯이 느껴지며, "그 믿음"보다 좀더 강한 어조를 띤 듯하다. 그렇지만 이미 언급되지 않은 경우에는 the fact(바로 그 사실)로 적혀 있다. 이는 가리키는 범위가 확정되거나 한정되었음을 가리킨다. 무어 교수는 원문에 있는 사례들을 모두 이탤릭 체를 써서 "*the ~ that* so and so그러저런 바로 그 ~"의 형식으로 표현하고 있다. 이는 먼저 정관사 the로써 그 범위가 닫혀져 있음을 가리키고, 다시 관계대명사 that으로 된 후행절(so and so)이 그 내용을 밝혀 주는 역할을 하고 있다. 뒤친이의 세대에서는 초등학교 시절 이름표를 달고 다녔었다. 이때 정관사는 그런 이름표에 해당하고, 관계절은 그 이름표 속에 적힌 개개인의 이름에 비유할 수 있다.

서 'that~라는'으로 시작하는 이들 표현 중 한 가지를 수단으로 이용하거나, 아니면, 동일한 언어 표현을236) 쓰는 것입니다. 예를 들어, 사자가

---

235) [역주] 빈출 낱말이 늘 그러듯이, 우리말 '하다'처럼 영어의 have도 또한 쓰이는 분포가 아주 넓다. 심지어 I have my hair cut**내가 머리를 잘랐다**처럼 전문 이발사로 하여금 내 머리를 자르게 하였다는 사역의 의미가 깃들어 있다. 우리말에는 '갖다, 지니다, 하다, 띠다' 등으로 달리 쓰일 만한 너른 분포이다. 뒤친이의 직관에는 우리말 '지니다'는, 전형적으로 내적인 속성이나 본유 상태의 것과 관련되는 듯하다. 설령 나와 분리되는 대상이라고 하더라도, 내 몸 속과 관련하여 스스로 통제할 수 있는 상황에서 쓰이는 듯하다(책무를 지니다, 용돈만 지니다). 이런 측면에서 '품다'라는 낱말과 일부 통용될 수 있는 부분이 있다(무기를 지니다, 무기를 품다). 이와는 달리 '가지다, 갖다'는 외부의 대상을 나의 소유로 만들거나 외부의 것이 내 몸으로 들어오는 경우와 관련될 것 같다(아기를 갖다, 임신하다). '지니다, 갖다'는 비록 동일한 결과를 갖는다고 하더라도, 그 기원에서 서로 차이가 있을 것이 아닌가 의심된다.
"생각을 지니다, 생각을 가지다"나 "꿈을 지니다, 꿈을 가지다"와 같은 표현에서는 이런 구분이 무효로 되어 버릴 듯하다. 속뜻으로 스스로 생각이 떠오르는 일(스스로의 버릇)과 남이 가르쳐서 그런 생각을 갖는 일(낯선 것을 단단히 움켜 쥠)로 구분될 수는 없을지 궁금하다. 고교 시절에 아주 낯설게 들리던 '양도 가능하다alienable'(돈을 받고 팔 수 있다)라는 낱말도, 결국 내 몸과의 분리 가능성을 전제로 한 것인데, 영어에서 표상하는 범위가 우리말에서 '몸속, 몸'보다 더 크게 '몸이 미칠 수 있는 데'까지를 포함할 듯하다.

236) [역주] 가령, "the belief in ~**~에 대한 믿음, ~의 존재에 대한 믿음**"과 같은 어구를 가리킨다. 원문에서는 이를 가리키기 위해서 verbal noun(언어상으로 그 지위가 명사임)이란 표현을 쓰고 있지만, 무어 교수 외에는 아무도 이런 용어를 쓰지 않는다. 605~606쪽의 역주 229에 적어 놓았듯이, 전형적으로 이 용어는 관계대명사 that을 가리키며(that이 이끄는 후행절), 언어상으로 선행 명사를 꾸며 주는 역할을 한다. verbal noun에서 verbal('언어상의'와 '동사의' 뜻을 모두 담고 있음)은 "the belief in ~"과 같은 표현에서 선행 명사 belief**믿음**의 대상을 표시해 주기 전치사 in을 쓴 어구까지 모두 다 포함한다. 그렇지만 언어학에서는 이 두 가지를 한데 묶지도 않고, verbal noun이란 용어를 쓰지도 않는다. 왜냐하면 'in ~'이 「전치사 구절」이며, 관계대명사와 같이 묶이지 않고, 오직 상위 범주로서만 문법 기능요소로 묶일 뿐이다.
무어 교수는 혼자서 이 두 요소를 묶어 주기 위하여 일부러 verbal noun(언어상으로 명사 구실을 함)이란 용어를 만들어 내었다. 왜 전치사 구절을 noun**명사**로 취급하는 것일까? 뒤친이가 찾을 수 있는 유일한 이유는, belief that so and so**그러저러한 믿음**과 같은 구문과 belief in God**신에 대한 믿음**가 모두 믿음의 내용을 드러내어 주며, 전체 구절이 믿음이라는 점에서 동일하게 취급될 만하다고 보았을 것으로 추정한다. 그렇지만 앞의 것은 믿음의 내용을 설명하는 「후행 수식절」이며, 뒤의 것은 믿음의 목표가 되는 「보어 전치사구」이며, 문법상 서로 범주가 다른 기능 형태소들이다. 그럼에도, 604~605쪽의 역주 228에서 설명했듯이 문장("사자가 현존한다", "철수가 죽었다")도 간단히 명사('그 현존', '그 죽음')로 줄어들 수 있고, 결과적으로 같이 취급될 수 있다. 만일 관계대명사 that이 이끄는 후행 관계절과 전치사 in이 이끄는 전치사 구절을 공통적으로 묶을 수 있는 범주를 찾는다면, 언어상으로 전체 구절(~라는 믿음 및 ~에 대한 믿음)이 명사로 취급될 수 있으므로, 이를 verbal noun(언어상으로 명사 구실을 함)이라고 불렀던 것이다. 더구나 무어 교수의 머릿속에는 문장도 a name**한 가지 이름**이며, 낱말도 a name**하나의 이름**으로 대표할 수 있다. 이런 측면에서 두 형식을 묶어 주려는 무어 교수의 명명 동기의

현존한다는 믿음에 관해서 말하고 싶다고 가정하겠습니다. 그렇다면 그 믿음에 대해서 어떻게 가리키게 될까요? 우리가 말하고 있는 것이 어떤 믿음인지를 보여 주려면, 어떤 이름으로써 그것을 부르게 될까요?

명백히 그 이름은 방금 제가 말한 낱말들로 이뤄져 있습니다. 그 이름이 「'사자가 현존한다'는 그 믿음」이나 또는 동등한 어구인 「'사자의 현존'에 대한 그 믿음」이라는 낱말로 이뤄져 있는 것입니다. 이들 두 가지 어구 중 하나 또는 다른 것을 제외하고서는, 절대적으로 어떤 이름도 지니지 못합니다(≒오직 두 가지 표현만이 가능할 뿐임). 임의의 다른 방식으로는, 우리가 어떤 믿음을 의미하는지 가리킬 수도 없고, 드러낼 수도 없는 것입니다. 그러므로 이들 두 가지 표현을 도구로 이용해서만 믿음들을 이름 부를 수 있습니다. 한 가지는 관계대명사 'that~~이라는'으로 시작합니다. 「사자가 존재한다는that lions exist」, 「곰이 존재한다는that bears exist」 등입니다. 다른 한 가지는 전치사 in을 지닌 동등한 명사 어구입니다(belief *in*~).

그렇지만 '아주 기묘하게도' 만일 「어떤 믿음이 가리키는 그 사실」을 이름 부르고 싶다면, 즉, 그 믿음이 참값이라면 있는(존재하는 상태의) 그 사실을 가리킬 수 있고, 만일 그 믿음이 거짓이라면 없는(존재하

핵심을 간취한다면, 다른 선택지가 없다는 점에서 받아들일 만하다. 그렇다면 verbal(중의적인데 '언어상의' 또는 '동사의')의 뜻으로서, verb동사의 파생어 verbal동사의, 동사적인이란 의미는 배제되고, 오직 '언어상으로 볼 때'의 뜻으로 새겨야 할 것이다.

그런데 왜 believe라는 동사(자동사 용법의 경우임)는 믿는 대상에 특이하게도 in이라는 전치사를 쓰는 것일까? 자동사의 경우에 대상을 표시해 주는 at(가령 look *at them*, 눈길이 머무는 접점을 가리킴)이나 to(가령 go *to him*, 가는 행동의 방향을 가리킴)라는 전치사도 있는데, 왜 꼭 in(점이 아니라 폭이나 범위를 뜻함)을 선택하는 것일까? believe를 타동사로 쓸 경우(I believe *him* 그를 믿는다)에는, 이 발화 당시에 그가 하는 말이나 행위를 참된 것으로 믿는 것이다. 그렇지만 이 동사를 자동사로 쓸 경우에는 ⓐ 사실이나 진위 여부에 대한 확인이 없이 우선 그 존재가 전제되고(I believe *in God* 하느님의 존재 및 하느님을 믿는다), ⓑ 아직 구현되거나 실현되지 않았더라도 그 존재가 지닌 능력과 가능성들까지 믿는 범위 속으로 들어간다(I believe *in myself* 내가 스스로 나의 가능성을 믿는다). 이렇게 폭이나 범위를 표시해 줄 수 있는 전치사를 찾을 경우, 아마 전치사 in 밖에 선택될 게 없을 듯하다. believe가 내포문 형식의 보어까지 갖는 구문은 697쪽의 역주 260을 보기 바란다.

지 않는 상태의) 그 사실을 이름 부르고 싶다면, 우리는 오직 정확히 동일한 표현들을 도구로 써서 그것을 가리킬 수 있을 뿐입니다. 만일 「사자가 현존한다는」 그 믿음이 참값이라면, 이 세상에서 그 믿음이 거짓이었더라면 전혀 있지도 않았음직한 어떤 사실이 있는 것입니다.

「그렇지만 이 사실이 무엇일까? 그 이름이 무엇일까?」
(But what is this fact?, What is its name?)

분명히 이 사실은 '사자가 현존한다는' 그 사실입니다. 이들 낱말 「사자가 현존한다는that lions exist」이, 그 사실에 대한 이름을 구성하고 있습니다. 이들 낱말이나 다른 동등한 어구들보다 그 사실을 가리켜 주는 데에 더 나은 다른 방식이란 아무런 것도 없습니다. 여러분이 보듯이, 이들 낱말이 우리가 또한 의무적으로 그 믿음을 이름 부르는 데에도 이용해야 하는 완전히 똑같은 낱말입니다. 그 믿음은 사자가 현존한다는 「그 믿음」이며, 그 믿음을 가리켜 주는 사실이 사자가 현존한다는 「그 사실」인 것입니다.

그러므로 저는 어떤 믿음이 가리키는 그 사실이, 언제나 그 믿음을 이름 부르는 데에 우리가 반드시 이용해야 하는 것으로 「완전히 똑같은 이름을 지닌다는 그 사실」이라고 생각합니다. 그렇지만 분명하게 이것이 실제의 경우라는 그 사실이, 어떤 믿음이 가리키는 그 사실에 의해서 우리가 의미하는 바에 대한 한 가지 정의로 규정될 수는 없습니다. 왜냐하면 어떤 믿음이 참값이라고 말함으로써, 아마 우리가 의미하는 바가 오직 「이 세상에 완벽히 똑같은 이름을 지닌 그 사실이 있음」이 실제의 경우가 될 수 없는 것이기 때문입니다. 만일 이것이 그랬었더라면, 아마 그것이 어떤 이름을 갖기까지 아무런 믿음도 참값이 될 수 없었을 것입니다. 그러므로 언제나 참된 믿음 및 그 믿음이 가리켜 주는 그 사실 사이에 어떤 다른 관계가 있음이, 틀림없이 실제의 경우일 것입니다. 즉, 이름에 대한 이런 동일성으로써 표현되는 어떤 다른 관계인 것입니다.

§.14-3 【 믿음이 이름을 가리키므로 거짓 믿음이라도 참된 믿음과 동일한 이름을 지닌다는 주장 】 그러므로 이제 우리가 마주해야 할 질문은 다음과 같습니다.

> 「어떤 참된 믿음과 그 믿음이 가리켜 주는 그 사실 사이에서 항상 올바르게 성립하는 그 관계는 무엇일까? 그 사실을 그 믿음이 가리켜 주는 '바로 그 사실'로 부름으로써, 우리가 의미하는 관계가 도대체 무엇일까? 그 믿음이 실제로 '그 사실'을 가리킨다고 말함으로써, 우리가 표현하는 관계는 도대체 무엇일까?」
>
> (What is the relation which always holds between a true belief and the fact to which it refers? The relation which we mean by calling the fact *the fact* to which the belief refers? The relation which we express by saying that the belief does refer to the fact?)

이제 다시 어떤 믿음에 대한 우리의 특정한 사례를 살펴봄으로써, 이 질문에 대답하기로 하겠습니다. 이 사례에서는 만일 그 믿음이 참값이었다면, 「있음직한 해당 사실이 무엇이 될 것 같을지」를 아주 분명히 알게 되는 장점을 지닙니다. 만일 우리가 지금 어떤 취주악단의 굉음 연주를 듣고 있었더라면, 우리는 모두 그 사실이 무엇과 같았을 것인지 잘 알고 있습니다. (현재 우리가 굉음 연주를 듣고 있지 않으므로) 분명히 그렇지 않은 이 사실은, 만일 논의 중인 그 특정한 믿음이 참값이었더라면 있음직한 것입니다. 그러므로 만일 그런 어떤 사실이 있었더라면, 이 사실이 어떻게 그 믿음과 관련될 것 같은지를 찾아내기 위해서, 우리는 오직 「그 믿음 자체가 무엇과 같을지」를 찾아내어야만 할 것 같습니다. 그리고 이것이 바로 그 난점이 놓여 있는 듯이 보이는 곳입니다. 만일 이제 어떤 사람이 「우리가 어떤 취주악단의 굉음 연주를 듣고 있다」고 믿고 있었더라면(늑거짓된 믿음 또는 착각임),

그 사람의 이런 믿음이 무엇으로 이뤄져 있을까요? 그의 머릿속에 일어남직한 그 사건에 대한 올바른 분석은 무엇일까요?

이는 분명히 대답하기 쉽지 않는 질문입니다. 그렇지만 이것에 대답하는 아주 간단하고 자연스런 답변이 한 가지 있으며, 따라서「한 가지 믿음 및 그 믿음이 가리켜 주는 해당 사실 사이에 있는 관계가 무엇일지」를 놓고서 간단한 한 가지 이론을 제시해 줍니다. 그러므로 저는 먼저 참값 및 거짓 사이에 있는 구분과 관련해서, 그 답변이 제시하는 간단한 이론과 함께 믿음의 분석과 관련된 질문을 놓고서도, 이런 간단하고 자연스런 답변을 제시하려고 합니다. 믿음들의 분석과 관련된 답변은 다음과 같습니다.

「참값이 되든지 거짓이 되든지 상관없이, 예외 없이 모든 믿음의 경우에 언제나 우리는 다음 두 가지 구성요소를 구분할 수 있다. 즉, 한편으로 믿음의 행위이고, 다른 한편으로 믿음의 대상이나 또는 믿어지는 내용이다. 절대적으로 모든 경우들에서 믿음의 행위는 동일한 본성을 지닌 어떤 것이다」

(in the case of every belief without exception, whether it be true or whether it be false, we can always distinguish two constituents — namely, the *act* of belief, on the one hand, and the *object* of belief or what *is* believed on the other. The *act* of belief is something which is of the same nature in absolutely all cases)

「2에 2를 곱하면 4이다」라고 믿든지, 아니면「사자가 현존한다」는 것처럼 아주 다른 어떤 것을 믿든지 간에(≒칸트의 용어로 각각 분석 단언을 믿든지, 종합 단언을 믿든지 간에), 제가 수행하는 믿음의 행위는 두 가지 경우에서 모두 정확히 동일한 종류의 것입니다. 두 경우 사이에 차이를 구성하는 것은, 믿음의 대상들만이 서로 다르다는 것입니다(≒분석 단언은 규칙을 분석하고, 종합 단언은 경험과 비교함). 만일 원한다면 절대적으로 모든 경우에서 믿음의 대상을 한 가지「단언proposition(명제)」

이라고 부를 수 있습니다. 만일 우리가 그렇게 부른다면, 틀림없이 이런 의미에서 오직 낱말들의 형태로만 이뤄진 문장들로부터 단언(명제)을 신중히 구분해 주어야 합니다.237) 이런 이론상으로 믿음의 대상이 언제나 한 가지 단언(명제)이 된다는 의미에서, '단언'(명제)이 오직 낱말들의 임의의 형식을 위한 한 가지 이름이 되는 것은 아닙니다. 단언(명제)은 낱말들의 어떤 형식들로써 표현된 것, 다시 말하여, 문법에서 '문장'들로 불리는 형식들로써 표현된 것에 대한 한 가지 이름입니다. 단언(명제)은 여러분이 어떤 문장을 듣거나 읽거나 할 뿐만 아니라 또한 이해하는 경우에, 여러분의 정신 앞에 있는 것을 위한 한 가지 이름인 것입니다. 간단히 말하여, 단언(명제)은 한 문장의 '의미'이고, 어떤 문장에 의해서 '표현되거나 전달된 것'이며, 그러므로 단지 낱말들의 배열인 문장 그 자체와는 전적으로 다른 것입니다. 이런 의미에서, 한 눈에 분명히 단언(명제)들과 같은 그런 것이 있는 듯이 보입니다. 즉, 우리가 임의의 것을 믿을 때마다, 언제든지 우리가 어떤 단언(명제)을 믿고 있는 듯이 보입니다.

---

237) [역주] 6권으로 된 아리스토텔레스의『생각의 도구(Organon)』에서 처음 본격적으로 단언(명제)에 대한 형식이 다뤄졌었는데(144~145쪽의 역주 59), 그 범위가 매우 좁게 설정되어 있었다. ⓐ 먼저 주어와 술어의 결합체라야 한다. 여기서 추가 조건이 세 가지 더 붙는다. 즉, ⓑ 전체 및 한 가지 개체에 대한 단언(명제)인지 여부(양화 범위)가 표시되어야 하고, ⓒ 긍정과 부정에 대한 단언(명제)인지 여부를 표시해 주어야 하며, 마지막으로 ⓓ 필연과 우연(또는 인간에게 적용될 경우에 당위와 허락)에 대한 단언(명제)인지 여부(양태 또는 양상)가 표시되어야 한다. 특히 앞의 두 가지 추가 조건 ⓑ와 ⓒ를 놓고서 네 가지 단언(명제) 형식을 끌어내어「단언(명제) 대립 사각형」을 만들어 내었고, 꼭지점(AEIO) 간의 대각선을 모순 관계로 정의하였다(400쪽의 역주 145). 따라서 이런 조건들을 모두 갖춘 서술문의 언어 형식이라는 점에서, 전통적인 모습에서 단언(명제)은 문장의 범위(서술문·의문문·명령문·청유문·기원문 등)보다 훨씬 더 좁다.
　　이미 10쪽의 역주 2에서 지적했듯이, 서술문이지만 명령문으로 착각한 일본 철학자 서주西周[니시 아마네]의 판단은 큰 오류이며, '명령 형식의 표제'를 줄여「명제」로 썼지만 이 말뜻을 제대로 새기지 못하므로 아직도 그저 맹종할 따름이다.
　　문장과 단언(명제) 사이에 있는 또 다른 차이점은, 문장이 다른 문장과 이어지는 의미 연결에 초점이 있지만(참값보다 오히려 화자의 말하는 의도나 주제에 관심을 둠), 단언(명제)에서는 사실 여부에 대한 판단이나 참값의 확정에 초점이 있으며, 논리적 도출관계를 다룬다는 것도 중요한 차이점이다. 현대에 들어서서 일상언어 철학에서 다루는 대상은(158쪽의 역주 66), 일상생활에서 우리가 늘 쓰는 발화 형식과 동일하다. 이런 점에서 보면, 이전에 당연시하였던 괴리로부터 크게 벗어났다.

모든 경우에서 한편으로 믿음의 행위 및 다른 한편으로 믿어진 단언(명제) 사이를 구별해 놓을 이유는 아주 강력한 듯합니다. 사뭇 확실한 것은, 가령 한 사람이 「사자가 현존한다」고 믿고, 또 다른 사람이 「곰이 현존한다」고 믿는 경우에, 이것들이 둘 모두 믿음의 행위라는 사실의 측면에서, 이들 두 가지 믿음이 서로 간에 비슷하다는 것입니다. 또한 이것들 중 하나는 「사자가 현존한다」는 믿음이고, 다른 것은 「곰이 현존한다」는 믿음이라는 사실의 측면에서, 이것들은 서로 간에 차이가 납니다(≒믿음의 대상은 서로 다름). 그렇지만 이런 차이가 무엇으로 이뤄져 있을까요? 어떻게 그 차이가, 하나의 믿음이 한 가지 대상과 어떤 특정한 종류의 관계를 지니지만, 반면에 다른 믿음은 어떤 다른 대상과 동일한 종류의 관계를 지닌다는 점만을 제외하고서, 어떤 것이든 간에 다른 것으로 이뤄질 수 있는지를 알아내기란 어려울 듯합니다.

자연스런 견해는 분명히 관련된 다른 두 가지 대상이, 한 가지 경우에는 「사자가 현존한다」는 단언(명제)이고, 다른 경우에는 「곰이 현존한다」는 단언(명제)이라는 것입니다. 만일 이것이 서로 다른 두 가지 믿음들 사이에 있는 차이점에 관하여 참된 한 가지 설명이라면, 이것이 서로 다른 거짓된 믿음들 사이에 있는 차이점에 관한 참된 한 가지 설명임도 또한 아주 명백합니다. 만일 어떤 어린이가 「그뤼핀이 현존한다」고 잘못 믿으며, 다른 어린이가 「센토어가 현존한다」고 잘못 믿는다면, 여기에서도 두 가지 믿음이 모두 다 믿음의 행위입니다. 그렇지만 그럼에도 불구하고 그 두 가지 믿음이 하나는 「그뤼핀이 현존한다」이고 다른 것은 「센토어가 현존한다」는 사실의 측면에서, 서로 간에 차이가 난다는 것도 또한 동등하게 아주 명백합니다. 여기서 참된 믿음의 경우에서와 같이, 그 차이점은 하나의 믿음이 「그뤼핀이 현존한다」는 단언(명제)을 놓고서 어떤 특정한 관계를 지니지만, 다른 믿음은 「센토어가 현존한다」는 단언(명제)을 놓고서 동일한 관계를 지닌다는 사실로 이뤄짐을 말하는 동일한 이유가 있는 것입니다(≒이런 주장의 모순은 오직 믿음 및 단언을 묶어 주기 때문에 발생하는 것이며, 만일 이를 벗어나려면 반드시 믿음 및 사실을 묶어 주어야 할 것임).

그렇다면 이것이 믿음의 구성에 관하여 성립될 수 있는 한 가지 이론입니다. 즉, 모든 믿음이 참값인지 거짓인지 여부에 관계없이, 언제나 한 가지 단언(명제)으로 불릴 만한 어떤 대상을 지닙니다. 그리고 그 믿음이 간단히 특정한 한 가지 방식으로 정신 앞에 이런 단언(명제)을 지니는 일로 이뤄져 있습니다. 즉, 'believing믿는 일, 믿음'으로 부르는 특정한 방식으로 그 믿음을 의식하는 상태로 이뤄져 있는 것입니다. 이런 이론에 관해서 제가 여러분들로 하여금 주목하게 하려는 바는, 이 이론에 따라서 믿어진 것, 즉, 그 대상인 그 단언(명제)이 '있는, 존재하는 상태의' 어떤 것입니다. 다시 말하여, 동등하게 그 믿음이 참값인지 거짓인지에 상관없이, 「이 세상에 사실상 그런 어떤 것이 있다」는 것입니다(≒즉 이름으로서의 단언이라는 것이 있다). 예를 들어, 만일 우리가 사자가 현존한다고 믿는다면, 이런 믿음이 참값인지 거짓인지에 상관없이 「사자가 현존한다는」 것과 같은 그런 어떤 것이 있으며, 「사자의 현존」과 같은 그런 어떤 것이 있습니다(≒둘 모두 참값 여부를 따질 수 없는 이름에 불과함). 왜냐하면 이들 「사자가 현존한다는」이나 「사자의 현존」이라는 구절이 믿어진 것에 대한 한 가지 이름, 즉, 믿어진 그 단언(명제)에 대한 한 가지 이름이기 때문입니다.

그렇지만 이런 사실이 어떤 난점을 만들어 냅니다. 왜냐하면 이미 살펴봤듯이, 사자의 현존과 같은 그런 어떤 대상이 있는 것은, 그것이 또한 오직 만일 그 믿음이 참값일 경우에만 실제의 경우이고, 만일 그 믿음이 거짓이라면 사자의 현존과 같은 그런 어떤 사실이 없기 때문입니다. 그러므로 이런 이론이 반드시 인정해야 하는 바는, 어떤 믿음이 참값일 경우마다 이 세상에 정확히 똑같은 이름을 지니는 서로 다른 두 가지 사실이 있다는 점입니다. 즉, ① 바로 그 믿음의 대상으로, 사자가 현존한다는 단언(명제)입니다. 설령, 그 믿음이 거짓이었다고 하더라도 동등하게 이 세상에 있음직한 단언(명제)입니다. ② 그리고 사자가 현재 존재한다는 다른 사실입니다. 흔히 「사자가 현존한다는 사실the fact that lions exist238)」로 불러야 하는 사실이며, 이는 오직 그 믿음이 참값이라야만, 이 세상에 '*is*있는, 존재하는 상태의' 것입니다. 정확히 동일한 의미에서, 만일 그 믿음이 참값이라면, 이들 두 가지 사실(①, ②)이 모두 다 있거나 또는 존재하는 상태를 지닙니다. 그렇지만 오직 그 믿음들 중 하나만이 있으므로(존재하는 상태일 것이므로), 만일 그 믿음이 거짓이라면, 그 믿음들이 정확히 동일한 이름을 갖고 있다는 사실에도 불구하고, 틀림없이 두 가지 믿음이 서로 간에 달라져야 함이 뒤따라 나옵니다. 저는 이 이론이 우리로 하여금 어떤 믿음이 참값일 때마다 이 세상에 서로 다른 두 가지 사실이 있다고 말하도록 몰아간다는 사실이, 이 이론이 잘못일 것임을 시사해 준다고 봅니다.

그렇지만 물론 이런 의심점에 대하여 이 이론이 절대 치명적인 것은 아닙니다. 우리가 아주 다른 두 가지 사실에 대하여 실제로 동일한 이름을 부여하는 일도 실제의 경우일 수 있습니다. 그렇지만 제가 주장하려는 바는, 똑같은 이름을 갖고 있음에도 불구하고, 이 이론에서 두 가지 사실이 다르다는 점을 반드시 인정해야 한다는 잘못된 결론입니다. 즉, 그것들이 단지 똑같은 이름을 갖고 있더라도, 이것에 의해서 우리가 그것들이 동일하다고 가정하는 일로 이끌려 가서는 안 된

---

238) [역주] 실제 사실과 언어로 이뤄진 단언(명제)이 같은 모습을 지니므로, 일반적으로 작은따옴표를 써서 구분을 한다. 콰인(Quine, 1951, revised ed.) 『수리 논리(*Mathematical Logic*)』(Harvard University Press)에서는 use**사실, 일반적 사용**와 mention**언어, 사실에 대한 언급**을 구분하여 후자에 대해서만 작은따옴표(' ')를 붙이자고 제안하였다. 따라서 「서울은 한국의 수도이다」는 일반적인 사용의 경우이지만, 「'서울'은 2음절이다」는 언급에 해당한다. 타아스키A. Tarski 교수는 object**대상**와 meta**상위 차원의 언급**라는 용어를 썼다.

그런데 이런 관례와는 다르게, 본문에서 무어 교수는 사실에만 겹따옴표 " "를 붙여 놓았고, 언급이나 상위 차원에 해당하는 단언(명제)에 대해서는 아무런 부호도 덧붙이지 않았다. 아마 일반사람들이 말 그 자체만 기본적이라 보고, 그 말이 가리키는 사실은 종종 잊어버리기 때문에, 주의를 환기시켜 주려는 의도가 깔려 있는 것으로 짐작된다 (결과적으로 이 부호에 직접 인용뿐만 아니라, 이름이라는 표시도 나타내고, 강조의 역할도 하는 등, 한 가지 부호가 여러 가지 몫을 동시에 수행하고 있음). 번역에서는 그 차이를 쉽게 알 수 있도록 일부러 원문의 용법을 그대로 작은 괄호 속에 옮겨 놓았다. 단, 이하의 논의에서 「똑같은 이름을 쓰고 있다」는 표현은 내포문 lions exist**사자가 현존한다** 그 자체를 가리킨다.

다는 것입니다(≒도구로서 한 가지 이름이 서로 다른 두 가지 사실을 모두 가리키고 있으므로 결코 올바른 도구일 수 없음).

§.14-4 【 오직 참된 믿음만이 똑같은 이름으로 표현된 단언 및 사실을 지닌다는 주장 】 믿음의 분석에 관한 이 이론이 무엇인지를 설명하는 방식으로 지금까지 논의가 아주 많이 진행되었습니다. 그렇지만 이미 언급했듯이, 이 이론이 또한 한 가지 참된 믿음이 가리키는 그 사실에 대한 그 믿음과의 관계를 놓고서, 아주 간단한 한 가지 이론임도 시사해 주었습니다. 그리고 그렇게 실행하는 데에서 이것이 또한 「진리가 무엇일까?」를 놓고서 어떤 새로운 이론도 암시해 주었습니다. 옛날 것과 양립 불가능하지 않는 어떤 새로운 이론입니다. 한편으로 우리가 믿음들을 참값으로 부를 경우에, 앞의 옛날 이론이 오직 우리가 믿음들에 귀속시키는 속성만 규정해 주는 것처럼 보이기 때문에, 새로운 이 이론에서는 믿음들에 속하는 것이 아니라 오직 믿음의 대상들이나 단언(명제)들에만 속하는 「진리truth」로 불리는 또 다른 속성이 있음을 제안합니다.

그렇다면 믿음의 분석을 놓고서 이 이론에서 제시하는 진리 이론은 무엇일까요? 이는 제 자신이 이전에 옳은 것으로 여겼던, 그리고 분명히 아주 간단하다는 장점도 지닌 어떤 이론입니다. 이는 간단히 다음과 같습니다. 이 이론에서는 다음 가정을 채택합니다.

「참값이든 거짓이든 간에 모든 믿음의 경우에, 믿어진 것이 있으며, 분명히 존재하는 상태의 한 가지 단언(명제)이 있다」
(in case of every belief, true or false, there is a proposition that *is* what is believed, and which certainly is)

그렇지만 참된 믿음과 거짓 믿음 사이에 있는 차이가 단순히 다음으로 이뤄진다고 말합니다. 그 믿음이 참값인 경우에, 그 믿음이 *is*있거나,

존재하는 상태이거나 또는 'has being**존재하는 상태를 지닌다**'의 사실 외에도, 믿어진 그 단언(명제)이 또한 '진리'로 불릴 수 있는 분석 불가능한 또 다른 간단한 속성도 지닙니다. 그러므로 이런 주장에서 '진리'는 일부 단언(명제)들에 의해 소유된, 그리고 다른 단언(명제)들에 의해서는 소유되지 않은, 분석 불가능하고 간단한 어떤 속성을 지닐 것 같습니다. 그 속성을 소유하지 못하여 우리가 거짓이라고 부르는 단언(명제)들은, 참값을 담고 있는 그런 것들만큼이나 *are***있거나** 또는 'have being**존재하는 상태를 지닙니다**'.239) 오직 거짓 믿음들은 「참값true」이 되는 상태의 추가적인 이런 속성만 얻지 못하는 것입니다(≒결과적으로 「참값」이 결여된 속성이 됨). 그리고 이 세상에서 만일 어떤 믿음이 참값이라면 해당 속성이 있고, 그런 속성 중 한 가지가 만일 거짓 믿음이라면 결여되어 있는 것입니다. 서로 간에 그 믿음들의 관계를 지니는, 똑같은 이름을 지니는 이들 서로 다른 두 가지 사실에 대한 설명은, 간단히 다음과 같을 것입니다.

---

239) [역주] 초판 원문 261쪽(재간은 284쪽)에 propositions which we call false are or 'have being'**우리가 거짓으로 부르는 단언들이 있거나 '있음[존재하는 상태]을 지닌다**'이라고 씌어 있다. 그렇다면 있는(존재하는 상태의) 속성을, 거짓값을 지닌 단언들을 배제하기 위해서는, 결과적으로 특별히 「사실과의 대응 관계를 결여하는 속성」이라고 해석해 주어야 한다. 이와는 달리 참된 믿음은 추가적으로 '진리'라는 속성을 지닐 것이다. 거짓된 믿음은 진리 속성을 결여하지만, 참된 믿음은 진리 속성을 더 지니고 있는 것이다. 그런데 만일 어떤 것을 결여하는 현상을 독자적으로 존재하는 「속성」이라고 불러야 한다면, 한 가지 대상을 놓고서 「결여 속성」을 얼마나 많이 상정해 주어야 하는 것일까? 무한한 숫자의 결여 속성을 끝도 없이 배당해 주어야 할 자가당착에 이르게 된다.

그렇다면 무한히 많은 결여 속성의 덫을 벗어날 필요가 있을 것이다. 다시 말하여, 결여 속성을 합리적으로 상정하기 위해서는, 오직 대립 항목이 명시적으로 규정되는 것에만 한정되어야 하고, 그런 조건에서만 유무 대립을 하므로 서로 변별된다고 판정할 수 있는 것이다. 이런 일조차 매우 번잡스럽게, 두 가지 작업을 추가적으로 요구한다. 대립 항목을 찾아내어야 하고, 어떤 속성의 유무에 의해 대립하는지를 규정해 주어야 하는 것이다.

따라서 뤄친이는 이것이 잘못된 접근법이라고 본다. 배경이 같은 것은 아니지만, 무어 교수는 §.14-4에서 거짓된 믿음에 대한 해당 속성을 독립적으로 상정하는 것에 대한 반론을 소개하고 있다. 오직 참값의 모형만 세워질 수 있고, 결코 거짓값의 고유한 모형은 수립될 수 없는 것이다. 642쪽의 역주 242와 664~665쪽의 역주 249와 675~676쪽의 역주 253과 694쪽의 역주 258을 보기 바란다.

「동등하게 그 믿음이 참값이든지 거짓이든지 간에 모든 믿음에서 이들 두 가지 사실 중에서 한 가지 사실, 있는(존재하는 상태의) 것은 물론 그 단언(명제)이다. 그리고 오직 그 믿음이 참값이라야만 있는(존재하는 상태의) 것인 또 다른 믿음은, 간단히 그 단언(명제)에 의해서 '진리'라는 간단한 속성의 소유로써 구성된다.」

(One of these two facts, the one that *is* equally whether the belief be true or false, is of course, the proposition. And the other one, the one which *is* only if the belief be true, consists simply in the possession by the proposition of the simple property "truth")

따라서 우리는 사자의 참된 존재가, 즉, 「사자가 현존한다는that lions exist」 그 믿음에 대한 사실이, 한 가지 간단한 속성인 「사자가 현존한다는that lions exist」 그 단언(명제)에 의해서 간단히 그 소유로 이뤄진다고 말해야 합니다. 이는 아주 단순하게, 그 사실이 바로 그 믿음이 가리켜 주는 유일한 것이라고 말함으로써, 우리가 의미하는 바를 설명해 줄 것 같습니다. 논의 중인 그 믿음은 「사자가 현존한다는that lions exist」 단언(명제)에 대한 믿음입니다. 따라서 그 특정한 단언(명제)에 대한 진리는, 다른 어떤 사실도 그 믿음에 대하여 어떤 관계를 지니지 못하되, 그 믿음에 대하여 어떤 관계를 지니는 한 가지 사실이 됩니다. 그 관계는 간단히 「이 사실이 그 믿음의 대상인 특정한 그 단언(명제)의 진리값이 된다」는 사실로 이뤄집니다. 물론 우리가 실제로 똑같은 이름을 부여하고 있다는 점을, 다시 말하여, 단지 그 단언(명제)뿐만 아니라 또한 이 단언(명제)의 진리값에까지도, 즉, '진리값'이라는 간단한 속성의 소유에까지도 모두 「사자가 현존한다는」 또는 「사자의 현존」이라는 이름을 부여하고 있음을 인정해야만 합니다. 그렇지만 어떤 경우이든지, 만일 우리가 어떤 믿음이 참값인 경우에, 「이 세상에서 똑같은 이름을 지닌 서로 다른 두 가지 사실이 있다」는 것을 인정해야 한다면, 즉, 「⑦ 바로 그 단언(명제)과 ⑥ 그 믿음이 가리키는 해당 사실이 있다」는 것을 인정해야만 한다면, 단언(명제)으로서 똑같은 이름을 지닌 이런 사실이 「왜 단순히 그 단언(명제)의 진리값으로 이뤄지지 말아야 할까?」에 대해서는 (이를 반대할) 특정한 이유가 아무런 것도 없을 듯합니다(≒복잡하게 두 가지 사실을 연계할 것이 아니라, 간단히 진리값과 연결시키는 것이 더 낫다는 뜻임).

이미 언급했듯이, 진리값이 일부 단언(명제)들에 속하지만 다른 단언(명제)들에는 속하지 않는, 어떤 간단한 속성의 이름이라는 이 이론에서는, 진리를 놓고서 더 앞(§.9-2)에서 했던 우리의 정의와 서로 아주 일관적입니다. 더 앞에서 우리의 정의는 「어떤 믿음이 참값이라고 말하는 것은, 이 세상에서 그 믿음이 가리키는 해당 사실이 있다고 말하는 것이다」는 것이었습니다. 새로운 이 이론과 더불어, 여전히 우리는 이런 정의를 유지할 수 있습니다. 추가적으로 오직 우리는 '진리'라는 낱말을 놓고서, 서로 다른 두 가지 의미가 있음만을 인정해야 합니다. 그 의미의 한 가지는 단언(명제)들에 적용되고, 다른 의미는 믿음들에 적용됩니다. '진리'라는 낱말을 놓고서, 최소한 서로 다른 두 가지 의미가 있음이 아주 분명합니다. 왜냐하면 분명히 우리가 실제로 단지 낱말들의 형태로 된 문장이 참값이라고 말할 뿐만 아니라,240) 또한 문장들이 표현하는 믿음들에 대해서도 그렇게 말하기 때문입니다. 한 가지 믿음이 그렇다는 동일한 의미에서, 단지 낱말들의

---

240) [원저자 주석 1] "참된 말은 종종 우스개 소리로 말해지는 법이다!A true word is often spoken in jest"처럼 그렇게 (진리를 담고 있는 양) 의고적으로 들리는 표현을 제외하고서, 나는 실제로 우리가 문장이나 낱말들의 형태들을 '참값true'으로 부르는 것을 생각할 아무런 이유도 찾을 수 없다. (1952년에 추가함.)

※ [역주] "[~ 다라고 하는 단언이 참값이다" 또는 "[~ 다라고 하는 주장이 참값이다"와 같이 꺾쇠괄호 [~ 다]에 들어 있는 문장 형식(내포문)을 놓고서, 다시 이를 단언하거나 주장하는 형식을 갖고 있어야 한다는 뜻이다. 본문에서는 이를 '문장이 표현하는 믿음'으로 적어 놓고 있다. 무어 교수는 문장을 진리값과 무관한 것으로 여기며, 마치 상상물을 가리키듯이 a name한 가지 이름으로 취급한다. 문장은 고작 서술하는 기능만 있는 것이므로, 주장이 되려면 반드시 명시적으로 "~라는 것이 참값이다, 거짓이다"와 같은 단언(명제) 형식을 지녀야 한다고 보는 것이다.

이와는 달리, 분석 철학에 반대하여 일상언어 철학을 열어 놓은 옥스퍼드 대학 오스틴 교수는 양자 사이에 구분을 두지 않는다. 문장도 그 속뜻으로 참값을 단정할 수 있거나 어떤 행동을 수행하는 것으로 보기 때문이다.

형식으로 된 문장은 아무런 것도 참값이 될 수 없습니다. 그러므로 만일 '진리'라는 낱말의 서로 다른 두 가지 의미를 인정해야만 한다면, 그리고 그 둘 중 하나가 다른 의미를 참고함으로써 교차 규정 방식으로 정의될 수 있다면, 나머지 두 가지 의미가 정의되는 방식을 참고함으로써 왜 우리가 세 번째 어떤 의미를 인정해서는 안 될까요? 이는 오직 다음 세 가지 의미만을 인정하는 일이 됩니다(≒각각 단언 차원·믿음 차원·문장 차원임).

(1) 그 낱말의 한 가지 궁극적인 의미로, 즉, 일부 단언(명제)들만이 참값이 되며, 단언을 제외하고서는 아무런 것도 참값이 될 수 없다.

(2) 일부 믿음들이 참값이 되지만, 믿음을 제외하고서는 아무런 것도 참값이 될 수 없다.

(3) 낱말들의 일부 형태들(≒문장)이 참값이 되며, 낱말들의 형식(≒문장)을 제외하고서는 아무런 것도 참값이 될 수 없다.

§.14-5 【 참된 믿음과 거짓된 믿음이 공유하는 어떤 정신적 태도(믿음의 정신적 태도)라는 새로운 차원을 상정하는 대안 】 그렇다면 여기서 우리로 하여금 두 가지 궁극적이고 분석 불가능한 일반개념이나 속성들을 인식하도록 강요함직한, 진리에 대한 어떤 이론을 지니게 됩니다. ㉠ 하나는 참값이든 거짓이든 간에 동등하게 모든 단언(명제)들에 의해서 그리고 또한 다른 많은 것들에 의해서 소유된 'being있음, 존재하는 상태'의 속성입니다. ㉡ 다른 하나는 '진리'로 불릴 수 있는 어떤 속성으로서, 오직 단언(명제)들에 의해서만 소유될 수 있습니다. 그 단언(명제)들 중에서도 일부(≒참된 믿음의 단언)에 의해서만 소유되지만, '거짓'된 믿음으로 불리는 것들은 비록 'being있음, 존재하는 상태'을 지니더라도(≒한 가지 이름a name으로 불리는 상태) 진리를 소유하지 않는 단언(명제)들입니다. 저는 이 이론이 아주 간단하고 아주 자연스런 한 가지 것이라고 생각합니다. 이 이론에 맞서서 반박하는 결정적인 논점들을 어떤 것

도 찾아낼 수 없음을 솔직히 고백해야 하겠습니다. 그렇지만 그럼에
도 불구하고, 비록 이전에는 옳다고 생각했었지만, 이제는 더 이상 이
것이 참값이라고 믿지 않습니다.

이 이론에 대한 주요한 반론은, 비록 제가 반론들 중 어떤 것도 완벽
히 명백하게 그리고 확신을 줄 만큼 만들 수 없음을 솔직히 고백해야
하겠지만, 제가 보기에 가장 위협적인 반론이 두 가지라고 생각합니
다. 첫 번째는 오직 진리에 대한 특정한 이 이론에만 영향을 주는 반론
입니다. 진리에 대한 이 이론이 전제하는 믿음의 분석을 놓고서는 이
이론에 영향을 주지 않습니다. 이 이론은 다음과 같습니다.

「한 가지 참된 믿음이 가리키는 해당 사실은, 즉, 오직 그 믿음이 참값이라
야만 있으되, 만일 그 믿음이 거짓이라면 간단히 전혀 없는 사실은, 만일
여러분이 그 사실을 생각한다면, 한 가지 단언(명제)에 의해서 단지 어떤
간단한 속성의 소유로써만 이뤄지는 것은 아닌 듯하다. 다시 말하여, 그
믿음이 참값이거나 거짓이거나 간에 동등하게, 단지 있음(존재하는 상태)
을 지니는 모종의 것에 의해서만 이뤄지는 것은 아닐 듯하다.」

(the fact to which a true belief refers — the fact, which *is*, only if the belief
be true, and simply has no being at all, if it be false — does not, if you
think of it, seem to consist merely in the possession of some simple property
by a proposition — that is to say, by something which has being equally
whether the belief be true or false)

예를 들어, 「실제로 사자가 현존한다는」 사실이, 우리가 사자들이 현
존한다고 믿을 경우에, (백보 양보하여 일부러) 설령 우리가 이 단언(명
제)과 같은 그런 어떤 것이 있음을 보장한다고 하더라고, 우리가 믿는
그 단언(명제)에 의해서 어떤 간단한 속성의 소유로써 이뤄져 있는 것
은 아닐 듯합니다(≒단순히 단언의 소유만으로는 진리를 다룰 수 없다는
뜻). 해당 사실에 대한 그 단언(명제)의 관계는, 단순히 그 단언(명제)이
해당 사실에 대한 한 가지 구성요소이라는 사실만으로, 다시 말하여,

해당 사실을 구성하는 요소들 중 한 가지만으로 구성되어 있을 것 같지는 않습니다. 이것이 오직 한 가지 참된 믿음이 가리키는 해당 사실의 구성요소들에 관한 특정한 이 이론에 대해서만 논박하는 반론입니다(≒참된 것이든 거짓된 것이든 간에 믿음에다 오직 단언 한 가지만이 전적으로 믿음의 구성요소라는 주장에 대한 반론임).

그렇지만 두 번째 반론은 이 이론에 대해서뿐만 아니라, 또한 이 이론이 의존하는 믿음들에 관한 전반적인 분석을 놓고서 논박하는 반론입니다. 이는 「믿음이 ㉠ 단언(명제)들과 같은 그런 것들이 있고, ㉡ 오직 이들 가정된 개체들을 향한 어떤 정신적 태도로만 이뤄져 있다」는 가정에 대한 반론입니다. 여기서 다시, 저는 이 반론을 어떤 방식으로든지 분명하고 확신을 얻을 만큼 서술해 놓을 수 없음을 솔직히 고백합니다. 그렇지만 다음이 제가 느끼는 종류의 반론입니다.

만일 여러분이 한 사람이 거짓된 어떤 믿음을 품고 있는 경우에 일어나는 바를 고려한다면, 그의 믿음이 분명히 단지 분명히 있는(존재하는 상태의) 어떠한 대상에 대하여 그가 지닌 어떤 관계로만 이뤄져 있는 것은 아닐 듯합니다. 오히려 그가 믿고 있었던 것이, 즉, 그가 지닌 믿음의 대상이, 분명히 없는(존재하지 않는) 그 사실로만 이뤄져 있는 듯이 보입니다. 그의 믿음이 거짓이므로, 분명히 없는(해당 사실이 존재하지 않는) 것입니다.

물론 이것이 한 가지 난점을 만들어 냅니다. 왜냐하면 만일 그 대상이 있지 않다면, 즉, 만일 그런 것이 존재하지 않는다면, 그에게서도 다른 어떤 사람에게서도 그것과 어떤 종류의 관계를 갖는다는 것이 불가능하기 때문입니다. 「두 가지 대상들 사이에서 한 가지 관계가 성립하기 위해서는, 틀림없이 분명히 두 가지 대상이 있어야만 합니다」. 그렇다면 어느 누구이든지 간에 단순히 전혀 존재하지 않는 어떤 대상을 믿는 일이 어떻게 가능할까요? 이것은 만일 거짓된 믿음이 단지 한편으로 믿는 주체나 믿음 행위 및 다른 한편으로 분명히 있는(존재하는 상태의) 다른 어떤 대상 사이에 있을 한 가지 관계로만 이뤄진 것이 아니라고 말한다면 생겨날 만한 난점입니다. 저는 이 난점을 놓고서 어떤 분명한 해결책도 찾을 수 없음을 솔직히 고백합니다. 그렇지만 그럼에도 불구하고, 저는 이것이 우리가 반드시 말해야 하는 것으로 여긴다는 쪽으로 기울여져 있습니다. 저는 어떤 대상들이 이런 견해를 좀더 타당하게 만들어 준다고 언급될 수 있을 것으로 봅니다(≒믿음의 논의에서 새롭게 한 가지 차원을 더 도입한다고 주장하는데, 참된 믿음이든 거짓된 믿음이든 동일하게 「어떤 목표점을 향한 정신적 태도가 공통적」이라고 생각하기 때문에 이렇게 진술하고 있으며, 인류 지성사에서 처음으로 '단언 태도' 또는 '명제 태도'라는 개념이 다뤄지고 있음).

아주 분명한 바가, 저는 우리 앞에 두 가지 대상들 사이에 있는 한 가지 관계를 표현해 주는 듯한 낱말들의 형식으로서 어떤 문장을 갖고 있을 경우에, 언제나 틀림없이 한 가지 관계가 성립하는 대상들에 대한 이름에 불과할 듯한 존재일지언정, 실제로 언제나 한 가지 대상에 대한 이름이라고 가정해서는 안 된다고 생각합니다(≒무어 교수는 이름으로 부르지 않고, 모든 믿음에 깃든 공통 속성을 대신 '단언에 대한 어떤 정신적 태도[명제 태도]'라고 불러야 한다고 봄).

이는 현재의 사례에서 우리들에게 일어나고 있는 바에 의해서 예시될 수 있습니다. 예시의 목적을 위해서, 지금 어느 취주악단의 굉음 연주를 듣고 있다는 가정을 상정하고 있었습니다. 만일 우리가 「그렇게 실행하고 있다는 믿음이 참값이었더라면, 바로 이것이 일어날 듯한 것이다」라고 말할 경우에, 이를 상정하고 있었던 것입니다. 분명히 우리는 이런 가정을 상정할 수 있습니다.

「만일 실제로 그 굉음 연주를 듣고 있었더라면, 우리는 그 상황이 어떠했을 것인지 잘 알고 있다」.

그리고 단지 이렇게만 가정하는 데에서, 즉, 현재의 경우와 같이 그런 상황을 전혀 믿지 않은 채 단지 한 가지 가정만을 상정함으로써,

결과적으로 거짓된 믿음의 경우에서처럼 정확히 똑같은 난점이 생겨 납니다.

"지금 우리가 현재 어떤 취주악단의 꿍음 연주를 실제로 듣고 있는 상태라 는 그 가정을 상정하고 있다"

("We are now conceiving the hypothesis of our being now actually hearing a brass-band")

제가 막 적어 놓은 낱말들로 이뤄진 이 문장은, 그 사실들을 서술하는 듯이 보입니다. 이 낱말들이 서술하는 듯한 바는 한 가지 관계가 있다 는 것입니다. 즉, 한편으로 우리들 및 다른 한편으로 그 이름이[241] '현 재 어느 취주악단의 꿍음 연주를 듣고 있는 우리의 상태'인 어떤 대상 사이에서 「상정하는 일conceiving(머릿속에 떠올리는 일)」로 표현된 그런 관계인 것입니다. 그렇지만 이미 우리가 살펴보았듯이 그리고 명백한 만큼이나 (거짓된 믿음이기 때문에) 이런 이름에 의해서 불려지는 것은 아무런 것도 없습니다. 「현재 그 꿍음 연주를 듣고 있는 우리의 상태」

---

241) [역주] 무어 교수는 이를 위해 겹따옴표 " "를 쓰고 있다. a name한 가지 이름은 제13장에 서 「상상하는 대상이 공동체에서 받아들여질 경우에 부여된다」고 상정한 것이다. 비록 문장이 상상물과 같이 한 가지 이름일 수 있겠지만, 서술하는 문장과 주장하는 단언(명 제)은 엄격히 다르다고 보아 구분을 한다. 즉, 문장은 사실과 대응하지도 않고, 그런 속성을 지니지도 않는 것이다(633쪽의 역주 240). 이는 실재론 입장과 다르며(514쪽의 역주 194 참고), 결과적으로 관념론(유명론)의 입장을 따르는 셈이다. 이런 접근에서는 무어 교수가 §.8-4에서 우리 정신 현상을 현실 세계에 대한 '수반 현상'(부수 현상)으로 간주하는 입장과 차이가 나게 된다(591쪽의 역주 223 참고).
　그렇지만 뒤친이는 총체적으로 인간 정신 활동에 최소한 5개 층위 이상이 동시에 작동하는 것이 실제의 모습이라고 믿는다. 이를 265쪽 이하의 역주 110에서는 「복합 층위가 동시에 작동해야 하는 인간 사고의 모형」을 도표로 제시해 두었다. 하위 층위일 수록 실재론과 수반론에 대응하고 상위 층위일수록 관념론에 대응하게 된다. 인간의 이해 과정에 대한 모형은 217~219쪽의 역주 93에 도표로 제시해 두었는데, 작업기억에 서 다섯 가지 층위의 정보들을 인출하여 끊임없이 일관된 세계 모형으로 만들어 나가 는 과정이다. 한편, 393쪽 이하의 역주 143에서는 우리의 판단·결정·평가 체계가 크게 주먹구구식 방식(카느먼의 체계 1)과 정교한 합리적 방식(카느먼의 체계 2)으로 대분되 므로, 전적으로 어느 일부만이 관여한다기보다는 오히려 전반적 체계가 동시에 일관된 모형을 수립하기 위하여 작동한 결과로 보아야 옳을 것으로 믿는다.

라는 그런 것이 전혀 없습니다. 비록 여러분이 다음과 같이 대답할지라도 그렇습니다.

「그렇지 않다. 그런 것이 있다. "우리가 현재 그 굉음 연주를 듣고 있다"는 그 단언(명제)이 있는 것이다. 이것이 바로 우리가 상정하는 것이다. 그리고 가장 분명히 이것이 있다. 있지 않은 유일한 것은, 만일 그 단언(명제)이 참값이었더라면 있었음직한 해당 사실인 것이다.」

비록 여러분이 이렇게 변호하는 답변을 하고서, 「똑같은 이름을 지니는 서로 다른 두 가지 대상이 있을 수 있다」는 이론을 되살릴 수 있다고 하더라도, 현재의 사례에서 그것들 중 유일한 한 가지 이름이 있고, 조금도 의심의 여지없이 여전히 그 이름 하나가 있다고 하더라도, 분명히 이런 답변이 완벽히 만족스러운 것은 아닙니다. 이런 답변을 하면서, 있는(is, 존재하는 상태의) 그 단언(명제) 및 똑같은 이름을 지닌 그 사실, 즉, 이 경우에 여러분이 「있지 않다」고 인정하는 사실 사이를 구분해 놓는 데에서, 단지 분명히 두 가지를 모두 다 상정하고 있을 따름입니다(≒서로 다른 차원의 단언 및 사실을 동일한 이름으로 상정하고 있음). 여러분이 이를(≒단언 차원과 다른 사실 차원을) 상정하지 않은 채로는, 심지어 「사실이 있지 않다」고도 말할 수 없을 것입니다. 따라서 여러분이

「내가 현재 어떤 취주악단의 굉음 연주를 듣고 있는 우리의 상태를 상정하고 있다」
("I am conceiving our being now hearing the noise of a brass-band")

라고 말하는 경우에, 비록 이런 진술이 한편으로 우리들 및 다른 한편으로 "어느 취주악단의 굉음 연주를 현재 듣고 있는 우리의 상태"라는 이름을 지니는 또 다른 대상 사이에 있는 어떤 관계를 표현하는 듯하

더라도, 그럼에도 불구하고 아무튼 여전히 이 진술이 때때로 단언(명제)의 역할을 실행해 주지는 못합니다. 즉, 아무튼 때때로 (현재 우리의 상태를 가리키는) 낱말들을 배열한 후자 형식은, 전혀 임의의 대상을 위한 한 가지 이름은 아닌 것입니다(≒이는 정신적 태도로 불러야 할 다른 차원의 것임). 일단 여러분이 때때로 이것이 실제의 경우가 됨을 인정한다면, 저한테는 거기에서 똑같은 이름을 갖고 있는 그런 서로 다른 두 가지 사실이 있다고 가정하려는 근거가 온전히 다 작동을 멎는 듯합니다. 즉, 한편으로 해당 단언(명제) 및 다른 한편으로 해당 사실이 있다고 가정하기 위한 근거가 없어질 듯이 보입니다(≒두 차원 사이에 새롭게 중간 매개 차원으로서 '단언에 대한 어떤 정신적 태도'가 들어가 있어야 함).

§.14-6 【 단언도 될 수 없고, 이름도 될 수 없는 거짓된 믿음 】 일부 경우에서 우리가 한 가지 대상을 상정하거나 믿을 경우에, 만일 실제로 우리가 믿거나 상정한다고 언급된 것으로서 그런 것이 아무런 것도 없다면, 때때로 만일 믿어지거나 상정된 그 대상을 가리키는 데 이용될 듯한 낱말들이 실제로 전혀 한 가지 대상의 이름이 아니라면, 거짓된 믿음에서나 순수히 상상하는 것에 대한 개념 형성에서, 저는 「왜 우리가 이것이 언제나 실제의 경우임을 인정하지 말아야 할까?」라고 반문할 경우에, 반론에 대한 아무런 이유도 찾을 수 없다고 생각합니다(≒믿음을 논의할 적에 '단언에 대한 어떤 정신적 태도'라는 새로운 차원을 도입해야 함을 뜻함). 그렇다면 「나는 그러저런 것을 믿는다」, 「나는 그러저런 것을 상정한다」라는 표현 형식이 설령 의심의 여지없이 어떠한 사실을 표현한다손 치더라도, 한편으로 나(믿음의 주체), 그리고 다른 한편으로 그 이름이, 우리가 믿거나 상정하는 바를 말하는 데 쓰는 낱말인 한 가지 대상 사이에 있는 관계조차도 표현할 수 없다고 말해야 합니다. 단순한 분석에서는 거짓된 믿음 및 참된 믿음 사이에 명백히 아무런 차이도 없는 듯하므로, 우리는 일반적으로 모든 믿

음과 가정을 놓고서 마땅히 다음처럼 말해 주어야 합니다.

「믿음들은 결코 믿는 주체 및 믿어진 내용으로서 있는(존재하는 상태의)
다른 어떠한 것 사이에서 한 가지 관계로 이뤄진 것은 아니다」
(they *never* consist in a relation between the believer and something else which
is what is believed)

예를 들어, 「사자들이 현존하며, 이런 믿음이 참값이라고 믿고 있음」
을 가정하기로 하겠습니다. 이 경우에 있는데(*is*, 머릿속에서 존재하는
상태인데) 왜냐하면 ㉠ 그 믿음이 참값이며, 제 믿음 그 자체를 제외하
고서 ㉡ '사자가 현존한다는that lions exist' 이름을 지닌 한 가지 사실이,
믿는 주체인 저와 그리고 그 사실 사이에 있는 관계로 이뤄진 것도
아니고, ㉢ 믿는 주체인 저와 그리고 똑같은 이름을 지닌 다른 임의의
사실 사이에 있는 관계로 이뤄진 것도 아니기 때문입니다. 물론 제
믿음이 참값이라는 그 사실은, 실제로 믿는 주체인 저와 그리고 그
사실 사이에 한 가지 관계가 있음을 함의합니다. 그렇지만 바로 그런
관계를 구성하는 것은 제 믿음에 대한 참값이겠지만, 그런 믿음이 그
자체로 진리값으로 이뤄져 있는 것은 아닙니다.
　설령 우리가 "나는 사자의 현존을 믿고 있다"고 말하더라도, 이런
표현에서 「사자의 현존」이라는 낱말은, 있는(존재하는 상태의) 그 사실
을 나타내지도 않고, 전혀 제가 지닌 한 가지 관계에 대한 사실을 어떤
것이든지 나타내지도 못합니다. 그 표현들은 어떤 것이든지 대상에
대한 한 가지 이름도 되지 못합니다. 물론 "나는 사자의 현존을 믿고
있다"는 전체적 표현이 어떤 사실에 대한 한 가지 이름입니다. 그렇지
만 이런 사실을, 한편으로 (믿는 주체인) 저와 그리고 다른 한편으로
「사자의 현존」으로 불린 한 가지 단언(명제) 사이에 있는 관계로 분석
할 수는 없습니다.242) 이것이 믿음에 대한 분석과 관련하여 제가 추천
하고 싶은 이론입니다. 이는 단순히 「단언(명제)들과 같은 그런 것들

이 없다」고 말함으로써 표현될 수도 있습니다(≒그 대신 '이름 자격의
대상'들을 믿게 된다고 말할 것임). 더 앞선 이론에서 견지했듯이 그 믿음
이 한편으로 믿는 주체 및 다른 한편으로 믿어진 단언(명제)으로 불릴
수 있는 또 다른 대상 사이에 있는 관계로 이뤄져 있는 것은 아닙니다.

저는 최소한 이 이론에 맞서서 가장 명백한 반론들 중 한 가지가
쉽게 답변될 수 있을 듯합니다. 만일 단언(명제)들과 같은 그런 것들이
없다면, 우리가 항상 실천하고 반드시 그래야 하듯이 믿음들에 관하
여 진술을 만들 때마다, 이들 모든 진술은 틀림없이 무의미non-sense해
질 것이라고 생각될 수 있습니다(≒만일 이름이 사회 공동체에서 다 수용
한다고 할 경우에는 결코 무의미하지 않음). 그렇지만 이 결과는 어떤 수

---

242) [역주] 그렇다면, 어떻게 분석해야 할 것인가? 결론적으로, 무어 교수는 「이름(문장)
및 믿는 내용에 대한 태도(어떤 정신적 태도) 사이에 성립하는 관계」로 분석해야 함을
주장하려는 것이다. 이럴 경우에라야 거짓된 믿음이 요구할 만한 '거짓 세계 모형'의
참극을 벗어날 수 있는 것이다. 참된 믿음과 거짓된 믿음의 공통성은 임의의 이름(문
장)에 대한 정신적 태도이다. 오직 이 단계에서만 공통적이다. 그렇지만 사실과의 대응
관계를 따질 경우에, 이름(문장)이 단언(명제) 차원으로 전환되며, 오직 참된 믿음만이
단언과 사실 사이에 한 가지 '대응 관계'를 지닐 것이다. 거짓된 믿음은 그런 대응 관계
가 전혀 없으므로, 믿는 주체와 이름(문장) 사이의 관계만으로 그치는 것인데, 이를
어떤 정신적 태도로 부르고 있다(엄격히 이름에 대한 태도이지만, 느슨하게 단언에 대
한 태도라고도 부를 수 있는데, 믿음 영역이 본질적으로 명백한 성찰을 허용해 주지
않으므로, 오늘날에도 통틀어서 '단언 태도' 또는 '명제 태도'로만 부르고 있음). 다시
말하여, 정신적 태도라는 차원을 새롭게 도입함으로써, 거짓된 믿음이 야기하는 난관
을 벗어날 수 있는 것이다(여태까지 뒤친이는 왜 해괴하게 '명제 태도'란 개념을 쓰는
지 그 까닭을 전혀 이해하지 못했었음). 이를 명시적으로 보여 주려면 단계별로 진행
과정을 상정하는 것이 최선일 것이다.
  참된 믿음은 최소한 세 가지(또는 네 가지) 단계를 거쳐 일어나는 2항 관계이다. 참된
믿음은 모든 단계에서 통과되어야 하는데, 거짓 믿음은 어느 단계에서이든지 기각될
수 있는 것이다. 거짓 믿음에 대해서는 아무런 모형도 수립될 수 없다(664~665쪽의
역주 249와 694쪽의 역주 258 참고). 먼저, ㉠ 믿는 주체와 믿어진 대상 사이에 있는
관계이다. 믿어진 대상 또는 믿는 대상에 대한 것이 바로 「정신적 태도」이다. 이는 참된
믿음이나 거짓된 믿음에서 모두 공통적이며, 믿음의 강도 측면에서 하위 구분도 가능할
것이다. 다시, ㉡ 이 정신적 태도와 그 믿음이 지향하는 단언(명제) 사이의 관계가 있고,
마지막으로 ㉢ 이 단언(명제)과 사실과의 대응 관계를 확인하는 단계가 있다. 만일 ㉠의
단계를 믿는 주체와 이름 사이의 관계로 부를 수도 있다. 그렇다면 다시 이름과 정신적
태도 사이의 관계를 설정해 주어야 한다. 이는 진리를 확정하는 단계를 네 가지 단계로
더 늘이게 될 것인데, 명시적으로 다룰 수 없는 믿음의 문제를 해결하기 위하여 단계를
늘여 놓는 것은, 아마 현명한 길이라고 볼 수 없을 것이다. 단언(명제)과 문장(또는 이름
으로도 부름)의 관계는 633쪽의 역주 240과 638쪽의 역주 241을 보기 바란다.

단으로도 필연적으로 뒤따라 나오지 않습니다. 물론 여전히 우리가 계속하여, 마치 단언(명제)들과 같은 그런 것들이 있는 양 말할 수 있고, 말해야 합니다. 우리는 지속적으로 (칸트의 종합 단언으로서 참된 믿음인) 「사자가 현존한다는 단언」과 (칸트의 분석 단언으로서 거짓된 믿음인) 「2에 2를 더하면 5와 같다는 단언」과 같은 그런 표현들을 쓸 수 있고, 틀림없이 써야 합니다. 다시 말하여, 이들 표현이 나오는 문장들을 쓸 수 있고, 써야 합니다. 이들 문장 중 많은 것이 (단언[명제]의 자격을 지니고서) 한 가지 사실을 표현할 것입니다. 예를 들어, 「2에 2를 더하면 4와 같다는 단언은 참값이다」는 여전히 쓰일 수 있고, 한 가지 사실을 표현할 것입니다.

이 이론이 우리로 하여금 말하도록 하는 것은, 설령 어떤 것에 대한 이름인 듯이 보이더라도, 사실상 아무런 것에 대한 이름도 아닌, 이런 표현의 한 부분, 즉, 「2에 2를 더하면 4와 같다는 단언」입니다(≒단독 명사나 온전한 문장이 이름의 자격을 지님). 반면에 온전하게 전체 문장인 「2에 2를 더하면 4와 같다는 단언은 참값이다」는 한 가지 사실에 대한 어떤 이름이며, 가장 중요한 한 가지 사실입니다. 우리의 이론이 말해 주는 모든 것은, 이런 사실이 「2에 2를 더하면 4와 같다는 단언」으로 불린 한 가지 사실이지만, 한편으로 이런 사실과 다른 한편으로 진리값 사이에 있는 어떤 관계로 분석될 수 있다고 가정해서는 안 된다는 점입니다. 이것이 이 이론에서 요구하는 모든 것입니다(≒진리값 판정의 대상은 633쪽의 역주 240에 밝혔듯이 언제나 '단언[명제] 형식'을 준수해야 함을 뜻함). 우리가 임의의 대상에 대한 이름이 되지 않는 이들 표현의 사용을 거절해야 함을 요구하는 것은 아닙니다. 또는 그런 표현이 나타나는 문장들이 참값이 될243) 수 없다고 가정해야 하는 것도 아닙

---

243) [원저자 주석 2] 물론 이제 마땅히 나는 그런 문장이 참값이 될 수 없다고 말해야 한다. 왜냐하면 '참값'에 대한 우리의 현재 용법은, 참값이 되는 임의의 문장을 말하는 일이 무의미해지는 그런 것이기 때문이다. 앞에 달아둔 주석(이 번역에서는 633쪽의 역주 240으로 되어 있음)을 보기 바란다. 그러므로 나는 이 문장에서 뒤따르는 표현인 '한 가지 진리값을 표현할express a truth'이라는 낱말들을 '참값이 될be true'로 바꿔 놓아

니다. 이와는 반대로, 그런 문장들은 앞에서와 같이 아주 종종 참값으로 될 것이며, 중요한 사실들을 표현하는 가장 편리한 방식이 될 것입니다. 또는 한 가지 규칙으로서 그런 문장들이 우리를 오도하게 되지도 않을 것입니다. 그 문장들이 만일 우리를 그 문장들이 표현하는 사실의 분석에 관해서 오류를 저지르도록 이끌어 가거나, 어떠한 대상에 대한 한 가지 이름이 되는 듯이 보이는 모든 표현이 틀림없이 사실상 그렇게 이름이 되어야 한다고 가정하도록 이끌어 간다면, 오직 그 문장들은 오도하게 될 것입니다.

그렇지만 물론 '믿음의 분석'에 관한 이 이론은, 오직 부정적 측면의 이론입니다. 이것은 우리에게 믿음이 특정한 어떤 방식으로 분석될 수 없다고 말해 줍니다. 즉, 믿음들이 한편으로 믿음의 행위 및 다른 한편으로 믿어진 그 대상으로 분석될 수 없는 것입니다. 그렇지만 믿음들이 어떻게 분석될 수 있는지를 말해 주지 못합니다(≒궁극적으로 「믿음·믿는 행위·정신적 태도」가 서로 명백히 구분되기 어렵다는 점을 의식한 진술로 판단됨). 그러므로 애초의 우리 질문을 해결하는 쪽으로 전혀 아무런 도움도 주지 못하는 것입니다. 즉, 정확히 「한 가지 참된 믿음과 그 믿음이 가리키는 관련 사실 사이에 있는 그 관계가 무엇일까?」에 관한 질문입니다. 우리가 논의 중인 관련 사실이 그 믿음이 가리키는 해당 사실임을 말함으로써 표현하는 관계입니다.

아마 한 가지 믿음에 대한 어떤 긍정적 분석이 주어질 수도 있습니다. 이는 우리로 하여금 다음 질문에 답변할 수 있도록 해 줄 것 같습니다. 그렇지만 저로서는 온전히 분명하고 만족스러울 듯한 답변에 대해서는 아무런 것도 알지 못합니다. 그러므로 저는 믿음을 분석하는 시도를 그만 두도록 제안합니다. 저는 믿음들에 대한 분석에서 한 가지 난점이나 큰 어려움이 있음을 인정해야만 한다고 생각합니다.[244] 저는

야 하는 것이다. (1952년에 추가함.)

244) [역주] 약한 이 주장에는 ㉠ 믿는 행위와 이 책에서 처음 제기한 정신적 태도an attitude of mind가 명확하게 구분되기 어렵다는 측면과, ㉡ 믿음의 강한 정도를 객관적으로 측정

믿음들을 놓고서 어느 누구이든지 간에 아주 명백히 참값이 되었던 주제에 관해서, 어떤 이론이든지 한 번이라도 지녀 본 적이 있다고 말할 수 있을지 잘 모르겠습니다(≒그렇지만 현재 신경생리학·인지과학·심리학·사회학·언어학·인공지능 등의 여러 영역에서 인지 작동 방식과 가치 또는 믿음 체계들을 다뤄오고 있으므로 합리적 토대를 마련하고 있으며, 오직 비관적 태도만이 유일한 선택지는 아님).

그렇지만 그렇기 때문에 만일 「우리가 정확히 믿음의 분석이 무엇일지 잘 모른다」는 것을 인정한다면, 이것이 또한 반드시 우리가 「진리가 무엇일지」, 그리고 「진리와 거짓 사이에 차이가 무엇일지」를 잘 모른다고 인정해야 함이 뒤따라 나올까요? 그래야 했을 듯 보일 수

할 방식이 전혀 확보될 수 없다는 측면과 ⓒ 믿는 범위와 대상도 실질적으로 명확하게 구획해 줄 수 없다는 측면들이 복합적으로 결부되어 있다고 판단된다. 만일 믿음 속에서 일어나는 정신 작용이 265쪽 이하의 역주 110에 제시된 다섯 층위의 계층이 동시에 작동한다면, 결코 이를 직접 확인할 수 있는 길은 없다. 장님들이 코끼리를 만지면서 부분부분 보고하듯이, 오직 간접적인 방식을 통해서 그리고 부분적으로 그 본질을 추정해 나갈 수 있을 따름이다.

믿음은 단지 과거의 사건, 현재의 사건만에 국한되지 않는다. 미래의 사건도 믿음의 대상이 될 수 있다. 어떤 목표에 대한 바람(희망 사항)이나 꿈도 믿음 아래 들어갈 뿐만 아니라, 현재 사실과 전혀 반대가 되며 실현이 거의 불가능한 것까지도 미래 사건에 대한 믿음으로 분류될 것이다. 여기서 217~219쪽 역주 93의 도표에서 보여 주는 재귀적 속성이 우리 믿음의 강도를 보여 줄 수 있다. 결코 그런 강도를 측정한 객관적 잣대가 주어질 수 없을 것이다. 그렇다면 우리 정신 속에서 일어난다고 스스로 믿게 되는 믿음의 대상들은 그 범위가 넓을 뿐만 아니라, 그 속성이나 가능성도 크게 변동됨을 알 수 있다. 따라서 단지 우리 머릿속에서 일어난다는 공통점을 기반으로 하여 이것들을 모두 다 마치 하나처럼 취급할 수는 없을 것이다.

그렇지만 공동체의 가치들도 동일하게 믿음 체계로 이뤄져 있으므로, 다루기가 쉽지 않다고 믿음을 경원할 수 있는 것만이 아니다. 자유의지를 지닌 우리들은 주체적으로 어떤 결정을 내리고 행동을 하는데, 그 행위에 대한 책임을 스스로 져야 하는 것이다. 사회 현상을 다룰 경우에 행위 규범이나 행동 원칙 따위(사회제도와 법률)는 중요한 문제로 등장한다. 따라서 무어 교수의 제안을 불가능성으로 강하게 볼 것이 아니라, 유보 조건 정도로 받아들이는 것이 옳을 듯하다. 크든 작든 임의의 사회 속에서 이런 믿음 체계로서 사회 작동 조건들이 법적 강제성이나 자율성을 토대로 하여 늘 일어나고 있기 때문이다.

소쉬르가 열어놓은 언어학에서 기본적인 전제가 있는데, 언어가 동시에 사회성과 개별성, 일반성과 특수성, 고정성과 창의성 등 서로 대립되는 두 축이 나란히 깃들어 있다고 본다. 만일 소쉬르의 통찰이 옳다면, 아무리 사적이고 내밀한 믿음이라도 사회 현상과 공유되는 부분들이 있을 것이며, 그런 측면에서 연구들이 축적되면서 거리가 좁혀지거나 하나의 연속 띠를 형성할 수 있을 듯하다.

있습니다. 왜냐하면 믿음의 본성에 관한 이런 논의로 이끌려 들어갔던 방식이, 진리를 놓고서 제안된 우리의 정의에서도 불명료함을 찾아내었기 때문이었습니다. 「믿음이 정확히 어떤 종류의 대상일지」를 발견해 내는 일을 제외하고서는, 우리가 전적으로 명확하게 해 줄 수 없는 듯한 것이었습니다. 저는 믿음을 분석하는 일에서의 실패가, 실제로 우리가 '진리'로써 의미하는 해당 속성에 대한 어떤 완벽한 분석을 제시하는 일을 놓고서도, 상응하는 어떤 실패를 뜻함이 옳을 것으로 생각합니다.

그렇지만 제가 주장하고 싶은 요점은, 그럼에도 불구하고 한 가지 측면에서 「진리가 무엇인지를 완벽히 분명하게 그리고 확정적으로 알 수 있다」는 것입니다. 진리에 관해서 우리가 알 수 있는 이런 것이, 지금까지 알아야 할 가장 중요하고 필수적인 것입니다. 간단히 말하여, 저한테는 믿음의 분석에 관한 이들 질문이, 진리의 본성에 관한 가장 중요한 질문과는 사뭇 무관한 듯이 보입니다. 저는 이를 주장하고 싶은데, 왜냐하면 분명히 서로 다른 질문들을 구별해 주지 못하기 일쑤이고, 어떤 측면에서 우리가 진리의 본성에 관한 한 가지 의문을 틀림없이 인정해야 하기 때문입니다. 이런 의문이 또한 사실상 진리에 긴밀히 의존하는 다른 더 중요한 주제들에까지 제기되어야 한다고 가정하기 쉽다고 생각하기 때문입니다.

§.14-7 【 무어 교수의 진리 정의 방식 】 이 주제를 좀더 정확히 서술하고, 진리에 관하여 제가 아주 확실하다고 생각하는 바를 설명하며, 믿음의 본성에 관한 의문에도 불구하고, 어떻게 이런 정도로까지 확신될 수 있는지를 서술해 나가도록 하겠습니다. 진리의 정의에 관해서 제가 제시하려고 한 바는 다음과 같습니다.

「어떤 믿음이 참값이라고 말하는 것은, 그 믿음이 가리키는 그 사실이 있거나 존재하는 상태를 지닌다고 말하는 것이다. 반면에, 어떤 믿음이 거짓이라고 말하는 것은, 그 믿음이 가리키는 사실이 존재하지 않거나, 그러한 사실이 없다고 말하는 것이다.」

(To say that a belief is true is to say that *the fact to which it refers is* or has being; while to say that a belief is false is to say that the fact to which it refers is not — that there is no such fact)

또는 이를 달리 표현하여 다음처럼 말할 수도 있습니다.

「모든 믿음은 특정한 어떤 사실을 가리켜 주는 속성을 지니며, 서로 다른 믿음이 모두 서로 다른 어떤 사실을 가리켜 준다. 한 가지 믿음이 참된 경우에 그 믿음이 지닌 바로 그 속성, 즉, 그 믿음을 참되다고 할 경우에 우리가 이름 부르는 그 속성은, 그 믿음이 가리키는 그 사실이 있다고 말함으로써 표현될 수 있는 속성이다.」

(Every belief has the property of *referring to* some particular fact, every different belief to a different fact; and *the* property which a belief has, when it is true — *the* property which we name when we call it true, is the property which can be expressed by saying that *the* fact to which it refers *is*)

이것이 정확히 진리에 대한 근본적인 정의로서 제가 제시하고자 하는 것입니다. 이에 관해서 우리가 찾아낸 난점은, 한 가지 믿음이 가리켜 주는 그 사실을 말하면서, '가리켜 주기referring to'로써 의미된 것을 정확히 정의해 주는 일입니다. 명백히 '가리켜 주기'라는 이런 표현은, 참된 믿음이 필요·충분조건으로 한 가지 사실에 대해서만 지니는 모종의 관계를 나타냅니다. 그렇지만 거짓된 믿음은 어떤 사실에 대해서도 지니지 못하는 관계를 나타냅니다. 그 난점은 이런 관계를 제대로 정의하는 것이었습니다(673쪽 참고).

　그런데 「진리를 완벽히 분석한다」는 의미에서, 솔직히 제 능력으로는 진리를 정의할 수 없음을 인정합니다. 믿음을 분석하지 않은 채, 이런 진리의 정의가 제대로 실행될 수 있을지 잘 모르겠습니다. 그렇지만 명백히 「우리가 믿음을 분석할 수 없다」는 사실로부터, 「우리가 그 관계가 무엇인지 완벽히 잘 알지 못한다」는 점이 뒤따라 나오는 것은 아닙니다. 우리가 온전히 믿음에 정통할 수도 있고, 믿음이 우리와 완벽히 친숙해질 수도 있습니다. 그리고 우리가 그런 어떤 관계가 있고, 이런 관계가 진리의 정의에 대해 필수적이라는 점을 둘 모두 잘 알 수 있습니다. 이런 의미에서 제가 지적하고 싶은 바는, 실제로 우리가 이런 관계를 잘 알고 있다는 점입니다. 우리가 모두 온전히 믿음과 친숙합니다. 그러므로 설령 우리가 가장 간단한 용어로까지 믿음을 분석해 나갈 수 없을지라도, 진리에 대한 이런 정의를 온전히 잘 이해할 수 있다는 것입니다.

여러분이 원하는 믿음을 어떤 것이든지 선택해 보시기 바랍니다. 저는 만일 그 믿음이 참값이었다면, 이 세상에 있음직한 것으로서 있음(존재하는 상태)을 지닐 만한 필요·충분조건의 유일한 한 가지 사실이 있다는 점이 아주 분명하다고 생각합니다. 만일 그 믿음의 상태가 거짓이었더라면, 단순히 아무런 있음(존재하는 상태)도 지니지 못할 것이며, 있지 않을 것이라는 점도 아주 분명하다고 생각합니다. 우리가 그 믿음이 무엇인지를 알자마자, 이런 의미에서, 우리는 또한 그 믿음과 대응하는 그 사실이 무엇인지를 아주 잘 그리고 아주 분명히 알게 됩니다. 동시에, 그 사실의 본성에 관한 의문은 어떠한 것이든지 간에 그 믿음의 본성에 대한 한 가지 의문입니다. 만일 정확히 그 믿음의 본성이 무엇인지를 알지 못한다면, 그런 범위만큼 우리가 그 대응의 본질도 알지 못합니다. 그렇지만 실제로 우리가 그 믿음의 본성을 알게 됨에 따라 정확히 거기에 비례하여 또한 우리는 대응하는 그 사실의 본성도 알게 됩니다.

예를 들어, 사자가 현존한다는 믿음을 들어 보겠습니다. 여러분이 정확히 사자의 현존으로써 무엇이 의미되는지를 모르겠다고 말할 수도 있습니다. 이는 만일 그 믿음이 참값이었더라면 있음직한 그 사실이 무엇일지, 만일 그 믿음이 거짓이었더라면 없음직한 그 사실이 무엇일지 알 수 없다는 것입니다. 그렇지만 만일 여러분이 이를 알지 못한다면, 정확히 그런 범위까지 여러분은 그 믿음이 무엇인지도 알지 못하는 것입니다. 다시 말하여, 사자가 현존한다고 믿는 일이 무엇일지를 모른다는 것입니다(≒상식에 반하는 결론에 이르게 됨).

아니면, 훨씬 더 난해한 사례를 한 가지 들어 보겠습니다. 내일 일어날 일을 가정하는 단언(명제)으로서, "만일 내일 비가 온다면, 우리는 소풍을 갈 수 없을 것이다."와 같은 어떤 믿음을 들어 보겠습니다. 저는 한 가지 가정된 문장으로서 이를 이용하여 정확히 어떤 종류의 사실이 표현되는지를 확실히 해 놓기가 아주 어렵다는 점을 인정합니다. 많은 사람들이 (미래의 가정이기 때문에) 「그 일이 한 가지 사실로 불려서는 안 된다」고 말할 수 있습니다. 그렇지만 그럼에도 불구하고, 다음처럼 말하는 것이 아주 자연스럽습니다.

「만일 그러저런 어떤 대상(사건)이 일어날 예정이었다면, 그러저런 어떤 결과가 뒤따라 나왔을 것임은 <u>한 가지 사실이다</u>.」

(It *is* a fact that *if* such and such a thing were to happen, such and such a result would follow)

우리는 이런 표현을 정확히 다음과 동등한 뜻으로 씁니다.[245]

「만일 그러저런 어떤 대상이 일어날 예정이었다면, 그러저런 어떤 결과가 나왔을 것임은 <u>참값이다</u>.」

("It is true that, if such and such a thing were to happen, such and such a result would follow")

---

245) [역주] §.8-4에서 정신 작동을 현실 세계 속 대상들이나 사건들에 대한 수반 현상으로 주장했을 때에도, 일련의 사건들이 수반되거나 부수적으로 일어난다는 기준을 중요한 핵심으로 제안했었고, 여기에서도 일련의 대상들이나 사건들이 수반되거나 계기적으로 일어날 수 있어야 함을 이용하고 있다.

그리고 그 결과가 그 가정으로부터 뒤따라 나올 것으로 믿는 일에서는, 우리가 마치 다른 그 밖의 일들에 대해서 어떤 것이든지 간에 그러는 만큼 옳을 수도 있고 틀릴 수도 있습니다. 저는 가정된 문장에 의해서 표현된 그 사실의 본성에 관한 의문은 어떠한 것이든지 간에, 동등하게 대응하는 그 믿음의 본성에 관한 의문임이 아주 분명하다고 생각합니다. 여러분이 "만일 내일 비가 온다면, 우리는 소풍을 가지 못할 것이다."라고 믿는 경우에, 만일 어떤 사실이 '있을' 것인지 잘 알지 못한다면, 정확히 동일한 범위까지 또한 여러분은 이것을 믿는 것이 무엇인지를 잘 모른다는 것입니다(≒반상식적임). 그렇다면 서로 다른 모든 믿음을 놓고서 필요·충분조건에서 그 믿음이 참되었다면 있음직하지만, 만일 그 믿음이 거짓이었다면 있지 않음직한 한 가지 유일한 사실이 있음이 분명하다고 생각합니다. 그리고 모든 경우에 우리는 그 믿음이 무엇인지를 아는 만큼 (참된 믿음의 경우) 아주 잘 또는 (거짓된 믿음의 경우) 아주 잘못되게 논의 중인 사실을 알고 있다고 생각합니다. 우리는 이것이 그러함을 잘 알고 있습니다.

물론 필요·충분조건에서 한 가지 사실만이 각각 서로 다른 믿음에 대응한다는 점으로 말미암아, 그 사실 및 그 믿음 사이에 있는 그 관계를 익숙히 알고 있지 못했더라면, 우리가 그것을 모를 수 있습니다. 저는 이런 관계에 대한 분석이 어렵다는 것을 인정합니다. 그렇지만 물론 그 관계를 분석하려는 시도가 어떤 것이든지 간에, 그런 어떤 관계가 있고, 우리가 그 관계에 친숙하다는 것을 전제합니다. 만일 그 관계에 익숙하지 않았다면, 심지어 그 관계를 분석할 시도조차 하지 못했을 것입니다. 만일 이런 관계가 진리를 정의하는 데 필수적인 관계임을 이미 잘 몰랐더라면, 우리의 분석이 아무리 성공적이었다고 하더라도, 진리에 대한 한 가지 정의에 물론 조금도 다가가지 못했을 것 같습니다.

그러므로 저는 진리에 관해서 이를 확립하기 위한 가장 필수적 요점은, 비록 믿음을 정의할 수 없다고 하더라도, 우리에게 완벽히 친숙한 어떤 의미에서, 단지 모든 믿음이 실제로 필요·충분조건에서 오직한 가지 사실만 가리킨다는 점뿐이라고 생각합니다. 그리고 참값이되는 어떤 믿음을 말하는 것이, 오직「그 믿음이 가리키는 바로 그사실이 있다」고 말하는 것뿐이며, 반면에 거짓인 믿음을 말하는 것이,오직「그 믿음이 가리키는 그 사실이 없다. 즉, 전혀 그런 사실이 존재하지 않는다」는 점뿐이라고 생각합니다(≒믿음과 사실의 대응 관계 여부임). 물론 이것이 반박될 수 있습니다. 그렇지만 제가 주장하고 싶은바는, 단지 이를 말하는 데에서 우리가 명백한 어떤 견해를 서술하고있다는 점입니다. 이는 믿음의 분석에 관한 어떤 의문으로도 들어가지 않은 채(≒믿음에 대한 분석을 유보한 채), 논의되고 확정될 수 있는한 가지 견해인 것입니다. 이것이 진리에 대한 올바른 정의라고 믿는근거들에 관해서, 저는 애초 우리의 사례를 살펴봄으로써 어느 곳에서이든지 명백히 보여질 수 있다고 생각합니다.

가령, 어떤 사람이 이제「우리가 어떤 취주악단의 꽹음 연주를 듣고있는 것으로 믿고 있다」고 가정하겠습니다(≒거짓된 믿음의 사례임). 우리는 만일 그 믿음이 참값이었더라면 있었음직한 그 사실이 무엇일지를 아주 잘 알고 있습니다. 우리는 또한 그 믿음이 무엇인지를 아주잘 알고 있고, 비록 가장 분명하게 그 사실이 없다고 하더라도, 분명히현재 이 순간에 그 믿음(≒거짓된 믿음)이 있을 수 있기 때문에, 그 믿음이 그 사실과는 전적으로 다른 어떤 것임도 잘 알고 있습니다. 그리고만일 누구이든 간에 그의 정신 속에 당시 이런 믿음이 존재했더라면거짓이 되었을 것임도 아주 잘 알고 있습니다.

그렇다면 이런 믿음이 만일 존재했더라면, 다른 거짓된 믿음과 공유했음직한 속성이 무엇이고, 그리고「이런 믿음이 거짓이었다」고 말함으로써 그 믿음에 귀속시켜 놓는 것으로 의미해야 할 속성은 무엇일까요?[246] 분명히 이 속성은 간단히 그 믿음이 가리키는 사실, 즉,

---

246) [역주] 그 답변은 엄격하게 642쪽의 역주 242에 따라, 세 가지 진술로 이뤄져야 할

당시 어떤 취주악단의 굉음 연주를 듣고 있는 상태가 없다(존재하는 상태를 지니지 못했다)는 사실로 이뤄져 있습니다. 그리고 비록 우리가 정의를 할 수 없을지라도, 그 믿음 및 그 사실 사이에 있는 정확한 그 관계도 분명히 잘 알고 있습니다. 따라서 우리가 특정한 이런 사실이 그 특정한 믿음(≒거짓된 믿음)이 가리키는 사실이라고 말함으로써 이를 표현하는 것입니다.

것이다. 첫째, 이름(문장)으로 불리는 대상에 대한 어떤 정신적 태도가 있다. 이는 참된 믿음이나 거짓된 믿음에서 공통적으로 상정되어야 하는 것이다. 둘째, 거짓된 믿음에서는 그런 정신적 태도가 맺어야 하는 참값 단언과의 관계가 없다. 셋째, 따라서 현실 세계의 사실과도 대응 관계를 이룰 수 없음을 알 수 있다. 복잡하게 세 가지 진술로 대답하기보다는 이를 한 묶음으로 표현할 수도 있다. 곧, 이를 일상언어로 표현하는 것이다. 거짓 믿음의 경우에 단순히 「현실세계에서 현재 그런 상태가 없음」이 그 속성인 것이다. 이를 무어 교수는 '대응 관계'로 부른다.

제15장 참된 믿음과 거짓된 믿음

§.15-0 【 들머리 】 제14장의 논의는, 정확히 어떤 의미로 제가 '믿음'이라는 낱말을 쓰고 있는지 모든 사람에게 아주 명백한 것이 아니었음을 보여 주었습니다. 따라서 무엇보다도 저는 이를 명백하게 만들어 놓고자 합니다. 한 가지 난점이 느껴질 수 있습니다. 왜냐하면 심지어 우리가 믿음들에 관해서 아주 확실치 않거나 확신하지 못하는 경우에라도, 일반적으로 우리가 대상들을 믿을 수 있고 믿었음을 함의했기 때문입니다. 아무튼 일부 사람들이 자신이 그 믿음을 아주 확신했음을 뜻한 것이 아니었더라면, 한 가지 대상을 믿는다고 말하지 않았을 것임이 시사되었습니다. 이제, 저한테는 일상생활에서 우리가 모두 지속적으로 오직 한 가지 대상을 믿는 일 및 그 믿음을 아주 확신하는 상태 사이에 어떤 구분을 하는 듯합니다. 우리가 실제로 이 구분을 하는 종류를 놓고서 한 가지 사례를 제시할 것입니다.

§.15-1 【 확신할 수 없는 막연한 믿음의 사례들 】 사람들이 다들 휴가를 보내려고 멀리 떠나는 시기에, 제 친구 두 명이 저에 대하여 말하고

있다고 가정하겠습니다. 한 명의 친구가 다음처럼 묻습니다.

"무어가 지금도 런던에 있을까? 아니면, 휴가를 보내려고 멀리 떠났을까?"

분명히 다른 친구는 아주 자연스럽게 다음처럼 대답할 수 있습니다.

"나는 그가 여전히 런던에 있다고 믿지만, 확실히는 잘 모르겠어."

확실히 이런 답변은 있을 수 있는 가장 일반적인 발화 중 한 가지입니다. 이 답변으로 무엇이 의미되었는지 모두가 다 잘 이해할 것 같습니다. 다시 말하여 한 사람이 아주 확정적으로 다음처럼 말하는 경우들을 늘상 마주칩니다.

"난 실제로 어떤 걸 믿지만, 확실히는 잘 모르겠어."
(I *do believe* a thing but I am *not* quite sure of it)

저는 우리가 모두 가리켜진 두 가지 상태의 마음 사이에 있는 구분을 또한 아주 잘 이해한다고 생각합니다. 한 상태는 단지 'believing믿는 일'으로 불리고, 다른 상태는 'being sure중의적: 확실한 상태 및 확신하는 상태'로 불립니다. 우리는 앞의 것이 지속적으로 말해질 수 있고 실제로 발화되지만, 뒤의 것은 그렇지 않음을 알고 있습니다.247)

---

247) [역주] 이렇게 서로 상반될 수 있는 표현이 같이 있는 경우를 자주 접한다. 흔히 화자 자신 쪽에서는 '책임 경감 표현'으로 부르거나, 듣는 쪽에서는 화자가 상대방에게 강요 치 않고 스스로 판단하고 결정을 내리도록 말미를 주는 배려의 기능(협상의 발판 마련 기능)을 담은 것으로 볼 수 있다(모두 「청·화자 사이의 사회적 관계」를 담고 있음). 또한 우리말에서는 추정이나 짐작 표현으로서 자주 "~인 거 같애"라는 말투를 접할 수 있다. 490~491쪽의 역주 182에서 언급된 hedge책임 경감 표현를 읽어 보기 바란다. 특히 제15장에서는 자주 believing믿는 행위, 믿는 결과로서 믿음과 belief믿음, 체계적인 믿음, 신념가 쓰이며, 또한 knowing아는 일, 아는 결과로서 앎과 knowledge앎, 체계적인 앎, 지식가 자주 쓰이고 있다. 모두 파생된 낱말들이지만 접사 -ing가 붙은 낱말과 완벽한 명사 사이에 있는 뜻 구분을 막연히 놔 둔 채 넘어가기보다는, 여기서 일반적인 낱말 파생 절차(162쪽

비슷한 사례들을 한정 없이 늘이는 일도 아주 쉽습니다. 예를 들어,

이하의 역주 68)를 염두에 두면서 개인적인 생각을 적어두기로 한다. 부족하지만 동사 believe(621~622쪽의 역주 236과 697쪽의 역주 260)와 know(182~184쪽의 역주 78)에 대해서 이미 언급해 둔 것도 참고하기 바란다.

본문에서 무어 교수는 believe와 know 사이에 믿음의 강도 측면(강한 믿음 : 약한 믿음)에서 차이가 있다고 언급한다. 원문에는 degree^{정도}로 나와 있지만 믿는 정도를 우리는 '강하다·약하다'로 쓰고 있으므로, 강한 정도를 줄여서 '강도强度'로 번역해 둔다. 짐작하건대, 무어 교수의 구분은 궁극적으로 확실하고 다수가 선뜻 받아들이는 공공의 믿음을 지식으로 불러 구별하는 점을 염두에 두고서 나눴다고 본다. 「사적이고 개별적인 측면」과 「사회적이고 공적인 측면」의 구분이 중요하지만, 뒤친이가 제시한 도표에는 들어 있지 않다. 우리말에서 이런 구분을 전담하는 접사는 없다. 대신 오직 문법적으로 「공적인, 공공의, 사회적」 따위의 꾸밈말을 써 주거나 두 낱말을 합쳐 합성어 형태를 만들어 줌으로써 가능해질 뿐이다. 아마 영어의 3인칭 활용어미가, 나와 너, 우리와 너희를 벗어나, 제3자를 인식하게 만드는 토대로 작용할 듯하다.

먼저 believing은 한 개인이 믿는 과정으로부터 그 결과로서 나온 믿음 내용까지 가리킬 수 있으므로 중의적이다. 마치 thinking이 생각하는 과정으로부터 그 결과로서 나온 생각(사고) 내용까지 가리킬 수 있는 것과 동일하다. 일부에서는 thought을 생각의 결과 상태 및 생각의 산출물(결과물)로 쓰기도 하며, 이를 집합적 개념의 '사고'로도 쓴다. 그런데 한 개인이 이런 믿는 행위가 반복되고 그 대상도 확대되면서 머릿속에서 일관된 어떤 체계를 만들어 줄 수 있다. 이를 미국 철학자 퍼어스는 a belief system^{한 가지 믿음 체계}이라고 불렀는데, belief는 범위가 커지고 지속적으로 유지되는 이런 믿음 체계를 가리킨다(Houser 외 엮음, 1992, 『The Essential Pierce』 I~II, Indiana University Press). 우리말로는 「신념」이라고 말하는 것이 가장 나을 듯하다. 이런 측면에서 believing^{믿는 일, 믿음}을 belief^{믿음 체계, 신념}으로 구별해 줄 수 있다. 여기서 1회적인 사건·반복되는 사건·전체 범위의 여러 사건들을 서로 구분해 주고 있음에 유의하기 바란다. 그런데 우리말에서는 신념이 지식을 기반으로 하여 형성될 수 있으므로(과학자들의 신념 따위가 그러함), 무어 교수가 믿음의 강도에 따라 신념과 지식을 구분하려는 주장이 꼭 옳은지에 대해서는 뒤친이는 유보적이며, 그렇지 않고 서로 겹치는 부분들이 있다고 본다.

상대적으로, know는 강한 믿음과 확실성을 바탕에 깔고 있다. believe가 사실성에 대한 전제가 들어 있지 않지만, know는 「사실성에 대한 전제」가 깔려 있는 것이다. 여기에서도 앞에서 다룬 낱말들처럼 knowing^{아는 일, 앎, 지식 획득}과 knowledge^{체계화된 앎, 지식}가 나란히 쓰이고 있다. knowing은 확실성이 강한 믿음을 가리키며 개인적인 측면이 들어갈 수 있으며, 이 역시 아는 과정뿐만 아니라 그 결과로서 나온 아는 내용까지 가리켜 줄 수 있다는 점에서 중의적이다(아는 일, 앎, 지식). 그렇지만 knowledge^{체계화된 앎, 지식, 지식 전반}는 사회적 측면에서 공공성을 띠며, 사회 구성원들 사이에서 받아들여진 체계적 지식을 가리켜 준다. 이는 마치 현대 언어학을 창도한 소쉬르가 사회적 측면의 랑그와 개인적 측면의 파롤에 대한 구분을 연상시켜 준다. 다시 말하여, 확실성을 보장해 주는 강한 믿음을 전제로 하기 때문에, 이런 특성 말미암아 사회 구성원들 사이에서 공적으로 받아들여진다는 측면이 이미 깔려 있는 것이라고 말할 수 있다.

퍼어스는 모두 공통된 측면이 믿음이라는 점을 고려하여, 지식을 한 가지 굳어진 믿음 체계^{a fixed belief system}라고 부르기도 하고, 믿음 굳히기^{fixation of beliefs}로 부르기도 하였다. 무어 교수가 많은 점들에 대하여 창의적으로 생각해 보도록 자극하고 있음이 분명히 사실이다. 그렇지만 덥석 그의 주장이나 신념들을 다 받아들인다는 것은 스스로 노예가 되려고 자처하는 일에 다름 아닐 것이며, 꼼꼼하게 비판적 눈으로 읽어 나가는 일이 중요할 것이다.

여러분 가족 한 사람에게 다음처럼 물을 수 있습니다.

"오늘 아침에 우편 집배원이 왔었니?"

그리고 다음 대답을 듣습니다.

"난 왔었다고 믿지만, 확실히는 잘 모르겠어."

여러분은 결코 이런 대답을 한 사람이 적정한 의미를 벗어나서 그 낱말들을 쓰고 있었다든지, 그 사람의 정신 상태가 어땠는지 참되게 서술해 주고 있다고 의심하지 않을 것 같습니다. 대답한 사람은 그 낱말의 아주 일상적 의미에서 실제로 우편 집배원이 왔었다고 '믿습니다believes'. 실제로 그렇게 믿지만, 그가 아주 확신치 않음도 여전히 똑같이 참값입니다.

또는 어느 가게에 들어가서 다음처럼 물을 수 있습니다.

"오늘 아침에 제가 주문한 물건이 배송되었나요?"

가게 점원이 다음처럼 대답할 수 있습니다.

"예, 고객님! 발송된 것으로 믿는데, 확실한지는 잘 모르겠습니다. 한 번 확인해 볼까요?"

사람들이 이렇게 말하는 것을 여러분은 지속적으로 들어 보지 않았습니까? 여러분은 스스로 계속 이렇게 말하지 않습니까? 저는 만일 이들 사례가 충분치 않다면, '믿는 일'과 '확실한 상태' 사이에 있는 이런 구분이 지나칠 만큼 얼마나 일반적인지를 여러분에게 확신시키는 방법을 잘 모르겠습니다.

그렇지만 사실상 만일 여러분 중 어떤 한 사람이라도 늘 이런 방식으로 말을 하는 것이 아니라면(늑로보트처럼 말한다면), 저는 분명히 너무나 놀라게 될 것입니다. 늘상 그가 확실치 않은 어떤 대상에 대해서도, 실제로 아주 참되게 '믿는다'고 말하곤 하는 것입니다. '믿음'이란 이름을 절대적 확실성의 상태와는 다른 어떤 정신의 상태에 적용해 온 만큼, 저는 이 낱말을 올바르게 그리고 가장 일반적인 그 의미들 중 한 가지로 쓰고 있다고 생각합니다. 그렇지만 만일 '믿음'이 절대적 확실성이 부족한 어떤 것을 위한 이름으로 그렇게 쓰인다면, 그런 믿음과 단지 상상물 사이에는 아무런 차이가 없다는 점도 제안되었습니다. 여기에서 다시 저는 단지 언어에 대한 한 가지 질문으로서 어떤 구분이 있음을 보여 주기 쉽다고 생각합니다. 사실상 둘 사이를 실제로 우리가 구분하는 것입니다. 이는 다음 방식으로 보여질 수 있습니다.

다시 제가 제시한 첫 번째 사례를 살펴보기로 하겠습니다. 제 친구 중 한 사람이 다른 친구에게 묻습니다. "무어가 지금도 런던에 있을까? 아니면, 휴가를 보내려고 멀리 떠났을까?" 이와 같은 경우에, 저는 어떤 의미에서 질문 받은 사람이 두 가지 답변 후보를 상상하는데, 제가 런던에 있는 상태와 제가 멀리 떠난 상태 둘 모두입니다. 대답하는 사람이 두 가지 답변 후보를 모두 떠올리고 자신의 정신 앞에 두 가지 답변 후보를 지닐 것임이 아주 분명하다고 생각합니다. 여전히 이런 두 가지 답변 후보에도 불구하고, 그는 분명히 하나만 '믿고', 다른 것을 믿지 않을 수 있습니다. 처음 가정했던 대로 "난, 그가 여전히 런던에 있겠지만, 확실히 잘 모르겠어."라고 말하기보다, 오히려 똑같이 자연스럽게 다음처럼 말할 수 있습니다.

"난 무어가 휴가차 멀리 떠났다고 믿지 않지만, 확실히는 잘 모르겠어."

다시 말하여, 분명히 그리고 아주 참되게, 심지어 절대적 확실성이 부족한 어떤 것에 대한 이름으로서 '믿음'을 쓰고 있는 경우에라도, 그럼에도 불구하고 「우리가 상상하거나 머릿속에 떠올리고 있는 대상들을 믿지 않는다」고 말할 수 있는 것입니다. 이는 일상생활에서 우리가 실제로 한편으로 오직 상상 및 다른 한편으로 확실성 사이에 있는 어떤 의미에서, 아주 종종 중간적인 모종의 것에 대한 이름으로서 '믿음'이란 이름을 쓰고 있음을 아주 분명하게 보여 줍니다. 마치 우리가 확신하지 않는 경우에라도 흔히 '믿듯이', 이런 의미에서 우리가 믿지도 않고 아주 확신치도 않는 경우이지만 종종 우리는 그렇게 상상을 합니다. 그러므로 '믿음'과 '상상'이라는 낱말들의 상식적 의미가 있습니다. 여러분이 그런 의미에서 어떤 대상을 상상할 수 있겠지만, 그럼에도 믿지 않는다는 것이 절대적으로 분명합니다. 그렇지만 물론 이것이 그 차이가 무엇인지를 확정해 주지는 못합니다. 믿음과 상상 사이에 있는 차이가, 종류상 다른 부류의 차이인지, 단지 동일한 부류의 정도성 차이인지 여부를 확정해 주지 못하는 것입니다. 일부 사람들이 그 차이가 오직 정도의 차이라고 말하는 쪽으로 쏠려 있을 것으로 봅니다. 예를 들어, 제 친구가 스스로 여전히 제가 런던에 있는 것으로 믿고, 휴가를 떠났다고 믿지 않으며, 분명히 두 가능성을 모두 상상하고 있는 경우에라도, 자신이 믿는 것으로 여기는 답변 후보를 향한 자신의 태도 및 자신이 믿지 않는 것으로 여기는 답변 후보를 향한 자신의 태도 중에서, 전자가 좀더 강력히 또는 좀더 생생하게 상상한다는 사실로 이뤄져 있는 것입니다.

다시 말하여, 일상언어에서 확실성이 부족한 상태의 믿음 및 상상 사이에 어떤 구분을 하는 경우에, 이는 오직 우리가 '믿음'이라는 낱말을 상당한 정도의 생생함에 도달한 상상 내용에만 국한짓기 때문일 뿐이라고 제안될 수 있습니다. 따라서 흄은 「믿음 및 상상 사이에 있는 유일한 구분이 단지 생생함의 정도에만 놓여 있다」고 주장하였습니다. 저는 상당히 많은 사람들이 여전히 흄에게 찬성하는 쪽으로 쏠려 있을 것으로 생각합니다.

이런 견해에 반대하여 절대적으로 확정적인 논점들을 찾아내기란 결코 쉽지 않으리라 봅니다. 제가 찾을 수 있는 최상의 반론은 다음과 같습니다. 다시, 제 친구가 제가 여전히 런던에 있는 것으로 믿고, 휴가를 보내려고 멀리 떠났다고 믿지 않는 경우를 다루기로 하겠습니다. 제가 알 수 있는 한, 그가 한 가지를 믿고 다른 것을 불신한다는 사실에도 불구하고, 두 가지 답변 후보를 똑같이 생생하게 아주 잘 상상할 수 있을 것입니다. 어느 누구이든지 간에, 조금이라도 이것이 실제의 경우가 아닐 것으로 확신한다고 공언할 수 있을까요? 제가 알 수 있는 한, 그가 믿지 않는 답변 후보를, 사실상 그가 믿는 후보보다 좀더 생생하게 상상할 수도 있습니다. 휴가를 보내려고 제가 멀리 떠났다는 가정이 좀더 흥미로운 가정일 수 있으며, 그러므로 부정적인 답변 후보를 믿었다는 사실에도 불구하고, 좀더 긍정적인 답변 후보를 생생하게 상상할 수도 있습니다.

비슷하게 장차 우리한테 일어날 가능성이 있는 두 가지 대안 사건들을 상상하는 경우에도, 한 가지 대안을 다른 대안보다 당연히 일어나야 할 것으로 좀더 강력히 바랄 수 있고, 우리가 바라는 대안을 훨씬 더 생생하게 상상할 수 있습니다. 그럼에도 여전히 언제든지 그 대안이 일어날 것이라고 믿지 않을 수 있고, 우리가 바라지도 않고 거의 생생하게 상상하지도 않는 다른 대안이 일어날 것으로 믿을 가능성도 있습니다. 우리가 어떤 것을 아주 강력히 바라는 경우에는, 그 일이 일어날 것이라고 거의 상당한 정도의 믿음을 갖지 않을 수 없다고 말해질 수 있습니다. 그러므로 이런 경우에 우리가 절대적으로 그 일이 일어날 것으로 믿지 않는다고 말하는 것은 참값이 아니라고 말해질 수 있습니다. 그렇지만 설령 이것이 실제로 그렇다손 치더라도, 저는 분명히 종종 우리가 그 대상에 보다 「약한 믿음」을 지님이, 즉, 우리가 더욱 생생하게 상상하는 그 대상을 훨씬 약하게 믿는 것이 실제의 경우라고 생각합니다. 따라서 믿음의 정도가 상상의 생생함에 대한 정도와 일치하지 않을 것입니다. 이런 점으로부터, 믿음이 오직 정도성을 지닌 상상과 달라질 수 없음이 뒤따라 나올 것 같습니다.

저한테는 만일 누구이든지 간에 이를 부인한다면, 다시 말하여, 만일 누구이든지 정신 앞에 두 가지 대안 후보를 지니고서, 하나를 믿고 다른 것을 믿지 않거나, 아니면 하나를 다른 것보다 좀더 강력히 믿는 경우에, 우리가 믿거나 가장 강력히 믿는 후보가 언제나 더욱 생생하게 우리가 상상하는 것이라고 주장을 한다면, 입증의 부담은 그에게 지워집니다(≒결국 쉽게 증명할 수 없다는 뜻임). 이것이 언제나 그러할지는 결코 명백하지 않습니다. 동일한 상황에서 모두 정신 앞에 있는 두 가지 대안 후보를 동시에 비교하지 않고서, 그 대신에 만일 한 번의 기회에 일어나는 어떤 불신의 경우를 다른 기회에 일어나는 어떤 믿음의 경우와 서로 비교한다면, 저한테는 이것이 좀더 강력한 듯이 보이는 실제의 경우입니다. 제가 어떤 소설을 읽고 있는 경우에, 종종 저는 1066년 정복자 윌리엄 1세가 도버 해협을 건너 영국을 정복한 이런 역사적 단언(명제)248)을 현재 상상하는 일보다도, 작가가 독자에게 상상하도록 서술하여 제시한 사건들을 더욱 훨씬 생생하게 상상하게 됩니다. 그럼에도 불구하고 심지어 그 소설을 읽고 있는 경우에조차도 아주 종종 그렇게 생생하게 상상하는 사건들을 믿지 않겠지만, 반면에 1066년 정복자 윌리엄 1세가 실제로 영국에 쳐들어왔음은 믿습니다. 이런 이유들로 말미암아 저는 「믿음과 단순한 상상 사이에 있는 차이가 단지 정도성 한 가지만이 아님」은 아주 분명하다고 생각합니다.

§.15-2 【 어떤 정신적 태도로서 믿음의 강도를 구분하기 】 물론 믿음이 오직 강도(≒강한 정도)에서만 차이가 나는지, 아니면 확신하는 상태의

---

248) [역주] 프랑스 노르망디 공이었던 윌리엄 1세(William I, 1028~1087)가 1066년 도버 해협을 건너 잉글런드를 정복하고서 영국에서 노르만 왕조를 열어 놓은 첫 번째 군주이다(1071년 영국 전역을 장악). 그는 잔학한 학살 등을 통해서 노르망디와 영국을 동시에 지배하였으며, 그 결과 영국은 귀족층의 구성도 앵글로 색슨에서 노르만 사람들로 바뀌면서 점차 프랑스 문화에 동화되어 갔고, 헨리 2세가 죽은 해인 1154년까지 지속되었다. 노르만인은 본디 11세기에 동로마의 용병으로 일하던 덴마크 계통의 사람들Dane이라고 한다.

관점으로 보아 종류에서도 서로 다른 부류로서 차이가 나는지 여부를 놓고서도 비슷한 의문이 제기될 수 있습니다. 여기서 저는 어떤 구분을 지어야 한다고 생각합니다. 심지어 어떤 대상에 대해서 아주 확신한다고 느낄 경우에라도, 때때로 우리가 실수한다는 것도 아주 분명합니다. 따라서 저는 오직 확실하다고 느끼는 일이, 실제로 단지 믿음으로부터 강도에서만 구별된다고 말해야 하겠습니다(≒우리말에서는 '강도의 차이'에 따라 강한 믿음과 약한 믿음으로 부름). 즉, 이는 어떤 높은 강도의 믿음에 대한 한 가지 이름일 뿐입니다. 그러므로 만일 'being sure^{확신하는 상태, 확실한 상태}' 또는 'being certain^{분명한 상태}'이 때때로 그러하듯이 「확신을 느끼는 일feeling sure」과 동등한 것으로 쓰인다면, 그런 경우에, 확신하는 상태도 또한 오직 강도에서만 믿음과 구별될 것 같습니다.

그렇지만 때때로 확신하는 상태나 분명한 상태가, 'knowing^{아는 상태, 아는 일, 지식 획득}'과도 동등한 것으로 쓰입니다. 저한테는 여기서 강한 정도의 차이뿐만 아니라, 또한 종류상 서로 다른 부류로서의 차이까지도 지니게 될 듯합니다. 믿는 일believing(믿음)과 아는 일knowing(지식 획득) 사이에 있는 명백한 차이는, 만일 실제로 차이를 두지 않는다면, 즉, 여러분이 그 차이에 관해서 실수한다면, 여러분이 적합하게 「어떤 대상이 그러함」을 안다고 말해질 수 없다는 것입니다. 여러분이 믿음을 아무리 확실하게 느끼더라도, 단지 여러분이 어떤 대상을 믿는 한, 여전히 여러분이 언제든 실수할 가능성이 있습니다. 반면에, 여러분이 어떤 대상을 아는 즉시(≒지식 획득 즉시), 만일 한 번이라도 알고 있다면, 여러분이 실수할 가능성은 결코 있을 수 없습니다. 이는 단지 정도의 차이점일 뿐만 아니라, 또한 종류상의 차이점이기도 합니다(≒무어 교수는 믿음과 지식이 확정성과 공공성 여부에 의해 서로 다른 부류의 것이라고 여기고 있음).

그렇지만 심지어 여러분이 어떤 대상이 그러함을 실제로 알고 있다고 하더라도, 우리가 만일 한 번이라도 알고 있다면, 저한테는 우리가 언제나 실제로 지식(앎)을 향해서 오직 믿음을 구성해 주며, 동일한 정신적 태도를 아주 높은 강도로 지닐 듯합니다. 따라서 우리가 아는 (≒지식 획득의) 경우에는, 비록 단지 믿는 일만 있는 게 아니더라도, 언제나 우리는 믿고 있는 것이며, 종류상으로 믿음(신념)과 지식 사이에 있는 차이를 구성하고 있는 다른 무엇인가가 또한 일어나고 있는 것입니다. 그러므로 우리가 「한 가지 대상이 그렇다」고 아는 경우에, 만일 한 번이라도 알고 있다면, 우리의 지식은 또한 다른 무엇인가와 더불어 「그 대상이 그렇다」고 확실히 느끼는 일로 구성된다고 말할 수 있습니다(≒우리말에서는 개개의 믿음believing에서 믿는 전체 범위가 커지면서 일관된다면 「신념」으로 불리고, 개개의 앎knowing에서 아는 전체 범위가 커지면서 이론 체계와 정합적 세계 모형이 갖춰지고 일관된다면 「지식」으로 불릴 듯한데, 각각 개개인의 belief와 공적인 knowledge에 대응할 듯함. 265~267쪽의 역주 110도 참고 바람).

따라서 저는 '믿음'을 「어떤 정신적 태도an attitude of mind(정신의 어떤 태도, 심적 태도)」에 대한 한 가지 이름으로 쓸 것입니다. 이는 지식에도 나타나지만, 우리가 잘 알지 못하고 실수할 경우에 더 낮은 정도로서 확실함을 느끼는 일로부터 시작하여 오직 상상만 하는 일에 이르기까지, 모든 종류의 상이한 정도로도 나타납니다(≒강한 믿음으로부터 약한 믿음과 상상에 이르기까지 나타남). 아마 이런 태도는 언제나 다만 상상에서조차도 어떤 정도로 나타날 것입니다. 만일 그렇다면, 심지어 가장 강력히 한 가지 대상을 불신하는 경우에라도, 우리는 오직 어느 정도까지만 그 대상을 믿고 있다고 말해야 합니다. 아무리 강력하게 그 대상을 불신할 수 있더라도, 분명히 그 대상을 상상하거나 머릿속에 떠올리고 있기 때문입니다. 그러므로 저는 정신의 그런 태도가, 언제나 단지 상상에서만 나타나는 것이 아니라고 생각하는 쪽으로 기울어져 있습니다.

그렇지만 그 정도가 우리가 믿는다고 말하기가 어려운 아주 미약한 일부 경우에서라도, 저에게는 그런 정신적 태도가 나타나는 듯이 보입니다. 한 사람이 "나는 믿는 쪽으로 기울어져 있다."고 말하지만 실제로는 믿지 않음을 함의하는 경우에, 저는 아주 미약한 정도이더라도 그가 실제로 그가 믿는 쪽으로 기울어져 있다고 말하는 그 대상을 향해서 정확히 동일한 정신적 태도를 지니고 있다고 생각합니다. 이는 만일 그 태도가 조금만 더 강했더라면, 그가 간단하게 '믿었다'라고 표현했을 것입니다. 그러므로 저는 그런 경우를 아주 미약한 정도의 사례나 믿음으로 부를 수 있는 한, 그리고 설령 단지 믿는 것만 아니라 심지어 우리가 알고 있는 경우에라도 또한 다른 무엇인가를 실제로 믿는다고 말할 수 있는 한, 일반적 용법에서 벗어나서 이 용어를 계속 쓰고자 합니다(≒완벽한 믿음 상태의 지식에서부터 매우 미약한 믿음에 이르기까지 모두 어떤 정신적 태도가 깃들어 있음을 주장하고자 함). 그렇지만 해당 용어에 대한 저의 사용법에서 이런 것들만이 일상적 용법으로부터 이탈된 것이라고 봅니다.

§.15-3 【 참된 믿음과 거짓된 믿음 사이의 구분 】 그렇다면 제가 '믿음'이란 낱말로 의미하는 바를 충분히 서술하였습니다. 저는 이제 참된 믿음과 거짓된 믿음 사이에 있는 차이점에 관한 물음으로 되돌아가려고 합니다. 지식(앎)과 구별되는 것으로서, 거짓된 믿음이 단지 믿음의 경우에서만 일어날 수 있는 어떤 대상임이 이해가 된 상태입니다.

우선, 참된 믿음과 거짓된 믿음 사이에 있는 구분과 관련해서, 저는 좀더 분명하게 지난번 서술해 놓고자 했던 주요 핵심점을 이제 진술할 수 있다고 생각합니다. 아까 막 제시했던 사례를 그대로 써서, 「저의 친구는 제가 휴가를 보내려고 멀리 떠난 것으로 믿는다」고 가정하겠습니다. 의심의 여지없이 무엇이 되었든지 간에, 저는 다음 진술이 성립하듯이 '참'과 '거짓'이라는 낱말을 놓고서 최소한 한 가지 일상적 의미가 있다고 생각합니다. 먼저, 저는 분명히 우리가 「만일 그 친구가 지닌 이런 믿음이 참이라면, 틀림없이 제가 휴가를 보내려고 런던을 떠났다」고 말해야 한다고 봅니다. 제가 멀리 떠났다는 그의 믿음은, 실제로 제가 런던을 떠나지 않았다면 참값이 될 수 없습니다. 거꾸로, 우리는 당연히 만일 제가 런던을 떠났고, 그 친구도 또한 제가 떠난 것으로 믿는다면, 그의 믿음이 참값 외에는 다른 게 될 수 없다고 말해야 합니다. 달리 말하여, 휴가를 보내기 위해서, 실제로 제가 멀리 떠난 것은 이런 믿음의 참값을 위한 필요·충분조건입니다(166~167쪽의 역주 71을 보기 바람). 그 믿음이 이런 조건이 충족되지 않는 한 참값이 될 수 없으며, 만일 이런 조건이 충족된다면 반드시 그 믿음은 참값이 되는 것입니다. 분명히 일반적으로 우리가 '참값'이라는 낱말을 쓰는 한 가지 의미는, 적어도 이들 진술이 올바르다는 그런 어떤 성격의 것입니다. 비슷하게 만일 이런 믿음이 거짓이 된다면, 필요·충분조건에 관한 진술을 다음처럼 표현할 수 있다고 생각합니다.

「만일 이런 믿음이 거짓이라면, 휴가를 보내려고 내가 멀리 떠나지 않았을 것이다. 내가 멀리 떠났다는 그 친구의 믿음은, 아마 만일 내가 멀리 떠났더라면 거짓이 될 수 없을 것이다. 거꾸로, 만일 내가 멀리 떠나지 않았다면, 내가 멀리 떠났다는 그 친구의 믿음은 틀림없이 거짓이다. 만일 내가 멀리 떠나지 않았으나 그 친구가 내가 떠났다고 믿는다면, 그의 믿음이 분명히 거짓이다.」

(That if this belief is *false*, then I *can't* have gone away for my holidays: the belief that I have gone away can't possibly be false, *if* I *have* gone away: and, conversely, *if* I have not gone away, then the belief that I *have* gone away certainly *must* be false; if I have *not* gone away, and he believes that I *have*, his belief certainly is false)

달리 말하여, 「제가 실제로 런던을 떠나지 않은 것」이, 이런 믿음의 거짓값에 대한 필요·충분조건입니다.[249) 이 조건이 만족되지 않는 한,

---

249) [역주] 여기서 밑바닥에 깔려 있는 중요한 두 가지 전제가, 임의의 단언(명제)이 참값이든 거짓값이든 오직 둘 중 한 가지 값만을 가지며, 전체적으로 모두 만족되어야만 참값이 배당된다는 것이다. 결코 브뢰들리 교수처럼 부분적으로 참값만 받고, 부분적으로 거짓이 된다고 상정되지 않는 것이다(이런 생각은 현재 확률로 표현되는 여러 값many-valued 논리 또는 흐릿한fuzzy 논리에서 다뤄질 듯함). 앞의 두 전제가 수용된다

그 친구의 믿음은 거짓이 될 수 없습니다. 그리고 만일 이 조건이 만족된다면, 틀림없이 그 믿음은 거짓입니다. 분명히 우리가 '거짓'이란 낱말을 쓰는 한 가지 의미는, 적어도 이들 진술이 올바른 어떤 그런 본성을 지님이 아주 명백합니다. 저는 누구이든지 간에 이를 대단하게 논박할 만한 사람이 있을지 알 수 없으며, 또 이것이 어떻게 논박될 수 있을지도 잘 모르겠습니다.

그러므로 우리는 적어도 '참'이라는 낱말의 한 가지 의미에서, 이런 믿음의 참값에 대한 필요·충분조건인 어떤 조건을 찾아내었고, 또한 적어도 '거짓'이라는 낱말의 한 가지 의미에서, 그 거짓값에 대한 필요·충분조건인 어떤 조건도 찾아내었습니다. 따라서 만일 우리가 '참'과 '거짓'이라는 낱말들의 의미를 놓고서 어떤 올바른 정의를 찾아내게 된다면, 틀림없이 이들 조건이 필요·충분조건이 되는 진술과 모순되지 않는 어떤 정의가 됩니다. 그렇지만 이들 조건이 필요·충분하다는 진술이 단독으로 한 가지 정의를 구성하지는 못합니다. 저는 참값과 거짓값의 정의에 대한 일부 혼란이, 흔히 사람들이 그런 정의가 작동한다고

면, 거짓값에 대한 필요·충분조건을 상정하는 것 자체가 모순스런 발상이다. 거짓에 해당하는 아무런 사실도 없기 때문에, 그런 조건을 포착할 수조차 없는 것이다.

거짓값은 오직 공집합으로서 유일한 원소 ø만 상정할 수 있을 뿐이다. 거짓값의 진술들은 모두 다 똑같이 유일하게 공집합 {ø}에 대응하거나 공집합일 따름이다. 거짓값을 받는 것은 오직 참값을 점검하고 확인하는 과정에서, 대응되지 않는 사실이 조금이라도 생긴다면, 즉각 폐기해 버리듯이 즉석에서 ø가 되는 것이다. 다시 말하여, 밖으로 폐기되는 통로로 내던져지는 즉시 무위가 되는 것이다.

이런 측면에서 본다면, 「제가 실제로 런던을 떠나지 않은 것」은 아무런 필요·충분조건도 아니며, 오직 '대응 사실이 없다'는 것 자체만이 '무위화' 과정nullification으로서 존재할 뿐이다. 대응 사실이 없다는 것은 결코 아무런 조건도 아니며, 오직 결과로서의 판정에 불과하다. 무위화된 것에 굳이 이름을 붙일 필요는 없겠지만, 그 공집합에 대한 이름표가 '대응 사실이 없다'이거나, '참값이 아니다'이거나 '거짓값이다' 따위로 달아 둘 수 있다. 이름표는 연구자가 스스로 편리하게 붙여 놓는 것이므로, 이것들 이외에 얼마든지 다른 이름표를 붙여 줄 수 있겠으나, 이름이 중요한 것이 아니라 오히려 무위화되어 아무런 것도 없다는 점이 더욱 중요하다. 참값을 결정하는 데 반드시 결정 모형이 상정되듯이, 기계적으로 거짓값을 결정하는 데에도 따로 어떤 모형이 상정되어야 한다고 생각하는 것은 철저히 오류에 불과하다. 참값 결정 모형만 상정되고, 여기서 걸러낸 것들이 거짓값을 받기 때문이다. 642쪽의 역주 242와 675~676쪽의 역주 253도 참고 바람.

가정하기 일쑤라는 사실로부터 생겨난다고 봅니다. 우리가 너무 안이하게 다음과 같은 주장을 서슴없이 할 수 있는 것입니다.

「내가 런던을 떠났다는 믿음이 참값이라고 말하는 것은, 내가 런던을 떠났다고 말하는 일과 동일한 것이다. 이는 그 믿음이 참값이라고 말함으로써, 우리가 의미하는 것을 놓고서 곧바로 그 정의가 되는 것이다.」
(To say that the belief that I have gone away is *true*, is *the same thing* as to say that I have gone away: this is the very definition of what we *mean* by saying that the belief is true)

사실상 우리는 일상언어에서 두 가지 진술(≒참값 단언 및 사실)이 실제로 동일한 몫을 한다고 말해야 합니다. 하나가 정확히 다른 것과 동일한 것입니다(≒일반인들이 동일하게 여김을 뜻함). 우리가 가리키는 의미에서, 두 가지 진술이 실제로 동일한 역할에 나옵니다. 다시 말하여, 그것들이 엄격히 동등한 것입니다. 제 친구의 믿음이 조금이라도 실재함이 주어진다면, 다른 것(≒사실)이 또한 참값이 아닌 한, 어떤 것도 참값이 될 수 없습니다. 다른 것이 또한 한 가지 사실이 아니라면, 표현된 사실들 중에서 어떤 것도 한 가지 사실이 될 수 없습니다. 그렇지만 그럼에도 불구하고, 엄격하게 말하여 저는 논의 중인 두 가지 사실(≒참값과 거짓값)이 동일한 사실이 아님이 아주 분명하다고 생각합니다. 우리가 「내가 런던을 떠났다는 그 친구의 믿음이 참값이다」라고 주장하는 경우에, 이 믿음이 다른 참된 믿음들과 공유하는 어떤 속성을 지닌다고 주장함을 뜻합니다. 이런 속성의 소유가 그 단언에 의해서 주장된 사실인 것입니다. 그렇지만 단지 「내가 런던을 떠났다」라고 주장하는 일에서, 이런 믿음에 아무런 속성도, 다시 말하여 이 주장이 전혀 다른 참된 믿음과 공유하는 어떤 속성도 훨씬 적게나마 귀속시켜 놓지 못하고 있습니다.250) 우리가 단지 한 가지 사실만 주장하고 있습니다. 설사 아무도 그것을 조금도 믿지 않더라도, 또한 충분히 한 가지 사실이 될 수 있는 것입니다. 제 친구가 제가 떠났음을 믿는 일이 없는 채로도, 분명히 제가 런던을 떠났을 가능성이 있는 것입니다. 만일 그렇다면, 단순히 그런 믿음이 존재하지 않을 것 같기 때문에, 그 친구의 믿음은 참값이 될 수 없을 것 같습니다. 그렇다면 그 친구의 믿음이 참값임을 주장하는 데에서, 저는 단지 제가 런던을 떠났다고 말하는 경우에, 제가 주장하는 것과는 다른 어떤 사실을 주장하고 있는 것입니다. 그러므로 엄격히 말하여 그 친구의 믿음이 참값이라고 말하는 것은, 제가 런던을 떠났다고 말하는 것과는 동일한 것이 아닙니다.

그렇다면 이런 믿음이 참값이라면 실제로 다른 참된 믿음들과 공유하는 것으로서 어떤 속성이 있는 것일까요? 저한테는 이런 믿음이 참값이라면, 제가 런던을 떠났다는 그 사실에 대하여 우리가 어떤 한 가지 관계를 지님이 아주 분명함을 알 수 있는 듯이 보입니다. 이는 그 특정한 믿음이 다른 어떤 사실에 대해서는 지니지 않는 관계입니다. 지난번(§.14-7)에 이를 받아들이고서 제가 보여 주려고 했었지만, 그것을 분석한다는 의미에서 이 관계를 정의해 주기는 아주 어렵습니다. 저는 이 관계를 분석할 수 있는 척하지는 않겠습니다. 그렇지만 저는 우리가 이런 관계를 알 수 있다고 생각합니다. 우리가 모두 완벽히 이 관계에 익숙해져 있는 것입니다. 그러므로 이 관계가 어떤 관계인지를 밝혀낸다는 의미에서, 오직 만일 어떤 믿음이 참값이라면, 그 믿음과 이런 관련 사실 사이에서 그것이 실제로 성립하되, 그 믿음과 다른 임의의 사실 사이에서는 성립하지 않는 관계임을 지적해 줌으로써, 우리는 이 관계를 정의해 줄 수 있습니다.

분명히 여러분은 만일 참값이라면 제가 런던을 떠났다는 믿음과 제

---

250) [역주] 무어 교수는 문장이나 발화가 단언(명제)이나 주장과는 다르다고 생각한다. 따라서 바로 앞의 「무어가 런던을 떠났다」는 형식은 오직 발화 또는 문장일 뿐이며, 아무런 진리값을 주장하는 형식이 아니다. 단언(명제)이나 주장이 되려면, 이런 문장이나 발화가 「~ 라는 것이 참값이다」거나 「~ 라는 것이 사실이다」라는 형식을 이용하여 내포문 속에 들어가 있어야 한다고 보았다. 633쪽의 역주 240을 참고하기 바란다.

가 런던을 떠났다는 사실 사이에서 성립함직한 어떤 관계를 깨닫고 있습니다. 만일 참값이라면 그런 믿음과 그런 특정한 사실 사이에 성립하되, 그런 믿음과 다른 임의의 사실 사이에서는 성립되지 않음직한 어떤 관계입니다. 다시 말하여, 지난번(§.14-2)에 지적했듯이, 그런 믿음과 논의 중인 사실 사이에서 이름의 부분적 동일성the partial identity of name로 표현되는 어떤 관계입니다. 제가 의미하는 그 관계는, 「제가 런던을 떠났다는」 믿음이 만일 참값이라면, 「제가 런던을 떠났다는」 사실에 대하여 지니는 관계이되, 다른 어떤 사실에 대해서는 지니지 않는 관계입니다. 그리고 이것이 그 환경에 의해서 한편으로 그 믿음에 대한 이름이 「제가 런던을 떠났다는 믿음」이며, 다른 한편으로 관련 사실에 대한 이름이 「제가 런던을 떠났다는 것(사실)」으로 표현됩니다.

§.15-4 【 믿음과 사실 사이의 대응 관계인 무어 교수의 진리 이론 】 우리는 이런 관계의 정확한 본성이 무엇인지에 관해서, 다시 말하여, 이런 관계가 어떻게 분석될 것인지, 그리고 이 관계가 다른 관계들과 얼마나 비슷하고 얼마나 다른지에 관해서 다른 견해들을 택할 수도 있습니다. 그렇지만 단지 이들 질문에만 대답하려고 하는 일에서, 저는 우리가 그 대답에 이미 정통해 있다고, 즉, 우리 정신 앞에 그 답변을 지니고 있다고 전제할 수 있을 것으로 봅니다. 왜냐하면 여러분이 정신 앞에 갖고 있지 않는 어떤 대상에 대한 본질을 결정하려고 시도하거나, 또는 다른 대상들과 비교하려고 시도할 수는 없기 때문입니다. 그렇다면, 저한테는 참값과 거짓값을 정의하는 일의 난점이, 설령 우리가 모두 그 관계에 익숙해져 있더라도, 주로 이런 관계가 명백히 이름을 아무런 것도 갖고 있지 않다는 사실로부터 생겨나는 듯합니다. 단독으로 그 관계에만 적합하며, 아마도 그 관계와는 사뭇 다른 관계들을 위해서 쓰이지 않을 법한 이름을 아무런 것도 갖고 있지 못한 것입니다. 우리가 그 관계에 한 가지 이름을 부여하는 순간, 저는

참값과 거짓값을 정의하기가 아주 쉬워질 것으로 생각합니다.

이제 그 관계에 어떤 이름을 부여하고서, 그 정의가 어떻게 드러나는지를 살펴보기로 하겠습니다. 저는 그 관계를 '대응correspondence'의 관계로 부르기를 제안합니다(≒인류 지성사에서 첫 제안임). 단지 그 관계에 이런 이름을 붙여 놓는 일에서, '대응'이란 낱말로써, 만일 어떤 믿음이 참값이라면 실제로 이런 특정한 믿음과 제가 런던을 떠났다는 관련 사실 사이에서 성립하되, 정확히 그런 믿음과 임의의 다른 사실 사이에서는 성립하지 않는, 오직 특정한 이런 관계만을 의미함이 반드시 기억되어야 합니다. '대응'이란 이름이, 아마 다른 경우들에서 이런 관계와는 사뭇 차이가 나는 다른 관계들에 대해서도 쓰입니다. 당분간 저는 지금 이 낱말을 쓰고 있는 이런 관계가, 어떤 것이든지 간에 임의의 다른 측면에서 이런 다른 관계들과 비슷하다거나 차이가 난다고 시사함을 의미하려는 것은 아닙니다. 반드시 제가 '대응'이란 명칭을 단지 이런 특정한 관계를 위한 한 가지 이름으로서만 쓰려는 것임이 이해되어야 합니다. 그렇다면 오직 이런 관계를 위한 어떤 이름으로서 '대응'이란 명칭을 쓰면서, 당장 다음처럼 주장할 수 있습니다.

> 「이런 믿음이 참값이라고 말하는 것은 이 세상에 그 믿음과 대응하는 한 가지 사실이 있다고 말하는 것이다. 그리고 그 믿음이 거짓값이라고 말하는 것은 이 세상에 전혀 그 믿음과 대응하는 어떠한 사실도 없다고 말하는 것이다.」
>
> (To say that this belief is true is to say that there is in the Universe *a* fact to which it corresponds; and that to say that it is false is to say that there is *not* in the Universe any fact to which it corresponds)

저는 그 믿음이 참값이거나 거짓값이라고 말함으로써, 실제로 우리가 의미하게 되는 바에 대한 한 가지 정의로서 이 진술이 모든 요구조건들을 충족시켜 준다고 생각합니다. 왜냐하면 막 '참값'과 '거짓값'을 확정해 놓은 속성들은 이런 믿음이 각각 다른 참된 믿음과 거짓된 믿음들과 공유함직한 속성이기 때문입니다. 우리는 그 믿음이 참값이라고 말하는 것이, 단지 「그 믿음이 실제로 한 가지 사실과 대응한다」고 말하는 것뿐이라고 말하였습니다. 명백히 이것이 그 믿음과 다른 믿음들에 공통적일 법한 한 가지 속성입니다.

예를 들어, 오늘 아침 제가 주문한 그 물품이 배송되었다는 가게 점원의 믿음이 한 가지 사실과 대응하는 속성을 지닐 뿐만 아니라, 또한 제가 런던을 떠났다는 이런 믿음도 대응 속성을 지닐 수 있습니다. 거짓값이나 참값에 관하여 이제 막 확정해 놓은 속성을 놓고서도 동일한 내용이 참값으로 됩니다. 거짓값으로 확정한 속성은, 단지 어떠한 사실에도 대응하지 못하는 속성일 뿐입니다. 명백히 이것이 이런 믿음뿐만 아니라 또한 어떤 숫자이든 간에 다른 믿음들에도 속할 만한 한 가지 속성입니다.

더욱이 이들 정의로부터, 우리가 이런 믿음에 대한 참값이나 거짓 값을 위하여 필요·충분하다고 본 조건들이, 믿음을 위해서도 필요·충분함이 뒤따라 나옵니다. 이들 정의와 이들 조건이 필요·충분한 진술 사이에 단지 아무런 모순도 없을 뿐더러, 또한 그 정의로부터 실제로 그 조건들이 아무런 모순이 없다는 점도 뒤따라 나옵니다. 왜냐하면 우리가 '대응'으로 부르고 있는 관계가 「내가 런던을 떠났다는」 그런 믿음과 「내가 런던을 떠났다는」 관련 사실 사이에 실제로 성립하되, 이런 믿음과 무엇이든지 간에 다른 임의의 사실 사이에서는 성립되지 않는 어떤 관계이기 때문입니다. 만일 이런 믿음이 실제로 조금이라도 한 가지 사실과 대응한다면, 틀림없이 제가 런던을 떠났다는 어떤 사실이 있음이 뒤따라 나옵니다. 다시 말하여, 만일 그 믿음이 한 가지 사실과 실제로 대응한다면, 틀림없이 제가 런던을 떠났습니다. 제가 런던을 떠나지 않은 한, 그 믿음이 한 가지 사실과는 대응할 수 없는 것입니다.

거꾸로, 만일 제가 런던을 떠났다면, 그 믿음이 실제로 한 가지 사실과 대응함도 뒤따라 나옵니다. 만일 제가 런던을 떠났다면, 틀림없이 그 믿음이 한 가지 사실과 대응할 것입니다. (지금 현재 런던 모울리 대학 강의실에 있으므로) 제가 런던을 떠난 것은 실제의 경우가 될 수 없으며, 여전히 그 믿음이 아무런 사실과도 대응하지 않습니다. 그러므로 실제로 이런 진리의 정의로부터, 우리가 이런 믿음의 진리값에 대하여 필요·충분한 것으로 여긴 조건이, 참된 믿음에 관해서도 필요·충분함이 뒤따라 나옵니다. 동일한 방식으로 거짓값에 대한 우리의 정의로부터, 그 거짓값을 위하여 필요·충분하다고 여긴 조건이, 거짓 믿음에 관해서 필요·충분함도 뒤따라 나옵니다(667쪽의 역주 250 참고).

우리가 이런 정의들을 이 특정한 믿음에 대하여 적용해야 함에 따라, 이들 정의가 실제로 '참'과 '거짓'이라는 낱말들의 어떤 정의에 대한 모든 요구조건들을 충족시켜 주는지 여부를 놓고서, 어떤 것이든 의심의 여지가 있을지 여부와 관련하여 유일한 초점은, 우리가 그 믿음이 '참' 또는 '거짓'이라고 말하는 경우에 '한 가지 사실과 대응하는' 그리고 '어떤 사실에도 대응하지 못하는' 이들 속성을 실제로 우리 정신 앞에 갖고 있는지 여부, 이것들이 이들 낱말로써 표현하는 속성들인지 여부를 놓고서 의문이 제기될 수 있습니다. 이는 오직 실제적 검토에 의해서만 확정될 수 있는 어떤 질문입니다. 저는 그 검토가 과연 어떤 결론을 낳을지 확실히 알아내기가 어렵다는 점을 인정합니다.

그렇지만 저는 부정적 모습으로 대답해야 할 이유가 없다고 봅니다. 우리가 "제가 런던을 떠났다는 믿음이 참값이다."라고 말하는 경우에, 저는 실제로 우리 정신 앞에 갖고 있으며, 이들 낱말에 의해서 표현된 속성이, 「논의 중인 그 믿음이 실제로 어떤 사실과 대응한다」는 생각으로 되지 말아야 할 이유가 아무런 것도 없다고 봅니다. 비슷하게 우리가 "제가 런던을 떠났다는 믿음이 거짓이다."라고 말하는 경우에, 저는 실제로 우리 정신 앞에 갖고 있으며, 이들 낱말에 의해 표현된 속성이, 「논의 중인 그 믿음이 어떠한 사실과도 대응하지 않는 다」는 생각으로 되지 말아야 할 이유가 아무런 것도 없다고 봅니다. 그렇지만 이것이 그러한지 그렇지 않은지 여부, 즉, 이런 믿음이 참값 이라고 말하는 것이 그 믿음이 실제로 한 가지 사실과 대응한다고 말 하는 것과 아주 엄격하게 동일한 것인지 그렇지 않은지 여부를 놓고 서 따진다면, 저는 두 가지 표현이 엄격히 동등하다는 점이 아주 분명 하다고 여깁니다. 그 믿음이 참인 경우에, 그 믿음은 분명히 실제로 한 가지 사실에 대응합니다. 그 믿음이 한 가지 사실에 대응하는 경우 에, 분명히 그 믿음은 참값입니다. 비슷하게 그 믿음이 거짓인 경우에, 그 믿음은 분명히 아무런 사실과도 대응하지 않습니다. 그리고 그 믿 음이 아무런 사실과도 대응하지 않을 경우에, 분명히 그 믿음은 거짓 믿음입니다.

그러므로 저는 적어도 이들 정의 방식이 실제로 '참'과 '거짓'이란 낱말의 한 가지 일반적 의미에 대한 올바른 정의라고 제안하고자 합 니다. 이 정의를 제가 한 가지 사례로서 선택한 것과 같은 그런 믿음들 에 적용하는 경우에는, 우리가 이들 낱말을 쓰는 의미들 중에서 한 가지 의미인 것입니다(≒참과 거짓이 오직 사실 여부만 가리켰지만, 대응 관계를 통해서 믿음에까지 적용을 확대할 수 있음). 제가 아는 한, 이들 정의에 관해서 유일하게 새로운 것 한 가지는, 이 정의들이 '대응'이란 낱말에 대하여 완벽히 엄격하고 확정적인 의미를 할당한다는 점뿐입 니다. 대응이 나타내는 그 관계를 가리켜 줌으로써 이것들이 이 낱말 을 정의해 주는 것입니다. 즉, 분명히 실제로 만일 다음 믿음이 참값이 라면 "제가 런던을 떠났다"라는 믿음과 제가 런던을 떠났다는 사실 사이에 성립하되, 정확히 그 믿음과 다른 임의의 사실 사이에서는 성 립하지 않는 그런 관계입니다. 그런 어떤 관계가 있다는 점이 저한테 는 분명한 듯합니다. 제 정의 방식에 관해서 새로운 모든 것은, 이것들 이 바로 그 관계에 집중하여 주목하게 하고, 참값과 거짓값의 정의들 에서 그 관계를 핵심점으로 만들어 준다는 점뿐입니다.

아마 이런 관계를 위한 어떤 이름으로서 '대응'이라는 낱말의 사용이 오도할 가능성도 있습니다. 따라서 지난번(§.14-7, 647쪽)에 제가 이 낱말 대신에 썼던 '가리켜 주기referring to'도 그럴 수 있습니다. 이들 낱말이 둘 모두 여러분으로 하여금 논의 중인 관계가, 다른 경우들에서 동일한 이름에 의해 불리는 다른 관계들과 비슷하거나 동일하다는 생각으로 이끌어 갈 수 있는 것입니다. 저는 각별히 이 관계가 임의의 다른 관계와 동일하거나 비슷하다든지, 아니면 그렇지 않다든지를 시사하지 않도록 간절히 바라고 있습니다. 그러므로 '대응'이라는 낱말만 써야 한다고 주장하고 싶지는 않습니다.

핵심 요점은 그 관계 자체에 주의를 모으는 것입니다. 제가 '주홍색vermilion'이라는 색을 이름 부르는 경우에, 여러분이 자신의 정신 앞에 제가 의미하는 그 색을 붙들 수 있다는 의미에서, 여러분 정신 앞에 그 관계를 붙들어 두는 일입니다. 여러분이 주홍색에 익숙하듯이, 동일한 종류의 방식으로 만일 여러분이 이런 관계에 익숙하지 않다면, 선천적 맹인에게 주홍색이 무엇과 같을지를 설명할 수 없는 것처럼, 아무리 많은 분량의 낱말들로써도 더 이상 이 관계가 무엇인지를 설명하는 데 기여하지 못할 것입니다. 그렇지만 만일 제가 올바르다면, 우리가 모두 논의 중인 이 관계에 정통해 있습니다. 만일 그렇다면, 중요한 초점은 참값과 거짓값의 정의에 본질적인 것이, 우리가 이름을 붙이려고 하거나 드러내고자 하는 것으로서, 어떤 낱말이 아니라 바로 이 관계(≒대응 관계) 그 자체라는 점입니다.

그렇지만 일반적으로 '참값'과 '거짓'이라는 낱말을 믿음에 적용하는 경우에, 우리가 쓰는 의미들 중 한 가지를 위하여, 지금까지 오직 제가 제시한 정의들이 올바른 정의이거나 적어도 동등한 것이라고 주장해 왔습니다. 현재의 논의에서 저는 실제로 이것들이 정의가 된다는 논쟁, 즉, 심지어 우리가 어떤 믿음에 대하여 그 믿음이 참값이거나 거짓이라고 말할 경우에도 이것들이 실제로 우리가 의미하는 것이라는 논쟁은 접어둘 것입니다. 이런 측면에서, 저는 비록 그렇다고 느끼지만, 이것들이 정의임이 확실한 척 공언하지 않겠습니다.

저한테는 중요한 요점이, 단지 이것들이 동등하다는 점뿐일 듯합니다(≒대응 관계로써 사실 여부만 아니라 믿음의 진실성까지도 다룰 수 있다는 뜻임). 그렇다면 지금까지 제가 주장한 모든 것은, 우리가 아주 종종 어떤 믿음이 참값이라고 말할 경우에, 그것이 참값이 되기 위한 어떤 필요·충분조건이 간단히 이것입니다. 즉, 정확히 제가 계속 설명해 오고 있는 의미에서, 「그 믿음이 한 가지 사실에 대응해야 한다」는 것뿐입니다. 만일 실제로 그 믿음이 한 가지 사실과 대응한다면, 우리가 의도하는 의미에서 그 믿음이 참값이지만, 만일 한 가지 사실과 대응하지 않는다면, 우리가 의도하는 의미에서 그 믿음은 거짓입니다.

물론 이것이 아주 종종 실제의 경우이라고 하더라도, 서로 다른 두 가지 이유 때문에, 「이것이 언제나 그렇다」고 할 수 없음이 언급될 수 있습니다. 첫째, 절대적으로 모든 믿음의 경우에, 어떠한 사실과도 대응하지 않음에도 불구하고 그 믿음이 참값이 될 수 있는, '참값'이라는 낱말의 다른 어떤 의미가 있다고 말해질 수 있습니다. 비슷하게, 설령 어떤 믿음이 실제로 한 가지 사실과 대응한다고 해도, 논의 중인 의미에서 그 믿음이 '참값'이 되는 데 실패하는, '참값'이라는 낱말의 그런 다른 어떤 의미가 있는 것입니다. 이것이 언급됨직한 한 가지 것입니다. 저는 이것이 실제의 경우일 수 있음을 인정하고자 합니다. 사실상 지금 곧 설명하게 되듯이, 저는 이것이 실제의 경우라고 생각합니다. 비록 저는 이것이 전체 믿음에 대해서가 아니라, 일부 믿음에 대해서만 유일한 실제의 경우라고 생각하는 쪽으로 쏠려 있지만, 한 가지 의미에서 어떤 믿음들이 아무런 사실에도 대응하지 않은 채 참값이 될 수 있다고 생각합니다.251) 그리고 비록 실제로 「한 가지 사실

---

251) [역주] 뒤친이는 이 경우의 사례로서 265쪽 이하의 역주 110의 도표에서 4~5단계의 진술들을 들 수 있는데, 가령, 절대신의 존재 또는 하느님의 존재를 상정할 수 있다고 본다. 왜냐하면 그런 존재를 전체적으로 우리가 경험하거나 확증할 수 없기 때문이다. 우리 주변에서 쉽게 관찰하듯이, 오직 일부 단서만을, 그것도 간접적으로 받아들여, 종종 확증적으로 절대신의 존재를 믿게 되는 일이 허다하기 때문이다. 물론 이런 일이

에 대응하는 어떤 믿음이 참값이 되는 데 실패할 수 있는 경우가 어떤 의미에서이든지 조금이라도 있다」고 생각할 이유가 아무런 것도 없다고 보지만,252) 저는 기꺼이 이것이 또한 실제의 경우가 될 수도 있음을 인정하고자 합니다. 그렇다면 이것이 채택됨직한 한 가지 견해이며, 저는 이를 논박하려고 하지 않겠습니다.

그리고 두 번째로 채택됨직한 또 다른 견해는, 일부 믿음의 경우에 제가 지금까지 설명해 온 의미에서「그 믿음들이 임의의 사실과도 대응해야 하며, 여전히 참값이 될 수 있음」이 절대적으로 불가능하다는 생각입니다. 그리고 저는 비록 실제로 어떤 참된 믿음이 응당 한 가지 사실에 대응하는 것이 절대적으로 불가능한 듯한 사례를 아무런 것도 찾아낼 수 없지만,253) 이것도 또한 실제의 경우일 수 있다고 받아들이

일어날 경우에, 그 밑바닥에 깔린 전제가 우리의 존재와 인식과 판단은 불안정하고 부분적이라는 자기 기반의 부정인데, 자기 기반의 부정 및 절대 존재의 확신 사이에는 어떤 길항 작용이 있을 듯하다. 자기 부정은 예수를 중심으로 한 천주교와 기독교에서 뿐만 아니라, 초기 불교에서도 일어났었다. 곧, 아트만ātman(inner self or soul)으로 불리는 '자아'를 해체해 버리자, 거꾸로 모든 우주로부터의 경험이 비워진 자아 속에 들어가게 되었다. 자아 해체의 초점은 정작 우리에게서 고통을 일으키는 뿌리로서 욕심·욕망에 있었다. 그 결과 자아를 해체함으로써, 주위의 환경을 전체로서 무심하게 있는 그대로 바라보게 된다. 이를 '중도middle way' 사상으로도 부른 바 있다.

252) [역주] 뒤친이에게 떠오르는 사례로서, 종교적으로 굳은 믿음을 지닌 한 사람이 주위에서 자신에게 일어나는 궂은 일들에 대해서 엄청난 인내심을 갖고서(불굴의 의지를 지니고서) 끝끝내 참아내는 경우를 본보기로 제시할 수 있다. 그런 사람의 믿음은 하느님이 자신을 쇠를 달구어 때리면서 좋은 제품을 만들어 내듯이, 일련의 사건으로 벌어지는 종교적 박해들을 극복해야 할 시련으로 해석하는 경우이다(믿음과는 반대의 사건들을 겪는 간격임). 어떤 불교 신자는 경제적으로 자신에게 불어닥친 일련의 불행을, 어느 스님의 권고대로「전생의 빚을 갚으려고 자신이 이승에 왔다」고 믿음으로써, 그리고 암이 퍼진 신체기관의 일부를 제거했지만 오히려 남아 있는 신체기관들도 있음을 고맙게 여김으로써, 자기 부정의 덫을 벗어났다는 이야기를 들은 적이 있다. 아마 이런 역설적 발상도 그런 사례일 수 있다.

253) [역주] 임의의 믿음 중에서도 특히 거짓된 믿음의 경우를 생각해 보자. 이런 믿음을 포장해 주는 모든 단언은 아무런 것도 어떤 사실에도 대응하지 못할 것이다. 만일 이런 상상의 세계에 있는 주인공이 있다면, 거짓 단언을 해석할 수 있는 지침이 공통적으로 약속되지 않는 한, 서로 소통이 불가능할 것이다. 만일 첫 번째 장애가 극복되고 나면, 다음으로 거짓 믿음과 거짓 단언을 판정하는 필요·충분조건을 수립해야 할 것이다. 그렇지만 그런 조건은 결코 세워질 수 없다. 오직 664~665쪽의 역주 249에 적어 놓은 공집합 원소 ø와 공집합 {ø}라는 개념만 가능할 뿐이기 때문이다. 즉, 모든 거짓 믿음은 ø에 대응하며, 전체적으로 오직 유일하게 하나의 공집합 {ø}만 있을 뿐이다. 만일 거짓 믿음에 대한 필요·충분조건이 따로 상정될 수 있었더라면, 우리가 상상할 수 없을

려는 것입니다.

저는 오직 이들 두 가지 견해만 언급하였습니다. 왜냐하면 제가 이 견해들을 논박하고자 관심을 두고 있는 것이 아님을 아주 분명하게 만들고자 하기 때문입니다. 제가 유지하고자 골몰하고 있는 모든 것은, 아주 종종 어떤 믿음을 참값이라고 말할 경우에, 논의 중인 믿음이 우리가 거기에 귀속되는 것으로 의미하며, 그 믿음이 한 가지 사실에 대응한다는 필요·충분조건에서 '참값'이라는 낱말에 의해 표현되는 속성을 지닌다는 점입니다. 이것이 제가 제안하는 '진리 이론'의 전체 핵심입니다. 저로서는 이 이론을 권장하는 주요한 이유가 있는데, 이 것이 수백만 가지의 가장 분명한 사실들을 실제로 설명해 주며 갈등을 일으키지 않는다는 사실에 놓여 있습니다.

그런 한 가지 분명한 사실은, 제가 휴가를 보내기 위하여 런던을 떠났다는 제 친구의 믿음이, '참'이라는 낱말의 한 가지 일반적 의미로, 제가 실제로 런던을 떠났다는 필요·충분조건에서 분명히 참값이 될 것이라는 점입니다. 또 다른 그런 사실은, 오늘 아침에 주문한 그 물품이 발송되었다는 그 가게 점원의 믿음이, '참'이라는 낱말의 한 가지 일반적 의미로, 그 물품이 실제로 발송되었다는 필요·충분조건에서 분명히 참값이 될 것이라는 점입니다. 만일 여러분이 선택하려고 한다면, 분명히 이런 사례들처럼 명백히 다른 사례들을 수백만 가지라도 곧장 생각해 낼 수 있습니다. 그렇다면 수백만 가지의 사례들에 '참'이라는 낱말의 한 가지 일반적 의미로, 그 믿음을 서술하는 데에 우리가 이용하는 문장과 같이, 동일한 이름(≒무어 교수는 문장도 이름으로 취급함)을 지닌 한 가지 사실이 이 세상에 있다는 필요·충분조건에서, 어떤 믿음이 참값이 됨이 아주 분명한 듯합니다. 그 믿음에

만큼의 무한한 가상의 거짓 세계가 계기적으로 끝없이 주어져야 했을 것이다. 유한한 존재인 우리에게 이를 제약할 수 있는 길은 전혀 없다. 그렇지만 이와는 달리, 하나의 믿음이 엄격하게 대응 사실이 없다는 것 자체만이 결과적으로 똑같은 하나의 개념 ø 만 가리킨다면, 이런 무한한 자기 증식의 모순을 벗어날 수 있을 것이다.

대하여 그런 특정한 관계, 즉, 간단히 제가 '대응'으로 불러온 관계로 수립되는 한 가지 사실이 있는 것입니다. 앞의 두 가지 사례에서 그 믿음들이 참값이었다면, 제가 이름 붙였던 사실들이 명백히 논의 중인 그 믿음들을 나타내었던 그런 특정한 관계입니다. 저한테는 참값과 거짓값을 다루는 일부 다른 이론들에 대한 큰 결함이, 이들 수백만 가지의 명백한 사실들과 갈등을 빚는 듯하다는 점입니다. 정확히 어떻게 그리고 왜 그 이론들이 그런 사실들과 모순을 빚는 듯한지를 지적해 주기 위하여, 저는 많은 사람들이 옳게 여기는 쪽으로 쏠려 있는 두 가지 그런 이론(미국 실용주의 진리관 및 브뢰들리 교수의 진리관)을 이하에서 다루게 될 것입니다.

§.15-5 【 사실과 긴밀히 맞물리지 못하는 미국 실용주의자들의 진리관 】
제가 언급하고자 하는 첫 번째 이론은 한 가지 이론이거나 또는 아마도 스스로 '실용주의자Pragmatists'로 부르는 일부 철학자들에 의해서 옹호된 오히려 서로 다른 이론의 전체 묶음입니다.[254] 참값에 대하여

---

254) [역주] 주로 19세기 말에서부터 미국을 중심으로 하여 생긴 흐름이다. 대표적으로 두 갈래의 네 사람이 거론된다. 하버드 대학을 졸업한 철학자 퍼어스(Charles Sanders Peirce, 1839~1914)와 하버드 대학에서 가르쳤던 심리학자 제임스(William James, 1842 ~1910), 그리고 주로 시카고 대학을 중심으로 활동했던 교육학자 듀이(John Dewey, 1859~1952)와 사회학자 미이드(Herbert Mead, 1863~1931)이다. 비록 오늘날까지 영향을 주고 있는 주요 분야를 각각 표시해 놓았지만, 미국의 실용주의는 어느 한 영역에만 국한되는 것이 아니라, 우리 생활에서 실용적으로 도움이 되는 바를 모두 다 다루기 때문에, 분과 학문이 아니라 오히려 초기 희랍 시대처럼 통합적인 접근을 하는 특징이 있다. 당시에 모두 영국 옥스퍼드 대학 브뢰들리 교수나 케임브리지 대학 맥태거엇 교수가 옹호하던 신관념론과 대척점을 이룬다는 공통점이 있지만, 그렇다고 하여 뭐쓸 교수가 주장한 실재론이나 사실주의와 같은 것은 아니다. 본문에서 무어 교수가 명확히 출전을 밝히지 않았지만, 이미 1908년 『아리스토텔레스 학회 논문집』 제8집(33~77쪽)에 "제임스 교수의 「실용주의」"를 발표하였으므로, 여기서는 주로 윌리엄 제임스 교수의 글들이 중심이 된다고 말할 수 있다. 93쪽의 역주 37과 389쪽의 역주 141 참고 바람.
  옛 소련의 유물주의 심리학을 미국의 심리학 쪽에서는 '행동주의behaviourism'로 불렀다. 외부에서 관찰 가능한 행동만을 대상으로 하여 자극-반응과 강화 학습의 내재화 이론을 수립하는 원칙을 내세웠는데, 여기에도 미국의 실용주의 흐름이 일정 부분 영향이 있을 것으로 본다. 행동주의 흐름을 이끌어간 대가였던 하버드 대학의 스키너(B. F. Skinner, 1904~1990) 교수가 인간의 언어 행위도 행위주의 시각으로 설명한 바 있다

말하는 경우에 미국 실용주의자들이 말하는 종류의 대상은, 거짓된 믿음과 구별되는 것으로서, 참된 믿음의 본질이 '작동한다work(일을 한다)'는 점입니다. 저는 이것이 그들이 말하는 종류의 대상이라고 여깁니다. 왜냐하면 언제나 그분들이 정확이 이것이 무엇인지를 말하는 것이 아니라(≒직접 본질을 언급하는 것이 아니라), 때때로 다른 대상들을 그리고 심지어 참된 믿음과 양립되지 않는 대상들까지도 언급하기 때문입니다(≒우리 생활에 유익한 결과를 만들어 주는 데 중요성을 둠). 이것이 우리가 실용주의자들에 의해 견지된 임의의 한 가지 진리 이론으로만 언급하기 어려운 한 가지 이유입니다. 또 다른 이유는 실용주의자들이 어떤 믿음이 '작동한다work'고 말함으로써 무엇을 의미하는지에 관해서 아주 막연한 채 내버려 두었는데, 실제로 설명해 주려고 노력하는 경우에 종종 서로 다른 곳에서 서로 다른 설명들을 제시하기 때문입니다. 때때로 '작동한다'는 것이 '유용한useful' 것과 동일한 것처럼 말하는 듯하고, 때때로 '작동한다'는 것이 어떠한 종류의 만족으로까지 이끌어 가는 것으로 말하는 듯하며, 때때로 긴 안목으로 보면 결국 그것이 어떠한 종류의 만족으로 이끌어 감 따위를 의미하는 듯합니다. 그렇지만 저는 소략하게 어떤 믿음이 '작동한다'고 말함으로써, 설사 물론 서로 다른 곳에서 다르게 적용될 필요가 있는 종류의 만족스런 결과를 정의해 줄 수도 있겠지만, 실용주의자들이 언제나 「실제로 그것이 어떤 종류의 만족스런 결과로까지 이끌어 감」을 의미하는 것으로 말할 수 있다고 봅니다.

  그렇다면 제가 보기에, 실용주의자들이 종종 믿음이 올바른 종류의

(1957, 『언어 행동(*Verbal Behaviour*)』, Prentice-Hall). 그런데 1959년 신진 학자 참스키에 의해서 겉으로 드러난 발화만 다루는 일이 신랄하게 비판받았고(미국 언어학회 학술지 『*Language*』 vol. 35(1)에 실린 서평), 반드시 머릿속에 있는 실체로서 '머릿속 언어 l-language'를 다뤄야 함을 결론지었다. 이른바 이성주의 언어학으로의 전환을 알린 것인데, 이것이 급기야 「인지 심리학」과 「인지 과학」을 열어놓는 첫 계기가 되었다. 그 이후 두뇌 내부의 작용을 측정하고 살펴볼 수 있는 정교한 도구들의 도움으로 새 천년 들어서서 인지과학은 신경·생리학적 토대를 추구하면서 비약적 발전을 이루었다.

만족스런 결과로까지 (그게 무엇이든지 간에 상관없이) 이끌어 가는 필요·충분조건에서 마치 참값인 것처럼 말하며, 한 가지 믿음이 참값이 되기 위해서 다른 조건이 아무런 것도 필요하지 않은 듯이 말합니다. 아마 일부 실용주의자들이 어떤 종류의 믿음들에만 적용될 뿐임을 의미하거나, 참된 믿음을 단지 '참값'이라는 낱말의 한 가지 의미에만 적용할 뿐이라고 말할 것 같지는 않습니다. 저한테는 설사 이것이 실용주의자들이 의미한 모든 것이었다고 하더라도, 이런 견해에 대한 반론들이 있을 듯합니다. 그렇지만 현재 누구이든지 간에 이런 견해를 갖고 있다면, 저는 이런 특정한 형태의 실용주의에만 관심을 두고 있습니다. 저로서는, 실용주의자들이 분명히 종종 자신들의 이론이 일반적으로 참값에 두루 적용될 것처럼 말한 듯합니다. 그러므로 오직 어떤 믿음이 올바른 종류의 만족스런 결과로까지 이끌어 감이 주어진다면, 그것이 어떤 종류의 믿음이었든지 상관없이 '참값'이라는 낱말의 모든 의미에서, 그 믿음이 언제나 '참값'이 되었을 것처럼 말한 듯합니다.

그렇지만 여러분은 이것이 무엇을 함의하는지 잘 알고 있습니다. 휴가를 보내기 위하여 제가 런던을 떠났다는 제 친구의 믿음이, 설사 제가 런던을 떠나지 않았다고 하더라도, 그 낱말의 모든 의미에서 참값이 될 수 있음을 함의합니다. 따라서 오직 그 믿음이 어떤 종류의 만족스런 결과들로까지 이끌어 감이 주어진다면,255) 참값으로 되었을 것입니다. 그리고 물론 비슷하게 수백만 가지의 다른 사례들에서

---

255) [역주] 이는 참된 믿음을(또는 진리를) 간접적이고 우회적으로 정의하는 방식이다. 따라서 언제나 사실과 효과(결과)가 불일치하는 상황이 생겨나게 마련이다. 가령, 그 친구가 나에게 「일주일 뒤에 같이 테니스를 치자!」고 제안했지만, 나는 「내 휴가 기간과 겹친다」고 하여 그의 제안을 거절하였다. 일주일 뒤에 비록 내가 다른 곳으로 휴가를 떠나지 않았더라도, 그가 나와 함께 테니스를 치지 못하였다면, 결과적으로 동일한 결과에 이르게 된다. 비록 전혀 사실(휴가를 떠나지 않음)이 아니더라도, 결과나 효과(같이 테니스를 치지 못함)가 동일하다는 측면에서 따지면, 이를 참값이라고 말해야 한다. 이는 모순이 되거나, 참값을 제대로 정의해 주지 못할 것으로 평가된다. 따라서 본질적으로 참값은 언제나 사실과 관련하여 정의되는 것이 올바른 길임을 알 수 있다.

도 그러합니다. 간단히 말하여, 어떤 믿음이 '참값'이 되기 위하여, 제가 정의한 의미로 어떠한 믿음이든지 간에 한 가지 사실과 대응하는 것이 아주 불필요하며, 그리고 어떤 믿음이든지 간에 그 낱말의 모든 의미에서 이런 대응을 실행함이 없는 채로 참값으로 될 수 있음을 함의하는 것입니다. 저한테는 진리에 대하여 실용자들이 주장하는 바에 대하여, 아주 종종 이런 사례들이 가장 근본적인 반론이 될 것임을 함의하는 듯이 보입니다. 누구이든지 간에 실용주의자들이 실제로 이를 의미했다고 말할 것인지 여부는 잘 모르겠습니다. 저는 일부 실용주의자들이 그렇게 의미했다고 생각하는 쪽으로 기울어져 있습니다. 그렇지만 실용주의자들이 제 지적을 받아들일지 여부와 무관하게, 분명히 이것이 실용주의자들이 종종 자신의 정신 앞에 지닌 어떤 견해이며, 그랬는지 여부에 대한 자각과 상관없이, 실용주의자들이 믿었던 어떤 견해라고 여깁니다. 다시 말하여, 저는 실용주의자들이, 실제로 휴가를 보내기 위하여 제가 런던을 떠났다고 믿는 제 친구의 믿음과 같이, 어떤 믿음이 설사 제가 런던을 떠나지 않았다고 하더라도, 참값이라는 낱말의 중요한 모든 의미에서 '참값'으로 될 수도 있을 것이라는 생각을 견지했다고 봅니다.

그렇지만 아마 실용주의자들에게도 공평하게, 그분들이 때때로 이 것과 아주 다른 어떤 것을 의미한 듯하다는 점도 언급되어야 하겠습니다. 비록 아주 다른 것이지만, 실용주의자들이 아주 명백하게 그것으로부터 서로 구별한 것 같지 않은 어떤 것입니다. 저는 다른 이런 견해를 언급하고자 하는데, 왜냐하면 아주 혼동하기 쉬운 어떤 측면을 드러내어 주기 때문입니다. 이미 제가 실제로 유지하도록 골몰하고 있는 모든 것은, 수백만 가지의 사례들에서 그리고 '참값'이라는 낱말의 가장 일반적이고 가장 중요한 의미들 중 한 가지로서, 어떤 믿음이 언제나 한 가지 사실에 대응하는 필요·충분조건에서 참값이라는 점입니다. 다시 말하여, 저는 오직 한 가지 사실에 대응하는 이런 속성이, 진리에 대한 어떤 기준이나 검사법일 뿐임을 주장하고 있는 것이지, 그 속성이 바로 '참값'이라는 낱말의 의미, 즉, 그 실제적 정의라고 주장하는 것은 아닙니다. 설령 제가 그 속성이 이런 것이라고 생각하는 쪽으로 기울어져 있다고 해도 그러합니다. 그렇다면 「진리에 대한 한 가지 기준 또는 검사법」이란 용어에 의해서, 우리는 참값이 제시되는 경우 언제나 출현하되, 참값이 제시되지 않는 경우에 결코 출현하지 않을 어떤 속성을 의미합니다. 따라서 임의의 특정한 사례에서 만일 논의 중인 속성이 어떤 믿음에 속하였는지 그렇지 않았는지 여부를 찾아낼 수 있었다면, 이것으로부터 우리는 당연히 그 믿음이 참값이었는지 거짓이었는지 여부를 판정할 수 있어야 합니다.

물론 진리에 대한 기준이나 검사법이 무엇인지에 관한 질문은, 철학자들에 의해서 많이 논의되어 온 한 가지 물음이며, 서로 다른 아주 많은 기준들이 제시되어 왔습니다. 제가 강조하고자 하는 요점은, 물론 모두 동등하게 양질의 것으로서 추상적으로 서로 다른 아주 많은 기준들이 있을 수 있다는 점입니다. 간단히 말하여, 서로 다른 많은 숫자의 속성들이 있으며, 이 속성들이 각각 모든 참된 믿음의 필요·충분조건에 속합니다. 실용주의자들이 의미하는 듯한 한 가지 것은, 단지 그분들이 말하는 그 속성이, 즉, 어떤 종류의 만족스런 결과로까지 이끌어 가는 속성이, 진리에 대한 한 가지 기준일 뿐이라는 점입니다.

이것이 실용주의자들이 의미하는 모든 것인 한, 그들의 이론은 물론 제가 그 이론에 맞서서 막 제시했던 반론에 활짝 열려 있을 것 같지는 않습니다. 단지 이를 말하는 것이, 어떤 믿음이 설사 아무런 사실과도 대응하지 못했다손 치더라도 참값으로 될 수 있음을 함의하지는 않을 것 같습니다. 오직 올바른 종류의 만족스런 결과로까지 이끌어 간 모든 믿음이, 또한 실제로 한 가지 사실과 대응했음만 함의할 듯합니다. 저는 이것이 실용주의자들이 실제로 종종 자신의 이론으로부터 도출해 내고자 하는 한 가지 결론이라고 생각합니다(≒사실 및 결과를 서로 조화시키고자 하는 시도임). 실용주의자들은 어떤 믿음이 실제로 어떠한 종류의 만족스런 결과로까지 이끌어 간다면, 언제든지 그것이 실제로 한 가지 사실과 대응함을 우리들에게 확신시켜 주고자 합니다. 이 이론에 대해서, 즉, 어떠한 종류의 만족스런 결과들로까지 이끌어 가는 일이 진리에 대한 한 가지 검사법이라는 이론을 놓고서 논박하는 반론들은 물론 그 갈래가 아주 다릅니다. 현재 그런 반론들을 저는 또 다른 주제와 관련해서 다뤄야 될 것입니다(≒여기서는 한 가지 반론만 잠깐 소개함). 지금 제가 강조하고자 하는 바는, 그것들(≒참된 믿음과 참값 조건)에 귀속시켜 놓은 다른 이론으로부터 이 이론이 완벽히 얼마나 다른지에 대한 것입니다. 이런 다른 이론에서는 단지 다음처럼 말하게 됩니다.

「만족스런 결과들로까지 이끌어 가는 속성이 언제나 한 가지 사실과 대응하는 속성과 잘 어울리므로, 여러분은 그 한 가지 속성을 지닐 경우마다 언제나 또한 사실상 다른 속성도 실제로 지니게 되는 것이다.」

(The property of leading to satisfactory results always goes with the property of corresponding to a fact: wherever you have the one property you also do in fact have the other)

반면에 더 앞에서 논의한 실용주의 이론에서는 다음처럼 말하였습니다.

「만족스런 결과들로까지 이끌어 가는 이런 속성이 어떤 믿음에 속할 경우마다 언제나 그 믿음이 설령 어떤 사실과도 대응하지 않는다고 하더라도 참값이다.」

(wherever this property of leading to satisfactory results belongs to a belief, that belief is *true*, *even if it does not correspond to any fact*)

§.15-6 【 부분적으로만 참값·거짓값을 주장하는 브뢰들리 교수의 진리관 】

실용주의자들의 진리 이론에 대하여 충분히 언급되었습니다. 이제 수백만 가지의 명백한 사실들과 갈등을 빚는 듯하기 때문에 제가 언급하고자 하는 진리에 대한 두 번째 이론은, 누구보다도 브뢰들리 교수에 의해 견지된 한 가지 이론이라고 봅니다. 제가 의미하는 이 이론은 참값과 거짓값에 관한 어떤 이론입니다. 여기서는 진리의 정의를 제 시하는 척하지도 않았고, 심지어 진리들에 대하여 아무런 기준도 제 시하지 않습니다. 다만 참된 믿음과 거짓된 믿음에 관해서 어떤 보편 적 속성을 규정해 줍니다. 여기서 규정하는 단언(명제)은 다음과 같습 니다.

「예외 없이 절대적으로 모든 믿음이 부분적으로 참값이고 또한 부분적으 로 거짓이다. 아무런 믿음도 전체적으로 참값이 아니고, 아무런 믿음도 전 체적으로 거짓이 아니다. 절대적으로 모든 믿음이 부분적으로만 두 값을 다 지닌다.」

(Absolutely every belief, without exception, is *both* partially true, and also partially false; no belief is *wholly* true, and none is *wholly* false; but absolutely all are *partially* both)

어떤 이유 또는 다른 이유로 말미암아(422~423쪽의 역주 151 참고) 저는 이 진술이 논의하기가 두려울 만큼 어렵다고 생각합니다. 이 주장에 대하여 아주 명백하게 그리고 확정적으로 반론을 서술하기가 극히 어 려울 듯합니다(늑배중률을 거부함). 틀림없이 제가 찾아낸 어떤 반론보 다도 이를 논박하는 더 나은 어떤 방식도 있을 것으로 확신합니다.

저는 우선 그 난점이, 이 진술이 나타내듯이 어떤 것이든 분명한 사실들과 모순될 것 같지도 않고, 또한 어떤 논점이든지 이것이 모순 됨을 아주 분명하게 보여 주는 것을 찾아내기도 아주 어렵다는 점이 라고 생각합니다. 사실상 제가 제시했던 대로, 어떤 믿음에 대한 특정 한 사례를 채택할 수 있습니다. 제가 휴가를 보내려고 런던을 떠났고, 제 친구가 제가 떠난 것으로 믿는다고 가정하기로 하겠습니다. 이미 살펴보았듯이, 그러한 경우에 (현재 런던에서 강의를 하는 것이 아니라 멀리 휴가를 떠났다면) 이런 믿음이 그 낱말의 한 가지 일반적 의미에서 참값이 될 것임은 아주 분명합니다. 저는 이것을 '일상적 의미'라고 부를 것입니다. 그렇다면 이 사례를 일상적 의미에서 참값이 되는 어떤 믿음으로 선택하면서, 우리는 다음처럼 물을 수 있습니다. 「이 믿음이 사실상 오직 부분적으로 참값일까? 이것이 사실상 부분적으로 거짓일까?」 여러분이 아주 명백하게 「논의 중인 그 믿음이 부분적으로 거짓이 아니라, 그 믿음이 전반적으로 참값이다」라고 말하려는 성향도 있을 수 있습니다. 저는 틀림없이 이것이 저한테도 사뭇 명백한 듯이 보임을 인정합니다. 만일 휴가를 보내려고 제가 런던을 떠났고, 제 친구가 믿는 것이 바로 제가 런던을 떠났다는 것이며 이밖에 아무 것도 아니라면, 실제로 그의 믿음이 전반적으로 참값임이 아주 명백한 듯합니다. 또한 그런 경우가 일어날 수 있음도 명백할 듯합니다. 휴가를 보내려고 제가 런던을 떠났다는 것이 사실일 수 있습니다. 분명히 이는 이 세상에서 있음직한 어떤 대상(≒사건)입니다. 또한 이것이 제 친구가 믿은 한 가지 사실일 수 있습니다. 그러므로 여러분은 다음처럼 말할 수 있습니다.

> 「여기서 우리는 어떤 믿음에 대한 한 가지 사례나 또는 부분적으로 거짓이 아니며 분명히 실제로 늘상 일어나는 어떤 종류의 사례를 갖고 있다. 그리고 단독으로 이것이 모든 믿음이 부분적으로 거짓이라는 진술을 논박하기에 충분하다.」
>
> (Here we have a case of a belief or a sort which certainly does constantly occur which is *not* partially false. And this alone is sufficient to refute the statement that *all* beliefs are partially false)

이것과 같이 증거로서 물론 수백만 가지의 다른 사례들도 발견될 수 있습니다. 그렇지만 저는 이런 논점이 현재의 상태로는, 분명히 누구이든지 간에 브뢰들리 교수의 신조doctrine를 견지하는 쪽으로 기울어진 사람에게는 확신되지 않을 것이라고 우려됩니다. 저는 틀림없이 이런 논박이 완벽히 만족스럽지 않음을 자인해야 한다고 생각합니다. 이것이 가장 밝은 불빛 아래에 해당 사안을 놓아두는 것은 아닙니다 (≒비유적으로 어두운 구석이 있음). 그러므로 저는 또 다른 논점을 제시하고자 합니다.

제가 보여 주고자 하는 바는 다음과 같습니다. 누구이든지 간에 분명히 다음과 같은 것들을 말하게 됩니다.

「모든 믿음이 부분적으로 거짓이라고 말하는 사람은 틀림없이 '거짓'이라는 낱말에 의해서 어떠한 것을 의미한다」

(who says: Every belief is partially false must mean something by the word "false")

제가 보여 주고자 하는 바는, 만일 그가 '거짓'이라는 낱말을 제가 일상적 의미로 부른 바대로 쓰고 있다면, 만일 모든 믿음이 부분적으로 거짓이라는 그의 견해가 참값이었다면, 절대적으로 모든 믿음이 동일한 의미에서 전체적으로 거짓임이 뒤따라 도출되었을 것입니다. 만일 모든 믿음이 부분적으로 거짓이었다면, 저는 실제로 모든 것이 전체적으로 거짓임이 뒤따라 도출된다고 봅니다. (배중률을 포기하고 부분적 진리를 논의한다면) 따라서 휴가를 보내기 위해 제가 런던을 떠났거나 또는 심지어 현재 제가 런던에 있는 일과 같은 그런 사실조차 어떤 것이든지 전혀 있을 수 없음이 뒤따라 도출됩니다. 만일 누구든지 간에 현재 제가 런던에 있지 않음을 믿는다면, 틀림없이 그의 믿음은 전체적으로 거짓이 됩니다. 왜냐하면 그 믿음이 제가 런던에 있지 않다는 한 가지 사실이 될 수 없기 때문입니다. 저는 이것이 실제로 브뢰들리 교수의 신조로부터 뒤따라 도출되는 결론이라고 생각합니다. 그분이 스스로 이런 결론을 받아들일 것인지는 잘 모르겠습니다.

그렇지만 늘 그분이 하듯이, 이런 믿음이 부분적으로 참값인 것처럼 말하는 일은, 분명히 이런 결론이 실제로 뒤따라 도출되는 관련 사실을 감춰 버리는 데에 기여합니다. 이는 정말로「그 낱말의 일상적 의미로 모든 믿음이 전체적으로 거짓이라는 해당 사실」을 가려(감춰) 버리는 데에 그분의 신조가 기여하는 것입니다. 저는 이 신조가 일부 이것이 감춰져 있음직한 가능한 사실로부터 말미암는 것으로 생각합니다. 그러므로 제가 명백히 드러내고자 하는 바는, 이 결론이 실제로 뒤따라 나온다는 사실에 있습니다.

그렇지만 이 일을 실행하기 위하여 반드시 '거짓'이라는 낱말이 일상적 의미로 쓰인다고 가정하면서, "부분적으로 거짓"이라는 어구로써 그분이 의미할 수 있는 바를 살펴보아야 합니다.

의심의 여지없이 저는 "부분적으로 거짓"이라는 이 어구가 한 가지 분명한 의미를 지닌다고 봅니다. 저는 어떤 믿음들이 부분적으로 거짓이더라도, 전체적으로는 거짓이 아님이 분명하다고 생각합니다. 해당 사실은, 우리가 어떤 믿음을 말할 경우에, 심지어 한 가지 문장으로 그 믿음을 모두 표현할 수 있을 경우에라도, 그 믿음이 분명히 종종 서로 다른 여러 가지 믿음들을 포함한다는 점입니다. 우리가 그 믿음을 품고 있는 경우에, 우리는 서로 다른 여러 가지 대상들을 동시에 믿고 있으며, 이런 대상들 중 일부가 참값이 될 수 있습니다.

예를 들어, 오늘 오후에 전시관에 있던 어느 그림에서 여러분이 봤던 특정한 옷의 색깔이 밤색maroon이었다고 믿을 수 있습니다. 여러분이 이를 믿는 경우에, 동시에 서로 다른 두 가지 대상을 믿을 수 있습니다. 무엇보다도 첫째, 여러분이 봤던 색깔이 무슨 색깔이었든지 간에 상관없이, 지금 여러분이 생각하고 있는 색깔과 동일했다고 믿고 있을 것입니다. 이것이 물론 여러분이 옳거나 틀릴 수 있는 한 가지 사안이 됩니다. 뒤에 그 그림을 다시 찾아가서 보는 일이, 이 색깔에 관해서 여러분이 실수했음을 확신시킬 수 있습니다. 그렇지만 두 번째 것으로, 또한 여러분이 생각하고 있는 그 색깔이 다른 사람들이 '밤색'이라고 부를 만한 것이라고 믿을 수 있습니다. 달리 말하여, 여러분 정신 앞에 있는 그 색깔이 지닌 어떤 특정한 이름, 즉, '밤색'과의 연관성에 관한 어떤 믿음을 품고 있을 수 있습니다. 다시 한 번 여기서 여러분이 옳거나 틀릴 수 있습니다. 설령, 여러분 정신 앞에 있는 그 색깔이 그 그림에서 여러분이 봤던 색깔이라고 하더라도, 이 색깔에 대한 올바른 이름이 '밤색'이라고 여기는 데에서 아주 틀릴 수도 있습니다. 설령, 전체적으로 한 가지 믿음으로 불러야 한다고 하더라도, 저는 주어진 임의의 시점에서 여러분의 일부 믿음이 참값이며, 일부가 거짓인 그런 경우들이 일상생활에서 늘 일어난다고 생각합니다.

그렇지만 이제 제가 주의를 쏟고자 하는 바는, 그럴 경우에 하나의 전체로서 취해진 그런 전체적 믿음이, 그 낱말의 일상적 의미에서 단순히 거짓이라는 점입니다. 그 전체적 믿음이 '오늘 오후에 여러분이 봤던 색깔이 지금 여러분의 정신 앞에 지닌 색깔이며, 이 색깔의 이름은 밤색이다'라고 여김으로써, 이런 전체 믿음의 결합체가 아무런 사실과도 대응하지 않음이 분명합니다. "여러분 정신 앞에 있는 색깔이 오늘 오후에 여러분이 봤던 색깔이며, 그 이름은 밤색이다"와 같은 그런 사실이 전혀 없는 것입니다. 그러므로 한 가지 믿음이 부분부분256) 거짓일 경우에, 하나의 전체로서 그 전체 믿음이 그 낱말의 일상적 의미에서 바로 단순히 거짓이 됩니다.

전체적으로 거짓인 상태로부터 이 믿음을 구제해 주는 유일한 한 가지 것은, 이런 의미에서 그 믿음의 일부가 거짓이 아니라는 점입니다. 그렇지만 일상적 의미에서 거짓이 아닌 그 믿음의 이 부분도 또한 어떤 믿음입니다. 그러므로 만일 모든 믿음이 부분마다 다 거짓이었다면(≒오직 전체적 믿음이 거짓 부분들로만 이뤄졌다면), 일상적 의미에서 바로 단순히 거짓이 아닌 그 믿음의 부분이란 전혀 있을 수 없습니

---

256) [역주] 원문은 모두 partially**부분적으로**로 쓰여 있다. 그렇지만 전체 믿음이 부분들로 이뤄져 있고, 그 부분들이 모두 거짓인 경우에는, partially를 '부분마다'로 번역해야 이해가 쉬울 것이다(part to part). 반대로, 전체 믿음이 부분들로 이뤄져 있지만, 일부의 경우는 참값이라면, 낱말 선택을 달리하여 '부분적으로만some part only'으로 쓰는 것이 아마 더 나은 표현일 듯하다. 원문 표현이 다소 미흡하다.

다. 따라서 만일 모든 믿음이 부분마다 다 거짓이었다면, 사실상 전체적으로 모든 믿음도 틀림없이 거짓이 됨이 뒤따라 나옵니다. 어떤 믿음이든지 간에 전체적으로가 아니라 오직 부분적으로만 거짓이 됨을 가능하게 만들어 주는 유일한 한 가지 것은, 그 믿음이 마땅히 부분적으로 거짓이 아닌 어떠한 부분도 지녔을 것이라는 점입니다. 왜냐하면 그 믿음은 틀림없이 그 낱말의 일상적 의미에서 바로 단순히 거짓은 아닌 어떠한 부분을 갖고 있을 것이기 때문입니다.

우리는 부분적으로 거짓된 모든 믿음이, 이런 일상적 의미에서 바로 단순히 거짓임을 살펴보았습니다. 그러므로 만일 부분부분 모든 믿음이 다 거짓이었다면, 아무런 믿음도 일상적인 의미에서 바로 단순히 거짓이 아닌 부분을 전혀 지닐 수 없습니다. 이것이 전체적 논점이 기대고 있는 요점입니다. 저는 이런 요점을 알아차리기가 쉽지 않을 것이라고 우려합니다. 그렇지만 저는 이것이 만일 모든 믿음이 부분마다 다 거짓이었다면, 틀림없이 모든 믿음도 전체적으로 거짓이어야 함을 입증해 준다고 생각합니다.

이것으로부터 뒤따라 나오는 것은, 만일 브뢰들리 교수가 일상적 의미로 '거짓'이라는 낱말을 쓰고 있다면, 그의 신조로부터 실제로 우리의 모든 믿음이 이런 일상적 의미로 전체적으로 거짓임이 뒤따라 나옵니다. 물론, 만일 그분이 사뭇 다른 어떤 의미로 '거짓'이라는 낱말을 쓰고 있다면, 그런 의미에서 우리의 모든 믿음들이 부분적으로만 거짓이되, 전체적으로는 아무런 믿음도 거짓인 것이 아님이 실제의 경우가 될 가능성도 있습니다(≒특히 범인 목격담도 재구성 기억으로 이뤄지므로 그대로 덥석 믿기보다는, 여러 증인들이 부분부분 참된 내용을 기억하면서 말하고 있다고 보아 증거들을 모아나가는 경우가 그러할 수 있음). 그렇지만 만일 그분이 오직 일상적 의미가 아니라 다른 어떠한 의미로만 그 낱말을 쓰고 있다면, 그분의 신조는 우리가 그 낱말의 일상적 의미에서 수많은 우리의 믿음이 전체적으로 참값이라고 말하는 데에 아무런 반대 논점도 형성할 수 없습니다.

사실상 우리가 지금까지 살펴본 것은, 설령 어떤 것이든지 우리 믿음들이 그 낱말의 일상적 의미에서 부분적으로 거짓이더라도, 그 믿음들의 일부는 틀림없이 전체적으로 참값이라는 점입니다. 틀림없이 심지어 부분적으로도 거짓이 되지 않는 일부 믿음이 있는 것입니다. 이런 요점, 즉, 우리 믿음들 중 일부가 이런 일상적 의미에서 전체적으로 참값이라는 점은 제가 주장하려고 하는 핵심 요점입니다. 이런 일상적 의미가 설령 그 낱말의 유일하게 한 가지 중요한 의미가 아니라고 하더라도, 분명히 '참값'이라는 낱말의 가장 중요한 의미들 중 한 가지인 것입니다. 그리고 저는 브뢰들리 교수가 심지어 이런 일상적 의미에서조차 사실상 어떤 것이든 간에 우리 믿음들이 전체적으로 참값임을 부정하려고 의미했을 것으로 봅니다. 저는 그분이 어떤 것이든지 우리 믿음들이 어떤 의미로도 전체적으로 참값이라고 말하는 데에는 반대할 것으로 생각합니다. 그러므로 저는 이런 논점이 사실상 제 자신의 신조에 대한 방어일 뿐만 아니라, 그분의 신조에 대한 공격으로 간주합니다.

(※교정을 보면서, 이 주제의 핵심이 「배중률」의 인정 여부임을 뒤늦게 깨달았다. 희랍 시대에는 매우 소박하게 「어떤 대상이 현실세계에 있으면 있다고 하고, 없다면 없다고 하는 것」이 진리라고 보았다. 따라서 어떤 대상이 현실세계에서 있지도 한고 없지도 않는 '중간값'은 배제되어 고려될 수 없었다. 그렇지만 우리가 경험하는 것이 단순히 한 가지 대상이나 물건이 아니다. 대부분 계기적으로 일어나는 복잡한 「일련의 사건들」이다. 이를 인정한다면, 어떤 임계값 또는 문턱값을 상정하여 단계별 진리값을 매길 수도 있다. 이런 접근에서는 장차 어떤 사건이 뒤이어질지에 대한 예측이 더 중요한 척도가 될 듯하다. 더구나 인간이 일으키는 사건들이 '자유의지나 동기'에 따라 목표 사건을 향해 일어나는 것임을 받아들이다면, 단순히 배중률만을 고집하는 것이 유일한 선택지가 될 수 없음을 깨닫게 된다. [뒤친이])

제16장 있음^{being}·사실^{fact}·현존^{existence}

§.16-0 【 들머리 】 '실재한다real'와 '참이다true'라는 낱말들에 의해서 우리 정신에 연상되는 크게 중요한 속성들의 본성이 정확히 무엇인지를 찾아내기 위하여, 저는 이런 낱말들의 의미와 관련된 문제들을 논의해 오고 있습니다. 이제 이런 논의를 시작했던 지점으로부터 그 요점이 무엇이었는지를 여러분에게 상기시키고 싶습니다.

저는 두 가지 목표를 지니고서 이 논의들을 시작하였습니다. 첫 번째 목표는 다음과 같습니다. 우리는 브뢰들리 교수가 「시간이 '실재하지' 않는다not real)」고 강하게 주장했음을 알았습니다. 다른 한편으로 그분은 「시간이 실제로 '현존하며'does 'exist' 의심의 여지없이 시간이 '있다(존재하는 상태이다)'」고 똑같이 강조하여 주장한 듯합니다. 이들 두 주장을 결합하면서, 분명히 그분은 스스로 모순을 저지르고 있지만, 무의미한 것을 말하고 있는 것으로 생각하지 않았습니다. 그렇지만 '실재한다is real'라는 어구로써 가리켜 주는 속성이, '현존한다exist'와 '있다is(존재하는 상태이다)'라는 어구로써 가리켜 주는 것과는 다른 어떤 속성이 들어 있지 않는 한, 분명히 그분은 스스로 모순을 저지르고 있습니다. 제가 반론을 펴는 일 중 한 가지는, 이것이 그러한지 그렇지 않은지 여부를 밝히는 것입니다. 즉, 그분이 한 가지 낱말을 쓰는 경우와 그분이 다른 두 가지 낱말을 쓰는 경우에, 실제로 자신의 정신 앞에 서로 다른 두 가지 속성들을 지니고 있었는지 여부를 찾아내고, 그것들이 서로 어떻게 차이가 나는지를 찾아내려는 것입니다. 브뢰들리 교수가 의미한 바에 관한 이 질문은, 제가 답변하고 싶었던 두 가지 질문 중 하나였습니다.

두 번째 목표는 다음과 같습니다. 부분적으로 그 나름의 동기 때문에, 그리고 그분의 의미에 부분적으로 서광을 던져줌직한 일을 위하여, 저는 다음 질문에 대답을 시도하려고 합니다.

> 「우리가 '실재한다', '현존한다', '한 가지 사실이다', '있다', '참이다'라는 다섯 개 어구에 의해서 일반적으로 무엇을 의미하는 것일까? 일반적으로 어떤 속성 또는 속성들을 이들 어구가 나타내는 것일까?」
>
> (What do we commonly mean by the five phrases "is real", "exist", "is", and "is true"? What property or properties do those phrases commonly stand for?)

이들 두 가지 질문, 즉, 브뢰들리 교수가 쓰는 의미에 관한 질문과 이들 다섯 개 어구의 일상적 의미에 관한 직접적인 질문이, 제가 대답하고자 한 것들이었습니다(≒§.16-2에서 is는 being으로 논의되고, is true는 제17장에서 다뤄지며, is가 being으로 다뤄져야 하는 이유는 715쪽의 역주 266을 보기 바람). 제 논의가, 적어도 이 두 가지 질문에 대답하는 데에 실제로 커다란 어려움이 있음을 보여 줄 수 있기를 희망합니다. 사실상 제가 지적하고 논의하려는 난점들 외에도, 다른 많은 난점들이 있습니다. 그렇지만 이런 논의를 놓고서 제가 애초 의도했던 것보다 이미 더 많은 시간을 쏟았습니다. 따라서 현재 제가 할 수 있는 만큼, 오직 분명하고 간단하게 이들 두 가지 질문에 대한 올바른 답변이 무엇이라고 생각하는지만을 서술해 놓고자 합니다.

§.16-1【 다섯 개 어구들 사이의 구분 】다섯 개 어구들의 일상적 의미에 관한 질문으로부터 시작하면서, 우선 저한테 이 어구들이 나타내는 가장 중요한 일반개념이나 속성들이 됨직한 바를 드러내고자 할 것입니다. 저는 스스로 가장 중요한 것에만 국한지어야 하겠습니다. 절대적으로 모든 의미를 남김없이 다루기를 희망할 수 없기 때문입니다. 그렇다면, 브뢰들리 교수가 시간에 대하여 말하는 관련 대상들을 언급한 경우에, 그분의 정신에 대한 실재 상태the real state라고 간주하는 바를, 될 수 있는 대로 간략하고 분명하게 서술해 놓고자 시도할 것입니다.

이들 다섯 개 어구의 의미에 관해서 가장 중요한 난점과 브뢰들리 교수가 구분하듯이 선명한 구분을 만들기 위한 강력한 해명은, 여전히 제가 논의를 시작했던 사실에 놓여 있을 듯합니다. 즉, 순수히 상상의 대상물들이, 단순히 우리가 그 대상들을 생각하고 말할 수 있기 때문에, 설령「둥근 정사각형a round square」처럼257) 절대적으로 자기모순인 경우이더라도, 여전히 반드시 어떤 종류의 있음being(존재하는 상태)을 지녀야 하며, 어떤 의미에서 여전히 반드시 있을 것처럼 보인다는 사실입니다. 어떤 의미에서「둥근 정사각형」과 같은 그런 대상이 있지 않으며, 있을 수 없음이 아주 분명한 듯합니다. 그러나 만일 있는 것이 아니라면, 어떻게 우리가 그것에 대하여 생각하고 말을 할 수

---

257) [역주] 뒤친이의 독서 범위에서는 밀(J. S. Mill, 1806~1873)의 『추론과 귀납에 대한 한 가지 논리 체계』(Harper, 13쪽)에서 제시된 사례이다. 그런데 뤄쓸(1905)의 인용에 따라 다시 오스트리아 철학자 알렉시우스 마이눙(A. Meinong, 1853~1920)이 제시한 「존재할 수 없는 모순 개념」의 사례로 알려져 있다. 칸트의 분석 단언과 종합 단언에 따라서, 한 부류는 개념상의 모순 사례로서 '둥근 정사각형'을 들었고, 다른 한 부류는 경험할 수 없는 모순 사례로서 '황금산'을 들었다. 432쪽의 역주 154를 보기 바란다.
　엉뚱하게 생각해 보면, 요즘 기술력이 하도 좋아서 '둥근 사각형'을 만들 수도 있을 것이다. 투명한 플라스틱을 써서 정육면체(정육방체) 속에 거의 한 변 길이와 동일한 지름을 지니는 텅 빈 구를 만들 수 있다. 물론 이런 도형이 어디에 쓰일지 실용적 문제는 잠시 접어 두기로 한다. 그렇다면 한 면만 볼 경우에 동시에 정사각형이면서 원이 보일 것이다. 이런 도형을 공장에서 생산할 경우에 이것을 '구-육면체'로 부르거나, 한 면만 보고서 '둥근 정사각형'이라고 부르지 않는다면, 도대체 뭐라고 부를 수 있을까?

있을까요? 분명히 저는 그것에 대하여 생각하고 말을 할 수 있습니다. 지금 저는 그렇게 실천하고 있는 것입니다. 저는 그것에 대하여 단언(명제)을 만들고 믿을 수 있을 뿐만 아니라, 또한 그것에 관해서 참된 단언(명제)을 만들 수 있습니다.

저는 만일 그런 대상이 있다면, 「둥근 정사각형」은 동시에 둥글고, 둥글지 않을 것 같음을 잘 알고 있습니다. 이것이 그러함은 한 가지 사실입니다. 이제 「둥근 정사각형」과 같은 그런 대상이 없다고 말하면서, (역설적으로 이를 강력하게 주장한다면) 그런 어떤 대상이 있음을 함의할 듯합니다. 오직 그것이 「*not* being없는 상태, 존재치 않음」를 지닐 수 있도록 하기 위하여,258) 틀림없이 그러한 어떤 대상이 있을 듯합니다. 그러므로 무엇이든지 간에 우리가 언급할 수 있는 대상에 대하여 「절대적으로 그것이 있지 않다」고 말하는 일이, 스스로 모순을 자초하는 듯이 보이는 것입니다. 절대적으로 우리가 있다고 언급할 수 있는 모든 것이, 반드시 어떠한 종류의 있음being(존재하는 상태)을 지니는 듯이 보이는 것입니다(문장의 일부이기 때문인데, 604~605쪽의 역주 228 참고).

그렇지만 만일 유추(유비)가 되는 '거짓된 믿음'의 경우를 고려한다면, 그럼에도 불구하고 저에게는 「있지 않은are not」, 다시 말하여, 전혀 「없는 상태를 지닌have no being」 대상들을 생각할 수 있음이 사뭇 분명해지는 듯합니다. 예를 들어, 제 친구 한 명이 현재 저에 대하여 「제가

---

258) [역주] 이미 642쪽의 역주 242와 664~665쪽의 역주 249와 675~676쪽의 역주 253에서, 거짓된 단언을 위한 필요·충분조건이 따로 마련될 수 없고, 오직 참된 단언인지 여부를 따지기 위한 필요·충분조건에 기대어 이를 통과하지 못할 경우에, 즉각 제거되어 무위화될 뿐임을 적어 두었다. 그 결과는 공집합의 원소 ø 였고, 아무리 많더라도 모든 거짓된 단언과 믿음들이 결과적으로 동일한 하나의 공집합 {ø}을 가질 뿐이다. 여기서 「둥근 정사각형」이라는 모순 개념에 대하여 어떤 고유한 속성을 상정한다는 것 자체가, 마치 거짓된 단언을 위하여 고유한 필요·충분조건을 따로 마련하려는 일을 연상시키는데, 잘못된 접근일 따름이다. 「틀림없이 그러한 어떤 대상이 있을 듯이as if there must be such a thing」라는 말은, 거짓 단언을 위한 필요·충분조건이 따로 있는 것처럼 서술해 놓고 있는 것이다. 두 값만 허용하는 논리에서는 거짓값을 위한 세계 모형은 오류 개념일 뿐이다. 참값을 받지 못하는 쓰레기들이 모인 것이 거짓들이다. 오직 집합 개념으로 거짓값이란 이름을 붙여 놓은 것뿐이다.

런던에 있지 않다」고 믿고 있을 수 있습니다. 이는 분명히 현재 아주 쉽게 일어날 수 있는 어떤 믿음입니다(≒잘못된 믿음이 일상생활에서 다반사임). 그럼에도 분명히 「제가 현재 런던에 있지 않은 상태」와 같은 그런 대상은 아무런 것도 없습니다. 저는 지금 런던에 있으며, 이것이 해당 사안을 확정해 줍니다(≒거짓은 고유한 모형이 없고, 단지 참값이 만족되지 않는 것들로서 부산물일 뿐임).

이미 살펴보았듯이, 만일 제 친구가 누구이든지 간에 현재 이것을 믿고 있다면, 어떤 의미에서 「제가 현재 런던에 있지 않은 상태」와 같은 그런 어떤 대상이 있음이 성립될 수도 있습니다. 틀림없이 제 친구가 지닌 믿음의 대상과 같은 그런 어떤 대상, 즉, 그가 믿고 있는 관련 단언(명제)이 있으며, 「현재 제가 런던에 있지 않다that I am not now in London」 낱말들이 이 단언(명제)에 대한 어떤 이름이고(≒무어 교수는 문장도 한 가지 이름이라고 부름), 의심의 여지없이 이런 이름이 있음도 성립될 수 있습니다. 비록 이미 저는 이것이 참값이라고 생각하지 않음을 언급했지만, 이런 견해를 논박하려는 뜻은 아닙니다. 잠시 이것이 참값이라고 간주하겠습니다.

설사 이것이 참값이라도, 설사 그의 믿음이 참값이었더라도, 그런 낱말들이 나타냄직한 한 가지 것은, 분명히 아무런 속성도 없다는 어떤 사실이 남아 있습니다. 그 낱말의 한 가지 의미에서 「제가 현재 런던에 있지 않은 상태」와 같은 그런 것이 아무런 것도 없음이 참값으로 남습니다. 달리 말하여, 어떤 믿음이 참값인 경우에, 설사 우리가 이 세상에서 동일한 이름을 갖고 있는 서로 다른 두 가지 대상(≒참값인 대상과 거짓인 대상)이 있다는 견해를 채택한다고 하더라도, 그리고 그 믿음이 거짓일 경우에 비록 우리가 이들 두 가지 중에서 오직 하나만 있다는 견해를 채택한다고 하더라도, 만일 그 믿음이 거짓이라면 분명히 어떤 의미로 「제가 현재 런던에 있지 않은 상태」와 같은 그런 것이 아무런 것도 없다는 한 가지 사실이 남아 있습니다. 그리고 그렇게 실행하기 위해서 또한 설령 동시에 동일한 이름을 지니며 분명히 상태가 있는 다른 어떠한 것을 생각해야만 하더라도, 분명히 「아무런 상태도 없다」는 바로 이것이, 우리가 이제 생각해 내거나 상상하고 있는 바로 그 대상입니다.

그러므로 저는 어떤 의미에서 우리가 반드시 「절대적으로 아무런 속성도 없는 상태를 지닌 대상들을 생각할 수 있다」고 인정해야만 한다고 봅니다.259) 우리는 틀림없이 우리가 그렇게 했던 듯이 말합니다. 우리가 그렇게 말하며 우리가 그렇게 실행한다고 말하는 경우에, 분명히 그렇게 말하는 일에 의해서 우리는 실제로 한 가지 사실인 어떤 것을 의미합니다. 예를 들어, 제 친구가 제가 런던에 있지 않은 것으로 믿는데, 사실상 제가 런던에 있는 경우에라도, 그는 제가 런던에 있지 않다고 믿고 있는 것입니다. 그 점에 대해서는 의심의 여지가 없습니다. 다시 말하여, 「그는 제가 런던에 있지 않다고 믿는다」라는 전체적인 이런 표현이, 실제로 한 가지 사실을 표현하거나 한 가지 사실을 위한 해당 이름인 것입니다.

그렇지만 저에게는 관련 난점을 해결하는 방식이 다음처럼 보입니다. 즉, 전체적인 이런 표현이 그래 보이듯이, 단지 한편으로 제 친구와 그리고 다른 한편으로 한 가지 사실, 즉, 그 이름 "제가 런던에 있지 않다는" 사실 사이에 있는 어떤 관계를 표현하는 것이 아닙니다. 앞의 사례는 실제로 이를 실행하는 듯한데, 그것이 바로 난점이 깃드는 곳입니다. "제가 런던이 있지 않다는" 어구가, 틀림없이 제 친구가 관련

---

259) [역주] 뒤친이는 무어 교수의 생각과 다르게 본다. 아무런 속성도 없는 상태가 결코 하나의 사실이 될 수는 없다. 다시 말하여, 결여 또는 무위화된 상태는 「판단의 결과」 내지 「평가 결정」에 지나지 않는 것이다. 판단의 결과 및 엄연히 이 세상에 존재하는 대상이나 사건에 관한 한 가지 사실을 서로 혼동해서는 안 된다. 만일 「현재 무어 교수가 런던에 있지 않은 상태」가 하나의 사실이라고 주장한다면, 거짓된 믿음에 대한 독자적인 필요·충분조건이 있는 것처럼 여기는 일에 다름 아니다. 만일 거짓된 믿음에 상응하는 어떤 결여 상태(무위화된 상태)를 보장해 주어야 한다면, 어떤 결여 상태들이 얼마나 상정되어야 하는지도 불분명하지만, 결여된 상태들이 지수적으로 폭발하며 확장되어 나갈 것이므로, 결국 아무도 통제할 수 없는 결과에 이를 것이다. 따라서 대응 관계가 적용될 대상은, 오로지 참값을 받을 수 있는 후보들에만 국한되어야 하는 것이다. 664~665쪽의 역주 249와 675~676쪽의 역주 253과 694쪽의 역주 258을 참고하기 바란다.

된 어떠한 것에 대한 한 가지 이름인 듯이 보입니다. 즉, 분명히 있음(존재하는 상태)을 지닌 어떠한 것입니다. 그렇지만 저는 우리가 반드시 「이들 낱말이 실제로 어떤 것이든지 간에 대상에 대한 한 가지 이름이 될 수 없다」는 점을 인정해야만 한다고 생각합니다. 비록 「그는 내가 런던에 있지 않다고 믿는다」라는 전체 표현이 어떠한 것에 대한 한 가지 이름이지만, 단독으로 채택되면 그 어구가 조금도 어떤 것이든지 간에 대상에 대한 한 가지 이름이 되지 않습니다.260) 우리가 쓰는 단일한 낱말들과 어구들이, 사실상 아무런 것에 대한 이름도 아닌

---

260) [역주] 비슷한 논의의 틀이 이미 문장과 단언(명제) 사이, 또는 이름과 단언(명제) 사이를 구분하기 위하여 이용된 바 있다. 633쪽의 역주 240과 667쪽의 역주 250을 보기 바란다. 「내가 런던에 있지 않다는/않다고」라는 내포문만으로는 이름이 될 수 없다고 주장하는 것이다. 그렇지만 뒤친이는 이런 주장에 무리가 있다고 본다. 무어 교수는 이미 하나의 문장 "lions exist^{사자가 현존한다}"와 이 문장을 명사처럼 만들어 놓은 명사구 "existence of lion^{사자의 현존}"이 서로 동일하다고 주장한 바 있다(604~605쪽의 역주 228). 가령, 「철수가 영이를 사랑한다」는 문장이 「철수의 영이 사랑」을 거쳐 「영이 사랑」이나 「그런 사랑」으로까지 줄어들더라도, 여전히 상황과 맥락에 따라서 동일한 값을 지니는 것이다. 따라서 문장으로 부르든 이름으로 부르든 간에, 내포문의 존재가 그 자체로 이미 한 가지 문장이라는 독자적인 지위를 갖고 있는 요소이다.

만일 이런 측면을 고려할 경우에, 이름이 된다거나 이름이 되지 않는다거나 그 자격을 따지는 일이 군더더기이고 불필요한 논의라고 본다. 무어 교수는 지속적으로 첫째 상상물, 둘째 이름(낱말), 셋째 문장, 넷째 거짓된 믿음들이 다 같이 하나로 묶인다고 보는 듯하다. 만일 그렇다면 이를 「이름에 대한 정신적 태도」로 부를직하다. 그렇지만 이들은 아무런 것도 사실과 대응 관계를 이루는 단언의 차원으로 승격될 수 없다. '믿다to believe'는 「믿는 주체·믿는 대상·그 대상의 내용」이란 세 가지 항목을 요구하는 동사이다(I believe *him* to be honest). 「믿다, 여기다, 보다, 간주하다, 치다」 따위가 같은 계열의 동사인데, 우리말에서 "최영은 황금을 돌로 보았다"에서 최영은 믿는 주체이고, 황금은 믿는 대상이며, '돌로'는 내포문 「황금이 돌이다」에서 변형 과정을 거쳐 '돌이라고, 돌로, 돌처럼, 돌인 듯이'로 나오게 될 것이다. "철수는 영이를 천재로 믿는다"에서도 같은 내포문 「영이가 천재이다」는 변형 과정을 거쳐서 '천재로, 천재라고, 천재인 것처럼, 천재일 것으로, 천재같이' 등과 같이 나올 수 있다(내포문이 실현되는 문법적 지위가 개별 언어마다 차이가 있는데, 영어는 우리말처럼 다양하지 않음). '주다, 받다'와 같이 주어와 목적어와 보어로 이뤄진 문장 형식으로 나오며, 논항을 세 개 요구하여 세 가지 논항들의 관계를 설정해 주기 때문에 「3항 동사」라고도 부른다.

그런데 맥락에 따라서 주어와 내포문 형식의 보어만 나오거나(he believes *that Moore is not in London*) 또는 주어와 대상만이 나올 수 있어서(I believe *her story*), 마치 2항 동사처럼 쓰이기도 한다. 영어에서 이 동사는 또한 1항 동사인 자동사로도 쓰이는데(she believes *in God*), 전치사 구절은 자동사의 보어라고 부른다. 사실 여부를 따지지 않은 채 전치사 목적어의 현실 세계에서의 존재와 그 존재가 발휘할 능력까지 믿는다는 속뜻을 담게 된다(영어 낱말의 특징인데, 621~622쪽의 역주 236을 보기 바람). §.16-2의 첫 단락에 있는 believe in도 '그 존재를 믿는다'는 속뜻을 담고 있다.

경우에라도, 언제나 어떠한 것에 대한 이름인 듯이 보인다는 바로 이 사실이, 저한테는 전체적인 난점을 만들어 내는 것으로 보입니다. 이 것으로 말미암아, 이런 주제를 논의하는 데에서 틀림없이 언제나 스 스로 자가당착으로 빠지는 듯합니다.

저는 전체적으로 이런 모순의 출현을 막을 수 없을 것으로 생각합 니다. 단지, 「키메라와 같은 그런 것은 아무런 것도 없다」고 말하는 데에서, 틀림없이 저절로 자가당착이 되는 듯합니다. 왜냐하면 '키메 라'가 어떠한 것에 대한 한 가지 이름임을 함의하지만, 반면에 동시에 여러분이 이 어떠한 것을 놓고서 주장하는 그 대상이 없는 것임도 함 의하는 듯하기 때문입니다. 그런 대상이 아무런 것도 없는 것입니다. 기억해 두어야 할 점은, 비록 우리가 그런 표현들을 이용해야 한다고 하더라도, 그리고 전체적 표현이 분명히 있는 사실들에 대한 이름이 된다고 하더라도, 이런 사실들이 한편으로는 어떤 논제의 '임의의 키 메라'와, 다른 한편으로는 그 논제에 관해 주장된 어떠한 내용으로 분석될 수 없다는 것입니다.

그런 사실들이 어떻게 분석되어야 할 것인지에 대한 물음은, 물론 대단히 어려움을 더하는 질문입니다. 제가 여기에 대답할 수 있는 척 하지 않겠습니다. 그렇지만 분명한 것은, 이 질문들이 제안된 방식으 로는 분석될 수 없다는 점이라고 생각합니다. 간단히 말하여, 단지 우 리가 키메라를 생각하고 키메라에 관한 단언(명제)을 만들면서, 우리 가 부르는 어떠한 것을 실행할 수 있기 때문에, 그렇다고 하여 키메라 와 같은 그런 어떤 것이 있다고 가정해서는 안 된다는 것입니다. 사실 상 우리가 한 가지를 놓고서 말할 경우에라도, 심지어 한 마리 키메라 를 언급하고 있는 것이 아닙니다. 우리는 그 자체로 있지도 않은 어떤 낱말, 즉, 무엇이든 간에 임의의 것을 위한 '한 가지 이름'만을 쓰고 있는 것입니다.

§.16-2 【 'being있음, 존재하는 상태'에 대하여 】 그렇다면 그런 언어가 담

고 있는 듯한 자기모순에도 불구하고, 저는 우리가 생각하고 말하게 되는 모종의 대상들이 어떤 의미에서라도 전혀 '없는 상태를 지님have no being'을 말하고자 합니다. 저는 우리가 거짓된 믿음을 품을 때마다, 즉, 우리가 실수를 저지를 때마다, 어떤 의미에서 「우리가 그 존재를 믿고 있는 것과 같은 그런 것이 아무런 것도 없음」이 아주 명백하다고 봅니다. 비록 그런 언어가 자기모순일 듯하지만, 일부러 자기모순이 되는 듯한 언어를 쓰는 경우를 제외하고서는,261) 저는 우리가 조금이라도 해당 사실들을 표현할 수 있다고 생각하지는 않습니다. 만일 여러분이 언어가 의미하는 바를 잘 이해한다면, 겉으로 보기에 분명한 모순은 크게 문제가 되지 않습니다. 가끔 다섯 개의 어구들 중 일부에 의해서 가리켜지듯이, 제가 여러분으로 하여금 주목하도록 하고 싶은 제1의 가장 근본적인 속성이 있습니다. 우리의 믿음이 참값일 때마다 실제로 그 존재를 믿고 있는 바에 속하며(621~622쪽의 역주 236과 697쪽의 역주 260 참고), 우리의 믿음이 거짓일 때마다 그 존재를 믿고 있는 바에 속하지 않는 것입니다. 저는 *being*있음, 존재하는 상태이라는 이름을 이런 속성에만 국한하여 쓰기를 제안합니다.

---

261) [역주] 특히 불교의 선종에서 선사禪師들이 자가당착과 같은 표현들을 많이 쓰곤 한다. 스스로 궁극적인 진리에 대하여 모두 다 말하고 나서, 「자신은 정작 한 마디로 하지 않았다」고 말하거나, 비록 우연히 나는 이 세상에 태어나 살고 있지만, 궁극적으로 「본디 나 자신은 태어나지도 죽지도 않는다」고 말하기도 한다. 물론 달을 가리키는 손가락의 비유를 미루어, 일상적인 말로써 자신이 언급하고자 하는 내용을 다 가리킬 수 없는 경우도 허다할 것이다. 이는 만일 높은 도를 닦아 늘 느끼는 공통된 경험이 없다면, 아마 평범한 사람들에게는 쉽게 이해될 수 없는 선언일 것이다.

『주역』을 뒷사람들이 해득할 수 있도록 해설을 엮어매어 놓은 공자의 「계사繫辭」에서도, 진리의 세계가 크게 고요하고 밝다大寂光는 선승들의 언급과 비슷한 대목을 찾을 수 있다. 서로 전혀 영향을 주고받은 적이 전혀 없지만, 서술 방식이 매우 비슷한 것이다. 계사 상전 제10장에서 우주 운행의 원리와 사람살이에 대한 변화의 원리가 모두 역의 상象과 괘卦 속에 다 반영되어 있다고 하면서, 느닷없이 「변화하는 역은 생각함도 없고 실행함도 없으며 고요한 듯이 움직이지도 아니하되, 울림을 느끼어 드디어 하늘 아래 어느 곳에라도 두루 다 통한다」고 한 대목과 계사 상전 제12장에서 「공자가 말하기를, 글로 표현하면 말을 다 실을 수 없고, 말로 드러내면 뜻을 다 나타낼 수 없다고 하였으니, 그렇다면 성인의 뜻을 영영 알아낼 수 없는 것일까?」라고 반문한 대목에서 그러하다. 이른바 '적대적 언어관'으로 불리는 주장이다. 가장 대표적 문헌이 『노자』와 『금강 반야바라밀 경』이다.

저는 여러분이 모두 논의 중인 이 속성이 무엇인지를 잘 알 수 있다고 생각합니다. 예를 들어, 현재 제가 이 논문을 바라보고 있는 동안에 만일 여러분이 제가 직접 하야스름한 색깔의 어떤 경험조각을 지각하고 있음을 믿는다면, 그리고 여러분의 믿음이 참값이라면, 제가 현재 하야스름한 색깔의 어떤 경험조각을 직접 지각하고 있는 일과 같은 그런 어떤 것이 있습니다(≒믿음 및 사실 사이의 대응 관계). 저는 여러분들이 모두 어떤 의미에서 그러한 것이 있는지를 잘 이해할 수 있다고 생각하는데, 사실상 (지각하는 사건이) 실제로 거기에 있습니다there really is(존재하는 상태이다). 저는 지금 하야스름한 색깔의 어떤 경험조각을 직접 지각하고 있는 것입니다. 그렇지만 설령 거기에 그런 상태가 없었다손 치더라도, 여러분들이 모두 거기에 그런 상태가 있다고 상정함으로써 무엇이 의미될 것 같은지를 잘 이해할 수 있었을 것입니다(→거짓된 믿음으로 됨). 그렇다면 아주 명백히 실제로 이 사건에 속하는 이 속성이, 여러분이 뭐라고 부르든지 간에, 바로 제가 '있음being, 존재하는 상태'으로 부르려고 하는 것입니다. 저한테는 이것이 앞에 제시했던 다섯 개 어구들 중에서 어떤 낱말로도 모두 다 가리켜질 수 있는 가장 근본적인 속성이 될 듯합니다(≒양태 또는 양상 논리학에서 가능세계possible worlds가 기본적이고, 현실세계this actual world가 가능세계의 진부분 집합으로 상정하는 일과 일맥상통하는 지적임).

제가 '있음being, 존재하는 상태'으로써 의미하는 이 속성이 무엇인지를 지적하는 또 다른 방식, 그리고 어떤 측면에서 이 속성을 좀더 분명히 만들어 주는 데 기여한다고 생각하는 한 가지 방식은, to have being있음을 지닌다는 것, 존재하는 상태를 지닌다는 것이,

- 이 세상(유일한 단일 우주)에 속하는 것belong to the Universe,
- 이 세상(단일 우주)의 한 가지 구성요소인 상태being a constituent of the Universe,
- 이 세상(단일 우주)에 있는 상태being in the Universe

와 동등하다는 것입니다. 여러분은 무엇이든지 간에, has being있음을 지님, 존재하는 상태를 지님이 이 세상(유일한 단일 우주)의 한 가지 구성요소라고 말할 수 있으며, 오직 존재하는 상태를 지닌 것what has being만이 이 세상의 한 가지 구성요소가 될 수 있다고 말할 수 있습니다. 어떤 것이든지 간에 단순히 있지도 않은 그런 것이 아무런 것도 없다고 말하는 것은, 그것을 놓고서 이 세상의 구성요소가 아니라고 말하는 것이며, 이 세상에서 전혀 아무런 자리도 갖고 있지 않다고 말하는 것입니다.

「이 세상에 속하는 일」과 「이 세상에 속하지 않는 일」
(belonging to the Universe and not belonging to it)

사이에 있는 이런 구분이, 어떤 측면에서 단지 「being있음, 존재하는 상태」과 「not-being없음, 존재하지 않는 상태」 사이에 있는 구분보다 좀더 분명할 듯이 보입니다.

만일 우리가 의미하는 바를 이런 설명 방식으로 쓴다면, 단지 어떤 측면에서 반드시 그 설명이 부정확하고 오해되기 쉽다는 점을 인식해야만 합니다. 첫째, 우리가 만일 '있다to be, 존재하는 상태이다'가 이 세상의 한 가지 구성성분인 상태와 동등하다고 말한다면, 엄격하게 취급하여, 조금이라도 있음(존재하는 상태)을 지닌 것이 이 세상의 구성성분들인 것이며, 따라서 하나의 전체로서 이 세상은 그 자체로 아무런 것도 '있음'(존재 상태)을 지니지 못할 것인데, 즉, 그런 것이 아무런 것도 없음을 함의할 것 같습니다(≒한 가지 구성성분이란 분석 불가능한 최소 요소이며, 더 이상 내적 구조를 지니지 못하는데, ㉠만일 이 세상이 그러하다면, 단 한 가지 구성성분만 지니고 복잡한 내부 요소들을 지니지 못하게 되든지, ㉡아니면 복잡한 내부 요소들을 보장해 주기 위하여 더 이상 '있음'을 지니지 말아야 한다는 비−상식적이며 기묘한 상황이 됨). 그렇지만 이는 아마 불합리할 듯합니다. 하나의 전체로서 이 세상이, 정확히 이 세상의 구성요소들이 존재 상태를 지니는 동일한 의미로, 있음(존재하는 상태)을 지닌다고 생각하는 것이 자연스럽습니다. 따라서 아주 엄격하게 말하여, 아마 우리는 오직 있음(존재하는 상태)을 지니는 대상들이

- 전체적으로 이 세상 그 자체
- 이 세상의 모든 구성요소들

만이라고 말해야 마땅할 것입니다. 단독으로 이런 이유 때문에, '있다 to be'가 "이 세상의 한 가지 구성요소인 상태being a constituent of the Universe"라고 말하는 것은 아주 정확한 것이 아니기 때문입니다. 이 세상이 그 자체로 이런 규칙에 대한 한 가지 예외를 만들 수 있으므로, 하나의 전체로서 이 세상은 분명히 단지 그 자체의 구성성분으로 되지 못하며, 그럼에도 이 세상은 있음(존재하는 상태)을 지닌 듯이 보이는 것입니다(≒전체는 본질적으로 언제나 전체 밖에서만 조망할 수 있다는 특이점이 있으며, 이를 일반화하여 집합론에서는 역설적으로 우리가 단지 부분집합만 알 뿐이라고 하는데, 아무도 이 세상 밖으로 나가본 일이 없기 때문에 「전체를 알 수 없다」고 말함).

둘째, 만일 우리가 '있음being, **존재하는 상태**'으로써 의미하는 바를 설명하기 위하여 '이 세상에 속하는 것belonging to the Universe'이라는 이런 개념형성물을 이용한다면, 한 가지 대상이 '있다is'거나262) '있음(존재하

---

262) [역주] 창의적 저술은 독자들로 하여금 또 다른 창의적 발상을 자극해 준다. is**있다**, **존재하는 상태이다**의 본질을, 양상(양태) 논리에서 말하는 '있을 수 있는 세계possible worlds (가능 세계)'의 구성원이 지닌 속성으로 간주할 수도 있다. 가능세계는 현재 이 세계this world($\langle W_i \times T_j \rangle$에 지표가 부여된 세계임)에서 아직 경험을 할 수 없는 사건들(그 사건들을 매개하는 대상들)로 채워져 있기 때문이다.

가능세계가 결코 공상 속의 세계가 아님은, 현재 우리가 익숙히 이용하는 정보세계를 생각해 보면 이내 알 수 있다. 현대 기술 문명의 시대는, 이전에 상상도 못해 본 여러 가지 일들을 가능케 해 준다. 유리 섬유의 다발이 깊은 바닷속을 건너 대륙 간을 이어주면서, 이전에 경험해 보지도 못한 광대한 새로운 인터넷 세계를 제공해 준다. 심지어 유전자 가위로 인간 염색체까지 자르고 붙이려는 초-윤리 시대를 접하고 있다(이미 중국 허젠쿠이[賀建奎]가 에이즈 면역체계를 위해 염색체가 '조작'된 쌍둥이 여자 아기가 태어났고, 염색체가 조작된 다른 7건의 아기들도 곧 태어난다고 하는데, 스스로를 변호

는 상태)을 지닌다has being'라고 말하는 것이, 단지 이 세상에 속한다고 말하는 것과 동등할 뿐만 아니라 또한 엄격히 똑같은 것이라고 가정하려는 유혹을 받을 수도 있습니다. 저는 이것이 또한 잘못될 것으로 봅니다. 만일 그랬더라면, 우선 하나의 전체로서 이 세상을 상정하고서, 논의 중인 그 대상이 이 세상에 속한다고 생각하지 않은 채로는, 한 가지 대상이 있음(존재하는 상태)을 지닌 것으로 생각할 수 없어야 했을 것입니다. 그렇지만 이것이 분명히 실제의 경우가 아닙니다.

심지어 하나의 전체로서 이 세상에 대한 개념형성물을 마련해 놓기

하기 위해 유전자 '편집'이라고 부름). 지구 위에 있는 인간들이 모두 흥부 유전자만 갖기를 바라면서 유전자 가위를 들이대어 조작했지만, 거꾸로 모두가 가식과 배반의 마키아벨리 유전자만 갖게 될지도 모른다. 세포 복제의 열쇠인 '말단 소체telomere'의 단백질 암호를 조작하여 동방삭(東方朔)이처럼 몇 만 년씩 살게 된다면, 공동체 사회 자체가 구성원들 간의 공통 경험이 사라져, 급기야 사회가 붕괴되고 외톨이 개인들만 남을 수도 있다. 생명 현상에 대한 다각적 이해의 축적은, 점차 인간에 고유하게 부여되던 속성들이 다른 종들과 단지 양적인 차이에 불과함을 지속적으로 시사해 주고 있다.

여전히 부정적 결과를 초래할 환경 문제로서, 지구 온난화로 인해 조류 독감과 돼지 독감이라는 인수 공통 전염병, 에볼라 출혈-발열성 전염병, 메르스MERS와 사스SARS로 불리는 호흡기 질환 전염병 등 이름도 낯선 새로운 바이러스들의 창궐했다. 최근 부각된 미세 플라스틱들의 축적으로 결과될 생리작용의 교란까지도 위험과 심각성을 더해 가고 있다. 그리고 억제 기능의 전략 핵을 넘어서서 최근 실제 타격용 핵무기 개발도 인간의 보복 심리에 끊임없이 자기파괴의 불을 지필 수도 있다. 현재 한국 사회에서 출생률의 급격한 저하는, 새로운 부모 세대들이 이미 고통을 겪고 압박감 속에 살아온 자신들의 성장 과정 때문에, 앞으로의 한국 사회도 살 만하지 않다는 생각을 무의식적으로 깔고 있다(공동체에서 경쟁 승리와 차별 멸시보다, 상호 협동과 배려가 우선순위의 가치로 되어야 함).

또한 장차 암흑 에너지의 본질이 밝혀질 경우에, 전혀 전기를 이용하지 않고서도 전자 위치를 변동시켜 에너지를 얻고, 또 다른 통신을 발전시키기를 바랄 수도 있다. 양자 컴퓨터는 동시에 참값과 거짓값을 연산할 수 있다고 한다. 과거의 문명, 현재의 문명, 미래의 문명 사이에 일정한 간격들이 상정될 수 있고, 현재 시점에서 미래를 전망하면서 부정적 측면이든 긍정적 측면이든 상관없이 가능세계의 후보들을 구성할 수 있겠는데, 일부에서는 불확실성과 반비례함직한 '미래학'이란 분야에서 다뤄진다.

뒤친이는 있을 수 있는 이런 가능세계에서, is있다는 그런 세계의 구성원들에 부여되는 술어가 될 수 있다고 본다. 우리가 경험하고 있는 것은 모두 현재 이 세계this world에 속해 있다. 특히 무어 교수는 단일 우주를 전제하고 있기 때문에, the Universe단일한 이 우주(천문학에 관련된 전반부 논의에서는 '우주'로 번역했지만, 이후에서는 '이 세계'로 번역했음)라는 표현을 쓴다. 만일 우리가 가능세계를 상정하는 데 동의한다면, 그 세계의 구성원들에는 is있다를 부여하고, 반면에 우리가 친숙히 경험하는 이 현실 세계의 구성원들에는 따로 real실재한다이나 is a fact사실이다를 부여할 수 있다. 그렇다면 있을 수 있는 존재들 중에서, 현실 속에 있는 우리들이 누구나 다 쉽게 경험한다는 특성이 더 얹혀 있는 것으로 새롭게 정의할 수 있는 것이다.

이전에라도, 어떤 대상들이 있으며 다른 대상들은 없다고 생각할 수 있습니다. 심지어 우리가 이 세상에 대한 개념형성물을 마련해 놓은 경우에라도, 분명히 매번 우리가 하나의 대상이 있고 또 다른 대상은 없다고 생각할 때마다, 언제나 우리 정신 앞에 이 세상에 대한 개념형성물을 지니는 것은 아닙니다. 그러므로 설령 이런 두 가지 개념이 제가 지적한 범위까지 동등할 수 있다고 하더라도, '있음being, 존재하는 상태'에 대한 개념형성물은, 분명히 이 세상에 속하는 개념과 동일한 것이 아닙니다. 비록 「이 세상에 속한다」는 개념형성물이 실제로 어떤 방식에서 「있음being, 존재하는 상태」이라는 개념형성물보다 좀더 분명한 듯하더라도, 진리는 여전히 오직 전자가 사실상 후자를 참고함으로써만 정의될 수 있고, 거꾸로는 불가능하다는 것입니다. 만일 우리가 「이 세상」으로 무엇을 의미하는지 말하고 싶다면, 오직 「있음being, 존재하는 상태」이라는 개념형성물을 참고함으로써만 그렇게 실행할 수 있는 것입니다. 예를 들어, 「이 세상」이라는 것은, 「있는(존재하는 상태의)」 모든 대상들의 총합이라는 의미로 말하거나, 또는 이와 같은 그런 어떤 방법으로 그렇게 말하는 것입니다. 달리 말하여, 이 세상에 대한 개념형성물이 '있음being, 존재하는 상태'에 대한 개념형성물을 전제로 하며, 오직 그것을 참고함으로써만 정의될 수 있습니다. 따라서 전자(≒전체 이 세상)를 참고함으로써 사실상 후자(≒개별적으로 있음)를 정의할 수 없는 것입니다(≒그렇지만 귀납 접근도 한계가 있는데, 308~311쪽의 뒤친이 해석을 보기 바람).

이것이 저를 마지막 측면으로 데려갑니다. '있음being, 존재하는 상태'을 설명하기 위하여, 이것이 '이 세상에 속하는 일'과 동등하다고 말하려는 제안은 부정확하고 오도될 수 있습니다. 흔히 실제로 우리가 가정하듯이, 현재 있는 대상들 이외에도, 과거에 있었지만 현재 더 이상 있지 않은 어떤 것들이 있고, 아직 있지 않지만 미래에 있을 다른 것들도 있다는 것이 실제의 경우라고 가정하겠습니다. 이들 세 가지 부류의 대상들 중에서, 그 낱말의 어떤 의미에서 실제로 '있음being, 존재하는 상태'의 속성을 지니는 것은, 오직 지금 현재 있는 것들임이 아주 분명할 듯합니다. 이미 있었지만 지금 더 이상 있지 않은 것(≒과거의 대상)들 중에서, 이미 그 대상들이 있음(존재하는 상태)을 실제로 지녔었지만, 지금 현재는 있음(존재하는 상태)을 지니지 않은 것만이 오직 참값일 뿐입니다. 그리고 비슷하게, 있게 될 것이지만 아직 있지 않은 것(≒미래의 대상)들 중에서, 장차 그 대상들이 있음(존재하는 상태)을 지니겠지만 지금 현재는 있음(존재하는 상태)을 지니지 않은 것만이 오직 참값일 뿐입니다(≒오직 반복 가능한 사건들의 전제 위에서만 그러함).

물론, 이미 살펴보았듯이, 무엇이든지 간에 이미 있었거나 지금 현재 있거나 장차 있게 될 것은 아무런 것도 없다고 여기는 듯한 철학자들도 일부 있습니다. 즉, 어떤 초시간적timeless, 영원불변의 의미에서, 조금이라도 「있음being, 존재하는 상태」을263) 지닌 모든 것은 있음(존재하는 상태)을 지닌다고, 다시 말하여, 지금 현재로서 있음(존재하는 상태)을 지니지 않지만 그럼에도 불구하고 있음(존재하는 상태)을 지니고 있다고 여기는 것인데(707~708쪽의 역주 264 참고), 무엇이든지 간에 과거에 있음(존재하는 상태)을 지녔었거나 또는 미래에 있음(존재하는 상태)을 지닐 것이라고 생각하는 것입니다. (초시간적 관점에서는) 한 마디로, 과거라는 것도 없었고, 현재도 있지 않으며, 미래라는 것도 없을 것이라고

---

263) [역주] 원문에서는 모두 it그것으로만 씌어 있고, 이하에서도 계속된다. 영어 표현법이 반드시 동일한 대상은, 다음 표현에서 의무적으로 대명사로 바꿔서 써야 하기 때문이다. 참스키 교수는 이를 대명사의 '결속 원리binding principle'로 부르며, 〈being, it, it, …〉처럼 같은 지표를 아랫첨자로 덧붙여 표시해 주기도 한다. 그렇지만 우리말에서 '그것'으로 번역하여, "그것을 지닌다"고 한다면, 「뭐가 그것일까?」 의문이 들게 마련이다. 따라서 우리말의 특성을 살려, 모두 원래의 표현인 'being'으로 복원시켜 둔다. 이 낱말에 대한 번역도 '있음' 하나만으로는 속뜻을 살릴 수 없다. 과거에 있었지만 지금 현재에는 없고, 지금 현재에는 없지만 가까운 미래에는 있을 것도 모두 다 가리켜 주려면, '존재하는 상태'라는 점을 덧붙여 주는 것이 이해에 도움을 줄 것으로 판단한다. 「과거에 존재했던 상태」, 「미래에 존재할 상태」, 「현재 존재하는 상태」, 「시간을 초월하여 영원히 존재하는 상태」 등을 모두 다 가리켜 주어야 하기 때문이다. 이들은 각각 시간 부사어를 덧붙여서 "과거 시점에서 존재하는 상태였다, 현재 시점에서 존재하는 상태이다, 미래 시점에서 존재할 상태이다. 상상의 세계에서 존재하는 상태이다, 영원한 세계에서 존재하는 상태이다"와 같이 동일한 구조로 바꿔 써 주기에 간편할 것이다.

생각합니다. 우리가 찾아내려고 하는 것들 중 한 가지가, 실제로 브뢰들리 교수가 바로 이런 것을 생각했는지 여부입니다. 지금 저는 만일 누구이든지 간에 실제로 이렇게 생각한다면, 이들 철학자가 잘못이라고 가정한다는 뜻은 아닙니다. 제가 지적하고 싶은 바는, 그분들이 잘못이라고 가정함으로써, 다시 말하여, 이미 있었던 어떤 대상들이 이제 더 이상 있지 않고, 현시점에서 아직 있지 않은 다른 것들이 장차 있을 것이라고 가정함으로써, '이 세상'이란 표현으로 우리가 의미하게 되는 바에 관해서 어떤 난점이 생겨난다는 점입니다. 이 난점은 다음과 같이 서술됩니다.

「우리는 이미 있었고 앞으로 있게 될 모든 대상이, 마치 지금 현재 있는 대상들만큼이나 실제로 이 세상에 속하며, 이 세상의 구성요소들이라고 말하려고 하는가? 그렇지 않은가?」

(Are we going to say or are we not, that all the things which *have been* and *will be* do belong to the Universe — are constituents of it — just as much as those which are now?)

저는 많은 사람들이 '그렇다!'라고, 즉, 현재가 이 세계에 속하는 만큼, 과거와 미래도 실제로 이 세상에 속한다고 말할 것으로 생각합니다. 저는 이것이 분명히 우리가 '이 세상the Universe, 유일하게 단일한 우주'이라는 표현을 쓰는 한 가지 공통된 의미라고 생각합니다. 실제로 우리는 과거와 미래는 물론 현재까지도 포함하기 위하여 이 낱말을 씁니다.

그렇지만 만일 우리가 이 낱말을 쓰려고 한다면, 여러분이 잘 알듯이, 틀림없이 여전히 또 다른 이유로 인해서 "이 세상에 속함"이라는 표현이 엄격히 '있음(존재하는 상태)'과 동등하지 않음을 인정해야만 합니다. 왜냐하면 그럼에도 불구하고 어떤 의미에서 실제로 이 세상에 속하는 많은 것들이 지금 현재 '있음(존재하는 상태)'이란 낱말로써 의미하는 해당 속성을 지니지 못하지만, 오직 과거에 '있음(존재했던 상태)'을 지녔었거나 미래에 '있음(존재할 상태)'을 지니게 될 것이라는 점을 반드시 우리가 인정해야 하기 때문입니다. "이 세상에 속한다"는 것이 '있음(존재하는 상태)'으로 부르는 속성을 지님을 의미하는 것이 아니라, 이미 '있음(존재했던 상태)'을 지녔었거나 지금 현재 '있음(존재하는 상태)'을 지니거나 또는 곧 '있음(존재할 상태)'을 지니게 될 것임을 의미한다고 말해야 하는 것입니다.

더 나아가 네 번째 후보로, 한 가지 대안을 추가할 수 있습니다. 즉, 어떤 초시간적timeless(영원불변의) 의미에서 '있음'(존재하는 상태)을 지니는 것입니다. 다시 말하여, 어떤 의미에서 지금 현재 '있음'(존재하는 상태)을 지님과 동등하지 않은 '있음'(존재하는 상태)을 지니는 것입니다(≒즉, 영원불변의 세계 속에서 존재하는 상태임). 이미 살펴보았듯이, 일부 철학자들은 어떤 것이든지 조금이라도 있을 수 있다는 한 가지 유일한 의미가, 어떤 초시간적 의미라고 믿기 때문입니다. 심지어 한 시점의 과거가 있었고, 한 시점의 현재가 있으며, 한 시점의 미래가 있을 것이라고 믿는 그런 철학자들조차도 실제로 많은 분들은, 이밖에도 '있다s(존재하는 상태이다)'라는 낱말의 초시간적 의미가 있다고 믿으며, 이미 있었고 현재 있으며 장차 있게 될 그런 대상들 이외에도, 또한 이 세상에 속하는 것으로서 「있으되(존재하는 상태이되) 지금 현재 있지 않은」[264] 다른 것들도 많이 있다고 믿습니다. 달리 말하여,

---

264) [역주] '있다'와 '있지 않다'는 서로 모순된 진술이다. 영어에서는 둘 모두 '사실'이라고 여기기 때문에 and를 썼다. 그렇지만 우리말에서는 주장(의견)이 서로 반대라는 측면에서, 역접 접속사를 써야 순조롭다. 여기서는 '-으되, -되'로 번역해 놓는다. 그런데 다음 단락에서는 무어 교수가 이런 사례를 생각해 낼 수 없다고 적어 놓았다. 그렇지만 만일 그런 주장이 참이라면, 이런 모순을 조정할 수 있는 방식이 있을까? 뒤친이의 머릿속을 맴도는 유일한 방식은, '있다'의 주어를 일부분의 대상으로만 보고, '있지 않다'의 주어를 전체적인 대상으로 보는 것이다. 후자는 일련의 여러 사건들이 얽혀 일어나는 현상인 것이다. 이런 경우에 전체적인 어떤 복합적 대상이 오직 일부분만 현재 있을 뿐이라면, 전체적인 대상은 아직도 있는 것이 아니므로, 현재로서는 없다고 말할 수 있는 것이다.

예를 들어, 호우성 기후로 변하여 우리도 이제 폭풍처럼 비바람이 부는 경우가 있다. 이럴 경우, 낌새나 전조(전단계 조짐)로서 먼저 강한 바람이 불게 마련이다. 강한 바람이 불다가 어느 순간 얼굴을 때리는 빗줄기가 쏟아지는 것이다. 그렇다면, 지금 현재의

그분들은 '있음being(존재하는 상태)'이 실제로 과거에 많은 대상들에 속했고, 지금 현재 실제로 많은 대상들에 속하며, 미래에 많은 대상들에 속할 어떤 속성일 뿐만 아니라, 또한 있음(존재하는 상태)이 어떤 초시간적 의미에서 지금 현재에 속하지 않더라도 많은 대상들에 귀속되는 것이라고 믿고 있는 것입니다.

저는 이들 철학자들이 옳은지 틀린지 여부를 전혀 알 수 없습니다. 제 입장에서는 임의의 대상을 놓고서 그런 대상이 있음이 아주 분명할 듯하지만, 그럼에도 불구하고 또한 지금 현재 있지 않다는 점과 관련해서는 아무런 사례도 생각해 낼 수 없기 때문입니다. 그렇지만 저는 우리가 틀림없이 한 가지 가능한 대안이 있음을 인정해야 한다고 생각합니다. 즉, 이미 대상들에 속했었고 앞으로 대상들에 속하게 될, 그렇지만 지금 현재로서는 아무 대상에도 속하지 않는, '있음'(존

시점에서 강한 바람에 나무가 흔들리고 나뭇잎이 우수수 떨어질 수 있다. 이때 일련의 사건 흐름으로 이를 하나의 전체로 표현한다면, 폭풍우가 있을 것이지만, 현재 시점의 일부만을 독립시켜 독자적으로 말할 경우에, 아직 폭풍우는 없는 것이다. 즉, 있으되 아직 없는 것이다.

또 다른 사례로서 "그가 오는 소리를 들었다 heard him come"라는 말은 그가 왔다는 것과 내가 어떤 소리를 들었다는 것이 복합적으로 연합된 일련의 사건을 가리킨다. 앞의 사건을 단서로 하여 뒤의 사건이 이어짐을 확신할 수 있다는 측면으로 따질 경우에, 현재 시점에서 발자국 소리만 들었을 수 있고, 이에 뒤따르는 결과 사건을 확인하지 않은 상태에서 "그가 왔다"는 주장을 유보할 수도 있다(가령, 그가 오는 소리를 들었지만, 아직 그를 보지 못하였다). 이런 경우에도 '있으되, 있지 않은' 사례로 거론할 수 있을 듯하다.

조금 성근 사례이지만, 여름날 검은 먹구름이 멀리서 잔뜩 몰려올 경우를 들 수도 있겠다. 먹구름과 소나기가 긴밀하게 연합하여 일련의 사건 흐름을 구성하기 때문에, 부분 또는 전조로서 '현재 시점에서 먹구름은 볼 수 있으되, 소나비가 내리는 일이 아직 있지 않은' 상태도 생각해 볼 수 있을 것이다.

거꾸로 '없으되, 있는' 사건의 경우도 생각해 볼 수 있다. 흔히 여름마다 불어닥치는 태풍의 경우에, 회전하는 태풍의 중심부로서 태풍의 눈 안에서는 일시적으로 고요하고 하늘이 맑다. 그럼에도 우리의 경험과 과학적 지식에 힘입어, 이것이 태풍이 다 지난 것이 아님을 안다. 태풍의 눈 속에 들어 있는 당시로서는 현재는 하늘이 맑고 고요하므로 태풍이 없다. 그렇지만 곧 태풍의 눈이 지나가자마자 엄청난 태풍이 불어닥칠 것이다. 이를 '없으되, 있는 것'으로 표현할 수 있을 듯하다. 따라서 주어 자리에 무엇이 오는지가 중요하다. 부분은 있으되, 전체 사건은 아직 없는 것이다. 당장은 없으되, 장차는 있을 것이다. 뒤친이는 일련의 연속 사건들 중에서 일부에만 초점을 맞출 경우에 이런 역설적 표현이 쓰일 수 있을 것으로 본다. §.15-6(682쪽 이하)에서 브뢰들리 교수의 부분적 진리관이 이런 현상과 연관될 수 있다.

재하는 상태)으로 불린 바로 동일한 속성이, 또한 어떤 초시간적(영원불멸의) 의미에서 지금 현재 시점에 속하지 않는 대상들에도 속할 수 있는 것입니다. 그러므로 「그러저런 것들이 이 세상에 속한다」라는 어구가 다음 네 가지 중 하나를 의미할 수 있음을 인정해야만 하는 것입니다.

> "그러저런 것이 이미 있었다"
> "그러저런 것이 현재 있다"
> "그러저런 것이 장차 있을 것이다"
> "그러저런 것이 있으되, 지금 현재 있는 것은 아니다"

이런 이유 때문에, 저는 '있음'(존재하는 상태)으로써 의미하는 바를 '이 세상에 속하는 것'과 동등하거나 또는 이 세상의 어떤 구성요소가 되는 상태라고 말함으로써 설명하려는 일이, 아마 오해로 이끌어 갈 것으로 생각합니다.

만일 우리가 '있음'(존재하는 상태)으로써 현재 시점에서는 속하지 않지만, 어떤 대상들에 이미 속했었고 장차 속하게 될 어떤 속성을 의미하려면, 반드시 다음 두 가지 중 한 가지를 의미합니다.

- 한편으로 어떤 의미에서 이런 것들이 이 세상에 속하는 것이 아니라, 오직 이미 이 세상에 속했었거나 장차 속하게 될 것이라고 말해야 한다 (≒과거 시점과 미래 시점에서 존재하는 상태임). 또는
- 다른 한편으로 이런 것들이 '있음'(존재하는 상태)으로써 의미하는 앞의 속성을 지닌 것이 아니라, 오직 이미 그런 속성을 가졌거나 장차 갖게 될 것이라는 사실에도 불구하고, 또 다른 의미에서 실제로 이 세상에 속한다고 말해야 한다(≒영원불멸의 초월적인 세계 속에 존재하는 상태임).

저는 "이 세상에 속하는 것"이라는 어구의 이런 두 가지 의미가 서로

혼동되기 쉽다고 생각합니다. 이 두 가지 의미가 각각 우리가 '있음' (존재하는 상태)으로써 의미하는 그런 속성과 동일시되기 쉬워서, 이것 도 서로 간에 혼동되기 일쑤입니다. 그렇지만 있을 수 있는 이런 오해 와는 별도로, 그리고 제가 앞 단락에서 언급했던 다른 두 가지 오해와 는 별도로, 만일 제가 이것이 이 세상의 어떤 구성요소가 되는 상태와 동등하다고 말한다면, 저는 이것이 '있음'(존재하는 상태)으로써 제가 의미한 바를 좀더 분명히 만들어 주는 데에 기여한다고 생각합니다. 다시 말하여, 만일 제가 어떤 대상들이 있으며 어떤 대상들이 있지 않은지에 대한 물음에 이렇게 말한다면, 우리가 단지 어떤 대상들이 실제로 이 세상의 구성요소들이 되는지, 그렇지 않은지를 묻고 있을 뿐입니다.

그렇다면 지금까지 더 앞에서 제시한 다섯 개의 어구들 중에서, '있 음being(존재하는 상태)'으로 부르자고 제안한 어구에 의해서 가리켜진 것이, 제1의 가장 근본적인 속성으로서 제가 무엇을 의미하는지를 놓 고서 충분히 설명하였습니다(≒중요한 누락 변수가 인간의 인지 조건의 한계인데, 우주 팽창을 알고 있기 때문에 언젠가 북극성이 더 이상 지구 자기 가 가리키는 방향과 일치하지 않을 가능성을 알 수 있다. 시간 분할 단위가 인간 조건에 밀접히 얽매어 있다는 점이 「존재하는 상태」를 엄격히 논의하는 데에도 고려되어야 한다).

§.16-3 【 'is a fact한 가지 사실이다'에 대하여 】 두 번째로 "한 가지 사실 이다"라는 어구를 살펴보고자 합니다. 이 어구를 써서 우리는 다음처 럼 말합니다.

- 곰이 현존한다는 것이 한 가지 사실이다.(≒칸트의 종합 단언 사례)
- 내가 지금 현재 말을 하고 있다는 것이 한 가지 사실이다.(≒자기 의지의 실행 사례)
- 둘에 둘을 곱하면 넷이라는 것이 한 가지 사실이다.(≒칸트의 분석 단언

사례)

분명히 우리는 실제로 이런 어구들로써 또한 대단히 중요한 어떤 것을 의미합니다. 특히 우리가 주장하려는 대상들을 표현하기 위하여 늘 쓰고 있는 한 가지 어구입니다.

「우리는 '한 가지 사실이다'로써 무엇을 의미할까? 이 어구를 '있음'(존재하는 상태)이라는 이름으로 제시한 동일한 그 속성을 표현하려는 것일까? 아니면, 다른 어떤 속성을 표현하려고 쓰는 것일까? 만일 다르다면, 어떤 측면에서 다른 것일까?」

(*What* do we mean by it? Do we use it to express the very same property to which I have given the name "being" or a different one? And, if different, different in what respect?)

분명히 이 어구에 대한 우리의 용법과 '있음'(존재하는 상태)이라는 낱말에 대한 용법 사이에는 모종의 차이가 있습니다. 왜냐하면 「곰이 현존한다는 것이 한 가지 사실이다」라고 말하거나 「둘에 둘을 곱하면 넷이라는 것이 한 가지 사실이다」라고 말하는 것은 아주 자연스럽습니다. 반면에 다음처럼 말하는 것은 매우 부자연스럽습니다.

「?"곰이 현존한다는 것"이 있다」(윗첨자 물음표는 '어색함'을 나타내는 참스키 문법의 약속임)

(?"That bears exist" *is*)

「?"둘에 둘을 곱하면 넷이라는 것"이 있다」

(?"That twice two are four" *is*)

거꾸로, 「곰들이 이 세상의 구성요소들이다」라고 말하거나 「숫자 2는 이 세상의 구성요소이다」라고 말하는 것은 아주 자연스럽습니다. 그렇지만 다음처럼 말하는 것은 매우 부자연스럽습니다.

「곰이 현존한다는 사실이 이 세상의 구성요소이다」(윗첨자 물음표는 '어색함'을 나타내는 참스키 문법의 약속임)

(ᵖthe fact that bears exist is a constituent of the Universe)

「둘에 둘을 곱하면 넷이라는 사실이 이 세상의 구성요소이다」

(ᵖthe fact that twice two are four is a constituent of the Universe)

그럼에도 불구하고, 이렇게 용법상 자연스러운지 여부가, 저는 실제로 서술어의 본성이나 두 가지 어구에 의해서 가리켜진 속성에서는 아무런 차이도 없다고 생각하는 쪽으로 기울어져 있습니다. 제가 알 수 있는 한, 「그것이 한 가지 사실이다」라는 어떤 것을 말하는 경우에, 그리고 「그것이 있음을 지니거나 이 세상의 한 가지 구성요소이다」라고 다른 것을 말하는 경우에, 두 가지 대상들을 놓고서 주장하는 것으로 가리키는 그 속성이, 두 가지 경우에서 정확히 동일한 것이기 때문입니다. 저는 용법상 차이가 나는 이유가, 논의 중인 속성을 어떠한 부류의 대상들에 귀속시키고자 할 경우에, 다만 우리가 직관적으로 한 가지 어구를 쓰고, 그 속성을 다른 부류의 대상들에 귀속시키고자 할 경우에 다른 어구를 쓰는 서로 다른 경향이 있기 때문일 뿐이라고 생각합니다(≒특정 주어만 선택하는 표현 관습의 차이로 여김).

간단히 말하여, 이들 용법상의 차이는 서술어의 차이가 아니라, 서술어가 적용된 주어의 특성에 있는 차이입니다. 이런 구분을 하도록 이끄는 그런 특성의 차이는, 사실상 이 세상의 구성요소들 사이에 있는 가장 근본적인 차이들 중 한 가지라고 생각합니다. 우리는 이 세상의 모든 구성요소들을 두 가지 부류로 구분해 줄 수 있습니다. 존재하는 상태의 모든 대상들 중에서 한 가지 부류class에는 오직 관계절을 이끌기 위하여 '~는, ~라는that ~'(관계대명사)으로 시작하는 절이나 이

에 대응하는 명사구로만 표현될 수 있는 것을 집어넣고, 다른 부류에
는 나머지 것들을 집어넣는 것입니다.265) 따라서 첫 번째 부류로서
우리는 다음과 같은 사실들을 지닙니다.

'사자가 현재 존재한다는 사실' 또는 명사구 표현인 '사자의 현존'
'둘에 둘을 곱하면 넷이라는 사실'
'내가 지금 말을 하고 있다는 사실'

이는 절대적으로 엄청난 숫자의 모든 사실들인데, 관계절을 이끄는
관계대명사 that~는으로써 시작하는 어구로 표현하게 됩니다.
　　요약하면, 이 세상의 구성요소들에 대한 이런 부류(≒사실들)는, 제

---

265) [역주] 두 가지 부류는 개별 사실들 및 보편 속성들이다. 한 부류는 단언이나 믿음을
　　구성하는 것이며, 대응 관계를 통해서 사실이 되므로, 무어 교수는 사실들facts에 대한
　　부류로 불렀다. §.17-1에서는 사실들이라는 낱말을 truths진리들와 상호 의존적으로 규정
　　할 수 있다고 논의하였다(604~606쪽의 역주 228과 역주 229, 그리고 621~622쪽의 역
　　주 236 참고). 다른 부류는 로크나 버어클리나 흄이 일반적 개념general ideas이나 추상적
　　개념abstract ideas으로 불렀던 것들을 가리키는데, 그분들은 모두 이런 개념의 존재를
　　부정했었다. 그렇지만 무어 교수는 일반적 개념이나 추상적 개념이 보편 속성universals
　　이라고 보았고, 한 대상의 「내재적 속성」과 한 대상이 다른 대상과 지닌 「외부적 관계」
　　를 가리키는 것으로 논의하였다. §.16-5에서는 한 대상이 다른 대상에 대하여 갖는
　　한 가지 관계를 보편 속성으로 논의했고, §.17-5에서는 「세 가지 종류의 속성」과 「세
　　가지 종류의 관계」를 보편 속성으로 제시하였다.
　　　미리 무어 교수의 용어 사용법을 적어 둔다. 한 가지 개체 또는 대상이 고유하게 지닌
　　특성을 「속성property」이라고 표현하고, 그 개체 또는 대상이 일반적으로 다른 개체 또는
　　대상과 지닌 특성을 「관계relation」로 구분하여 부르고 있다. 「속성」은 고유하게 오직
　　한 개체에만 적용된다(고유한 특성). 그러나 「관계」는 모든 개체들에 예외 없이 적용된
　　다(일반화 특성). 이들 사이에 중간 개념도 있다. 만일 「약한 일반화」(제한적인 일반화)
　　를 추구하기 위하여 둘 이상의 몇몇 개체들을 다룰 경우에는 some or other어떤 또는 다른
　　란 수식어를 쓰며, 이런 것들의 특성을 표현하기 위하여 속성·관계 사이의 중간 개념으
　　로서 「관계적relational」이란 용어를 쓴다. 한 마디로, 논의의 대상과 단계가 거의 언제나
　　「개체 → 몇몇 → 모두」로 구별되어 있는 것이다.
　　　특이하게도, '개체'(개별체)를 가리키기 위한 수식구로서 「which is not universal보편
　　속성이 아닌」을 쓴다. 번역에서는 혼란을 막기 위하여 '보편 속성이 아닌(≒개체인, 개별체
　　인)'으로 적어 놓을 수도 있겠으나, 굳이 장황스럽게 이런 수식구를 써서 너무 번다스
　　럽게 느껴질 경우에는 곧장 '개체'로만 번역해 두었다. 개체 또는 개별체라는 용어는
　　보편 속성과 대립하여 쓰이는 짝이 된다. 그렇지만 여러 가지 용어들이 서로 교체되어
　　쓰일 수 있다(288~289쪽의 역주 115와 785쪽의 역주 306과 851쪽의 역주 329).

가 설명한 의미로 참된 믿음과 '대응하는' 종류의 개체들로 이뤄져 있습니다. 참된 믿음은 각각 그런 한 가지 개체와 대응합니다. 참된 믿음들이 대응하는 것은 오직 이런 종류의 개체들뿐입니다. 첫 번째 부류의 이런 개체들, 즉, 참된 믿음들과 대응하는 개체들의 집합은, 분명히 이 세상에 있는 대상들을 놓고서 가장 크고 가장 중요한 집합들 중 한 가지라고 생각합니다. 이것들이 이 세상의 다른 모든 구성요소들과 차이가 나는 정확한 측면은 정의하기가 아주 어렵다고 생각합니다. 제가 알 수 있는 한, 오직 제가 막 실행했듯이 '그러저러한 사실 the fact that so and so'로 불러서 이것들이 이름을 붙인 개체들의 집합임을 드러냄으로써, 또는 이것들이 참된 믿음들과 대응하는 종류의 개체들임을 드러냄으로써, 이것들을 구분하는 관련 특성만 지적할 수 있을 뿐입니다. 그렇지만 비록 정의하기 쉽지 않더라도, 이것들과 다른 모든 종류의 개체들 사이에 있는 차이는 알아보기 쉽다고 생각합니다.

모든 사람이 사자가 현존한다는 사실이, 사자 그 자체와는 아주 다른 어떤 종류의 개체임을 분명히 알 수 있을까요? 또는 둘에 둘을 곱하면 넷이라는 사실이, 숫자 2 그 자체와는 아주 다른 어떤 종류의 개체일까요? 이런 종류의 대상들이 물론 단독으로 한 가지 집합을 형성한다고 말하는 것은, 사실상 「그것들이 다른 것들에 의해서 공유되지 않은 어떤 공통된 속성을 실제로 소유한다」고 말하는 것입니다. 따라서 우리가 "그러저러한 것이 한 가지 사실이다"라는 어구를 쓸 경우에, 우리는 논의 중인 그 대상에 단지 '있음'(존재하는 상태)을 배당시킬 뿐만 아니라, 또한 다른 특정한 속성을 그것에 귀속시키고 있는데, '있음'(존재하는 상태)을 지닌 모든 대상들에 의해서는 공유되지 않는 속성입니다(≒따라서 고유한 속성으로 됨).

만일 이것이 그랬더라면, '한 가지 사실인 상태being a fact'에 의해서 의미된 그 속성, 그리고 오직 'being있음, 존재하는 상태'에 의해서만 의미된 그 속성 사이에는 어떤 실제적 차이가 있었을 것 같습니다. 그렇지만 이미 말했듯이, 저는 우리가 "그러저러한 것이 한 가지 사실이다"라고 말할 경우에, 일반적으로 이런 속성을 배당함을 의미하지 않고, 오직 있음(존재하는 상태)의 속성만을 배당한다고 생각합니다.266) 사실상 이런 속성뿐만 아니라 또한 있음(존재하는 상태)의 속성도 지니는 대상

---

266) [역주] 여기서는 「사자」라는 낱말 그 자체와 「사자가 현존한다는 사실」이 다름을 논의하고 있다. 앞의 것은 오직 이름만 지니고 있어서 주장하는 형식이 아니며, 그 이름의 상태도 또한 온전하지 않다. 낱말만 하나가 있고, 아직 문장의 형식을 갖춰 있지도 않기 때문이다. 그렇지만 일상언어에서 이런 형식을 자주 쓴다는 점을 고려하여 이를 구제할 방법을 모색한다면, 이를 초기값default(기본값) 형식으로서 「사자」가 있다"거나 "그것이 「사자」이다"와 같은 형식을 부여하여 재구성해 주어야 한다(무어 교수는 이렇게 재구성된 의미에 동의하지 않을 것임을 명백히 적어 놓았는데, 724~725쪽의 역주 275를 보기 바람). 이렇게 재구성된 문장 형식도, 주장이나 단언이 되기 위해서는 다시 상위문 「~라는 것이 하나의 사실이다, ~라는 것이 참값이다」 속에서 "~"로 표시된 내포문으로 들어가 있어야 한다(633쪽의 역주 240과 667쪽의 역주 250과 755~756쪽의 역주 292를 보기 바람). 이런 형식을 갖춰야 비로소 대응 관계를 따질 수 있다고 보는 것이다.
　　현재로서는 「사자」라는 낱말은 문장도 아니고, 단언 형식도 아닌데, '있음'의 속성만 배당한다고 보았다. 이는 제14장에서 다룬 상상 속 동물처럼 오직 이름만 지닌다고 보는 것이다(재구성된 문장 형식이 다시 단언 형식을 갖추게 되면, 비로소 대응 관계를 따지게 되는 후속 단계들이 더 남아 있음). 그렇지만 「사자가 현존한다는 사실」은 「사자가 현존한다는 것이 사실이다」가 명사구로 줄어든 것이므로(604~605쪽의 역주 228 참고), 문장(내포문)뿐만 아니라, 단언의 형식까지도 그대로 유지하고 있다. 그러므로 대응 관계를 따질 수 있는 것이다.
　　무어 교수는 "한 가지 사실이다"라는 어구로써, 우리가 현재 시점에서 직접 지각하여 대응 관계를 확인한 경우를 가리킨다. 그렇지만 "있다, 존재하는 상태이다is"라는 어구는, 미래 시점에 있을 사건이나 대상뿐만 아니라, 역사적 진술로 접하는 아주 먼 과거 시점에 있었던 사건이나 대상을 염두에 두고 있다. is를 번역하면서 굳이 '존재하는 상태이다'라고 덧붙인 이유도, "{과거 시점에, 현재 시점에, 미래 시점에} 존재하는 상태이다"처럼 시점 표시만 달리하면서 공통 기반으로 '존재하는 상태이다'를 포착해 줄 수 있기 때문이다.
　　그런데 영어는 수와 시제에 따라 활용어미가 was, were, are, will be와 같이 어형이 크게 달라져 버린다. 만일 이런 다른 형태들을 벗어나서 하나의 통일성을 부여해 주려면, 동명사 형태 being존재하는 상태이란 낱말을 중심으로 하여 *had* being, *has* being, *will have* being 존재 상태를 지녔다, 지닌다, 지닐 것이다과 같은 형식을 쓸 수 있다. 이런 점을 염두에 두고서 뤼친이는 무어 교수가 being존재하는 상태을 선호하여 쓰고 있는 것으로 판단한다. 단, 브뢰들리 교수와는 달리, 영원불변의 절대세계 속에 있는 구성원(영원불변의 초시간적 세계 속에 존재하는 상태이다)까지 염두에 두고 있는 것은 아닌 듯하다.
　　따라서 과거·현재·미래 시점에서 이 지구 위에서 일어났고 일어나고 있고 일어날 사건과 관련될 수 있는 대상들이 모두 "존재하는 상태이다"(is, 있다). 아주 약한 내용의 가능세계 $\langle W \times t_i \rangle$만을 상정하고 있는 것이다. 그렇지만 대응 관계를 통해서 참값을 확정하려면, 어떤 믿음이나 단언에서 또한 직접 지각하는 사건(대상)도 같이 주어져야 한다. 대응을 확인한다면 바로 "~는 것이 한 가지 사실이다"라고 하거나 "~는 것이 참값이다"라고 말하게 되는 것이다. 동심원으로 비유한다면, 가장 큰 동심원은 「가능세계」를 나타내고, 그 안에 있는 작은 동심원이 여기 지구라는 이 무대 위에서 현재 시점의 사건과 대상들을 가리키게 된다.

들을 말할 경우에, 우리는 직관적으로 'it is그것이 있다'라는 어구 대신에, 실제로 'it is a fact그것이 한 가지 사실이다'라는 어구를 씁니다. 그렇지만 저는 우리가 그것들을 말하면서 의미하는 것이 그것들이 이런 속성을 지닌다는 것이라고는 여기지 않습니다(≒오직 대응 관계를 확인한 뒤에 참값 여부가 결정되는 것임).

그렇지만 이것이 그러한지 여부에 대한 질문은 비교적 중요치 않은 질문입니다. 중요한 것은 "~라는 것이 한 가지 사실이다"라는 어구를 적용하게 만들어 주지만, 자연스럽게 다른 대상들에는 이 어구를 동등하게 적용할 수 없도록 만들어 주는 속성이 무엇인지를 인식하는 일입니다. 이제 이런 논의를 할 목적으로 저는 '사실facts'이라는 이름을, 이 세상의 구성요소들 및 오직 이 속성만 지니는 대상들에다 국한시켜 놓기로 하겠습니다. 따라서 우리는 「사자의 현존」이 한 가지 사실이지만, 「사자」 그 자체는 사실이 아니라고 말하게 될 것입니다. 우리는 「둘에 둘을 곱하면 넷이라는 것」이 한 가지 사실이지만, 「숫자 둘」 그 자체는 한 가지 사실이 아니라고 말하게 될 것입니다.267)

우리가 이런 의미에서 '사실'이라는 낱말을 잘 이해한다면, '사실'들이 대체로 흔히 '진리truths'로 불리는 것 이상도 아니고 이하도 아님을 주목하는 것이 중요합니다. 더 앞에서(603쪽 이하) 저는 「그러저러한 것이 참이다」라는 형식의 어구가, 언제나 절대적으로 대응하는 「그러저러한 것이 한 가지 사실이다」라는 어구의 형식과 동등하게 쓰일 수 있음을 지적하였습니다. 비슷하게, 이런 의미에서 한 가지 사실인 것은 어떤 것이든지 자연스럽게 언제나 '한 가지 진리a truth'로 불릴 수 있습니다. 「2+2=4라는 사실」을 말하는 대신, 또한 우리는 동등하

---

267) [역주] 「사자」 그 자체, 「숫자 2」 그 자체는 단지 포장지인 이름에 불과하다고 보는 것이다. 마치 키메라처럼 공상의 괴물도 한 가지 이름에 지나지 않듯이, 아무런 사실과도 대응하지 않은 상태로 있는 것이다. 이 상태에서 현실 세계에서 실질적으로 대응 관계를 보장해 주기 위해서, 무어 교수는 '사자의 현존'이나 '둘에 둘을 곱한 결과의 현존'과 같은 형식을 갖추어야 한다고 보기 때문이다. 이런 주장은 이미 여러 차례 언급되었다. 633쪽의 역주 240과 667쪽의 역주 250을 보기 바란다.

게 「2+2=4라는 진리」를 말할 수 있는 것입니다. 절대적으로 모든 실제의 경우에서, 「사자가 현존한다는 사실」을 말하는 대신, 또한 동등하게 「사자가 현존한다는 진리」 따위를 말할 수 있는 것입니다. 이 점을 주목하는 것이 중요합니다. 왜냐하면 한 가지 '진리'에 속하며 그 형식을 진리로 만들어 주는 이 속성은, 지난 두 강의(제14장과 제15장)에서 논의되었던 속성, 즉, 우리가 믿음들을 '참된' 믿음에 속하게 해 주며, 이로 말미암아 '참true(참값)'으로 부르는 속성과는 전적으로 다른 것이기 때문입니다(≒사실과 믿음에 중의적으로 적용됨).

한 가지 진리를 놓고서 그것이 한 가지 진리라고 말하는 것은, 우리가 살펴보고 있는 의미에서 단지 그것을 놓고서 한 가지 사실이라고 말하는 일입니다. 반면에, 어떤 믿음 행위를 놓고서 그것이 '참되다'고 말하는 것(≒참된 믿음)은, 이미 보았듯이 오직 그 믿음이 한 가지 사실과 대응한다고 말하는 것일 따름입니다. 사실상 아무도 참된 믿음 행위를, 한 가지 진리라고 부를 것 같지는 않습니다.268) 그렇게 언어를 뒤섞어 쓰는 것은 아주 부자연스러운 것입니다. 그럼에도 불구하고, 여전히 뒤섞여 혼동된 두 가지 대상을 찾아내는 것이 아주 일반적입니다.269) 예를 들어, 「진리들이 전적으로 정신에 의존한다」고 아주 일

---

268) [역주] 저자는 믿음을, 분명히 눈을 감고 성찰을 하면 머릿속에서 마음의 눈 앞에 떠오르는 '어떤 대상(단언)에 대한 태도'라고 명시적으로 정의한 바 있다. 그리하여 처음으로 「단언에 대한 태도」(명제 태도)라는 개념을 수립해 놓은 것이다. 현재의 사건이나 대상뿐만 아니라, 미래의 사건이나 대상을 놓고서도 똑같은 태도(마음가짐)를 지닐 수 있다. 이런 점에서 아무리 진지하고 성실한 믿음을 지니더라도, 그것이 꼭 진리와 일치한다고 말할 수 없을 것이다. 특정 종교의 기도문 중에 "하느님 나라가 임하시며"의 경우가 대표적일 듯한데, 아무리 간절한 기도와 믿음이라고 해도 결코 모순과 갈등으로 가득찬 현실 세계가 천국이 될 수는 없기 때문이다.

269) [원저자 주석 1] 심지어 더욱 일반적이기까지 한 한 가지 오류는, 모든 참된 단언이 한 가지 진리라고 가정하는 일이다. 이는 언어상으로 유추(유비)되어(≒언어 형식만으로는 결코 믿음과 단언과 진리가 구별되지 않은 채 모두 같은 형식으로만 쓰임) 자연스럽게 우리로 하여금 그렇게 가정하도록 이끌어 갈 만한 오류이다. 어떤 것이든지 참값이 되는 것을 의미하기 위하여, 당연히 "한 가지 진리"라는 표현을 써야 한다고 가정하는 것이 자연스러운 일이다. 그렇지만 나(무어 교수)에게는 이것이 사실상 우리가 "한 가지 진리"라는 표현을 쓰는 방법이 아님이 아주 명백하다. 어떤 것이든지 그것이 참값이라는 단언(명제)과 관련하여, 해당 사실the fact만이 아주 자연스럽게 "한 가지 진리"로 불릴 수 있는 것이다.

그렇지만 주어진 임의의 단언(명제)이 참값이라는 사실은, 명백히 논의 중인 관련 단언(명제)과는 사뭇 다른 어떠한 것이며(≒사실인지 여부를 판정받아야 할 대상일 뿐임), 또한 논의 중인 단언(명제)이 참값이라는 동등한 단언(≒상위 차원의 단언)과도 아주 다른 어떠한 것이다(≒참값이나 거짓을 부여받을 단언을 판정하는 일과 관련해서 새롭게 상위 차원의 단언을 상정하고 있음). 따라서 아무런 단언(명제)도 한 가지 진리가 아니다No proposition is a truth. 그렇지만 참값인 모든 단언(명제)의 경우에, 그것이 참값이라는 관련 사실(≒상위 차원의 단언에 대한 판정 사실)은 한 가지 진리인 것이다. (1952년 덧붙임)

※ [역주] 밑줄 친 주장에 주목할 필요가 있다. §.3-2에서 무어 교수는 분명히 단언(명제)이 존재한다고 단정한 바 있다(144~145쪽의 역주 59를 보기 바람). 그렇지만 스스로 자신의 주장을 뒤집으면서, 여기서 참값인지 거짓인지 판정을 받아야 하는 단언(명제)은, 그 자체로서는 아무런 일도 하지 못한다고 본다. 오직 대응 관계의 확인을 통하여 한 가지 사실로 확립된 이후에라야, 비로소 한 가지 진리가 된다는 뜻이다. 이는 더욱 분명하게 자신의 이전 주장을 포기하고, §.17-1에서 새롭게 '단언의 존재와 같은 그런 것은 없다'는 주장으로 이어진다(750~751쪽의 역주 289를 보기 바람). 좀더 자세히 풀어 주면, 참값·거짓값이 판정되지 않은 상태의 단언(명제)은, 실질적 내용을 품은 믿음의 내용(참값·거짓으로 판정 받게 될 믿음의 대상)만 주어져 있다면, 아무런 역할도 없고 결국 단언은 존재할 가치가 없다는 뜻이다. 대신 새롭게 §.14-5에서 참되거나 거짓된 믿음과 관련하여 그런 믿음을 향한 「어떤 정신적 태도」만이 상정되고 있는 것이다.

설령, 이런 주장을 받아들인다고 하더라도, 사실과의 대응 여부를 따지려면 그런 정신적 태도만으로 불가능하며, 반드시 믿음 내용의 내부를 분석하고 따져 나가야 한다. 이런 일을 단언(명제)이 떠맡고 있었던 것이다. 믿음 내용에 대한 분석이 이뤄진 다음에, 사실과의 대응 관계를 따지는 일이 이어져야 한다. 이는 「판단·결정·평가」를 떠맡은 체계에서 일어나며, 결코 단언(명제) 분석과 동일한 차원의 정신 활동이 아니다. 무어 교수는 분석되고 판정을 받아야 하는 대상 차원의 단언(명제) 및 판정을 내리는 상위 차원의 정신 활동조차도 모두 다 똑같은 낱말인 '단언'(명제)이라고 부름으로써, 스스로 혼란을 자초하고 있다. 더군다나 믿음에 대한 정신적 태도조차 믿음을 분석하기가 지극히 어렵다고 인정하면서 자신의 주장을 유보하는 모습까지 보였었다. 「믿음」과 「믿음을 향한 정신적 태도」와 「단언」과 「사실」과 「현실세계」와 「가능세계」들이 여러 가지 복잡하게 얽혀져 있겠지만, 거꾸로 결과적으로 「사실과의 대응 관계」를 통해서 여러 단계들이 간단하게 한두 가지로 통합될 수도 있다.

간단히 정리한다면, 믿음이나 단언(명제)들 중에서 일부가 사실과의 대응 관계를 보여준다면, 이름을 달리 붙여 「사실」이나 「진리」라고 부르는 것이다. 이런 측면에서, 초기 입력물이 믿음으로 불리든, 믿음을 향한 정신적 태도로 불리든, 단언(명제)으로 불리든, 어떤 다른 이름으로 불리든지 간에, 이는 쪽정이들이 뒤섞인 원료(참된 믿음과 거짓된 믿음이 뒤섞여 있음)들에 불과하다. 이것들이 통합적으로 현실 세계의 수반 현상으로 나온 '믿음의 내용'으로 대체되므로, 아주 새롭게 무어 교수는

"아무런 단언(명제)도 한 가지 진리가 아니다!",
"이제는 단언(명제)과 같은 것은 더 이상 존재하지 않는다!"

고 주장하는 것이다. 그렇지만 우리 정신 활동의 최고 층위에 있는 「판단·결정·평가」 체계는 반드시 판단·결정을 내릴 대상이 요구된다(평가는 전체적 자기 점검 과정까지 이어져 있으므로 임시 제외될 수 있음). 포괄적으로 말하여 그 대상은 「생각의 단위」이다. 우연히 생각하는 단위의 후보로서, 설령 단언(명제)이 판단·결정의 대상이 되지 않는다고 보아 포기한다손 치더라도, 믿음이 되든지, 이름이 되든지, 문장이 되든지, 아니면 비유를 통한 등가물이 되든지, 감각자료로 환원해 놓은 것이 되든지 간에, 「판

반적으로 가정되어 왔습니다. 만일 이 세상 속에 아무런 정신도 없었더라면, 아무런 진리도 있을 수 없었을 것이라고 합니다.270) 제가 알 수 있는 한, 이것이 가정되어 온 주요한 이유가 '참되다true'라는 낱말이 오직 믿음의 행위(참된 믿음)에만 속할 수 있는 한 가지 속성을 나타내며, 이런 속성을 지니지 않는 한 아무런 것도 '진리truth'가 될 수 없다고 가정되어 왔기 때문입니다.271) 물론 진리가 믿음의 행위라는 이런

단·결정을 위한 입력물」로서 내부 짜임새를 투명하게 볼 수 있는 대상이 반드시 있어야 한다는 점은 결코 변하지 않는다. 이런 측면에서 뒤친이는 521~523쪽의 역주 196에서 제시한 도표가 오히려 더 나은 방안이라고 본다. 뒤친이는 무어 교수가 믿음을 향한 정신적 태도를 고려하면서 단언(명제)의 존재를 부정하는 주장은 지금 아무에게도 받아들여지지 않을 것으로 본다.

270) [역주] 관념론, 유심론, 유아론(독단론)으로도 불리고, 만물의 영장이라고 우쭐거리는 인간 중심의 편향 시각으로도 불린다. 불교(유식학)에서는 '일체유심조' 등의 낱말로 언급되어 왔다. 설사 이름을 달리하더라도, 그 기능과 태도에서는 핵심적으로 모두 다 일맥상통한 측면이 있다. 모두 인간의 이해 능력에 대한 과도한 자신감을 잘못 적용한 것에 불과하다. 그렇지만 설령 불행히 몰상식한 이들이 정치를 좌지우지하여 만일 지구에서 핵전쟁이 일어나고 지구에 사는 모든 생명체가 없어진다고 하더라도, 우주는 이전처럼 여전히 존재할 것이며, 우주가 운행하는 원리들이 조금도 바뀌지 않은 채 그대로 있을 것이다.

271) [역주] 이런 태도와는 달리, 현재 편협하게 인간 중심의 세계관이나 우주관을 벗어나서, 인간도 생태 환경에 적응한 한 종류에 불과하다는 관점을 자연주의나 생태주의라고 부른다. 만물의 영장으로 독자성만을 옹호하던 인간의 두뇌 세포는, 무척추 동물의 초기 두뇌에서 찾아지는 뉴런들의 활동을 그대로 물려받고 있기 때문에, 더 이상 인간과 인간 아닌 유기체 사이에 간격을 두지 않는다. 대신 거대한 연속선 상의 진화 과정으로 접근하게 된다(37~38쪽의 역주 9와 383~384쪽의 역주 137을 보기 바람).

이런 흐름에서는 유기체의 의식에 접근하는 한 가지 방식은, 「낮은 차원의 의식」(흔히 무의식이나 잠재의식으로 불림)과 「높은 차원의 의식」으로 구분하는 일이다. 낮은 차원의 의식에는 재귀적인 자기-인식이 없이 몇 가지 본능대로 오직 여러 차례 경험을 통해 내재화된 「자극과 반응의 방식」으로만 작동한다. 그렇지만 높은 차원의 의식에서는 의식 관련 부서들의 양적 증가에 따라 역할 분담을 떠맡은 여러 기관들이 생겨나고, 이들끼리 각기 특화된 역할을 하면서 어떤 자극에 대하여 재귀적으로 복수의 반응 양식을 검토함으로써, 가장 자기 목적에 결맞는 최적화된 반응들을 검토하고 선택하면서 새롭게 적용할 수 있는 것이다. 흔히 이 두 가지 반응 양식을 본능적인 「반사 작용」과 의식적으로 주의를 기울이면서 보이는 「선별적 대응」으로 구분하여 부를 수 있다.

인간의 세 겹 두뇌를 중심으로 하여, 전자는 대체로 뇌간과 제1뇌와 제2뇌에서 일어나는 작용이지만, 후자는 전-전두피질(전-전두엽)에 있는 작업기억을 매개로 하여 제2뇌와 제3뇌 사이에서 일어나는 일이다. 이렇게 두 가지 의식을 나누는 일도 2천 년대에 이르러서야 일반적으로 수용된 일이며, 두 가지 의식 사이에 분명히 어떤 간격이 있다. 이를 비유하여, 인간의 모순성을 천사의 마음과 악마의 마음으로 부를 수도 있고, 흥부의 마음씨와 놀부의 마음씨로도 부를 수 있으며, 지킬 박사와 하이드로도 부를 수 있다. 왜냐하면 낮은 차원의 의식은 본능적(자기 보존적)으로 작동하지만, 높은 차원의 의식

속성을 지니지 않는 한, 이 세상에 아무런 참된 믿음도 있을 수 없음이 아주 명백합니다. 만일 믿음의 행위가 없었더라면, 아무런 믿음의 행위도 참될 수 없었을 것이며, 믿음의 행위가 의식의 활동이기 때문에, 만일 (의식이 깃들 장소로서) 아무런 정신도 없었더라면 아무런 믿음의 행위도 있을 수 없었을 것입니다. 그러므로 참된 믿음 행위에 대한 존재는, 전적으로 정신의 존재에 달려 있음이 아주 명백합니다.

그렇지만 우리가 '진리'에 의해서, 참된 믿음의 행위가 아니라 오직 한 가지 사실만 의미됨을 깨닫는 순간, 다시 말하여, 참된 믿음들이 있을 경우에 한 가지 참된 믿음에 대응하겠지만, 동등하게 심지어 아무도 참된 믿음의 존재를 믿고 있지 않을 경우에라도, 있을 만한 어떤 것이 의미됨을 깨닫는 순간,272) 「이 세상에 아무런 정신도 없었더라

은 사회 공공의 가치(협동과 배려)를 중심으로 최적화되기 때문이다. 인간은 오랜 사회화 과정 및 실패에 대한 자기 반성을 통해서, 자신의 말과 행위를 놓고서 일관되고 통일된 태도를 갖춘다고 말할 수 있다. 전통적으로 이를 우리 사회에서는 '마음 닦기'나 '정신 수양'이나 '도덕성 함양'이란 말로 불러 왔다. 무어 교수가 활동하던 20세기 초반에는 이런 접근이 가능하리라는 생각조차 할 수 없었다. 그렇지만 어느 정도 두뇌 부서들과 작용방식이 구체적으로 논의되는 현재로서는, 정신 또는 의식에 대해서도 서로 달리 작동하는 원리들이 동시에 인간의 머릿속에서 일어나며, 전체적으로 모순이 없이 이것들이 서로 잘 맞물리도록 스스로 재조정하는 일이 진행됨도 충분히 고려해야 할 것이다.

272) [역주] 뭐쏠(1935; 김이선 뒤침, 2011) 『종교와 과학』(동녘)을 보면, 근대의 시작은 아랍 문명이 전수해 준 고대 천문학이 허물어지면서부터 시작되었다. 지금도 그런 상황이 그대로 반복되고 있다는 점에서, 지성사에서 다시 혁명의 전야에 살아가고 있는 셈이다. 1990년 발사되어 지구 저궤도에 자리 잡은 허블 망원경의 수십 년 관측 덕분에, 우주가 예상 못한 더욱 빠른 속도로 팽창되고 있음을 알게 되었다. 이런 급격한 팽창을 뒷받침할 힘이 필연적으로 필요하므로, 임시 '암흑 에너지'라고 부르고 있지만, 아직 아무도 그 실체나 본성에 대해서는 알 수 없다. 아폴로 우주인들이 달에다 설치한 반사경 덕택에, 미국 아리조나 천문대의 수십 년 관측을 토대로 하여 달이 매년 2.5cm씩 멀어지고 있음을 새롭게 알게 되었다. 따라서 좀더 가시적으로, 달의 생성과 궁극적인 달의 운명까지 실증적인 논의가 가능하게 되었다. 언젠가는 달이 더 이상 지구 인력권 속에 갇혀 있지 않는 순간이 올 것이며, 그렇다면 지구의 지축이 제멋대로 흔들릴 것이라는 예측까지도 등장하게 되었다. 지구 궤도를 돌고 있는 위성사진들의 누적을 통해서, 지구가 더 이상 정확한 구가 아님도 새롭게 알게 되었다. 모두가 새롭게 발견한 사실들과 이런 사실들의 일련의 변화를 일관되게 설명하는 이론에서 나온 진리들이다. 이전에 어느 누구가 수소만 있던 초기 우주에서 초신성 폭발의 잔재로서 다양한 원소들이 생겨났음을 생각이라도 해 봤을까? 석탄과 다이아몬드가 모두 탄소의 다른 배열 모습이라는 것을 어느 누구가 꿈이라도 꿔 보았을까? 반감기를 알 수 있는 원자들을 거꾸로 계측하여, 지구 나이와 달의 나이를 알 수 있었으며, 밝기가 일정한 초신성의

면, 진리와 같은 것이 어떤 것도 있을 수 없었을 것」이라고 가정할 아무런 이유도 없습니다(≒진리는 우리 인간의 발견과 무관하게 그대로 있으며, 진리의 일부만을 사회공동체를 이룬 인간들이 깨닫게 됨). 정반대로, 이 세상에 아무런 정신도 없었더라면 아무런 사실(≒우리가 판정하는 대응 관계를 가능케 하는 토대)도 있을 수 없음도 명백해집니다.

'한 가지 진리'가 단지 한 가지 사실에 대한 또 다른 이름이며, 전적으로 참된 믿음 행위와는 다른 어떠한 것임을 깨닫자마자, 아주 분명하게 「설령 이 세상에 아무런 정신도 없었다손 치더라도, 진리들은 여전히 있을 수 있음」이 가능해집니다. 이런 까닭으로, 저는 설령 믿음의 행위에 적용된 것으로서 '참되다'라는 낱말이 사뭇 다른 무엇인가를 의미하더라도, 즉, 논의 중인 믿음의 행위가 한 가지 진리임을 의미하지 않더라도,[273] '한 가지 진리'가 오직 한 가지 사실에 대한

빛을 분광기에서 분석함으로써 먼 우주와 우리 사이의 거리를 수십 광년 단위로 계산할 수 있음을 생각이라도 해 봤었을까?

공자도, 석가도, 예수도, 소크라테스도, 마호메트도, 하느님도, 개인 운명을 알아낸다고 신통하다고 소문난 어느 점집의 무당도 아니다. 이것들이 모두 다 이전에 아무도 생각해 보지 못한 사실들이며, 따라서 이를 믿었던 일이 한 번도 없었다. 그렇지만 새롭게 우연한 관측 사실들이 더해지면서, 특정 공동체의 지식인들이 이런 사실들을 일관되고 통일성 있는 모습으로 설명해 주려는 노력하면서 항상 새로운 지식 체계가 생겨났다. 그리고 교육을 통하여 이런 지식 체계가 진리로서 공동체 구성원들에게 받아들여지는 것이다. 뷧건슈타인의 제자 툴민(S. Toulmin, 1922~2009)이 과학 혁명의 역사를 다루면서 썼던 용어로서 일부에서는 '집단 지성'으로도 부른다(1972, 『*Human Understanding Part 1: The Collective Use and Evolution of Concepts*』, Princeton University Press).

최근 들어 인간 중심의 편협한 우주관을 벗어난 경우를 자연주의naturalism로도 불리고, 더러 인간 사회의 운명과 결부시켜 생태주의ecologism로 부르는 경우도 있다. 자연주의 시각에서는 인간 정신의 출현을 자연환경과의 상호작용에서 최적화된 선택 반응의 결과로 여기는데, 특히 이를 신-다윈주의New Darwinism로 부른다. 하위 갈래로서 하버드대학 심리학과 핑커S. Pinker 교수처럼 사회적 변인에 강조점을 두면 사회적 다윈주의social Darwinism로, 노벨상 수상자 에들먼(G. Edelman, 1929~2014)처럼 두뇌의 배선 방식인 뉴런의 조직화에 강조점을 두면 신경 다윈주의neural Darwinism라고 부른다(387~388쪽의 역주 139). 오늘날 정보-지식사회의 단계에서는, 더 이상 안이하게 과거의 원시사회로 돌아갈 수도 없으므로, 다양한 영역에서 새롭게 알려지고 있는 여러 가지 사실들의 발견을 놓고서 상호 양립 가능한compatible 일관되고 통일된 거대 이론의 틀을 진지하게 고민하고 반성해야 할 시점에 있다고 말할 수 있다.

273) [원저자 주석 2] 물론 단언(명제)들에 적용된 것으로서 또한 훨씬 더 많은 사례가 일반적으로 실제의 경우이다. 원저자 주석 1(717쪽의 역주 269)을 보기 바란다. (1952년 덧붙임.)

또 다른 이름임에 주목하는 것이 중요하다고 생각합니다.

그리고 "~라는 것이 한 가지 사실이다"라는 어구와 '실재한다'라는 낱말 사이에 있는 어떤 연관성에도 주의를 기울일 만하다고 생각합니다. 「사자가 현존한다는 것이 한 가지 사실이다」고 말하는 것은, 명백히 오직 「사자가 실재로really 현존한다」고 말하는 일과 동등할 따름입니다. 다시 말하여, 오직 「~라는 것이 한 가지 사실이다」로써 말하는 동일한 생각을 표현하기 위해서, 「실재한다real」가 부사의 형식으로 나온 really실재로라는 낱말을 쓰고 있는 것입니다. 설령 「사자들이 실재로 현존한다」라고 말하는 것이 아주 자연스럽더라도, 다음처럼 말하는 것은 아주 부자연스럽습니다.

「*사자가 현존한다는 것이 실재한다」(윗첨자 별표는 참스키 문법에서 비문법적임을 나타내는 약속임)

(**"*It is real* that lions do exist")

이런 표현보다 부자연스러운 것은 아무런 것도 없습니다.274) 이는 '실

---

274) [역주] 왜 자연스럽지 않은 것일까? 뤼친이는 real실재한다라는 의미가 「대상의 존재 유무만 가리키기 때문」이라고 본다. 어떤 주장이나 단언이 사실과 대응 관계에 있는지 묻는 것은, 이미 대상 차원을 넘어선 것이다. 단순하게 임의의 대상이 현실 세계의 대상물인지 여부, 즉 존재 유무만 묻고서, 그 결과로서 그 대상이 존재함을 지정해 주는 것에 지나지 않는다. '실재한다'라는 낱말 자체가 「현실 세계에서 존재한다」는 말과 동등한 것이다.

현대 언어학을 세웠다는 소쉬르는 언어가 자의적으로 쓰이는 것이 아니라 일정한 대립 체계를 통해서 머릿속에 실체로 들어 있다고 주장하였다. 이에 따라 언어학에서는 언어를 작동시켜 주는 개념들도 체계적으로 정연히 어떤 위계를 지닐 것이라고 가정한다(616쪽의 역주 231 참고). 참스키 언어학에서는 낱말들의 경우까지도 이런 가정을 적용한다. 참스키 교수는 이런 위계화 모습을 이른바 '어휘 해체lexical deconstruction'라고 부르며, 위계화된 질서를 상정하여 의미자질들로 재구성해 주게 된다.

만일 뤼친이의 판단대로 real이란 낱말을 해체하여 구성성분을 표시해 준다면, 「it is true that x exists」와 같다(exist → true, 임의의 것이 존재한다면 임의의 것은 참값이다). 그렇지만 is a fact는 real의 경우에도 쓰일 뿐만 아니라, 다시 더 복잡한 구문인 단언이나 주장을 놓고서 대응 관계 여부를 따지는 경우까지 가리킬 수 있는 것이다. 즉, 앞의 경우만 아니라(exist → true), 또한 「it is true that x corresponds to an event」과 같이 해체해 줄 수 있는 것이다(correspond → true, 임의의 것이 사실과 대응한다면, 임의의 것은 참값이다). 따라서 주장이나 단언을 담고 있는 내포문도 이끌어 갈 수 있는 것이다.

재한다is real'와 "한 가지 사실이다is a fact"라는 어구들의 용법에서 어떤 차이가 있음을 보여 줍니다. 그렇지만 저는 동시에 이런 부사 '실재, 실재로really'의 사용이 이들 둘 사이에 있는 어떤 연관을 가리켜 주는 것으로 생각합니다.

부사 really는 동사구만 꾸미는 경우라면 is real실재한다과 동일하게 취급되지만, 전체 문장을 꾸미는 경우라면 is a fact대응 관계를 판정한 결과임와 교체될 수 있다.

"영이가 보고서를 정말 잘 썼다"

에서 부사 '정말'은 동사구 '잘 썼다'만을 꾸며 주는데, 「영이가 보고서를 쓴 내용이 정말 잘 했다」에서 변형되었다. 그렇지만

"정말 철수가 죽었다"

에서는 전체 문장을 꾸며 주는 것으로, 「철수가 죽은 것이 정말이다」에서 변형된 것이다. 여기서 문장을 꾸며 주는 부사(~은 것이 정말이다)는, 그 구조가 단언(명제)의 형식과 같이 「~라는 것이 참값이다」처럼, 내포문을 놓고서 다시 상위 차원에서 진리값을 서술하는 것과 서로 동일한 형상임을 확인할 수 있다. 일부 동사구만을 꾸며 주는 부사("막, 곧장, 얼른, 도로" 등)를 제외하고서, 대체로 부사는 동사구와 문장이라는 두 가지 영역을 대상으로 하여 꾸며 주는 역할을 맡는다. 따라서 이를 531~532쪽의 역주 199에서 언급한 전문 용어로는 '구조적 중의성'이라고 부른다(언어 구조의 차이에 따라 생겨난 중의성). 부사의 위치가 두 가지로 주어져 있기 때문이다. 즉, 동사구(VP) 교점의 부가논항으로 자리를 잡거나, 아니면 전체 문장(S 또는 CP)의 교점에 대한 부가논항으로 자리를 잡는 것이다.

영어에서는 He killed them *with guns*라는 예문에서, 점선 친 전치사 수식구가 ⓐ 주어를 꾸며 줄 수도 있고(이를 문장 수식으로 부르는데, 두 정 이상의 총을 갖고서 그가 그들을 죽였다는 뜻임), ⓑ 목적어를 꾸며 줄 수도 있는데(이를 동사구 수식으로 부르며, 총을 갖고 있는 사람들을 가리킴) 그가 총을 지닌 그들을 어떻게 죽였는지는 언어 표현에 나와 있지 않다(총잡이 악당들을 독약을 먹여 죽였는지, 폭탄을 터뜨려 죽였는지, 총으로 죽였는지는 알 수 없음). 이 경우에도 '총을 지녔다'는 수식구가 "kill them"이라는 동사구(VP)에 부가되는 것(사람들만 총을 지닐 수 있으므로, them이 총을 지녔다는 해석이 나옴)과 "he kill them"이라는 전체 문장(S 또는 CP)에 부가되는 구조에 의해서 다른 해석이 유도되는 것이다(가장 가까운 논항이 주어이므로 he가 총을 지녔다는 해석이 나옴).

부사의 수식 범위가 두 가지 경우로 나뉘는 언어학적 사실이 1970년대 이전에는 문제로 부각될 수도 없었고, 서로 분간할 수도 없었다. 전통문법과 구조주의 언어학(대립 중심의 체계)에서는 고작 낱말 및 구 차원의 대상에만 몰두했었기 때문이다. 전통문법에서는 고작 문장 유형만 몇 가지 제시했을 뿐이다. 훔볼트 언어사상은 주로 낱말들만 놓고 사색을 한 것이며, 이에 영향을 받아 한글맞춤법에서는 낱말 그 자체가 기본적인 것으로 상정되었다(오히려 담화가 더 기본적이며, 화용상 어절이 낱개의 단위가 됨). 그렇지만 문장 그 자체가 기본 대상으로 상정되는 참스키 언어학(통사론 중심 언어학)에 와서, 변형 과정을 다루면서 이런 구조적 차이점을 인간 언어의 일반 사실로서 처음 찾아낼 수 있었다. 이런 측면에서 철학자인 무어 교수는 1910년대 당시 이 부사가 단지 두 낱말 사이에 어떤 연결점이라고 자각하였고, 그런 언어 사실을 표현하였다는 점에 눈길이 간다. 그분이 스스로 자신의 언어 감각의 차이를 섬세하고 느끼고 있음을 보면 그저 그분의 집중력에 놀라울 따름이다.

그렇다면 저는 '사실'이라는 이름을, 단순히 그리고 유일하게 이 세상의 구성요소들을 놓고서 관련 종류를 가리키며, 참된 믿음들에 대응하는 이름으로 쓰려고 합니다. 즉, 관계절을 이끄는 관계대명사 '~는, ~라는that ~'으로 시작하는 어구들로써 표현하는 종류의 대상들에 대한 이름인 것입니다. 그렇지만 이것이 물론 '사실'이란 낱말이 일반적으로 쓰이는 한 가지 유일한 의미라고 말하려는 것은 아닙니다. 아무튼 간에 철학자들이 때때로 분명히 더 넓은 의미로 이 낱말을 쓰는데, 가령 다음처럼 말할 것입니다.

㉠ 사자의 현존이 한 가지 사실임을 말할 뿐만 아니라

㉡ 사자 그 자체가 한 가지 사실이라고 말하거나

㉢ 하야스름한 이런 색깔의 경험조각이, 즉, 내가 지금 현재 지각하고 있는 이 감각자료 그 자체가 한 가지 사실이다.[275]

---

275) [역주] 무어 교수가 직감적으로 세 가지 사례를 들었지만, 모두 각각 다른 형식을 가리키고 있다. 본문의 ㉠은 일반적 사실에 대한 주장 또는 단언이다. '~라는 것이 사실이다'는 대응 관계의 판단·결정 과정을 거쳐서 참값임을 나타낸다. 특히 이 경우에 바로 722~723쪽의 역주 274에서 논의되었듯이, 결코 is real**실재한다**과 교체될 수 없다. real**실재한다**의 말뜻이 대상에 대한 존재 여부만을 묻기 때문이다. 그렇지만 무어 교수가 받아들이지 않음(비문법적임)을 명시한 본문의 ㉡을 구제하려면, 조금 다른 방식을 거쳐서 더 추가적 의미를 부여해야 한다. 다시 말하여, 덜렁 하나의 낱말만 제시되더라도, 초기값default(기본값)으로서 '~가 있다'(외연 의미)거나 '그것이 ~이다'(내포 의미)라는 형식으로 재구성하는 것이다(757쪽의 역주 293을 보기 바람). 이는 일상언어의 용법을 모두 다 받아들인다는 전제 위에서, 다시 말하여, 가장 넓은 의미를 받아들여서, 하나는 대상의 존재로 재구성되며, 다른 하나는 그 대상의 속성으로 재구성되는 것이다(두 가지로 번역할 수 있음을 인정하는 것임).

앞의 경우라면, 일반적인 대상이 존재함을 가리키고 있으므로, 자유롭게 is real**실재한다**과 교체된다. her love *is real***그녀의 사랑이 실재한다**거나 her love *is a fact***그녀의 사랑이 사실이다**. ㉠은 주장에 대한 대응 관계의 판단 형식이지만, 달리 ㉡은 초기값으로 주어져 있는 재구성 형식을 따른다고 하더라도, 고작 대상의 존재 여부에 대한 판단일 뿐이다. 몬테규(R. Montague, 1930~1971) 교수의 유형 의미론에서는 이것들이 각각 ⟨⟨e, t⟩ t⟩ 유형과 ⟨e, t⟩ 유형으로 서로 다른 차원의 유형이라고 구분짓는다. 단, e는 entity 개체를 가리키며, t는 truth 참값을 가리키는 기호 약속이다. Thomason 엮음(1974) 『*Formal Philosophy*』(Yale University Press).

그렇지만 명시적으로 무어 교수는 ㉡의 의미를 받아들이지 않겠다고 공언하고 있다. 뒤친이는 일상언어 철학을 열어 놓은 옥스퍼드 대학의 존 랭쇼 오스틴(John Langshaw Austin, 1911~1960) 교수는 한 낱말 속에 깃들어 있는 속뜻들을 드러내는 일을 처음 명시적으로 추구하였고, 이런 점에서 뒤친이는 여기서 논의한 구제 방식 ㉡이 응당 제가 이런 더 넓은 용법이 틀렸다고 말하려는 것은 아닙니다. 저는 현재 논의의 목적을 위하여, 넓은 의미의 용법을 받아들이지 않을 것임을 아주 명백하게 해 두고자 할 뿐입니다. 더욱이 더 중요하다고 생각하는 것은, 아주 종종 일상생활에서 우리가 '사실'이란 낱말을 제가 지금 쓰고 있는 것보다 훨씬 더 좁은 의미로 씀을 지적하는 일입니다. 우리는 제가 사실들로 부르고 있는 대상들의 집합 중에서 오직 일부에만 적용하여 쓰는 것입니다.

제가 생각하고 있는 용법은 사실들이 종종 '이론'과 대립 짝이 되거나, 마땅히 관련 사실들에 호소함으로써 질문이 확정되어야 한다고 언급되는 방식으로 쓰는 것입니다. 「사실」이란 낱말을 놓고서, 제가 선택한 의미에서 어떤 이론은, 단지 이것이 한 가지 이론이 되는 상태에도 불구하고 한 가지 사실이 될 수 있습니다.276) 누구이든지 간에

수용됨직한 접근법으로 본다(158쪽의 역주 66).

그런데 본문의 ⓒ은 내 자신의 감각경험을 표현하고 있는 형식이다. 따라서 여기에 대한 「판단·결정 과정」은 재귀적 점검체계에 의해서 이뤄져야 한다. 그렇지만 문제는 이것 자체가 믿음의 한 부분이라는 점에 있다. 내적이고 사밀한 내 자신의 믿음이, 어떻게 객관적으로 표현될 수 있을까? 이는 결코 간단히 해결될 수 있는 문제가 아니다. 오직 간접적으로만 해결될 뿐이다. 즉, 일련의 정신 작용들이 연쇄적으로 일어나는 사건을 명시적으로 포착한 다음에, 그런 계기적 사건 발생들을 통해서만 한 단계 한 단계 객관성의 정도를 점차적으로 높일 수 있을 따름이다.

276) [역주] 일상언어에서는 '이론'과 대립되는 짝이 '자료'이다. 그렇다면 무어 교수의 주장을 받아들여, 자료들 중에서 해당 이론을 뒷받침해 주는 것들을 사실이라고 좁혀 부를 수 있을 듯하다(즉, 무관한 자료도 아니고 반례도 아닌 것들임). 265~267쪽의 역주 110에서는 뒤친이가 인간의 정신 활동이 평면적인 것이 아니라, 적어도 5개 이상의 층위가 유기적으로 작동하고 있다고 주장하였고, 이를 '복합 층위가 동시에 작동하는 인간 사고의 모형'이란 이름의 도표로 제시한 바 있다. theory이론이라면 적어도 어떤 조건문을 만족시켜 주는, 한 가지 이상의 사실 내지 사례가 함께 주어져야 한다. 이론은 정도의 차이가 있겠지만 일반적이고 추상적인 진술들로 이뤄져 있기 때문이다. 하나의 사례에 하나의 이론이 배당된다면 전혀 경제성이 없는 것이다(너무 값비싼 이론이 됨). 그렇지만 많은 사례들에 적용되는 어떤 이론이 상정된다면, 상당히 경제적이며, 누구나 쉽게 적용되는 사례들을 접하게 됨으로써 설득력도 더 높아질 것이다.

이론이 이론 자격을 얻는 중요한 측면은, 아직 안 보이고 채 겪어 보지 못한 사실을 미리 예측할 수 있게 해 준다는 점이다. 이런 측면에서 사실만으로 한 가지 이론이 구성되는 것이 아니라, 사실들에 관한 내적 관계를 조직해 줌으로써, 아직 경험하지 않은 새로운 사실에 대해서도 예측을 해 줄 수 있게 해 주는 것이다. 그렇다면 한 가지 사실이 곧장 한 가지 이론으로 되는 것은 아님을 알 수 있다.

그것의 존재를 믿는 경우에, 만일 그의 믿음이 참되다면 그것이 한 가지 사실이 될 것입니다. 제가 알 수 있는 한, '사실'이라는 낱말의 이런 좁은 용법과 이 낱말에 대한 제 용법 사이에 있는 주요한 구분은 다음과 같습니다. 일상적 용법에서는 이 낱말이 우리가 실제로 사실들이라고 알고 있거나 절대적으로 알 수 있는 종류의 사실에만 제한되어 있습니다. 이와는 달리, 제가 쓰는 넓은 의미에서는 이 세상에 있는 많은 사실들 가운데 특정한 환경 아래에서 사실들이라고 절대적으로 알 수 있는 특정한 종류들이 있겠지만, 현재 상태의 지식만으로는 절대적으로 사실들이라고 알 수 없는 다른 종류의 사실들도 있음이 성립됩니다(≒참된 믿음일 경우에 사실이라고 여기는 관용적 태도이며, 지식의 유용성은 설명 가능성뿐만 아니라 예측 가능성에 있음). 따라서 일상적 용법에서는 한 사람이 어떤 대상의 존재를 믿고(621~622쪽의 역주 236과 697쪽의 역주 260 참고) 그의 믿음이 참될 경우에라도, 그럼에도 불구하고 그가 믿고 있는 것이 지금 현재 어떤 사람이 절대적으로 알 수 있는 어떠한 것이 아닌 한, 「한 가지 사실이 아니다」라고 말해집니다. 반면에, 제가 사실이라는 낱말을 쓰는 용법에서는, 한 사람이 어떤 대상의 존재를 믿으며 그의 믿음이 참될 때마다, 설령 심지어 살아 있는 사람 중 아무도 절대로 그것이 그러함을 알 수 없다고 하더라도, 그가 존재한다고 믿는 것은 한 가지 사실입니다.277) 물론 제가 쓰는 「사실」이라

---

277) [역주] 두 가지 경우가 구분되어야 한다. 하나는 편집증에 사로잡혀 있거나 정신 분열증을 앓고 있는 사람의 믿음이고, 다른 하나는 처음으로 한 시대의 상식과는 다른 독창적 생각을 하고 확신을 갖는 코페르니쿠스의 경우이다. 전자가 배제되는 길은 일련의 사건들에 대한 단계별 확인 과정밖에 없을 듯하며, 전체적으로 사실을 확인하면 편견이나 집착에 따른 왜곡으로 판명될 것이다. 여기서는 후자의 경우를 다루고 있으며, 일련의 사건들에 대한 단계별 확인뿐만 아니라 엉뚱하게 다른 곳에서도 동일한 변화의 과정을 확인하는 경우들이 생겨난다.

　　그 예시로서 대표적으로 과학 분야인 생물학·수학·지질학·물리학에서 최근에 일반 상식을 뒤집어 놓은 사례들을 하나씩 들 수 있다. ⓐ1859년 신중한 성격의 찰스 다윈이 생명체들이 공통의 조상으로부터 환경에 적응하면서 분화되고 다양해졌으며 생명 진화의 나무를 상정했지만, 당시 종교 근본주의자들의 조롱거리가 되었었다. 그러다가 이중나선 염색체 구조를 밝힌 제임스 왓슨이 「분자생물학」이란 영역을 처음 출범시키면서, 미생물에서부터 식물과 동물뿐만 아니라 고등 생명체에 이르기까지 지구상의

는 낱말의 의미가, 이 낱말이 일반적으로 쓰이는 의미들 중 한 가지입니다. 누구나 다 실제로 언제나 어떤 믿음이 참될 경우에, 그 존재가 믿어진 것이, 어떤 의미에서 누구나 그것이 사실임을 알 수 있든지 그렇지 않든지 간에, 한 가지 사실임을 함의하는 언어를 씁니다. 그렇지만 분명히 저는 '사실'이라는 낱말에 이보다 더 좁은 의미가 있다고 생각합니다. 그런 용법에서는 사실이라는 낱말이 (옳든지 틀리든지 간에) 알려진 상태가 절대적으로 가능해질 것으로 견지된 대상들에만 국한되어 쓰입니다. 저는 「사실」이라는 낱말을, 이런 좁은 의미에만 국한지어 놓고 있지 않음을 분명히 해 두고자 합니다.

§.16-4 【 'exist현존한다'에 대하여 】 저는 지금까지 다섯 개 어구 중에서 'is있다, 존재하는 상태이다'나 'has being있음을 지니다, 존재하는 상태를 지니다', 그리고 'is a fact한 가지 사실이다'에 대하여 정확한 의미를 제시해 놓고자 하였습니다. 이제 가장 살펴보고 싶은 어구는 'exist현존한다, 현재 존재한다'입니다.278) 이 어구도 또한 분명히 가장 중요한 한 가지 어구입니다. 어떠

모든 생명체가 유전체의 염기 배열 요소가 A, C, G, T로서 모두 동일한 토대를 지녔음이 밝혀지기 전까지는 아무런 결정적 증명도 이뤄질 수 없었다. ⓑ 1891년 게오르크 칸토어가 무한을 처음 다루면서 초한수의 연속체 가설을 발표했을 때 세상에서 냉대를 받았고, ⓒ 1912년 알프레드 베게네가 지구의 지각이 여러 개의 판들로 맞물려 있다는 판 구조론plate tectonics을 주장했을 때에도 황당하다고 여겨 아무도 믿어 주는 사람이 없었다. ⓓ 1964년 피터 힉스는 질량을 가능하게 해 주는 입자로서 이론상 힉스 보존Higgs boson을 발표했었지만, 2012년 유럽 입자물리 연구소CERN에서 강입자 충돌기로 그 흔적을 찾아내기 전까지는 전자기력보다 에너지가 더 작은 중력 입자를 믿는 사람이 많지 않았다. 현재 이것들은 모두 다 엄연히 진리로 받아들여지고 있다. 사실은 사실대로 그대로 있을 뿐이다. 그렇지만 과학 기술들이 점차 발전해 나감에 따라서 이전에 생각할 수 없었던 새로운 사실들이 차츰 드러나는 일이 항다반사이다.

278) [역주] 중요한 낱말 용법의 변화이다. 무어 교수도 다른 철학자들처럼 being있음과 existence현재 존재, 현존를 구분하여, 현존을 마치 사실처럼 취급했었다(432쪽의 역주 154에 있는 마이농의 견해를 보기 바람). 그렇지만 지금은 being있음과 existence현재 존재가 서로 구분되지 않는 것으로 여기고 있다. being있음보다 조금 다른 것은, existence현재 존재를 이 세상의 구성요소가 되는 것으로 보는 점이다.
1910년 겨울부터 시작되어 몇 달간 강의가 이뤄졌는데, 이 강의를 시작할 때에는 being과 existence가 나뉘어야 한다고 생각했었다. 그렇지만 강의를 진행하는 동안에 두 낱말이 결국 동일한 것이라고 자신의 견해를 바꿨다. 왜 이런 전환이 일어났을까? §.14-3에서 a fact한 가지 사실를 일상적으로는 좁은 뜻(직접 지각이 가능한 현재의 사건과

한 종류의 대상들이 또한 실제로 존재하는지 여부, 또는 아마 미래에 존재할 것인지 여부를 아는 일보다 더 중요한 것이 아무런 것도 없으며, 언제나 더욱 알고 싶어서 조바심이 나는 것은 이것 말고 아무런 것도 없습니다. 우리가 제기해야 할 질문은 다음과 같습니다.

「'현존'이 정확히 무엇일까? 우리가 이 낱말로써 가리키는 속성이 무엇일까? '현존하는 것'이, 단순히 있는 것이나 이 세상에 대한 한 가지 구성성분이 되는 것과 관련하여 동일한 것일까? 그렇지 않을까? 동일한 것이 아니라면, 그것들이 어떻게 다를까?」

(What exactly is "existence"? What is the property which we denote by the word? Is "to exist" simply the same thing as to be or to be a constituent of the Universe, or is it not? And, it not, how do they different?)

이 질문과 관련하여, 'being있음, 존재하는 상태'과 'existence현존, 현재 존재'라는 낱말을 놓고서 다른 많은 사람들이 이것들이 서로 다른 속성임을 견지하는 쪽으로 쏠려 있듯이, 이전에 저 자신도 또한 아주 강력하게 실제로 온전히 다른 두 가지 속성을 나타낸다는 생각을 가지곤 했었습니다. 비록 존재하는 모든 것이 틀림없이 또한 'be있어야, 존재하는 상태이어야' 하더라도, 그럼에도 불구하고 'are있는, 존재하는 상태인' 많은 대상들이 단호하게 실제로 현존하지 않는다고 생각하곤 했었습니다. (1910년 겨울

대상만을 전제로 함)으로 쓰지만, 무어 교수는 넓은 뜻(가능한 지각으로 그 범위를 더 넓힘)으로 쓰겠다고 언급하였다. 아직 직접 지각해 보지 못했지만, 현재 지식을 이용하여 확신을 갖고서 사실이 될 것임을 알게 되는 것들까지 포함하는 것이다(726~727쪽의 역주 277 참고). 그렇다면, 당장 현재 직접 지각 가능한지 여부로써 사실인지(더 나아가 진리인지) 여부를 확정하지 못할 수 있음도 받아들여야 하는 것이다. 아마 뒤친이로서는 이런 측면이 결국 existence현존를 현재 시점에서 직접 지각할 수 있는 것들에만 국한시켜 놓을 수 없으며, being가능세계 속에 있음과 동일하게 취급되어야 한다고 뒤늦게 깨달았을 것으로 본다.

그렇지만 이 번역에서 동일한 낱말 '존재'를 선택한다면, 영어 낱말 being과 existence를 서로 나눠 놓을 수가 없다. 따라서 '불가피하게' 현재라는 시점을 덧붙여 구별해 놓기로 한다. 비록 존재의 '존'이 모두 다 함께 들어가 있지만, exist현존한다와 existence현존로 번역함으로써, is있다, 존재하는 상태이다와 다른 낱말임을 표시해 주려고 한다.

에) 제가 이 강의를 막 시작했을 때에, 실제로 저는 이런 견해를 옳은 것으로 여겼었습니다. 우선 「어떤 종류의 대상들이 현존하는지」라는 질문을 다루고 나서, 따로 아주 다른 사안으로서 「어떤 종류의 대상들이 있으되, 현존하지 않는 것인지」에 대한 질문을 다루겠다고 말하면서, 이 강의의 전체 얼개를 그런 구분 위에 토대를 두었었습니다.

그렇지만 지금 현재 저는 당시 제 생각이 틀렸다고 생각하는 쪽으로 기울어져 있습니다. 제가 구분될 수 있으리라고 여겼었던 대로 'being있음, 존재하는 상태'과 'existence현존, 현재 존재' 사이에 그런 구분이 지금은 아무런 것도 없다고 생각합니다. 물론 용법상의 어떤 구분은 있겠지만, 이런 구분이 단지 제가 'being있음, 존재하는 상태'과 'being a fact한 가지 사실인 상태' 사이에 성립하는 것으로서 설명해 놓았던 구분처럼, 동일한 종류의 구분일 따름이라는 쪽으로 생각이 기울어져 있습니다(≒여러 가능 세계들 중에서 현실 세계로 좁히는 쪽임). 다시 말하여, 우리가 한 가지 대상을 놓고서 그것이 현존한다고 말하는 경우에, 저는 우리가 그 대상에 'being있음, 존재하는 상태'의 속성과 다른 속성을 어떤 것이든 간에 귀속시킨다고 의미하는 것은 아니라고 생각합니다. 우리가 그 대상을 놓고서 의미하는 모든 것은, 단순히 그 대상이 있거나 이 세상의 한 가지 구성요소라는 것입니다. 오직 그 용법상의 구분만이 깃들게 됩니다. 왜냐하면 오직 이런 속성을 어떤 종류의 대상에 귀속시키고자 의미하는 경우에만, 앞의 사례와 마찬가지로 또한 사실상 존재하는 상태를 지니고 이 세상에 대한 구성요소들인 다른 종류의 대상에는 귀속시키지 않으려고 의미하는 경우에, 우리가 직관적으로 '현존'이라는 낱말을 쓰는 경향이 있기 때문입니다.

그렇지만 제가 다른 경우들에서 말한 대로, 저는 이것이 그러한지 그렇지 않은지 여부에 대한 질문은, 사실상 큰 중요성을 지니지 않는 것으로 여깁니다. 오직 '현존'이라는 낱말을 국한짓는 경향이 있는 어떤 집합의 대상들이 있다고만 말할 경우에는, 우리가 「이들 대상들이 물론 어떤 공통된 속성을 지니되, 이 속성이 이 세상에 대한 다른 구성요소들에 의해서는 공유되지 않는다」고 말하게 됩니다. 비록 저는 엄격히 참이라고 생각하는 것은 아니더라도, 만일 원한다면 어떤 것이든지 간에 그것을 놓고서 현존한다고 말하는 경우에, 그것에 대하여 동시에 다음처럼 두 가지 것을 말하려고 의미하는 것입니다.

(1) 그 대상이 있거나 또는 이 세상의 한 가지 구성요소이다.
  (that it *is*, or is a constituent of the Universe)
(2) 그 대상이 이런 특정한 속성을 지니되, 이 세상의 ('다른'이 더 들어가야 할 듯함) 모든 구성요소들에는 속하지 않는다.
  (that it has this peculiar property, which does *not* belong to all the constituents of the Universe)

중요한 것은, 될 수 있는 대로 명확히 그런 어떤 속성이 있고, 그것이 무엇인지를 인식하는 일입니다. 즉, 비록 그것들을 놓고서 모두 "현존한다"고 말해야 하는 것은 아니더라도, 이 세상에서 한 부류의 대상들이 있습니다. 이 부류를 놓고서 우리는 그것들이 현존하고, 실제로 사뭇 동등하게 이 세상에 속하며 이 세상에 대한 구성요소인 이런 부류의 대상들이, 어떻게 다른 종류의 대상들과 다른지를 배타적으로 구별하여 말하는 경향이 있습니다.

저는 이를 실행하는 최선의 방식이, 이 세상에 있는 대상들의 부류가 무엇인지를 지적해 내고, 그 부류들 중에서 아주 자연스럽게 "현존한다"고 말할 수 없는 것을 지적해 내는 일이라고 생각합니다. 제가 알 수 있는 한, 이것들은 두 가지 부류로 나눌 수 있습니다. 첫 번째 것은 제가 막 간단히 '사실'들로 불렀던 대상들의 부류입니다(≒개체들임). 이것들을 놓고서 현존한다고 말하는 것은 최고도로 부자연스럽습니다. 예를 들어, 아무도 다음과 같이 말하리라 생각하지 않을 것 같습니다.[279)]

「＊사자가 현존한다는 그 사실 자체가 현존한다」(윗첨자 별표는 참스키 문법에서 비문 표시의 약속임)

(＊the fact that lions exist, itself exists)

「＊2＋2=4라는 그 사실이 현존한다」

(＊the fact that 2＋2=4 exists)

그러므로 저는 분명히 실제로 '현존한다'라는 낱말을 사실들에 적용하기보다는, 오직 달리 이 세상의 구성요소들에만 적용하는 경향이 있을 뿐이라고 생각합니다.

§.16-5 【 보편 속성 또는 일반적 개념 또는 추상적 개념 】 그렇지만 저한테는 또한 사실상 이 세상의 구성요소들인 또 다른 부류의 대상들이 있는 듯이 보입니다. 이 대상들의 경우, 비록 그것들이 "현존한다"고 말하기가 아주 그리 부자연스런 것은 아니더라도, 여전히 부자연스럽습니다.280) 제가 의미하는 대상들의 부류는 로크와 버어클리와 흄이 '일반적 개념general ideas'이나 '추상적 개념abstract ideas'들로 불렀

---

279) [역주] 왜 부자연스럽게 느끼는 것일까? 그렇지만 뒤친이는 이를 '어휘 해체'를 통하여 왜 불가능한지를 보여 줄 수 있을 듯하다(722~723쪽의 역주 274를 보기 바람). a fact**한 가지 사실**이란 낱말 속에 이미 「현존한다」는 의미자질이 들어 있고, 동시에 누구든지 확인하려고 한다면 이내 「직접 지각할 수 있다」는 의미자질이 깃들어 있다고 전제하는 것이다. 그렇다면, 불필요하게 '이미 존재한다'와 '현존한다'는 동어반복 형식을 띠고 있다. 뒤친이는 이런 이유로 부자연스럽게 느끼는 것으로 본다(761쪽의 본문 논의를 보기 바람). fact의 라틴어 어원 'facere'도 또한 '일어나다to bring about, to do, to perform'는 동사의 과거분사로부터 나왔으므로, 영어에서는 흔히 'what has happened**이미 일어난 일**'처럼 풀이한다. 다시 말하여, 이미 일어난 일이므로, 현재 그 결과가 계속 있는 것이고, 아무도 지우개로 그 일을 지울 수 없으며, 누구든지 확인하고자 한다면, 쉽게 그 결과를 직접 지각할 수 있는 것이다.

280) [역주] 왜 「여전히 부자연스럽다」고 말하는 것일까? 뒤친이가 생각하기에는 아마 가능세계의 구성원들은 현재 직접 지각할 수 있는 대상이 아니기 때문에 그러할 것 같다. 일반적으로 direct perception**직접 지각** 여부로써, being**있음**과 existing**현존함**을 구분해 놓는 경우들이 있다. being**있음**은 언제인가는 우연히 지각할 가능성이 있다. 그렇지만 후자는 청자가 원할 경우 언제나 이내 직접 지각할 수 있는 것이다.

였고,281) 영국의 다른 철학자들에 의해서도 종종 같은 이름으로 불

281) [역주] ideas개념, 관념, 생각, 착상의 번역 용어는, 흄이 비유적으로 「스스로 눈을 감으면 자신의 머릿속에 다시 마치 눈앞에 대상들이 놓여 있듯이 '생각'들이 놓여 있다」고 말한 데에서 나왔다. 흔히 볼 관(觀), 생각 념(念)이란 한자어가 「지금 떠오른 생각을 바라본다」는 뜻임을 새기지 못한 채, '관념'이란 낱말 자체가 분석 불가능한 것인 양 오해하기 십상이다. 필시 일본에서 만들어졌을 터인데, 흄이 들었던 비유에 토대를 두고 있을 것으로 본다.

흄은 이 낱말과 대립되는 것으로 image감각인상를 썼다(124~125쪽의 역주 49와 170~171쪽의 역주 73을 보기 바람). 그렇지만 ideas는 그 대립 개념이 무엇인지에 따라서 '생각, 개념, 관념, 착상' 등으로 번역 용어가 적합하게 조정될 필요가 있다(372~373쪽의 역주 134 참고). 본문에서는 1차적으로 생각이나 의식 활동(의식 작용), 즉 정신 활동 그 자체가 한 가지 의미이고('생각'으로 번역함), 다시 2차적으로 그 정신 활동(의식 작용)이 겨냥한 대상이 다른 의미라고 하였다('개념'이라고 번역함). 특히 §.17-3에서는 2차적 의미가 「개념concepts이나 개인별 개념형성물conceptions로도 바뀌어 쓰일 수 있음」을 명시적으로 적어 놓았다. 우리말로 번역할 경우에 '정신 행위, 정신 작용, 정신 활동'도 모두 비슷하게 두뇌의 신경생리학적 작동 방식을 가리켜 줄 수 있고, 마찬가지로 '의식 활동, 의식 작용'도 같이 뒤섞여 쓰일 수 있음직하다. 이는 오직 잠재의식이나 무의식 작용 따위와 대립되어 쓰일 듯하다. idea를 여기서는 개인적·주관적 측면에서는 '생각'으로, 공적·객관적 측면에서는 '개념'으로 번역한다.

영어 낱말에서 act는 단일한 행위를 가리키고, action은 일련의 연속 행위를 가리키며 (act+act+…), activity는 일정 기간 폭을 지닌 반복된 행위들을 가리키고 있다(action+action+…). 혹 윤리나 가치가 깃들어 있을 경우에 deed실천나 conduct처신을 쓴다고 한다. 따라서 필요할 경우에는 이런 속뜻을 구분해서 번역하기로 한다. 그렇지만 뉴튼 물리학에서는 물질계에서 관찰되는 변화로서 action작용과 reaction반작용이란 용어를 쓰므로, 기계적으로 그런 속뜻이 언제나 모든 용법에 적용되는 것이 아님을 알 수 있다. 인간 삶이 언제나 예외가 있듯이 언어에서도 항상 예외가 있으므로, 언어학에서는 일차적으로 전형적인 것이나 본보기들을 중심으로 다루게 된다.

오늘날 두뇌 작동 방식에 관한 지식에 토대를 두고서 이런 주장들을 재구성해 볼 수 있다. 만일 이런 일이 가능하다면, 현재 기억 연구에 기반하거나 두뇌 작용의 신경생리적 연구의 토대 위에서는 전-전두엽에 있는 '작업기억working memory'에서 일어날 것으로 추정된다. 1960년대에서부터 막연히 써 온 단기기억이란 용어를 1980년대에 '작업기억'으로 확정하고, 줄곧 이 영역을 연구해 온 영국 심리학자 배들리에 따르면 (595~596쪽의 역주 226), 작업기억의 하위 구성영역은 '검박하게parsimoniously' 「언어 처리 부서」 및 「감각자료 처리 부서」로 나뉜다. 그렇지만 아직 두 부서 사이에 일어나는 상호작용에 대해서는 알려져 있지 않았다. 따라서 흄의 주장은 지금 현재의 기억 기반상으로도, 신경 생리학적으로도, 뒷받침되고 있지 않은 것이며, 일종의 비유에 지나지 않는다(180~181쪽의 역주 77). 흄의 주장과는 달리, 뒤친이는 개인적으로 눈을 감고서 내 자신의 생각들을 바라보려고 해 보았지만 헛수고였다. 「작업기억」의 개념에 따라 계몽주의 비유도 재구성되어야 마땅하다. 높은 정신 수련을 하면, 오히려 정신 수련의 최고봉에 도달했던 부처가 주장했듯이, '대적광大寂光'으로 불리는 고요하게 텅 비어 있지만 밝게 환히 비치는 전체가 보일 가능성도 있을 것이다.

비록 이 번역의 앞부분에서는 '관념'으로 써 두었지만(대립 항목에 따라 달라짐), 여기서는 보편 속성과 맞물린다는 점에서 '개념'이란 낱말을 선택해 둔다. 중국 한나라 시기에 고정된 것으로 보이는 '평미레 개(槪, 槩)'에 대해서는, 526~528쪽의 역주 197에서 자세히 풀이해 두었다. 개념이란 누구나 따를 수 있는 '공평한 생각'이란 뜻을 담고

려온 대상들의 부류입니다. 저는 이것이 이 부류의 대상들에 대한 가장 친숙한 이름이라고 생각합니다.

저로서는 'being있음, 존재하는 상태'과 'existing현존하는 상태' 사이에 어떤 구분을 정당화시켜 주는 듯한 이 구분이 무엇인지를 아주 분명하게 설명해 주기 위하여, '일반적'이거나 '추상적'인 개념들의 본성을 논의하는 일이 절대적으로 필요하다고 생각합니다. 저는 이것이 그 나름대로도 또한 대단히 논의할 가치가 있는 한 가지 철학적 주제라고 생각합니다. 지금까지 이것에 관해서 저는 아무런 것도 언급하지 않았습니다. 그렇지만 일반적 개념들의 본성에 관한 질문은, 사실상 희랍 시대로부터 철학에서 거대한 부분을 맡아왔다고 생각합니다. 「일반적 개념과 같이 그런 대상들이 전혀 없다」고 말하는 일부 철학자들도 있습니다. 일반적 개념들이란 마치 (사자 머리+염소 몸통+뱀 꼬리를 한) 키메라나 (독수리 머리와 날개+사자 몸통을 한) 그뤼퓐처럼 순전히 공상이라는 것입니다. 가령, 버어클리와 흄도 이런 주장을 했었습니다.

그렇지만 저는 「대부분의 철학자들이 그런 대상들이 있다」고 말하리라 봅니다. 만일 그런 일반적 개념들이 있다면, 이 세상에서 가장 중요한 종류의 대상들 중 한 가지가 있음에 의심의 여지가 없다고 생각합니다. 만일 어떤 것이든지 조금이라도 일반적 개념이 있다면, 엄청난 숫자의 일반적 개념들이 있고(≒'이름'의 상태로 있는 것인데, 764쪽 이하의 역주 298을 보기 바람), 우리가 모두 언제나 그것들을 생각하고 말하게 됩니다.

있다.

사적으로 뒤친이는 notion일반개념, 통상적 생각이 특별한 정의 없이 쓰이지만, concept학술상의 개념은 정의가 주어지는 경우이며, ideas는 한 개인의 스스로 느끼는 것으로서 일반개념과 학술상의 개념을 모두 포함하며, 그런 개념이 각각 자연언어의 낱말로 쉽게 대응한다고 생각한다. 자연언어의 낱말로 이내 전환된다는 점만 제외한다면, 526~528쪽의 역주 197에서 설명해 둔 conception개인별 개념형성물과 idea개념가 거의 같을 것으로 본다. 무어 교수의 용어 사용법을 보면 「일반적 개념」, 「추상적 개념」, 「보편 개념」, 「보편 속성」 따위가 모두 다 동일한 용어이다. §.17-5에서는 이를 각각 세 가지 보편 속성 및 세 가지 관계로 하위 분류된다고 논의하였다(여섯 가지 하위 개념임).

그렇지만 만일 그런 대상들이 있다면, 그것들이 무엇인지에 관한 질문은, 철학에서 가장 당혹스런 질문들 중 한 가지라고 생각합니다. 많은 철학자들이 지속적으로 그것들에 대해서 말해 왔지만, 제가 알고 있는 한, 일반적 개념이 무엇인지, 그리고 이것이 이 세상의 다른 구성요소들과는 어떻게 다른지를 놓고서 완벽히 명백한 설명은 아무런 것도 없습니다. 그러므로 제가 역량껏 최선을 다하여「일반적 개념」들이 있으며, 이것들이 다른 대상들로부터 구별될 수 있도록 어떤 속성을 지니는지를 보여 주고자 합니다. 그렇지만 이미 말한 대로 이주제는 저한테 두렵도록 혼란스러운 것 같습니다. 한 가지 이유로서, 너무나 많은 서로 다른 종류의 일반적 개념들이 있을 듯하고, 이것들이 공통적으로 무엇을 지니는지도 알아내기가 아주 어렵습니다. 그러므로 제가 이 주제를 실제로 명백하게 만들 수 있다고 미리 가정하지 않겠지만, 제가 역량껏 최선을 다해 시도해 보려고 합니다.

　아주 명확해져야 할 필요가 있는 첫 번째 초점은, 일반적으로 '생각idea(개념, 착상, 관념)'이란 이름처럼, '일반적 생각general idea'이나 '추상적 개념abstract idea'이란 이름이 위험할 만큼 애매하다는 점입니다. 즉, 두 가지 온전히 서로 다른 대상들을 나타낼 수 있는 것입니다. 이미 여러 차례 '생각idea(개념, 착상, 관념)'이라는 낱말에서 이런 애매성을 지적한 적이 있습니다. 그렇지만 저로서는 일부 사람들이 이를 붙들기가 아주 어렵다는 점이 핵심 문제일 듯합니다(901쪽 참고).

　예를 들면 다음과 같습니다. 만일 어떤 것이든 있다면, 숫자 2이라든지 다른 임의의 숫자가 어떤 추상적 개념임에는 누구나 동의할 것 같습니다. 그렇지만 제가 또는 저 말고 다른 사람이 누구이든지 간에 숫자 2를 생각하는 경우에, 두 가지 온전히 서로 다른 대상들이 포함되어 있습니다. 둘 모두 한 가지 '생각idea(개념, 착상)'이라고 불릴 수 있습니다. 두 가지 중에서, 무엇보다도 먼저 제 정신 행위(의식 작용)가 있습니다. 숫자 2을 생각하거나 의식하는 상태이거나 또는 지각하는 일로 이뤄져 있는 행위입니다. 이런 정신 행위가 그 자체로 '한 가지 생각an idea'이라고 불릴 수 있습니다. 만일 이런 의미로 이 낱말을 쓴다면, 생각은 오직 정신 속에만 있을 수 있는 대상입니다. 이것들은 의식활동에 대한 또 다른 이름인 것입니다. 제가 숫자 2를 생각하는 일을 수행하고 있는 정신 행위(의식 활동, 정신 작용)가 이런 의미에서 '한가지 생각'입니다. 이것은 제 자신의 한 가지 생각이며, 전적으로 저한테 속하는 것입니다.

그렇지만 명백히 숫자 2는 그 자체로 온전히 저한테 속하는 것이아닙니다. 이런 의미에서, 이것은 제 자신의 한 가지 생각은 아닙니다(≒객관적 대상). 따라서 우리는 제 정신 활동과는 아주 다른 어떤 것으로서, 제 지각 행위의 대상이 되는 숫자 2 그 자체, 즉, 제가 지각한 것을 놓고서 생각한 그 대상을 인식해야만 합니다. 이것이 또한 한가지 (객관적) '개념idea'으로 불립니다. 명백히 만일 이런 의미에서 우리가 '개념idea'이라는 낱말을 쓴다면, 한 가지 '개념'은 또한 어떤 사람의 정신 속에도 들어 있지 않더라도, 여전히 존재할 수 있는 어떤 대상입니다.

두 가지 대상들이 있을 수 있고(≒정신 활동 및 그 대상), 설사 아무도이것들이나 이것이 두 가지라는 사실을 생각하지 않을 경우에라도, 실제로 이것이 두 가지일 수 있습니다. 그러므로 우리가 '일반적 생각'을 말하는 경우에, 저는 지각 활동(의식 활동)을 의미하지 않고, 오히려「지각된 그 대상」들을 의미함을 아주 명백히 만들어 놓고 싶습니다. 즉, 제가 숫자 2를 지각하는 행위가 아니라, 오히려 제가 지각한 대상인 숫자 2 그 자체인 것입니다. 지각의 행위, 즉, 정신 행위와 관련해서, 잠깐만이라도 이것이 현존하지 않는다고 시사하려는 것은 아닙니다. 비록 일부 사람들이 이것이 존재하지 않는 것으로 의심하더라도, 저는 스스로 이것이 실제로 존재한다고 생각합니다. 제가 '현존하지' 않는 것으로 제안하고 싶은 것은, 오직 지각된 대상과 관련된 것뿐입니다. 그렇다면 지각의 행위가 아닌, 지각된 그 대상이 우리가 논의하려고 하는 것입니다.

이들 두 가지(≒지각 행위 및 지각된 대상) 사이에 생길 혼란을 피하기 위하여, 저는 아마 '일반적 생각'이나 '추상적 개념'이라는 이름을 쓰지 않는 편이 더 나았을 것이라고 봅니다. 그 대신 비록 아주 친숙한 것은 아니더라도, 이들 종류의 대상을 위해 흔히 쓰인 또 다른 이름을 쓸 것입니다. 저는 지각된 대상들을 '보편 속성universals(보편 개념)'들로282) 부를 것입니다. 그렇다면 제가 실행하려는 바는 '보편 속성'들이 어떤 종류의 대상인지를 밝혀내고, 키메라와 그뤼핀처럼 순수히 공상적인 것이 아니라, 그러한 대상들이 있음을 지적하려는 것입니다.

§.16-6 【 개체의 내부 속성 그 자체, 그리고 보편 속성으로서 외부 대상과의 관계 】 채택될 수 있을 만큼 간단한 것이 아니겠지만, 어떤 측면에서 현재 중요성을 지닐 한 가지 초점을 명백히 해 주기 때문에, 저는 한 가지 사례를 들면서 시작할 것입니다. 제가 저의 두 손을 바라보는 경우에, 저는 두 가지 집합의 감각자료를 직접 지각합니다. 여러분이 모두 잘 알고 있는 종류의 모양을 지닙니다. 그리고 일정한 거리로 서로 간에 떨어져 있는 살갗 색깔의 두 가지 경험조각입니다(≒왼손과 오른손). 여러분이 보는 대로, 서로 떨어진 그 거리는 멀지 않으므로,

---

282) [역주] 여기서 핵심은, '개념'이란 낱말이 혼란을 줄 수 있으므로 이를 쓰지 않으려는 것이다. 그러므로 universals를 '보편 개념'이나 '보편 속성'으로 부를 수 있는데, 전자보다 후자를 번역 용어로 선택하는 것이다. 즉, 공적이고 객관적인 개념을 '보편 속성'으로 바꿔 부르는 것이다. 일부에서는 접미사 자(子)를 붙여서 '보편자'로도 쓴다. 그렇지만 두 가지 점에서 문제가 된다. 첫째, 접미사 자(子)가 그 자체로 중의적이다. ㉠ 탁자·의자·주전자에서처럼 물건을 가리킬 뿐만 아니라, ㉡ 내자內子(아내)·군자君子·소자小子에서처럼 사람을 가리킬 수도 있으며, ㉢ 중국에서는 공자孔子·맹자孟子·주자朱子에서처럼 상대를 존대하는 뜻을 지닌다. 존대의 기능은 본디 중국의 춘추 시대에 「임금의 자식」에서부터 뜻이 바뀌어 정착된 것인데, 존칭 대명사 자(子)는 우리말에서 '그대'로 번역한다. 그렇지만 보편자는 물건도 아니고, 사람도 아니며, 존대 뜻도 들어 있지 않다. 다만 추상적 개념에 불과하다.

둘째, 개별자particular에 짝을 맞춰서 보편자universal를 선택한다면, 마치 보편 속성조차 하나의 개별체나 개체인 듯이 착각을 불러일으킨다. 이는 잘못이다. 보편 속성은 오직 밑바닥에 깔려 있을 뿐이므로, 희랍 시대에는 substance기체, 밑바닥 재질라고도 불렀던 것이다. 따라서 universal을 보편자가 아니라 '보편 속성'으로 번역해 둔다. §.17-5에서는 개체 또는 개별체가 지닌 내적 속성으로서 세 가지 보편 속성 (1)~(3)을 들고, 한 개체가 다른 개체와 관계를 맺는 외적 속성으로서 세 가지 관계 (4)~(6)을 제시하였다.

우리는 이것들이 서로 간에 가까이 있다고 말할 것입니다. 이미 살펴보았듯이, 비록 이들 살색의 경험조각이 사실상 제 손들이 아니라거나 손들의 어떤 일부도 아니라고 가정할 이유도 있겠지만, 편의상 저는 이들 두 가지 살색의 경험조각을 제 손들로 말하게 될 것입니다. 그러므로 제가 제 손들에 대하여 말하는 경우에, 그 낱말의 일상적 의미에서 여러분은 어떤 것이든 제가 직접 지각하는 이들 두 개의 손을 갖고 있음을 가정하고자 하는 것이 아닙니다. 의심의 여지없이 저는 있는(존재하는 상태의) 대상들에 대하여 단독으로 말하고 싶습니다. 따라서 오직 제가 지금 직접 지각하고 있는 이들 감각자료만 말하려고 하며, 편의상 저는 이 감각자료들을 '저의 손'들로 부를 것입니다.

그렇다면 그 낱말의 의미에서 이 손이, 즉, 이 살색 경험조각이, 지금 현재 다른 이 손으로부터, 즉, 다른 이 살색 경험조각으로부터 어떤 거리로 (우리가 '가까이'로 부를 거리임) 떨어져 있음이 한 가지 사실입니다. 이 오른손이 지금 이 왼손과 가까이 있는 것은 한 가지 사실입니다. 그렇지만 이런 사실이 분명히 다음과 같은 구성요소들로 분석될 수 있을 듯합니다. 제가 구성요소들로 분석될 수 있다고 말하는 경우에, 결코 그것이 그 구성요소들의 단순 총합 이상 아무런 것도 아님을 의미하는 것이 아닙니다. 즉, 단지 그 구성요소들의 총합과 동일하다는 것만이 아닙니다. 저는 오직 논의 중인 구성요소들이 그것의 일부이거나 구성요소들임을 의미할 따름입니다. 즉, 그것들이 그 속에 포함되어 있는 것입니다(≒전체 속의 부분임).

제가 의미하는 구성요소들은 다음과 같은 것입니다. 이 오른손, 즉, 이 감각자료가 구성요소들 중 하나이며,[283] 다른 것이 이 감각 자료에

---

283) [역주] '감각자료'에 대해서는 제2장에서 충분히 논의가 이뤄졌다. 1차적으로 109쪽의 역주 44에 언급하였듯이, '감각자료'는 순수히 우리 머릿속에 들어 있는 대상을 가리킨다. 우리의 정신 현상은 외부 대상의 자극물에 수반되어 일어나는 것으로서 그 결과물 중 한 가지가 감각자료인 것이다. 그렇지만 여기 있는 본문에서는 그런 엄격한 용법을 벗어나서 그런 감각자료를 불러일으키는 자극물로서 외부 대상까지 확장하여 쓰는 듯하다. 804쪽 이하의 본문 논의를 보기 바란다.

대하여 우리가 주장하는 것인데, 그 감각자료에 귀속시키는 속성입니다. 즉, 「왼쪽 손에 가까이 있는 상태」라는 속성입니다. 관련 사실은 오른손이 왼손에 가까이 있다는 것입니다. 우리는 이를 다음처럼 두 가지로 분석할 수 있습니다.

(1) 오른손 그 자체, 즉, 관련 사실의 구성요소 속으로 들어가는 한 가지 대상.

(2) 이 오른손에 대하여 주장된 것, 즉, 지금 왼손에 가까이 있는 상태라는 속성.

그런데 두 번째 구성요소 (2), 「이 왼손에 가까이 있는 상태」라는 속성이 한 가지 보편 속성a universal이고, 보편 속성에 대한 가장 의심의 여지가 없는 사례들 중 하나입니다. 여러분은 왜 이것이 응당 한 가지 '보편 속성'으로 불려야 하는지 그 이유를 알고 있습니다. 이것이 그렇게 불리는데, 왜냐하면 이것이 이 손과 그리고 다른 대상과 공통적일 수 있는 한 가지 속성이기 때문입니다.284) 다른 대상들도 사실상 또한 이 손에 가까이 있는 상태라는 속성을 공유할 수 있습니다. 다른 것들도 그러한데, 제가 바라보고 있는 이 종이의 하야스름한 경험조각도 또한 이 손에 가까이 있으며, 제가 바라보고 있는 이 강의실 교탁의 갈색 경험조각도 또한 그러합니다.

이들 세 가지 대상이 모두 이 손에 가까이 있는 상태라는 공통적

---

284) [역주] 보편 속성을 임의의 개체와 임의의 개체가 전체 환경 속에서 항상 어떤 관계를 지닐 수밖에 없다는 점에서, 무어 교수는 모든 개체가 보편적으로 지니는 속성이라고 보는 것이다. 한 개체의 내적 속성(한 개체의 체적, 모양, 재질, 단단함, 표면, 색깔, 복합성 정도 따위)도 충분히 모든 대상들에 공통적일 수 있겠지만, 이런 한 개체의 내재적 속성을 보편적이라고 보지 않는다(739~740쪽의 역주 286을 보기 바람). 이런 내적 속성을 모두 개체들의 고유한 특성으로만 간주하며, 개체 또는 개별체를 말할 때에도 일부러 수식어로서 which is not universal보편 속성이 아닌이란 어구를 쓴다. 그 대신 불가피하게 한 개체가 다른 개체와 지니게 될 관계들만을 보편 속성으로 간주하고 있는 것이다. 이런 점에서, §.17-5에서 제시한 여섯 가지 보편 속성의 하위 범주도 기본적으로 한 개체가 다른 개체에 대하여 지니게 되는 외적인 관계들로 제시되어 있다.

속성을 지닙니다. 비록 이것들이 각각 나머지 두 가지 대상이 갖고 있지 않은, 이 손에 대한 관계들을 지니더라도, 이것들이 모두 정확히 동일한 의미로 이 손과 가까이 있습니다. 「이 살색 경험조각과 가까이 있는 상태」의 이런 속성은, 제 오른손의 감각경험과 이 강의실 교탁의 감각경험과 이 종이의 감각경험에 대하여 모두 공통적이라는 의미에서, 사실상 일반적으로 한 가지 '일반적' 또는 '추상적' 개념으로 불리는 것입니다. 제가 '가까이 있는 상태'라는 낱말로써 의미하는 그 관계는, 분명히 이 오른손과 이 왼손285) 사이에서, 또는 이 손과 이 강의실 교탁 사이에서, 또는 이 손과 이 종이 사이에서 제가 보는 공간의 어떤 것과도 동일한 것이 아닙니다. 이들 공간이 모두 다 서로 다릅니다. 그렇지만 제가 '가까이' 있는 상태라는 낱말로써 의미하는 것은, 이들 세 가지 경우에 모두 절대적으로 동일한 것입니다. 그러므로 「이 감각자료에 가까이 있는 상태」라는 이런 속성에서, 우리는 한 가지 '보편 속성'이나 '추상적 개념'에 대한 실제적인 사례를 한 가지 갖게 됩니다.

이 사례를 갖고서 시작했던 이유는, 이 경우에 보편 속성이 저한테는 명백히 보편 속성이 아닌(≒개체인) 어떤 것에286) 대하여 한 가지

---

285) [역주] 영어에서 쓰는 지시대명사 용법이 우리와 다르다. 원문에는 between this hand and that**이 손과 저 손 사이에**이라고 되어 있다. 이는 무어 교수의 왼손과 오른손 사이를 가리킨다. 우리말에서는 이 손과 이 손 사이에, 또는 이 오른손과 이 왼손 사이에라고 말해야 한다. 모두 화자인 나에게서 떨어져 있지 않은 대상들이기 때문이다. 원문을 축자 번역한다면, 마치 나의 손과 상대방의 손을 가리키는 것으로 오해될 수 있다. 우리 말에서는 화자를 중심으로 가까운 영역이나 범위를 모두 '이'라는 지시대명사로 가리키지만, 영어에서는 화자가 자신이 있는 영역에서 어느 기준점을 지정한 다음에 이 기준점으로부터 멀리 있으면 that을 쓰는 것으로 보인다. 또 영어에서는 수전증으로 떨리는 자신의 손을 가리키면서도 that을 쓰는데, 이는 심리적 거리를 드러낸다고 설명한다. 스스로 비정상이라고 여기는 것이다.

286) [역주] 무어 교수는 한 개체가 여러 가지 속성들이 집적되어 있으며, 각 개체마다 고유하게 다른 속성들이 들어가 있어야 할 것이므로, 한 개체의 내재적 속성은 보편 속성이 아니라고 보는 것이다. 따라서 개체(개별체)를 가리키는 수식구로서 which is not universal**보편 속성이 아닌**이라 표현을 쓰지만, 제3의 보편속성도 있다고 가정하여 논의를 이어가므로, 이런 수식구는 개체를 가리키기에 적합하지 않다(796~798쪽의 역주 310과 851쪽의 역주 329). 다시 §.18-3에서 nor universals nor facts**보편 속성도 아니며 여러 가지 사실도 아닌**란 어구를 써서 「유일하며 고유한 한 가지 개체」를 가리키기도 한다. 개체와

관계를 지니는 일로 구성되어 있는 듯하기 때문입니다. 제가 실제적으로 보는 이 살색 경험조각은, 명백히 보편 속성도 아니고 추상적 개념도 아니며, 한 가지 개체(개별체) 이상 아무런 것도 될 수 없는 것입니다. 그렇지만 여전히 보편 속성은 이 살색 경험조각에 대하여 한 가지 관계, 즉, 가까움의 관계를 지니는 일로 이뤄져 있습니다. 「이 살색 경험조각과 가까이 있는 상태」라는 속성이, 사실상 여러 가지 서로 다른 대상들에 의해서 함께 공유되며, 공유될 수 있는 한 가지 속성인 것입니다.

그렇다면 우리는 보편 속성이 아닌(≒개체인) 어떠한 것에 대하여, 한 가지 동일한 관계를 지니는 일로 이뤄져 있는, 한 가지 유형의 보편 속성을 지녔습니다. 그렇지만 만일 다음 사실들을 고려한다면, 또 다른 새로운 종류의 보편 속성에 대한 사례를 한 가지 갖게 됩니다. 저의 이 왼손만이 이 세상에서 하나의 유일한 왼손은 아닙니다. 아주 많은 다른 사람들의 왼손들이 있습니다. 심지어 제가 지금 직접 지각하고 있는 이 왼손과 비슷한 다른 감각자료들도 있을 것입니다. 그렇지만 이런 것들이 여기서 제 왼손과 가까이 있다는 동일한 의미에서, 다른 대상들도 다른 사람의 왼손에 가까이 있을 수 있습니다. 따라서 어떤 사람의 왼손이나 다른 사람의 왼손에 가까이 있는 속성처럼, 「일반화가 가능한 그런 어떤 속성」이 있습니다. 여러분이 보듯이, 이것은 여기서 이들 대상이 다른 누구이든지 간에 그 사람의 왼손에 가까이 있는 모든 대상들과 공유하는 한 가지 속성입니다. 이것들이 모두 어떤 사람의 왼손이나 다른 사람의 왼손에 가까이 있는 것입니다. 그러므로 이 속성이 또한 한 가지 보편 속성이며, 우리가 살펴봤던 첫 번째 속성(≒개체의 내부 속성)과는 분명히 다른 어떤 유형의 것입니다.

이 속성이 보편 속성이 아닌(≒개체인) 어떤 한 가지 대상에 대하여

관련된 여러 가지 다른 용어들에 대해서는 288~289쪽의 역주 115와 713쪽의 역주 265와 785쪽의 역주 306을 보기 바란다. 무어 교수의 용어 사용법에서는 보편 속성, 일반적 개념, 추상적 개념이 모두 동일한 의미를 지녔다.

특정한 관계를 지니는 상태로 이뤄져 있는 것은 아니지만, 보편 속성이 아닌(≒개체인) 한 집단의 대상들 중에서 어떤 하나 또는 다른 것에 대하여 한 가지 특정 관계를 지니는 상태로 이뤄져 있습니다. 그리고 이런 유형의 보편 속성이 우리가 지속적으로 생각하고 언급하는 「보편 속성」인 것입니다. 우리가 쓰는 가장 일반적인 낱말들 중에서 많은 낱말이 그런 보편 속성들에 대한 이름입니다(764~765쪽의 역주 298을 보기 바람). 예를 들어, 아버지인 어떤 사람을 놓고서 말할 경우에, 우리가 의미하는 것이 그가 어느 사람이나 다른 사람에 대하여 부자 관계를 지닌다는 것입니다. 이것이 각각 모든 아버지들에 의해 함께 공유된 해당 속성입니다. 명백하게 아주 많은 수의 가장 일상적인 낱말들이 이런 종류의 보편 속성에 대한 이름입니다. 보편 속성이 아닌(≒개체인) 한 집단의 대상들에 대한 어떤 하나 또는 다른 것에 대하여 특정한 어떤 관계를 지닌 것으로 이뤄져 있는 보편 속성인 것입니다.

그러므로 이상의 논의에서 우리는 다음처럼 두 가지 서로 다른 유형의 보편 속성을 갖게 되었습니다.

(a) 제 이 왼손에 가까이 있는 것으로 이뤄진 보편 속성(≒사적인 주관적 기준)
(b) 어떤 사람의 왼손 또는 다른 사람의 왼손과 가까이 있는 것으로 이뤄진 보편 속성(≒공적이고 객관적인 기준)

「이들 두 가지 보편 속성과 같은 그런 것들이 있음」은 전혀 의심될 수 없을 것으로 간주될 수 있습니다. 분명히 「이 손에 가까이 있는 상태」라는 속성처럼 그런 어떤 것이 있고, 또한 「어떤 사람의 손이나 다른 사람의 손과 가까이 있는 상태」라는 속성처럼 그런 어떤 것도 있는 것 같습니다.

그렇지만 이 주제를 놓고서 의문시되어 왔던 이유를 알아보기 위하여, 이들 두 가지 보편 속성 둘 모두에 있는 한 가지 구성요소로서 포함된, 아주 다른 또 다른 유형의 보편 속성을 살펴보아야 합니다. 한 가지 구성요소로서 그런 두 가지 속성이 모두 한 가지 관계를 지닙니다. 제가 '가까이 있는 상태being near'로 부른 그런 관계입니다. 대부분의 사람들이 이런 관계가 그 자체로 한 가지 '보편 속성a universal'이라고 말할 것 같습니다. 즉, 이것이 분명히 한 가지 '일반적 개념a general idea'인 것입니다. 사실상, 만일 이런 관계가 보편 속성이 아니었더라면, 최소한 그 낱말의 어떤 의미에서, 이들 두 가지 속성이 어느 것도 그렇게 보편 속성이 될 수 없었을 것입니다. 그리고 만일 사실상 보편 속성의 본질에 관해서 우리가 분명하게 그 핵심을 얻어 낸다면, 저는 왜 「버어클리와 흄이 보편 속성과 같은 그런 것이 아무런 것도 없다」고 생각했었는지를 보여 줄 수 있고, 또한 아주 중요하게 주목해야 할 여러 가지 다른 초점들도 보여 줄 수 있을 것으로 생각합니다.

제17장 진리들과 보편 속성들

§.17-0 【 들머리 】 저는 일부 사람들이 '있음being(존재하는 상태)'과 '현존existence' 사이에 다음 종류의 어떤 구분을 짓는 쪽으로 쏠려 있다고 언급하였습니다. 의심의 여지없이, 그들은 「있는(존재하는 상태의) 대상들이 엄청난 숫자로 이 세상에 있다」는 생각을 지니고 있습니다. 즉, 의심의 여지없이, 있음(존재하는 상태)을 지니되 아직 현존하는 것은 아니라는 것입니다. 정확히 이렇게 말하기 위해서, 저로서는 어떤 정당성이 있는지를 설명하려고 했습니다.

어떠한 타당성과 함께, 「그것들이 있으되 아직 현존하는 것이 아니다」는 점이 추구될 수 있다는 측면에서, 저는 두 가지 종류의 대상이 있다고 생각함을 언급했습니다. 저는 이들 두 가지 종류의 대상이 무엇이었는지 설명해 놓고자 노력하고 있습니다. 첫 번째 종류는 지난 번 (§.16-3) '사실'들facts이나 '진리'들truths로 부르자고 제안했던 대상들의 부류입니다. 저는 '사실'들이나 '진리'들로써 실제로 어떤 종류의 대상을 의미하는지를 아주 분명히 만들어 놓고자 간절히 바라고 있습니다. '사실'들이라는 낱말이, 언제나 결코 제가 의미하는 종류의 대상들이나 그렇다고 가정된 것에만 전적으로 적용되지 않음을 인정합니다. '사실'들이 비록 지속적으로 분명한 양 쓰이지만, 아주 애매한 낱말입니다. 이것이 아주 종종 단순히 그리고 오로지 제가 의미하는 대상들의 부류에 대한 한 가지 이름이지만, 또한 아주 흔히 더 넓은 의미 및 더 좁은 의미로도 모두 다 쓰입니다. 다시 말하여, 이것이 제가 의미하는 부류에 속하지 않은 종류의 대상들에 대한 어떤 이름으로도 쓰이고, 또한 흔히 실제로 제가 의미하는 부류에 속한 대상들 중에서 오직 일부만을 위한 어떤 이름으로도 쓰이는 것입니다. 그러므로 아마 '사실'들이라는 애매한 이런 이름을 쓰기보다는, 오히려 '진리'들이라는 이름을 쓰는 것이 더 나을 것이라고 봅니다.

§.17-1 【 '사실'과 '진리'(참값)라는 낱말의 애매함과 상호 교차 사용 】
'진리'들이라는 이 이름에 대해서, '사실'들이라는 이름의 경우에서처럼, 저는 동일한 유형의 한 가지 애매성만 있다고 생각합니다. '진리들 truths'이라는 이름은, 실제로 제가 의미하는 부류에 속하는 모든 것이 절대적으로 아주 자연스럽게 한 가지 '진리truth'로도 불리기 때문에, 너무 좁은 의미인 것만은 아니겠지만, 실제로 제가 의미하는 부류에 속하는 대상들을 제외하고서 아무런 대상이든지 간에 '한 가지 진리a truth'라고 부르는 것이 아주 부자연스럽기 때문에, 또한 한 가지 단일한 예외와 더불어, 이것이 너무 넓은 의미인 것도 아닙니다. 즉, 한 가지 단일한 예외를 갖고 있습니다. 단일한 예외는 다음과 같습니다. 저는 아마 '한 가지 진리'라는 이름을 제가 의미하는 부류의 대상들(≒대응 관계 여부에 대한 판정 결과)뿐만이 아니라, 또한 우리가 대상들을 표현하는 「낱말들의 형식」에까지도 적용할 수 있다고 생각합니다.

  예를 들어, 우리가 "둘에 둘을 곱하면 넷임이 한 가지 진리이다it is a truth that twice two are four."라고 말할 경우, 아마 '문장을 이루는 낱말의 형식 「둘에 둘을 곱하면 넷이다」가 한 가지 진리이다.'는 것을 의미하거나, 아니면 그 낱말들이 표현하는 사실, 즉, 둘에 둘을 곱하면 넷이라는 사실이 한 가지 진리임을 의미한다고 생각합니다. 언제나 낱말들을 그 낱말이 표현하는 것과 혼동하게 될 어떤 위험이 있습니다(≒똑같은 낱말을 쓰고 있지만, 629쪽의 역주 238에서 지적하였듯이 use 와 mention 사이의 구분이 필요함). 그렇지만 저는 (만일 애매함이 붙어 있다면) 'a truth한 가지 진리'라는 표현에 붙어 있는 이런 애매함이, 즉, '한 가지 사실a fact'이라는 표현에 붙어 있는 애매함처럼 아주 위험하여 쉽게 오해로 이끌어 가는 것은 아니라고 생각합니다. 제가 'a truth한 가지 진리'를 말하는 경우에, 결코 단지 낱말들의 어떤 형식을 의미하는 것이 아니라, 언제나 오직 낱말들의 어떤 형식이 표현하는 종류의 대상만을 의미하는 것입니다(≒대응 관계에 대한 판정 결과로서 참값을 지닌 사실들을 뜻함).

그럼에도 불구하고 'truths진리들'이라는 표현이, 다른 방식으로 쉽게 오해로 이끌어 가기 일쑤라고 생각합니다. 단지 낱말들의 형식 말고도, 진리들이 쉽게 혼동되기 마련인 다른 두 가지 대상이 있습니다. 즉, 참된 믿음 행위들과 일부 사람들이 '단언'(명제)들로 불렀고 아주 흔히 '믿음'들로도 불리는, 제가 언급한 종류의 대상입니다. 저는 다음 세 가지 종류의 대상들 사이에 있는 차이점을 다음과 같은 방식으로 쉽게 나타낼 수 있을 것으로 생각합니다.

(1) 한 가지 진리a truth
(2) 한 가지 참된 믿음 행위a true act of belief
(3) 한 가지 단언a proposition

여러분이 택하고 싶은 믿음의 행위를 어떤 것이든 선택하십시오. 예를 들어, 여러분이 멀리 떨어져 있는 어떤 나무를 보고 있으며, 그것이 어떤 떡갈나무oak라고 믿는다고 가정하기로 하겠습니다. 여러분은 모두 이런 믿음 행위가 어떤 종류의 대상인지 아주 잘 알고 있습니다. 즉, 「여러분이 보고 있는, 주어진 어떤 나무가 한 그루의 떡갈나무라고 믿는 일」입니다. 이것이 우리들 모두의 정신 속에서 지속적으로 일어나는 한 가지 종류의 대상입니다. 비록 극히 분석하기가 어렵다고 해도, 완벽히 우리가 이 일에 익숙합니다. 우리는 이런 믿음 행위가 일어날 수 있고, 그 믿음이 참값이든지 거짓이든지 간에, 즉, 우리가 실제로 보고 있는 그 나무가 떡갈나무이든지 그렇지 않든지 간에, 그 내재적 본성에서 정확히 동일한 것임을 알고 있습니다. 우리는 모두 이런 종류의 사안에 대해서 이내 실수를 저지를 수 있음도 잘 알고 있습니다. 우리가 실제로 그것이 떡갈나무인 경우와 또한 그것이 떡갈나무가 아닌 두 가지 경우에 모두 「한 그루의 나무가 떡갈나무이다」라고 믿을 수 있는 것입니다. 어떤 것이 실제의 경우이든지 간에, 우리의 믿음은 그 본성에서 정확히 동일할 것입니다.

이는 우리에게 첫 번째 구분을 제공해 줍니다. 한 가지 진리 및 한 가지 참된 믿음 행위 사이에 있는 구분입니다. 우리는 그 믿음 행위가, 그 나무가 한 그루의 떡갈나무인 경우와 그것이 떡갈나무가 아닌 두 가지 경우에 모두 다 동일한 어떤 것임을 살펴보았습니다. 그렇지만 이는 그 믿음이 참된 경우에, 그 믿음 이외에도 이 세상에서 그 믿음과 아주 다른 어떤 것이 있음을 보여 줍니다. 즉, 그 나무가 한 그루의 떡갈나무라는 사실입니다. 만일 그 믿음이 참되다면 이 세상에 있으며(존재하는 상태이며), 만일 그 믿음이 거짓이라면 단순히 없다는 이 사실이, 제가 한 가지 '진리a truth'로 부르는 것입니다. 그 믿음 행위가 이 세상이 있을 수 있으며, 설령 이 '진리'가 단순히 그렇지 않을 경우에라도, 즉, 사실상 그 나무가 떡갈나무가 아닐 경우에라도, 그 본성에서 정확히 동일한 것(≒참·거짓 판정은 동일한 절차를 따르는데, 694쪽의 역주 258 참고)이기 때문에, 이는 분명히 참된 믿음 행위와 아주 다른 어떤 것입니다. 그러므로 「한 가지 진리」가 「한 가지 참된 믿음 행위」와 동일시될 수 없는 것입니다.

동일한 사례가 또한 한 가지 진리 및 한 가지 단언(명제) 사이에 있는 차이점도 보여 줄 것입니다. 이미 설명했듯이 「단언(명제)과 같은 그런 것들이 있다」고 믿는 사람들(144~145쪽의 역주 59)은 다음처럼 논의를 합니다.

「내가 보고 있는, 주어진 어느 나무가 한 그루의 떡갈나무라고 믿는 경우에, 명백히 당시 일어나는 전체적인 정신 사건이 다음과 같은 방식으로 분석될 수 있다. 전체적인 정신 사건은 분명히 이것이 한 가지 믿음 행위라는 사실의 측면에서, 다른 믿음 행위들과 비슷하다.」

(When I believe that a given tree, which I see, is an oak, the whole mental event which then occurs, can plainly be analysed in the following way. The whole mental event plainly resembles other acts of belief, in respect of the fact that it is an act of belief)

그렇지만 그들은 이것이 또한 그것에 대하여 믿어진 것이 다르다는 사실의 측면에서, 믿음 행위들로부터 다르다는 점이 전혀 덜 분명한 것은 아니라고 말합니다. 주어진 어느 나무가 한 그루의 떡갈나무라고 믿는 것이, 또 다른 경우에서 우리가 실행하듯이 주어진 어떤 나무가 한 그루의 물푸레나무an ash임을 믿는 것과는 명백히 다른 것입니다. 둘 모두 믿음 행위들이지만, 그 차이가 한 경우에는 믿어진 것이 한 그루의 떡갈나무라는 것이지만, 반면에 다른 경우에는 믿어진 것이 한 그루의 물푸레나무라고 말합니다. 그러므로 이들 두 가지 믿음의 경우에, 그 믿음들이 둘 모두 비슷하다는 측면에서 그 요소, 즉, 그것들이 둘 모두 믿음 행위라고 말함으로써 우리가 표현하는 요소와, 그리고 그 나무들이 서로 다르다는 측면에서 그 요소들 사이를 구분하자고 제안합니다. 이들 후자 요소는, 한 가지 경우에는 한 그루의 떡갈나무라는 단언(명제)이라는 것과, 다른 경우에는 한 그루의 물푸레나무라는 단언(명제)이라는 것입니다(늑한 사람의 머릿속에서 일어나는 믿음 행위는 같지만, 믿는 내용이나 믿는 대상은 서로 다른 것임).

그렇지만 만일 이런 분석을 받아들인다면, 반드시 우리는 「그 나무가 한 그루의 떡갈나무이다」라는 해당 단언(명제)이 있는(존재하는 상태의) 어떤 것이며, 그리고 그 믿음이 참되든지 거짓되든지 간에 동등하게 있는(존재하는 상태의) 어떤 것이라고 말해야 함이 아주 분명합니다. 왜냐하면 어떤 나무가 떡갈나무라는 믿음이, 참값이든지 거짓이든지 간에, 어떤 나무가 물푸레나무라는 믿음과는 크게 그리고 정확히 동등한 방식으로 서로 다르기 때문입니다. 그러므로 만일 이 두 가지 믿음을 구분해 주는 요소에 '단언proposition(명제)'이라는 이름을 부여한다면,287) 반드시 우리는 (머릿속에) 「그 단언(명제)이 있으며」, 「그 믿음이 참되든지 거짓되든지 간에 동등하게 이 세상에 있는 것」이라고 말해야 하는 것입니다.

이미 살펴보았듯이, 그렇지만 「그 나무가 한 그루의 떡갈나무이다」라는 '진리' 또는 '사실'은, 오직 그 믿음이 참될 경우에라야만 있는 어떠한 것입니다. 따라서 이 '진리'는, 마치 그것이 또한 해당 믿음 행위와 다르듯이, 그 단언(명제)과도 아주 다른 어떠한 것임이 명백합니다. 믿음 행위가 일어날 때마다 또한 해당 단언(명제)이 있으며, 이 세상에 있는 (존재하는 상태의) 것입니다. 그렇지만 믿음 행위 및 단언

---

287) [역주] 여기서 무어 교수가 주장하는 핵심 요점은 사실과 대응 관계를 이루는 단언(명제)이라는 것을 없애 버리고, 믿는 것에 대한 「어떤 정신적 태도」로써 대치해 놓더라도 아무런 문제가 없고, 오히려 상상의 동물이나 거짓된 믿음까지도 동일한 차원에서 논의할 수 있다는 점이다. 그렇지만 이것들이 저절로 결정되는 것이 아님에 주목할 필요가 있다. 만일 대상 차원과 상위 차원을 구별하지 않고, 상위 차원의 「판단·결정 과정」에도 동일하게 '단언'(명제)이나 '어떤 정신적 태도'라는 이름을 붙이는 즉시, 자기모순이 생겨날 것이다. 이 상위 차원에는 반드시 다른 이름을 붙여 놓아야 한다. 재귀적으로 작동하는 판단·결정의 차원은, 사실과의 대응을 이루는 단언(명제)이나 또는 새롭게 도입된 믿음에 수반된 어떤 정신적 태도를 놓고서 작동하는 정신 활동이기 때문이다.

혼히 거론되는 사례로, 「이것이 사라지고, 저것도 사라지며, 모든 게 사라진다. 사라진다는 말도 사라진다.」 이런 주장이 어디에서 꼬이는 것일까? 점선 밑줄이 그어진 뒤의 문장은 「판단·결정 과정」을 나타낸다. 따라서 혼란을 피하기 위하여 반드시 용어를 바꿔 부를 필요가 있다.

단언이든지 어떤 정신적 태도이든지 간에 만일 머릿속에 판단하고 결정해야 할 대상이 아무런 것도 없다면, 「판단·결정 과정」이 그 자체로 불필요할 것이다. 만일 아무런 민사 분쟁도 없고 따지고 소송할 일 그 자체도 없다면(없어진다면), 법원이란 기구 자체가 불필요해지는 이치와 동일하다. 그렇지만 항상 참값이 되는 올바른 사실들을 확보하기 위해서는 반드시 「판단·결정 체계」가 항상 가동되고 있어야 한다. 이것은 명확히 다른 정신 활동이므로, 다른 용어를 붙여 놓음으로써, 서로 간에 꼬일 염려가 없도록 만들어 주는 일이 중요할 듯하다.

이 둘 모두, 그 나무가 한 그루의 떡갈나무라는 그런 사실이나 진리가 어떤 것이든지, 이 세상이 있지 않은 채로도 생겨날 수 있습니다(≒마치 이름뿐인 상상물처럼). 이 모든 것이 다음 사실이 지적되자마자, 저한테는 완벽히 명백한 듯이 보입니다. 즉, 「그 나무가 떡갈나무라는 사실」이, 「그것이 한 그루의 떡갈나무이라는 제 믿음」과는 아주 다른 것입니다. 그러므로 또한 제가 「그것이 한 그루의 떡갈나무이다」라고 믿는 경우에, 제 믿음이 참되든지 거짓되든지 간에, 「만일 '제가 믿는 것'으로써 동등하게 이 세상에 있는 어떠한 것을 의미한다면, 제가 믿는 것과도 다른 것이다」라고 말하는 것이 최소한의 공통적 의미입니다. 그럼에도 불구하고 저는 이들 세 가지 서로 다른 것이[288] 여전히 지속적으로 혼동되기 일쑤라고 생각합니다.

---

288) [역주] 세 가지 서로 다른 것은 앞에 밑줄 그어 놓은, 현실 세계에 있는 「해당 사실」, 나의 「믿음 행위」, 내가 믿는 「믿음의 대상」이다. 세 가지는 서로 다른 것이다. 여기서 단언(명제)은 내가 믿는 대상(내가 믿는 것)에 속한다. 다음 단락에서 무어 교수는 '단언'(명제)이란 존재를 없애 버린다. 대신 그 믿음의 대상을 향한 「어떤 정신적 태도」(명제 태도)로 대체된다. 이런 전환으로써 상상의 동물도 머릿속에 있는 믿음의 대상이 될 수 있고, 잘못 착각하여 진지하게 믿는 거짓된 믿음도 그대로 머릿속에 남아 있게 된다. 만일 이를 '단언'(명제)으로만 고정시켰더라면, 현실에 있는 사실들과 대응 관계를 이룰 것이라고 함의되기 때문에, 상상의 동물이나 거짓된 믿음을 대상으로 만들어 줄 수 없고, 오직 참된 믿음만을 머릿속의 모든 것인 양 취급했었을 것이다.

그렇지만 믿음 내용이 건전한지 여부를 판정 받으려면, 마치 단언(믿음)이 그러하듯이, 믿음 내용도 분석이 될 수 있도록 「생각의 기본 단위」로 짜여 있어야 한다. 마치 '레고 블록'이 있어서, 이 블록들로 여러 가지 대상들을 만드는 일에 비유할 수 있다. 뒤친이는 이런 점에서 무어 교수가 「이제 단언(명제)이란 없다」고 주장하든지, 새롭게 「믿음에 대한 어떤 정신적 태도」가 설정되어야 하든지 간에, 이것들을 판단·결정 체계에 의해서 검사를 하고, 다음 단계로 넘기려면 반드시 단언(명제)이든 믿음 내용이든 간에, 그 내적 구조를 살펴볼 수 있어야 한다. 프레게(G. Frege, 1848~1925)는 이를 「생각의 단위」를 조직하는 합성성 원리compositionality principle라고 부른 바 있다. 단언(명제)이 되었든지 어떤 정신적 태도가 되었든지 간에, 그 속내를 분석할 수 있는 토대가 있어야 비로소 사실과 대응한다거나 참된 믿음이라거나 「판단·결정」할 수 있다.

무어 교수는 「해당 사실」, 「믿음 행위」, 「믿음의 대상」이라는 세 가지 것이 서로 잘 구분되어야 한다고 주장한다. 그렇다고 이것들이 모두 뿔뿔이 나뉘어져 무관한 듯이 존재하는 것은 아니다. 여전히 모두 다 일관되게 '판단·결정'을 받아야 하는 대상들이라는 점에서 세 가지가 모두 공통적이다. 여기서 무어 교수가 불필요하다고 주장하는 「단언」(명제)조차 또한 '판단·결정'을 받아야 할 대상임에는 틀림없다. 뒤친이는 '판단·결정'을 받을 대상은 반드시 분석될 수 있어야 한다는 점이 부각될 경우에, 단언(명제)이 지녀왔던 역할(아리스토텔레스의 주장은 626쪽의 역주 237에서 언급한 ⓐ, ⓑ, ⓒ, ⓓ 참고)이 다시 부활할 수밖에 없을 것으로 판단한다.

이미 설명하였듯이, 이제 저는 전혀 「단언(명제)들과 같은 그런 것이 있다」고 믿지 않습니다.289) 저는 「믿음이 이런 방식으로 한편으로

289) [역주] 이는 매우 중요한 전환이다. "I *don't now believe* that there are such things as propositions at all"(초판의 원문 309쪽, 재간은 335쪽임). 이와는 달리, 「단언(명제) 그 자체가 분명히 있고, 단언(명제)에 중요한 역할이 주어져 있다」는 주장은 144~145쪽의 역주 59를 보기 바란다.

저자는 이제 스스로 자신의 이전 주장이 잘못이라고 고백하고 있다. 믿는 대상을 향한 어떤 정신적 태도만으로 단언(명제)이 떠맡을 일들을 다 처리할 수 있다는 판단을 새롭게 하고 있기 때문이다. 만일 그분이 진지하고 성실하게 최선을 다하지 않았더라면, 이런 전환이 자기 자신에 대한 부정을 함의할 수 있고, 지금까지 모래성을 쌓은 듯이 아무 보람도 없이 헛수고에 지나지 않는다고 후회했을지도 모른다.

뒤친이로서는 설령 단언(명제)을 부정한다고 하더라도, 여전히 뢴트겐이 발명한 X선과 같이, 반드시 믿음이나 주장이나 생각이나 문장의 속내를 속속들이 들여다 볼 서로 「공약 가능한 방법」이 있어야 할 것으로 본다. 이를 위해 아리스토텔레스가 『생각의 도구』에서 처음 시도하여 주어와 술어의 개념을 확립했었다. 이는 두 가지 범주를 가진 이원론dualism이었다. 분류학을 지향했던 아리스토텔레스로서는 다원론 그 자체의 모순점을 깨닫지 못했었다. 그렇지만 참값을 도출하기 위해서는, 엄격히 일원론monism 에다 토대를 두어야 함을 처음 깨달은 수학자 프레게(G. Frege, 1848~1925)는 판단의 대상인 단언(명제)을 「논항과 함수의 결합체」로, 그리고 이것이 다시 다른 함수와 결합하여 합성함수를 이루거나 일반적으로 다른 함수와의 특정한 관계를 유지하면서 함수들 간의 도출 과정을 이어가는 과정을 상정하였다(생각의 전개 과정임). 그는 이를 흔히 '합성성' 원리로 불렀는데, 그의 이름을 따서 '프레게 원리'로도 불린다(Fodor and LePore, 2002, 『*The Compositionality Papers*』, Clarendon). 오직 그럴 때에라야 전체 도출 과정을 다루더라도, 참값과 거짓값을 구분하고 판정하는 일을 할 수 있는 것이다.

사실과의 대응 관계를 통해서 참값인지 여부를 판단해야 할 대상에는, 어떤 이름을 붙이든지 간에, 이런 내적 분석을 실행할 수 있는 명백하고 투명한 도구가 있어야 한다. '단언'(명제)이라는 도구가 믿음 행위와 믿는 내용(믿는 것)과 혼동을 일으킬 소지가 많다고 하여, 없는 것처럼 여기거나 없애 버린다고 하여 해결책이 되는 것은 아니다. 참된 믿음이든 거짓된 믿음이든 간에 믿는 내용(믿는 것)을 향한 어떤 정신적 태도가 있음을 받아들이더라도, 여전히 그것들에 대한 「내적 분석」이 필요하다. 지금까지 이런 내적 분석은 단언(명제)을 매개로 하여 이뤄져 왔던 것이다. 그렇지만 믿음을 향한 「어떤 정신적 태도」가 다시 어떻게 내적 구조들로 분석되어야 하는 것인지에 대해서는 전혀 언급이 없다. 막연히 지금까지 단언(명제)을 분석하기 위하여 문장 형식들과 그 속에 있는 낱말들에 확인하는 일이 진행될 것처럼 전제하고 있다(단, 뒤친이는 무어 교수가 대안을 제시하지 않았다는 사실을, 이런 과정이 동일하게 반복됨을 함의하는 것으로 해석하고 있음).

만일 뒤친이의 추정이 옳다면, 최소한 단언(명제)의 분석이 주어와 술어로 나뉘어 이뤄졌던 만큼, 판단·결정 체계에서 「두 가지 결합 관계를 투명하게 꿰뚫어 볼 도구」가 필요할 것이다. 그 도구의 이름을 ① '믿음 행위'로 부르든, ② 새롭게, 믿는 것을 향한 '어떤 정신 태도'(명제 태도)로 부르든, ③ 예전처럼 '단언'(명제)으로 부르든, ④ 단언 (명제) 자격을 갖추지 못한 '문장'으로 부르든, ⑤ 막연히 '이름'으로 부르든 간에, 결국 모두가 '생각의 단위'들이 두어 개가 결합된 형상을 지니게 마련이다. 이런 측면으로 본다면, 다양하고 복잡하게 논의의 초점을 엉클어 놓기보다는, 매우 단순하고 검박하게 하위에 작동하는 층위들을 통합하여 묶어 주는 일이 더 나은 선택이 아닐까 생각해 본다. 더구나 우리 정신 속을 밖에서 관찰하여 확인할 수 있는 방식으로서 몇 가지

는 믿는 행위와 다른 한편으로는 믿어진 그 단언(명제)으로 분석될 수 있다」고 믿지 않습니다.290) 만일 단언(명제)과 같은 그런 것들이 없다

최신 기술들이 있지만 초보 단계에 불과하다. 가령, 기능성 자기 영상 촬영술ƒMRI, 양전자 방출 단층 사진PET scan, 여러 가지 뇌전도 측정술EEG 등이다. 그럼에도 불구하고 높은 수준의 인식이나 의식을 실시간으로 다루기에는 아직도 갈 길이 너무나 멀다. 이를 고려한다면 되도록 덜 번다하게, 그리고 간략하면 간략할수록, 문제의 핵심을 벗어날 우려가 덜할 것이 아닐까 의심해 본다. '단언'(명제)의 역할을 매개로 하여 뒤친이는 521~523쪽의 역주 196에서 개략적인 도표를 제시하였다.

290) [역주] 이미 몇 차례에 걸쳐서 무어 교수가 스스로 자신이 잘못을 혼연히 인정하는 대목들을 보았으며, 솔직하게 '잘 모르겠다'는 표현을 여러 차례 접했었고, 자신의 주장이 잘못되었다고 판정한다면 즉시 이를 시인했음을 보았다(144~145쪽의 역주 59, 727~728쪽의 역주 278). 끊임없이 궁극적인 진리를 향하여 서슴없이 나아가는 무어 교수의 진지한 태도에 뒤친이는 숙연해진다. 전문직 학자들이 흔히 자신의 잘못이나 과오를 서슴없이 인정하기보다는, 오히려 가리고 슬쩍 눙쳐 지나가기 일쑤이기 때문이다. 뒤친이가 사는 진주 근처에서는 성철 큰스님의 글씨들을 더러 보게 되는데, 「스스로를 속이지 말라!」는 무자기无自欺도 같은 뜻일 것이다(이른바 그 마음가짐을 정성스럽게 하는 것이 스스로를 속이지 않는 것이라는 『대학』 구절 "所謂誠其意者, 毋自欺也; 毋는 无, 無로도 씀").

이런 태도는 조선조 때에 한문으로만 글말살이를 했던 우리 문화의 전통적 모습에서 상상도 못해 볼 일이다. 조선 시대에는 문집 발간 자체가 온 집안의 경제를 다 쏟아부어야 하는 일이었다. 한 명의 학자가 타계한 뒤에 그를 따르는 문인이나 가까운 사람들이 타계한 분의 글들 중에서 일관되게 조리가 서는 것들만 영역별로 골라내어서 목판에 올렸기 때문에, 한 개인의 치열한 정신 성장 과정이 완전히 가려져 버리는 결과를 낳았다. 한 명의 학자가 생각이나 관점이 청년기와 장년기와 노년기와 완숙기가 점차 또는 확연히 달라지는 일이 항다반사이다. 그렇지만, 한 방의 '결정판' 모습으로 문집들이 대체로 사후에 편집·발간되었고, 바람직한 인생이

「지학志學 → 이립而立 → 불혹不惑 → 지천명知天命 → 이순耳順 → 불유구不踰矩」

처럼 일관되게 발전하는 양 관념하였으므로, 내적으로 충돌하는 모순스런 생각이 하나도 없어야 옳거나 성공한 인생인 것처럼 집단적으로 최면에 취해 있었다. 이는 우리 일상 경험들과는 어긋난다. 265쪽 이하의 역주 110에 적어 둔 피아제 교수의 '모순들에 대한 자가 조정'을 다룬 책들에서 논의하듯이, 우리는 늘 새롭게 창조적으로 좀더 포괄적으로 일관성을 찾아나가면서 살아나가는 것이 삶의 진면목일 듯하다. 여기서 보는 무어 교수처럼 중요한 자기 전환 모습이 들어가 있는 것이, 창의적 생각을 지닌 이들의 행로이다.

과학철학자 카아냅(R. Carnap, 1891~1970)도 자주 자신의 과거에 지녔던 여러 단계의 생각 전환들을 스스럼없이 말해 주었다고 한다. 그리고 언어학자 참스키(N. Chomsky, 1928~) 교수도 자신의 연구서들에서 명백히 방법론 상의 너다섯 단계 중요한 전환을 보여 준다. 어떤 이는 참스키 교수가 패션인 양 계속 변해 간다고 조롱하던데, 그만큼 학문의 진지성이 없이 남들 하는 얘기나 들으면서 겉핥기로 다 아는 척하는 게으름 드러내기에 다름 아니다. 이 분들의 글을 접하면, 마치 무어 교수의 이 책만큼이나, 서구 지성사의 핵심을 고대에서부터 근대와 현대에 이르기까지 종횡무진 다루면서 독자들에게 통찰력을 풍부하게 심어 준다. 진지하고 성실하게 진리를 추구해 나가면서 스스로 과거의 자신으로부터 벗어나는 것이 아마 서구 지성사에서 여러 대가들의 풍모인 듯하다.

면, 틀림없이 어떤 것이든지 간에 그 대상을 믿음들(≒중의적인데, 믿는 행위 및 믿는 대상)과 혼동하는 것이 불가능했을 것으로 간주될 수도 있습니다.

그렇지만 이미 살펴보았듯이, 어떤 대상이 상상이라는 사실이, 조금도 우리로 하여금 그 대상을 생각하지 못하도록 방해시키지는 않습니다. 사실상 우리는 지속적으로 상상의 대상들을 생각하고 말하지 않을 수 없습니다. 따라서 상상의 대상들이 상상이라는 사실에도 불구하고, 저는 '진리'들을 '단언'들로 불린 이들 상상의 대상과 아주 혼동하기 쉽다고 생각합니다. 그러므로 단언(명제)들과 같은 그런 것들이 있든지 없든지 간에, 어떤 경우에라도 '진리'들이 상상 대상에 관한 단언(명제)들과는 아주 다른 것임을 인식하는 일은 가치가 있습니다.

그러므로 저는 한 가지 '진리'로써, 한 가지 참된 믿음 행위도 아니고, 단언(명제)과 같은 그런 것이 있다고 가정할 경우에 한 가지 참된 단언(명제)도 아닌 어떤 것을 의미합니다. 이는 둘 모두에 대응하는 어떤 것이지만, 어떤 것과도 동일한 것은 아닙니다. 믿음이나 단언(명제) 중에서 어떤 것과도 동일시되는 상태로서의 모든 위험을 벗어나는 것이, 진리들truths을 '진리들truths'이라고 부르지 않고, 오직 '사실들facts'이라고만 부르게 되는 주요한 이유인 것입니다(≒'사실'은 오직 개별 사례들을 가리키므로, 진리가 참값·거짓값의 상위 개념인 일반화된 진리와 혼동될 소지를 없애기 위해 '진리'보다는 '사실'이란 낱말을 더 선호하는 이유가 됨). 저는 사실상 어떤 것이 이것들을 위하여 쓸 만한 최상의 이름일지를 잘 모르겠습니다. 각 낱말이 오해로 이끌어 갈 수 있겠는데, 서로 다른 낱말의 교차 사용이 이런 오해를 막게 될 것입니다.

§.17-2 【 믿음의 내용이 성립할 수 있는 조건 】 우리는 지금까지 '진리'들 또는 '사실'들로써 제가 의미하는 종류의 것이, 참된 믿음 행위들과 그리고 '참된 단언'들과 아주 다름을 보았습니다. 그렇지만 이것들이

이 세상에 있을 수 있는 다른 모든 종류의 대상들과 어떻게 다를지 아직 살펴보지 못하였습니다. 즉, 다음 물음이 제기될 수 있습니다.

「결국 모든 진리들이 공통적으로 지니되, 진리가 아닌 것은 어떤 것이든 간에 공유되지 않는 속성은 무엇일까? 우리가 한 가지 '진리'라는 말로써 의미하는 종류의 것을, 진리가 아닌 모든 종류의 것들로부터 어떻게 구분할 것인가?」

(What, after all, is the property which all truths have in common, and which is not shared by anything which is not a truth? How are we to distinguish the sort of thing you mean by a "truth", from all the sorts of things which are not truths?)

이 질문에 대한 답변으로 저는 필요·충분조건에서[291] 진리들에만 속하는 속성을 서술할 방법을 잘 알 수 없음을 솔직히 고백합니다. 만일 진리가 분석될 수 있다면, 지적되고 보여질 수 있는 어떤 속성일 듯하지만, 저로서는 이를 분석하는 방법을 잘 모르겠습니다. 관련됨직한 관련 사례가, 저한테는 여러분이 마치 「임의의 '색깔'이 무엇일까?」라고 질문받은 듯한 경우와 똑같을 것으로 보입니다. 맹인이 아닌 우리들은 색깔이 무엇인지를 잘 알고 있습니다. 무엇이든 간에 우리 정신앞에 나옴직한 대상이 어떤 것이든지 간에 그 대상과 관련하여, 그것이 임의의 색깔인지 여부를 쉽게 완벽히 말할 수 있습니다. 그렇지만 우리가 보게 되듯이, 여전히 '임의의 색깔임being a colour'으로써 무엇이

---

291) [역주] 원문은 …belongs to all truths and only to truths이다(원문의 초판 309쪽, 재간본은 336쪽). 필요·충분조건을 표현하는 방식이므로, 축자적으로 번역하지 않았다. 축자적으로 "모든 참값들에 그리고 오직 참값들에만 속한다"고 번역하더라도 도대체 무슨 개념인지 깨달을 수 없기 때문이다. 조금 뒤에 나온 …belongs to all colours and only to colours라는 표현도 똑같다. 이는 색깔에 대한 필요·충분조건을 가리킨다. 마찬가지로 §.18-3에서 던지는 물음에서 …belongs to all sensations of white and only to sensations of white도 동일한 조건을 나타낸다. 양화사에서 변화를 보일 수 있다. all이란 양화사를 every로 바꿔 쓴 경우는 여기서와 동일하다. 그렇지만 전체를 가리키는 것이 아니라, 한 가지 대상만을 놓고서 필요·충분조건으로 삼을 경우도 있는데, …belongs to one fact and only one fact처럼 썼다. 166~167쪽의 역주 71을 보기 바란다.

의미되는지 정의하기란 극히 어렵습니다. 즉, 모든 색깔의 필요·충분 조건에 속하는 속성이 무엇인지에 관한 것입니다.

'진리'들에 대해서도 그러합니다. 저는 주어진 대상이 어떤 것이든 지 간에 조금이라도 있음(존재하는 상태)을 지녔고 순수히 상상물이 아니었다고 가정하면서, 제가 쓰는 의미로 한 가지 '진리'가 될 것인지, 그렇지 않은지를 말하기는 아주 쉽다고 생각합니다. 그렇지만 모든 진리들에 '공통적이면서도 특징적인' 해당 속성을 정의하기란 전혀 쉽지 않습니다(≒공통적인 일반 속성과 특징적인 구별 속성은 771쪽의 역주 301을 보기 바람). 그렇지만 해당 속성이 무엇인지를 지적해 주는 한 가지 방식은, 진리가 한 가지 문장에 의해 표현된 한 종류의 대상이라고 말하는 것입니다. 예를 들어, 다음과 같은 낱말들은 문법상으로 한 가지 「문장」이라고 불리는 것을 만들어 줍니다.

「내가 보고 있는 나무가 한 그루의 떡갈나무이다」
("The tree which I see is an oak")

만일 이 문장이 참이라면, 이 문장이 표현하는 것이, 한 가지 진리이거나 한 가지 사실입니다. 즉, 논의 중인 그 나무가 한 그루의 떡갈나무라는 진리 또는 사실인 것입니다. 반면에, 이 문장의 일부(≒명사구)일 뿐인 다음 표현은 그 자체로 한 가지 문장을 만들지 못합니다.

「내가 보고 있는 나무」
("The tree which I see")

그러므로 이 낱말들이 표현하는 것은 한 가지 사실도 아니고 한 가지 진리도 아닙니다(≒이에 대한 반대 생각은 757쪽의 역주 293 참고). 그것은 이런 종류의 차이로서, 한편으로는 명사구인 「한 그루의 나무」와, 다른 한편으로는 온전한 문장인 「그것이 한 그루의 떡갈나무라는 사실」 사이에 있는 차이입니다. 다시 말하여, 제가 의미하는 차이는, 진리가 아닌 대상들 및 있는(존재하는 상태의) 대상들 사이에 있는 차이인 것입니다. 분명히, 이 두 가지가 아주 다른 종류의 대상임을 알아내기가 아주 쉽습니다. 물론 의심의 여지없이, 그 나무 자체가 있고(존재하는 상태이고) 현존합니다. 저는 흔쾌히 이것이 한 가지 '사실'로 불릴 수 있음을 인정합니다. 그렇지만 아무도 명사구 「한 그루의 나무」를 한 가지 '진리'로 부를 것으로 생각하지는 않을 것입니다.292) 반면에,

---

292) [역주] 어떤 주장이 참값을 받으려면 두 가지 조건(ⓐ, ⓑ)이 먼저 갖춰져야 한다. ⓐ 그 주장이 한 가지 개별 사례를 가리켜야 한다. 개별 사례가 실세계에 있는 대상과 대응 관계를 이룬다면, 한 가지 진리 또는 한 가지 사실이 된다. 무어 교수는 「a truth」란 용어가 중의적임을 잘 깨닫고 있다. 한 가지 개체에 대하여 성립하는 '한 가지 참값'이면서, 동시에 모든 참값들을 다 모아 놓은 집합으로서 '하나의 진리'도 되는 것이다 (원소이면서 동시에 집합이 되는 셈임). 즉, a truth가 동시에 하위 개념 및 상위 개념을 다 같이 표현하고 있는 것이다. 따라서 이 두 가지 의미가 서로 혼동될 염려가 없도록 하려면, 일부러 a fact**한 가지 사실**와 언제나 동등하다고 말해 주어야 한다. a fact는 개별 대상이나 개별 사례에 대하여 성립하는 것이기 때문이다.

아마 우리말에서 구분을 표시해 주는 방법은, 참값을 나타낼 경우에 수량 분류사를 붙여서 「한 가지 참값」이라고 하고, 집합 개념으로서 진리를 가리킬 경우에 수량 분류사가 없이 수량만 표시하여 「하나의 진리」로 쓰는 것일 듯하다. 사실을 가리킬 적에도 개별 대상에 대한 것임을 좀더 명백하게 드러내려면, 수량 분류사를 넣고서 「한 가지 사실」로 번역하는 것이 더 낫다(우리말 수량 표현 형식에 대해서는 787~788쪽의 역주 307을 보기 바람). 군색하지만 괄호로 써서 「진리(참값)」으로 써서, 이것이 개체 또는 개별 사례에 적용됨을 표시해 줄 수도 있다. 만일 굳이 영어 낱말에만 매달리지 않고서, 우리말 느낌을 충분히 살린다면, 개체나 개별 사례에는 '참값'이란 표현을 쓰는 것이 제일 나은 선택이라고 판단된다. 우리말 '참값'은 영어로 'is true'에도 대응하고, a truth의 하위 개념에도 해당하는데, 모두 한 가지 사실이 현실 세계에서 대응 관계를 이루고 있음을 말해 준다. 영어 낱말 true가 믿음에 적용될 경우에는, 우리말에서 '참되다, 거짓되다'를 이용하여 구별될 수 있도록 '참된 믿음, 거짓 믿음, 거짓된 믿음' 따위를 쓸 수 있을 것이다.

그런데 이 책에서 「개별 사례」인지, 아니면 「일반화되고 추상적이며 보편적인 관계」인지 여부는, 아주 크게 다른 것으로 취급되고 있다. 희랍 시대의 전통을 따라 무어 교수는 「낱개 → 몇몇 개 → 전부」라는 수량 등급을 늘 염두에 두고 있으며, 이들 밑바닥에 내재되어 있는 것도 각각 「고유 속성 → 일부 관계적 속성 → 관계」라는 용어들로 대응시켜 달리 부르고 있다(782쪽 이하). 철저히 「한 가지 개체와 또 다른 한 가지 개체를 모아 놓은 것」이라고 믿는 무어 교수에게는, 확실히 현실세계에 존재하는 한 가지 개체를 첫 출발점으로 하여, 몇 개의 대상으로 확장하여 약한 일반화를 끝낸 뒤에, 마침내 모든 대상들에 적용될 보편적·추상적 내용을 결정한다. 제18장에서 자신의 논지 전개에서 이런 세 가지 단계의 전개 방식은 아주 중요한 구실을 한다.

그렇지만 뒤친이는 거꾸로의 접근이 오히려 더 타당한 것으로 믿는다. 「집합 관계 그 자체가 순수히 추상적인 것」이며, 여기에 제약을 가하면 「특성화된 집합」이 나오고, 한 가지 개체를 목표로 삼아 더 많은 제약을 가하면 「고유한 집합」이 나올 것으로 본다.

사람들은 온전한 문장인 "「그것이 한 그루의 떡갈나무이라는」 사실"
은 한 가지 참값으로 부를 것입니다. 언어상의 이런 차이가, 제가 의미
하는 차이를 나타냅니다. 달리 말하여, 한편으로는 한 가지 참값을 표
현하는 문장들과, 다른 한편으로는 문장을 이루지 못한 낱말들 사이
에 있는 문법적 차이점이, 저한테는 표현된 대상들의 본성에 있는 어
떤 차이와 대응할 듯합니다(≒결국, 판정 가능한 상태와 판정받을 자격이
없는 상태 사이의 차이임). 표현된 대상들의 본성에 있는 이런 차이가,
비록 정의할 수는 없더라도, 쉽게 파악될 수 있을 것으로 생각합니다.
다시 말하여, 참값들인 대상들 및 참값이 아닌 대상들 사이에서 제가
의미하는 차이입니다.

그 차이를 지적하는 또 다른 방식은, 지난 번(§.16-3)에 언급한 대로
「진리들이 참된 믿음에 대응하는 종류의 대상들이며, 진리들 말고는
아무런 것도 참된 믿음에 대응할 수 없다」고 말하는 것입니다. 만일
제가 보고 있는 나무가 한 그루의 떡갈나무이라고 믿는다면, 「그것이
한 그루의 떡갈나무라는 전체적 사실」이 어떤 의미에서 이 믿음과 대
응하겠지만, 그 믿음의 내용에서 정작 주어인 그 나무 자체도, 서술어
인 '한 그루의 떡갈나무이다'라는 낱말로써 의미하는 것도 실제로 이
믿음과 대응하지 않음이 아주 분명합니다. 또한 그 나무 자체와 '한

아마 이는 집합 개념을 구체물로 볼 것인지, 추상물로 볼 것인지에 대한 시각 차이에서
말미암는 것이다.

ⓑ 무어 교수가 두 번째 조건으로 내세운 것은 주장을 담는 일정한 형식을 준수해야
한다(633쪽의 역주 240과 667쪽의 역주 250을 보기 바람). '한 그루의 나무'라는 표현은
문장도 아니고(문장의 일부인 명사구일 뿐임), 그렇다고 문장에 대한 단언(명제)도 아
니다. 만일 문장("그것이 떡갈나무이다")이나 문장에 대한 단언("「그것이 떡갈나무이
다」라는 것은 참이다")의 형식을 갖춘다면, 비로소 현실 세계의 대상이나 사건과 대응
관계를 이루는지 여부를 따질 수 있다. 이때 오직 대응을 이룰 경우에라야 한 가지
사실이나 한 가지 참값이 부여된다. '진리'라는 상위 개념은 거짓 주장을 배제하면서
동시에 참값을 지닌 단언들이 모아져 있는 집합 개념이다.

바로 뒤에 나오는 "「그것이 한 그루의 떡갈나무이라는」 사실"은 내포문(「그것이 한
그루의 떡갈나무이다」)으로 들어 있고, 다시 이 문장이 판정을 받을 수 있도록 단언
형식이 「~라는 사실」처럼 제시되어 있으므로, 진리값을 표현하는 특수성을 감안하여
이 어구를 「~라는 사실」이 참값이거나 거짓이다」를 줄인 표현으로 볼 수 있을 것이다.

그루의 떡갈나무이다'라는 낱말로 표현한 것이(≒주어와 서술어가 서로 결합하지 않은 채 각각 단독으로는) 이런 의미에서 아무런 믿음과도 대응할 수 없음이 또한 틀림없이 아주 분명합니다. 저는

「내가 보는 그 나무」

(the tree which I see)

라는 것을 믿을 수 없습니다.293) 이들 낱말은 그 자체로 아무런 것도

---

293) [역주] 무어 교수의 주장에 따르면 반드시 서술어가 들어가 있어야 한다. 또는 이를 구제하는 방법으로서, 아무런 서술어가 표면에 나오지 않았다면, 초기값default(기본값)으로서 「~이 있다」(대상이 있다, 외연 의미)거나 「그것이 ~이다」(어떤 대상이 무엇이다, 내포 의미)라는 서술 구조를 보충해 주는 어떤 조치가 필요하다. 724~725쪽의 역주 275에서 무어 교수가 채택하지 않은 방식으로 언급한 ⓛ이 될 수 있다. 왜 그럴까?

믿음 그 자체도 참된 믿음과 거짓된 믿음으로 구분해 주려면, 반드시 문장이나 단언처럼 서술구조(믿음의 내적 구조)를 갖춰야 하기 때문이다. 750~751쪽의 역주 289에 언급하였듯이, 「현대 학문의 비조」로 칭송되는 프레게(G. Frege, 1848~1925)는 본문에 제시된 「내가 보는 나무」를 논항argument으로 불렀는데, 참·거짓을 판정받으려면, 반드시 빈 자리를 지닌 함수unsaturated function(다 채워져 있지 않은 함수) 속에 들어가 있어야 한다고 보았다. 빈 자리란 바로 앞 단락에서 물결 부호 '~'로 표시된 자리이다. 현대 논리학에서는 서술어를 중심으로 표현하므로

"있다 ⟨ _ ⟩"
"이다 ⟨그것, _⟩"

처럼 나타낼 수 있다(단, ⟨ ⟩ 속에 논항들이 표시되며, 밑줄은 논항이 아직 채워지지 않았음을 뜻함). 여기서 빈 논항 자리들이 다 채워져야 비로소 「판단·결정 절차」의 입력물이 된다. 그렇지 않을 경우에 무위 적용vacuous application이 되거나 거짓값인 ø가 될 것이다. 원소가 아니라 집합 관계로 보는 것인데, 이것이 바로 '유형 의미론'의 첫 출발점이다(724~725쪽의 역주 275).

그런데 주어와 서술어가 결합된 문장이나 단언 구조에서, 만일 주어가 중심이 된다면 이론상 서술어의 범위가 무한해져 버리고 제약할 길이 없으며, 결국 더 이상 합리적인 논의의 토대를 마련하기가 어렵다. 대만에서는 주어[주인]와 빈어[손님]라는 말을 쓰는데, 오직 유아들이 잠깐 쓰는 '두 낱말 발화'에서 다루는 주축어[pivot]와 개방 요소[open word]를 연상시켜 주며, 이원론에 입각한 분류학의 아류일 뿐이다. 그렇지만 거꾸로 만일 서술어가 중심이 된다면, '속한다'(∈)는 관계를 통해서, 그 서술어와 결합될 수 있는 주어를 제약하고 통제할 길이 생긴다.

이런 전환이 바로 프레게의 1879년 「개념 문자」(개념 표기법)에서 처음 시도된 것이다. 오늘날 이런 전환은 「방법론적 일원론methodological monism」이라고 불린다(분류학을 추구했던 아리스토텔레스는 부지불식간에 결국 '이원론dualism'을 품고 있었음). 같은 시대를 살았던 칸토어(G. Cantor, 1845~1918)는 논항과 함수라는 용어를 각각 원소와 집합으로 불렀다. 흔히 말하기를, 수학은 집합들에 대한 집합들의 관계(이를 집합족 family of classes으로 부름)를 다루는 학문이다. 802~803쪽의 역주 314도 참고 바람.

표현할 수 없는데, 그런 믿음이 있을 수 없기 때문입니다. 비슷하게 저는 다음 표현

「~이 한 그루의 떡갈나무이다」

(is an oak)

도 믿을 수 없습니다. 「~이 한 그루의 떡갈나무라고 믿는다 believe that is an oak」라는 낱말들을 말할 때, 만일 '*that*'(관계대명사 또는 지시대명사)이라는 낱말이, 지시대명사 '저것'으로 쓰인 것이 아니라 관계대명사 '~라고'로 쓰이고 있다면, 전체 문장이 무의미해지기 때문입니다(≒내 포문의 필수적 요소로서 「주어」가 없으므로 잘못임). 그런 믿음으로서 아무런 것도 존재할 수 없는 것입니다.

그렇지만 제가 그 나무와 한 그루의 떡갈나무인 상태라는 속성을 함께 결합해 놓는 순간(≒주어와 서술어가 결합하는 순간), 전체 대상은 바뀝니다. 저는 「그 나무가 한 그루의 떡갈나무인 상태」라는 속성을 지닌다고 믿을 수 있습니다. 그 나무가 이런 속성을 지닌다는 것이, 한 가지 진리(참값)가 될 수 있습니다. 「그 나무가 한 그루의 떡갈나무이다」라는 것이 한 가지 진리(참값)가 될 수 있으며, 한 가지 믿음과 대응할 수 있습니다. 반면에, 「그 나무」 단독으로나, 「한 그루의 떡갈나무인 상태」라는 속성 단독으로는, 어떻게든지 이것들이 실재할 수 있다손 치더라도,294) '진리'(참값)들도 아니며, 믿음으로서 어떤 것과

---

294) [역주] 미국의 통계로 고등학교를 졸업한 어른의 머릿속에는 대략 5만 개 정도의 일상 낱말들이 있다고 추정한다(763~764쪽의 역주 298). 상식적으로 보면, 이런 숫자의 낱말들은 허구가 아니라 실재하는 대상들과 대응될 수 있다. 그런데 우리의 생각이나 사고의 과정은, ⓐ 이 대상들에 대한 내재적 속성과 외부 대상과의 관계들을 따지게 되고, ⓑ 이 대상들이 일으키는 어떤 상태의 변화로서 '사건의 추이'가 투명하게 파악될 필요가 있으며, ⓒ 일련의 사건 흐름들이 다시 종류별로 일반화되고 통합됨으로써, 우리가 살아가면서 겪음직한 전체적 사건을 형성할 수 있다. 따라서 이런 낱말을 써서 대상의 속성과 관계, 그리고 대상이 일으키는 사건의 변화(추이)와 같은 내용을 표상해 주고, 이것이 참값인지 여부에 대한 판단·결정을 받아야 하며, 이런 다음에 우리 믿음의 체계 속에 한 가지 구성요소로 자리를 잡게 된다.

도 대응할 수도 없습니다.

아마 제가 '진리'(참값)들로 부르는 이런 거대한 부류의 대상들을 인식하는 데에서, 그리고 진리(참값)들과 이 세상의 다른 구성요소들 사이에 어떤 차이가 있다고 가정하는 데에서, 잘못을 범할 수도 있습니다. 다시 말하여, 실제로 모든 진리(참값)들에 속하지만, 이 세상의 나머지 다른 구성요소들에는 어떤 것도 속하지 않는 모종의 속성에 대해서 그러한 것입니다. 아마 실제로 그런 것들이 전혀 존재하지 않을 가능성도 있습니다. 많은 철학자들이 그런 것들을 인식한 것 같지도 않습니다. 그렇지만 저는 「우리들이 모두 지속적으로 마치 그런 것들이 있는 것처럼 말하지 않을 수 없다」고 생각합니다. 무엇보다도 저로서는 첫째, 「참된 믿음과 같은 그런 것들이 있다」고 생각하지 않을 수 없습니다. 둘째, 제가 한 가지 참된 믿음을 생각할 때마다, 그 믿음의 본성이 무엇이 될지와는 상관없이, 「언제나 이 세상에 '진리'(참값)들로 불리며 진리와 대응하는 이들 특정한 대상들의 하나one(한 부류)가 있다」고 생각하지 않을 수 없습니다.

제가 '진리'(참값)들에 관해서 오해되지 않기를 바라는 또 다른 점이 있습니다. 제가 한 가지 진리(참값)가 어떤 참된 믿음에 대응하는 종류의 대상이라고 말할 경우에, 아무도 「실제로 모든 진리와 대응하는 어떤 참된 믿음이 있다」고 의미하는 것으로 오해할 사람이 없기를 희

문제는 판단·결정을 받아야 하는 입력물에 대한 올바른 자격을 따지는 일이 중요하다. 그렇지만 바로 이 단계에서 여러 가지 다양한 모습의 입력물들이 서로 복잡하게 꼬여 있는 셈이다. 따라서 무어 교수는 판단·결정 체계의 입력물로서 자격을 갖추지 못한 대상들이, 머릿속의 어떤 믿음과도 대응될 수 없다고 강하게 주장하고 있는 것이다. 그렇지만 오직 「판단·결정을 받을 대상으로서 자격이 없다」고만 말해야 올바르다 (217~219쪽의 역주 93 참고). 비록 그런 자격을 제대로 갖추지 못한 입력물이라도 우리 머릿속에 들어 있으며, 믿음 속에 들어 있는 것으로 스스로 자각되는 대상물은 모두 「믿음의 대상」이 되는 것이다.

만일 이를 무시하고서 강하게 「어떤 믿음과도 대응될 수 없다」고 주장한다면, 우리가 메듀사처럼 둘 이상의 서로 다른 머리가 달려 있는 것이 아닌 이상, 자가당착에 빠지게 될 것이다. 한마디로, 무어 교수의 주장은 오직 판단·결정 체계의 입력물로서 자격을 갖춘 것과 그렇지 못한 것으로 나눠야 옳다. 믿음에 대응되는 것과 그렇지 않은 것으로 구분한다면, 결국 자기모순에 부닥칠 것이다.

망합니다. 지금까지 제가 알 수 있는 한, 이 세상에서 진리(참값)들의
숫자는, 참된 믿음의 숫자보다 더욱 엄청나게 더 많습니다. 우리가 모
두 이전에 아무도 전혀 알지도 못했던 많은 진리(참값)들과 사실들이
언제나 있다는 생각에 익숙해져 있습니다(720~721쪽의 역주 272 참고).
여전히 아무도 아직 발견해 보지 못한 그런 진리(참값)의 주장들이 아
주 많이 있을 것입니다. 비록 많은 철학자들이 이를 한 가지 역설ª
paradox로 여기는 듯하지만, 저한테는 이런 생각이 완벽히 올바른 듯합
니다. 물론 모든 진리(참값)에 대하여 한 가지 참된 믿음이 대응할 수
있음은 실제의 경우입니다. 가능한possible 참된 믿음들의 숫자가, 정확
히 현실적인actual 진리(참값)들의 숫자와 정확히 동일합니다. 그렇지만
대부분의 사람들은 「일어날 수 있는(≒잠재적인) 모든 참된 믿음들이
결단코 현실적으로 다 생겨나지는 못한다」는 점을 인정할 것 같습니
다. 따라서 이 세상에 있는 진리(참값)들의 숫자는, 현실적인 참된 믿
음들의 숫자보다 더욱 엄청나게 더 많습니다.295)

---

295) [역주] 가능세계 또는 잠재태로서 아직 발현하지 않은 대상(사건이 일어나는 매개체)
들의 세계가 상정되어야 함은, 특히 산업혁명 이후에 풍족하고 현란하게 달라진 일상
생활들을 고려하면 누구든 인정하지 않을 수 없을 것이다. 아마존과 같이, 누가 건물에
가게를 열지도 않은 채 고객들에게 물건을 팔 것으로 생각이나 했을까? 카카오톡을
통해 정보망이 구축된 세계이면 어디에서나 영상을 보면서 서로 통화할 수 있으리라
누가 꿈이라도 꿔 보았을까? 5세대 통신 따위 매혹적 낱말로 장식된 정보 혁명의 세계
에서, 우리 생활환경이 어떻게 얼마나 변할지 다양하게 예측을 하고 있겠지만, 그렇게
달라진 환경에서 과연 우리는 스스로 내 자신에 대하여 그리고 남들과의 관계를 통하
여 만족하고 행복하게 느낄까?
　인간의 욕구나 욕망을 충족시켜 주는 도구들이 계속 바뀌고 있고 더욱 빠르게 바뀌고
있지만, 그럼에도 인간의 본성을 그대로 남아 있을 것이다. 가능세계는 현실세계보다
더 크고 다층적일 수 있으며, 한 개인과 그 개인이 속한 사회 공동체에서 지향하는
가치가 불가피하게 달라질 수밖에 없을 것이다. 뒤친이가 취업하려고 애쓰던 1980년대
에는 '임시직'이란 개념이 없었다. 그렇지만 2010년대에 뒤친이가 이제 다 자란 자식들
을 통해서 느끼는 '임직'에 대한 불안은, 개인적으로 항거조차 할 수 없는 전반적이고
일반적인 사회 차원의 현상이다(소위 신자유주의 흐름 이후 여러 나라에서 겪는 '유연
한' 노동시장의 현상).
　사회가 변한다는 것을 긴 시간 단위(수렵 시기·농경 시기·산업 시기·정보화 시기 따
위)에서 구체적으로 느끼지만, 과연 한 개인이 개별적으로 안도감을 느끼고 사람들과
의 관계를 통하여 얻는 행복감을 높여 주는 쪽으로 바뀌는 것일까? 아니면, 거꾸로
사회라는 공룡이 한 개인을 몰아치고 착취하며 한 개인을 노예처럼 도구화하는 쪽으로
바뀌어 가는 것일까? 지구 생명사에서 자기 장점을 극대화함으로써 역설적으로 몰락

그러므로 '진리'(참값)들은, 있으되(존재하는 상태이되) 현존하지 않은 것으로 타당하게 주장됨직한 것과 관련해서, 두 가지 부류 대상들 중에서 하나라고 생각합니다. 이렇게 말하는 이유는 단지 다음처럼 말하는 것이 아주 부자연스럽기 때문입니다(731쪽의 역주 279 참고).

「*'둘에 둘을 곱하면 넷이라는 사실'이 현존한다」(윗첨자 별표는 참스키 문법에서 비문非文이라는 약속임)

(*"the fact that twice two are four" exists)

「*'사자가 현존한다는 사실' 그 자체가 현존한다」

(*"the fact that lions exist" itself exists)

그렇지만 「현존하는 한 마리 사자a lion that he exists」에 대하여 말하는 것은 아주 자연스럽습니다. 비록 사자의 현존이 한 가지 사실이거나 한 가지 진리(참값)라고 말하는 것이 자연스럽지만, 「사자의 현존이 또한 현존한다his existence also exists」라고 말하는 것은 자연스럽지 않은 것입니다.

§.17-3 【 보편 속성의 구현 사례로서 공간 관계 】 바로 앞에서 다룬 사례가 부자연스럽다는 사실로부터, 이하에서 정확히 우리가 어떤 결론을 이끌어 낼 것인지를 살펴볼 것입니다. 현재로서는 비록 의심의 여지없이 있으되(존재하는 상태이되), 현존하지 않더라도 타당하게 주장됨직한 것과 관련해서, 나머지 다른 부류의 대상들을 살펴보는 일로 진행해 나가려고 합니다.

의 길로 들어섰던 몇 차례의 '대멸종'이란 각본이 불현듯 겹쳐 보이는 듯하다. 또한 존재론과 관련하여 떠오르는 질문이 있다. 이런 가능세계가 다중-우주론multiverse과 어떤 관계를 지닐까? 뒤친이는 오직 수학이라는 도구를 이용하는 일을 제외하고서는 아무도 가시적 모습으로 그 전개 방식을 논의할 수 없을 것으로 본다.

저는 이런 두 번째 부류의 대상이 '일반적 개념general ideas'이나 '추상적 개념abstract ideas'이나 '보편 속성universals'(736쪽의 역주 282)들로 불릴 수 있는 부류의 대상임을 언급하였습니다. 이것들이 종종 언급되는 또 다른 이름은, (공적인) '개념concepts'이나 개인별 '개념형성물conceptions'입니다(526~528쪽의 역주 197을 보기 바람). 철학적 논란에서 이 주제를 위해 엄청난 양의 정력이 바쳐졌기 때문에, 이들 대상의 본성이 단독으로 철학의 주요한 문제들 중 한 가지를 형성한다고 말할 수 있습니다.

저는 '일반적 개념'이나 '보편 속성'들로 불리는 이런 것들에 관해서 말해야 하는 바를, 칠판에다 적어 놓고서 예시하고자 합니다. 왜냐하면 정확히 제가 말하고 있는 내용과, 실제로 존재하는 상태인 대상들에 대하여 말하려는 것을, 될 수 있는 대로 가시적으로 명백히 만들어 놓으려고 하기 때문입니다.

지난 번에 서로 다른 여러 가지 대상들의 사례를 들었었습니다(≒ §.16-6에서 저자는 자신의 손을 중심으로 일정 거리 떨어진 대상들을 논의했음), 그것들이 모두 동일한 대상으로부터 일정한 거리에 떨어져 있었습니다. 이제 이것들을 칠판 위에 표시해 놓은[296] 분필의 경험조각들에 의해서 예시할 것입니다. 칠판에 각각 'B', 'C', 'D'로 불리는 세 가지 경험조각들과 네 번째 경험조각으로 'A'라는 점이 찍혀 있습니다.

---

296) [역주] 두 가지 가능성이 있다. 아마 점 A를 중심으로 주위에 세 개의 다른 점들을 찍은 듯하다(점선은 두 점 사이의 거리 표시임). 다른 가능성은 A~B 사이의 공간, A~C 사이의 공간, A~D 사이의 공간이란 표현을 쓰고 있으므로, 두 점을 포함한 사각형을 세 가지 그렸을 가능성도 있다. 공간을 매개로 한 간접 관계를 다루기 위한 방식인 것이다. 그렇지만 본디 직접 관계로서 거리에 대한 언급을 하고, §.7-5에서 A와 B의 관계를 다루면서, A를 한 끝점이고 B를 다른 끝점이라고 언급하는 것을 보면, 전자일 가능성이 높다. 만일 후자일 경우에라도, 세 가지 공간three spaces이라고 부르는 것은 잘못일 것이다. 응당 세 가지 사례의 공간three instances of space이라고 불러야 옳을 것이다. 그런데 이런 그림을 설명하는 데에는, 반드시 직교 좌표계(X축과 Y축이 직각으로 교차함)도 같이 주어져야 공통점과 차이점을 명시적으로 언급할 수 있다. 그렇지 않으므로 저자의 주장과 논의가 불분명해지고 혼란스러워진다. 775쪽의 역주 303을 보기 바란다.

저는 「점 A와 일정 거리에 떨어진 상태」, 즉, 「공간상으로 관련되어 있는 상태」라는 속성이, 공통적으로 다른 이들 세 가지 대상 B, C, D에 모두 다 속하는 한 가지 속성임을 지적하였습니다. 그리고 개체인 A와 어떤 관계를 지니는 일로 이뤄져 있다는 사실에도 불구하고, 이 속성이 한 가지 '보편 속성universal'이거나 한 가지 '일반개념general idea'임을 지적하였습니다.

저는 이런 사례를 살펴봄으로써 또한 또 다른 유형의 보편 속성도 생각할 수 있음을 지적하였습니다. (분필로 칠판에 표시한) 이 흰색 경험조각 A는, 결코 이 세상에서 한 가지 유일한 흰색 경험조각이 아닙니다. A에 가까이 있는 B, C, D처럼, 다른 대상들도 다른 흰색 경험조각들에 가까이 있을 수 있습니다. 그렇듯이 임의의 흰색 경험조각과 조금이라도 가까이 있는 모든 것들이 어떤 또는 다른 흰색 경험조각과 가까이 있는 상태라는 공통된 속성을 지닐 것입니다(→한 가지 개체에서 출발하여 약한 일반화로 진행함). 이는 명백히 이 세상에서 엄청난 숫자의 서로 다른 대상들에 공통적일 수 있는 한 가지 속성입니다(→다시 약한 일반화에서 전면적 추상화로 진행하여 보편 속성을 확정함).297)

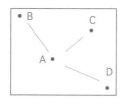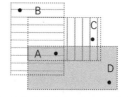

297) [역주] 보편 속성임을 일반화하는 절차로서, ⓘ 먼저 부정할 수 없는 한 가지 사례(this instance)로부터 시작하여, ⓙ 일정한 범위의 대상들(some or other)을 통해서 「약한 일반화」를 완성한 다음에, ⓚ 궁극적으로 임의의 대상(any) 또는 전체 대상들로 확대시켜 나가고 있다(this → some or other → any or all). 이런 양화사의 차이는 하나 또는 다른 자료로부터 일반적인 이론으로 범위를 넓히면서 진행해 나가는 방식을 보여 준다. 희랍 시대에는 '이것'과 같이 자명한 대상을 놓고서 개체로 대표시키고, 개체와 일반에 대한 문제, 또는 개별성과 보편성의 문제가 서로 직접 대립했었다. 그렇지만 여기서는 일부 또는 부분들에 대한 양화 범위가 둘 사이를 매개해 주고 있다. §.17-5에서는 또한 ⓘ이 속한 대상의 특성을 '속성'으로 부르고, ⓙ에 해당하는 몇 가지 대상들의 특징은 '관계적 속성'이라 부르며, ⓚ의 모든 대상들의 특징을 '관계'라고 불러 서로 구분짓는 일도 병행하고 있다.

저는 엄청난 숫자의 가장 일반적인 낱말들(≒5만 개 정도의 낱말)이 바로 이런 유형의 「보편 속성에 대한 이름」이라고 언급하였습니다.[298]

---

298) [역주] §.16-6에서도 지적되었다. 엄청난 숫자의 낱말들을 오늘날 언어 교육에서 어떻게 말하는지를 잠시 적어 두기로 한다. 어떤 통계 기법을 이용하는지에 따라 고등학교를 졸업한 어른이 머릿속에 지닌 낱말의 숫자가 크게 변동한다(1만 개에서부터 20만 개라는 서로 다른 주장들도 있음). 대체로 선진국들에서는 자연언어를 모아 사전(국어사전)으로 펴내었고 계속 보충해 오고 있는데, 대략 그런 항목(낱말들의 표제 항목)들이 40만 개 정도의 낱말이라고 추산한다.

물론 사전에 실려 있는 것만이 우리가 쓰는 낱말이 아니고, 더 있을 가능성도 있지만, 크게 그 양이 변하리라 보지 않는다. 또한 우리 머릿속에는 언어 사용 상황에 따라 달리 표현해야 하는 낱말들도 상당히 있다. 이를 맥락에 따라 바꿔쓰도록 머릿속에 <u>등록되어 있는 복수의 표현</u>이라는 뜻으로 영국의 언어학자 핼리데이(M. A. K. Halliday, 1925~2018)는 '말투register'(격식투·비격식투와 같이 몇 가지 층위의 '언어 투식')라는 개념을 상정하기도 한다(머릿속 낱말 창고의 목록에 「등록되어 있다」는 뜻으로 register라는 낱말을 선택했지만, 국어학 전공자들조차 본질을 파악하지 못한 채 잘못 만든 일본말 '사용역'을 맹종하는 경우가 있음). 방언은 한 사람의 머릿속에 모두 다 들어 있는 것이 아니지만, 언어 사용 상황에 따라 바꿔써야 하는 말투(언어 투식)는 모두 한 개인의 머릿속에 들어 있어야 한다. 또한 영어처럼 곡용과 활용을 하는 낱말들이 오직 하나로 취급해야 하는 조치도 취해야 할 것이다.

여기서 무작위 추출로써 1시간 정도로 어휘 이해도를 검사할 문항을 만들어 내어야 한다. 무엇을 어떻게 측정할지에 대해서도 여러 가지 변수들이 깃들어 있기 때문에, 정확도를 기하기가 쉽지 않다. 몇 차례 반복 과정을 거칠수록 수정이 이뤄지면서 좀더 명확해질 것이다. 즉, 1차 후보에서 다시 줄여가야 하는데, 사람이름이나 지명 따위처럼 특수한 영역의 낱말을 지워 나가면서 다시 2차 후보를 만들어 낸 다음에, 검사의 신뢰도 정도를 재측정하면서 몇 차례 가공의 과정을 거쳐야 한다. 과거에는 한때 문화 관련 낱말들을 제외해야 한다고 보아, 『국어사전』에 "웬 전두환이 다 들어가 있느냐?"고 비아냥댔었다. 그렇지만 오늘날에는 백과사전처럼 뒤섞일 수 있는 「문화사전」 형태가 오히려 자연스런 언어 능력을 측정한다고 여기는 이들이 더 많다(일반사람들이 여러 가지 전문 사전들을 갖출 수 없음). 만일 최종적으로 「낱말 이해 검사지」를 만들었다면, 다시 모집단에서 실험 참가자들을 어떻게 선별해야 치우침을 줄이기에 대한 결정 과정이 있다. 이렇게 전반적 과정에서 통계 전문 지식을 요구하므로, 반드시 언어학자들과 전문 통계학자들이 서로 협업해야 하는 영역이다.

여러 복잡한 변인들이 간여하여 결론이 서로 변동하지만(최소 1만~최대 20만), 언어 교육 쪽에서는 대체로 미국에서 고등학교 졸업자들을 대상으로 하여 얻은 추정치는 대략 5만 개이라고 본다(McKeown and Curtis, 1987, 『어휘 습득의 본질(*The Nature of Vocabulary Acquisition*)』, Lawrence Erlbaum에 들어 있는 Nagy[나쥐] and Herman "어휘 지식의 너비와 깊이"를 보기 바람). 이것도 이해하는 낱말과 산출 가능한 낱말이 서로 차이가 있다(이해 범위가 더 큼). 그런데 외국인으로서 임의 언어를 배울 경우에 어느 범위의 낱말을 익혀야 스스로 추론을 해 나가면서 능동적으로 의사소통하는 데에 지장이 없는 것일까? 여기에 대한 답변도 변동폭이 심하겠지만, 영어를 목표 언어로 하여 조사된 것으로서 언어 교육에서는 흔히 대략 8천 개 낱말이 임계값critical size(결정적인 값)이라고 말한다. 이는 미국에서 초등학교 입학 시절에 어린이들이 대략 1만 개의 낱말을 알고 있다는 추정치와 가까운 값이다. 초등 6년과 중등 6년 사이에 제도적인 교육을 통하여 1만 개의 낱말에서 5만 개의 낱말을 늘여 가는 셈이다. 이는 낱말만이 아니라, 반드시 언어를 통한 간접 경험들이 풍부히 같이 들어가 있는 것이다.

즉, 개체인 한 집단의 대상들을 놓고서, 어떤 것 또는 다른 것에 대하여 한 가지 관계를 지닌 것으로 이뤄져 있는 보편 속성들입니다.

그렇지만 저는 이들 보편 속성이 모두 다 명백히 제3의 유형에 대한 또 다른 보편 속성을 전제하고 있다고 언급하였습니다. 즉, 「~로부터 거리가 떨어진 상태being at a distance from」라는 관계입니다. 제가 이하에서 살펴보고자 하는 것이 바로 이런 관계의 본성입니다.

(762~763쪽의 역주 296 그림으로 보듯이) 여러분이 모두 각각 B, C, D 라는 점이 다른 점인 A로부터 어느 정도 거리가 떨어져 있음을 알 수 있습니다. 우리는 「이 점들이 각각 한 가지 측면에서 점 A에 대하

최근 우리말을 놓고 구축된 몇몇 '말뭉치'들의 통계를 보면, 빈출 어휘들을 놓고서 비율을 따질 경우에(범주 결정 및 통계 방식에 따라 다소 달라질 수 있음), 대략 체언 부류가 60%이고, 술어를 이루는 용언 부류가 20%라고 한다. 용언 부류는 동사가 3분의 2이고, 형용사가 3분의 1의 비율로 나타난다.

그렇지만 이것이 자연언어의 특성에 따라 달라질 수 있다. 특히 오랜 역사를 지닌 한자의 경우를 자세히 검토할 수 있기 때문에 그러하다. 대략 서기 1세기 경에 한나라 허신許愼이란 훈고학자가 중국 한자의 어원을 자세히 설명한 『설문해자』('說文'은 상형·지사 글자를 풀이하고, '解字'는 「형성 글자를 분해하여 풀어준다」는 뜻임)를 펴냈는데, 낱개 글자로서 대략 9천 자가 넘게 들어 있다(심지어 3천 년 전 은나라 갑골 글자도 설문의 순서대로 정리되고 있음). 청나라 시절에 펴낸 『강희자전』에는 5만 자가 들어 있지만, 변과 방이 덧붙어 늘어난 것들이 다수 들어 있으므로, 거의 1만 자만 알고 있다면 한자로 쓰인 고전들을 거침없이 거의 다 읽을 수 있다. 또한 현대 중국어의 통계 발표에 따르면, 4천 개의 한자만 알더라도 방대한 『모택동 전집』까지 큰 어려움 없이 읽을 수 있다고 한다. 한자는 글자가 하나씩만 쓰이기도 하지만, 한나라 시대 이래 후대에 올수록 두 글자가 합쳐진 낱말(복사, 복합자)도 많이 생겨났고, 송나라 시대에서부터 고정된 복합 표현들과 그 이후의 생긴 백화 낱말들이 글말과 입말의 두 계층을 이루어 있다. 지금 우리나라 말에도 뒤늦게 들어온 백화 낱말들이 수두룩하다. 비록 4천 자라고 하더라도, 결코 작은 숫자가 아니다. 한자는 그 자체로 인신의引伸義(늘어난 뜻)로 불리는 의미의 확장도 복잡하지만(동사·명사 용법이 동시에 들어 있는 경우도 허다함), 둘씩만 결합을 허용할 경우에 지수 함수로 크게 늘어난다.

뒤친이의 경험으로는 전통적으로 읽어오던 경전들로 공부하는 것이 첩경인데, 글자로서 한자 공부가 필요한 것이 아니라, 그 이전에 먼저 한문 공부가 필요하다. 설사 한자 발음을 알더라고, 문장을 만들거나 뜻을 새기지 못한다면, 무슨 소용이 있으랴! 문맹 상태와 오십보백보이다. 한자의 발음은 하지만, 뜻은 전혀 새기지 못하는 「한문 문맹자」들이 주위에 의외로 많다. 누구나 사서를 읽겠지만, 송나라 학자들의 주석 없이 삼경을 읽어 나가기는 쉽지 않다(422~423쪽의 역주 151 참고). 개인적으로는 공자가 썼다는 『춘추』에 좌구명이 '창작 수준의 주석'을 달아 놓은 「춘추 좌전」을 보면서, 비로소 진나라 이전의 한문(선진 문장) 번역 방식을 터득할 수 있었다. 양백준 1983년 중화서국 주석본이 자세하며(지명·인명·서명 등의 구분 부호들이 분명함), 이미 검색용 춘추사전도 세 종씩이나 나와 있어서, 현재 간절한 마음만 내면 잘 닦인 길을 걷듯이 이루기가 쉽다. 13경도 북경대 표점본이 있어서 한결 도움이 크다.

여 한 가지 그리고 동일한 관계를 지니고 있다」고 말해야 합니다. 즉, A로부터 어떤 거리로 떨어져 있는 상태의 관계입니다. 이제 여기서 다룰 질문은 다음과 같습니다.

「이를 말하면서 실제로 우리가 정확히 무엇을 의미할까? 그것들이 모두 A에 대하여 아주 똑같은 동일한 관계를 지니고 있음이 참값일까? '~로부터 일정 거리 떨어져 있는 상태'로 불리며, 실제로 세 가지 경우에 모두 공통적인, 한 가지 일반적 관계가 어떤 것이든지 간에 있는 것일까? 만일 그러하다면, 이 관계는 무엇일까?」

(What exactly do we mean by saying this? Is it true that they all do have to A the very same identical relation? Is there any one *general* relation, called "being at a distance from", which really is common to all three cases? And, if so, what is this relation?)

우선 현실적인 사실들을 분석하기로 하겠습니다. 우리가 실제로 모두 A와 B 사이에 있는 하나의 공간, 즉, 어떤 펼쳐짐an expanse299)을 직접 지각하며, B와 C 사이에 있는 또 다른 펼쳐짐과 A와 D 사이에 있는 또 다른 펼쳐짐을 직접 지각함이 아주 분명합니다. 저는 많은 사람들이 우리가 현실적으로 보는 이들 공간이 그 자체로서 「세 가지 짝 사이에 있는 항들의 관계」라고 말하는 쪽으로 기울어져 있다고 생각합니다. 즉, 우리가 「B, C, D가 모두 A로부터 어떤 거리만큼 떨어져 있다」고 말한 경우에, 우리가 생각하고 있는 그런 관계들입니다. 그렇지만

---

299) [역주] 두 점 사이에 있는 거리만큼 널리 펼쳐진 공간을 가리키는 뜻으로 보인다. 뒤친이는 an expanse**공간의 펼쳐짐**이 기하학의 용어인지 정확히 확인할 수 없었다. 영한사전에 '확장'이란 낱말도 있었지만, 367~368쪽의 역주 130에서 언급된 extend**부피를 지니다, 연장되다**의 다른 번역어 '연장'과 구분이 불분명할 수 있어서 따르지 않는다. 2차원의 평면을 대상으로 논의하고 있으므로, 우리말에서 '펼쳐짐'으로 번역해 둔다. §.18-3에서 흰색이 백합꽃의 표면에 being spread**펼쳐진 상태**라고 설명하는 것이나, '부록'(916쪽)에서 spread over**두루 펼쳐져 있다**라는 용례를 보면, 이런 번역 용어가 더욱 적절하다는 점을 재확인할 수 있다. 그런데 문제는 「공간이 펼쳐진다」는 말이 「공간이 실체이다」는 점을 전제하는 듯하여, 올바른 용법이라고 볼 수는 없다. 공간이 다만 어떤 좌표계에 대한 약속일 가능성이 있기 때문이다(778~779쪽의 역주 304를 읽어 보기 바람).

이들 공간이 각각, 다른 점들과도 각각 다름은 명백합니다. 여기서 A 와 B 사이에 있는 이 공간이, A와 C 사이에 있는 이 공간과 동일하지도 않고, A와 D 사이에 있는 다른 이 공간과 동일하지도 않습니다. 한 가지 것으로서, 이것들이 아마 길이상 약간 다릅니다. 그것들이 각각 나머지 다른 두 가지보다 약간 더 길거나 더 짧을 것입니다. 심지어 우연하게 그것들의 두 가지 길이가 정확히 동일한 길이라고 하더라도, 여전히 그런 두 가지 대상이 명백히 동일한 것은 아닐 것입니다(≒좌표계 값이 각각 다름). 즉, 그것들이 동일한 공간에 있지 않으며, 오직 서로 간에 길이만 동일한 것입니다(≒따라서 762~763쪽의 역주 296에서는 A~B와 A~D의 길이를 비슷하게 그려 두었음).

저는 이것이 버어클리와 흄이 「일반적 개념들과 같은 그런 것이 있음」을 전적으로 부인했던 이유라고 생각합니다. 그분들은 다음처럼 말하였습니다.

「만일 여러분이 하나의 공간을 생각해 본다면, 한 번이라도 생각할 수 있는 모든 것이 한 가지 어떤 특정한 공간이다. 즉, 한 가지 어떤 특정한 길이와 너비와 모양새를 지닌 어떤 공간이다. 그런 어떤 것을 일반적인 하나의 공간으로, 즉, 다른 공간들과 다르지 않는 하나의 공간으로 생각하는 것은 아주 불가능할 것이다.」

(If you try to think of *a* space, all that you can ever think of is some one particular space — a space of some one particular length and breadth and shape; it is quite impossible to think of such a thing as a space in general — a space which does not differ from other spaces)

따라서 그들은 「일반적인 하나의 공간과 같은 그런 것은 없다」고 결론을 내렸습니다. 이런 일반적 이름에 대하여 참인 것, 즉, '하나의 공간'이라는 이름이, 또한 다른 모든 일반적 이름들에 대해서도 참이라고 결론을 내렸습니다. 즉, 모든 일반적 이름이, 사실상 오직 특정한 개념들에 대한 이름일 뿐이라는 것입니다. 다시 말하여, 우리가 일반적 이름들을 쓸 경우에, 우리 정신 앞에 갖고 있는 것과 일반적 이름들에 의해 우리가 표현하는 것이, 언제나 단지 모종의 특정한 개념일 뿐이라는 것입니다(≒따라서 개체로 부름).

그렇지만 물론 이것에 대하여 제1의 가장 명백한 답변은, 우리가 이들 세 가지 공간(≒A~B 사이의 공간, A~C 사이의 공간, A~D 사이의 공간)이 모두 다 공간임을 생각할 수 있다는 점입니다. 우리가 이것을 생각하는 경우에, 우리는 (개별적으로) 단지 이 공간이 이것이고, 저 공간이 저것이며, 그 공간이 그것이라고만 생각하는 것이 아닙니다. 분명히 이 공간들이 모두 어떤 측면에서 서로서로 비슷하다고 생각할 수 있고, 실제로 그렇게 생각합니다. 이 공간들이 모두 다 비슷한 그런 측면이, 명백히 이 공간들 중 임의의 공간과 동일한 것은 아니겠지만(≒유클리드 기하 공간과 비유클리드 기하 공간을 염두에 두고 있음), 세 가지 공간에 모두 다 공통적인 어떤 것입니다. 그러므로 이것이, 즉,「모든 다른 공간들이 서로서로 비슷하다」는 그 측면이, 한 가지 일반적 개념 또는 보편 속성이며, 명백히 우리가 생각할 수 있는 어떤 것입니다. 최소한 흄은 이것이 실제의 경우임을 인정했어야만 했습니다. 그는 우리가「서로 다른 개체(개별체)들이 서로 간에 비슷하다」는 그 측면에 주의를 기울일 수 있음을 인정합니다. 그렇지만 이렇게 인정한 결과 이는 명백히「일반적인 개념과 같은 그런 것이 없다」는 본디 그의 신조를 부정하는 일에 해당합니다. 우리가 한 가지 특정한 개념이 다른 개념들과 비슷하다는 측면에 주목할 수 있음을 인정함으로써, 흄은 우리가 한 가지 일반적 개념에도 관심을 기울일 수 있으며, 따라서 우리 정신 앞에 '일반적 개념'을 지닐 수 있음을 인정합니다. 따라서 여전히 지속적으로 그가 주장할 수 있는 모든 것은, 단지 우리가 한 가지 일반적인 개념을 생각할 경우마다, 또한 틀림없이 우리 정신 앞에 모종의 특정한 개념을 지닐 따름이라는 점입니다.

그러므로 저는 반드시 우리가「일반적 개념들과 같은 그런 것들이 있음」을 인정해야 한다고 생각합니다. 우리가 이들 세 가지 공간(≒거리 공간으로 표상된 A~B 사이, A~C 사이, A~D 사이)이 모두 다 서로 간에 비슷하다는 그런 측면을 생각할 수 있으며, 실제로 그렇게 생각하고 있습니다. 이런 측면이 명백히 세 가지 공간 중 임의의 어떤 공간과 동일한 것만은 아니며, 이것이 바로 한 가지 일반적인 개념인 것입니다.

§.17-4 【 모든 공간이 지닌 '공통적이면서도 특징적인' 보편 속성 】 그렇지만 여전히 이런 일반적인 개념이 어떤 종류의 대상인지에 대한 질문이 남아 있습니다. 저로서는 이것이 대답하기가 아주 어려운 질문일 듯합니다. 첫눈에 이 질문에 대답하는 아주 그럴 듯한 한 가지 방식은 다음과 같습니다. 만일 우리가 이들 세 가지 공간(≒거리 공간), 즉, A~B 사이의 공간, A~C 사이의 공간, A~D 사이의 공간들을 살펴본다면, 분명히 이 공간들에 모두 공통된 한 가지 속성은, 각각의 공간이 이 세 가지 중 하나라는 점입니다. 이것들이 각각 셋으로 이뤄진 이 특정한 집합의 한 가지 원소입니다.[300] 이 공간들 각각에 속한 이런 속성이, 분명히 한 가지 '보편 속성'입니다. 그렇지만 우리가 이것들이 모두 다 공간이라고 말할 경우에, 이 속성이 그 자체로서 분명히 이것들을 놓고서 서술해 주는 것으로 의미할 유일한 것은 될 수 없습니다 (≒771쪽의 역주 301에서 한 가지 대상을 규정해 주는 두 측면으로서 「공통 속성과 변별 속성」, 또는 「포괄 개념과 배제 개념」이 동시에 주어져야 한다는 설명을 보기 바람). 왜냐하면 이것이 이들 세 가지 공간을 제외한 임의의 공간에는 속하지 않는 속성이기 때문입니다. 이것들을 제외한 다른 공간들은 아무런 것도 세 가지 공간으로 이뤄진 특정한 이 이 집합의 원소(이 집단의 구성원)는 아닌 것입니다.

---

300) [역주] 371쪽의 역주 133에서 언급했듯이, 무어 교수는 class**부류, 유목**나 group**집단**을 set**집합**이란 뜻으로 쓰고 있다. 특별히 기하학의 대상과 색깔이라는 대상의 측면 말고는, 따로 특별한 의미가 들어 있는 것은 아니겠지만, 유독 제17장에서는 저자가 group**집단**, **집합**이란 낱말을 더 많이 쓰고 있고, 집합의 구성요소로서 a member**구성원**라는 말을 쓴다. 구성원이란 낱말은 지금 중학교 수학책에서는 '원소element'로 통일하여 쓰고 있다. 가급적 여기서는 쉽게 이해될 수 있도록, 각각 집합과 원소라는 용어를 따르기로 한다.

그렇지만 저는 모든 공간들에 '공통적이면서도 특징적인' 그 속성이, 비슷하게 이 공간들이 각각 모든 공간들로 구성되는 해당 집합의 한 가지 원소(해당 집단의 한 가지 구성원)라고 제안하는 것은 매력적이고 자연스럽다고 생각합니다. 마치 이들 세 가지 공간이 하나의 집합을 만들어 주듯이, 모든 공간들도 하나의 집합을 형성할 수 있는 것입니다. 이 집합의 모든 원소들에 '공통적이면서도 특징적인' 한 가지 속성은 간단히 이것들이 그 집합의 원소라는 것입니다.

「마치 우리가 세 가지 공간으로 된 이 집합을 생각할 수 있는 것처럼, 비슷하게 모든 공간들로 이뤄진 해당 집합을 생각하고 그것이 하나의 공간이라고 말하는 경우에, 그 원소들 각각에 귀속시켜 주는 것으로 가리킬 해당 속성은 간단히 그리고 유일하게 '그것이 이 집합의 한 가지 원소이다'라는 점이, 왜 실제의 경우가 되지 말아야 할까?」(≒반문은 긍정적 답변이 옳다는 속뜻이 깔림)

(Why should it not be the case that, just as we are able to think of this group of three spaces, we are similarly able to think of the group of all spaces, and that the property which we mean to attribute to each of them when we say it is a space, is simply and solely that it is a member of this group?)

이런 속성이 분명히 한 가지 보편 속성이거나 일반적 개념입니다. 이는 실제로 공통적으로 모든 공간들에 속하는 것입니다. 이것이 논의 중인 해당 속성인지 아닌지 여부에 대해서는, 우리가 앞서서 인식했던 두 가지 속성과 각각 다른 제3유형의 보편 속성에 대한 한 가지 사례를 실제로 제공해 줍니다. 즉, 한 집단의 대상들로서 어떤 원소인 상태이며, 아무런 원소도 그 자체로는 어떤 보편 속성도 아닌 상태(≒따라서 개체인 상태)입니다.

우리가 「그것이 하나의 공간이다」라고 말할 경우에, 분명히 「이런 속성이 현실적으로 어떤 공간에 귀속시키는 것으로 의미할 해당 속성이 아닐 수도 있다」는 점을 저는 잘 알 수 없다고 솔직히 고백해야 하겠습니다. (거꾸로) 저한테는 이것이 실제로 모든 공간에 '공통적이면서도 특징적인' 유일한 한 가지 속성일 수 있음이 가능할 것처럼 보입니다. 즉, 실제로 모든 공간들에 속하지만, 공간이 아닌 대상에는 어떤 것이든지 간에 속하지 않을 유일한 한 가지 속성인 것입니다. 그렇지만 저는 아마 이런 견해가 터무니없이 불합리성을 포함할 수 있음도 인정합니다. 많은 철학자들이 다음과 같은 이유처럼, 어떤 것을 위하여 억지로 실행한다고 말할 것 같습니다. 아마 그들은 「모든 공간들이 서로 간에 비슷하면서 다른 모든 것들과는 다르다」는 유일한 한 가지 측면이, 아마 그 공간들이 각각 공간이라는 집합에 대한 한 가지 원소라는 사실이 될 수 없다고 말할 것 같습니다. 왜냐하면 우리가 이 집합의 개념을 형성하고, 실제로 공간에 속하는 대상들과 그렇지 못하는 대상들 사이를 구분해 줄 수 있는 유일한 한 가지 이유는, 실제로 단순히 공간에 속하는 모든 대상들이 이미 어떤 분명한 다른 측면에서 서로 간에 비슷하며, 이런 점에서 공간들이 다른 대상들과 다를 것이기 때문입니다. 우리는 하나의 전체로서 그 집합만 상정할 수 있을 뿐입니다. 왜냐하면 우리가 이미 그 모든 원소에 '공통적이면서도 특징적인' 다른 이런 속성에만 익숙해져 있기 때문입니다.[301]

---

301) [역주] 뒤친이에게는 '많은 철학자'로 언급된 생각이 더욱 타당하고 상식인 것으로 판단된다. 그렇다면 무어 교수의 반박에 무엇이 잘못된 것일까? 이를 쉽게 예시하기 위하여 생물에서 잘 확립된 분류학(계통 분류) 중에서 동물계kingdom of animals를 대상으로 하여, 오직 등뼈를 지닌 문에 속하는 경우만을 보기로 한다.

「종species → 속genus → 과family → 목order → 강class → 문division」

여기서 왼쪽으로 갈수록 종에만 특징적인peculiar 속성이 제시되고, 오른쪽으로 갈수록 포괄적이며 일반적이며 범칭적인general 속성이 제된다. 이제 종으로서 사람과 범을 대비시키기로 한다.

「사람(인종) → 인류 속 → 유인원 과 → 영장 목 → 젖먹이 강 →등뼈 문 → 동물계」
「범 종 → 큰고양이 속 → 고양잇과 → 식육 목→ 젖먹이 강 → 등뼈 문 → 동물계」

사람과 범은 더욱 윗 층위에 있는 일반적 속성에서 「모두 젖을 먹이고 등뼈가 있다」는 점에서 공통된다. 그렇지만 영장 목과 식육 목에 이르러서는 서로 달리 나뉜다. 고고학에서 말하는 네안데르탈인과 크로마뇽인은, 서로 같은 영장 목이고 유인원(원숭이와 사람의 공통성) 과이지만, 후자만이 인류 속에 속하며 현생 인류homo sapiens, **슬기로운 인류**라고도 불린다. 지금 지구에 살고 있는 사람들도 다시 인종으로 대분되고, 더 자세히 하위구분이 이뤄지기도 한다. 이게 분류학의 실제 모습이다.

분류학에서는 분류할 대상 또는 개체들의 숫자가 상당한 정도에 이르러야 한다. 한두 개의 표본만으로는 제대로 분류해 주기가 쉽지 않다. 그렇지만 분자 생물학의 도움을 빌려, 이중 나선을 이루는 염색체들을 조사함으로써 유사한 부류들 사이에 분화 시점 까지도 추정하는 기법이 발달되어 있으므로, 좀더 내재적인 분류학상의 지도(염색체 분화 시점)를 그릴 수 있을 듯하며, 잠재적으로 실체로 드러낼 가능성 높다. 아직까지 는 생물들의 외형과 몇 가지 기능적 특성으로 수립해 놓은 분류학을 대치하는 새로운 제안은 제시되지 않은 듯하다.

무어 교수의 주장이 왜 공허한지를 이제 비교적 상세히 언급할 수 있다. 일상생활에 서 「공간」과 대립되는 개념은 흔히 「시간」이다. 매우 추상적이며 보편적인 개념들이기 때문에, 분류학의 위계에서도 최상위 층위에 있을 법한 개념인 것이다. '많은 철학자들' 이 무어 교수에게 반론을 펼 것이라고 한 까닭은, 오직 「최상위 층위에 있는 속성이 하나의 전체 범주에 대한 다른 이름에 지나지 않으므로, 그 하위범주들을 구분해 주는 데에 아무런 역할도 기능도 못한다」는 지적에 다름 아니다. 앞의 분류도를 모두 싸안는 「하나의 전체 범주로서 동물계」라는 속성은, 움직이지 못하는 식물과의 대립 특성만을 제외하면, 즉, 하위범주들을 묶어 주는 일 밖에는 아무런 역할도 없다. 정작 유관한 속성이나 어떤 역할을 띤 속성을 찾아내려면, 하위범주들을 구분해 주는 「구별 속성」 (특징적 속성, 변별 속성)들을 제시해야 한다. 이것이 비판의 요체인 것이다. 가령, 동물 계에서도 등뼈 문은 등뼈가 없는 지렁이나 애벌레나 벌레들을 배제할 것이다. 다시, 젖먹이 강은 등뼈를 지녔지만 알을 낳는 것들을 배제할 것이다. 식육 목은 잡식성 목과 초식 목으로 구분된 다음에, 잡식성 목에서 다시 영장류들이 다시 하위 목으로 나와야 하겠지만, 이들 목의 특성들도 다른 것들을 배제하는 기능을 충분히 수행하고 있는 것이다. 다시 영장류 목은 세 겹 두뇌의 가정을 적용받을 수 있다(37~38쪽의 역주 9).

무어 교수는 본문에서는 「포괄하는 속성」과 「배제하는 속성」을 common and peculiar property공통적이면서도 특징적인 속성라고 표현한다. 한 대상에 대한 아리스토텔레스의 정의 방식으로 보면, 임의 대상의 상위범주가 common property공통적 속성, 포괄 속성, 집합의 속성이 며, 다시 형제·자매 항목들과 대립되는 개념이 peculiar property특징적 속성, 배제 속성, 변별 속성에 해당한다. 만일 이런 규정이 옳다면, 적어도 두 가지 속성이 동시에 제시되어야 한다. 즉, 포괄하는 상위 개념(공통적인 속성)과 배제하는 하위 개념(특징적인 속성)인 것이다.

가령, '소'를 정의하려면, 먼저 상위범주를 정해 주어야 한다. 이를 ⓐ 가축이나 ⓑ 중요한 재산이나 ⓒ 농사나 ⓓ 짐승 따위 중 하나를 선택할 수 있다. 다시 상위범주를 공유한 형제·자매 항목들과 차이가 나는 구별속성(변별속성, 특징적 속성, 배제속성)이 제시되어야 한다. 만일 상위범주로서 가축을 선택했다면, 다시 가축에서 ㉠ 소가 ㉡ 돼지나 ㉢ 닭과 구분되는 특징으로서, '논밭을 갈고 짐을 운반하는 기능'을 제시할 수 있을 것이다(558~559쪽의 역주 209). 언어학의 자질 이론에서는 특징적 속성을 변별적 자질distinctive feature이라고 부른다(353~354쪽의 역주 126과 616쪽의 역주 231). 이는 자의적으로 아무렇게나 널려져 있는 것이 아니라, 오히려 어떤 질서를 따라 위계화되 어 있을 것으로 본다.

「공간」들을 분류하기 위한 속성도 이런 방식을 준수해야 할 것이다. 「시간」과 대립할 법한 상위 차원의 속성이 아니라, 오히려 하위부류들 사이에서 변별적이거나 서로 구 별되는(특징적인) 속성을 지정해 주어야 하는 것이다. 그렇다면, 아마도 ⓘ 제1하위부 류가 유클리드 공간과 비-유클리드 공간일 것이며, 다시 ⓙ 제2하위부류로서 각각 무 한 공간과 유한 공간으로 나뉠 듯하다. 만일 유한 공간에 초점을 모은다면 ⓘⓘⓘ 제3하위 부류로서 몇 차원의 공간인지에 따라 다시 나뉠 수 있다. 여기에서 설령 3차원의 공간 만을 지정하더라도, 다시 ⓘⓥ 구와 같은 공간인지 정육면체처럼 n면체 공간인지로 하위 저는 이것이 그럴 수 있음을 인정합니다. 다만, 저는 명백히 이것이 그러함을 볼 수 없을 뿐입니다. 저의 어려움은, 만일 그런 속성이 한 가지 있다면, 공통적인 이런 다른 속성이 무엇인지를 분명히 잘 알 수 없다는 점입니다. 모든 공간들로 이뤄진 집합에 대한 개념이 저한 테는 사뭇 분명한 개념일 듯합니다. 저는 분명히 그 집합의 한 가지 원소인 상태로써 무엇이 의미되는지를 잘 알 수 있습니다. 그렇지만 그 모든 원소들에 공통적이라고 가정되는 다른 이런 속성이 무엇일까요? 제가 알 수 있는 한, 그 원소들이 모두 서로 간에 비슷하며 동시에 다른 대상들과는 구분된다는 그 측면으로만 서술될 수 있을 뿐입니다. 저는 「공간의 원소들이 모두 서로 간에 비슷하며, 다른 대상들과 다르다」는 어떤 측면이 있음을 우리가 잘 알고 있다고 인정합니다. 그렇지만 만일 이런 측면이 공간의 집합에 속하지 않는 다른 어떤 것이라면, 그것이 무엇일까요? 그것이 어떤 종류의 대상일까요? 그것이 무엇과 같을까요?

동일한 난점은, 어떤 것이든지 감각자료에 대한 집합을 선택하고, 정확히 그 집합의 모든 원소들에 '공통적이면서도 특징적인' 것이 무엇인지를 찾아내려고 노력할 때마다 생겨납니다. 예를 들어, 색깔의

___

구분되어야 할 것이다.

본문에서 논의 중인 A~C 사이의 공간 따위를 다루려면, 다시 ㉮ 2차원의 평면 공간을 상정해야 하고, ㉯ 직교 좌표계를 정의해 주며, ㉰ 방향성이 있는 벡터 공간인지 방향성이 없는 스칼라 공간인지를 결정한 다음에, 좌표계의 값을 상정했어야 옳다. 좌표계가 먼저인지, 거리가 먼저인지(배경이 먼저인지, 초점이 먼저인지)는 또 다른 철학적 존재론의 문제이다(크기가 부여된 벡터 공간[normed space]이 일상언어에서 말하는 거리 또는 거리 공간에 해당함).

최소한 동시에 이런 속성들(공통 속성 및 변별 속성)이 구체적으로 적시되고 표상되어야만 본문에서 논의 중인 공간이, 그렇지 않은 다른 공간과 차별성을 지녀서, 누구나 논의 중인 공간이 '독자적인 공간'임을 이내 수긍했을 것이다. 그렇지만 이런 간단하면서 중요한 속성을 거론하지 못하고 있다(775쪽의 역주 303 참조). 이 점이 많은 철학자의 생각에 대하여 제기한 무어 교수의 반론에서 제대로 방어하지 못한 결점이고 한계라고 생각한다. 뒤친이도 무어 교수처럼 특정한 공간들이 고유하게 정의되는 속성들이 충분히 상정되고 주어질 수 있으며, 그런 것들이 보편 속성으로 취급될 것임에 의심치 않는다. 다만, 무어 교수의 접근과 증명 방법이 잘못되어 있다고 볼 뿐이다. 공통 속성과 변별 속성을 동시에 필요·충분조건으로 제시해 주지 못한 것이다.

집합을 살펴보기로 하겠습니다. 명백하게 아무런 원소도 색깔이 아닌 것과 어떤 것이든지 간에 비슷하지 않다는 한 가지 측면에서, 모든 색깔이 다른 모든 색깔과 실제로 비슷합니다. 그렇지만 색깔들이 서로 간에 비슷하지만, 다른 대상들과 차이가 나는 이런 측면은 무엇일까요? 다시 여기서, 모든 색깔의 집합에 대한 개념이 저한테는 비교적 분명한 것으로 보입니다. 저는 색깔 집합의 한 가지 원소인 상태에 의해서 의미된 바를 잘 알 수 있다고 생각합니다. 즉, 색깔들 중에 한 가지인 상태입니다. 이런 속성, 다시 말해서, 「그 집합의 한 가지 원소인 상태」라는 속성이, 분명히 모든 색깔에 '공통적이면서도 특징적인' 한 가지 속성입니다(늘이는 공허하게 느껴지는 진술인데, 색깔을 색깔이 아닌 것과 구분할 수 있음밖에 아무런 것도 말해 주지 못하기 때문임). 모든 색깔이 실제로 색깔의 집합에 대한 한 가지 원소라는 측면에서, 그리고 이런 점에서 색깔을 제외하고서 아무런 것도 한 가지 색깔과 비슷할 수 없다는 사실의 측면에서, 다른 모든 색깔들과 비슷합니다. 그렇지만 모든 색깔들이 갖고 있으면서 동시에 색깔 말고는 아무런 것도 갖고 있지 않을 다른 속성이 어떤 것이든지 간에 있을까요? 저는 있을 가능성을 부정할 수 없습니다. 저는 그것이 아마 절대적으로 틀림없이 있어야 함을 입증하는 것일 수 있다고 봅니다. 그렇지만 저는 그런 증명 방법을 분명하게 알 수 없으며, 그 속성이 무엇인지도 잘 알 수 없습니다.

그렇다면 저는 이들 다른 두 가지 이론302) 사이에 결정을 내려야 합니다. 그렇지만 저는 이들 두 가지 이론 사이에 커다란 차이가 있음을 강조하고자 합니다. 두 가지 이론에서 모두 다 이들 세 가지 공간

---

302) [역주] 무어 교수의 주장 및 '많은 철학자들'의 주장이다. 후자는 오직 전체적으로만 공간이 하나의 공간으로만 존재하고 구분될 뿐이며, 따로 '공통적이면서도 특징적인' 속성들이 상정될 수 없다는 주장이다. 무어 교수는 이를 반박하고 있다. 즉, 개별적으로 하나의 공간이 공통적이면서도 특징적인 속성을 지니고 있다고 주장하는 것이다. 이런 오류는 무어 교수가 공간을 실체화 파악하기 때문에 빚어진 결과에 불과하다. 778~779쪽의 역주 304 참고.

(A~B 거리 공간, A~B 거리 공간, A~D 거리 공간)에 모두 그리고 다른 모든 공간에 공통적인 어떤 속성이 있음을 인정합니다. 즉, 세 가지 공간들 각각에 의해서 소유되고 따라서 세 가지 공간 중 임의의 한 공간과는 다른 정확히 동일한 속성이며,303) 공간이 아닌 대상에 의해서는 어떤 것이든지 간에 소유되지 않은 어떤 속성입니다. 두 가지 경우에서, 이 속성이 실제로 하나의 보편 속성이나 하나의 일반적 개념입니다. 그러므로 두 이론에서 모두 「일반적 개념과 같은 그런 것이 없다」고 주장한 버어클리와 흄의 견해를 기각하게 됩니다(≒개별 사례들만이 현존한다는 주장은 잘못이므로 기각됨). 오직 이들 세 가지 공간이 모두 실제로 분명히 각각 이 세 가지 공간으로 이뤄진 집합의 한 가지이라는 '공통적이면서도 특징적인' 속성을 갖고 있기 때문에(→따라서 유일하게 고유한 개체가 아니라 몇몇 개체들 사이에 적용될 일반화된 속성을 상정해야 하기 때문에), 분명히 저는 버어클리와 흄의 이런 견해가 틀림없이 기각되어야 옳다고 생각합니다. 이런 속성이 한 가지 보편 속성 또는 한 가지 일반적 개념이며, 분명히 우리가 생각할 수 있는 한 가지 속성입니다.

저는 버어클리와 흄이 이것과 같은 그러한 속성이 있음에 주목하지

---

303) [역주] 오직 평면을 표상할 좌표계가 주어져 있다고 전제해야만, 임의의 원점 ⟨0, 0⟩으로부터 A~B사이의 공간과 A~C 사이의 공간과 A~D 사이의 공간이 좌표계 값의 차이 때문에 서로 간에 구별될 수 있다. 방향성 여부에 따른 벡터 공간과 스칼라 공간의 구분은 큰 차이를 만들어 낼 것이지만, 무어 교수의 논의에서는 이런 구분에 대한 의식은 없다. 따라서 공통점은 단지 같은 좌표계를 공유하고 있다는 것이고, 차이점은 좌표계의 값이 서로 다르다는 것이다. 다시 말하여, 공통점은 세 가지 공간이 공유하는 좌표계 틀(모형)이고, 차이점은 각 공간마다 개별적으로 지닌 좌표계의 값이다.

조금 뒤에서 무어 교수가 이들 세 가지 공간의 사례가 하나의 집합을 이루고, 다른 공간과는 다른 '특징적 속성'이 있는 것처럼 표현한 것은 오류이다. 왜냐하면 하나의 공통된 좌표계를 사용한다면 모든 공간이 차별성 없이 다 동일한 방식으로 좌표계의 값을 받는 것이기 때문이다. 따라서 무어 교수는 '특징적 속성'이란 말을 이런 공간의 속성이 마치 '색깔의 속성이 서로 다르다'는 양 쓰고 있는 듯하다. 이는 공간들을 하위 영역으로 구별해 주는 것이 아니기 때문에, 타당한 비교 속성은 아니다. 그리고 이 단락의 마지막 부분에서(초판 원문 316쪽, 재간은 344쪽)에서 모든 공간들이 하나의 속성만 갖고 있는 듯이 the one유일한 한 가지 속성이라고 표현한 것도 하위의 여러 공간들이 있기 때문에 잘못된 표현이며, the group of things which are spaces공간들로 된 대상들의 유일한 집단 또는 집합이란 강한 표현도 약하게 a group으로 표현되어야 옳을 것이다.

도 못했다고 생각합니다. 그렇지만 이런 속성, 즉, 「개체인 대상들의 한 집합에 대하여 한 가지 원소가 되는 상태」라는 속성은 비교적 인식하기가 간단하고 쉬운 한 가지 속성입니다. 우리의 첫 번째 이론에서는 오직 이런 유형의 어떤 보편 속성을 모든 공간에 '공통적이면서도 특정적인' 그런 속성을 인식하도록 촉구합니다. 이 이론은 모든 공간들에 공통적이면서도 특정적인 속성, 즉, 그것들을 모두 '공간'으로 부름으로써 의미하는 유일한 한 가지 속성은, 간단히 공간들로 된 대상들의 관련 집합에 대하여 어떤 한 가지 관계를 지닌 것으로 이뤄집니다. 즉, 그 집합의 한 가지 원소가 되는 상태의 관계입니다(→그렇지만 이는 원소들을 묶는 공통속성일 뿐이며, 결코 각각의 원소들을 서로 구별해 주는 변별속성은 되지 못함).

그러므로 이 이론 상으로 우리가 마땅히 인식해야 할 유일한 보편 속성은, 간단히 「보편 속성이 아니라 개체(개별체)인 대상들에 대하여, 어떤 한 가지 관계를 지니는 상태」로 이뤄질 것이라는 사실의 측면에서, 제가 제시했던 처음 두 가지 이론이 모두 다 서로 비슷하다는 점일 듯합니다(≒둘 모두 직접적 관계임). 그렇지만 참된 이론일 수 있는 다른 이론(≒간접적 관계를 다루는 이론)은 이것과 크게 다릅니다. 이 이론에 따르면 이들 세 가지 공간에 공통되며, 우리가 그것들이 모두 공간이라고 말할 경우에, 그 공간들에 귀속시키는 해당 속성이 단지 개체인 어떤 것에 대하여 한 가지 관계를 지닌 것으로만 이뤄질 수는 없습니다. 그러므로 이 이론에서는 우리로 하여금 전적으로 새로운 한 가지 유형의 보편 속성을 인식하도록 촉구할 것입니다. 즉, 그 본성을 분명히 보기가 아주 어려운 어떤 유형입니다(≒간접적 관계의 상정이 결코 쉽지 않기 때문임).

저는 이런 유형의 본성들 중에서 두 가지 서로 다른 견해가 고려될 수 있을 것으로 생각합니다. 이 속성이 모종의 것에 대하여 한 가지 관계를 지닌 것으로 이뤄져 있다고 말해질 수 있겠지만, 이 경우에 그 자체로 한 가지 보편 속성입니다. 우리가 지금까지 살펴보았던 어떤 유형과도 아주 다른 한 가지 유형의 어떤 보편 속성인 모종의 것에 대한 관계입니다. 또는 그 속성이 전혀 임의의 대상에 대하여 한 가지 관계를 지닌 것으로 이뤄져 있는 것이 아니라, 제가 지금 그 본성을 설명해 주고자 하는 또 다른 대안 속성(≒간접적 관계만 이루는 속성)이 있다고 말해질 수도 있습니다. 그렇지만 중요한 것은, 즉, 제가 주장하고 싶은 것은, 어떤 경우이든지 간에 이런 이론에서는 우리로 하여금 이 세상에 단지 다른 어떤 것에 대하여 한 가지 관계를 지닌 것(≒직접 관계)으로 이뤄져 있지 않으며, 또한 관계(≒직접 관계)들도 아닌 거대한 숫자의 보편 속성(≒간접 관계로 이뤄진 보편 속성)들이 있음을 인식하도록 촉구할 것이라는 점입니다.

현재로서는 이것이 이들 세 가지 공간(≒A~B, A~C, A~D의 세 가지 거리 공간 사례)에 공통적 속성이 될 보편 속성의 본성을 놓고서 제가 말하고 싶은 모든 것입니다. 즉, 우리가 그것들이 각각 하나의 공간이라고 말하는 경우에, 그 공간들에 귀속시키는 것으로 의미하는 해당 속성입니다. 비록 저는 한 가지가 있음이 분명하다고 생각하지만, 이런 공통 속성의 본성이 정확히 무엇인지를 잘 알고 있다고 선언하지는 않겠습니다. 그렇지만 A~B, A~C, A~D 사이에 있는 동일한 관계가 무엇인지 찾아내려고 골몰함으로써, 우리가 이런 논의 쪽으로 이끌려 들어왔습니다. 우리는 A로부터 B, C, D가 각각 어느 거리만큼 떨어져 있다고 말하면서, 이런 동일한 관계를 표현하였습니다. 첫눈에 우리가 현실적으로 A와 B 사이에서 보는 이런 공간이, A가 B로부터 어느 정도 거리가 떨어져 있고, 비슷하게 나머지 두 가지 경우에도 그렇다고 말하는 경우로부터 출발한 관계입니다. 따라서 이들 세 가지 경우에 모두 공통적인 그 관계를 상정하기 위하여, 오직 이들 세 가지 공간의 공통적 속성을 알아낼 필요가 있는 것처럼 보였습니다.

그렇지만 여러분도 이 문제를 생각해 본다면, 지금 저한테 명백해 보이는 것을 깨닫게 될 것입니다. 저는 A와 B 사이에 우리가 실제로 보는 이런 공간이, 사실상 전혀 그것들 사이에 있는 한 가지 관계(≒직접 관계)가 아니라는 점을 지적하고 싶습니다. 아주 명백히 A와 B가 서로 간에 지니며, 이것들이 서로 간에 어느 정도의 거리로 떨어져 있다고 말하도록 하는 그 관계가, 이런 공간 그 자체로는 이뤄져 있지 않습니다. 저는 그 관계가 이뤄져 있는 것이, 명백히 이 공간 그 자체가 아니라, 「이런 공간이 A와 B 사이에 있다」는 사실이라고 생각합니다. 즉, 「A가 그 공간의 한 끝점에 있고, B도 그 공간의 다른 끝점에 있다」는 것입니다. 해당 공간 그 자체는 조금도 한 가지 관계가 아닙니다. 마치 A와 B가 그 자체로 있는 것처럼, 공간도 실체가 되는 모종의 것입니다.304) A와 B를 실제로 관련지어 주는 것은, 「이 공간이 A와

---

304) [역주] 초판의 원문 317쪽(재간은 345쪽)에 something substantive**실체가 되는 어떤 것**이라고 나와 있다. substantive는 실질적 몸체란 뜻의 실체實體 말고도, 밑바탕 재료나 질료(원료)라는 뜻으로 '기질基質'이라고도 번역한다. 이 용어는 아주 오래된 것이다. 희랍 시대에는 이 세상과 이 세상 속의 만물이 몇 가지 원소로 구성되어 있다고 생각했었다. 물이나 불이나 바람이나 공기와 같은 것이 서로 뭉치거나 일정 비율로 배합됨으로써 다양한 개체들이 나왔다고 여겼던 시대의 산물이다. 이는 마치 공장에서 물건을 만들 적에 제1차 원료들에 해당하는 것이다.

그렇지만 공간 그 자체가 실체이거나 어떤 기질로 이뤄졌다는 발상 자체가, 더 이상 오늘날에는 받아들여질 수 없다. 만일 실체로서의 공간이 잘못이라면, 이를 근거로 하여 전개된 논지도 더 이상 타당할 수가 없다. 무어 교수의 주장대로 만일 공간이 실체라면, 그가 판서한 칠판이 공간일까? 아니면, 하얀 종이 위에 점들을 그렸다면, 그 종이가 공간일까? 둘 모두 공간이 아니다. 칠판이나 하얀 종이는 오직 대상 또는 개체일 뿐이다. 대상과 대상 또는 개체와 개체가 서로 떨어져 있기 때문에, 결과론적으로 그렇게 떨어져 있도록 만들어 주는 것을 공간이라고 표상하는 것이다(거리 관계가 주어진 대상들의 관찰에 따라 머릿속에 표상된 수반 개념임).

역설적으로, 유일한 개체가 오직 하나만 있다거나, 아무런 지각 대상이 없다고 한다면, 공간이란 개념 자체가 전혀 표상될 수 없었을 것이다. 따라서 「공간이 주된 관심거리이며, A와 B 사이에 공간이 있다」고 표현하는 것은, 배경background과 초점foreground을 뒤바꿔 버리는 오류를 저지르고 있으며 자기모순인 표현이다. 공간이 두 대상 사이에 끼어드는 실체가 아니기 때문이다. 이는 모든 관계가 간접적인 관계인 것이 아니라, 오직 직접적인 관계를 놓고서 서술 방식만을 거꾸로 바꾸어 놓았을 뿐이다. 간접적인 관계로 보이는 것은, 오직 서술 관점만을 배경 정보로 깔아 놓지 않고, 마치 초점이 되는 중심 정보인 양 서술해 놓기 때문에 생긴 착각이고 착시에 불과하다.

가령, ⓐ "철수가 병을 깼다"라고도 말할 수 있고, 서술 관점을 바꾸어 ⓑ "병이 철수에 의해 깨졌다"라고 말하거나, 숫제 행위 주체를 감춰 버리고서 ⓒ "병이 깨어졌다"고 말할 수도 있다. 즉, 초점이 되는 것을 변경해 놓았다. 그렇지만 이것이 결코 서로 다른 사건을 가리키는 것이 아니다. 초점으로 부각시키는 측면만이 달라졌고, 청자에게 요구되는 '주의력의 초점'이 달라졌을 뿐이다. 공간이 초점으로 부각되어 서술된 것은, 오직 두 가지 대상 A와 B가 일정 거리로 떨어져 있다는 결과로서 나온 것이다. 이런 간접 관계가 결코 직접 관계를 바꿔 버리는 것은 아니다. 그렇지만 무어 교수는 간접 관계가 마치 독자적으로 있는 듯이 혼자서 착각하고 있는 것이다.

B 사이에 있다」는 사실입니다. 즉, 이것들이 각각 이 공간에 대하여 어떤 한 가지 관계를 지니는 것입니다. 달리 말하여, A와 B 사이에 있는 이런 명백한 관계에 대한 한 가지 설명을 제시해 주기 위하여, 즉, 그 관계가 「이 공간이 A와 B 사이에 있다」는 사실로 이뤄져 있음을 설명해 주기 위해서, 우리는 반드시 다른 두 가지 관계를 전제해 주어야 합니다. 이 공간에 대한 A의 한 가지 관계와 이 공간에 대한 B의 한 가지 관계입니다. 즉, 「A가 이 공간의 한쪽 끝점에 있고, B가 다른 쪽 끝점에 있다」고 말함으로써 의미하는 그런 관계들입니다.

저는 오직 이런 <u>간접적인 관계</u>가 A~B 사이에 있는 가장 명백한 관계라고 생각합니다. 즉, A가 B로부터 일정한 거리에 떨어져 있다고 말할 경우에, 일반적으로 생각해야 할 유일한 한 가지 관계입니다. 다시 말하여, 이는 두 가지 다른 관계들을 구성요소로 전제하고 포함하는 한 가지 관계로서, 즉, 이 공간에 대한 A의 어떤 관계와 이 공간에 대한 B의 어떤 관계인 것입니다. 바로 A~B 사이에 있는 이런 전체적 관계가 오직 간접적인 한 가지 관계인 것처럼, 마찬가지로 그 관계의

만일 무어 교수의 주장대로 그렇다면, 모든 직접 관계가 모두 간접 관계로 환원될 것인데, 몇 가지 층위의 그리고 각 층위마다 몇 종류의 간접 관계가 설정되어야 할 것인가? 간접 관계는 자의적이어서 아무런 제약도 설정해 놓을 수 없다. 「공간의 끝에 있다」는 규정 자체가 편의적·자의적이다. 유한 공간 자체가 또한 편의적인 우연한 공간일 수밖에 없다. 결국 간접 관계를 설정하려는 즉시, 무한 퇴행을 벗어날 길이 없는 것이다. 이를 제약하는 유일한 방식은, 오직 직접 관계를 염두에 두고서, 초점으로 부각시켜 주는 대상에 우리가 주목하도록 만드는 역할에 한정하는 것일 뿐이다. 언어학에서는 이를 「주의력의 초점」으로 부각시키는 「서술 관점의 변경」이라고 부른다(페어클럼, 2003; 김지홍 뒤침, 2012, 『담화 분석 방법』, 경진출판). 그럼에도 이렇게 부각된다고 하더라도, 실제의 사실이나 관계가 바뀌는 일은 결코 없다. 오직 우리의 관심거리를 더 또렷이 드러내려는 동기만 달라졌을 뿐이기 때문이다.

그렇다면 공간이란 도대체 무엇일까? 공간 또한 데카르트의 생각대로 좌표계에 불과하다(시간도 대상들의 변화를 추적하는 심리학적 개념일 뿐인데, 483쪽의 역주 181 참고). 좌표계 그 자체는 결코 어떤 실체일 수 없다. 다만, 우리 인간들이 편의상 상정하는 개념이며, 여러 가지 다양한 대상들이 있는 실세계에서 직접 경험이 누적됨에 따라, 수반 현상으로서 어떤 좌표계를 우리가 공통적으로 약속해 놓은 것일 수밖에 없다. 이런 좌표계는 공간을 차지(점유)하지도 않으며, 차지(점유)할 수도 없다. 만일 공간을 차지한다면, 공간은 더 이상 공간이 아니라 대상이나 개체에 불과할 것이기 때문이다. 따라서 제3의 이론으로 상정하고 간접적인 관계를 맺고 있음을 논증하려는 노력은, 뒤친이의 판단으로는 결국 헛수고나 무위로 돌아갈 수밖에 없을 것이다.

구성요소들인 두 가지 다른 관계들이 차례로 오직 간접적일 뿐임이 성립될 수 있습니다. 예를 들어, A가 A~B 사이에 놓인 이 공간에 대하여 아무런 직접적 관계도 지니지 못하지만, 반드시 「A」와 「A가 점유하는 공간」 사이를 구별해 주어야 한다고 말할 수 있습니다. 그리고 A~B 사이에 있는 그 공간에 대한 A의 관계는, 「A가 점유하는 그 공간에 대하여, 점유에 의해서 의미된 그 관계를 지닌다」는 사실로 이뤄져 있지만, 반면에 A가 점유하는 그 공간은, 이 공간(≒공통된 공간)에 대하여 「A가 이 공간의 한쪽 끝점에 있다」고 말함으로써 가리켜지는 또 다른 관계를 지닌다고 말할 수 있습니다. 이런 견해에서는 A와, 그리고 A~B 사이에 있는 그 공간 사이에 있는 그 관계가 그 자체로서 「A와 B가 각각 A가 점유한 그 공간에 대하여 한 가지 관계를 지닌다」는 사실로 이뤄진 간접적인 관계입니다.[305]

그렇지만 만일 우리가 어떤 것이든 간에 간접적 관계에 대한 분석을 훨씬 더 충분히 진행한다면, 마침내 언제나 오직 간접적 관계일 뿐만 아니라, 또한 아주 직접적인 관계들에까지 도달하게 될 것임이 분명하다고 저는 생각합니다(≒뒤친이로서는 이런 주장과 반대로, 제약을 가할 수 없는 「간접 관계의 무한 퇴행」의 수렁으로 빠질 것으로 봄). 예를 들어, 저는 이 흰색 경험조각 A가 점유하고 있는 이 공간과 A의 관계

---

305) [역주] 무리한 주장이기 때문에 말이 배배 꼬여 있는 듯이 느껴진다. 여기서는 마치 '거리 공간'으로 불리는 2차원 선분인 듯이 표현하겠다. 간단히 정리하면, 무어 교수는 한 공간의 한쪽 끝점에 있는 A에 대하여, B와 C와 D가 각각 모두 다른 쪽 끝점에 있음에 주목한다. 이는 공간의 본질적 속성이 아니다. 오히려 우연히 끝점들에 있는 관계라는 것은 우연히 공간의 부차적이며 지엽적인 특성인 것이다. 공간 분할 역시 자의적 결과일 뿐이다. 그럼에도 불구하고, 이것들이 모두 다 이런 부차적 특성을 지녔다는 점에서, 이를 「공통 속성인 듯이 말할 수 있다」고 주장하는 것이다. 무어 교수는 특히 이를 「한 가지 간접적 관계」라고 부르고 있다.

그렇지만 뒤친이는 한 대상이나 개체에 대한 속성을 거론할 경우에는 본질적이며 필수적인 것을 언급해야 하며, 우연하고 지엽적인 상태를 중심으로 다루는 것은 잘못이라고 생각한다. 만일 좀더 정확히 표현한다면 「우연하고 지엽적 속성을 일시적으로 공유하는」이란 수식어를 붙여 놓아야 무어 교수의 주장이 납득될 것이다. 그렇다면, 뒤친이는 무어 교수가 주장하는 간접적 관계란 조금도 결정적·본질적 특성으로 여길 수 없을 것으로 판단한다.

가 한 가지 직접적 관계임이 분명하다고 생각합니다. 이는 「A와 논의 중인 이 공간이 각각 모종의 제3자에 대하여 한 가지 관계를 지닌다」는 사실로 이뤄져 있는 것이 아니라, 「둘 사이에 있는 한 가지 직접적 관계를 지닌다」는 사실로 이뤄져 있는 것입니다.

직접적 관계에 대한 또 다른 사례는, 제가 이들 공간이 각각 아주 명백하게 세 가지 공간으로 이뤄진 그 집합에 대하여 갖고 있는 것으로 언급한 그런 관계입니다(≒762~763쪽의 역주 296 두 번째 그림). 우리가 세 가지 공간이 각각 그 집합의 한 가지 원소라고 말함으로써 표현한 관계인 것입니다. 직접적 관계들과 관련해서, 저는 둘 이상의 항으로 된 서로 다른 짝이라는 원소들이 서로 간에 정확히 동일한 직접적 관계를 지닐 수 있음이 분명하다고 생각합니다(≒여기서 '관계' 그 자체가 일반화된 차원의 개념이므로, 원소들 간의 동일성 관계가 주장될 수 있음).

예를 들어, A가 점유하는 이 공간에 대한 A의 관계가, B나 C가 점유한 그 공간들에 대한 B나 C의 관계처럼 정확히 동일한 것입니다. 점유로써 의미된 관계가, 각각의 경우에 한 가지 그리고 똑같이 동일한 관계입니다. A가 B와 구별되는 동일한 방식으로 그리고 이 공간이 저 공간과 구별되는 동일한 방식으로, A와 이 공간 사이의 관계는, B와 다른 이 공간 사이에 있는 관계와 서로 다른 것이 아닙니다. 그러므로 만일 '~로부터 어떤 거리만큼 떨어져 있는 상태being at a distance from'로써 우리가 의미하는 관계가 한 가지 직접적 관계였다면, B와 C와 D가 모두 다 실제로 A에 대하여 한 가지 그리고 똑같이 동일한 관계를 지님이 아주 분명해졌을 것입니다(≒소위 상동 관계).

아마도 이것들 사이에서 이들 낱말로써 가리켜진 모종의 직접적 관계가 있을 수 있습니다. 그렇지만 만일 한 가지 직접적 관계가 있다면, 저는 그것이 한 가지 명백한 관계라고 생각하지 않습니다. 만일 우리가 이들 낱말로써 가리켜진, A에 대하여 B와 C와 D가 모두 다 명백히 갖고 있는 한 가지 동일한 관계를 찾아내고자 한다면, 저는 반드시 또 다른 방향으로 그것을 찾아봐야 할 것으로 생각합니다. 각각 이 공간의 한쪽 끝점에 있다는 사실로 이뤄져 있는, A에 대해서 B가 지닌 그 간접적 관계는, 각각이 다른 이 공간의 한쪽 끝점에 있다는 사실로 이뤄진, A에 대하여 C가 지닌 관계와 명백히 동일한 것은 아닙니다. 그렇다면, 만일 그런 관계가 한 가지 있다면, A에 대하여 B와 C가 둘 모두 명백히 지니는 동일한 관계는 무엇일까요?

저는 반드시 우리가 그것이 「B와 A가 각각 하나의 공간에서 한쪽 끝점에 있으며, C와 A도 각각 하나의 공간의 한쪽 끝점에 있다」는 사실로 이뤄져 있다고 말해야 할 것으로 봅니다(≒그렇지만 우연히 부차적이고 지엽적인 이런 상태는 「고유한 속성」으로서의 자격이 없음. 780쪽의 역주 305의 비판을 보기 바람). 따라서 여기서 우리는 새로운 유형의 간접적 관계를 한 가지 지니게 됩니다. 즉, 「두 가지 대상이 각각 개체 (개별체)인 대상들의 어떤 집합에 속하는 한 가지 원소 또는 다른 원소와 관련된다」는 사실로 이뤄진 한 가지 간접적 관계인 것입니다. 임의의 두 가지 대상 A와 B가 서로 간에 일정 거리로 떨어져 있을 경우에, 이런 간접적 관계로써 의미되는 것은, 이것들이 각각 어떤 공간 또는 다른 공간의 한쪽 끝점에 있다는 것입니다. 이것이 사실상 실제로 그런 짝들을 모두 묶어 주는 한 가지 관계이며, 모든 경우에서 절대적으로 그리고 정확히 똑같이 동일한 관계인 것입니다(≒그렇지만 이런 우연한 상태는 결코 일반화될 자격이 없으며, 이 진술은 일반화의 오류에 불과한 주장임).

§.17-5 【 한 가지 개체나 몇몇 개체에만 적용되는 세 가지 보편 속성 및 모든 개체들에 모두 다 적용되는 세 가지 관계 】 지금까지 우리는 서로 다른 여섯 가지 유형의 보편 속성이나 일반적 개념을 살펴보았는데, 의심의 여지없이, 이 세상에 있는 것입니다. 이들 중 세 가지는 속성들 properties로 불릴 수 있지만, 반면에 나머지 세 가지는 관계들relations로 불릴 수 있습니다. 세 가지 종류의 속성은 다음과 같았습니다.

(1) 개체인 어떤 한 가지 대상에 대하여, 어떤 관계를 지닌 것으로 이뤄진 속성들(≒한 가지 개체에 대해서만 유일하게 지니는 「고유한 속성」임).
(properties which consist in the having a relation to some *one thing* which is not universal)

(2) 개체인 대상들의 어떤 집합 중 한 가지 원소나 다른 원소에 대하여 어떤 관계를 지닌 것으로 이뤄진 속성들(≒둘 이상 몇몇 개체에 대하여 지니는 「약한 일반화 속성」임).
(propeties which consist in having a relation to some one or other of a group of things which are *not* universals)

(3) 개체인 대상들로서 어떤 집합의 원소가 되는 상태로 이뤄진 속성들(≒원소들이 집합을 만드는 속성이며, 「관계적 속성」이라고도 부름).
(properties which consist in being a member of a group of things which are not universals)

여러분이 잘 알고 있듯이, 이들 세 가지 속성이 모두 나머지 다른 유형의 보편 속성을 전제하고 있습니다. 제가 「관계들」로 불렀던 유형입니다. 우리가 찾아낸 세 가지 종류의 관계는 다음과 같습니다.

(4) 두 가지 항 사이에 있는 직접적 관계들.
(direct relations between two terms)

(5) 두 가지 항 사이에 있는 간접적 관계들로서, 두 항이 각각 개체인 어떤 제3자에 대하여 모종의 관계를 지닌다는 사실로 이뤄져 있음.
(indirect relations between two terms, consisting in the fact that each of them has some relation to some third thing, which is not a universal)

(6) 두 가지 항 사이에 있는 간접적 관계들로서, 두 항이 각각 개체인 한 집합의 대상들 중에 어떤 한 가지 원소나 다른 원소에 대하여 모종의 관계를 지닌다는 사실로 이뤄져 있음.
(indirect relations between two terms, consisting in the fact that each of them has some relation to some one or other of a group of things which are not universal)

일단 이들 여섯 가지 유형에 대한 보편 속성을 인식함으로써, 물론 또한 다섯 가지의 유형을 더 인식할 수 있습니다. 즉,

(I) 세 가지 종류의 속성이며, 개체인 모종의 것에 대한 관계가 아니라, 오히려 우리가 인식해 온 유형들 중에서 한 가지 보편 속성에 대하여 어떤 관계를 지닌 것으로 이뤄져 있음.

(three kinds of properties, which consist in the having of a relation not to something which is *not* universal but to a universal of the types we have recognised)

(II) 두 가지 항 사이에 있는 두 종류의 간접적 관계들인데, 두 항이 각각 개체인 모종의 것에 대해서가 아니라, 오히려 우리가 인식해 온 유형들의 한 가지 보편 속성이나 다른 보편 속성에 대하여 모종의 관계를 지닌다는 사실로 이뤄져 있음.

(two kinds of indirect relations between two terms, which consist in the fact that each has some relation, *not* to something which is not a universal, but to a universal of one or other of the types we have recognised)

이들 새로운 유형에 대한 인식은, 서술에서 아직 제가 정당성을 입증해 보지 못한 복잡한 내용들을 담고 있습니다. 그렇지만 설령 오해를 막으려는 목적으로 넌지시 지적해 둘 필요가 있다손 치더라도, 이것들을 자세히 가다듬을 필요는 없다고 생각합니다.

저는 중요한 점이 다음과 같다고 생각합니다. 지금까지 우리는 두 가지 주요한 유형의 보편 속성들을 인식해 왔습니다. 「속성들」과 「관계들」입니다. 그렇지만 지금까지 우리가 인식한 모든 속성들이 어떤 것 또는 다른 것에 대하여, 즉, 한 가지 어떤 것에 대하여, 아니면 한 가지 집합의 어떤 것 중에 하나 또는 다른 것에 대하여, 아니면 어떤 것에 대한 하나의 전체 집합에 대하여, 어떤 관계를 지닌 것으로 이뤄져 있습니다.

물론 논의 중인 그 어떤 것들이 이 세상에 있는 임의 종류의 대상일 수도 있습니다. 이것들은 이제 제가 보편 속성과 구별되는 것으로서 개체(개별체)들로306) 부를 것입니다. 즉, 이 흰색 경험조각과 같은 것

---

306) [역주] 용어상 대립 쌍으로서 universal**보편 속성**에 대하여 particular**개별체, 특정한 개체**가 쓰이고 있다. 그렇지만 개별체에 해당하는 낱말들이 이미 things**것**, objects**대상**, individuals**더 나눌 수 없는 개체**, entity**대상, 개체**, atoms**원자** 등으로도 쓰이기 때문에(288~289쪽의 역주 115 참고), 개별체나 개체에 대하여 적용될 수 있는 정의 방식이 확보되어야 한다. 뒤친이의 머릿속에 떠오르는 것은 뤄쏠 교수의 정의 방식이다. 개체는 보편 속성들뿐만 아니라, 개별 특성을 표상해 줄 수 있는 한 다발의 여러 속성들a bundle of properties로 여기는 것이다. 그렇지만 이들 한 다발의 속성들이 무질서하게 들어 있다고 여기기보다는 어떤 위계에 따라 공통 속성 위에 하위 범주들을 규정해 주는 개별 속성들이 추가되는 방식으로 제시되어야 할 듯하다.

뒤친이는 집합이라는 관계 그 자체가 일단 추상적이며 일반화된 것이라고 생각하지만(802~803쪽의 역주 314를 보기 바람), 무어 교수는 개별체 또는 개체는 각각 고유하게 서로 구별되는 속성을 1차적으로 지닌다고 가정한다. 무의식적으로 이는 경험주의를 강력히 지식 구성의 기본으로 삼는 전제를 따르고 있기 때문이라고 판단한다. 가령, A와 B가 각각 한 가지 원소로서 가령 '문자'라는 집합에 속할 적에, A가 그 집합에 속하는 개별 사건 및 B가 그 집합에 속하는 개별 사건이 서로 다르다고 언급하는 것이다. 뒤친이는 무어 교수와는 달리 집합의 기본 속성에서 '추이관계'(전이관계)가 만족되어야 하므로, 언제나 이러한 개별 사건들이 서로 다른 것이 아니라, 동일한 것이라고 본다. 그렇지만, 자신이 비판했던 흄에게서처럼 구체적이고 개별적인 대상이나 사례는 오직 고유성과 독자성만을 지니고 있어서(개별적으로 직접 지각된다는 측면에서), 일반화될 수 없다는 생각을 계속 유지하는 것이다. 이후의 논의는 무어 교수의 이런 생각을 염두에 두고 읽어 나가야 할 것이다.

뒤친이는 언제나 일반화되고 추상화된 집합 관계가 첫 출발점이라고 본다. 여기에 특정한 조건을 덧붙임으로써 ⓐ 오직 한 가지 원소만으로 이뤄진 집합을 만들어 줄 수 있을 뿐만 아니라(782쪽 보편 속성의 첫 번째 항에 해당함), 또한 ⓑ 상항들로만 이뤄진 특성 함수characteristic function로서의 특정 집합도 어려움 없이 만들어 줄 수 있다(782쪽 보편 속성의 두 번째 항에 해당함). 이런 측면에서 배타적으로 무어 교수가 개별 사례의 대상에만 적용되는 것으로서 「속성」을 상정한 것은, 더 이상 옳지 않으며, 오직 한 가지 「관계」(집합족들의 관계)만이 주어져 있다고만 서술해야 할 것이다.

뒤친이는 무어 교수의 오류를 다음처럼 표현한다. 개별 사례로서 한 가지 유일한 개체에 대한 직접 지각 가능성은, 오직 「지각상의 우연한 사건」일 뿐이다(지각상의 우연성). 그렇지만 일반적이고 추상적인 대상들에 대한 임의의 관계는 '존재상의 필연성'이다. 지각이 일어나려면 선행되는 요구조건으로서 ㉠ 대상들이 존재해야 할 뿐만 아니라 또한 ㉡ 지각 주체가 주어져야 한다. 무대로서 이 세상과 이 세상에 개체들로 떨어져 있는 것이 지각이나 인식의 대상이다. 몇 단계를 거쳐 일어난 우연한 진화의 결과들(우주 진화 → 물질 진화 → 지구 생태계의 진화 → 생명체의 진화)로서, 비로소 인간이 지각 주체로서 등장한다. 그렇다면, 지각상의 우연성은, 결코 존재상의 필연성에 선행할 수 없다. 먼저 존재상의 필연성이 주어져 있을 적에라야, 오직 이 바탕 위에서 우연히 우리가 임의의 대상을 지각하는 일이 일어날 수 있는 것이다. 무어 교수는 우연한 지각이 존재상의 필연성보다 인식을 형성하는 데 더 먼저라고 보지만, 이는 순전히 「경험론의 착각」에 지나지 않는다. 796~798쪽의 역주 310과 814~815쪽의 역주 316도 참고하기 바란다.

들입니다(≒분필의 사례임). 이 개체들이 진리들일 수도 있거나, 그 자체로 보편 속성일 수도 있습니다. 그렇지만 만일 이것들이 보편 속성이라면, 지금까지 우리가 살펴보았듯이, 이것들이 다시 그 자체로 반드시 어떤 것 또는 다른 것에 대하여 한 가지 관계를 지닌 것으로 이뤄진 속성들이거나 관계들이어야 합니다. 왜냐하면 이들 두 가지(속성 및 관계)를 제외하고서, 어떤 종류의 보편 속성도 인식하지 못했기 때문입니다. 비슷하게 간접적 관계로 포함된 제3의 어떤 것이나 어떤 것들의 집단이 이 세상에 있는 임의 종류의 대상들일 가능성도 있습니다. 이것들이 또한 개체(개별체)들이거나 아니면 진리들이나 보편 속성들일 수도 있습니다. 그렇지만 만일 이것들이 보편 속성이라면, 또한 반드시 어떤 것 또는 다른 것에 대하여 한 가지 관계를 지닌 것으로 이뤄진 관계들 또는 속성들일 것입니다.

그렇다면, 이상을 요약하여, 어떤 것 또는 다른 것에 대하여 한 가지 관계를 지닌 것으로 이뤄진 「관계들」과 「속성들」을 제외하고서, 우리는 지금까지 아무런 보편 속성도 인식하지 못했다고 말할 수 있습니다. 저는 계속 이 점을 주장하려고 합니다. 이제 제가 제기하고 싶은 질문이 다음과 같기 때문입니다.

「관계와 속성을 제외하고서, 어떤 것이든지 다른 종류의 보편 속성(≒제3의 보편 속성)이 있을까?」

(*are* there any other kinds of universals except these?)

제18장 관계와 속성, 그리고 비슷함

§.18-0 【 들머리 】 지금까지 저는 두 가지 종류의 '보편 속성'이나 '일반적 개념'에 주의력을 모아 왔는데, 각각 '관계relations'들과 '속성 properties'들로 불렀습니다. 이제 이들 두 가지 종류의 보편 속성을 놓고서, 될 수 있는 대로 그것들이 정확히 어떤 종류의 대상들인지, 그리고 두 가지 보편 속성이 서로 어떻게 다른지를 명확히 만들어 놓기 위하여, 제가 찾을 수 있는 대로 간단하게 한 가지 사례를 제시하고자 합니다.

§.18-1 【 관계 및 속성 사이의 구분 】 저는 여기 칠판에 있는 이들 작은 분필의 두 가지 경험조각을 놓고서, 각각 A와 B로 부를 것입니다. 이제 두 개의 원소 이뤄져 있는 그 집합에 대하여, A가 그것이 두 가지 원소 중 하나이거나 그 집합의 원소 한 가지라는[307] 사실로

---

307) [역주] 우리말에서 명사는 단독으로 쓰이면, 일단 일반적 속성을 지닌 것으로 제시된다. 우리가 주소를 적을 때, '대한민국 경상남도 진주시 가좌동 경상대학교 국어교육과'처럼 큰 대상에서부터 점차 좁혀 나간다. 일반성에서 특정성으로 구체화시켜 나가는

이뤄진 한 가지 관계를 지니며, B가 또한 그 집합에 대하여 똑같은 관계를 지닌다고 말하는 것이 자연스럽습니다. 이를 말하는 것이 자연스럽고, 지난 번(§.17-3)에 제가 스스로 이런 방식으로 (무어 교수가 자신의 두 손을) 언급하였습니다. 그렇지만 이런 방식으로 말하는 것은

것이다.

그런데 수량을 표시해 주는 양화사(수량 표현)의 경우에는 두 가지 형식을 갖고 있다. 본문에서 분필을 예로 들었는데, 우리말에서 분필을 세는 수량 분류사로 「자루」를 쓸 경우에, 우리말에서는 「분필 두 자루」 또는 「두 자루의 분필」이 모두 가능한 형식이다. 이 두 형식은 아무렇게나 멋대로 쓰는 것이 아니다. 수량 표현의 기본 형식은 특정하게 수량을 지정해 주는 것이 명사 뒤에 위치해야 한다. 「분필 두 자루」가 기본적인 모습이며, 이는 두 자루 말고도 분필이 더 있다는 속뜻이 깃들어 있다. 분필 전체 수량 중에 '일부'라는 해석이 이뤄지는 것이다(일부로서의 해석). 그렇지만 특정한 양화사가 명사 앞에 오는 경우, 「두 자루의 분필」은 담화 세계에서 분필이 두 자루밖에 없다는 속뜻이 깃들어 있다. 이는 앞의 경우와 달리 '전체' 해석을 받는다(전체로서의 해석).

이를 쉽게 알 수 있는 표현이, 겉으로 보이는 마음과 속으로 품은 마음이 서로 다른 경우에, "두 마음을 품었다"고 말한다. 곧, 전체 해석을 받고, 겉보기와 달리 속으로 배신하려는 마음을 품은 것이다. 그렇지만 이를 "마음 둘을 품었다"고 말하는 법은 없다. 이럴 때 그 속뜻은 마음이 세 갈래, 네 갈래 등 전체 가운데 일부임을 뜻하기 때문이다. 정신 분열 환자가 아니라면, 그런 분열된 마음은 없을 것이다. 따라서 배신하는 마음이 들어 있는 경우는 오직 전체 해석을 받는 '두 마음'을 품다라고만 말하는 것이다.

그런데 본문의 group^{집단, 집합}과 member^{구성원}이란 번역 용어를 집단과 구성원으로 옮길 경우에, 전문 용어로서 정의된 의미를 이해가 쉽지 않다. §.18-2에서는 group or collection^{집단 또는 모둠}(or는 어느 하나만 옳은 것이 아니라, 둘 모두 다 가능하다는 '포괄적 선택지'임)이라는 용어를 쓰기도 하므로, collection^{모둠, 모음, 집합체}은 '모둠'으로 번역할 도리밖에 없다. 여기서는 group과 member의 번역 용어로서, 중학교 수학 교과서에 나오는 용어를 써서 각각 집합과 원소로 번역할 것이다. 이 경우에 원문 초판 330쪽(재간은 359쪽)에 있는 "any set … form a group"이라는 표현에서 set들 중에서 일부만이 group을 만드는 것은 결코 아니다. a set of sets도 여전히 집합에 지나지 않는다. 이 사례에서는 동어 반복적으로 번역될 수밖에 없다.

그리고 이미 어느 정도 추상화되고 일반화 개념인 집합을 다루고 있으므로, 집합의 원소(구성원)를 셀 적에는 '한 가지, 두 가지'로 부를 수 있을 듯하다. 만일 a property^{속성} 한 가지처럼 한 가지만을 언급할 경우에는, '어떤'이나 '하나의'로 번역하기보다는 오히려 '한 가지 속성'으로 번역하기로 한다. 왜냐하면 '어떤'이 a certain^{특정한 속성을 지닌 한 가지}을 가리킬 수 있기 때문이며, 수량 분류사가 없이 '하나의'로만 번역할 경우에 불가피하게 '의'라는 속격 조사가 반복되는 것을 피하려고 하기 때문이다. '하나의'는 때로 분석하지 않은 '전체'라는 뜻도 지닌다. 수량 분류사를 붙일 경우에, 뒤친이의 직관으로는 '한 가지 속성'이 유일한 한 가지 속성이 아니므로, 결과적으로 '속성 한 가지'와 차이가 없을 듯이 느껴진다(일부로서의 해석이나 전체로서의 해석 차이가 중화되는 듯함). 그렇지만 속성이나 상태를 가리키는 관형절이 앞에 있을 적에는 양화사가 없이 번역해 나갈 것이다. 마지막으로 미세한 차이이겠지만, the group A and B라는 표현도 동격 구조로 번역하기보다는, 'A와 B로 이뤄진 집합'처럼 뒤에서 수식하는 구조(which consists of)로 번역하는 쪽이 더 나을 것으로 판단된다.

이제 아주 정확한 것이 아님을 지적해 두고자 합니다. 엄격히 말하여, A가 그 집합의 원소 한 가지라는 사실로 이뤄진 관계가 아무런 것도 없습니다(≒무어 교수의 용어 사용법으로는 개체 또는 개별 사례의 「고유한 속성」은 일반화된 관계가 아닌 것으로 취급함). A가 그 집합의 원소 한 가지라는 사실은 한 가지 관계가 아닙니다. 그것은 한 가지 '사실'이거나 또는 한 가지 '진리'(참값)입니다. 제가 한 가지 사실이나 한 가지 진리(참값)로써 의미하는 종류의 대상에 대한 한 가지 좋은 사례입니다. 저는 이런 부정확한 언어 사용에 주의를 기울이고자 합니다. 왜냐하면 종종 이것이 심각한 오해를 일으킨다고 생각하기 때문입니다.

A가 그 집합의 원소 한 가지라는 사실은, 명백히 B가 그렇다는 사실과 동일한 것이 아닙니다(≒직접 지각의 대상으로서 '개별적 사례'들은 각각 서로 다르다는 측면만을 서술해 주고 있음). A가 그 집합의 원소 한 가지이며, B도 그 집합의 원소 한 가지입니다. 그렇지만 이것들은 명백히 두 가지 다른 사실들이며, 한 가지 동일한 사실은 아닙니다(≒790~791쪽의 역주 308 참고). 그러므로 A와 그 집합 사이에 있는 관계가, 실제로 그리고 엄격히 만일 A가 그 집합의 한 가지 원소라는 사실로 이뤄져 있었더라면, 이런 관계가 그 집합에 대하여 B가 지니는 임의의 관계와 동일한 것이 되지 않았을 것입니다. 즉, A가 그 집합에 대하여 지니는 똑같은 관계를, 정확히 그 집합에 대하여 B가 지닌다고 말할 수 없었을 것입니다. 저는 이런 혼란이 부분적으로 일부 철학자들에 의해서 견지된

「두 가지 것이 아무런 것도 임의의 제3 대상과 정확히 동일한 관계를 지닐 수 없다」

(no two things can possibly have exactly the same relation to any third thing)

는 견해로부터 말미암는다고 생각합니다.

제가 옹호하고자 하는 바, 그리고 어떤 대상만큼이나 명백히 될 수 있다고 생각하는 것은, A가 사실상 그 집합에 대하여, 마치 B가 그

집합에 대하여 지닌 관계처럼, 정확히 그리고 동일하게 똑같은 관계를 지닌다는 점입니다. A와 B가 둘 모두 그 집합에 대하여 "~의 한 가지 원소이다is a member of"라는 어구로 표현된 관계를 지니는 것입니다. 즉, 엄밀하게 그리고 정확히 똑같은 의미로, 각각 그 집합의 한 가지 원소입니다. 그렇지만 여러분이 보듯이, 만일 A와 그 집합 사이에 있는 관계가, 실제로 그리고 엄격히 A가 그 집합의 한 가지 원소라는 사실로 이뤄져 있었고, B와 그 집합 사이에 있는 관계가 또한 B가 그 집합의 한 가지 원소라는 사실로 이뤄져 있었더라면, 이것이 실제의 경우가 될 수 없었을 것입니다. 왜냐하면 A가 그 집합의 한 가지 원소라는 사실이, B가 그 집합의 한 가지 원소라는 사실과 동일한 것이 아니기 때문입니다.308) 늘 말해 오듯이 일부 철학자들이 다음처럼

---

308) [역주] 매우 당황스런 진술이다. 이를 이해하려면 다음과 같은 배경 지식이 필요하다. 우리는 구체적인 사례로서 한 가지 대상을 직접 지각하게 된다. 개체나 개별 사례에 대한 지각인 것이다. 이를 제17장에서는 한 가지 사실a fact이나 한 가지 참값a truth으로 불렸다. 여기서 단, a truth한 가지 참값 또는 하나의 집합으로서 진리는 하위개념으로 쓰였다. 비록 참값과 거짓의 상위개념으로서 「진리」도 우연히 동일한 낱말을 쓰지만, 여기서는 오직 하위개념의 뜻이므로 한 가지 사실과 서로 교체되어 쓰인 것이다. 어떤 것이 한 가지 사실이라는 것은, 그렇다면 오직 우리가 직접 지각하는 한 가지 대상만을 놓고서 유일하게 단 한 번만 성립하는 개체(개별체)의 「속성」이다. 앞 단락에서 인용된 일부 철학자들의 주장이 바로 이런 경우를 대표한다. 속성이란 용어는 하나 또는 다른some or other, one or other 사실들을 포함한다는 뜻으로도 쓰인다. 따라서 참값인 것들을 대상으로 하여, 약한 의미의 일반화를 해 놓은 것으로서, 수학에서 흔히 상항들constants로만 이뤄진 진술인 셈이다.

그렇지만 무어 교수는 다른 한편으로 모든 대상들에 적용할 하나의 「관계」를 만들 경우에는, 이미 추상화되어 있기 때문에(변항들variables로 이뤄진 진술임), 즉, 구체적인 개별 사례가 아니기 때문에, 다른 이름으로 구별하여 부르려고 한다. 구체적이고 개별적인 대상에 관련되는 것을 「속성」으로 부르고, 일반화되고 추상화된 대상들을 「관계」라는 용어로 구별하고자 한다. 여기서 관계들은 동일성identity이란 기준으로 따지게 된다. 개별성이나 고유성은 이 세상에 오직 유일하게 하나만 있기 때문에, 아무런 것도 동일한 것이 없다. 그렇다면 두 가지 개념 사이에 큰 간격이 있으며, 개별성(고유성)과 동일성(일반성) 사이를 좁혀 주거나 매개해 줄 만한 개념이 필요하다. 이런 목적을 위하여 무어 교수는 비슷함(유사성)이나 비슷한 정도를 다루게 되는 것이다. 다시 말하여, 무어 교수의 논지 전개 언제나 「고유한 한 가지 개체 → 몇몇 개체들 → 모든 개체들」로 이뤄지는데, 각 단계의 특성을 곧 「고유성 → 비슷함 → 동일성」처럼 표상할 수 있는 것이다.

그런데 뒤친이는 무어 교수의 이런 주장은 잘못이라고 본다. 집합이란 개념 그 자체가 어느 정도 추상화되고 일반화된 것이므로, 집합 관계를 다룰 적에는 개체나 개별체의 특성은 모두 무시된다. 집합 개념 자체를 편의대로 자기 생각대로만 쓰고 있는 것이다. 오직 특정한 한 가지 속성만이 선택되어 언급되기 때문에, 개개의 분필이 고유하게

말하는 경우에,

「'A와 B로 이뤄진 집합'에 대하여 A가, 정확히 그리고 동일하게 B가 그 집합에 대하여 지닌 똑같은 관계를 지니지 않으며, 지닐 수도 없다」

(A has not and can not have to the group A and B precisely and identically the same relation which B has to it)

저는 사실상 그들이 단지 「그 두 가지 참값들이 서로 다르다」는 의심 없이 명백한 이런 사실을 생각하고 있을 뿐이라고 생각하는 쪽으로 쏠려 있습니다(≒그렇지만 만일 「추상적 집합」 개념을 받아들인다면, 앞의 철학자들이 주장하는 내용은 오류이며 잘못임). A가 'A와 B로 이뤄진 집합'의 한 가지 원소라는 참값은, 의심의 여지없이 B가 그 집합의 한 가지 원소라는 참값과는 명백히 다릅니다. 그렇지만 여러분이 한 가지 참값a truth(개별 사례에 대한 사실)과 한 가지 관계a relation(일반화된 관계) 사이를 구별하는 순간, 두 가지 참값들 사이에서 의심의 여지없는 이런 차이가, 「A와 B가 무엇이든 간에 각각 'A와 B로 이뤄진 집합'에 대하여 정확히 그리고 동일하게 똑같은 관계를 지닌다」는 견해에 아무런 걸림돌도 되지 않습니다. A 및 'A와 B로 이뤄진 집합' 사이에 있는 관계는, 단지 A가 그 집합의 한 가지 원소라는 전체 참값이나

지닌 크기(표준 크기나 몽당 분필)나 색깔(노랑이나 빨강이나 파랑이나 하양)이나 형태(원기둥이나 팔각기둥)나 재질(가벼운 재질이나 묵직한 재질) 따위의 개별적인 차이나 특성은 모두 고려되지 않는다. 대신, ⓐ 하나의 개체라는 사실과 ⓑ 칠판에 판서하는 속성을 지녔다는 특성만 고려하여, 해당 원소를 집합에 귀속시킬 뿐이다.

이런 측면에서 무어 교수가 분필 A와 분필 B가 서로 다른 개체이기 때문에 집합에 대하여 갖는 관계가 각각 다르다고 보는 것은, 수학에서 다루는 정의 방식과는 판이하게 다른 것으로 판단된다. 「오직 개별적으로 직접 지각하게 될 개별 사례로서 분필 A가 논의 중인 집합에 속한다」는 발상은 잘못되었다. 거꾸로, 미리 상정된 집합의 원소로서 분필 A가 우연히 채택된 것이므로, 결코 A가 개별 사례로서 관련 집합에 속하는 사실을 직접 지각한다고 주장할 수 없는 것이다. 어떤 속성이 한 가지 집합을 이루는 것으로 선택될지는, 집합과 집합 사이의 관계(즉, 집합족의 관계)를 놓고서 어떤 유의미한 특성을 도출할 것이며 그런 관계가 성립될 수 있을지에 따라서 결정될 것으로 보인다(802~803쪽의 역주 314를 보기 바람).

전체 사실로부터 추상화된, 그리고 그런 전체 참값이나 전체 사실의 한 가지 구성요소일 뿐인 어떤 것입니다.

그리고 명백해 보이는 듯한 것은, 정확히 그리고 동일하게 똑같은 관계가, 또한 B가 그 집합의 한 가지 원소라는 상이한 참값 또는 사실의 한 가지 구성요소입니다. 그러므로 우리가 반드시 한편으로는 일반화된 차원의 '관계'들relations과, 다른 한편으로는 개별 사례들에만 적용되는 참값(사실)들 사이를 엄격하게 구별해 주어야 합니다. 무엇이든지 간에 참값이 아무런 것도 한 가지 관계와 동일하지 않습니다(≒개별 사례에만 해당하는 참값과 사실은, 일반화된 추상적 관계와는 서로 구별해 주는 것이 편리하므로, 흔히 수학에서는 각각 전자는 상항 a, b, c로 표시하고 후자는 변항 x, y, z로 구분해 주기도 하는데, 상항들로만 된 것은 초등학교 산술 교과서로 변항들로 된 것은 중학교 수학 교과서에서 다루게 됨. 그렇다면 무어 교수의 주장은 현대 수학의 접근법과는 전혀 다른데, 뒤친이로서는 그분이 고대 희랍 사람들에게서 진지하게 구분해 놓던 전통을 비판 없이 그대로 답습하여 생겨난 잘못된 주장이라고 봄).

그렇지만 심지어 이런 구분을 만들어 놓은 경우에조차, 여전히 관계들을 다른 어떤 것과 혼동하기 쉽습니다. 다시 말하여, 제가 '속성'들properties로 부르는 것과 혼동되기 일쑤입니다. A가 「A와 B로 이뤄진 집합'의 한 가지 원소인 상태」라는 속성을 지니며, B도 또한 정확히 똑같이 동일한 속성을 지닙니다. 그러므로 「A와 B로 이뤄진 집합'의 한 가지 원소인 상태」라는 속성은, 또한 A가 그 집합의 한 가지 원소라는 참값 또는 사실과 아주 다른 어떤 것입니다(≒무어 교수는 이것들이 각각 일반화된 관계 및 개별 사례의 유일한 경우이므로 서로 구분해야 된다고 잘못된 생각을 주장하고 있음. 그렇지만 현재 집합론에서는 「재귀적 관계」를 자기동일성을 확인하는 특성으로 여기며, 흔히 집합 관계 또는 함수 function는 반드시 「재귀관계·대칭관계·추이관계」를 모두 만족시켜야 함). 그 속성은 실제로 A에도 속하고 B에도 속한 어떤 것입니다. 반면에, A가 'A와 B로 이뤄진 집합'의 한 가지 원소라는 사실은, 명백히 B에 속하는 것은 아닙니다(≒유일한 개별 사례로서의 사실은 개별 사례마다 각각 고유한 사실만 있어야 한다고 보아 이렇게 주장을 하고 있지만, 무어 교수는 오직 고대 희랍 사람들에게서나 수긍함직한 것이지만 현대 수학에서는 기각할 것이 뻔한 잘못된 주장을 하고 있음). 그렇지만 (집합의 한 가지 원소인) 이 속성이 한편으로는 그 참값이나 사실과 다르지만, 다른 한편으로는 이것이 또한 해당 관계와도 적잖게 차이가 납니다(≒무어 교수는 완벽히 일반화된 추상적 관계이므로 구분되어야 한다고 주장하는 것이지만, 뒤친이는 수학에서 상항 a, b, c는 결국 변항 x, y, z에 대한 특정 함수에 불과하므로 올바른 주장은 아니라고 판단하고 있음). 「'A와 B로 이뤄진 집합'의 한 가지 원소인 상태」로 불리는 속성은, 실제로 A와 B에 모두 속하는 어떤 「속성」이지만, 이것이 분명히 이 제3의 경험조각 C에 속하지 않습니다. 그럼에도 다른 한편으로는, 'A와 B로 이뤄진 집합'에 대해서 A가 지닌 '한 가지 원소인 상태being a member'로 불린 관계가, 정확히 그리고 동일하게 'B와 C로 이뤄진 집합'에 대해서 C가 지닌 「관계」와 같이 동일한 것입니다(≒무어 교수는 「관계」를 추상화되고 일반화된 영역에 쓰고 있으므로 동일하다고 말하고 있음). 즉, 정확히 그리고 동일하게 A가 'A와 B로 이뤄진 집합'의 원소라는 의미로, C가 'B와 C로 이뤄진 집합'의 원소인 것입니다. 그럼에도 분명히 C는 'A와 B로 이뤄진 집합'의 원소인 상태라는 속성을 지니지 못합니다(≒무어 교수는 이런 무의미한 속성을 '공통적이면서도 특징적인' 틀에서 후자에 배당하려고 의도하고 있지만, 오늘날 이는 vacuous application[무위 적용]으로 불리는 것으로서, '헛발질'에 불과함).

그러므로 우리는 반드시 'A와 B로 이뤄진 집합'에 대하여 A와 B가 모두 지니는 관계(상항의 관계)를, 'A와 B로 이뤄진 집합'에 대하여 이런 관계(변항의 관계)를 지니는 속성으로부터 구별해 주어야 합니다. 후자의 속성은 A와 B 둘 모두에 속합니다. 논의 중인 속성은 A가 'A와 B로 이뤄진 집합'의 한 가지 원소라는 사실과 B가 'A와 B로 이뤄진 집합'의 한 가지 원소라는 사실, 이 두 가지 사실에 대한 구성요소이지만(≒고유하고 유일한 개별 사례로서 참값인 사실 두 가지임), C가 'B와 C로 이뤄진 집합'의 한 가지 원소라는 사실의 구성요소는 아닙니다(≒ '공통적이면서도 특정적인'에서, 후자의 특성에 배당하려고 의도하고 있음). 반면에 '~의 한 가지 원소이다is a member of'로써 표현된 관계는 세 가지 모든 사실의 구성요소이며, 이밖에도 이 세상에 있는 수백 만 가지 다른 사실들의 구성요소입니다(≒일반되고 추상화된 관계로서 변항 x, y, z와 함수에 대한 양화 범위를 표시하여 나타내는 관계임).

요약하면, 우리는 반드시 세 가지 아주 다른 대상들을 구분해 주어야 합니다. 즉,

(1) "A가 'A와 B로 이뤄진 집합'의 한 가지 원소라는" 사실 또는 참값(≒고유하고 유일한 개별 사례이며, 결코 반복되지 않는 고유한 속성임)

(2) A에 그리고 B에 둘 모두 속하지만, C에는 속하지 않는 「A와 B로 이뤄진 집합'의 한 가지 원소인 상태」라는 속성(≒참값인 사실들만 모아 놓은 약한 차원의 일반화 속성이므로 상항 a, b, c, … 따위로 표현할 수 있지만, 예외가 언제나 생겨나는 약점이 있다. 771쪽의 역주 301에서 밝혀 두었듯이, 희랍 시대에는 '공통적이면서도 특정적인' 속성을 찾아내어 임의의 대상을 정의해 주었다. 이런 전통적 방식에 따라 「C에 속하지 않는다」는 특성을 굳이 '특정적인' 속성으로 간주하고 있음)

(3) 'A와 B로 이뤄진 집합'에 대하여 A를 관련짓고, 'A와 B로 이뤄진 집합'에 대하여 B를 관련지으며, 'B와 C로 이뤄진 집합'에 대하여 C를 관련짓는 '~의 한 가지 원소인 상태'라는 관계(≒모든 대상에 예외 없이 적용하도록 추상화해 놓은 추상적 관계이며, 변항 x, y, z, …으로 표현될 수 있음)

추상적 관계는 일반화 속성의 한 가지 구성요소이지만, 일반화 속성과 동일한 것은 아닙니다(≒변항 x, y, z, …를 상항 a, b, c, …와 서로 구별하려는 것이지만 이상 현대 수학에서는 이런 주장을 받아들이지 않음). 일반화 속성은 다시 참값이나 사실의 한 가지 구성요소이지만, (유일한 한

가지) 개체에 대한 참값이나 사실과 동일한 것은 아닙니다(늑이런 주장
과는 다르게, 현대 수학에서는 특성 함수가 유일한 원소를 지닌 유일 함수와
서로 구별하지 않음). 이들 세 가지 모든 대상이 서로 간에 구별이 되고,
의심의 여지없이 세 가지 모든 대상들이 있으며, 이 세상 속에 있는
것입니다. 저는 이 구분을 주장하고 싶습니다. 왜냐하면 이것들을 모
두 똑같은 이름으로 부르기 십상이기 때문입니다. 만일 제가 이것과
관련하여 오류를 범한다면, 만일 이들 세 가지 대상이 모두 이 세상이
있는 것이 아니라면, 그리고 만일 이것들이 서로 간에 다르지 않다면,
진리들과 보편 속성들에 관해서 제가 말하고 있는 것과 앞으로 말할
것들이 모두 다 무의미해집니다. 그렇지만 저는 이런 사안에서 제가
어떻게 오류를 저지를지 잘 알 수 없다고 말해야 하겠습니다. 저한테
는 우리가 완벽히 분명하게 논의 중인 사실the fact·속성the property·관계
the relation라는 이들 세 가지 대상을 구별할 수 있고, 이것들이 모두 존
재함을 잘 알 수 있는 듯이 보입니다.[309]

§.18-2【 일반적이고 추상적인 관계 및 개별 사례로서의 속성 】그렇다
면 우리는 여기서 한 가지 관계와 한 가지 속성 둘 모두를 놓고서,
명백하고 간단한 한 가지 사례를 지닙니다. 관계는

'~의 한 가지 원소인 상태'

("being a member of", ※ 집합이 전혀 명시되어 있지 않음)

---

309) [역주] 세 가지 차원은 쉽게 표현하면 ㉠ 고유하고 개별적이며 반복될 수 없는 유일한
한 가지 사실(한 가지 참값으로도 부름), ㉡ 몇 가지 사실들을 모아 약한 차원에서 일반
화한 속성(여전히 상황들에 대한 진술들에 국한됨), 그리고 ㉢ 양화 범주가 주어진 임
의의 대상을 놓고서 아무렇게나 적용하더라도 예외 없이 언제나 적합하게 참·거짓을
구별해 낼 수 있는 관계이다(비로소 변항 x, y, z들을 양화 범위와 함께 다루게 됨).
그렇지만 이미 785쪽의 역주 306에 밝혔듯이 오늘날에는 이런 구분이 받아들여지지
않는다. 희랍 문헌들을 어린 시절부터 친숙히 읽고 있었던 무어 교수는 무의식적으로
희랍식 사고에 붙들려 있음을 자각하지 못하고 있다.

로 불리는 관계입니다. 절대적으로 어떠한 집합 관계이든지 간에 그 집합의 한 가지 원소가 되는 모든 것은, 자신이 원소인 그 집합에 대하여 정확히 똑같이 동일한 이런 관계를 지닙니다. 다른 한편으로 속성은

'A와 B로 이뤄진 집합의 한 가지 원소인 상태'

("being a member of the group A and B", ※ 집합 그 자체가 명시됨)

로 불리는 속성입니다. 똑같이 동일한 이 속성은 실제로 A에도 속하고 또한 B에도 속하지만, A와 B를 제외하고서 이 세상에서 무엇이든 간에 어떤 것에도 속하지 않습니다(≒오직 참값인 사실들로만 속성이 이뤄지며, 초등학교 산수에서처럼 상항들만이 다뤄짐). 이것들이 한 가지 '속성'과 한 가지 '관계'에 대한 사례들입니다.

그렇지만 이런 특정한 관계가 우연히 지난번(§.17-3)에 제가 한 가지 직접적 관계a direct relation로 불렀던 것이 될 수 있습니다. 또한 지난번(§.17-4)에 많은 관계들이 간접적임을 설명하였습니다. 그렇지만 이제 직접적 관계 및 간접적 관계 사이에 있는 차이, 그리고 간접적 관계들의 두 가지 상이한 종류로서 §.17-5의 (5)와 (6) 사이에 있는 차이(783쪽)를 다룰 필요는 없다고 생각합니다. 당분간 주목해야 할 중요한 모든 것은, 직접적 관계가 지닌 정확히 똑같은 방식으로, 간접적 관계들도 속성들과 구분되며 또한 관련되어 있다는 점입니다. 직접적 관계이든지 간접적 관계이든지 간에 상관없이, 아무런 관계도 속성과 어떤 것이든지 간에 동일하지 않습니다.310) 그렇지만 다른 한편으로

---

310) [역주] 원문은 "No relation is identical with any property"이다. 795쪽의 역주 309에서 ㉠과 ㉡을 가리키는 속성은 참값인 사실들로만 이뤄져 있지만(㉠은 유일한 개체, ㉡은 몇몇 개체), 일반화되고 추상적인 관계는 더 이상 참값이나 사실에만 국한되지 않고 임의의 영역에서 임의의 대상들에 적용되는 ㉢임을 뜻한다(㉢은 모든 개체들이며, 예외가 없음). 오늘날 수학의 약속에서는 ㉠과 ㉡이 상항, a, b, c, …로 나타내지만, ㉢은 변항 x, y, z, …로 나타내는데, 올바른 접근 방식(가설·연역 공리계 접근법)은 거꾸로 「㉢ → ㉡ → ㉠」처럼 표시하고 「일반함수 → 특성함수 → 유일함수」로 부르게 된다. 이런 현대적 관례와는 다르게, 이것들에 대한 이 주장은 속성과 관계를 마치 물과 기름처

럼 서로 배타적인 대립 항으로 보는 것이다. 왜 그럴까?

뒤친이는 직접 지각의 대상으로서 참값이 되는 사실들을 논의의 첫 출발점으로 보고 있기 때문이라고 본다(이것이 바로 고대 희랍 사람들이 채택했던 접근 방법이었음). 그렇지만 일반화되고 추상화된 관계는 그 용어 그대로 모든 영역에 걸쳐 모든 대상들에 적의하게 적용되어야 한다. 그렇다면 속성으로 불리는 영역이라고 하여 구분할 수 있는 것이 아님을 알 수 있다. 수학에서도 초등학교에서는 상향들로만 다루기 때문에 '산수'(셈본)로 부르지만, 중·고교에서는 변향들을 다루기 때문에 영역들이 더 넓어지고 대상들도 달라지는 것이다. 이런 측면에서 뒤친이는 고대 희랍인들의 접근법을 무의식적으로 따르는 무어 교수의 주장을 더 이상 옳은 것으로 보지 않는다(308~311쪽에 적어둔 뒤친이 해설을 보기 바람).

논의의 출발을 한 가지 개체로부터 시작하더라도 같은 결론에 도달할 수 있다. 뒤친이는 통합적으로 한 개체의 내적 속성과 외적 속성으로도 이런 속성과 관계에 대한 논의를 다룰 수 있다고 본다(616쪽의 역주 231를 보기 바람). 임의의 개체나 대상은 언제나 내적 속성(내부 속성, 내재된 속성)과 외적 속성(외부 속성, 외부 대상을 향한 외재적 속성)을 지니기 때문이다. 내적 속성을 그 개체나 대상이 존재할 수 있도록 만들어 주는 「부피·모양·무게·재질·경도(단단함)·결합도」 등을 들 수 있다. 개체가 개체로서 존립하려면 언제나 공통적으로 주어져야 하는 속성이므로, 공통된 내적(내부) 속성이라고도 말할 수 있는데, 이른바 로크의 제1특질primary quality과 비교될 만한 것이다.

외적(외부) 속성은 이 개체가 흔히 다른 개체와 맺거나 일상적으로 더 큰 단위로 묶어 주는 관계라고 할 수 있다. 가령, 대나무를 쪼개서 만든 젓가락은 다른 종류의 젓가락(나무젓가락, 놋쇠 젓가락, 칠기 젓가락 등)과 함께 중간범주인 '젓가락'(젓가락들의 집합)으로 묶일 수 있겠지만, 다시 다른 종류의 대상들과 결합하면서 상위범주를 형성할 수도 있다. 즉, 숟가락과 함께 '수저'로 묶일 수도 있고, '식사도구'로도 묶일 수 있으며, '생활용품'으로도 묶일 수 있고, 매일 반복적으로 접하는 '일상적 사건' 따위로도 묶일 수 있는 것이다. 이렇게 묶이는 것이 모두 무어 교수가 언급하는 '관계들'인데, 그 개체의 외부 대상들과의 특정한 관계를 통하여 새롭게 더 큰 집합들로 묶이는 것이다.

이 경우에도 자칫 무한해져 버릴 수 있는 '무한 퇴행'을 방지하기 위한 「원소의 외적 관계에 대한 제약」은, 상위 차원에서 우리 삶의 영역들을 어떻게 분할할지에 따라 정해질 수 있다. 다시 말하여, 집합들 사이에서 다뤄질 유의미한 관계를 먼저 상정함으로써, 맨 밑바닥에 있는 원소들의 속성이 그 관계에 맞춰 주어지는 것이다. 이 기법은 생각의 기본 단위나 문장의 기본 단위를 결정하는 과정에서도 일원론의 시각에서 「빈 자리를 지닌unsaturated(아직 채워지지 않은) 문장」을 첫 출발점으로 삼는 것과 동일한 것이며, 설령 명사만 하나 주어질 경우에라도 언제나 기본값(초기값) 구조로서 문장으로 전환된다(757쪽의 역주 293을 보기 바람). 724~725쪽의 역주 275에 적어둔 '유형 의미론'에서 ⟨e, t⟩ 유형이 바로 이런 생각을 그대로 구현해 준다.

그런데 무어 교수는 모든 개체들에 공통된 개체 내적(내부) 속성들을 무시한 채, 수식어로 '보편 속성이 아닌which is not universal'이란 말을 쓰면서 개체(개별체)를 표현하고 있으며, 다시 §.18-3에서 이 용어를 nor universals nor facts보편 속성도 아니며 사실도 아닌로 풀이해 놓았다. 그런데 (무어 교수의 주장을 그대로 수용할 경우에) 만일 유일한 개체의 고유 속성이라면 한 가지 사실이 될 수 있으되, 둘 이상의 사실들은 아닌 것이다(713쪽의 역주 265와 785쪽의 역주 306을 보기 바람). 아마 영어 낱말 universal과 particular가 이항 대립을 보이며 써 왔기 때문에 서로 배타적으로 지정한 것일 수도 있다. 그렇지만 무어 교수의 용법이 성립되려면, 이 세상에는 오로지 두 가지 종류로서 개체와 보편 속성만이 있어야 할 것이다. 그렇지만 제19장과 제20장에서는 이것들 말고도 제3의 보편 속성들이 많이 있음을 주장한다. 우리의 감각자료도 그 한 가지이며, 자연수들도 지금까지 우리가 살펴보았듯이, 모든 속성은 관계의 한 가지 구성요소로서 모종의 관계를 지닙니다.

  어떤 의미에서 아주 분명히 관계가 속성의 구성요소인지를 만들어주기 위하여, 저는 반드시 지난번(§.17-5)에 구별해 놓았던 상이한 종류의 속성들 사이에 있는 차이를 언급해야 한다고 생각합니다. 우리가 살펴보고 있는 특정한 이 속성은, 'A와 B로 이뤄진 집합'의 한 가지

그 한 가지이다. 만일 새롭게 무어 교수의 주장이 옳다면, 「which is not universal」이란 말이 개체(개별체)를 가리킬 수도 있고, 또한 관계와 속성 말고 새롭게 제시한 제3의 보편 속성을 가리킬 수도 있는 것이다. 이런 지적이 옳다면, 용어 사용법에서 종전의 용법만 무의식적으로 묵수하고 있다는 점에서 명백히 오류라고 말할 수 있다. 이런 측면에서 보면 엄밀히 개체를 가리키는 꾸밈말 'which is not universal'은 기각되는 것이 마땅하다.

  뒤친이는 무어 교수가 주장하는 제3종류의 보편 속성 말고도 다른 종류도 생각해 볼 수 있다. 무대나 배경의 성격을 지닌 시간이나 공간은 개별체일까? 아니면 보편 속성일까? 시간이나 공간은 무차별적으로 모든 대상과 전체에 적용되는 것이므로 결코 개별체일 수는 없다. 그렇다면 나머지 가능성은 보편 속성밖에 없다. 무어 교수가 규정한 보편 속성은, 개체가 지닌 내재적 속성과 개체가 다시 다른 개체와 맺는 임의의 관계(외재적 속성)로 대분된다. 수반된 정신 표상으로서 시간과 공간은 개체가 아니므로, 내재적 속성도 아니고, 다른 개체와 맺는 임의의 관계(외재적 속성)도 될 수 없다. 여전히 모든 개체에 적용되는 전체 차원의 것은, 개체로부터 말미암는 어떤 속성과도 결코 어울릴 수가 없는 것이다. 그렇다면 무어 교수의 주장은 이런 전체 차원의 개념들을 다룰 수 없다는 점에서, 일정한 한계를 지닐 수밖에 없음을 알 수 있다.

  뒤친이는 인간이 이 세상을 조직하는 밑바닥 원리가 '배경과background 초점foreground' 방식(또는 이를 '무대와 배우'의 관계로 비유할 수도 있음)을 누적적으로 적용함으로써, 결과적으로 최소한 다섯 가지 층위 이상의 정신 작동 방식이 귀결되는 것으로 본다(265쪽 이하의 역주 110에 있는 도표를 보기 바람). 이는 새로운 개념이 아니라, 희랍 시대에서부터 논의되어 온 '전체와 부분'이 반복적으로 적용된 것이며, 부분에 초점을 모을수록 더욱 정교하게 대상들을 분류하게 되며, 더욱 미세한 변화가 부각되어 나온다. 사람마다 고유한 이름이 있으며, 또한 친족 용어가 우리말처럼 매우 발달되어 있는 경우도 있다. 이는 부분들에 가중치를 부여하면서 살아온 결과물이다. 그렇지만 개미들에는 개별성에 초점을 맞추는 법이 없다. 실험실 쥐들에게도 필요에 따라 숫자를 부여하여 구별할 뿐이고, 각 쥐마다 고유한 특성을 개별화해 주지는 않는다. 이는 집합 전체에 공통된 특성만을 고려하기 때문에 나온 결과이다.

  그렇다면, 우리가 생활하는 생태 환경을 머릿속에서 재구성하여 전체를 파악하는 방식은, 우리 생활의 목적이나 관심사에 따라서 개별성에 초점을 모으는 영역도 있고, 이와는 달리 공통성에만 성글게 초점을 모으는 영역도 있음을 알 수 있다. 만일 우리의 생태 환경에 대한 이런 전체 도면이 설득력이 있다면, 동시에 적어도 다섯 층위마다 각각 개별적인 고유성에 초점을 모아 나눠 가는 영역도 있고, 이와는 달리 통합적이고 전체를 감싸안는 추상적이고 일반적인 성격에 초점을 모아 나가는 영역도 있다고 결론을 내릴 수 있다. 이런 측면에서 무어 교수의 생태 환경 구획 방식은 너무나 단순화시켜 놓았기 때문에 어긋나는 대목이나 왜곡된 부분들이 많이 생겨남을 알 수 있다.

원소인 상태라는 속성으로서, 이 집합에 대하여 어떤 관계를 지니는 것으로 이뤄져 있습니다. 이는 지난번에 제가 구별해 놓았던 세 가지 종류의 속성들 중에서 한 가지 종류인 §.17-5의 (1)의 어떤 사례입니다(783쪽). 다시 말하여, 어떤 한 가지 집합이나 모음에 대하여 한 가지 관계를 지니는 것으로 이뤄진 속성들입니다.

그렇지만 마치 어떤 한 가지 집합이나 모음에 대하여 어떤 관계를 지닌 것으로 이뤄진 한 가지 속성을 갖고 있듯이, 우리는 또한 집합이나 모음이 아닌 어떤 한 가지 대상에 대하여 어떤 관계를 지닌 것으로 이뤄진 속성들도 가질 수 있습니다. (여기서 분필을 예로 들고 있는데) 이 경험조각 A에 가까이 있는 상태라는 속성, 즉, B에도 C에도 그리고 다른 많은 대상들에도 모두 다 속하는 한 가지 속성, 이런 종류의 한 가지 속성입니다. 이는 지난번 §.17-5의 (2)로 제시한 두 번째 종류의 속성이었습니다(783쪽).

이들 두 가지 종류의 속성, 즉, §.17-5의 (1)과 (2)는 모두 다 공통적으로 모종의 한 가지 대상에 대하여 어떤 관계를 지닌 것으로 이뤄져 있다는 이런 점을 지닙니다. 한 가지 경우에는 이것들이 오직 논의 중인 대상이 집합이나 모음이지만[§.17-5의 (2)], 반면에 다른 경우에는 논의 중인 대상이 그렇지 않다(≒유일한 원소로 이뤄짐)는 측면에서만 차이가 납니다[§.17-5의 (1)]. 그렇지만 지난번에 구별했던 세 번째 종류의 속성[§.17-5의 (3)]은 앞의 종류들 중 어떤 것과도 아주 크게 차이가 납니다(783~784쪽). 이는 대상들의 집합 중에서 어떤 한 집합 또는 다른 집합에 대하여 어떤 관계를 지닌 것으로 이뤄져 있습니다 (≒흔히 일반화시킨 표현으로 수학에서는 집합족family of classes의 관계로 부름). 예를 들어, '어떤 집합이나 다른 집합의 한 가지 원소인 상태being a member of some group or other'라는 속성과 동등한 것으로서, '임의의 집합의 한 가지 원소인 상태being a member of a group'로 불린 속성이 바로 이런 종류의 속성입니다. 이런 종류의 속성들에 주의를 기울이려는 이유가 두 가지 있습니다.

첫 번째 이유로서, 엄밀히 이것들은 임의의 한 가지 대상thing(원소)에 대하여 어떤 관계를 지닌 것으로 이뤄져 있다고 말할 수 없습니다. 이것들이 단순히 다음과 같이 이뤄져 있는 것은 아닙니다. 이것들이 대상들의 집합 중에서 어떤 한 집합 또는 다른 집합에 대하여 어떤 관계를 지닌 것으로 이뤄져 있는 것이며, 그 집합의 임의의 특정한 한 가지 원소에 대해서도, 그렇다고 그 집합 자체에 대해서도 지닌 관계는 아닙니다.311) 저는 이 차이가 아주 알아차리기 쉽다고 생각합니다. 예를 들어, 모든 사람이 어떤 아버지 또는 다른 아버지의 아들인 상태라는 속성을 지닙니다(≒일반화된 속성임). 이 일반적 속성이 명백히 특정하게 자신의 아버지의 아들인 고유한 자신의 상태로 이뤄진 속성과 똑같은 것은 아닙니다(≒개개인마다 고유한 개별적 속성임). 어떤 아버지 또는 다른 아버지의 아들이 상태라는 일반적 속성은 그가 다른 모든 사람들과 공유하는 한 가지 속성이지만, 결코 다른 모든 사람이 특정한 그 자신의 아버지의 아들인 것은 아닙니다. 그렇지만 다른 한편으로는 어떤 아버지 또는 다른 아버지의 아들인 상태라는 그 속성(상항을 지님)이, 또한 분명히 아버지들의 전체 집합에 대하여 '~의 아들 한 명인 상태'라는 관계(변항으로 표현됨)를 지닌 것으로 분석될 수 없습니다. 그가 집합 속에 있는 모든 아버지들의 아들은 아니며, 오직 그 집합의 어떤 아버지 또는 다른 아버지의 아들인 것입니다. 그러므로 이런 종류의 속성이, 엄밀히 한 가지 집합이든지 한 가지 원소이든지 간에 상관없이, 임의의 한 가지 대상에 대하여 어떤 관계

---

311) [역주] 집합들 사이의 관계를 확정짓는 속성이 세 가지인데, 「재귀적 관계와 대칭적 관계와 추이적 관계」이다(특정한 관계이므로 a specific relation, 수학에서는 이를 '함수 function'로 부름). 뒤친이는 이런 세 가지 관계가 성립하는 집합들이 있다면, 언제든지 필요·충분조건에서 집합과 집합, 그리고 집합과 원소, 원소와 집합의 관계가 성립할 것으로 본다. 뒤친이는 무어 교수가 원소의 차원과 집합의 차원이 서로 다르다고 보는 것은 세 가지 관계를 언제나 만족시켜야만 집합이 완성된다는 점을 고려하지 않은 결과라고 본다. 흔히 집합론에서 수용하는 기준들을 따르지 않았는데, 1910년 당시에는 갓 집합 개념이 시작되고 있었으므로, 지금 중학교 수학 수준만큼도 집합 개념에 대한 기본 지식을 익히지 못했기 때문일 것이다.

를 지닌 것(변항 표현)으로 이뤄져 있다고 언급될 수는 없습니다.

제가 이 점을 강조하고 싶은 한 가지 이유는, 그럼에도 불구하고 그것들을 놓고서 마치 그것들이 그런 듯 말하고자 하기 때문입니다. 편의상 저는 이제 막 구별해 놓은 이들 세 가지 종류의 속성들을 놓고서, 어떤 것 또는 다른 것에 대하여 어떤 관계를 지닌 것으로 이뤄진 속성들로서만 말하려고 합니다(≒집합과 원소와 집합 간의 관계를 구별하지 않은 채 통합적으로 취급하려고 함). 이들 세 가지 종류를 모두 포괄하기 위하여 어떤 공통된 이름이 필요하며(≒무의식적으로 가설-연역적 접근법을 추구하고 있으나, 스스로는 귀납적·경험주의적 접근을 따르고 있다고 여김), 비록 엄밀히 정확한 것은 아니더라도 현재로서는 이 이름보다 더 나은 후보를 어떤 것도 생각해 낼 수 없습니다.

(집합족의 관계를 다루는) 이런 셋째 종류의 속성을 강조하고 싶은 두 번째 이유는, 특히 이 속성과 관계들을 혼동하기가 쉽기 때문입니다. 예를 들어, 제가 '~의 한 가지 원소인 상태being a member of'로 부르는 관계를, '어떤 집합의 한 가지 원소인 상태being a member of a group'라는 관계로 말하는 것도 극히 자연스럽습니다.312) 그렇게 말하는 일을 막아 버리기가 거의 어렵습니다. 그럼에도 엄밀히 말하여, '어떤 집합의 한 가지 원소인 상태'라는 표현은, 한 가지 속성을 나타내는 것이지, 한 가지 관계를 나타내는 것은 아닙니다. '어떤 집합의 한 가지 원소인 상태'라는 표현으로써 우리는 '어떤 집합 또는 다른 집합의 원소인 상태being a member of some group or other'를313) 의미합니다. 이것이 물론 사

---

312) [역주] 두 관계 사이에 있는 차이점은 무어 교수의 주장을 그대로 따른다면 집합 이름이 표시되어 있는지 여부에 달려 있다. 집합 이름이 없는 것은 변항으로서 집합인 셈이며, 한 층위 더 높이 추상화되어 있는 것이다. 집합 이름이 들어가 있는 것은 참값인 사실들을 모아 놓은 특정한 집합에 국한되어 약한 일반화가 이뤄진 것이며, 무어 교수는 한 가지 개체의 「속성」으로 언급한다. 796~798쪽의 역주 310에서는 이를 변항과 상항의 차이로 언급하였다.

313) [역주] 여기서 하나의 대상에서부터 시작하여 다른 대상으로 확대한 다음에 다시 모든 대상을 아우르는 방식을 보고 있다. 763쪽의 역주 297에서는 this로부터 시작하여 some or other를 거쳐 마침내 any or all로 범위가 확대되는 경우를 언급했었다. 여기서는 a group한 가지 집합으로부터 시작하여 some or other어떤 집합 또는 다른 집합를 거쳐서, 궁극적

실상 실제로 무엇이든지 간에 임의의 집합에 대하여 '~의 한 가지 원소인 상태being a member of'라는 관계를 지닌 임의의 대상에 속하는 어떤 속성입니다. 그렇지만 여전히 저는 「틀림없이 속성과 관계가 구별됨」이 아주 명백하다고 생각합니다(늑물과 기름처럼 양분되어 있다고 보는데, 속성을 아마 로크의 제1특질처럼 여기기 때문인 듯함). 이런 의미에서, 무엇이든지 간에 관계는, 속성에 속하는 임의의 대상에는 속하지 않을 것입니다. 관계는 단지 두 가지 대상을 서로 간에 관련지을 따름입니다. 예를 들어, 'A와 B로 이뤄진 집합'에 원소 A를 관련짓는 것은, 분명히 어떤 집합이나 다른 집합의 한 가지 원소인 상태라는 속성이 아닙니다. 이런 속성은 원소 A 및 특정한 'A와 B로 이뤄진 집합' 사이에 있는 관계를 구성해 주지 못합니다. 제가 '~의 한 가지 원소인 상태 being a member of'라는 관계로써 의미하는 것은, 사실상 원소 A 및 'A와 B로 이뤄진 집합' 사이에 있는 한 가지 관계를 실제로 구성해 주는 어떤 것이며, 사실상 이들 양자 사이에 성립하거나 이들 양자를 관련 짓는 것입니다.314)

인 단계로서 any or all group임의의 집합 또는 모든 집합으로 범위를 확장시켜 나가게 된다. 이런 세 가지 단계의 일반화 절차는 §.17-5의 세 가지 항목들의 구분 방법을 반영해 주는 것으로 판단된다.

167쪽의 역주 72에서는 뤄쓸 교수가 「an X나 an arbitrary X나 any X라는 표현이 구별될 수 없다」고 보았음을 적어 두었다. 무작위 표본으로 뽑더라도 전체의 특성을 그대로 간직한다고 여겼던 듯하다. 그렇지만 무어 교수는 an X라는 표현을 무작위로 뽑은 표본으로서 보는 것이 아니라, 우연히 관찰대상으로 맞닥뜨린 대상으로 보는 듯하다. 다음 단계에서는 우연한 대상이 만약 반복 관찰된다면, 일반성으로 나갈 수 있는 전조라고 간주하며, 마침내 일반성의 단계를 넘어서서 필연적인 전체 범위를 다루는 단계로 진행하는 것이다. 곧, 희랍 시대에 하나에서 부분을 거쳐 전체로 나가는 단계를 이런 양화사들이 보여 준다고 여기는 것이다. any임의의나 an arbitrary자의적인 하나의란 양화사는 자연언어 표현에서 whatever무엇이든지 간에 상관없이를 같이 대동하기 때문에, 전체적인 범위로 확장됨을 쉽게 동의할 수 있다. 그렇지만 여기서 an X라는 표현을, 무어 교수처럼 우연성을 가리키는 것으로 볼지, 아니면 뤄쓸 교수처럼 무작위 표본으로 여길지는 또 다른 중요한 논의거리라고 판단된다. 뒤친이로서는 확률과 통계에 대한 배경지식이 전무하기 때문에, 어떤 선택이 더 나은 것인지 잘 알 수 없다. 전문가의 조언이 필요한 부분이다.

314) [역주] 뒤친이로서는 무어 교수가 개별 사례와 일반화된 관계 사이에 설정해야 할 구분들에 「너무 과도하게 집착」하는 듯이 보인다. 집합과 원소 사이의 관계가 사실은 집합들 사이의 관계를 다루기 위해서 애초부터 어느 정도 추상화되어 있는 개념이므로

§.18-3【 보편 속성의 경험조각을 해석하는 세 가지 견해 】지금까지 두 가지 종류의 보편 속성인 (1) 관계들 및 (2) 속성들을 인식해 왔습니다(782~783쪽을 보기 바람). 비록 속성이라는 낱말이 제가 서술한 이유 때문에 부정확함을 인정하지만, 어떤 것 또는 다른 것에 대하여 한

(abstract set theory라고도 불림), 개별적인 대상은 집합 관계를 만들어 놓기 위한 전제 조건에 불과하다. 그렇지만 이런 전제 조건을 첫 출발 조건으로 오해하고 있는 것이다(790~791쪽의 역주 308을 보기 바람).

이를 자연언어의 처리 과정으로 예시해 줄 수 있다. 자연언어에서는 크게 주어와 서술어의 역할을 하는 핵심 범주로서 명사와 동사가 있다(통계 처리 기법과 범주화 갈래에 따라 크게 변동이 되겠지만, 주먹구구로 말하여, 전산 처리된 우리말을 놓고서「말뭉치 언어학」에서는 가령, 전체 10개 중 명사가 6개에 해당하고, 동사가 2개에 해당하며, 나머지 2개가 두 범주를 제외하고서 다른 기능 또는 수식해 주는 요소로 여긴다. 그렇지만 언어심리학 보고에서는 영어의 입말 사용에서 한국어보다 월등히 명사 표현들이 많다고도 종종 지적하므로, 언어들 간의 차이도 있을 듯하다).

그렇지만 명사와 동사들은 고유하게 첫 출발점으로 간주되지 않는다. 방법론적 일원론의 가정에 따라서, 대신 이것들이 서로 결합되어 있는 모습이 첫 출발지점이 되는 것이다. 즉, 형용사 구문도 그러하겠지만, 흔히 자동사 구문이 첫 출발점으로 간주된다(특히 '유형 의미론'에서 〈e, t〉 유형이며, 이는 원소가 아니라 집합를 표시하고 있음). 자동사는 주어가 들어가면 문장으로 완성되므로, 첫 출발점의 모습을 주어가 비어 있고, 그 자리를 무엇인가로 채워야 할 상태로 약속하는 것이다(집합 관계인데, 575쪽의 역주 293을 보기 바람). 가령 '자다, 뜨다' 따위의 자동사가 처음부터

'자다〈 ＿ 〉'
'뜨다〈 ＿ 〉'

와 같이 빈 자리를 가진 채 첫 출발 상태(초기값, 기본값)가 되는 것이다. 만일 비어 있는 자리에 명사가 채워지면 다음처럼 표시될 수 있다.

'자다〈 철수 〉, 자다〈 하늘 〉'
'뜨다〈 해 〉, 뜨다〈 바다 〉'

오직 생명 현상으로서 유기체(그 중에도 동물들)만이 잠을 자는 일을 하므로, "철수가 잔다"로 말하게 될 앞의 사례만 적정하다고 판정을 받고, 논리적 추론과정에 참여하게 된다. "*하늘이 잔다"로 표현될 후자는 상식적 세계에서는 올바른 생각의 단위가 아니며(현실세계에 대응 관계에 있는 사실이 없음), 따라서 논리적 추론과정에 참여하지 못한다. 마찬가지로, 해가 뜨지만, 바다는 뜰 수 없으므로, 실제 세계와 대응 관계를 이루는 것만이 일련의 사건 흐름을 서술하고 논리적 추론에 간여하게 된다.

자연언어에 대한 처리 방법에서와 같이, 집합과 원소 사이의 관계도 첫 출발지점이 집합과 집합의 관계를 상정하고 있으므로,「재귀관계·대칭관계·추이관계」를 적용할 집합을 확정해야 하는 것이다. 어떤 원소가 어느 집합에 속하는지는 오히려 부차적으로 간주되며, 집합 사이의 관계를 만족시켜 줄 속성을 지닌 원소만 집합 관계에 참여하게 된다. 이런 점에서 무어 교수의 논점은 타당한 듯이 보이지 않는다. 수학 전공자도 아니므로 뒤친이가 강력하게 무어 교수가 주장하는 집합 개념이 오류라고 단정할 능력은 없다. 칸토어(G. Cantor, 1845~1918)와 같이 천재적 상상력에 의해서 새로운 학문 영역이 늘 나오기 마련이기 때문이다. 단지 뒤친이가 이해하는 초보적인 집합 개념과 무어 교수의 논의가 사뭇 다르다는 점만을 적어 둘 따름이다.

가지 관계를 지니는 속성으로 이뤄집니다. 이제 제가 제기하려는 질문은 다음과 같습니다.

「이것들 두 가지 말고도 어떤 것이든 간에 다른 종류의 보편 속성(≒제3의 보편 속성)이 있을까, 그렇지 않을까?」

(Are there any other kinds of universals, besides these two, or are there not?)

저는 많은 사람들이 다른 종류의 보편 속성(제3의 보편 속성)도 있음을 가정하는 듯하다고 말하였습니다. 그러한지 그렇지 않은지 여부를 논의하면서, 이 질문을 철학사에서 실제로 스스로 드러나게 하는 방식으로 바꿔 놓음으로써, 저는 스스로 시작 단계에서 괜찮은 출발을 했다고 생각합니다. 모든 사람이 하얀 분필의 두 가지 경험조각, 즉, 여러분이 누구이든지 직접 지각하는 두 가지 감각자료가 공통적으로 뭔가를 지님에 동의할 것입니다. 두 가지 감각자료가 모두 흰색 경험조각이라고 말함으로써 표현됨직한 어떤 것입니다. 이것들이 경험조각이라는 사실의 측면에서뿐만 아니라, 또한 이것들이 흰색 경험조각이라는 사실의 측면에서도 서로 간에 비슷합니다. 명백히 말할 수 있는 것은, 우리가 이렇게 말하는 경우에 의미하는 것이 「이것들이 모두 다 '흰색whiteness'으로 불린 어떤 속성을 지닌다」는 점입니다. 이것들 둘 모두에 의해서 소유된 한 가지 똑같이 동일한 속성이며, 어떤 보편 속성인 것입니다. 저는 맹인이 아닌 우리가 모두 흰색이 무엇인지 아주 잘 알고 있으며, 따라서 이들 흰색 경험조각들의 공통된 속성인 보편 속성이 무엇인지를 잘 안다는 점을 많은 사람들이 덧붙일 것이라고 생각합니다.

그렇지만 만일 우리가 실제로 이렇게 말한다면, 저는 오류를 저지르기 쉽다고 생각합니다. 저는 우리가 '흰색whiteness'이 무엇인지 잘 알고 있음을 인정합니다. 그렇지만 '흰색'으로써 가장 공통적으로 의미하는 그 속성이, 저한테는 우리들이 누구든지 지금 직접 지각하고 있는 그 감각경험인 이들 경험조각으로써 의미하는, 이들 두 가지 경험조각에 속하는 속성은 아닌 듯합니다. 우리는 백합꽃이 하얗고, 눈도 하얗다는 것을 잘 알고 있습니다. 백합꽃과 눈에 공통된 속성이, 저한테는 '흰색whiteness'에 의해 우리가 공통적으로 의미하는 해당 속성이 될 것으로 보입니다. 그렇지만 백합꽃과 눈에 공통된 속성이, 분명히 첫 번째 사례(≒분필 두 자루)에서, 우리가 흰색 경험조각으로 부르는 한 가지 또는 다른 감각자료에 대하여 어떤 관계를 지닌 것으로 이뤄져 있습니다. 이들 감각자료에 대하여 정확히 이것들이 지닌 관계가 무엇인지에 관해서 세 가지 다른 견해가 선택될 수 있습니다.

(ㄱ) 시작하기 위해서, 이것이 자연스런 견해라고 생각한다. 백합꽃이 하얗다고 말할 경우에, 우리는 어떤 흰색 경험조각이 실제로 <u>그 표면에 있음</u>을 의미한다. 다시 말하여, 우리가 흰색 경험조각들로 부르는 한 가지 감각자료가, 백합꽃으로 부르는 대상에 대하여 어떤 공간적 관계를 지녔다고 여길 수 있다. 그 표면을 놓고 펼쳐진 상태의 관계이다.

(ㄴ) 아니면, 두 번째 견해로서, 흰색 경험조각으로 부르는 한 가지 감각자료가 단지 백합꽃의 표면에 있는 것뿐만이 아니라, 또한 실제로 백합꽃의 일부라고 말할 수도 있다. 나는 이들 두 가지 견해 (ㄱ)과 (ㄴ)이 모두 선택할 만한 아주 자연스러운 것이라고 생각한다. 우리가 직접 지각하는 색깔들을 놓고서 습관적으로 '하양', '빨강', '파랑'으로 부르거나 또는 무슨 이름이 되든지 간에 그 물질적 대상의 표면에 있는 것으로 생각한다고 믿는 것이다.

(ㄷ) 그렇지만 이미 살펴본 앞의 두 가지 견해에 대하여 반론이 있다. 물질적 대상이 무엇이든 간에 「그 대상의 표면에도 그 대상의 일부에도 전혀 아무런 감각자료가 없다」고 생각할 근거가 있는 듯하다는 점이다. 감각자료가 조금이라도 공간 속에 있는 경우에, 우리는 감각자료가 오직 개개인마다 사밀한 공간에 있을 뿐이라고 생각할 근거를 이미 살펴보았다. 즉, 그 감각자료들을 직접 지각하는 당사자에게만 속하며, 물질적 대상들이 있는 공간에 대하여, 무엇이든지 간에 아무런 공간적 관계를 지니지 못하는 것이다.

물론 설령 이것이 그렇다고 해도, 우리가 백합꽃이 하얗다고 말할 경우에, 사실상 실제로 흰색 경험조각으로 부르는 종류의 한 가지 감각자료가 그 표면에 있음을 의미하는 것이 실제의 경우일 수도 있습니다(737쪽의 역주 283 참고). 다시 말하여, 설령 우리가 틀렸을지라도, 사실상 이런 경우를 의미할 수 있습니다. 심지어 (관념론 주장대로) 「아무런 감각자료도 임의의 물질적 대상의 표면에 전혀 있지 않다」는 일상적인 철학적 견해를 받아들일 경우에라도, 저는 우리가 아주 종종 이런 것을 의미한다는 생각 쪽으로 기울어져 있습니다. 다시 말하여, 일상생활에서 우리는 항상 철학적 견해(≒관념론)와는 일치되지 않는 생각들을 갖고 있는 것입니다.

그렇지만 물론 감각자료에 관해서 일상적인 철학적 견해와 아주 일관됨직한 것으로 의미할 만한 또 다른 것이 있습니다. 우리가 백합꽃이 하얗다고 말할 경우에, 우리가 의미하는 것이 정상적인 빛 아래에서 그 꽃을 바라보고 있다면, 그것이 우리로 하여금 흰색 경험조각으로 부르는 종류의 한 가지 감각자료의 단편을 지각하도록 만드는 원인이 되는 것입니다. 이런 일이나 또는 이와 비슷한 어떤 것이, 감각자료에 관한 평범한 철학적 견해 상으로, 백합꽃이나 눈이나 다른 임의의 물질적 대상이 실제로 조금이라도 흰색이 될 수 있는 유일한 의미입니다. 즉, 어떤 정상적인 환경 아래 그것이 우리들로 하여금 '흰색 경험조각'으로 부르는 한 가지 감각자료를 지각하도록 하는 원인이라는 의미에서, 오직 흰색이 될 수 있을 뿐입니다.

그렇지만 여러분이 보듯이 이들 세 가지 견해 중에 어떤 것을 선택하더라도, 백합꽃이나 눈이나 다른 흰색 대상에 속하는 그 속성은, 단지 분필을 언급한 첫 번째 사례에서와 같이 '흰색 경험조각'으로 부르는 감각경험의 집합 중에서 한 집합 또는 다른 집합에 대하여 어떤 관계를 지니는 것으로 이뤄져 있을 뿐입니다. 백합꽃과 눈이 하얗다는 똑같은 의미로, 감각자료 그 자체가, 가령, 제가 보는 이들 두 가지 흰색의 경험조각이, 즉, 제가 직접 지각하는 현실적 감각자료가 하얗지 않음이 아주 명백합니다(≒고유한 대상마다 흰빛을 내는 서로 다른 속성을 지닐 것이기 때문에 그러함. 884쪽의 역주 341 참고). 그것들의 공통된 속성은, 분명히 흰색에 대한 다른 두 가지 경험조각이 그 표면 위에 있거나 그 대상들의 일부이거나 또는 대상들에 의해서 일어났다는 사실로 이뤄져 있는 것이 아닙니다.

그렇다면 '흰색whiteness'에 의해서 우리가 공통적으로 의미하는 것이, 저한테는 물질적 대상들에 속하는 어떤 속성인 듯하고, (분필 두 자루의) 첫 번째 사례에서 '흰색 경험조각'들로 부르는 감각자료에 대하여 어떤 관계를 지닌 것으로 이뤄져 있는 속성인 듯하며, 그러므로 이들 감각자료 그 자체에 속하는 속성은 아닌 듯합니다. 일단 우리가 이 사실을 깨닫는 경우에, 이는 우리로 하여금 '흰색 경험조각'들로 부르는 모든 감각자료에 공통적인 해당 속성이 무엇일지에 관해서, 그리고 실제로 우리가 이런 속성이 무엇인지를 잘 알 수 있는지 여부에 관해서, 좀더 의심하도록 만들어 준다고 생각합니다. 궁극적인 물음은 다음과 같습니다.

「'흰색 경험조각'들로 부르는 모든 감각자료에 '공통적이면서도 특징적인' 속성이 무엇일까?」

(What is the property which is common and peculiar[771쪽의 역주 301을 보기 바람] to all the *sense-data*, which I call "white patches"?)

이 물음을 간단히 우리가 「그것이 '흰색'이다」라고 말함으로써 확정할 수 없습니다. 왜냐하면 최소한 그 낱말의 한 가지 일상적 의미에서, 그것이 분명히 '흰색'이 아니기 때문입니다. 즉, 그것이 백합꽃과 눈과 종이와 다른 하얀 물질적 대상에 속하는 흰색의 종류가 아닌 것입니다(≒대상마다 흰빛을 내는 고유한 내재적 속성이 세 가지 차원으로 된 '색상·채도·밝기'에서 서로 간에 다를 것으로 여긴다는 측면에서 무어 교수는 이런 주장을 함). 이 질문을 또 다른 방식으로 제시해 볼 수 있습니다.

「흰색의 모든 감각내용들에 대한 필요·충분조건에 속하는 해당 속성이 무엇일까? 이 속성은 그 감각내용들이 모두 어떤 한 가지 대상을 놓고서 한 가지 공통된 관계를 지니는 것으로 이뤄질까? 만일 그러하다면, 그 감각내용들이 모두 다 한 가지 공통된 관계를 지니는 이 대상은 무엇이며, 그 대상에 대하여 그 감각내용들이 모두 다 지니는 관계란 무엇일까? 만일 그렇지 않다면, 그 속성은 무엇으로 이뤄져 있는 것일까?」

(What is the property which belongs to all sensations of white, and only to sensations of white?[753쪽의 역주 291을 보기 바람] Does this property consist in their all having a common relation to some one thing? And if so what is this thing to which they all have a common relation, and what is the relation which they all have to it? And if not, what does the property consist in?)

저한테는 이 물음이 대답하기가 극히 어려울 듯합니다. 그럼에도 저는 우리가 만일 실제적으로 「이 세상의 구성모습이 무엇과 같을지」를 이해하고 싶다면, 이것이 최후의 중요성을 지닐 질문이라고 생각합니다. 따라서 저는 제 능력껏 최대한 신중하게 이를 다루어 나갈 것입니다. 만일 우리가 한 가지 방식으로 답변한다면, 틀림없이 「이 세상에 엄청난 숫자의 보편 속성들이 있다」고 결론을 짓게 될 것입니다(≒제3의 보편 속성). 이는 어떤 것 또는 다른 것에 대하여 어떤 관계를 지닌 것으로 이뤄진 관계들도 아니고, 속성들도 아니며, 또한 그 본성에서 제가 '개체'(개별체)라고 부를 것과도 지극히 다른 것인데, '개체'(개별체)라는 말로써 저는 (모든 대상들이 공유하는) 보편 속성도 아니며 (몇몇 대상들이 공유하는) 사실들도 아닌 (유일하며 한 개체에만 고유한) 개별 대상을 의미합니다.

제가 보기에는 많은 철학자들이 지속적으로 「이 세상에 이런 종류의 보편 속성이 엄청난 숫자로 있다」고 가정하지만, 그것들에 특정한 주의를 아무런 것도 기울이지 않았거나 그것들의 본성에 대한 명백한 설명을 아무런 것도 제공하지 않은 듯합니다. 다른 한편으로는, 많은 철학자들이 「그런 것(늑제3의 보편 속성)이 아무런 것도 없다」고 가정해 온 듯합니다. 그런 것들이 있다면 비록 우리가 모두 틀림없이 그것들을 끊임없이 생각하고 우리 정신 앞에 그것들을 지니고 있을 터이지만, 저는 반드시 우리가 공통되게 그런 것들이 있음에 주목하지 못했었다는 점을 인정해야 한다고 생각합니다. 다시 말하여, 우리가 그것(늑제3의 보편 속성)들을 생각하는 경우에, 우리 정신 앞에 일어나고 있는 바가, 단지 개체(개별체)들만을 생각하는 것으로부터 매우 다른 어떤 것임을 주목하지 못하는 것입니다.

아무튼 이제 제가 '흰색 경험조각'들로 불러야 하는, 모든 감각자료에 '공통적이면서도 특징적인' 속성은 전혀 없다고 언급될 수 있습니다. 물론 의심의 여지없이, 그것들 모두에 공통된 서로 다른 여러 가지 속성들이 있으며 한 가지 속성만이 아니지만(늑흔히 「색상·채도·밝기」의 세 차원으로 서술됨), 의문이 제기될 수 있는 것은, 또한 그런 속성들 중 임의의 한 가지 속성이 그것들에 특징적인지, 다시 말하여, 배타적으로 그것들에만 속하는지, 아니면 흰색 경험조각이 아닌 임의의 대상에는 속하지 못하는지 여부입니다. 이런 어려움은 실제로 우리가 분명히 '흰색'이라는 이름을, 완벽히 순수한 흰색이 아닌 서로 다른 많은 색조shades(색깔의 짙고 연한 정도)에 적용하기 때문에 생겨나고 (884쪽의 역주 341 참고), 여러분이 잘 알고 있듯이 색깔이 연속적인 계열을 이루고 있기 때문에 생겨납니다. 한 가지 색깔에서 다른 색깔로 차츰차츰 색조가 달라지는 것입니다. 다시 말하여, 분명히 실제로 말하듯이 만일 우리가 여러 가지 서로 다른 색조의 흰색을 모두 다 '흰색'이라고 말하려고 한다면, 어디에 경계선을 그어야 할 것인지에 관한 물음이 제기됩니다. 왜냐하면 가령 한쪽 끝에서 순수한 흰색으로부터 출발하여, 다른 쪽 끝인 순수히 노란색 속으로 어김없이 들어가도록, 조금씩 점차 노랑 계통의 흰색 색조를 띠는 어떤 연속적인 계열을 얻을 수 있기 때문입니다.

의심의 여지없이 비록 우리가 순수한 흰색으로부터 거의 차이가 없는 부분들을 '흰색'들로 불러야 하겠지만, 어떤 지점에서 우리가 '한 가지 흰색'으로 부르지 말아야 할 임의의 색깔을 얻게 될지를 말하기가 아주 어렵습니다. 우리가 순수한 흰색으로부터 출발하여 하야스름한 노란색 지점들을 거쳐서 순수한 노란색으로 가는 노란색을 띤 흰색의 어떤 연속 계열을 얻을 수 있듯이, 마찬가지로 파란색을 띤 흰색의 어떤 계열도 얻을 수도 있습니다. 순수한 흰색으로부터 출발하여 순순한 파란색으로까지 가는 연속적인 계열입니다. 그리고 순수한 흰색으로부터 출발하여 순수한 빨간색으로까지 가는 연속적 계열도 얻을 수 있으며, 서로 다른 많은 색채의 경우들에서도 똑같이 그러합니다.

더욱이 비록 우리가 노란색을 띤 모든 흰색을 '흰색'으로 부를 마음이 생기더라도, 흰색을 띤 모든 노란색을 '흰색'으로 부를 수는 없습니다. 분명히 그 색깔들의 일부는 노란색이고, 흰색은 아니라고 말해야 합니다. 그럼에도 분명히 우리가 노란색을 띤 흰색인지, 흰색을 띤 노란색인지 여부를 말하기가 아주 어려운 경우를 찾아내는 경우와 관련하여, 어떤 색조를 얻을 수 있습니다.315) 더구나 설령 우리가

---

315) [역주] 형태 지각gestalt(전체 형상) 심리학에서는 몇 가지 형태를 지각하는 원리들을 찾아냈는데, 여기서 논의하는 물음은 무엇을 배경으로 보고, 무엇을 초점으로 볼 것인지에 따라 결정되는 일로 설명한다. 다음 그림들은 모두 배경과 초점이 비율이 서로 비슷하기 때문에 쉽게 초점을 결정하기 힘든 사례들이다. 첫째, 카니자 삼각형에서 흰색 삼각형이 보이거나 검은줄 변을 지닌 삼각형이 보일 수 있다. 둘째, 젊은 여성과 노파가 혼재된 경우도 무엇을 배경으로 무엇을 초점으로 보는지에 따라 그림이 달라질 것이다. 셋째, 뷧건슈타인의 곰브리치는 토끼로도 보이고 오리로도 보일 수 있다. 그런데 혼합색을 제시하기 전에 노란색 색조를 계속 제시할 경우, 당연히 노란색으로 보는 치우침이 생길 것이다. 노란색이 여전히 초점으로 지속되기 때문이다.

동일한 현상을 놓고서 원형prototype 이론에서는, 가장 좋은 본보기로부터 시작하여 점차 주변으로 위치하는 대상들로 진행하게 되면 다른 범주의 이름으로 불릴 수 있다. 가령, 새라는 범주를 규정할 적에는 우리 문화에서는 좋은 본보기로서 참새나 까치 제비 따위를 본보기로 생각할 것이지만, 닭이나 오리는 가축의 일원으로 먼저 생각할 것 같고, 타조나 펭귄에 이르게 되면 경계 영역 쪽으로 치우쳐 있는 듯이 여길 듯하다.

의심의 여지없이 노란색을 띠며 흰색이 아닌 「흰색을 띤 노란색」인 어떤 색조를 얻었다고 하더라도, 모든 흰색들을 따로 '흰색'들로 부름으로 말미암아, 실제로 「흰색을 띤 노란색」이 언제나 노란색 속성을 지닙니다. 따라서 이런 속성은 우리가 모든 흰색들을 따로 '흰색'으로 부르기 때문에 흰색에 특징적인 색이 되지 않고 오히려 또한 흰색을 띤 노란색들에 속합니다. 이처럼 흰색을 띤 파란색들에 속하고, 흰색을 띤 빨간색에 속함직하다는 점이 실제의 경우가 아닐까요? 저는 우리가 노란색을 띤 흰색 및 흰색을 띤 노란색 사이의 차이가, 노란색을 띤 흰색이 노란색보다 더 흰색이거나, 노란색 속에 흰색을 더 많이 지닌다는 사실로 이뤄져 있겠지만, 반면에 흰색을 띤 노란색은

대상들의 범위가 커질수록 「약한 의미의 유사성」으로 연결되는데, 뷧건슈타인은 이를 family resemblence약한 유사성, 가족들끼리 얼굴이나 성격이 느슨하게 닮은 속성라고 불렀다.

그런데 색채에 대한 연구에서는 문화권마다 특정 색에서 원형이 되는 초점 색깔focal colour이 서로 다르다는 점을 밝혀 내었다(Berlina and Kay, 1969, 『Basic Color Terms: Their Universality and Evolution』, University of California Press). 예를 들어, 문화마다 원형이 되는 파란색(초점 색깔)을 옅은 하늘색으로 보는지, 검푸른 바다색으로 보는지가 다르다. 원형이 되는 빨간색(초점 색깔)이 선홍색으로 보는지, 검붉은 핏빛으로 보는지도 문화마다 다른 것으로 알려져 있다. 흔히 색깔을 규정하는 세 가지 속성은 색조(색상)·채도·밝기이며(884쪽의 역주 341), 이것들에 따라 색깔들이 분류된다. 색깔을 다루는 전문 분야에서는 삼원색의 배합으로 다양한 색깔들을 유도해 내지만, 민간 분류법에서는 러시아 계통의 언어가 가장 많은 색채어를 갖고 있음이 보고되었으며, 임의의 색채가 분화될 경우에 따듯한 계통light-warm의 색채 낱말이 먼저 분화되고(빨강, 노랑), 그 뒤에 차가운 계통dark-cool의 색채 낱말들이 분화되는 것으로 알려져 있다.

희랍 시절 아리스토텔레스가 추구하던 목표로 삼던 「분류학」이 오늘날에는 심리학에서는 '범주화의 수준'으로 다시 부활되었다. 우리 머릿속에 소박하게 대상과 사건을 나누는 기본 층위가 주어져 있음이 처음 하버드대학 심리학자 브라운 교수에 의해 밝혀진 뒤에(Brown, 1958), 제자인 롸슈Rosch 교수의 논의들을 통하여 「원형성」과 가족끼리 닮은 「미약한 유사성」을 다루는 방식으로도 확장되었다. 또한 「기본 층위」를 중심으로 하여 아래로 두세 개 층위, 위로 두세 개 층위가 다시 설정되어, 대여섯 층위를 통해서 주위 생태계들을 통일된 전체로 묶어 놓는 일이 가장 일반적임이 알려졌고, 이어서 일련의 버얼린 교수와 케이 교수의 연구들은 이런 분류방식의 심리적 토대에 대한 확신을 더 튼튼하게 만들어 주었다. 자연언어에서는 기본 층위 밑에 하위 층위와 차하위 층위가 매우 안정되게 개별 낱말로서 구현되어 있으며 매우 일반적이다. 반면에 상위 층위와 포괄 층위는 범주를 묶은 개인의 시각에 따라 변동하고 의도나 목적에 따라 현격히 달라진다는 사실도 잘 알려져 있다. 우리말로 쉽게 쓰인 논의는 신현정 (2011) 『개념과 범주적 사고』(학지사)에서 읽을 수 있고, 테일러(J. R. Taylor, 1989; 조명원·나익주 뒤침, 1997) 『인지 언어학이란 무엇인가: 언어학과 원형 이론』(한국문화사)도 훌륭한 개관서이다.

흰색보다 더 노랗고, 흰색 속에 노란색을 더 많이 지닌다고 보는 쪽으로 쏠려 있습니다.

그렇지만 여러분이 알듯이 이는 우리가 '흰색'을 두 가지 서로 다른 의미로 쓰고 있음을 보여 줍니다. 우리는 흰색을 띤 노란색이, 아무리 흰색보다 노란색이 훨씬 더 많이 들어 있을지라도, 어느 의미에서 만일 어떤 정도이든 간에 조금이라도 그것이 하얗다면, 여전히 흰색임을 부정할 수 없습니다. 반면에 다른 한편으로, 만일 거의 조금도 순수한 흰색이 아니라면, 분명히 그것을 흰색이 아니라 노란색으로 분류해야 합니다. 저는 이들 '흰색'이라는 낱말의 두 가지 의미를 반드시 인식해야 한다고 생각합니다. 만일 그렇게 한다면, 저는 이 첫 번째 난점이 종결되었다고 생각하는 쪽으로 기울어져 있습니다. '흰색'이라는 낱말의 한 가지 의미에서, 우리는 오직 '순수한 흰색'이든지 또는 다른 순수한 임의의 색깔보다도 순수한 흰색 쪽에 좀더 가깝다면, 우리는 틀림없이 임의의 경험조각을 흰색 경험조각으로 불러야 한다고 생각합니다. 우리가 답변하고자 노력해 봄직한 한 가지 질문은 다음과 같습니다.

「이런 의미에서 흰색인 모든 흰색 경험조각들에 '공통적이면서도 특징적인' 속성은 무엇일까?」

(What is the property which is both common and peculiar to all white patches which are white in this sense?)

그렇지만 '흰색'이라는 낱말의 또 다른 의미에서, 저는 우리가 반드시 흰색을 띤 노란색, 흰색을 띤 파란색, 흰색을 띤 빨간색 등이, 흰색보다는 아무리 훨씬 더 노랗고 훨씬 더 파랗고 훨씬 더 빨갛더라도, 그럼에도 불구하고 만일 이런 표현을 종종 '그 색깔들 속에 어느 정도 흰색을 지님'을 의미하려고 쓴다면, 여전히 흰색임을 인정해 주어야 한다고 생각합니다. 그리고 이 속성이 무엇인지는 별개의 다른 물음이 될 것입니다.

그렇지만 이들 두 가지 의미 중 첫 번째 의미가 분명히 감각자료에 적용된 것으로서 '흰색'이라는 낱말을 쓰는 것이 가장 자연스럽다는 것입니다. 그러므로 저는 우선 다음 질문을 살펴보기를 제안합니다.

「이런 첫 번째 의미에서 흰색인 모든 감각자료에 '공통적이면서도 특징적인' 속성은 무엇일까?」

(What is the property which is both common and peculiar to all sense-data which are white in this first sense?)

지난 번(§.17-4)에 저는 「이들 모든 경험조각들에 '공통적이면서도 특징적인' 유일한 한 가지 속성이 단지 각각 그런 모든 경험조각들로 이뤄져 있는 집합의 원소가 됨직하다」고 보았습니다. 이는 분명히 그 경험조각들에 모두 '공통적이면서도 특징적인' 한 가지 속성입니다. 그리고 저는 이것이 유일한 한 가지 속성일 수 있음을 제안하였습니다. 그렇지만 이것이 그런지 여부를 의심할 만한 근거들이 있었다고 언급했습니다. 이제 저는 사실상 이것이 그 경험조각들에 모두 '공통적이면서도 특징적인' 한 가지 유일한 속성이 아님이 아주 분명하다고 생각합니다.

저는 이것이 다음과 같은 방식으로 가장 잘 보일 수 있을 것으로 생각합니다. 아무리 대상들이 서로 간에 닮지 않을 수 있다고 하더라도, 절대적으로 이 세상에서 대상들에 대한 부류(집합)가 어떤 것이든지 실제로 한 가지 부류를 형성합니다. 예를 들어, 우리는 한 가지 특정한 색깔, 한 가지 특정한 소리, 한 가지 특정한 냄새로 이뤄진 한 가지 부류를 생각할 수 있습니다. 물론 그런 부류가 사실상 한 가지 부류입니다. 그 부류의 모든 구성원(원소)들 중에서 물론 한 가지 속성이 그 구성원들 모두에 대하여 '공통적이면서도 특징적임'이 참값일 것입니다. 즉, 「그 부류의 구성원인 상태」(그 집합의 원소인 상태)라는 속성입니다. 그 구성원들이 각각 그 부류의 한 가지 구성원이며, 그것들 중 하나를 제외하고서 이 세상에서 아무런 것도 그 부류의 구성원이 아닙니다. 이는 아무리 그 부류가 자의적으로 선택될 수 있다고 하더라도, 무엇이든 간에 명백히 임의의 부류에 대하여 참값이 될 것입니다.

저한테 분명해 보이는 것은, 우리가 지금 살펴보고 있는 그 부류(집합)가, 서슴없이 '흰색'으로 부름직한 모든 감각자료로 이뤄져 있는 그 부류가, 모종의 방식으로 다음과 같은 부류들과는 실제로 다르다는 것입니다. 그 구성원(원소)들이 모두 어떤 순전히 자의적인 부류의 구성원들이라면 관련되지 않을 모종의 방식으로 확실히 서로 관련되어 있으며, 그것이 어떤 의미에서 자연스런 한 가지 부류입니다. 그렇지만 그 부류가 순전히 자의적이지 않고 자연스럽다고 말함으로써 우리가 의미하는 바로 그것이, 단지 그 부류의 구성원 속성 이외에도 모든 구성원들에 '공통적이면서도 특징적인' 다른 어떤 속성이 있다는 것입니다. 제가 알 수 있는 한, 이것이 자의적인arbitrary 부류로부터 한 가지 자연스런 부류를 구별해 주는 유일한 방식입니다.316) 저는 분명히 그

---

316) [역주] 무어 교수는 앞 단락과 이 단락에서 집합과 원소를 각각 group**부류**와 a member **구성원**이란 낱말을 쓰고 있으나, 동일한 개념을 가리킨다. 뒤친이는 집합이란 개념 자체가 추상적인 측면이 있으므로, 자연스런 집합과 자의적인 집합을 구분하는 것이 올바르지 않다고 본다(모두가 우리의 필요를 충족시키기 위해 구성해 놓은 산물이기 때문임). 더욱이 집합이 일반적인 관계를 다루고 있지만, 유일한 원소만 갖는 집합도 제약을 가하여 충분히 만들어 낼 수 있을 뿐만 아니라(무어 교수는 이를 한 대상의 '속성'으로 부름), 또한 특정한 원소들만으로 이뤄진 특성 함수characteristic function로 이뤄진 집합도 만들어 낼 수 있는 것이다(가령, 특별히 상황들로만 이뤄진 집합). 이런 측면에서 §.17-5에서부터 계속 무어 교수가 속성과 관계를 선명히 나누어 놓은 것은 오늘날 거의 수용되지 않을 것으로 판단한다. 다시 말하여, 집합들 사이의 일반적인 관계가 첫 출발점이고, 여기에 다시 제약들을 덧붙이면서 특성 함수의 집합과 유일한 원소로 된 집합을 필요·충분하게 도출해 낼 수 있는 것이므로, '속성'으로 부른 영역과 대상은 따로 구분해 놓을 필요도 없고, 그런 구분이 더 이상 타당하지 않다.

본문에서 주장하듯이, 만일 자연스런 집합이 있다면, 우리의 일상생활 경험과 잘 어울리며 원소와 집합, 그리고 집합과 집합 사이의 관계에 적의한 제약이 들어 있는 경우를 가리킬 법하다. 즉, 우리의 직관과 잘 들어맞는 것이다. 그렇다면, '자연스럽다'와 '자의적이다'라는 구분은 집합들을 만들어 주는 제약이 우리의 상식과 얼마만큼 긴밀히 어울리는지를 가리켜 주는 것으로 이해해야 한다. 자연수와 정수를 묶는다든지 무

런 어떤 구분이 있다고 생각합니다. 그렇다면 모든 자연스런 부류를 놓고서, 그 구성원이 모두 반드시 단지 그 부류의 구성원인 상태 말고도, 구성원들 모두에 '공통적이면서도 특징적인' 모종의 속성을 지녀야 한다고 말할 수 있습니다. 저는 우리가 지금 살펴보고 있는 부류가 분명히 한 가지 자연스런 부류a natural group라고 생각합니다.

§.18-4 【 자연스런 부류로서의 비슷함 관계 】 그렇다면 질문은 (자연스런 부류를 형성하는) 「이런 속성이 무엇일까?」입니다. 이 질문에 대한 대답으로 제시할 아주 자연스런 제안은, 아무튼 이것이 비슷함resemblance의 관계를 도구로 하여 정의될 수 있다고 봅니다. 모든 흰색 감각자료가 어떤 측면에서 서로 비슷하기 때문에, 어떤 의미에서 분명히 우리가 감각자료들을 함께 분류하고 그것들을 한 가지 자연스런 부류로 간주하는 일이 있을 듯합니다. 저는 일부 철학자들에게서 이런 설명에는 찬성하겠지만, 더 이상 더 앞으로 내다보지 않는 경향이 있다고 생각합니다. 그렇지만 만일 더 멀리 내다본다면, 저는 이런 설명이 현재 보여주듯이 분명히 잘 작동치 않을 것임이 아주 명백하다고 생각합니다.

비슷함resemblance 또는 닮음similarity에 대한 전체 주제의 대한 논의는 아주 혼란스럽다고 봅니다. 저는 오히려 사뭇 신중하게 이 주제 속으로 들어가는 것이 가치가 있다고 봅니다. 논의를 시작하기 위하여 다음처럼 말해질 수 있습니다.

「여러분이 원하는 대로 특정한 흰색 감각자료 단편을 어떤 것이든지 선택하시오. 그렇다면 다른 모든 것들이 실제로 그것과 비슷하지만, 그 색깔이

리수까지 확장하는 것은 쉽게 납득이 되는데, 복소수 집합을 상정할 수 있기 때문이다. 그렇지만 자연수와 산소 분자를 묶어서 집합을 만든다거나, 철 분자와 비누를 묶어서 집합을 만든다면 이것들이 개체라는 점을 제외하고서 아무런 공통 기반이 없으므로, 아무도 납득하지 못할 것이다. 왜 그럴까? 아무런 제약도 없기 때문이다. 다시 이 문제는 771쪽의 역주 301에서 언급한 분류학에 근거하여 '공통적이면서도 특징적인' 집합을 만들어야 함을 시사해 주며, 「비슷함」이란 관계와 「비슷한 정도」에 대하여 탐구하도록 재촉한다. 796~798쪽의 역주 310도 참고 바란다.

이 세상에서 흰색이 아닌 나머지 대상들로부터 그것들을 구별해 주는 것이다. 여러분이 선택한 것이 무엇이든 간에, 다른 흰색 경험조각들이 모두 실제로 한 가지 우리의 흰색 경험조각과 실제로 비슷하지만, 반면에 다른 나머지는 아무런 것도 비슷하지 않다. 그렇다면 우리는 여기서 그것들에 모두 공통적이면서도 특정적인 한 가지 속성을 지니게 된다.」

그렇지만 현재 제가 마주칠 또 다른 반론을 임시 접어 둔다면, 이 주장에 대하여 아주 명백하게 한 가지 반론이 있습니다. 즉, 모든 경우에 어떤 의미에서 그것이 말하는 바가 분명히 참값이 아니라는 것입니다. 어떤 흰색 경험조각을 여러분이 선택하였든지 간에, 흰색 경험조각들을 제외하고서 이 세상에서 아무런 것도 그 경험조각과 비슷한 것이 없다는 것은 명백히 참값이 아닙니다. 거꾸로, 이 세상에서 절대적으로 모든 것이 어떤 의미에서, 즉, 둘 모두 이 세상이 있다는 사실의 측면에서 그 경험조각과 틀림없이 비슷합니다. 다시 말하여, 이 세상에서 절대적으로 모든 것이 여기서 다른 모든 것과 비슷하다는 어떤 의미가 있습니다. 한 가지 측면에서 적어도 모든 것이 실제로 다른 모든 것과 비슷하다는 것입니다. 따라서 단지 우리의 한 가지 흰색 경험조각과 비슷한 속성이, 분명히 비록 경험조각들에 공통적이겠지만, 다른 흰색 경험조각에만 특정적인 것이 아닙니다. 지금까지 경험조각들에 특정적인 것으로부터, 비슷한 속성이 경험조각들에 의해서 절대적으로 이 세상의 모든 것들과 공유됩니다.

그렇지만 다음처럼 말해질 수 있습니다. 비록 '비슷함'이라는 낱말의 한 가지 의미에서 이것이 참값이더라도, 분명히 한 가지 대상이 또 다른 대상과 아주 다를 수 있다는, 즉, 그것과 전혀 닮지 않을 수 있다는 또 다른 의미도 있습니다. 늘 우리는 분명히 이런 방식으로 말합니다. 우리는 지속적으로 「한 가지 대상이 또 다른 대상과 닮지 않고 아주 다르다」고 말하며, 이 표현으로 의미하는 것이 종종 분명히 참값입니다. 그러므로 '비슷하다resemble'라는 낱말의 한 가지 의미가 있으며, 확정적으로 하나의 대상이 또 다른 것과 조금도 비슷하지 않을 수 있다는 것입니다. 제 입장에서는 이것이 참값임을 부정할 만한 방법을 찾을 길이 없습니다.

「한 가지 것이 또 다른 것과 사뭇 닮지 않을 수 있다」는 한 가지 의미보다 더 많은 의미들이 있을 가능성도 있습니다. 그렇지만 저한테는 비록 정의하기가 아주 어렵지만, 적어도 아주 중요한 것이 한 가지 더 있는 듯합니다. 저는 우리가 「하나의 대상이 또 다른 대상과 사뭇 닮지 않다」고 말하는 경우에 의미하는 한 가지 것이, 「내재적으로 그것이 아주 닮지 않다는 것」이라고 생각합니다. 두 가지가 비록 그것들이 어떤 공통된 속성을 지닌다는 사실의 측면에서, 즉, 서로 간에 모종의 공통된 관계로서 서로 간에 비슷할 수 있다고 하더라도, 그럼에도 불구하고 그 자체로는 또는 내재적으로는 그것들이 아주 닮지 않은 것입니다. 저는 외재적인 것과 구별되는 것으로서 「내재적인 닮음 속성」으로써 의미된 바를 정의할 수 있는 척하지는 않습니다. 그렇지만 저한테는 이렇게 말함으로써, 무엇인가가 의미되고 뭔가 중요한 것이며, 따라서 내재적 닮음 속성을 참고함으로써 우리의 물음에 답변할 수 있을지 여부를 살펴볼 만한 가치가 있는 듯합니다. 그렇다면 누군가 다음처럼 말한다고 상정해 보기로 하겠습니다.

「다른 모든 흰색 경험조각이 실제로 저 경험조각과 내재적으로 비슷하지만, 이 세상에서 다른 아무런 것도 비슷한 것은 없다」

이것이 참값일까요? 아주 명백하게 그렇지 않습니다. 우리가 내재적인 비슷함을 어떻게 정의하더라도, 어떤 순수히 빨간 경험조각이, 실제로 내재적으로 빨간색을 띤 흰색 경험조각과 비슷함은 아주 분명합니다. 따라서 우리는 다음처럼 말할 수 없습니다.

「여러분이 원하는 흰색 경험조각을 어떤 것이든 선택하시오. 그러고 나서 내재적으로 그것과 실제적으로 비슷한 다른 모든 흰색 경험조각을 선택하되, 흰색 경험조각이 아닌 것을 어떤 것도 선택하지 마시오.」

왜냐하면 앞의 요구와는 반대로, 여러분이 선택하는 흰색 경험조각이 어떤 것이든지 간에, 전혀 흰색이 아니겠지만 실제로 내재적으로 비슷한 어떤 것이 있을 것이기 때문입니다. 만일 여러분인 선택한 경험조각이 노란색을 띤 흰색이라면, 순수히 노란색 경험조각이 그 후보일 것입니다. 만일 파란색을 띤 흰색 경험조각이라면, 순수한 파란색 경험조각이 그 후보일 것입니다. 등등. 그러므로 우리는 분명히 단지 내재적인 비슷함만 참고함으로써, 공통적인 어떤 속성이 또한 우리의 흰색 경험조각들에 특징적이라고 정의할 수는 없습니다.

그렇다면 단지 비슷함만 살펴본다든지 또는 내재적 비슷함internal resemblance을 살펴봄으로써, 우리가 요구하는 바를 찾아내는 데 실패하였습니다.

§.18-5【 비슷한 상태의 정도성 차이 】다음으로 내재적 비슷함의 정도 또는 근접성이 우리 목적에 이바지할 수 있다고 제안될 수 있으며, 다음처럼 말할 수 있습니다.

「여러분이 원하는 흰색 경험조각을 어떤 것이든지 선택하시오. 그런 다음에 그것에 대하여 내재적 비슷함에 근접성을 지니되, 다른 것은 아무런 것도 지니지 않을 흰색 경험조각을 선택하시오. 그것들이 이 세상에서 다른 임의의 대상이 비슷한 것보다 좀더 내재적으로 근접하게 그것과 비슷할 것이다.」

그렇지만 다시 이것도 명백하게 참값이 아닙니다. 여러분이 선택한 그 흰색 경험조각이, 아주 그렇지는 않더라고 거의 순수한 흰색이라고 가정해 보겠습니다. 그렇다면 명료하게 흰색이지만 또한 명료하게 노란색을 띤 흰색인 또 다른 경험조각이, 우리의 순수한 흰색 경험조각에 대해서보다도, 명백히 흰색을 띤 노란색 경험조각에 대해서 좀 더 근접한 내재적 비슷함을 지닐 수 있습니다. 다시 말하여, 조금도 흰색이 아니더라도 오직 흰색을 띤 노란색인 어떤 경험조각이, 흰색인 많은 경험조각들보다 내재적으로 좀더 근접하게 우리의 노란색을 띤 흰색과 비슷할 것입니다. 여러분이 선택한 흰색 경험조각이 어떤 것이든지 간에 거의 동일한 반대에 부딪히게 될 것입니다. 다른 흰색 경험조각들이 모두, 이 세상에 있는 다른 임의의 것이 비슷한 것보다 좀더 내재적으로 근접하게 그것과 비슷함은, 참값이 아닐 것입니다. 그러므로 여기에서도 우리가 다시 흰색 경험조각들에 대하여 특징적인 한 가지 속성을 찾아내는 데 실패하였습니다.

그렇지만 다음처럼 말해질 수 있습니다.

「마지막 두 가지 경우에, 다만 우리가 다음처럼 말했기 때문에 실패했을 따름이다. 당신이 좋아하는 흰색 경험조각을 어떤 것이든 선택하시오. 그렇다면 흰색 경험조각을 제외하고서 아무런 것도 내재적으로 그것과 비슷하지 않거나 또는 다른 모든 흰색 경험조각들이 비슷한 만큼 아무런 것도 근접성의 정도로써 내재적으로 그것과 비슷하지 않을 것이다. 만일 여러분이 원하는 흰색 경험조각을 어떤 것이든지 선택한다면, 이들 대상이 명백히 참값이 아니다. 그렇지만 만일 그 종류의 경험조각들에 대한 선택을 제한한다면, 두 대상이 모두 실제로 참값으로 되는 그러한 한 가지 종류의 흰색 경험조각이 있다. 절대적으로 순수한 흰색이 어떤 유일한 위치에 있고, 만일 여러분이 절대적으로 순수한 흰색의 경험조각을 한 가지 선택한다면, 흰색 경험조각들을 제외하고서 이 세상에서 절대적으로 아무런 것도 다른 모든 흰색 경험조각들이 비슷한 만큼 아주 근접하게 내재적으로 그것과 비슷하지 않음은 참값이다.」

그렇지만 심지어 이것도 틀림없이 반박되어야 할 것으로서 여러 가지 이유들을 볼 수 있습니다.

한 가지 논박으로서, 저한테는 다음 내용이 이 주장에 대한 치명적 반론일 듯합니다. 즉, 비록 다른 경우에 더 많이 명백한 반론들이 있었기 때문에 이 점을 언급하지는 않았었지만, 우리가 살펴보았던 다른 모든 이론들에도 적용되는 한 가지 반론입니다. 제가 의미하는 반론은 다음과 같습니다. 우리는 절대적으로 순수한 흰색의 특정한 경험조각을 한 가지 선택하기로 되어 있습니다. 다른 모든 흰색 경험조각들은 이것과 다른 임의의 것이 비슷한 것보다도 좀더 근접하게 비슷함이 참값이라고 가정하고 있습니다. 만일 이것이 참값이라면, 우리는 실제로 우리가 선택한 절대적으로 순수한 흰색 대상을 제외하고서, 다른 모든 흰색 경험조각들에 공통적이면서도 특징적인 한 가지 속성을 찾아내었습니다.

　그렇지만 우리의 이론에 대하여 절대적으로 치명적인 반론은, 바로 우리가 반드시 이것을 한 가지 예외로 만들어야 한다는 사실로 이뤄져 있습니다. 설령, 우리가 찾아낸 그 속성이 실제로 우리가 선택한 그 한 가지 대상을 제외하고서, 다른 모든 흰색 경험조각들에 공통적이면서도 특징적이었다손 치더라도, 그럼에도 여전히 그것이 그 경험조각들에 특징적일 듯하기 때문에, 즉, 오직 경험조각들에만 속할 것 같기 때문에, 그것이 우리가 선택한 그 한 가지 대상에 속하지 않을 것임이 도출되어 나옵니다. 명백히 이는 그렇지 않을 것 같습니다. 그 특정한 흰색 경험조각은 자신과 비슷하지 않습니다(≒'비슷하다'는 말은 흔히 두 개체를 전제로 하며, 재귀적으로 자기 자신과의 관계를 뜻하지는 않기 때문임). 그것이 그 자체로 아주 다른 것입니다. 그러므로 이 한 가지 흰색 경험조각은 나머지 모든 것들에 공통적이면서도 특징적인 것으로 가정한 그 속성을 얻지 못할 것입니다. 그럼에도 불구하고, 명백하게 우리가 찾고 있는 그 속성을 얻습니다. 즉, 모든 흰색 경험조각들에 공통적이면서도 특징적인 한 가지 속성입니다. 그러므로 (이런 추론의 결과는) 우리가 찾아낸 속성이 우리가 찾고 있었던 속성이 아님이 뒤따라 나옵니다. 모든 흰색 경험조각들에 공통적이면서도 특징적인 한 가지 속성은 아닌 것입니다.

여러분이 보듯이, 이것이 그 원소들 중에 하나에 대하여 어떤 종류이든지 비슷함으로 이뤄져 있는 것으로서, 한 집합의 모든 원소들에 대하여 공통적이면서도 특징적인 한 가지 속성을 정의하려는 임의의 제안에 대하여 절대적으로 일반적인 한 가지 반론입니다. 그 집합의 원소들 중 한 가지 원소에 대하여 어떠한 종류이든지 무엇이든지 간에, 비슷함이 언제나 필수적으로 그 집합의 모든 원소에 속하지 않는 한 가지 속성입니다. 왜냐하면 그것이 비슷한 원소로서 나머지 원소들이 선택된 원소에 속하지 않기 때문입니다. 즉, 선택된 원소는 비슷하지 않으며, 그 원소는 그 자신이거나, (여러분이 원한다면 표현을 바꿔서) 그 자신과 동일합니다. 그러므로 이런 방식으로 한 집합의 원소들에 공통적이면서도 특징적인 한 가지 속성을 정의하려는 시도는 어떤 것이든지 언제나 반드시 실패하기 마련입니다. 왜냐하면 그것이 적어도 한 가지 원소를 남겨 두기 때문입니다. 즉, 거기에 반드시 논의 중인 그 속성을 소유하지 못하는 한 가지 원소가 있는 것입니다. 물론 한 가지 대상에 비슷한 상태 및 그 대상 자체인 상태 사이에 이런 차이가 중요한 차이는 아니라고 말해질 수 있습니다. 즉, 비슷함의 관계 및 순수히 동일함의 관계 사이에 아무런 중요한 차이도 없다고 여기는 것입니다.

그렇지만 이것이 그러한지 그렇지 않은지 여부를 놓고서, 저는 반드시 한 가지 차이점이 있음이 인정되어야 한다고 생각합니다. 일반적으로 비슷함으로써 의미하는 것은, 한 가지 대상이 확실히 그 자신에 대하여 지닐 수 없는 어떤 관계입니다. 그것은 두 가지 다른 대상들 사이에서만 성립할 수 있는 한 가지 관계입니다. 즉, 적어도 수치상으로 다른 대상들이 두 개입니다. 그러므로 그 일상적 의미로 '비슷함'이라는 낱말을 쓰는 한, 저는 우리가 그 원소들 중 임의의 한 가지 원소에 대하여 비슷함을 도구로 써서 확정적으로 한 집합의 모든 원소들에 공통적이면서도 특징적인 한 가지 속성을 정의하려는 시도를 반드시 포기해야 한다고 생각합니다.

핵심은 다음과 같습니다. 그 일상적 의미에서 「비슷함을 도구로 써서 우리가 요구된 속성을 이런 방식으로 정의할 수 없다」는 것이 제가 지적하고 싶은 첫 번째 핵심입니다. 저는 이것이 종종 간과되기 때문에 지적해 놓을 가치가 있다고 봅니다.

§.18-6【 대안으로 제시된 내재적 속성 이론 및 선접 방식의 제안 】 그렇지만 물론 이런 이론을 포기해야 하는 이런 특정한 이유가, 아마 우리가 원하는 바를 제공해 줄 만한 다른 두 가지 이론을 가리켜 줍니다. 이 이론들 중 첫 번째 것은, 동일성 및 비슷함 사이에 있는 중요한 차이를 어떤 것이든 부정하는 쪽으로 기울어져 있는 사람에 의해서 누구든지 간에 자연스럽게 의미될 만한 것이라고 생각합니다. 그런 사람은 한 가지 대상이 언제나 그 자신에 대하여, 그것과 비슷한 대상들이 또한 그것에 대해 지니는, 모종의 관계를 지닌다고 말할 듯합니다. 즉, 이런 의미에서 비슷함의 관계 및 순수히 동일함에 대하여 공통된 어떠한 것이 있는 것입니다. 그렇다면 언제나 비슷함 및 동일함에 포함되지만, 어떤 것과도 동일하지 않은 이렇게 가정된 관계를 참고함으로써, 우리가 바라는 해당 속성을 정의하도록 제안할 수 있습니다.

제가 주장하고 싶은 것은, 설령 이것이 실행될 수 있다고 해도, 비슷함을 도구로 써서 요구된 속성을 정의하는 일과 동일한 것은 아닙니다. 여전히 우리는 어떤 종류이든지, 어떤 정도이든지 간에, 단지 비슷함이 분명히 우리에게 우리가 바라는 해당 속성을 제시해 주지 못한다고 말할 자격이 있습니다. 제 입장에서는 「이 이론에서 요구함직한 그런 관계가 어떤 것이든 있다」고 가정할 이유를 전혀 알지 못합니다. 즉, 모든 것이 언제나 그 자신과 관계를 지니며, 정도성에 민감한 어떤 관계입니다. 따라서 어떤 대상과 가장 근접하게 내재적으로 비슷한 그런 것들이, 그 대상에 대하여 또한 그것이 비록 정도가 좀 낮더라도 그 자신에 대하여 지니는 아주 똑같은 이런 관계를 지닐 것 같습니다.

그렇지만 저는 그런 관계가 아무런 것도 없다고 입증할 준비가 되어 있지 않습니다. 따라서 우리는 이런 이론을 반드시 우리의 난제에 대한 한 가지 가능한 해결책으로서 인정하는 것입니다. 제가 언급한 대로 아무런 것도 배제되지 않을 한 가지 해결책입니다.

여전히 가능성으로 남아 있는 두 번째 이론은 다음과 같습니다. 우리가 찾고 있는 속성이, 즉, 모든 흰색 경험조각들에 공통적이면서 특징적인 속성이, 다만 제가 「선접disjunctive317) 속성」이라고 부르는 것에 불과하다는 것입니다. 예를 들어, 다음처럼 말해질 수 있습니다. 여러분이 절대적으로 순수한 흰색의 특정한 경험조각을 어떤 것이든 선택한다고 가정하겠습니다. 우리는 이것을 'A'로 부를 것입니다. 그러고 나서 A를 포함하여 절대적으로 모든 흰색 경험조각들에 공통적이면서도 특징적인 한 가지 속성이, 그 경험조각들이 각각 이 세상에 있는 다른 어떤 것보다도 내재적으로 좀더 근접하게 A와 비슷하거나, 아니면 A인 사실이 주어져 있습니다. 여러분이 보듯이 이것이 제가 「선접 속성」으로 부르는 이유인 것입니다. 즉, 이것이 한 가지 속성이나 아니면 또 다른 속성을 지닌 것으로 구성되어 있는 것입니다. 다시 말하여, 특정한 정도의 근접성과 함께 A와 비슷한 상태이거나, 아니면 곧

---

317) [역주] 영어에서 either X or Y와 같이 둘 이상의 선택지 중에서 하나를 뽑고서(選) 앞에 이어주는 것(接)이므로, '선택하여 접속한다'는 말을 줄여 '선접選接'이라고 번역해 둔다. or에는 두 종류가 있다. "사과나 배가 과일이다"에서와 같이 선택지를 둘 다 뽑아도 될 경우를 「포괄적 선접」이라고 부른다. 본문에서 「A인 상태 또는 A와 비슷한 상태」, 「동일함 또는 비슷함」으로 제시한 선택지도 모두 포괄적 선접으로 쓰고 있는 것이다. 그렇지만 "박정희가 남자이거나 여자이다"에서는 오직 하나만 선택될 뿐인데, 이를 「배타적 선접」이라고 부른다. 콰인(Quine, 1951 개정판) 『수리 논리(*Mathematical Logic*)』 (Harvard University Press) 12쪽에서는 라틴어에서 포괄적 선접은 vel로, 배타적 선접은 aut로 대응한다고 하였다.

어떤 이는 선접을 이접離接으로도 번역한다. '헤어질 리(離)'는 접두사 dis-가 지닌 뜻 중 떨어지다apart가 있으므로 축자 번역을 했거나, 「선택지를 따로 떼어 놓는다」는 뜻일 수 있다. 그렇지만 둘 이상의 선택지 중에서 뽑는다는 특성을 포착해 주지 못한다. or와 and를 놓고서 일반적으로 각각 disjunction선접과 conjunction연접으로 부르지만, 기호논리학(상징논리학)에서는 이것들을 각각 「논리합」과 「논리곱」으로도 번역한다.

만일 무어 교수가 「포괄적 선접」의 뜻으로 쓰고 있다면, 결국 「비슷함 또는 동일함」을 선택지로 내세워 둔 셈이므로, 정도성으로서 「많이 동일함 또는 완벽히 동일함」처럼 해석해야 할 것이다.

바로 A인 것입니다.

저는 만일 A를 제외하고서 이 세상에서 흰색의 모든 경험조각들이 다른 임의의 대상이 비슷한 것보다 내재적으로 좀더 근접하게 실제로 A와 비슷하다면, 이런 선접 속성이 실제로 이 세상에서 절대적으로 모든 흰색 경험조각들에 공통적이면서도 특징적인 한 가지 속성임이 부정될 수 없다고 생각합니다. 즉, 그 경험조각들이 각각 근접하게 비슷한 경험조각들 중 한 가지이거나, 아니면 곧바로 그것이 A인 것입니다. 이것이 실제로 A 그 자체에 속하면서 동시에 나머지 모든 것에도 속하는 한 가지 속성입니다. 그리고 비록 A인 상태 및 A와 비슷한 상태 사이에, 즉, 비슷함 및 동일함 사이에 공통된 것이 아무런 것도 없을지라도, 이것이 그것들에 모두 다 속하는 한 가지 속성입니다. 저에게는 실제로 어떤 그런 「선접 속성」을 제외하고서는, 절대적으로 모든 흰색 경험조각들에 대하여 공통적이면서도 특징적인 속성이 아무런 것도 없음이 가능할 듯이 보입니다. 저는 이것이 그럴 가능성이 있다는 제안을 절대적으로 반박하는 방법을 어떤 것도 알지 못합니다. 그러므로 우리가 원하는 그 속성이 순수히 「선접 속성」일 수 있다는 것입니다.

제**19**장 선접 속성 및 다른 속성들
(제3의 보편 속성)

§.19-0 【 들머리 】 제가 밝혀내고자 하는 핵심 요점은 다음과 같습니다. 저는 이 세상에 두 가지 다른 종류의 '보편 속성들universals'이나 '일반개념들general ideas'이 있음을 보여 주려고 하였습니다. (1) 관계들relations과 (2) 어떤 것 또는 다른 것에 대하여 한 가지 관계를 지닌 것으로 이뤄진 속성들properties입니다(782쪽 이하 §.17-5를 보기 바람). 분명히 이 세상에는 이들 두 종류로 된 엄청난 숫자의 서로 다른 보편 속성들이 있습니다. 저는 여러분들이 이제 이들 두 가지 보편 속성들에 의해서 제가 의미하는 바를 완벽히 분명하게 잘 이해했다고 가정하고자 합니다. 그렇다면, 제가 밝혀내고자 하고 있는 논점은, 이들 두 가지 종류 말고도 이 세상에 아마 아주 다른 「제3종류의 보편 속성」들도 있을 것이라는 점이었습니다. 저로서는 이것이 아주 분명히 보여 주기가 극히 어려운 어떤 것일 듯합니다. 그렇지만 이를 시도하는 일이 분명히 가치가 있다고 여깁니다.

만일 이것이 참값이라면, 즉, 만일 이 세상에 이런 제3종류의 보편 속성들이 있다면, 이것들이 이 세상에 있는 가장 중요한 종류의 대상들 중 한 가지임이 분명합니다. 만일 그런 것들이 어떤 것이든지 간에 있다면, 이것들이 우리들이 모두 언제나 우리 정신 앞에 지니는 대상들입니다. 즉, 우리가 모두 언제나 생각하고 말하는 대상들입니다. 그렇지만 그럼에도 불구하고, 만일 우리가 이 세상에 대한 일반적 설명을 어떤 것이든 간에 제시하고자 한다면, 즉, 이 세상에 있는 대상들의 주요한 종류들을 언급하고자 한다면, 이들 보편 속성을 조금도 주목할 수 없기 마련이라고 봅니다. 이것들을 간과하고서 이것들을 무시한 채 이 세상이 온전히 다른 종류의 대상들로만 이뤄져 있는 듯이 말하는 것입니다. 저는 이것이 심지어 제가 첫 번째로 언급한 두 가지 종류의 보편 속성들에 대해서도 참값이라도 생각하는데, 관계들 및 어떤 것 또는 다른 것에 대하여 한 가지 관계를 지닌 것으로 이뤄진 속성들입니다.

(경험론을 주장하는) 많은 철학자들은 심지어 이런 것들과 같은 보편 속성도 전혀 없었던 것처럼, 즉, 간단히 말하여, 무엇이든지 간에 어떤 종류의 보편 속성들과 같은 그런 것들이 아무런 것도 없는 듯이 말합니다. 그렇지만 이런 주장은 특히 이런 제3종류의 보편 속성에도 참값이라고 생각합니다. 왜냐하면 제3종류의 보편 속성의 경우, 그것들을 명백히 구별해 내는 일부터가 훨씬 더 어렵기 때문입니다. 즉, 심지어 여러분이 그것들을 찾아다닌다고 하더라도, 여러분의 정신 앞에 그것들을 알아차리고서 붙들어 놓기도 아주 어렵습니다.

§.19-1 【 제3의 보편 속성에 대한 한 가지 사례: 색깔의 경험조각들 】

저는 이런 제3종류의 보편 속성들이 있다고 생각할 이유들을 제시해 주고자 애쓰고 있습니다. 저는 우리가 한 가지 특정한 집합의 감각자료를 살펴보았다면, 한 가지를 알아차릴 수 있다고 생각했습니다. 색깔의 경험조각들로 불릴 만한 감각자료들의 한 가지 집합이 있습니다. 1952년 제2장에 새로 달아둔 주석 1~2(86~88쪽의 역주 33~34임)에서는 '경험조각들patches'이라는 용어 아래, 심지어 보기 힘들 만한 가장 작은 알갱이까지 포함하여, 절대적으로 모양새와 크기가 어떤 것이든지 간에 모든 경험조각들을 포함해 두었습니다. 이 집합에 포함된 것으로서, 순수한 흰색이든지 설사 아주 순수한 흰색이 아니라면 분명히 흰색이든지 간에, 필요·충분조건으로 이뤄진 그런 경험조각들로 이뤄진 더 작은 어떤 집합이 있습니다. 제가 살펴보려고 하는 것이, 바로 이런 더 작은 집합이었습니다. 순수히 흰색인 경험조각들을 포함하여 분명히 흰색인 모든 경험조각들의 색깔로 이뤄진 집합입니다.

제가 던진 물음이, 바로 제가 주장하려는 제3종류의 어떤 보편 속성을 찾아내려는 희망을 담고 있었습니다.

> 「이 집합의 모든 원소들에 속하되 이 세상에서 어떤 것이든 다른 아무런 것에도 속하지 않는318) 속성으로서 무슨 속성이 있는 것일까?」
> (What property is there which belongs to all the members of this group, and to nothing else whatever in the Universe?)

우선 의심의 여지없이 그것들에 모두 속하되 다른 아무런 것에도 속

---

318) [역주] 어떤 조건을 서술할 적에 긍정 조건과 배제 조건을 동시에 적어 놓고 있다. 일상언어에서는 nothing else**다른 아무런 것에도 속하지 않다**를 굳이 쓰지 않고서도 소통에 지장이 없겠지만, 학문적 엄밀성과 정확성을 기하려는 목적으로 언제나 두 가지 조건을 서술해 놓고 있다. 전형적으로 "only X *and* nothing else"로 표현되며, 영어에서는 두 가지 사실을 순접 접속사로 쓰고 있다. 그렇지만 의견이나 주장이 서로 다른 것이므로 우리말에서는 역접 접속사(-지만, -되, -으나)로 쓰는 것이 우리말답다.

배제 조건은 결과론적으로 보면 강한 긍정 조건의 다른 표현이라고도 말할 수 있다(상위범주는 제한조건이나 제약조건임). 참값과 거짓값만 다루는 것이 아니라 제3의 값이 있을 수 있다면, 그런 값을 애초에 막는 효과가 있는 것이다. 가령, 물의 온도가 뜨겁고 차가운 것만 있는 것이 아니라 미지근한 것도 있다. 바깥의 환한 정도가 오직 어둡고 밝음만 있는 것이 아니라 땅거미가 지는 어스름의 경우도 있다. 그러므로 배제적 조건을 덧붙인다면, 확실히 오직 한 영역만 가리키는 효과가 있다. 즉, 뜨거운 물에만 해당하고, 뜨겁지 않은 물은 아무런 것도 해당되지 않고 배제시키며, 밝은 상태에는 어중간한 어스름을 배제시켜 주는 것이다. 자주 쓰고 있는 필요·충분조건도 두 가지 조건도 동시에 작동시켜야 하는 것인데, 충분조건은 언제나 필요조건의 영역 속에 진부분 집합으로 들어 있기 때문에, 결과론적으로 보면 필요조건에 모두 다 모이는 것이다. 771쪽의 역주 301도 참고 바람.

하지 않는 한 가지 속성이, 간단히 「이 집합의 원소들인 상태」라는 속성입니다. 만일 이 속성이 그것들 모두에 속하되 다른 어떤 것에도 속하지 않은 한 가지 유일한 속성이었더라면, 물론 우리는 제가 언급하는 제3종류의 어떤 보편 속성을 찾아내지 못했을 것입니다. 왜냐하면 이 속성이 오직 제가 언급한 두 번째 종류의 보편 속성, 즉, 관계를 지닌relational 어떤 속성일 뿐이기 때문입니다.319) 그렇지만 저는 제2종류의 보편 속성 말고도, 최소한 필요·충분조건에서 감각자료들에 속하는 다른 한 가지 속성이 있음을 생각하기 위한 근거들을 제시하였고, 이것이 아주 명백하다고 생각합니다. 따라서 우리가 그런 어떤 속성을 찾아내려고 계속 탐구해 왔습니다. 지난번(§.18-3)에 우리는 한 가지도 찾아내지 못하였습니다. 그렇지만 제가 살펴보았던 다른 나머지 것들보다도 저한테 그런 요구조건을 만족시키기에 더 근접해 있는 듯한 한 가지 속성을 제시하였습니다(≒§.18-5의 선접 사례를 가리킴). 저는 아주 간략하게 이제 다시 이런 속성이 무엇일지, 그리고 이 주장에 대한 반론이 무엇일지를 서술해 놓고자 합니다. 왜냐하면 지난번에 했던 것보다도 좀더 정확하고 좀더 타당하게 그 속성을 진술할 수 있다고 생각하기 때문입니다.

---

319) [역주] §.17-5에서는 개체(개별체)들에 대한 속성이 먼저 제시되고, 일반화되고 추상화된 관계는 나중에 제시되었다. 그렇지만 여기서는 먼저 관계를 제시하고, 다음에 속성을 제시하고 있다. 이 대목에서 제1종류의 보편 속성은 관계들이고, 제2종류의 보편 속성은 개별체의 고유한 속성을 가리킨다(종류들을 제시하는 순서가 뒤바뀌었음). 제3종류의 보편 속성이 특정한 개체에만 해당하는 것이라면, 제2종류의 것과 구별되지 않을 것이다. 따라서 무어 교수의 입장에서는 제3종류의 보편 속성이 한두 종류뿐만이 아니라, 일반화되고 추상화된 것으로서 아주 많은 사례들이 찾을 수 있다고 주장을 해야 한다.

그런데 색깔에 대한 감각자료가 오직 눈이라는 자극 수용체에서 막대 모양의 신경계와 원추 모양의 신경계를 통해 얻을 수 있는 것이므로, 이 세상의 모든 대상들에 보편적으로 적용되는 것은 아니더라도, 특정한 감각 수용기관을 지닌 다수의 생명체에만 국한될 것이다. 그렇다면 좀더 보편적인 종류로서 제3의 보편 속성을 제시해야 하겠는데, 무어 교수는 자연수의 숫자를 든다. 대상들이 짝을 이뤄 두쌍, 세쌍, 네쌍 따위가 그러하다. 이른바 '가부번(자연수로써 번호를 붙일 수 있는) 집합countable sets'을 형성한다는 점에서 언제나 어디에서나 모든 개체나 대상들에 이내 적용되므로, 이것도 제3의 종류의 보편 속성이라고 주장하는 것이다.

저는 노란색을 띤 모든 흰색의 경험조각이, 한 가지 측면에서 의심의 여지없이 순수한 노란색의 경험조각이 어떤 것이든지 간에 순수한 흰색의 임의의 경험조각과 비슷한 정도보다도, 좀더 가깝게 순수한 흰색의 모든 경험조각과 비슷하다고 생각합니다. 이 점은 저한테 절대적으로 확실하고 의심할 수 없을 듯합니다. 우리는 모두 논의 중인 측면에 대하여 어떤 이름이 주어져 있는지 잘 알고 있습니다. 그 색조나 채도나 밝기의 측면으로 되어 있습니다(884쪽의 역주 341 참고). 그렇다면 색조의 측면에서 우리는 순수한 경험조각 및 노란색을 띤 흰색 경험조각 사이에 있는 비슷함이, 순수한 흰색 경험조각 및 순수한 노란색 경험조각 사이에 있는 비슷함보다 언제나 더 가깝다고 말할 수 있습니다. 물론 다른 측면들에서는, 순수한 노란색 경험조각 및 순수한 흰색 경험조각 사이에 있는 내재적 비슷함internal resemblance(곧 원색으로서의 전형적 속성)이 둘 사이에 훨씬 더 클 수도 있습니다. 예를 들어, 우리가 정확히 동일한 크기 및 동일한 모양새를 지닌 순수한 흰색 경험조각 및 순수한 노란색 경험조각을 지니고, 가령 (색분필로써 칠판에다 그려 주면서) 이런 모양새이며, 그리고 아주 다른 이런 크기와 모양새를 지니며 노란색을 띤 흰색 경험조각을 지닙니다. 그런 경우에, 크기 및 모양새의 두 가지 측면에서 순수한 흰색 경험조각에 대하여 순수한 노란색 경험조각의 비슷함은, 물론 순수한 흰색에 대하여 노란색을 띤 흰색의 비슷함보다도 아주 훨씬 더 가까울 것입니다.320) 그렇지만 그런 사실에도 불구하고, 명백히 노란색을 띤 흰색 경험조각이, 언제나 순수한 노란색이 비슷한 것보다도, 좀더 긴밀하게 순수한 흰색 경험조각과 언제나 비슷합니다. 즉, (색채의 내재적인 속성으로서) 그 색깔이나 색조나 농담의 측면에서 그러합니다. 그러므로 노란

---

320) [역주] 아쉽게 예시 그림이 본문 속에 들어 있지 않다. 그렇지만 이 주장에 기대어 생각한다면, 혼합색으로 그린 점의 크기 및 모양새(우연한 특성들임)가 일부러 순수한 색들(흰색과 노란색)과 차이가 많다고 느끼도록 달리 그렸을 듯하다. 그럼에도 불구하고 우리가 우선 내재적 특성(본질적 특성)인 색깔로 비슷함의 관계를 따지게 되므로, 우연한 외부적 특성이 결정적인 것으로 여기지는 않을 것이다.

색을 띤 모든 흰색 경험조각은, 색깔의 측면에서 언제나 실제로 순수한 노란색 경험조각이 임의의 흰색 경험조각과 비슷한 정도보다도 훨씬 더 가깝게 순수한 흰색 경험조각과 비슷한 것입니다.

순수한 흰색 그 자체에 대한 유일한 한 가지 예외를 지니겠지만, 색깔의 측면에서 동일한 방식으로 저는 모든 순수한 흰색 경험조각들이, 이 세상에 있는 다른 어떤 것이든지 간에 순수한 흰색보다도, 모든 순수한 흰색에 좀더 긴밀하게 비슷함이 아주 분명하다고 봅니다(≒재귀적 관계는 동일성의 속성이지만, 특이하게 무어 교수는 자신이 내세운 선접 형식을 근거로 삼아 비슷함의 하위개념으로 상정하고 있음). 저는 이것이 실제로 흰색 경험조각들에 모두 속하되 이 세상에서 다른 어떤 것에도 속하지 않는 가장 명백한 속성이라고 생각합니다. 즉, 색깔의 측면에서 순수한 모든 흰색들에 대하여 어떤 정도의 비슷함을 지닌 것입니다. 그 감각경험들이 모두 다 실제로 순수한 흰색에 대하여 색깔의 측면에서 어떤 정도의 비슷함을 지니되, 이 세상에 있는 다른 어떤 것도 지니지 못한 것입니다. 그러므로 우리는 순수한 흰색 경험조각을 제외하고서, 실제로 모든 흰색 경험조각들에 속하되 이 세상에 있는 다른 어떤 것에도 속하지 않는 한 가지 속성을 찾아내었습니다. 이것은 한 가지 유일한 속성으로서, 모든 흰색 경험조각들이 공통적으로 갖고 있으되 이 세상에 있는 다른 어떤 것도 갖고 있지 않음이 참값이라고 제안될 수 있습니다.

그렇지만 지난번(§.18-5)에 보았듯이, 이런 제안에 대하여 치명적인 반론은, 순수한 흰색 경험조각들이 그 자체로 이 속성을 갖고 있지 않다는 것입니다(≒비슷함은 두 개체 사이의 관계일 뿐이며, 결코 자기 자신에 대한 재귀적 관계인 동일성은 아님). 순수한 흰색 경험조각들을 놓고서 그것들이 각각 색깔의 측면에서, 모든 순수한 흰색 경험조각들에 대하여, 이 세상에 있는 다른 어떤 것도 지니지 않는, 어떤 정도의 비슷함을 지닌다는 것은 참값이 아닙니다. 순수한 흰색 경험조각들을 놓고서 그것들이 아무런 것도 그 자체로 임의의 정도로 조금도 비슷한 것이 아니기 때문에 참값이 아닌 것입니다(≒재귀적 동일성 및 비슷함은 서로 다른 관계임). 의심의 여지없이 각각 나머지 모든 경험조각에 대하여, 즉, 나머지 순수한 흰색 경험조각들에 대하여, 논의 중인 비슷함의 정도를 지닙니다(≒대상이 서로 다른 순수한 흰색 분필 및 순수한 흰색 종이 사이에서만 성립함). 그렇지만 이는 그 자체에 대하여 이런 정도의 비슷함을 지니지 않습니다. 왜냐하면 그것이 자기 자신과 비슷하지 않고, 단순히 자기 자신 그 자체라는 간단한 이유 때문입니다. 그러므로 순수한 흰색 경험조각의 아무런 것도 모든 순수한 흰색 경험조각들에 대하여 요구된 정도의 비슷함을 지니지 못합니다. 그것은 자기 자신을 제외하고서, 오직 나머지 모든 경험조각들에 대하여 비슷함만을 지닐 뿐입니다. 그러므로 색깔의 측면에서 모든 순수한 흰색 경험조각들에 대하여, 우리는 어떤 정도의 비슷함을 지닌 속성이 모든 흰색 경험조각들에 속하는 한 가지 속성이라고 말할 수는 없습니다. 단순히 이 속성이 모든 순수한 흰색 경험조각들 그 자체에 속하지 않기 때문입니다.

그렇지만 제가 언급했듯이, 이 반론은 당장 사실상 실제로 모든 흰색 경험조각들에 속하되 다른 어떤 것에도 속하지 않는 또 다른 속성을 시사해 줍니다. 제가 의미하는 그 속성은 다음과 같습니다. 그 경험조각들이 각각 사실상 실제로 색깔의 측면에서 모든 순수한 흰색 경험조각들에 대하여 요구된 정도의 비슷함을 지니고 있거나, 아니면 어떤 순수한 흰색 경험조각인 것입니다. 모든 순수한 흰색 경험조각 중에서, 순수한 흰색에 대하여 그것이 요구된 정도의 비슷함을 지니거나, 아니면 어떤 순수한 흰색입니다. 이는 모든 순수한 흰색들에 대하여 참값입니다. 왜냐하면 그것들이 각각 어떤 순수한 흰색 경험조각으로서, 선접 형식에 규정된 두 번째 조건을[321] 충족시키기 때문입

---

321) [역주] §.18-5에서 제시된 either X or Y의 형식 중 뒤에 있는 조건을 가리키는 것이다. 거기에서는 X가 비슷한 정도의 것으로, Y가 동일한 것 그 자체로 제시되어 있었다. 그런데 823쪽의 역주 317에 적어 두었듯이, 그쪽에서는 「포괄적 선접」으로 쓰고 있지만,

니다. 이는 또한 나머지 모든 다른 흰색 경험조각들을 놓고서도 그러한데, 즉, 순수한 흰색이 아닌 모든 것들입니다. 그것들에 대해서도 참값입니다. 왜냐하면 그것들이 각각 색깔의 측면에서 모든 순수한 흰색들에 대하여 요구된 정도의 비슷함을 지니기 때문입니다. 다시 말하여, 그것들이 선접 형식에서 규정된 첫 번째 조건을 충족시켜 주기 때문입니다. 그러므로 절대적으로 모든 흰색 경험조각이 실제로 이런 선접 형식으로 규정된 두 가지 조건들 중 한 조건이나 다른 조건을 충족시킴이 참값입니다. 따라서 절대적으로 그것들 중 모든 것이 실제로 선접 속성을 지닙니다. 그런 특정한 측면 및 정도에서 순수한 흰색들과 비슷한 상태이거나, 아니면 어떤 순수한 흰색인 것입니다. 분명히 이 세상에서 다른 아무런 것도 이런 선접 속성을 지니지 못합니다. 이 세상에 있는 다른 아무런 것도 그것이 어떤 순수한 흰색 경험조각도 아니거나, 또는 색깔의 측면에서 순수히 흰색 경험조각들에 대하여 요구된 비슷함의 정도도 지니지 못합니다. 이 세상에 있는 다른 아무런 것도 그 경험조각을 놓고서 첫 번째 조건이든지 아니면 두 번째 조건이든지 간에 참값이 되는 조건을 충족시켜 주지 못하는 것입니다. 그러므로 선접 속성은 사실상 우리의 요구조건들을 충족시켜 주는 어떤 속성입니다. 그것이 사실상 실제로 모든 흰색 경험조각들에 속하되, 다른 아무런 것에도 속하지 않는 것입니다.

그 집합의 원소 자격 외에, 만일 누구든지 간에 사실상 이것이 모든 순수한 경험조각들에 속하되 다른 아무런 것에도 속하지 않는 유일한 한 가지 속성이라고 생각한다면, 저는 이것이 그렇지 않음을 입증할 방법을 전혀 알지 못하겠습니다. 아마도 이것이 그렇지 않음을 입증하는 모종의 방법이 있겠지만, 저는 어떤 것도 알아낼 수 없습니다. 그러므로 저는 이런 선접 속성이 우리가 찾아내려고 하는 한 가지 속성일 수 있음을 부정할 수 없습니다. 물론 그 집합의 원소 자격 외에,

---

여기서는 「배타적 선접」으로 제시하고 있어서 용어 사용에서 느슨한 측면이 있다.

만일 이것이 실제로 그것들에 모두 속하되 다른 아무런 것에도 속하지 않는 유일한 한 가지 속성이라면, 여전히 제가 언급한 제3종류의 어떤 보편 속성을 찾아내는 데에 실패하였습니다. 왜냐하면 이런 속성도 또한 제가 언급한 제2종류의[322) 어떤 보편 속성일 뿐이기 때문입니다.

§.19-2 【 제3의 보편 속성 후보: 인접한 미세입자들로서 색깔 띤 경험조각[323) 】 그렇지만 저는 대부분의 사람들이 「이런 선접 속성이 그 집합의 원소 자격 외에, 흰색 경험조각들의 모든 집합에 속하되 다른 아무 것에도 속하지 않는 한 가지 유일한 것이 될 수 없다」고 말하는 쪽으로 기울어져 있다고 봅니다. 흰색 경험조각들에 모두 공통적이면서도 특징적인 모종의 다른 속성, 즉, 단지 선접 속성만이 아닌 어떤 속성이 있음이 자명하다고 주장될 수도 있습니다. 저는 비록 이것이 그러한지 그렇지 않은지 여부를 확신할 수 없지만, 한 가지 그런 속성이 있다고 가정하면서, 이런 속성이 무엇인지 살펴볼 만한 가치가 있다고 생각합니다.

저는 많은 사람들이 그런 어떤 속성이 있음이 아주 명백하다고 말할 뿐만 아니라, 또한 그 속성이 무엇인지도 사뭇 명백하다고도 말하는 쪽으로 기울어져 있을 것으로 생각합니다. 사람들은 다음처럼 말할 것 같습니다.

---

322) [역주] 한 가지 개체에만 유일하거나 또는 두어 가지 개체의 고유한 속성을 가리킨다. 783쪽에서는 각각 (1)과 (2)로 서술되어 있다. 무어 교수는 제19장에서 순서를 바꾸어 일반화되고 추상화된 관계를 제1종류의 보편 속성으로 적었고, 고유하게 한 가지 개체나 두세 가지 개체들에만 해당하는 것을 제2종류의 보편 속성으로 적어 놓았다. 만일 제3종류의 보편 속성으로 주장한 흰색 경험조각들이 두세 가지 개체에만 특별하게 적용되는 것이라면, 따로 분류할 근거가 없게 된다. 개체들에 고유한 보편 속성은 이미 제2종류로 다루었기 때문이다. 그렇다면, 무어 교수로서는 제3종류의 보편 속성으로서, 임의의 대상들에 모두 다 적용되는 것을 찾아내어야 하는 것이다. 이런 요구조건 때문에, 마지막 제20장에서는 추상적 내용을 담고 있는 개념들을 다루게 되는 것이다.

323) [역주] 무어 교수는 이 절의 논의가 잘못됐음을 밝히고, 부록(907쪽 이하)에서 다시 새롭게 논의를 전개하였다.

「그 속성은 명백히 그것들 모두에 모종의 순수한 흰색이 있거나 나타나 있다는 사실로 이뤄져 있다. 즉, 어떤 양의 순수한 흰색이 그것들 모두에 있는 한 가지 요소이거나, 순수한 흰색이 어느 정도 그것들 모두에 있는 한 가지 요소이다.」

(It obviously consists in the fact that there is *some pure white in*, or *present in*, all of them; that some amount of pure white is *an element* in all of them, or that pure white is to *some extent* an element in all of them)

순수한 흰색 경험조각들을 제외하고서, 분명히 우리는 자연스럽게 그것들 모두를 놓고서 그것들 모두에 어떤 흰색이 있었다고 말해야 합니다. 우리는 흰색을 띤 파란색에서보다도 파란색을 띤 흰색에서 흰색이 좀더 많았고, 그것이 이것들 사이에 있는 차이를 구성해 주는 것이라고 말해야 합니다. 다시, 이런 혼합된 두 가지 색깔들 및 어떤 순수한 파란색 사이에 있는 차이를 구성하는 것은, 순수한 파란색에 전혀 아무런 흰색도 없지만, 반면에 다른 혼합색들에서는 모두 어느 정도 들어 있다고 말해야 합니다. 만일 우리가 그것들 모두에 있는 '흰색'으로 불리는 이것에 의해서 무엇을 의미하는지 질문을 받았다면, 분명히 우리가 '순수한 흰색'을 의미했다고 답변하는 쪽으로 쏠려 있었을 것입니다. 순수한 흰색 경험조각에 관해서는 순수한 흰색들 및 단지 흰색이지만 순수한 흰색이 아닌 경험조각들 사이에 있는 차이를 구성해 주는 것이, 혼합색인 후자에서는 순수한 흰색은 물론 어떤 다른 색깔이 어느 정도 나타나 있지만, 반면에 모든 순수한 흰색 경험조각에서는 홀로 순수한 흰색만 나타나 있으되 다른 색깔들은 아무런 것도 없다고 말하는 쪽으로 기울어져 있을 것입니다. 저는 이것이 전체 사안을 놓고서 제시할 만한 가장 자연스런 설명이라고 생각합니다.

　그렇지만 이것이 우리한테 여러 가지 새로운 문제점을 제시합니다. 만일 우리가 다음처럼 묻는다면,

「순수한 흰색이 어느 정도 나타나 있는, 파란색을 띤 흰색이나 노란색을 띤 흰색의 모든 경험조각에서, 우선 '순수한 흰색'으로 불린 이것이 무엇일까?」

(*In* every patch of bluish white or yellowish white, pure white is present in some degree there arises first the question what *is* this thing called "pure white"?)

지금까지 우리는 단지 순수한 흰색 경험조각들이나 순수한 흰색을 지닌 경험조각들만324) 인식해 왔습니다. 파란색을 띤 흰색의 모든 경험조각에서 순수한 흰색으로 된 어떤 경험조각이 나타나 있다고 말하는

---

324) [역주] 원문 초판 340쪽(재간은 370쪽)에서 저자는 각각 pure white patches or patches of pure white로 구분하여 표현하였다. 앞의 것은 복합 낱말이라고 하고, 전치사 of를 이용한 뒤의 것은 구 단위의 낱말(구 차원의 낱말, 구적[굿적] 낱말)이라고 부른다. 오직 후자가 가리키는 범위와 영역이 전자보다 더 크고 넓다. 이를 반영하게 위하여 후자는 '순수한 흰색을 지닌 경험조각'이라고 번역하였다. 복합 낱말인 '순수한 흰색 경험조각들'은 논의되는 대상들에 한정된 것일 수 있지만(가리키는 대상과 뜻이 특정한 것으로 고정됨), 구 단위의 낱말(구적[굿적] 낱말)은 언어 사용 상황에 따라 상당한 범위로까지 해석이 더 넓혀지는 것이다. 가장 극단적인 예를 들어 본다면, 표면에 온통 흰색 물감을 바른 검정색 물체가 있다고 할 적에, 이는 전자에는 속하지 않겠지만, 분명히 후자에는 속하게 된다. 전자는 내부까지도 흰색 속성을 지니는 것이 전형적인 경우이겠지만, 후자는 흰색과 관련된 것이라면 무엇이든지 다 포괄할 수 있기 때문이다.
　우리말에서도 사이시옷과 '의'라는 속격 조사에 의한 구성이 다르다. 각각 복합 낱말과 구 단위의 낱말(명사구 낱말, 구적 낱말)로 불리며, 전자는 본디 낱말 형태가 변하기 쉽지만(음운변화가 일어나기 마련임), 후자는 설령 속격 조사가 없다고 하더라도 본디 낱말 형태는 그대로 유지된다. '출셋길(出世＋ㅅ＋길)'은 누구나 상투적으로 인정하는 국가나 회사 따위 기관이나 기구에서 지위나 계층의 상승만 가리킨다(뜻이 고정됨). 그렇지만 '출세의 길'은 부처가 걸었던 길(出世間의 길)일 수도 있고, 속세의 출세와는 정반대로 소록도에서 평생 봉사하였던 수녀들처럼 사람으로서 태어난 보람을 느끼려고 선택한 길일 수도 있다. 또 다른 상황에 따라 다른 뜻들도 넉넉 품을 수 있는 것이다. '집값(집＋ㅅ＋값)'은 뜻이 고정되어 부동산이나 건물 매매값만 가리키겠지만, '집의 값'은 상황에 따라 건축물의 건축 철학에서부터, 가정의 가치뿐만 아니라, 부동산의 특성까지도 가리킬 수 있다. 한 낱말처럼 줄어들지 않고, 구句, phrase를 이룬 상태는 상황에 따라 더 많은 의미가 깃들 수 있는 것이다.
　한글맞춤법에서 '사이시옷' 처리는 된소리로 발음되게 하므로 가급적 배제하는 쪽으로만 잘못 결정된 뒤, 현재까지 더 이상 고쳐질 기미가 없다. 낱말을 낱말답게 만들어 주는 중요한 속성을 전혀 파악하지 못했던 구시대의 유산에 불과하다(269~270쪽의 역주 111). 하버드 대학의 심리학과 스티브 핑커 교수와 같이, 낱말이 제3의 두뇌에 개별적으로(분석 불가능한 한 덩어리로) 저장되지만, 구적[굿적] 낱말은 문법 기제를 이용하기 위하여 제2두뇌에 의해 수시로 필요에 따라 즉석에서 만들어지는 것으로 가정하는 경우도 있다(김한영 뒤침, 2009, 『단어와 규칙』, 사이언스북스).

것은 명백히 참값이 아닐 듯합니다. 분명히 파란색을 띤 흰색으로 된 모든 경험조각이, 한 가지 구성요소로서 순수한 흰색의 어떤 경험조각을 포함함은 참값이 아닙니다. 그러므로 명백히 '순수한 흰색'으로써, 우리는 순수한 흰색으로 된 임의의 특정한 경험조각과는 다르거나, 또는 그것들 모두의 총합과는 다른 어떤 것을 의미합니다. 즉, 그 자체로 그것들 모두에 공통적인 한 가지 보편 속성인 어떤 것입니다. 반드시 물어야 할 첫 번째 질문은 다음과 같습니다.

「'순수한 흰색'으로 불린 이 보편 속성이 무엇일까? 이 속성이 순수한 흰색으로 된 어떤 경험 조각과 다를까, 다르지 않을까? 만일 다르다면, 어떤 방식에서 다를까?」

(what this universal called "pure white" *is*; whether it is or is not different from a patch of pure white, and, if different, different in what way)

그렇다면 두 번째 질문으로서, 반드시 이 보편 속성이 모든 흰색 경험조각들에 들어 있다고 말함으로써 무엇을 의미하는지를 놓고서 다음처럼 물어야 합니다.

「'나타나 있다'라고 부르는 이것이, 경험조각들에 대하여 보편 속성이 지닌 어떤 관계를 위한 한 가지 이름일까, 아닐까? 만일 한 가지 이름이라면, 그 관계는 무엇일까?」

(whether this which we call "present in" is a name for a relation which it has to them, or not; and if so what the relation is)

마지막으로 우리는 다음과 같이 서로 정도를 달리하여 보편 속성이 경험조각들 속에 있다고 말함으로써 무엇이 의미되는지도 당연히 물어야 합니다.

「의미된 것이, 한편으로 또 다른 것에서보다도 한 가지 것에서 순수한 흰색이 더 많이 나타나 있다는 것인지를 물어야 하거나, 아니면 다른 한편으로 순수한 흰색이 숫제 정도성이 없는 어떤 대상이며, 혼합된 정도에 대한 사안의 참값이 오직 보편 속성이 다른 것들에서보다도 어떤 것에서 더 많이 나타나 있음만을 의미할지 여부를 물어야 한다. 간단히 말하여, 정도성에 따른 차이가 현재 나타나 있는 순수한 흰색의 양에 있는 차이일지, 아니면 현재 그 나타난 상태의 정도성에 있는 차이일지를 물어야 한다.」

(whether what is meant is that *more* pure white is present in one than another; or whether, on the other hand, pure white is a thing which has no degrees, and the truth of the matter is only that it is *more* present in some than in others; whether — in short — the difference in degree is a difference in the amount of pure white that is present, or a difference in the degree of its presence)

첫 번째 질문으로서 보편 속성의 '순수한 흰색'이 무엇인지를 묻는 질문과 관련하여, 두 가지 아주 다른 견해들이 선택될 수 있습니다. 제가 어떤 '경험조각'이란 표현으로써 명백히 절대적으로 임의의 크기나 모양으로 된 경험조각을 의미한다고 설명해 왔고, 볼 수 있을 가장 작은 입자를 포함하여, 아무런 모양새도 그리고 아마 크기조차 없다고 말할 정도로까지 존재함직한 어떤 미세입자로 줄어들 수도 있습니다.

이제 단지 어떤 미세입자보다 더 큰 어떤 경험조각을 살펴보기로 하겠습니다. 이 경험조각, 다시 말하여, 가령 (칠판에다 미세입자를 그려 놓음)325) 우리들 중 어느 누구이든지 간에 칠판에 그려진 이 경험조각

---

325) [역주] 뒷부분의 논의로 추정해 보면, 두 가지 경우가 있다. 크기와 형태가 다른, 그리고 크기와 형태가 비슷한 미세입자들이 서로 인접해 있는 것이다. 'O▢', 'O▢'. 여기서 하나는 동그라미, 다른 하나는 정사각형인데, 이것들은 같은 색깔을 띠고 있다.

그런데 명백히 상식적으로 두 가지 대상이 인접해 있는 것이지만, 왜 동일한 하나의 대상이라고 주장하는 것일까? 왜 무어 교수는 이것이 언어 표현의 한계라고만 치부하는 것일까? 뒤친이에게는 이런 주장의 배경으로 「빛의 이중성」에 대한 논의가 겹쳐 읽기intertextuality(서로 얽힌 텍스트 속성)로 떠오른다(531~532쪽의 역주 199). 빛은 알갱이(입자)의 속성을 지닌다. 그럼에도 또한 빛은 결(파동)의 속성을 지닌다. 일상언어에서 두 속성이 배타적으로 쓰이지만, 빛이 상호작용하는 대상들의 현상을 설명하는 데

을 보는 데에서 직접 지각할, 어떤 감각자료의 단편입니다. 그리고 이것이 아마 그렇지 않을 수 있더라도, 절대적으로 순수한 흰색이라고 가정하기로 하겠습니다. 그렇게 감각에 주어진 경험조각이 어떤 것이든지 간에 그것의 부분들인 다른 경험조각들을 담고 있거나 더 나눌 수 있으며, 그것들이 각각 전체 경험조각이 그런 만큼이나 어떤 순수한 흰색 경험조각임이 아주 명백합니다.

이제 그 경험조각을 두 부분으로 나누고 이들 두 부분을 살펴보기로 하겠습니다. 이 부분은 명백히 크기와 모양새에서 원래 경험조각과 차이가 납니다. 그것들이 또한 한 가지 다른 측면에서도 차이가 납니다. 즉, 이것이 원래 경험조각과는 차이가 나는 다른 어떤 장소에 있다는 것입니다. 예를 들어, 이것이 원래의 것이 있는 것보다 (무어 교수가 그려둔 그림에서) 칠판의 가장자리를 나타내는 감각자료의 단편에 좀더 가까이 있는 것입니다.

이제 성립됨직한 한 가지 견해는 다음과 같습니다. 크기와 모양새

에 두 속성이 포괄적으로 둘 모두 필요한 것이다. 아직 설득력 있는 다른 대안이 없는 한, 「빛의 이중성이 실체를 그대로 보여 준다」고 판정할 수도 있고, 이와는 달리 거대한 과학 혁명의 흐름 속에서 통합 과학을 위한 전단계로서 임시로(잠정적으로) 모순되는 특성을 받아들이는 것일 수도 있다.

그렇지만 빛의 이중성과 여기서 제시된 사례 사이에서는 중요한 차이가 있다. 무어 교수의 사례는 두 가지 서로 다른 차원의 현상을 기술한 것이 아니라, 오직 동일한 차원의 현상을 둘로 나눠 서술한다는 것이다. 비록 동일한 차원에 대한 서술이라고 하더라도, 무어 교수의 생각과는 다르게, 이것들이 인접한 대상들이 아니라, 오히려 마치 투명한 공 속에 주사위가 들어 있거나, 거꾸로 투명한 네모 상자 속에 공이 들어 있는 형상처럼, 겉과 속, 안과 밖의 포함 관계로 상황을 재설정한다면 논의의 품질이 현격히 달라질 수 있을 것으로 본다.

아마도 이런 첨단 물리학의 논의가 이런 주장에 어떤 단서로 작용하는 것으로 짐작된다. §.20-7(905쪽)에서도 그리고 1952년에 씌어진 부록(908쪽 이하)에서도 이런 모순되는 주장이 참값이 될 것으로 본다는 여러 차례에 걸친 지적은, 다른 한편으로 과도한 집착처럼 느껴진다. 그렇지만 무어 교수의 이런 태도는, 마침내 우리의 인식 또는 인지 기관의 신뢰도를 끌어올리면서 스스로 내세운 「상식의 옹호」를 뛰어넘어 버리는 심각한 반대의 결과를 낳는다. 또한 자연계의 생태 환경을 그대로 머릿속에서 수반 현상으로 구성해 낸 것이 우리 정신 현상이라고 주장한 내용에도 일정 정도의 간격이 생겨난다. 또한 자연 현상을 있는 그대로 받아들이지 않고 「언제나 특정한 방식으로 왜곡해 버린다」는 뜻하지 않던 문제도 생겨난다. 따라서 뒤친이는 이 주장을 놓고서 아직 완벽히 입증이 이뤄지지는 않았으나, 무어 교수 자신의 주장에 대한 토대를 스스로 무너뜨릴 수 있는 자기-파괴력을 지닌다고 평가한다.

에서 이것들 사이의 차이에도 불구하고, 그리고 이것들이 서로 다른 두 장소에 있다는 사실에도 불구하고, 두 가지 경험조각들 그 자체는 서로 다르지 않은 동일한 하나의 것입니다. 물론 이런 방식으로 말하는 일이 '언어상 자기모순'입니다. 만일 이것들이 실제로 두 개라면, 이것들이 서로 동일한 하나의 것이 될 수 없기 때문입니다. 그렇지만 모순스런 듯한 낱말 표현을 제외하고서 이를 표현하기가 어렵지만, 제가 의미하는 견해에서는 자기모순이 아닙니다. 이를 다음의 방식처럼 표현해 주려고 시도할 수 있습니다. 즉, 다음처럼 말할 수 있는 것입니다.

「'순수한 흰색'으로 불린 한 가지 색깔이 있다. 이런 한 가지 색깔이 동시에 서로 다른 두 장소에 있다. 즉, 동시에 이것들 둘로 이뤄진 전체 장소를 점유하고 있다. 우리가 이것이 한 가지 대상이 아니라 두 가지 대상인 것처럼 말하는 이유는, 이 장소에서 이 한 가지 전체로서 그것이 지닌 크기와 모양새와는 서로 다른 크기와 모양새를 지니고 있기 때문이다. 그렇지만 여전히 이런 논제의 참값은, 그것이 동일한 한 가지 색깔이라는 것이고, (둘로 나뉜) 이것들 두 가지가 서로 다른 크기와 모양새를 갖고 있는 것이다. 그것이 한 장소에서는 한 가지 크기와 모양새를 지니며, 다른 장소에서는 다른 크기와 모양새를 지닌다. 그렇지만 그것이 그 자체로 동시에 두 장소에 모두 같이 있는 것이다. 즉, 동일한 한 가지 대상이 실제로 두 장소에 있는 것이며, 동시에 모양새와 크기를 지닌 것이다.」

비슷하게 만일 여기에서 둘 모두 동일한 크기와 모양새를 지니고 있는 한 가지 순수한 흰색 미세입자를 선택하고, 여기에서 또 다른 흰색 미세입자를 선택한다면, 이런 이론에[326] 따라, 설령 그리고 반드시 두

---

326) [역주] 이 가상의 주장에서는, 현재 우리 지각의 한계에 따라, 인접한 두 가지 미세입자로 보는 것이 아니라, 오히려 한 가지 미세입자로 보게 된다는 이론이다. 실제로 두 가지 대상이지만, 현재 기술의 한계 때문에 두 가지 입자를 마치 하나인 것처럼 여기는 일이다. 실제 사실은 기술의 한계가 극복됨에 따라 늘 새롭게 밝혀지게 마련이다. 다음과 같은 경우가 실제의 사실이라고 하여서, 무어 교수가 주장하는 이런 입장을 옳은 것으로 무턱대고 받아들일 수는 없다.

개를 지니는 것으로 말해야 할지라도, 우리가 지닌 것이 순수한 흰색을 띤 두 가지 미세입자가 아닙니다. 이런 논제의 참값은, 이전에 이들 두 장소에 있었던 것이 아닌(늑바로 인접해 있어서 마치 한 장소로 여겨졌음) '순수한 흰색'으로 불린 바로 그 똑같은 대상이 이제 인접한 두 장소에 모두 있다는 것입니다. 참값은 이런 장소에 가시적으로 있는 그 대상이, 실제로 또한 다른 이 장소(늑바로 옆에 붙어 있는 장소)에 있는 바로 똑같은 대상이라는 것입니다.

저는 이런 견해가 아주 역설적일 듯하다고 보입니다. 우리가 모두 실제로 믿는 것과 모순이 되더라도, 매일 믿지 않을 수 없다고 생각합니다. 그렇지만 이 이론의 장점은 보편적인 '순수한 흰색'을 의심의 여지없이 있는 무엇인가로 만들어 준다는 점입니다. 즉, 현실적으로 우리가 모두 보는 어떤 것이고, 우리가 모두 이것에 친숙하며, 따라서 그러한 어떤 것이 있거나 그것이 무엇인지에 관해서 아무런 의심도 남겨 놓지 않습니다. 여러분이 어떤 순수한 흰색 경험조각을 바라보는 경우에, 이 이론에 따르면 여러분이 현실적으로 그 보편적인 '순순한 흰색'을 보고 있는 것입니다. 즉, 보편 속성은 시지각을 통해서 여러분이 직접 지각하고 있는 것의 일부입니다.

이 이론이 역설적이라는 반론에 도로 맞서서, 이것이 단지 공간을

가령, 광학 현미경으로는 아무리 배율을 높이더라도 전혀 금속 입자들을 볼 수 없고, 한 가지 대상처럼만 보일 뿐이다. 그렇지만 전자 현미경으로는 나노nano 수준에서 금속들의 입자를 볼 수 있으므로, 더 이상 한 가지 대상이 될 수 없다. 다른 사례로, 우주에 떠 있는 허블 망원경이 20년 넘게 수많은 새 현상들을 포착하여 전송해 주었다. 또한 deep space astronomy심층 우주 천문학에서는 자외선과 적외선처럼 가시광선의 파장을 벗어난 여러 가지 파장들을 포착하는데, 아무런 별조차 없는 캄캄한 공간에다 전파 망원경을 장시간 노출함으로써, 새로운 초기 우주의 모습 또는 원시 은하계들을 처음으로 포착한 바가 있다. 이처럼 기술의 한계가 극복됨에 따라 이전에 상상도 할 수 없었던 새로운 사실들이 드러남은 이제 누구나 다 인정할 만한 일이다.

그렇다고 하여 무어 교수는 가상의 잘못된 이론을 상정하여 두 시점에서 한 가지 대상이 동일한 장소에 위치하듯이, 공간상으로 두 개의 개체이지만 같은 시간대에 마치 하나처럼 보이는 경우도 가능하다는 주장을 인정할 수는 없다. 그렇지만 무어 교수는 이런 주장에 반론을 펼 수 있는 방법이 없다고 봄으로써, 간접적으로 이 이론이 성립할 수도 있음을 함의하고 있다. 과연 반박할 수 없다고 하더라도, 의심점이 사그라들고 이내 참값이 될 수 있는 것일까? 아마 그렇지 않을 것이다.

마치 정확히 시간에 유추(유비)가 된 듯이 취급할 뿐이라고 채근될 수 있습니다. 우리가 모두 동일한 한 가지 대상이 서로 다른 두 시점에서 한 가지 똑같은 장소에 있을 수 있다고 가정합니다. 이는 참값일 듯합니다. 우리가 절대적으로 임의 길이의 시간폭 동안 한 가지 대상이 머문다고 가정할 때마다, 그 대상이 서로 다른 두 시점에서 동일한 장소에 있다고 가정하고 있는 것입니다. 그렇다면 제기될 수 있는 의문으로, 왜 동일한 시간대에 두 가지 서로 다른 장소에 있지 말아야 할까요? 두 가지 가정들이 정확히 동등하므로, 따라서 만일 공간이 시간에 정확히 유추(유비)가 되었다면, 실제로 그것이 두 장소에 있었을 것 같습니다. 그리고 이것이 우리 이론이 가정하도록 요구하는 모든 것입니다. 그러므로 분명히 이는 생각할 수 있는 어떤 이론이며, 자기 모순적이지 않을 이론입니다(뒤친이는 달리 보는데, 만일 동일한 시·공 좌표계를 적용한다면 자기 모순이며, 만일 서로 다른 좌표계를 상정한다면 논점 전환의 오류일 뿐이다). 이런 주장에 대하여 저는 절대적으로 확정적인 반론을 아무런 것도 찾아낼 수 없음을 고백해야 하겠습니다.

이 주장에 반대하여 제가 촉구할 수 있는 유일한 한 가지 반론은, 저한테 자명한 듯한 것이 여기 이 장소에 있는 대상이, 다른 이 장소에 있는 것과 똑같은 대상이 아니라는 점입니다. 비록 이들 두 가지 대상 사이에 아무런 질적 차이가 없다손 치더라도, 저한테는 이것들이 숫자상으로 다름이 자명할 듯합니다. 즉, 이것들이 두 가지이며, 동일한 한 가지 것은 아닙니다. 또는 또 다른 형태로 똑같은 반론을 표현한다면, 저한테는 전체 이 공간을 점유하는 감각자료의 단편이 실제로 부분들을 지니며, 이 부분들이 서로 간에 다름이 자명할 듯합니다. 즉, 그것이 점유한 공간이 부분들을 지님이 참값일 뿐만 아니라, 또한 반면에 순수한 흰색의 경험조각이 그 자체로 나뉠 수 없으며, 그 공간의 부분들을 각각 점유하는 것입니다.

그렇지만 저는 오직 이들 대상이 자명하다고 채근할 수 있을 따름입니다. 이것들이 참값임을 입증하는 논의를 어떤 것도 생각해 낼 수 없습니다. 그러므로 보편 속성의 '순수한 흰색'에 대한 본성을 놓고서, 우리는 이런 역설적 이론이 한 가지 가능한 이론일 뿐임만 인정해야 한다고 봅니다.

다만, 이런 이론에 대하여 제가 추가해 놓고 싶은 다른 한 가지 논점이 있습니다. 이 이론에 따르면, 저는 동시에 이들 서로 다른 장소에 모두 있으며, 그것들 모든 부분에 있는 '순수한 흰색'으로 불린 이런 한 가지 대상이, 사실상 한 가지 '보편 속성'일 것인 양 지속적으로 말해 왔습니다. 저는 이 이론을 옳은 것으로 믿는 이들이 그렇다고 말할 것으로 생각합니다. 물론 만일 그것이 보편 속성이었다면, 제가 상정하는 세 번째 종류의 어떤 보편 속성이었을 것입니다. 왜냐하면 분명히 한 가지 관계도 아니고, 어떤 것 또는 다른 것에 대하여 어떤 관계를 지니는 것으로 이뤄진 한 가지 속성도 아니기 때문입니다.

우리가 간단히 이 공간의 전체와 이 공간의 모든 부분을 점유하고 있다고 보는 것은 바로 이 색깔인 것입니다. 그렇지만 제가 지적하고 싶은 것은 만일 이 색깔이 한 가지 보편 속성이라면, 특정한 장소들 및 시간들을 제외하고서, 개체인 대상이 어떤 것이든지 이 세상에 있을지 여부는 아주 의심스러울 것 같습니다. 만일 현실적으로 우리가 보는, 흰색을 띤 이런 경험조각이 한 가지 개체가 아니라면, 특정한 장소들 및 시간들을 제외하고서 다른 임의의 대상이 있다고 생각할 근거가 더 이상 없을 듯합니다. 저는 이것이 이 이론에 관한 한 가지 실재적 난점이라고 생각합니다. 모든 사람이 공통적으로 특정한 장소들 및 시간들을 제외하고서 다른 개체들이 있을 듯이 말합니다. 심지어 이 이론이 옳다고 여기는 사람들도 실제로 그러합니다. 그렇지만 여전히 제가 알 수 있는 한, 만일 이 이론이 참값이었더라면, 그리고 만일 흰색을 띤 이런 경험조각이 한 가지 보편 속성이었더라면, 특정한 시간들 및 장소들을 제외하고서 어떤 것이든 간에 개체가 있다고 가정할 아무런 이유도 없었을 것 같습니다.

이런 난점과 사실상 보편 속성들 및 개별체들 사이에 있는 구분을 놓고서 현재 제가 살펴보고 있는 전체적인 문제점은, 다음과 같이 말하는 방식으로 은폐되기가 쉽다고 봅니다.

「우리가 '흰색을 띤 이런 특정한 경험조각'을 말하며 이를 한 가지 개체라고 부를 경우에, 우리가 의미하는 것은 '이런 특정한 장소를 점유하고 있는 것으로 간주된 해당 보편 속성이다'. 우리가 '흰색을 띤 이런 특정한 경험조각'이라는 낱말로써 의미하는 것은, 이 장소를 점유하는 것으로 간주된 해당 보편 속성이다. 우리가 흰색을 띤 저 특정한 경험조각으로써 의미하는 것은, 저 공간을 점유하고 있는 것으로서 간주된 해당 보편 속성이다. 이 공간을 점유하고 있는 것으로 간주된 해당 보편 속성은, 실제로 다른 저 공간을 점유하고 있는 것으로 간주된 똑같은 그 보편 속성과는 다른 것이다. 그리고 이것이 그런 개체들이 자신들의 보편 속성과 차이가 나는 방식이다. 이들 보편 속성에 개체 속성을 제공해 주는 것은, 바로 공간에 있는 위치이다.」

그렇지만 여러분이 이를 생각해 본다면, 저는 「이 공간을 점유하고 있는 것으로서 간주된 순수한 흰색pure white considered as occupying this place」이라는 이 어구가, 단지 해당 보편 속성을 위한 어떤 이름일 뿐이거나, 또는 한 가지 대상을 위한 이름이 아님이 명백하다고 생각합니다. 해당 보편 속성을 가리키는 이름이 될 수 있는, 해당 보편 속성과 구별되는 것은 아무런 것도 없습니다. 주어와 술어가 결합된 「이 장소를 점유하고 있는 것으로 간주된 순수한 흰색이 둥글다Pure white, considered as occupying this place, is round」라는 전체 문장은 실제로 한 가지 의미를 지닐 듯합니다. 「순수한 흰색이 둥글다Pure white is round」라는 문장의 의미와는 구별되는 어떤 의미입니다. 후행 수식구를 갖고 있지 않는 뒷문장의 의미는, 이 장소에서 순수한 흰색이 둥글다는 것일 수 있지만, 반면에 다른 장소에서는 순수한 흰색이 정사각형이거나 삼각형일 수 있는 것입니다. 그렇지만 서로 다른 의미를 지닌 것은 앞의 두 가지 전체 문장일 뿐입니다. 「이 장소를 점유하고 있는 것으로서 간주된 순수한 흰색」이라는 어구는, 단독으로 「순수한 흰색」과 조금이라도 구별되는 임의의 대상을 위한 한 가지 이름이 되지 않습니다.[327]

해당 사례가 앞에서 우리가 살펴봤던 것에 유추(유비)가 됩니다. 우리는 전체 문장 「나는 한 마리 키메라를 상상하고 있다」가 분명히 어떤 의미를 지니고, 그 의미가 전체 문장 「나는 한 마리 그뤼퓐을 상상하고 있다」의 의미와 구분됨을 보았습니다. 그렇지만 이런 사실에도 불구하고, 「한 마리 키메라」나 「한 마리 그뤼퓐」이라는 낱말이 단독으로 임의의 대상을 위한 이름들이라고 가정하는 것은 오류임을 보았습니다. 이 낱말들이 실현된 전체 문장들은 아주 종종 사실들을 위한 이름입니다. 그렇지만 이들 어구가 단독으로는 무엇이든지 간에 임의의 대상을 위한 이름이 아닙니다.

그렇다면 동일한 방식으로, 저한테는 「이 장소를 점유하고 있는 것으로서 간주된 순수한 흰색」이라는 어구도, 순수한 흰색과 구별되는 임의의 대상을 위한 어떤 이름이 아님이 아주 분명할 듯합니다. 이 세상에서 그 이름이 「이 장소를 점유하고 있는 것으로서 간주된 순수

---

327) [역주] 명사나 명사구나 명사절은 아무리 늘어나더라도 문장도 아니고, 다시 문장이 참값·거짓값을 따지는 단언 형식도 갖추지 못하므로, 아무런 판단도 받지 못한다는 뜻이다. 무어 교수는 일관되게 낱말은 사실과 관련하여 아무런 의미도 지니지 못한다는 태도를 지니고 있다. 633쪽의 역주 240과 667쪽의 역주 250과 755~756쪽의 역주 292를 보기 바란다.

그렇지만 참스키 교수의 언어학 및 페어클럽 교수의 비판적 담화 분석에서 새롭게 밝혀낸 사실은, 명사 또는 명사구도 문장으로 환원될 수 있고, 문장도 명사구나 명사로 줄어들 수 있는 것이다. 예를 들어, "철수가 영이를 사랑한다"라는 문장이 "철수의 영이 사랑"이라는 명사구를 거쳐서 '영이 사랑'이나 '사랑'이라는 낱말까지도 줄어들 수 있는 것이다. 이때 명사나 명사구로 되어 있는 것은 참값을 지닌 항목 'λe[e]'로 모두 채워져 있다고 상정할 수 있는데(such as~ or such that~), 얼란조 처어취(Alonzo Church, 1903~1995)에서 제시한 참값만 지니는 추상화된 항abstraction들이다(604~605쪽의 역주 228). 그뿐만 아니라 설령 명사가 하나만 주어진 경우에라도, 이를 기본값 형상으로 존재 동사('X가 있다')와 속성 지정 동사('그것이 X이다')를 써서 판단·결정을 받도록 바꿔줄 수 있는 것이다. 특히 158쪽의 역주 66에서 밝힌 대로 존 랭쇼 오스틴(John Langshaw Austin, 1911~1960) 교수가 일상언어 철학에서 언어 표면에 드러나 있지 않은 속뜻들을 탐구하면서 이런 길이 활짝 열렸다(757쪽의 역주 293). 따라서 주어와 술어가 결합된 문장에 참여하지 못한 임의의 어구가 이름이 될 수 없다는 무어 교수의 주장은, 새로운 접근에서는 더 이상 지지될 수 없다.

한 흰색」인 것은 전혀 아무런 것도 없습니다. 다시 말하여, 「이 장소를 점유하고 있는 것으로서 간주된 순수한 흰색이 둥글다Pure white, considered as occupying this place, is round」라는 문장에 의해 표현된 사실을, 우리는 한편으로 「이 장소를 점유하고 있는 것으로서 간주된 순수한 흰색」으로 불린 한 가지 개체 및 다른 한편으로 「둥근 상태being round」로 불린 한 가지 속성으로 분석할 수는 없습니다. 마치 「나는 한 마리 그뤼핀을 상상하고 있다」라는 문장으로 표현된 사실을, 한편으로 「한 마리 그뤼핀」 및 다른 한편으로 나에 의해서 상상된 상태의 그런 속성으로 분석될 수 없는 것처럼 그러합니다.

요약하면, 이런 이론상으로는 특정한 시간들 및 공간들을 제외하고서 모든 개체들이, 마치 그뤼핀이나 키메라가 상상물인 것처럼, 순수히 상상하는 어떤 것이 될 것 같습니다. 참값이 됨직한 모든 것은, 동일한 한 가지 보편 속성의 '순수한 흰색'이 한 장소에서는 둥글고, 또 다른 장소에서는 정사각형일 것 같습니다. 둥글지만 정사각형이 아닌, '이 장소에 있는 순수한 흰색을 띤 해당 경험조각'으로 불린 개체와 같은 그런 대상은 없을 듯합니다. 거기에 있음직한 모든 것은, 둥글고 정사각형이지만, 서로 다른 장소에서 그런 형태를 띤 보편 속성의 순수한 흰색일 것 같습니다.

여전히 이 모든 것은, 그 보편 속성이 우리가 순수한 흰색을 띤 한 가지 경험조각이 있다고 말하는, 서로 다른 모든 장소들에 있는 동일한 한 가지 대상이라는 이 이론에 대하여, 치명적인 반론을 아무런 것도 형성해 놓지 못합니다. 오직 물어야 할 것이 한 가지 남아 있습니다.

「이 이론이 참값이었다고 가정함으로써, '순수한 흰색'으로 불린 이것이 실제로 모든 흰색 경험조각들에 있거나 또는 나타나 있다는 것은 실제의 경우일 수 있었을까? 그리고 그 경험조각들에 나타난 그런 상태가, 흰색 경험조각들에 모두 다 '공통적이면서도 특징적인' 해당 속성일까?」

제가 알 수 있는 한, 이 질문에 대하여 우리는 반드시 '아니오!'라고 대답해야만 합니다. 무엇보다도, 이 이론에 따라서 '순수한 흰색'으로 불린 그 대상이, 단순히 순수한 흰색을 띤 경험조각들에 모두 다 있는 것이 아님이 강조되어야만 합니다. 그것이 경험조각들에 있는 것이 아니라, 경험조각들과 모두 동일한 것입니다. 순수한 흰색을 띤 모든 경험조각이 이런 대상이며, 동일한 한 가지 경험조각인 것입니다. 사실상 이 이론 상으로 순수한 흰색을 띤 서로 다른 경험조각들이나 순수한 흰색을 띤 모든 경험조각을 말하는 것은 한 가지 오류입니다(≒868쪽 참고). 사실상 서로 다른 많은 장소들에 있으며 서로 다른 많은 크기 및 모양새로 된 오직 한 가지 경험조각이 있을 뿐입니다.328) 그러므로 어떤 의미에서이든지 오직 이것이 나머지 다른 흰색 경험조각들에서 가능할 것인지 여부를 살펴보는 일만이 남아 있을 뿐입니다. 즉, 순수한 흰색이 아닌 경험조각들로서, 가령, 서로 다른 파란색을 띤 그리고 노란색을 띤 흰색들에서도 가능할지 여부입니다. 제가 알 수 있는 한, 분명히 가능할 것 같지 않습니다. 왜냐하면 이 이론 상으로 '순수한 흰색'이 우리가 순수한 흰색을 띤 한 가지 경험조각을 바라보는 경우에, 실제로 보게 되는 감각자료의 단편임을 기억해야만 하기 때문입니다. 따라서 만일 우리가 보편 속성이 파란색을 띤 흰색의 어떤 경험조각에 있다고 가정했었더라면, 파란색을 띤 흰색과 아주 구별되는 이 감각자료의 단편이 당연히 실제로 파란색을 띤 흰색 경험조각의 모든 부분에 포함되어 있다고 가정했어야 합니다. 사실상 그 가정은 파란색을 띤 흰색의 경험조각처럼, 정확히 똑같은 크기와 모양새를 지닌 순수한 흰색의 어떤 경험조각이 파란색을 띤 흰색의 모든 경험조각 속에 포함되어 있다는 가정과 동일할 것 같습니다. 저한테는 이것이 그렇지 않음이 아주 분명한 듯합니다.

---

328) [역주] 무어 교수는 다시 이 대목의 논의에 대해서도 철회하여, 따로 부록(909쪽 이하)에서 다시 새롭게 논의를 전개하고 있다.

그러므로 만일 우리가 순수한 흰색의 본질에 관한 이 이론을 받아들이면, 모든 흰색 경험조각들에 대하여 공통적이면서도 특징적인 속성을 어떤 것이든 찾아내는 데에 실패했습니다. 그렇지만 설령 둘 모두 순수한 흰색을 띤 경험조각들이더라도, 이 장소에 있는 것이 자명하게 다른 이 장소에 있는 것과 다르며 동일하지 않다는 근거에서, 이 이론을 기각한다고 가정해 보겠습니다. 우리가 이를 기각함으로써, 이에 대한 대안은 무엇이 될까요?

§.19-3 【 제3의 보편 속성 대안: 부분 관계 】만일 우리가 이 이론을 기각한다면, 반드시 임의의 한 시점에서 한 장소에 있는 절대적으로 순수히 흰색을 띤 모든 미세입자가, 동시에 다른 장소에 있는 임의의 미세입자와는 서로 다른 어떤 입자라고 말하고 있는 것임이 상기되어야 합니다. 그렇다면 우리가 이 세상에서 순수히 흰색을 띤 서로 다른 엄청난 숫자의 미세입자들을 지니게 될 것입니다. 설령 이것들이 모두 질적으로 정확히 서로 비슷하다손 치더라도, 나머지 모든 것과는 숫자상 각각 다릅니다. 순수히 흰색을 띤 경험조각들을 볼 경우에, 우리가 보는 것이 바로 이들 미세입자들이며, 서로 간에 모두 다름이 기억되어야 합니다. 제가 여기서 순수히 흰색을 띤 이런 경험조각을 볼 경우에, 비록 두 가지 경험조각이 모두 순수히 흰색을 띤 경험조각들이며, 정확히 질적으로 비슷하다고 하더라도, 여기서 이 경험조각을 보는 경우처럼 똑같은 것을 보고 있는 것은 아닙니다. 이런 모든 것이 가장 단순한 상식일 듯하며, 실제로 우리가 모두 공통적으로 가정하는 것입니다.

그렇지만 우리는 또한 이들 서로 다른 미세입자들이 모두 공통적으로 모종의 속성을 지닙니다. 아마 어떤 정도로든지 간에 흰색인 모든 미세입자들에 속할 수 있으되 분명히 이 세상에서 다른 아무런 것에도 속하지 않는 한 가지 속성이라고 가정하게 됩니다. 또한 이런 속성이 그것들이 모두 그것들을 다 포함하고 있는 그 집합의 원소들이라는 사실로 이뤄져 있지도 않고, 또한 단지 어떤 선접 속성만도 아니라는 단순한 사실로 이뤄져 있지 않음을 가정하고 있습니다. 만일 한 가지가 있다면, 이런 속성이 무엇일까요?

저로서는 이것과 관련하여 선택될 만한 것으로 두 가지 다른 견해가 있을 듯합니다. 될 수 있는 대로 신중하게 저는 그 차이를 설명하고자 합니다. 우리는 어떤 것 또는 다른 것에 대하여 어떤 관계를 지닌 상태로 이뤄진 모종의 속성들이 있음을 보았습니다. 사실상 이것들이 우리가 지금까지 인식한 유일한 한 종류의 속성입니다. 우리는 한 가지 사례로서 'A와 B로 이뤄진 집합'에 속하는 속성, 즉, 그 집합의 한 가지 원소인 상태를 선택하였습니다. 즉, 두 가지 경험조각 A와 B의 한 가지인 상태입니다. 우리는 이것이 A에 속하고 B에 속하는 한 가지 속성임도 보았습니다. 그렇지만 또한, A가 'A와 B로 이뤄진 집합'의 한 가지 원소라고 말하는 것이, A가 그 집합에 대하여 원소 자격의 관계를 지니는 것으로 말하는 것과 똑같은 것임도 보았습니다. 이런 관계가 A를 A와 B에 관련짓고, B를 A와 B에 관련지을 뿐만 아니라, 또한 집합이 어떤 것이든지 간에 한 가지 원소인 것이 무엇이든지 간에 모든 것을 그것이 한 가지 원소가 되는 집합에 관련지음도 살펴보았습니다. 그러므로 「원소 자격의 관계」는, (집합을 이루지 않은 개체로서) A와 B에 대하여 이런 관계를 A가 갖고 있는 상태와 아주 다른 어떤 것입니다. 그 관계는 (집합을 이루지 않은 개체로서) B와 C에 대하여 또한 C가 지닌 어떤 것이며, 비슷하게 그밖에 이 세상에 있는 무한한 숫자의 다른 사실들에 대한 한 가지 구성요소입니다. 만일 이것이 실현되어야 한다면, 자연스럽게 다음 질문을 던지게 됩니다.

「A가 (집합을 이루지 않은 개체로서) A와 B에 대하여 이런 관계를 지닌다고 말함으로써 무엇이 의미되는 것일까? 아마 A가 이 관계에 대하여 한 가지 관계를 지님이 의미되는 것이 아닐까?」

(What is meant by saying that A *has* this relation to A and B? Is it not, perhaps, meant that it *has* a relation to this relation?)

저는 우리가 한 가지 대상 A를 놓고서 이것이 또 다른 B에 대하여 관계 R을 지닌다고 말할 때마다, A가 B에 대하여 이런 관계를 지닌다고 말함으로써 의미된 일부가, A가 이런 관계에 대하여 모종의 관계를 지닌다는 것이라고 생각합니다. 제가 지적하고 싶은 것은 이것이 아주 불가능하다는 것입니다. 이러저런 것에 대하여 한 가지 관계 R을 지닌 것으로 의미된 바의 일부가, 단지 R에 대하여 또 다른 관계를 지니는 상태일 뿐임이 아마 실제의 경우가 될 수 없습니다. 왜냐하면 명백히 만일 우리가 이렇게 말한다면, 바로 우리가 설명하려고 착수한 일상개념을 도구로 하여 한 가지 관계를 지닌 상태에 대한 일상개념을 설명하려고 노력하고 있기 때문입니다. 우선 무엇보다도 만일 우리가 관계 R을 지닌 것으로 의미되는 것을 잘 이해하지 못한다면, 아마 R에 대하여 또 다른 관계로써 의미된 것을 조금이라도 더 잘 이해하지 못할 것입니다. 제안된 우리의 설명은 조금도 설명이 아닌 것입니다. 그러므로 어떤 관계를 지닌 상태라는 일상개념이, 반드시 어떤 궁극적인 일상개념이, 아마 그 관계에 대하여 또 다른 관계를 지닌 상태를 일부로서 포함할 수 없다고 주장해야만 합니다.

저는 이 점을 분명히 혼동되기 일쑤인 또 다른 점과 구분해 놓고자 합니다. 아마 한 가지 대상 A가 또 다른 대상 B에 대하여 임의의 관계 R을 지닐 경우마다, 사실상 이것이 또한 반드시 그 관계 R에 대한 또 다른 관계를 지님이 실제의 경우가 될 수 있습니다. 저는 이를 부인하고 있지 않습니다. 사실상 저는 이것이 어떻게 부정될 수 있을지 잘 모르겠습니다(≒부정될 수 없다는 속뜻). 제가 주장하는 모든 것은, B에 대하여 A가 해당 관계 R을 지니는 상태가, 아마도 R에 대하여 A가 다른 이런 관계를 지니는 상태를 포함할 수 없다는 것입니다. 'B에 대하여 한 가지 관계 R을 지니는 상태'로써 의미된 것은, 아마 그 의미의 일부가 해당 관계 R에 대하여 다른 어떤 관계를 지니는 상태라고 말함으로써 설명될 수 없을 것입니다.

그렇지만 제가 이 점을 주장하고 있는 이유는, 한 가지 속성이 어떤 것 또는 다른 것에 대하여 한 가지 관계를 지니는 것으로 구성되어 있음이 뒤따라 나온다면, 이런 속성이 그 대상에 대하여 관계되어 있다고 의미할 수 없다는 의미에서, 그 관계를 지닌 해당 대상에 속하기 때문입니다. 저는 이 점을 주장할 만한 가치가 있다고 생각합니다. 왜냐하면 만일 우리가 "그러저런 어떤 속성이 A에 속한다"고 말한다면, '속한다'라는 낱말에 의해서 의미하는 것이, 틀림없이 A에 대하여 그 속성이 지닌 어떤 관계라고 생각하는 것이 아주 자연스럽기 때문입니다. 그렇지만 여러분이 보듯이, 그 속성이 그 자체로 어떤 것 또는 다른 것에 대하여 한 가지 관계를 지니는 것으로 이뤄져 있을 경우에, 분명히 이는 실제의 경우가 될 수 없습니다. A와 B로 이뤄진 집합의 한 가지 원소 자격이라는 속성은, 그것이 오직 A와만 관련됨을 의미하지 않는다는 의미에서, A에 속하는 한 가지 속성입니다. 이는 A가 이런 속성을 지닌다고 말하는 것이, 단지 A가 'A와 B로 이뤄진 집합'에 대하여 원소 자격의 관계를 갖는다고 말하는 일과 동등할 따름이므로, 곧장 이런 결론이 뒤따라 나오는 것입니다.

§.19-4 【 제3의 보편 속성 대안: 개체의 고유 속성 】 그렇다면 어떤 것 또는 다른 것에 대하여 한 가지 관계를 지닌 것으로 이뤄진 속성들은, 그것들에 대하여 관련된 것으로 이뤄지지 않는다는 의미에서(≒어떤 것이든지 간에 두 가지 대상들 사이에 일반적 관계가 아니라, 예외적으로 특정한 개체의 고유 속성이라는 의미에서), 그것들이 속성이 되는 관련 대상들에 속함도 아주 분명합니다. 일단 이것이 파악된다면, 명백히 다음 질문을 던지는 일이 가능해집니다.

「어떤 다른 대상이, 즉, 어떤 것 또는 다른 것에 대하여 한 가지 관계를 지닌 것으로 이뤄져 있지 않은[329] 대상이, 이런 의미에서 그것들과 관련된 상태라는 속성보다 오히려 다른 속성이라는 어떤 의미에서(≒일반적인 관계가 아니라 예외적으로 오직 한 개체의 고유 속성만을 나타내는 의미에서), 또한 왜 주어진 어떤 것에 속하지 않는 것일까? 또는 달리 표현하여, 어떤 것 또는 다른 것에 대하여 한 가지 관계를 지닌 것으로 이뤄져 있지는 않되(≒약한 차원의 일반화를 지니지 못하되), 그렇게 구성된 대상들에 귀속되는 동일한 의미에서, 여전히 여러 대상들에 귀속되는 고유한 속성들이 왜 있어서는 안 되는 것일까?」(≒반문은 있어야 한다는 속뜻임)

(Why should not some other things — things which do *not* consist in the having a relation to something or other — also *belong* to a given thing, in this same sense — in a sense other than that of being related to them? Or,

---

329) [역주] 이하에서는 '관계'와 '속성'을 분명히 구분해 놓아야 비로소 무어 교수의 논의를 따라갈 수 있다. 관계는 대상들 사이에서 성립하는 일반적이고 추상적인 것이며, 모든 대상들에 대하여 예외 없이 적용되는 것이다. 관계라는 용어를 풀어써서 때로 '관련되어 있다is related'라고도 표현하고 있다. 그렇지만 속성은 고유하게 한 가지 개체에만 속하거나, 또는 매우 제한된 범위에서 이런저런 개체에만 속하는 것이다. 관계에서는 예외가 전혀 없지만, 속성은 늘 예화된 한두 대상만을 지니므로, 서로 지향하는 곳이 다름을 알 수 있다. 그러므로 "어떤 대상을 놓고서 한 가지 관계를 지니지 않는 속성"이라는 표현은 세 가지 경우를 합쳐 놓은 진술이다. 첫째, 일반적 관계가 아니다. 둘째, 한 개체의 고유한 속성일 수 있다. 셋째, 일부 몇 개체들로만 한정하여 일반화할 수 있는 고유한 속성이다.

단, 뒤친이는 무의식적으로 희랍시대의 접근법을 따르고 있는 무어 교수와는 달리, 처음부터 집합족의 관계가 기본이라고 본다. 여기에는 한 가지 진술이 예외 없이 모든 대상들에 적용되기 때문에 오직 양화 범위가 표시된 변항(x, y, z, …)들로 표상된다. 여기서 몇 가지 추가 조건이 덧붙을 경우에, 상항(a, b, c, …)들로만 이뤄진 특성함수가 하위관계로서 설정된다. 여기에서는 개체들의 집합뿐만 아니라, 유일하게 오직 한 가지 원소로만 된 특수한 유일 집합도 만들어질 수 있다. 다시 말하여, 무어 교수처럼 고유성이나 개별성을 확장하여 일반성이나 보편성에 이르는 것이 아니다. 거꾸로 오직 보편성이나 일반성에서 추가적으로 몇 가지 유관한 제약을 더해 놓음으로써 개별성과 특수성이 도출되는 관계인 것이다. 이런 점에서 무어 교수가 변항으로 된 형식과 상항으로 된 형식을 각각 '관계'와 '속성'으로 나누어 부르는 것은 명백히 잘못된 것으로 본다.

반대쪽을 부정하여 이쪽을 강조하려는 표현은, 무어 교수의 독특한 문체로 보인다. 두 가지 대립 항목만이 대립하고 있을 적에, 배중률을 적용함으로써 반대쪽의 성격을 부정하여 이쪽의 성격을 드러내는 방식이다. 713쪽의 역주 265에 적어 놓았듯이, 보편 속성과 개체가 대립하므로, 개체임을 강조하는 방식으로 "보편 속성이 아닌"이란 수식 구를 쓰는 것이다. 매우 독특한 표현법이다. 제19장 이하에서는 제3의 보편 속성이 있음을 논의하고 있으므로, 만일 무어 교수의 논의가 사실이라면, 보편 속성이 두 가지 항만이 대립되는 것이 아님을 알 수 있다. 따라서 3항 대립 요소들을 놓고서는 결코 배중률을 적용시킬 수 없다. "보편 속성이 아닌"이 가리키는 범위 속에 「개체」뿐만 아니라 또한 「제3의 후보」도 포함되기 때문이다. 그렇지만 무어 교수는 스스로 모순을 저지르고 있다는 치명적인 사실을 전혀 자각하고 있지 못하는 듯하다.

in other words: Why should there not be properties, which do not consist in the having a relation to something or other, but which yet *belong* to things in the same sense as those which do so consist belong?)

저는 많은 철학자들이 그런 속성들이 있는 양 말해 왔다고 봅니다. 그들은 '서술어'들 또는 '특질'(≒형용사)들로 불리는 일부 대상들이, 그것들과 관련된 것으로 이뤄져 있지 않은(≒개체의 고유 속성을 지닌) 어떤 의미에서, 실제로 그것이 서술어이거나 특질 형용사인 대상들에 속하는 것처럼 말해 왔습니다. 그분들은 마치 한 가지 대상 A가 또 다른 대상 B에 '의해서 특질이 갖춰지는' 듯이, 또는 A가 한 가지 서술어로서 B를 가질 수 있는 듯이 말해 왔습니다. 이렇게 말하면서 심지어 B가 어떤 다른 것에 대하여 한 가지 관계를 지닌 것으로 이뤄져 있지 않은(≒개체의 고유 속성을 지닌) 어떤 것이었을 뿐이라고 하더라도, 마치 B가 A와 관련됐음을 언급하고 있지 않은 듯이 말했습니다.

이제 저는 이런 종류의 속성이 어떤 것이든 있다고 말하고 싶지는 않습니다. 어떤 것 또는 다른 것에 대하여 한 가지 관계를 지닌 것으로 이뤄져 있지 않겠지만, 그럼에도 불구하고 그것들이 그것들과 서로 관련됨을 의미하지 않는(≒개체의 고유한 속성을 의미하는) 모종의 의미에서 대상들에 속한 속성들입니다. 제가 아는 한, 아무도 아주 명백히 이런 종류인 속성을 어떤 것이든지 간에 성공적으로 지적해 내지는 못하였습니다. 저는 사뭇 분명한 것이, 종종 이런 종류의 속성들인 양 말해지는 많은 대상들이, 분명히 그렇지 않다고 생각합니다. 예를 들어, 색깔들이 '제2특질secondary qualities'로330) 말해지는 경우에, 저는 그

---

330) [역주] 영국의 존 로크(John Loke, 1632~1704)에 의해서 사물(대상)이 지닌 세 가지 특질로 지적된 것 중 하나이다(정병훈·이재영·양선숙 뒤침, 2015, 『인간 지성론』, 한길사). 제1특질primary quality(1차 성질)은 사물 자체에 들어 있으며, 보편적이고 객관적인 것에 속한다. 본문에서 언급된 제2특질secondary quality(2차 성질)은 감각 기관에 작용하여 사람마다 달리 느끼게 되는 개별적이고 주관적인 것에 속한다(색, 소리, 맛 따위). 제3특질(3차 성질)은 제1특질을 지닌 사물이나 대상에 어떤 변화나 운동을 일으키는 힘power을 가리킨다. 355~356쪽의 역주 127도 참고 바람.

것들을 특질로 부름으로써, 종종 애매하게 우리가 특질들이 대상들과 관련된 상태를 의미하지 못하는 모종의 의미에서 그런 특질을 지닌 일종의 대상임을 의미하는 듯이 가정된다고 생각합니다.

저는 지속적으로 철학에서 어떤 것 또는 다른 것을 놓고서 한 가지 관계를 지닌 것으로 이뤄진 속성들 및 그 속성이 지닌 한 가지 관계를 지닌 상태에서 어떤 것 또는 다른 것 사이에, 어떤 혼란이 있다고 생각합니다. 예를 들어, 어떤 오렌지가 노랗다고 말해지는 경우에, 이는 분명히 다만 오렌지가 노란색에 대하여 모종의 관계를 지님을 의미할 뿐입니다. 그렇지만 이 속성이, 그 오렌지가 지닌 노란색에 대하여 한 가지 관계를 지니는 속성이, 오직 이 속성이 오렌지에 관계됨을 의미하는 것만이 아니라, 어떤 의미에서 '노란색'과 아주 종종 혼동되어 왔다고 생각합니다. '노란색'은 오직 그 오렌지와만 관련되면서, 아마 다른 어떤 의미로도 오렌지에 속하지 못하는 어떤 대상입니다(≒색깔은 다른 대상들에도 속하기 때문임).

비슷하게 사람들이 '서술어'들 또는 '형용사'들을 말하는 경우에, 저는 동일한 종류의 혼란이 있다고 생각합니다. 일부 사람들은 다음처럼 말할 것 같습니다. 「(고유한) 서술의 관계와 같은 어떤 것이 있는데, 한 가지 서술어가 서술해 놓는 관련 대상을 놓고서 언제나 지니고 있는 관계이다.」 반면에 다른 사람들은 다음처럼 말할 것 같습니다. 「(고유한) 서술의 관계와 같은 그런 것은 없다. 바로 한 가지 서술어의 본질이, 대상과 (고유하게) 관련된 상태의 의미보다는 오히려 서술어가 다른 모종의 의미에서 서술해 놓는 그 대상에 속한다는 것이기 때문이다.」 두 쪽 입장들이 모두 다 옳을지도 모릅니다(≒서술어가 한 가지 대상에만 고유하고 특정적인 것을 서술해 준다는 주장 및 서술어는 모든 대상에 일반적 상태를 기술해 줄 뿐이라는 반대 주장). 단순히 왜냐하면 그 관계를 알지 못한 채로 그들이 서로 다른 의미로 '서술어'라는 낱말을 쓰고 있기 때문입니다. 첫 번째 입장에서는 서술어로써 오렌지가 노랗다고 말해지는 경우에, (고유하게) 한 가지 관계를 지닌다고 말함을 의미할 수 있습니다. 그럴 경우에 의심의 여지없이, 이런 의미에서 해당 서술어가 그 오렌지에 대하여 한 가지 관계를 지니며, 오렌지가 그런 관계를 지니기 때문에 오직 오렌지에만 속할 뿐입니다. 반면에 두 번째 입장에서는 서술어로써 해당 색깔인 노란색에 대하여 이런 관계를 지니는 속성을 의미할 수 있습니다. 그런 경우에 의심의 여지없이 그 서술어가, 오렌지와 관련된 상태의 의미보다, 오히려 다른 모종의 의미에서 오렌지에 속합니다. 그렇지만 여전히 속성들이 대상들과만 관련됨을 의미하지 않는다. 모종의 의미에서(≒유일하게 한 가지 고유한 속성이 아니라, 임의의 대상에 모두 다 적용되는 일반적 관계를 지닌다는 의미에서), 일단 우리가 어떤 것 또는 다른 것에 대하여 실제로 한 가지 관계를 지닌 것으로 이뤄져 있는 속성들이, 실제로 그런 속성이 되는 해당 대상들에 속한다는 점을 인식한다면, 명백히 이 세상에는 동일한 이런 의미에서 일부 대상들에 속하는 (예외적이고 고유하며 특수한) 다른 모종의 대상들도 있을 가능성이 존재하게 됩니다(≒언어학에서는 이런 두 가지 종류의 서술어가 있다는 주장을 수긍할 가능성이 전혀 없으며, 이미 851쪽의 역주 329에서 무어 교수의 발상이 잘못임을 적어 두었음).

이런 가능성은 우리가 논의하는 특정한 경우에서 제가 언급한 두 가지 대안을 제시해 줍니다. 우리는 감각에 주어진 모든 흰색 경험조각들에 속하며 오직 그것들에만 (고유하게) 속하는 모종의 속성이 있다고 가정하고 있습니다. 오직 그 집합의 한 가지 원소인 것으로만 이뤄져 있지 않으며, 오직 어떤 선접 속성도 아닌 어떤 속성입니다. 두 가지 대안은 다음과 같습니다.

㉠ 한 가지 대안은 이런 속성이 그것들이 모두 모종의 한 가지 대상에 대하여, 즉, 편의상 제가 'W'(하양)로331) 부를 한 가지 대상에 대하여, 동일

---

331) [역주] 흰색 경험조각을 다루고 있으므로 white하얗다는 낱말의 첫 글자를 대문자로

한 한 가지 관계를 지닌 것으로 이뤄져 있다.

ⓛ 다른 대안은 제가 또한 'W'(하양)로 부를 수 있는 모종의 한 가지 대상
이 있는데, 그 속성이 대상들과 관련됨을 의미하지 않는 어떤 의미에서
(≒일반적 관계가 아니라 오직 특정한 개별체의 고유한 속성이라는 의
미에서) 이는 그것들에 모두 다 속한다.

후자의 경우(ⓛ), 'W'(하양)로 불리는 그 대상이 한 가지 보편 속성일
듯합니다. 즉, 우리가 찾고 있는 한 가지 사례를 위한 제3종류의 보편
속성입니다. 우리가 그것들에 모두 다 있거나 그것들에 모두 다 나타
난 순수한 흰색이, 즉, 이것에 의해 우리가 표현하고 있는 것이, 그것
들을 모두 다 놓고서 W(하양)가 논의 중인 관계를 지니거나, 아니면
W(하양)가 그것들에 모두 속하는 것입니다(≒선접 형식으로 제시되어 있
는데, '일반 관계'이거나 아니면 '개체의 고유한 속성'일 수 있음).

우리가 순수한 흰색이 서로 다른 정도로 그것들 중에 서로 다른 대
상들에 나타나 있다고 말할 경우에, 예를 들어, 흰색을 띤 파랑에서보
다도 파란색을 띤 흰색에서 좀더 순수한 흰색이 있을 경우에, 이런
방식으로 우리가 표현하는 사실은 세 가지 다른 종류일 가능성이 있
습니다.

첫째, W(하양)가, 그 자체로 정도성을 지닌 어떤 대상이었던 경우일
수 있습니다. 그렇다면 W(하양)의 많은 부분이 나머지 다른 대상에
대해서보다 한 가지 대상을 놓고서 그런 특정한 관계를 지니거나, 아
니면 W(하양)의 많은 부분이 다른 대상이 아니라 한 가지 대상에만
속하는 것일 수 있습니다.

아니면, 둘째, W(하양)가 그 자체로 정도성을 띠지 않지만, 그것들
모두에 대하여 W(하양)가 지닌 그 관계가 (만일 그러한 어떤 관계가 있다
면) 정도성을 띱니다. 그렇다면 당연히 W(하양)가 다른 것들보다도 어

썼을 것으로 보인다. 이하에서 독자들이 쉽게 알아차릴 수 있도록 'W(하양)'처럼 표시
해 두기로 한다.

띤 것에 대하여 이런 관계를 더 많이 지님을 의미합니다.

저는 이들 가정 중에서 어떤 것에도 확정적인 반론을 아무런 것도 알 수 없습니다. 왜냐하면 반드시 기억되어야 하는 것이, 이런 이론상으로 W(하양)가 어떤 감각자료의 단편과도 동일하지 않다는 점입니다. 우리가 순수한 흰색의 한 가지 경험조각을 보는 경우에, 그것은 우리가 보는 것은 아닙니다. 더욱이나 그것들이 또는 그것들만 단독으로 서로 간에 비슷하다는 그런 측면에서, 그것은 심지어 어떤 흰색 경험조각과도 비슷하지 않기까지 합니다. 왜냐하면 그것들이 서로 간에 비슷하되 이 세상에서 다른 어떤 것도 비슷하지 않은 그 측면이, 이런 이론에 따르면, 단지 W(하양)가 실제로 그것들에 속하거나, 아니면 그것들에 대하여 어떤 특별한 관계를 지닌다는 사실로 이뤄지기 때문입니다. 따라서 그 가정에 의해서, 흰색 경험조각들로 된 집합의 각 원소를 제외하고서, W(하양)는 이 세상에서 다른 어떤 것에 속하지도 않고, 다른 어떤 것에 대하여 가정된 특별한 관계도 지니지 못합니다. 그러므로 W(하양)가 그 자신에도 속하지 않으며, 그 자신에 대해서 W(하양)가 그것들에 각각 지니는 특별한 관계를 지닌 것도 아님이 뒤따라 도출됩니다.

그런 것을 지니지 못하므로 W(하양)는, 아마 그것들이 모두 서로 간에 비슷하다는 특정한 측면에서 아마 그것들과 비슷할 수 없을 것입니다. 그러므로 반드시 한 가지 흰색 경험조각을 바라보는 경우에, 우리는 W(하양)가 한 번이라도 보는 임의의 것과는 아주 다른 어떤 것임을 인식해야 합니다. 한 가지 순수한 흰색 경험조각을 바라보는 경우에 우리가 보는 것은, 아주 두드러지게 파란색인 어떤 파란색을 띤 흰색 경험조각과 다른 정도보다도 훨씬 더 많이 다른 어떤 것입니다. 이것이 우리가 한 번이라도 보는 임의의 흰색 경험조각과는 아주 다른 것임은 바로 이런 사실입니다. 이는 어떤 의미로 실제로 모든 흰색 경험조각들 속에 있을 수 있도록 만들어 줍니다. 우리는 순수한 흰색이, 만일 순수한 흰색이라는 낱말로써 우리가 순수한 흰색을 띤 한 가지 경험조각을 바라보는 경우에 우리가 보는 것을 의미한다면, 당연히 푸르스름한 흰색의 한 가지 경험조각 속에도 들어 있어야 함은 아주 불가능하다는 점을 살펴보았습니다. 그렇지만 W(하양)의 경우에 비슷한 불가능성은 아무런 것도 없습니다. 왜냐하면 간단히 W(하양)가 우리가 한 번이라도 본 임의의 색깔과는 아주 전적으로 다른 것이기 때문입니다.

§.19-5 【 제3의 보편 속성 대안: 선접 형식 】 셋째, 지금까지 제가 알 수 있는 한, 결과적으로 우리는 실제로 우리에게 모든 흰색 경험조각들에 공통적이면서도 특징적일 수 있는 한 가지 속성을 제공해 줌직한 한 가지 이론을 갖게 됩니다. 제가 알 수 있는 한, 이 이론에 대한 유일한 한 가지 반론은, 제가 'W'(하양)로 부른 이것을 구별해 내기가 극히 어렵고, 더구나 그러한 어떤 것이 있는지도 확신하기 어렵다는 점입니다.

「만일 그런 어떤 것이 있다면, 그것이 무엇이며, 무엇과 같을까? 어떻게 그것이 지적될 것인가?」

그럼에도 저는 많은 철학자들이 대체로 애매하지만 지속적으로 이 세상에 그런 것들이 있다고 전제해 왔다고 여깁니다. 가능한 가장 강력한 방식으로 저는 그런 것들이 있다고 가정한 이유들을 진술해 놓으려고 합니다.

그런 일을 실행하기 위하여, 저는 모든 흰색 경험조각들에 대한 고려를 유보해 두는 것이 더 낫다고 생각합니다. 왜냐하면 선접 속성의 것을 제외하고서, 저는 모든 흰색 경험조각들이 실제로 그것들에 모두 다 '공통적이면서도 특징적인' 속성을 어떤 것이든지 지닌다는 확신을 갖지 못하기 때문입니다. 타당하게 필요·충분조건으로332) 모든 흰색 경험조각에 속하는 오직 한 가지 선접 속성만이 있음이 성립될 수 있습니다. 따라서 이것들이 W(하양)와 같은 그런 어떤 것이 있다고 가정할 아주 강력한 근거를 허용해 주는 것은 아닙니다.

그렇지만 만일 우리가 절대적으로 필요·충분조건으로 순수한 흰색 경험조각들만 살펴본다면, 그런 어떤 것이 있음을 가정할 근거들이 저한테는 아주 강력한 듯합니다. 임의의 시점에서 절대적으로 순수한 흰색을 띤 한 가지 경험조각에 의해 점유된 공간의 모든 부분이나 점이, 그런 사실로 말미암아 비슷하게 점유되지만 이 세상에 어떤 것이든지 간에 다른 아무런 것에도 속하지 않는(≒무어 교수는 머릿속에 있는 경험조각으로서 그 감각자료의 표면에 두루 펼쳐져 있을 색깔 따위의 속성을 염두에 두고서 서술하고 있음, 916쪽 참고), 공간의 모든 다른 부분들이나 점들과 공유하는 한 가지 속성을 지님을 부인하기가 확실히 어렵습니다. 공간의 모든 그런 부분이나 점은 절대적으로 순수한 흰색을 띤 한 가지 경험조각에 의해 점유된 속성을 지니지만, 이 세상에서 다른 아무런 것도 이런 속성을 지니지 않습니다.

「그렇지만 이런 속성이 무엇으로 이뤄져 있을까?」

제가 알 수 있는 한, W(하양)와 같은 그런 어떤 것이 있다는 이론을 채택하지 않는다면, 오직 두 가지 대안만이 있습니다. (1) 우리는 공간의 모든 그런 부분이 동일한 한 가지 것에 의해서 점유되어 있다고 말해야 합니다. 다시 말하여, 여기에 있는 이 경험조각이 여기에 있는 이 경험조각과 다르지 않고, 그것들이 두 가지 경험조각이 아니라 오직 한 가지일 따름입니다. 우리가 보는 이 장소를 점유하고 있는 바로

---

332) [역주] 원문 초판 350쪽(재간은 381쪽)에 to all white patches, and only to them**모든 흰색 경험조각에 그리고 오직 그 흰색 경험조각들에만**으로 씌어 있는 것은 전문 용어로서 '필요·충분 조건'을 표현하는 방식이다. 만일 풀어서 번역하면 쉽게 전문적인 개념임을 깨닫지 못할 수 있으므로, 전문 용어로 바꿔 놓았다. 두 문장 건너서 이어지는 대목에서도 absolutely pure white patches and those only**절대적으로 순수한 흰색 경험조각들 그리고 오직 그 경험조각들만** 또한 필요·충분조건의 형식으로 제시되어 있음을 알 수 있다.

그 대상이, 또한 동시에 이곳과 이곳과 이곳을 점유하고 있다는 뜻입니다. 이미 살펴보았듯이, 이런 이론에 대한 반론은 이것이 자명하게 참이 아닐 듯하다는 점입니다(≒상식적으로 세 곳의 공간을 점유한 개체들을 한 가지 대상이라고 볼 수 없음). 아니면, 이와는 달리, (2) 우리는 반드시 순수한 흰색을 띤 서로 다른 모든 경험조각들이 한 가지 선접 속성을 제외하고서는 아무런 것도 공통적으로 지니지 못한다고 말해야만 합니다. 이것에 의해서 정확히 제가 의미하는 바를 이런 특정한 사례를 참고하면서 다시 설명할 것입니다. 물론 순수한 흰색을 띤 모든 경험조각이, 색깔의 측면에서 다른 모든 것과 정확히 비슷합니다. 따라서 우리는 다음처럼 말할 수 있습니다.

> 「여러분이 좋아하는 경험조각을 어떤 것이든지 선택하고 그것을 A로 부르시오. 그렇다면 이는 모든 다른 경험조각들을 놓고서 그것들이 색깔의 측면에서 A와 정확히 비슷함이 참값이되, 이 세상에 있는 다른 것은 아무런 것도 그렇지 않다.」
>
> (Choose any patch you like and call it A; then it is true of all other patches, and of nothing else in the Universe, that thy are exactly similar in respect of colour to A)

그렇지만 A는 그 자신과 정확히 비슷한 것이 아니라, 바로 그 자신인 것입니다. 그러므로 순수한 흰색을 띤 모든 경험조각들에 '공통적이면서도 특징적인' 이런 방식으로 얻어질 유일한 한 가지 속성은 선접 속성입니다. 즉, 정확히 A와 비슷한 상태이든지, 아니면 그 자체로 A인 상태입니다. 물론 A 대신에, 흰색을 띤 다른 경험조각을 어떤 것이든지 선택할 수도 있습니다. 따라서 우리가 실제로 얻는 것은, 순수히 흰색을 띤 경험조각들이 있는 만큼, 서로 다른 많은 수의 선접 속성들입니다. 이것들은 모두 순수히 흰색을 띤 모든 경험조각에 속하되, 이 세상에서 다른 어떤 것에도 속하지 않습니다(≒'~에 속하되, 다른 아무런 것에도 속하지 않는'이란 형식은 긍정적 규정 및 배제적 규정이 나란히 있는데, 고유한 개체의 특성을 나타내기 위하여 무어 교수가 자주 쓰는 표현이며, 771쪽의 역주 301 및 827쪽의 역주 318을 보기 바람).

이런 이론에 대한 반론은, 순수히 흰색을 띤 모든 경험조각들이, 공통적인 어떤 특징적 속성으로서 오직 선접 방식 말고는 실제로 다른 방식을 지니지 못함을 믿기 어려울 듯하다는 점입니다. 달리 표현하여, 우리는 오직 선접 속성이 사실상 공통된 속성이 아니라고 말하는 쪽으로 기울어져 있는 것입니다. 정확히 A와 비슷한 나머지 다른 모든 경험조각들이 그러하듯이, A가 실제로 정확히 똑같이 특징적인 속성을 지님이 아주 확실한 듯합니다. 이것으로써 우리는 그것들에 대해서 공통적으로 지닌 것이, 단지 선접 방식(either X or Y)으로 규정된 두 가지 조건 중에서 한 가지만 만족시키는 일로 이뤄져 있는 것은 아니지만, 반면에 나머지 것들은 다른 조건만 만족시킴을 의미합니다. 가령, 여러분은 또한 남자들과 여자들이, 그들 중 각자 한 사람이 남자이거나 아니면 한 사람의 여자임을 제외하고서는, 절대적으로 공통적인 것이 아무런 것도 없다고 제안할 수 있습니다.

왜냐하면 이들 대안 후보가 둘 모두 우리들로 하여금 틀림없이 W(하양)와 같이 그런 어떤 것이 있음을 가정하도록 내몰아간다고 믿기 어려울 듯하기 때문입니다. 즉, 순수히 흰색 경험조각과 아주 다른 어떤 한 가지 경험조각이 있는데, 이것의 지위가 모든 순수히 흰색 경험조각들에 속한다고 가정하든지(≒일반적 관계를 가정하든지), 아니면 그것들과 모두 어떤 특정한 관계를 지니되 이 세상에 있는 다른 어떤 것에도 속하지 않고, 다른 어떤 것들이 이런 관계를 지니지도 않는다고 가정하든지(≒고유한 속성을 가정하든지) 해야 하는 것입니다(≒851쪽의 역주 329 참고). 만일 그런 어떤 것이 있다면, 물론 이런 한 가지 경험조각은 우리가 모두 완벽히 친숙한 어떤 것일 듯하며, 지속적으로 우리 정신 앞에 지니는 것일 듯합니다.

그렇지만 이 이론에 대한 반론으로서, 아무튼 저는 그런 것을 어떤 것이든지 간에 구별해 내는 일에 성공할 수도 없었고, 제 정신 앞에 분명하게 그런 경험조각을 붙들어 낼 수도 없었습니다. 저는 한 가지 순수한 흰색 경험조각을 바라보는 경우에, 제가 보는 그 경험조각과 아주 다르며, 그런 모든 경험조각들에 '공통적이면서도 특징적인' 어떤 아주 단순한 속성이 실제로 있음을 분명하게 지각하는 데에도 성공할 수 없었습니다. ⓐ아마 여러분 중 일부는 논의 중인 그런 속성을 구별해 내는 일에 성공할 수도 있을 것입니다. 반면에 ⓑ여러분 중 일부는 분명히 (모든 경험조각들에 고유한) 그런 것이 없다고 말할 것입니다. 그런데 만일 여러분이 후자(ⓑ)를 말한다면, 한 가지 난점과 마주하게 됩니다. 왜냐하면 「순수히 흰색 경험조각들에 모두 다 '공통적이면서도 특징적인' 어떤 속성이 있음」이 완벽히 분명할 듯하기 때문입니다. 만일 여러분이 이런 이론을 기각한다면, 제가 알 수 있는 한, 유일하게 남아 있는 대안으로 두 가지 후보가 있습니다. 제가 이미 제시했던 것들입니다. ㉮여러분이 반드시 동시에 아주 다른 여러 장소들에 있는 것이 사실상 동일한 한 가지 대상이라고 말해야 합니다. 아니면, ㉯그것들이 공통된 유일한 한 가지 속성이 오직 선접 방식의 속성일 뿐이라고 말해야 하는데, 각각 여러분이 선택한 어떤 특정한 한 가지 경험조각이거나, 아니면 여러분이 선택한 그 속성과 정확히 비슷한 경험조각일 것입니다.

제 입장에서는 이들 두 가지 대안 이론(㉮, ㉯) 중에서 어떤 것에도 만족할 수 없습니다. 어떤 경우이든지 간에, 해당 논제에 관해서 한 가지 난점이 있을 듯하기 때문입니다. 흔히 사람들이 말하듯이, 만일 여러분이 단지 모든 순수한 흰색 경험조각들에 '공통적이면서도 특징적인' 어떤 속성이 있다고 가정하고, 그런 경험조각들에 모두 '공통적이면서도 특징적인' 유일한 속성으로서 이런 속성에 관하여 언급하면서, 마치 우리가 모두 다 그것이 무엇인지 잘 알고 있는 듯이 그것을 '순수한 흰색'으로 부른다면, 이런 난점이 간단히 은폐되어 버립니다. 물론 어떤 의미에서 우리는 그것이 무엇일지 잘 알고 있습니다. 우리들이 모두 다 우리 정신 앞에 그 경험조각을 지니기 때문입니다 그렇지만 저한테는 이들 전적으로 다른 종류의 세 가지 대안들 중(ⓐ 및 ⓑ의 하위 대안인 ㉮와 ㉯)에서 그것(모든 경험조각들이 고유하게 지닌 속성)이 어떤 것일지 조금도 우리가 잘 알고 있지 못하는 듯합니다.

제20장 추상화 내용 및 있음(존재하는 상태)

§.20-0 【 들머리 】 이번 마지막 장에서는 먼저 제가 뒷부분에서 논의해 오고 있는 몇 가지 논점들을 다시 살펴보려고 합니다. 왜냐하면 제가 스스로 아주 분명히 만들어 놓지 못했을지 걱정하기 때문이며, 만일 그 주제가 조금이라도 논의할 가치가 있다면, 그 주제를 명확해 해 놓는 일이 중요하기 때문입니다. 꽤 길게 여러 장에 걸쳐서 저는 흔히 다음 낱말로 불린 것들을 논의해 왔습니다.

"보편 속성universals", "개념concepts", "개념형성물conceptions", "일반개념general ideas", "추상적 개념abstract ideas"

저는 대부분의 철학자들이 어떤 또는 다른 명칭 아래 아주 자주 이런 것들을 말해 왔을 뿐만 아니라, 또한 어떤 철학자들의 업적, 특히 희랍과 중세 철학자들의 업적 중 아주 큰 몫이 바로 이런 대상들에 관한 이론적 논의로 이뤄져 있다고 생각합니다. 플라톤과 아리스토텔레스도 그것들을 또는 그것들의 일부를 에이데η$^{eiδη333)}$ 또는 '형상들forms'로 불렀습니다. 플라톤의 '이데아 이론Theory of Ideas'으로 불린 것은 사실상 「보편 속성」에 관한 한 가지 이론입니다. 그렇지만 그것들에 쏟아진 모든 주의력에도 불구하고, 제가 알 수 있는 한 정확히 아무도 그것들이 어떤 종류의 것인지를 아주 명확하게 지적하는 데에 성공하지 못했고, 이것들과 구분되는 것으로서 흔히 '개체들individuals'이나 '개별체들 particulars'로 불리는 다른 종류의 것들과 어떻게 다른지를 밝혀내지도 못하였습니다. 이미 말했듯이, 일부 철학자들은 심지어 일반적 개념들과 같은 그런 것들이 있다는 것을 부정하기까지 했습니다.

이제 저는 만일 그런 것들이 있다면, 그것들이 아주 중요한 종류의 대상들임에 의심의 여지가 없다고 생각합니다. 그러므로 될 수 있는 대로 저는 그런 것들이 있으며, 또한 그것들이 어떤 종류의 것인지를 분명하게 만들어 놓고자 합니다. 저는 보편 속성들에 관한 많은 논란들 중에서, 비교적 간단한 한 가지 구분이 간과되었다고 생각합니다. 저한테는 실제로 이 세상에 두 가지 종류의 보편 속성들이 있습니다. 이것이 제가 지적하고자 했던 (1) 「관계」들과 (2) 어떤 것 또는 다른 것에 대하여 한 가지 관계를 지닌 것으로 이뤄진 「속성」들임이 조금도 의심의 여지가 없는 듯합니다(783쪽 이하). 저는 이들 두 가지 종류의 보편 속성들을 비교적 쉽게 구별할 수 있다고 생각합니다. 만일 이것들이 유일한 종류들이었음이 아주 분명했더라면, 보편 속성들에 관한 전체적 물음은 비교적 간단했을 것이라고 생각합니다.

§.20-1【 제3의 보편 속성으로서 흰색을 띤 경험조각의 사례 】그렇지만 다양한 논란이 일었는데, 저는 주로 아주 다른 제3의 보편 속성들도

---

333) [역주] 희랍어 에이도스($\varepsilon \hat{\iota} \delta o \varsigma$)의 복수 형태가 에이데(형상들)이다. 이 낱말이 어원이 to see보다이므로 때로 이를 visible form가시적 형상으로 번역하기도 한다. '형상形相'이란 한자어는 모습形이란 말과 얼굴相이란 말이 결합된 것이다. 관상觀相이란 낱말은 겉으로 드러난 사람 얼굴의 좋고 나쁜 낌새(운수)를 본다는 뜻이다. '서로 상(相)'은 파생된 뜻이 아주 많지만, 본디 '자세히 살펴보다'는 뜻이 있는데, 『설문 해자』에서는 「땅이 지닌 힘을 나무를 자세히 살펴봄으로써 가히 알 수 있다」고 풀어 놓았다.

있음이 가정됐었기 때문이라고 생각합니다. 사람들이 보편 속성을 말할 경우에, 저는 아주 종종 유독 이렇게 가정된 제3의 보편 속성들을 생각하고 있었다고 생각합니다. 보편 속성이란 것이 어떤 것이든지 간에 조금이라도 있음을 부정하는 사람들도, 저는 일반적으로 오직 이런 제3의 보편 속성들을 생각하고 있었을 것으로 여깁니다. 그분들은 단순히 다른 두 종류(≒관계 및 속성)들도 분명히 보편 속성임에 주목하지 못했던 것입니다.

비슷하게 저는 다른 입장으로 보편 속성들을 옹호하는 분들이, 종종 너무 성급하게 오직 어떤 것 또는 다른 것을 놓고서 사실상 한 가지 관계만을 지닌 것으로 이뤄진 속성들로서, 보편 속성들이 이러한 제3의 보편 속성이라고 가정해 왔다고 생각합니다. 그러므로 저는 그 주제의 난점 중 일부가, 이들 두 가지 종류의 보편 속성(≒관계 및 속성)을 인식함으로써 제거되었다고 여깁니다. 그렇지만 여전히 대체로 아주 다른 제3의 보편 속성들이 실제로 포함되어 있다고 볼 이유가 있는 경우들도 아주 많이 남아 있습니다. 제가 실천하고 싶었던 것은, 저한테 이를 가정하는 이유가 될 듯한 주요한 종류의 경우들을 놓고서, 전형적인 사례들을 선택하고서 이런 제3의 보편 속성들이 그 사례들에 포함되었는지 여부를 밝히고, 만일 그렇다면, 그것들이 어떤 종류의 것인지를 될 수 있는 대로 분명히 만들어 주려는 것이었습니다.

저는 한 가지 유형의 경우들에 대한 한 가지 사례로서 '흰색'을 선택하였습니다. 여기에 이런 제3의 보편 속성이 포함될 수 있으며 아주 종종 그렇게 성립됩니다. 저는 간략하게 '흰색whiteness'(흰색인 상태)에 관해서 가장 주목할 만한 요점들을 요약해 놓고자 합니다.

우선 저는 '흰색'이, 그 낱말의 가장 일상적인 의미에서, 우리가 백합꽃과 눈과 그런 종류의 다른 대상들에 속한다고 가정하는 어떤 속성을 위한 한 가지 이름임을 지적하였습니다. 이는 (수반 현상으로서 우리 머릿속에 있는) 감각자료에 속하는 어떤 속성이 아닙니다. 우리가 백합꽃과 눈에 귀속시키는 이 속성(≒외부 대상에 귀속시키는 이 속성)

은, 의심의 여지없이 오직 어떤 것 또는 다른 것에 대하여 한 가지 관계를 지닌 것으로 이뤄진 어떤 속성입니다. 실제로 백합꽃과 눈에 속하는 한 가지 그런 속성은, 의심의 여지없이 머릿속에 있는 감각자료에 대하여 어떤 종류의 관계를 지니는 것이며, 「흰색을 띤 경험조각」들로 불릴 수 있는 종류의 것입니다. 비록 이런 속성이 아마 제가 주장하는 제3의 보편 속성을 포함할 수 있겠지만, 분명히 이것이 한 가지 보편 속성만은 아닙니다. 만일 「흰색을 띤 경험조각」들로 불릴 수 있는 감각자료가, 그 자신이 보편 속성이든지, 아니면 한 가지 보편 속성을 포함하든지 간에, 다른 어떤 공통적인 속성을 자신의 성향(특성)으로 지닌다면, 그리고 그런 성향(특성)을 지니기 때문에, 이것이 오직 한 가지 보편 속성을 포함할 수 있습니다.

그러므로 백합꽃과 눈이 흰색일 수 있는 의미는, 틀림없이 「흰색을 띤 경험조각」들로 불릴 수 있는 그런 감각자료sense-data 또는 감각내용들sensations이 흰색이라는 의미와 엄격히 구별되어야 합니다. 백합꽃과 눈에 속하는 '흰색'으로 불린 그 속성은, 감각자료에는 속하지 않습니다. 그리고 실제로 이들 감각자료에 속하는, '흰색'으로 불린 속성은 어떤 것이든지 간에 백합꽃과 눈에는 속하지 않습니다.334)

그렇지만 이제 우리가 「흰색을 띤 경험조각」들로 불릴 수 있는 감각자료에 '공통적이면서도 특징적인' 속성이 무엇인지를 찾아내려고 한다면, 서로 다른 두 가지 집합의 감각자료가 있음을 깨닫게 됩니다. 똑같은 이 이름이 서로 다른 의미로 주어질 수 있는 더 큰 집합과 더

---

334) [역주] 852쪽의 역주 330에서 로크가 외부세계에 있는 대상이나 사물 그 자체에 속하는 객관적인 속성을 1차 특질(제1성질)로 불렀고, 이를 감각 기관을 통하여 사람들마다 주관적으로 받아들인 속성을 2차 특질(제2성질)로 구분했음을 적어 놓았다. 무어 교수도 같은 구분을 받아들이고 있다. 외부 세계에 있는 대상이나 사물에 들어있다고 여기는 색깔, 그리고 그 대상을 바라봄으로써 머릿속에 지니게 되는 경험조각으로서의 색깔, 둘 사이를 구분해 놓고 있는 것이다. 다시 말하여, 사물이나 대상에 귀속되는 색깔과 경험조각으로서 감각자료에 귀속시키는 색깔이 서로 공통점이 많을 수 있겠지만, 서로 별개의 것이라고 상정한다. 그런데 '감각자료'라는 용어가 더러 외부 대상으로서 감각 자극물에까지 확장될 소지도 있다. 737쪽의 역주 283을 보기 바란다. 여기서는 이런 확장을 조금도 인정하지 않고 있다.

작은 집합입니다. 어떤 정도성을 띠든지 간에, 하야스름한 (아무리 흰색이 적더라도) 색깔의 모든 경험조각들이, 어떤 의미로 '하얗다'고 단정될 수 있습니다. 그렇지만 분명히 다른 한편으로, 우리는 그것들을 모두 흰색을 띤 경험조각들로 공통되게 불러서는 안 됩니다. 마땅히 그렇게 하듯이, 이 이름을 다른 임의의 색깔보다 그 경험조각들 속에 확정적으로 더 많이 지니는 것들로만 국한시켜 놓아야 합니다. 다시 말하여, 파란색을 띤 흰색을 '한 가지 흰색a white'으로 불러야 하겠지만, 흰색을 띤 파란색을 '한 가지 흰색'으로 불러서는 안 됩니다. 그것을 당연히 '한 가지 파란색a blue'으로 불러야 하는 것입니다. 이런 이유로 말미암아, 저는 「흰색을 띤 한 가지 경험조각」을 말하는 데에서, 오직 더 작은 이 집합의 한 가지 원소만을 공통적으로 의미하려고, 오직 더 작은 집합만을 살펴보려는 선택을 하였습니다. 그렇지만 이제 다뤄야 할 질문이 있습니다.

「더 작은 이 집합의 모든 원소들이 공통적으로 소유하되, 다른 것은 아무런 것도 소유하지 않는 이 속성이 무엇일까?」

(what is this property which all members of this smaller group possess in common, and which nothing else possesses?)

이런 질문을 살펴보는 데에서, 만일 필요·충분조건에서 절대적으로 순수히 흰색을 띤 모든 경험조각들에만 속하는 속성이 마침내 무엇인지를 찾아낼 수 있었더라면, 우리가 그것이 무엇이었는지 알아낼 수 있다고 제안하기에 이르렀을 것입니다. 물론 순수히 흰색을 띤 경험조각들에만 속하는 그 속성은, 어떤 정도성을 띠든지 간에, 아마 흰색인 속성과 똑같은 것은 될 수 없을 것입니다. 그렇지만 두 가지 속성 (늑머릿속 경험조각 및 외부 사물의 색깔)이 정도상으로만 차이가 생길 수 있으며, 종류상의 차이는 아님이 성립 가능할 것 같습니다.

ⓘ 이런 방식으로 우리가 절대적으로 순수히 흰색을 띤 모든 경험 조각들에 공통적이면서도 특징적인 속성이 무엇인지를 살펴보는 쪽으로 안내되었습니다. 여기서 저는 확실히 그런 것들이 조금이라도 있을지 여부는 잘 모르겠다고 말해야 할 것 같습니다. 제가 아는 모든 것은, 우리가 직접 지각할 수 있는 가능한 가장 순수한 흰색이 아마 언제나 약간이라도 노란색이나 파란색이나 빨간색이나 아니면 어떤 다른 색과 섞여 있을 것임이 실제의 경우일 듯합니다. 만일 그렇다면, 가능한 가장 순수한 흰색 경험조각들도, 정확히 똑같은 색조로 된 경험조각들의 한 가지 집합을 형성하지 않을 것 같습니다.

지난번(§.19-2, 846쪽) 제가 가정했던 것은 그런 집합을 이룬 것이었습니다. 제가 주장한 논점에서, 제가 언급한 경험조각들은 정확히 똑같은 색조를 지닌 것이어야 함이 본질적이었습니다. 만일 우리가 현실에서 얻을 수 있는 가장 순수한 흰색 경험조각들이 모두 정확히 똑같은 색조의 것이 아니라면, 이런 사실은 우리가 논의하는 질문에 「모든 흰색 경험조각들에 공통적이면서도 특징적인 것이 무엇일까?」처럼 새로운 복잡성을 끌어들입니다.

그렇지만, 절대적으로 순수한 흰색으로 된 한 가지 집합이 있는지 그렇지 않은지 여부가 아무리 실제 문제로 될 수 있을지라도, 제가 가정했던 대로 흰색 경험조각들과 관련하여 분명히 만들어 놓고자 하는 주요 논점들은, 분명히 실제로 무한수의 다른 사례들에 적용됩니다. 우리가 직접 지각하는 색깔 띤 경험조각들의 일부가, 분명히 다른 색깔들처럼 정확히 똑같은 색조를 지닌 것입니다(884쪽의 역주 341 참고). 제가 제기하고 싶은 물음은 단지 다음과 같은 것이었습니다.

「설령 단지 두 가지 색깔만이라고 하더라도, 여러분이 정확히 똑같은 색조의 색깔로 된 경험조각들의 어떤 집합을 지닐 적마다, 필요·충분조건에서 정확히 그 색조로 된 모든 경험조각들에만 공통적으로 속하는 것은 어떤 속성일까?」

(Wherever you have a group of patches, even if only two, of exactly the same shade of colour, what property is it that belongs in common to *all* patches of exactly that shade and *only* to patches of exactly that shade?)

예를 들어, 여러분 앞에 정확히 똑같은 색조의 색깔로 된 두 가지 작은 점을 지녔는데, 그 점들 중 하나는 정사각형이고, 다른 것은 둥글다고 가정하기로 하겠습니다. 순수한 흰색에 관해서 의심이 있기 때문에 (868쪽), 그 점들이 둘 모두 약간 우윳빛 흰색의 어떤 색조로 되어 있다고 여기겠습니다. 이제 질문은 다음과 같습니다. 「이들 두 가지 경험조각들뿐만 아니라 또한 이 세상에서 정확히 똑같은 색조를 지닌 다른 모든 경험조각들에 속하되, 무엇이든 간에 다른 아무런 것에도 속하지 않는 것으로 어떤 속성이 있는 것일까?」 이런 질문을 놓고서 주어질 수 있는 한 가지 답변은 다음과 같았습니다(837~838쪽의 역주 325 예시 그림 참고).

「그런 어떤 경우에 눈을 감고 내성을 할 경우 여러분 앞에 지니는 것은, 한편으로 두 가지 서로 다른 공간의 부분들로서 하나는 둥글며 다른 것은 정사각형이지만, 다른 한편으로 이들 두 가지 공간의 부분들을 점유하는 어떤 것이다. 여러분은 엄격히 한편으로 공간의 두 부분들 및 다른 한편으로 그 공간 부분들을 점유하는 것 사이를 반드시 구별해 주어야 한다. 만일 이를 실행한다면, 여러분은 한 가지 똑같은 것이 그 부분들을 모두 다 점유한다고 말할 수 있다.

여러분은 직접 한 가지 단일한 색깔을 지각하고 있는데, 이는 그것에 대하여 적합한 이름이 없더라도, 둥근 공간과 정사각형으로 된 공간의 두 부분을 모두 다 점유한다. 이들 두 가지 서로 다른 장소들에서 모두 실제로 여러분이 보는 것은 동일한 한 가지 대상이다. 이 논제에 관해서 이것이 진리이다.

이것으로부터 여러분은 둥근 공간을 점유한 것이 둥글며 정사각형이 아니라고 말할 권한이 없음이 도출되어 나온다. 둥근 공간을 점유한 그 대상은 물론 둥글지만, 아주 똑같은 대상이 또한 정사각형이기도 하다. 왜냐하면 그것이 정사각형 공간을 점유하기 때문이다. 그 진리는 오직 한 장소에서는 그것이 둥글며, 다른 장소에서는 정사각형이라는 점뿐이다. 물론 둥근 장소에서는 그것이 정사각형이 아니다. 다른 장소에서는 그것이 정사각형이다. 따라서 그 대상 자체는 모두 다 둥글면서 정사각형이다. 한 장소에서는 둥글고 다른 장소에서는 정사각형인 것이다.」

더욱이 둥근 공간을 점유하는 그 대상을 놓고서, 여러분은 마치 그것이 이런 특정한 우윳빛 흰색을 띤 한 가지 경험조각인 듯이 말할 권한이 없음이 뒤따라 도출됩니다. 「색깔 띤 한 가지 경험조각」이라는 낱말로써, 우리는 한 가지 확정적인 크기와 모양새를 지니되, 어떤 것이든지 간에 다른 것을 아무런 것도 지니지 않은 어떤 것을 의미합니다. 그렇지만 둥근 공간을 점유하는 그 대상이, 이런 의미에서 색깔을 띤 한 가지 경험조각은 아닙니다. 비록 오직 서로 다른 장소에서만 그것들을 지닐 수 있으나, 그것은 동시에 서로 다른 크기 및 모양새들을 아주 많이 지닌 어떤 것입니다.

요약하면, 이런 견해는 특정하게 우윳빛 흰색을 띤 이런 경험조각들과 같은 그런 것들이 있음을 부정하는 일에 다름 아닙니다. 이 견해에 따라서, 두 장소를 모두 다 점유하면서 그것에 적합한 특별한 이름을 지니지 못한, 오직 한 가지 단일한 대상이 있습니다. 이는 한 가지 단일한 경험조각도 아니며, 경험조각들의 한 가지 집합도 아닙니다. 그러므로 이런 견해는 특정한 색조의 흰색을 띤 이런 모든 경험조각들에 공통적이면서도 특징적인 속성을 어떤 것이든지 지적해 내는 것은 아니지만, 그 색깔의 경험조각들이 어떤 것이라도 있음을 부정함으로써, 우리 질문에 대답을 합니다. 이 견해가 실행하는 모든 것은, 우리가 그 색깔의 경험조각들에 의해 점유되었다고 말해야 하는 모든 공간의 부분들에 공통적이면서도 특징적인 한 가지 속성을 지적해 내는 것입니다. 즉, 이런 한 가지 단일한 색조의 흰색에 의해서 점유된 속성입니다. 그런 색조의 것으로 된 한 가지 경험조각을 우리가 본다고 생각하는 경우에, 이는 실제로 우리가 보는 내용인 것입니다. 이 견해에서는 어떤 것이든지 간에 이들 공간의 부분들을 점유하고 있는 관련 대상들에 공통적이면서도 특징적인 속성을 지적해 내지는 못합니다. 왜냐하면 어떤 것이든지 간에 그런 공간들을 점유하는 대상들이 있다는 것을 부정하기 때문입니다. 이 견해에서는 오직 그 공간들을 모두 다 점유하는 한 가지 대상만이 있다고 주장합니다.

ⓗ 제가 알 수 있는 한, 이제 이런 견해를 논박하는 한 가지 유일한 방식은, 간단히 그 견해를 부정하는 것으로 이뤄집니다. 우리가 하나는 둥글고 다른 것은 정사각형으로, 임의의 특정한 색조를 띤 서로 다른 두 가지 경험조각으로 불러야 하는 것을 볼 경우에, 그렇게 말하는 일이 옳다고 주장하는 일로써 간단히 이뤄집니다. 다시 말하여, 그런 어떤 경우에, 비록 둘 모두 정확히 똑같은 색조의 색깔로 되어 있더라도, 그것이 단지 서로 다른 두 가지 공간의 부분들이 아니라, 한 부분을 점유하는 것이 또한 다른 부분을 점유하는 것과는 다름을 주장할 수 있습니다. 사실상, 그럴 경우에 제가 한 가지 장소를 점유한다고 여기는 것이, 제가 다른 장소를 점유한다고 여기는 것과는 서로 다릅니다. 그것이 두 장소를 모두 다 점유하는 한 가지 똑같은 것이 아님은, 저한테는 명백한 것처럼 보입니다. 물론 이 점에 관해서 제가 잘못일 가능성도 있습니다. 그렇지만 제가 알 수 있는 한, 제가 잘못임을 입증할 수 있는 방법은 전혀 없습니다. 모두가 다른 견해인 만큼, 한 가지 견해를 선택할 당연한 권리를 갖고 있는 것입니다. 어떤 견해를 옹호해야 할 확정적인 논점은 아무런 것도 없습니다. 이는 단순히 (어떤 것이 실제 사실과 부합되는지 여부를 놓고서) 검사해야 할 논제일 뿐입니다.

그렇지만 이제 우리가 「둥근 공간을 점유한 것이 정사각형 공간을 점유한 것과 서로 다르다」는 견해를 채택했다고 가정하면서, 한 가지 공간을 점유한 것이 둥글지만 정사각형이 아닌 이런 특정한 우윳빛 흰색을 띤 한 가지 경험조각이며, 다른 공간을 점유한 것이 정사각형이지만 둥글지 않은 똑같은 색조를 띤 한 가지 경험조각이라고 가정하겠습니다. 그렇다면 우리는 다음 질문을 마주해야 합니다.

「이들 두 가지 경험조각들에 모두 다 공통적인 것이며, 이 세상에서 정확히 똑같은 색조의 흰색을 띤 다른 모든 경험조각들에 공통적이되 다른 아무런 것에도 공통적이지 않은 것이 무엇일까? 우리가 그것들을 모두 다 그 특정한 색조를 띤 모든 경험조각들로 부를 이유를 지닌 그 속성이 무엇일까?」

(What is it that is common both to these two patches and to all the other patches of exactly the same shade of white in the Universe, but to nothing else? What is the property in virtue of which we call them all patches of that particular shade?)

이런 견해 상으로, 우리는 실제로 다수의 서로 다른 대상들을 갖게 됩니다. 그것들이 각각 그 특정한 색조의 한 가지 경험조각이며, 필요·충분조건에서 그것들에 모두 속하는 어떤 속성이 있음은 명백할 듯합니다. 그런데 이 속성이 무엇일까요?

제가 말했듯이 이제 그것들에 관하여 아주 명백한 듯한 유일한 한 가지 것은, 그것들이 모두 다 그 색깔의 측면에서 서로 간에 정확히 비슷하지만, 반면에 이 세상에서 다른 아무런 것도 이런 측면에서 정확히 그것들과 비슷한 것은 없습니다. 그러므로 우리는 그것들에 모두 다 공통적이면서도 특징적인 해당 속성이, 하여간 정확히 「이렇게 서로 간의 비슷함으로 이뤄져 있다」고 말하려고 할 수 있습니다.

⑩ 그렇지만 이 이론에 대하여, 이전에 언급하지 못한 한 가지 반론이 있습니다. 즉, 우리가 두 가지 대상이 서로 간에 비슷하다고 말할 경우에, 이것으로써 의미하는 것이 언제나 오직 그것들이 공통적으로 어떤 속성을 지니는 것일 뿐임이 성립될 수 있습니다. 간단히 말하여,

비슷함이 언제나 어떠한 공통 속성의 소유로 이뤄집니다. 비슷함은 그런 소유를 가리키는 또 다른 이름일 뿐임이 성립될 수 있는 것입니다. 따라서 만일 비슷함이 실제로 한 가지 공통 속성의 소유로 이뤄져 있다면, 논의 중인 그 공통 속성은 비슷함으로 이뤄질 수 없습니다(≒비슷함이 아니라 동일함이기 때문임). 그러므로 이런 견해에서는, 그 특정한 우윳빛 흰색을 띤 모든 경험조각들에 대하여 '공통적이면서도 특징적인' 해당 속성이, 아마 그것들이 서로 비슷함으로 이뤄질 수는 없을 것입니다. 반대로, 그것들의 상호간 비슷함은 반드시 다른 모종의 속성을 공통적으로 지니는 것으로 이뤄져 있어야 합니다.

따라서 당연히 우리는 틀림없이 곧장 이 논제에 포함된, 제가 탐구하는 제3의 한 가지 보편 속성이 명백하게 있다는 가정으로 들어가야 하는 것입니다. 우리는 어떠한 의미에서 그것들에 모두 다 속하되 이세상에서 다른 아무런 것에도 속하지 않는 한 가지 단일한 대상이 있다고 가정해야만 합니다. 비록 이름이 붙여져 있지 않더라도, 한 가지 이름을 부여할 수 있습니다. 그 이름을 'Z'(색조)라고335) 부르기로 하겠습니다. 'Z'(색조)로 불린 이것은, 이를 지니지 못한 경험조각들과 구별되는 것으로서336) 특정하게 이런 우윳빛 흰색을 띤 모든 경험조각들이 지닌 색깔의 색조가 될 것 같습니다. 「그런 경험조각들이 모두 서로 간에 정확히 특정한 그 색조의 상태라는 측면에서 비슷하되 다

---

335) [역주] 무어 교수 자신이 탐구하고 있는 제3의 보편 속성 후보로서, 색깔의 색조the shade of colour를 가리킨다. 만일 색조shade를 고려하면 "S"라는 철자가 유연성이 있는 후보이다. 왜 "Z"을 택했는지 알 수 없지만, 여기서는 「색조」를 덧붙여서 무엇을 가리키는지 쉽게 알 수 있도록 해 둔다. 50년도 뒤에 고쳐 놓은 부록(916쪽)에서도 이 후보를 경험조각의 표면에 색조나 색깔이 두루 펼쳐져 있음을 언급한다. 감각자료이든지 감각인상이든지 간에 내재적 속성과 외부 대상과의 관계를 형성해 주는 여러 가지 이러한 특성들이 서로 복합적으로 한데 겹쳐져 있어야만, 온전히 외부 대상과 대응할 만한 정보가 갖춰질 것으로 판단된다. 아마 마지막으로 다루는 후보라는 점에서, 마지막 영어 철자를 택했을지도 모르겠다.

336) [역주] 초판의 358쪽(재간은 389쪽) 원문에 "as distinguished from the patches which have it"은 맥락상 서로 대립적인 표현이 되어야 옳다. 교정 실수라고 판단되는데, 초판에서도 그리고 새로 판을 짜서 발간한 재간에서도 고쳐져 있지 않다. 여기서는 "which do not have it(Z를 지니지 못한 경험조각들)"로 번역해 놓았다.

른 아무런 것도 이런 측면에서 그 경험조각들과는 비슷하지 않다」고 말할 경우에, 우리가 의미하는 것은 오직 Z(색조)가 실제로 그것들에 모두 '속하되' 다른 아무런 것에도 속하지 않을 따름이라고 가정해야만 마땅합니다. 여기서, Z(색조)가 그것들에 속할 수 있는 두 가지 서로 다른 의미들에 관해서 지난번(§.18-3) 제가 실행해 놓았던 구분이 들어오는 것입니다. 저는 이 구분이 만일 오직 그것을 명확히 설명할 수 있었다면, 실제로 아주 간단한 것이라고 생각합니다.

§.20-2 【 제3의 보편 속성 후보: 차이의 관계로 규정되는 주어·술어의 결합 모습을 확장 적용함 】 무엇이든지 간에 임의의 사실로서 「한 가지 대상 A가 또 다른 대상 B에 대하여 어떤 특정한 관계를 지닌다」는 사실을 살펴보기로 하겠습니다. 예를 들어, 하나의 대상 A가 또 다른 대상 B와 다르다고 가정하겠습니다. 「A가 B와 다르다」는 이 사실은, 또 다른 방식으로 「A가 B에 대하여 차이의 관계를 지닌다」고 말함으로써 표현될 수 있습니다. 그렇지만 지난번(≒§.19-2일 듯함)에 제시한 이유들 때문에, B에 대하여 A가 차이의 관계를 지니는 것은, 심지어 부분적으로 A가 '차이'로 불린 그 관계에 대하여 어떤 다른 관계를 지니는 것으로 이뤄져 있는 것은 아님이337) 아주 명백합니다. 차이로

---

337) [역주] 초판의 359쪽(재간은 389~390쪽) 원문에 "But, for reasons which I gave last time, it is quite plain that A's having to B the relation of difference, does not consist even partly in its having some other relation to the relation called 「difference」."로 되어 있다. 먼저 last time지난번이 지금까지 관례적으로 바로 앞 장을 의미했었지만, 정확히 어느 부분인지 찾지 못하였다. 원문에서는 한 단락이 무려 4쪽이 넘게 이어져 있어서(초판은 358쪽~361쪽, 재간은 388쪽~392쪽), 독자들로 하여금 숨 막히도록 만든다(번역에서는 여러 개의 단락으로 나눠 놓았음). 그런데 동일한 단락의 중반쯤에서 다시 지난번에 주어와 술어가 결합하는 대목을 언급한 부분이 나오며, 이는 명백히 §.19-2(844쪽 역주 327)를 가리킨다.

　여기서 핵심이 되는 것은, 「차이의 관계」를 다루려는 무어 교수의 동기이다. 뒤친이는 그분이 주어와 술어를 서로 결합시키려는 것으로 파악한다. 이는 동일한 이 단락의 후반부에서 더욱 구체적으로 「서술의 관계the relation of predication」를 다루기 때문이다. 만일 이것이 사실이라면, 우리가 중학교에서 배운 일반적인 집합 관계로서 '차이의 관계'(차집합)와는 아주 다른 것이 된다. 이하의 번역에서는 '차이의 관계'를 주어와 술어의 결합을 배경으로 하여 번역해 둔다. 만일 집합론에서 말하는 차집합으로 볼 경우,

불린 관계는 A를 B에 관련짓습니다(≒주어를 술어에 결합시킴). 우리가 「그 차이의 관계가 A와 B를 관련짓는다」고 말하는 경우에, 오직 차이의 관계(≒주어와 술어의 결합 관계)가 다시 A와 B에만 관련됨을 의미할수는 없습니다. 또는, 달리 표현하여, A가 'A와 B'를[338] 관련짓는 일

이해도 안 되고 번역도 불가능하기 때문이다.

그런데 본문에서 「B에 대하여 A가 차이의 관계를 지닌다」는 이해가 쉽다. 그렇지만 「이 차이의 관계에 대하여 다른 어떤 관계를 지닌다」는 표현은 집합에 대한 다른 집합의 관계로 들린다. 여기서는 원소와 원소 사이의 관계(서로 다르다는 관계)를 언급하고 있다. 이를 한쪽을 중심으로 차이의 관계로 서술해 줄 수 있겠지만, 차이의 관계로 이뤄진 집합에 대하여 또 다른 집합 관계를 상정한다면, 개개의 원소들 간에 있는 차이를 포착해 줄 수는 없을 것이다. 뒤친이는 굳이 무어 교수가 원소와 원소 사이의 차이를 포착하려는 것은, 「주어와 술어의 결합」을 염두에 두고 있기 때문이라고 본다.

그렇지만 주어와 술어를 차이의 관계로 파악하는 일은, 아리스토텔레스의 분류학(주어와 술어로 이뤄진 2원론)을 그대로 묵수하는 것에 다름 아니다. 주어와 술어가 각각 다르다는 2원론 바탕 위에서는 참된 판단을 내릴 수도 없고, 추론을 일관되게 진행할 수 없는 것이다. 802~803쪽의 역주 314에 적어 놓았듯이, 반드시 1원론 위에서만 참된 판단을 내리고 일관된 추론을 진행할 수 있기 때문이다. 오직 1원론 위에서만 집합들의 관계를 다루는 '집합족'이 수립되는 것이다. 따라서 주어와 술어를 '차이의 관계'로 보는 주장은 오늘날 더 이상 수용될 수 없다.

이런 「방법론적 일원론methodological monism」의 전환을 이룬 독일 수학자 프레게(G. Frege, 1848~1925)를 「현대 학문의 비조the forefather of modern sciences」라고 극찬하는 이유도, 처음으로 함수와 논항의 결합으로 표상된 「일원론」 위에서 일관된 방식으로 사고의 전개 방식을 다루었기 때문이다(하이주누엇 편역, 1967, 『프레게에서 괴델까지』, 하버드대학 출판부). 무어 교수의 2년 선배인 뤄쓸 교수는 지성사를 나누는 이런 프레게의 공적을 처음으로 깨닫고, 자신을 찾아온 뷧건슈타인을 프레게 교수에게 찾아가 배우도록 추천했었다. 그런데 무어 교수는 프레게의 업적을 잘 모르는 듯하다. 비조鼻祖는 '코 형태'로만 보이는 포유류의 수태 이후 태아기 상태를 가리키는데(태반 속까지 관찰한 결과임), 시조始祖보다 더 앞선 조상을 가리키며, '스스로 자(自)'도 또한 바로 그런 코의 모습을 그린 상형문자이다.

일반적으로 기본 수학이나 논리학에서 다루는 집합 관계에서는, '차이'의 관계가 두 집합을 비교하면서 공통된 원소들을 제외한 것을 가리킨다. 만일 「X−Y」라고 할 경우에, 오직 두 집합에 공통된 원소를 빼고 나서, 오직 X에 남아 있는 원소들만 가리키며, 그 결과를 「차집합」이라고 부른다(difference set 또는 relative complement). 전체 집합에서 차집합을 뺀 것을 다시 「여집합 또는 보집합complement」이라고 부른다. 만일 두 집합 사이에 공통된 원소가 없을 경우에는, 두 집합이 서로 소distinct라고 불러, 서로 아무런 공통성도 없다고 본다. 이것이 순수히 집합족들의 관계를 다루는 모형이다. 1910년 당시에는 오늘날 중학교 수준의 집합 개념도 수립되어 있지 않았다. 그렇다면 집합에서 차집합을 접어두고서, 무어 교수는 편의대로 '차이의 관계'를 정의하고 있는 셈이다.

338) [역주] 원문에서는 각각 it, its로 가리켜진 것이 A를 의미하고, them으로 가리켜진 것이 'A와 B'를 의미한다. 그런데 when we say it relates them우리가 그것이 그것들과 관련된다고 말할 경우에는 축자 번역하면 우리말 화자로서는 무슨 말인지 이해하기 어렵다. 여기서는 혼란을 피하기 위하여, 모두 다 본디 실사인 선행사로 바꿔 놓았다.

이, 오직 A가 A와 B에 관련된 상태로만 이뤄져 있는 것은 아닙니다(≒고유한 속성이 아니라, 매우 일반적인 것임). 그러므로 (개별 사례로서만) A가 그런 차이의 관계와 관련된 상태로 이뤄진 것이 아니라는 어떤 의미에서, (일반화된 관계로서) B에 대하여 A가 차이의 관계를 지님이 뒤따라 도출되는 것입니다.

그러므로 「A가 B와 다르다」는 전체적인 사실은, A 및 차이 사이에 있는 관계를 어떤 것이든 포함하지 못합니다. 사실상, 또 다른 사실의 한 가지 구성요소인 그런 어떤 관계가 있을 수 있겠지만, 다른 이 관계는 우리가 살펴보고 있는 사실의 한 가지 구성요소는 아닙니다. 우리가 살펴보고 있는 사실의 유일한 구성요소들은, 비록 그 사실이 그런 구성요소들의 총합과 동일하지 않은 하나의 전체이더라도, 'A와 B' 및 '차이'입니다(≒앞의 역주 337에서 왜 주장이 오류인지를 밝혀 두었음). 그렇지만 이제 이런 사실을 표현하는 한 가지 방법으로서, 「B에 대하여 A가 차이의 관계를 지닌다」고 말하는 것입니다. 따라서 이를 표현하는 다른 방법은, 「A가 B와는 다른 속성을 지닌다」거나, 또는 「B와 다른 속성이 A에 속한다」고 말하는 것입니다. 이들 두 가지 형식의 표현이 모두 다 한 가지 똑같은 사실을 표현할 따름입니다(≒모두 주어와 술어가 서로 결합하도록 해 주는 방식임). 즉, 「A가 B와 다르다」는 사실로서, 이미 살펴보았듯이 A 및 '차이' 사이에 있는 어떤 관계도 포함되어 있지 않은 어떤 사실입니다. 그렇지만 이것이 그러한 상태라면, 우리가 「B와 다른 속성이 A에 속한다」고 말할 경우에, 우리는 필연적으로 「이런 속성이 A에 대하여 한 가지 관계를 지닌다」고 주장함을 의미하는 것은 아닙니다. 여기서 다시 때때로 우리가 이것을 의미할 수 있겠지만, 우리가 단지 「A가 B와 다르다」는 사실을 표현하기 위하여 이 표현을 이용할 경우에, 분명히 그렇게 실행하고 있는 것은 아닙니다.

그러므로 '속한다'라는 낱말의 한 가지 의미로서, 「B와 다른 속성이 A에 속한다」는 사실은, 「A에 대하여 이 속성의 관련된 상태로 이뤄져 있지 않다」는 것처럼 쓰이는 그런 의미가 있습니다. A가 자신이 B와 관련된 상태로 이뤄져 있지 않다는 어떤 의미에서(≒주어와 술어가 서로 다른 상태에서만 서로 결합을 할 수 있다는 의미에서) 이런 속성을 지닙니다. 비슷하게, 우리가 어떤 것 또는 다른 것에 대하여 한 가지 관계를 지니는 것으로 이뤄져 있는 어떤 속성을 지닐 때마다, 이 속성은 자신이 그것과 관련된 것으로 구성되어 있지 않다는 어떤 의미에서, 그것을 지닌 관련 대상에 속하게 될 것입니다.

그렇지만 일단 우리가 이 점을 깨닫는다면, 다른 대상들이, 즉, 어떤 것 또는 다른 것에 대하여 한 가지 관계를 지닌 것으로 이뤄져 있지 않은 대상들이(≒술어에 속하지 않는 대상들이), 똑같은 의미에서 어떤 주어들에 속할 수 있다고 제안하는 일이 가능해집니다. 제가 지난번 (§.19-2) 말했듯이, 이것이 한 번이라도 현실적으로 일어난다고 가정하기 위한 확정적인 근거를 저는 아무런 것도 알지 못합니다. 그렇지만 저한테는 많은 철학자들이 「어떤 술어들을 놓고서 그것들이 주어진 어떤 주어에 속한다」고 말하는 것이(≒주어 중심의 표현인데, 오늘날 술어 중심의 논리와는 반대가 되는 발상이며, 최대 약점은 주어 중심의 논점이 결코 주어라 결합될 술어를 제약할 수 있는 방법이 전혀 없다는 점임), 「술어들이 그 주어와 어떤 특정한 관계를 지닌다」고 말하는 일과 똑같은 것이 아니라고 가정해 온 듯합니다. 달리 표현하여, 그들은 「어떤 주어에 대하여 어떤 술어가 되는 것이, 그 주어에 대하여 임의의 관계를 갖는 일로 이뤄져 있지 않다」고 가정해 왔습니다.

제가 이런 가정에 대하여 의미를 어떤 것이든지 부여할 수 있는 것은, 오직 이런 유추(유비)를 수단으로 써서만 가능합니다(≒현대 지성사를 열어 놓은 수학자 프레게의 발상 전환을 제대로 이해하지 못하였기 때문에, 무어 교수는 주인과 손님의 비유를 쓰는 주어와 술어의 결합에 집착하지만, 이는 학문 수립에 엄격성을 충족시킬 수 없음). 이런 유추(유비)를 수단으로 하여, 저는 우리가 그 가정에 한 가지 의미를 부여할 수 있으며, 그것이 아마도 참값일 수 있음을 알 수 있다고 생각합니다. 제가 알 수 있는 한, 어떤 것에 대하여 실제로 한 가지 관계를 지닌 것으로 이뤄진 모든 단언(명제)들에 분명히 참값이 되는 것은, 또한 다른 어떤 대상들을 놓고서도, 즉, 임의의 대상에 대하여 한 가지 관계를 지니는 것으로 이뤄져 있지 않은 어떠한 대상들을 놓고서도, 참값이 될 수 있다고 가정될 뿐입니다.

§.20-3 【 첫 번째 유형의 경우: 주어·술어의 결합 모형으로 논점을 바꾼 색조의 문제 】 다시 우리가 다루는 색조의 사례로 되돌아가겠습니다. A가 B와 구분되는 속성을 지닌다고 가정하겠습니다(≒각각 A는 주어, B는 술어를 나타내는데, 다른 감각경험들과 함께 결합시켜 놓아야 하는 중요한 문제를 처음으로 제기하고서, 주어와 술어의 결합처럼 설명하려고 시도하게 됨). 이는 B에 대하여 한 가지 관계를 지닌 것으로 이뤄진 어떤 속성입니다. B의 이런 속성을 놓고서, 제가 알 수 있는 한, 분명히 그 속성이 A와 관련된 상태로 이뤄져 있는 것이 아니라는 어떤 의미에서, A에 속한다는 것은 참값입니다(≒주어와 술어가 서로 다른 상태에서라야 서로 결합할 수 있다는 의미에서 술어가 주어에 속하여 결합에 참여한다). 저는 이것이 실행해 주듯이, 똑같은 것이 어떤 것 또는 다른 것에 대하여 한 가지 관계를 지니는 것으로 이뤄진 모든 속성들에 대해서도 분명히 참값이라고 생각합니다(≒주어와 술어로 결합된 모든 관계에 일반적으로 적용됨). 그렇지만 만일 이것이 그렇다면, 명백히 다른 어떤 속성들이 있어야 함도 가능해집니다. 임의의 대상에 대하여 한 가지 관계를 지니는 것으로 이뤄져 있지 않은 속성들이지만, 그럼에도 불구하고 동일한 '일반적 관계와 무관한non-relational' 의미에서 그 속성들을 소유한 주어에 속하는 속성입니다.[339]

---

339) [역주] non-relational**일반적 관계와 무관한**이란 용어는, 관계 및 속성 중에서 「오직 개체의 고유한 속성으로만 존재한다」는 뜻이 깃들어 있고, 일반화될 대상이 아님을 전제로 한다. 다시 말하여, 한 가지 개체의 고유한 속성을 가리키듯이, 경험조각과 일련의 유관한 감각자료들의 결합 관계가 '개별적이며 고유하다'는 뜻을 담고 있다. 그렇지만 왜 주어와 술어의 결합을 고유한 속성이라고 보는 것일까? 이에 답변을 하려면 이 질문의 배경에서부터 제대로 이해할 필요가 있다.

이는 처음 제기된 물음이며, 그분의 매우 창의적인 동기가 십분 발휘되고 있는 대목이다. 이전까지는 고작 감각자료니 감각인상이니 하는 경험조각들을 서술해 주는 차원에서 더 나아가지를 못했었다. 그렇지만 경험조각들의 단편이 무질서하게 아무렇게나 있을 것 같지는 않다. 어떤 체계적인 결합을 해야 비로소 외부 세계에 있는 대상과 대응될 수 있을 것이기 때문이다. 외부 세계의 대상들은 제1특질이나 제2특질 따위가 한 덩어리로 뭉쳐져 있을 것인데, 그렇다면 머릿속에 있는 경험조각들은 어떻게 존재할 것인가? 무어 교수는 여기서 이 질문을 본격적으로 제기하고 있는 것이다.

이 질문에 대한 대답은 간단하다. 그런 유관한 경험조각의 단편들이 서로 잘 결합해 있어야 한다는 것이다. 만약 그냥 널려져 있다면 쓰레기통에 다름 아니다. 그런데 그 결합이 어떤 방식이어야 할까? 이것이 정작 대답하기 어려운 문제이다. 오늘날에는 경험조각들이 정보 열information strings들로 변환된 뒤 묶음cluster 단위로 일련의 정보들이 저장되고 인출될 수 있다고 쉽게 대답했을 것이다. 전산처리·인지과학·언어심리학 등 여러 분야에서는 머릿속 정보들의 조직화 방식을 각자 다루고 있으며, 같은 용어들만도 30개나 될 만큼 백가쟁명의 전장터를 방불케 한다. 616쪽의 역주 231에서는 「자질 이론」을 소개해 두었다. 김지홍(2015)『언어 산출과정에 대한 학제적 접근』(경진출판)의 제 I 부를 읽어 보기 바란다.

그렇지만 1910년 당시에 30대 후반의 무어 교수에게는 가장 그럴 듯한 결합 방식이 「주어와 서술어의 결합」처럼 되어 있을 것으로 봤던 것이다. 그런데 무어 교수의 논지 전개 방식을 충실히 따라서, 개별 경험조각마다 고유하여 주어와 서술어가 결합되어 있을지, 아니면 보편적 관계로서 모든 경험조각이 통일되게 일반적인 서술 관계로 결합되어 있을지를 구별해 주어야 한다. 앞의 경우처럼 결합한다면 고유한 한 개체의 속성과 같을 것이므로, 이를 드러내기 위하여 매우 이례적인 수식어로 non-relational일**반적 관계와 무관함**을 만들었고, 뒤의 경우처럼 결합한다면 일반적인 '서술의 관계'라고 달리 부르고 있다. 한편, 이와 관련하여 relational**관계상의, 관계로 환원된**이란 수식어는 본디 고유한 개별체의 속성이므로, 관계를 지니지 않는 것이지만, 장차 모든 것을 일반화된 관계로 재정립할 경우에 동등한 형식을 부여하기 위하여, 속성을 마치 관계를 지닌 양 '관계로 환원된' 모습이란 뜻이다. 따라서 '속한다belong'를 정의할 적에 항상 몇몇 특정한 대상들이 주어지는데(something or other) 이는 약한 차원의 일반화를 가리키며, 「늘 성립하는 이런 특정 대상들에 대하여 한 가지 관계를 지니는 것으로 이뤄진 속성a property consisted in having a relation to something or other」이라는 표현도 썼다. 무어 교수가 빈번히 쓰는 전형적 형식이며, 한 개체에 고유한 속성을 마치 어떤 관계인 것처럼 통일하기 위하여 표현을 바꾸어 놓은 것이다. 그렇기 때문에 relational**관계로 환원된, 관계상의**은 관계의 하위개념이 아니라, 속성의 하위개념일 뿐임에 주목해야 한다.

이런 전제 위에서 다시 무어 교수는 주어와 술어의 결합을 제3의 보편 속성으로 규정 짓는 일을 진행하고자 한다. 그분의 독창적 해결 방식이다. 이를 위해서 매우 일반화된 낱말로써 이들의 관계를 각각 「차이의 관계」와 「결합의 관계」를 단계별로 서술해 놓고 있다. 이는 단순히 동일 차원에서 대립하는 「같다, 다르다」가 아니다. 적어도 두 가지 차원에서 작동해야 하는 「주어와 술어가 다르다」는 전제 위에, 다시 「주어와 술어가 결합하다(붙다)」의 관계로 진행해 나감에 유의해야 한다. 이를 이해하기 위한 핵심은 아주 간단하다. 주어와 술어가 결합해야 비로소 판단의 대상이 된다. 그렇지만 주어와 술어가 모두 다 똑같은 속성을 지닌다면, 따로 분리되어 두 가지 대상이 될 수 없다. 따라서 주어와 술어가 서로 다른 속성을 지녀야 하며, 다시 이것들이 결합할 수 있도록 해 주려면, 새로운 차원에서 하나의 문장이 되도록 결합시켜 주는 조건도 함께 부여해 주어야 하는 것이다. 그래야 단언(명제) 형식을 덧붙여 사실과의 대응 관계 여부를 판정할 수 있게 된다.

이런 가능성은 우리가 다루는 특정한 색조 사례에서 있을 수 있는 두 가지 후보를 제공해 줍니다. 우리는 한 가지 어떤 색깔의 색조가 있다고 가정하고 있습니다. 우리는 이를 Z(색조)로 부르고 있고, 어떤 의미에서 이는 우리가 그렇게 부르는 우윳빛 흰색을 띤 특정한 색조의 모든 경험조각들에 속하되, 이 세상에서 다른 아무런 것에도 속하지 않습니다. 여기서 관련된 질문은

「이 색조가 경험조각들에 '속한다'고 말함으로써 무엇이 의미되는 것일까?」
(what is meant by saying that it "belongs" to them?)

에 관한 것입니다. 한 가지 답변은, 의미된 것이 경험조각들에 대하여 이 색조가 한 가지 특정한 관계를 지닌다고 말하는 것입니다. 이를 「서술의 관계the relation of predication」로 부를 것입니다. 다른 답변은, 그 색조가 경험조각들에 속하는 일이 모든 경험조각들에 대하여 임의의 관계를 지니는 것으로 이뤄져 있지 않다고 말하는 것입니다(≒고유한 속성은 결코 일반적 관계가 아니라고 보는 무어 교수의 생각을 보여 주는데, 이런 주장이 명백히 오류임은 755~756쪽의 역주 292와 785쪽의 역주 306과 790~791쪽의 역주 308과 795쪽의 역주 309에 밝혀 두었음). 저는 「Z(색조) 가 경험조각들의 서술어가 되는 이론」이라고 명명함으로써, 이 답변을 표현할 것입니다. 그렇다면 우리는 Z(색조)가 경험조각들에 '속할' 수 있다는 의미에 관해서, 다음처럼 서로 다른 두 가지 이론을 지니는 셈입니다. 첫 번째 이론에서는

(1) Z(색조)가 경험조각들에 대한 한 가지 서술어이다.
(Z is a predicate of them)

이 이론에 의해서, 앞에서 설명해 놓은 '일반적 관계와 무관한' 의미에서, 색조가 경험조각들에 속함을 뜻합니다(≒마치 주어와 술어가 결합하

듯이, 경험조각과 고유한 속성의 색조가 결합함). 두 번째 이론에서는

(2) Z(색조)가 경험조각들의 한 가지 서술어가 아니라, 오직 경험조각들에 대하여 '서술의 관계'로 불릴 수 있는 한 가지 관계만 지닐 뿐이다. (Z is not a predicate of them, but *only* has to them a *relation* which may be called the relation of predication)

만일 첫 번째 이론 (1)이 참이었더라면, 특정한 우윳빛 흰색을 띤 우리의 모든 경험조각들에 공통적이면서도 특징적인 해당 속성이 간단히 Z(색조) 그 자체가 되었을 것입니다. 만일 두 번째 이론 (2)가 참이었더라면, 해당 속성은 경험조각들에 대하여 Z(색조)가 한 가지 관계를 지니는 것으로 이뤄져 있었을 것입니다. 이것이 '서술의 관계'로 불릴 수 있습니다. 이것들이 제가 설명하려고 하는 두 가지 답변입니다. 그렇지만 어떤 경우이든 간에, Z(색조) 그 자체는 제가 주장하는 제3의 보편 속성일 듯합니다. Z(색조)는 그 자체로 한 가지 관계도 아니고, 임의의 대상에 대하여 어떤 관계를 지닌 것으로 이뤄진 속성도 아닙니다.

① 이제 아주 신중하게 제가 이런 견해를 설명하고 싶은 이유는, 제가 입증할 수 있는 한, 이것이 대부분의 철학자들이 '순수한 빨강' 또는 '순수한 하양'이라는 보편 속성을 말할 경우에, 또는 공통적으로 필요·충분조건에서 임의의 한 가지 특정한 색조를 띤 모든 경험조각들에 속하는 해당 속성을 말할 경우에, 그분들이 마음속에 유념하였던 견해이기 때문입니다. 그분들은 어떤 한 가지 것이 있다고 가정합니다. 제가 'Z'(색조)로 부른 것으로서, 이는 제가 설명해 주려고 한두 가지 의미 중에서 하나의 의미 또는 다른 의미에서, 제가 이런 이름을 지닌다고 가정한 특정한 우윳빛 흰색을 띤 모든 경험조각들에 속하되, 다른 아무런 것에도 속하지 않는 것입니다.

그리고 이 색조의 본질에 관해서 추가적으로 주목해야 할 중요한 핵심이 한 가지 더 있습니다. 즉, 이런 견해상으로는 특정한 그 우윳빛 흰색을 띤 모든 경험조각들이 서로 간에 비슷하되, 다른 아무런 것도 비슷하지 않은 그 측면이, 간단히 Z(색조)가 경험조각들에 모두 다 '속한다'는 것입니다. 따라서 (외부세계의 대상에 있는) Z(색조) 그 자체는 아마 이런 측면에서 경험조각들과 비슷할 수 없을 것입니다. 경험조각들은 서로 간에 비슷합니다. 이것은 절대적으로 Z(색조)가 필요·충분조건에서 특정한 그 색조를 띤 모든 경험조각에만 속하는 어떤 것이며, 따라서 아마 그 자체에는 속할 수 없을 것이기 때문에 뒤따라 나오는 것입니다.

저는 이것이 아주 간과되기 일쑤인 한 가지 핵심이라고 생각합니다. 이것은 플라톤의 이데아 이론에 반대하여 가리켜진 한 가지 비판이었는데, 그 형상들 중 한 가지에서 이런 핵심점을 간과해 버렸습니다. 보편 속성들이 그 복제품들에 대하여 한 가지 모형이나 본보기παραδειγμα의340) 관계로 이뤄진 그런 개체들을 나타낼 수 있다고 플라톤이 제안했을 적에, 저는 분명히 개체들이 모두 서로 간에 비슷하다는 측면에서, 엄밀히 「보편 속성이 개체들과 비슷할 것으로 플라톤이 생각하고 있었다」고 봅니다. 이렇게 생각하는 것은 아주 자연스럽습니다. 예를 들어, 경험조각들이 모두 서로 간에 비슷하다는 측면에서, 보편 속성의 '순수한 빨강'을 엄밀히 순수한 빨간색의 특정한 경험조각들과 비슷한 것으로 생각하는 것은 아주 자연스러운 일입니다. 그러므로 이것이 아마 실제의 경우가 될 수 없을 것임을 이해하는 것이 중요합니다(≒외부 대상과 머릿속 경험조각은 서로 다르며, 오직 무어 교수

---

340) [역주] 기원전 360년 즈음에 우주의 창조를 다룬 『티마이오스(Τίμαιος)』에서, 플라톤은 본디 무질서한 세계로부터 어떤 본보기를 따라서, 데미우르고스demiourgos라는 장인(솜씨 있는 재주꾼)이 현재처럼 질서가 잡힌 우주를 만들었다고 설명하면서, 그 장인이 참고했던 것을 paradeigma본보기, 모범사례, 전범라고 불렀다고 한다. 언어학에서는 낱말의 '어형 변화표'를 뜻하고, 쿤이 주장하는 과학사에서는 심각한 문제를 가장 설득력 있게 풀이한 '모범 해결책'(본보기 생각틀)을 가리킨다.

가 주장하는 수반 현상으로서만 연결될 뿐임).

이것이 이해될 경우에, 저는 Z(색조)와 같은 그런 것이 어떤 것이든 지 있다는 전체 이론의 타당성이 실제로 줄어든다고 생각합니다. 이 이론에 대하여 제가 느끼는 반론은, 단순히 제가 그런 것을 어떤 것이든지 간에 찾아낼 수 없다는 것입니다. 제가 한 번이라도 제 정신 앞에 그것(≒'순수한 빨강'이라는 본보기)을 지닌 적이 있는지 찾아낼 수 없습니다(≒무어 교수는 정신 현상을 단지 외부세계의 대상들을 경험하여 생겨난 수반 현상으로서 보기 때문에, 결코 플라톤처럼 이데아 세계가 외부 세계에 미리 주어져 있다고 여기지 않음).

⑪ 만일 우리가 이 이론을 기각한다면, 대안이 되는 이론은 무엇일까요? 우선 우리는 반드시 실제로 어떤 공통 속성을 지닌 것으로 이뤄져 있지 않은 일종의 비슷함만이 있다고 말해야 합니다. 제 입장에서는 그런 비슷함이 있다고 가정하는 일에 대하여 치명적인 반론이 어떤 것이든 있을지 여부를 잘 알 수 없습니다.

우리가 다루던 특정한 경우를 그대로 선택하겠습니다. 우윳빛 흰색을 띤 정확히 똑같은 색조의 작은 경험조각이 두 가지 있습니다. 그것들 중 하나는 둥글고, 다른 것은 정사각형입니다. 저한테는 우리가 이들 경험조각들 그 자체 및 그것들의 모양새들 사이를 구별할 수 있을 것으로 보입니다. 그 경험조각들 중 하나는 둥근 모양이고, 다른 것은 정사각형 모양입니다. 이들 모양새의 소유가 그것들에 속하는 속성이며, 이것이 이들 속성을 지니는 그런 경험조각들과도 구별될 수 있습니다. 비슷하게 정확히 똑같은 색조의 색깔의 상태임에도 불구하고, 만일 우리가 여전히 밝기brightness(선명함)에서 이것들이 차이가 난다고 가정한다면, 서로 다른 밝기가 그 경험조각들에 속하는 속성일 것입니다. 우리는 반드시 어떤 정도의 밝기를 지닌 경험조각 및 그 경험조각이 지닌 밝기의 정도 사이를 구별해 주어야 합니다.341)

그렇다면 우리가 다루는 우윳빛 흰색을 띤 경험조각들은 이들 특정한 모양새와 특정한 밝기 등의 속성을 지니지만, 이는 그것들 자체로 그 경험조각들이 지니는 이들 속성과 다르며, 실제로 구성요소로서 이들 속성을 포함하지 않습니다. 이렇게 이해된 상태에서, 저는 우리가 이들 경험조각이 그 자체로 서로 간에 정확히 비슷함으로 불릴 수 있으며, 「임의의 공통된 속성의 소유로 이뤄지지 않는 어떤 관계를 지닌다」고 말할 수 있다고 생각합니다. 이렇게 말하는 데에서, 우리가 상식적 용법과 모순을 빚고 있음이 사실입니다. 왜냐하면 둥근 경험조각 및 정사각형 경험조각을 놓고서, 단순히 이것들이 모양새가 다르므로, 우리는 공통적으로 이것들이 서로 간에 정확히 닮지도 않고 닮을 수도 없다고 강조하며 말해야 하기 때문입니다. 우리는 마땅히 이것들이 오직 정확히 한 가지 측면에서만, 즉, 그것들이 색깔을 띤 색조의 측면에서만 서로 닮았다고 말해야 하겠습니다.

그렇지만 여전히 저한테는 이것으로써 우리가 의미하는 것은, 실제로 그 모양새 및 색의 밝기 등에서 구별되는 것으로서, 즉, 그 경험조각들이 지닌 모든 속성들에서 구별되는 것으로서, 그 두 가지 경험조각들이 그 자체로 서로 간에 한 가지 관계를 지니는 일이 가능할 듯합니다. 이것이 임의의 공통된 속성의 소유로 이뤄져 있지는 않지만, 이것은 정확히 비슷함으로 불릴 수 있습니다. 정확성 여부를 잠시 접어두고서, 이런 종류의 비슷함은

즉각적 비슷함 또는 내재적 비슷함

(immediate resemblance or internal resemblance)

---

341) [역주] 색깔을 이루는 세 가지 속성attributes은 색상Hue과 채도Saturation와 밝기Brightness 이다. 색상은 색마다 고유하게 지닌 자신의 색깔을 나타낸다. 본문에서 shade색조는 색상에서 전형적인 초점 색깔을 중심으로 양옆으로 띠를 이루는 일정 정도의 색깔 집합을 가리킨다. 채도는 무채색으로 「검정, 회색, 흰색」이 있으며, 또한 유채색이 있다. 유채색은 혼합된 색깔이 많을수록 어두워지므로 채도가 낮아진다(검정색으로 가까워짐). 밝기는 흰색과 검정색 사이의 띠 사이를 색조와 대비시켜 얻는 값이다.

으로 불릴 수 있습니다. 오직 공통된 속성들의 소유로 이뤄져 있는 비슷함의 종류와는 구별되는 것입니다. 만일 그런 어떤 것이 있다면, 이것이 크기와 모양새와 밝기와 장소 따위에 있는 차이들에도 불구하고, 바로 특정한 우윳빛 흰색을 띤 우리의 모든 경험조각들이 아주 명백하게 서로 간에 지니고 있으되, 이 세상에서 다른 아무런 것도 지니지 못하는 관계가 될 것 같다고 말함으로써, 단지 저는 정확히 이런 즉각적 비슷함이 무엇이 될 것인지만 지적할 수 있습니다. 저한 테는 우리가 분명히 이런 관계를 아주 명백히 구별할 수 있을 것 같습니다. 유일한 한 가지 질문은, 이것이 실제로 한 가지 공통된 속성의 소유로 이뤄져 있는지 그렇지 않은지 여부입니다.

그런데 저한테는 이것이 한 가지 공통된 속성의 소유로 이뤄져 있지 않음이 아주 가능성이 높을 듯이 보입니다. 그럴 경우에, 우리는 이 우윳빛 흰색을 띤 모든 경험조각들에 공통적이면서도 특징적인 해당 속성을, 정확히 내재적 비슷함에 대한 이런 관계를 참고하면서 정의하려고 시도할 수 있습니다. 만일 우리가 그 이름을 그대로 쓴다면, 그것들을 모두 'Z'(색조)로 부르는 일로부터 말미암은 그런 속성입니다.

⑩ 그렇지만 여기서 이런 방식으로 얻어질 한 가지 유일한 속성은, 실제로 필요·충분조건으로 그 경험조각들에 모두 속하는 것으로서 한 가지 선접 속성이라고 말함으로써, 제가 언급했던 난점이 들어오게 됩니다. 여러분이 원하는 대로 Z(색조)를 지닌 경험조각을 어떤 것이든 선택하십시오. 그렇다면 이 이론 상으로는, Z(색조)를 지닌 다른 모든 경험조각들이 이 경험조각에 대하여 정확히 가정된 내재적 비슷함의 관계를 지닐 것이지만, 이 세상에서 다른 아무런 것도 그런 관계를 지닐 수 없습니다(≒긍정 및 배제 조건을 제시하는 일은 827쪽의 역주 318 참고). 이런 경험조각에 대하여 정확히 비슷함이 다른 모든 경험조각들에 속하겠지만, 다른 아무런 것도 그렇지 못합니다. 그렇지만 불행하게도, 이것이 우리가 선택한 이런 경험조각에는 속하지 않을 것

입니다. 왜냐하면 이 경험조각이 자신과 비슷하지 않고, 바로 그 자신이기 때문입니다. 따라서 절대적으로 Z(색조)를 지닌 모든 경험조각들에 속하지만 다른 아무런 것에도 속하지 않을 유일한 한 가지 속성은, 이런 경험조각이거나 아니면 정확히 그것과 닮은 상태로 된 선접 속성이 될 것입니다. 이는 (부조리하게) 다음처럼 말해야 하는 일과 같습니다(≒선접은 823쪽의 역주 317에서 밝힌 대로 포괄적 선접과 배타적 선접으로 대분되며, 다음 인용을 배타적 선접으로 해석하면 부조리하고 상식에 어긋나게 됨).

「사람 집합의 모든 원소에 속하지만 다른 아무런 것에도 속하지 않는 한 가지 유일한 속성은, 남자이거나 아니면 여자인 상태의 선접 속성이다. 모든 남자들은 남자이며, 모든 여자들은 여자이다. 그리고 이 세상에 있는 다른 아무런 것도 남자도 아니고 여자도 아니다. 따라서 남자이든 여자이든 간에 사람 집합의 각 원소는, 실제로 남자이거나 아니면 여자인 상태의 선접 속성을 소유한다. 그렇지만 그것들에 모두 공통적이면서 특징적인 다른 속성은 아무런 것도 없다.」

정확히 내재적 비슷함의 관계를 참고함으로써, Z(색조)를 지닌 모든 경험조각들에 공통적이면서도 특징적인 해당 속성을 정의하려는 제안에 대하여, 저한테는 이것이 한 가지 심각한 반론이 될 듯합니다. 그 경험조각들이 명백히 단지 선접 속성(≒배타적 선접)이 아닌 다른 어떤 속성을 공통적으로 지닌 듯이 보이기 때문입니다. 더욱이 이런 견해상으로는, 한 사람이 'Z'(색조)로써 의미한 것이, 어떤 가능성에 따르든지 간에, 결코 다른 누구이든지 간에 그 낱말로써 의미하는 것과 똑같은 것이 될 수 없음에 주목해야 할 것입니다. 이 진술로써 저는 당연히 제가 직접 지각하였던 어떤 한 가지 경험조각에 정확히 비슷함 또는 그 경험조각과 동일함을 의미해야만 합니다. 그렇지만 감각자료에 관한 공통적인 이론에서는, 다른 어떤 사람도 실제로 제가 직접 지각한 경험조각을 어떤 것이든지 조금이라도 지각하는 일은 없습니다. 따라서 또 다른 사람은 'Z'(색조)로써 그가 직접 지각한 어떤 경험조각과 정확히 비슷함 또는 동일함을 의미할 것 같습니다. 그의 경험 조각이 제 경험조각과 똑같은 것이 되지 않을 것이므로, 그가 'Z'(색조)로써 의미한 것도, 제가 그 낱말로써 의미한 것과 다를 것 같습니다(≒오직 그렇게 추정하고, 소쉬르의 랑그[공통성] 측면은 배제해 버리고 있음). 그렇지만 이들 난점에도 불구하고, 저는 이런 이론이 참된 이론일 수 있다고 생각하는 쪽으로 기울어져 있습니다.

이상의 논의를 요약하겠습니다. 이것이 첫 번째 유형의 경우들에 관해서 제가 말해야 하는 모든 것입니다. 우리가 둘 이상의 서로 다른 대상들을 갖고 있는 경우인데, 마땅히 어떤 한 가지 측면에서 모두 다 정확히 서로 간에 닮은 것들이라고 말해야 할 것입니다. 문제는 한 집합의 대상들에 '공통적이면서도 특징적인' 해당 속성이 무엇인지를 찾아내는 것이었습니다. 따라서 다른 아무런 것도 정확히 그것들과 닮지 않았다는 어떤 측면에서, 정확히 서로 간에 닮았다고 말해야 하는 것들입니다. 저는 이런 문제를 놓고서 어떤 해결책으로 제시될 수 있을 세 가지 서로 다른 이론을 구별해 놓았습니다.

(1) 첫 번째 이론에서는, 단순히 이들 경우에서 한 가지 규칙으로서 우리가 지닌 것이 다수의 서로 다른 대상들임을 부정하는 일로 이뤄져 있습니다. 여기에서는 우리가 서로 다른 대상으로 오해하는 것이 사실상 동일한 한 가지 것입니다. 만일 이것이 색깔이라면, 서로 다른 많은 장소에 있을 수 있고, 서로 다른 많은 크기와 모양새로 되어 있으며, 서로 다른 많은 사람들에 의해서 한 번에 동시에 직접 지각된다고 말합니다.

반면에, 다른 두 가지 이론에서는 우리가 운용해야 하는 것이 실제로 아주 다른 대상들임을 인정합니다. (2) 두 번째 이론에서는, 언제나 그것들이 모두 다 서로 간에 비슷하다는 측면에서, 그것들과는 비슷하지 않은 어떤 한 가지 대상인 제3의 보편 속성이 있다고 말합니다. 이는 그것들 모두에 대한 어떤 서술어이되, 다른 아무런 것에 대한 서술어도 아니거나, 아니면 오직 그것들 모두에 대한 서술의 관계를 지니되, 다른 아무런 것에 대한 서술의 관계도 아닙니다.

(3) 마지막 세 번째 이론에서는, 임의의 공통된 속성의 소유로 이뤄져 있지 않은 일종의 비슷함이 있습니다. 그것들에 모두 다 공통적이면서도 특징적인 속성이 각각 존재하거나, 아니면 그것들 중에서 여러분이 선택하려고 하는 임의의 것과 정확히 비슷하다는 사실로 이뤄져 있다고 말합니다.

저는 이들 세 가지 이론 중에서 실제로 어떤 것이 타당한지 결정할 방법을 잘 모르겠습니다.

§.20-4 【 두 번째 유형의 경우: 내재적 닮음의 관계를 선접 속성으로 지니는 색조의 문제 】 그렇지만 이제 두 번째 유형의 경우들이 있습니다. 여기서는 앞의 첫 번째 유형의 경우들이 명백히 성립 불가능합니다. 그리고 이것이 물론 비록 확정적인 논점은 아니라고 하더라도, 지금까지 첫 번째 유형의 경우들에 반대되는 한 가지 논점이 되는 것으로 간주될 수 있습니다. 아무튼 첫 번째 유형의 이론이 회피하려고 마련된 난점들은, 회피될 수 없는 다른 경우들에서 동일한 방식으로 반복되어 생겨납니다. 이들 경우에서는 다른 두 가지 이론들 중에서 하나 또는 다른 이론이 반드시 채택되어야 하므로, 이것들은 또한 첫 번째 유형의 경우에서도 올바른 해결책이 될 수 있습니다.

예를 들어, 색깔을 지닌 절대적으로 모든 경험조각들 또는 어떤 색조이든지 간에 절대적으로 모든 색깔로 이뤄지는 감각자료의 집합을 선택하십시오. 명백히 그 경험조각들이 모두 공통적으로 어떠한 속성을 지니는데, 이는 그 경험조각들을 이 세상에서 다른 임의의 것으로부터 구별해 줍니다. 그 경험조각들이 그리고 단독으로 그 경험조각들만이 색깔들의 경험조각들이나 또는 색깔들이라고 말할 경우에, 우리가 그 경험조각들에 귀속시킨다고 의미하는 해당 속성입니다. 따라서 파란색의 어떤 경험조각은, 소리와 공통적으로 지니지 않는 어떤 것을, 명백하게 노란색의 어떤 경험조각과 함께 공통적으로 지닙니다. 아무도 여기서 공간의 한 부분을 점유하는 것으로서 파란색의 어떤 경험조각에 의해 점유되었다고 말해야 한다거나, 우리가 바라보는 감각자료가 노란색의 어떤 경험조각에 의해 점유되었다고 말해야 한다거나, 공간의 한 부분을 점유하고 있는 감각자료와 동일한 한 가지 것이라고 말할 수는 없습니다. 한 가지 파란색 경험조각 및 한 가지 노란색 경험조각이 다름이 너무 명백한 것입니다.

그러므로 (두 번째 유형의 경우에 관한) 첫 번째 이론은, 아마 색깔을 띤 모든 경험조각들 또는 모든 색깔들에 공통적이면서도 특징적인 것을 설명해 주려고 이용될 수 없을 것입니다. 그리고 정확히 내재적 비슷함에 대한 이론으로서 (두 번째 유형의 경우에 관한 두 번째 이론인) 마지막 이론도, 이런 경우에 적용되려면 어떤 수정이 필요합니다. 노란색의 한 가지 경험조각은, Z(색조)를 띤 임의의 경험조각이 (만약 있다면) 다른 임의의 Z(색조)의 경험조각과 정확히 닮았다는 동일한 의미에서, 정확히 파란색의 한 가지 경험조각을 닮은 것이 아님이 아주 명백합니다. 그렇지만 우리가 어떤 것이든지 공통된 속성들의 소유로 이뤄져 있지 않지만, 일종의 정확히 비슷함이 있을 것으로 가정하였으므로, 따라서 정확히 비슷함에는 못 미치더라도 일종의 비슷함이 있을 것으로 보입니다. 다시 말하여, 이는 단독으로 즉각적 비슷함 또는 내재적 비슷함이지만, 어떤 것이든지 공통된 속성의 소유로 이뤄져 있는 것은 아닙니다. 따라서 우리가 색깔을 지닌 경험조각들 그 자체 및 경험조각들이 지닌 크기·모양새·밝기 등의 다양한 속성들 사이를 신중하게 구분한다면, 저는 모든 다른 경험조각에 대하여 색깔을 지닌 모든 경험조각이 지니되 이 세상에서 다른 아무런 것도 지니지 못하는, 닮음likeness으로 불릴 한 가지 관계를 지니며, 이것이 어떤 것이든지 공통된 속성의 소유로 이뤄져 있지 않은 한 가지 관계라고 말할 수 있을 것으로 봅니다(≒그렇다면 닮음이 동일성과 어떻게 다를지를 놓고서 명백히 규정하고 논의해 주어야 할 것이지만, 무어 교수는 어디에서도 이런 문제를 해결하려고 하지 않음).

이런 방식으로 가정된 이런 즉각적 비슷함 또는 내재적 비슷함의 관계를 참고함으로써, 다른 경우에서처럼 이 경우에서도 우리는 실제로 색깔을 지닌 모든 경험조각들에 공통적이면서도 특징적인 한 가지 선접 속성을 얻을 수 있습니다. 모든 경험조각들에 공통적이면서도 특징적인 한 가지 유일한 속성이 실제로 단지 이런 종류의 한 가지 선접 속성일 수 있음을 가정하는 일에 맞선 반론에도 불구하고, 저는 이것이 참된 해결책이 될 수 있다고 생각하는 쪽으로 기울어져 있습니다.

이런 경우에 두 번째 유형의 이론을 적용하는 일에 관해서, 즉, 색깔을 지닌 모든 경험조각들의 한 가지 서술어이거나 아니면 모든 그 경험조각들에 대하여 서술의 관계를 지니되 이 세상에서 다른 아무런 것도 그렇지 않은, 제가 주장하는 제3의 어떤 보편 속성인 어떤 한 가지 단일한 것이 있다는 이 이론을 적용하는 일에 관해서, 오직 제가 주목하고 싶은 두 가지 요점이 있습니다.

ⓐ 첫 번째 요점은, 저한테 순수한 빨강의 경우에서도 그랬던 것처럼, 이 경우에도 가정된 이 대상을 구별해 내기가 아주 어려울 듯합니다. 저는 제 정신 앞에 한 번이라도 어떤 것이든 그런 것을 지님을 찾아낼 수 없었습니다. 즉, 어떤 색조를 띠든지 색깔을 지닌 모든 경험조각들에 실제로 속하되 이것들을 제외하고서는 아무런 것에도 속하지 않는 어떤 대상이며, 어떤 것 또는 다른 것에 대하여 한 가지 관계를 지닌 것으로 이뤄진 한 가지 속성이 아닌 어떤 대상입니다.

ⓑ 제가 주목하고 싶은 두 번째 요점이, 이 경우에 저한테는 논의 중인 대상이 만일 그런 것이 있다면, 아마 그 경험조각들이 서로 간에 비슷하다는 동일한 측면에서 모든 색깔들과 비슷할 수 있음을 가정하는 데에 아무런 위험도 없을 것 같습니다. 만일 그렇게 가정하였다면,

너무 명백하게도 그 대상이 그 자체로 단지 그 색깔들 중 한 가지일 것이며, 동등하게 경험조각들에 모두 다 속하는 어떤 대상은 아닐 것 같습니다. 그러므로 이 경우에 대한 유추(유비)는, 그것이 필요·충분조건으로 모든 Z(색조) 경험조각들에만 속하는 해당 보편 속성이, 경험조각들이 모두 다 서로 간에 비슷하다는 특정한 측면에서, 경험조각들과 비슷하지 않은 어떤 것이 될 수 있음이 실제의 경우가 될 수 있는 방식을 좀더 분명하게 만들어 줍니다. 확실히 필요·충분조건으로 서로 다른 모든 경험조각들 또는 색깔의 모든 색조들에만 속하는 해당 보편 속성은, (만일 그런 어떤 보편 속성이 있다면) 경험조각들이 모두 다 서로 간에 비슷하다는 특정한 측면으로 경험조각들과 비슷하지 않음이 아주 분명합니다.

§.20-5 【 세 번째 유형의 경우: 오직 짝으로만 이뤄진 집합 】 그렇지만 마지막으로 이제 세 번째 유형의 경우가 있습니다. 저한테는 제가 주장하는 제3의 어떤 보편 속성이 포함되어 있음이 좀더 분명할 것 같고, 우리가 아마 이런 보편 속성을 구별해 낼 수 있을 것 같습니다. 우리 정신 앞에 그 보편 속성을 지니며, 앞에서 살펴본 두 가지 유형 (ⓐ, ⓑ)의 사례들 어떤 것에서도 이를 실행할 수 없었던 방식으로, 「그 보편 속성이 거기에 있음」을 확신할 수 있는 것입니다.

예를 들어, 오직 두 가지 대상 말고 더 이상 아무런 것도 없는 모음(≒특성 집합)으로서 '짝'들pairs 또는 '쌍'들couples이 되는 모든 모음들로 이뤄진 집합을 살펴보기로 하겠습니다. 그 대상이 무엇이든지 간에 대상들의 모든 짝 또는 쌍이 명백히 모든 다른 짝 또는 쌍에만 속하되, 다른 아무런 것에도 속하지 않는 어떤 속성을 지닙니다. 우리가 그것들이 각각 짝 또는 쌍 중의 하나라고 말함으로써 표현하는 그런 속성입니다. (지금은 폐지된 영국 동전 단위로서) 한 쌍의 실링(≒5페니)은, 명백히 또한 한 쌍의 페니(≒제일 작은 액수의 동전), 한 쌍의 사람, 한 쌍의 색깔, 또는 「한 가지 소리 및 한 가지 색깔」로 짝 지우거나 「한 사람 및 1 페니(≒동전 한 닢)」로 짝 지워진 모음에 속하는 어떤 속성을 지닙니다. 간단히 이는 오직 두 가지 대상만입니다. 둘 이상이 아닌 모음으로서 모든 집합들에 속하되, 무엇이든지 간에 다른 아무런 것에도 속하지 않는 속성입니다.

여기서 저한테는 아마 이런 속성이 실제로 제가 주장하는 제3의 어떤 보편 속성을 포함한다고 볼 수 있을 듯합니다. 논의 중인 이 속성은 필요·충분조건으로 숫자 2가 그런 모든 집합에 속하는 사실로 이뤄져 있을 듯합니다. 여기서 숫자 2 자체가 실제로 제가 주장하는 제3의 어떤 보편 속성일 듯합니다. 한 가지 관계도 아니고, 어떤 것 또는 다른 것에 대하여 어떤 관계를 지닌 것으로 이뤄진 한 가지 속성도 아닌 어떤 것입니다. 이럴 경우에 저한테는 아마 논의 중인 그 보편 속성을 구별할 수 있을 듯합니다.

우리 정신 앞에 우리는 숫자 2를 붙들고서 그것(≒짝으로 이뤄진 집합)이 무엇인지 알 수 있으며, 우리가 직접 지각하고 있는 특정한 감각자료의 단편이 어떤 것이든지 그것을 놓고서 우리가 실행할 수 있는 거의 똑같은 방식으로 「짝으로 된 집합」이 존재하는 것입니다. 그러므로 숫자 2는 저한테 제가 주장하는 제3의 어떤 보편 속성을 놓고서 실제로 제시될 수 있는 양호한 한 가지 사례일 듯합니다. 이는 또한 이전에 제가 언급했던 바(§.20-4)에서 막연해져 버림직한 두 가지 요점(ⓐ와 ⓑ)을 예시하는 데에도 아주 기여를 잘할 것입니다.

「숫자 2가 어떤 의미에서 2실링(≒10페니)에 속하는 것일까? 2실링을 놓고서 그것들이 두 개라고 말함으로써 우리가 무엇을 의미할까?」

(In what sense does the number two *belong* to two shillings? What do we mean by saying two shillings that they *are* two?)

이미 §.20-3의 (1)과 (2)에서 저는 이런 종류의 보편 속성들이 대상에 속할 수 있는 의미에 관해서 가능한 두 가지 다른 이론이 있었음을 설명해 놓았습니다(887쪽 이하). 한 가지 이론은 제가 '일반적 관계와 무관한' 의미에서 보편 속성들이 그 대상들의 서술어가 되는 이론으로 불리고, 다른 이론은 '서술의 관계'로 불릴 수 있는데, 그 대상들에 대하여 한 가지 특정한 관계를 지닌 이론으로 서로 구별해 놓았습니다.

저한테는 이들 두 가지 이론 사이에 구분이 가능하고, 두 가지 이론이 모두 다 가능하다는 사실이 또한 이 경우에도 제대로 잘 작동될 수 있을 듯합니다. 제가 설명한 의미에서, 확실히 숫자 2는 어떤 것이든 간에 2실링으로 된 집합에 대한 한 가지 서술어임이 가능합니다. 다시 말하여, 그 동전들이 두 개라는 사실은, 확실히 (일반적인) 어떤 관계이든지 간에 실제로 한 가지 구성요소로서 그런 관계를 포함하지 않는 어떤 사실인 것입니다(≒배타적으로 오직 짝으로 된 집합에만 적용되는 관계임). 확실성을 지니고서 누구든지 이것이 그렇지 않다고 주장할 일을 맡을 수 있을까요?(≒아무도 부정할 수 없다는 뜻임) 즉, 우리가 「그 원소들이 두 개이다」라고 말하는 경우에, 실제로 동사 '이다are'(계사로 불림, 149쪽의 역주 62와 521~523쪽의 역주 196 참고)가 한 가지 관계를 표현하며 반드시 표현해야 한다는 것을 부정하는 일입니다. 다른 한편으로, 이 동사(≒계사)가 관계를 표현함이 아주 가능할 듯합니다. 이것이 한 가지 특정한 관계를 표현하며, '서술의 관계'로 불릴 수 있습니다.

이 사례가 예시해 주는 일에 기여하는 두 번째 요점(890쪽의 ⓑ)은, 즉각적 비슷함으로 불린 일종의 비슷함, 즉, 어떤 것이든지 간에 공통된 속성의 소유로 이뤄져 있지 않은 일종의 비슷함을 놓고 참고함으로써(§.20-3 주어와 술어의 결합), 모든 색깔들에 공통적이면서도 특징적인 해당 속성을 정의해 주는 일의 가능성에 관하여 제가 언급한 내용입니다. 심지어 여기에서도 결국 제가 주장하는 제3의 어떤 보편 속성을 얻지 못하는 일이 가능할까요? 저에게는 바로 그런 속성을 얻는 일이 가능할 듯합니다. 그렇지만 저는 실제로 이 경우 및 색깔들의 경우 사이에는 어떤 명백한 차이가 있는 듯이 생각됩니다.

「한 가지 소리 및 한 가지 색깔」, 「한 사람 및 1페니(동전 한 닢)」, 「하나의 행성 및 하나의 항성」 따위로 이뤄지는 쌍 원소의 집합이, 실제로 명백히 모두 서로 간에 한 가지 측면에서, 즉, 그 원소들이 각각 두 개의 대상을 제외하고서 그 이상의 원소는 없는 한 가지 집합이라는 사실의 측면에서 비슷합니다. 모든 쌍들이 실제로 이런 측면에서 서로 간에 비슷하되 다른 아무런 것도 비슷하지 않습니다. 그렇지만 분명히 (집합 구성에서) 모든 색깔들이 서로 간에 비슷하되, 다른 아무런 것도 비슷하지 않다는 종류의 방식은 아주 다를 듯합니다.

「비슷함으로 불린 그 원소들 둘 모두 사이에, 즉, 이들 두 가지 원소의 관계들 사이에 단지 정도상의 차이가 아니라, 종류상의 어떤 차이가 될 듯한 것은 아닐까? 모든 색깔들이 다른 모든 색깔들에 대하여 지닌 그 관계가, 모든 쌍이 다른 모든 쌍에 대하여 지니되 다른 아무런 것도 지니지 않는 관계와는 아주 다른 종류의 관계일 듯하지 않을까?」

(Does there not seem to be a difference of *kind* and not merely of degree, between these two relations, both of the *called* resemblance? Does it not seem as if the relation which every colour has to every other colour and to nothing else, was of quite a different kind from that which every pair has to every other pair and to nothing else?)

비슷함이 언제나 오직 한 가지 공통된 속성의 소유로 이뤄져 있으며, 비슷함이 단지 이에 대한 다른 이름이라고 보는 사람들은, 색깔들이 다른 쌍들이 지닌 것보다도 공통된 속성들을 더 많이 지닌다고 말함으로써, 이들 두 가지 경우들 사이에 있는 외견상의 차이를 해명해 주려고 노력할 것으로 짐작됩니다. 저는 이것이 참값이라고 봅니다.

그렇지만 저는 색깔들에 공통적이면서도 특징적인 속성들을 쌍들이 지니는 것보다 더 많이 갖고 있다는 것은 참값이 아니라고 생각합니다. 여기서 요점이 되는 것은, 오직 각 집합의 모든 원소들이 서로 간에 지니되, 다른 아무런 것도 지니지 못하는 종류의 비슷함일 뿐입니다. 그러므로 저는 비슷함이 언제나 공통된 한 가지 속성의 소유로 이뤄진다고 말하는 사람들이, 이들 두 가지 경우 사이에 있는 명백한 차이를 해명해 줄 수 없다고 생각합니다.

제가 알 수 있는 한, 그 차이를 설명해 주는 한 가지 유일한 방식은, 쌍들 사이에 있는 비슷함이 실제로 오직 공통된 한 가지 속성의 소유로 이뤄져 있지만, 반면에 색깔들 사이에 있는 비슷함은 비록 '비슷함'으로 불리더라도 사실상 완전히 다른 한 가지 관계라고 말하는 것입니다. 이는 공통된 한 가지 속성의 소유로 이뤄진 것이 아닙니다. 그러므로 이것이 「모든 쌍들에 공통적이면서도 특징적인 그 속성이, 틀림없이 제가 주장하는 제3의 어떤 보편속성의 소유로 이뤄진다」고 가정하는 한 가지 논점이 될 것 같습니다. 반면에, 색깔들의 경우에는 이를 가정할 필요가 없습니다. 왜냐하면 색깔들의 경우에 색깔들에 모두 공통적이면서도 특징적인 그 속성이 단지 즉각적 비슷함을 참고함으로써 정의된 한 가지 선접 속성이 될 수 있기 때문입니다.

저는 모든 색깔들이 서로 간에 비슷한 방식의 종류 및 두 가지 원소로 된 모든 집합들이 서로 간에 비슷한 방식의 종류 사이에 있는 이런 명백한 차이가 또한 또다른 흥미롭고 중요한 경우에 의해서 예시된다고 생각합니다. 지금까지 우리는 두 가지 원소로만 되어 있고 다른 원소는 더 이상 없는 집합들인 모든 집합에 공통적이면서도 특징적인 것이 무엇인지를 질문해 왔습니다. 이는 '두 가지 원소의 집합'들 또는 '쌍'들로 부름으로써 의미하는 속성입니다(=쌍들의 집합). 이런 속성이 실제로 제가 주장하는 제3의 어떤 보편 속성의 소유로 이뤄져 있는 듯하다고 결정하였습니다. 곧, 숫자 2입니다.

§.20-6 【 제3의 보편 속성 후보: 여러 개 항들이 쌍을 이루는 집합 】 물론

정확히 똑같은 논점이 나머지 다른 전체 숫자들에도 각각 적용됨이 명백합니다. 원소 3개로만 이뤄진 집합, 4개로만 이뤄진 집합, 5개로만 이뤄진 집합, 6개로만 이뤄진 집합 등입니다. 세 가지 원소로 된 모든 집합은, 두 가지 원소로 된 모든 집합이 지니는 것 이상으로 전혀 서로 간에 즉각적 비슷함을 더 많이 지닐 것 같지는 않습니다.342) 따라서 원소들이 모두 서로 간에 지니되, 다른 아무런 것도 그렇지 않는 한 가지 유일한 종류의 비슷함이, 실제로 한 가지 공통된 속성의 소유로 이뤄져 있을 것처럼 보입니다. 그러므로 특정한 전체 숫자는 각각 실제로 제가 주장하는 한 가지 제3의 보편 속성이 될 듯합니다. 그렇지만 만일 우리가 다음 질문을 던진다면,

「이들 서로 다른 모든 숫자들 그 자체에 공통적이면서도 특징적인 속성이 무엇일까? 우리가 그 원소들을 모두 어떤 전체 숫자들로 부름으로써 의미하는 것은 무엇일까?」

---

342) [역주] 두 가지 쌍이 대립하듯이, 세 가지 쌍에서는 똑같은 몫을 지닌 그런 경우를 찾아내는 일은 쉽지 않겠지만, 세 쌍으로 된 집합도 일상생활에서 아주 흔히 다뤄지며, 그 사례도 아주 많다. 아마 제3자가 또 다른 기능이나 역할을 하기 때문일 것이다. 우리 문화에서는 천지인 삼재(우주 구성의 세 가지 재료)가 하나의 개념처럼 쓰이며, 삼태극도 그러하다. 음양 이론도 무극이란 개념이 있기 때문에 비로소 서로 다른 기운으로 전환이 가능한 것이다. 양쪽이 겨루는 시합에서도 반드시 심판이 있어야 하고, 사회제도로서 삼권 분립 제도가 그러하며, 너와 나를 넘어서 사회로 확장되려면 반드시 제3자인 그가 있어야 하며, 부모와 자식이 있어야 가족이 이뤄질 뿐만 아니라, 학생과 선생에 다시 매개체로서 학교가 있어야 교육도 이뤄진다. 공간도 안과 밖만 있어서는 확장이 불가능하고 새롭게 정반합의 변증법처럼 전체가 있어야 새롭게 다시 확장해 나갈 수 있다. 시간 영역의 구분도 삼분체계(과거, 현재, 미래)이며, 공간 속 대상을 가리키는 지시대명사도 삼분 체계이다(이, 저, 그). 자연계에서도 그러한데 색깔의 삼원색도 공간의 삼차원도 모두 다 세 가지 요소로 이뤄져 있다. 정태적인 이원 대립이 동적인 모습을 지니려면 제3 자의 존재가 중요하다. 언어의 구조도 참스키 교수의 일반화에 따라 두 가지 층위를 지닌 대립 모습을 지니며, 이를 '전형적 논항구조'라고 부른 바 있는데 핵을 중심으로 하여 내부 논항과 외부 논항을 지닌 구조이다(단순히 소쉬르의 대립 항보다는 두 계층이 서로 엮이어 결과적으로 삼원 요소를 이루므로 더 발전된 모습임). 한때 소시민의 출세 조건을 「변변한 직장·너른 아파트·좋은 차」로 여긴 적도 있다. 공통적으로 '열쇠' 꾸러미로 묶이는 속성이 상정된 적도 있다.

인간의 지각 이론에 따르면, 적어도 다섯 가지 정도는 쉽게 한꺼번에 연상할 수 있다고 하므로, 4개의 요소로 된 부류와 5개 요소로 된 부류도 아주 많을 것으로 본다. 기억 이론에서 단기간에 반복하면서 되뇌이는 임계 수치는 '7±2'라고 하는데(magic number로 부름), 아마 우리가 자연 및 사회 생태환경에서 적응하면서 이런 연결체들을 쉽게 만들어 내어 기억에 도움을 주는 일을 해 왔다고 봐야 할 것이다. 몇 가지 개별 요소들이 묶이어 하나의 단위를 이루고, 다시 이 단위들이 모여 상위 차원의 단위를 만들어 나가는 방식이 어느 문화에서나 있을 듯하다.

(What is the property that is common and peculiar to all these different numbers, *themselves*? What is it that we mean by calling them all whole numbers?)

저한테는 우리가 다시 색깔의 경우에 유추(유비)가 되는 한 가지 경우를 지니는 듯합니다. 제가 알 수 있는 한, 숫자 2는 숫자 3에 대하여 어떤 즉각적 비슷함을 지닙니다. 따라서 다른 모든 전체 숫자에 대하여 (2쌍, 3쌍, 4쌍 등을 이룬) 전체 숫자를 모두 다 갖고 있습니다. 이것들은 단지 공통적인 한 가지 속성의 소유로 이뤄져 있지 않은 한 가지 비슷함을 지닙니다. 따라서 이런 논의가 진전되어 나가는 한, 우리가 그런 숫자들을 모두 (쌍을 이룬) '전체 숫자'들로 부를 경우에, 그런 숫자들에 모두 다 귀속시키는 그런 속성이 실제로 제가 주장하는 제3의 어떤 보편 속성을 포함한다고 가정할 이유가 아무런 것도 없을 것 같습니다. 이는 (쌍을 이룬) 전체 숫자들이 모두 다, 오직 여러분이 선택하고 싶은 그런 (쌍을 이룬) 전체 숫자들 중 어떤 것이든 한 가지에 대하여 지니는 즉각적 비슷함만 참고하여 정의된 한 가지 선접 속성일 수 있습니다. 제가 하는 모든 것으로서, 제가 주장하는 제3의 어떤 보편 속성이 이 경우에도 포함되어 있다고 가정하기 위한 다른 근거들이 있을 가능성도 있습니다. 그렇지만 제가 주장하고 싶은 것은, (쌍을 이룬) 전체 숫자들이 모두 다 두 가지 원소로 된 집합인 모든 집합들이 실제로 서로 간에 비슷하지 않은 어떤 종류의 방식으로 서로 간에 비슷한 듯하다는 점입니다. (쌍을 이룬) 모든 전체 숫자들은 실제로 모든 색깔들이 비슷한 똑같은 종류의 방식으로 서로 간에 비슷하겠지만, 반면에 두 가지 원소로만 된 집합인 모든 집합들은 이런 방식으로 서로 간에 비슷하지 않습니다.

그렇다면 제가 느끼기에는 2, 3, 4, 5, … 등과 같이 (쌍을 이룬) 전체 숫자가 각각 제가 주장하는 제3의 어떤 보편속성이라고 가정하기 위한 아주 강력한 근거들이 있을 듯합니다. 드디어 여기서 우리는 이런 종류의 보편 속성들이 실제로 거의 확실히 포함되어 있을 듯한 한 가지 경우를 얻습니다. 아마 동등하게 확실한 다른 경우들도 있을 것입니다. 더욱이 색깔들의 경우와 Z(색조)들의 경우처럼, 제가 살펴본 다른 경우들과 모든 유사한 경우들에서도 또한 보편 속성들이 포함되어 있을 가능성이 있을 듯합니다. 비록 대안이 되는 가능성들로 말미암아, 저한테는 그것들이 보편 속성을 포함하는지 여부에 대하여 훨씬 더 의심스럽지만, 그것들이 이들 경우에 포함되어 있지 않다고 확신 있게 결정을 내릴 방법을 저는 어떤 것도 알지 못합니다.

§.20-7 【 세 가지 종류의 보편 속성에 대한 일반화 문제 】 어떤 경우이든지 간에, 제가 주장하는 제3의 보편 속성들을 놓고서, 가장 중요한 어떤 사례들이 있음이 거의 확실한 듯하며, 더 많이 있을 가능성도 있습니다. 그러므로 오직 유일한 종류의 보편 속성이 (782쪽 이하에서) 제가 처음 언급한 두 가지 종류의 보편성들, 즉, (1) 「관계」들 및 (2) 어떤 것이나 다른 것에 대하여 한 가지 관계를 지닌 것으로 이뤄진 「속성」들뿐이라고 말할 수는 없습니다. 적어도 한 가지 가능한 집합으로서 관계들도 아니며, 어떤 것에 대하여 한 가지 관계를 지닌 것으로 이뤄진 속성들도 아닌 보편 속성들을 우리는 반드시 인정해야 합니다. 부분적으로 보편 속성들이 어떤 종류의 것인지 가능한 대로 분명히 만들어 주기 위하여, 그러고 나서 부분적으로 뚜렷이 다음 질문을 살펴보는 쪽으로 진행해 나가고자 하였기 때문에, 저는 이들 세 가지 유형의 보편 속성들에 주의를 끌고 싶었습니다.

「결국 모든 보편 속성들에 공통적이면서도 특징적인 속성은 무엇일까? 그것들을 모두 보편 속성으로 부름으로써 우리가 무엇을 의미하는 것일까? 보편 속성들을 개체로 불리는 다른 종류의 대상들과 구별해 주는 것은 무엇일까?」

(What, after all, is the property which is common and peculiar to all universals? What do we mean by calling them all universals? What is it that distinguishes universals from that other sort of things which are called particulars?)

저한테는 이것이 지극히 대답하기 어려운 한 가지 질문일 듯합니다. 제가 이름 붙인 세 가지 서로 다른 유형의 보편 속성들을(≒속성·관계·제3의 것) 명확히 인식하는 데 실패하기 때문에 종종 그 어려움은 은폐되어 버립니다. 세 가지 유형 중에서 한 가지에 적용할 어떤 정의를 제시하는 일은 비교적 쉽습니다. 그 어려움은 세 가지 유형들이 서로 간에 아주 다르다는 것이며, 실제로 그런 보편 속성들에 모두 공통적인 특정한 속성을 어떤 것이든 찾아내기가 아주 어렵다는 것입니다. 그렇지만 늘 그러하듯이, 저는 이 질문 속으로 탐구해 들어갈 시간이 없습니다.

결론을 내리기 위하여 제가 실행하려는 것은, 단지 보편 속성들에 관하여 두 가지 아주 일반적인 견해를 언급하는 일입니다(≒로크의 견해 및 상식적 견해). 저한테는 이것이 우리가 그런 견해들을 참값으로 보든지 그렇지 않든지 간에, 보편 속성에 대한 우리의 견해에 대하여 엄청나게 큰 차이를 만들어 줄 그런 어떤 본성을 지니는 듯합니다.

첫 번째 견해는 이러합니다. 로크(Locke, 1632~1704)는 계속 어떤 종류의 보편 속성들이 '정신의 작업work of the mind'인 양 말합니다. 저는 로크가 모든 보편 속성들을 놓고서도 그렇게 말했는지 여부는 잘 모르겠습니다. 저는 이런 견해가 모든 보편 속성들과 관련하여 심지어 지금까지도 아주 일반적으로 선택되어 왔다고 생각합니다. 특히 아주 일반적으로 '관계'들과 관련해서 그렇게 여겨졌습니다. 아주 자주 모든 '관계'들이 '정신의 작업'이라고 주장됩니다.343) 만일 이것이 '관계'

---

343) [역주] 그렇지만 로크의 이런 주장과는 달리, 무어 교수는 외부 대상들이 다른 대상들과 이루는 관계를 대상 자체의 보편 속성이라고 여겼다(782쪽, 794쪽). 사람들이 주목하거나 인식하지 않더라도, 외부 대상들은 다른 대상과 어떤 관계를 갖고 있을 것이기

들을 놓고서 참값이라면, 물론 또한 어떤 것 또는 다른 것에 대하여 한 가지 관계를 지닌 것으로 이뤄진 모든 단언(명제)들에 대해서도 참값입니다.

그렇지만 이런 견해가 무엇을 함의하는지 살펴보기 바랍니다. 이는 모든 보편 속성들이 정신에 의해 창조됨을 함의합니다. 예를 들어, 이 세상에서 어떤 정신이 숫자 2를 창조해 놓기 전까지는 두 가지 대상(늑짝)들이 존재할 수 없었고, 어떤 정신이 그것들을 비교하고서 비슷함의 관계를 창조하기 전까지는 두 가지 대상(늑짝)이 아무런 것도 서로 간에 비슷하지도 않았음을 함의합니다. 이런 의미에서 이는 모든 보편 속성들이 정신에 의존함을 함의하고, 이 세상에 어떤 정신이 있기 전에는 아마 이 세상에 보편 속성이 어떤 것이든지 간에 있을 수 없었을 것임을 함의합니다.

물론 제가 지금까지 주로 언급해 온 '의존성dependence'이라는 다른 의미에서, 보편 속성들이 필연적으로 정신에 의존한다고 함의하는 것은 아닙니다. 어떤 한 존재가 보편 속성들을 생각하는 경우를 제외하고서, 결코 보편 속성들이 조금이라도 있을 수 없음을 필연적으로 함의하는 것은 아닙니다. 왜냐하면 물론 일단 어떤 정신이 숫자 2를 창조하였을 때, 심지어 아무도 숫자 2를 생각하고 있지 않았을 경우에라도, 대상들이 장차 둘(늑짝)이 될 수 있었음이 성립될 수 있기 때문입니다. 그렇지만 저는 사실상 첫 번째 종류의 의존성(늑절대신에 의한 창조)이란 존재를 믿는 사람에게는, 또한 일반적으로 두 번째 종류의 의존성(늑사람들의 정신에 의한 창조)을 믿을 것으로 봅니다.

모든 보편 속성들이 '정신의 작업'이라는 이 견해에 관해서, 저는 이것을 위한 이성의 그늘shadow of reason을 어떤 것도 볼 수 없다고[344)

때문이다.

344) [역주] 앞뒤 맥락으로 본다면, 만물의 영장인 인간 정신의 꽃이 이성인데, 이 이성이 그늘이 졌다면 부정적인 뜻으로 해석될 듯하다. 제대로 인간의 특성이 발휘되지 않고, 움추린 듯한 인상을 주는 것이다. 반대로 이성의 빛이라면 이성이 이룩한 대단한 업적

말하고 싶을 뿐입니다. 저는 이것이 주로 'idea생각하기 및 개념'라는 낱말의 두 가지 서로 다른 의미(≒인식 행위 및 인식 대상)를 구별하지 못하는 일로부터 생겨났다고 생각합니다(162~163쪽의 역주 68에 있는 도표를 보기 바람). 이 낱말의 중의성에 대해서는 이전(§.16-4, 734쪽)에 이미 언급한 바 있습니다. 즉, 제가 숫자 2를 생각하는 경우에, 저의 사고 행위가 한 가지 '생각하기'라는 의미도 있고(≒인식 행위), 제가 생각하고 있는 대상으로서 숫자 2 그 자체가 한 가지 '개념'이라는 의미도 있습니다(≒인식 대상). 우리는 생각의 행위 및 생각의 대상들에 대해서 모두 실제로 동일한 낱말

"idea생각하기 및 개념"와 "conception개념 형성 및 개념형성물", "thought사고하기 및 사고 대상"

과 같이 비슷한 낱말도 쓸 수 있습니다. 숫자 2 그 자체나 또는 비슷함의 관계 그 자체를, 한 가지 '개념idea', '개념형성물conception', '사고 대상thought'으로 부르는 것은 아주 자연스럽습니다. 또한 우리가 이들 대상을 생각하는 경우에, 우리가 실행하는 사고 행위를 '생각하기idea'나 '개념 형성conception'이나 '사고하기thought'로 부르는 것도 아주 자연스럽습니다.

이런 이유로 말미암아, 저는 이들 두 가지 서로 다른 대상들, 즉, 사고의 행위 및 사고의 대상이, 지속적으로 혼동되어 왔다고 생각합니다. 숫자 2를 생각하는 경우에 우리가 실행하는 사고 행위가 물론 정신적인 어떤 것입니다. 즉, 정신에 의존하는 어떤 것입니다. 그렇지만 우리가 아주 분명하게 숫자 2 그 자체가 이런 사고 행위로부터 아

을 가리킬 듯하다. 인터넷 검색에서 유일하게 찾은 용례로서, 라이프니츠가 이성이 그늘진 상태를 짐승들의 모습으로 가리킨 경우를 볼 수 있었다. '반이성적'이란 뜻으로 읽힌다. 영어가 품은 '그늘'이나 '그림자'의 부정적인 속뜻은 우리말에서도 일부 담고 있겠지만(얼굴이 그늘지다), 우리말에서는 특히 나무 '그늘'처럼 긍정적인 내포 의미도 있으므로(나무가 커야 그늘도 크다), 다소 차이가 있을 듯하다.

주 다른 어떤 것임을 깨닫자마자, 숫자 2나 또는 비슷함의 관계가 '정신의 작업'이라고 가정할 근거가 되는 일이 어떤 것이든지 간에 사라질 것이라고 봅니다. 이 세상에 당연히 두 가지 대상(인식 행위 및 인식 대상)이 있어 왔으며, 이 세상에 어떤 정신이든지 존재하기 이전에라도 서로 간에 비슷한 두 가지 대상이 있었음이 사뭇 명백히 가능해지는 것입니다.345)

두 번째 견해로서, 제가 주목하고자 하는 보편 속성에 관한 상식적 견해는 다음과 같습니다. 모든 보편 속성들이 어떤 의미에서 '추상화된 내용abstraction'임이346) 분명하며, 그것들은 '추상적abstract' 대상들입니다. 실제로 이 견해에서는 가장 적정한 용법으로서 이들 두 가지 낱말(≒추상화 속성 및 보편 속성)이 엄밀히 동등하다고 봅니다. 모든 보편 속성들이 '추상적'일 뿐만 아니라, 또한 모든 '추상적' 대상들이 보편 속성들입니다. 그렇지만 많은 철학자들은 여러분이 어떤 대상을 한 가지 '추상화 내용'으로 부를 경우에, 그것에 관해서 두 가지 것을 함의한다고 가정할 듯합니다. 첫째, 그 대상을 그렇게 부름으로써 여러분이 다시 그것이 정신의 작업임을 함의함이 성립될 듯합니다. 아마 당연히 이는 사람들이 모든 보편 속성들을 왜 '정신의 작업'이라고 가정해 왔는지에 대한 별도의 어떤 두 번째 이유로서 여겨질 것으로 보입니다. 물론 '추상화 작업'으로 불리는 어떤 심리적 과정이 있으며, 저는 사람들이 늘 마치 보편 속성들이 이런 추상화 작업의 결과물인

---

345) [역주] 여기서의 any mind정신을 지닌 사람들로서 어느 누구이든지가 이 세상에 태어나기 이전에도 인식 대상들이 먼저 주어져 있었다. 이런 정신적 존재가 사람에 국한되지 않고 생물체라면, 사람이 진화되기 이전에도 인식의 대상들을 먼저 주어져 있었던 것이다. 그렇다면 인식 대상이 인식 행위 이전에 있었다는 측면에서, 심지어 인식 행위의 첫 시작인 신(절대신)이 있기 이전이더라도, 여전히 인식의 대상들은 미리 주어져 있었을 것이라고 추론할 수 있다.

346) [역주] abstraction도 과정 및 결과의 두 가지 의미로 쓰이고 있다. 과정으로서는 추상화 작용이나 추상화 과정으로 번역해야 걸맞고, 결과로서는 추상화 내용이나 추상화 결과물 등으로 구분해 놓을 수 있다. 좀더 미세하게 다룰 적에는 접미사들의 분포에 따라 「진행과정 → 결과상태 → 산출물」로 나누기도 한다. 162~163쪽의 역주 68에 있는 낱말 파생에 관한 도표를 보기 바란다.

양, 그리고 그것들이 정의되는 방식인 양 말한다고 생각합니다.

그렇지만 저한테는 이 주제에 대한 참된 설명이 다음과 같을 듯합니다. 다시 말하여, 추상화 과정은 우리가 보편 속성들을 깨닫게 되는 한 가지 과정입니다. 그 과정의 한 가지 결과물이 바로 그것들에 대한 우리의 자각이며, 보편 속성들 그 자체는 아닙니다. 보편 속성들을 추상화 과정의 결과물들로 정의할 가능성 대신에, 제가 알 수 있는 한, 오직 보편 속성들을 참고함으로써 추상화 내용을 정의하는 것이 가능할 뿐입니다. 추상화 내용으로써 우리가 의미하는 것은, 바로 먼저 보편 속성들을 구별하는 일을 배우는 과정이며, 보편 속성을 정의하는 다른 방법은 존재하지 않습니다.

그렇지만 여러분이 어떤 것을 한 가지 추상화 작업의 결과로 부르는 경우에 함의된다고 일부 철학자들이 가정하는 듯한 두 번째 것은, 그것(≒추상화 결과물)이 실제로 '실재하지' 않는다는 것입니다. 그들은 어떤 것을 한 가지 추상화 결과물로 부르는 것은, 그것이 그뤼퓐이나 키메라와 같이 순수히 상상물보다 더 나은 게 아니라고 말하는 일에 상응합니다. 따라서 이 세상의 구성요소들 중 한 가지로서 간주될 필요가 없는 어떤 것입니다. 추상화 결과물이 '실재'하지 않는다는 의미에 관한 이런 질문은, 만일 있다면, 도로 우리를 전반적인 이 논의를 시작하였던 논점으로 데려갑니다.

저는 추상화 결과에 관해서 가장 중요한 요점이 되는 것으로 보이는 것들을 될 수 있는 대로 간략하게 말할 것입니다. 저는 이 세상에 대하여 서로 다른 세 가지 종류의 구성요소들을 구별하였습니다.

(1) 개체들
(2) 진리들 또는 사실들
(3) 보편 속성들

이들 세 가지 대상들 중에서 실제로 '현존하는' 것이 오직 개체들이라고 말하기 위한 상당한 정도의 근거가 있는 듯합니다. 진리들과 보편 속성들이 현존하지는 않지만, 오직 있음(존재하는 상태)만 지니거나, 또는 있습니다. 비록 용법이 확실히 고정되어 있는 것은 아니지만, 분명히 특정한 한 가지 대상을 놓고서 그것이 '현존한다'고 말하는 것이, 「둘에 둘을 곱하면 넷이다」라는 진리를 놓고서, 또는 숫자 2 자체를 놓고서, 이렇게 말하는 것보다 훨씬 더 자연스럽습니다. 그러므로 만일 누구든지 보편 속성들이 현존하지 않으며, 그런 의미에서 '실재'하지 않는다고 말하려는 선택을 한다면, 저는 이것도 실제의 경우일 가능성이 있음을 부정하고자 하지 않습니다.

저는 우리가 일반적으로 '현존'으로써 의미하는 것이며 모든 개체들에 속하는 어떤 속성도 있을 것이며, 두 말 할 것 없이 우리가 그 속성 덕택에 개체들을 개체라고 부르고 진리나 보편 속성들에 속하지 않는 속성도 있다고 생각합니다. 저는 다음이 실제의 경우인지 여부가 의심스럽습니다. 그 속성 덕택에 우리가 개체들을 모두 개체들로 부르는 속성을 제외하고서, 모든 개체들에 '공통적이면서도 특정적인' 속성이 어떤 것이든지 있는지 여부가 의심스러운 것입니다. 따라서 개체들은 진리와 보편 속성들이 지니지 않은 종류의 실체를 어떤 것이든 지니는지 여부가 의심스럽습니다(늑서로 맞물려 있어야 함을 뜻함). 간단히 말하여, 개체들 및 진리와 보편 속성들 사이에 있는 유일한 차이가, 단순히 그리고 오로지 개체들은 개체이지만 반면에 진리들과 보편 속성들은 개체가 아니라는 사실로 이뤄져 있는지 여부가 의심스러운 것입니다.

그렇지만 이것이 그런지 그렇지 않은지 여부는 거의 중요치 않습니다. 즉, 우리가 마땅히 현존 및 있음 사이에 있는 한 가지 차이는 말할 것도 없고, 한편으로는 개체들 및 다른 한편으로는 진리들과 보편 속성들 사이에 있는 이런 차이를 인식해야 할지, 말아야 할지 여부, 즉, 제가 주장하고 싶은 것이 현존 및 있음 사이에 있는 이런 차이가 어떤 경우이든지 간에 실제로 있음(존재하는 상태)을 지니는 대상들 및 단순히 있음(존재하는 상태)을 지니지 못하고 순전히 상상물이며 전혀 이 세상에 속하지 못하는 대상들 사이에 있는 차이만큼이나, 거의 그렇게 중요치 않다는 것입니다. 분명히 실제로 진리들과 보편 속성들뿐만 아니라 또한 개체들에도 속하는 있음(존재하는 상태)의 속성은, 이것들을 서로 간에 구분해 주는 어떤 속성보다도 훨씬 더 중요한 중요합니다.

저는 방금 실행한 대로 말하면서, 즉, 단순히 없으며 있음(존재하는 상태)을 지니지도 못한 한 집합의 대상들이 있었던 듯이 말하면서, 우리가 실제로 스스로 모순을 저지르는 듯하지만 그 모순은 오직 언어적일 뿐임을 보이고자 노력하였음도 설명해 놓았습니다(837~838쪽의 역주 325를 보기 바람). 제가 주장하려고 하는 것은, 언어상의 모순이 없이는 표현하기 어려울 듯하며, 실제로 근본적이며 중요한 것이 바로 이런 구분이라는 점입니다. 우리가 보았듯이, 진리와 거짓 사이에 있는 구분의 밑바닥에 놓여 있는 것은 바로 이런 구분입니다. 현재 있거나 과거부터 있어 왔거나 미래에 있을 것 및 현재 있지도 않고 과거에서부터 있어 온 것도 아니며 미래에 있을 것도 아닌 것 사이에 있는 이런 구분이 없었더라면, 진리와 거짓 사이에 아무런 중요한 차이도 있을 수 없었을 것입니다. 이런 의미에서 철학을 위한 근본적인 질문은, 어떤 대상들이 실제로 이 세상에 속하는지 아니면 속하지 않는지 여부를 찾아내는 것입니다(≒뒤친이는 이런 자각이 오늘날 '가능세계 의미론possible world semantics'을 탄생시키게 된 동기라고 봄). 저는 단지 추상화 결과물이기 때문에 보편 속성들이 순수한 허구인 양, 따라서 무시해 버릴 어떤 것으로 말하는 사람들에 의해서 간과된 것은, 바로 근본적인 이런 구분이라고 생각합니다(≒결국 가능한 것 및 불가능한 것 사이의 구분이 더 중요한 것이고, 우연한 실현 여부와 경험 가능성은 부차적인 것임).

이런 방식으로 말하는 사람들은 사실상 보편 속성들을 상상물인 그리핀과 키메라의 수준까지 격하시켜 버리려고 하지만, 심지어 상상물인 '그뤼퓐'과 '키메라'까지도 어떤 의미에서 '실재'한다고 여기기 때문에, 자신들이 실행하고 있는 바를 깨닫지 못합니다. 이런 방식으로 있는 것 및 있지 않은 것 사이에 있는 근본적인 구분에 소홀해져 버립니다. 사람들은 실제로 어떤 대상들을 잘 이해하며, 있는 대상들과 동시에 있지도 않는 대상들도 거의 어떤 것이든지 잘 이해할 수 있습니다. 여러분 정신 속에서 만일 상상물인 그뤼퓐과 키메라 같은 그런 것이 확실히 있지 않다는 의미를 분명히 마련한다면, 저로서는 이것이 보편 속성들과 같은 그런 것이 있는지 여부를 탐구하는 일이 중요해지는 의미를 제시해 줄 것 같습니다. 만일 여러분이 실제로 이런 의미를 분명히 결정한다면, 이는 보편 속성들이 있으며, 보편 속성들이 어떤 방식으로도 상상물인 그뤼퓐과 키메라와 같이 분류되지 않음이 저한테는 아주 분명해질 듯합니다. 반대로, 이 세상에서 보편 속성 및 상상물 사이에는 가장 근본적인 차이가 있습니다. 개체들로부터 보편 속성들을 분리시켜 주는 차이보다도 훨씬 더 중요한 어떤 차이입니다.

저는 이제(1952년 현재) 제19장과 제20장이 나쁘게 서술되어 있으며, 실제로 제가 저지른 나쁜 두 가지 실수에 의해서 부분적으로 거의 이해될 수 없을 만큼 잘못 표현되었다고 생각합니다.

(1) 첫 번째 실수는 다음과 같습니다. §.19-2(833쪽)에서 저는 실제적으로 서로 간에 사실상 아주 다른 두 가지 견해를 찾아내었습니다. 이들 두 가지 견해 중 한 가지는, 우리가 감각에 주어진 두 가지 '경험조각'들을 지니는 경우에, (이미 설명했듯이 그런 어떤 확장된 의미로 '경험조각'이란 낱말을 쓰고 있는데, 가령 아무리 작더라도 마침표 같은 감각자료나 아무리 가늘더라도 줄표나 다른 선 같은 감각자료도 이 낱말에 대한 저의 사용 방식으로는 한 가지 경험조각입니다) 저는 감각에 주어진 두 가지 경험조각들이 서로 간에 정확히 똑같은 색조의 색깔로 되어 있고, 두 가지 경험조각들이 똑같은 모양새와 크기로 되어 있든지, 아니면 서로 다른 모양새와 크기로 되어 있든지, 아니면 두 가능성이 뒤섞여 있든지 (가령 하나는 정사각형이고 다른 하나는 둥긂) 간에, 철저히 각각 특정한 그런 색조를 띤 경험조각들이며, 어떤 경우이든지 그 한 가지 경험조각

의 색깔이 다른 경험조각의 색깔과 동일하다고 말합니다.

첫 번째 견해는 분명히 일부 철학자들에 의해 견지되어 온 한 가지 견해(≒인접한 두 가지 미세입자를 동일한 한 가지 것으로 여기는 견해)이며 제 자신도 여전히 참값이라고 여기고 있습니다. 그렇지만 방금 진술한 견해와 실제적으로 동일한 두 번째 견해는, 그런 경우들에서 두 가지 경험조각들이 있는 것이 아니라, 오직 동일한 한 가지 경험조각이 서로 다른 장소에 있다는 완전히 다른 견해입니다. 따라서 가령, 동일한 한 가지 경험조각이 한 장소에서는 크고 정사각형이며, 또 다른 장소에서는 작고 둥글 수 있는 것입니다. 제가 알고 있는 한, 이런 두 번째 견해는 결코 어떤 사람도 생각해 보지 못하였으며, 분명히 지지받기 어렵습니다. §.19-2에서 이를 놓고서 저는 "언어상으로 자기모순이지만"(839쪽) 실제적으로는 자기모순이 아니며, 그렇다면 자기모순이 아님을 보여 주는 방법으로서, 저는 첫 번째 견해가 마치 "두 가지 그런 경험조각들이 동일한 한 가지 경험조각"이란 표현으로써 의미된 것이 전부였던 양 진술하는 쪽으로 진행했었습니다. 다시 말하여, 이들 낱말이 "그런 두 가지 경험조각들의 색깔이 똑같은 것이다"는 표현과 동등함을 의미한 듯이 말했던 것입니다!

물론 사실상 아무도 후자 형태의 표현으로써, 즉, 「그런 경우들에서 두 가지 경험조각들이 있는 것이 아니라, 오직 한 가지 경험조각만 있다」고 말함으로써 의미된 것을 표현할 것 같지는 않습니다. 그런 경우에, 「두 가지 경험조각들이 있는 것이 아니라, 오직 한 가지 경험조각만 있다」는 견해는 '언어상'으로뿐만 아니라 또한 실제적으로도 자기모순입니다. 해당 경우들은 우리가 감각에 주어진 두 가지 경험조각들을 지닌 경우로 정의됩니다. 물론 그럴 경우에 우리가 오직 한 가지 경험조각만 지닌다고 말하는 것은 자기모순인 것입니다(≒무어 교수가 전혀 검토해 보지 못하였지만 자기모순을 벗어날 가능성은 임의의 것이 다른 것을 내포하는 경우인데, 837~838쪽의 역주 325를 보기 바람).

제가 어떻게 이런 잘못을 저질렀는지는 잘 모르겠습니다. 어떤 또는 다른 이유로 말미암아, 저는 한 가지 경험조각의 색깔이 논의 중인 경험조각과 동일하지 않음을 파악하지 못했습니다. 따라서 「만일 두 가지 경험조각이 정확히 똑같은 색깔로 되어 있다면, 그것들이 두 가지 경험조각이 아니라 한 가지 똑같은 경험조각이다」라는 불합리한 결론을 이끌어 냈습니다. 이런 실수로 말미암아, 저는 「푸르스름한 흰색을 띤 경험조각이 어떤 것이든지 간에, 순수한 어떤 흰색이 있다」는 가정이, 「푸르스름한 흰색을 띤 경험조각이 어떤 것이든지 간에 순수한 흰색을 띤 한 가지 경험조각 속에 포함되어 있다」는 불가능한 가정과 동일하다고 전적으로 잘못된 주장을 폈습니다!

(2) 제가 저지른 두 번째 커다란 실수는 §.19-2에서 누구든지 간에 정확히 똑같은 색조의 색깔을 띤 두 가지 경험조각이나 또는 논의 중인 색조를 띤 한 가지 경험조각을 보는 어떤 경우에, 이런 색조의 색깔이 우리가 보지 못한 어떤 것임을 견지할 것이라는 가정이었습니다 (845쪽 이하). 이런 실수는 아마 부분적으로 제가 한 가지 흰색 경험조각을 보는 경우에 "제가 보는 것"이라고 말한 데에서 비롯되었습니다. 그럴 경우에 논의 중인 그 흰색 경험조각이 제가 보는 한 가지 유일한 대상이 될 필요는 없음을 제대로 깨닫지 못했습니다.

"제가 보는 것"이란 표현은 중의적입니다. 이것이 '제가 보는 <u>한 가지 유일한 대상</u>'을 의미할 수도 있고, 아니면 '제가 보는 <u>모든 대상</u>'을 의미할 수도 있습니다. 이런 중의성 때문에 제가 혼란을 겪었을지도 모르겠습니다.

> 「내가 철저히 흰색으로 된 한 가지 똑같은 색조를 띤 어떤 흰색 경험조각을 볼 때마다, (내가 지금 실제의 경우라고 가정하는 것과는 달리), 그런 색조의 그 경험조각이 우연히 존재하며, 내가 또한 흰색을 띤 특정한 그 색조를 보고 있음이, 왜 실제의 경우가 되지 말아야 하는 걸까?」

제가 알 수 있는 한, 「흰색을 지닌 특정한 한 가지 색조나 또는 다른 어떤 색깔이든지 간에 특정한 한 가지 색조가, 결코 내가 보지 못한 어떤 것이다」는 견해를 아무도 주장해 본 적이 없습니다. 분명히 제가 전적으로 똑같은 색조를 지닌 둥근 한 가지 경험조각을 볼 경우에, 비록 우리가 곧 언급할 세 가지 '추상적' 대상들(≒색조·모양새·크기)을 본다고 말할 경우에, 반드시 그 '구체적' 경험조각을 '보는' 일을 말하면서 쓰는 의미와는 다소 다른 의미로 '보다'를 쓰고 있음이 견지되어야 한다고 생각하지만, 저는 그 경험조각뿐만 아니라 또한 그것이 지닌 그 색조와, 그것이 지닌 그 모양새와, 그것이 지닌 그 크기도 보는 것입니다. 제가 제19장과 제20장에서 표현했던

> 「그런 관계 속성들이 속하는 똑같이 '일반적 관계와 무관한non-relational' (878~879쪽의 역주 339) 의미에서, 만일 어떤 것이든지 간에 한 가지 경험조각에 '속하는' '특질'들이 있다면, 이들 '특질'은 틀림없이 우리가 결코 보지 못한 대상들이다」

는 견해는 이제 저한테 아주 불합리할 듯합니다. 전혀 아무도 견지해 보지 못한 어떤 견해입니다(≒그러므로 잘못된 견해를 이제 포기한다는 뜻임).

아마 부분적으로 '제가 보는 것'이라는 어구의 중의성을 간과한 실수에 유추(유비)되는 잘못으로 말미암아, 저는 이런 실수를 저지르게 되었다고 생각합니다. 제가 같은 색깔로 된 그 경험조각에 의해 '점유된' 그 장소를 '점유하고 있는' 색깔의 특정한 한 가지 색조를 말한 경우에, 확실히 저는 그 장소를 '점유하고 있는' 그 색깔을 놓고 언급한 그 의미가, 그 경험조각이 실제로 그 장소를 '점유한다'는 의미와 다를 수 있음(≒사실 및 인식의 간격)을 깨닫지 못하였습니다. 제가 그 경험조각이 실제로 그 장소를 '점유하므로', 그리고 분명히 제가 그 경험조각을 보므로, 그 색깔이 틀림없이 그 장소를 '점유하지' 못하는 어떤 것이라고

생각했을지도 모르며, 저는 이를 제대로 깨닫지 못했습니다.

×　　　　　×　　　　　×

저로서는 비록 이들 결함이 여러 곳에서 잘못된 결과들을 지니지만, 이제 제19장과 제20장을 구겨놓은 듯한 주요한 결점들을 다 진술했다고 생각합니다. 이제 제가 당시 대답하고자 애썼던 주요한 질문들을 놓고서 제가 말해야 하는 바를 제시하는 논의로 진행해 나갈 것입니다.

여러 차례 언급했듯이, 저는 관계들도 아니고 관계상의(≒관계로 환원된) 속성도 아니지만, 그럼에도 불구하고 관계상의 속성들이 그 속성들을 지닌 대상들에 '속한다'는 뜻을 담은 똑같이 '일반적 관계와 무관한' 의미에서, 대상들에 '속한' '보편 속성'들이 어떤 것이든지 있는지 여부를 찾아내고자 하였습니다. 주로 저는 감각자료들이 색깔들을 지닌다는 의미에서, 한 가지 '흰색' 사례를 선택하고서, 색깔들이 그런 보편 속성들의 사례들을 제공해 줄 수 있을지 여부를 논의하는 일에 몰두되어 있었습니다.

저는 어떤 감각자료가, 의심의 여지없이 흰색이라는 의미로 이해된 색깔, '흰색' 그 자체가, 그런 어떤 보편 속성의 한 가지 사례임을 옳다고 여기는 쪽으로 많은 철학자들이 기울어져 있다고 생각합니다. 물론 만일 그 색깔이 '흰색'이라면, 그리고 또한 만일 '파란색', '초록색', '빨간색', '노란색', '검정색', '갈색', '회색' 등이라면, 사람들이 흰색 속성을 한 가지 '특질qualities'로 부를 경우에, 저는 이런 견해가 흔히 최소한 막연하게나마 사람들의 정신 속에 있을 것이라고 생각합니다. 철학에서는 '관계'들 및 '특질'들 사이에 이것들이 마치 서로 다른 종류의 보편 속성들인 양 어떤 구분을 내리는 한 가지 전통이 계속되어 왔습니다. 일반적으로 관계들이 제가 '관계상의 속성relational properties'들로 부르는 바와 혼동되고 있으므로, 저는 아마 이런 구분을 하는 사람들의 정신 속에 막연하게 있는 것이, 관계상의 속성이 아니라 「관계상의 속성들이 그 속성들을 지닌 해당 대상들에 속한다」는 똑같이 '일반적 관계와 무관한' 의미에서, 「'특질'들이 (따라서 색깔들이) 여전히 그 특질들을 지닌 해당 대상들에 속한다」고 여기는 것으로 봅니다. 저는 그런 분들이 흰색 속성을 한 가지 '특질'로 부를 경우에, 우리가 '이것이 하얗다'라는 한 가지 감각자료의 단편을 말한다면, 따라서 표현된 그 단언(명제)이 조금도 어떤 관계상의 단언이 아니라면, 즉, 감각에 주어진 논의 중인 그 경험조각에 대하여 어떤 관계를 지닌, 간단히 말하여 'is'가 있을 때 계사 'is'가 서술 속성을 지녀서[347] '흰색'의 색깔을 주장하는 한 가지 단언(명제)이 아니라면, 이것이 어떤 것이든

---

347) [역주] 예문으로 제시된 is white하얗다('하야-하다'로부터 줄어듦, 필자의 모어 방언에서는 '하양-하다'임)에서 is는 계사가 아니라, 서술 능력을 지닌 동사처럼 쓰였다(521~523쪽의 역주 196에서 뒤친이가 이를 '묘사 동사'로 불렀음). 계사란 X is Y에서처럼 두 명사 사이를 묶어줄 뿐이다(149쪽의 역주 62 참고 바람).

'하다'라는 형태는 우리말 자료만 보더라도 문법상의 범주가 「접사로부터 묘사동사·가벼운 동사(대동사)·인용동사·추측동사·행위동사·사역동사」 등의 다양한 분포에서 찾아지는 매우 복잡한 대상이다. 따라서『수학의 원리』에서 뤄쓸조차 자신이 실패한 이 계사의 본질(예닐곱 가지 의미를 지니므로 우주의 실상을 다 반영해 준다고 추측함)을 파악해 낸다면 틀림없이 새로운 학문을 열 것이라고 언급한 바 있다.

희랍 시대에서부터 고민해 온 문제로서(강철웅, 2016,『설득과 비판』, 후마니타스), 우리말에서는 뚜렷이 다른 낱말 형태로 쓰이는 '-이다, -답다, -스럽다, -하다, -거리다, -대다'들 사이에 있는 구별이 다뤄진다. 우리말에서 전형적으로 접사로서 '-답다'는 핵심 속성의 소유(가령, '사내답다, 학생답다'는 오직 어간 사내와 학생에게만 적용됨)로, '-스럽다'는 표면 속성의 소유로 구별된다(가령, '어른스럽다, 예스럽다'는 반대로 대립 속성을 지닌 아이를 대상으로 하거나 현대 제작물에 적용됨). 또한 상징어에서 '반짝이다 : 반짝하다'는 대립은 전자가 내재적 본질이나 속성을 가리키지만, 후자는 겉으로 드러난 현상의 묘사로 포착할 수 있다. '반짝반짝하다'는 '반짝거리다, 반짝대다'로 늘 바꿔쓸 수 있는 것처럼 국어사전에 잘못 적혀 있다. 그렇지만, '으스대다'(으시대다)가 결코 '*으스거리다, *으스으스하다'는 낱말이 없기 때문에 잘못된 설명임을 쉽게 알 수 있다. 다시 말하여, 한 가지 충분조건이되 모든 것들을 규정한 필요조건은 아닌 것이다. '-하다, -거리다'는 묘사 동사 중 각각 1회성과 반복성을 가리키겠지만, 접미사 '-대다'는 접미사 '-이다'와 관련된 내재적 속성을 지닌다.

그렇지만 이런 여러 속성들이나 의미자질들이 어떻게 위계화될지에 대해서는 아무도 진지하게 고민하면서 체계적으로 논의해 본 일이 거의 없을 것으로 본다(김지홍, 1986, "몇 어형성 접미사에 대하여",『백록어문』 창간호, 제주대학 국어교육과). 희랍어나 영어에서는 세분된 형태나 낱말이 없이 두루뭉실 쓰이지만(상위 개념은 「상태와 작용」임), 우리말에서는 매우 세부적으로 서로 다른 형태의 낱말이나 접사를 써서 구별해 주고 있다. 이런 점에서 한국어는 이런 현상을 자의적으로 농단하기보다는 언어 표현에 기대어 구체적으로 다룰 수 있는 매우 큰 장점을 지닌다. 이는 「대상들의 상태나 속성, 운동이나 작용」을 포착하여 표현하는 인간 인지 작용의 일반화와 관련된 중요한 논제인 것이다(다시 상태와 작용의 상위 개념은 「작용」이며, 작용의 한 부분으로 상태가 주어짐).

지 간에 관계를 위한 한 가지 이름은 아닙니다(≒고유한 개별체의 속성에 대한 이름임).

이제 이런 견해가 참값인지 거짓인지 여부를 적의하게 살펴보기 위해서, 저는 절대적으로 아주 중요한 한 가지 사실을 설명해 줄 필요가 있다고 생각합니다. 제가 의미하는 사실은 감각에 주어진 서로 다른 두 가지 경험조각들이 의심의 여지없이 적의하게 각각 '하얗다'라고 말해질 수 있겠지만, 그럼에도 불구하고 흰색을 지닌 두 가지 서로 다른 색조로 되어 있을 가능성도 있다는 것입니다. 예를 들어, 한 가지가 다른 것보다 약간 더 우윳빛 흰색의 것일 수 있습니다. 사실상 흰색을 지닌 서로 다른 색조들이 아주 많이 있습니다. 이것들이 각각 그런 색조로 된 감각자료의 단편이 어떤 것이든지(즉, 감각에 주어진 감각경험이 어떤 것이든지) 적의하게 하얗다고 말해질 수 있습니다. 저는 ⓐ 그것이 철저하게 흰색을 지닌 특정한 어떤 색조의 것이든지, ⓑ 아니면 그 감각자료의 서로 다른 부분들에서 흰색을 지닌 서로 다른 다수의 색조들로 된 것이 아닌 한, 아무런 감각자료의 단편도 적의하게 '하얗다'라고 말해질 수 없음이 아주 분명하다고 생각합니다.

간단히 보여 주기 위하여, 그리고 현재의 목적과 무관하기 때문에, 저는 비록 빈발하는 경우일지라도 후자의 후보(ⓑ)를 무시하고서, 또한 빈발하는 경우로서 철저하게 정확히 똑같은 색조를 지닌 흰색 감각자료들만 살펴보는 데 스스로 논의를 국한지을 것입니다. 물론 비록 전체가 아니라면 그것들이 대부분 적합한 이름이 아무것도 붙여져 있지 않고, '흰색', '파란색', '빨간색' 따위가 색깔들의 이름이라는 의미에서 (고유한, 전형적인) 색깔들이 아니지만, 서로 다른 모든 흰색의 색조가 서로 다른 한 가지 색깔입니다.

비록 그 감각자료들이 각각 적합하게 '한 가지 흰색' 또는 '특정한 한 가지 흰색'이라고 적의하게 말해질 수 있더라도, 아마 그것들이 아무런 것도 그 자체로 우리가 살펴보고 있는 의미에서, 즉, 한 가지 색깔이 아니라 색깔을 지닌 감각에 주어진 어떤 경험조각 또는 색깔을 지닌 경험조각이 흰색일 수 있다는 의미에서, 흰색이 될 수는 없습니다. 색깔을 지닌 아무런 경험조각도 색깔이 어떤 것이든지 간에 (머릿속 바깥에 존재하는 외부 사물의 속성인) 색깔과는 동일하지 않습니다. 그것은 단지 어떤 색깔로 된 것이며, 한 가지 경험조각으로서 어떤 색깔도 아마 특정한 한 가지 색깔을 지닐 수 없습니다.348) 그 경험조각이 각각 바로 어떤 한 가지 색깔인 것입니다.

그러므로 감각에 주어진 어떤 경험조각이 철저하게 흰색일 수 있는 의미를 살펴보면서, 우리는 완벽히 다른 두 가지 질문을 고려해야만 합니다.

(1) 철저하게 한 가지 똑같은 흰색의 색조를 지닌 한 가지 경험조각(≒머릿속에 표상된 것임)을 놓고서, 그것이 저런 색조를 지닌 것이라고 말함으로써 무엇이 의미되는 것일까?

(2) 특정한 어떤 색조의 흰색을 놓고서 (즉, 머릿속 표상으로서 색깔 띤 한 가지 경험조각이 아니라, 머릿속 밖의 외부 세계에서 있는 대상들로서 한 가지 색깔을 지닌 것임) 그것이 어떤 색조의 흰색이라고 말함으로써, 또는 막 썼던 어구를 이용하여 그것이 '어떤 흰색'이라고 말함으로써, 무엇이 의미되는 것일까?

감각자료가 색깔들을 지닌다는 의미에서, 색깔들이 관계들도 아니고 관계상의(≒관계로 환원된) 속성들도 아닌 제3의 보편 속성들에 대한 사례들을 제공해 줄 수 있을지 여부에 관한, 그리고 특정한 한 가지

---

348) [역주] 오해의 소지가 다분한 표현이다. 외부 세계에 있는 대상은 모두 재질·형태·무게·밀도·색깔 따위의 속성을 복합적으로 지닌 채 있다. 그렇지만 머릿속에 있는 감각자료는 그런 따로따로 표상된다고 보는 것이다. 가령, 색깔에 대한 고유한 감각자료가 있고, 형태에 대한 고유한 감각자료가 있으며, 무게에 대한 고유한 감각자료가 있는 것이다. 이런 차이를 본문에서는 각각 「be of a colour**한 가지 색깔을 지니다**(즉, 전체에 대한 한 부분처럼 표현함)」와 「is a colour**한 가지 색깔이다**(즉, 전체인 양 표현함)」로써 구분하여 표현하였다. 결과적으로는 공통된 색깔을 찾을 수 있더라도, 전자는 복합 속성 중에서 색깔의 속성을 지닌다는 뜻으로 이해되어야 하고, 후자는 오직 단 하나의 속성인 한 가지 색깔 그 자체라고 보아야 할 것이다.

914

사례로서 어떤 감각자료가 의심의 여지없이 흰색이라는 의미로 이해된 '흰색'이라는 색깔이, 그 자체로 그런 어떤 보편 속성일지, 아니면 한 가지 보편 속성을 포함하는지 여부에 관한 우리의 주요한 질문을 고려하면서, 우리는 방금 서술해 놓은 완벽히 서로 다른 두 가지 질문들을 모두 다 살펴봐야 합니다. 저는 다음과 같은 이유들 때문에 그렇게 말하는 것입니다.

첫째, 철저하게 특정한 어떤 색조의 흰색을 지닌 어떤 감각자료의 단편을 놓고 말하면서, 우리가 '일반적 관계와 무관한' 어떤 속성을 귀속시키고 있는 그것이 그 색조로 되어 있지 않다면, '흰색' 색깔이 그 자체로 그런 어떤 보편 속성이 될 수 없음이 저한테는 아주 명백해 보입니다. 바로 언급한 첫 번째 질문 (1)을 고려하지 않은 채, 우리가 그런 속성을 귀속시키고 있는지 여부를 결정할 수 없는 것이기 때문입니다.

둘째, 어떤 감각자료의 단편이 하얗다고 말하면서, 우리가 그 감각자료의 모든 부분들이 어떤 색조의 흰색으로 되어 있고, 따라서 서로 다른 부분들이 서로 다른 색조의 흰색들을 지니고 있는 경우들 및 그 감각자료의 단편이 철저하게 정확히 똑같은 색조로 된 경우들, 이 두 가지를 모두 다 포함하여 말하고 있음이 또한 저한테는 아주 명백한 듯이 보이기 때문입니다.

그렇지만 만일 그렇다면 우리가 제기한 주요한 질문의 일부가 두 번째 질문을 던지는 일로 이뤄질 것입니다. 즉,

「어떤 색조의 흰색을 지닌 한 가지 색깔을 놓고서, 그것이 어떤 색조의 흰색이라고 말함으로써 무엇이 의미되는 것일까?」

만일 그것에 우리가 귀속시키는 그 속성이 이것이 '일반적 관계와 무관한' 어떤 속성이라고 말하는 것이라면, '흰색' 색깔이 어떤 관계도 아니고 그것이 그런 어떤 속성 그 자체인지 여부와 상관없이 어떤 관

계상의 속성도 아닌 한 가지 속성을 포함할 것입니다. 오직 한 가지 색깔이 될 수 있는 '한 가지 흰색인 상태being a white'는, 오직 어떤 경험 조각만이 될 수 있는 '흰색인 상태being white'가 그런 어떤 속성일지 아닐지 여부를 결정하는 '일반적 관계와 무관한' 한 가지 속성이 될 것입니다.

이제 첫 번째 질문 (1)에 대한 답변은 저한테 다음처럼 될 듯합니다.

「흰색의 특정한 어떤 색조인 상태가 그렇기 때문에 흰색인 상태가 한 가지 관계상의 속성이다」

이런 후자(≒머릿속 표상이 아닌 외부 대상의 속성)를 말하기 위한 저의 근거는, 단순히 여러분이 철저히 흰색의 똑같은 색조를 지닌 어떤 감각자료의 단편을 지닌다면, 그 감각자료가 지닌 그 색깔이 그 모양새나 크기가 감각자료와 관련된 방식과는 아주 다른 방식으로 감각자료와 관련될 듯이 보입니다. 일반적으로 그리고 아마 언제나 이름 붙일 수 없는 이 색깔이, 감각자료의 전체 영역에 걸쳐 두루 펼쳐져 있습니다. 이것이 저한테는 「감각자료가 전체적으로 그 색깔로 되어 있다」고 말함으로써 우리가 의미하는 바가 될 것으로 보입니다.

「그 이름 붙일 수 없는 색깔이 아주 명백히 전체 영역에 두루 펼쳐져 있다는 의미에서, '두루 펼쳐져 있음'이 한 가지 관계를 위한 해당 이름이 아닐까?」

(Is it not "spread over", in this sense in which the nameless colour quite obviously is spread over the whose, the name for a relation?)

저는 그렇다고 생각하지 않을 수 없습니다. 만일 그렇다면 우리는 '속한다'가 한 가지 관계의 이름이 아닌 어떤 의미에서(≒고유한 개별체의 속성이라는 의미에서), 어떠한 대상에라도 '속하는' 한 가지 속성에 대한 사례를, 어떠하든지 간에 흰색의 특정한 색조에서도, 흰색 그 자체에서도 얻어내지 못한 것입니다. 물론 흰색인 상태라는 속성 및 흰색의 이름 붙일 수 없는 특정한 색조인 상태라는 속성이, 관계상의 속성들일 것이며, 모든 관계상의 속성들처럼 '일반적 관계와 무관한' 어떤 의미에서 그 속성들이 속한 관계상의 속성에 '속할' 것입니다.

그렇지만 제 주장이 올바르다면, 우리는 반드시 엄격하게 '흰색' 색깔이나 흰색의 특정한 임의의 색조 및 '흰색인 상태'나 '특정한 이런 색조를 지닌 상태'로 된 관계상의 속성들 사이를 구별해 주어야 합니다. 저는 흔히 이처럼 실행되지 않는다고 봅니다. 색깔들은 오직 감각자료들과 어떤 한 가지 관계를 지니는 것이라는 의미에서만 감각자료에 속할 뿐입니다. 그렇지만 물론 그런 색깔을 지니는 일 또는 그런 색깔의 상태인 관계상의 속성들이 아주 다른 의미에서 감각자료에 '속하는' 것입니다.

그렇지만 이제 만일 두 번째 질문 (2)로 되돌아간다면, 그 답변이 아주 달라질 것 같습니다. 제가 막 언급한 대로, 비록 ('흰색' 색깔이 아니라) 어떤 감각자료에 속하는 흰색인 상태의 속성이 저한테는 한 가지 관계상의 속성일 듯하지만, 다른 한편으로 감각자료가 아니라 오직 색깔들에만 속하는 한 가지 흰색인 상태의 속성은 저한테 한 가지 관계상의 속성이 아니라, 우리가 찾고 있는 종류의 보편 속성(제3의 보편 속성)에 대한 한 가지 사례가 될 듯합니다. 저는 오직 한 가지 가능한 대안이 될 견해가, 이것이 어떤 선접 속성이 될 듯하기 때문에 다만 그렇게 생각하고 있음을 인정해야만 합니다. 그 선접 조건들 중 한 가지가 동일성이며, 다른 한 가지가 비슷함을 참고함으로써 어떤 모종의 방식으로 정의됩니다. 이 경우에 물론 색깔들에 대한 비슷함입니다. 제 강의에서 살펴봤던 경우들처럼 색깔 띤 경험조각들에 대한 비슷함은 아닙니다. 저는 단순히 이것이 이런 종류의 한 가지 선접 속성이라고는 믿을 수 없습니다(≒좀더 복잡한 내용들이 더 들어가 있을 것이며 논의 전개가 만만치 않을 것임을 시사하면서 끝을 맺음).

  뒤친이(이하에서 '필자'로 부름)는 인문학이 언제나 온전히 인류 지성 사에 뿌리를 내려야 함을 의식해 왔으며, 현대 사상을 개척한 거장들을 꼼꼼히 읽어야겠다는 다짐을 해 왔다. 언어학이라는 분야가 소쉬르에 의해 주로 '형식' 쪽에 치중한 연구로 탄생의 울음소리를 냈었지만, 가장 중요하고 복잡한 '내용' 쪽은 괄호 속에 넣어 둔 채로 연구가 진행되었다. 그러다가 1950년대에 인지 혁명의 전환을 일으킨 참스키 교수에 의해서 다시 2000년 이후에 충실하게 고대와 근대, 그리고 미래의 전망까지 아우르는 통합적인 「인류 지성사의 문제들」을 다루게 되었으며, 현재 생리언어학Biolinguistics이라는 새로운 통합 영역을 출범시키는 일을 시작하고 있다. 이제 언어학은 인간의 학문일 뿐만 아니라, 인간 사회와 생태 환경까지 살펴봐야 하는 통합주의 정신을 추구하고 있는 것이다.

  우리 쪽 문화에서는 광복 이후에 거의 75년 동안 여러 분야에서 터다지기에 힘을 쏟아 오고 있고, 이런 노력의 결과로서 우리나라를 선진국의 지위로까지 높여 주고 있다. 그렇지만 「우리 세대의 인문학이, 그리고 인문학 전공자로서 내 자신이 과연 인류 지성사를 조감하면서 미래의 문제들까지 내다볼 수 있도록 발판을 마련하고 있을까?」 스스로 물음을 던져 본다.

이런 문제의식 위에서, 우연히 정년을 앞두고 이런 작은 희망에 몰두할 기회를 얻었고, 처음으로 무어 교수의 책을 찬찬히 읽으면서 번역을 하게 되었다. 이 책은 그분이 30대 후반에 철학의 중요한 주제를 놓고서 일관되게 원고를 작성한 뒤에 강의를 통해 다뤄졌던 내용인데, 그분의 번득이는 창의성들과 비판 정신이 곳곳에 녹아 있음을 느낄 수 있었다. 아마 이 원고를 50년이나 지난 80대 초반에 이 책을 출간하려고 결심한 이유도 이런 중요한 주제들을 놓고 창의적인 해결책들을 추구했던 기억 때문일 것으로 짐작한다. 필자는 앞으로도 현대 사상을 낳고 키워온 걸출한 분들을 계속 〈언어와 현대사상〉 총서로 번역하면서 공부해 나가려고 한다. 근대 계몽 시대를 벗어나서 현대 시대를 열어 놓은 발판들을 정확히 제대로 파악할 필요가 절실한 것이다.

솔직히 말하여, 필자는 무어 교수의 사상을 전체적으로 개관할 준비가 아직 안 되어 있다. 필자는 현재 이 책의 「해제」를 쓸 만한 배경지식(무어 교수의 발전과정 및 전반적인 현대 사상)이 갖춰져 있지 않으므로, 오직 번역의 후기 형식을 빌려 이 글을 쓰고 있다. 380쪽(재간은 414쪽) 분량의 책에다 350개에 달하는 역주를 달면서 다 아는 양 온갖 시건방을 떨었지만, 정작 필자는 현대 사상이 어디로 향해야 하는지를 놓고서 슬기로운 이정표를 제시할 능력이 전혀 없다.

피상적으로만 보면, 그분의 철학적 발전 과정은 윤리학과 철학 쪽으로 병렬적으로 전개되어 왔다. 앞쪽 영역은 30세 때 나온 『윤리학 원리』(최근 김상득, 2018로 아카넷에서 다시 번역되었음)와 39세 때 나온 『윤리학』이 있다. 뒤쪽 영역은 이 책에서부터 시작하여 49세 때 나온 『철학 연구』(10편의 논문이 실림)와 85세에 타계할 때까지 손보던 『철학 논고』(11편의 논문이 실림)가 있다. 적어도 철학 영역과 관련된 21편의 논문들에 대한 충실한 이해가 있어야, 그분의 철학적 전환과 발전들을 제대로 개관해 줄 수 있을 것으로 본다. 아직 그분의 다른 책들을 온전히 다 읽지 않았으므로, 대신 다른 선택을 할 수밖에 없었음을 밝혀 양해를 구하고자 한다.

이 후기에서는 다음 다섯 편의 글을 토대로 하여, 주로 번역을 하면서 들었던 필자의 생각을 펼쳐 놓았다. 자서전을 제외하고서는 모두 구글 검색으로 내려받을 수 있다.

① 무어(1942), "자서전", 쉴프 엮음, 『G. E. 무어의 철학』, 노쓰웨스턴 대학 출판부

② 토마스 볼드윈(2004), "조지 에드워드 무어", 『옥스퍼드 국가적 인물의 이력 사전』

③ 토마스 볼드윈(2010), "조지 에드워드 무어", 『스텐포드 철학 백과사전』

④ 머뤌 륑(2019 갱신), "조지 에드워드 무어", 캘리포니어 주립대 철학과 누리집

⑤ 아론 프뤼스튼(연도 표시 없음), "조지 에드워드 무어", 『인터넷 국제 철학 백과사전』

G. E. 무어(George Edward Moore, 1873~1958) 교수는 전형적인 영국 런던 중산층 집안에서 8명의 형제 중 세 번째 아들로 자라면서 중등 시절Dulwich College에 희랍어와 라틴어 교육을 철저히 받았었다. 따라서 그의 자서전에서는 계속 고전을 공부하려고 캐임브리지 대학에 진학했었다고 썼다.

그렇지만 우연히 선배들인 맥태거엇 교수나 뤄쓸 교수의 영향으로 철학 쪽으로 관심을 틀었고(이른바 「12사도 모임」 회원), 그분들에 이어서 트리니티 컬리지에서 수석 논문(윤리학 토대를 다룬 글로서, 최근 볼드윈·프뤼티 엮음(2011)으로 1897년 및 1898년 두 편의 학위 논문 「윤리학의 형이상학적 토대」 및 관련 심사평들까지 모두 다 포함하여 출간되었음)을 제출하여, 3년 간 전임 연구원으로 있었다. 이 시절부터 전반적인 철

학의 토대를 놓고서 자신의 견해를 확립한 바 있다. 뒷날 맥태거엇·화 잇헤드·뤄쓸·무어·뷧건슈타인·뢈지와 같은 천재들이 함께 했던 시기 를 '케임브리지 철학의 황금기'라고 부른다.

무어 교수의 형인 시인 T. Sturge Moore는 당시 이름이 널리 알려진 Yeats와도 같이 일을 했었다. 무어 교수는 1904년 케임브리지 전임 연구원 기간을 끝낸 뒤에 몇 년 동안 친구와 함께 에딘브뤄에 머물다 가, 다시 누이동생들의 요청으로 런던으로 돌아왔는데, 누이들도 당 시 지성인들이 사적으로 모이던 블름즈베리 모임의 정규 회원들이기 도 하였다.

1911년부터 케임브리지 대학 윤리학 강사로 채용된 뒤, 1913년에 문학 박사를 받았으며, 1918년 영국 학술원 회원이 되었고, 케임브리 지 워드 교수의 자리를 물려받아 1925년부터 1939년까지 재직하였다. 무어 교수의 자리는 다시 뷧건슈타인이 물려받았다. 그는 뷧건슈타인 의 천재성을 일찍이 간파했고(그의 논문 제목을 라틴어로 「철학 논리 논 고」로 정해 줬음), 자신의 강의에 뢈지가 있을 경우에는 소크라테스 기 질을 지닌(롸일 교수의 표현) 무어 교수조차도 매우 긴장을 했었다고 솔직히 적어 놓았다. 무어 교수는 1925년부터 1944년까지 철학 학술 지 『정신(Mind)』의 편집을 맡고서 활발하게 여러 가지 중요한 철학적 논제들을 다뤄왔는데, 이 자리는 옥스퍼드 대학의 롸일 교수가 이어 받았다. 무어 교수의 많은 글들이 주로 아리스토텔레스 학회의 학술 지 및 『정신』지에 발표된 바 있다.

×　　　×　　　×

무어 교수의 사상에 대한 개관으로서 ③에서는 주로 5개 영역(관념 론 논박, 윤리학 원리, 철학적 분석, 지각과 감각자료, 상식과 확실성)을 다뤘 고, ④에서는 아주 세세하게 15개 영역을 나눴지만 거시적인 통합성 이 떨어진다. ⑤에서는 3개 영역(형이상학과 인식론, 윤리학, 철학적 방법론)을 다루었다. 윤리학 영역에 대한 개관은 이미 출간된 번역서로 미루기로 하고, 여기서는 철학 영역들에 국한하여 필자가 번역한 내용을 염두에 두면서, 특이하다고 판단하는 대목들을 중심으로 서술해 나가기로 하겠다. 무어 교수를 「실재론자」라고 소개한 부분도 있는데, 너무 피상적 인상만 고려한 잘못된 지적이다. ⑤에서 「간접적 실재론」으로 부른 것만 못하지만, 필자는 그분의 진면목이 관념론과 실재론을 통합할 수 있는 '수반론'(정신의 부수 현상론)에 있다고 보아야 할 것으로 믿는다.

무어 교수는 초기에 강력하게 케임브리지 스승들과 옥스퍼드 대학의 브뢰들리 교수, 그리고 브뢰들리 교수를 신처럼 간주한 맥태거엇 선배에 의해서 분명히 영국 관념론의 영향을 짙게 받고 있었으며, 졸업 논문도 윤리학의 형이상학적 토대를 다루었었다. 그렇지만 관념론의 토대가 더 이상 유지되기 어렵다는 사실을 깨달으면서, 주관성과 심리주의로 뒤범벅된 언어와 개념들에 대한 분석들에 골몰하게 되었는데, 앞의 소개 글들에서는 이를 그분의 「철학적 방법론」으로 다루고 있다. 개념형성 과정이나 작용 및 그 결과물을 동시에 가리킬 수 있는 conception개념형성 작용 및 개념형성물에 대한 중의성 구분, 마치 외부 세계의 대상처럼 객관적으로 존재할 수 있는 concept개념의 본질에 대한 자각들이 무어 교수의 창의적인 사고의 결과였다.

비록 50년 뒤에 출간되었지만, 이 책의 원고가 1910년 겨울 강의 당시에 타이프로 마련되어 있었고, 지인들 사이에서 친숙히 읽히고 있었다(저자의 서문에서 뤄쓸 교수의 인용 대목 참고). 이 책에서 전반적으로 보여준 철학 용어들과 개념들의 뒤범벅에 대한 날카로운 분석들, 그리고 이에 대한 해결책들이 소위 「분석 철학」의 흐름을 열어 놓는 중요한 계기가 되었다. 곧, 현대 철학이 떠맡아야 할 역할이 이정표로서 새롭게 정해졌던 것이다.

언어학과 담화 분석에서는 언어 기호 그 자체가 본질적으로 중의성을 지님을 깨달았는데, 531~532쪽의 역주 199의 도표를 보기 바란다.

임의의 표현에서 중의성이 해소되면서 의미 해석에 서로 간에 합치가 일어나는 과정은 184쪽의 역주 79에 있는 킨취 교수의 모형과 217~219쪽의 역주 93에 있는 필자의 모형을 보기 바란다. 이런 인지상의 일반성에 말미암아 자연언어는 어떤 개별언어에서든지 대체로 비슷한 낱말 파생 절차들을 지니고 있으며, 162~163쪽의 역주 68의 도표처럼 정리될 수 있다. 만일 공적인 측면과 개인별 사적인 측면을 구별할 필요가 있으나, 우리말에서처럼 고유한 전담 형태소가 없다면, 즉석에서 합성어를 만들거나 부사를 붙여서 문장 형태로 표현할 수 있는 것이다. 이런 측면이 소위 「분석 철학」이란 영역에서 자주 일어났던 것이며, 이 책의 이곳저곳에서 이런 분석의 모범적 사례들을 그대로 접할 수 있다.

낱말은 공동체 구성원들이 공유된 경험이 있고, 이 경험을 놓고 소통해야 할 필요성을 느낄 때에 비로소 공공의 낱말 형식으로 자리를 잡는다. 그렇지 않고 개인적이거나 소수의 사람들에 의해서만 느껴지는 일부 경험은, 낱말보다는 오히려 자신의 개별 경험을 구성해 놓는 도구인 문장 형식으로 표현될 것이다. 이런 측면이 「왜 어느 언어에서 이든지 언제나 낱말이 존재하고 다시 동시에 문장이 존재하는지」에 대한 의문을 놓고서 근본적인 이유나 존재 동기를 밝혀 준다.

이 책에서 온갖 힘을 쏟은 논제는 이른바 「경험조각」으로 포괄되는 머릿속 실체들이다. 이것들이 보편 속성을 띠고 있음을 여러 영역들로부터 나온 실증적 자료들을 통해 입증해 놓고자 하였던 것이다(마지막 제20장에서도 이런 제3의 보편 속성에 대한 탐구로써 끝을 맺었음). 먼저 이 세상에 있는 물질적 대상들은 아무런 인식 주체가 없더라도 그대로 존재하고 있으며, 존재해 왔고, 앞으로도 그럴 것이라고 기본 전제를 깔아 두었다.

그런데 관념론의 입장에서는 극단적으로 감각 기관을 통하여 우리 머릿속에 지니게 될 감각자료나 기억으로부터 인출한 감각인상 따위만 오직 실재할 뿐이라고 주장했었다. 무어 교수는 관념론의 주장을 일부 받아들인다. 그렇지만 머릿속에 실재하는 대상들이 주관적이거나 상대적인 것이 아니라, 한 개인의 정신 작용으로부터 벗어나 여러 사람들에게서 공통적으로 찾아질 수 있는 것임을 입증해 놓았다. 이른바 객관적인 심리적 실재를 확립해 놓은 것이다. 이를 가능하게 해 주는 정신적 과정은 감각 기관의 매개를 통하여 수반된 현상으로서 누구에게서나 공통된 지각과 관념과 개념을 결과적으로 지니게 됨을 논증하고 있다. 이 논증에는 누구든지 부인할 수 없는 간접지각으로 불리는 우리의 지식 체계가 뼈대로서 뒷받침되어 있는데, 이는 오늘날 우리가 공유한 제3 두뇌가 대여섯 층위들을 동시에 작동한다고 보는 가정과도 일치하는 주장이다(265쪽 이하의 역주 110).

무어 교수는 스승 시즈윅 교수로부터 상식common sense에 대한 옹호를 물려받았다고 자서전에서 적은 바 있다. 초기에는 분명히 극단적 관념론이 일반 사람들이 소박하게 믿는 바를 뒤집어 놓는다는 점을 비판할 목적으로 상식이란 낱말을 썼겠지만, 이 책에서는 '과학적 합리주의' 믿음을 상식의 범위 속에 넣을 뿐만 아니라, 현재 이론이나 기술로서 채 밝혀지지 않았지만 장차 한 가지 사실로서 새롭게 받아들여질 것들까지 포함시키고 있다. 서구 지성사의 혁명과 단절을 염두에 두고 있기 때문이다. 지금도 우리는 여러 가지 혁명 전야의 조짐을 접하고 있는 시대에 살고 있다(355~356쪽의 역주 127과 702~703쪽의 역주 262와 726~727쪽의 역주 277). 그렇다면 이런 열린 태도의 과학적 합리성은 일반사람들도 익히고 받아들여야 할 새로운 상식이 될 것이다.

그렇지만 고대 희랍 시대에서부터 제기되어 온 개체와 보편 속성의 물음이 이 책에서 일부 해결책을 추구해 놓았지만, 여전히 남은 문제들이 더 많이 남아 있음을 알 수 있다. 또한 현대 수학에서 추상적인 개념으로서 집합을 상정하고 집합들 간의 관계들 다루면서 집합족으로 다루지만, 무어 교수는 매우 실용적으로 한 개체의 속성을 드러낸 뒤에, 일부 몇 개체들을 묶어 주고 난 뒤에, 마지막으로 매우 추상적이며 일반적인 관계를 추구해 나간다(713쪽의 역주 265와 785쪽의 역주 306

과 796~798쪽의 역주 310과 851쪽의 역주 329 참고). 아마도 어린 시절에
서부터 희랍 고전들을 읽었던 영향이 큰 것으로 추정되는 태도이다.
오늘날 과학철학에서 선호하는 가설 연역 공리계의 접근 방식과는 서
로 어긋나는 접근인데, 좀더 충실히 일원론적인 공리계 접근으로 해
당 문제를 재조명할 필요가 있을 것으로 판단된다(308~311쪽의 뒤친이
해설 참고).

이 책을 번역하면서 그분이 자주 "저는 잘 알 수 없습니다, 저는
모르겠습니다"는 표현을 다반사로 접하였다. 1910년 겨울에 강의를
시작하면서 가졌던 생각과 이듬해 봄에 강의 후반부를 진행하면서 자
신의 이전 생각이 잘못되었음을 스스럼없이 털어 놓는 대목은 역시
소크라테스다운 풍모를 잘 드러낸다. 강의를 시작하면서 단언(명제)이
반드시 있다고 주장했다가, 단언이 믿음을 통해서 매개되며, 참되든
거짓되든지 간에 믿음을 다루려면 처음으로 새롭게 믿음을 향한 정신
적 태도가 뒷받침되어야 함을 깨닫고서, 단언(명제) 차원을 완전히 잘
못된 것으로 기각하는 모습도 솔직하면서 특이하다. 또한 다른 철학
자들처럼 exist^{현존한다}는 개념을 being^{있음}과 대립되는 것으로 봤다가, 사
실^{a fact} 자체가 현시점에서 지각 가능한 것뿐만 아니라 장차 확실하게
경험할 수 있는 것까지를 포함할 수밖에 없음을 새롭게 깨닫고서,
existence^{현존}나 being^{있음, 존재하는 상태}이 같은 개념이며, 자신의 잘못 생각
했었음을 스스럼없이 적어 둔 대목들도 감동을 준다. 마지막 제20장
에서 아무도 제대로 이름을 붙일 수는 없지만^{nameless} 머릿속에서 내성
할 수 있는 감각자료의 표면에 두루 펼쳐져 있을 색조들의 존재까지
파고드는 것을 보면, 그분의 얼마나 깊이 있게 해당 논제를 골똘히
탐구하고 있는지를 가슴으로 느낄 수 있다.

필자는 이 원고가 씌어진 1910년으로부터 거의 1백년 뒤에 살고
있다. 그런 만큼 그분이 생각할 수도 없었던 새로운 발견과 새로운
지식과 풍부한 입증 자료들을 접할 수 있는 것이다. 개인적 편향이겠
지만 필자는 언어학을 전공하면서 국어교육을 제대로 실천하려면 심

리학·인지과학·사회학·철학·통계학·전산학·수학 기초론에 대한 배경지식을 쌓아야 함을 절실히 느끼고서, 김지홍(2015) 『언어 산출과정에 대한 학제적 접근』(경진출판)으로 첫 결실을 출간한 바 있다. 당연히 350개에 달하는 역주들은 이런 배경지식을 깔고서 적혀 있다. 배경지식이 다른 만큼 필자는 이 책에 대하여 비판적으로 읽어 가는 일을 실행할 수 있었다. 국어교육에서는 비판적 읽기를 강조하기 일쑤인데, 이것이 가능해지려면 반드시 스스로 복안腹案이 있어야 전문 서적에서 주장하는 모형을 대치할 수 있고, 이런 간격을 통해서 다른 생각을 덧붙이면서 동시에 제3의 안까지 새롭게 마련할 수 있을 것이다. 러시아 형식주의자인 바흐친이 intertextuality겹쳐 읽기 과정이며, 서로 얽힌 텍스트들의 실상을 드러내는 일는 오직 스스로의 세계 모형을 지닐 경우에라야 가능해질 따름이다.

본문의 역주들에서 오늘날 수학적 가정을 적어둔 것들이 많다. 결코 필자가 수학을 아는 것은 아니다. 단지 7년 전에 수학교육과 조열제 교수(비선형 수학, 대한민국 한림원 정회원)와 함께 뤄쓸(1937) 『수학의 원리』(Norton & Co.)에서 기하학 앞쪽까지 번역했던 일로부터 지식을 얻은 것이다. 또한 부산대에서 정년한 천재 박재걸 선생(대수학)의 몇 차례 걸친 특강으로부터 큰 감명을 받은 대목들도 있음을 적어 둔다.

이 책은 1953년 초판이 영국 George Allen & Unwin에서 나온 뒤에 다시 미국 Collier Books에서 재간된 바 있다. 물론 초판이나 재간에 교정되어야 할 부분이 서너 대목이 있으며, 역주로 밝혀 놓았다. 그런데 재간은 교정이 안 된 대목들이 더러 눈에 많이 띈다. 원서로 읽을 경우에는 가급적 초판을 보는 것이 낫다. 초판은 예닐곱 차례나 인쇄된 바 있다. 사후 출간된 『철학 논고』에서도 교정이 제대로 안 된 것들이 있는데, 따라서 원래 게재된 논문들과 서로 비교할 필요가 있다.

• 무어 교수의 논문과 저서들(발간 연도 순서임)

1897 "In What Sense, If Any, Do Past and Future Time Exist?", in B. Bosanquet,

S. H. Hodgson & G. E. Moore 『*Mind*』 6, 22: pp. 228~240

1898 "Freedom", 『Mind』 7, 26: pp. 179~204

1899 "The Nature of Judgment", 『*Mind*』 8, 30: pp. 76~193

1900 "Necessity", 『*Mind*』 9, 35: pp. 289~304

1901 "Identity", 『*Proceedings of the Aristotelian Society*』 1: pp. 03~127

_____ "The Value of Religion", 『*International Journal of Ethics*』 12, 1: pp. 81~98

1902 "Mr. McTaggart's 「Studies in Hegelian Cosmology」", 『*Proceedings of the Aristotelian Society*』 2: pp. 177~214

_____ "Truth and Falsity", in J. Baldwin (ed.) 『*Dictionary of Philosophy and Psychology*』 2: pp. 716~718

1903 『*Principia Ethica*』, Cambridge University Press; 김상득 뒤침, 2018, 『윤리학 원리』, 아카넷

_____ "Experience and Empiricism", 『*Proceedings of the Aristotelian Society*』 3: pp. 80~95

_____ "Mr. Mctaggart's Ethics", 『*International Journal of Ethics*』 13, 3: pp. 341~370

_____ "The Refutation of Idealism", 『*Mind*』 12, 48: pp. 433~453

1904 "Kant's Idealism", 『*Proceedings of the Aristotelian Society*』 4: pp. 127~140

1906 "The Nature and Reality of the Objects of Perception", 『*Proceedings of the Aristotelian Society*』 6: pp. 68~127

1907 "Mr. Joachim's Nature of Truth", 『*Mind*』 16, 62: pp. 229~235

1908 "Professor James' 「Pragmatism」", 『*Proceedings of the Aristotelian Society*』 8: pp. 33~77

1909 "Hume's Philosophy", 『*The New Quarterly*』

1910 "The Subject-Matter of Psychology", 『*Proceedings of the Aristotelian Society*』 10: pp. 36~62

1912 『*Ethics*』, Henry Holt & Co.

1914 "Symposium: The Status of Sense-Data", by G. E. Moore & G. F. Stout.

『Proceedings of the Aristotelian Society』 14: pp. 355~406

1916 "Symposium: The Implications of Recognition", by B. Edgell, F. C. Bartlett, G. E. Moore and H. W. Carr. 『Proceedings of the Aristotelian Society』 16: pp. 179~233

1917 "Symposium: Are the Materials of Sense Affections of the Mind?", by G. E. Moore, W. E. Johnson, G. D. Hicks, J. A. Smith and J. Ward. 『Proceedings of the Aristotelian Society』 17: pp. 418~458

1918 "The Conception of Reality", 『Proceedings of the Aristotelian Society』 18: pp. 101~120

1919 "Some Judgments of Perception", 『Proceedings of the Aristotelian Society』 19: pp. 1~29

____ "Symposium: Is There 「Knowledge by Acquaintance」?", by G. D. Hicks, G. E. Moore, B. Edgell and C. D. Broad 『Aristotelian Society Supplementary Volume』 2: pp. 159~220

1920 "External and Internal Relations", 『Proceedings of the Aristotelian Society』 20: pp. 40~62

____ "Symposium: Is the 「Concrete Universal」 the True Type of Universality?", by J. W. Scott, G. E. Moore, H. W. Carr and G. D. Hicks 『Proceedings of the Aristotelian Society』 20: pp. 125~156

1921 "Symposium: The Character of Cognitive Acts", by J. Laird, G. E. Moore, C. D. Broad and G. D. Hicks 『Proceedings of the Aristotelian Society』 21: pp. 123~160

1922 『Philosophical Studies』, George Allen and Unwin

1923 "Symposium: Are the Characteristics of Particular Things Universal or Particular?", by G. E. Moore, G. F. Stout and G. D. Hicks 『Aristotelian Society Supplementary Volume』 3: pp. 95~128

1925 "A Defence of Common Sense", in J.H. Muirhead (ed.) 『Contemporary British Philosophy』 Second Series, George Allen and Unwin

1926 "Symposium: The Nature of Sensible Appearances", by G. D. Hicks, H. H. Price, G. E. Moore and L. S. Stebbing 『Proceedings of the Aristotelian Society』 6: pp. 142~205

1927 "Symposium: Facts and Propositions", by F. P. Ramsey and G. E. Moore 『Aristotelian Society Supplementary Volume』 7: pp. 153~206

1929 "Symposium: Indirect Knowledge", by G. E. Moore and H. W. B. Joseph 『Aristotelian Society Supplementary Volume』 9: pp. 19~66

1932 "Symposium: Is Goodness a Quality?", by G. E. Moore, H. W. B. Joseph and A. E. Taylor 『Aristotelian Society Supplementary Volume』 11: pp. 116~168

1933 "Symposium: Imaginary Objects",. by G. Ryle, R. B. Braithwaite and G. E. Moore 『Aristotelian Society Supplementary Volume』 12: pp. 18~70

_____ "Notes", by H. F. Hallett, L. Wittgenstein, R. B. Braithwaite, G. E. Moore & J. H. Muirhead 『Mind』 42, 167: pp. 415~416

1934 "The Justification of Analysis: Notes of a Lecture", by G. E. Moore and M. Masterman 『Analysis』 1, 2: pp. 28~30

1936 "Symposium: Is Existence a Predicate?" by W. Kneale and G. E. Moore 『Aristotelian Society Supplementary Volume』 15: pp. 154~188

1939 "Proof of an External World", 『Proceedings of the British Academy』 25: pp. 273~300

1942 "An Autobiography" by G. E. Moore, In P. A. Schilpp (ed.) 『The Philosophy of G.E. Moore』, Northwestern University(출판사가 1952년부터는 Open Court으로 바뀜)

1942 "A Reply to My Critics", In P. A. Schilpp (ed.) 『The Philosophy of G. E. Moore』, Northwestern University

1944 "Russell's 「Theory of Descriptions」", In P. A. Schilpp (ed.) 『The Philosophy of Bertrand Russell』, Northwestern University: pp. 175~225

1952 "Addendum to My 「Reply」", In P. A. Schilpp (ed.) 『The Philosophy of G.E. Moore』, Open Court

*1953 『Some Main Problems of Philosophy』, George Allen and Unwin(이 번역서 임)

1954 "Wittgenstein's Lectures in 1930~33", 『Mind』 63, 249: pp. 1~15

_____ "Wittgenstein's Lectures in 1930~33", 『Mind』 63, 251: pp. 289~316

1955 "Wittgenstein's Lectures in 1930~33", 『*Mind*』 64, 253: pp. 1~27

____ "Two Corrections: Wittgenstein's Lectures in 1930~33", 『*Mind*』 64, 254: p. 264

1959 『*Philosophical Papers*』, George Allen and Unwin

• 무어 교수에 관련된 저서들

C. Lewy ed(1962). 『*The commonplace book of G. E. Moore 1919~1953*』, Gorge Allen & Unwin

P. A. Schilpp ed(1942, 1956). 『*The Philosophy of G.E. Moore*』, Northwestern University(출판사가 1952년부터는 Open Court으로 바뀜)

T. Baldwin(1990). 『*G. E. Moore*』, Routledge

T. Baldwin and Preti eds((2011)). 『*G. E. Moore, Early Philosophical Writings*』, Cambridge University Press

머나먼 길을

떠날 채비 하면서

짐을 하나 부려 홀가분하다

얼마의 짐을 더 덜 수 있을지

한걸음 한걸음 앞을 보며 내딛을 뿐이다

　무어 교수의 번역을 마무리하면서 나 자신을 돌아본다. 전임강사 발령을 받은 30대 초반에는 마음만 굴뚝같았지, 생각의 힘이 따라갈 수 없어서, 중요한 책들을 붙들고 여러 차례 좌절을 깊이 겪었다. 비참함과 더불어 한때 천재들의 머리가 따로 있을 것이라는 막연한 억측에 사로잡혔을 때도 있었다. 다 부려놓아야 할 지점에 와서야, 당시 필자의 배경지식이 없었기 때문이었음을 깨우쳤다. 「비판적 읽기」가 결국 독자 나름의 복안腹案(뱃속 깊숙이 넣어둔 자기 생각)이 없으면 불가능하다는 사실도 절실히 체감한다.

　정년을 앞두고서야, 뒤늦게라도 겹쳐 읽기로써 비판을 곁들여 〈언어와 현대사상〉의 총서로서 평생 정독하고 싶었던 책들을 채워나가려한다. 이 책을 뒤쳐 놓으면서 무엇이 먼저이고, 무엇이 나중인지에 대해서도 나름대로 머릿속에서 정리할 수 있었다. 그만큼 이 책의 저자가 지닌 역량이 큰 것이리라! 그럼에도 무어 교수의 37세 때 강의록을 80대에 출간한 동기가 무엇일까? 그런 확신은 어디에 기댄 것일까?

자연과학의 발전에서 붙들 수 있는 생각 자체의 전환들과 그 매듭점들이 상대주의를 활짝 열어 놓고, 구성원들 사이의 잠정적 합의도 될 수 있는 대로 취약하게 만들어 버린다. 이전 생각의 방식들이 바로 가든 거꾸로 가든 한 가지 참조점이지만, 이는 또한 새로운 가능성까지 그 폭을 좁히고 닫아 버린다. 얄궂은 역설을 어떻게 해석해야 할까?

부처가 깨우친 불간섭 방식의 '관조觀照(환히 비춰 낱낱이 살펴봄)'는 철저히 개개인의 경험조각에 국한될 뿐이다.『윤리학 원리』(30세 때 출간)와『윤리학』(39세 때 출간)으로 이미 이름이 높았던 무어 교수는 이들 책 말고도, 철학 일반의 논문들을 모아서『철학 연구』(49세 때 출간)와 사후에 나온『철학 논고』를 냈다(생전에 쓴 서문이 있음). 각각 무어 교수의 50대 이전의 생각과 50대 이후의 생각을 보여 준다. 젊은 시절의 강의록을 반 세기 뒤에 출간한 것은 자신의 생각에 대한 일관성의 확신했을 듯한데, 과연 그럴지 뒤친이에게 다시 지워진 짐이다.

이 책에서는 매우 창의적으로 처음 철학사에서 ① 수반 현상으로서 우리의 정신 작용, ② 진리값을 확정하는 대응 관계, ③ 모든 믿음과 관련된 단언(명제) 태도, ④ 과학적 합리주의에 토대를 둔 상식의 옹호, ⑤ 칸트 입론의 오류들을 지적하는 번뜩임, ⑥ 우리가 지닌 믿음의 역설, ⑦ 머릿속 경험조각들에 대한 통합의 문제 등 익숙한 문제들을 중심 논제로 만들어 놓았다. 이 책을 정독하기 전에는 이런 점들을 제대로 알지 못했었다. 그저 세상에서는「분석 철학의 선구자」정도로 뭉쳐 놓을 뿐이다. 원전을 직접 읽는 일이 얼마나 중요한지 새삼 실감한다.

그렇지만 분석 철학의 실마리가 한낱 언어 분석에만 머물지 않음은, 이름 붙일 수 없는 머릿속 개념들을 줄곧 다루고 있기 때문이다. 이런 것들을 다루려면, 일상언어의 유연성이 배제된 자의적인 기호들을 내세워 서로 약속하는 길밖에 없다. 그 약속은 삶의 공유, 생각의 공유, 개념의 공유로 여러 층위의 동심원들이 상정될 수 있으며, 점진적으로 서로 확인해 나가는 과정일 것이다. 이는 총체적으로 초점이 한데 모아지도록 집중하고 전념해야 함을 요구한다. 만화책이나 인터넷 기사처럼 흩어진 마음으로 호기심만 지니고 '아니면 말고!' 식의 자기 메아리를 벗어나지 않는다면, 이 책을 훑어 나가기 만만치 않을 것이다.

평소 필자가 굳게 붙들어 온 「번역 원칙」의 귀결이지만, 미국으로 부쳐온 교정지가 380쪽 원서의 두 곱절도 훨씬 넘는다는 사실을 놓고서, 무어의 책을 빌려 김지홍 생각을 펼쳤다는 혐의를 입음직하다. 그렇지만 역주들은 모두 무시해도 본문을 읽어나가는 데 지장이 없다. 거의 모두 부가적 정보들이다. 그렇더라도 필자의 노력이 도로에 그치지 않는다. 1백 년 동안 여러 분과 학문에서 거둔 눈밝은 업적들이 당시 무어 교수가 상상도 할 수 없었던 내용들이며, 그분이 상식으로 내세운 「합리적 과학 정신」의 구현물이기 때문이다.

이 번역 작업은 동료 교수들이 필자의 강의들을 맡아 주어서 20년 만에 연구년을 얻을 수 있었기에 가능했다. 고마움을 같이 적어 둔다.

2019년 9월 10일,
막내딸 있는 버지니아 애슈번 hhmi janelia 연구소 자락에서
김 지 홍 적음

내용

968

지은이 G. E. 무어(George Edward Moore, 1873~1953)

영국 케임브리지 대학 철학자로서 2년 선배인 뤄쓸과 함께 영미철학으로 불리는「분석 철학」을 이끌었다. 윤리학·형이상학·인식론·심리학·철학 방법론에 걸출한 글들을 발표하였다. 주요 저서로서 1903년『윤리학 원리』(김상득 뒤침, 2018, 아카넷)와 1912년『윤리학』이 있고, 1922년『철학 연구』와 1953년『철학에서 중요한 몇 가지 문제』(김지홍 뒤침, 2019, 경진출판)와 타계 1년 뒤에 나온『철학 논고』가 있다. 영국 아리스토텔레스 학회의 기관지와 자신의 편집장으로 있었던『Mind』지를 통해서 지금도 강하게 영향력을 미치는 다수의 논문들을 발표하였다.

1914년(41세)　　1921년(48세)　　　1941년(68세)

뒤친이 김지홍(1957~)

제주대학교 국어교육과를 졸업하고, 1988년부터 2019
년 현재 32년 동안 경상대학교 국어교육과 교수로 있
다. 그간 40여 권의 저역서 중 8권의 책(*)이 대한민국
학술원 및 문화체육관광부의 '우수학술도서'로 선정되
었다. 한국연구재단의 서양편 명저번역 2종(*)을 출간
했고, 한문 번역서로서 국사편찬위원회에서 간행된 것
외 몇 책이 있다. '언어와 현대사상'에 관심을 갖고서 '뤄쓸, 카아냅, 타아스
키, 콰인, 참스키, 췌이프' 등의 업적을 중심으로 번역해 나가려고 한다.

[저서]
★김지홍(2010) 『국어 통사·의미론의 몇 측면: 논항구조 접근』(경진출판)
★김지홍(2010) 『언어의 심층과 언어 교육』(경진출판)
★김지홍(2014) 『제주 방언의 통사 기술과 설명: 기본구문의 기능범주 분석』(경진
출판)
★김지홍(2015) 『언어 산출 과정에 대한 학제적 접근』(경진출판)

[언어와 현대사상]
무어(1953; 김지홍 뒤침, 2019) 『철학에서 중요한 몇 가지 문제』(경진출판)

[심리학(언어 산출·이해) 및 담화 분석]
☆르펠트(1989; 김지홍 뒤침, 2008) 『말하기: 그 의도에서 조음까지 Ⅰ, Ⅱ』(나남)
☆킨취(1998; 김지홍·문선모 뒤침, 2011) 『이해: 인지 패러다임 Ⅰ, Ⅱ』(나남)
★클락(2003; 김지홍 뒤침, 2009) 『언어 사용 밑바닥에 깔린 원리』(경진출판)

★머카씨(1998; 김지홍 뒤침, 2010) 『입말, 그리고 담화 중심의 언어 교육』(경진출판)

★페어클럽(2001; 김지홍 뒤침, 2011) 『언어와 권력』(경진출판)

페어클럽(2003; 김지홍 뒤침, 2012) 『담화 분석 방법: 사회 조사연구를 위한 텍스트 분석』(경진출판)

페어클럽(1980; 김지홍 뒤침, 2017) 『담화와 사회 변화』(경진출판)

★위도슨(2004; 김지홍 뒤침, 2018) 『텍스트, 상황 맥락, 숨겨진 의도』(경진출판)

[언어 교육 평가 및 현장 조사연구 방법]

윌리스(1998; 김지홍 뒤침, 2000) 『언어 교육현장 조사 연구 방법』(나라말)

루오마(2001; 김지홍 뒤침, 2011) 『말하기 평가』(글로벌콘텐츠)

벅(2001; 김지홍 뒤침, 2013) 『듣기 평가』(글로벌콘텐츠)

앤더슨·브롸운·쉴콕·율(1984; 김지홍·서종훈 뒤침, 2014) 『모국어 말하기 교육』(글로벌콘텐츠)

브롸운·율(1984; 김지홍·서종훈 뒤침, 2014) 『영어 말하기 교육』(글로벌콘텐츠)

올더슨(2001; 김지홍 뒤침, 2015) 『읽기 평가』 1, 2(글로벌콘텐츠)

[한문 번역]

유희(1824; 김지홍 뒤침, 2008) 『언문지』(지만지, 지식을만드는지식)

최부(1489; 김지홍 뒤침, 2009) 『표해록』(지만지, 지식을만드는지식)

장한철(1771; 김지홍 뒤침, 2009) 『표해록』(지만지, 지식을만드는지식)

노상추(1746~1829; 김지홍 외 4인 뒤침, 2017) 『국역 노상추 일기』 1, 2, 3(국사편찬위원회)

※ 옛 문헌에 '뒤집을 번'(飜)을 '뒤치다'(뒤티다)로 새겼음을 확인할 수 있는데, 지금도 글 읽는 시골 노인들 사이에서는 한문 번역을 "뒤쳐 보라!"고 말한다. '옮기다'(이사하다)라는 말은 구체적 물건이나 장소의 이동과 관련되어 쓰인다. 따라서 추상적인 인간의 정신 작용과 관련하여 쓸 경우에는 '옮김'이 올바른 선택이 아니다. '뒤집어 놓고서 밑바닥에 깔린 본디 뜻(底意)을 붙들어냄'을 가리키는 '뒤침'은, 오늘날 담화나 텍스트 해석에서 주장하는 핵심 사실과도 멋지게 아주 잘 어울리는 낱말로서 다시 되살려 쓸 만한 보배이다.

언어와 현대사상 1

철학에서 중요한 몇 가지 문제

©김지홍, 2019

1판 1쇄 인쇄__2019년 12월 20일
1판 1쇄 발행__2019년 12월 30일

지은이__G. E. 무어(George Edward Moore)
뒤친이__김지홍
펴낸이__양정섭

펴낸곳__도서출판 경진
    등록__제2010-000004호
    이메일__mykyungjin@daum.net
    블로그(홈페이지)__mykyungjin.tistory.com
    사업장주소__서울특별시 금천구 시흥대로 57길(시흥동) 영광빌딩 203호
    전화__070-7550-7776 팩스__02-806-7282

값 50,000원
ISBN 978-89-5996-685-1 93100

※ 이 도서의 국립중앙도서관 출판예정도서목록(CIP)은 서지정보유통지원시스템 홈페이지(http://seoji.nl.go.kr)와 국가자료
  공동목록시스템(http://www.nl.go.kr/kolisnet)에서 이용하실 수 있습니다. (CIP제어번호: 2019052028)